Weltgeschichte in Schlaglichtern

In der Reihe sind bisher erschienen:

Deutsche Geschichte in Schlaglichtern

Deutsche Literatur in Schlaglichtern

Europäische Musik in Schlaglichtern

Geschichte der Medizin in Schlaglichtern

Weltgeschichte in Schlaglichtern

Weitere Titel sind in Vorbereitung

Weltgeschichte in Schlaglichtern

in Zusammenarbeit mit
Helmut M. Müller
und weiteren Mitarbeitern
herausgegeben von
Meyers Lexikonredaktion

MEYERS LEXIKONVERLAG
Mannheim/Leipzig/Wien/Zürich

Redaktionelle Bearbeitung:
Gernot Dallinger, Hans-Georg Golz
(Bundeszentrale für politische Bildung)
Heike Krüger, Mathias Münter-Elfner
(Meyers Lexikonredaktion)

Mitarbeiter:
Gerhard Baum, Prof. Dr. Klaus Gerteis, Prof. Dr. Joachim Glaubitz,
Dr. Rainer Hannig, Prof. Dr. Heiko Haumann, Prof. Dr. Jörg K. Hoensch,
Prof. Dr. Raif Georges Khoury, Rüdiger Kinsky,
Prof. Dr. Hans-Jürgen Kornrumpf, Prof. Dr. Karl-Friedrich Krieger,
Christine Laue, Thomas Nothers, Dr. Joachim Pöhls, Dr. Guido Rijkhoek,
Dr. Alfons Rösger, Margarete Roßner, Prof. Dr. Günter Smolla,
Andreas Wagner, Prof. Dr. Rolf Walter, Dr. Oskar Weggel,
Dr. Wolfgang Will, Dr. Karl Henning Wolf

Die Deutsche Bibliothek – CIP-Einheitsaufnahme
Weltgeschichte in Schlaglichtern/in Zusammenarbeit mit
Helmut M. Müller und weiteren Mitarb. hrsg. von
Meyers Lexikonred. – Mannheim; Leipzig; Wien; Zürich:
Meyers Lexikonverl., 1992
ISBN 3-411-07361-6
NE: Müller, Helmut M. [Hrsg.]
Satz: Krebs-Gehlen-Druck, Hemsbach
Druck und Einband: Druckerei Parzeller, Fulda
Printed in Germany
ISBN 3-411-07361-6

Vorwort

Ein verläßliches Handbuch für den täglichen Gebrauch, zugleich Nachschlagewerk und historisches Lesebuch will diese „Weltgeschichte in Schlaglichtern" sein, die in einer Kooperation der Bundeszentrale für politische Bildung mit dem Verlag Bibliographisches Institut & F. A. Brockhaus realisiert wurde. Ermöglicht werden die mehrfachen Verwendungsmöglichkeiten des Buches durch das besondere Konzept geschichtlicher Darstellung, das Herausgeber und Verlag 1986 erstmals mit dem Werk über die deutsche Geschichte der Öffentlichkeit vorgelegt haben. Der große Zuspruch, den seither die „Deutsche Geschichte in Schlaglichtern" erfahren hat (1990 ist das Werk in einer zweiten, erweiterten und aktualisierten Auflage erschienen), hat uns ermutigt, nun auch eine Darstellung der Weltgeschichte nach diesem Konzept anzubieten.

Wir glauben, daß ein solcher Band gerade in unserer Zeit einem verbreiteten Wissensbedürfnis der Leser entspricht. Wecken doch weltpolitische Umbrüche, wie wir sie seit 1989 erleben, in besonderem Maße den Wunsch, auf der Grundlage geschichtlicher Kenntnisse zu einem eigenen Urteil zu kommen. Viele der jüngsten weltpolitischen Entwicklungen, etwa im Nahen Osten oder der Zerfall der Sowjetunion und Jugoslawiens, werden erst vor dem Hintergrund ihrer Geschichte verständlich; die vorliegende „Weltgeschichte in Schlaglichtern" ist durch ihre kompakte und verständliche Gestaltung geeignet, den Weg zu einem solchen Verständnis zu ebnen. Zahlreiche Fachwissenschaftler haben die Kapitel und ihre weitere Unterteilung in „Schlaglichter" festgelegt und die Texte erstellt. Besonderes

geschichtliches Vorwissen des Lesers wird gleichwohl nicht vorausgesetzt.

Eine vollständige Darstellung der Weltgeschichte wurde nicht angestrebt; vielmehr sollten das Wesentliche einer Epoche und das Charakteristische einer Kultur in das Buch Eingang finden. Dem Leser präsentiert sich also eine Weltgeschichte, bei deren umfassen der Darstellung – trotz aller gebotenen Knappheit – auch viele interessante Details zu entdecken sind. Die politische Geschichte, die im Vordergrund steht, wird jeweils um sozial-, wirtschafts- und kulturgeschichtliche Aspekte erweitert.

Worin besteht nun das Besondere an dem Konzept dieses Buches und welche Vorteile bietet es dem Leser? Knappe Texte zu geschichtlichen Ereignissen, Situationen, Prozessen, Begriffen, Personen und Tendenzen, die gleichsam schlaglichtartig beleuchtet werden, ermöglichen dem Leser Zugang zum Verständnis weltgeschichtlicher Vorgänge, die sich ihm auf diese Weise mosaikartig erschließen. Zugleich werden die präzise, aber verständlich geschriebenen „Schlaglichter" durch Verweisungen in Beziehung zu anderen Fakten gesetzt und in die historischen Zusammenhänge eingeordnet. Den Epochen der Menschheitsgeschichte sind 17 Kapitel gewidmet, denen wiederum 15 bis 47 Schlaglichtertexte zugeordnet sind. In den jeweils vorangestellten mehrseitigen Einführungstexten werden diese Zeitabschnitte in ihren Grundzügen charakterisiert. Am Schluß eines jeden Kapitels findet sich schließlich eine Übersicht, in der die wichtigsten Daten, Ereignisse und Akteure dieser Epoche zusammengestellt sind. Sowohl das ausführliche Inhaltsverzeichnis als auch das Personen- und das Sachregister öffnen dem Benutzer den Zugang zu den gewünschten Informationen. Durch sie kann er beispielsweise im Rahmen der Tagespolitik auftretende weniger geläufige oder nur vage umrissene Begriffe wie Habeas-Corpus-Akte, Polnische Teilungen oder Intifada schnell zuordnen und in den politisch-historischen Zusammenhang bringen. Die Texte werden ergänzt durch zahlreiche Karten und viele, großenteils farbige, Abbildungen, die – mit wenigen Ausnahmen – jeweils zeitgenössischem Quellenmaterial entstammen.

Die Schreibweise, die in diesem Werk Verwendung findet, richtet sich nach den Regeln der Duden-Rechtschreibung sowie nach den Schreibungen von Nachschlagewerken des Verlags. Hierbei treten gelegentlich Differenzen zur Fachsprache auf.

Zu großem Dank verpflichtet sind Herausgeber und Verlag den zahlreichen Autoren dieses Bandes, den Bildagenturen, insbesondere dem Archiv für Kunst und Geschichte, und allen, die als Mitarbeiter der Bundeszentrale für politische Bildung oder des Verlages an der Entstehung des Buches mitgewirkt haben.

Juli 1992   Herausgeber und Verlag

Inhaltsverzeichnis

Inhaltsverzeichnis

Kapitel 6
Die Zeit des Hochmittelalters

Kapitel 7
Auflösung der mittelalterlichen Ordnung

12

Kapitel 14
Zweiter Weltkrieg und
seine Vorgeschichte

Kapitel 15
Neuordnung der Welt
und Kalter Krieg

Kapitel 16
Supermachtanspruch und
politische Vielfalt

Kapitel 17
Auf dem Weg zu
einer Weltgesellschaft?

Bildquellennachweis

Fratelli Alinari, Florenz. – Archiv für Kunst und Geschichte, Berlin. – The Associated Press, Frankfurt am Main. – BAVARIA Bildagentur, Gauting bei München. – C. Bevilacqua. – Bibliographisches Institut & F. A. Brockhaus, Mannheim. – Bibliothéque Nationale, Paris. – Bildarchiv Foto Marburg, Marburg. – Bildarchiv Preußischer Kulturbesitz, Berlin. – The British Museum, London. – Bundesbildstelle, Bonn. – dpa Bildarchiv, Frankfurt am Main und Stuttgart. – ENIT-Staatliches Italienisches Fremdenverkehrsbüro, Frankfurt am Main. – J. R. Freeman, London. – A. Held. – Gamma, Paris. – Herrmann & Krämer, Garmisch-Partenkirchen. – Hirmer Verlag, München. – Historia-Photo, Hamburg. – Hulton Picture Library, London. – Internationales Bildarchiv Horst v. Irmer, München. – Interphoto Friedrich Rauch, München. – Keystone Pressedienst, Hamburg. – P. Koch, Zollikon, Schweiz. – Kodansha Ltd.. – Kunsthistorisches Museum, Wien. – R. Lanaud, Lyon. – Louvre, Paris. – G. Mandel. – M. Matzerath, Karlsruhe. – Bildagentur Mauritius, Mittenwald. – Centro di Documentazione Mondadori, Scarnati. – Mondadori Press, Mailand. – Museen, Versailles. – New China Pictures, Peking. – Photographie Giraudon, Paris. – Pierpont Morgan Library, New York. – Presse- und Informationsamt der Bundesregierung, Bonn. – SCALA, Florenz. – J. Scheerboom. – B. Schipke, Hamburg. – Sven Simon Fotoagentur, Bonn und Essen. – Prof. Dr. G. Smolla, Königstein i. Ts. – Sowjetunion heute, Presseagentur Nowosti, Köln. – S. Speco, Subiaco. – Staatsbibliothek Bamberg. – Steinkopf, Berlin. – Stern-Bildarchiv, Hamburg. – Süddeutscher Verlag-Bilderdienst, München. – Transglobe Agency, Hamburg. – G. Tomsich-L., Ricciarini. – Ullstein Bilderdienst, Berlin. – Vatikanische Museen, Rom. – Weltliche Schatzkammer, Hofburg Wien. – Zentralbibliothek, Zürich.

Kapitel 1
Anfänge menschlicher Kultur
Erste Großreiche im Orient

Einführung

Geschichte im herkömmlich verstandenen Sinn setzt ein mit schriftlicher Überlieferung historisch bedeutsamer Ereignisse oder Zustände, d. h. vor weniger als 5000 Jahren. Was davor lag, blieb lange religiöser Offenbarung und philosophischer Spekulation überlassen. Erst in den letzten 150 Jahren wurde erkannt, daß der Prozeß der sozialen und kulturellen Entwicklung des Menschen viel früher begann. Verglichen mit den kosmischen und erdgeschichtlichen Zeiträumen sind die zwei bis drei Millionen Jahre Menschheitsgeschichte, auf die wir heute zurückblicken können, nicht viel. Die Geschichtsphilosophen und Historiker, die im vorigen Jahrhundert unser Geschichtsbild prägten, dachten aber noch in engen Dimensionen. Dies gilt nicht nur für die zeitlichen, sondern auch für die räumlichen Dimensionen, die sich während der Kolonialisierungen sogar z. T. verengten.
Statt der Schriftquellen sind es die sichtbaren bzw. sichtbar zu machenden Überreste menschlicher Aktivitäten, denen wir unsere Kenntnisse über die „prähistorische" menschliche Frühzeit verdanken. Das bedeutet natürlich, daß über viele der Lebensbereiche, die unsere Geschichtsbilder bestimmen, nur sehr allgemeine Aussagen gemacht werden können. Doch sollte man trotz aller Enttäuschung über unbeantwortbare Fragen nicht übersehen, daß es nur wenige Wissensgebiete gibt, in denen der Erkenntnisprozeß so schnell abläuft wie in der prähistorischen Archäologie. Da die Anzahl der Fundstellen, bei denen Knochen erhalten sind, sehr gering im Vergleich zu denen mit Steinwerkzeugen ist und weil aufrechter Gang, größeres Gehirnvolumen und andere Besonderheiten eine exakte Bestimmung nicht erlauben, bis wann von Af-

fen und ab wann von Menschen gesprochen werden darf, hat sich die Definition des Menschen als „Werkzeuge-herstellendes-Lebewesen" durchgesetzt. Auch in jüngeren Perioden sind es vor allem die technischen Entwicklungen, die jeweils am besten erkennbar sind.
Daneben sind es die Auseinandersetzungen mit der „Umwelt", die immer deutlicher herausgearbeitet werden können. Waren es zunächst tropische Savannen, die als „natürlicher Lebensraum" der frühesten Menschen gelten, so breiteten sie sich schon im Laufe der Faustkeilperiode, die etwa vor einer Million Jahren begann und – regional unterschiedlich – bis vor etwa 200000 Jahren dauerte, sowohl in tropischen Hochländern als auch in gemäßigten Zonen Eurasiens aus. Bis vor etwa 10000 Jahren hatte sich die bewohnte Erde um Australien und Amerika vergrößert.
Während dieser Zeit, die auch als „Eiszeitalter" bezeichnet wird, veränderte sich die jeweilige Umwelt in unterschiedlichem Maße. Auf der Nordhalbkugel drangen Gletscher weit nach Süden vor, auch von den Hochgebirgsketten reichten Gletscher hinab ins Umland; sie zogen sich aber während der Warmzeiten wieder zurück. Südlicher kam es zu einem Rhythmus von Feucht- und Trockenphasen, der nicht immer mit dem des Nordens übereinstimmte. Bei stärkerer Eisbildung kam es zu Senkungen der Meeresspiegel bis um 100 Meter und mehr. Auf diese Änderungen haben die betroffenen Menschengruppen offenbar verschieden reagiert. Selbst wenn die Bevölkerungsdichte im Verhältnis zu heute sehr gering erscheint, wird sie in der Regel unterschätzt, mehr noch die auf menschliche Ein-

wirkung zurückzuführenden Umweltänderungen durch Jagdmethoden, die immer weiter verbessert wurden.

Vor etwa 10 000 bis 15 000 Jahren waren in vielen Teilen der subtropischen und gemäßigten Zone der Alten Welt Bevölkerungs- und Kulturverhältnisse erreicht, die bei raschen Umweltveränderungen nicht einfach fortgeführt werden konnten. Wenn damals der Prozeß der „Neolithischen Revolution" einsetzte und im Verlauf weniger Jahrtausende große Teile der Alten Welt – später entsprechend auch Amerikas – erfaßte, so darf man auch hier nicht Voraussetzungen mit Ursachen verwechseln. Rückschauend erscheinen zwar viele „Entwicklungslinien" von fast „gesetzmäßiger" Zwangsläufigkeit. Je genauer die regionalen Besonderheiten aber herausgearbeitet werden, desto öfter taucht die Frage auf: Warum dort und nicht da, wo die Bedingungen ähnlich oder sogar besser gewesen wären? Es ist etwas ganz anderes und führt in noch weitgehend unbekannte Bereiche, wenn Regeln erkennbar werden, nach denen manche historische Prozesse abzulaufen scheinen. Sie sind dann schwer zu begründen, nicht nur weil es Ausnahmen gibt. Das gilt auch für die Entstehung der „Hochkulturen".

Schon an den Anfangsstadien des Prozesses der „Neolithischen Revolution" im 8. und 7. Jahrtausend v. Chr. wurden in Südwestasien Fundplätze entdeckt und ausgegraben, die Kulturzüge belegen, die in der Regel den Hochkulturen zugeschrieben werden: von Mauern umgebene Siedlungen, die viele hundert Einwohner gehabt haben müssen, wie Jericho, oder solche, in denen es viele Kulträume oder gar „Tempel" gab wie in Cayönü oder Catal Hüyük. Diese Fundplätze haben jeweils ein eigenes Gepräge. Töpfe aus gebranntem Ton waren dort nicht üblich, obwohl es sie in Ostasien anscheinend schon gab, Jagen und Sammeln spielten zur Nahrungsgewinnung offenbar noch eine größere Rolle, denn Haustierknochen sind selten und nur wenige Kulturpflanzen belegt. Auch die jeweiligen Umweltbedingungen sind verschieden. Nach dieser „Innovationsphase" kam es im 6. und 5. Jahrtausend v. Chr. zu einer kulturellen Vereinheitlichung, in der Unterschiede weniger in Varianten der „bäuerlichen" Wirtschaftsweise als in solchen der keramischen „Stile" in Form und Ornamentik erkennbar

sind. Größere Kulturräume wurden durch gemeinsame Siedlungs- und Hausformen zusammengefaßt, wobei vor allem die Lehmbauweise sich von der Pfosten- und später z. T. auch von der Blockbauweise abgrenzt. Auch bei Werkzeugformen und Waffen bildeten sich großräumigere Einheiten. In dieser Phase verlagerten sich die Innovationsgebiete anscheinend stärker nach dem Norden. Die früheste Metallgewinnung und die Verarbeitung von Kupfer und Gold war jedenfalls auf der Balkanhalbinsel und im Raum um das Schwarze Meer und vielleicht auch bis zum Kaspischen Meer stärker und variantenreicher ausgeprägt als südlich davon. Die Erfindung von Pflug und Wagen gehört wahrscheinlich schon in diesen Zusammenhang.

Seit dem 4. Jahrtausend v. Chr. werden im ägyptischen Niltal im Zweistromland „Mesopotamiens" an Euphrat und Tigris neue Kulturerscheinungen erkennbar, die um 3 000 v. Chr. die frühesten „Hochkulturen" prägten. Obwohl beide wie die jüngeren Hochkulturen am Indus und am Hwangho eng mit den wichtigsten Flußsystemen der Zone verbunden waren, sind auch hier die Sonderentwicklungen den Gemeinsamkeiten gegenüberzustellen.

Gemeinsam sind Bevölkerungsverdichtungen dank fruchtbarer Böden, die durch die jährlichen Nilüberschwemmungen oder durch künstliche Bewässerung reiche Ernten bescherten. Als Verkehrswege ermöglichten die Flüsse weiterreichende Handelsverbindungen und großräumige politische Zusammenschlüsse. Es kam zu handwerklichen Spezialisierungen, z. B. durch Erfindung der Töpferscheibe, und zur Herausbildung sozialer Unterschiede: „Könige", „Priester", „Adel", Handwerker, Bauern, nach Erfindung der verschiedenen Schriftsysteme auch „Schreiber" als erste „Beamte". Durch die aus unserem Begriffssystem stammenden Benennungen werden aber manche Unterschiede verdeckt. So ist das Verhältnis von „Königs-" und „Priestertum" jeweils verschieden, ebenso die gesellschaftliche und rechtliche Stellung der „Adligen" usw.

Vor allem aber sind die Überlieferungsbedingungen unterschiedlich. Von Alt-Ägypten kennen wir vor allem das „Reich der Toten", nicht nur weil es im Mittelpunkt der Glaubensvorstellungen stand, sondern vor allem

weil der Übergang zu monumentalen Steinbauten für Grabanlagen und Totentempel
dauerhaftere Zeugnisse hinterließ als die
Lehm- und Lehmziegelbauten Mesopotamiens und der meisten anderen Hochkulturen.
Das Wüstenklima des an den westlichen Rand
des Niltales verlegten „Totenreiches" bot Erhaltungsbedingungen für organische Überreste – von den mumifizierten Toten bis zu den
auf Papyrus geschriebenen Texten –, wie sie
sonst nur noch in extremen Hochgebirgslagen
gegeben sind. Auf die Welt der Lebenden können wir zwar durch die vielen Darstellungen
des Totenkults Rückschlüsse ziehen, bliebe
unser Wissen von Alt-Ägypten aber auf das
beschränkt, was durch Ausgrabungen aus
dem Bereich der Lebenden bekannt ist, so
wäre das nicht allzuviel.
Anders ist der Befund in Mesopotamien, wo
es zwar auch Grabfunde gibt, sogar „Königs-
gräber" wie die von Ur, aber dort ist es die
Welt der Lebenden, deren Überreste die wichtigsten Erkenntnisse erlauben. Auch kam es
zur sogenannten „Tell"-Bildung, weil die
Überreste der Lehmbauten immer wieder ein-
geebnet, die der Tempel sogar teilweise auf-
geschüttet wurden. So entstanden manchmal
30 bis 40 Meter hohe und je nach Besiedlungs-
dauer und Einwohnerzahl ausgedehnte Erhe-
hungen, die in vielen Teilen Vorderasiens und

auf der südlichen Balkanhalbinsel das Land-
schaftsbild prägen. Sie erlauben das Freilegen
der einzelnen Besiedlungsschichten und damit
eine genauere Zeitbestimmung auch der Ein-
zelfunde. In der Regel können aber nur kleinere Ausschnitte der jeweiligen Siedlungsflä-
che ausgegraben werden.
Hätten die Sumerer und ihre Nachfolger nur
auf Papyrus geschrieben, wären kaum Schriftzeugnisse erhalten. Da sie die später zur „Keilschrift" abstrahierten Zeichen in Tontafeln
einritzten bzw. eindrückten, die anschließend
gebrannt wurden, sind so viele Texte überliefert, daß ihre Entzifferung möglich war, was
für die seltener erhaltenen Bilderschriften der
Indus- oder Harappa-Kultur bisher nicht gelungen ist. So ist von einer weiterreichenden
Verbreitung der Schriftkenntnis auch in jüngeren Perioden auszugehen, als es archäologisch nachweisbar ist. Ihre Anfänge werden
aber kaum wesentlich vor 3000 v. Chr. zu-
rückreichen.
Historische Berichte im engeren Sinne, die
mehr verzeichnen als Herrscherlisten oder für
ein bestimmtes Jahr bezeichnende Ereignisse,
setzen erst im 2. Jahrtausend v. Chr. ein. Aber
auch dann ist die Überlieferung lückenhaft
und muß durch die archäologische Interpretation der Überreste ergänzt und erweitert
werden.

1.1 Aufrechter Gang Werkzeuge und Jagd

Die unmittelbaren Vorfahren des Menschen lebten in Wäldern und Savannen Afrikas, vielleicht auch Südasiens. Als Voraussetzung für den aufrechten Gang werden Landschaften vermutet, in denen baumarme Gebiete überwogen. Mit der Aufrichtung waren nicht nur Veränderungen des Kopfes – etwa Gehirnwachstum und Gebißreduzierung – und der Wirbelsäule verbunden, auch die Füße und Hände wechselten ihr Aussehen entsprechend den neuen Funktionen. Wann und in welchen Zusammenhängen es zum Verlust des primären Haarkleides kam, ist unsicher.

Diese Entwicklung dauerte mehrere Millionen Jahre, bis eine entscheidende Veränderung nachweisbar wird: die bewußte Herstellung von Werkzeugen in bestimmter Technik zu bestimmten Zwecken. Der Gebrauch von Gegenständen kommt bei verschiedensten Tierarten vor, auch eine begrenzte Auswahl und sogar eine gewisse Zurichtung wurde vereinzelt beobachtet, doch kam es nicht zu noch weitergehenden „Fortschritten". Die bereits von Benjamin Franklin geprägte Begriffsbestimmung, „der Mensch" sei das „werkzeugherstellende Lebewesen", hat sich bewährt; ein großer Teil der frühen Werkzeuge bestand aus dauerhaften Materialien und ist deshalb für Archäologen erkennbar. Zum Zerlegen der Tiere, deren Fleisch nun einen größeren Anteil an der Ernährung bekam, brauchte man ebenso schneidende Werkzeuge wie zum Zurichten hölzerner Wühlstöcke und Lanzen. Dafür eigneten sich Steine am besten, die – aneinander geschlagen – Kanten zum Schneiden und Schaben bildeten. Auch Spitzen konnte man mit wenigen Schlägen aus handlichen oder handlich gemachten Steinen herstellen und sehr vielseitig gebrauchen. Knochen konnten ebenfalls Verwendung finden, doch waren sie schwerer herzurichten; außerdem sind sie seltener erhalten und schwieriger als Werkzeuge zu bestimmen.

Während die uns nächstverwandten Menschenaffen, die Primaten, sich vorwiegend von Pflanzenteilen ernähren, aber auch Kleingetier von Insektenlarven bis zu Schnecken und Jungtieren von Säugern nicht verschmähen, spielte bei den Frühmenschen die Jagd eine stärkere Rolle. Großtiere aus dem Kreis der Dickhäuter waren offenbar leichter zu erlegen als leichtfüßige Antilopen. Selbst wenn der Anteil der Jagdbeute an der Gesamternährung wegen der besseren Erhaltungsbedingungen von Funden meist überschätzt wird, ist mit der Jagd ein weiterer „menschlicher" Ansatz gegeben, der zur Arbeitsteilung der Geschlechter und zur gemeinsamen Mahlzeit führte, was sprachliche Verständigungsmöglichkeiten verlangt und fördert. Da zur Werkzeugherstellung geeignete Steine nicht überall verfügbar waren, mußte gesammelt werden, und so könnte auch die Tragtasche aus Fell oder Pflanzenteilen wie der Rinde oder großen Blättern zur „Ausstattung" der frühesten Menschen gehören.

Der Zeitraum, in dem diese ersten kulturellen Merkmale herausgebildet wurden und die Anzahl der Menschen sich langsam vermehrte, begann vor zwei bis drei Millionen Jahren und endete vor ungefähr einer Million Jahren. Wahrscheinlich gegen Ende dieser Phase wurde die Furcht vor dem Feuer überwunden, als die frühen Menschen begannen, Tierreste zu schätzen, die durch Vulkanismus oder durch Buschfeuer, die Blitze entzündet hatten, „gebraten" wurden.

1.2 Gewalt über das Feuer Ausbreitung und Regionalisierung

Vor etwa einer Million Jahren begann eine neue Epoche: Die Menschen gewannen die Gewalt über das Feuer, das nun gehegt wurde, aber auch selbst entfacht werden konnte, wobei Bohr- und Reibtechniken offenbar älteren Datums sind als Schlagtechniken, bei denen Feuersteine und Schwefel genutzt wurden. Die frühen Menschen breiteten sich vom tropischen Ausgangsraum (▷ 1.1) in subtropische und gemäßigte Zonen aus, wobei die Grenzen der Ökumene – des von Menschen bewohnten Teils der Erdoberfläche – durch den Wechsel der Warm- und Kaltphasen des Eiszeitalters teils erweitert, teils verkürzt wurden. Noch blieb Afrika der Mittelpunkt der Menschheit, doch kamen immer weitere Teile Asiens und des südlichen Europas hinzu. Ein neuer Menschentypus – „Homo erectus" genannt – hatte sich vor etwa 1,5 Millionen Jahren oder noch früher herausgebildet. Spezielle Steinwerkzeuge, besonders die Faustkeile wurden entwickelt und standardisiert. Dies setzte auch eine höhere sprachlich-begriffliche Entwicklung voraus. Lanzen und Keulen aus Holz können nun nachgewiesen werden. Auch die Anfänge der Schäftung von Steinwerkzeugen sind in dieser Zeit zu vermuten.

Die Formgebung mancher Faustkeile, die vor gut einer halben Million Jahren begann, ist mit technischen Notwendigkeiten allein nicht zu erklären. Offensichtlich wurde ein Maß an Symmetrie und Ausgewogenheit angestrebt, das als Anfang künstlerischer Gestaltung gedeutet werden kann. Regionale Unterschiede entsprachen zunächst offenbar verschiedenen Umweltbedingungen, mit denen die jeweiligen Menschengruppen sich auseinanderzusetzen hatten. Abgesehen von größeren Temperaturunterschieden zwischen den Klimazonen wurden es mehr und mehr die unterschiedlichen Rhythmen der Jahreszeiten und Tageslängen, die bewältigt werden mußten, ebenso die wechselnde Pflanzen- und Tierwelt für die Jagd und für das Sammeln. Dem entspricht die wachsende Regionalisierung der Formen der Steinwerkzeuge, die manchmal jedoch über unterschiedliche Naturräume hinausgeht. Hier müssen sich Traditionen verfestigt haben, die unabhängiger von wechselnden Umwelten waren.

Großräumige Gemeinsamkeiten und die offenbar geringe Variationsbreite der aus den Skelettresten erschließbaren Menschenform setzen einen zumindest gelegentlichen Kon

Faustkeile

takt und Austausch benachbarter Gruppen voraus. Da Funde in Höhlen und von Wohnstätten im Freiland bisher selten gemacht wurden, kann über die Größe und Zusammensetzung der jeweiligen Lokalgruppen wenig gesagt werden. Die wenigen Spuren von zeltartigen Hütten boten einer Kleinfamilie Platz, doch es ist ungewiß, ob diese Beobachtungen verallgemeinert werden dürfen.

1.3 Neandertaler
Kult und Kunst
Alte und Neue Welt

Vor etwa 150 000 Jahren traten neue Menschenarten auf, die den heutigen Menschen schon sehr ähnlich waren. Daß der „Homo neanderthalensis" (Skelettreste wurden erstmals 1856 im Neandertal bei Düsseldorf ent

Darstellung eines Hirsches in der 1840 entdeckten Höhle von Lascaux (Département Dordogne, Frankreich)

deckt) ein halbtierischer „Urmensch" war, ist ein Vorurteil des 19. Jahrhunderts, als die biblische Vorstellung von Adam und Eva von Entwicklungstheorien abgelöst wurde, die die Anfänge nicht primitiv genug darstellen konnten, um den „Fortschritt" um so großartiger preisen zu können. Inzwischen hat die Forschung ergeben, daß die durchschnittliche Kapazität der zwar flacheren, aber recht großen Schädel auf Gehirne schließen läßt, die zwar etwas anders strukturiert gewesen sein mögen, aber durchschnittlich eher größer waren als unsere heutigen.

Paläolithische Frauenstatuetten wie die Venus von Willendorf dienten vermutlich kultischen Zwecken

Die Spezialisierung der Steinwerkzeuge auf bestimmte Typen und Ausgangsmaterialien nahm zu. Regionale Unterschiede (▷ 1.2) werden immer deutlicher erkennbar. Dabei heben sich manche Zonen mit stärkeren Veränderungstendenzen von solchen ab, in denen jahrzehntausendelang keine Neubildungen zu bemerken sind. Die Anzahl der Fundstellen und Materialien steigt an, und in vielen Regionen spielen Funde in Höhlen eine besondere Rolle, so daß man lange von „Höhlenmenschen" sprach. Dieser Umstand ist jedoch darauf zurückzuführen, daß ältere Ablagemengen in den Erosionsphasen des Eiszeitalters zerstört

wurden, was vor allem für die flachen Felsschutzdächer gilt. Tiefere Höhlen wurden offenbar gemieden; vielleicht auch deshalb, weil solche Höhlen in tropischen Regionen voller Ungeziefer und Krankheitserreger waren.

Während bei den ältesten Funden menschlicher Überreste meist nicht zu erkennen ist, warum sie in die Fundschicht gelangten – Hinweise auf Kannibalismus sind schwer deutbar – ist eine größere Anzahl von Neandertalerskeletten bekannt, die aus angelegten Gräbern stammen. Vereinzelt lassen sich Knochen von Jagdtieren als Beigaben erkennen. Im einzigen Fall, wo entsprechende Untersuchungen angestellt wurden, fand man am Skelett viele Blütenpollen, so daß der Tote ganz in Blumen gebettet gewesen sein muß. In derselben Höhle in Irakisch-Kurdistan fand man auch die Überreste eines erwachsenen Mannes, der von Jugend auf so stark körperbehindert gewesen sein muß, daß er auf fremde Hilfe angewiesen war; trotzdem wurde er, über 40 Jahre alt und wahrscheinlich Opfer eines Erdbebens, sorgsam bestattet. Dieser Umgang mit den Toten setzte ein Verhältnis der Lebenden zum Tod voraus, das in den Bereich des Religiösen gehört. Die große Vielfalt der Bestattungsarten in der Folgezeit weist auf Glaubensvorstellungen hin, deren Tiefe heute allerdings unergründlich bleibt.

Wo wir uns die Formen der heutigen Menschheit herausbildeten, ist ungewiß. Die besonders spezialisierten Neandertaler Westeuropas gehören höchstwahrscheinlich nicht zu den direkten Vorfahren, die eher in Südwestasien, vielleicht auch in Afrika auftraten. Sie verbesserten die Fernwaffen (Harpunen und Wurfspeere) durch die Hebelkraft der Speerschleudern, entwickelten in baumarmen Steppen und Tundren Knochenwerkzeuge und spezialisierten sich als Jäger. Ferner schufen sie bewundernswerte Kunstwerke. Kleine Tier- und Menschenplastiken („Venusstatuetten") aus Elfenbein, Knochen oder Gestein sind bekannt, gewiß nur ein Bruchteil der damals auch aus leichter vergänglichen Materialien geschaffenen Werke. Abgesehen von „primitiveren" Vorläufern traten die ersten Werke vor rund 40 000 Jahren auf. Die Höhlenmalereien hatten ihre Blütezeit vor etwa 20 000 bis 15 000 Jahren. Ihre Verbreitung ist auf Teile Südfrankreichs und Nordspaniens begrenzt, doch liegt das wohl vor allem an den

dort für Malereien besonders geeigneten groß-
flächigen Höhlenwänden. Die bewegliche
„Kleinkunst" dagegen ist selbst in Sibirien
und im südlichen Afrika nachzuweisen.
Annähernd gleichzeitig breiteten sich die
Menschen über die Kontinente der „Neuen
Welt" aus. Vor rund 40 000 Jahren wurde Australien erreicht. Damals bildete zwar ein großer Teil Indonesiens eine Halbinsel des asiatischen Festlandes, vom südlichen Kontinent
Australien (einschließlich Neuguinea) blieb er
aber durch einen mindestens 40 km breiten
Streifen offenen Meeres getrennt, das erst
überwunden werden mußte. Der Doppelkon-
tinent Amerika wurde auf dem Weg über die
Beringstraße vor etwa 20 000 Jahren erreicht.
Über Alaska hinaus drangen die Menschen
wohl erst einige tausend Jahre später nach Süden vor. Dann aber ging die Ausbreitung
rasch weiter, so daß Feuerland bereits vor
10 000 bis 8000 Jahren erreicht wurde.

1.4 Neolithische Revolution

Der jüngere Abschnitt der Steinzeit, in dem
Werkzeuge – besonders die Beilklingen – ge-
schliffen wurden, wird seit 1865 in der Forschung „Neolithikum" (griech., „Jungstein-
zeit") genannt. Die neuen Werkzeuge fallen
gegenüber den „geschlagenen" Geräten der älteren Zeit deutlich ins Auge, zumal sie als
„Donnerkeile" im Volksglauben schon seit der
Antike bekannt waren. Aber es war mehr, was
die „Periode des geschliffenen Steins" von der
des „geschlagenen" trennte: Keramik, Haustiere, Kulturpflanzen, vor allem aber dörfliche
Siedlungen mit Häusern aus Holz und Lehm,
die es den Menschen erlaubten, sich von der
durch Jagen und Sammeln geprägten „aneig-
nenden" Wirtschafts- und Lebensweise zu lösen. Neues wurde „produziert", etwa Gegenstände aus Keramik, die erste Umwandlung
anorganischer Stoffe. Einige Tierarten wurden domestiziert, viele Pflanzenarten kulti-
viert.
Eine Voraussetzung waren die verhältnismäßig kurzfristigen Umweltveränderungen am
Übergang vom „Eiszeitalter" (dem Pleistozän,
auch Quartär genannt) zur geologischen „Gegenwart" (dem Holozän) vor rund 8000 bis
12 000 Jahren. Bis dahin hatte die Anzahl der
gleichzeitig lebenden Menschen, angepaßt an

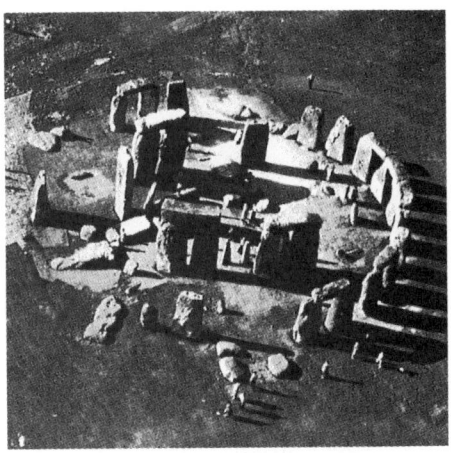

*Luftbild von Stonehenge, dem größten
prähistorischen Steindenkmal Europas*

die jeweiligen Ernährungsbedingungen, in vielen Regionen Werte erreicht, die ohne Änderung der Lebensformen kaum noch überschritten werden konnten. Die Umweltveränderungen waren zum einen klimatischer Art,
es wurde regional wärmer, feuchter oder trok-
kener, zum anderen ließ die Anhebung des
Meeresspiegels verschiedene Küstenbereiche,
etwa in der Nordsee und in Südostasien, un-
tergehen. Im Unterlauf mancher Ströme kam
es zu Rückstauungen und Deltabildungen.
Entsprechend änderte sich die Tier- und
Pflanzenwelt.
Die davon betroffenen Menschengruppen reagierten auf diese Veränderungen in unterschiedlicher Weise. Die Anpassung reichte
von kultureller Verarmung und Beharrung bis
zu mehr oder weniger raschen Neubildungen
und Umformungen. Entsprechend veränderten sich die demographischen Verhältnisse,
von Rückgang oder Stagnation bis zu „explo-
sionsartiger" Bevölkerungsvermehrung. Daß
es zu diesen Umwandlungen kam, die zu
Recht „revolutionär" genannt werden dürfen,
ist jedoch aus den Voraussetzungen allein
nicht zu erklären. Geistig-religiöse Bereiche
sind für diese Zeiträume kaum exakt zu er-
fassen, ihre Rolle wird deshalb meist unterschätzt.
Bei den „Haustieren" ist schwer zu verstehen,
warum die Anzahl der domestizierten Arten
so begrenzt blieb und dazu noch regionale Un-

23

Darstellung des Stadtfürsten Ur-Nansche von Lagasch inmitten seiner Familie auf einer Weihetafel (Ende des 26. Jh. v. Chr.)

terschiede bestanden. Die wichtigeren Arten sind unter „vorgeschichtlichen" Verhältnissen domestiziert worden, so daß keine schriftlichen Überlieferungen von den Ursachen und Anfängen berichten, wenngleich Pferde und Kamele erst im 4. und 3. Jahrtausend v. Chr. nutzbar gemacht wurden, eine Zeit, von der es aus Ägypten und Südwestasien bereits Schriftzeugnisse gibt. Zunächst wurden die wenigen Haustiere offenbar als Fleischlieferanten gehalten, daneben wohl auch – oder zunächst? – für Opferrituale. Hunde gelten heute als Jagdbegleiter – aber die Jägerstämme Afrikas züchteten bzw. nutzten Jagdhunde in der Regel nicht, und da es unbekannt ist, seit wann Hunde bellen, ist es ungewiß, seit wann sie als Wächter dienten. Ähnlich steht es mit dem Rind, das bereits Haustier gewesen sein muß, bevor es zur Milchgewinnung und als Zugtier genutzt wurde.

Gegenüber den wenigen Haustierarten ist die Fülle der kultivierten Pflanzen nahezu unübersehbar, besonders wenn man die in vorkolumbischer Zeit in Amerika kultivierten hinzurechnet. Daß diese Vorgänge vor allem den Frauen zu verdanken sind, die als Sammlerinnen mit Pflanzen besonders vertraut waren, ist unbestreitbar. Da die meisten tropi-

schen Kulturpflanzen archäologisch kaum nachgewiesen werden können, sind die Anfänge dort noch weitgehend unerforscht. Anders ist es bei den altweltlichen Getreidearten, deren Anbau auf vielerlei Art, etwa durch Pollenreste und verkohltes Korn bis zu Spuren auf Erntemessern und Mahlsteinen nachgewiesen werden kann. Sie sind offenbar in den höher gelegenen Steppengebieten Südwestasiens zuerst angebaut worden. Der Rhythmus von Saat- und Erntezeiten, der Zwang zu Vorratshaltung für Saatgut und Nahrung in der Zwischenzeit verlangte eine noch stärkere Anpassung als die Sorge für die Haustiere. Dafür gab es „Freizeit" für andere Verrichtungen. Längere Ortsgebundenheit bei sicherer Nahrungsgrundlage erlaubte länger genutzte und größere Siedlungen, die unter besonders günstigen Bedingungen wie in Jericho im Jordantal zu stadtartigen Anlagen mit Mauern und vielen hundert Bewohnern führten. Kämpfe um Vieh, Land und Erntevorräte waren von anderem Rang als die um Jagdgebiete.

Schon bald wurden Waffen entwickelt, die nicht nur zu Jagd und Kampf gleichermaßen, sondern vorwiegend zum Kampf dienten: Schleuder, Pfeil und Bogen, steinerne Keulenköpfe und Streitäxte. Die Schutzlage und bald auch Befestigung von Siedlungen belegen kriegerische Auseinandersetzungen. Die Stileigentümlichkeiten der Keramik der „archäologischen Kulturen" zeigt, daß diese Menschengruppen sich deutlich von ihren Nachbarn unterscheiden wollten, was in der Regel auch für die jetzt zahlreichen bekannten Bestattungsformen gilt.

Ob der Prozeß der „neolithischen Revolution" in einem enger begrenzten Raum einsetzte und sich dann verbreitete, ist umstritten. Wahrscheinlicher ist, daß es annähernd gleichzeitig in einigen Regionen zwischen Südost- und Südwestasien zu Ansätzen kam, die dann besonders auf Europa, Nordafrika und weite Teile Asiens übergriffen. Randgebiete wie Afrika südlich der Sahara und Nordeurasien übernahmen nur einige der neuen Kulturzüge. In Amerika scheinen diese Prozesse mit zeitlicher Verschiebung abgelaufen zu sein, sie sind aber in vielerlei Hinsicht vergleichbar. In allen Fällen endete dieser Prozeß mit der Entstehung von „Hochkulturen", die dann ihrerseits auf die in „pflanzerischen" oder „bäuerlichen" Lebensformen beharrenden Gruppen einwirkten.

1.5 Sumerische Stadtstaaten Anfänge der Keilschrift

Sumer ist der aus dem Akkadischen abgeleitete Name für den südlichen Teil Mesopotamiens, den die Sumerer selbst – zunächst auf das Gebiet um Nippur beschränkt – Kengir nannten. Wann und woher die Sumerer, die seit dem Ende des 4. Jahrtausends v. Chr. in diesen Gebieten nachweisbar einwanderten, ist ungeklärt. Sie siedelten in den Flußtälern, wo sie dem Hochwasser im Herbst und im Frühjahr entgegentraten, Sümpfe trockenlegten und durch Bewässerungssysteme mit Kanälen, Gräben, Rinnen und Hebewerken die angrenzende Steppe in fruchtbares Ackerland verwandelten. Ihre bedeutenden Städte waren Eridu, Uruk, Ur, Umma, Lagasch und Girsu im heutigen Südirak, Adab und Nippur im mittleren Irak sowie weiter nördlich Kisch, Sippar und Eschnunna. An der Spitze des Stadtstaates stand der Ensi, der Stadtfürst, der sich in erster Linie als Stellvertreter des Stadtgottes verstand. Das

Grundeigentum gehörte in der Regel den Heiligtümern und dem Palast. Seit Beginn des 3. Jahrtausends bildeten sich um einige dieser Städte in Größe und Macht wechselnde Staaten. Uruk war zunächst die mächtigste Stadt Sumers, von ihren als „frühdynastisch" bezeichneten Königen Enmerkar, Lugalbanda, Dumusi und Gilgamesch erzählen zahlreiche Mythen und Epen. Im 27./26. Jahrhundert war dann Kisch das Machtzentrum in Nordbabylonien mit der „1. Dynastie nach der Flut", aus deren Herrschern insbesondere Etana und Mesilim zu nennen sind. Mit der „1. Dynastie von Ur" um 2550 verschob sich das Machtzentrum Sumers wieder nach Süden. Danach traten Lagasch, insbesondere unter König Eannatum, und Umma in den Vordergrund.

Die Auseinandersetzungen der sumerischen Städte gestalteten sich immer heftiger unter gleichzeitiger Ausbildung von Großreichtendenzen bisher unbekannten Ausmaßes. Lugalsagesi von Umma (um 2280) konnte schließlich Lagasch unterwerfen und seinen Machtbereich auf Uruk, Ur, Kisch, Adab, Eridu sowie Nippur ausdehnen; er übernahm den Titel „Herr aller Länder". Doch er unterlag bald *Sargon von Akkad* (▷ 1.6), der das erste semitisch beherrschte Großreich in Mesopotamien schuf.

Wenn auch der starke Einfluß der Sumerer in allen Bereichen der altorientalischen Kultur und Gesellschaft nur schwer im einzelnen zu bestimmen ist, so sind sie unbestritten die „Er-

Bronzeguß, der wahrscheinlich Naramsin darstellt

finder" der Keilschrift. Ihren Namen hat die Schrift nach dem keilförmigen Eindruck des schräg gehaltenen Rohrgriffels in den weichen Ton der danach getrockneten oder gebrannten Schreibtafel. Zu den ältesten erhaltenen Schriftdenkmälern zählen die Tontafeln, die um 3000 in Uruk zu Wirtschaftszwecken entstanden, mit einer Bilderschrift, die konkrete Gegenstände oder Symbole mit Mengenangaben darstellte. Sie wurde durch kombinierte Zeichen (z. B. „Kopf" + „Brot" = „essen" bzw. „Essen") erweitert und gestattete durch Hinzufügung grammatischer Elemente das Schreiben eindeutiger Sätze. Die Keilschrift wurde nicht nur zur Aufzeichnung des Sumerischen, sondern auch anderer Sprachen genutzt, in Babylonien für astronomische Texte sogar bis ins 1. Jahrhundert n. Chr.

1.6 Erstes semitisches Großreich Sargon I. von Akkad

Schon sehr früh hatten sich am nordwestlichen Rand Sumers in der Gegend um Kisch Semiten niedergelassen. Sie erreichten trotz unterschiedlicher Herkunft und Sprache in der Auseinandersetzung mit der sumerischen Kultur sprachliche und kulturelle Einheit. Um die Mitte des 24. Jahrhunderts v. Chr. waren die Sumerer nur noch scheinbar dominierend, die Semiten waren zahlenmäßig überlegen und bildeten zumindest im Norden Babyloniens die soziale Oberschicht.

Der Prozeß der allmählichen Wandlung der altsumerischen Gesellschaft und Kultur fand seinen Kulminationspunkt in der Machtübernahme durch Scharrum-Kin von Kisch, der nach der Legende von niederer Geburt war und als Sargon I. von Akkad Herrscher wurde. Ihm gelang es, seinem Volk eine militärische und politische Vormachtstellung zu verschaffen; die Errichtung Akkads als eines neuen Zentrums in der Nähe von Kisch (vielleicht der Ruinenhügel Ischan Misjad) war Ausdruck seines Herrscherwillens. Die Ausweitung über die Grenzen Sumers und Akkads – dies war nun der neue Name für Nordbabylonien – war Sargons Ziel, das er mit zahlreichen Feldzügen bis nach Syrien, nach Kleinasien, in das Gebiet des späteren Assyriens und nach Elam auch erreichte. Er schuf

nach dem Sieg über Lugalsagesi von Umma und nach der Unterwerfung der anderen *sumerischen Stadtstaaten* (▷ 1.5) das erste semitische Großreich, das die „vier Weltgegenden" umfaßte, vom Unteren bis zum Oberen Meer, d. h. vom Persischen Golf im Süden bis zum Mittelmeer im Norden und Westen und bis zum Sagrosgebirge im Osten.

Sargon, der von 2300 bis 2245 regierte, machte die Rohstoffeinfuhr (Holz, Metalle, Stein) zum Staatsmonopol. Er galt als „König der Schlacht" und stützte seine Macht auf ein recht bewegliches Heer aus Steppenkriegern. Seine Erhebung zum Gottkönig führte eine Umwälzung des altsumerischen Religionsverständnisses herbei. Die Gottheiten beherrschten nun nicht nur das Naturgeschehen, sondern auch den Geschichtsablauf. Ihre Persönlichkeit wurde gleichzeitig mit ethischen und rechtlichen Inhalten ausgestattet und stand somit in wechselseitiger Beziehung zu der des Königs, dem die Verantwortung für das soziale Geschehen im ganzen Reich oblag.

Sargon war der Begründer der Dynastie von Akkad, aus deren Herrschern sein Enkel Naramsin, der von 2220 bis 2183 regierte, herausragt. Stetige Feldzüge gegen äußere Feinde wie Aufstände und Unordnung im Innern – binnen weniger Jahre wechselten die Herrscher mehrmals – führten zum Niedergang des Reiches. Die Dynastie von Akkad endete etwa 2120. Das zerfallende Reich wurde um 2100 von den Gutäern, einem Bergvolk aus der Gegend des heutigen Luristan im Iran, zerstört, die für rund 40 Jahre Babylonien weitgehend beherrschten.

Einige südsumerische Stadtstaaten wurden erneut selbständig – so Lagasch unter dem Stadtfürsten Gudea (ca. 2080–60) –, und unter der „3. Dynastie von Ur" gelang den Sumerern noch einmal für 100 Jahre die Errichtung eines einheitlichen mächtigen Reiches. Ihr Begründer war Ur-Nammu, der 2047 eine Oberherrschaft Uruks abschütteln konnte und von Ur aus ein zentral verwaltetes Reich in Babylonien errichtete, dessen wirtschaftlichen Aufschwung er durch die Sicherung der Fernhandelswege vom Persischen Golf nach Syrien ermöglichte. Mit dem Ende der „3. Dynastie von Ur" übernahmen semitische *Babylonier* (▷ 1.10) und *Assyrer* (▷ 1.14) die politische Führung im Alten Orient.

Abbildung S. 25

1.7 Ägyptisches Reich Pyramidenzeit Pharaonen

Im ägyptischen Geschichtsdenken galt König Menes als Reichseiniger, der Ober- und Unterägypten zu einem gemeinsamen Staat verband (Reichseinigungszeit, um 3000 v. Chr.). Die Ereignisse der thinitischen Zeit (1. bis 2. Dynastie, bis etwa 2635) bleiben noch weitgehend im Dunkeln. Das sich der Thinitenzeit anschließende Alte Reich (3. bis 6. Dynastie, ca. 2635–2155) ist durch Denkmäler besser bekannt: Eindrucksvolle Zeugnisse dieser Zeit sind die Pyramiden. Die erste Pyramide ließ König Djoser für sich in Saqqara erbauen; als ihr Baumeister und als Erfinder der Steinbaukunst überhaupt galt den Ägyptern Imhotep, der in späterer Zeit als Gott verehrt wurde. In der 4. Dynastie (ab 2570) erreichte der Bau von Pyramiden den Höhepunkt. Unter König Snofru wurden zwei Pyramiden in Dahschur und eine in Medum zum Bauabschluß geführt. Ferner wurden auf dem Wüstenplateau von Giza, nahe der Hauptstadt Memphis, drei Pyramiden errichtet. König Cheops ließ die mit fast 147 m höchste errichten. Noch heute ist es strittig, wie diese gewaltigen Steinmassen transportiert werden konnten, denn die Ägypter selbst haben über den Pyramidenbau keine Zeugnisse hinterlassen. Mit fast 144 m Höhe ist die Pyramide des Chephren nur geringfügig kleiner, an ihrer Spitze ist noch ein guter Teil der ursprünglichen Mantelung erhalten. Der hierarchische und zentralistische Staatsaufbau des Ägyptischen Reiches wird durch die Pyramiden symbolisiert. Die Könige der 5. Dynastie (ab 2450) nahmen Abschied vom monumentalen Pyramidenbau und ließen sich statt dessen kleinere Ziegelpyramiden als Grabbauten errichten. Ihre Aufmerksamkeit richtete sich auf den Sonnenglauben, die Verehrung des Sonnengottes Re, dem sie Heiligtümer weihten. In dieser Zeit gewann der Totenkult um den Gott Osiris an Ansehen, und der letzte König der Dynastie, Unas, suchte einen Ausgleich zwischen dem Sonnenglauben und dem Totenkult in den Pyramidentexten, den Ritualtexten zum Begräbnis und zur Auferstehung des Königs. Sie gehören zu den ältesten religiösen Texten der Menschheit. In der 6. Dynastie blieb Ägypten ein perfekt funktionierender Beamtenstaat, der Denkmäler und Grabbauten in Fülle hervorbrachte. Doch in oder nach der langen Regierungszeit von Pepi II. zerfiel die Zentralgewalt; verschiedene kleine Königreiche bestanden nun für einige Jahrzehnte. Die Gaufürsten Thebens (11. Dynastie, ab 2134) besiegten das in dieser Ersten Zwischenzeit dominierende Herrscherhaus von Herakleopolis (10. Dynastie) und einten das Land erneut. Um 2040 unter Mentuhotep II. begann das Zeitalter des Mittleren Reiches, das in der 12. Dynastie (ca. 1991–178) eine Blüte erlebte. Bedeutende literarische Werke entstanden („Die Geschichte des Sinuhe"). Die Sprache dieser Epoche, das Mittelägyptische, wurde zur „klassischen" Schriftsprache, die bis in die griechisch-römische Zeit auf hieroglyphisch geschriebenen Denkmälern Verwendung fand.

Am Ende dieser Dynastie setzte ein langsamer Prozeß ein, der zur Auflösung der Staatsgewalt führte. Das innenpolitisch schwache Ägypten wurde in dieser Zweiten Zwischenzeit (13. bis 17. Dynastie, ca. 1785–1554) Beute der Hyksos, eines vorderasiatischen Fremdvölkerverbandes, dessen Könige von dem im Ostdelta gelegenen Hauptort Auaris aus schließlich ganz Ägypten kontrollierten. Eine Opposition erwuchs den Hyksos in dem thebanischen Gaufürstenhaus (17. Dynastie), dem es nach jahrzehntelangen Kämpfen gelang, unter Führung des „Königs" Kamose bis nach Auaris vorzudringen. Sein Bruder Ahmose befreite Ägypten vollständig von der Fremdherrschaft, vereinigte erneut ganz Ägypten und gründete die 18. Dynastie (1554 bis 1305) und damit das Neue Reich, das einen Höhepunkt der ägyptischen Geschichte bildet. Nach Ahmose und Amenophis I., der besonders in der Ramessidenzeit göttliche Ehren genoß, führte Thutmosis I. eine Expansionspolitik. Im Norden und Süden Ägyptens wurden neue Provinzen angegliedert, Beutezüge und Handel brachten ungeahnte Kostbarkeiten ins Land. Das einst isolierte Ägypten wurde zur führenden Macht, der Kontakt mit dem Ausland brachte aber nicht nur Güter und Sklaven in das Land, sondern auch fremde Sitten und ungewohnte religiöse Bräuche. Nach dem Tode Thutmosis I. kam sein Sohn (Thutmosis II.) auf den Thron, der aber früh verstarb und ein Kind von seiner Nebenfrau als Thronfol-

*Prinz Rahotep und seine Frau Nofret
(4. Dynastie). Bemalte Kalksteinskulptur*

ger hinterließ. Dieser wurde als Thutmosis III. inthronisiert, während die Königinwitwe Hatschepsut zunächst für ihn die Regentschaft übernahm, sich aber bald selbst krönen ließ. Ihr Totentempel in Dheir el-Bahri (Theben-West) zählt zu den gelungensten Bauwerken Ägyptens.

Schließlich kam Thutmosis III. an die Macht: Dieser Pharao (altägypt. „Per-O", „großes Haus") nahm die Expansionspolitik wieder auf. Ihm gelang es, eine Armee des Mitanni-Reiches bei Megiddo in Palästina vernichtend zu schlagen. Unter seiner Regierungszeit konnte Ägypten seine Grenzen ausdehnen wie niemals vorher und niemals nachher. Sein Sohn Amenophis II. übernahm dieses gewaltige Erbe und konnte es fast ungeschmälert

seinem Sohn Thutmosis IV. übergeben. Nach einer recht kurzen Regierungszeit setzte sein Nachfolger Amenophis III. wieder auf die diplomatische Friedenspolitik. Seine Aufmerksamkeit widmete er einer enormen Bautätigkeit, die nur durch die von Ramses II. übertroffen wurde. Wohlleben und nie zuvor gesehener Prunk kennzeichneten seine Regierungszeit. Unter seinem Sohn *Amenophis IV.*, der sich später *Echnaton* nannte, begann eine kulturelle Blüte, die Amarnazeit (▷ 1.12).

1.8 Harappakultur

Vor allem im Industal (im heutigen Pakistan), aber auch in angrenzenden Gebieten wurde seit den zwanziger Jahren des 20. Jahrhunderts eine Reihe bedeutender Städte mit einer einheitlichen Kultur ausgegraben, die um die Mitte des 3. Jahrtausends v. Chr. bereits einen hohen Entwicklungsstand aufwies. Die wichtigsten Fundorte neben Harappa, das dieser Induskultur den Sammelnamen verlieh, sind Mohendscho Daro, Kot Diji, Amri, Chanhu Daro sowie außerhalb der Indusebene Sutkagen Dor in Belutschistan, ein Außenhandelsposten am Arabischen Meer und Lothal auf der Halbinsel Kathiawar in Nordwestindien. Diese Städte besaßen ein rechtwinkliges Straßennetz (breite „Boulevards", geschnitten von engen Gassen), durch das Häuserblöcke gebildet wurden. Man fand Reste kleiner Privathäuser und mehrstöckiger Wohnhäuser mit Innenhof. In Mohendscho Daro sind noch die unteren Mauern einer öffentlichen Badeanlage (12 x 7 x 2,5 m groß) zu sehen. Gebaut wurde meist mit gebrannten Lehmziegeln. Charakteristisch ist auch das hervorragende Kanalisationssystem. Die Unterstädte waren nicht immer befestigt, wohl aber die über Bodenhöhe aufragenden „Zitadellen", die Herrschaftssitze waren. Man trieb Handel mit dem Vorderen Orient; die Wirtschaft basierte hauptsächlich auf der Verarbeitung von Getreide (große Getreidespeicher wurden entdeckt) und Baumwolle sowie auf Viehzucht (Büffel). Das einheitliche Maß- und Gewichtssystem läßt eine geordnete Verwaltungstätigkeit vermuten.

Die mit etwa 400 Zeichen auf meist quadratischen Siegeln aus Speckstein überlieferte hieroglyphische Schrift konnte noch nicht entziffert werden. Die in dieses Siegel geschnittenen Bilder (Tiere, eine Gottheit mit Hörnern) gehören zusammen mit den Metallarbeiten aus Kupfer und Bronze, unter denen besonders die zierliche Figur einer Tänzerin auffällt, und mit der Keramik (reich verzierte Gefäße, kleine Statuen) zu den eindrucksvollsten Kunstwerken dieser Kultur, die Mitte des 2. Jahrtausends aus ungeklärten Gründen unterging, nachdem vermutlich um 1700 Überschwemmungskatastrophen die Städte heimgesucht hatten. Möglicherweise war die Harappakultur dem Ansturm arischer Einwanderer nicht mehr gewachsen.

Das „Große Bad" in Mohendscho Daro, das kultischen Zwecken diente

1.9 Bronzezeit

Als die Abfolge von Stein- über Bronze- zur Eisenzeit Anfang des 19. Jahrhunderts bewiesen wurde, gab es eine heftige Diskussion über die Gültigkeit dieses Dreiperiodensystems, und es zeigte sich bald, daß von einer Bronzezeit, die vom Ende des 3. bis zum Beginn des 1. Jahrtausends v. Chr. dauerte, nur in einer begrenzten Zone gesprochen werden kann. In Afrika südlich der Sahara sowie in Teilen Nordeurasiens wurden „steinzeitliche" Verhältnisse unmittelbar von „eisenzeitlichen" abgelöst. In Amerika war es in vorkolumbischer Zeit nur in einigen Regionen zur Verwendung von Kupfer auch für Werkzeuge und Waffen gekommen. Die Hochkulturen im Niltal und in Mesopotamien begannen zwar ebenfalls schon mit der Verwendung von Kupfer, doch wird die Übernahme der Bronze dort nicht für so epochal gehalten wie die Abfolge der Herrscherdynastien. Selbst bei „bronzezeitlichen" Hochkulturen wie der des *Hethiterreiches* (▷ 1.11) oder der *Shang- und Chou-Dynastien* (▷ 1.15) wird diese Zuordnung oft nur beiläufig erwähnt. Andererseits verharrten Teile Nordost- und Nordeuropas in steinzeitlichen Traditionen.

Für das übrige Europa repräsentierte die neue Metallegierung jedoch eine neue Kulturepoche. Da seine Bestandteile Kupfer und Zinn nicht überall und in der Regel auch nicht im selben Bereich vorkamen, setzte ihre Legierung eine weiträumige Handelsorganisation voraus. Die im bronzezeitlichen Kerngebiet

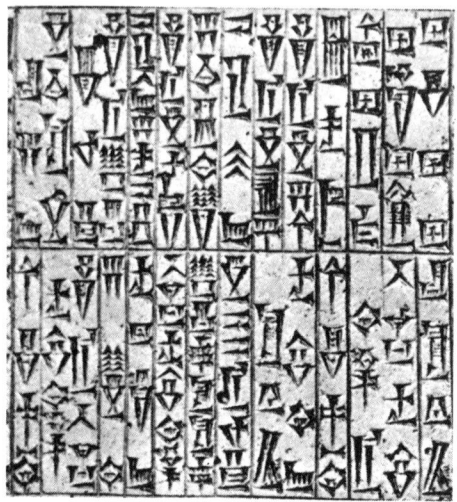

Ausschnitt aus dem Codex Hammurapi

übliche Sitte, die Toten mit ihrem persönlichen Besitz an Schmuck und Waffen zu bestatten, läßt nicht nur soziale Unterschiede erkennen. Sie belegt auch, daß jede neue Generation der höheren Schichten sich neu ausstatten mußte, da es in diesem Bereich keine „Erbstücke" gab. Dies zwang zu schnellem Stilwandel, der eine archäologische Periodisierung ermöglichte wie sie sonst nicht erkennbar wäre. Die Spezialisierung der Bronzehandwerker führte aber auch zu einer großen Zahl von Neubildungen. Das gilt nicht nur für die Schmuckformen wie Ringe, Anhänger, Nadeln und Fibeln, sondern vor allem auch für die Waffen, von denen Schwerter und Schilde neu erfunden bzw. entwickelt wurden.

In diesen Rahmen gehört auch die Entwicklung des zweirädrigen Streitwagens mit Speichenrädern, dem ältesten „Waffensystem". Wahrscheinlich im frühen 2. Jahrtausend in vorderasiatischen Hochebenen oder nordpontischen Städten erfunden, wurde er bald zwischen Nordwestafrika und England, Südskandinavien und Ägypten bis nach Indien und Ostasien übernommen. Diese neue Kriegsführung setzte als Vorläufer des *Rittertums* (▷ 6.22) mehr noch als dieses „Spielregeln" voraus, die selbst im härtesten Kampf eingehalten wurden. Als im 13./12. Jahrhundert Völker aus Mittel- und Südosteuropa nach Süden zogen, die sich an diese Regeln offen-

bar nicht mehr hielten, brachen die in den Oberschichten gepflegten sozialen Kontakte zusammen. Das „eiserne Zeitalter" begann.

1.10 Babylonisches Reich Hammurapi

Nachdem das neusumerische Reich der „3. Dynastie von Ur" (▷ 1.6) unter dem Ansturm der Amoriter, semitischer Nomadenstämme aus dem Westen, um 1950 v. Chr. zerfallen war, bildeten sich wieder rivalisierende Einzelstaaten um mehrere Städte, so im Süden um Isin und Larsa, weiter im Norden um Eschnunna im Dijala-Gebiet und um Mari am mittleren Euphrat. Erst Hammurapi aus einer westsemitischen amoritischen Dynastie, der 1. Dynastie von Babylon, konnte durch eine geschickte Verbindung von Bündnispolitik, Handelsbeziehungen und Kriegszügen um 1700 wieder ein ganz Mesopotamien umfassendes Reich schaffen – diesmal mit der zuvor unbedeutenden Stadt Babylon als Zentrum.

Hammurapi, der von etwa 1728 bis 1686 herrschte, siegte über seinen Hauptgegner Rim-Sin von Larsa, unterwarf nach dem Tode Schamschi-Adads I. Assyrien und schlug Mari unter Zimrilim ein. Mit einer umsichtigen Politik im Innern verschaffte er dem Land eine wirtschaftliche Blütezeit. Von den zahlreichen erhaltenen Dokumenten, die Hammurapis Verwaltungstätigkeit bezeugen, ist das berühmteste der sogenannte Codex Hammurapi (auch Gesetzbuch oder Gesetze Hammurapis genannt) auf einer Säule aus Diorit, die später nach Elam verschleppt und in Susa gefunden wurde. Sie gilt mit ihren 282 Rechtssätzen und aufgrund ihrer inneren Systematik als wichtigste Rechtssammlung des Alten Orients. In ihr wurden zwar ältere sumerische und babylonische Rechtstraditionen fortgeführt, doch knüpfte Hammurapi im Vergeltungsprinzip (Talionsprinzip) wohl mehr an semitisches Stammesrecht an – im Unterschied zum sumerischen, mehr auf Wiedergutmachung zielenden Recht. In Hammurapis Zeit mag wohl auch eine erste einheitliche Fassung des Gilgamesch-Epos entstanden sein.

Nach Hammurapis Tod konnten seine Nachfolger das von ihm geschaffene Reich nicht ganz erhalten. Südbabylon machte sich selbständig und wurde von einer Dynastie des Meerlands beherrscht. Als neuer, immer gefährlicher werdender Angreifer erschien das Volk der Kassiten (oder Kossäer) aus dem Bergland im Nordosten, dem Sagrosgebirge. Durch den überraschenden Kriegszug des Hethiterkönigs Mursili I. (er herrschte von ca. 1560 bis 1531/30), der Babylon 1531 zerstören ließ, wurde das Reich so geschwächt, daß die Kassiten das Land erobern und die Macht übernehmen konnten. Damit endete die Epoche der altbabylonischen Zeit, in der Hammurapi dem semitischen Element zur Selbstverwirklichung als kulturelle Kraft verholfen hatte.

Das Reich der Kassiten spielte neben dem churritischen Mitanni-Reich in Obermesopotamien und dem aufstrebenden *Assyrien* (▷ 1.14) keine bedeutende Rolle und mußte sich zeitweise assyrisches Eingreifen gefallen lassen. Doch stand es im 14. Jahrhundert mit den ägyptischen Pharaonen (▷ 1.7) und den hethitischen Königen (▷ 1.11) in formal gleichberechtigtem diplomatischem Verkehr. Um 1160 bereitete ein Angriff Elams der Kassitenherrschaft ein Ende, die in kultureller Hinsicht das übernommene sumerisch-babylonische Erbe gewahrt und gepflegt hatte.

1.11 Hethiterreich

Das Volk der Hethiter – auch Chatti oder Hatti genannt –, das eine indogermanische Sprache besaß, war auf bisher nicht bekanntem Weg nach Kleinasien eingewandert und seit dem 19. Jahrhundert v. Chr. in Kappadokien, der im Norden vom Schwarzen Meer und im Süden vom Taurus-Gebirge begrenzten Landschaft Kleinasiens, ansässig. Seit der Mitte des 17. Jahrhunderts stand Kappadokien unter ihrer Herrschaft, und von hier aus gewannen sie allmählich die Oberherrschaft über die lokalen Fürstentümer Anatoliens. König Anitta von Kussara unternahm im 18. Jahrhundert einen Eroberungszug von Kanesch, dem heutigen Kültepe bei Kayseri, zur Stadt Hattusa (etwa 150 km östlich von Ankara), die er völlig zerstörte. Über 100 Jahre später trat Tutchalija I. als erster Hethiterkönig in Erscheinung. König Hattusili I. (auch Labarna I., ca. 1590–60) machte Hattusa um 1570 zur neuen Hauptstadt der Hethiter und schuf von hier aus das Alte Reich,

das er durch Kriegszüge nach Süden bis zum Euphrat und bis vor Chalap (Aleppo) in Nordwestsyrien ausdehnte.

Hattusilis Enkel Mursili I., der von etwa 1560 bis 1531/30 regierte, eroberte Chalap und sogar Babylon (1531), womit er dessen 1. Dynastie ein Ende setzte und den Kassiten dort zur Herrschaft verhalf (▷ 1.10). Mursilis Ermordung nach seiner Rückkehr zog dynastische Probleme nach sich, die das Hethiterreich wohl auch für das folgende Jahrhundert auf einen Kernbereich in Anatolien zusammenschrumpfen ließen. Tutchalija II. – möglicherweise aus einer neuen Dynastie – schuf um 1400 mit erfolgreichen Feldzügen nach Syrien die Grundlagen für eine Erneuerung der Macht, auf denen Suppiluliuma I. (etwa 1370 bis 1335) das Neue Reich errichten konnte: mit der Konsolidierung der Situation in Anatolien, durch mehrjährige Feldzüge in den Süden, indem er um 1350 das Mitanni-Reich der Churriter in Nordmesopotamien zerstörte und dadurch, daß er unter Ausnutzung der außenpolitischen Untätigkeit Ägyptens syrische, bislang unter ägyptischem Einfluß stehende Kleinfürstentümer durch Vasallenverträge an sich band.

Nachdem sein Sohn Mursili II. (ca. 1330–1295) durch Kriegszüge und Vertragserneuerungen die Grenzen des Reiches hatte sichern können, kam es unter seinem Nachfolger zum offenen Konflikt mit Ägypten um Syrien (▷ 1.12). Die Entscheidungsschlacht bei Kadesch am Orontes 1285 brachte keinen klaren Sieg für die Hethiter unter Muwatalli (ca. 1295–82), doch im Friedensvertrag von 1270 mit Ramses II. von Ägypten erreichte Hattusili III. (ca. 1270–50) eine Abgrenzung der beiden Machtsphären in Nordsyrien.

Das immer mächtiger werdende *Assyrien* (▷ 1.14) übte nun aber – insbesondere nach dem Untergang des Restreiches der Churriter – zunehmenden Druck auf Nordmesopotamien und Nordsyrien aus und gefährdete die Vormachtstellung der Hethiter unter Hattusilis III. Sohn Tutchalija IV. (ca. 1250–25). In der Folgezeit geriet das Hethiterreich aufgrund von Mißernten und allmählicher Entvölkerung in wachsende Schwierigkeiten. Das Neue Reich zerbrach schließlich mit dem Tod Suppiluliumas II. um 1200 wohl in einer Schlacht gegen die sogenannten Seevölker. Karte S. 32

1.12 Amenophis IV. Echnaton Ramessiden

Die Regierungszeit von Pharao Amenophis III. (ca. 1403–1365 v. Chr.) verlief friedlich. Im Innern des Landes verhalfen fähige Beamte – allen voran Wesir Ramose – Ägypten zu Stabilität und unbeschwertem Wohlleben.

Fresco aus dem Grab des Königs Haremhab in Theben (18. Dynastie)

Außenpolitisch hatte Amenophis III. mit dem gefährlichsten Gegner, dem Mitannireich, ein Bündnis geschlossen und mit der diplomatischen Heirat der Prinzessin Giluchepa gefestigt.

Nach dem Tod von Amenophis III. bestieg sein Sohn Amenophis IV. (ca. 1365–49), von dessen Wirken während der Regierungszeit seines Vaters fast nichts bekannt ist, den Thron. Es ist möglich, daß er mit dem zweiten Wesir namens Amenophis identisch ist und so an der Seite von Ramose bereits Erfahrungen in Staatsgeschäften gesammelt hatte. Sehr bald wagte der König den Konflikt mit der mächtigen Amunpriesterschaft, indem er in nächster Nähe zum Amuntempel einen Tempelkomplex errichten ließ, der dem Sonnengott Aton geweiht wurde. In seinem 5. Regierungsjahr brach er völlig mit dem Amunkult: Er änderte seinen Namen Amenophis („Amun ist gnädig") in Echnaton (bzw. Achanjati, „Nützlich für Aton"). Mißliebige Beamte wurden entfernt und durch Männer aus unteren Bevölkerungsschichten oder Ausländer ersetzt. Im selben Jahr gründete er eine neue Hauptstadt mit Namen Achetaton (Amarna, „Horizont des Aton"), wohin er bald, nach Aufgabe der bisherigen Residenz Theben, übersiedelte. Der Haß auf die Amunpriesterschaft ging soweit, daß er überall den Namen des Gottes Amun ausmeißeln ließ. Ähnlich unduldsam verhielt er sich gegenüber den Kulten anderer Götter, so daß man mit einem gewissen Recht von einem verordneten Monotheismus sprechen kann.

Trotz der gewaltigen Anstrengungen, die der Pharao unternahm, um seinen Glauben in das Bewußtsein der Bevölkerung zu bringen, mußte die Glaubensrevolution scheitern, da er nur bedingt die Führungsschicht überzeugen oder entmachten konnte. Zudem hing das einfache Bauernvolk an uralten Glaubens- und Jenseitsvorstellungen, die der König in ihrer Vielfältigkeit und Altehrwürdigkeit nicht ersetzen konnte. Fremd mußte auf die meisten Ägypter der Amarnakunststil wirken, der zwar durchaus Meisterwerke (etwa die Büste der Nofretete, der Gemahlin Echnatons) hervorbringen konnte, die überkommenen Formen häufig aber bis ins Groteske verzerrte.

Das Ende der Amarnazeit gibt zu Spekulationen Anlaß. Wahrscheinlich kurz vor Ende der Regierungszeit Echnatons teilte er die Macht mit einem König Semenchkare, doch nach seinem Tod folgte ihm Tutanchamun auf den Thron, dessen Grab 1922 von Howard Carter unausgeraubt gefunden wurde. Tutanchamun mußte die Verhältnisse vor der Amarnazeit wiederherstellen und die alten Kulte restau-

rieren. Da Tutanchamun mit knapp 20 Jahren starb, kann man davon ausgehen, daß andere für ihn die Fäden zogen. Erst mit Pharao Haremhab, einem ehemaligen General, der nach der kurzen Regierungszeit des Eje den Thron bestieg, war die Amarnazeit beendet.

In der 19. Dynastie (ca. 1305–1196), die zusammen mit der 20. Dynastie innerhalb des Neuen Reiches die Ramessidenzeit bildete, begann Sethos I. mit der Rückeroberung Palästinas und traf ein Abkommen mit dem mächtigen *Hethiterreich* (▷ 1.11). Seinem Sohn und Thronfolger Ramses II. (Ramses der Große) war es beschieden, mehr als sechsundsechzig Jahre auf dem ägyptischen Thron bleiben zu können. Er entfaltete eine nie dagewesene Bautätigkeit: Am bekanntesten ist der Tempel von Abu Simbel. In seinem 5. Regierungsjahr fand die berühmte Schlacht bei Kadesch ge-

Thron von Tutanchamun (18. Dynastie).
Am oberen Rand der Rückenlehne
die Darstellung Atons als Sonnenscheibe,
von Echnaton als höchstes Wesen verehrt

gen die Hethiter statt, die fast mit einem Mißerfolg der Ägypter endete. Seinem Thronfolger Merenptah gelang es, die gefährlichen Seevölker, denen das hethitische Reich zum Opfer fiel, an den Grenzen Ägyptens abzuwehren. In einem Hymnus dieser Zeit wird *Israel* (▷ 1.13) zum ersten Mal erwähnt.

Nach einigen Unruhen fand das Reich am Anfang der 20. Dynastie (ca. 1196–1080) wieder für kurze Zeit zur Stabilität zurück. Doch gegen Ende der Regierungszeit von Ramses III. waren Streiks der Arbeiter – die ersten bezeugten der Weltgeschichte – an den Königsgräbern die ersten Vorboten der Auflösung des Neuen Reiches. Im Süden begründeten die Hohepriester den „Gottesstaat des Amun", während in der Deltastadt Tanis die Könige der 21. Dynastie (ca. 1080–945) herrschten. Mit der 22. Dynastie ergriffen ägyptisierte Libyervölker, mit Scheschonq I. (der Sisak der Bibel) an ihrer Spitze, die Macht in Ägypten.

Die libysche Herrschaft stürzte der Nubier Schabaka, der Ägypten unter die Vorherrschaft des dem „orthodoxen" Amunglauben anhängenden Kuschitenvolks (25. Dynastie, ca. 715–664) einte. Jedoch wurde nun Ägypten bis Theben durch den *Assyrer* Asarhaddon erobert (▷ 1.14). Einer der von den Assyrern abhängigen Gouverneure aus der Stadt Sais befreite mit Hilfe von karischen und ionischen Söldnern Ägypten und brachte mit seiner einheimischen 26. Dynastie (ca. 664–525) die Spätzeit zu einer kulturellen Blüte, die sich als eine Art Renaissance auf frühere Zeiten besinnt, aber doch einen hochwertigen eigenen Stil entwickelt. Schon bald sollte allerdings die persische Fremdherrschaft beginnen (▷ 2.11).

1.13 Israel und Juda Saul und David

„Und das ganze Volk zog nach Gilgal, und sie machten dort Saul zum König vor Jahwe in Gilgal." Mit diesen Worten berichtet das 1. Buch Samuel von der Einführung des Königtums in Israel kurz vor der Wende vom 2. zum 1. Jahrtausend v. Chr. Israel trat nunmehr als Reich in Erscheinung und überwand seine bisherige Existenzform als lockerer Verband von 12 Stämmen, der nur im Kriegsfall unter der Leitung von charismatischen Heerführern (Richtern) gemeinsam agierte.

Saul war es gelungen, als Führer des aus den verschiedenen israelitischen Stämmen erhobenen „Heerbanns" den Ammoniterkönig Nahasch zu besiegen. Nahasch hatte die im Ostjordanland gelegene Stadt Jabesch angegriffen, wobei er eine Schwächung der israelitischen Stämme im Westjordanland ausnutzte. Dort wurden die Israeliten durch die Philister bedrängt, ein Volk, das im Zuge des sogenannten „Seevölkersturms" am Ende des 2. Jahrtausends nach Palästina gelangt war. Die Philister hatten einige kanaanäische Städte unter ihre Herrschaft gebracht (z. B. Gaza und Aschkalon) und schickten sich um 1000 an, auf der ganzen syro-palästinensischen Landbrücke die ehemals ägyptische (▷ 1.12) und hethitische (▷ 1.11) Oberherrschaft zu übernehmen.

Lange hatten sich die Stämme dagegen gesträubt, ein Königtum zu errichten, denn als König galt allein Jahwe. Doch gegen die zunehmende Bedrohung der Philister konnten sich die israelitischen Stämme nur durch geschlossenen und beständigen Widerstand behaupten.

Dem Königtum Sauls gehörten wohl zunächst die von der Philisterbedrohung am unmittelbarsten betroffenen nordisraelitischen Stämme an, die später das Nordreich Israel bildeten, dann auch der starke Stamm Juda, auf den das spätere Südreich Juda zurückging. Eine Verwaltungsstruktur mit einem leistungsfähigen Beamtenapparat – wie später unter David und Salomo – gab es unter Saul noch nicht; auch eine Residenz wurde, abgesehen von den Resten einer Saul zugeschriebenen kleineren Königsburg in Gibea, erst im davidischen Jerusalem eingerichtet.

Saul vertrieb zwar die Philister aus den israelitischen Gebieten, ein endgültiger Sieg gelang ihm aber nicht; dazu war das Königtum noch nicht gefestigt genug. Das saulidische Heer wurde in der Schlacht bei Gilboa geschlagen, und Saul gab sich dort selbst den Tod (um 1004). Nicht zuletzt scheint – etwa neben der Abwendung des Propheten und Richters Samuel, weil Saul seine religiösen Anweisungen nicht befolgte – die Konkurrenz, die Saul in dem jungen und militärisch erfolgreichen Gefolgsmann David erwuchs, für den Untergang Sauls verantwortlich gewesen zu sein. David zog immer mehr die Bewunderung der Israeliten auf sich („Saul erschlug tausend,

David aber zehntausend"); als Zitherspieler und Krieger an den Hof Sauls gerufen, erkannte dieser schnell die Gefahr, die ihm in David erwuchs, und versuchte mehrmals, ihn zu töten. Nach Sauls Tod wurde David König in Hebron über den Stamm Juda, bei dem er durch kluge Politik zu Ansehen gekommen war; nach dem Tod Ischbaals, eines Sohnes Sauls, der König über die mittel- und nordpalästinensischen Stämme geworden war, trugen auch die Ältesten dieser Stämme David die Königsherrschaft an. So vereinte er schließlich alle israelitischen Stämme in seinem Königtum (um 1000) und konnte an die Sicherung und den Ausbau seiner Herrschaft gehen. Er eroberte die jebusitische Stadt Jerusalem, die auf der Grenze zwischen Israel und Juda lag, und baute sie zur Residenz aus. Siege über die Philister, die Moabiter, Aramäer von Damaskus, Edomiter und Syrer sicherten ihm bald die Oberherrschaft über ganz Palästina und dehnten sein Herrschaftsgebiet bis nach Mesopotamien aus. Die internationale Machtkonstellation war dabei sehr günstig: Das Hethiterreich war um 1200 untergegangen, die Ägypter geschwächt, die mesopotamischen Reiche mit sich selbst beschäftigt; so entstand ein Machtvakuum, das Israel ausfüllen konnte.

David wurde durch ein Orakel des Propheten Nathan (2. Sam. 7) zum Begründer einer Herrscherdynastie und setzte Salomo als Nachfolger ein. Einige Unruhen um die unmittelbare Thronfolge führten im letzten Teil von Davids 40jähriger Regierungszeit (ca. 1004–965) zu innenpolitischen Instabilitäten, die zudem durchsetzt waren mit sozialen Konflikten und Spannungen zwischen dem Nord- und dem Südreich. Salomo konnte sich letztlich durchsetzen; unter seiner Herrschaft erlebten die vereinten Reiche eine Blüte. Salomo suchte friedliche Beziehungen mit Ägypten und schloß ein Bündnis mit den Phönikiern, das einen großangelegten Arabienhandel ermöglichte. Der neu erbaute Tempel in Jerusalem war Ausdruck der Pracht des salomonischen Königtums. Kunst und religiöse Literatur wurden geschätzt. Die legendäre Königin von Saba soll Salomo in Jerusalem besucht haben. Nach Salomos Tod (um 926) zerfiel jedoch die Personalunion, nicht zuletzt infolge mangelnden politischen Geschicks der Söhne Salomos.

Das israelitische Königtum bestand bis zum Untergang des Nordreiches Israel (722) und des Südreiches Juda (587).

1.14 Großreich der Assyrer

Das Gebiet um Assur am Tigris hatte schon im 18. Jahrhundert v. Chr. der Usurpator Schamschi-Adad I. (er herrschte etwa 1745 bis 1712) zu einer größeren politischen Einheit zusammengefaßt, zu der Mari und Teile Syriens am oberen Euphrat gehörten; dieses altassyrische Reich war dann aber unter seinen Söhnen von dem aufstrebenden Babylonien erobert worden. In der Folge gerieten die Herrscher Assyriens in die Abhängigkeit vom churritischen Mitanni-Reich, bis der assyrische König Assur-uballit I. (ca. 1353–18) die Unabhängigkeit erstritt; er legte sich im diplomatischen Verkehr den Titel Großkönig zu. Assyrien wurde allmählich gleichberechtigter Partner der damaligen Großmächte *Ägypten* (▷ 1.7) und *Babylonien* (▷ 1.10) sowie des *Hethiterreichs* (▷ 1.11). Vorübergehend beherrschten die Assyrer unter Tukulti-Ninurta I. (ca. 1233–1197) sogar Babylonien. Nach einer Schwächephase und erneutem Erstarken unter Tiglatpileser I. (ca. 1115–1077) entwickelte sich Assyrien schließlich zur Großmacht. Adad-nerari II. (911–891) stellte die Macht nach Norden und Osten wieder her; seitdem war Babylonien unter assyrischer Oberhoheit. Assurnasirpal II. (883–59) machte unter Einsatz äußerster Härte und durch Massendeportationen – die auch von anderen assyrischen Herrschern praktiziert wurden – die syrischen Kleinstaaten bis zum Mittelmeer tributpflichtig; er verlegte die Residenz von Assur ins nördlicher gelegene Kalach, das er großzügig ausbauen ließ. Die Assyrerkönige Salmanassar III. (858–24) und später Tiglatpileser III. (744–27) dehnten das Reich nach Norden gegen die Urartäer, nach Westen gegen die nach dem Zusammenbruch des Hethiterreiches selbständig gebliebenen Kleinfürstentümer Syriens und Kilikiens und – allerdings ohne Dauererfolg – nach Nordosten gegen Männäer, Kimmerier und schließlich auch die Meder aus.

Sargon II. (722–04), der Salmanassar V. vom Thron verdrängte, legte auf Kriegszügen nach Syrien, Palästina und Urartu, Medien und Ba-

*Terrakotta-Soldaten aus dem Grab des
Kaisers Shih Huang Ti*

bylonien die Grundlagen für Assyriens größte
Machtausdehnung; er erbaute als seine neue,
nach ihm wieder verlassene Hauptstadt Dur-
Scharrukin, noch nördlich von Ninive gelegen. Sein Sohn Sanherib (704–681), der mit
weiteren Feldzügen die Reichseinheit erhielt,
baute ab 701 Ninive prachtvoll zur Residenz
aus. Auch Sanheribs Sohn Asarhaddon (680–
69) mußte das Reich durch erneute Feldzüge
nach Westen und Süden konsolidieren; 671
eroberte er Ägypten.
Dessen Sohn Assurbanipal (669 bis etwa 627)
konnte mit einem Sieg über das aufständische
Nordbabylonien 648 und über Elam 639 noch
einmal für kurze Zeit die Reichseinheit festigen; Ägypten ging allerdings 655 wieder verloren. Unter dem offenbar sehr gebildeten Assurbanipal entstand die bedeutendste Bibliothek des Alten Orients in Ninive mit einst ca.
5000 Keilschrifttafeln, die sich heute zum
Großteil im Britischen Museum in London
befinden.
Seine Nachfolger konnten jedoch die Nord-
ostflanke des assyrischen Reiches gegen den
Druck der verbündeten Meder unter König
Kyaxares und der Babylonier unter König
Nabupolassar aus der Dynastie der semiti-

schen Chaldäer nicht mehr länger halten: 614
wurde Assur erobert und zerstört, 612 Ninive
und Kalach, und Assyrien sank zur Bedeutungslosigkeit herab. Nebukadnezar II. (605–
562), Sohn Nabupolassars, konnte Babylonien noch einmal zur Großmacht machen und
dehnte seine Herrschaft bis Südpalästina aus,
wo er 597 Jerusalem eroberte, den Salomonischen Tempel zerstörte und die Bevölkerung
in die Babylonische Gefangenschaft depor-
tierte (bis 587). Kyros II., der Perserkönig,
eroberte Babylon schließlich (539) und zerstörte das neubabylonische Chaldäerreich.

1.15 Shang-, Chou-
und Han-Dynastien

Mit den Dynastien der Hsia und Shang tritt
China in die Geschichte ein. Aus der Zeit des
Hsia-Reiches (etwa 2000 bis 1500 v. Chr.) sind
nur Herrschernamen überliefert; die Shang-
Dynastie (1500 – 1050) ist dagegen bereits
durch reiche archäologische Funde und
schriftliche Zeugnisse belegt. Das Zentrum
dieser Kultur lag im Raum um den mittleren
und östlichen Lauf des Hwangho (Gelber
Fluß) und umfaßte die heutigen Provinzen
Honan, Teile von Hopeh, Schantung und
Schensi. Von den wechselnden Hauptstädten

des Shang-Reiches heben sich Chengchou und Anyang durch bedeutende archäologische Entdeckungen hervor. Die Ausgrabungen lassen auf eine hohe Kulturstufe schließen. Die Architektur von Palastbauten, einfachen Häusern und Werkstätten ist dadurch heute relativ genau bekannt. Knochen, Holz, Bambus und Metall waren Materialien für Inschriften. Gräberfunde belegen Hunde- und Menschenopfer. Leichte Streitwagen in einigen Gräbern weisen auf die Bedeutung der Kriegführung hin.

Die Verehrung der Ahnen spielte eine wichtige Rolle. Verstorbene wurden mittels Orakelknochen „befragt", indem die durch Erhitzen von Rinderknochen und Schildkrötenpanzern entstandenen Risse als Schriftzeichen interpretiert und als Antwort der Ahnen gedeutet wurden. Wahrscheinlich gab es bereits einen speziellen Kreis von Personen in der Führung, der wichtige Ereignisse aufzuzeichnen hatte. Ein hochentwickeltes Handwerk kannte die Bearbeitung von Bronze, Ton und Jade. Als Ornamente finden sich Tiermotive, Fabelwesen und abstrakte Muster. Die Wurzeln des traditionellen chinesischen Handwerks reichen bis in diese Epoche zurück.

Das Reich der Shang wurde im 11. Jahrhundert v. Chr. durch das der Chou (1050–256) abgelöst. Dieser Vorgang markiert einen Einschnitt in der Zivilisationsgeschichte Ostasiens: Der Raum der chinesischen Zivilisation erweiterte sich beträchtlich. Auf seinem Höhepunkt erstreckte sich das Gebiet der Chou vom Südteil der heutigen Mandschurei (Provinz Heilungkiang) im Norden bis südlich des Jangtse im Süden und vom südlichen Kansu im Westen bis an die Küste im Osten. Diese Ausdehnung hatte das Reich, dessen Zentrum zeitweilig bei der heutigen Stadt Hsian lag, durch Kriegszüge und systematische Besiedlung erlangt. Politisch vollzog sich in der Chou-Zeit ein bedeutsamer Wandel: Die Macht der Könige ging zugunsten der Lehensstaaten zurück, so daß sich schließlich im 3. Jahrhundert sieben größere Staaten das Reichsgebiet teilten. Theoretisch blieb der König der Chou der Oberherr dieses feudalistischen Staatensystems, seine Funktion war jedoch auf das Kultische reduziert. Das Selbstverständnis einer chinesischen Hochkultur hatte in der mittleren und späten Chou-Zeit durch die Vielfalt und den Reichtum philosophischer Ideen und Ordnungsvorstellungen (Konfuzius, Chuangtse, Laotse) und durch die Blüte der zivilisatorischen Entwicklung eine dauerhafte Basis erhalten.

250 Jahre lang kämpften die sieben Feudalstaaten um die Vorherrschaft. Am Ende unterwarf sich der im Nordwesten gelegene Staat Chin das gesamte Chou-Reich. Mit dem Ersten Chin-Kaiser (Shih Huang Ti) trat 221 erstmals ein Kaiser an die Spitze des Reiches und schuf einen zentralen Staat. Damit endete die Feudalzeit. Die Chin-Dynastie verschwand bereits nach 14 Jahren, aber ihre Wirkung ist bis in unsere Zeit spürbar: Kaisertitel und Anspruch auf Alleinherrschaft über die bewohnte Welt „unter dem Himmel" blieben bis zur Gründung der Republik 1911 erhalten. Der erste Kaiser Chinas verwirklichte mit brutaler Gewalt die Idee der Reichseinheit; er errichtete eine zentrale Regierung, die selbst für öffentliche Arbeiten, Warenmonopole und das Münzwesen verantwortlich war. Shih Huang Ti ließ sich noch zu Lebzeiten ein riesiges Mausoleum mit einer Tausende zählenden Armee von Terrakotta-Soldaten zu seinem Schutz errichten. Das Grab wurde 1974 in der Nähe von Hsian gefunden.

Auf die Chin-Dynastie folgte die über 400 Jahre währende Han-Zeit (206 v. Chr. –220 n. Chr.), deren materielle Kultur durch die fortgeschrittene Entwicklung der Eisenverarbeitung gekennzeichnet ist. Dies führte zu einer Verbesserung sowohl der landwirtschaftlichen Geräte als auch der Waffen. Kunst und Handwerk erreichten ein hohes Niveau. Agrarland wurde bewässert und durch Deiche vor Überflutung geschützt. Kanäle dienten zum Transport von Waren. Eine Herausforderung bildeten die Steppenvölker, vor allem die Hunnen im Norden, die das Kaiserreich in jahrelange Kämpfe verwickelten. Die Folge war, daß China erstmals über sein Kulturgebiet hinausgriff und im Nordwesten nach Zentralasien vordrang. Dies begünstigte eine Erweiterung der Handelswege: Auf der Seidenstraße gelangte chinesische Seide, der Hauptexportartikel des späten Han-Reiches, nach Innerasien. Aber auch südwärts bis Kanton und nach Osten auf die koreanische Halbinsel erstreckte sich chinesischer Einfluß. Machtkämpfe am Hofe und Bauernaufstände aus Armut und Unterdrückung ließen die Han-Dynastie 220 n. Chr. in Anarchie versinken.

Daten

40 000–15/10 000	Cro-Magnon-Mensch
20 000–15 000	Blütezeit der Höhlenmalerei
ca. 10 000–9 000	Paläolithikum (Altsteinzeit)
ca. 9000–8000	Mesolithikum (Mittelsteinzeit)
seit 8000	Neolithikum (Jungsteinzeit)
um 8000	Neolithische Revolution: geschliffene Steinwerkzeuge, Keramik, Haltung von Haustieren, Kultivierung von Pflanzen (Getreide)
um 3000	Ägyptische Reichseinigung unter König Menes
ca. 3000–2635	Thinitische Zeit in Ägypten (1. und 2. Dynastie)
ca. 3000–1700	Harappakultur in Indien/Pakistan
im 2. Jahrtausend	Bronzezeit (Hethiterreich, Chang-, Chou-Dynastie)
ca. 2635–2155	Altes Reich in Ägypten (Pyramidenbau)
um 2550	1. Dynastie von Ur (Sumererreich)
ca. 2300–2245	Sargon I. von Akkad, erstes sumerisches Großreich
ca. 2080–1950	3. Dynastie von Ur (Neusumerisches Reich)
ca. 2040	Beginn des Mittleren Reiches in Ägypten; Blütezeit: 1991–1785
ca. 1745–1712	Schamschi-Adad I., Altassyrisches Reich
ca. 1728–1686	Hammurapi, Babylonisches Reich, das ganz Mesopotamien umfaßt; wichtigste Rechtssammlung des Alten Orients im Codex Hammurapi
um 1570	Altes Reich der Hethiter, Mursili I., ca. 1560–1531/30
ca. 1554–1305	Neues Reich in Ägypten
ca. 1531	Zerstörung Babylons durch Mursili I.
1500–1050	Shang-Dynastie in China
ca. 1370–1335	Suppiluliuma I., Errichtung des Neuen Hethiterreichs
ca. 1365–1349	Amenophis IV. Echnaton; Amarnazeit in Ägypten
ca. 1353–1318	Assur-uballit I., Großkönig von Assyrien; Gleichberechtigung neben den Großreichen Ägypten, Babylonien und dem der Hethiter
ca. 1305–1070	Ramessidenzeit in Ägypten (19./20. Dynastie)
ca. 1290–1224	Ramses II., der Große, bedeutende Bautätigkeit in Ägypten
1285	Schlacht bei Kadesch (Ägypten gegen Hethiter)
um 1200	Bedrohung der orientalischen Welt durch die Seevölker (Peleset/ Philister, indogermanische Stämme aus der Ägäis)
12./11. Jh.	Eisenzeit (Hethiterreich/Griechenland, später Mittel- und Nordeuropa)
um 1160	Ende der Kassitenherrschaft in Babylonien
ca. 1115–1077	Tiglatpileser I., Assyrien wird Großmacht
1050–256	Chou-Dynastie in China
ca. 1020–1004	Saul, erster König von Israel
ca. 1004–965	David, König von Israel; Jerusalem wird Residenz
ca. 965–926	König Salomo; nach seinem Tod zerfällt das Reich in das Nordreich Israel und das Südreich Juda
ca. 664–525	Befreiung Ägyptens von den Assyrern, späte Blütezeit Ägyptens
ca. 605–562	Nebukadnezar II., Neubabylonisches Chaldäerreich
ca. 597	Eroberung Jerusalems durch Nebukadnezar II., Zerstörung des Tempels, Beginn der „Babylonischen Gefangenschaft"
ca. 539	Kyros II. von Persien erobert das Neubabylonische Chaldäerreich
520–515	Wiedererrichtung des Tempels in Jerusalem

Kapitel 2
Griechische Welt in der Antike

Einführung

Die erste nachweisbare Hochkultur im Ägäisraum entfaltete sich seit 2600 v. Chr. auf der Insel Kreta; sie wird nach dem legendären König Minos die Minoische Kultur genannt. Auf dem Peloponnes entstand seit etwa 1600 v. Chr. die mykenische Kultur; ihr Name leitet sich von deren bekanntestem Hauptort her: Mykene. Der Intensivierung der Beziehungen zwischen mykenischem Griechenland und minoischem Kreta folgte der Ausgriff der mykenischen Kultur auf die minoische (um 1500). Kreta wurde bis um 1100 v. Chr. von Trägern der mykenischen Kultur, die im Zuge der Dorischen Wanderung unterging, beherrscht. Die Dorische Wanderung (1200/1100), Teil gewaltiger Völkerbewegungen, ließ die Griechen aus einer Vielzahl von Stämmen zu einem Volk werden. Den drei wichtigsten Dialektgruppen entsprechen die drei griechischen Hauptstämme: Ioner, Aioler und Dorer. Letztere entwickelten sich zum größten Stammesgebilde.
Die Zeit zwischen dem 12. und dem 8. Jahrhundert gilt als „dunkel". Das entscheidende Ereignis der „dark ages" war die griechische Besiedlung der Inseln in der Ägäis und der kleinasiatischen Westküste (um 1000). Hauptquellen für Zivilisation und Kultur der „dunklen Zeit" sind neben der „Ilias" und „Odyssee" Homers (zwischen 750 und 700) die Werke von Hesiod (2. Hälfte des 8. Jahrhunderts). Um 800 setzte eine zweite griechische Kolonisationsbewegung ein. Kolonien konnten überall dort entstehen, wo nicht phoinikische, karthagische oder etruskische Interessen berührt wurden.
Die Ansiedlungen im östlichen Mittelmeerraum führten die Griechen, die sich fortan Hellenen nannten und sich damit gegen die

Barbaren abgrenzten, näher an orientalische Kulturen heran; von ihnen wurden religiöse Inhalte, Mythenstoffe, architektonische Formen, künstlerische Motive und das Alphabet übernommen. So konnte eine Literatur die bislang mündlich tradierten Dichtungen ablösen. Neben dem Epos (Homer) entwickelten sich allmählich das Chorlied und die Lyrik. Im 7./6. Jahrhundert wirkten die Dichter Archilochos und Alkaios und die Dichterin Sappho aus Lesbos. Charakteristisch für die frühe lyrische Dichtung ist eine starke gefühlsbetonte Ichbezogenheit. Die Lyrik setzte sich dadurch wesentlich vom ritterlichen Epos ab, in dem Helden- und Götterlieder, nicht aber die Auseinandersetzung des Dichters mit der eigenen Existenz und ihrem Weltbezug im Vordergrund stehen.
Seit dem 7. Jahrhundert kamen mit den Mysterienkulten religiöse Bewegungen auf, die den Gläubigen in seiner Vereinzelung unmittelbar ansprachen und ihm individuelle Erlösung aus einer als unheilvoll gedeuteten Welt verhießen. Kein Zufall ist es, wenn die Subjektivitätserfahrung, die die Vernunft als Prüfungsinstanz vorgegebener Normen, Handlungsanweisungen und Lehren entdeckte, ein Denken beförderte, das den Dingen auf den Grund gehen und vermittels des Logos (Vernunft) Wahrheitserkenntnis über Götter, Menschen und Welt gewinnen wollte. Um 600 traten in den westkleinasiatischen Griechenstädten mit ihren weitreichenden Handelsbeziehungen und vielseitigen Kulturkontakten die ersten Philosophen auf. Sie suchten auf rationale Weise unveränderliche Prinzipien oder Elemente ausfindig zu machen, auf die Sein und Werden zurückführbar schien. Eine wichtige Folge der anhebenden philosophi-

schen Reflexion war die scharfe, bisweilen vernichtende Kritik an den überkommenen, mythisch eingefärbten anthropomorphen Göttervorstellungen.

Für die Entstehung der Philosophie sowie der Einzelwissenschaften (Mathematik, Astronomie, Medizin, Geographie) war eine wesentliche Voraussetzung die Struktur der Polis (Stadtstaat), die nach der Seßhaftwerdung der griechischen Stämme für Jahrhunderte der maßgebliche Typus staatlicher Organisation in der hellenischen Welt werden sollte. Die Formierung der Polis zu einer autonomen und autarken Einheit des Gemeindelebens begleitete seit dem 8. Jahrhundert die Ablösung des Königtums durch die Adelsherrschaft, ein langwährender Prozeß, der sich keineswegs gleichförmig vollzog; in Sparta, Makedonien und Epirus blieb das Königtum bis in die klassische und hellenistische Zeit erhalten.

Die Machtübernahme des Adels wirkte sich für die sozial Schwachen negativ aus. Leidtragende waren insbesondere die Kleinbauern, die verstärkt in die Abhängigkeit finanzkräftiger adliger Großgrundbesitzer gerieten. Gleichwohl konnte die Wirtschaft, für die die Erfindung des Münzgeldes am Ende des 7. Jahrhunderts von großer Bedeutung wurde, vor allem durch die Kolonisation enormen Aufschwung nehmen. Die Differenzierung der Gesellschaft schritt voran. Steigender Wohlstand begünstigte Handel und Handwerk, denen sich eine Fülle neuer Betätigungsfelder erschloß. Die Gewerbetreibenden gewannen politisch an Gewicht, was Spannungen mit dem Adel provozierte, die sich im 7./6. Jahrhundert in teilweise heftigen Ständekämpfen entluden.

Seit dem 7. Jahrhundert wurden Kriege, die die Zersplitterung der griechischen Staatenwelt vertieften, nicht mehr ausschließlich von adligen Reiterheeren, sondern mit der Hoplitenphalanx (Schlachtreihe von Schwerbewaffneten) geführt. Hierzu benötigte man eine große Anzahl von Kämpfern, die sich aus der Schicht der einfachen Bürger rekrutierten. Diese verlangten, ihrer militärischen Unverzichtbarkeit solle auch politisch Rechnung getragen werden. Die rechtliche Gleichstellung der Bürgerschaft und ihre Beteiligung am politischen Geschehen vermochten jedoch nicht zu verhindern, daß sich auch in der Folgezeit nichtdemokratische Regierungsformen durchsetzen konnten, vor allem Oligarchien, bei denen ein kleiner Kreis wirtschaftlich Potenter die Herrschaft ausübte.

Eine Sonderentwicklung durchlief Sparta, das Ende des 7. Jahrhunderts zum Militärstaat wurde. Eine dünne Oberschicht von Spartiaten lebte auf Kosten der Heloten (Staatssklaven) und isolierte sich kulturell weitgehend vom übrigen Griechenland. Enges kriegerisches Kastendenken, geringe soziale Mobilität und mangelnde Bereitschaft, Staat und Gesellschaft den sich ändernden Zeitverhältnissen anzupassen, ließen Sparta im Verlauf des 4. Jahrhunderts allmählich in politische Bedeutungslosigkeit versinken.

Bestimmend für das 5. Jahrhundert, in dem die griechische Geschichte in ihre klassische Phase eintrat, waren im wesentlichen: die große militärische Konfrontation der Griechen mit den Persern, Athens Aufstieg zur führenden hellenischen Seemacht, der Umbau des ursprünglich von autonomen Mitgliedstaaten gebildeten Attischen Seebundes zu einem athenischen Untertanenverband, die Institutionalisierung der sogenannten radikalen Demokratie in Athen, die bedrohliche Verschärfung des Gegensatzes zwischen Sparta und der nach Hegemonie strebenden Vormacht des Seebundes, letztlich aus dem Dualismus der griechischen Hauptmächte folgenden Verwicklungen des Peloponnesischen Krieges. Zwei Kriege rahmen das 5. Jahrhundert ein. Die Auseinandersetzungen mit Persien führten zur Stärkung Athens; die Niederlage der Stadt im Peloponnesischen Krieg aber brachte den Zusammenbruch ihrer zielstrebig ausgeweiteten Machtposition.

In der bildenden Kunst trat im 5. Jahrhundert an die Stelle des archaischen, von orientalischen Vorbildern beeinflußten Stils der strenge Stil, der zur klassischen Kunst überleitete. Literarisch gelangten Tragödie und Komödie zu außerordentlicher Bedeutung. Zumeist waren die Tragödien dramatisierte Mythen, in denen politische Tagesfragen allenfalls gelegentlich angeschnitten wurden. Neben Aischylos (gest. 456) ragten vor allem Sophokles (gest. 406) und Euripides (gest. 406) als Tragödiendichter hervor. Von der attischen Komödie haben sich fast nur die Werke des Aristophanes (gest. um 385) erhalten.

Die Sophistik, eine philosophische Strömung, die Mitte des 5. Jahrhunderts in Erscheinung trat, war vornehmlich am Menschen und seinem Verhalten interessiert. Eine bewußt aufklärerisch-rationalistische Denkweise ließ sie von der Relativität menschlicher Wertsetzungen sprechen. Gegen die Sophisten, die gegen Bezahlung zu lehren versprachen, wie Überredungskunst zum Erfolg führen könne, wandte sich Sokrates (gest. 399). Er bediente sich zur Ermittlung absolut geltender Wahrheit der dialektischen Methode, die im wesentlichen ein Verfahren fortschreitender Präzisierung begrifflicher Bestimmungen war.

Die sokratische Dialektik mit ihrem Bemühen um eine allgemeingültige Begründung der Sittlichkeit wurde weiterentwickelt von Platon (427–347), einem Schüler von Sokrates. Er gründete 387 in der Nähe Athens die „Akademie", in der er seine Schüler philosophisch unterwies. Gerechtigkeit, Tapferkeit, Unsterblichkeit, die Welt idealer Werte beschäftigten ihn vorrangig in seinen Dialogen. Platons Versuch, einen auf der Erkenntnis absoluter Werte basierenden Idealstaat im westgriechischen Syrakus zu realisieren, scheiterte.

Mit Aristoteles (384–322), Platons größtem Schüler, wurde die Philosophie zur strengen Wissenschaft. Die Logik als Analyse der Denkformen, der Begriffe, Urteile und Schlüsse schuf die Voraussetzung für systematisch betriebene Einzelforschung. Konsequenz des aristotelischen Realismus war die Abkehr von Platons Ideenspekulation. Aristoteles, der eine eigene philosophische Schule (Peripatetiker) ins Leben rief, wurde nicht zur Konstruktion idealer Staatsgebilde verführt, sondern hielt sich an Sammlung und Auswertung empirisch gegebener Staatsformen.

Im Spannungsfeld von Tradition und Erneuerung entwickelte sich im 5. Jahrhundert die griechische Geschichtsschreibung. Herausragende Repräsentanten waren Herodot (gest. nach 430) und Thukydides (gest. um 400).

Das Machtvakuum, das der Peloponnesische Krieg geschaffen hatte, konnte im 4. Jahrhundert nur der makedonische Staat nutzen. Versuche hellenischer Poleis, allein oder durch größere Zusammenschlüsse stabile Verhältnisse zu schaffen, schlugen fehl. Reaktion auf die chaotischen Zustände im 4. Jahrhundert war das Aufkommen panhellenischer Theorien. Sie propagierten ein geeintes Griechenland und erklärten die Befreiung der unter persischer Herrschaft stehenden Griechen Kleinasiens zur gemeingriechischen Aufgabe. Der bedeutendste Vertreter panhellenischen Denkens, Isokrates (436–338), sah in Philipp II. von Makedonien den Mann, der berufen war, den geschichtlichen Auftrag der Einigung der Griechen sowie der Wiederaufnahme des Perserkriegs zu erfüllen. Eine staatliche Einheit haben weder Philipp II. noch sein Sohn Alexander herbeigeführt. Sollte dies überhaupt ihr Ziel gewesen sein, so blieb Philipp keine Zeit, die 338 unterworfenen Poleis enger zusammenzubinden, und Alexander richtete seinen Blick vornehmlich auf das Perserreich. Dessen Zerstörung etablierte makedonisch-griechische Monarchien, die im Verlauf des 2. und 1. Jahrhunderts nach und nach zu Bestandteilen des Imperium Romanum wurden.

Mit dem 4. Jahrhundert hebt die hellenistische Zeit an. Für diese sind kennzeichnend: der Niedergang der Polis, das Aufkommen von Großstaaten, eine Ausweitung der politischen, wirtschaftlichen und kulturellen Handlungsräume, die Entstehung eines internationalen Mächtegeflechts mit vielfachen wechselseitigen Beeinflussungen. Auch wenn das Römische Reich seit dem 1. Jahrhundert v. Chr. die hellenistische Staatenwelt dominierte, so erhielt sich doch deren Kultur. Sie strahlte vielfach auf Rom zurück und konnte sich in abgewandelter, christlich modifizierter Form bis in die byzantinische Zeit erhalten.

2.1 Kreta
Minoische Kultur

Die minoische Kultur, die vorgriechische Kultur Kretas, gilt als die erste europäische Hochkultur. Die Bezeichnung nach dem sagenhaften König Minos verdankt sie dem britischen Archäologen Sir Arthur Evans (1851–1941), der 1899 mit seinen Grabungen auf Kreta begann. Die Geschichte der minoischen Zeit läßt sich nur in groben Zügen rekonstruieren, da die Forschung fast ausschließlich auf archäologisches Material angewiesen ist.

Im Neolithikum (bis ca. 2500 v. Chr.) überwog die einfache dörfliche Lebensform einer von Fischern und Bauern geprägten Gesellschaft. Vielfältiger wird das Bild im Verlauf der *Bronzezeit* (ca. 2500–1200; ▷ 1.9). Evans hat diese Phase der kretischen Geschichte seinen Grabungsergebnissen in Knossos entsprechend in drei Zeitabschnitte, das Früh-, Mittel- und Spätminoikum, eingeteilt. Mit dem Ende des Frühminoikums (ca. 2500–2000) begann der Bau der großen Paläste von Knossos und Phaistos in Zusammenhang mit der Festigung des minoischen Königtums. Das Mittelminoikum I–II (ca. 2000–1700) umfaßt die Ära der älteren Paläste bis zu ihrer Zerstörung, die wahrscheinlich durch ein Erdbeben ausgelöst wurde.

Die Paläste glichen einander in ihrer Grundform: Verschiedene Gebäudekomplexe, wie Wirtschafts- und Wohnräume, Thronsaal und Badezimmer waren um einen großen Innenhof gruppiert. Vor allem in Knossos blieben Reste herrlicher Wandmalereien und Stuckarbeiten erhalten. Die unbefestigten Paläste dienten zugleich als Wirtschaftszentren, worauf Ölmühlen und verschiedene Werkstätten hinweisen, und als Regierungs- und Repräsentationsräume. Offenkundig ist der Thalassokratie (Seeherrschaft) des mythischen Königs Minos ein historischer Kern zuzusprechen. Eine starke Flotte war auch für den weitreichenden Handel Kretas von Bedeutung; kretische Keramik wurde in Kleinasien, Syrien, Babylon und vor allem in Ägypten nachgewiesen.

Dem Wiederaufbau der Paläste im 17. Jahrhundert v. Chr. folgte eine neue kulturelle Blüte (Mittelminoikum III – Spätminoikum II, ca. 1700–1400), in der Knossos eine hegemoniale Rolle spielte. An die Stelle der bisherigen Bilderschrift trat die Linearschrift A in minoischer Sprache; diese ist weder vom Semitischen noch vom Indoeuropäischen ableitbar, sondern als eigenständiges mediterranes Idiom anzusehen und bisher noch nicht entziffert worden.

Im 16. Jahrhundert kam es zu ersten, anscheinend zunächst friedlichen Kontakten mit den *Mykenern* (▷ 2.2); seit ca. 1450 dominierte dann jedoch das mykenische Element auf Kreta, wie die im Palast von Knossos auf Tontafeln entdeckte Linearschrift B zeigt. Diese als frühgriechischer Dialekt entschlüsselten Texte lassen weder Rückschlüsse auf gesellschaftliche Strukturen noch auf historische Zusammenhänge zu.

In der kretischen Religion dominierten das weibliche Element und eine enge Naturverbundenheit, wie es für eine agrarische Gesellschaft nicht untypisch ist: so die Schlangengöttin, die Bergmutter, die Herrin der Tiere. Unverkennbar ist die Verwandtschaft mit der kleinasiatischen Mutter- und Fruchtbarkeitsgöttin Kybele. Analogieschlüsse für den gesellschaftlichen Bereich bezüglich der Rolle der Frau läßt das überlieferte Material jedoch nicht zu.

Um 1400 fiel Knossos erneut einem Erdbeben zum Opfer, der Palast wurde nie wieder aufgebaut. Im Spätminoikum III (ca. 1400–1200) begann die mykenische Kultur das minoische Element allmählich ganz zu verdrängen.
Abbildung S. 44

2.2 Mykene

Bei der Suche nach Mykene, der Stadt des Homerischen Helden Agamemnon, orientierte sich der deutsche Ausgräber Heinrich Schliemann (1822–90) an den Schriften des Pausanias, der um 170 n. Chr. ein Reisehandbuch über Griechenland verfaßt hatte. Bereits 1876 entdeckte Schliemann bei seinen Grabungen Schachtgräber mit reichen Grabbeigaben innerhalb der Burg von Mykene, unter denen er auch das „Grab des Agamemnon" vermutete. Die mächtige Burg gab dem ganzen Zeitalter den Namen; die mykenische Periode umspannte etwa die Jahre von 1600–1200 v. Chr.

Nach der Einwanderung von Indogermanen nach Hellas um 1900 entstand in der mittleren

Bronzezeit (bis ca. 1600; ▷ 1.9) allmählich eine Mischkultur aus traditionell ägäischen und aus indogermanischen Elementen. Diese Mischkultur kam ab 1600 mit zwei unterschiedlichen Hochkulturen in engeren Kontakt: mit dem minoischen *Kreta* (▷ 2.1) und dem Vorderen Orient. Aus der Verschmelzung der bisherigen Traditionen mit diesen neuen Anregungen entstand die mykenische Kultur. In der frühmykenischen Zeit (ca. 1600–1500) wurden neben den traditionellen Schachtgräbern zunehmend auch Kuppelgräber errichtet, die ebenfalls reichlich mit Grabbeigaben versehen waren. Zentren der aufblühenden mykenischen Kultur waren die Argolis (mit Mykene) und der Westpeloponnes. Während der mittelmykenischen Zeit (ca. 1500–1400) griffen die Mykener verstärkt nach Kreta aus und besetzten Knossos, das zum mykenischen Machtzentrum der Insel wurde. Zeichen dieser Dominanz sind mykenische Kammergräber sowie die einen frühgriechischen Dialekt wiedergebende Linearschrift B, die in Knossos ebenso wie in Mykene oder Pylos gefunden worden ist.

Die großen Paläste von Mykene, Tiryns, Pylos, Theben und andere entstanden erst in der spätmykenischen Periode (1400–1200). An besonders hervorragenden Monumentalbauten sind das „Schatzhaus des Atreus" (ein Kuppelgrab mit einem Gewölbedurchmesser von 14,5 m) und das Löwentor von Mykene zu nennen. Nach minoischem Vorbild waren die Paläste mit Fresken geschmückt, wobei jedoch Kampf- und Jagdszenen dominierten. Die mykenische Kultur hatte einen kriegerischen Charakter, wie ihn auch die wehrhaften, stark befestigten Burgen bezeugen.

Rückschlüsse auf staatliche und gesellschaftliche Aspekte der mykenischen Zeit können aus den erhaltenen Monumenten und den Homerischen Epen (▷ 2.3), die die mykenische Kultur zum Teil widerspiegeln, nur vorsichtig gezogen werden. Man geht von der Existenz eines starken Königtums aus; vom einfachen Volk hob sich die Kriegerklasse ab, die mit Streitwagen in den Kampf fuhr. Die prächtig ausgestatteten Kuppelgräber belegen einen Totenkult um die verstorbenen Könige, der wohl auch von ägyptischen Jenseitsvorstellungen beeinflußt war (▷ 1.7). Wie die Kreter bauten die Mykener weitreichende Handelsbeziehungen auf; mykenische Siedlungen konnten auf den Kykladen, auf Rhodos und im Westen Kleinasiens nachgewiesen werden. Im 12. Jahrhundert führte die „Ägäische Wanderung" zum Zusammenbruch der mykenischen Kultur.

2.3 Homerische Welt Trojanischer Krieg

Die Übergangszeit vom Ende der nach *Mykene* (▷ 2.2) benannten Periode bis zur Herausbildung der klassischen griechischen *Polis* (▷ 2.5) (ca. 1100-800 v. Chr.) bleibt für uns in vielem dunkel; das archäologische Material deutet auf eine beträchtliche materielle Verarmung hin, sogar die Kenntnis der Schrift scheint in den Wirren der Wanderungsbewegungen zwischen 1200 und 1000 verlorengegangen zu sein. Im 8. Jahrhundert hingegen trat bald nach der Übernahme und Anpassung der aus Phönizien stammenden Buchstabenschrift die griechische Literatur mit zwei unter dem Namen Homer überlieferten Meisterwerken hervor: mit der „Ilias" und der „Odyssee".

Seite aus einer Handschrift der Ilias aus dem 5. Jh. v. Chr.

Sehr große Wertschätzung und Verbreitung fanden Homers Werke bereits in der Antike. Die in Ionien (Westkleinasien) entstandenen Epen sind von zwei Epochen geprägt: der mykenischen Zeit, deren Heroen der Dichter verherrlicht, und der Zeit des Autors selbst. So war z. B. der Gebrauch des Eisens – in den

*Thronsaal mit
Greifenfresko im
Palast von Knossos
(um 1450 – 1400
v. Chr.)*

Homerischen Dichtungen häufig erwähnt – in mykenischer Zeit noch nicht bekannt.

Die Frage der Historizität des in der „Ilias" geschilderten Trojanischen Krieges ist nach wie vor umstritten. Einige Forscher gehen von realen Ereignissen in der zweiten Hälfte des 13. Jahrhunderts aus, der Zeit der mykenischen Kolonisation in Kleinasien. Sicherlich liegen der „Ilias" historische Ereignisse zugrunde, doch wird die Gleichsetzung des Homerischen Troja mit dem im 8. Jahrhundert von aiolischen Griechen wieder besiedelten Ilion in Westkleinasien nicht durch archäologische Funde bestätigt.

Die Ausgrabungen durch Schliemann und Dörpfeld in Hisarlik unweit der Dardanellen förderten beeindruckende Ruinen zutage, die Grabungsschichten widersprechen jedoch den Schilderungen der „Ilias": Schliemann war zwar der Ansicht, den „Schatz des Priamos" in einer Lehmziegelmauer entdeckt zu haben, doch der kostbare Fund erwies sich als vormykenisch, noch aus dem 3. Jahrtausend stammend.

Für das 8. Jahrhundert stellt Homer – er soll zwischen 750 und 650 gelebt haben – die einzige griechische schriftliche Quelle dar. Die Texte sind die ersten ausführlichen Belege für die Religion des alten Griechenland und für ihre anthropomorphen Göttergestalten. In der „Homerischen Welt" existierten weder Staatsverwaltung noch Beamte, die Schrift hatte keine Bedeutung. Neben dem erblichen Königtum besaß vor allem der Adel Einfluß. Zwar gab es eine Volksversammlung, aber ein

Rederecht stand nur den Adligen zu. Kriege und Raubzüge unter adliger Führung spielten neben der Landwirtschaft die größte Rolle. Im 7. und 6. Jahrhundert setzte sich dann die Adelsherrschaft weitgehend durch.

2.4 Olympia

Der Kult des Zeus in Olympia (Westpeloponnes) begann zu Beginn des 1. Jahrtausends v. Chr. und galt vor allem seiner Funktion als Blitz- und Wettergott. Neben ihm erlangten in Olympia auch Hera, die Göttermutter, und Pelops große Verehrung. Mitte des 7. Jahrhunderts setzte der Ausbau des Heiligtums mit der Errichtung des ersten Hera-Tempels ein. Im 6. Jahrhundert wurden im heiligen Bezirk (Altis) Schatzhäuser zur Unterbringung wertvoller Weihgeschenke im Auftrag verschiedener griechischer Städte erbaut. Daß dabei so entfernte Orte wie Syrakus und Byzanz beteiligt waren, beweist die überregionale Bedeutung dieses Heiligtums. Erst im 5. Jahrhundert wurde der Zeustempel gebaut; das gold-elfenbeinerne Kultbild des thronenden Zeus, von dem Athener Phidias um 430 geschaffen, wurde zum berühmtesten Kunstwerk der Antike.

Sowohl Herakles als auch Pelops wurden mit dem Entstehen der Olympischen Spiele in Zusammenhang gebracht. Die Listen mit den Namen der Sieger führen bis zum Jahr 776 zurück, die Spiele dürften allerdings noch älter gewesen sein. Das Fest wurde alle vier

Jahre im Hochsommer gefeiert. In der Frühzeit dauerte es wohl nur einen Tag, als Wettkampf fand allein der Stadionlauf (1 Stadion, etwa 192 m) statt. In klassischer Zeit (5. Jahrhundert) währten die Wettkämpfe (u. a. Wagen- und Pferderennen, Laufwettbewerbe, Fünfkampf, Ringkampf und Faustkampf) fünf Tage lang; am sechsten Tag wurden die Sieger mit Zweigen des heiligen Ölbaumes bekränzt.

An den Olympischen Spielen durften nur frei geborene Gri chen teilnehmen; als Zuschauerinnen waren nur unverheiratete Frauen zugelassen. Ein Gottesfriede (Ekecheiría) schützte die Anreise und Heimkehr der Zuschauer und der Athleten in der ganzen griechischen Welt. Im Laufe der Jahrhunderte verloren die Spiele allmählich ihren religiösen Charakter, das Berufsathletentum setzte sich mehr und mehr durch. Im Jahr 393 n. Chr. fanden die letzten Olympischen Spiele der Antike statt. Ein Verbot des Kaisers Theodosius I. im folgenden Jahr setzte dieser Tradition nach 1168 Jahren ein Ende (▷ 4.18).

2.5 Entstehung der Polis
Griechische Kolonisation

In den als „Übergangszeit" oder „dark ages" bezeichneten Jahrhunderten, die auf die Wanderbewegungen griechischer Stämme im 12. und 11. Jahrhundert v. Chr. folgten, hatte sich die für die Zukunft grundlegende ethnische Struktur Griechenlands mit den Stämmen und Dialekten der Äolier, Ionier und Dorer herausgebildet. Auch eine gemeinsame Religion und ein gemeinsamer Mythos, der zunächst mündlich tradiert wurde, entstanden. Der Beginn der sich anschließenden „archaischen Zeit" (ca. 800–500) war im wesentlichen bestimmt durch das Entstehen der griechischen Literatur, den Übergang von der Königs- zur Adelsherrschaft, die Entwicklung der Polis und die griechische Kolonisation.

Konstitutiv für das Phänomen der Polis („Stadtstaat"; Mehrzahl: Poleis) war die Verbindung von städtischer Siedlung und agrarischem Umland, staatliche und wirtschaftliche Unabhängigkeit nach außen (Eleuthería, Autarkía) und die innere Struktur der Polis, die als Personenverband der Bürger eine politische, wirtschaftliche, religiöse und kulturelle Lebensgemeinschaft darstellte. Die städtische Siedlung der Polis bildete sich in der Regel um eine befestigte Anhöhe (Akrópolis), häufig auf ehemals mykenischen Siedlungsplätzen (▷ 2.2).

Ursachen und Verlauf der Polisentstehung bleiben im dunkeln; die geographische Zerrissenheit Griechenlands reicht als Erklärung nicht aus. Der früheste inschriftliche Beleg einer Polisverfassung fällt ins 7. Jahrhundert, der sicherste chronologische Anhaltspunkt ist jedoch die um 800 einsetzende griechische Kolonisation, die die Existenz der Polis voraussetzt: Zum einen gingen die Koloniegründungen von den jeweiligen Mutterstädten (Metropoleis) aus, zum anderen waren die Kolonien von Beginn an Poleis, meist nach dem Vorbild der Mutterstädte organisiert, von denen sie aber unabhängig waren.

Die wichtigste Ursache der Kolonisation stellten Übervölkerung und Landnot im griechi-

Die Kultstätte Olympia. Im Vordergrund die Ruinen des Philippeions (nach 338 v. Chr.), dahinter die Säulen der Palästra (3. Jh. v. Chr.)

schen Mutterland dar, daneben spielten Handelsinteressen, konkret der Erwerb von Rohstoffen (Metall) eine Rolle. Die räumliche Ausdehnung der Kolonisation, Ägäis, nordwestliches Mittelmeer und Schwarzes Meer, war durch politische Gegebenheiten bedingt. Das *assyrische Großreich* (▷ 1.14), die *Etrusker* (▷ 3.1) und die Seemacht *Karthago* (▷ 3.5) entzogen weite Küstengebiete den griechischen Landnahmeversuchen. An der um 750 einsetzenden Kolonisation Süditaliens („Großgriechenland") und Siziliens, der französischen und spanischen Küste waren nahezu alle griechischen Stämme beteiligt. Im 7. und 6. Jahrhundert wurden die Nordägäis und die Schwarzmeerküste besiedelt: Chalkis kolonisierte nach der Mutterstadt benannte Halbinsel Chalkidike, rund um das Marmarameer entstanden aiolische, korinthische, phokaiische und milesische Niederlassungen; vom ionischen Milet ging ferner die Besiedlung der Küsten des Schwarzen Meeres aus. Die Kolonisation milderte nicht nur die Überbevölkerung des Mutterlandes und führte zu Intensivierung von Handel und Gewerbe, sie vermittelte den Griechen darüber hinaus durch den Kontakt mit fremden Kulturen ein verändertes Weltbild und ein neues Gemeinschaftsbewußtsein.

2.6 Athen
Adelsherrschaft

Etwa gleichzeitig mit der Entstehung der Poleis war im 8. Jahrhundert v. Chr. in den meisten griechischen Gemeinwesen die Monarchie der Herrschaft des Adels gewichen, der die neu geschaffenen höchsten Staatsämter bekleidete. In Athen regierte seit 683/82 das jährlich wechselnde Kollegium der Archonten, ursprünglich wohl bestehend aus dem Archon Eponymos, der dem Jahr seinen Namen gab und die wesentlichen Aufgaben des Königs übernahm, und dem obersten Kultbeamten, dem Basileus. Später sind diese Oberämter um die Ämter des Polemarchos, des obersten Feldherrn, und der sechs Gerichtsbeamten, Thesmotheten, erweitert worden, so daß die klassische Anzahl von neun athenischen Archonten Ergebnis einer längeren Entwicklung ist. Nach ihrer Amtsführung traten die Archonten dem Adelsrat (Areiopag) bei,

dem neben der allgemeinen Staatsaufsicht strafrechtliche Aufgaben oblagen.

Die Masse des freien Volkes (Demos) besaß ein politisches Mitspracherecht durch die im 8. und 7. Jahrhundert freilich noch sporadisch und formlos agierende Volksversammlung (Ekklesía), die spätestens bis 600 jedoch institutionellen Charakter gewann und sich bis zum 5. Jahrhundert zum zentralen Organ der Polis entwickelte, das die Innen- und Außenpolitik bestimmte. Außerhalb der rechtlich-politischen Gemeinschaft der athenischen Bürger standen die Sklaven.

Die politische Herrschaft des Adels, die auf wirtschaftlicher und damit militärischer Überlegenheit beruhte, begann im 7. Jahrhundert infolge eines beschleunigten gesellschaftlichen Wandels zu wanken: Faktoren dieses Prozesses waren zum einen die Ablösung der dominierenden Rolle, die der Adel bei der Kriegführung gespielt hatte, durch die Phalanx, die geschlossene Kampfreihe der schwerbewaffneten Bürger, zum anderen die Verelendung, Entrechtung und Versklavung vieler Kleinbauern durch die adligen Grundherren, was Forderungen nach Schuldenerlaß, Neuaufteilung des Landes und Rechtskodifikation aufkommen ließ.

In dieser Phase niedergehender Adelsmacht und steigender sozialer Spannungen etablierte sich in einigen griechischen Poleis eine *Tyrannis* (▷ 2.8), in anderen wurde ein Schiedsrichter oder Gesetzgeber eingesetzt. In Athen übernahm nach dem gescheiterten Versuch Kylons, eine Tyrannis zu errichten (um 635), Drakon 624 die Aufgabe, das geltende Recht aufzuzeichnen und die Rechtsgleichheit wiederherzustellen. Überliefert ist nur ein Teil des Strafrechts. Die wesentlichen Neuerungen bestanden inhaltlich in der Unterscheidung von Mord und fahrlässiger Tötung, formal in der Aufhebung der allgemeinen Blutrache. Zwar oblag die Verfolgung des Straftäters weiterhin der geschädigten Partei, doch bedurfte diese nunmehr einer gerichtlichen Genehmigung, der staatliche Strafvollzug war erst eine Errungenschaft des 5. Jahrhunderts.

Die spätere Überlieferung hat den „drakonischen" Gesetzen zu Unrecht übermäßige Härte zugeschrieben. Drakons Gesetzgebung bedeutete einen Schritt zu größerer Rechtssicherheit, die politischen und sozialen Probleme hat sie allerdings nicht gelöst.

2.7 Solon

In der weiterhin zugespitzten innenpolitischen Situation *Athens* (▷ 2.6) führten die Furcht des Adels vor revolutionären Veränderungen, die Lebensumstände vieler verarmter Kleinbauern und der unerfüllte Anspruch waffenfähiger nichtadliger Bürger auf politische Mitbestimmung dazu, daß die Konfliktparteien 594/93 v. Chr. als Kompromiß den dem Adelsgeschlecht der Medontiden entstammenden Solon zum Schiedsmann (Diallaktés) bestimmten. Sein Gesetzeswerk war von der Idee des Ausgleichs, der Gerechtigkeit (Dike) und der „guten Ordnung" (Eunomía) geleitet. Den drängendsten Problemen, der Verschuldung und Versklavung der Kleinbauern, begegnete er mit einer allgemeinen Schuldentilgung. Darüber hinaus wurde durch das auch rückwirkende Verbot der Verpfändung der eigenen Person die Schuldknechtschaft beseitigt, die bereits ins Ausland verkauften Schuldsklaven wurden zurückgekauft. Diese Aufhebung der Versklavung bezog sich freilich nur auf athenische Bürger.

Neben weiteren Gesetzen, die der Förderung des Gewerbes und der politischen Aktivierung der Bürger dienen sollten, war die von Solon geschaffene Verfassungsform (später als Timokratie bezeichnet, in der politische Rechte vom Vermögen abhängig waren) von besonderer Bedeutung: Den drei Klassen der bestehenden Wehr- und Sozialverfassung, den Hippeis („Reiter"/reiche Grundbesitzer), Zeugiten (Hopliten/mittlere Bauern und Handwerker) und Theten (Leichtbewaffnete/kleine Bauern und Handwerker, Lohnarbeiter), teilte Solon bestimmte Ernteerträge (gemessen in Scheffeln, etwa 52 Liter) zu und machte die politischen Rechte des einzelnen Bürgers von diesen Erträgen abhängig, wobei aus der Klasse der Hippeis noch die Spitzengruppe der Pentakosiomédimnoi (Fünfhundertscheffler) ausgegliedert wurde, denen zunächst das Archontat vorbehalten blieb.

Darüber hinaus soll Solon durch die Schaffung neuer politischer Institutionen, des Rats der 400 (Boulé) und des Volksgerichts (Heliaia), dem Volk weitere Einflußmöglichkeiten gegeben haben. An der faktischen Machtverteilung änderte die timokratische Ordnung infolge der wirtschaftlichen Überlegenheit des Adels zunächst nichts, doch war sie insofern zukunftsweisend, als sie, der gesellschaftlichen Mobilität Rechnung tragend, politische Statusveränderungen mit wirtschaftlichen und sozialen verband. Solons Reformen haben zur Konsolidierung der Polis Athen beigetragen, die gesellschaftlichen und politischen Strukturen jedoch nicht radikal verändert.

2.8 Tyrannis Peisistratos

Mißt man *Solons* Reformen (▷ 2.7) an seinem Ziel, der innenpolitischen Konsolidierung Athens, so sind sie gescheitert: Soziale Mißstände wie die Not der Kleinbauern waren nicht beseitigt, der Machtkampf des Adels um das Archontat tobte in der ersten Hälfte des 6. Jahrhunderts v. Chr. heftiger denn je. Nach der Überlieferung standen sich im innenpolitischen Kampf drei Gruppen gegenüber, die von den Adeligen Lykurg, Megakles und Peisistratos geführt wurden. Gestützt auf seine Anhängerschaft, Kleinbauern und Tagelöhner aus Ostattika und große Teile des Volks von Athen, dem ihm im Volksversammlung eine Leibwache bewilligte, ergriff der durch den Krieg gegen Megara (565) populäre Peisistratos 561/60 die Herrschaft in Athen, die er nach zweimaliger Vertreibung erst mit Hilfe auswärtiger Söldner dauerhaft etablieren konnte (539/38).

Der Tyrann ließ die geltende Polisverfassung bestehen, die höchsten Ämter blieben seiner Familie und Adligen, die sich seiner Herrschaft unterordneten, vorbehalten. Opponierende Adlige wurden z. T. verbannt oder gingen ins Exil. Peisistratos' faktische Macht beruhte auf Söldnertruppen und ausländischen Verbündeten. Seine bedeutendsten Leistungen waren: die offenbar gegen Reste der Adelsgerichtsbarkeit gezielte Einsetzung von lokalen Richtern, die großzügige Unterstützung der Kleinbauern durch Darlehen, die Gründung neuer Kolonien und eine umfangreiche Bautätigkeit. Auch wenn es sich hierbei um Maßnahmen zur Herrschaftssicherung gehandelt haben mag, so liegt dennoch die historische Bedeutung der Tyrannis des Peisistratos in der sozialen und ökonomischen Konsolidierung Athens, das in der zweiten Hälfte des 6. Jahrhunderts eine wirtschaftliche Blüte erlebte.

*Harmodios und Aristogeiton, athenische
Freiheitshelden, die 514 v. Chr. Hipparch,
den Sohn von Peisistratos,
erdolchten. Römische Marmorkopie
(477 v. Chr.)*

Nach dem Tod des Peisistratos 528 oder 527 übernahmen seine Söhne Hipparchos und Hippias die Herrschaft. Hipparchos wurde 514 aus persönlichen Gründen von den später als Tyrannenmördern verklärten Harmodios und Aristogeiton umgebracht, sein Bruder Hippias 510 gestürzt.

Auch in anderen griechischen Poleis etablierten sich im 7. und 6. Jahrhundert bedingt durch die Legitimationskrise des in Machtkämpfen verstrickten Adels, die steigenden sozialen Spannungen und die Emanzipationsbestrebungen der bäuerlichen Mittelschicht Tyrannenherrschaften. Am bekanntesten sind die Tyrannen Kypselos (660–28) und Periander (ca. 628–587) von Korinth, Kleisthenes von Sikyon (erstes Drittel des 6. Jahrhunderts), Lygdamis von Naxos (ca. 545–24) und Polykrates von Samos (538–22).

Man wird dieser „älteren Tyrannis" im Gegensatz zur „jüngeren Tyrannis" des 4. und 3. Jahrhunderts nur gerecht, wenn der Tyrann nicht nur als machtgieriger Adliger, sondern auch als Werkzeug des aufbegehrenden Volkes gesehen wird. Die historische Funktion der Tyrannis war es, den Übergang von der Adels-

herrschaft zum Verfassungsstaat der Hopliten, der waffenfähigen Bürger, zu ermöglichen. Die negative Bewertung der Tyrannis als Gewaltherrschaft und schlechteste aller Verfassungen ist historisch unzutreffend und beruht größtenteils auf späterer Überlieferung, die diese Herrschaftsform an der Demokratie des 5. Jahrhunderts maß.

2.9 Kleisthenes

Nach dem Sturz des letzten Peisistratiden (▷ 2.8) kam es in Athen im Jahr 508 v. Chr. erneut zu Machtkämpfen des Adels um das Archontat, in denen sich schließlich mit Unterstützung des durch Reformversprechungen gewonnenen Demos der Alkmeionide Kleisthenes, Archon 525/24, gegen seinen Widersacher Isagoras durchsetzen konnte.

Kern der kleisthenischen Reform, der ersten Repräsentativverfassung der Welt auf lokaler Grundlage, war eine neue Phylenordnung: Die vier alten Phylen, der politischen und militärischen Organisation Attikas dienende Personenverbände, behielten sakrale Aufgaben, doch schuf Kleisthenes zehn neue Phylen, die auf der Einteilung Attikas in drei Regionen: die Stadt Athen (Asty), das Binnenland (Mesógeion) und die Küste (Paralía), beruhten. Jede dieser Regionen war in zehn Untereinheiten (Trittyen) gegliedert. Die neuen Phylen, zusammengesetzt aus je einer Trittys aus Athen, dem Binnenland und der Küste, bildeten nun die Grundeinheit der politischen Vertretung (jede Phyle stellte 50 Abgeordnete für den neu geschaffenen Rat der 500) und der militärischen Organisation. Die neue Phylenordnung wurde ergänzt durch die Einteilung Attikas in 139 Gemeinden (Demen) als lokale Selbstverwaltungskörperschaften.

Ob die Phylenreform in erster Linie die Erweiterung der kleisthenischen Gefolgschaft oder die Demokratisierung des immer noch von mächtigen Adelscliquen beherrschten Staatslebens zum Ziel hatte, ist unklar. Ihr Ergebnis war jedenfalls einmal die Schwächung der auf lokalen Gefolgschaften beruhenden politischen Macht des Adels und die Verhinderung von regionalen Parteibildungen, sodann die politische Aktivierung breiter Bevölkerungsschichten durch die Institution des Rats, dessen 500 Mitglieder jährlich wechselten.

Eine weitere bedeutende, von der späteren Überlieferung Kleisthenes zugeschriebene Neuerung war das Scherbengericht (Ostrakismós), das erstmals für das Jahr 487 belegt ist. Jedes Jahr wurde in einer Volksversammlung die Frage gestellt, ob ein Ostrakismós durchgeführt werden solle; fiel die Antwort positiv aus, so wurde etwa zwei Monate später in der Volksversammlung in der Art darüber abgestimmt, daß jeder Bürger (bei einem Quorum von 6000 Stimmen) den Namen eines Politikers auf eine Tonscherbe ritzte. Derjenige, auf den die Mehrheit der Stimmen entfiel, wurde für zehn Jahre ohne Verlust seines Eigentums aus Attika verbannt. So sollte vermutlich die langfristige persönliche Machtsteigerung einzelner Adliger verhindert werden.

2.10 Sparta

Sparta (staatsrechtlich: Lakedaimon) entstand um 900 v. Chr. im Norden des fruchtbaren Eurotastales als Synoikismós (Zusammensiedlung) von vier Dörfern dorischer Einwanderer. Im 8. Jahrhundert wurde das südlich gelegene Amyklai, bis dahin „Bollwerk" der vordorischen Achaier gegen die Einwanderer, und die im Südosten des Peloponnes gelegene Landschaft Lakonien erobert und in den spartanischen Staat einbezogen. Das neugewonnene Gebiet wurde an die in Sparta, dem politischen Zentrum, lebenden Vollbürger (Spartiaten) aufgeteilt; die unterworfene Bevölkerung wurde versklavt und mußte als Heloten das Spartiatenland bewirtschaften. Die Bewohner der dorischen Gemeinden in den umliegenden Bergregionen bekamen den Status von Perioiken (Umwohner); sie waren persönlich frei und leisteten Kriegsdienst, waren aber politisch rechtlos.
Im 8. und 7. Jahrhundert dehnte Sparta in zwei Kriegen seine Herrschaft auf das im Westen angrenzende Messenien aus, die Bevölkerung wurde größtenteils helotisiert. Die Ergebnisse des 2. Messenischen Krieges (660–640), die damalige Einführung der Phalanxtaktik und die Helotisierung der Messener, bildeten die Voraussetzung für die spartanische Lebensordnung (Kosmos), die nach der Überlieferung auf den sagenhaften Verfassungsgeber Lykurg zurückgeht.
Die große Zahl der Landwirtschaft treibenden Heloten entband die durch die Phalanxtaktik

gleichgestellten Spartiaten von der Sorge um den Lebensunterhalt und ermöglichte ihnen ein rein auf das Militärische ausgerichtetes Gemeinschaftsleben, andererseits wurden sie durch die beständige Furcht vor einem Aufstand der Heloten hierzu auch gezwungen. Die Spartiaten machten in ihrer Jugend eine gemeinsame staatlich geleitete Erziehung (Agogé) durch, anschließend lebten sie in Speisegenossenschaften (Syssitien) zusammen.

Kriegerstatue von Leonidas (5. Jh. v. Chr.)

Sie allein waren zur Teilnahme an der Volksversammlung (Apella) berechtigt, die über alle wichtigen Angelegenheiten entschied. Die wichtigsten weiteren Verfassungsorgane waren das in der griechischen Welt einzigartige Doppelkönigtum, das den Oberbefehl im Krieg hatte, sowie das Kollegium der fünf vom Volk gewählten Ephoren, das seit dem 5. Jahrhundert die eigentliche Regierungsgewalt besaß, und der aus 30 Mitgliedern bestehende Altenrat (Gerusía).
Nach langen Kämpfen mit den nördlichen Rivalen Tegea und Argos entstand in der zweiten Hälfte des 6. Jahrhunderts aus Einzelverträgen mit Nachbarstaaten unter spartanischer Hegemonie der Peloponnesische Bund, dem außer Argos und Achaia alle Staaten des Peloponnes angehörten.

Dareios I. in seinem
Jagdwagen während
der Löwenjagd
(500 v. Chr.)

Die Spartaner förderten, wo möglich, aristokratische Verfassungen und intervenierten bisweilen gegen Tyrannen (Polykrates, Peisistratiden) und demokratische Systeme (Athen); ansonsten blieb die Außenpolitik der mächtigsten Landmacht Griechenlands zurückhaltend. An den Siegen über die Perser 479 bei Plataiai und Mykale (▷ 2.12) war Sparta maßgeblich beteiligt.

2.11 Perserreich Dareios I.

Die bedeutendste politische Machtbildung vom 6. bis zum 4. vorchristlichen Jahrhundert war das Perserreich, das letzte und größte der altorientalischen Großreiche; sein Kernland, die Persis, lag nordöstlich des persischen Golfes. Dem aus dem Geschlecht der Achaimeniden stammenden Perserkönig Kyros II. (559–30) gelang es innerhalb von zwei Jahrzehnten, die Vorherrschaft der Meder abzuschütteln und deren Großreich zu erobern (550), nach einem Sieg über Kroisos (Krösus) am Halys das Lyderreich und die Griechenstädte der kleinasiatischen Küste (mit Ausnahme Milets) zu unterwerfen (546), schließlich sein Herrschaftsgebiet bis zum Indus zu erweitern und das neubabylonische Chaldäerreich zu erobern (539; ▷ 1.14). Sein Sohn und Nachfolger Kambyses II. (529–22) dehnte 525 die persische Herrschaft bis nach Ägypten (▷ 1.12) aus. 521 konnte sich nach Thronfolgewirren Dareios (Darius) I. (522–486) als König durchsetzen, der die

äußere und innere Struktur des Perserreiches vollendete: Das ethnisch vielfältige Riesenreich wurde durch die Einteilung in 20 zivile und militärische Verwaltungsbezirke (Satrapien) neu organisiert, wichtigste Verkehrsverbindung wurde die Königsstraße von Ephesos nach Susa. Neben dem Persischen und dem Elamitischen kam dem Aramäischen als Verwaltungssprache besondere Bedeutung zu. Hauptkennzeichen der ansonsten von den Vorgängerreichen schwer abgrenzbaren persischen Kultur war ihre monotheistische Religion. Oberster Gott des von *Zarathustra* (um 600?) gestifteten bzw. weiterentwickelten Glaubens (▷ 4.11) war Ahura Mazda. Eine tolerante Herrschaftspraxis ließ Sprache, Kultur und Religion der unterworfenen Gebiete unangetastet.

Vornehmliches außenpolitisches Problem von Dareios war zunächst die vom Norden des Schwarzen Meeres drohende Skytengefahr, der er durch einen großangelegten Kriegszug über den Bosporus vergeblich Herr zu werden versuchte. Ergebnis dieses Unternehmens war die Unterwerfung der griechischen Städte am Marmarameer, Thrakiens und Makedoniens, wodurch die insbesondere für den Handel der kleinasiatischen Griechenstädte wichtigen Meerengen (Dardanellen, Bosporus) unter persische Kontrolle kamen.

2.12 Perserkriege

Der Aufstand der ionischen Städte Kleinasiens unter Führung Milets gegen die persische Herrschaft (500/499 v. Chr.) bildete den

Auftakt für die langen Auseinandersetzungen zwischen Persern und Griechen, die erst mit der Zerstörung des Perserreichs durch *Alexander* (334–323; ▷ 2.16) ihren Abschluß fanden. Herodot, der Chronist der Kämpfe des beginnenden 5. Jahrhunderts, sieht die Ursache in den politischen Ambitionen des milesischen Tyrannen Aristagoras; ebensowichtig scheinen indes wirtschaftliche (Beeinträchtigung des ionischen Handels) und politische (Einschränkung der Autonomie durch die von den Persern gestützten Tyrannen) Ursachen gewesen zu sein. Die aufständischen Poleis wurden aus dem griechischen Mutterland lediglich von Athen und Eretria unterstützt. Mit dem persischen Seesieg bei Lade (495/94) und der Einnahme und Zerstörung Milets (494) brach die ionische Erhebung zusammen. Die Herrschaft der persischen Satrapen wurde wiederhergestellt.

Während der Perserzug nach Thrakien und Makedonien (492) nur der Wiederaufrichtung der Herrschaft in der Nordägäis diente, leitete ein Flottenunternehmen zwei Jahre später, nominell eine Strafaktion gegen Athen und Eretria, die persischen Eroberungszüge gegen Griechenland ein. Nach Unterwerfung der meisten Kykladeninseln und der Zerstörung Eretrias wurde das zahlenmäßig überlegene persische Heer von den lediglich von Plataiai unterstützten athenischen Hopliten unter Miltiades und Kallimachos bei Marathon (490) geschlagen.

Die beherrschende Rolle in der athenischen Innenpolitik im Jahrzehnt zwischen den Perserkriegen spielte Themistokles. Obwohl die Quellen dazu schweigen, wird er, Archon 493/92, mit den Verbannungen von „Tyrannen-" bzw. „Perserfreunden" in den achtziger Jahren und den Verfassungsänderungen von 487/86 in Verbindung gebracht: Die Archonten wurden nicht mehr gewählt, sondern unter vorgewählten Kandidaten ausgelost, gleichzeitig die zweite Zensusklasse, die Hippeis, zum Archontat zugelassen. Das militärische Oberkommando ging vom Polemarchos auf zehn von der Volksversammlung gewählte Strategen über.

482 konnte Themistokles sein schon früher geplantes Flottenbauprogramm durchsetzen, das außenpolitisch motiviert war, doch besondere innenpolitische Folgen zeitigte: Die Bemannung der 200 Trieren mit ca. 36 000 Wehrfähigen erforderte die Heranziehung der Theten (unterste Zensusklasse), die durch den Militärdienst jetzt auch politischen Einfluß gewannen.

Dem großangelegten Eroberungsfeldzug des Großkönigs Xerxes Ende der achtziger Jahre standen die griechischen Stämme und Poleis ambivalent gegenüber: Ein Teil war neutral oder auf persischer Seite; Athen, Aigina, Sparta, Korinth u. a. gründeten 481 unter spartanischer Hegemonie ein Defensivbündnis. Nachdem die Griechen 480 am Thermopylenpaß und zur See am Kap Artemision eine Zeitlang Widerstand leisten konnten, besiegte die athenische Flotte unter Themistokles die persische in der Bucht vor Salamis. 479 wurde das persische Landheer bei Plataiai durch den Hellenenbund unter Führung des Spartaners Pausanias geschlagen, die persische Flotte am ionischen Vorgebirge Mykale vernichtet.

2.13 Attischer Seebund

Die Siege über die Perser verdankten die Griechen im wesentlichen der Flotte, die von Athen unter Themistokles aufgebaut worden war (▷ 2.12). Da ein Krieg zur Befreiung aller unter persischer Herrschaft stehenden Poleis Kleinasiens nur als Seekrieg erfolgversprechend organisiert werden konnte, trat Athen an die Spitze der antipersischen Allianz und erhielt den Oberbefehl über die griechischen Kontingente.

478/77 v. Chr. schloß Athen mit den zur Weiterführung des Perserkriegs entschlossenen Inseln und Städten einen „ewigen" Bund, den Ersten Attischen Seebund, auch Attisch-Delischer Seebund genannt. Den Bündnern blieb freigestellt, ob sie Schiffe für den gemeinsamen Kampf stellen oder der jeweiligen Finanzkraft entsprechende Geldzahlungen leisten wollten. Die überwiegende Mehrheit entschied sich für die zweite Möglichkeit, entrichtete genau berechnete Beiträge und überließ es Athen, mit den Geldern neue Schiffe auszurüsten.

Dem Seebund gelang es, die Perser Schritt um Schritt zurückzudrängen. Doch erst 449/48 schlossen die Kriegsgegner Frieden. Der persische Großkönig respektierte im Kallias-Frieden den Seebund und leistete mit der Anerkennung eines Demarkationsstreifens, welcher die Machtbereiche des Bundes und Persiens abgrenzte, auf die ionischen Städte de facto Verzicht. Damit war das militärische Ziel des Seebundes erreicht.

Athen begnügte sich nicht mit der Rolle einer maritimen Macht, sondern wollte auch zu einer führenden Landmacht in Griechenland werden. Dies mußte zur Konfrontation mit *Sparta* (▷ 2.10) führen. Seit Anfang der fünfziger Jahre waren die Athener verschiedentlich in Waffengänge mit der Hauptmacht des Peloponnesischen Bundes verwickelt. 446/45 kam es zwischen Athen und Sparta zum Abschluß eines dreißigjährigen Friedens. Die Bündnissysteme vereinbarten gegenseitige Nichteinmischung.

Athen mußte fast alle Eroberungen in Griechenland aufgeben und konzentrierte sich nun auf die organisatorische Umgestaltung des Seebundes, der mittlerweile nahezu alle Inseln sowie die meisten Städte an den Küsten der Ägäis und des Meerengengebietes umfaßte, zu einem attischen Herrschaftsgebiet (Arché Athens). Mißachtung der Autonomie der Bundesmitglieder führte wiederholt zu Sezessionsversuchen (475 Naxos, 465 Thasos, 456 Aigina, 440/39 Samos). Durch teilweise brutales Vorgehen gliederte Athen die abgefallenen Bündner dem Seebund wieder ein.

Aus einer Allianz freier Städte war ein Untertanenverband Athens geworden, das seinen Herrschaftsanspruch durch die Anlage von Kleruchien (Kolonien) an der Küste Thrakiens etwa, aber auch auf dem Territorium der Bündner unterstrich. Das attische „Reich" war freilich nur von kurzer Dauer. Die Niederlage Athens im *Peloponnesischen Krieg* (▷ 2.15) führte zur Auflösung des zuletzt nurmehr durch Gewaltakte zusammengezwungenen Ersten Attischen Seebundes.

2.14 Attische Demokratie Perikles

Der *Attische Seebund* hatte Athen zu einer maritimen Macht werden lassen (▷ 2.13). Parallel zum Aufstieg der Stadt und durch diesen befördert vollzog sich die Ausbildung der sogenannten radikalen Demokratie. Die Vollendung dieses Prozesses ist vor allem das Werk von Ephialtes und Perikles. Deren Handeln muß als Reaktion auf die Politik des konservativen Aristokraten Kimon und der ihn

stützenden oligarchischen Partei gedeutet werden, die in den siebziger und sechziger Jahren mit dem Areiopag (▷ 2.6) die wichtigste politische Institution in Athen beherrschte.

Perikles.
Antike Büste

462 v. Chr. nutzten die Reformer um Ephialtes die Abwesenheit Kimons zum Umsturz. Der Areiopag wurde entmachtet. Er behielt allein die Blutgerichtsbarkeit. Die politischen Funktionen des Adelsrates übernahmen die Volksversammlung (Ekklesía), der Rat der 500 (Boulé) und das Geschworenengericht (Heliaia). Resultat der demokratischen Neuerungen in Athen war, daß der Demos (also die Gesamtheit der zu politischer Mitwirkung berechtigten Vollbürger, nicht jedoch die Metoiken und Sklaven) im Prinzip die Kontrolle über das gesamte öffentliche Leben erhielt.

Nach der Ermordung des Ephialtes (461) scheint Perikles (495/90–429) an die Spitze der Demokraten vorgerückt zu sein. Um möglichst viele Bürger am politischen Leben zu beteiligen, wurden den Amtsträgern, den Richtern sowie den Anwesenden bei der Ekklesía Diäten (Tagegelder) gezahlt. Dies war eine notwendige Maßnahme zum Ausgleich von Verdienstausfällen, die besonders Angehörige des vierten Standes trafen. Diese ärmere Bevölkerungsgruppe der Theten bekam sodann durch die Gewährung des „Schaugelds" (Theorikón) Gelegenheit zum Besuch der oft mehrere Tage dauernden Festlichkeiten und Theateraufführungen.

Mit der Beschränkung des athenischen Bürgerrechts auf Nachkommen, deren Eltern beide Athener waren (451/50), begünstigte Perikles den Demos, der nun bevorzugt in den Genuß der finanziellen Mittel des Bundes (Tribute) kam. Eine Tendenz zur Privilegierung und Isolierung der athenischen Bürgerschaft zeichnete sich ab, die im Zusammenhang mit der gleichzeitig erfolgten Umwandlung des Seebundes zur Arché Athens (▷ 2.13) gesehen werden muß. Diese Umgestaltung ist entscheidend von Perikles betrieben worden.

Von 443–429 wurde Perikles alljährlich zum Strategen gewählt. Ihm oblag die Leitung der Volksversammlung, die er in seinem Sinne zu lenken verstand, und die Aufsicht über die ehrgeizigen Bauvorhaben. Seine außerordentliche Stellung verdankte der Stratege einer starken persönlichen Autorität und einer beachtlichen rhetorischen Fähigkeit. Der Historiker Thukydides trifft wohl den Kern, wenn er sagt, es habe „dem Namen nach eine Demokratie, in Wirklichkeit aber die Herrschaft des ersten Mannes" bestanden.

Um sich von bedrängenden innenpolitischen Problemen zu entlasten, verwickelte Perikles Athen in außenpolitische Konflikte. Seit 432/31 befanden sich Athen und *Sparta* (▷ 2.10) im Kriegszustand. Als die Feinde Athens attisches Land verheerten und unter der in der Stadt zusammengepferchten Bevölkerung die Pest ausbrach, wuchs die Opposition gegen Perikles. Verurteilt wegen Amtsmißbrauchs ging er seines Strategenamtes verlustig, wurde jedoch 429 wieder in diese Stellung gewählt. Er starb noch im gleichen Jahr.

2.15 Peloponnesischer Krieg

Der Frieden von 446 (▷ 2.13) hatte die Spannungen zwischen Athen und Sparta nicht zu beseitigen vermocht. Vielmehr spitzte sich die Lage in Griechenland infolge der von Athen betriebenen offensiven Außen- und Wirtschaftspolitik zu. Zusammenstöße Athens mit dem Handelsrivalen Korinth führten zu einem Hilfegesuch der Korinther an Sparta und nach der provokativen Verhängung einer Handelssperre gegen Spartas Verbündeten Megara durch die Athener in den Krieg.

Die Kampfhandlungen begannen 431. Sie lassen sich in drei Phasen unterteilen. In einer ersten Phase versuchten die Lakedaimonier durch alljährliche Einfälle in Attika zu Erfolgen zu kommen, während die Athener die Küsten des Peloponnes in Unruhe versetzten,

ohne freilich mit diesen Operationen Wesentliches zu erreichen. 421 wurde ein Frieden geschlossen, nach Thukydides ein „fauler Friede", da er die aus dem Dualismus der Mächte resultierenden Probleme nicht zu lösen vermocht habe.

Die Maßlosigkeit athenischer Politik verleitete zur „Sizilischen Expedition" (415–13), die den Höhepunkt der zweiten Phase des Kriegs markiert. Die Athener folgten auf Vorschlag des Alkibiades (ca. 450–404) einem Hilfegesuch der westsizilischen Stadt Segesta und wurden 413 vor Syrakus, das der Spartaner Gylippos verteidigte, vernichtend geschlagen. Von dieser Niederlage hat sich Athen in der Folgezeit nicht mehr erholt; eine unaufhaltsame Abfallbewegung der Bündner setzte ein. Hinzu kam, daß der Peloponnesische Bund durch ein Bündnis Spartas mit Persien (412) nun über eine beträchtliche Flotte verfügte.

Im Dekeleisch-Ionischen Krieg (413/12–404), der Endphase der Auseinandersetzungen, fielen die Würfel. Die bedrängte Lage Athens, das an mehreren Fronten militärisch präsent sein mußte, führte in der Stadt zu vorübergehenden politischen Umwälzungen. Mangelnde Einsicht in das politisch Machbare ließ die Athener auch nach einem schwer erkämpften Sieg (406) das Friedensangebot der Spartaner ausschlagen. Die Entscheidung brachte das Jahr 405, die Spartaner schlugen unter Lysander die letzte athenische Flotte. Auf die Belagerung der Stadt folgte 404 die Kapitulation Athens.

Die diktierten Friedensbedingungen trafen die Athener hart: Auflösung des Seebundes, Verzicht auf auswärtige Besitzungen, Reduzierung der Flotte auf zehn Schiffe, Verpflichtung zur Heerfolge für Sparta, Rückruf der Verbannten. In Athen wurde auf Drängen Spartas das oligarchische Regiment der Dreißig etabliert. Als sich deren Herrschaft zu blutiger Tyrannei steigerte, ergriffen nach Theben geflüchtete Verbannte die Initiative und führten nach dem Sturz der Dreißig die Demokratie in modifizierter Form wieder ein (403).

2.16 Die Hegemonien Spartas und Thebens

Sparta, dem der Sieg über Athen die Führung in Hellas gebracht hatte, provozierte durch eine gewalttätige Herrschaft die Formierung politischen Widerstands. Als Spartas Bemühungen scheiterten, die persischen Satrapen daran zu hindern, sich den ganzen westkleinasiatischen Küstenstreifen einzuverleiben (Niederlage bei Knidos 394 v. Chr.), erhoben sich in Griechenland unter Führung Thebens und Korinths mehrere Städte, die von Persien materielle Unterstützung erfuhren (Korinthischer Krieg 395/94). Mit persischem Geld wurde Athen neu befestigt (Kononische Mauer). Die Stadt gewann auch politisch an Gewicht. Ihr Erstarken rief bei Spartanern wie Persern Besorgnis hervor und führte beide wieder zueinander.

Der Spartaner Antalkidas brachte 387/86 mit Persien den sogenannten Königsfrieden zustande, der zwischen Persern, Spartanern und Hellenen geschlossen wurde und deshalb als erster allgemeiner Friede (Koiné Eiréne) gelten kann. Im wesentlichen schrieb er die Ergebnisse des *Peloponnesischen Krieges* (▷ 2.15) fest. Persien behielt die Herrschaft über die Städte Kleinasiens sowie die Inseln Klazomenai und Zypern. Die Poleis des griechischen Mutterlandes sollten die Autonomie erhalten, die von Sparta zu überwachen war. Dies richtete sich vornehmlich gegen Athen, dem allein die Inseln Lemnos, Imbros und Skyros blieben. Persien garantierte den Frieden in Griechenland und wurde somit zur Schutzmacht von Hellas.

Die Befestigung der Hegemonie Spartas durch die Vereinbarungen von 387/86 wirkte sich in einer offensiven Festlandspolitik aus. Seit 382 waren die Spartaner in einen Krieg mit der Stadt Olynth auf der Chalkidike verwickelt (Olynthischer Krieg 382–79). Im Zuge dieser Auseinandersetzungen kam es zur Besetzung der Burg von Theben. Verbannte Thebaner nahmen dies zum Anlaß, gegen die spartafreundliche Regierung Thebens vorzugehen; die spartanische Garnison wurde von Pelopidas vertrieben.

Dem Schutz gegen Sparta diente die Gründung des „Zweiten Attischen Seebundes" 377 in Athen, das sich in der Zwischenzeit wieder eine große Flotte geschaffen hatte. Der zweite Seebund war ein Allianz autonomer Städte unter Einschluß Thebens organisiert. Sparta mußte diesen Bund 375 anerkennen. Ein neuer Versuch der Spartaner, Theben in die Schranken zu weisen, endete mit der verheerenden Niederlage von Leuktra (371). Die spartanische Phalanx, die bis dahin nie in einer offenen Feldschlacht unterlegen war, wurde von den Thebanern unter Epameinondas niedergerungen. Der Peloponnesische Bund brach zusammen.

Theben vermochte aber seine neu gewonnene Hegemonie nicht zu stabilisieren. Zu eng war die thebanische Vormachtstellung an die Geschicke des Epameinondas und des Pelopidas gebunden. Dieser fiel 364 bei dem Versuch, thebanischen Einfluß in Thessalien und Makedonien geltend zu machen, jener starb in der Schlacht bei Mantineia in Arkadien 362. Thebens Kräfte waren erschöpft. 362/61 wurde ein allgemeiner Frieden geschlossen.

2.17 Makedonien Philipp II.

Die Makedonen gehörten zu den nordwestgriechischen Stämmen, die im Zuge der dorischen Wanderung um 1200 v. Chr. in Griechenland eingedrungen waren. Im makedonischen Staat des 4. Jahrhunderts fanden sich Völkerschaften verschiedener ethnischer Zugehörigkeit verbunden, seine Führungsschicht war griechischer Herkunft. Permanenter Kriegszustand mit den Nachbarvölkern veranlaßte die Makedonen zur Beibehaltung von Formen und Institutionen, die noch in die Zeit der Einwanderung zurückweisen. Den Makedonen stand ein König vor, der von der Heeresversammlung gewählt wurde. Diese Wehrgemeinde fungierte auch als Gerichtsversammlung.

Daß Makedonien binnen weniger Jahre zur stärksten Macht in Griechenland aufstieg, ist Philipp II. zu verdanken, der 359 die Regentschaft als Vormund seines Neffen Amyntas übernahm. 356/55 machte sich Philipp zum König. Nachdem die Herrschaft im Innern gesichert war, ging er daran, den makedonischen Einflußbereich nach allen Seiten zu erweitern. Mit einem neu organisierten Heer trieb Philipp seine Politik rigorosen Raumgewinns voran.

Zunächst wandte sich Philipp im Norden und Westen gegen Paionier und Illyrer (358), anschließend versuchte er, den für Makedonien wichtigen Zugang zur Ägäis zu eröffnen. Mit der Eroberung Thrakiens sicherte sich der König die für Wirtschaft und Kriegführung bedeutsamen Goldgruben des Pangaiongebirges. Seit 353/52 faktisch Herr in Thessalien, brachte Philipp die siegreiche Teilnahme am 3. Heiligen Krieg (356–46) mit dem Abschluß des Pilókratesfriedens die Aufnahme in die Delphische Amphiktyonie, einen Bund zum Schutz des Heiligtums, und politisch die Vormachtstellung in Griechenland.

Zeitgenössisches Silbermünzbildnis von Philipp II.

Durch Philipps Feldzug gegen die Thraker (343/42) sah Athen, das sich im Philókratesfrieden (346) mit Makedonien auf die Wahrung des Status quo hatte einigen müssen, seine Handelsplätze an den Meerengen bedroht und erklärte auf Betreiben des Demosthenes (384–22) den Makedonen den Krieg (340). Auch Philipp suchte die Entscheidung. Im August 338 siegte er bei Chaironeia in Boiotien über die verbündeten Athener und Thebaner. Theben erhielt eine makedonische Besatzung, Athen verlor die thrakische Chersones, der Seebund wurde aufgelöst.

Mit Ausnahme Spartas und der persischer Hoheit unterstellten griechischen Poleis Kleinasiens schlossen die griechischen Städte und der makedonische König 337 den Korinthischen Bund, der unter makedonischer Führung den Frieden im Innern garantieren und dem Schutz nach außen dienen sollte. Unter Ausnutzung panhellenischer, auf Expansion des Griechentums fixierter Ideologie rief Philipp zum gemeinsamen Krieg aller Griechen gegen die Perser auf.

Ziel des Krieges sollte die „Befreiung" der kleinasiatischen Griechen sein. Der makedonische König erhielt den Oberbefehl als „be-vollmächtigter Stratege" (Strategós autokrátor). Ein Feldzug in Kleinasien eröffnete den Krieg gegen Persien, den Philipp jedoch nicht zu Ende führen konnte. Er wurde 336 ermordet.

2.18 Alexander der Große

Alexander wurde 356 v. Chr. als Sohn *Philipps II.* (▷ 2.17) und der epirotischen Prinzessin Olympias geboren. Nach Philipps Ermordung, die ihm den Antritt der fraglich gewordenen Nachfolge möglich machte, ließ der junge König sämtliche Konkurrenten niedermachen und konsolidierte seine anfangs ungesicherte Stellung in Makedonien. 335 wurde er als Stratege für den Perserkrieg durch den Korinthischen Bund bestätigt, mußte aber zunächst eine Erhebung Athens und Thebens niederschlagen.

334 begann der Perserkrieg. Das Heer, das in diesem Jahr den Hellespont nach Kleinasien überschritt, zählte unter Einschluß der Einheiten der Bundesgenossen rund 35 000 Mann. Durch den Sieg am Granikos (334) vermochte sich Alexander in den Besitz der Westküste Kleinasiens zu bringen und die dortigen Griechenstädte zu „befreien".

Nach dem Zug zur phrygischen Königsresidenz Gordion im Inneren Kleinasiens und Operationen in Kilikien kam es im November 333 bei Issos zum ersten Zusammenstoß zwischen Alexander und Dareios III. Der Perserkönig unterlag. Im Winter 332/31 wandte sich Alexander nach Ägypten. In Memphis zum Pharao gekrönt, gründete er am Nildelta die Stadt Alexandreia und besuchte das Wüstenorakel des Zeus Ammon in der Oase Siwah. Im Oktober 331 setzte sich Alexander endgültig gegen Dareios bei Gaugamela durch. Der Großkönig entkam, wurde aber auf der Flucht ermordet (330). Mit dem Gewinn der medischen Hauptstadt Ekbatana war der panhellenische Rachekrieg beendet, die griechischen Bundestruppen wurden entlassen. Die Erbeutung der persischen Reichsschätze gestattete Alexander die Fortsetzung des Krieges mit der unverhüllten Absicht, das Gesamtreich zu erobern.

Der Reichsaristokratie kam Alexander entgegen, indem er Perser als Satrapen einsetzte. Dies wie auch die Übernahme orientalischer Lebensformen durch den König und die ver-

REICH ALEXANDERS DES GROSSEN 323 v. Chr.

Makedonischer Machtbereich bei Regierungsantritt Alexanders d. Gr. 336 v. Chr.

Machtbereich Alexanders d. Gr.

Von Alexander abhängige Staaten

0   250   500   750   1000km

333 ... Kriegszüge Alexanders d. Gr.

325 ... Zug des Nearchos mit der Flotte

325 Zug des Krateros

Nikephorion Städtegründungen Alexanders

333 ✕ wesentlichste Schlachten

stärkte Verwendung persischer Soldaten in
Alexanders Heer führten zu Verstimmungen
bei den Makedonen, die sich bis zu Verschwö-
rungsplänen verschärften. Während der langwierigen Befriedung Ostirans nahmen die
Spannungen zu und entluden sich in einer
Reihe von Aufstandsversuchen. Die Bemühungen, den Iran zu unterwerfen, fanden
ihren Abschluß mit der Heirat zwischen
Alexander und der baktrischen Fürstentoch-
ter Roxane (327).
Im Sommer 327 begann das Indienunterneh-
men. Alexanders Truppen drangen bis zum
Hyphasis (Bias) vor. Dort erzwangen die völlig erschöpften Soldaten den Rückmarsch.
Aus Indien zurückgekehrt ließ Alexander
mißliebige Satrapen und Offiziere hinrichten.
In Susa veranstaltete er eine große Siegesfeier,
bei der zugleich eine Massenhochzeit stattfand. 10 000 Makedonen sollen sich mit persischen Frauen verheiratet haben. Die Entlassung makedonischer Veteranen führte 324 zu

einer Meuterei der makedonischen Soldaten
in Opis. Die Meuterer konnten sich nicht
durchsetzen, die Veteranen mußten sich nach
Europa zurückziehen. Viele von ihnen waren
als Verbannte in Alexanders Heer gekommen.
Um sie wieder in ihre ehemaligen Heimat-
städte zu integrieren, erließ der König ein Dekret, das den griechischen Poleis die Rückführung aller Verbannten zur Pflicht machte.
323 begann Alexander mit den Vorbereitungen für einen Kriegszug nach Arabien. Er
wurde nicht mehr realisiert. Alexander starb
im Juni 323 in Babylon.

2.19   Diadochenreiche

Nach *Alexanders* Tod (▷ 2.18) schienen die
maßgeblichen politischen Kräfte (Heeresversammlung, Generalität, Adel) das nur locker
verbundene Gesamtreich für die makedonische Dynastie erhalten zu wollen. Neben dem
schwachsinnigen Philipp III. Arrhidaios

*Alexander der Große.
Ausschnitt aus einem
Mosaik*

wurde der unmündige Alexander IV. (nachgeborener Sohn Roxanes) zum König erhoben; Reichsverweser bildeten stellvertretend die Regierung. Mit der Zeit verfolgten die noch von Alexander eingesetzten hohen Amtsträger immer stärkere Eigeninteressen. Der Zerfall des von großen inneren Spannungen belasteten Gesamtreichs war unaufhaltsam.

Die Umwandlung des Alexanderreichs in ein Gefüge von Sonderreichen vollzog sich in einer Vielzahl kriegerischer Auseinandersetzungen, immer wieder unterbrochen von kurzfristigen Verständigungsfrieden. Nachdem der letzte Verfechter der Idee der Reichseinheit, Antigonos Monophthalmos, bei Ipsos im südlichen Phrygien gefallen (301) und 281/80 der Versuch Seleukos' I., Asien und Europa miteinander zu verbinden, bei Kurupedion in Westkleinasien gescheitert war, konnten sich drei Nachfolgestaaten etablieren: das Ptolemaierreich in Ägypten (323 bis 30 v. Chr.), die beständigste Diadochengründung; das Seleukidenreich in Syrien und Mesopotamien (321 bis 63 v. Chr.); das Antigonidenreich in Makedonien (277–168). Von diesen drei Formationen, die sich allmählich zu Großmächten entwickelten, wurden Ptolemaier- und Seleukidenreich im Innern von den Diadochen gleichsam als absolute Herrscher regiert. Gestützt wurde die Position der Könige durch einen effektiven Beamtenapparat sowie gut geschulte und bezahlte Söldnerarmeen. Die Könige genossen hier göttliche Verehrung.

Der bestorganisierte Diadochenstaat war das ptolemaiische Ägypten, das über eine große Wirtschafts- und Finanzkraft verfügte, die durch die ersten Ptolemaier noch gesteigert wurde.

Das Seleukidenreich hatte von Anfang an wesentlich größere Probleme zu bewältigen. Infolge der enormen Ausdehnung war es stets in einer militärisch angespannten Lage. Der Vereinheitlichung des riesigen, im Innern sowohl ethnisch als auch kulturell unausgeglichenen Staatskomplexes, der sich vom Mittelmeer bis nach Indien erstreckte, diente die im großen Stil planmäßig betriebene Anlage griechisch geprägter Städte. Alle Versuche, das Reich zu stabilisieren, scheiterten letztlich.

Das antigonidische Makedonien blieb geographisch und politisch sehr begrenzt. Verglichen mit den Ptolemaier- und Seleukidenreich, kam es nie zu nennenswerten territorialen Arrondierungen. Auch kulturell blieb Makedonien hinter den beiden anderen Diadochenreichen zurück.

Der Tod der letzten Diadochen, jener Männer, die noch unter Alexander gedient hatten, markierte einen historischen Wendepunkt. Mit dem Jahr 280 hob die Zeit der „Nachgeborenen" (Epigonen) an und damit das eigentliche Zeitalter des *Hellenismus* (▷ 2.20).

2.20   Hellenismus

Die *Diadochenkämpfe* (▷ 2.19) hatten zur Ausbildung des hellenistischen Staatensy-

stems geführt. Das antigonidische Makedonien konnte im Verlauf des 3. Jahrhunderts v. Chr. seinen Einfluß in Thessalien und einem Teil der hellenischen Städte geltend machen, stieß aber auf den Widerstand zweier griechischer Stammesbünde, des Aitolischen und des Achaiischen Bundes.
Das ptolemaiische Ägypten bietet im 3. Jahrhundert das Bild eines administrativ und ökonomisch stabilen Staates, weniger von außen bedroht als durch innerdynastische Konflikte und durch Aufbegehren der einheimischen Bevölkerung gefährdet. Die Seleukiden, im 3. Jahrhundert unaufhörlich in Kriege verwickelt, konnten auf Dauer den Niedergang der größten hellenistischen Monarchie nicht aufhalten.
Rivalitäten und Besitzansprüche führten zu fortwährenden Auseinandersetzungen zwischen den Großmächten. Um Südsyrien bzw. Phoinikien stritten vornehmlich Ptolemaier und Seleukiden in nicht weniger als sieben Kriegen zwischen 274 und 146. In der Ägäis und in Griechenland stießen alle drei Großstaaten aufeinander.
Philipp V. von Makedonien, besorgt über Roms Engagement in Illyrien, unterstützte nach der Niederlage der Römer bei Cannae *Hannibal* (1. Makedonischer Krieg 214–05; ▷ 3.7). Hilfegesuche aus Pergamon und Rhodos gaben den Römern Gelegenheit, gegen Philipp vorzugehen (2. Makedonischer Krieg 200–197). Er unterlag und verlor seine griechischen Besitzungen.
Im Seleukidenreich war es Antiochos III. (223–187) gelungen, verlorengegangenes Terrain zurückzuerobern. Roms Eintritt in einen Krieg gegen Antiochos schien durch Hilfegesuche griechischer Städte legitimiert. 190 setzte sich L. Cornelius Scipio Asiaticus gegen Antiochos III. bei Magnesia durch. Makedonien, das einzige Reich, das noch von Bedeutung schien, wurde von den Römern in den 3. Makedonischen Krieg gezogen (171–168). Bei Pydna siegte L. Aemilius Paullus

über König Perseus, der in römische Gefangenschaft geriet.
Im Seleukidenreich hatte Antiochos IV. große Anstrengungen zur Festigung des auseinanderbrechenden Staates unternommen. Ein Thronwechsel in Ägypten ließ ihn den Versuch wagen, Ptolemaier- und Seleukidenreich zu verbinden. Vor Alexandreia nötigten ihn jedoch die Römer zum Abzug (168). Das Seleukidenreich schrumpfte gegen Ende des 2. Jahrhunderts auf das nördliche Syrien zusammen. 30 v. Chr. endete die Zeit der hellenistischen Staaten. Ägypten, der letzte noch bestehende makedonisch-griechische Staat, wurde von Octavian dem Imperium Romanum als Provinz einverleibt (▷ 3.17).
Auch wenn es in hellenistischer Zeit nicht zu einer wirklichen Verschmelzung griechischer und orientalischer Elemente gekommen ist, so haben sich doch in den Jahrhunderten makedonisch-griechischer Herrschaft im Osten neue Kultur- und Zivilisationsformen ausgebildet. Die griechische Lebensweise fand unter den Einheimischen Verbreitung. Der Hellenisierung der Orientalen entsprach eine Orientalisierung der Griechen und Makedonen. Abgesehen von der Übernahme orientalischer Herrschaftsformen übten besonders östliche Religionen auf die Griechen eine große Faszination aus, vor allem die Mysterienreligionen, von denen das Christentum zur Weltreligion werden konnte.
Doch trotz aller wechselseitigen Beeinflussung gab es auch starke Abgrenzungstendenzen. Am heftigsten widersetzten sich große Teile des Judentums allen Hellenisierungsversuchen.
Eine einzigartige Blüte erlebten Wissenschaften und Künste in hellenistischer Zeit. Die hellenistische Kultur wurde durch die Einbindung in das Imperium Romanum zur Weltkultur. Das Griechische lebte im Rahmen römischer Staatlichkeit fort und wurde so zu einem Fundament der europäischen Geschichte.

Daten

um 2000	erste minoische Hochkultur auf Kreta
um 1900	Beginn der Einwanderung von Indogermanen nach Griechenland
ca. 1900–1600	Mittelhelladische Zeit in Griechenland
ca. 1600–1200	Mykenische Zeit in Griechenland
ca. 1450	Zerstörung der minoischen Paläste
1200	Beginn der Dorischen (Ägäischen) Wanderung
1100	Beginn der Eisenzeit in Griechenland
11. Jh.	Kolonisation der kleinasiatischen Westküste durch Ionier und Äolier
10./9. Jh.	Rezeption der phönizischen Buchstabenschrift durch die Griechen
9./8. Jh.	Entstehung der homerischen Dichtungen
776	Beginn der Olympionikenliste
750–550	Griechische Kolonisation an den Küsten des Mittelmeeres und des Schwarzen Meeres
683/82	erste Archontenliste in Athen
7./6. Jh.	„Ältere Tyrannis"
um 624	Gesetzgebung Drakons in Athen
594/93	Reformen Solons in Athen
561/60–510	Tyrannis der Peisistratiden in Athen
559–530	Kyros II., Begründung des persischen Weltreichs
522–486	Dareios I. (Darius)
508/07	Reformen des Kleisthenes in Athen
500/499–494	Ionischer Aufstand gegen die persische Herrschaft
490	Schlacht bei Marathon, Niederlage des persischen Heeres
487/86	Verfassungsreform in Athen
481	Athen, Aigina, Sparta und Korinth gründen den Hellenenbund
480	Schlachten an den Thermopylen, am Kap Artemision, bei Salamis und am Himeras gegen die Perser
479	Schlachten bei Plataiai und Mykale gegen die Perser
478/77	Gründung des Delisch-Attischen Seebundes
462	Verfassungsreform des Ephialtes in Athen
449	Kalliasfrieden zwischen Athen und Persien
446	„Dreißigjähriger Friede" zwischen Athen und Sparta
446–432	Bau des Parthenon und der Propyläen in Athen unter Perikles
431–404	Peloponnesischer Krieg
421	Nikiasfriede zwischen Athen und Sparta
411–410	Oligarchische Herrschaft in Athen
404	Kapitulation Athens und Herrschaft der Dreißig
378/77	Zweiter Attischer Seebund
371	Schlacht bei Leuktra, Ende der spartanischen Hegemonie
359	Herrschaftsantritt Philipps II. von Makedonien
338	Schlacht von Chaironeia, Athen und Theben unterliegen Philipp II.
337	Korinthischer Bund
336	Ermordung Philipps und Herrschaftsantritt Alexanders
334–324	Eroberung des Perserreichs durch Alexander
323	Tod Alexanders (10. Juni)
323–301/280	Diadochenkämpfe
312–63 v. Chr.	Herrschaft der Seleukiden über Vorderasien
305–30 v. Chr.	Herrschaft der Ptolemäer über Ägypten
276/72–167	Herrschaft der Antigoniden über Makedonien
263–133	Reich von Pergamon in Kleinasien

Kapitel 3
Römische Welt in der Antike

Einführung

Die von antiken Historikern als Herrschaft von sieben Königen (753–509 v. Chr.) geschilderte Frühzeit Roms ist Fiktion. Als historisch kann allenfalls die Fremdherrschaft der etruskischen Königsfamilie der Tarquinier (etwa ab 550 v. Chr.) gelten. Die Vertreibung des letzten Königs aus Rom um 500 bezeichnet den Anfang der römischen Republik. Sie endet im Jahre 31 v. Chr., als Oktavian, der spätere Kaiser Augustus, in der Schlacht bei Aktium siegte und damit die Voraussetzungen für die Monarchie schuf. Die Epoche der Republik umspannt einen Zeitraum von knapp 500 Jahren, in denen sich der Aufstieg Roms vom Stadtstaat zum Weltreich vollzog. Dieses umfaßte am Ende der Republik fast alle Länder des Mittelmeerraums und den größten Teil Westeuropas. Demgegenüber bedeuten die Gebietserwerbungen der Kaiserzeit nur mehr eine Arrondierung des Imperiums.

Beim Aufstieg Roms zur Weltmacht lassen sich verschiedene Phasen unterscheiden. Zunächst dehnte Rom seine Macht nach Süden aus, wurde Vormacht in Latium. Außenpolitisch tritt Rom zum ersten Mal in einem um 510 in Karthago geschlossenen Vertrag in Erscheinung, in dem seine Hegemonie über die Latinerstädte anerkannt wurde. Die kriegerischen Auseinandersetzungen mit den Latinern wurden jedoch erst kurz nach 500 mit einem Bündnisvertrag beendet. Dem römisch-latinischen Bund traten kurze Zeit später noch die Herniker bei. Bestimmend war der Römern, Latinern und Hernikern gemeinsame Gegensatz zu den östlich siedelnden sabellischen Völkern der Volsker und Aequer, die einen Zugang zum Meer suchten. Kriege mit diesen sind kennzeichnend für das erste Jahrhundert der Republik.

Um 450 begann die Expansion Roms nach Norden. Es ging um den Besitz des rechten Tiberufers. Hauptgegner der Stadt war das etruskische Veji, das zu Anfang des 4. Jahrhunderts erobert wurde. Damit hatte Rom in Südetrurien Fuß gefaßt. Im Zuge dieser Auseinandersetzungen wurde auch das Kastell Ostia an der Mündung des Tibers errichtet. Gestützt auf das feste Bündnis mit den Latinern und Hernikern, war Rom nun zur stärksten Macht in Mittelitalien geworden, die auch außerhalb Italiens respektiert wurde, wie die freundschaftlichen Beziehungen zu Massalia und zu Dionysios I. von Syrakus zeigen. Unterbrochen wurde diese kontinuierliche Ausweitung des römischen Machtbereichs in Italien durch den Kelteneinfall des Jahres 387. Rom erlitt in der Schlacht an der Allia eine vernichtende Niederlage. Die römische Bevölkerung mußte die Stadt verlassen, lediglich das Kapitol wurde gehalten. Nach Abzug der Kelten versahen die Römer die Stadt zum ersten Mal mit einer Ringmauer. Abgesehen von vereinzelten Kämpfen mit den Kelten (361, 360 und 349) war das halbe Jahrhundert nach der Katastrophe eine Phase der Konsolidierung.

Sie wurde abgelöst durch den Latineraufstand von 340. Rom siegte mit Hilfe der Samniten. Die Folge war eine Neugestaltung seines Verhältnisses zu den Latinern. Die latinischen Städte wurden in drei Kategorien mit unterschiedlichem Grad an Autonomie unterteilt und in Einzelverträgen an Rom gebunden. Im Zuge der Neuordnung griff die Stadt auch nach Kampanien aus, da die Latiner von dort unterstützt worden waren. Auf diese Weise kam sie mit der Welt der italischen Griechenstädte in Berührung, geriet aber zugleich in

Gegensatz zu den Samniten, die dieses Gebiet als ihre politische Einflußsphäre betrachteten. Von 343 (oder spätestens 328) bis 290 kämpfte Rom in mehreren, erbittert geführten Kriegen mit den Samniten um die Vorherrschaft in Mittelitalien. Während dieser Kämpfe hatten sich die Samniten zeitweise mit den Lukanern im Süden sowie mit den Etruskern und Kelten im Norden verbündet. Rom behielt die Oberhand, der samnitische Bund mußte Heeresfolge leisten. Ende des 3. Jahrhunderts beherrschte die Stadt mit ihren Bundesgenossen fast die Hälfte Italiens und besaß somit, da die noch freien Italiker untereinander uneins waren, praktisch damals schon die Hegemonie auf der Apenninhalbinsel.

Diese Position baute Rom durch seine Siege über die norditalischen Kelten aus (285–282). Ernsthaft gefährdete sie allerdings im Jahre 280 das Auftreten des Molosserkönigs Pyrrhos in Italien. In Wahrnehmung von Interessen der verbündeten Griechenstadt Thurioi war Rom zuvor mit Tarent in Konflikt geraten, das nun seinerseits Pyrrhos um Hilfe ersuchte. Rom erlitt gegen diesen mehrere schwere Niederlagen; eine Reihe der erst vor kurzem unterworfenen italischen Völker wechselte auf die Seite des Königs über. Rom konnte sich aber am Ende behaupten. 275 mußte Pyrrhos Italien verlassen und ließ lediglich in Tarent eine Besatzung zurück. Die Stadt wurde aber schon 272 von den Römern erobert. Die abgefallenen italischen Bündner Roms, darunter die Samniten, mußten sich unterwerfen. Mehrere unteritalische Griechenstädte wurden Roms Bundesgenossen. Im Jahre 270 wurde schließlich noch die Griechenstadt Rhegion erstürmt.

Rom besaß nun in Italien ein zusammenhängendes Herrschaftsgebiet, das sich vom Arno bis zur äußersten Südspitze erstreckte. Im Zentrum des westlichen Mittelmeeres war Rom zu einem mächtigen Staat geworden und damit in die Reihe der mediterranen Großmächte aufgerückt. Ein Freundschaftsvertrag, den die Stadt 273 mit König Ptolemaios II. von Ägypten schloß, ist Ausdruck dieser neugewonnenen Position.

Von seiner politischen Struktur her war der römische Staat sehr vielfältig gestaltet. Das Herrschaftsgebiet setzte sich aus einer Vielzahl relativ kleiner Gebiete zusammen, die sich nach dem speziellen Rechtsverhältnis, in dem ihre Einwohner zur Hauptstadt Rom standen, unterschieden: Bundesgenossen, Kolonien latinischen Rechts sowie römische Vollbürger- und Halbbürgerkolonien. Interessant ist an dieser Organisation des Staatsgebiets zum einen die Verteilung der Bürgerkolonien über ganz Italien, zum anderen die Bindung der Bundesgenossen an Rom durch Einzelverträge.

Diese politische Konstruktion ermöglichte Rom, unter sparsamem Einsatz des Bürgerrechts über den größten Teil Italiens eine sichere Herrschaft auszuüben. Daß dieses komplizierte System den schweren Belastungen, die nur kurze Zeit später die ersten beiden Punischen Kriege für die italischen Bundesgenossen mit sich brachten, standhielt, ist wohl das wichtigste historische Faktum der republikanischen Epoche Roms. Die Ausweitung der Herrschaft Roms über die Grenzen Italiens hinaus – nach Sizilien, Spanien, Südgallien, Illyrien und in die hellenistischen Osten – erscheint in der Rückschau als logische Konsequenz der voraufgegangenen Vereinigung der so überaus heterogenen staatlichen Gebilde Italiens unter dem politischen Willen Roms.

Mit dem Gewinn der Herrschaft über Süditalien war die römische Republik unmittelbarer Nachbar Siziliens geworden, wo sich politische Interessen Karthagos mit denen der griechischen Staatenwelt kreuzten. 264 wurde Rom durch Parteinahme in einem eher unerheblichen lokalen Konflikt in der sizilischen Stadt Messana in den 1. Punischen Krieg mit Karthago verwickelt. In dem mehr als 20 Jahre dauernden Kampf blieb Rom Sieger. Karthago verlor seinen Einfluß auf Sizilien, das Rom 241 zu seiner ersten Provinz machte. 238 folgten Sardinien und Korsika. Rom war im Krieg mit Karthago zur Seemacht geworden und nun die entscheidende Kraft im westlichen Mittelmeer.

In diesem Vorgang erblickte der griechische Historiker Polybios (um 200–120) den ersten und entscheidenden Schritt Roms zur Weltherrschaft. Die weiteren Schritte – der 2. Punische Krieg (218–201) und die verschiedenen Kriege Roms mit den hellenistischen Königreichen der Makedonen und Seleukiden (zwischen 215 und 168) – folgten nach Polybios mit Zwangsläufigkeit aufeinander. Rom wurde innerhalb von etwas mehr als 50 Jahren zur mit Abstand stärksten Macht unter den Mittelmeerstaaten. Dabei ist ein bewußter Wille auf dieses Ziel hin nicht zu erkennen. Allerdings nutzte die Stadt mit großem Geschick und konsequent die sich bietenden Chancen, ihren Herrschaftsbereich auf Kosten der ehemaligen hellenistischen Großstaaten zu erweitern. Die Gebiete, die in den verbleibenden knapp eineinhalb Jahrhunderten der Republik – insbesondere im Westen und Nordwesten Europas – dem Imperium noch als Provinzen hinzugefügt wurden, erscheinen vor dem Hintergrund der vorangegangenen Erwerbungen eher als folgerichtige Ergänzungen.

Von außen ist Roms Stellung in der Mittelmeerwelt des 2. Jahrhunderts im Grunde bis zum Ende der Antike nicht mehr gefährdet worden, doch brachte der historisch beispiellos schnelle Aufstieg vom Stadtstaat zum Weltreich schwere innere Erschütterungen und Krisen in Staat und Gesellschaft mit sich. Das letzte Jahrhundert der Republik ist gekennzeichnet durch eine Serie von Bürgerkriegen. Diesen höchst gefährlichen, instabilen Zustand beendet und in eine neue Ordnung überführt zu haben, ist nicht zuletzt das historische Verdienst des Kaisers Augustus. Die historischen und kulturellen Leistungen und Errungenschaften der republikanischen Epoche konnten überdauern und sich während der Kaiserzeit noch weiter entfalten.

In kulturgeschichtlicher Hinsicht ist die Bedeutung der römischen Republik eine doppelte. Zum einen hat sie das reiche Erbe der griechischen und hellenistischen Kultur bewahrt, indem sie machtpolitisch das Vakuum füllte, das der Zerfall der Diadochenstaaten, der ehemaligen Großreiche der Makedonen, Seleukiden und Ptolemaier, herbeiführte. Zum anderen hat bereits die Republik den Grund für die Zivilisation des Nordwestens Europas gelegt, indem sie durch die Eroberung Galliens die Voraussetzung schuf, daß neben Gallien während der Kaiserzeit auch die benachbarten Gebiete Germaniens und Britanniens in eine enge und langdauernde Berührung zur Kultur der Mittelmeerwelt traten.

3.1 Etrusker

Das ethnographische Bild Italiens im 1. Jahrtausend v. Chr. war vielfältig: Gegenüber den Resten der vorindogermanischen Urbevölkerung sowie den Italikern und Illyrern, indogermanischen Völkern, die in der frühen Eisenzeit (ca. 1000 v. Chr.) aus dem Donauraum und dem Balkan nach Italien eingewandert waren, nahmen Griechen und Etrusker wegen ihrer städtischen Siedlungsweise und des hohen Kulturniveaus eine Sonderstellung ein.

Das Kernland der Etrusker lag zwischen Arno und Tiber, Küste und Apennin. Unser Wissen über die Etrusker, das in erster Linie auf archäologischen Quellen beruht, ist äußerst lückenhaft; vor allem die Herkunft des etwa seit Beginn des 7. Jahrhunderts in Italien nachweisbaren Volkes ist ungeklärt. Die heute meist vertretene vermittelnde Position geht davon aus, die Ethnogenese der Etrusker beruhe auf vorindogermanischer Apenninbevölkerung, indogermanischen Einwanderern aus dem Norden und einem für die Ausbildung der etruskischen Kultur entscheidenden Einwanderungsschub aus der Ostägäis.

Kennzeichnend für die politische Organisation der Etrusker war die Existenz unabhängiger Städte als politische Einheiten; es gab verschiedene Städtebünde, doch keinen etruskischen Gesamtstaat. Die Städte waren offensichtlich unter einem Priesterkönig monarchisch regiert, bis gegen Ende des 6. Jahrhunderts der Adel die Macht übernahm. Besonderes Sozialprestige besaß im Vergleich zu den übrigen mediterranen Kulturen die etruskische Frau.

Starken griechischen Einfluß, der u. a. über den Import von Vasen vermittelt wurde, weisen die Formen, Stilmittel und Motive der gleichwohl eigenständigen Kunst auf. Von den Griechen wurde auch die Schrift in Form eines westgriechischen Alphabets übernommen, doch ist die etruskische Sprache mit Ausnahme einiger Wörter bis heute nicht übersetzbar. Besonderheiten der etruskischen Religion waren ein ausgeprägter Jenseitsglaube und die systematische Lehre von der Deutung der göttlichen Vorzeichen, die von den Römern übernommene Disciplina Etrusca (▷ 3.2).

Im 7. und 6. Jahrhundert begannen die Etrusker über ihr Kernland hinaus nach Norden in die oberitalienische Tiefebene und nach Süden, nach Latium und Kampanien, auszugreifen und Städte zu gründen, zu denen auch Rom zählte. Neben der militärischen stand die wirtschaftliche Expansion durch einen intensiven Handel im gesamten westlichen Mittelmeer. Die dadurch entstandene Konkurrenz zu den Griechen, die im Zuge der *griechischen Kolonisation* (▷ 2.5) seit Mitte des 8. Jahrhunderts die Küsten Süditaliens und Siziliens besiedelt hatten, führte um 535 zur Seeschlacht vor Alalia (Korsika), in der die Etrusker im Bund mit der phoinikischen Kolonie *Karthago* (▷ 3.5) die ionischen Phokaier besiegten. Das Ende der etruskischen Vorherrschaft in Mittelitalien begann 474 mit der Niederlage gegen Griechen und Syrakusaner in der Seeschlacht bei Kyme/Cumae. Weitere Stationen waren der Einfall der Kelten in die Poebene um 400 und der Aufstieg Roms zur *Vormacht in Italien* (▷ 3.4).
Abbildung S. 64

3.2 Gründung und Königszeit Roms

Der 21. April 753 v. Chr. ist das legendäre Gründungsdatum der Stadt Rom. Es wurde im 1. Jahrhundert v. Chr. von dem Gelehrten Varro errechnet. Dem römischen Gründungsmythos zufolge landete der aus Troja (▷ 2.3) geflohene Äneas in Latium. Die von ihm abstammenden, von einer Wölfin gesäugten Zwillinge Romulus und Remus gründeten die Stadt. Romulus wurde, nachdem er seinen Bruder im Streit erschlagen hatte, erster König. Archäologisch läßt sich eine latinische Siedlung auf dem Palatin bis ins 10. Jahrhundert, eine sabinische auf dem Quirinal ins 8. Jahrhundert zurückverfolgen. Für die Wahl des Siedlungsplatzes sprachen eine Furt und eine Insel im Tiber, die das Überqueren des Flusses ermöglichten.

Offensichtlich schlossen sich die Siedlungen unter Einbeziehung des dazugehörigen Gräberfeldes auf dem späteren Forum im 7. Jahrhundert auf etruskische Initiative hin (▷ 3.1) zur Stadt Rom (benannt nach dem etruskischen Geschlecht Ruma) zusammen. Der etruskische Einfluß erstreckte sich auf das politische, sakrale und kulturelle Leben Roms: Etruskische Könige hatten zunächst die politische Herrschaft inne, die Herrscherinsignien

*Eine etruskische Terrakotta-Hausurne
aus Vetulonia. Die symbolische
Nachbildung eines Hauses
barg die Asche einer Frau
(Ende des 9. bis erste Hälfte
des 8. Jh. v. Chr.)*

sowie das Amt der Liktoren (königliche Amtsgehilfen) und deren Machtsymbol, Rutenbündel und Beile (fasces), waren etruskischer Herkunft. Ebenso übernahmen die Römer das dreigliedrige Namenssystem mit Vornamen (praenomen), Familiennamen (nomen gentile) und Beinamen (cognomen) sowie die Schau der Eingeweide, des Himmels und des Vogelflugs zur Interpretation des göttlichen Willens.

Latinischen Ursprungs waren die römische Sprache und die Familie als Grundeinheit der sozialen Ordnung. Sicher ist, daß in Rom zunächst Könige mit dem indogermanischen Namen „Rex" herrschten, die zugleich oberste Feldherrn, Richter und Priester waren; legendär ist dagegen die annalistische Tradition über die sieben Könige, die 244 Jahre lang die Stadt regiert haben sollen. Dem König stand der Senat, die Versammlung der Häupter der adligen Familien, zur Seite. Das Volk gliederte sich in drei gentilizische Tribus zu je 10 Curien (Sippenverbänden), die die Grundordnung der Volksversammlung (comitia curiata) bildeten.

Die Gesellschaft des archaischen Rom war durch die vielfältigen Abhängigkeitsverhältnisse (Klientelwesen), die zwischen einzelnen Adligen, ihren Familien und Familienverbänden (gentes) und der einfachen Bevölkerung bestanden, strukturiert. Unter dem grundbesitzenden Geburtsadel, dem Patriziat, standen sowohl eine Schicht aus freien Bauern, Handwerkern und Händlern, die sich im 5. Jahrhundert zur Plebs konstituierte, als auch – mit fließenden Grenzen zur Plebs – die vom Patriziat abhängigen Bauern, die Klienten, zuletzt die Sklaven, die durch Verkauf oder Schuldknechtschaft ihre Freiheit verloren hatten.

3.3 Römische Republik Verfassung

Nach der römischen Tradition datiert das Ende der *Königszeit* (▷ 3.2) und die Begründung der Republik mit der Vertreibung des letzten Königs Tarquinius Superbus auf das Jahr 510/09 v. Chr. Die höchste zivile und militärische Gewalt ging auf einen oder zwei jährlich gewählte Oberbeamte über, die später Konsuln genannt wurden. Die innenpolitische Entwicklung Roms vom 5. bis zum 3. Jahrhundert war durch den Konflikt zwischen patrizischem Adel und der Plebs gekennzeichnet, den Ständekampf. Die Ursachen des plebejischen Kampfes waren wirtschaftliche Probleme, der Wunsch nach politischer und sozialer Emanzipation und das durch den militärtechnischen Wandel vom adligen Einzelkampf zum Kampf in der Schwerbewaffnetenphalanx gestiegene Selbstbewußtsein der wegen der ständigen außenpolitischen Bedrohung Roms nun als Soldaten benötigten Plebejer.

Am Beginn des Ständekampfes stand die Konstituierung einer plebejischen Volksversammlung (concilium plebis), deren Aufgabe es war, Plebejer durch die Einsetzung von Volkstribunen vor Übergriffen patrizischer Beamter zu schützen. Erste Stationen der Demokratisierung waren analog zur athenischen Entwicklung des 7. und 6. Jahrhunderts (▷ 2.7) eine neue lokale Tribusordnung, die Schaffung einer timokratischen Verfassung (servianische Zenturienordnung), in der die alte Heeresversammlung, nach Vermögensklassen eingeteilt, als Volksversammlung eingerichtet wurde (comitia centuriata), und um 450 das Zwölftafelgesetz, die unter griechi

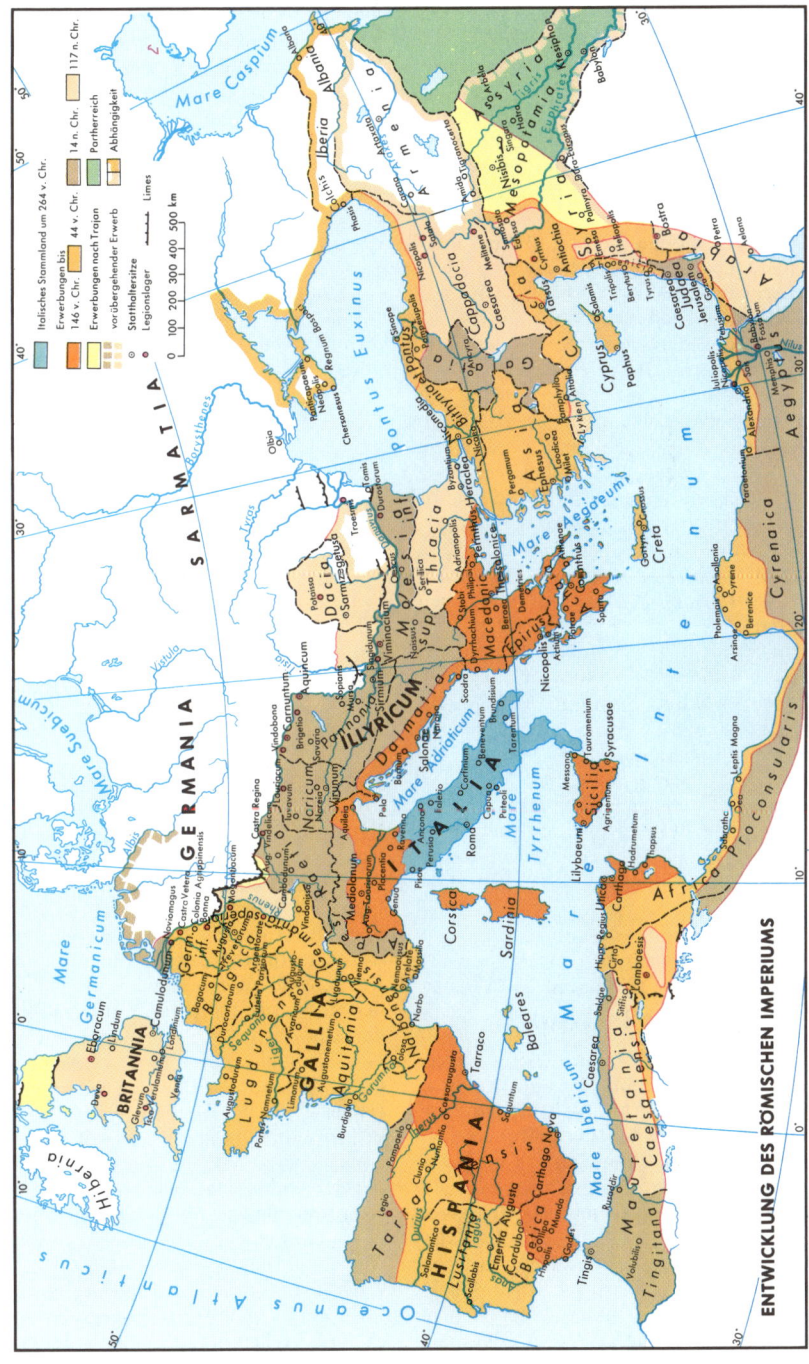

ENTWICKLUNG DES RÖMISCHEN IMPERIUMS

schem Einfluß vollzogene Kodifikation des Gewohnheitsrechts.

Die weitere politische Emanzipation der Plebs vollzog sich mit der allmählichen Zulassung zu den im Verlauf des 5. und 4. Jahrhunderts eingerichteten, zunächst den Patriziern vorbehaltenen Ämtern. Nachdem bereits im 5. Jahrhundert die Quästur (Finanzverwaltung) und die plebejischen Ämter Volkstribunat und plebejische Ädilität (Polizeifunktion) entstanden waren, wurde durch die licinisch-sextischen Gesetze 367/66 das Oberamt erweitert: Neben den zwei Konsuln, die die höchste zivile und militärische Gewalt innehatten, sorgten zwei Prätoren für die Rechtsprechung, zwei Zensoren für die Führung der Bürger- und Senatsliste und die Sittenaufsicht. Den Abschluß des Ständekampfes markierte 287 die lex Hortensia, durch die Beschlüsse der Plebs (plebiscita) die gleiche, das Gesamtvolk (populus) bindende Gesetzeskraft zugesprochen wurde wie den vom Gesamtvolk in den Komitien beschlossenen Gesetzen (leges). Sein Ergebnis war die Formierung einer neuen politischen Elite aus den führenden patrizischen und plebejischen Familien. Dieser Aristokratie entstammten sowohl die jährlich vom Volk gewählten Beamten (Magistrate), die die Exekutive ausübten, als auch die 300 Mitglieder des Senats.

Der Senat rekrutierte sich aus ehemaligen Beamten und stellte, obgleich er formalrechtlich nur die Befugnis hatte, den Magistraten Ratschläge (senatus consulta) zu erteilen, das eigentliche Machtzentrum des römischen Staates dar.

3.4 Stadtstaat Rom Vormacht in Italien

Nachdem in Latium die Macht der *Etrusker* (▷ 3.1) zusammengebrochen war, konnten Rom und die übrigen latinischen Städte im Bündnis gegen Äquer, Volsker und Aurunker im Verlauf des 5. Jahrhunderts v. Chr. ihren Besitzstand behaupten. Die Eroberung und Zerstörung der etruskischen Nachbarstadt Veji nach zehnjährigem Krieg (405–396) vergrößerte dann das römische Herrschaftsgebiet von 800 auf 1500 km². Ein heftiger Rückschlag erfolgte mit der Invasion der Kelten, die aus ihrem Ursprungsgebiet an Oberrhein

und Oberdonau um 400 auch nach Italien eingewandert waren und die Poebene besetzt hatten. Am 18. Juli 387 besiegten sie ein römisches Heer an der Allia und eroberten kurz darauf sogar Rom.

Als Reaktion begannen die Römer offenbar den Bau der „Servianischen Mauer" und schlossen ein Bündnis mit den Latinern, das von der römischen Annalistik ins Jahr 493 datierte foedus Cassianum. Nach gemeinsamen Siegen über Kelten, Volsker, Etrusker und Herniker entbrannte in den Jahren 340–38 ein Bruderkrieg mit den Latinern, in dessen Folge die meisten latinischen Gemeinden ihre Autonomie verloren und dem römischen Staatsverband eingegliedert wurden.

Das folgende halbe Jahrhundert von 326 bis 272 war bestimmt durch eine beinahe ununterbrochene Kette kriegerischer Aktionen, an deren Ende die römische Herrschaft über Italien stand. Hauptgegner Roms waren die Samniten, oskische Völker des Hochapennin, die nach zwei Kriegen (326–04 und 298–90; der legendäre 1. Samnitenkrieg datiert auf die Jahre 343–41) in das römische Bundesgenossensystem integriert wurden. Die Siege über Kelten, Etrusker und deren italische Verbündete 295 bei Sentinum und 283 am Vadimonischen See brachten Rom die Herrschaft über Mittelitalien.

Es folgte der zehnjährige Krieg (282–72) gegen Tarent und den epirotischen Monarchen Pyrrhos. Zwar konnte dieser mit hohen eigenen Verlusten (Pyrrhossieg) 280 bei Herakleia, 279 bei Ausculum und 275 bei Malventum (danach: Beneventum) die Römer besiegen, doch zog er sich noch im selben Jahr nach Epirus zurück. Rom dehnte 272 nach dem Friedensschluß mit Tarent und der Übergabe der Stadt seine Hegemonie auch auf Unteritalien aus.

Die Grundlage der römischen Macht bildete das differenzierte Bundesgenossensystem in Italien. Der Begriff „Bundesgenossen" ist freilich irreführend, denn Rom war Hegemonialmacht über abhängige Staaten: Alle Bündnispartner schlossen bilaterale Verträge mit Rom, vertragliche Vereinbarungen der Bündner untereinander waren untersagt. Gegliedert war das Bündnissystem in drei Gruppen, das eigentliche römische Kerngebiet, die Latiner, mit römischen Bürgern besetzte Kolonien im ehemaligen Feindesland, und drittens die Bun-

desgenossen (socii), im Innern autonome, außenpolitisch von Rom abhängige Städte und
Stämme Italiens.

3.5 Karthago

Karthago (phoinikisch „Quarthadascht" =
„Neu-Stadt") wurde im 9. Jahrhundert v. Chr.
von Phoinikern (Puniern) aus Tyros gegründet. Die Ansiedlung diente zunächst dazu,
phoinikische Schiffe auf dem Weg zu den Sil-
berminen Spaniens zu verproviantieren. Karthagos Lage auf einer Halbinsel nahe dem
heutigen Tunis bot Schutz vor Feinden, sicherte aber gleichzeitig den Zugang zum wirtschaftlich reichen Hinterland und begünstigte
so den raschen Aufstieg. Moderne Schätzungen ergeben eine Einwohnerzahl von 300000
bis 400000 für die Zeit vor dem Beginn der
Punischen Kriege (▷ 3.6).
Karthagos Reichtum basierte auf intensiver
Landwirtschaft und Fernhandel. Der Machtbereich, den die Stadt seit dem 7. Jahrhundert
kontinuierlich aufbaute, umfaßte schließlich
neben der Nordküste Afrikas (Tunesien, Libyen, Marokko, Algerien) die Küstenregionen
von Südostspanien, Korsika, Sardinien, die
Balearen und den westlichen Teil Siziliens. Die
Karthager beschränkten sich in erster Linie
auf die Bildung von Stützpunkten; mit den
Völkern des Hinterlandes schlossen sie Verträge ab. Auf Entdeckungsfahrten waren die
punischen Seefahrer Himilkon und Hanno,
dessen Bericht überliefert ist, bereits vor 450
bis an die Westküsten Europas (bis zur Nordsee) bzw. Afrikas (Guinea) gelangt.
Karthago besaß nach den spärlichen Hinweisen vor allem von Aristoteles und des Histo-
rikers Polybios (2. Jahrhundert v. Chr.) eine
aristokratisch-timokratische Verfassung mit
demokratischen Elementen. An der Spitze des
Staates, der wohl zunächst monarchisch regiert worden war, standen seit dem 6. Jahrhundert zwei jährlich von der Volksversammlung gewählte Sufeten (Richter). Die
wichtigste Institution mit Entscheidungskom-
petenzen etwa in der Frage von Krieg und
Frieden bildete der aus den Aristokraten zu-
sammengesetzte Rat der 300, aus dem sich
wiederum ein Rat der 30 Ältesten rekrutierte.
Der Staatsgerichtshof mit (nach 396 v. Chr.)
104 auf Lebenszeit gewählten Mitgliedern
wachte über die Einhaltung der Verfassung.

Den militärischen Oberbefehl übte ein eigens
bestimmter Stratege aus; das Amt war auch
Nicht-Karthagern zugänglich.
Im Kampf um das westliche Mittelmeer errang Karthago nach Herodot seinen ersten
großen Erfolg um das Jahr 540. In einer Seeschlacht nahe Alalia auf Korsika besiegte es
im Bündnis mit den *Etruskern* (▷ 3.1) eine ionische Flotte. Auf Sizilien erfolgte 480 jedoch
ein Rückschlag, als das karthagische Heer von
den Tyrannen Gelon und Theron besiegt
wurde. Erst 70 Jahre später wagte Karthago
nach dem Niedergang Athens eine erneute Offensive und konnte sich nach langen Kämpfen
im Westteil der Insel behaupten. Das Verhältnis zwischen Rom und Karthago wurde durch
drei Verträge geregelt. Den ältesten datiert der
Historiker Polybios wohl zu früh ins Jahr 508/
07. Er grenzte wie der zweite von 348 die Einflußsphären der beiden Mächte voneinander
ab. Im Zusammenhang mit der Westexpan-
sion des Königs Pyrrhos steht ein dritter Vertrag aus dem Jahre 279/78.

3.6 Punische Kriege

Die römische Expansion in Italien erreichte im
Jahre 270 v. Chr. mit der Eroberung von Rhe-
gion die sizilische Meerenge. Der Konflikt mit
den Karthagern (▷ 3.5), welche den Westteil
Siziliens kontrollierten, brach aus, als Rom
sich ebenfalls auf der Insel festsetzen wollte.
Anlaß zum 1. Punischen Krieg (264–41) gab
die Stadt Messana. Kampanische Söldner,
Mamertiner (Marssöhne) genannt, hatten
nach dem Tode des syrakusanischen Tyrannen
Agathokles (289) die Stadt besetzt. Als sie im
Kampf gegen Hieron II., seit 269 König in
Syrakus, zu unterliegen drohten, wandte sich
ein Teil von ihnen an Karthago, ein anderer
an Rom um Hilfe.
Auf Beschluß der römischen Volksversammlung intervenierte der Konsul Claudius Cau-
dex, der, nachdem seine Verhandlungen mit
dem Karthager Hanno gescheitert waren, den
Krieg erklärte (264). In seinem Verlauf feier-
ten die Römer 260 bei Mylae an der Nordküste Siziliens den ersten Seesieg ihrer
Geschichte. Dabei wurden erstmals Enter-
brücken mit Widerhaken verwendet.
Vier Jahre später scheiterte freilich ein Lan-
denternehmen in Afrika selbst. Der Konsul
M. Atilius wurde nach der Niederlage gegen

das von dem Spartaner Xanthippos geführte punische Heer gefangengenommen; 255 zogen die Römer wieder aus Afrika ab. Nach allgemeiner Erschöpfung beschränkte sich der Krieg schließlich auf einen Stellungskampf in Sizilien. Hamilkar Barkas, seit 247 Oberkommandierender, vermochte anfangs noch die Stützpunkte Lilybaion und Drepanon für Karthago zu halten. Als aber im Frühjahr 241 eine punische Entsatzflotte bei den Ägatischen Inseln durch den Konsul C. Lutatius versenkt wurde, lenkte Karthago zum Frieden ein. In zehn Jahresraten mußte es 3200 Talente Silber zahlen und die Liparischen Inseln, vor allem aber Sizilien räumen. Rom nutzte wenig später einen Aufstand der karthagischen Söldner, um auch noch Sardinien zu annektieren.

Um die Verluste zu kompensieren, begann Karthago ab 237 seine Macht in Spanien auszubauen. Den dortigen Oberbefehl hatten zunächst Hamilkar Barkas, dann sein Schwiegersohn Hasdrubal (228) und schließlich Hannibal (221) inne. Mit Rom schloß Hasdrubal 226 einen Vertrag, welcher den nordspanischen Ebro als Grenze beider Interessensphären festlegte.

Nach dem 2. Punischen Krieg (218–202/01) (▷ 3.7, ▷ 3.8), der Karthago die überseeischen Besitzungen, Kriegsschiffe und 10000 Talente Tribut kostete, verlagerte die Stadt ihren Handel in das östliche Mittelmeer. Der rasche wirtschaftliche Aufstieg nährte in Rom eine neuerliche Furcht vor Karthago. Der ältere M. Porcius Cato forderte daher immer wieder dessen Zerstörung („Ceterum censeo Carthaginem esse delendam").

Ein Verteidigungskrieg Karthagos gegen den Numiderkönig Massinissa, zu dem die Stadt nach dem Vertrag von 201 Roms Erlaubnis hätte einholen müssen, bot den willkommenen Anlaß. 149 erklärten die Konsuln Karthago den (3. Punischen) Krieg. Obwohl durch ein Betrugsmanöver entwaffnet, verteidigte sich die Stadt drei Jahre. 146 wurde sie von P. Cornelius Scipio Aemilianus erobert und dem Erdboden gleichgemacht. Die 50000 Überlebenden wurden als Sklaven verkauft.

3.7 Hannibal

Im Jahre 193 v. Chr. berichtete Hannibal dem Seleukidenherrscher Antiochos III. (▷ 2.20), er habe als Neunjähriger beim Aufbruch seines Vaters Hamilkar nach Spanien (237) (▷ 3.6) geschworen, niemals ein Freund der Römer zu sein. Die bekannte Schwurepisode ist das einzige Zeugnis, durch das sich das Geburtsjahr des Karthagers auf das Jahr 247/46 festlegen läßt. In Spanien übernahm er 221 nach dem Tode Hasdrubals, vom Heer gewählt und von der Mutterstadt bestätigt, das Strategenamt. Nach erfolgreichen Kämpfen mit verschiedenen iberischen Völkern eroberte er im Herbst 219 die südlich des Ebro gelegene Hafenstadt Sagunt.

Der weitere Vormarsch Hannibals über die Ebrogrenze hinaus führte zur Kriegserklärung Roms (218). Um einer Landung römischer Truppen in Spanien und Afrika zuvorzukommen, suchte Hannibal die Auseinandersetzung auf italischem Boden. Mit anfangs 50000 Fußsoldaten, 10000 Reitern und 37 Elefanten überschritt er Pyrenäen, Rhone und Alpen und betrat im Oktober die Poebene. Siege am Ticinus und an der Trebia (noch 218) sowie nach Überqueren des Apennin am Trasimenischen See (217) folgten.

Der 217 zum Diktator gewählte Q. Fabius Maximus (Cunctator, „Der Zögerer") verlegte sich zunächst auf eine Defensivstrategie. Erst 216 wagte Rom die Schlacht und erlitt die schwerste Niederlage seiner Geschichte. Annähernd 60000 Mann fielen bei Cannae. Hannibal verzichtete auf den Marsch gegen Rom, weitete den Krieg jedoch 215 durch Verträge mit Philipp V. von Makedonien und Syrakus aus. Erfolge wie der Anschluß verschiedener süditalischer Städte waren aber nur kurzfristig. 212 eroberte Marcellus Syrakus, 211 scheiterte Hannibals (zu) später Marsch gegen Rom, mit dem er das belagerte Capua entlasten wollte.

In Spanien fiel 209 Neukarthago (Cartagena) in die Hände *Scipios* (▷ 3.8); 207 wurde Hasdrubal, Hannibals Bruder, der mit einem Entsatzheer ebenfalls die Alpen überquert hatte, am Fluß Metaurus geschlagen. Die Gegenoffensive eröffnete Scipio 204 mit seiner Landung in Afrika. Nach einer punischen Niederlage auf den Großen Feldern (Ebene von Souk el Kremis im Medjerda-Tal) wurde Hannibal, der sich nur noch im südlichen Bruttium halten konnte, 203 zurückberufen, im Jahr darauf unterlag er Scipio bei Zama (202). Als Sufet versuchte Hannibal, gestützt auf das Volk, im Jahre 196 innere Reformen auf finanziellem und administrativen Gebiet durchzusetzen. Er stieß dabei auf den Widerstand der Aristokratie *Karthagos* (▷ 3.5), welche wegen der faktischen Entmachtung des von ihr besetzten Staatsgerichtshofs um ihre alte Position fürchtete. Sie wandte sich an Rom um Hilfe, Hannibal mußte fliehen.

Römische Porträtbüste, die vermutlich Hannibal darstellt

Hoffnungen Hannibals, mit Hilfe des Seleukidenherrschers Antiochos III. den Krieg gegen Rom zu erneuern, erfüllten sich nicht. Nachdem dieser 190 von Rom besiegt worden war, ging der Karthager nach einem Aufenthalt in Kreta an den Hof des Königs Prusias von Bithynien. 183 wählte er den Freitod, um der Auslieferung zu entgehen. Die Quellen beschränken sich auf die Betonung des Feldherrngenies, weitgehend unbekannt blieb, daß Hannibal eine umfassende griechische Bildung genossen und mehrere Schriften in griechischer Sprache verfaßt hatte.

3.8 Scipio

Publius Cornelius Scipio tritt mit dem Jahr 218 v. Chr. ins Licht der Geschichte, als er siebzehnjährig an der Schlacht am Ticinus teilnahm. Nachdem sein Vater und sein Onkel bei Kämpfen in Spanien gefallen waren, wurde er 210 vom Senat dorthin entsandt. Bereits 209 eroberte er Neukarthago, drei Jahre später mußten die Karthager Spanien gänzlich räumen. Zum Konsul für 205 gewählt, plante er, den Krieg gegen *Hannibal* (▷ 3.7) durch eine neue Strategie zu beenden. Gegen den Widerstand vor allem des Q. Fabius Maximus suchte er die Entscheidung in Afrika. 204 setzte er dorthin über und zwang die Karthager, Hannibal aus Italien zurückzurufen. Sein Sieg bei Zama beendete 202 den

2. Punischen Krieg, Scipio wurde im Folgejahr mit dem Beinamen Africanus ausgezeichnet. Das Zensorenamt im Jahre 199 sowie das Konsulat 194 schlossen seine Laufbahn ab. Am Krieg gegen Antiochos III., der mit dem Frieden von Apameia endete, nahm er 190 nur noch als Legat teil. Den Oberbefehl führte sein Bruder. Scipios frühe Erfolge, sein rascher Aufstieg – den Befehl in Spanien hatte er, ohne auch nur die Prätur erreicht zu haben, im Alter von 25 Jahren bekommen – und seine Machtansprüche führten zum Konflikt mit dem republikanischen Staat, der von seinen Magistraten erwartete, daß sie nach Abschluß ihrer Amtszeit auf ihren früheren Platz in der Gemeinschaft zurücktraten. In zwei Prozessen wurde Scipio zusammen mit seinem Bruder 187/84 der Bestechung durch Antiochos bezichtigt. Er zog sich schließlich auf sein Landgut in Kampanien zurück, wo er 183 starb. Da namentlich Livius ihn in überstarkem Maße idealisierte, bleibt seine Persönlichkeit in der Überlieferung gegenüber der Hannibals blaß.

3.9 Die römischen Provinzen

Die Ursprungsbedeutung des Wortes provincia liegt im dunkeln. Inhaltlich und lokal meint provincia den Amtsbereich eines römischen Magistrats. Der praetor urbanus etwa hatte die provincia urbana, d. h., ihm oblag die Sorge um die städtische Rechtsprechung. Die provincia Liguria demgegenüber bezeichnete Ort und Funktion des dem Konsul übertragenen Krieges gegen die Ligurer. Die Zuweisung einer Provinz erfolgte entweder durch den Senat oder Vereinbarung der Amtsträger (collegae).
Nach dem *1. Punischen Krieg* (▷ 3.6) wurde Sizilien erste römische Provinz (242/41 v. Chr.). Es folgten Sardinien und Korsika 227. Fortan war mit provincia ein Territorium außerhalb Italiens benannt, dem als Untertanengebiet Roms ein Statthalter im Besitze des imperium vorstand. Die Provinzen (197 Hispania, 148 Makedonien, 146 Griechenland und Afrika, 129 Asia, 121 Gallia Narbonensis, 102 Kilikien, um 81 Gallia Cisalpina, 74 Kyrene, 64 Kreta, 63 Bithynien, Pontos und Syrien) erhielten eine den Bedingungen des Landes angemessene, den Modus der Erwerbung berücksichtigende lex provincialis.

Den Provinzialen, die abgabenpflichtig waren (Geld, Naturalien), Zölle zu entrichten hatten sowie spezielle Leistungen für den Statthalter erbringen mußten, blieb zumeist die örtliche Administration und eine eingeschränkte Jurisdiktion. Der Statthalter hielt Gerichtstage (conventus) ab und achtete im übrigen darauf, daß ausschließlich romverbundene Adlige die wichtigsten Magistratsposten in der Provinz bekamen. Keine Amtsbefugnis hatte der Statthalter in den Provinzstädten, die in einem besonderen Nahverhältnis zu Rom standen. Die Steuern wurden in der Regel durch Steuerpächter (publicani) eingetrieben, wobei deren oft skandalöses Vorgehen von den Statthaltern vielfach ganz bewußt nicht geahndet wurde. Die Provinzen dienten römischen Amtsträgern in erheblichem Maße zur individuellen Bereicherung.

Sullas lex de provinciis aus dem Jahre 81 verfügte, daß Konsuln und Prätoren nach Ablauf ihrer Amtszeit für ein Jahr die Funktion eines Provinzstatthalters innehaben durften. Die weitere Zunahme an Provinzen (58 Numidien als Africa Nova, 30 Ägypten, 25 Galatien, 15 Aquitanien) führte jedoch zur Verlängerung der Statthalterschaften. Pompeius' Übergabe der Provinz Hispania an einen legatus nahm im Jahre 55 bereits die spätere Form kaiserlicher Provinzverwaltung vorweg.

Die Provinzen wurden 27 in kaiserliche und senatorische geschieden. Augustus ließ die von ihm übernommenen provinciae durch legati Augusti pro praetore verwalten. Die senatorischen Provinzen, in denen mit Ausnahme von Afrika keine Truppen stationiert waren, regierte ein Promagistrat, der den Titel proconsul trug. Die Amtsdauer betrug ein Jahr. Das Provinzialsystem hat unter den römischen Kaisern noch manche Abwandlung erfahren. Seine wesentliche strukturelle Ausprägung jedoch erhielt es in republikanischer Zeit.

3.10 Die Gracchen

Die Hauptlast der römischen Expansion ruhte auf den Schultern der Kleinbauern. Sie mußten des Kriegsdienstes wegen zum Teil über Jahre hinweg ihre Höfe im Stich lassen, was den wirtschaftlichen Ruin bedeutete. Besonders während der verlustreichen Spanischen Kriege (154–133 v. Chr.) traten deshalb große Schwierigkeiten bei den Aushebungen in Rom auf.

Dem wollte 133 Tiberius Sempronius Gracchus als Volkstribun entgegenwirken. Er brachte ein Ackergesetz ein, das den Besitz an Gemeindeland (ager publicus) auf 500 iugera (125 ha) begrenzte; das darüber hinaus okkupierte Land sollte durch eine Dreimännerkommission an Neusiedler verteilt werden. Als der Volkstribun M. Octavius dagegen einschritt, erreichte Tiberius verfassungswidrig seine Absetzung, und das Ackergesetz wurde angenommen. Mit dem Antrag, das Volk solle selbst über die Verwendung des Königsschatzes von Pergamon befinden, griff Tiberius auch in senatorische Obliegenheiten ein. Bei dem widerrechtlichen Versuch, sich noch während seiner Amtszeit ein zweites Volkstribunat zu sichern, wurde Tiberius von der Senatsopposition unter der Führung des Oberpriesters Scipio Nasica erschlagen.

Das Ackergesetz blieb zwar in Kraft, aber die Arbeit der Dreimännerkommission wurde durch senatorische Maßnahmen behindert. Vor allem die italischen Bundesgenossen fühlten sich benachteiligt. Sie sollten zwar Gemeindeland abtreten, gehörten aber selbst nicht zu den potentiellen Neusiedlern.

Zehn Jahre später wurde Gaius Sempronius Gracchus, der jüngere Bruder des Tiberius, zum Volkstribunen gewählt (123). Seit 133 gehörte er der Ackerkommission an und war mit allen diesbezüglichen Problemen vertraut. Sein umfangreiches Reformprogramm, das er als Volkstribun 123 und 122 durchsetzte, sollte vor allem der großen Anzahl Besitzloser helfen. Neben einem nicht näher bekannten Ackergesetz sicherte eine lex frumentaria die Verteilung von verbilligtem Getreide zu; ein Militärgesetz verbot die Aushebung vor dem 17. Lebensjahr und beschränkte den Kriegsdienst auf sechs Jahre; Reformen im Gerichtswesen und in der Provinzialverwaltung sollten den Einfluß des Senats zurückdrängen. So standen künftig Ritter den Geschworenengerichten vor, die mit Rückforderungen (Repetunden) der Provinzialen gegen senatorische Statthalter befaßt waren.

Mit dem Versuch, den Latinern die Bürgerrechte und den Bundesgenossen Roms die Latinerrechte zuzugestehen, scheiterte der jüngere Gracchus endgültig. Er brachte die Nobilität ebenso gegen sich auf wie die Besitzlosen.

und wurde für das Jahr 121 nicht mehr zum Volkstribunen gewählt. Als der Senat eine Kolonie, die sich dort angesiedelt hatte, wo sich Karthago befunden hatte, auflösen wollte, kam es zu Unruhen in Rom; der Senat verhängte daraufhin erstmals den Ausnahmezustand (senatus consultum ultimum). Unter der Führung des Konsuls L. Opimius ging er gegen den Reformer vor, der zuletzt Selbstmord beging; 3000 seiner Anhänger fielen den senatorischen Sondergerichten zum Opfer. Die Chance, die Krise der Republik schon im Ansatz zu bekämpfen, war vertan.

3.11 Kimbern und Teutonen Marius

Ende des 2. Jahrhunderts v. Chr. waren die Kimbern und Teutonen vermutlich durch Sturmfluten aus ihrer Heimat Jütland vertrieben worden und durchzogen nun auf der Suche nach neuem Siedlungsraum West- und Mitteleuropa. Die Stämme vernichteten 113 ein römisches Heer in Kärnten, zwei weitere Armeen verlor die Republik 107 und 105 in Gallien. Mit der Abwehr der Germanen, deren Angriff auf Italien nun befürchtet wurde, beauftragte der Senat schließlich Gaius Marius.

Gaius Marius. Spätrepublikanischer Porträtkopf aus Marmor

Marius war 158 in Cereatae bei Arpinum (Mittelitalien) geboren worden. Seine Familie gehörte zum Ritterstand, der gehobenen Mittelschicht der römischen Gesellschaft. Gefördert durch einflußreiche Senatoren, welche

auf sein außergewöhnliches militärisches Talent aufmerksam geworden waren, konnte Marius eine öffentliche Laufbahn beginnen. Nach der Quästur im Jahre 119 wurde er im Jahre 119 Volkstribun und 115 Prätor, ab 109 nahm er als hoher Offizier am Krieg gegen den numidischen König Jugurtha teil. Als Konsul des Jahres 107 wurde er Oberbefehlshaber und beendete den Krieg zwei Jahre später.

Zur Verteidigung Italiens begann Marius Anfang des Jahres 104 in Südfrankreich eine neue Armee aufzustellen. Da die Kimbern und Teutonen zunächst mit dem Angriff zögerten, nutzte er die Zeit zu einer grundsätzlichen Reorganisation des römischen Militärs. Diese Marianische Heeresreform bedeutete die Abkehr vom Prinzip des Milizheeres und die Hinwendung zu einer gleichmäßig bewaffneten und ausgebildeten Berufsarmee. Mit den Schlachten bei Aquae Sextiae und Vercellae 102 bzw. 101, in denen die Kimbern und Teutonen besiegt wurden, bestand diese neue Armee ihre Bewährungsprobe.

Marius, der nach diesem Erfolg als Retter Roms gefeiert wurde, hatte seit 104 ohne Unterbrechung das Konsulat bekleidet und stieg für kurze Zeit zur beherrschenden Figur der römischen Innenpolitik auf. Nach einem schweren Konflikt mit dem Senat Ende des Jahres 100 begann seine Stellung jedoch zu wanken. Marius blieb eine einflußreiche Persönlichkeit, mußte aber während des folgenden Jahrzehnts einen schleichenden Machtverlust hinnehmen. Mit dem Beginn des Bundesgenossenkrieges im Jahre 91 trat er nochmals ins Rampenlicht. Sein Wirken in den folgenden Jahren trug entscheidend zum Ausbruch des *Bürgerkrieges* (▷ 3.12) bei.

3.12 Diktatur Sullas und Bürgerkrieg

Lucius Cornelius Sulla, Sproß einer patrizischen Familie, wuchs unter ärmlichen Verhältnissen auf, wurde später durch Erbschaft Besitzer eines großen Vermögens und konnte eine politische Karriere beginnen. Nach der Quästur im Jahre 107 v.Chr. kämpfte er in den folgenden Jahren als hoher Offizier im jugurthinischen Krieg sowie gegen die *Kimbern und Teutonen* (▷ 3.11).
Aufmerksamkeit erregte Sulla als militärischer Führer im Bundesgenossenkrieg. Nach-

dem es ihm 89 gelungen war, die Aufständischen entscheidend zu schlagen, wurde er für
das folgende Jahr zum Konsul gewählt und
erhielt zudem das Oberkommando in dem
drohenden Konflikt mit König Mithridates
von Pontos. Während seines Konsulates kam
es in Rom zu einer schweren innenpolitischen
Auseinandersetzung mit dem Volkstribunen
Sulpicius Rufus, in die auch Marius einbezogen war. Sulla, der zeitweilig Rom verlassen
mußte, ließ die Hauptstadt von der Armee besetzen und ächtete Marius, Sulpicius sowie
mehrere ihrer Anhänger.

*Lucius
Cornelius
Sulla.
Antike Büste*

Ohne den inneren Frieden wirklich wiederhergestellt zu haben, brach Sulla Anfang 87
mit seinem Heer gegen Mithridates auf. Gestützt auf den Konsul Lucius Cornelius
Cinna, benutzten Marius und seine geflüchteten Anhänger die Abwesenheit Sullas dazu,
nach Italien zurückzukehren und in Rom die
Macht an sich zu reißen. Zwar starb Marius
wenige Tage nach Antritt seines siebten Konsulates im Januar 86, aber in den nächsten vier
Jahren kontrollierten Cinna und seine Gefolgsleute den Staat nahezu unangefochten.
Bis zum Sommer 85 gewann Sulla unterdessen
Griechenland zurück und schloß mit Mithridates den Frieden von Dardanos. Im Frühjahr
83 landete er mit 40 000 Soldaten in Italien.
Es gelang Sulla, in einem rund anderthalb
Jahre dauernden Feldzug die gegnerischen
Heere zu vernichten und Rom zu erobern. Die
Cinnaner ließ er teils ermorden, teils zwang er
sie, ins Exil zu gehen; zahllose seiner Gegner
ließ er auf Proskriptionslisten für vogelfrei erklären.

Nach dem Sieg im Bürgerkrieg wurde Sulla
zum Diktator ernannt und begann eine umfassende Neuordnung des Staates. Er stärkte
insbesondere den Senat, dessen Mitgliederzahl
er auf 600 erhöhte; er machte die Beschlüsse der
Volksversammlung von der vorherigen Genehmigung durch den Senat abhängig und
räumte den Senatoren die ausschließliche
Kontrolle über die Justiz ein. Im Gegenzug
beschnitt Sulla die Kompetenzen des Volkstri-
bunates und schloß ehemalige Tribunen von
weiteren hohen Staatsämtern aus. Er erhöhte
die Zahl der jährlich zu wählenden Prätoren
und Quästoren, reformierte die Provinzialverwaltung und baute das Gerichtswesen aus.
Im Jahre 79 legte Sulla die Diktatur förmlich
nieder und starb ein Jahr später. Seine Reformen konnten den weiteren Niedergang der
Republik letztlich nicht aufhalten.

3.13 Spartacus

Zur Beutemasse der römischen Eroberer zählten im 2. Jahrhundert v. Chr. insbesondere
Sklaven. 50 000 Menschen wurden nach der
Eroberung Karthagos verschleppt, 150 000
nach einer Strafexpedition des Feldherrn
Aemilius Paullus nach Epirus. Bis zu 20 000
Sklaven wurden pro Tag auf dem Markt der
Insel Delos verkauft. Sie arbeiteten auf Latifundien und in Manufakturen. Reaktion auf
die sich immer mehr verschlechternde Lage
der Sklaven waren Aufstände in Sizilien (135-
32 und 104-01), im westlichen Kleinasien
(133-29), auf Delos (135) und in Attika.
Die letzte und bedeutendste der Sklavenerhe-
bungen führte von 73-71 ein thrakischer
Gladiator namens Spartacus. Zum Dienst in
römischen Hilfstruppen gepreßt, desertierte
im Krieg gegen Mithridates, wurde gefangen
und schließlich in eine Gladiatorenschule in
Capua gebracht. Er flüchtete mit 70 anderen
Sklaven zunächst zum Vesuv und brachte von
dort aus verschiedene Städte, u.a. Nola,
Nuceria, Thurioi/Thurii und Metapont in
seine Hand.
Die Zahl der Aufständischen stieg bald auf
fast 60 000 Mann. Sie setzten sich nicht nur
aus Sklaven zusammen, auch verarmte Bauern und Lohnarbeiter stießen zu ihnen. Soziale wie ethnische Unterschiede führten aber
bald zu Differenzen und Abspaltungen. Spartacus durchzog ganz Italien und öffnete sich

mit einem Sieg gegen den Prokonsul C. Cassius Longinus den Weg in die östlichen Heimatländer.

Aus nicht rekonstruierbaren Gründen kehrte er jedoch mit seinem Heer nach Süditalien zurück und versuchte erfolglos mit Hilfe kilikischer Piraten nach Sizilien überzusetzen. Dabei wurde er von Licinius Crassus auf der Halbinsel Bruttium eingeschlossen, konnte diese Umklammerung jedoch durchbrechen. Er plante nun, von Brundisium aus nach Illyrien überzusetzen. Sein Heer unterlag schließlich im Jahr 71 in Lukanien den Truppen des Crassus. Spartacus fiel im Kampf, 6000 Sklaven wurden entlang der Via Appia zwischen Rom und Capua gekreuzigt.

Über die Ziele des Spartacus läßt sich nur wenig Genaues sagen. Offenbar wollte er keinen eigenen Staat auf italienischem Boden gründen, sondern die befreiten Sklaven in die Heimatländer zurückführen. Seine Fähigkeiten als Feldherr bestritten auch antike Historiker nicht. Vor allem war es ihm gelungen, aus Sklaven unterschiedlichster Herkunft ein diszipliniertes Heer zu formen. Er verbot den Besitz von Gold und Silber, regelte die Beuteteilung, untersagte Racheaktionen; requiriert werden sollte nur gegen Bezahlung.

Der Untergang der Aufständischen leitete letztlich den Niedergang der Sklavenwirtschaft ein. Der Einsatz von Sklaven auf den Latifundien wurde eingeschränkt, der Import gedrosselt, Freilassungen nahmen insbesondere seit dem Getreidegesetz des Clodius im Jahre 58 zu.

Marmorkopf des Gaius Iulius Caesar nach einem Vorbild zur Regierungszeit des Augustus (Nase und Hals ergänzt)

Marcus Tullius Cicero wurde nach Caesars Ermordung erneut Führer des Senats, konnte die alte Verfassung jedoch nicht mehr wiederherstellen. Kopie nach Original um 40 v. Chr.

3.14 Caesar

C. Julius Caesar wurde am 13. Juli 100 v. Chr. geboren. Über seine frühe Karriere gibt es nur wenig Gesichertes. Nach Sullas Machtübernahme (▷ 3.12) ging er drei Jahre bis zu dessen Tod als Offizier in den Osten (81–78). 69 wurde er Quästor (zuständig für Finanzen), 65 Ädil (Markt-, Straßen- und Bauaufsicht, Getreideversorgung), 62 Prätor (Rechtsprechung). Bereits 63 war er zum Pontifex maximus (Oberpriester) gewählt worden. Notorisch für Caesars erste Schritte im politischen Leben Roms sind seine ungeheuren Schulden.

Dank einer Bürgschaft des Crassus konnte er 61 sein Amt als Proprätor in Hispania Ulte-

rior antreten. Durch effektive Ausbeutung dieser Provinz konnte er schließlich nicht nur seine Gläubiger zufriedenstellen, sondern auch ausreichend Bestechungsgelder ausschütten, um 60 erfolgreich für das Konsulat kandidieren zu können. Caesars eigentlicher Aufstieg ist dabei verbunden mit der Bildung eines Machtkartells, des 1. Triumvirats, einer geheimen Absprache zwischen ihm, Crassus und Pompeius zur Durchsetzung gemeinsamer Interessen gegen den Senat. Caesar ließ sich während seines Konsulats (59) für eine Dauer von fünf Jahren die Provinzen Illyricum und Gallia Cisalpina zusprechen, zusätzlich erhielt er Gallia Transalpina. Als Prokonsul befahl er somit ab dem 1. Januar 58 über vier Legionen. Die geplante Auswanderung des Stammes der Helvetier lieferte Caesar den Vorwand für eine Intervention im „freien" Gallien. Ziel des Gallischen Krieges war es, für Rom eine wirtschaftlich reiche Provinz zu gewinnen. Bereits im ersten Kriegsjahr konnte Caesar die Helvetier sowie den Germanenkönig Ariovist schlagen. 57 wurden die Belger unterworfen, anschließend die Küstengebiete am Atlantik erobert (57/56). Zur Demonstration seiner Macht überschritt Caesar 55 nördlich von Koblenz zum ersten Mal den Rhein. Im gleichen Jahr unternahm er eine Expedition nach Britannien, die er 54 wiederholte. Eine erste Auflehnung gegen die römische Herrschaft bekämpfte Caesar 53 mit Strafexpeditionen, die auch das Mittel des Völkermords (an den Eburonen) einschlossen. Als Folge brach 52 der große Aufstand unter Vercingetorix aus, der erst 51 niedergeworfen werden konnte. Insgesamt rottete Caesar während des Krieges ungefähr ein Viertel der gallischen Bevölkerung aus, etwa eine Million Menschen wurde versklavt. Sein Vorgehen begründete Caesar in einer Propagandaschrift, den commentarii de bello Gallico.

Caesars Machtausbau in Gallien führte zum Konflikt mit *Pompeius* (▷ 3.15) und der Senatsmehrheit. Im Januar 49 brach der Bürgerkrieg aus, dessen erste Phase mit Pompeius' Niederlage bei Pharsalos am 9. August 48 endete. Caesar wandte sich anschließend nach Ägypten, wo er *Kleopatra* (▷ 3.17) zum Thron verhalf. Der nächste Feldzug führte ihn gegen Pharnakes von Pontos, den er bei Zela besiegte („veni, vidi, vici"). Erst Anfang Oktober 47 traf er in Rom ein, wo Schulden- und Miet-

probleme zu größeren Unruhen geführt hatten. Mit zwei Siegen über die Anhänger bzw. Söhne des Pompeius am 6. April 46 bei Thapsos in Afrika und am 17. März 45 beim spanischen Munda stellte er seine Alleinherrschaft sicher. Sie gründete sich auf das Amt des Diktators, das er zunächst für zehn Jahre, Ende 45 auf Lebenszeit erhielt.

Kurz vor seinem Aufbruch zu einem Feldzug gegen die Parther ermordete ihn eine Gruppe oppositioneller Senatoren unter Führung des C. Cassius und M. Brutus an den Iden des März (15. März 44). Zu den während seiner Diktatur getroffenen Maßnahmen Caesars zählten die Ansiedlung von Veteranen in Italien und in den Provinzen, Gesetze gegen Wucher und Luxus sowie die weitreichende Reform des Kalenders, der vom Mond- zum Sonnenjahr von 365 1/4 Tagen umgestellt wurde.

3.15 Pompeius

Cn. Pompeius Magnus, geboren 106 v.Chr., legte den Grundstein für seine Karriere im Jahre 83, als er *Sulla* (▷ 3.12) mit drei selbst rekrutierten Legionen unterstützte. Obgleich er noch keine Magistratur innegehabt hatte, wurde ihm im Jahre 79 ein Triumph zugesprochen. Zusammen mit Licinius Crassus setzte er als Konsul des Jahres 70 verschiedene Reformen durch. So wurden die Volkstribunen wieder in ihre Rechte eingesetzt und die Besetzung der Gerichtshöfe zwischen Senatoren, Rittern und Ärartribunen gedrittelt.

Für die Bekämpfung der Piraterie im Mittelmeer erhielt Pompeius im Jahre 67 ein erstes außerordentliches Kommando (lex Gabinia). Für drei Jahre wurden ihm 20 Legionen und 500 Schiffe unterstellt. Nachdem er diese Aufgabe binnen weniger Wochen gelöst hatte, wurde ihm 66 auch der Oberbefehl im Krieg gegen König Mithridates zugesprochen (lex Manilia). In langwierigen Kämpfen brachte er den hellenistischen Osten endgültig in römische Hand.

Die Abhängigkeit verschiedener von ihm begünstigter Dynasten sowie die Bindung des mit der asiatischen Beute reichlich entlohnten Heeres an seine Person ließen den Senat um seine Machtfülle fürchten; er billigte Pompeius einen Triumph zu, bestätigte aber nicht die Neuordnung des Ostens und sabotierte die

Versorgung der Veteranen. Erst im Bündnis mit Crassus und *Caesar*, dem 1. Triumvirat (▷ 3.14), konnte Pompeius seine Vorhaben durchsetzen.

In den fünfziger Jahren bildete sich in Rom neben Senat und Triumvirat mit dem Volkstribunen (58) P. Clodius Pulcher, der sich auf die stadtrömische Plebs stützte, eine dritte politische Kraft heraus. Mit Hilfe der konservativen Optimaten wandte sich Clodius zunächst erfolgreich gegen Pompeius. Erst 57 konnte dieser seine Stellung durch ein Imperium, das ihm für fünf Jahre die Getreideversorgung übertrug, wieder konsolidieren. 56 wurde in Luca das Triumvirat erneuert. Mit Erpressungen und Drohungen sicherten sich Pompeius und Crassus das Konsulat von 55 sowie für die fünf folgenden Jahre die Statthalterschaft über Spanien bzw. Syrien.

Trotz seines Amtes blieb Pompeius in Italien. Straßenkämpfe und Verschiebung der Wahlen führten 54 und 53 zu von Pompeius gewünschten anarchischen Zuständen in Rom. Als Clodius am 18. Januar 52 ermordet wurde, wählte der Senat Pompeius zum consul sine collega und übertrug ihm damit eine Quasidiktatur.

Nachdem Julia, Caesars Tochter und seit 59 Pompeius' Frau, 54 gestorben und Crassus 53 im Partherkrieg gefallen war, zeichnete sich allmählich ein Konflikt um die Alleinherrschaft zwischen den beiden verbliebenen Triumvirn ab. Pompeius näherte sich dem Senat an. Als der Senat im Januar 49 beschloß, Caesar aus Gallien abzuberufen, überschritt dieser mit seinen Truppen den Rubikon, der die Grenze zwischen Italien und der gallischen Provinz bildete, und eröffnete den Bürgerkrieg („Der Würfel ist geworfen").

Pompeius genoß die Unterstützung der Senatsmajorität, mußte jedoch schon bald vor dem vorrückenden Caesar nach Griechenland ausweichen. Pompeius vermied zunächst einen Entscheidungskampf, stellte sich aber dann doch am 9. August 48 beim thessalischen Pharsalos den Truppen Caesars. Pompeius verlor die Schlacht und floh nach Ägypten. Bei seiner Landung wurde er am 28. September auf Befehl Ptolemaios' XIII. ermordet.

3.16 Zweites Triumvirat

Die Ermordung *Caesars* (▷ 3.14) am 15. März 44 v. Chr. rief in Italien eine Situation

Gnaeus Pompeius Magnus. Antike Skulptur

allgemeiner Unsicherheit hervor. Noch warteten 100 000 Veteranen des Diktators auf die ihnen versprochene Versorgung; Sextus Pompeius, ein Sohn des Cn. *Pompeius* (▷ 3.15), hatte sich in Spanien eine neue Machtbasis geschaffen; in Rom herrschten der Konsul M. Antonius und Caesars Reiteroberst M. Aemilius Lepidus; die Mörder Caesars hatten sich zunächst auf dem Kapitol verschanzt.

Zwei Tage nach dem Mord erreichte Antonius im Senat einen Kompromiß. Caesars Verfügungen wurden anerkannt, gleichzeitig aber auch eine Amnestie für die Mörder beschlossen. Der durch Caesars Testament als Haupterbe und Adoptivsohn eingesetzte, erst 19jährige Octavian (▷ 3.18) erschien im Mai 44 als Konkurrent des Antonius in Rom.

Antonius ließ sich nun durch Volksbeschluß die wichtigen Provinzen Gallia Cisalpina und Transalpina für fünf Jahre übertragen; M. Brutus und C. Cassius hingegen begaben sich für einige Zeit in den Osten. 44–43 entspann sich zwischen Decimus Brutus und Antonius der Kampf um die Provinz Gallia Cisalpina; mit der Belagerung von Mutina (Modena) durch Antonius brach der Bürgerkrieg offen

*Kleopatra VII. Philopator als Göttin Isis
mit Kuhgehörn und Sonnenscheibe dargestellt.
Ägyptisches Kalksteinrelief*

aus. Mit Unterstützung des Redners Cicero erhielt Octavian vom Senat propraetorische Befehlsgewalt und den Auftrag, gegen Antonius im Mutinensischen Krieg einzugreifen; dieser wich jedoch ins jenseitige Gallien aus. Der Senat begann nun, die Mörder Caesars massiv zu unterstützen. Die Folge war ein Ausgleich zwischen Octavian, Antonius und auch Lepidus. Durch seinen „Marsch auf Rom" verschaffte sich Octavian das Konsulat und setzte sofort Sondergerichtshöfe zur Verfolgung der Caesarmörder ein. Im November 43 bildeten Antonius, Octavian und Lepidus bei Bononia (Bologna) für fünf Jahre das 2. Triumvirat (Dreimännerkollegium zur Herstellung der Republik), das im Gegensatz zum 1. Triumvirat per Gesetz als staatsrechtliche Institution anerkannt wurde. Eine neue Welle von Proskriptionen (Veröffentlichung von Ächtungslisten) wie zuvor nur unter *Sulla* (▷ 3.12) kostete 300 Senatoren und 2000 Rittern das Leben, u. a. auch Cicero. Während die Caesarianer weitgehend den Westen beherrschten, waren die Caesarmör-

der im Osten erfolgreich. Nach enormen Rüstungsanstrengungen zogen Antonius und Octavian ihnen entgegen. Im Herbst 42 besiegte Antonius in der Doppelschlacht bei Philippi C. Cassius und M. Brutus, die beide Selbstmord begingen. Antonius verbrachte den Winter 41/40 bei *Kleopatra* (▷ 3.17) in Ägypten, die ihn ebenso, wie es ihr vorher bei Caesar gelungen war, in ihren Bann zu ziehen wußte.

Im Herbst 40 gelangten Octavian und Antonius zu einer neuen Absprache: Octavian erhielt den Westen bis Scodra (Skutari in Jugoslawien) zugesprochen, Antonius den Osten; Lepidus behielt die afrikanischen Provinzen; Italien sollte neutrales Gebiet darstellen. Die Eheschließung von Antonius und Octavia, der Schwester des Triumvirn, besiegelte das Bündnis (foedus Brundisium). Unterdessen bedrohte Sextus Pompeius mit seiner starken Flotte die Getreidezufuhr für Rom und Italien.

Im Frühjahr 37 wurde das Triumvirat durch Volksbeschluß um fünf Jahre verlängert (Vertrag von Tarent). 36 fügte Agrippa, ein Feldherr des Octavian, dem Pompeius in der Seeschlacht bei Naulochos (Nordküste Siziliens) die entscheidende Niederlage zu. Noch im selben Jahr wurde Lepidus aus dem Triumvirat ausgeschlossen. Damit bestand das Dreimännerkollegium de facto nicht mehr.

3.17 Schlacht bei Actium Kleopatra

Schon Ende des Jahres 37 v. Chr. trennte sich Antonius wieder von Octavia, um kurz darauf Kleopatra zu heiraten, der er als Morgengabe wichtige römische Gebiete (u. a. Teile Syriens) schenkte. Sein Feldzug gegen die Parther im folgenden Jahr verlief katastrophal; im Jahre 34 gelang ihm jedoch die Unterwerfung Armeniens. In Alexandria feierte Antonius einen glänzenden Triumph, den ersten Triumph außerhalb Roms. Zunehmend entwickelte er sich zum Großkönig orientalischen Stils. Er kleidete sich in ptolemäische Herrschergewänder, ernannte seine und Kleopatras Kinder zu Großkönigen und erhob Kaisarion, den Sohn Caesars und Kleopatras, zum Mitregenten.

Das Verhältnis zwischen Octavian und Antonius wurde immer gespannter. Als Octavia schließlich im Sommer 32 von Antonius den

Scheidebrief erhielt, brauchte Octavian nicht länger Rücksicht zu nehmen. Widerrechtlich verschaffte er sich das Testament des Antonius, das bei den Vestalinnen in Rom hinterlegt war, und machte die Verfügungen (u. a. Schenkungen an Kleopatras Kinder und den Wunsch, neben der Ptolemäerin in Alexandria begraben zu werden) publik. Antonius war dadurch in Rom diskreditiert.

Octavian band nun die Bevölkerung Italiens und der westlichen Provinzen durch einen Gefolgschaftseid an sich; noch im selben Jahr (32) erklärten Senat und Volk Kleopatra den Krieg. Am 2. September 31 entschied Agrippa die Seeschlacht bei Actium (Westgriechenland) zugunsten Octavians. Als Kleopatra und Antonius flohen, kapitulierte nach der Flotte auch das Landheer des Antonius. Den Winter 31/30 verbrachte Octavian in Italien, um einen Soldatenaufstand niederzuwerfen. Danach zog er über Syrien und Palästina nach Ägypten, wo sich ihm am 1. August 30 Alexandria ergeben mußte.

Antonius tötete sich auf eine falsche Meldung von Kleopatras Selbstmord hin. Diese hatte jedoch noch nicht aufgegeben; nach Caesar und Antonius wollte sie nun auch Octavian für sich gewinnen. Als ihr das mißlang, folgte die neununddreißigjährige Kleopatra Antonius in den Tod. Mit ihrem Untergang endete auch die Herrschaft der Ptolemäer (▷ 2.20) in Ägypten, das zur römischen Provinz wurde. Octavians Sieg beendete die Bürgerkriege und bewahrte Roms Weltmachtstellung.

3.18 Augustus

Am 23. September 63 v. Chr. kam C. Octavius (Octavian), Sohn der Atia, einer Nichte Caesars, in Rom zur Welt. Bereits 48 wurde er zum Pontifex (Priester) gewählt; im Alter von 18 Jahren begleitete er *Caesar* (▷ 3.14) auf den spanischen Kriegsschauplatz. Da Caesar ohne legitime Nachkommen war, adoptierte er testamentarisch seinen Großneffen und machte ihn zu seinem Haupterben. In der Phase der Auseinandersetzungen mit den Mördern Caesars begründete dieser im November 43 zusammen mit Antonius und Lepidus das *Zweite Triumvirat* (▷ 3.16). Nach dem Ausscheiden des Lepidus aus dem Bündnis entspann sich zwischen den verbliebenen Triumvirn ein Machtkampf, aus dem Octa-

vian nach Antonius' Niederlage bei *Actium* (▷ 3.17) 31 als Sieger hervorging.

In Rom ließ Octavian im Januar 29 den Janustempel als Zeichen für die formelle Beendigung des Krieges schließen und feierte einen dreifachen Triumph. Seine radikalen „Säuberungsmaßnahmen" kosteten 190 Senatoren ihren Sitz. Im Dezember 28 hob er alle Verfügungen der Triumvirn auf; auf Bitten der Senatoren nahm er im Jahre 27 die Alleinherrschaft (Principat) und den Ehrennamen Augustus (der Erhabene) an.

Seine Befugnisse als Princeps (der Erste) leiteten sich innenpolitisch vom Konsulat ab, das er seit 31 kontinuierlich innehatte; außenpolitisch diente ihm die zunächst auf zehn Jahre befristete prokonsularische Befehlsgewalt über die noch nicht völlig befriedeten Provinzen, d. h. Gallien, Syrien, Spanien und Ägypten, als Machtgrundlage. Ein wichtiges Kriterium stellte dabei die auctoritas (Autorität) des Princeps dar, wobei sowohl die persönliche, seit 44 aufgebaute Machtstellung, als auch die Abstammung vom vergöttlichten Caesar und nicht zuletzt finanzielle Möglichkeiten eine große Rolle spielten.

Marmorstatue des Augustus aus Primaporta (zwischen 20 und 17 v. Chr.)

Im Sommer 23 legte Augustus das Amt des Konsuls nieder; statt dessen erhielt er nun die tribunizische Gewalt auf Lebenszeit und die höchste Befehlsgewalt auch über die senatorischen Provinzen. Im Laufe der folgenden Jahre wurden immer mehr Aufgabenbereiche der Verantwortung des Augustus unterstellt. Im Jahr 22 erhielt er die Oberaufsicht über die Getreideversorgung Roms (cura annonae), zwei Jahre später auch diejenige über die Straßen (cura viarum). Im Jahr 12 löste er Lepidus als Pontifex maximus (Oberpriester) ab und leitete von nun an auch das Sakralwesen. 2 v. Chr. wurde er schließlich als Pater patriae (Vater des Vaterlandes) geehrt.

Augustus wollte die römische Gesellschaft gemäß seinen konservativen Vorstellungen reformieren. Seine Ehe- und Sittengesetze sollten die Zügellosigkeit in den führenden Schichten eindämmen und zu neuem Kinderreichtum führen. Zur Versorgung der Veteranen richtete Augustus eigens eine Kasse (aerarium militare) ein; das alte Heer bildete er zu einer effizienten Berufsarmee um.

Als Augustus am 19. August 14 n. Chr. in Nola starb, hatte er die von ihm geschaffene Herrschaftsform, den Principat, bereits derart fest verankert, daß sein Stiefsohn Tiberius wie vorgesehen die Nachfolge antreten konnte. Einen Monat später erhob der Senat Augustus, dem schon zu Lebzeiten kultische Verehrung zuteil geworden war, unter die Götter.

3.19 Römisches Weltreich Pax Augusta

Unter Augustus wurde außenpolitisch nicht mehr die Expansion verfolgt, sondern in erster Linie die Abrundung und Konsolidierung des Reiches in seiner gegebenen Ausdehnung. Natürliche Grenzen (der Euphrat im Osten, Rhein und Donau im Norden) und Klientelstaaten dienten neben der Anlage von Kolonien mit militärischem Charakter der Sicherung des Imperium Romanum. Nicht einmal die Pläne seines Adoptivvaters *Caesar* (▷ 3.14) – Eroberung Britanniens und Partherfeldzug – griff Augustus wieder auf; allein auf diplomatischem Wege erreichte er die Rückgabe der römischen Feldzeichen, die die Parther 53 v. Chr. bei ihrem Sieg über Crassus erobert hatten.

Segensreich wirkten sich die Reformen des Princeps in der Verwaltung der Provinzen aus. Die senatorischen Provinzen wurden nun von jährlich wechselnden Prokonsuln, die kaiserlichen Provinzen von Beauftragten des Princeps verwaltet. Die Pax Augusta (augusteischer Frieden) beinhaltete auch den weitgehenden Verzicht auf die Ausbeutung der Provinzen, in denen daraufhin ein enormer wirtschaftlicher Aufschwung einsetzte. In republikanischer Zeit hatten sich Steuerpächter (publicani) und korrupte Statthalter in den Provinzen oft skrupellos bereichert. Nun wurden den Provinzstatthaltern feste, hohe Gehälter gezahlt, das System der Steuerverpachtung wurde abgeschafft und Erpressung streng geahndet. Gleichzeitig blieben die Provinzen hinsichtlich ihres kulturellen und religiösen Lebens unabhängig, wodurch eine allmähliche Romanisierung auf friedlichem Wege begünstigt wurde.

Mit der Weihung der Ara Pacis Augustae (Friedensaltar) 9 v. Chr. auf dem Marsfeld setzte der Kult des göttlich verehrten Friedens ein; Dichter wie Horaz und Vergil priesen das Friedenswerk des Augustus. Kunst und Kultur blühten dank der Förderung des Princeps und vor allem auch des Maecenas erneut auf, die Werke der Augusteischen Klassik erreichten nie gekannte Qualität. Frieden, Wohlstand und die kulturelle Blüte prägten die Augusteische Zeit. Der erste Princeps galt noch den mittelalterlichen Kaisern als idealer Herrscher.

Daten

10. Jh. v. Chr.	älteste Siedlungsspuren im späteren Rom
9. Jh.	Gründung der phönizischen Kolonie Karthago
753	legendäres Gründungsjahr Roms
um 750	Beginn der griechischen Kolonisation in Süditalien und auf Sizilien
Anfang des 5. Jh.	Vertreibung der etruskischen Könige und Gründung der römischen Republik
474	Seeschlacht bei Kyme/Cumae, die Etrusker unterliegen den verbündeten Griechen und Syrakusanern
450	Zwölftafelgesetz, Kodifikation des römischen Gewohnheitsrechts
387	Besetzung Roms durch die Kelten
367/66	Sextisch-licinische Gesetze, Erweiterung der politischen Emanzipation der Plebs
287	Lex Hortensia, rechtliche Gleichstellung der Beschlüsse der Plebs (plebiscitia)
280 – 272	Kriege gegen Pyrrhos von Epirus, Samniten und Lukaner; römische Herrschaft über ganz Mittel- und Süditalien
264 – 241	1. Punischer Krieg gegen Karthago
241/227	Sizilien und Sardinien/Korsika werden erste römische Provinzen
218 – 201	2. Punischer Krieg gegen Karthago
216	Niederlage bei Cannae gegen Hannibal
197	Einrichtung der Provinzen Hispania citerior und ulterior
154 – 133	Spanische Kriege, Zerstörung von Numantia 133
148	Makedonien wird römische Provinz
146	Zerstörung von Karthago (am Ende des 3. Punischen Krieges) und von Korinth; Einrichtung der Provinzen Africa und Griechenland
133	Tribunat des Gaius Gracchus
113 – 101	Krieg mit den germanischen Stämmen der Kimbern und Teutonen, die bis Oberitalien vorgedrungen waren
111 – 105	Krieg gegen König Jugurtha von Numidien
107, 104 – 100	Konsulate des Marius
91 – 88	Bundesgenossenkrieg in Italien
89	Verleihung der römischen Bürgerrechte an alle Italiker
82 – 79	Diktatur Sullas
73 – 71	Sklavenaufstand des Spartacus
60	1. Triumvirat, geschlossen zwischen Pompeius, Crassus und Caesar
59	Konsulat Caesars
58 – 51	Gallischer Krieg Caesars
55	2. Konsulat des Crassus und Pompeius
53	Niederlage (und Tod des Crassus) gegen die Parther
49 – 48	Bürgerkrieg zwischen Caesar und Pompeius bzw. den Pompeianern
49 – 44	Diktatur Caesars (mit Unterbrechungen)
44	Ermordung Caesars (15. März)
43 – 33	2. Triumvirat, geschlossen zwischen Antonius, Octavian und Lepidus
42	Sieg der Triumvirn über die Caesarmörder bei Philippi
31	Niederlage des Antonius bei Actium (Westgriechenland)
30	Tod des Antonius und der Kleopatra, Ägypten wird römische Provinz
27	Octavian erhält den Ehrennamen Augustus und übernimmt die Alleinherrschaft (Principat)
14. n. Chr.	Tod des Augustus

Kapitel 4
Römisches Weltreich und Völkerbewegungen

Einführung

Die römische Kaiserzeit bezeichnet den Abschluß der Antike und zugleich den Übergang zur mittelalterlichen Welt der germanischen Staaten im Westen sowie des Byzantinischen Reiches im Osten. Am Beginn dieser Epoche steht die Umgestaltung der römischen Republik zur Monarchie durch Augustus nach seinem Sieg bei Actium (31 v. Chr.). Ihr Ende läßt sich nicht in gleicher Weise präzise bestimmen, doch markiert der gescheiterte Versuch Kaiser Justinians (527–565), den während der Völkerwanderung verlorenen Westen des einstigen Imperium Romanum zurückzuerobern, den spätesten Zeitpunkt, von dem an Westen und Osten kulturell und politisch eine eigene Entwicklung nahmen.

Für das vom Norden Britanniens bis zum Süden Ägyptens, von Spanien im Westen bis Armenien im Osten sich erstreckende Römische Reich bedeuteten die ersten Jahrhunderte der Kaiserzeit eine Phase der Ruhe im Inneren und der Stärke nach außen, während der sich Kultur und Wirtschaft ungestört entfalten konnten. Die Voraussetzungen für diese Entwicklung, die sich als weltgeschichtlich bedeutsam erweisen sollte, hatte Augustus mit der politischen Ordnung geschaffen, die er dem Imperium Romanum gab.

Bei seiner Neuordnung des Staates hatte Augustus die Verfassungseinrichtungen der Republik, d. h. Senat, Volksversammlung, Magistrate, der äußeren Form nach unberührt gelassen, ihnen aber zugleich jede entscheidende Mitgestaltung an der Politik genommen. Diese lag allein beim Kaiser und seinen politischen Beratern. Die Magistrate der Republik, wie Konsuln, Prätoren, Ädile und Quästoren übten wie gewohnt ihre zeitlich begrenzten Funktionen aus und wechselten danach in den Senat oder übernahmen Aufgaben in der kaiserlichen Verwaltung, in erster Linie in den Provinzen. Die republikanischen Magistrate und der Senat, die einst im Zusammenspiel mit dem populus Romanus das politische Schicksal des Weltreichs gestaltet hatten, waren in der Prinzipatsverfassung des Augustus zu bloßen Erfüllungsgehilfen kaiserlicher Politik bzw. zur Pflanzschule für die kaiserlichen Verwaltungsbeamten geworden.

Die wahre Verteilung der politischen Verantwortung zwischen dem Kaiser und den alten republikanischen Verfassungsorganen läßt sich besonders gut an der Scheidung des Reichsgebiets in senatorische und kaiserliche Provinzen ablesen. Der Regie des Senats überließ Augustus nur solche Provinzen, in denen keine Truppen standen. Und auch in diesen Provinzen übte der Kaiser entscheidende Kontrollfunktionen aus, z. B. im Finanzwesen. Provinzen, in denen Militär stationiert war, unterstanden dagegen der ausschließlichen Verfügungsgewalt des Kaisers. Der entscheidende Punkt, die Verantwortung für die Reichspolitik zwischen Kaiser und Senat zu verteilen, war aber, daß der Kaiser alleiniger Oberbefehlshaber über alle Truppen des Reiches war. Die Prinzipatsverfassung des Augustus wird daher, nicht ganz zu Unrecht, bisweilen als „Militärmonarchie mit republikanischer Fassade" charakterisiert.

Den Kern der Militärmacht der Kaiserzeit stellten die rund 30 Legionen dar, die zum großen Teil in festen Garnisonen entlang der ausgedehnten Flußgrenzen – in erster Linie Rhein und Donau – stationiert waren. Bei den Legionen handelte es sich um Infanterietruppen. Sie rekrutierten sich ausschließlich aus

Inhabern des römischen Bürgerrechts, vor allem aus Italikern. Die Dienstzeit betrug bis zu 20 Jahre. Nach der Entlassung hatten die Legionäre Anspruch auf Altersversorgung durch den Kaiser. Legt man bei den Legionstruppen die Nennzahl von 5000 bis 6000 Mann je Legion zugrunde, so ergibt sich eine Gesamtzahl von 150000 bis 180000. Ergänzt wurde die Kerntruppe der Legionen durch eine etwa gleichgroße Zahl von Hilfstruppen, den Auxilien. Es handelt sich dabei um Spezialtruppen, wie z. B. Reiter, Bogenschützen oder Schleuderer.

Als Oktavian zur Alleinherrschaft gelangte, bildeten die zum Reich gehörenden Gebiete und Provinzen noch keinen in sich geschlossenen Komplex. Weite Gebiete Nordspaniens, des westlichen Alpenlandes, Nordafrikas und des östlichen Kleinasiens waren der römischen Herrschaft noch nicht unterworfen, etliche der südlich der Donau wohnenden Völker Rom noch nicht botmäßig. Schließlich hatten auch die Verhältnisse in dem von Caesar eroberten Gallien noch keine endgültige Ordnung gefunden.

Der erste römische Kaiser bemühte sich daher in seiner Reichspolitik sowohl um die Abrundung des Provinzialgebiets als auch um die Erreichung sicherer, d. h. leicht zu verteidigender Flußgrenzen. Während seiner langen Regierung erreichte er diese Ziele weitgehend. Allerdings blieb seinem Versuch, das freie Germanien dem Römischen Reich einzuverleiben und damit die Elbe-Donau-Linie als Nordostgrenze des Imperiums zu etablieren, der endgültige Erfolg versagt. Augustus' Nachfolger, Kaiser Tiberius, gab die Augusteische Germanienpolitik endgültig auf.

Augustus hatte als politisches Testament ausdrücklich den Rat hinterlassen, das Reich in den von ihm selbst erreichten Grenzen zu bewahren. Seine Nachfolger haben sich an diesen Rat im großen und ganzen gehalten. Zwar wurde in den ersten 100 Jahren nach seinem Tod noch eine Reihe weiterer Gebiete und Provinzen dem Reich eingegliedert, doch fallen diese Neuerwerbungen, d. h. das germanische Limesgebiet, Britannien und Dakien, gegenüber der Gesamtgröße des Reiches, wie sie unter Augustus erreicht war, nicht sehr ins Gewicht, oder aber sie gehörten, wie z. B. Mesopotamien und Assyrien, nur kurze Zeit zum Imperium.

Das gewaltige Heer von 30 Legionen diente nicht der Expansion, sondern der wirksamen Sicherung der langen Reichsgrenzen. Und so waren namentlich die ersten beiden Jahrhunderte der Kaiserzeit, sieht man von den Bürgerkriegen um die Nachfolge der Jahre 68/69 und 193 sowie den Judenaufständen von 66–70 und 132–135 ab, im Innern eine lange Zeit des Friedens, in der das Imperium eine kulturelle und wirtschaftliche Blüte erlebte.

Persönlich an Literatur sehr interessiert, zog Augustus Dichter und Schriftsteller an seinen Hof und förderte einige von ihnen auch materiell. Mit Vergil, Horaz, Properz, Tibull und Ovid erreichte die römische Dichtung im 1. Jahrhundert ihren Höhepunkt. In der Historiographie bestimmte Livius mit seinen 142 Büchern „Römische Geschichte" das Bild von der republikanischen Zeit für Jahrhunderte.

Die auf Augustus folgenden Jahrzehnte und Jahrhunderte brachten ein allmähliches Absinken der Leistungen auf geistigem Gebiet, besonders auch in der Literatur. Zwar schrieben am Ende der julisch-claudischen sowie in der flavischen Epoche noch Schriftsteller und Dichter von Rang, wie der Philosoph Seneca (4 v.–65 n. Chr.), der Epiker Lukan (39–65), der Epigrammatiker Martial (40–102) und der Satiriker Juvenal (60–140), doch sind sie eher vereinzelte Erscheinungen in einer ansonsten an literarischer Kreativität armen Epoche. Eine Ausnahme stellt in Trajanisch-Hadrianischer Zeit Tacitus (55–120) dar, der vielleicht größte Historiker Roms, der in zwei Werken, den „Annalen" und den „Historien", die frühe Kaiserzeit beschrieb.

Vom Ende des 2. Jahrhunderts an scheint die schöpferische Kraft des römischen Geistes auf literarischem Gebiet zu versiegen. Lediglich die Jurisprudenz konnte mit Gaius (2. Jh.), Papinian (um 200) und Paulus (um 200) gerade in dieser Epoche bedeutende Namen aufweisen. Allerdings beginnt zur gleichen Zeit ein geistiger Aufbruch auf anderem, religiösem Gebiet. Der Frieden im Römischen Reich bot der Ausbreitung des Christentums und damit zugleich der Entstehung einer christlichen Literatur günstige Voraussetzungen. Der Afrikaner Tertullian (150–230) ist der erste auch literarisch bedeutende christliche lateinische Autor, dem in den nächsten Jahrhunderten viele andere sowohl im lateinischen Westen wie im griechischen Osten folgen sollten.

Die effiziente, von Rom zentral geführte kaiserliche Verwaltung hatte an der zivilisatorischen Entwicklung den entscheidenden Anteil. Mit ihrer Hilfe sowie auch durch den Einsatz der Legionen für zivile Aufgaben, insbesondere den Straßenbau, wurde namentlich der Westen der materiellen wie der geistigen Kultur der Mittelmeerwelt erschlossen. Das am Anfang bestehende erhebliche Zivilisationsgefälle zwischen dem griechisch geprägten Osten und den keltischen und germanischen Provinzen des Westens und Nordens wurde mit der Zeit geringer. Der Umstand, daß einheimische Provinziale durch Dienst in den Hilfstruppen das römische Bürgerrecht erwerben konnten, trug nicht unerheblich zu dieser Angleichung, d. h. zur Romanisierung bei. Hinzu kam der Handel, der sich zwischen allen Teilen des Reiches stark entwickelte. Auf diese Weise sind die ersten beiden Jahrhunderte charakterisiert durch einen Ausgleich der zivilisatorischen Unterschiede zwischen den verschiedenen Teilen des Reiches oder – anders ausgedrückt – durch einen wirkungsvollen Homogenisierungsprozeß. Er fand seinen Höhepunkt in der Verleihung des römischen Bürgerrechts an alle freigeborenen Einwohner des Reiches durch Kaiser Caracalla im Jahre 212.

Doch ging mit dieser Homogenisierung eine gegenläufige Tendenz einher. Durch die Begegnung mit den militärisch und zivilisatorisch überlegenen römischen Eroberern wurden sich namentlich die Völker der westlichen Provinzen ihrer nationalen Eigentümlichkeiten und Möglichkeiten bewußt. Und so trat neben das allgemeine Reichsbewußtsein der Bewohner des Imperium Romanum je nach geographischer Lage der betreffenden Provinz ein spezielles Nationalgefühl. Etwa seit dem ersten Drittel des 2. Jahrhunderts läßt sich eine derartige Tendenz beobachten, die die spätere Ausbildung der romanischen und germanischen Staaten auf ehemals römischem Reichsgebiet wie auch die Eigenentwicklung der griechisch-byzantinischen Welt begünstigte. Die nachweisbaren und in der Gegenwart noch wirksamen geistigen, kulturellen sowie religiösen Einflüsse der griechisch-römischen Welt insbesondere auf die westlichen Provinzen sind vor dem Hintergrund der in der Kaiserzeit erreichten Vereinheitlichung wesentlicher äußerer Lebensbedingungen im ganzen Imperium Romanum zu erklären.

Gleich zu Beginn der Eroberung Galliens sah sich Caesar germanischem Druck von jenseits des Rheins ausgesetzt. Er ahnte offenbar die dauernde Gefahr, die Rom und Italien aus dem germanischen Norden drohte, und begründete sein Vorgehen gegen die Sueben unter Ariovist unter anderem mit dem Hinweis auf die ein halbes Jahrhundert zuvor überstandene Kimbern- und Teutonengefahr. Heute begreift man die Völkerbewegungen seit dem Kimbern- und Teutonenzug bis zur eigentlichen Völkerwanderung des 3. und 4. Jahrhunderts als Symptome ein und derselben großen Wanderbewegung germanischer Völker. Durch die Gegenbewegung des etwa gleichzeitigen Ausgreifens des römischen Weltreichs nach Norden und Westen kam es zu einer Jahrhunderte währenden Begegnung und Auseinandersetzung zwischen der entwickelten materiellen und geistigen Zivilisation des Mittelmeerraums und der germanischen Welt, die zu einer spannungsvollen Synthese führte, die die weitere Geschichte des Westens und Südostens Europas prägen sollte.

4.1 Die Germanen und Rom Schlacht im Teutoburger Wald

Die Germanen wurden zum ersten Mal Ende des 2. Jahrhunderts v. Chr. für Rom zu einem militärischen Problem, als die *Kimbern und Teutonen* (▷ 3.11) die Nordgrenzen des Imperiums bedrohten. Während der Eroberung Galliens durch *Julius Caesar* (▷ 3.14) kamen die Römer Mitte des 1. Jahrhunderts erneut mit Germanenstämmen in kriegerische Berührung, die auf der Suche nach neuem Siedlungsraum über den Rhein drängten.

Als Rom unter *Augustus* (▷ 3.18) daran ging, Gallien als Provinz fest in sein Imperium einzubinden, mußte die Bedrohung durch rechtsrheinische Germanenstämme ausgeschaltet werden. Eine Möglichkeit bestand darin, mit Rom befreundete Germanen auf das linke Rheinufer umzusiedeln, um eine Pufferzone zu schaffen. Dies geschah 38 v. Chr. mit den Ubiern durch Agrippa, den Schwiegersohn des Augustus, doch hörten damit Einfälle von jenseits des Rheins nicht auf. Augustus übergab schließlich seinem Stiefsohn Drusus den Oberbefehl über die gesamte Militärmacht der gallischen Provinzen und beauftragte ihn, das rechtsrheinische Germanien zu erobern und als römische Provinz einzurichten.

Der spätere Kaiser Tiberius übernahm nach dem Tod seines Bruders Drusus in den Jahren 8 bis 6 den Oberbefehl in Germanien und konnte vor allem mit diplomatischen Mitteln die Position Roms zwischen Rhein und Elbe festigen. Im Jahre 7 n. Chr. erhielt P. Quintilius Varus, der zuvor Legat in Syrien gewesen war, das Kommando über Germanien. Das Gebiet zwischen Rhein und Elbe galt offenbar bereits als so sicher, daß man glaubte, es der Leitung des militärisch unerfahrenen Mannes anvertrauen zu können. Doch der friedliche Schein trog. Der Cheruskerfürst Arminius bereitete einen Aufstand der germanischen Provinzbewohner vor. Im Sommer des Jahres 9 griff Arminius Varus und seine Truppen an und vernichtete drei römische Legionen.

Als Ergebnis der bis heute noch nicht genau lokalisierbaren Schlacht im Teutoburger Wald mußte Rom darauf verzichten, Germanien seiner direkten Herrschaft zu unterwerfen. Die Rachefeldzüge, die Germanicus, der Sohn des Drusus, in den Jahren 14 bis 16 gegen

Arminius unternahm, brachten den Römern zwar taktische Erfolge in einigen Schlachten, doch blieb Arminius, strategisch gesehen, der Sieger. Tiberius zog aus dieser Lage die Konsequenz und rief Germanicus zurück. Die weitreichenden Pläne einer Eroberung des freien Germanien, wie sie Augustus vorgeschwebt hatten, waren damit aufgegeben.

4.2 Jesus von Nazareth Das frühe Christentum

Eine Darstellung des Lebens und der Lehre Jesu kann sich ausschließlich auf christliche Zeugnisse stützen. Als Quellen kommen die Schriften des Neuen Testaments, vor allem die Evangelien in Betracht. Auch wenn sich als Folge eines lebendig-pluralen Traditionsprozesses Abweichungen in den Evangelien zeigen, so hat die neutestamentliche Forschung doch dies gesichert: Jesus wurde zwischen der Volkszählung des Quirinus (9–6 v. Chr.) und dem Tod Herodes des Großen (4 v. Chr.) im galiläischen Nazareth geboren. Die enge Vertrautheit mit der jüdischen Religion weist darauf hin, daß Jesus sich von früh an in streng gesetzesgläubigen Kreisen bewegte. Für seinen Entschluß, als Wanderprediger aktiv zu werden, muß die Begegnung mit Johannes wesentlich gewesen sein, von dem er die Taufe im Jordan empfing. Der Täufer verkündete die unmittelbare Nähe des Gottesreiches und mahnte zur Umkehr.

Die Vermittlungsform der jesuanischen Botschaft vom faktischen Anbruch der Gottesherrschaft, der Gottes-, Nächsten- und Feindesliebe waren zumeist leicht faßliche Gleichnisse. Sich selbst mag Jesus als den von Gott gesandten „Menschensohn" verstanden haben. Reibungen mit verschiedenen religiösen Strömungen des Judentums (Pharisäer, Sadduzäer) konnten nicht ausbleiben, da sich Jesus zumindest teilweise gegen eine zu enge Auslegung des mosaischen Gesetzes stellte (Streit um die Sabbatgebote). Wohl im Jahre 30 zog Jesus zur Feier des Passahfests nach Jerusalem. Dort soll ihn eine große Menge Festpilger als messianische Erscheinung gefeiert haben.

Vorzüglich die „Partei" der Sadduzäer, aus deren Kreis die Hohepriester kam, der zugleich dem Hohen Rat (Synedrium), der obersten religiösen und gerichtlichen Behörde des Judentums, vorstand, scheint an einer Beseitigung Jesu interessiert gewesen zu sein. Problematisch ist die Beantwortung der Frage, wie sich der Prozeß Jesu abgespielt hat. Zurückzuweisen ist, daß Jesus von den Synedristen zum Tode verurteilt wurde. Vielmehr ist er wohl von führenden sadduzäischen Kreisen bei dem römischen Prokurator Pontius Pilatus als Unruhestifter verklagt und von diesem mit dem Kreuzestod bestraft worden. Für die Juden bedeutete der Tod Jesu das Scheitern eines falschen Propheten, seine Anhänger sahen darin dagegen den Beginn einer neuen Weltzeit. Sie bekannten Jesus als den gekreuzigten, auferstandenen, in nächster Zukunft wiederkommenden Messias (Christus).

Die älteste Christengemeinde existierte in Jerusalem. Diese „Urgemeinde", deren Geschichte im wesentlichen identisch ist mit der des Urchristentums, bestand überwiegend aus palästinisch-jüdischen Christusgläubigen. Die Judenchristen dokumentierten zwar ihre Eigenständigkeit durch gemeinsame Mahlfeiern, die Hervorhebung des Sonntags als Gedenktag der Auferstehung Jesu sowie durch Kollektivbesitz. Doch eine förmliche Abkehr von den Traditionen jüdischen Glaubens lag nicht in ihrem Interesse. Allmählich wuchs in der Urgemeinde die Anzahl der Juden, die verschiedenen außerpalästinischen Gebieten, der Diaspora, entstammten. Sie wurden „Hellenisten" genannt und dadurch von den „Hebräern", den palästinischen Judenchristen, unterschieden.

Die Hellenisten pflegten einen liberaleren Umgang mit den Vorschriften des mosaischen Gesetzes und den kultisch-rituellen Verpflichtungen. Dies hatte Konfrontationen mit streng gesetzestreuen Kreisen zur Folge und zog Bedrängungen seitens amtlicher jüdischer Stellen nach sich. Vereinzelt kam es auch zu Liquidierungen hellenistischer Judenchristen (Hinrichtung des Stephanus). Die Hellenisten verließen daraufhin Jerusalem und gründeten in Judäa, Samaria, Phönikien und im nordsyrischen Antiochia Christengemeinden, von denen aus eine rege Missionstätigkeit betrieben wurde. Missionarische Aktivitäten entfaltete freilich auch die Urgemeinde, in der die Mehrzahl der Hebräer sowie die Apostel, die eigentlichen Träger der Mission, zurückblieben. Die Aufsicht über die Jerusalemer Gemeinde hatte anfänglich Petrus.

Von besonderer Bedeutung für die Ausbreitung des frühen Christentums war der „Heidenapostel" Paulus. Im Jahre 10 geboren, entstammte er einer orthodox-jüdischen Familie aus Tarsos in Kilikien, hatte in Jerusalem Theologie studiert, das aufkommende Christentum zunächst bekämpft und sich nach einem Bekehrungserlebnis in den Dienst der Ausbreitung des christlichen Glaubens gestellt. Von Antiochia aus begann Paulus sein weit ausgreifendes Missionswerk. Auf mehreren Reisen trug er die christliche Verkündigung nach Kleinasien sowie nach Griechenland. Er ergänzte seine Predigt durch umfangreiche theologische Lehrschreiben. Ein Teil seiner Briefe ist im neutestamentlichen Schriftkanon enthalten.

Seine vehement vorgetragene Überzeugung, daß Wirken, Leiden und Auferstehung Jesu die Aufhebung des mosaischen Gesetzes bedeute, sicherte ihm die Gegnerschaft orthodoxer Juden. Auf deren Veranlassung wurde er im Jahre 58 vom römischen Prokurator in Palästina, Festus, gefangengenommen. Zwei Jahre später gelangte Paulus, der das römische Bürgerrecht besaß, nach Rom, wo ihm der Prozeß gemacht werden sollte. In der Hauptstadt konnte der Apostel noch eine Zeitlang öffentlich wirken, ist dann aber zwischen 63 und 67, wohl im Zusammenhang der Neronischen Verfolgung (▷ 4.13), wie wahrscheinlich auch Petrus, umgekommen.

Durch das Verlangen der sogenannten Judaisten, Beschneidung und Gesetzesbeobachtung von allen Heidenchristen zu verlangen, sah Paulus, abgesehen von theologischen Gründen, seine Missionserfolge gerade unter Nichtjuden gefährdet. Dieser Streitpunkt wurde auf dem Apostelkonzil (48/49) zugunsten der Freiheit der Heidenchristen entschieden. Dennoch fanden sich die Judaisten mit dieser Regelung nicht ab, was in der Folgezeit eine Vielzahl von Problemen in den Gemeinden schuf. Mit der Hinrichtung des Jakobus (ca. 62), Konsequenz wieder aufflammender starker antichristlicher Ressentiments innerhalb des orthodoxen Judentums, verliert die Urgemeinde in Jerusalem an Bedeutung. Der Ausbruch des Jüdischen Krieges (▷ 4.5) motivierte die Christen Judäas, ins Ostjordanland und nach Syrien zu emigrieren (64–66). Zwar kehrte ein Teil der palästinischen Christen nach der Verheerung Jerusalems zurück, doch konnte die Gemeinde den ursprünglichen Rang nicht wieder erlangen.

Judentum und Christentum traten immer stärker auseinander, Juden und Christen beschritten in der Organisation ihrer Gemeinden, in der Theologie und religiösen Praxis unterschiedliche Wege. Unter theologiegeschichtlichem Aspekt fällt die Geschichte des Urchristentums zusammen mit der Entstehung jener Schriften, die im Kanon des Neuen Testaments zusammengefaßt sind und das Glaubensverständnis der frühen Christen reflektieren. Dieser Prozeß der Abfassung der kanonischen Texte war um die Wende vom 1. zum 2. Jahrhundert abgeschlossen.

4.3 Römische Kaiserzeit Nero

Augustus (▷ 3.18) wollte die von ihm geschaffene Staatsform, den Principat, als Wiederherstellung der republikanischen Verfassung verstanden wissen. In Wirklichkeit bedeutete sein Werk jedoch die Errichtung der Monarchie. Vor allem hatte der Senat, von dem in republikanischer Zeit die eigentlichen politischen Entscheidungen ausgegangen waren, seinen Einfluß verloren. Die politische Macht lag nun ganz in den Händen des Princeps. Sie beruhte wesentlich auf seinem Oberbefehl über die gesamten Truppen des Reiches. Eine Verfassungseinrichtung, die den Princeps politisch kontrolliert hätte, gab es nicht. Eine derartige Machtfülle barg für jeden Inhaber eine Versuchung und die Gefahr des Mißbrauchs.

Links: Nero. Rechts: Agrippina die Jüngere, Mutter von Nero und Gemahlin von Kaiser Claudius

Vor diesem Hintergrund sind die Verstiegenheiten mancher Kaiser insbesondere der frühen Zeit zu sehen, die man mit dem Begriff „Cäsarenwahnsinn" zu fassen sucht. Entscheidend ist dabei, daß das Verhalten des Kaisers als römischem Herkommen zuwiderlaufend empfunden und öffentlich getadelt wurde. In diesem Sinne wurde bereits an Tiberius und Caligula, den ersten Nachfolgern des Augustus, Kritik geübt. Als der eigentliche Vertreter des Cäsarenwahnsinns gilt jedoch Nero, Kaiser von 54 n. Chr. bis 68. Von ihm haben die antiken Schriftsteller Tacitus, Sueton und Cassius Dio zahlreiche private Verfehlungen und Laster sowie unwürdige Regierungshandlungen aufgezeichnet. Demzufolge ließ Nero seine Mutter Agrippina, der er den Thron verdankte, seine erste Gemahlin Octavia sowie seinen Erzieher und „Minister" Seneca umbringen.

Der Cäsarenwahnsinn stellt sich, wie das Beispiel Neros lehrt, als eine Art Zwang dar, pri-

Hadrianswall bei Carlisle (Northumberland) mit den Resten eines Kastells

vate Neigungen, Antriebe und Vorstellungen unkritisch und rücksichtslos mit Hilfe der unerhörten Machtmittel der Kaiserstellung zu realisieren. Allerdings ist bei abschließender Bewertung des Phänomens zu bedenken, daß unsere wichtigsten Gewährsmänner als Vertreter des Senatorenstandes im Grunde eher prinzipielle Gegner des Kaisertums waren und von daher zur Verzeichnung neigten. Selbst im Falle Neros ist nicht zu verkennen, daß er beim Volk offensichtlich beliebt war.

4.4 Britannien

Gegenstand römischer Politik wurde Britannien erst nach den gallischen Eroberungen *Caesars* (▷ 3.14). Ähnlich wie im rechtsrheinischen Germanien (▷ 4.1) erkannte Caesar in Britannien einen Störfaktor, durch den eine gesicherte Herrschaft Roms in Gallien in Frage gestellt wurde. Deshalb entschloß sich Caesar, auf der Insel römische Macht zu demonstrieren. 55 und 54 v. Chr. landete er mit starken Truppen. Mit dem zweiten Unternehmen gelang es ihm, daß Rom im Süden Britanniens eine Einflußsphäre gewann.
Erst Kaiser Claudius faßte den Plan, Britannien zu erobern, wobei offenbar handelspolitische Erwägungen, wie die Ausbeutung der Erzvorkommen, leitend waren. Vier Legionen und die zugehörigen Hilfstruppen setzten 43 n. Chr. auf die Insel über. Camulodunum (Colchester) wurde bald erobert. Claudius selbst besuchte die Insel und feierte 44 in Rom einen prächtigen Triumph. Im Jahre 47 wurde das Gebiet bis zur Themse als römische Provinz eingerichtet; die Eroberung ging jedoch weiter. Unter *Nero* (54–68; ▷ 4.3) erreichte man in Mittelengland die Linie Deva (Chester) – Lindum (Lincoln). Weitere Gebietsgewinne folgten unter Vespasian durch Petilius Cerialis, der 71 bis 74 den keltischen Stamm der Briganten unterwarf und das Legionslager Eburacum (York) errichtete. Den Abschluß der römischen Eroberungen bedeutete das Wirken des Cn. Iulius Agricola, der von 77 bis 84 Statthalter war. Er stieß bis Schottland vor und schlug 83 in der Schlacht am Mons Graupius (nördlich des Firth of Clyde und Firth of Forth) die Kaledonier unter ihrem Führer Calgacus vernichtend. Wenn damit Schottland auch nicht eigentlich erobert war, so herrschte in der neuen Provinz

doch mehrere Jahrzehnte Ruhe. Zu Beginn der Regierung *Hadrians* (▷ 4.8) kam es jedoch zu einem schweren Aufstand der Briganten. Nach seiner Niederwerfung ließ der Kaiser in den Jahren 122–130 zwischen Solway Firth und Tyne-Mündung den nach ihm benannten knapp 120 km langen Wall errichten, wodurch die Nordgrenze der Provinz für längere Zeit gesichert werden konnte. Erst unter Septimius Severus gab es wieder größere Unruhen. Der Kaiser begab sich persönlich nach Britannien, bekriegte 208 bis 211 die Kaledonier und Maeaten im Norden und ließ den in der Zwischenzeit stark beschädigten Hadrianswall wiederherstellen. Danach konnte die Provinz bis Anfang des 5. Jahrhunderts, dem Endpunkt der Römerherrschaft in Britannien, als befriedet gelten.
Abbildung S. 85

4.5 Jüdischer Aufstand

Für den jüdischen Aufstand, der im Jahre 66 n. Chr. ausbrach und vier Jahre später mit der Eroberung und Plünderung Jerusalems, der Zerstörung des Tempels sowie mit dem Verlust der eingeschränkten administrativen Selbständigkeit des Tempelstaates und der faktischen Umwandlung Palästinas in eine imperatorische Provinz endete, sind verschiedene Faktoren ursächlich gewesen. Die Vorstellung der göttlichen Erwähltheit des Volkes Israel und der Glaube an die Aufrichtung eines starken jüdischen Gottesstaates stießen sich an der Realität bedrückender römischer Fremdherrschaft. Die jüdische Bevölkerung litt zudem unter den hohen Steuern, die nach Rom abgeführt werden mußten.
Mit der ersehnten Ankunft des Messias verbanden sich die Hoffnungen auf politische Befreiung, soziale Besserstellung, nationale Selbstbestimmung und geistliche Erneuerung. Unterschiedlich waren demzufolge auch die Formen der Opposition. Die lang angestauten antirömischen Gefühle entluden sich in einer allgemeinen Rebellion, unter deren Trägern allerdings beträchtliche, ja unüberwindliche Differenzen herrschten, die im weiteren Verlauf der Auseinandersetzungen massiv hervorbrachen und dadurch die antirömische Front schwächten.
Noch im Jahre 66 rückte der syrische Legat Cestius Gallus gegen Jerusalem vor, sah sich

jedoch genötigt, die Belagerung der Stadt abzubrechen und wurde auf dem Rückmarsch von jüdischen Truppen angegriffen und besiegt. Kaiser *Nero* (▷ 4.3) erkannte nun die Bedeutung der Aufstandsbewegung und übertrug seinem General Vespasian die Niederschlagung der Erhebung. Vespasian ließ im Frühjahr 67 seinen Sohn Titus gegen die Rebellen ziehen. Die Aktionen konzentrierten sich auf Galiläa, das im Herbst 67 wieder in römischer Hand war. Wenig später (April 68) unterstanden auch Peräa und Westjudäa der Kontrolle Vespasians. Die Aufständischen zogen sich nach Jerusalem und in einige Festungen am Roten Meer zurück.

Wenn Vespasian den jüdischen Aufstand nicht schon im Sommer 68 endgültig niedergeschlagen hat, so hing dies mit anderen Vorgängen im Reich zusammen, vor allem den Kämpfen um die Nachfolge Neros. Vespasian gelang es, im Jahre 70 Alleinregent zu werden. Sein Sohn Titus eroberte am 10. August 70 nach längerer Belagerung Jerusalem; dabei wurde der Tempel zerstört. Aber erst im Jahre 72 wurde die Aufstandsbewegung endgültig niedergeschlagen. In diesem Jahr konnten die Römer die Festung Masada einnehmen, wo sich unter der Führung des Eleasar Jairi zahlreiche Zeloten mit ihren Familien verschanzt hatten. Sie wollten den Römern nicht lebend in die Hände fallen und begingen kollektiv Selbstmord.

4.6 Limes

Von den künstlichen Grenzanlagen zum barbarischen Ausland, die in der Kaiserzeit von den Römern errichtet wurden, ist der Obergermanisch-Rätische Limes in Deutschland zwischen Bad Hönningen am Rhein und Regensburg an der Donau am bekanntesten. Er mißt beinahe 500 km und zählt zu den großartigsten Baumaßnahmen der Römerzeit. Unter den flavischen Kaisern (69–96) überschritten die Römer Mittel- und Oberrhein sowie die obere Donau, um eine strategisch bessere Grenzziehung zu erreichen. Es gelang offenbar ohne größere Gegenwehr germanischer Stämme, neben Taunus und Wetterau das Gebiet zwischen Oberrhein, Main und Neckar sowie nördlich der Donau die Schwäbische Alb, das Nördliche Ries und den Westen der Fränkischen Alb in Besitz zu nehmen. Die von

den Flaviern eingeleitete Eingliederung dieses rechtsrheinischen Gebiets in die unmittelbaren Herrschaftsbereich Roms wurde von ihren Nachfolgern *Trajan, Hadrian* (▷ 4.8) und Antoninus Pius energisch weitergeführt. Dies gilt vor allem für die endgültige Ausgestaltung der Grenze.

Diese Grenze, der Obergermanisch-Rätische Limes, war keine militärische Befestigungsanlage im eigentlichen Sinne. Der Limes diente vielmehr in erster Linie der Markierung und Überwachung der römischen Reichsgrenze zum freien Germanien. Ursprünglich bestand die äußere Limeslinie aus einem langen Waldschneisenzug mit Postenweg und hölzernen Wachtürmen auf Sichtweite. In späteren Bauphasen wurden die Holztürme durch Steinbauten ersetzt und die Schneisen mit vorgesetzten Hindernissen wie Palisaden oder Wall und Graben versehen. Im Falle des rätischen Limes wurden spätestens unter Kaiser Caracalla (211–17) Wall und Graben durch eine massive Steinmauer ersetzt.

Dieses System der Grenzsicherung hat sich bis zum Beginn des 3. Jahrhunderts durchaus bewährt. Gegen die erstarkenden Alamannen führte Caracalla im Jahre 213 vom Limes aus einen Präventivkrieg, der die Lage für zwei Jahrzehnte noch einmal stabilisierte. 233 fielen die Alamannen dann aber verheerend ins Limesgebiet ein und zerstörten zahlreiche Kastelle. In den folgenden Jahrzehnten hatte das Imperium Romanum zur gleichen Zeit Angriffe im Westen und Osten abzuwehren, denen es auf Dauer nicht gewachsen war. Im Jahre 260, dem Jahr, da Kaiser Valerian in persische Gefangenschaft geriet (▷ 4.11), erlag auch das Limesgebiet endgültig den Angriffen der Alamannen und mußte von Rom für immer aufgegeben werden.

Karten S. 88

4.7 Partherreich

Mitte des 3. Jahrhunderts v. Chr. drangen vom Aralsee her die Parther, ein iranisches Reitervolk, ins Seleukidenreich ein (▷ 2.19). Im Gebiet der Satrapie Parthien errichteten sie unter ihrer Dynastie der Arsakiden das Partherreich. Bis Anfang des 1. Jahrhunderts dehnten die Parther auf Kosten der Seleukiden ihre Herrschaft nach Westen bis an den Euphrat aus. Als Pompeius den seleukidischen

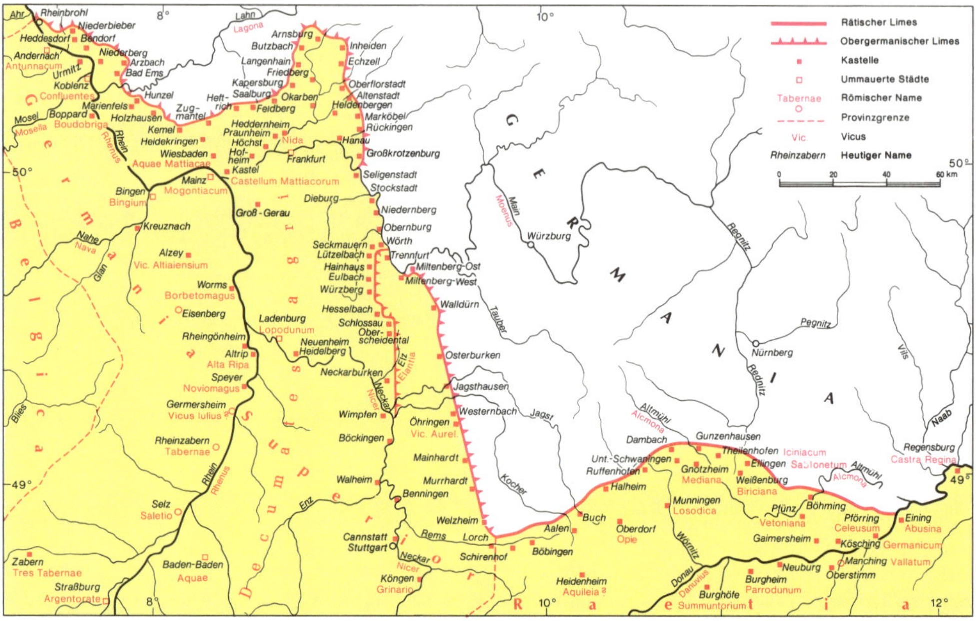

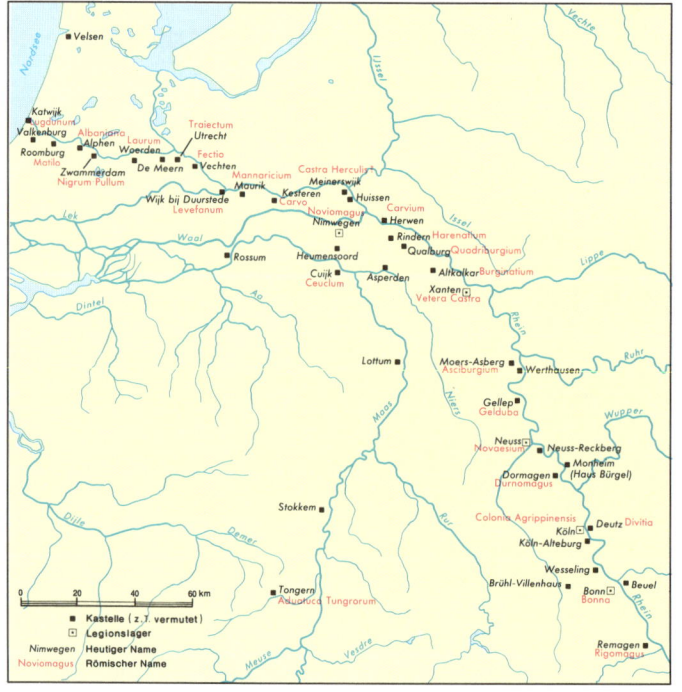

Oben:
Obergermanisch-Rätischer
Limes

Links:
Niedergermanischer
Limes

Reststaat als Provinz Syrien zum Bestandteil des Imperium Romanum machte (64), fiel den Parthern die Rolle des vergangenen hellenistischen Reiches zu. Sie haben nie den ernsthaften Versuch gemacht, ihre Westgrenze auf Kosten der Römer vorzuverlegen. Dagegen machten die Römer verschiedene Versuche, das Partherreich zu erobern.

Einen ersten Feldzug unternahm Crassus 54/53. Er wurde aber bei Carrhae vernichtend geschlagen, verlor sein Leben und drei Viertel seiner 40 000 Mann starken Streitmacht. Julius *Caesar* (▷ 3.14) hatte einen großen Feldzug gegen Parthien geplant, wurde jedoch unmittelbar vor dem Aufbruch ermordet (44). Marcus Antonius (▷ 3.17), offenbar Caesars Pläne aufnehmend, griff 36 Parthien mit 116 000 Mann an, mußte aber nach erheblichen Verlusten den Rückzug antreten. Im Jahre 20 konnte Kaiser *Augustus* (▷ 3.19) das Verhältnis Roms zu Parthien für eine lange Zeit normalisieren.

Nachdem Kaiser *Trajan* jenseits der Donau Dakien erobert hatte (101 – 106 n. Chr.), entschloß er sich zum Angriff auf Parthien (▷ 4.8). Den äußeren Anlaß bot Armenien; dort war der römische Vasallenkönig Tiridates vertrieben und durch einen parthischen Prinzen ersetzt worden. Im Frühjahr 114 überschritt Trajan den oberen Euphrat, Ende 116 eroberte er die parthische Hauptstadt Ktesiphon am Tigris. An einem weiteren Vordringen im Sinne seines Vorbilds *Alexander des Großen* (▷ 2.18) wurde Trajan durch Unruhen im Hinterland gehindert. Aber auch so war der Sieg über die Parther vollständig. Mit Armenien, Mesopotamien und Assyrien konnte Trajan drei neue Provinzen einrichten.

Diese verblieben jedoch nur kurze Zeit bei Rom. Nach dem unerwarteten Tod Trajans 117 stellte Hadrian im Verhältnis Roms zu Parthien praktisch den Status quo ante wieder her. An dieser Situation änderten auch die Kriege, die während des folgenden Jahrhunderts unter den römischen Kaisern *Mark Aurel* (▷ 4.9) und Verus sowie unter Septimius Severus und Caracalla gegen Parthien geführt wurden, nichts Entscheidendes. Sie trugen jedoch ohne Zweifel erheblich zur inneren Schwächung des Partherreiches bei und damit indirekt zu seiner Ablösung durch das Neu-Perserreich unter der Dynastie der *Sassaniden* (▷ 4.11).

Kopf der Bronzestatue eines parthischen Fürsten (2. Jh. v. Chr.)

4.8 Trajan Hadrian

Mit Trajan und Hadrian beginnt die Reihe der sogenannten Adoptivkaiser. Sie wird fortgesetzt und beschlossen durch Antoninus Pius und *Mark Aurel* (▷ 4.9). Dieser Zeitabschnitt (98 – 169) ist eine der bemerkenswertesten Epochen der römischen Geschichte. Der Historiker Edward Gibbon (1737 – 94) charakterisierte sie als ein „glückliches Zeitalter". Mit Trajan und seinem jüngeren Verwandten Hadrian kamen erstmalig zwei Kaiser zur Herrschaft, deren Familien nicht in Rom oder Italien, sondern in Spanien beheimatet waren. Unter ihrer Regierung wuchsen Bedeutung und Eigenständigkeit der Provinzen gegenüber dem „Mutterland".

Die 20jährige Herrschaft Trajans (98 – 117), der als begabtester Feldherr seit Caesar galt, stand ganz im Zeichen der Außenpolitik. Unter ihm erreichte das Imperium Romanum seine größte Ausdehnung. Trajan sah seine Hauptaufgaben am Unterlauf der Donau und im Osten. Zunächst wandte er sich dem Verhältnis Roms zu Dakien zu, das seit Domitian ungeklärt war, und griff das Land im Jahre

101 mit großer Heeresmacht an. Die kriegerischen Auseinandersetzungen endeten erst im Sommer 106 mit der Eroberung der dakischen Hauptstadt Sarmizegetusa. Noch im gleichen Jahre wurde Dakien Provinz.

Ansprache Trajans an seine Truppen.
Ausschnitt aus dem Reliefband
der Trajanssäule (vollendet 113 n. Chr.)

Im Jahre 113 kam es zum Krieg zwischen Rom und dem *Partherreich* (▷ 4.7). Zu den im Partherkrieg gewonnenen Provinzen Armenien, Mesopotamien und Assyrien kam noch die Provinz Arabia hinzu, ein Gebietsstreifen östlich Judaeas mit Einschluß der Sinaihalbinsel, d. h. das ehemalige Nabataeerreich. Die römische Herrschaft in den neuerworbenen Provinzen war noch kaum gefestigt, als Trajan auf dem Rückmarsch in dem kilikischen Ort Selinus am 9. August 117 starb. Auf dem Sterbebett adoptierte er seinen jüngeren Verwandten Hadrian.
Hadrian (117−38) verfolgte eine Politik, die sich in wichtigen Punkten von der seines Vorgängers unterschied. Er verließ den Weg der Expansion völlig, gab die gerade erst geschaffenen Provinzen Armenien, Mesopotamien und Assyrien wieder auf und schloß mit dem Partherkönig einen förmlichen Frieden. Hadrian erkannte, daß die Eroberungskriege die Kräfte des Reiches überstiegen. Daher widmete er sich mehr der Sicherung der inneren Stabilität und der Wohlfahrt des Reiches. Die Mittel dazu waren: Reorganisation von Heer und Verwaltung, Ausbau wirksamer Verteidigungsanlagen an den Grenzen (▷ 4.4, ▷ 4.6), Bindung einer Anzahl von Völkerschaften mit Hilfe der Diplomatie.
Der Verwirklichung all dieser Ziele dienten ausgedehnte Inspektionsreisen des Kaisers durch nahezu alle Provinzen des Imperiums. Spuren von Hadrians Wirken lassen sich im gesamten ehemaligen Römischen Reich noch heute entdecken. Am bekanntesten ist der ganz Mittelengland durchziehende Hadrianswall (▷ 4.4), eine der imposantesten baulichen Großanlagen, die die Römer im freien Gelände hinterlassen haben.

4.9 Markomannenkriege Mark Aurel

Mitte des 2. Jahrhunderts verließen die Goten ihre Wohnsitze an der unteren Weichsel und brachen in Richtung Schwarzes Meer auf. Dieser Vorgang hatte Auswirkungen auf die gesamte Völkerwelt zwischen Ostsee und Schwarzem Meer (▷ 4.16). Unter Druck gerieten insbesondere die germanischen und sarmatischen Stämme an der mittleren und unteren Donau. Die römische Donaugrenze war, da starke Truppenverbände für den Partherkrieg im Osten abgezogen worden waren (▷ 4.7), militärisch nur ungenügend gesichert. Im Jahre 166 drangen zahlreiche Barbarenscharen auf breiter Front über die Donau vor und bedrückten die Reichsbevölkerung. Die Markomannen und Quaden überschritten sogar die Alpen. In Rom breitete sich Schrecken aus. Zur Germanennot trat eine weitere Gefahr, die Pest, die sich von Osten aus über das gesamte Reichsgebiet ausbreitete. Erst Ende 168 konnte die Lage an der Donau wieder als gesichert gelten.
Im Jahre 169 ging Kaiser Mark Aurel (161−80, bis 169 zusammen mit Lucius Verus) nach Überwindung großer Schwierigkeiten, verursacht durch den Mangel an Geld und Soldaten, energisch zum Gegenangriff über. Diese Phase des 1. Markomannenkrieges dauerte mehr als ein halbes Jahrzehnt bis zum Frieden im Jahre 175. Die Barbaren mußten sich zur Rückgabe der römischen Kriegsgefangenen, zur Anerkennung der römischen

Oberhoheit sowie zur Abtretung eines Gebietsstreifens am nördlichen Donauufer verpflichten. Außerdem mußten sie römische Garnisonen in ihrem Gebiet dulden. Der Frieden erwies sich nicht als dauerhaft. Es kam 177–180 zum 2. Markomannenkrieg. Nach Mißerfolgen seiner Generäle begab sich Kaiser Mark Aurel 178 wieder persönlich an die Front, diesmal begleitet von seinem Sohn Commodus, den er ein Jahr zuvor zum Mitregenten hatte erheben lassen. Nach einem mit aller Härte geführten Krieg mußten sich Markomannen und Quaden 180 Rom bedingungslos ergeben. Mark Aurel selbst ist aus diesem Krieg nicht mehr nach Rom zurückgekehrt. Im Frühjahr 180 starb er in Vindobona (Wien) an den Folgen der Pest.

Auf ihn folgte sein Sohn Commodus, der aber den Aufgaben der Regierung nicht gewachsen war, zumal er für die erheblichen wirtschaftlichen Probleme der Zeit keine Lösung wußte. Mark Aurel selbst hatte Commodus als Nachfolger ausersehen und damit das Prinzip der Adoption des Besten zugunsten dynastischer Ziele durchbrochen. Auf der anderen Seite gebührt ihm aber das Verdienst, die Barbarengefahr an der Donau gebannt und damit in diesem Raum für etwa ein Jahrhundert eine relative Ruhe gesichert zu haben. Mark Aurel ist jedoch als „der Philosoph auf dem römischen Kaiserthron", als Anhänger der Stoa und als Freund der Literatur nicht minder in Erinnerung geblieben.

4.10 Constitutio Antoniniana

Seit die Römer ihre Macht über die Grenzen der Stadt ins Gebiet ihrer Nachbarn ausweiteten (▷ 3.4), war die Verleihung von bestimmten Rechten und Privilegien römischer Bürger an die neuen Untertanen ein wichtiges Instrument, die Herrschaft zu festigen. Die Römer gingen dabei sehr überlegt zu Werke, indem sie das volle oder eingeschränkte römische Bürgerrecht jeweils nur nach politischer Notwendigkeit zugestanden. So bekamen die italischen Bundesgenossen erst 90/89 v. Chr. das volle Bürgerrecht. Damit war die gesamte Halbinsel südlich des Po zu römischem Staatsgebiet im engeren Sinne geworden. Dem römischen Bürgergebiet Italien standen die *Provinzen* (▷ 3.9) als unterworfenes Ausland gegenüber. Die Provinzbewohner lebten nach ihrem überkommenen Recht, dem sogenannten „Volksrecht". Römisches Bürgerrecht mit Einschluß des Rechts, römische Ämter zu bekleiden, erhielten jedoch vor allem seit der Kaiserzeit einzelne Provinziale oder auch größere Gruppen von ihnen von Fall zu Fall als Auszeichnung. Mit der gezielten Verleihung des Bürgerrechts an Provinziale hatten die Kaiser die Romanisierung des Reiches fördern und das Reichsbewußtsein seiner Bewohner stärken wollen.

Zu einer umfassenden Ausdehnung dieses Rechts kam es erst 212 durch die „Constitutio Antoniniana". In dem nach seinem Herrscherbeinamen Antoninus benannten Gesetz verlieh Kaiser Caracalla allen freigeborenen Bewohnern des Imperium Romanum das volle römische Bürgerrecht. Caracalla zog mit seinem Gesetz einen Schlußstrich unter die Bürgerrechtspolitik seiner Vorgänger. Doch mögen ihn gleichzeitig auch andere Erwägungen geleitet haben. So entnehmen wir einem Papyrusfragment des Gesetzestextes, daß der Kaiser mit seiner Maßnahme den Staatsgöttern neue Verehrer zuführen wollte. Der zeitgenössische Historiker Cassius Dio hebt dagegen hervor, Caracalla habe sich mit Hilfe des Gesetzes neue Finanzquellen erschließen wollen, indem er die Einnahmen aus bestimmten Steuern, die nur Römer zu zahlen hatten, auf diese Weise gewaltig erhöhte.

4.11 Sassanidenreich Zarathustra

Die kriegerischen Auseinandersetzungen zwischen Rom und Parthien (▷ 4.7) von *Trajan* (▷ 4.8) bis Caracalla hatten gezeigt, daß Rom von der östlichen Macht keine ernste Gefahr drohte. Diese Situation änderte sich grundsätzlich, als sich um 220 Ardaschir aus dem Priestergeschlecht der Sassaniden gegen den Partherkönig Artabanos V. erhob und im Jahre 224 durch den Sieg in der Schlacht bei Hormizdaghan das Herrscherhaus der Arsakiden stürzte. Mit Ardaschir I. übernahm im Osten ein Herrscher die Macht, der sich als Erbe der altpersischen Achaemeniden verstand (▷ 2.11). Er forderte von Kaiser Severus Alexander die Rückgabe aller ehemals persischen Gebiete bis zur Propontis (Marmara-Meer).

Um seinen Gebietsansprüchen Nachdruck zu verleihen, drang Ardaschir I. ins römische Mesopotamien ein. Ein Friedensangebot Roms lehnte er ab. Ardaschirs Sohn Schapur I. (241 – 71) errang in den folgenden Jahrzehnten erhebliche Gebietsgewinne. Kaiser Valerian (253 – 60) geriet sogar in persische Gefangenschaft. Erst unter den Kaisern Carus (282/83) und Diokletian (284 – 305) ging Rom erfolgreich zur Offensive gegen Persien über. 298 erlitt der Perserkönig Narseh (293 – 303) eine schwere Niederlage in Armenien. Danach gaben die Sassaniden ihren Anspruch auf die ausschließliche Weltreichsstellung auf und erkannten Rom als gleichrangige Macht an.

Im 3. Jahrhundert wurde der Zoroastrismus sassanidische Staatsreligion. Er hat in dieser Zeit seine abschließende Fixierung erfahren. Weniges nur ist über Leben und Wirken Zarathustras (griech. Zoroastres) überliefert. Vermutlich wurde Zarathustra Anfang des 6. Jahrhunderts v. Chr. als Sohn einer adligen Familie bei Balch in Baktrien (Afghanistan) geboren. Mit etwa dreißig Jahren soll ein Offenbarungserlebnis in der Wüste Zarathustra zu einem Wandel seiner religiösen Grundeinstellung bewogen haben.

Die Weltgeschichte stellte sich nach der Lehre des Propheten als ein Kampfplatz dualistischer Prinzipien dar, wobei Ahura Mazda, der allwissende, weise Gott mit seinen Hilfsgottheiten das Wahre, Gute, Heile, Reine, kurz eine Friedensordnung zu realisieren bestrebt ist. Dieser Versuch wird jedoch von Ahriman und seinen Helfern, die Lüge, Bosheit, Unheil und verderbliche Unordnung etablieren wollen, konterkariert. Der Mensch nun, in diesem dualistischen Spannungsfeld stehend, vermag sich für Ahura Mazda oder Ahriman zu entscheiden. Die Entscheidung für jenen hat eine sittlich untadlige Lebensführung zur Konsequenz mit der Aussicht, in das „Reich" Ahura Mazdas einzugehen. Dieses Gottesreich sollte auf ein allgemeines Weltgericht folgen.

Der ethisch hochstehende, den Einzelnen streng in die sittliche Pflicht nehmende Zoroastrismus wurde den Griechen im 5. Jahrhundert im Zusammenhang ihrer Auseinandersetzung mit den Persern bekannt. Er fand im Westen keine Verbreitung, lebt jedoch in der Parsenreligion in Persien und Indien noch heute fort.

4.12 Soldatenkaiser

Das römische Heer, vertreten durch die Prätorianergarde, wirkte bereits in der frühen Kaiserzeit neben dem Senat wesentlich an der Herrscherbestellung mit. Bei den Wirren nach *Neros* (▷ 4.3) Ende, gewannen dann auch die an Reichsgrenzen stationierten Legionen entscheidenden Einfluß auf die Thronbesetzung, als zunächst die Rheinlegionen, später die Truppen im Osten ihre Kandidaten, Vitellius bzw. Vespasian, mit Waffengewalt als Kaiser durchsetzten.

Lucius Aelius Aurelius Commodus als Herkules dargestellt

Eine vergleichbare Situation kehrte im Jahre 193 nach dem gewaltsamen Ende des Commodus wieder. Septimius Severus, der erst nach schweren Kämpfen gegen seine Konkurrenten Anfang 197 gesiegt hatte, eröffnete die Reihe der „Soldatenkaiser", die die Geschicke des Imperium Romanum im 3. Jahrhundert lenkten. Severus entmachtete den Senat und beteiligte dafür den Ritterstand, dem er selbst entstammte, stärker an der Reichsverwaltung. In erster Linie stärkte er jedoch die Rolle des Heeres; die gesellschaftliche Stellung der Soldaten wurde verbessert. So ging der Einfluß des Senats in Politik und Verwaltung entscheidend zurück, dafür gewann das Heer mehr und mehr die Vorherrschaft im Staat.

Septimius Severus hatte die Voraussetzungen geschaffen, daß Personen niedriger sozialer Herkunft über den Heeresdienst zum Kaisertum gelangten, ohne zuvor eine senatorische Charge bekleidet zu haben, wie Maximinus Thrax, Claudius Gothicus, Aurelian, Probus,

Carus und schließlich *Diokletian* (▷ 4.14). Für den Bestand des Imperiums haben diese Herrscher Hervorragendes geleistet.

Der seit Beginn der dreißiger Jahre des 3. Jahrhunderts zu gleicher Zeit im Osten durch die *Sassaniden* (▷ 4.11) sowie an Rhein und Donau durch die Germanen (▷ 4.6) ausgeübte Druck führte 259 zur Entstehung des gallischen Sonderreiches, 260 nach der Gefangennahme Kaiser Valerians durch Schapur I. zur Gründung des palmyrenischen Staates in Syrien. Es dauerte mehr als ein Jahrzehnt, ehe es Aurelian 273 und 274 gelang, die Reichseinheit wiederherzustellen. Die Provinz Dakien jenseits der Donau mußte allerdings bereits 270 endgültig aufgegeben werden.

Die ständige Bedrohung der Reichsgrenzen während des 3. Jahrhunderts hatte zur Folge, daß sich die Kaiser nur noch selten in Rom aufhielten. Dies, die Ausschaltung des Senats aus Politik und Verwaltung sowie die Aufwertung des Heeres ließen von der Staatsform des *Augustus* (▷ 3.18) nicht mehr viel übrig. Das Jahrhundert der Soldatenkaiser (193–284) ist das entscheidende Stadium auf dem Wege vom Prinzipat (▷ 3.18) zum Dominat.

4.13 Christenverfolgung

Der bisweilen scharfe, im Neuen Testament, vornehmlich in der Apostelgeschichte, dokumentierte Konflikt christlich-messianischer und jüdisch-nationaler Kreise wurde in Rom zunächst als internes jüdisches Problem betrachtet. Die Differenzierung von Juden und Christen ist erst seit Kaiser *Nero* (▷ 4.3) gewiß, der den Christen die Schuld für den Brand Roms im Jahre 64 gegeben und sie als Brandstifter mit dem Tod bestraft hat. Im Gegensatz zum jüdischen Glauben, der seit Caesar und Augustus faktisch als religio licita (erlaubte Religion) galt, fand die gleichfalls monotheistische christliche Religion keine offizielle Anerkennung.

Es ist nicht eindeutig zu ermitteln, ob ein Gesetz, welches das Christentum als solches verbot, die juristische Basis für das Vorgehen des römischen Staates gegen die Christen schuf. Aus den einseitig christlichen Quellen (Märtyrerakten, apologetische Literatur) scheint zumindest klar hervorzugehen, daß in den Christenprozessen nicht konkrete Gesetzesübertretungen zur Verhandlung standen, sondern der gleichsam prinzipielle Vorwurf, mit der religiös begründeten Weigerung, den Kaiserkult zu praktizieren, die Staatsordnung selbst abzulehnen. Staatliche Maßnahmen wurden freilich vielfach weniger durch derartige grundsätzliche Erwägungen als durch volkstümliche Vorbehalte gegenüber den Christen und ihrem Kult veranlaßt.

Im 1. und 2. Jahrhundert hat es keine systematischen, das ganze Imperium umgreifenden Christenverfolgungen gegeben. Die Maßnahmen Neros etwa oder Domitians, der im Jahre 96 gegen Christen mittels gerichtlicher Verfahren in Rom und Kleinasien aktiv wurde, blieben lokal begrenzt. Für das Verhalten der Kaiser im 2. Jahrhundert ist wohl *Trajans* (▷ 4.8) Einstellung zum Christenproblem kennzeichnend, der auf Anfrage seines Statthalters Plinius verfügte, daß nur auf Anzeige hin verfolgt werden sollte. Schwöre der Angeklagte dann nicht ab, so sei er hinzurichten.

Mit Beginn des 3. Jahrhunderts endete diese Praxis. Von nun an wurden im ganzen Reichsgebiet systematische Christenverfolgungen durchgeführt. Während Septimius Severus (▷ 4.12) sich mit dem Verbot, zum Christentum überzutreten (202/03), begnügte, kam es Mitte des 3. Jahrhunderts unter Decius und Valerian zu Verfolgungen, die auf Vernichtung der Kirche, ihrer Institutionen, Organisation und Repräsentanten zielten. Nach kurzer Beruhigung wurde die Verfolgungspolitik unter *Diokletian* (▷ 4.14), die im Zusammenhang seiner Restaurationsbemühungen zu verstehen ist, wieder aufgenommen. In vier Edikten wurde seit 303 u. a. die Zerstörung kirchlicher Bauten, die Einziehung kirchlichen Vermögens, die Vernichtung christlicher Werke und Kultgeräte und die Aberkennung der bürgerlichen Rechte für Christen verfügt. Die Edikte hatten jedoch nicht den gewünschten Erfolg. Mit dem Aufstieg *Konstantins*, der 324 die Alleinherrschaft errang (▷ 4.15), kamen die Verfolgungen reichsweit endgültig zum Stillstand. Ein letzter Versuch von Julian „Apostata" (der Abtrünnige), 361–63, die Stellung der christlichen Kirche zu erschüttern, scheiterte.

4.14 Reichsreformen Diokletian

Im Herbst 284 wurde der Dalmatiner Diocles (ca. 240–316) vom Heer als Gaius Aurelius

Valerius Diocletianus zum Kaiser ausgerufen. Die durch Diokletian betriebene Ausbildung des Systems der Tetrarchie (Vierherrschaft) beendete die Krisis, die das Imperium unter den *Soldatenkaisern* (▷ 4.12) erfaßt hatte, und schuf die Voraussetzung für die effektive Sicherung der bedrohten Reichsgrenzen, erfolgreiche Bekämpfung lokaler Unruhen und Eindämmung der fortwährenden Gefahr der Usurpation kaiserlicher Gewalt.

Diokletian. Porträtbüste aus Marmor (3. Jh.)

Die Tetrarchie sah zwei Augusti und zwei diesen zu- bzw. untergeordnete Caesares an der Spitze des Imperiums vor, in dem nun durch regionale Funktionsteilung der obersten Gewalt eine bessere Kontrolle des Gesamtreichs möglich wurde. Hatte Diokletian seinen Kampfgefährten Maximian 285 zum Caesar ernannt, so erhob er diesen 286 zum Augustus. Caesares wurden Galerius und Constantius Chlorus (293). Die Selbstbezeichnung Diokletians als Iovius (Jupiter) und Maximians als Herculius (Herkules) bezweckte transzendentale Herrschaftslegitimation und sollte das quasi göttliche Charisma der Kaiser betonen. Die Tetrarchie erhielt ein dynastisches Gepräge dadurch, daß die Augusti ihre Caesares adoptierten. Vorgesehen war, daß die Augusti nach einer bestimmten Anzahl von Jahren abtreten, die als Nachfolger designierten Caesares zu Augusti aufrücken und anschließend zwei neue Caesares bestimmt werden sollten.

Um die Jahrhundertwende waren die drängendsten außenpolitischen Probleme im wesentlichen gelöst, vor allem die Grenzen an Rhein und Donau sowie am Euphrat stabilisiert. Der Konsolidierung des Reichs im In-

nern diente dessen Dezentralisation. Das neugegliederte Imperium, das nurmehr nominell seine Hauptstadt in Rom hatte, tatsächlich aber von den vier Kaiserresidenzen Nikomedia, Sirmium, Mailand und Trier aus regiert wurde, bestand fortan aus etwa 100 Provinzen, die zu 12 Diözesen zusammengefaßt waren. Militär- und Zivilverwaltung wurden getrennt. Diokletian verstärkte die Armee und erhöhte die Zahl der Legionen auf ca. 70. Nicht nur Beamtenschaft und Heer, sondern auch überaus kostspielige Bauvorhaben belasteten die Staatskasse. Zur Deckung des steigenden Finanzbedarfs führte Diokletian eine Steuer- und Münzreform durch. Mittels eines Höchstpreisedikts, in dem Maximaltarife für sämtliche Waren und Dienstleistungen fixiert wurden, versuchte er sodann der fortschreitenden Teuerung entgegenzuarbeiten.

Das Bemühen, auch eine geistig-religiöse Einheit im Imperium herzustellen, führte mit der Wiederbelebung altrömischer Traditionen, insbesondere der Einführung des Jupiterkultes als offiziellen Staatskultes zur Bekämpfung des aus Persien stammenden Manichäismus und des Christentums (▷ 4.13). Am 1. Mai 305 dankten Diokletian und Maximian als Augusti ab. Die bisherigen Caesares stiegen zu Augusti auf. Das tetrarchische System geriet in eine Krise, die Diokletian 308 auf der Kaiserkonferenz in Carnuntum vergeblich zu überwinden versuchte. Von seinem Alterssitz Salonae (Split) aus mußte Diokletian das Auseinanderbrechen der Tetrarchie, den Aufstieg *Konstantins* (▷ 4.15), die öffentliche Anerkennung des Christentums und damit das Scheitern seiner Politik erleben.

4.15 Konstantin

Konstantin (Flavius Valerius Constantinus) wurde um 280 als Sohn des Constantius Chlorus (▷ 4.14) in Naissus (Niš/Serbien) geboren. Seine Jugend verbrachte er am Hof Diokletians. Nach dem Tod des Vaters riefen ihn die Truppen im britannischen Eburacum (York) zum Augustus aus (306). Der ranghöchste Augustus, Galerius, erkannte Konstantin nur als Caesar an und ernannte Severus zum Augustus des Westens. Das tetrarchische System geriet in eine Krise, die auf der Kaiserkonferenz von Carnuntum (308) nur vorübergehend gelöst werden konnte. Konstantin setzte seine

Politik konsequenter Machtsteigerung fort und wurde nach dem Sieg über seinen Konkurrenten Maxentius an der Milvischen Brücke in Rom (28. Oktober 312) Alleinherrscher im Westen. Herr über die östliche Reichshälfte wurde Licinius (313). Die christliche Tradition hat Konstantins Sieg über Maxentius mit der Bekehrung des Kaisers zum christlichen Glauben verknüpft. Vom Christengott soll er vor dem Kampf ein siegverheißendes Zeichen erhalten haben. Tatsächlich hat Konstantin seit 312 die Kirche mit Schenkungen bedacht, ihr Privilegien eingeräumt und sie so auf vielfältige Weise begünstigt. Im Jahre 313 einigten sich Konstantin und Licinius in Mailand darauf, das zwei Jahre zuvor von Galerius erlassene Toleranzedikt, mit dem die von Diokletian initiierte *Christenverfolgung* (▷ 4.13) offiziell beendet wurde, zu erneuern. Fortan genoß das Christentum reichsweit Religionsfreiheit. Konstantin sollte die in Mailand vereinbarte Religionspolitik im Westen, Licinius im Osten realisieren. Konflikte zwischen den Augusti waren unvermeidlich. Zehn Jahre lang setzten sie sich mit wechselndem Erfolg auf dem Balkan auseinander. Den Anlaß zur direkten und offenen Konfrontation bot die Wiederaufnahme gezielt antichristlicher Politik unter Licinius. Im Herbst 324 siegte Konstantin über ihn; der Augustus des Ostens wurde hingerichtet.

Als Alleinherrscher hat Konstantin das diokletianische System des Dominats ausgestaltet. Der kaiserliche Absolutismus wurde gesteigert, das Hofzeremoniell verfeinert. In die Grenzsicherung wurden zunehmend auf römischem Reichsgebiet angesiedelte germanische Stämme eingebunden. Finanzpolitisch sollte sich die Einführung des Solidus günstig auswirken. Die Wertbeständigkeit dieser Goldmünze bekämpfte die ständige Inflationsgefahr. Staatliche Zwangsmaßnahmen kennzeichnen das Wirtschaftsleben in konstantinischer Zeit. Als folgenreich erwies sich der Ausbau des alten Byzantium zur kaiserlichen Metropole in den Jahren seit 325. Das „Neue Rom", das den Namen Konstantinopel erhielt, wurde 330 eingeweiht.

Konstantin gewährte in seiner Eigenschaft als Alleinherrscher Christen und Heiden Religionsfreiheit, fühlte sich freilich dem Christengott besonders verpflichtet. Deshalb griff er auch in die komplizierte theologische Kontroverse ein, die als „arianischer Streit" bezeichnet wird und auf einer ökumenischen Synode zu Nizäa (325) vorläufig entschieden wurde. Konstantin empfing erst auf dem Totenbett 337 die Taufe, er wurde in der Apostelkirche in Konstantinopel beigesetzt. Mit ihm begann nicht nur die Geschichte der staatlichen Duldung des Christentums, sondern ebenso die Geschichte der engen Bindungen von Kirche und Staat. Die „Konstantinische Schenkung" freilich war eine Fälschung, vermutlich aus dem 8. Jahrhundert (▷ 5.12).
Abbildung S. 96

4.16 Hunnen Völkerwanderung

Der Begriff „Völkerwanderung" bezeichnet die durch den Westvorstoß der Hunnen ausgelösten Wanderbewegungen überwiegend germanischer Völker seit 375. Träger der Völkerwanderung waren im wesentlichen ostgermanische Stämme (Goten, Vandalen, Burgunder), die die Verbindung zu ihren Heimatländern aufgaben und auf dem Gebiet des Imperiums eigene Reiche schufen. Daß diese Germanenreiche die folgenden Jahrhunderte nicht überdauerten, lag an der geringen Anzahl der Eroberer, aber auch an dem verfassungsrechtlichen und religiösen Dualismus zwischen katholischer Romanenbevölkerung und arianischer Erobererschicht.

Die Hunnen, eine ursprünglich im östlichen Zentralasien lebende Gruppe mongolischer Nomadenstämme, hatten sich nach jahrhundertelangen Kämpfen mit den Chinesen um die Zeitwende nach Westen orientiert und tauchten um die Mitte des 4. Jahrhunderts am Kaspischen Meer auf, überrannten das iranische Volk der Alanen nördlich des Kaukasus und besiegten 375 die Ost-, 376 die nördlich der Donau lebenden Westgoten. Die Westgoten ersuchten daraufhin unter ihren Führern Fritigern und Alavivus um Aufnahme ins römische Reichsgebiet und wurden noch im selben Jahr von Valens, seit 364 Kaiser des Ostens, südlich der Donau in der Diözese Thrakien (Bulgarien) angesiedelt.

Als Motiv für die Übernahme der Goten führen die antiken Quellen die große Anzahl der germanischen Soldaten an, die gegen die gefürchteten Hunnen eingesetzt werden könnten, sowie den gemeinsamen arianischen Glauben des Kaisers und der Westgoten, die als erster germanischer Stamm das Christentum in dieser Form angenommen hatten. Ihr Bischof Wulfila hat in der zweiten Hälfte des 4. Jahrhunderts die Bibel aus dem Griechischen ins Gotische übersetzt. Sie stellt damit die wichtigste Quelle für unsere Kenntnis der gotischen Sprache dar.

4.17 Schlacht bei Adrianopel

Die 376 erfolgte Ansiedlung von Westgoten in der Diözese Thrakien (▷ 4.16) führte noch im gleichen Jahr aufgrund technischer Schwierigkeiten und korrupter römischer Verwaltung bei der Versorgung der Goten zum Konflikt: Westgoten und über die Donau eingefallene Ostgoten, Alanen und Hunnen zogen plündernd durch Thrakien, ihnen schlossen sich Sklaven, Bergwerksarbeiter und Kolonen (hörige Bauern) der Provinz an. Kaiser Valens entschloß sich 377, selbst einzugreifen, traf jedoch, mit Kämpfen gegen die Perser beschäftigt, erst Mitte 378 in Thrakien ein. Gratian, seit 367 zweiter Kaiser im Westen, sowie seine Generäle kamen wegen eines Alamannenfeldzugs im Schwarzwald nicht rechtzeitig zur Verstärkung gegen die Goten.

Am 9. August 378 wagte Valens – offenbar unterschätzte er die Zahl der gegnerischen Truppen – bei Adrianopel die Schlacht. Die römische Niederlage war vernichtend, Valens fiel; die Donaugrenze kam nie mehr völlig unter römische Kontrolle. Die Wirkung dieses Ereignisses auf die Zeitgenossen war gewaltig. Für Hieronymus und den Kirchenhistoriker Rufin war sie der Anfang vom Ende des Römischen Reiches.

Vier Jahre später kam es zu einem epochemachenden Friedensvertrag zwischen Kaiser Theodosius I. (379–95) und den Westgoten. Die Germanen erhielten ein geschlossenes Siedlungsland im Norden der Diözese Thrakien und wurden dabei als erstes Volk auf römischem Reichsgebiet als völkerrechtliches Subjekt behandelt: Sie lebten unter eigenen Führern und Gesetzen, waren von der Steuer befreit und sollten Rom im Kriegsfall gegen Bezahlung Waffenhilfe leisten.

4.18 Christentum als Staatsreligion

Die Ausbreitung des Christentums vollzog sich im 4. Jahrhundert fast im gesamten römischen Reich; die Mission verlief von Osten nach Westen, von den Städten aufs Land. Am

Konstantin der Große mit Papst Silvester I. Eine Darstellung der „Konstantinischen Schenkung". Fresko von 1246

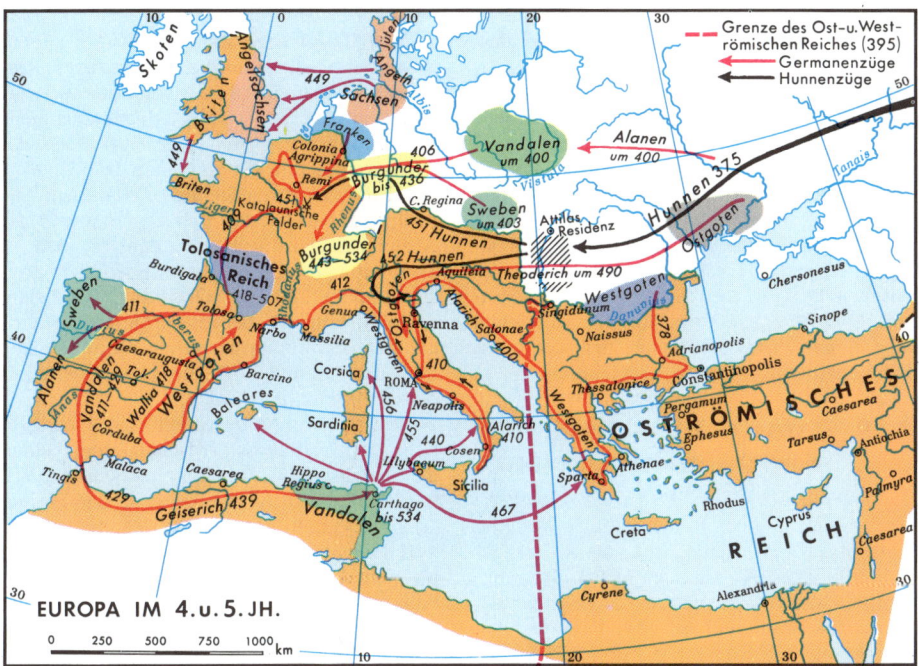

EUROPA IM 4. u. 5. JH.

*Die Völkerwanderung und ihre
Auswirkungen auf das Römische Reich*

resistentesten zeigten sich die Landbevölkerung, der Senat der Stadt Rom und die geistigen Eliten. Die neuplatonischen Universitäten von Athen, Pergamon und Alexandria blieben Hochburgen des alten Glaubens. Die religionspolitische Wende *Konstantins* (▷ 4.15) wurde von seinen Söhnen Constans und Constantius II. fortgesetzt.

Letzterer erließ 354 das erste generelle Verbot des heidnischen Kultes. Der Versuch einer Neubelebung der heidnischen Religion durch seinen Nachfolger Julian (361–63) blieb auf Dauer erfolglos. Der toleranten Haltung des katholischen Valentinian (364–75 Westkaiser) und des arianischen Valens (364–78 Ostkaiser) folgte mit Gratian (375–83 Westkaiser) und besonders Theodosius I. (379–95) der Höhepunkt antiheidnischer und antihäretischer Religionspolitik.

Theodosius, selbst streng katholisch und fromm, erklärte am 27. Februar 380, daß allein der apostolische Glaube, wie ihn die Bischöfe Damasus von Rom und Petrus von

Alexandria verträten, maßgeblich für alle Völker seines Herrschaftsgebietes sei. Ein Konzil, das der Kaiser im folgenden Jahr nach Konstantinopel berief, bestätigte seinen Beschluß: Die katholische Orthodoxie war Staatsreligion und der Arianismus endgültig verdammt (▷ 4.15). Seine antiheidnische Politik erreichte mit mehreren Gesetzen der Jahre 391 und 392 ihren Höhepunkt. Jede Form des altgläubigen Gottesdienstes wurde verboten und als Hochverrat bestraft. Überall im Reich wurden Tempel und Heiligtümer zerstört, das Serapeion, Zentrum der Universität von Alexandria und den Zeitgenossen das schönste und berühmteste Bauwerk des Ostens, fiel dem Glaubenseifer zum Opfer, bekannte Institutionen des antiken Götterglaubens, wie das Delphische Orakel, die Olympischen Spiele (▷ 2.4) und das Augurenwesen erloschen. Daß jedoch der alte Glaube nicht am Ende war, zeigen die häufigen Wiederholungen der antiheidnischen Gesetze während des 5. Jahrhunderts.

Auch die innerkirchliche Organisation schritt im 4. und 5. Jahrhundert voran. Auf Provinzialebene wurden die einzelnen Bischofsgemeinden dem Bischof der Provinzhauptstadt, dem Metropoliten, unterstellt. Einige Kirchen, die Patriarchate, genossen eine Sonderstellung: im Osten Antiochia, Alexandria, Jerusalem und besonders Konstantinopel, im Westen Rom. Theologische und personelle Streitfragen wurden auf Provinzial- und Reichssynoden (Konzilien) geklärt. In Konkurrenz zur Autorität der Konzilien setzte sich im 5. Jahrhundert, begünstigt durch Schwäche und schließlich Untergang des westlichen Kaisertums und forciert durch die römischen Bischöfe Leo I. (440–61) und Gelasius (492–96), zumindest in der westlichen Kirche der Primatsanspruch des römischen Bischofs durch.

4.19 Ende der Reichseinheit Westrom und Ostrom

Als Theodosius I., seit 388 letzter Alleinherrscher des Römischen Reiches, 395 in Mailand starb, folgten ihm seine Söhne als Kaiser, der siebzehnjährige Arcadius im Osten, der zehnjährige Honorius im Westen, beide unter der faktischen Regentschaft hoher Beamter. Seit Errichtung der Tetrarchie durch *Diokletian* (▷ 4.14) war das Imperium Romanum dezentral verwaltet und regiert worden. Auch die Kaiserresidenzen hatten sich aus ökonomischen und militärischen Gründen verlagert: Rom verlor seine Hauptstadtfunktion, im Westen waren Mailand, seit 402 Ravenna und Trier die wichtigsten Residenzen, im Osten neben der neuen Hauptstadt Konstantinopel Antiochia (im Süden der heutigen Türkei), im Balkanraum Thessalonike, Sirmium (in der Nähe des heutigen Belgrad) und Serdica (Sofia). Theodosius hatte also keine Reichsteilung vorgenommen, sondern lediglich die bestehende Verwaltungsteilung fortgeführt. Die Grenze zwischen den beiden Reichshälften verlief (durch Dalmatien) zwischen den Diözesen Dakien und Illyricum. Letztere, von Theodosius dem Westen unterstellt, bildete in der Folgezeit einen Zankapfel zwischen den beiden Reichsteilen, da der Osten diese Regelung nicht anerkannte.

Die Regierungszeit der theodosianischen Dynastie war im Westen wie im Osten durch ein schwaches Kaisertum gekennzeichnet: Die Westkaiser Honorius (395–423) und Valentinian III. (425–55) standen unter dem Regiment des Heermeisters Stilicho und der Mutter Valentinians; für die Ostkaiser Arcadius (395–408) und Theodosius II. (408–50) übten hohe Zivilbeamte und die Frauen der kaiserlichen Familie die Regierungsfunktion aus. Die Westhälfte geriet im 5. Jahrhundert mehr und mehr unter germanische Herrschaft, römisch waren um 450 nur noch Italien, Mittelgallien, die Provence und Dalmatien. Die Hauptbelastungen für den Osten waren die Auseinandersetzungen mit den Hunnen in Thrakien und innenpolitisch der Kirchenstreit zwischen katholischer Orthodoxie und dem Monophysitismus, der im 4. Jahrhundert aufgekommen Einnaturenlehre, die in Christus Menschliches und Göttliches zu einer einzigen Natur verschmolzen sah.

Nach der Ermordung Stilichos 408 besserte sich das Verhältnis zwischen den beiden Reichshälften. Die Reichseinheit wurde durch wiederholte östliche Hilfsheere für den Westen (seit 410 gegen Goten und Vandalen) und durch die Publikation des Codex Theodosianus, einer von Theodosius II. veranlaßten Sammlung aller seit Konstantin erlassenen Kaisergesetze, auch im Westen (438) demonstriert. Dennoch entwickelten sich die beiden Reichsteile im Verlauf des 5. Jahrhunderts, besonders nach dem Ende der theodosianischen Dynastie (455), auseinander. Die Ursachen für das Zerbrechen der theoretisch weiter aufrechterhaltenen Reichseinheit waren die äußere Bedrohung vor allem im Westen, die religiösen Auseinandersetzungen im Osten und die fehlende kaiserliche Zentralgewalt.

4.20 Westgoten

Die Geschichte der Westgoten, die 395 ihre thrakischen Wohnsitze (▷ 4.17) verließen, war in den folgenden 15 Jahren wesentlich durch die Auseinandersetzung zwischen westlicher und östlicher Reichshälfte bestimmt: Gotischen Invasionen gegen die Balkanprovinzen und Italien begegneten Ost- und Westrom, da sie militärisch der Lage nicht Herr werden konnten, mit zeitweiliger Anerkennung ihrer Eroberungen und Ernennung Alarichs zum magister militum für Illyricum (397 vom Osten, 404 vom Westen). Nachdem Stilichos Plan, Alarich für die Durchsetzung des westlichen Anspruchs auf Illyricum zu benutzen, gescheitert war und die nach Stilichos Ermordung (408) zunehmend germanenfeindliche weströmische Regierung Alarichs Forderung nach Landzuweisung in Noricum nicht erfüllte, kam es zur dreimaligen Belagerung Roms durch die Westgoten. Am 24. August 410 wurde die Stadt eingenommen und drei Tage lang geplündert. Die Einnahme Roms, das seit 800 Jahren (seit dem Galliersturm 387 v. Chr.) zum ersten Mal in Feindeshand war, erschütterte die Zeitgenossen. Gegen den heidnischen Vorwurf, die Abkehr von den alten Göttern sei für die Katastrophe der jüngsten Zeit verantwortlich, wandten sich Augustinus und der spanische Presbyter Orosius mit ihren apologetischen Schriften „De civitate dei" („Über den Gottesstaat") und „Historia adversum paganos" („Geschichte gegen die Heiden"). Nach Alarichs Tod zogen die Goten 412 nach Gallien und erhielten nach kurzem Aufenthalt in Spanien Land in Aquitanien zur Ansiedlung zugewiesen. Damit begann unter Führung Theoderichs I. (418–51) die Geschichte des Tolosanischen Westgotenreichs, benannt nach seiner Hauptstadt Tolosa (Toulouse). Obgleich das Westgotenreich rechtlich im Föderatenverhältnis zu Rom stand, war es faktisch souverän. Es erreichte 477 unter Eurich seine größte Ausdehnung: Spanien kam bis auf den suebischen Nordwesten und das Baskenland unter gotische Herrschaft, Südgallien wurde weitgehend erobert, das Föderatenverhältnis zu Rom aufgekündigt und 475 von Kaiser Nepos vertraglich die Unabhängigkeit zugestanden. Durch die Niederlage gegen die Franken unter Chlodwig (▷ 4.23) 507 bei Voullié (bei Poitiers), bei der Alarich II., der Sohn Eurichs, fiel, verloren die Goten den größten Teil ihres gallischen Gebietes mit der Residenz Toulouse.

Während der Regierungszeit Eurichs und seines Sohnes entstanden zwei bedeutende Rechtskodifikationen: die Aufzeichnung des westgotischen Rechts im Codex Euricius (um 475), die älteste Kodifikation eines germanischen Volksrechts, und des für die mehrheitlich römische Bevölkerung des Gotenreichs geltenden Rechts in der lex Romana Visigothorum (506). In Spanien konnten sich die Westgoten, um 590 vom arianischen zum katholischen Christentum übergetreten, mit den Hauptstädten Merida und (seit 580) Toledo bis zur Niederlage gegen die Araber 711 behaupten.

4.21 Attila

Nach ihrem Auftreten in Europa in der zweiten Hälfte des 4. Jahrhunderts, den Siegen über Ost- und Westgoten 375 und 376 (▷ 4.16), liegt die Geschichte der Hunnen für die nächsten Jahrzehnte etwas im dunkeln. Fest steht, daß die Hunnen um 400 von der unteren Donau nach Westen vordrangen und wohl mittelbar die Rheinüberschreitung der Vandalen, Alanen und Sueben bewirkten. In der ersten Hälfte des 5. Jahrhunderts war besonders der Osten des Reiches den Angriffen der Hunnen ausgesetzt und ihnen tributpflichtig; über ihr Verhältnis zum Westen ist wenig bekannt. Trotz der Freundschaft zu Aetius, seit Beginn der dreißiger Jahre führender Heermeister des Westens, haben die Hunnen möglicherweise auch von dort Tribute erhalten. Bis zum Ende der dreißiger Jahre war nördlich der Donau, von der Ukraine bis zum Rhein, ein großes hunnisches Reich entstanden. 434 waren König Rua seine Neffen Attila und Bleda gefolgt.

Nach der Ermordung seines Bruders wurde Attila 445 Alleinherrscher. Als der Hunnenkönig im Sommer 451 mit angeblich einer halben Million hunnischer Reiter und germanischen Hilfstruppen in Gallien einmarschierte, stellten sich ihnen ein weströmisches Heer unter Aetius, die Westgoten unter Theoderich I. sowie die Franken entgegen. In der Schlacht auf den Katalaunischen Feldern (zwischen Châlons-sur-Marne und Troyes) wurden die Hunnen unter großen Verlusten zurückgeworfen, Attila verlor den Ruf der Unbesiegbarkeit. Die Hunnen wandten sich nach Italien und plünderten im Sommer 452 Aquileia, Pavia und Mailand. Ob der Grund für ihren Abzug eine Seuche oder eine Bittgesandtschaft Papst Leos I. war, der sie vom Vorstoß nach Rom abhalten wollte, bleibt dahingestellt. Attila starb im folgenden Jahr; das Hunnenreich zerfiel bald nach seinem Tod.

Den Hunnenkönig lediglich als Plünderer zu sehen, wie es die spätantiken Quellen vornehmlich tun, wird seiner Rolle nicht gerecht. Seine Zielsetzung über die Konzeption eines Großstaates hinaus bleibt ungewiß, die Zerstörung des Imperium Romanum war offensichtlich nicht beabsichtigt. Während Attila in der christlichen Überlieferung als „Geißel Gottes" fortlebte, in der altnordischen Sage

Der Palast Theoderichs des Großen in Ravenna. Mosaik in der Basilika Sant' Apollinare Nuovo in Ravenna

als goldgieriger, grausamer Atli, erscheint er in der deutschen Heldendichtung – am bekanntesten als Etzel im Nibelungenlied – als gütiger Herrscher, der an seinem Hof der hilfesuchenden Kriemhild Zuflucht und Unterstützung gewährt.

4.22 Ostgotenreich in Italien

Der Teil der Ostgoten, der in der ersten Hälfte des 5. Jahrhunderts unter hunnischer Vorherrschaft gestanden hatte, war von Konstantinopel in Makedonien angesiedelt worden. Ihre dortige Machtstellung wurde von Kaiser Zeno (474–91) anerkannt, ihr König Theoderich (seit 471) zum magister militum ernannt. Wenige Jahre später gelang es dem Kaiser, zwei ihm unliebsame Mächte gegeneinander auszuspielen, als Theoderich auf seine Veranlassung hin mit dem Großteil der Goten nach Italien zum Kampf gegen Odoaker aufbrach. Odoaker hatte als Söldnerführer mit seinen germanischen Truppen in den weströmischen Thronstreit eingegriffen und 476 den letzten Kaiser, Romulus Augustus (verächtlich: Augustulus), abgesetzt.
Die Auseinandersetzung zwischen Odoaker und Theoderich endete nach über zweijähriger Belagerung Odoakers in Ravenna (der „Rabenschlacht" der germanischen Sage) im Februar 493 mit einem Vertrag, der beider gemeinsame Herrschaft über Italien vorsah;

wenige Wochen später ermordete der Gotenkönig seinen Vertragspartner und ließ sich von seinem Heer als König über Goten und Römer akklamieren. 497 von Ostkaiser Anastasius (491–518) anerkannt, herrschte er mit dem Titel „Flavius Theodericus rex" gleichsam als kaiserlicher Regent in Italien. Sein Reich umfaßte außer Italien auch Dalmatien, Teile Pannoniens, Noricum und Rätien.
Theoderichs Innenpolitik zielte auf die friedliche Koexistenz arianischer Germanen und katholischer Romanen, wenngleich der Vermischung beider Völker durch ein Heiratsverbot entgegengewirkt wurde; allein die Goten hatten Kriegsdienst zu leisten. Das lange Zeit gute Verhältnis zwischen Theoderich und den Goten einerseits und der katholischen Bevölkerung Italiens andererseits lag nicht zuletzt im acacianischen Schisma, der seit 484 bestehenden Spaltung von West- und Ostkirche, begründet, die Theoderich in eine Mittlerstellung zwischen (Ost-)Kaiser und römischen Katholiken brachte und ihm die Unterstützung des Papstes und der römischen Aristokratie sicherte. Dies änderte sich zusehends mit der Beilegung des Schismas 519.
Auch außenpolitisch war dem Gotenkönig nur bedingt Erfolg beschieden. Auf der Basis dynastischer Verbindungen mit den Königshäusern der Franken, Westgoten, Burgunder und Vandalen hatte er versucht, unter eigener Vormachtstellung ein germanisches Bündnissystem aufzubauen. Das Gelingen dieser Bündnispolitik verhinderte insbesondere die Expansion der Franken auf Kosten der Westgoten und Burgunder (▷ 4.23). Theoderich starb am 30. August 526 und wurde in dem

noch zu seinen Lebzeiten erbauten Mausoleum in Ravenna beigesetzt.

Seine fast dreißigjährige Herrschaft galt den Zeitgenossen als Epoche des Friedens und der Gerechtigkeit; in der germanischen Heldensage lebte er als Dietrich von Bern (Verona) fort; kirchliche Quellen verketzerten ihn als Katholikenverfolger. Sein Reich ging nach 20jährigem Krieg gegen den oströmischen Kaiser *Justinian* (▷ 4.26) 553 unter.

4.23 Merowingisches Frankenreich

Der erstmals um die Mitte des 3. Jahrhunderts nachweisbare Name „Franken" war ein Oberbegriff für mehrere ursprünglich östlich des Mittel- und Niederrheins siedelnde Stämme, deren bedeutendstem Teilstamm, den Saliern, im Verlauf des 5. und frühen 6. Jahrhunderts unter ihrem König Chlodwig (ca. 466–511) die politische Einigung aller Franken gelang. Das Eindringen der Franken in römisches Gebiet erfolgte nicht schlagartig. 358 konnte sich mit Kaiser Julians Duldung der Salfranken in ihrem linksrheinischen Siedlungsgebiet Toxandrien (Nordbrabant) erstmals ein ganzer Teilstamm auf Reichsgebiet behaupten. In den folgenden gut hundert Jahren dehnten sowohl die Salier (bis zur Somme) als auch die verschiedenen als Ripuarier oder Rheinfranken bezeichneten Teilstämme (bis Trier und Toul) ihren Machtbereich aus und wurden zeitweise Föderaten des Imperiums. Damit einher ging ein Prozeß der Machtkonzentration, in dem sich in der zweiten Hälfte des 5. Jahrhunderts bei den Saliern das Geschlecht der Merowinger durchsetzte. Im Jahr 482 folgte beim Tod Childerichs sein Sohn Chlodwig als salfränkischer Teilkönig von Tournai, der seinen Machtbereich bis zur Loire ausdehnte. Der damit vollzogene Eintritt des Frankenreichs in den Kreis der germanisch-romanischen Großreiche kam durch Chlodwigs Heirat mit Chrodechilde, der Nichte des burgundischen Königs Gundobad, und der Vermählung seiner Schwester Autofleda mit dem Ostgotenkönig Theoderich (493) zum Ausdruck.

Von großer historischer Bedeutung war die nach einem ersten Sieg über die südlichen Nachbarn, die Alamannen, (496/97) vollzogene Konversion des Frankenkönigs zum katholischen Christentum. Chlodwigs neues Bekenntnis war zugleich politisches Programm: Einerseits gewann er die Unterstützung der romanischen Oberschicht und des Episkopats in Gallien, andererseits wurde die bestehende Feindschaft zu den arianischen Westgoten ideologisch untermauert. Nach einem ersten Versuch 498 gelang es Chlodwig, 507 in einem als Glaubenskampf gegen den Arianismus geführten Kriegszug die Westgoten bei Vouillé (nördlich von Poitiers) entscheidend zu schlagen und Aquitanien zu erobern (▷ 4.20). Bereits ein Jahr zuvor waren die Alamannen ein zweites Mal besiegt und nun dem Frankenreich eingegliedert worden.

Durch Beseitigung der rheinfränkischen Könige von Köln und mehrerer salfränkischer

Baptisterium in Poitiers aus merowingischer Zeit

Kleinkönige im belgisch-niederländischen Raum vervollständigte Chlodwig seine Herrschaft im gesamtfränkischen Bereich. Das Fehlen des religiösen Gegensatzes zwischen fränkischen Eroberern und galloromanischer Bevölkerung ermöglichte eine allmähliche Verschmelzung und war als innenpolitischer Stabilitätsfaktor ein Grund dafür, daß das Frankenreich die einzig dauerhafte germanische Reichsgründung auf römischem Reichsgebiet blieb. Bei Chlodwigs Tod 511 wurde das Reich nach germanischem Teilungsprinzip unter seine vier Söhne aufgeteilt.

4.24 Landnahme der Angeln, Sachsen und Jüten in Britannien

Nachdem schon im 3. und 4. Jahrhundert sächsische, schottische und irische Seefahrer die Küsten der Insel heimgesucht hatten, war *Britannien* (▷ 4.4) Anfang des 5. Jahrhunderts die erste Provinz, die das Römische Reich in der *Völkerwanderungszeit* (▷ 4.16) aufgeben mußte. Der Brief des Kaisers Honorius aus dem Jahr 410, in dem er den Briten mitteilt, sie nicht mit Truppen unterstützen zu können, bezeichnete das faktische Ende der römischen Herrschaft in Britannien. 429 konnten die Briten noch einen Sieg über Sachsen und Pikten erringen. 446 erging ein letztes vergebliches Hilfegesuch britannischer Städte an den weströmischen Heermeister Aetius. Da zeitgenössische schriftliche Quellen fehlen, spätere unzuverlässig sind, wissen wir über die Auflösung der römischen Herrschaft und die germanische Landnahme in Britannien sehr wenig. Sicher scheint, daß nach Abzug der römischen Truppen zunächst lokale Fürsten die Herrschaft übernahmen, die zum Teil germanische Söldner anwarben und damit wohl die eigentliche Invasion der Germanen einleiteten (um 450). Trotz eines Sieges der Briten am nicht identifizierbaren Mons Badonicus (um 500) – die spätere Überlieferung schrieb ihn dem sagenhaften König Artus zu –, der das germanische Vordringen vorübergehend zum Stehen brachte und die Auswanderung von Briten in das nordwestliche Gallien (die nach ihnen benannte Bretagne) zur Folge hatte, war dem Abwehrkampf der Briten auf Dauer kein Erfolg beschieden.

Im Verlauf des 6. Jahrhunderts wurden sie nach Wales, Cornwall und Schottland verdrängt, Jüten, Angeln und Sachsen gründeten im Süden, Osten und in der Mitte Britanniens mehrere Kleinkönigtümer. Die aus dem heutigen Dänemark stammenden Jüten besetzten den äußersten Südosten (Kent), die Sachsen den Süden mit den Reichen Wessex, Sussex und Essex, die Angeln, deren Heimat Südschleswig war, gründeten an der Ostküste und später im Zentrum des Landes die Königtümer Ostanglia, Northumbria und Mercia. Wenig bekannt ist über die frühe Geschichte dieser angelsächsischen Reiche; ihr Hegemoniekampf bestimmte die Geschichte der Insel im 7. und 8. Jahrhundert. Das Christentum war im 5. Jahrhundert in den von Germanen beherrschten Gebieten erloschen und wurde mit Beginn des 7. Jahrhunderts einerseits von Rom, andererseits von der *iroschottischen Kirche* (▷ 5.4) aus wieder verbreitet.

4.25 Vandalenreich in Afrika

Die Frühgeschichte des ostgermanischen Stammes der Vandalen ist weitgehend unbekannt, ihre Heimat ist vermutlich Skandinavien. Im 2. und 3. Jahrhundert traten sie mit vereinzelten Angriffen auf das Römische Reich in das Blickfeld der historischen Überlieferung. Die Teilstämme der Hasdingen und der Silingen setzten sich zu Beginn des 5. Jahrhunderts nach Westen in Bewegung und überquerten Ende 406 mit Alanen und Sueben bei Mainz den Rhein. Nach dreijährigen Plünderungszügen durch Gallien überschritten diese drei Völker die Pyrenäen und teilten 411 fast die ganze iberische Halbinsel untereinander auf. Der nach vernichtenden Niederlagen gegen die Westgoten entstandene vandalische Großstamm wanderte nur wenige Jahre später auf der Flucht vor Sueben und Römern nach Südspanien (die Landschaft Andalusien trägt noch heute seinen Namen). Im Frühjahr 429 setzten 80 000 Vandalen unter ihrem König Geiserich nach Afrika über und rückten der Küste entlang nach Osten vor. Nach vierzehnmonatiger Belagerung, während der Augustinus starb, nahmen sie im Sommer 431 die Bischofsstadt Hippo ein. Ein Föderatenvertrag zwischen Ravenna und Geiserich wies den Vandalen 435 Numidien, Teile Mauretaniens und der Provinz Africa Proconsularis zu. Die Eroberung Karthagos (439) sowie Plünderungszüge nach Sizilien zwangen Kaiser Valentinian III. 442 zu einem neuen Friedensschluß. Geiserich herrschte in der Folgezeit als souveräner König mit eigener Münzprägung. Nach der Ermordung Valentinians und der Auflösung der Verlobung zwischen Geiserichs Sohn Hunerich und der Kaisertochter Eudokia unternahmen die Vandalen im Juni 455 einen Beutezug nach Rom. Vierzehn Tage lang wurde die Stadt geplündert. In den Folgejahren dehnte Geiserich die vandalische Herrschaft auch auf die Balearen, Sardinien, Korsika und Sizilien aus und erreichte schließlich 474 nach erfolglosen militärischen Unternehmungen des West- und Ostreichs die Anerkennung seines Besitzes.

Der Tod Geiserichs 477 leitete den Niedergang des Vandalenreiches ein: Weniger fähige Herrscher, dynastische Kämpfe, der religiöse Konflikt zwischen der Minderheit der arianischen Vandalen und den zeitweise verfolgten katholischen Romanen, außenpolitisch die Konsolidierung Italiens unter Odoaker und Theoderich (▷ 4.22) und schließlich die Wiedereroberung Konstantinopels unter *Justinian* (▷ 4.26) führten zum Untergang (533/34). Sicherlich zu Unrecht wurden die Vandalen seit der Spätantike (besonders in kirchlichen Quellen) zum Prototyp wilder Barbaren gemacht.

4.26 Justinian

Kaiser Justinian (527–65) regierte knapp vier Jahrzehnte. Länger als er herrschte von seinen Vorgängern nur *Augustus* (▷ 3.18), der Schöpfer des römischen Kaisertums. Wie der erste Princeps prägte Justinian nicht nur sein eigenes Zeitalter, er bestimmte vielmehr auch die künftige Entwicklung des Römischen Reiches maßgeblich. Seine Tätigkeit auf dem Gebiet der Rechtskodifikation beeinflußte die Rechtsentwicklung bis in die Moderne.

Das Imperium Romanum in seinen alten Grenzen wiederherzustellen und die unter seinen Vorgängern verlorenen Reichsteile zurückzuerobern, war ein Hauptziel der Reichs- und Außenpolitik Justinians. Den ersten Schlag führte er gegen das *Vandalenreich in Afrika* (▷ 4.25), das sein Feldherr Belisar in den Jahren 534/35 zerschlug. Der danach mit den *Ostgoten* (▷ 4.22) in Italien aufgenommene Kampf war dagegen schwierig und währte von 535 an beinahe zwanzig Jahre, bis er 553 mit der Vernichtung der Ostgoten endete. Zwei Jahre zuvor hatte Justinian die Südspitze Spaniens von den *Westgoten* (▷ 4.20) zurückgewonnen. Das übrige Spanien blieb unter germanischer Herrschaft, ebenso Gallien.

Immerhin hatte Justinian die römische Herrschaft im Mittelmeergebiet wiederhergestellt. Die meisten dieser Rückeroberungen gingen allerdings bis auf Exklaven um Ravenna, Rom und Karthago schon bald wieder verloren. Überdies hatten die Kriege im Westen Justinian gezwungen, Truppen von der Donau sowie von der persischen Grenze abzuziehen. Hunnen, Bulgaren, Awaren und Slawen nutzten diese Schwäche zu Einfällen über die Donau; die Sassaniden konnte Justinian nur durch enorme Tributzahlungen von gefährlichen Aggressionen abhalten. Justinian scheiterte mit seiner Reichspolitik; seine Nachfolger, mit denen die eigentliche byzantinische Geschichte beginnt, gaben diese Politik auf und beschränkten sich auf den griechischen Osten.

Eine zweite große Aufgabe, der sich Justinian von Beginn seiner Regierung mit aller Energie widmete, war die systematische Sammlung der gesamten römischen Rechtsüberlieferung. Er führte sie mit Hilfe hervorragender Juristen in kurzer Zeit durch. Bereits im Jahre 529 wurde der „Codex Iustinianus" veröffentlicht, der die Kaisergesetze der Vorgänger Justinians enthielt. 533 folgten die 50 Bücher „Digesten" mit Auszügen aus 2000 Schriften römischer Juristen von der republikanischen bis in die severische Zeit. Hinzu kamen noch die „Novellen", d. h. die Gesetze Justinians und seiner Nachfolger.

Dieses große Gesetzeswerk zielte praktisch auf die Stärkung eines zentralistischen Reichsregiments ab und ist wie der Versuch der Rückeroberung (Rekuperation) des Westens Ausdruck der von Justinian betriebenen Restaurationspolitik. Das Gesetzeswerk Justinians, für das sich im Mittelalter die Bezeichnung „Corpus Iuris Civilis" einbürgerte, gilt heute als wichtigster Text der europäischen Rechtsgeschichte. Abbildung S. 104

Kaiser Justinian I. mit Gefolge. Von rechts: zwei Diakone, Erzbischof Maximian, ein Patrizier, Justinian, zwei Patrizier und Leibwache. Mosaik aus San Vitale, Ravenna (vor 547)

4.27 Reich von Aksum

Seit dem 7./6. Jahrhundert v. Chr. hatten sich südarabische Stämme, unter ihnen die Habaschat, von denen sich der ältere Name Äthiopiens, nämlich Abessinien, herleitet, auf der westlichen Seite des Roten Meeres angesiedelt. Diese Einwanderer vermischten sich mit der Urbevölkerung und gründeten im Norden des heutigen Äthiopien etwa im 1. Jahrhundert n. Chr. die Stadt und das Reich Aksum. Der Aufstieg des Reiches von Aksum hängt mit dem Niedergang des nubischen Reichs von Meroe, über das seit dem 7. Jahrhundert v. Chr. die Kenntnis der Eisenverarbeitung aus Ägypten nach Schwarzafrika gekommen war, zusammen.

Seit der 2. Hälfte des 2. Jahrhunderts n. Chr. stieg der Reichtum und die Macht Aksums, besonders als die Römer wegen der Perserkriege den Asienhandel ins Rote Meer umleiteten. Das von Aksum beherrschte Gebiet reichte im Westen nahe an die Grenze des heutigen Sudan heran, im Osten bis an den Rand des Abessinischen Grabens. Hafenstadt und wichtigster Handelsplatz war Adulis am Roten Meer, das sich in aksumitischer Zeit zu einer Drehscheibe des Handels vom Mittelmeer nach Indien und Ostafrika entwickelte. Zahlreiche griechische Händler brachten in römischer Zeit hellenistische Kulturgüter nach Aksum. Griechische Sprache und Schrift herrschten in der gebildeten Oberschicht bis ins 6. Jahrhundert vor, als der aksumitische Hof und die Kirche eine eigene Schriftsprache (Geez) übernahmen.

Einen wichtigen Wendepunkt der äthiopischen Geschichte bildet die Annahme des koptischen Christentums als Staatsreligion in Aksum unter König Ezana im 4. Jahrhundert. Hierdurch wurde Aksum politisch und religiös eng mit dem byzantinischen Ägypten verbunden. Die Regierungszeit des Königs Ezana (vermutlich 339–356) bildete den Höhepunkt in der Machtentfaltung und Blüte des Reichs. Zwar konnte er nach allem Anschein die Besetzung des Jemen nicht aufrechterhalten, hatte jedoch große Erfolge auf seinen Feldzügen im Westen, bei denen er u. a. den alten Rivalen Meroe endgültig ausschaltete. Im 6. Jahrhundert erlebte Aksum noch einmal eine kurze Blütezeit. König Asbeha (493–533) faßte 525 erneut in Südarabien Fuß, das bis 572 unter äthiopischer Oberherrschaft blieb.

Das Aufkommen des Islam und das Vordringen der Araber brachten dann jedoch das Reich von Aksum in eine zunehmende Isolierung. Diese konnte Aksum nicht mehr entscheidend durchbrechen, wenngleich es die Küsten des Roten Meers bis in den Golf von

Aden in unterschiedlicher Intensität noch bis ins 9. Jahrhundert hinein beherrschte. Im 10. Jahrhundert kam es zu längeren Wirren, in deren Folge die in Aksum herrschende *Salomonische Dynastie* (▷ 6.31) die Macht verlor. Das Reich zerfiel in mehrere Teilstaaten. In Schoa konnte sich die Salomonische Dynastie nach einem kurzen islamischen Intermezzo halten und von hier aus später die christlich-äthiopische Herrschaftstradition fortsetzen.

4.28 Benedikt von Nursia

Benedikt, um 480 in Nursia (Norcia) geboren, entstammte altrömischem Landadel. Eine Ausbildung zum Juristen in Rom brach der noch nicht Zwanzigjährige ab und wählte zunächst die weltabgeschiedene Lebensform des Eremiten, der in der Einsamkeit durch Gebet und Askese dem Ideal christlicher Vollkommenheit näherkommen wollte. Benedikts Einsiedelei bei Subiaco im südlichen Sabinergebirge zog mit der Zeit Menschen an, die gleichfalls im Mönchtum die ihnen angemessene Weise christlicher Daseinsgestaltung erkannten. Die Mönche entwickelten unter Benedikts geistlicher und organisatorischer Leitung ein Gemeinschaftsleben mit geregeltem Tagesablauf und übernahmen damit einen Typus des monastischen Christentums, der sich im 4. Jahrhundert erstmals in Ägypten ausgebildet hatte.

Im Jahre 529 erhielt die Mönchsgemeinde von Subiaco mit der Klostergründung auf dem Monte Cassino in Kampanien ihr spezifisch benediktinisches Gepräge. Die „Regula Monachorum" Benedikts, eine Synthese aus individuell gewonnenen Erfahrungen und aus theologischen wie lebenspraktischen Einsichten der vielgestaltigen monastischen Tradition (Pachomius, Basilius, Hieronymus, Augustinus, Johannes Cassianus), legt in 73 Kapiteln die Ordnung der Klostergemeinschaft, deren Aufbau, Administration und täglichen Lebensrhythmus fest. Durch Benedikt wurde das gemeinsame Leben in einem Einzelkloster unter einem auf Lebenszeit gewählten Vorstand (Abt) das Modell des abendländischen Mönchtums schlechthin. Getragen wird die Benediktinerregel von dem Grundgedanken, daß Sinn und Aufgabe mönchischer Existenz beständiger Gottesdienst

sei. Dies schließt für Benedikt ausdrücklich die körperliche Tätigkeit ein. Gebet und Arbeit strukturieren im Wechsel den Tag des Mönchs, der sich in der Abgeschiedenheit des Klosters als dienendes Glied einer straff organisierten Gemeinschaft von Brüdern christlich bewähren soll, die in einem geistlichen Verwandtschaftsverhältnis zueinander stehen. Dem Abt, der gleichsam als Hausvater der Mönchsfamilie fungiert, schulden die Brüder strikten Gehorsam. Neben der Pflicht zum Gehorsam (oboedientia) verlangt die Regel Benedikts das Gelübde der conversatio morum (sittlich reines Leben) sowie die stabilitas (lebenslange Bindung an ein Kloster). Welche Bedeutung Benedikt der Regel beimaß, wird daran deutlich, daß diese den ins Kloster Neueintretenden (Novizen) dreimal, der gesamten Mönchsgemeinde immer wieder vorgelesen und erklärt werden sollte. Als besonders folgenreich erwies sich, daß Benedikt die Mönche nicht allein zu körperlicher, sondern auch zu geistiger Arbeit anhielt („ora et labora", „bete und arbeite"). Dadurch wurden die Benediktiner zu Erhaltern und Vermittlern antiker Kultur und Bildungsinhalte in der *Völkerwanderungszeit* (▷ 4.16).

Auch wenn Benedikts Klostergründung auf dem Monte Cassino schon bald nach seinem Tod (um 547) durch die *Langobarden* (▷ 5.3) zerstört wurde, konnte sich doch das benediktinische Mönchtum erhalten. In Rom, wohin sich die Mönche gerettet hatten, begann ein neuer Abschnitt der benediktinischen Geschichte.

4.29 Papst Gregor I.

Gregor (ca. 540–604) stammte aus einer hochadligen römischen Senatorenfamilie. Hervorragend ausgebildet, bekleidete er 572/73 das Amt des Stadtpräfekten (praefectus urbi). Nach dem Tod des Vaters (um 575) errichtete Gregor auf den Erbgütern in Sizilien sechs Klöster. Im Palast der Familie auf dem Caelius-Hügel in Rom entstand das Andreaskloster (heute: San Gregorio). Hier trat Gregor als Mönch ein. Nach kurzer Tätigkeit als Diakon wurde er von Papst Pelagius II. (579–90) als Geschäftsträger (Apokrisiar) an die Residenz des römischen Kaisers in Byzanz, dem Zentrum der Reichsverwaltung, entsandt (579–86). Zurück in seinem Kloster in Rom, stand Gregor Pelagius II. weiter als Berater zur Verfügung, bis er 590 zu dessen Nachfolger gewählt wurde. Für die Wahl zum Papst empfahlen Gregor nicht zuletzt die Erfahrungen, die er in Verwaltung und Diplomatie gesammelt hatte. Das Pontifikat Gregors ist gekennzeichnet durch eine Intensivierung der Missionierungsbemühungen. Missionare wurden auf Sardinien, Sizilien und Korsika tätig; 596 gingen Mönche des Andreasklosters unter Führung des Priors Augustinus nach England, um die Angelsachsen zu christianisieren.

Papst Gregor I. hält in seinen Händen die Heiligenlegenden, die auch das Leben des Benedikt von Nursia schildern. Fresko aus Subiaco

Für Gregors Pontifikat waren Maßnahmen zur Verteidigung der römischen Kirche charakteristisch. Er vermochte es allerdings nicht, der römischen Kirche im Verband der Reichskirche eine von Ostrom unabhängige Stellung, geschweige denn einen Vorrang zu verschaffen. Rom blieb unbeschadet aller Primatsan-

sprüche und seiner Bedeutung im Westen eines der fünf Patriarchate, deren hierarchische Verklammerung vor allem durch die kirchliche Gesetzgebung Kaiser *Justinians* (▷ 4.26) erreicht worden war.

Als Politiker sah Gregor die Notwendigkeit eines Ausgleichs mit den *Langobarden* (▷ 5.3). 593 belagerte deren König Agilulf Rom. Der Papst erreichte auf dem Verhandlungswege gegen Tributzahlung den Abbruch der Belagerung. Fünf Jahre später konnte er einen Friedensschluß zwischen dem Langobardenkönig und Kaiser Maurikios vermitteln. Beziehungen zu den *Westgoten* in Spanien (▷ 4.20) existierten kaum. Versuche Gregors, im *Merowingischen Frankenreich* (▷ 4.23) eine Reform der Kirche zu initiieren, gelangen nicht.

Theologisch stark von Augustinus beeinflußt, verfaßte Gregor die im Mittelalter weit verbreiteten „Libri morales" (Hiobkommentar), die „Dialogi", deren zweites Buch ausschließlich von *Benedikt von Nursia* (▷ 4.28) handelt, sowie die „Regula pastoralis". Ein umfangreiches Briefwerk ergänzt die literarische Hinterlassenschaft Gregors und gewährt instruktive Einblicke in dessen Denk- und Arbeitsweise. Wenn Gregor auch im Mittelalter als Neuschöpfer der Liturgie (Gregorianik) galt, so trifft dies zwar sachlich nicht zu, ist aber Zeichen für die Hochachtung, die diesem Mann entgegengebracht wurde.

4.30 Mohammed und der Islam

Mit einer Fläche von 3,7 Millionen Quadratkilometern ist Arabien eine Halbinsel, die sich zwischen drei Kontinenten ausdehnt: Asien, Afrika und Europa. Besonders berühmt waren in Südarabien die Reiche der Minäer und der Sabäer, die eine auf dem Bewässerungswesen beruhende Hochkultur entwickelten. Jedoch nicht im Süden, sondern im Norden Altarabiens, der bis dahin keinen Anteil an der Kultur genommen hatte, sollte durch die Geburt einer neuen Weltreligion, des Islam, eine Weltrevolution entfacht werden. Durch den Zerfall des jemenitischen Reiches der Himjariden, das Ende des 6. Jahrhunderts unter persischer Herrschaft dahinvegetierte, und durch den Machtzuwachs des mekkanischen Staates eroberte sich der Hedschas politisch, wirtschaftlich, kulturell und religiös (durch Heiligtümer auf seinem Gebiet, vor allem die Kaaba) eine zentrale Stellung innerhalb Arabiens.

In Mekka regierte eine Oligarchie, der Stamm Koraisch, dem der Prophet Mohammed als Mitglied eines weniger einflußreichen Zweiges angehörte. Geboren um 570 verlor er seinen Vater schon kurz vor seiner Geburt und seine Mutter als Sechsjähriger. Von seinem Großvater Abd Al Muttalib und dann von seinem Onkel Abu Talib behütet, wuchs der Knabe heran und soll nach der islamischen Tradition mit seiner Persönlichkeit die Menschen fasziniert haben. Im Jahre 595 heiratete er die reiche Kaufmannswitwe Chadidscha, in deren Dienst er getreten war.

Im Alter von ungefähr vierzig Jahren folgte er einer religiösen Botschaft, die ihm in der Einsamkeit einer Berghöhle nahe bei Mekka durch den Erzengel Gabriel verkündet worden war und an die seine Frau als erste glaubte. Den Inhalt dieser Botschaft stellt der Koran dar, den Mohammed unter großem Widerstand zunächst den Mekkanern verkündete, bis der Prophet im Jahre 622 unter dem Druck seiner Umgebung nach Medina (Hedschra) auswandern mußte. Mit diesem Datum beginnt die islamische Zeitrechnung, welche jedoch nach dem Mondrechnungssystem verläuft; damit ist die zunehmende Verringerung des Zeitunterschiedes zur christlichen Zeitrechnung zu erklären.

In Medina („die Stadt", früher Jathrib genannt) wurde die koranische Botschaft vervollständigt, so daß die Gesamtzahl der Suren (Kapitel) auf 114 anwuchs. Hier wurde Mohammed zum Staatsmann und geistlichen Führer. Als er im Jahre 632 starb, stand ganz Arabien unter seiner Herrschaft, theoretisch auch zum Islam bekehrt. Zum ersten Mal traten die Araber in die Geschichte ein und ihre neue Religion setzte dem Heidentum ein Ende.

Die unmittelbaren Nachfolger Mohammeds, orthodoxe Kalifen genannt (632–61), setzten das Werk des Religionsstifters fort und befestigten es, vor allem der zweite Herrscher, Omar (634–44), indem sie Persien, Syrien und Ägypten eroberten. So entstand ein großes, theokratisch geprägtes Reich, in dem der Kalif im Namen Allahs die islamische Gemeinschaft politisch und religiös regierte.

Die Lehre des Islam (Ergebung in Gott) wird zunächst durch den Koran (arabisch: Qur'ān, Lesung) bestimmt. Er wurde, im Sinne des Islam, dem Propheten in zwei Etappen geoffenbart: zum einen in Mekka die kürzeren am Ende des Heiligen Buches stehenden Teile. Sie beschäftigen sich mit der allgemeinen göttlichen Botschaft und verkünden in einem immer strengeren Ton Heil, Unheil, Belohnung, Strafe usw.; zum anderen in Medina, wo die längeren Suren herabgesandt wurden, die einen anderen Charakter aufweisen: Die Sorge um das Leben in Gesellschaft und Familie, das geregelt werden sollte. So bildet der Koran mit seinen 114 Suren die Grundlage des islamischen Gesetzes. Doch sind nicht alle Lebensbereiche erfaßt, so daß sich eine Ergänzung als notwendig erwies, die noch zu Lebzeiten des Propheten entstand und als islamische Tradition bekannt geworden ist.

Diese Tradition beinhaltet alle Aussprüche und Taten des Propheten, die seiner Gefährten und Nachfolger. Sie wurden vor allem im Laufe des 8. und 9. Jahrhunderts schriftlich in Traditions-Corpora fixiert und bilden neben dem Koran die Grundlagen des islamischen Gesetzes. Danach bestehen die Pflichten eines Muslims, als „Pfeiler der Religion" bezeichnet, aus einem Glaubensbekenntnis („Es gibt keinen Gott außer Allah und Mohammed ist sein Prophet."), das das unverzichtbare Bekenntnis (schahada) zugunsten der Einheit Allahs ausdrückt; ferner aus dem Gebet (salat), fünf Mal am Tag); aus der Almosensteuer (sakat), die eine freiwillige Gabe war und zur Steuer erhoben wurde; aus dem Fasten im Monat Ramadan (saum, von Sonnenaufgang bis Sonnenuntergang ohne Essen, Trinken, Rauchen und Geschlechtsverkehr) und aus der Pilgerfahrt nach Mekka (Haddsch, mindestens einmal im Leben).

Die Gemeinschaft aller Muslime bildet das sogenannte Haus des Islam (Dar Al Islam), die der anderen Nichtmuslime das Haus des Krieges (Dar Al Harb), was zum Begriff des Dschihad führte (Anstrengung, auch Kampf für die Sache Allahs, daher auch Heiliger Krieg). Der Dschihad wurde nicht zum Pfeiler im Islam, denn es lebten viele nichtislamische Völker unter seiner Herrschaft, darunter die sogenannten Leute der Schrift (Juden und Christen), die als „Schutzbefohlene" einen Sonderstatus genossen und bis heute genießen.

Daten

12 — 9 v. Chr.	Feldzüge des Drusus in Germanien
9 n. Chr.	Schlacht im Teutoburger Wald, Varus unterliegt Arminius
14	Tod des Augustus
14 — 68	Julisch-Claudische Kaiser: Tiberius (bis 37), Caligula (bis 41), Claudius (bis 54), Nero (bis 68)
64	Brand Roms und erste Christenverfolgungen
66 — 70	Jüdischer Aufstand, Zerstörung Jerusalems (70)
69 — 96	Flavische Kaiser: Vespasian (bis 79), Titus (bis 81) Domitian (bis 96)
96 — 192	Adoptivkaiser
98 — 117	Kaiser Trajan (größte Ausdehnung des Römischen Reiches)
117 — 138	Kaiser Hadrian
138 — 161	Kaiser Antoninus Pius
161 — 180	Kaiser Marc Aurel
180 — 192	Kaiser Commodus
193 — 284	Soldatenkaiser
193 — 211	Kaiser Septimius Severus
211 — 217	Kaiser Caracalla
212	Constitutio Antoniniana, Ausdehnung des römischen Bürgerrechts auf alle freigeborenen Bürger des Imperium Romanum
224/26 — 241	Ardaschir I. (Sassanidenreich in Persien)
241 — 272	Schapur I. (Sassanidenreich in Persien)
284 — 305	Kaiser Diokletian, Reichsreformen
306 — 337	Kaiser Konstantin I., der Große, seit 324 Alleinherrscher
313	Toleranzedikt von Mailand, Ende der Christenverfolgungen
325	Konzil von Nizäa, Verurteilung der Lehren des Arius
364	Valentinian, Kaiser im Westen (bis 375); Valens, Kaiser im Osten (bis 378)
378	Römische Niederlage bei Adrianopel gegen die Westgoten
379 — 395	Kaiser Theodosius I., der Große, seit 388 letzter Alleinherrscher des Römischen Reiches
395	Arcadius, Kaiser im Osten (bis 408); Honorius, Kaiser im Westen (bis 423)
408 — 450	Kaiser Theodosius II., Kaiser im Osten
410	Einnahme Roms durch die Westgoten
418 — 507	Tolosanisches Westgotenreich
425 — 455	Valentinian III., Kaiser im Westen
438	Veröffentlichung des Codex Theodosianus, Sammlung aller seit Konstantin I. erlassenen Kaisergesetze
440 — 461	Papst Leo I., der Große
451	Niederlage der Hunnen unter Attila auf den Katalaunischen Feldern
455	Plünderung Roms durch die Vandalen
476	Absetzung des letzten weströmischen Kaisers Romulus Augustulus
482 — 511	Chlodwig, König der Franken
493 — 526	Theoderich I., der Große, König der Ostgoten
527 — 565	Kaiser Justinian I., Sammlungen der römischen Rechtsgeschichte „Codex Justinianus" und die „Digesten"
529	Gründung des Klosters Monte Cassino durch Benedikt von Nursia
ca. 540 — 604	Papst Gregor I., der Große
ca. 570 — 632	Mohammed

Kapitel 5
Entstehung der mittelalterlichen Welt

Einführung

Aus der Rückschau gesehen waren es zwei unterschiedliche Entwicklungen, die die Einheit der römisch-antiken Welt zerstört und eine neue mittelalterliche Welt geschaffen haben. Die Germanen, die im Zuge der großen Völkerbewegung das Weströmische Reich überrannten und neue Staaten auf römischem Boden gründeten, haben neue Wert- und Ordnungsvorstellungen in den römischen Kulturraum eingebracht, die die Zukunft des abendländischen Europa entscheidend prägen sollten. Es ist den Eroberern andererseits nicht gelungen, von der östlichen Reichshälfte, dem Oströmischen Reich, Besitz zu ergreifen. Obwohl die unter Kaiser Justinian weitgehend wiederhergestellte Reichseinheit bald endgültig zerbrach, konnten die Byzantiner Restbestände ihrer Herrschaft in Italien gegen die Angriffe der Langobarden behaupten. Hinzu kam, daß auch in den germanisch beherrschten Teilen des alten Reiches mit der romanischen Bevölkerung und dem Christentum das antike Erbe – wenn auch mit unterschiedlicher Intensität – fortlebte.
Entscheidend umgestaltet wurde der antike Kulturraum daher erst im 7. und 8. Jahrhundert, als die arabischen Erben der Lehre Mohammeds in den Mittelmeerraum vordrangen, Syrien, Ägypten und das byzantinische Afrika besetzten, das Westgotenreich in Spanien vernichteten und gleichermaßen Byzanz im Osten wie das Frankenreich im Westen bedrohten. Zwar konnten sich die Byzantiner behaupten, als es ihnen gelang, die Araber, die mit ihrer Flotte 674–78 und 717/18 die Hauptstadt Konstantinopel belagerten, zurückzuschlagen, während im Westen der fränkische Hausmeier Karl Martell in der Schlacht bei Tours und Poitiers 732 die islamischen Eroberer am weiteren Vormarsch ins Frankenreich hinderte; dennoch führte der Einbruch der Araber, die bald auch zu einer gefürchteten Seemacht wurden, zu einer völlig neuen Mächtekonstellation.
Neben das Byzantinische Reich, in dem die römische Kulturtradition fortlebte, traten die Kalifate von Bagdad und Kairo als bedrohliche Nachbarn, und im Westen schickte sich das aufstrebende Reich der Franken an, eine Führungsrolle in der germanischen Staatenwelt einzunehmen. Von der mit dem islamischen Vorstoß verbundenen andauernden Bedrohung des Byzantinischen Reiches profitierte auch eine neue Macht, die sich in Mittelitalien bildete: das Papsttum, das sich auf diese Weise der Bevormundung durch den Kaiser entziehen und eine auch politische Unabhängigkeit wahren konnte. Bereits unter Gregor dem Großen (590–604) hatte das Papsttum die Bedeutung der germanischen Völker für den Aufbau einer von Rom geführten Kirche erkannt und ihre Missionierung bzw. ihre Einbindung in die römisch-katholische Kirchenorganisation gegen die arianische Lehre, aber auch gegen die romfernen Vorstellungen der iroschottischen Kirche durchgesetzt.
Die Schwäche des byzantinischen Kaisertums, das seine Schutzpflicht gegenüber der von den Langobarden bedrängten römischen Kirche immer weniger erfüllen konnte, bewirkte im Verein mit theologischen Differenzen (Bilderstreit) eine zunehmende Entfremdung zwischen Papst und Kaiser, bis sich Papst Stephan II. 754 dazu entschloß, auch politisch auf die neue Großmacht im Westen, das Frankenreich der Karolinger, zu setzen, was zudem die Grundlage für die Entstehung des Kir-

chenstaates schuf. Dieses historische Bündnis zwischen Papsttum und Frankenreich führte dann unter Karl dem Großen nicht nur zur Vernichtung der Langobardenherrschaft in Oberitalien, sondern auch zur Erneuerung der römischen Kaiserwürde in Verbindung mit dem karolingischen Großreich, wodurch sich das geistige und machtpolitische Zentrum der alten Welt vom Mittelmeerraum an die Peripherie des ehemaligen Reiches verlagerte.

Während im 9. und 10. Jahrhundert mit den Wikingern und den Ungarn neue Feinde das christlich-abendländische Europa bedrohten, übernahm unter den karolingischen Nachfolgestaaten das aus dem ostfränkischen Teilreich hervorgegangene Deutsche Reich die Führungsrolle. Gestützt auf die Machtgrundlage dieses neuen Reiches griff Otto der Große nach seinem Sieg über die Ungarn die alte karolingische Italien- und Kaiserpolitik wieder auf und erneuerte mit der Herrschaft über Oberitalien 962 im Bündnis mit dem Papsttum auch die Kaiserwürde, die von nun an dem jeweils in Deutschland gewählten König als eine Art Anwartschaft mit der Herrschaft über Norditalien und (seit 1033) auch über Burgund zustehen sollte.

Demgegenüber ging das Byzantinische Reich seine eigenen Wege. Wenn es sich auch noch immer als der wahre und legitime Erbe römischer Reichstradition verstand, so mußte es doch bereits zu Beginn des 9. Jahrhunderts das Kaisertum Karls des Großen und später auch seine Erneuerung durch die Ottonen anerkennen. Im Wettstreit mit Rom um die Missionierung der Slawen gelang es der byzantinischen Kirche, einen Großteil der Balkanslawen und 988/89 auch das Kiewer Reich zu missionieren. Dagegen war die römische Kirche bei den Polen, Böhmern, Mährern, Slowenen und Kroaten erfolgreich.

Während der byzantinische Osten bei allen Neuerungen, die die ständigen Bedrohungen von außen mit sich brachten, dem römischen Erbe verhaftet blieb, bildeten sich im abendländischen Europa auf der Grundlage germanischer Traditionen neue Herrschafts- und Sozialstrukturen heraus, die für das gesamte Mittelalter prägend blieben. An die Stelle der durch Stadtkultur und differenzierte Arbeitsteilung gekennzeichneten antiken Wirtschaftsverfassung war eine fast ausschließliche Agrargesellschaft getreten, die von der Naturalwirtschaft lebte und im wesentlichen nur für den eigenen Bedarf produzierte. Der auf dieser Grundlage entstehende mittelalterliche „Staat" war nicht ein institutionalisierter Verwaltungsstaat, sondern eher eine Gemeinschaft von Personenverbänden, etwa von Angehörigen eines Stammes, einer Großfamilie (Sippe), eines Hauses oder einer auf vertraglicher Einigung beruhenden, durch Eid bekräftigten Schwurgemeinschaft. Öffentliche Gewalt und private Rechtsbefugnis wurden begrifflich nicht unterschieden; beides floß untrennbar in der mittelalterlichen „Herrschaft" zusammen, die – hervorgegangen aus der Verfügungs- und Herrschaftsgewalt des Hausherrn über sein Haus, seine Familienangehörigen, den Grund und Boden sowie als hierauf lebenden Personen – als elitäre Adelsherrschaft erscheint und neben der Herrengewalt die Fähigkeit voraussetzte, den ansässigen Personen „Schutz und Schirm" zu gewähren.

Gegenüber diesem Personenkreis abhängiger „Grundholden" äußerte sich adlige Herrschaft regelmäßig in der Form der Grundherrschaft. Andererseits waren auch die adligen und freien Grundherren selbst in ein Herrschaftssystem eingebunden, in dem sie einem Mächtigeren, etwa dem König, als Gefolgsleute, seit der Karolingerzeit als Vasallen, im Rahmen des Lehnswesens zu Gehorsam, Treue und Waffendienst verpflichtet waren. Andere Formen der Adelsherrschaft ergaben sich aus der Übertragung von Ämtern (Herzogtum, Grafenamt) und besonderer Schutzrechte (Vogteien) oder auch aus der Besetzung kirchlicher Führungspositionen (Bischöfe, Äbte). Aus germanischen Vorstellungen ist auch eine besondere Variante adliger Herrschaftsform, die Herrschaft des Grundherrn über auf seinem Grund und Boden errichteten Kirchen, die die Herrschaft über die zugehörigen Kleriker einschloß (Eigenkirchenwesen), erwachsen.

An der Spitze dieses „Personenverbandsstaates" stand der König, dessen Herrschaft sich zunächst auf heidnische Vorstellungen von einem besonderen, in der königlichen Sippe vererbten „Königsheil" gründete; mit der engen Bindung an die Kirche trat das Ritual der christlichen Salbung und Krönung hinzu, das dem Träger der Krone eine sakrale Weihe verlieh und dessen Stellung herrschaftlich und charismatisch entscheidend aufwertete. Die Rolle der Kirche in dieser frühmittelalterlichen Gesellschaft beschränkte sich jedoch nicht darauf, die Legitimationsbasis für die Königsherrschaft zu liefern oder im Rahmen des Eigenkirchenwesens Objekt adliger Herrschaftsgewalt zu sein; ihre hohen Repräsentanten, wie Bischöfe und Äbte, waren auch selbst mächtige Herrschaftsträger, da ihre Kirchen vom Königtum schon früh reich mit Grundbesitz und Herrschaftsrechten ausgestattet wurden und sie selbst als Berater und Vertraute des Königs zu den bedeutsamsten Reichsaufgaben herangezogen wurden.

Die Kirche war darüber hinaus die alleinige Vermittlerin des gesamten kulturellen und geistigen Lebens. Bis zum 10. Jahrhundert es vor allem die Klosterschulen, die zu entscheidenden Trägern einer religiös geprägten

Schriftkultur wurden. Hier entstanden wertvolle, mit prächtiger Buchmalerei ausgestattete Handschriften und umfangreiche Bibliotheken (etwa in Saint-Denis bei Paris oder in St. Gallen). Hier wurde wissenschaftliche Bildung (Theologie, Kirchenrecht, Mathematik, Medizin) vermittelt, und hier wirkten große Gelehrte, wie etwa der „Vater der abendländischen Geschichtsschreibung", der Mönch Beda (gest. 735) im nordenglischen Kloster Jarrow, den die Nachwelt mit dem Beinamen „Venerabilis" („der Ehrwürdige") bedacht hat. In den karolingischen Klöstern wurde im Laufe des 8. Jahrhunderts auch eine neue Schrift, die karolingische Minuskel, entwickelt, die bald als eine internationale Verkehrsschrift im gesamten Abendland verbreitet wurde und die nach ihrer Wiederentdeckung durch die Humanisten als Vorlage für unsere heutige Druckschrift gedient hat.

111

5.1 Frühbyzantinisches Reich

Nach dem Tode *Justinians* (▷ 4.26) wurde schnell deutlich, daß die Restaurationspolitik des Kaisers die Kräfte des Reiches überfordert hatte. Schon unter seinem Nachfolger Justin II. (565–78) setzten schwere Rückschläge ein, die sich bis zum Beginn des 7. Jahrhunderts zu einer ernsten Krise steigerten. So fielen seit 568 die *Langobarden* (▷ 5.3) in Italien ein und drängten die byzantinische Herrschaft auf Ravenna mit Venetien, Rom, Süditalien und Sizilien zurück. Die Wiederaufnahme des Krieges mit Persien (572) führte nach Anfangserfolgen zum Einbruch der Perser in Syrien, während in Spanien die Westgoten die Herrschaft an sich rissen. Zwar gelang es dem tatkräftigen Kaiser Maurikios (582–602), die Lage noch einmal zu stabilisieren, doch unter seinem Nachfolger Phokas (602–10) eroberten die Perser Mesopotamien, während slawische Stämme sich auf der Balkanhalbinsel festsetzten und die Byzantiner in die Küstenregionen abdrängten.

Auch nach dem Sturz des Phokas durch Kaiser Herakleios (610–41) verschlechterte sich die Situation zunächst noch weiter (Verlust Jerusalems 614 und Ägyptens 619), bis es ab 622 dem neuen Kaiser gelang, in jahrelangen Kämpfen die persische Großmacht niederzuringen und zur Herausgabe aller ehemaligen byzantinischen Gebiete sowie zur Rückgabe des von den Persern in Jerusalem erbeuteten heiligen Kreuzes zu zwingen (628). Bereits 626/27 war ein Versuch der Awaren, zusammen mit einem persischen Heer die Stadt Konstantinopel einzunehmen, gescheitert. Doch weder das Perserreich noch Byzanz waren in der Lage, dem Ansturm der islamischen Araber (seit 632) wirksamen Widerstand entgegenzusetzen, so daß bis zum Tode Herakleios' Syrien und Mesopotamien, 642 auch Ägypten aufgegeben werden mußten. Die Gefahr stieg in der Folgezeit noch weiter an, da sich die Araber zu einer gefürchteten Seemacht entwickelten, mit ihrer Flotte Zypern und Kos eroberten und 674 bis 678, wenn auch vergeblich, die Stadt Konstantinopel belagerten. Nachdem bis zum Ende des 7. Jahrhunderts auch Armenien, Kappadokien, Kilikien und das byzantinische Afrika verloren gegangen waren, gelang es erst Kaiser Leon III. (717–41), die militärische Lage zu stabilisieren (717/18 Abwehr einer zweiten arabischen Belagerung Konstantinopels), wobei allerdings der nun ausbrechende *Bilderstreit* (▷ 5.11) zu schweren inneren Auseinandersetzungen führte.

Die äußere Bedrohung durch Perser und Araber führte im 7. und 8. Jahrhundert zu einer völligen Umbildung der bisherigen Verwaltungsstruktur. In Anlehnung an das Vorbild der überseeischen Provinzen (Exarchate) in Italien und Nordafrika entstanden neue Militär- und Verwaltungsbezirke (Themen), in denen der Militärbefehlshaber (Strategos) zugleich an der Spitze der Zivilverwaltung stand.

5.2 Spaltung des Islam Sunna und Schia

Die unmittelbaren Nachfolger des Propheten *Mohammed* (▷ 4.30), die Kalifen (arab. „Chalifa", Nachfolger), regierten im Sinne eines theokratischen Herrschers. Jede Wahl eines neuen Kalifen war mit Problemen verbunden, die sich aus der Lage der einzelnen Stämme und Gruppierungen ergaben. Der erste Kalif, Abu Bakr (632–34), genannt „As Siddik" („der Rechtschaffene"), war der einzige unter den vier ersten, der eines natürlichen Todes starb. Der zweite, Omar I. (634–44), wurde von einem Sklaven, dessen Beschwerde er abgewiesen hatte, erdolcht. Othman (644–56) wurde von Truppen aus drei Provinzen in seinem Hause in Medina belagert und getötet, was bei den arabischen Muslimen zur ersten Spaltung führte: An der Spitze derjenigen, die die Bestrafung der Mörder des Kalifen nachhaltig bis zum Aufstand gegen den vierten Kalifen Ali (656–61) forderten, stand der Statthalter von Syrien mit Sitz in Damaskus, Muawija, der Begründer der Omaijadendynastie (▷ 5.7).

Die Auseinandersetzungen zwischen dem Gouverneur Syriens und seinem Kalifen führten zu einer offenen Feldschlacht. Muawija setzte sich über einen islamischen Schiedsspruch, der Frieden stiften sollte, hinweg. Ali wurde schließlich von einem Anhänger der ältesten islamischen Sekte, den Charidschiten (arab. „charidschi", zum Kampf Ausziehende), die dem vierten Kalifen den Gehorsam verweigerten, 661 ermordet. Schon zu seinen Lebzeiten hatte sich um Ali eine politische

*Rothari diktiert
Gesetze.
Aus dem
Codex Legum
Langobardorum*

Gruppierung gebildet (arab. „Schia"). Diese Partei wurde nach seinem Tode, den sie Muawija und den orthodoxen Muslimen (Sunniten genannt, weil sie die „Sunna", d. h. die Tradition des Propheten, befolgten) nicht verziehen hatte, immer bedeutender.

Die Spaltung des Islam in Anhänger des dritten Kalifen, Othman, und des zum selben Omaijadengeschlecht zählenden Gouverneurs von Damaskus, Muawija, und in Anhänger des vierten Kalifen, Ali, hatte anfangs einen rein politischen Charakter. Sie hatte jedoch die Gründung der zahlreichen islamischen Sekten zur Folge, die sich nach und nach um bedeutende geistliche Führer bildeten. Die Sunniten – bis heute die Mehrheit der islamischen Welt – vertreten sozusagen die Orthodoxie im Islam. Sie stellten die arabischen Kalifen nach Ali, d. h. in den Dynastien der Omaijaden und Abbasiden, und später auch die osmanischen Sultane, welche die Nachfolge der Kalifen von Bagdad antraten.

Die Schiiten, von den Omaijaden und Abbasiden blutig verfolgt, weil sie die sunnitischen Kalifen nach Ali nicht anerkannten, stellten eine eigene Reihe von Imamen (frühere Bezeichnung auch des Kalifen als Vorsteher seiner Gemeinde) gegen die sunnitischen Kalifen: Bei dem orthodoxen Zweig der Schia sind es zwölf Imame („Zwölferschia") und

sieben bei dem weniger streng orthodoxen („Siebenerschia"). Zu den ersteren zählen heute die iranischen (mit den Safawiden im 16. Jahrhundert zur Schia bekehrt), die türkischen (etwa 20% der Muslime in der Türkei) und die libanesischen Schiiten.

Dadurch, daß die Schiiten von der Macht ausgeschlossen und zahlreichen Verfolgungen ausgesetzt waren, entwickelten sie eine esoterische Ideologie, die aus dem Imam eine zwischen dem Menschen und Allah vermittelnde, charismatische Gestalt machte, für die sie bereit sind, bis zum Martyrium Gehorsam zu leisten. Der 12. bzw. der 7. Imam wurde entrückt, soll aber am Ende der Zeiten wiederkommen, um den Anhängern zum Siege über die Feinde zu verhelfen. Zu den Siebenerschiiten gehören die sogenannten Ismaeliten (nach dem gleichnamigen Imam benannt) mit dem Aga Khan als Oberhaupt, von denen sich mit dem Fatimidenkalifen (▷ 5.19) Al Hakim (996–1021) in Kairo die Drusen abgezweigt hatten, welche jede Tätigkeit zur Gewinnung von Proselyten aufgaben.

5.3 Langobardenreich

Nach dem Untergang des *Ostgotenreichs* 553 (▷ 4.22) wurde Italien wieder in das Oströmische Reich eingegliedert; zum Statthalter wurde der siegreiche Feldherr Narses ernannt. Die oströmische Herrschaft währte jedoch nicht lange, denn bereits 568 drang der germanische Volksstamm der Langobarden in Italien ein, dessen König Alboin die angestammten Siedlungsplätze in Pannonien (Donauraum) verlassen hatte, weil er sich zu sehr von den Awaren bedrängt sah.

Den Langobarden, die auf ihrem Zug nach Italien durch sächsische, thüringische und andere Volksgruppen verstärkt wurden, gelang es bis um 580, die nach ihnen benannte Lombardei in Oberitalien und Teile Süditaliens in Besitz zu nehmen. Da die Eroberer über keine Flotte verfügten, blieben ihnen jedoch wichtige Küstenstädte und -regionen wie Ravenna und Rom verschlossen, wo sich die Byzantiner und das Papsttum behaupten konnten. Die Langobarden nahmen das Christentum zunächst in seiner arianischen Form an, was dazu führte, daß Verbindungen zu den katholischen Fürsten anderer germanischer Völker erst über die Ehe König Autharis mit der bayerischen Herzogstochter Theudelinde zustande kamen.

Es dauerte einige Zeit, bis das Königtum seine Herrschaft um die Residenzstadt Pavia konsolidiert hatte; noch bis in das 8. Jahrhundert hinein beanspruchten die langobardischen Herzogtümer Benevent und Spoleto eine weitgehende Unabhängigkeit. Für die Festigung der Königsherrschaft war es von Bedeutung, daß König Rothari (636–52) im Jahr 638 ein Gesetzbuch erließ, das altlangobardische Rechtsbräuche mit dem Einfluß des römischen Rechts verband. Durch den Übertritt des Königtums und dann auch des Volkes zum katholischen Glauben fiel eine Schranke zwischen Langobarden und den romanischen Einwohnern Italiens, mit denen jetzt auch Ehen gestattet wurden. Unter König Liutprand (712– 44), der bedeutende Gesetze erließ und seinen Herrschaftsbereich weiter ausdehnte, erlebte das Langobardenreich eine Blütezeit. Liutprands Nachfolgern gelang es sogar, Ravenna zu erobern (751) und die Stellung des Papstes zu bedrohen.

Der hierdurch entstehende politische Gegensatz hatte jedoch verhängnisvolle Auswirkungen, denn der Hilferuf des bedrängten Papstes Stephan II. an den Franken Pippin bahnte jenes historische Bündnis zwischen Papsttum und Franken (▷ 5.12) an, das am Ende zum Untergang der Langobardenherrschaft in Oberitalien führte, als 774 Karl der Große den letzten Langobardenkönig Desiderius besiegte und in ein Kloster verbannte.

5.4 Iroschottische Kirche

In Britannien führte der Zusammenbruch der Römerherrschaft und die *Landnahme der Angelsachsen* (▷ 4.24) dazu, daß mit der einheimischen britischen Bevölkerung auch das Christentum in die westlichen Randgebiete der Insel abgedrängt wurde. Die verbleibenden britisch-keltischen Teilreiche machten kaum Versuche, die heidnischen Angelsachsen zum Christentum zu bekehren; zu tief war allem Anschein nach der Graben, der Eroberer und Briten trennte. Dennoch entfaltete das römisch-britische Christentum eine bemerkenswerte Missionskraft, die am Ende nicht nur auf Britannien, sondern auch auf den Kontinent ausstrahlte.

Den Grund hierfür legte der hl. Patrick, der das bereits 431 durch Bischof Palladius eingeleitete Werk der Missionierung Irlands erfolgreich zum Abschluß brachte. Da durch die angelsächsische Landnahme die Beziehungen zur Festlandskirche unterbrochen waren, ging die entstehende britisch-irische Kirche in Organisation, Liturgie und Brauchtum eigene Wege. So verzichtete man darauf, eine Bistumsorganisation aufzubauen; Seelsorge und Mission wurden vielmehr von Klöstern getragen, die nun zu den maßgebenden Zentren der aufblühenden christlich-keltischen Kultur wurden. Besondere Bedeutung erlangte dabei das um 565 von dem hl. Columban d. Ä. und seinen Gefährten gegründete, an der schottischen Westküste gelegene Inselkloster Iona. Von hier aus gelang es Columban und seinen Wandermönchen, die Stämme der schottischen Pikten zu missionieren und dort ein Netz von Klöstern zu errichten.

Die sich auf diese Weise formierende iroschottische Kirche erhielt bald auch Gelegenheit, ihre Missionstätigkeit nach Süden hin auf den Bereich der angelsächsischen Herrschaften auszudehnen, als im Jahre 635 König Oswald von Northumbria den aus Iona stammenden Mönch Aidan ins Land rief mit dem Auftrag, sein Königreich zum christlichen Glauben zu bekehren.

Eine zweite Missionsrichtung zielte auf den Kontinent. Bereits um 590 kamen iroschottische Mönche unter der Leitung des jüngeren Columban aus Kloster Bangor (Irland) ins Frankenreich, gründeten dort als Missionsstützpunkt und neues geistiges Zentrum das Kloster Luxeuil in den Vogesen und zogen später weiter in die Gebiete der Alemannen und Langobarden in Oberitalien (Gründung des Klosters Bobbio). Nach dem Tode Columbans d. J. setzten seine Schüler das Missionswerk (Gründung des Klosters St. Gallen) fort, das sich nun auch auf die Gebiete der ostfränkischen Stämme bis zu den Slawen des Alpenraumes und Böhmens erstreckte (▷ 5.10).

5.5 Missionierung der Angelsachsen

Im Jahre 597 landete der ehemalige Prior des St. Andreasklosters in Rom, Augustinus, mit vierzig Begleitern an der Küste Kents, um im Auftrage *Papst Gregors I.* (▷ 4.29) die heidnischen Angelsachsen zum Christentum zu bekehren. Daß Augustinus als erste Station seiner Missionsarbeit gerade Kent wählte, war kein Zufall, galt Kent doch unter den angelsächsischen Herrschaften als das der kontinentalen Tradition noch am engsten verbundene Königreich, außerdem hatte König Ethelbert von Kent mit der fränkischen Prinzessin Berta bereits eine Christin zur Frau. So führte Augustinus' Missionsarbeit schon bald zu sichtbaren Erfolgen. König Ethelbert und zahlreiche Große des Landes empfingen die Taufe, und auch über die Grenzen Kents hinaus gewann die römische Missionsbewegung langsam an Boden.
Nach den Vorstellungen Papst Gregors sollten im angelsächsischen Britannien zwei Erzbistümer, in London und York, errichtet werden, wobei Augustinus zum ersten Metropoliten erhoben wurde. Da sich die beiden vorgesehenen Städte jedoch noch dem Christentum verschlossen, sah sich Augustinus genötigt, seinen Sitz in Canterbury zu nehmen. Wenn auch nach dem Tode König Ethelberts eine heidnische Reaktion alle Missionserfolge zunichte zu machen drohte, so setzte sich das Christentum in Kent dennoch unter König Eadbald endgültig durch. Einen entscheidenden Fortschritt konnte die römische Mission im Jahre 628 verbuchen, als es Paulinus, einem

der Gefährten des Augustinus, gelang, König Edwin von Northumbria zur christlichen Lehre zu bekehren. Aber auch hier wurde der Missionserfolg zunächst wieder in Frage gestellt, als der König in der Schlacht von Hatfield Chase (632) fiel. Die von der römischen Mission begonnene Christianisierung Northumbrias wurde jedoch bald darauf von der iroschottischen Missionsbewegung (▷ 5.4) fortgesetzt, nachdem König Oswald im Jahre 635 den Mönch Aidan aus dem Inselkloster Iona ins Land gerufen hatte, der an der Küste Northumbrias das berühmte Kloster Lindisfarne (Holy Island) gründete. In der Folgezeit sollte sich die iroschottische Bewegung als noch erfolgreicher erweisen als die römische Mission im Süden, so daß von Norden her die neue Lehre nicht nur in Northumbria, sondern auch in Mercia, East Anglia und Essex weiter verbreitet wurde.
Mit diesen Erfolgen wuchsen jedoch auch die Spannungen zwischen den beiden Bewegungen, wobei sich als Hauptproblem für eine gemeinsame Missionsarbeit die jeweils unterschiedliche Berechnung des Osterdatums, des für den liturgischen Ablauf des Kirchenjahres zentralen Termins, herauskristallisierte. Der Streit wurde im Jahre 664 von einer Kirchenversammlung unter dem Vorsitz des northumbrischen Königs Oswiu in Whitby zugunsten der römischen Missionsbewegung entschieden, wodurch die Ausbildung einer einheitlichen angelsächsischen Landeskirche ermöglicht wurde, die sich von nun an als ein Teilglied der römischen Universalkirche verstand.

5.6 Die ersten Karolinger

Die frühesten uns bekannten Vertreter des später als Karolinger bezeichneten Geschlechts waren Arnulf von Metz (gest. 640) und Pippin der Ältere (gest. 640), die beide in ihrer Funktion als Bischof von Metz bzw. als Hausmeier wichtige Ämter im östlichen Reichsteil (Austrien) des *Merowingischen Frankenreiches* (▷ 4.23) innehatten. Aus der Ehe ihrer Kinder Ansegisel und Begga ging Pippin der Mittlere hervor, der einen wichtigen Schritt zum Aufstieg der Karolinger vollzog: In der Schlacht von Tertry (687) schaltete er die konkurrierende Hausmeierfamilie des westlichen Teilreichs Neustrien aus und wurde damit zum ersten gesamtfränkischen Haus-

*Hof der omaijadischen
Großen Moschee in
Damaskus*

meier. Schon zu seinen Lebzeiten teilte er das Frankenreich wie ein König unter seine Söhne auf, die jedoch bereits vor ihm verstarben.

Nach dem Tode Pippins des Mittleren (714) versuchte dessen Witwe Plektrudis vergeblich, Karl Martell („der Hammer"), einen aus einer anderen Verbindung stammenden Sohn Pippins, von der Macht fernzuhalten. Gleichwohl setzte sich Karl als Hausmeier des Gesamtreiches durch (717) und ging sogleich daran, die Herrschaft des Frankenreichs gegenüber den Stämmen nördlich und östlich des Rheins auszudehnen. In Gallien gelang es ihm 732, in der Schlacht zwischen *Tours und Poitiers* (▷ 5.7) die in Aquitanien eingedrungenen Araber zum Rückzug zu zwingen.

Trotz päpstlicher Aufforderung lehnte es Karl Martell ab, militärisch in Italien gegen die *Langobarden* (▷ 5.3) einzugreifen. Obwohl er rücksichtslos Konfiskationen von Kirchengut vornahm, unterstützte er die Mission des *Bonifatius* (▷ 5.10). Nach dem Tode des merowingischen Königs Theuderich IV. (737) konnte er darauf verzichten, einen Nachfolger zu erheben, da er längst die gesamte königliche Macht in seiner Hand vereinigte. Als er 741 starb, teilte er das Frankenreich unter seine Söhne; Pippin und Karlmann schlossen ihren Stiefbruder Grifo jedoch von der Herrschaft aus.

Um ihre Autorität gegenüber den nach Unabhängigkeit strebenden großen Herzogtümern zu stärken, entschlossen sich Pippin und Karlmann 743, mit Childerich III. wieder einen Merowingerkönig einzusetzen, der jedoch nicht mehr als eine Schattenherrschaft führte. In gemeinsamen Feldzügen gelang es ihnen,

die Herzogtümer Bayern (743), Alemannien (744–46) und Aquitanien (745) wieder der fränkischen Herrschaft zu unterwerfen. Nachdem 747 Karlmann aus ungeklärten Gründen auf sein Hausmeieramt verzichtet und sich in ein Kloster zurückgezogen hatte, setzte Pippin gegen Karlmanns Söhne die Alleinherrschaft durch.

Den entscheidenden Schritt vollzog Pippin dann im Jahre 751, als er den letzten Merowingerkönig in ein Kloster verwies, sich selbst in Soissons zum König wählen und danach in einem kirchlichen Weiheakt nach alttestamentarischem Vorbild salben ließ. Möglich gemacht wurde dieser Bruch mit der altgermanischen Vorstellung vom sakralen Geblütsrecht der merowingischen Königssippe durch ein Gutachten, das Pippin zuvor von Papst Zacharias angefordert und in dem dieser ihm bestätigt hatte, daß „nicht derjenige König sein soll, der den Namen trägt, sondern der, der die Macht hat".

5.7 Omaijadenreich Tours und Poitiers

Muawija war bereits lange Jahre Statthalter von Syrien gewesen, bevor er sich nach dem Tode seines Widersachers, des vierten Kalifen Ali (▷ 5.2) selbst als Kalif huldigen ließ. Muawija (661–80) herrschte über das ganze islamische Reich, das er von Damaskus aus verwaltete. Er war der erste Kalif der Omaijadendynastie, die bis zur Mitte des 8. Jahrhunderts an der Macht blieb; Damaskus, damals eine der schönsten Städte des Orients, wurde zur Hauptstadt erhoben.

Die Gegner des neuen Kalifen verziehen ihm nie, die Macht auf unredliche Weise an sich gerissen und das Kalifat in ein erbliches Amt umgestaltet zu haben. Jedoch konnte Muawija in den Augen der Muslime für sich verbuchen, den Bürgerkrieg beendet und für die Verbreitung des territorialen wie des ideellen Einflusses des Islam Großes geleistet zu haben. Auch im Titel des Kalifen wurde der neuen Ordnung Rechnung getragen; der Nachfolger des Propheten („Chalifat Rasul Allah") war nun auch der Nachfolger Allahs („Chalifat Allah"). Der Einfluß der Südaraber, der bereits bei der Eroberung Ägyptens und Nordafrikas sehr groß gewesen war, verstärkte sich und führte dazu, daß später die treuesten Verbündeten der Omaijaden im Maghreb und in Spanien zu finden waren (▷ 5.28).

Mit Jasid I. (680–83), Muawijas Sohn, der Husain, den zweiten Sohn Alis aus der Ehe mit Fatima, der Tochter des Propheten, ermorden ließ, begannen wieder heftige innere Auseinandersetzungen. Mit Merwan I. (684/85), der auf die kurze Regierungszeit von Muawija II. (683/84), Jasids Sohn, folgte, ging die Herrschaft an einen anderen Zweig der Omaijadendynastie über. Erst dem zweiten Kalifen dieses neuen Herrscherhauses, Abd Al Malik (685–705), gelang es, das Reich wieder zu einigen, so daß er nach Muawija I. als zweiter Gründer des Omaijadenreiches betrachtet wird. Die Verwaltung wurde reorganisiert, das Arabische zur Sprache der Verwaltung erhoben und wichtige Bauvorhaben wie etwa der Felsendom in Jerusalem (688–91) in Angriff genommen. Abd Al Malik gelang es, Jerusalem zum konkurrierenden Wallfahrtsort des Islam zu erheben.

Die Ruhe im Reich ermöglichte die Fortsetzung der Eroberungszüge: Die Omaijaden drangen bis vor die Tore von Konstantinopel vor, das jedoch nie von arabisch-islamischen Kalifen erobert wurde, sowie nach Osten, wo 712 Samarkand in ihre Hände fiel. Im Jahre 711 überquerte ein arabisch-berberisches Heer unter ihrem Anführer Tarik Ibn Sijad die Meerenge von Gibraltar; 718 war der größte Teil Spaniens vom Omaijadenreich unterworfen und wurde von einem Emir verwaltet (▷ 5.28). Zwar bot Karl Martell (▷ 5.6) dem Vormarsch der arabisch-islamischen Truppen, die noch weiter nach Norden vorgestoßen wa-

ren, 732 bei Tours und Poitiers Einhalt, doch blieb die Herrschaft der Omaijaden in Spanien (ab Anfang des 10. Jahrhunderts sogar als Omaijadenkalifat von Spanien) bis zum Ende des 15. Jahrhunderts erhalten.

Bereits im Jahre 750 war die Omaijadendynastie in Damaskus erloschen, nachdem ihr letzter Kalif, Merwan II. (745–50), von Abul Abbas As Saffah, der aus der Familie des Onkels des Propheten stammte, verfolgt und in einer Schlacht besiegt worden war. Abul Abbas As Saffah war der erste Kalif aus der dritten Dynastie der arabischen Kalifen, der der *Abbasiden* (▷ 5.15).

5.8 Taika-Reform

Unter starkem Einfluß Chinas vollzog sich in der zweiten Hälfte des 7. Jahrhunderts in Japan eine Reform des Regierungs- und Verwaltungssystems, die sogenannte Taika-Reform. Vorbild der Neuordnung war das Verwaltungssystem der *Tang-Dynastie* (▷ 5.9). Die

Der heilige Bonifatius spendet die Taufe (oben) und erleidet das Martyrium (unten). Miniatur aus dem 9. Jahrhundert

einschneidendsten Neuerungen bedeuteten: 1. die Abschaffung des Privatbesitzes an Grund und Boden und an Leibeigenen; alles Land wurde zum Eigentum des Kaisers und das Volk zu seinen direkten Untertanen erklärt; 2. Errichtung von zentralen, provinziellen und lokalen Behörden; 3. Einführung von Rangklassen für die Beamten und Übertragung der Staatsämter nach Leistung statt aufgrund der Erblichkeit der Ämter; 4. Festsetzung einer regelmäßigen Neuverteilung der Reisfelder und Einführung neuer Abgaben auf die Felder.

Die Gesetze wurden in dem 701 auf Befehl des Kaisers Mommu zusammengestellten Taiho-Kodex niedergelegt. Die Folge der Reform war die Umwandlung des alten Geschlechterstaates in einen zentralisierten Beamtenstaat. Da sich jedoch die gesellschaftlichen Bedingungen der Tang-Zeit nicht ohne weiteres auf das rückständigere Japan übertragen ließen, kam es in der zweiten Hälfte des 7. Jahrhunderts in der japanischen Bevölkerung wiederholt zu gewalttätigen Reaktionen. Dennoch hat die Taika-Reform den späteren Staatsaufbau Japans nachhaltig geprägt.

5.9 Tang-Dynastie

Auf den Untergang der *Han-Dynastie* (▷ 1.15) am Beginn des 3. Jahrhunderts folgten nahezu vier Jahrhunderte der Instabilität und der kriegerischen Auseinandersetzungen mit Steppenvölkern aus dem Norden, insbesondere mit den Hunnen Ostasiens. Im 4. Jahrhundert war der gesamte Norden Chinas von fremden Invasoren besetzt, deren Elite sich jedoch der überlegenen chinesischen Kultur anpaßte. Das Chinesentum mit seinen kulturellen und gesellschaftlichen Traditionen erwies sich als stärker und setzte sich durch.

Nach der Einigung des in „Sechs Dynastien" zersplitterten Reiches gegen Ende des 6. Jahrhunderts trat China mit der Tang-Dynastie (618–907) erneut in eine Phase ein, die zu den Höhepunkten seiner Geschichte zählt. China erreichte unter der Tang-Dynastie seine bis dahin größte Ausdehnung. Die Bevölkerung zählte 60 Millionen. Teile Zentralasiens (das Tarimbecken, Fergana) wurden zum chinesischen Protektorat. Damit reichte der chinesische Einfluß bis zu den Turkvölkern dieses Raumes. Auch der Süden und Südwesten wurden chinesisch kolonisiert. Erstmals gehörte Kanton zum chinesischen Reich. Teile Koreas akzeptierten die chinesische Suzeränität. Ausländische Kaufleute konnten sich in China niederlassen.

Neue Religionen breiteten sich aus, darunter auch eine nestorianisch-syrische Form des Christentums. Der Buddhismus machte während dieser Dynastie eine wechselhafte Geschichte durch: Je nach Einstellung und Toleranz der Kaiser wurde diese zu Beginn des Jahrtausends aus Indien eingeführte Religion gefördert oder unterdrückt. Die erfolgreichen Verwaltungsinstitutionen der Tang-Dynastie fanden Nachahmer in Korea und Japan. Die Ausdehnung des Reiches mit seinen Militärgouvernements an den Grenzen schwächten jedoch am Ende den Zusammenhalt des Ganzen. Die Erwerbungen in den Grenzgebieten gingen wieder verloren. Die allmähliche Verselbständigung der Gouvernements führte zur Auflösung des Tang-Reiches.

5.10 Angelsächsische Germanenmission Bonifatius

Schon bald nach der Annahme des Christentums begannen die Angelsachsen damit, ihre festländischen Stammesverwandten zu missionieren. Die Ergebnisse waren anfangs allerdings nicht beeindruckend. Willibrord war der erste, der seine Missionsversuche unter den Schutz des fränkischen Hausmeiers stellte und vom Papst eine Vollmacht einholte (692). Nach ersten Missionserfolgen bei den Friesen wurde Willibrord 695 von Papst Sergius I. zum Erzbischof der Friesen geweiht und erhielt den Namen Clemens. Zwar wurde in Utrecht ein Bischofssitz errichtet; aber eine friesische Kirchenprovinz kam nicht zustande. Um 700 verlegte Willibrord seinen Sitz ins neu gegründete Kloster Echternach (heute in Luxemburg). Von dort machte er Missionsreisen nach Friesland und Thüringen, die ohne abschließende Erfolge blieben – beeinträchtigt vor allem durch die unsichere Lage im Merowingerreich nach dem Tode Pippins des Mittleren (714) (▷ 5.6).

Den Durchbruch vermochte dann erst der Westsachse Winfrid, später Bonifatius genannt, zu erzielen. Bereits vierzigjährig kam Winfrid zuerst zu den Friesen (716) und ging

719 nach Rom, wo er sich vom Papst einen Missionsauftrag erteilen ließ; dabei erhielt er den Namen Bonifatius. Danach wirkte er bei Thüringern, Friesen und Hessen. 722 wurde er in Rom zum Bischof geweiht und leistete dem Papst einen Treueid. Versehen mit einem Schutzbrief des fränkischen Hausmeiers Karl Martell wählte er als Zentrum seiner Missionsarbeit wieder Thüringen und Hessen. 732 wurde er zum Erzbischof erhoben mit dem Auftrag, in seinem Missionsgebiet Bischöfe zu weihen. Die Neuorganisation der Kirche begann Bonifatius dann 739 in Bayern, wo er in Salzburg, Passau, Regensburg und Freising Bischöfe einsetzte bzw. bestätigte. 741 kam es zur Gründung der Bistümer in Würzburg, Büraburg (bei Fritzlar) und Erfurt.
Nach dem Tode Karl Martells (741) wurde die Organisation und Reform der fränkischen Kirche vor allem von Karlmann unterstützt. Auf mehreren Synoden (742–44) wurden Bestimmungen erlassen, die eine Ausrichtung der kirchlichen Organisation und der Lebensweise der Kleriker an den alten Vorschriften des Kirchenrechts anstrebten, wobei Bonifatius vor allem versuchte, der Verweltlichung der Bischöfe und des Klerus entgegenzuwirken. Nach dem Klostereintritt Karlmanns (747) konnte sich Bonifatius anscheinend nicht mehr gegen den heftigen Widerstand des fränkischen Episkopats durchsetzen; er resignierte und machte in hohem Alter noch einmal einen Versuch, die Friesen zu bekehren. In der Nähe von Dokkum wurde er am 5. Juni 754 von friesischen Räubern erschlagen, die es auf die geistlichen Gewänder und die wertvollen kirchlichen Gefäße abgesehen hatten.
Abbildung S. 117

5.11 Byzantinisches Reich Bilderstreit

Im 8. und 9. Jahrhundert wurde das Byzantinische Reich durch Auseinandersetzungen um religiöse Bilder und ihre Verehrung (Bilderstreit bzw. Ikonoklasmus) in einem heute kaum mehr vorstellbaren Ausmaß erschüttert. Gegenüber der im Osten stark verbreiteten Tradition, Gott und die Heiligen in Bildern darzustellen und diese zu verehren, machte eine theologische Gegenbewegung, die sich auf das alttestamentarische Bilderverbot stützte, Front und erklärte den bisherigen Bil-

derkult zum „Götzendienst". Besondere politische Bedeutung erhielt dieser theologische Streit, als Kaiser Leon III. (717–41) im Jahre 726 die Partei der Bildergegner ergriff und 730 in einem Edikt die Zerstörung aller religiösen Bilder sowie die Absetzung des Patriarchen Germanos, der sich dieser Maßnahme widersetzte, anordnete.
Die Kirchenpolitik des Kaisers provozierte nicht nur den erbitterten Widerstand breiter Bevölkerungskreise; Widerspruch kam auch von byzantinischen Theologen (Johannes von Damaskus, gest. um 750) und vor allem vom römischen Papsttum, das die Bilderverehrung aus pädagogischen Gründen tolerierte. Einen Höhepunkt erlebte der Bilderstreit unter Kaiser Konstantin V. (741–55), der selbst mit theologischen Traktaten in die Auseinandersetzungen eingriff, auf der Synode von Hiereia (754) den Bilderkult als ketzerisch verurteilen ließ und die Verfolgung der Bilderverehrer anordnete. Erst unter der Kaiserin Irene wurde die Bilderverehrung durch die 7. ökumenische Synode von Nizäa (787) grundsätzlich rehabilitiert. Diese Entscheidung wurde nach dem vergeblichen Versuch der Kaiser Leon V. (813–20) und Theophilos (829–42), die bilderfeindliche Kirchenpolitik zu restaurieren, durch die Synode von Konstantinopel (843) bestätigt, wodurch der Bilderstreit endgültig beendet wurde.
Die schweren Auseinandersetzungen hatten insofern bedeutsame politische Auswirkungen, als sie die Entfremdung zwischen östlicher und westlicher Kirche förderten und damit wesentlich dazu beitrugen, daß das Papsttum von nun an verstärkt die politische Unterstützung des Frankenreiches suchte. (▷ 5.12).

5.12 Pippinsche Schenkung Entstehung des Kirchenstaates

Als die Langobarden unter König Aistulf Rom bedrohten und der byzantinische Kaiser Konstantin V. – gebunden durch den *Bilderstreit* (▷ 5.11) – keinerlei militärische Intervention in Aussicht stellte, reiste Papst Stephan II. hilfesuchend an den Hof des kurz zuvor (751) zum König der Franken erhobenen Pippin (▷ 5.6). In einer persönlichen Zusammenkunft wurde ein förmliches Bündnis geschlossen, in dem Pippin militärische Hilfe gegen die Langobarden sowie die Abtretung der von den Langobarden bereits eroberten oder bedrohten Gebiete (Dukat von Rom, Exarchat von Ravenna, Mittelitalien) versprach, obwohl dieser Besitz offiziell zum Byzantinischen Reich gehörte und Pippin hierüber keine Verfügungsgewalt besaß. Im Gegenzug verlieh der Papst Pippin und seinen Söhnen den Ehrentitel „patricius" der Römer, salbte sie erneut im Königskloster Saint-Denis mit dem heiligen Öl und bestätigte damit den unwiderruflichen Übergang der Königswürde auf Pippins Familie.

*Pippin
der Jüngere.
Flachrelief*

In zwei Feldzügen (754, 756) brach Pippin darauf den langobardischen Widerstand und zwang König Aistulf zur Herausgabe der betroffenen Gebiete, die er nun – wenn auch nicht in dem vereinbarten Umfang – unmittelbar an den Papst übertrug, so daß durch diese „Pippinsche Schenkung" die Grundlage für die Entstehung des Kirchenstaates um Rom und Ravenna gelegt wurde (756).
Die undurchsichtige Rechtslage, die dadurch entstanden war, daß sich Pippin praktisch über die Rechte des byzantinischen Kaisers hinweggesetzt hatte, gab dann wahrscheinlich Anlaß zu einer der berühmtesten Fälschungen des Mittelalters, der „Konstantinischen Schenkung", in der behauptet wurde, daß Kaiser Konstantin der Große dem Papst Sil-

vester I. Rom mit den westlichen Reichsteilen geschenkt habe. Das Dokument ist vermutlich im 8. Jahrhundert in der Nähe von Reims entstanden, wurde jedoch erst seit dem Hochmittelalter vom Papsttum als propagandistische Waffe zur Durchsetzung seiner Herrschaftsansprüche eingesetzt.
Nach der Niederwerfung des Langobardenreiches (774) bestätigte *Karl der Große* (▷ 5.14) dem Papst zwar den Kirchenstaat in dem von Pippin verliehenen Umfang (781); zur Enttäuschung des Papstes weigerte er sich aber, die bereits mit Pippin vereinbarten und zunächst auch von ihm selbst zugestandenen weitergehenden Gebietsansprüche auf Mittelitalien zu erfüllen. Außerdem waren Karl und seine Nachfolger nicht bereit, die Oberherrschaft über das dem Papst übertragene Gebiet aufzugeben, so daß 824 von Kaiser Lothar I. festgelegt wurde, daß der Papst nach seiner Wahl dem Kaiser einen Treueid zu leisten habe und daß dem Kaiser die Kontrolle über die päpstliche Herrschaft zustehe.

5.13 Lehnswesen und Grundherrschaft

Das Lehnswesen verdankte seine Entstehung einer militärtaktischen Neuerung, die seit dem 8. Jahrhundert das Wehrwesen im Frankenreich entscheidend bestimmte: die Ablösung des im wesentlichen zu Fuß kämpfenden Volksheeres durch Ritterkontingente, denen von nun an kriegsentscheidende Bedeutung zugemessen wurde. Mit dem Einsetzen dieses Wandlungsprozesses war nicht mehr der traditionelle, für eine begrenzte Zeitspanne aufgebotene Fußkämpfer gefragt; jetzt brauchte man den Ritter, das heißt den Typus des Berufskriegers, der aber auch eine angemessene materielle Ausstattung benötigte, um den von der Ausbildung und Ausrüstung her aufwendigen ritterlichen Lebensstil führen zu können.
Das Lehnswesen, das in sich ältere Rechtsinstitutionen (Kommmendation, Gefolgschaft, Landleihe) vereinigte, kam dabei sowohl dem Bedarf des Königs oder anderer Mächtiger nach langfristig verfügbaren Gefolgsleuten als auch dem Interesse dieser Berufskämpfer an einer angemessenen Ausstattung und einem Dienstverhältnis, das ihren Status als Freie nicht gefährdete, entgegen.

Das Lehnsverhältnis wurde in der Form eines feierlichen Symbolaktes abgeschlossen und begründete zwischen den Partnern ein Gefüge wechselseitiger Rechte und Pflichten. Der Lehnsmann (Vasall) verpflichtete sich zu Gehorsam und Dienst, insbesondere zur Leistung von Ritterdiensten, während der Lehnsherr seinem Vasallen ein Stück Land oder ein Amt als Lehen zur dauernden Nutzung überließ. Entscheidend war dabei, daß das gesamte Rechtsverhältnis unter einer gegenseitigen Treuepflicht stand, die nicht nur den Vasallen, sondern auch den Herrn band. Es endete grundsätzlich erst mit dem Tod oder durch die Untreue (Felonie) eines der Partner. Der Lehnsmann konnte sein Lehen oder Teile davon nach Lehnsrecht an andere (Untervasallen) weiterverleihen, wodurch eine Vielzahl von einzelnen Lehnsverhältnissen begründet wurde, die wiederum alle in ein hierarchisch abgestuftes System lehnrechtlicher Rangordnung, beginnend beim König und endend beim untersten Vasallen der Lehnskette (später in Deutschland Heerschildordnung genannt), einbezogen waren. Verfügte der Vasall daneben nicht über eigenen Grundbesitz (Allod, Eigen), so wurden zumindest Teile des Lehens für ihn bewirtschaftet oder unfreien Bauern gegen Natural- bzw. Geldabgaben und Arbeitsleistungen zur Nutzung überlassen. Das hierdurch zwischen dem Grundherrn und seinen Bediensteten und Bauern entstehende Herrschafts- und Rechtsverhältnis wird heute als Grundherrschaft bezeichnet.

Gegenüber der in das System der Grundherrschaft eingebundenen Masse der bäuerlichen Bevölkerung erscheinen die im Lehnswesen organisierten ritterlichen Vasallen als eine elitäre, dünne Herrenschicht, die bald die faktische Vererbbarkeit ihrer Lehen im Mannesstamm durchsetzte und die über das Merkmal der Lehnsfähigkeit geradezu identisch mit dem mittelalterlichen Adel wurde.

Über die karolingischen Nachfolgereiche setzten sich Lehnswesen und Grundherrschaft fast im gesamten Abendland und in den Kreuzfahrerstaaten als grundlegende Rechtsinstitutionen durch, die bis weit in die Neuzeit hinein den organisatorischen Rahmen und die wirtschaftliche Basis für adlige Herrschaft lieferten, so daß man auch das gesamte, damit verbundene Gesellschaftssystem als Feudalismus (lat. „feudum", Lehen) bezeichnet hat.

Seite aus dem Sachsenspiegel, der die u. a. im sächsischen Gebiet geltenden gewohnheitsrechtlichen Regeln des Landrechts und Lehnsrechts zusammenfaßt. Im Bild dargestellt sind: Zehnt in Form von Gänsen, Flechtzaun und Regenwasser, Stall und Backofen, über einen Zaun wachsender Hopfen, Dorfhirt, Schwein mit Ferkeln. Heidelberger Bilderhandschrift (um 1300/1315)

5.14 Karolingisches Imperium Karl der Große

Nach dem Tode seines Vaters Pippin (768), des Hausmeiers und späteren Königs der Franken (▷ 5.6), mußte sich Karl zunächst mit seinem jüngeren Bruder Karlmann die Herrschaft teilen. Doch bereits 771 starb Karlmann, und Karl konnte vom gesamten Reich Besitz ergreifen, während die Witwe Karlmanns mit ihren beiden Söhnen zum Langobardenkönig Desiderius floh. Erst jetzt, als Desiderius den Kirchenstaat angriff und vom Papst die Königssalbung der Söhne Karlmanns verlangte, ließ sich Karl durch ein Hilfeersuchen Papst

Hadrians I. dazu bewegen, militärisch in Italien einzugreifen, was dazu führte, daß Desiderius in ein Kloster verbannt wurde und Karl selbst die Königswürde im langobardischen Reich übernahm (774).
Weniger erfolgreich war Karls Intervention gegen die Herrschaft des Emirs von Córdoba in Spanien (▷ 5.28). Das Heer erlitt auf dem Rückweg in den Pyrenäen im Kampf mit den Basken schwere Verluste, die später im altfranzösischen Rolandslied als heldenhafter Kampf der Nachhut unter Roland gegen eine sarazenische Übermacht bei Roncevalles (Roncevaux) verklärt wurden. Immerhin gelang es in der Folgezeit, die Reichsgrenze bis Barcelona (801) vorzuschieben.
Bereits eine gewisse Tradition hatten die Kämpfe gegen die Sachsen, die Karl 773 aufnahm. Um sein Ziel der Unterwerfung und Christianisierung zu erreichen, ordnete Karl Zwangstaufen an und schreckte auch vor drakonischen Strafen nicht zurück. Erst als Widukind sich 785 taufen ließ, rückte das Ende der Kämpfe näher, so daß Karl daran gehen konnte, mit dem Aufbau einer Kirchenorganisation (Gründung von Bistümern) die Christianisierung des Landes zu stabilisieren. 788 wurde das Herzogtum Bayern, das gegenüber der fränkischen Zentralgewalt weitgehende Unabhängigkeit demonstrierte, wieder fest in den Reichsverband eingegliedert. Von dort aus gelang es Karl endlich, auch das Steppenvolk der Awaren, das in der Theißebene eine weiträumige Herrschaft errichtet hatte, zur Anerkennung der fränkischen Oberhoheit zu zwingen.
Papst Leo III. krönte Karl als den mächtigsten Herrscher der damaligen christlichen Welt am Weihnachtstag des Jahres 800 zum Römischen Kaiser, obwohl Karl selbst zunächst nur widerwillig die Zeremonie und wohl vor allem die Rolle, die Papst und Stadtrömer dabei spielten, geduldet haben soll. Wenn das Kaisertum Karls auch nicht nur als Wiedererrichtung des westlichen Teilkaiserreiches gedacht war, sondern offen mit dem byzantinischen Kaiseranspruch in Konkurrenz trat, wurde Karl dennoch nach langen Verhandlungen im Jahre 812 von Byzanz als Kaiser anerkannt.
Im Innern seines Reiches festigte Karl seine Herrschaft, indem er die Grenzen durch die Einrichtung von Marken sicherte und die

Amtsführung der Grafen, die in seinem Auftrag in den Grafschaften militärische, richterliche und die Ordnung aufrechterhaltende Funktionen ausübten, durch besondere Königsboten überwachen ließ. Außerdem bediente er sich einer umfassenden Gesetzgebung in der Form von „Kapitularien", in denen er zahlreiche geistliche und weltliche Angelegenheiten zum Teil bis ins kleinste regeln ließ.
Karl, den bereits Zeitgenossen als den „Großen" bezeichneten, war nicht nur an militärischer Expansion und Verwaltung interessiert; indem er die bedeutendsten Gelehrten an seinem Hof versammelte und die Einrichtung von Schulen förderte, schuf er die Voraussetzungen für eine neue kulturelle Blütezeit, die man – weil sie an das geistige Erbe der Antike anzuknüpfen versuchte – „Karolingische Renaissance" genannt hat.
Abbildung S. 124

5.15 Abbasidenkalifat Harun Ar Raschid

Das *Omaijadenreich* (▷ 5.7) hatte mit immer größeren Problemen zu kämpfen, und die Zahl der Unzufriedenen vergrößerte sich im Osten, wo die Anhänger des ermordeten Kalifen Ali, die Schiiten, mächtig wurden. Die Aufständischen erhoben sich und konnten 749 in die irakische Stadt Kufa einmarschieren. Dort wurde einem Mitglied der Familie des Onkels des Propheten, Abul Abbas As Saffah (749–54), als neuem Kalifen gehuldigt. Dieser erste Herrscher aus der Dynastie der Abbasiden ging erbarmungslos gegen die Omaijaden vor und ließ deren Familienmitglieder bei einem Festbankett köpfen. Der letzte Kalif von Damaskus, Merwan II., wurde 750 geschlagen und fand einige Monate später in Ägypten den Tod. Der zweite abbasidische Kalif, Abu Dschafar Al Mansur (754–75), ließ eine neue Hauptstadt errichten, die den Namen „Stadt des Friedens" („Madinat As Salam") erhielt, jedoch setzte sich der Name des alten Ortes, Bagdad, durch. Diese großangelegte Stadt mit ihren Toren, die in die vier Himmelsrichtungen wiesen, sollte den Anspruch des Herrschers auf Weltmacht unterstreichen.
Doch erst mit Harun Ar Raschid (786–809, „Harun", „der Weise, Vernünftige"), sollte das

Reich seinen Höhepunkt erleben. Bagdad durchlief seine Blütezeit als Hauptstadt, und Harun ging nicht zuletzt als Förderer von Kunst und Wissenschaft in die Geschichte ein. Er ließ unzählige Handschriften aus Konstantinopel nach Bagdad schaffen, wo sie bearbeitet werden sollten. Unter dem zweiten Sohn von Ar Raschid, Al Mamun (813–33), konnten die Wissenschaften einen hohen Entwicklungsstand erreichen. Der aufgeklärte Kalif gründete ein Schulzentrum („Bait Al Hikma", „Haus der Weisheit"), in dem systematisch die erworbenen altgriechischen Handschriften durch christliche Übersetzer ins Arabische übertragen wurden. Die islamischen Gelehrten beschäftigten sich damit und kommentierten sie. So vermittelten sie dem europäischen Mittelalter das Erbe der antiken hellenischen Welt häufig besser als die meisten lückenhaften und verfälschten späteren griechischen Versionen.

Islamische Gelehrte, wie etwa der bedeutendste Arzt und Philosoph des Islam, Avicenna (Ibn Sina, 980–1037), ferner Averroes (Ibn Ruschd, 1126–98), der als wichtigster und bekanntester Kommentator des Aristoteles Religion und Philosophie zu verbinden suchte, oder der maghrebinisch-arabische Historiograph Ibn Chaldun (1332–1406) genossen im Abendland lange Jahrhunderte großes Ansehen.

Die politische Organisation des Reiches als ein islamisches mit nicht-arabischer Teilbevölkerung wurde unter Harun Ar Raschid und seinen Nachfolgern durch einen persisch geprägten Verwaltungsapparat bestimmt. Die Kultur der Araber wurde wesentlich bereichert, indem auf persisch-sassanidische Modelle zurückgegriffen wurde. Das Arabische, die Sprache des Korans, bekam eine universale Dimension als Sprache der Religion und der Wissenschaften.

Haruns Reich erstreckte sich vom westlichen Mittelmeer bis nach Indien, und abendländischen Quellen zufolge soll er mit *Karl dem Großen* (▷ 5.14) Gesandtschaften und Geschenke getauscht haben. Die beiden Herrscher verband ihre Gegnerschaft zu den Omaijaden und zu *Byzanz* (▷ 5.11); die Beziehungen beider Höfe führten zu einem Schutzrecht Karls über die heiligen Stätten in Jerusalem, das ihm arabische Gesandte 800 in Rom antrugen.

Die zunehmende Ausdehnung des Reiches ließ die innergesellschaftlichen Widersprüche sichtbar werden, und im 9. Jahrhundert begannen sich in den einzelnen Provinzen zentrifugale Mächte zu bilden, die die Autorität des theokratisch regierenden Kalifen schwächten. Im 10. Jahrhundert wurde der arabische Kalif zur Marionette der iranischen Bujiden, deren Emir sich 978 vom Kalifen in Bagdad selbst zum König krönen ließ, während in Ägypten die schiitische Dynastie der *Fatimiden* (▷ 5.19) den Kalifentitel führte; später residierte selbst der Bagdader Kalif bis zu seiner endgültigen Entmachtung durch die Osmanen im Jahre 1517 in Kairo.

5.16 Fränkische Reichsteilungen

Kaiser Ludwig der Fromme, Sohn und Nachfolger *Karls des Großen* (▷ 5.14), hatte bereits 817 in der „Ordinatio imperii" versucht, eine Nachfolgeregelung für seine drei Söhne Lothar, Pippin und Ludwig zu etablieren, die – entgegen der im karolingischen Hause üblichen Teilungstradition – die Einheit des Reiches wahren sollte. So wurde der älteste Sohn Lothar zum Mitkaiser erhoben, während Pippin und Ludwig (der Deutsche) als Unterkönige über Aquitanien und Bayern herrschen sollten; weitere Teilungen wurden in der „Ordinatio" ausdrücklich ausgeschlossen.

Probleme ergaben sich jedoch, als aus einer zweiten Ehe Kaiser Ludwigs mit der Welfin Judith noch ein vierter Sohn, Karl (der Kahle), hervorging. Als der Kaiser 829 versuchte, auch diesen jüngsten Sohn mit Alemannien, Rätien, Elsaß und einem Teil von Burgund auszustatten, kam es zu schweren Konflikten mit den übrigen Söhnen und einem Teil des Hochadels, in deren Verlauf Ludwig der Fromme abgesetzt (833), später aber wieder in sein Kaisertum restituiert wurde. Auch nach dem Tode des Kaisers (840) setzten die überlebenden Söhne Lothar, Ludwig und Karl – Pippin war bereits 838 verstorben – den Kampf um das Erbe fort, wobei sich nun Ludwig und Karl gegen den älteren Bruder verbanden, der nach der „Ordinatio" von 817 das Kaisertum für sich beanspruchte. Nachdem Ludwig und Karl sich bereits 841 in der Schlacht von Fontenoy (südwestlich von Auxerre) militärisch gegen den Bruder

*Karl der Große.
Reiterstatue
aus Bronze
(9. Jh.)*

durchgesetzt hatten, bekräftigten sie 842 ihr gegenseitiges Bündnis bei Straßburg im Angesicht der beiden Heere. Die in diesem Zusammenhang in den jeweiligen Volkssprachen (altfranzösisch und althochdeutsch) geleisteten „Straßburger Eide" sind im Wortlaut überliefert und verkörpern bedeutsame Denkmäler auf dem Weg zur französischen und deutschen Sprache.

Der Bruderkrieg wurde 843 durch den Vertrag von Verdun beendet. Das Reich wurde auf die drei Söhne aufgeteilt, wobei Karl der Kahle den Westen (Neustrien, Aquitanien und Burgund), Lothar den Mittelteil, der sich in einem schmalen Streifen von Mittelitalien bis zur Nordsee erstreckte, und Ludwig der Deutsche den Osten des Reiches (Bayern, Ostfranken, Hessen, Thüringen und Sachsen) erhielten. Nach dem Tode der Söhne Lothars, die keine männlichen Nachkommen hinterlassen hatten, kam es in Meerssen (870) und später in Ribemont (880) zu weiteren Teilungen, in deren Verlauf der größte Teil des ehemaligen Lotharreiches (ohne Italien) an das Ostfränkische Reich Ludwigs des Deutschen und seiner Söhne fiel.

5.17 Großmährisches Reich

Die großen Völkerbewegungen des 4. und 5. Jahrhunderts erfaßten auch die Stämme der Slawen, die ursprünglich wohl im Gebiet zwischen oberer Weichsel und mittlerem Dnjepr und Desma als bäuerliche Schichten unter der Herrschaft anderer Völker, wie der Skythen, Sarmaten und Goten, lebten. Mit dem An-

sturm der aus Zentralasien stammenden Reitervölker der Hunnen und vor allem der Awaren, die 558 an den Grenzen des Byzantinischen Reiches erschienen, wurden auch die Slawen als unterworfene Hilfsvölker mitgerissen und drängten in neue Siedlungsgebiete.

Während sich die östlichen Stämme nach Nordosten wandten und allmählich den osteuropäischen Raum bis zur oberen Wolga und zum Ilmensee besiedelten, zogen andere Stämme nach Westen in die von den Germanen aufgegebenen Gebiete über die Weichsel, Oder und mittlere Elbe bis nach Ostholstein und zur Saale. Wieder andere besetzten Mähren, Böhmen und den Ostalpenraum mit der Steiermark und Krain. Unter der politischen Führung der Awaren gelang es südslawischen Stämmen, die Donaugrenze zu überschreiten und bis zur Mitte des 7. Jahrhunderts den gesamten Balkanraum mit Ausnahme der Küstenlandschaften zu besiedeln.

Nach der fehlgeschlagenen awarisch-slawischen Belagerung von Konstantinopel erhoben sich die slawischen Stämme in Böhmen und Mähren unter Samo, einem fränkischen Kaufmann, gegen die Awarenherrschaft, wodurch ein erstes slawisches Reich entstand, das sich auch gegen die Franken (Schlacht an der Wogastisburg/Böhmen 631) behaupten konnte. Nach dem Tode Samos löste sich das Reich jedoch bald in Einzelherrschaften auf. Erst als es Karl dem Großen gelang, das Awarenreich zu zerstören (796), war der Weg frei für die Begründung des Großmährischen Reiches.

Die Anfänge dieses Herrschaftsgebildes liegen im Dunkeln. Fest steht, daß es dem ersten historisch bezeugten Mährenfürsten Mojmir I. (ca. 830–46) gelungen ist, den in Nitra sitzenden Fürsten Pribina zu vertreiben und seine Machtstellung in Mähren, wenn auch unter fränkischer Tributhoheit, auszubauen. 846 wurde Mojmir auf Betreiben König Ludwigs des Deutschen (▷ 5.16) abgesetzt. Es folgte ihm sein Neffe Rastislaw (846–70), dem es gelang, sein Reich bis an die obere Weichsel auszudehnen und sich zeitweise von der fränkischen Oberhoheit zu lösen. Dabei suchte Fürst Rastislaw Rückhalt beim Byzantinischen Reich, als er den byzantinischen Kaiser bat, die Christianisierung seines Reiches durch die Entsendung von Missionaren in Angriff zu nehmen (▷ 5.18), um den Einfluß der bayerischen Missionskirchen zurückzudrängen.

869 wurde Rastislaw jedoch von seinem Neffen Swatopluk an Ludwig den Deutschen ausgeliefert, während Swatopluk als Fürst die Herrschaft im Mährischen Reich übernahm. Bald setzte aber auch der neue Herrscher die alte antifränkische Politik fort, mußte 874 in Forchheim jedoch erneut die fränkische Oberhoheit anerkennen. Nach dem Tode Swatopluks (894) trat bald der Niedergang des Reiches ein, dessen letzter Restbestand 907 in der Schlacht von Preßburg von den Ungarn vernichtet wurde.

5.18 Frühe Slawenmission

Die Christianisierung der Slawen setzte bereits seit dem beginnenden 7. Jahrhundert ein und erfolgte sowohl im Auftrag des römischen Papsttums als auch der byzantinischen Kirche. Die frühe westliche Mission wurde zunächst von iroschottischen Mönchen (▷ 5.4) in das Gebiet der Mähren und der karantanischen Slawen (Slowenen), die sich im Ostalpenraum niedergelassen hatten, vorgetragen, während im Süden Aquileja und die christlich gebliebenen norddalmatinischen Küstenstädte die neue Lehre im Auftrag Roms zu dem slawischen Stamm der Kroaten brachten.

Aber erst die Vernichtung des Awarenreiches durch Karl den Großen (795/96) eröffnete der römischen Mission, die nun vor allem von den bayerischen Bistümern Freising, Regensburg, Passau und Salzburg (seit 798 Erzbistum) getragen wurde, alle Möglichkeiten. Demgegenüber beschränkte sich die byzantinische Mission, die von Konstantinopel und den griechisch gebliebenen Küstenstädten aus erfolgte, zunächst auf die slawischen Stämme, die sich im Balkanraum niedergelassen hatten. Die große Stunde der byzantinischen Mission schlug jedoch, als im Jahre 863 Kaiser Michael III. auf Bitten des mährischen Fürsten Rastislaw die Brüder Konstantin (der später den Namen Kyrillos annahm) und Methodios als Missionare in das *Großmährische Reich* (▷ 5.17) entsandte. Die Missionserfolge der „Slawenapostel" beruhten vor allem auf dem Umstand, daß sie – in der griechisch-christlichen Stadt Thessalonike (Saloniki) aufgewachsen – nicht nur Griechisch, sondern außerdem die Sprache der slawischen Umwohner beherrschten, die damals auch noch von den slawischen Stämmen Mährens verstanden wurde. Diese Zweisprachigkeit setzte Konstantin (Kyrillos) in die Lage, die Bibel und andere kirchliche Schriften in das Slawische zu übersetzen, wobei er hierzu ein neues Alphabet (Glagoliza) entwickelte, das das Sla-

Wandgemälde mit den Slawenaposteln Kyrillos und Methodios, hinter ihnen die Erzengel Michael und Gabriel sowie die Heiligen Andreas und Clemens (9. Jh.)

wische zur Schriftsprache machte. Wenn dieses Alphabet auch nicht mit dem heute noch in Rußland, Serbien und Bulgarien verwandten „kyrillischen" Alphabet identisch ist, so kommt dem Kyrillos doch das Verdienst zu, eine erste slawische Liturgie- und Literatursprache geschaffen zu haben.

Die missionarischen Erfolge der beiden Brüder wurden bald auch von Papst Hadrian II. anerkannt, der Methodios zum Erzbischof von Pannonien erhob. Hierdurch wurden allerdings die Spannungen zu der von den bayerischen Kirchen getragenen Missionsbewegung nicht beseitigt. Nach dem Tode des Methodios (885) entschied sich Fürst Swatopluk von Großmähren für die lateinisch-bayerische Mission. Die Schüler des Methodios mußten das Land verlassen, fanden aber im Bulgarischen Reich ein neues Betätigungsfeld. Nach anfänglichem Schwanken wandte sich Zar Boris I. von Bulgarien 864 der byzantinischen Kirche zu, wodurch sein Land dem byzantinisch-christlichen Kulturkreis geöffnet und eine Generation später unter Zar Simeon dem Großen zu einem neuen geistigen Zentrum des slawischen Ostens wurde.

5.19 Fatimidenkalifat

Das einzige erfolgreiche schiitische Herrschergeschlecht im islamischen Mittelalter war das der Fatimiden, deren Macht am Anfang des 10. Jahrhunderts zunächst von Tunis ausging. Mit viel Geschick gelang es ihnen, die Macht der *Omaijaden* ($\triangleright$ 5.7) in Nordafrika zu unterminieren. Nach der Entmachtung der Aghlabiden, die ein Jahrhundert lang regiert hatten, wurde Said Ibn Husain 909 Emir in Tunis. Saids Nachfolger setzten die Politik der Expansion fort und griffen mit ihrer Flotte 969 Ägypten an, besiegten die Ichschididen und nahmen das Land ein. Der Eroberer Dschauhar gründete eine neue Stadt, der er den Namen Kairo gab (arab. „Al Kahira", „die Siegreiche"); sie wurde kurz danach Hauptstadt der Fatimiden.

Der Einfluß dieser Dynastie wuchs immer mehr, so daß ihr fünfter Kalif, Al Asis Billah (975–96), zum mächtigsten islamischen Herrscher zwischen Atlantik und Rotem Meer wurde. Unter ihm wurde die von seinem Vorgänger 972 gegründete Ashar-Moschee („die Blumenreiche") zu einer großartigen Stätte

der Gelehrsamkeit, und die Christen in seinem Reich erlebten ein bis dahin nicht gekanntes Maß an Freiheit. Alles sollte zur Prachtentfaltung der Fatimiden beitragen, die ihren Namen auf Fatima, Tochter des Propheten Mohammed, zurückführten. Al Asis beging jedoch dieselben Fehler wie die *Abbasidenkalifen* ($\triangleright$ 5.15) von Bagdad, indem er seine Herrschaft auf ein heterogenes Heer aus türkischen Soldaten und schwarzen Söldnern stützte.

Al Asis' Nachfolger, Al Hakim (996–1021), trat das Kalifamt mit nur elf Jahren an; seine Regierungszeit war durch Grausamkeit und Blutvergießen gekennzeichnet. Er ließ einige seiner Wesire ermorden und Kirchen, darunter die Grabeskirche in Jerusalem, zerstören, was u. a. Anlaß für die *Kreuzzüge* ($\triangleright$ 6.11) sein sollte. Christen und Juden erlebten schlimme Jahre der Erniedrigung. Dem ismaelitisch-schiitischen Glauben folgend, beanspruchte dieser Kalif die Gottheit für sich; damit entstand die Sekte der Drusen, die ihren Namen einem ihrer bekanntesten Anführer, Ad Darasi (gest. 1019), verdanken.

Sultan Saladin. Bildnis nach zeitgenössischer persischer Miniatur

Auf Al Hakim, der 1021 ermordet wurde, folgten unfähige junge Kalifen; so lag die Herrschaft in den Händen von mehr oder weniger mächtigen Wesiren. Al Mustansir (1036–94) kam im Alter von elf Jahren an die Macht und behielt sie fast 60 Jahre lang, was die längste Regierungszeit im Islam darstellte; in diesem Zeitraum schmolz das Territorium der Fatimiden zusammen, und die meisten beherrschten Gebiete machten sich selbständig.

1073 versuchte der Kalif, den desolaten Zustand seines Reiches zu beenden, indem er den Gouverneur in Akko, Badr, zum Wesir und Oberbefehlshaber der Armee ernannte; darauf folgte eine kurze Periode der Wiedergewinnung der Autorität. Jedoch hatten die Unruhen unter den türkischen, berberischen und sudanesischen Truppen die Regierungsautorität bereits so sehr untergraben, daß der Kalif, wie etwa Al Hafidh (1131–49) zur Zeit seines Todes, nur noch Herr über seinen Palast war.

Die Lage der Bevölkerung wurde durch Naturkatastrophen und Hungersnöte sowie durch die Bedrohung Kairos durch die wiederholten Angriffe der Kreuzfahrer von Jerusalem aus verschlimmert. Mit der Eroberung des Landes durch Saladin (1169–93), der im Jahre 1171 den letzten Fatimidenkalifen entmachtete und 1175 Sultan von Syrien und Ägypten wurde, ging die Herrschaft der Fatimiden zu Ende. Saladin brachte die Sunna als Staatsreligion nach Ägypten zurück.

5.20 Wikinger und Normannen

Als Wikinger (vielleicht „Männer auf Seefahrt") oder Normannen („Männer aus dem Norden") wurden von den Zeitgenossen die heidnischen Dänen, Norweger und Schweden bezeichnet, die ihre Heimatländer verließen, um in der Fremde als Händler, Piraten oder Eroberer Reichtum und Beute zu erwerben.

Die Wikingerzüge vom Ende des 8. bis zur Mitte des 11. Jahrhunderts, die die gesamte christliche Welt in Angst und Schrecken versetzten, hatten vielfältige Ursachen, etwa die durch das Erbrecht hervorgerufene Landnot, die Herrschaftspolitik des skandinavischen Königtums, günstige politische Konstellationen in der abendländischen Welt, aber auch schlicht die Lust am Abenteuer. Die Wikinger waren nicht nur disziplinierte Kämpfer, sondern auch begabte und kühne Seefahrer, die die Segeltechnik beherrschten und mit ihren flachen, mit einem massiven Kiel ausgestatteten Booten in der Lage waren, auch weite Entfernungen auf hoher See zu überwinden. Daneben waren sie erfahrene und weitgereiste Kaufleute, die einen ausgeprägten Sinn für großräumige Handelsbeziehungen, Profit und Risiko erkennen ließen. Ihre Erfolge beruhten neben ihrer Überlegenheit zur See vor allem auf dem Überraschungseffekt und einer äußerst mobilen und flexiblen Kriegsführung.

Der erste Wikingerüberfall erfolgte 787 an der Südwestküste Englands. 793 wurde das Kloster Lindisfarne an der englischen Nordostküste geplündert, und wenig später tauchten Wikinger an den Küsten Irlands und des Frankenreiches auf. Im 9. Jahrhundert nahmen die Angriffe immer größere Ausmaße an, so daß die Eindringlinge in den von ihnen heimgesuchten Ländern bereits überwinterten und schließlich dazu übergingen, dort seßhaft zu werden und eigene Herrschaften zu gründen. Während sich die schwedischen *Waräger* nach Osten wandten (▷ 5.22), setzten sich norwegische Wikinger auf den Färöer-, Shetland- und Orkneyinseln, den Hebriden sowie im Norden Schottlands, auf der Insel Man, in Irland und im Norden Englands fest. Norwegische Wikinger waren es auch, die in der zweiten Hälfte des 9. Jahrhunderts Island besiedelten und von dort später nach Grönland und um 1000 unter Leif Eriksson nach Nordamerika vordrangen. Die Züge der dänischen Wikinger konzentrierten sich dagegen vor allem auf England (▷ 5.21) und das westfränkische Reich, wobei es ihnen gelang, Teile Nord- und Mittelenglands (Danelag) sowie die heutige Normandie zu besetzen.

Nachdem bereits in der Mitte des 9. Jahrhunderts eine Wikingerflotte plündernd in den Mittelmeerraum vorgedrungen war, errichteten normannische Söldner im 11. Jahrhundert Herrschaften in Süditalien und legten damit den Grund für das spätere Königreich Sizilien (▷ 6.7). Wikingerheere unter Führung des dänischen Königtums eroberten 1016 England, das unter *Knut dem Großen* (▷ 5.31) Bestandteil eines skandinavischen Großreiches wurde.

Abbildung und Karte S. 128/129

5.21 Einigung der Angelsachsen Alfred der Große

Als im Jahre 869/70 das bereits seit 865 in Nord- und Mittelengland operierende dänische Wikingerheer (▷ 5.20) über die Themse nach Süden vordrang, war nur noch das Teilreich Wessex in der Lage, den Invasoren Widerstand entgegenzusetzen. Der nun fol-

Wikingische Schiffe. Englische Miniatur aus dem 12. Jahrhundert

gende angelsächsische Abwehrkampf ist eng mit der Person des westsächsischen Königs Alfred des Großen (871–99) verbunden.

Schon vor seiner Königserhebung hatte Alfred, der im äußeren Erscheinungsbild eher den Typus des Gelehrten als den des schwertgewaltigen Kämpfers verkörperte, Gelegenheit, seine militärische Begabung unter Beweis zu stellen, als den Angelsachsen bei Ashdown (871) ein erster Sieg über die Wikingerarmee glückte. Dennoch brachten die dänischen Wikinger in der Folgezeit Wessex mehrfach an den Rand des Zusammenbruchs, bis es Alfred gelang, die Eindringlinge bei Edington (878) entscheidend zu schlagen, worauf sich deren Anführer, der dänische König Guthrum, mit zahlreichen Gefolgsleuten taufen ließ und aus Wessex abzog. Die nun einsetzende Atempause nutzte Alfred zur Stärkung der Wehrkraft seines Landes durch den Bau einer Flotte und die planmäßige Anlage von Befe-

stigungen. Nachdem er 883 den Dänen London entrissen hatte, wurde Alfred als König aller Angelsachsen, die nicht unter dänischer Herrschaft lebten, anerkannt. In einem Vertrag mit dem Dänenkönig, in dem als Grenze zwischen beiden Machtbereichen ungefähr die Linie London-Bedford-Chester festgelegt wurde (um 886), erhob er außerdem den Anspruch, auch die Interessen der Angelsachsen im dänischen Herrschaftsbereich (Danelag) wahrzunehmen.

Besonders bedeutsam waren Alfreds kulturpolitische Maßnahmen. Im Bestreben, durch eine allgemeine Anhebung des Bildungsniveaus die Grundlage für ein neues Bewußtsein seines Volkes zu schaffen, zog er nach karolingischem Vorbild (▷ 5.14) einen Kreis von Gelehrten an seinen Hof, gründete zahlreiche Schulen und trug selbst durch Übersetzungen in die Volkssprache zur Verbreitung der frühchristlichen Literatur in seinem Reich bei. Auf dieser Grundlage aufbauend gelang es seinen Nachfolgern, Eduard dem Älteren (899–924) und Ethelstan (924–39), nach und nach das von den Wikingern besetzte Gebiet zurückzuerobern und Angelsachsen, Dänen und Norweger unter einem gemeinsamen Königtum zu vereinen.

5.22 Waräger

Unter den *Normannen* (▷ 5.20) gingen die schwedischen Wikinger, die später Waräger („Eidgenossen") genannt wurden, ihre eigenen Wege. Während bei ihren westlichen Nachbarn, den dänischen und norwegischen Wikingern, zumindest in der Frühphase Raub und Beutemachen im Vordergrund standen, scheint die Expansion der Waräger in den osteuropäischen Raum in erster Linie von handelspolitischen Zielvorstellungen bestimmt gewesen zu sein.

So gingen schwedische Wikinger bereits seit dem 7. Jahrhundert daran, sich den Zugang zur südlichen Ostseeküste von der Odermündung bis Estland zu sichern, wo sie die einheimische slawisch-finnische Bevölkerung unterwarfen und an verkehrstechnisch wichtigen Punkten Handelsstützpunkte (Truso bei Elbing, Grobin bei Libau) gründeten. Von hier aus folgten sie den alten Handelsstraßen entlang der großen Flüssen (Oder, Weichsel, Düna, Dnjepr, Wolga) landeinwärts und gelangten so bis Polen, Böhmen und Schlesien sowie im Osten bis zu den Grenzen des Bulgaren- und Chasarenreiches. Dabei wird das Bestreben deutlich, durch die Errichtung von Stützpunkten an den maßgeblichen Wasserstraßen die Kontrolle über den lukrativen Orienthandel mit Byzanz und Bagdad zu gewinnen.

Nach der Überlieferung der russischen „Nestorchronik" sollen 859 schwedische Wikinger, die (nach der schwedischen Landschaft Roslag/Uppland) als „Rus" bezeichnet wurden, das Land am Ladogasee in Besitz genommen und die einheimische Bevölkerung tributpflichtig gemacht haben. Nachdem sie 862 vertrieben worden waren, sollen die slawisch-finnischen Stämme sie kurze Zeit später wieder zurückgerufen haben. Unter der Führung dreier Brüder, Rurik, Sineus und Truvor, kamen die Rus darauf erneut ins Land und errichteten um Aldeigjuborg (Alt-Ladoga) am

Ladogasee, Bjelosersk (zwischen Onega-See und Rybinsk) und Isborsk (bei Pleskau am Peipus-See) drei Herrschaften, die zur Grundlage des späteren russischen Reiches werden sollten. Als Rurik nach dem Tode seiner Brüder deren Herrschaften erbte, verlegte er seine Residenz von Aldeigjuborg nach Nowgorod am Ilmensee.

Inzwischen hatten zwei Gefolgsleute Ruriks, Askold und Dir, Kiew erobert und dort eine weitere warägische Herrschaft gegründet, die unter dem Nachfolger Ruriks, Oleg (870/79–912), mit der nördlichen Herrschaft zum *Kiewer Reich* (▷ 5.23) unter der Dynastie der Rurikiden (bis 1598) vereinigt wurde.

5.23 Kiewer Reich

Mit der Vereinigung der warägischen Herrschaften um Nowgorod und im Dnjeprgebiet unter dem Nachfolger Ruriks (▷ 5.22), Oleg

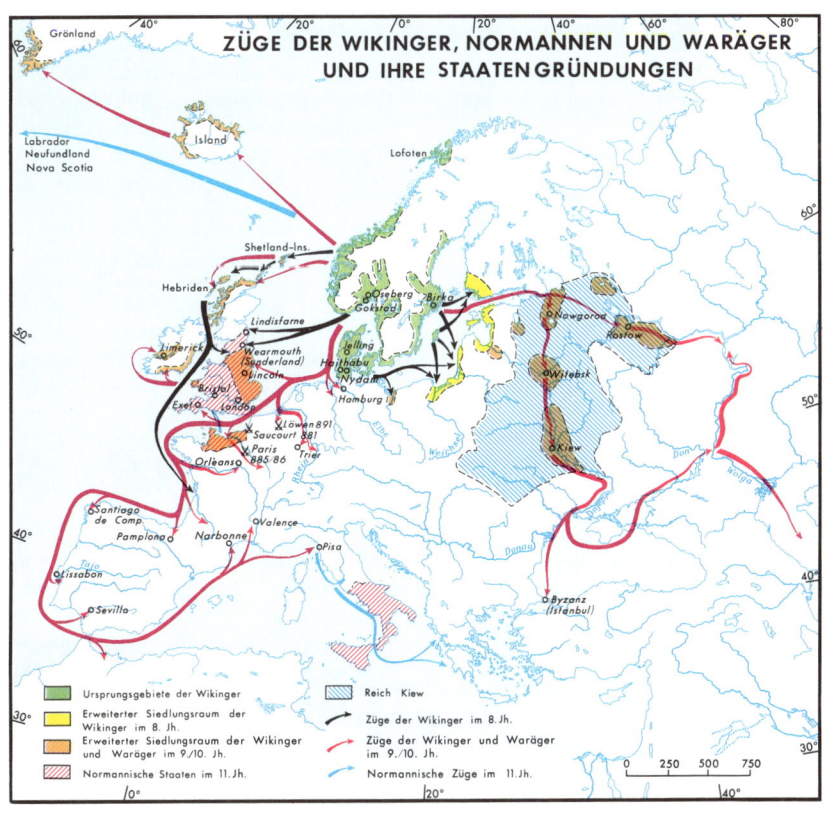

Darstellung von Wladimir dem Heiligen, der Boris gegen die Petschenegen entsendet, und von Swjatopolle am Leichnam seines Vaters. Holzstich nach einer Miniatur aus einer russischen Handschrift

(879–912), entstand das Kiewer Reich, wobei Kiew nun zur neuen Residenzstadt wurde (882). In der Folgezeit gelang es Oleg, die benachbarten ostslawischen Stämme seiner Herrschaft zu unterwerfen und sich aus der Abhängigkeit des Turkvolkes der Chasaren, die das Wolgagebiet beherrschten, zu lösen. Nach einem Vorstoß auf Byzanz 907 sah sich Kaiser Leon VI. genötigt, mit Oleg einen Handelsvertrag abzuschließen, der den Kiewer Kaufleuten in gewissem Umfange Handelsfreiheit in Konstantinopel gewährte. Dieser Vertrag wurde 944/45 im wesentlichen erneuert, nachdem die Kiewer, die nun allgemein „Rus" genannt wurden, unter dem Nachfolger Olegs, dem Fürsten Igor, vergeblich versucht hatten, Konstantinopel zu erobern (941).
Konsolidierung im Innern und hohes Ansehen nach außen verdankte das neue Reich vor al-

lem einer Frau: der Witwe Igors, Olga, die nach dessen Tode die Regierung während der Minderjährigkeit ihres Sohnes Swjatoslaw und dann während dessen Kriegszügen führte (945–57) und die entscheidende Grundlage für die Christianisierung des Landes schuf, indem sie sich selbst taufen ließ (vermutlich in Konstantinopel) und byzantinische Missionare ins Land rief. Aus Furcht, durch einen zu engen Anschluß an die byzantinische Kirche auch in politische Abhängigkeit zu geraten, suchte Olga die Verbindung zur Kirche des Ottonenreiches, wobei allerdings die von hier ausgehenden Missionsversuche scheiterten (962), da mit der Machtübernahme Swjatoslaws in Kiew eine heidnische Reaktion einsetzte.
Fürst Sjwatoslaw (962–72) versuchte, seine Herrschaft durch zahlreiche Kriegszüge auszudehnen, in deren Verlauf es ihm gelang, das Chasarenreich wie auch das Reich der Wolgabulgaren zu vernichten (965/66). Zunächst im Bündnis mit Byzanz besetzte er das Bulgarenreich des Zaren Peter (968/69), wandte sich dann aber gegen das Byzantinische Kaiserreich selbst. Hier mußte er jedoch eine schwere Niederlage einstecken, die ihn zwang, Bulgarien zu räumen (971). Im Kampf gegen die Petschenegen, die in das Dnjeprgebiet eingefallen waren, fand Swjatoslaw im folgenden Frühjahr den Tod.
Sein Sohn Wladimir konnte sich erst 980 endgültig gegenüber seinen Brüdern als Alleinherrscher durchsetzen. Da er entschlossen war, sich einer der großen Religionsgemeinschaften zuzuwenden, empfing er Abgesandte der Moslems, der westlichen und östlichen Christen sowie der Juden. Die Entscheidung zugunsten des byzantinischen Christentums wurde durch die Ehe mit der byzantinischen Prinzessin Anna erleichtert. Als Wladimir sich 988/89 taufen ließ, folgten ihm die Oberschicht und die Mehrheit der Bevölkerung ohne Widerstand auf diesem Weg.
Aus Byzanz übernahmen die Russen die altslawische Liturgie, das slawische Alphabet und auch byzantinisches Recht, so daß es zu einem ersten kulturellen Aufschwung kam, der sich unter Wladimirs Sohn und Nachfolger Jaroslaw (1019–54) zu einer glanzvollen Blütezeit steigerte, in der bedeutsame Werke in der Literatur und Geschichtsschreibung sowie im Bereich der Rechtsetzung hervorgebracht wurden.

5.24 Die Ottonen Deutsches Reich

Als im Jahre 911 mit dem Tode Ludwigs des Kindes die ostfränkische Linie der Karolinger (▷ 5.16) erlosch, unterstellten sich die Franken, Sachsen, Schwaben und Bayern nicht dem einzigen überlebenden Repräsentanten der karolingischen Dynastie, dem westfränkischen König Karl dem Einfältigen, sondern sie erhoben in Forchheim den Frankenherzog Konrad zum König; nur Lothringen schloß sich vorübergehend dem Westreich an. Die Regierungszeit Konrads I. wurde im Äußeren durch die ungarische Bedrohung, im Inneren durch die Auseinandersetzungen mit den Stammesherzögen bestimmt. Seinem Nachfolger, Heinrich aus dem Geschlecht der Liudolfinger oder Ottonen, gelang es, durch geschicktes Taktieren eine gewisse Vormachtsstellung über die anderen Stammesherzöge zu erringen und den Zusammenhalt des werdenden Deutschen Reiches zu festigen. Durch den Bonner Freundschaftsvertrag wurde Heinrich 921 vom karolingischen Westfrankenkönig Karl als gleichberechtigter Partner anerkannt, und im Jahre 925 konnte er Lothringen als fünftes Stammesherzogtum seiner Herrschaft unterordnen. Der Bestand des aus dem karolingischen Großreich hervorgegangenen ostfränkisch-deutschen Reiches blieb auch nach dem Tode Heinrichs I. (936) gewahrt; entgegen der karolingischen Praxis der Herrschaftsteilung wurde von mehreren regierungsfähigen Söhnen des Königs nur der älteste, Otto, als Nachfolger bestimmt.

Otto I. der Große (936–73) knüpfte schon durch seine Königskrönung in Aachen an die karolingische Tradition an; indem er sich auf den Thron *Karls des Großen* (▷ 5.14) setzte, machte er deutlich, daß er die unmittelbare Nachfolge des großen Kaisers angetreten habe. Durch seinen Sieg über die Ungarn in der *Schlacht auf dem Lechfeld* (▷ 5.26) errang Otto eine Vormachtstellung in Europa, die sieben Jahre später in der Erneuerung des römischen Kaisertums ihren sichtbaren Höhepunkt fand. Am 2. Februar 962 wurde Otto durch Papst Johannes XII. in der Peterskirche in Rom zum Kaiser gekrönt, ein Ereignis, das weitreichende Folgen für die europäische Geschichte haben sollte: Seit diesem Zeitpunkt war einerseits das Kaisertum mit dem ost-

fränkisch-deutschen Königtum und seiner Thronfolge verbunden, andererseits wurde endgültig entschieden, daß nur dem Papst in Rom die Befugnis zur Kaiserkrönung zustand (▷ 5.25, ▷ 6.5).

Der Sohn und Nachfolger Ottos des Großen, Otto II. (973–83), der bereits zu Lebzeiten seines Vaters 967 vom Papst zum Mitkaiser gekrönt worden war und mit Theophanu, einer Nichte des byzantinischen Kaisers, vermählt war, mußte gegen Ende seiner Herrschaftszeit schwerwiegende Rückschläge einstecken. 982 erlitt er in der Schlacht bei Cotrone in Kalabrien eine vernichtende Niederlage durch die Sarazenen, und an der deutschen Nord- und Ostgrenze verursachte im Jahr darauf ein umfassender Aufstand der Dänen und Slawen erhebliche Verluste.

Für Otto III. (983–1002), der beim Tode seines Vaters erst drei Jahre alt war, führten zunächst seine Mutter Theophanu und seine Großmutter Adelheid vormundschaftlich die Regierung. Mündig geworden versuchte er, das Programm der „Renovatio imperii", die Erneuerung des römischen Kaisertums, durchzusetzen. Rom sollte als Sitz von Kaiser und Papst Zentrum der Weltherrschaft werden, doch starb der Kaiser bereits 1002 im Alter von 21 Jahren. Unter seinem Nachfolger Heinrich II. (1002–24), der einer bayerischen Nebenlinie der Liudolfinger entstammte, verlegte sich der Schwerpunkt der Herrschaft wieder nach Deutschland.

Abbildung S. 132

5.25 Italienpolitik der Kaiser

Anders als in Deutschland und in Frankreich bildete sich in Italien bei der Auflösung des karolingischen Großreiches (▷ 5.16) kein einheitliches Staatswesen heraus. Sizilien war bereits im Laufe des 9. Jahrhunderts vollständig von den Arabern erobert worden, die bis weit ins 10. Jahrhundert hinein eine ständige Bedrohung für die gesamte Apenninhalbinsel bedeuteten. In Unteritalien konnten die Byzantiner seit 885 unter dem erfolgreichen Feldherrn Nikephoros Phokas große Gebiete zurückerobern und eine straffe Militärverwaltung errichten. Der Kirchenstaat, das weltliche Herrschaftsgebiet des Papstes, geriet nach so bedeutenden Päpsten wie Nikolaus I. (gest. 867) und Johannes VIII. (gest. 882) im-

Kaiser Otto II., umgeben von den Personifikationen der Provinzen des Reiches; Miniatur (nach 983)

mer mehr in die Gewalt des lokalen Adels, bis sich schließlich eine römische Adelsfamilie endgültig durchsetzen konnte: der Stadtherr Theophylakt, danach seine Frau Theodora, seine Tochter Marozia und sein Enkel, Herzog Alberich II. von Spoleto, kontrollierten von 904 bis 954 die Papstwahlen und bestimmten das politische Geschehen, so daß man diese Phase der Papstgeschichte später verächtlich als „Pornokratie" bezeichnet hat.

Auch das aus dem *Langobardenreich* (▷ 5.3) entstandene „Königreich" Italien („regnum Italiae") geriet in den Sog von Auflösung und Rechtlosigkeit. In der Zeit der sogenannten Nationalkönige, von denen einige sogar die Kaiserkrone errangen, kämpften neben anderen Berengar von Friaul (gest. 924), Wido von Spoleto (gest. 894) sowie Hugo von Vienne (gest. 947) und sein Sohn Lothar II. (gest. 950) um die Herrschaft in Ober- und Mittelitalien.

Die politische Lage änderte sich grundlegend, als Otto I. 951 dem Hilferuf Adelheids, der Witwe König Lothars, Folge leistete und in

Italien militärisch eingriff. Ganz in karolingischer Tradition ließ er sich nach der Eheschließung mit Adelheid in Pavia zum König der Langobarden ausrufen. Die so entstandene Verbindung von Deutschland und Italien in Personalunion, die Otto 962 durch die Kaiserkrönung noch überhöhen konnte, sollte für die Zukunft entscheidend sein. Denn seither galt der in Deutschland gewählte König auch als Herr über Mittel- und Oberitalien; aus dem Langobardenreich war Reichs-Italien geworden.

Nicht zuletzt durch diese von Otto I. begründete politische Konstellation waren die deutschen Könige des hohen Mittelalters gezwungen, immer wieder nach Italien zu ziehen und wegen der Kaiserkrönung eine mehr oder weniger enge Beziehung zum Papsttum einzugehen (▷ 6.5).

5.26 Schlacht auf dem Lechfeld

Von den Petschenegen aus ihren alten Wohnsitzen an Don und Dnjepr vertrieben, erreichten die Ungarn (oder Magyaren), ein ugrofinnisches Reitervolk, dem sich auf der Wanderung auch andere Völkergruppen (Bulgaro-Türken, Chasaren) angeschlossen hatten, um die Mitte des 9. Jahrhunderts die untere Donau. Nachdem sie zuerst mit Byzanz verbündet gegen die Bulgaren gekämpft hatten, griffen sie unter ihrem Großfürsten Árpád auf die slawisch besiedelte Donau-Theiß-Ebene über, die nun Ausgangspunkt für regelmäßige Beutezüge gegen Westeuropa und Byzanz wurde. Am stärksten davon betroffen war das ostfränkische Reich, das insgesamt 32mal geplündert wurde; aber auch Burgund, Frankreich und Norditalien wurden heimgesucht. So wurde 924 Pavia, die Hauptstadt des „regnum Italiae", erobert und eingeäschert, und zehn Jahre später erschienen ungarische Reiter vor Konstantinopel.

Der deutsche König Heinrich I. mußte 926 gegen Auslieferung eines gefangenen Ungarnführers und hohe Tributzahlungen einen neunjährigen Waffenstillstand erkaufen, den er aber zum Ausbau von Befestigungsanlagen und zur militärischen Neuorganisation auszunutzen verstand. Nach vorzeitiger Auflösung des Abkommens konnte Heinrich mit einem aus allen deutschen Stämmen gebildeten

Heer die Ungarn bei dem nicht eindeutig lokalisierbaren Riade an der Unstrut 933 erstmals besiegen.

Die Heilige Lanze,
in die man ein Stück Holz
vom Kreuze Christi
eingelassen glaubte

Erst 954 fielen die Ungarn erneut in das jetzt
nach innen gefestigte Reich ein und drangen
bis an den Rhein und nach Italien vor. Als sie
955 das von Bischof Ulrich verteidigte Augsburg belagerten, konnte Heinrichs Sohn Otto
I. mit einem zahlenmäßig unterlegenen Rei-
terheer zum Entsatz heranrücken. Am
10. August, dem Tag des von den Ottonen
besonders verehrten hl. Laurentius, gelang
dem König, der während der Schlacht die heilige Lanze trug, ein überwältigender Sieg. Der
Geschichtsschreiber Widukind von Corvey
berichtet, daß Otto danach vom Heer zum
Kaiser ausgerufen worden sei. Über die Deutung dieser Notiz ist viel spekuliert worden.
Aber selbst wenn damals eine solche Akkla-
mation stattgefunden haben sollte, so ist ihr
noch keine rechtliche Bedeutung zuzuschrei-
ben; erst 962 hat Otto mit seiner Krönung in
Rom das Kaisertum erneuert (▷ 5.24).

5.27 Ungarns Anschluß an die westliche Christenheit

Die *Schlacht auf dem Lechfeld* (▷ 5.26) bedeutete einen Wendepunkt in der ungarischen

Geschichte. Das Nomadenvolk wurde an der
Theiß und an der mittleren Donau endgültig
seßhaft, und die Beutezüge nach Westen wurden eingestellt. Waren früher auch von Byzanz
aus Missionsversuche bei den Ungarn unternommen worden, so öffneten diese ihr Land
jetzt ausschließlich der römisch-christlichen
Mission; vor allem bayerische Missionare, die
von Bischof Pilgrim von Passau ausgesandt
worden waren, bewirkten die Eingliederung
des Landes in die westliche Christenheit. Bereits der Urenkel Árpáds, Fürst Géza (972–
97), nahm zu Otto dem Großen Verbindung
auf. Sein Sohn Waik wurde um 973 von einem
Priester Bischof Pilgrims getauft und erhielt
wohl nach dem Schutzheiligen der Passauer
Kirche den christlichen Namen Stephan (Ist-
ván). Durch seine Vermählung mit Gisela, der
Schwester Herzog Heinrichs von Bayern, des
späteren Kaisers Heinrichs II., wurde er 996
mit dem ottonischen Kaiserreich versippt. Als
Géza 997 starb, konnte sich Stephan gegen
rivalisierende Stammesfürsten und Verwandte
die Thronfolge sichern und die Christianisierung des Landes mit bayerischer Hilfe energisch vorantreiben.

Der Myrtenhof der Alhambra (14. Jh.)

Im Jahre 1001 erhielt er von Papst Silvester II. im Einvernehmen mit Kaiser Otto III. die Königswürde, wobei der Kaiser ihm als Symbol eine Nachbildung der heiligen Lanze übersandte. In Gran (Esztergom), das durch den Papst zum Erzbistum erhoben worden war, wurde Stephan am Weihnachtstag des Jahres 1001 zum ersten ungarischen König gesalbt und gekrönt. Durch die Gründung eines weiteren Erzbistums (Kalocsa), von acht Bistümern sowie zahlreicher Klöster gelang es ihm, eine straffe kirchliche Organisation im Land zu errichten. Stephan starb 1038 kinderlos, und obgleich in den darauffolgenden Thronwirren vieles von seinem politischen Wirken verlorenging, gilt der bereits 1087 heiliggesprochene König als Begründer des ungarischen Staates.

5.28 Kalifat von Córdoba

In der Zeit des Niedergangs des Omaijadenkalifats von Damaskus (▷ 5.7) sandte der Gouverneur im Maghreb, Musa Ibn Nusair (640–716), seinen Schutzbefohlenen Tarik Ibn Sijad (gest. 720) an der Spitze von 7000 Soldaten aus, um die Meerenge zu überqueren, die später nach diesem General benannt wurde („Dschabal At Tarik", „Berg des Tarik"; Gibraltar).
Schon 718 beherrschte der dritte Nachfolger Musas als Emir den größten Teil Spaniens. In der Mitte des 8. Jahrhunderts war die Macht der Omaijaden in Damaskus gebrochen. Dem Massaker durch ihre Nachfolger, die *Abbasiden* (▷ 5.15), entrann nur ein einziges Mitglied ihrer Dynastie, der elfjährige Abd Ar Rahman, ein Enkel des zehnten Kalifen Hischam Ibn Abd Al Malik (724–43). Fünf Jahre lang wanderte er durch Palästina, Ägypten und Nordafrika, bis er 755 Iberien erreichte (die muslimische Bezeichnung, Al Andalus, klingt heute noch im Namen der größten Region in Spanien, Andalusien, nach). Hilfe erhielt er zunächst von seinen Verwandten unter den Berbern und dann von aus Syrien stammenden Gruppen in Spanien. Er eroberte den Süden mit Sevilla und marschierte auf Córdoba zu, das im Jahre 756 fiel. Mit Abd Ar Rahman I. (756–88) als Emir war Al Andalus in Frieden geeint. Jeder Versuch der Abbasiden von Bagdad, den neuen Herrn Spaniens unter ihren Gehorsam zu zwingen, schlug fehl. Sogar

Karl der Große mußte im Jahre 778 vor Saragossa kehrtmachen (▷ 5.14).
Der Omaijadenherrscher ließ nun die Städte, insbesondere seine Hauptstadt Córdoba, verschönern, die er mit einer Stadtmauer umgab und in deren Nähe er einen Garten anlegen ließ. Zwei Jahre vor seinem Tode wurde die Großmoschee von Córdoba erbaut, die in ihrer Schönheit und Bedeutung innerhalb der islamischen Welt den beiden großen Vorbildern in Mekka und Medina gleichkommen sollte. Nach der Rückeroberung Spaniens (*Reconquista*, ▷ 6.12) 1236 wurde sie jedoch in eine Kathedrale verwandelt. Das Zusammenleben aller ethnischen Gruppen, Araber (vorwiegend Südaraber und Syrer), Berber, Juden, Spanier und andere, verlief harmonisch.
Das Reich stand unter Abd Ar Rahman III. (912–61), dem größten Emir dieser Dynastie, welcher im Jahre 929 erster Omaijadenkalif über Al Andalus wurde, auf dem Höhepunkt der Macht. Zu seinen Lebzeiten erlangte Córdoba das höchste Maß an Pracht in seiner Geschichte und konnte sich mit Bagdad in seiner Glanzzeit messen lassen. Der Kalif sorgte zunächst dafür, daß das auf Córdoba und seine Umgebung zusammengeschrumpfte Territorium wieder in seiner Gesamtheit unterworfen und befriedet wurde. Eine Bautätigkeit ohnegleichen begann, und die Wissenschaften standen in voller Blüte; Córdoba soll eine halbe Million Einwohner gezählt haben. Al Hakam II. (961–76) setzte das Werk seines Vaters fort, doch danach begann eine unruhige Zeit, die den Niedergang Córdobas ankündigte und die Entstehung von Teilkönigreichen in Al Andalus zur Folge hatte.
Unter der Dynastie der Nasriden (1231–1492) kam Granada zu großem Ansehen als Hauptstadt; der Begründer dieser Herrscherfamilie, Muhammad Ibn Nasr (1232–1272), ließ auf einem Hügel südöstlich der Stadt den in der ganzen Welt berühmten Palast Al Hamra („die Rote", „Alhambra") erbauen, der so wegen der roten Farbe der Steine genannt wurde und als Symbol der letzten Blütezeit der maurischen Kultur in Spanien gilt.
Mit dem 11. Jahrhundert begannen die christlichen Spanier, Al Andalus zurückzuerobern. Toledo fiel 1085, Córdoba 1236, Sevilla 1248; nach der Heirat von Ferdinand von Aragonien mit Isabella von Kastilien konnte auch

Granada als letzte Festung der Muslime in Spanien genommen werden (1492). Damit endete eine lange Zeit der Muslime in Europa, in der islamische Gelehrsamkeit und Weisheit viele Spanier dazu brachten, sich in Sprache und Sitten zu arabisieren. Das arabische Spanien war ein kulturell äußerst fruchtbarer Boden, auf dem sich in einzigartiger Weise Muslime, Juden und Christen begegneten. Die arabischen Bibliotheken hatten das Wissen der Antike bewahrt.

Nach dem Fall Granadas wurden Juden wie Muslime zwangsgetauft oder vertrieben (▷ 8.15). Viele der im Land gebliebenen Juden (geringschätzig „Marranen" genannt) oder Muslime (Morisken) verfolgten ihre Religion im geheimen weiter und wurden von der spanischen Inquisition verfolgt.
Abbildung S. 133

5.29 Sung-Dynastie

Auf den Untergang der *Tang-Dynastie* (▷ 5.9) folgten politisches Chaos und territorialer Zerfall. Chinesische Historiker nennen diese Zeit die Periode der „Fünf Dynastien und Zehn unabhängigen Staaten" (907–59) und betrachten sie als eines der dunkelsten Kapitel der Geschichte ihres Landes. Am Ende dieser Phase erwies sich aber die Idee der nationalen Einheit, wie sie sich aus der großen Zeit der Dynastien Han und Tang den Chinesen eingeprägt hatte, als entscheidend für die Überwindung der Zersplitterung.

Die Sung-Dynastie (960–1276) ist politisch und zivilisatorisch von herausragender Bedeutung. Ihr erster Kaiser, ein General, der sich im Kampf gegen die aus der Mandschurei andrängenden Kitan bewährt hatte, verstand es, in den ersten Jahren seiner Herrschaft nahezu alle abgefallenen Staaten wieder dem Reich einzuverleiben und die Zersplitterung zu überwinden. Das Sung-Reich konnte die territoriale Ausdehnung Chinas nicht erweitern, aber es konnte sich im Innern festigen. Die es umgebenden Reiche der Kitan, Tschurtschen und Mongolen im Norden, der Tibeter und Annam im Westen und Südwesten umschlossen es wie ein eiserner Ring. Diese Lage beeinflußte den inneren Zustand des Reiches; zivile Vorstellungen vom Zusammenleben und von der Entwicklung der Gesellschaft breiteten sich aus; das Ansehen der

zivilen Beamtenschaft und die Abwertung des Militärs in der sozialen Hierarchie verfestigten sich. Die wirtschaftliche Entwicklung vor allem im Süden, wo zwei Drittel der landwirtschaftlichen Nutzfläche lagen, und die Ausbildung einer städtischen Bevölkerung mit neuen Bedürfnissen ließen eine an Gütern reiche Gesellschaft entstehen.

Über Handelsverbindungen zur See wuchs die Zahl der fremden Produkte, die nicht mehr nur der Regierung, sondern auch weiteren Kreisen wohlhabender Bürger erreichbar waren. Unter den Gütern, die getauscht wurden, finden sich in den Sung-Annalen erwähnt: chinesische Gold-, Silber- und Kupfermünzen, Blei und Porzellan gegen Weihrauch, Arzneien, Elfenbein, Perlen, kostbare Hölzer und Baumwollstoffe. Das Sung-Reich unterhielt Verbindungen nach Indien, Persien und den arabischen Ländern. Die Nutzung des Magnetkompasses in der Schiffahrt begünstigte diese Entwicklung. Der handelsbedingte Abfluß von Münzen bis an die Küsten Afrikas brachte im Inland eine starke Verknappung von Metallgeld, so daß ab 970 Papiergeld ausgegeben wurde.

Die Einnahmen der Regierung aus dem Handel mußten zu einem erheblichen Teil auf militärische Verteidigung gegen die immer wieder mit Invasion drohenden Nachbarn im Norden ausgegeben werden. Vorübergehend erkaufte sich das Sung-Reich durch jährliche Tributzahlungen an die Nachbarn den Verzicht auf Übergriffe. 1127 mußte jedoch vor den andrängenden Tschurtschen die Hauptstadt Kaifeng nach Süden in das an der Küste gelegene Linan (heute Hangchou) verlegt werden. Als 1161–62 die Tschurtschen erneut vom Norden einfielen und den Jangtse bei Nanking überschreiten wollten, wurde das in China erfundene Schießpulver erstmals in raketenähnlichen Geschossen verwendet.

Kulturgeschichtlich bemerkenswert ist auch der Wandel im Alltag. Während man in der Tang-Zeit auf dem Boden saß, kamen in der Sung-Zeit der Stuhl als Sitzmöbel und die Sänfte als Transportmittel in Gebrauch. Aus Gräberfunden wissen wir, daß Seide die Kleidung der Oberschicht war. Die Keramik, technisch meisterhaft und von höchstem Stilgefühl, erlebte in der Sung-Zeit eine nie wieder erreichte künstlerische Qualität. Literarisch Wertvolles aus Vergangenheit und Gegenwart

Knut der Große und Königin Aelfgifu stiften ein Kreuz. Buchdarstellung (um 1020—30)

wurde mit Blockdruck oder mit Hilfe der in China erfundenen beweglichen Typen gedruckt. Die beträchtlich größere Menge an gedruckten Büchern förderte Lektüre und Studium und hob das Bildungsniveau. Die wachsende Zahl der Gebildeten und die Zunahme derer, die nach erfolgreicher Prüfung eine Beamtenkarriere einschlugen, vergrößerte Macht und Einfluß der Beamtenschicht.
Mit dem Beginn des 13. Jahrhunderts erwuchs den Sung ein noch gefährlicherer Gegner als es die Tschurtschen waren: die *Mongolen* (▷ 6.29, ▷ 7.4). Mit ihrer militärischen Überlegenheit eroberten sie 1276—79 ganz China.

5.30 Piastenreich

Die Anfänge des polnischen Staates lassen sich in den schriftlichen Quellen bis ins 10. Jahrhundert zurückverfolgen, doch muß

die Vereinigung der slawischen Stämme zwischen Oder und Weichsel unter dem Geschlecht der Piasten (hergeleitet von einem sagenhaften Dynastiegründer Piast) schon geraume Zeit zuvor erfolgt sein. Der sächsische Geschichtsschreiber Widukind von Corvey erwähnt zum Jahre 963 den Polenherzog Mieszko I., der als Freund („amicus") Kaiser Ottos des Großen (▷ 5.24) bezeichnet wird, dem er für das Gebiet zwischen Oder und Warthe tributpflichtig ist. Durch seine Heirat mit Dobrowa, der Tochter des Böhmenherzogs Boleslaw I., schloß sich Mieszko dem Christentum in westlich-römischer Form an und ließ sich 966 taufen. Im Bündnis mit den ottonischen Kaisern und bei Anerkennung ihrer Oberhoheit gelang es ihm im Konflikt mit Böhmen, Schlesien und die Gebiete an der oberen Weichsel an Polen anzugliedern.
Sein Sohn und Nachfolger Boleslaw I. Chrobry („der Tapfere") konnte die erfolgreiche Politik seines 992 verstorbenen Vaters fortsetzen und in enger Freundschaft mit Kaiser Otto III. eine hegemoniale Stellung unter den christlichen Slawen erringen. Als der jugendliche Kaiser im Jahre 1000 nach Gnesen pilgerte, um dort am Grab seines Freundes, des von den Pruzzen (die heidnischen, baltischen Vorfahren der Preußen) erschlagenen Erzbischofs Adalbert von Prag, zu beten, konnte Boleslaw die persönliche Begegnung mit Otto dazu nutzen, die eigene Stellung entscheidend aufzuwerten. Polen erhielt eine eigene kirchliche Organisation mit dem Erzbistum Gnesen und den Suffraganbistümern Krakau, Kolberg und Breslau, und der Polenherzog selbst empfing aus der Hand des Kaisers eine Nachbildung der heiligen Lanze mit einer Reliquie vom Kreuze Christi und wurde möglicherweise schon damals zum König erhoben.
Bald nach dem Tode Ottos III. (1002) geriet Boleslaw in Konflikt mit dessen Nachfolger Heinrich II. Nachdem es ihm bei böhmischen Thronwirren 1003 gelungen war, die Herrschaft über Böhmen und Mähren zu erringen, führte die Weigerung, dem deutschen König den Lehnseid zu leisten, zu langwierigen Kämpfen mit dem Reich, wobei sich Heinrich II. sogar wiederholt mit heidnischen Liutizen gegen seinen christlichen Widersacher verbündete. Im Frieden von Bautzen 1018 blieb Boleslaw Sieger und konnte die Lausitz und das Milzener Land als Reichslehen behaupten. Im

gleichen Jahr griff er in die russischen Thronwirren ein und war sogar in der Lage, für kurze Zeit Kiew zu besetzen. Nach dem Tod Kaiser Heinrichs II. (1024) ließ sich Boleslaw erneut zum König krönen, starb aber schon kurze Zeit später (17. Juni 1025).

5.31 Knut der Große

Seit dem Ende des 10. Jahrhunderts sah sich das angelsächsische England (▷ 5.21) erneut einer tödlichen Bedrohung ausgesetzt, als die Wikingerangriffe (▷ 5.20) unter Führung des skandinavischen Königtums wieder auflebten. So gelang es dem dänischen König Svend Gabelbart, der 1013 an der Spitze eines Invasionsheeres bei Sandwich gelandet war, bis zum Ende des Jahres den angelsächsischen Widerstand zu brechen. Der glücklos operierende König Ethelred II. („der Unberatene") sah sich genötigt, das Land zu verlassen und mit seiner Familie an den Hof seines Schwagers, des Herzogs der Normandie, zu fliehen. Als König Svend Gabelbart bereits 1014 starb, übernahm dessen jüngerer Sohn Knut die Führung der in England verbliebenen Armee, setzte sich in wechselvollen Kämpfen gegen den wieder aufflammenden angelsächsischen Widerstand unter Edmund Ironside, dem Sohn König Ethelreds, durch und wurde nach dessen Tod (1017) als König Knut I. in ganz England anerkannt.
Als Knut 1018 auch in Dänemark die Königsherrschaft übernahm, entstand so ein skandinavisches Großreich, das neben England, Dänemark, Schonen und Teilen der Ostseeküste zeitweise auch Norwegen mit den zugehörigen Inselgruppen im Atlantik umfaßte. Um die Legitimitätsbasis seiner Herrschaft zu stärken, heiratete Knut die Witwe König Ethelreds, die normannische Prinzessin Emma, und betrieb zudem eine konsequente Aussöhnungspolitik zwischen Angelsachsen und Skandinaviern, die zur weitgehenden Integration der beiden Volksgruppen unter dem gemeinsamen Königtum führte. Herrschaftspolitisch stützte er sich dabei vor allem auf die Kirche, die er großzügig durch Schenkungen und Privilegien förderte und zur Missionsarbeit in den skandinavischen Landesteilen ermunterte. Die Sicherheit des Reiches wurde durch ständig patrouillierende Flottenverbände und ein Berufsheer von 3000 Gefolgsleuten des Königs („huskarle") gewährleistet. Außenpolitisch lehnte sich Knut eng an Kaiser Konrad II. an, der ihm die dänische Mark nördlich der Eider mit dem Handelszentrum Haithabu-Schleswig abtrat und zudem einer Heirat zwischen seinem Sohn, dem späteren Kaiser Heinrich III., und Knuts Tochter Gunhild zustimmte.
Nach König Knuts Tod (1035) brach jedoch das von ihm geschaffene Großreich schnell zusammen. Während Dänemark unter die Kontrolle des norwegischen Königtums geriet, gelangte in England 1042 mit Eduard dem Bekenner die angelsächsische Königsdynastie wieder zur Herrschaft (bis 1066; ▷ 6.8).

Daten

um 565	Gründung des iroschottischen Inselklosters Iona
568−774	Langobardenreich in Italien
597	Beginn der Missionierung der Angelsachsen durch die Römische Kirche
610−641	Herakleios, Kaiser von Byzanz
618−907	Tang-Dynastie in China
626	Vergebliche Belagerung Konstantinopels durch Awaren und Perser
661−680	Kalif Muawija I. (Omaijaden)
711	Vernichtung des Westgotenreichs durch die Araber
717−741	Leon III., Kaiser von Byzanz
726	Beginn des Bilderstreits im Byzantinischen Reich, beendet 843
732	Der fränkische Hausmeier Karl Martell besiegt die Araber bei Tours und Poitiers
751−768	Pippin der Jüngere, er wird 751 von den Franken zum König erhoben und als erster fränkischer König gesalbt
754	Bonifatius, Reorganisator der fränkischen Reichskirche, auf einem Missionzug in Friesland erschlagen
754/56	Pippinsche Schenkung, Anfänge des Kirchenstaates
768−814	Karl der Große, Sohn Pippins des Jüngeren, König der Franken
772−804	Sachsenkriege Karls des Großen
786−809	Kalif Harun Ar Raschid (Abbasiden)
787	Beginn der Wikingereinfälle in England
800	Kaiserkrönung Karls des Großen in Rom (23./24. Dez.)
817	„Ordinatio imperii" (Fränkische Reichsteilungen)
827−831	Eroberung Siziliens durch die Araber
814−840	König Ludwig der Fromme, Kaiser seit 816
842	Straßburger Eide, ältestes Zeugnis der altfranzösischen und althochdeutschen Sprache
843	Vertrag von Verdun, das Frankenreich wird in ein Mittel-, Ost- und Westreich geteilt
863	Beginn der Mission in Mähren durch Kyrillos und Methodios
871−899	Alfred der Große, König von Wessex (England)
882	Vereinigung der Warägerherrschaften zum Kiewer Reich
um 886	Einigung König Alfreds mit den Dänen über die Abgrenzung des skandinavischen Siedlungsbereichs in England (Danelagh)
893−927	Simeon der Große von Bulgarien
910	Gründung des Klosters Cluny
919−936	König Heinrich I., Begründer der ottonisch-sächsischen Dynastie
929−961	Kalif Abd Ar Rahman III. von Córdoba
933	Sieg Heinrichs I. über die Ungarn an der Unstrut
936−973	Otto I., der Große, Kaiserkrönung in Rom 962
955	Schlacht auf dem Lechfeld, Niederlage der Ungarn
960−1276	Sung-Dynastie in China
973−983	Kaiser Otto II. (seit 967 Mitkaiser)
975−996	Kalif Al Asis Billah (Fatimiden)
983−1002	Otto III. (seit 996 Kaiser)
1001	Krönung Stephans (des Heiligen) zum König von Ungarn
1002−1024	Heinrich II. (seit 1014 Kaiser)
1016−1035	Knut der Große, König von England und Dänemark (seit 1018)
1025	Boleslaw I. Chrobry, König von Polen

Kapitel 6
Die Zeit des Hochmittelalters

Einführung

Seit der Mitte des 11. Jahrhunderts setzte im abendländischen Europa ein tiefgreifender Wandlungsprozeß ein, der fast alle Lebensbereiche erfaßte und einen allgemeinen Aufbruch der mittelalterlichen Gesellschaft zu neuen Lebens- und Bewußtseinsformen auslöste. Verursacht wurde dieser Prozeß durch ein stetiges Bevölkerungswachstum, das sich im 12. und 13. Jahrhundert dramatisch beschleunigte und bis zur Mitte des 14. Jahrhunderts anhielt.

Der gestiegene Nahrungsbedarf mußte durch verbesserte Anbau- und Arbeitsmethoden (Dreifelderwirtschaft, neue Pflugtechniken), vor allem aber durch die Erschließung neuer Anbauflächen im Wege der Rodung und Neusiedlung gedeckt werden, so daß bald eine umfassende Kolonisationstätigkeit einsetzte, die das äußere Erscheinungsbild des westlichen Europas umgestaltet hat und aus einer „Urlandschaft" allmählich eine „Kulturlandschaft" entstehen ließ. Steigende Agrarpreise bei reichlich zur Verfügung stehender menschlicher Arbeitskraft bewogen zahlreiche Grundherren, über den eigenen Bedarf hinaus zu produzieren und die Überschußproduktion zu veräußern. Die hiermit einsetzende allgemeine wirtschaftliche Dynamik beschränkte sich nicht auf den Agrarbereich, sondern erfaßte auch Handwerk, Gewerbe und Handel, was wiederum zum Aufschwung der Geldwirtschaft, zum Ausbau der Verkehrsverbindungen und zur Entstehung eines Netzes von Märkten und Städten führte.

Gleichermaßen Voraussetzung und Folge dieses demographischen und wirtschaftlichen Wachstumsprozesses war eine gesteigerte soziale Mobilität der bisher in das System der Grundherrschaft eingebundenen Landbevölkerung, der es nun gelang, im Rahmen der Neusiedlungsbewegung, wie etwa der deutschen Ostsiedlung, durch Abwanderung in die entstehenden Städte („Stadtluft macht frei") oder auch durch sozialen Aufstieg im Herrendienst (Ministerialität in Deutschland) die alten Formen der Unfreiheit und Abhängigkeit von unmittelbarer Herrengewalt zu sprengen. Mit dieser Phase wachsender wirtschaftlicher Dynamik und sozialer Mobilität ging seit dem Ende des 11. Jahrhunderts außerdem eine aggressive Expansion des abendländisch-europäischen Kulturkreises einher, die sich in der nun einsetzenden spanischen Reconquista, der Kreuzzugsbewegung wie auch der Gründung des Deutschordensstaates niederschlug.

Auch sonst hatten sich die politischen Verhältnisse im abendländischen Europa seit der Mitte des 11. Jahrhunderts entscheidend gewandelt. So führte die Eroberung Englands durch Herzog Wilhelm von der Normandie (1066) dazu, daß sich das Land aus seinen bisherigen traditionellen Bindungen zur skandinavischen Welt löste und dem lateinisch-kontinentalen Kulturkreis öffnete. Mit der Begründung des Angevinischen Reiches durch König Heinrich II. geriet England noch weiter in den Bannkreis des Kontinents, wodurch der Dauerkonflikt mit der aufstrebenden französischen Monarchie vorbereitet wurde. Bereits zu Beginn des 11. Jahrhunderts hatten sich französische Normannen in Süditalien niedergelassen und dort in jahrzehntelangen Kämpfen mit Byzantinern, Langobarden und Sarazenen einen weiteren Normannenstaat gegründet, der unter König Roger II. eine erste Blütezeit erlebte, und dann unter Heinrich VI. und Friedrich II. zum südlichen Eckpfeiler des staufischen Imperiums wurde.

Der allgemeine Wandlungsprozeß, der das westliche Europa seit der Mitte des 11. Jahrhunderts erfaßte, zog auch die abendländische Kirche in seinen Bann. Zum Teil wohl beeinflußt von der kluniazensischen Klosterreform formierte sich in den ersten Jahrzehnten des 11. Jahrhunderts eine tiefgreifende religiöse Erneuerungsbewegung (Kirchenreform), die sich mit zunehmender Schärfe gegen die Mißstände wie Verweltlichung des Klerus, Ämterkauf (Simonie) und Bruch der Zölibatsvorschriften wandte. Seit Papst Leo IX. wurde diese Bewegung kirchenrechtlich sanktioniert, wobei der Kampf gegen die Simonie bald in der Forderung nach absoluter Freiheit der Kirche gegenüber jeglicher weltlicher Bevormundung gipfelte. Dies betraf zunächst den weltlichen Einfluß im Rahmen des Eigenkirchenwesens, dann aber auch den Anspruch des römisch-deutschen Königs, Reichsbischöfe und -äbte, die dank königlicher Schenkungen über ein beträchtliches Herrschaftspotential verfügten, zu „investieren", das heißt, mit den geistlichen Symbolen von Ring und Stab in ihr Amt einzusetzen.

Der hierdurch zwischen Papsttum und Kaisertum ausgelöste Investiturstreit erschütterte die christliche Welt in einem bisher nicht gekannten Ausmaß, bis nach jahrzehntelangem Ringen im Wormser Konkordat ein Ausgleich gefunden werden konnte. Wenn in der Praxis dem Kaiser auch weitreichende Einwirkungsmöglichkeiten bei der Besetzung der höchsten Kirchenämter verblieben, so hatte sich das Papsttum dennoch im Grundsatz durchgesetzt. Das sakrale Charisma des Kaisers als weltliches Haupt der Christenheit war in seiner Substanz erschüttert; sein politischer Vormachtanspruch in Europa wurde von den anderen christlichen Königen in zunehmendem Maße bestritten.

Politische Interessengegensätze, vor allem in Italien, führten in der Stauferzeit zu erneuten schweren Auseinandersetzungen zwischen Papst und Kaiser, die bereits unter Friedrich I., dann aber vor allem unter Friedrich II., dramatische Formen annahmen. Gegen den Versuch, das römisch-deutsche Kaisertum mit dem Königreich Sizilien, das Heinrich VI. als Erbe seiner Gemahlin hinzugewonnen hatte, auf Dauer zu vereinigen, setzte sich das Papsttum erbittert zur Wehr. Der auf beiden Seiten mit großem Einsatz und beträchtlichem Pro-

pagandaaufwand ausgefochtene Konflikt endete mit der Exkommunikation und Absetzung Kaiser Friedrichs II. und nach dessen Tod (1250) auch mit dem Untergang der staufischen Dynastie.

Die bereits im Investiturstreit ausgebrochene machtpolitische Konfrontation zwischen Kaiser- und Papsttum wurde von scharfen theologischen Auseinandersetzungen begleitet, die aber nicht nur zur Polarisierung in der theologischen Wissenschaft führten. Die anhaltende, mit Leidenschaft geführte Diskussion löste vielmehr – kaum war der Streit selbst beendet – eine geistige Erneuerungsbewegung aus, die an die antike Bildungstradition anknüpfte und deshalb in der Forschung als „Renaissance des 12. Jahrhunderts" bezeichnet wird.

Zum Zentrum dieser Bewegung, die das antike Erbe nicht einfach rezipierte, sondern zu neuen Denkformen verarbeitete, wurde Frankreich mit den Schulen von Laon, später von Paris und Chartres, wo große Gelehrte, wie Anselm von Laon, Petrus Abaelard, Gilbert von Poitiers und Thierry von Chartres, wirkten und über ihre Schüler auch das Geistesleben im übrigen Abendland beeinflußten. Die Beschäftigung mit der antiken Literatur, vor allem die Rezeption des Aristoteles – oft vermittelt durch islamisch-arabische Gelehrte –, führte zu einer neuen wissenschaftlichen Methodik, zur Unterscheidung zwischen Philosophie und Theologie und damit zur Erschütterung des bisherigen Weltbildes. Die Bildungsvermittlung verlagerte sich zunächst von den Klosterschulen auf die Kathedralschulen der Bischofsstädte und schließlich seit dem 13. Jahrhundert auf die neu entstehenden Universitäten Paris, Bologna, Oxford und Cambridge. Im 13. Jahrhundert erlebte die wissenschaftlich betriebene Theologie und Philosophie (Scholastik) ihren Höhepunkt mit den Gelehrten Albertus Magnus und Thomas von Aquin, die beide dem Dominikanerorden angehörten.

Von den tiefgreifenden Wandlungen, die seit der Mitte des 11. Jahrhunderts die Entwicklung des abendländischen Europas prägten, blieb der byzantinische Osten weitgehend unberührt. Nach wie vor eingebunden in die antike Tradition, verharrend in alten Ordnungs- und Herrschaftsvorstellungen und in dauernde Abwehrkämpfe verstrickt, blieb das Byzantinische Kaiserreich von den demographischen und wirtschaftlichen Herausforderungen, mit denen sich der Westen konfrontiert sah, weitgehend verschont; damit fehlten aber auch die Antriebskräfte für einen Neuerungs- und Wandlungsprozeß. Während der Okzident, das abendländische Europa, ungestüm in ein neues Zeitalter drängte, wurde die Entwicklung im Orient eher von Beharrung und Stagnation geprägt und nahm dann nach dem Tode Kaiser Basileios' II. (1025) mit dem fortschreitenden Verfall der inneren Ordnung immer deutlicher krisenhafte Züge an. Zugleich schritt auch der Entfremdungsprozeß zwischen den beiden großen christlichen Kirchen weiter fort, bis er im Morgenländischen Schisma 1056 einen neuen Höhepunkt erreichte.

Schwerwiegende Veränderungen im islamischen Machtbereich nötigten jedoch das Byzantinische Reich in den letzten Jahrzehnten des 11. Jahrhunderts, Anlehnung an das westliche Europa zu suchen, denn inzwischen war es dem aus den Steppen Zentralasiens stammenden Nomadenvolk der türkischen Seldschuken gelungen, den gesamten, sunnitisch geprägten islamisch-arabischen Machtbereich militärisch zu beherrschen. Die neuen Herren erlangten 1055 die Kontrolle über das Kalifat von Bagdad, eroberten 1071 Jerusalem und

vernichteten im gleichen Jahre in der Schlacht von Mantzikert die byzantinische Militärmacht. Dadurch wurden sie in die Lage versetzt, auf ehemals byzantinischem Boden im heutigen Ostanatolien und Syrien ein neues Staatsgebilde, das Sultanat der Rum-Seldschuken, zu errichten. So trug ein vom byzantinischen Kaiser an die westliche Welt gerichtetes Gesuch um militärische Hilfe wesentlich zur Entstehung der Kreuzzugsbewegung bei, wobei man allerdings von Byzanz aus mit gemischten Gefühlen die militärischen Operationen der Kreuzfahrerheere verfolgte und auch zu den nun entstehenden Kreuzfahrerstaaten nicht immer spannungsfreie Beziehungen unterhielt.

Nach der vernichtenden Niederlage in der Schlacht bei Mysiokephalon gegen die Seldschuken (1176) schied Byzanz als politischer und militärischer Machtfaktor im komplizierten Kräftespiel zwischen den Kreuzfahrerstaaten und der islamischen Umwelt praktisch aus. Die folgenden Lateinerpogrome in der Hauptstadt leiteten dann eine Entwicklung ein, die mit der Eroberung Konstantinopels und der Errichtung des „Lateinischen Kaiserreichs" (1204) einen traurigen Höhepunkt erreichte, bis es 1261 Michael VIII. Palaiologos gelang, vom Teilreich Nizäa aus das griechische Kaisertum wiederherzustellen.

6.1 Kluniazensische Reformbewegung

Die Gründung des Klosters Cluny (910) fiel insofern aus dem damals üblichen Rahmen, als der Gründer, Herzog Wilhelm III. von Aquitanien, auf sämtliche Rechte als Eigenkirchenherr verzichtete und die Abtei dem unmittelbaren Schutz des päpstlichen Stuhles unterstellte. Von Anfang an sahen die Äbte des Klosters eine besondere Aufgabe darin, durch eine Reform der Benediktinerregel und der Liturgie zur geistigen Erneuerung des abendländischen Mönchtums beizutragen und den Verweltlichungstendenzen des Klosterlebens zu begegnen. Mit einer allgemeinen Reformlizenz von 931, die es dem Kloster gestattete, Mönche von anderen Klöstern eintreten zu lassen und auch andere Klöster zur Durchführung der Reform zu übernehmen, schuf Papst Johannes XI. die rechtliche Grundlage dafür, daß sich die Reformgedanken Clunys über die Klostermauern hinaus verbreiten konnten. Weitere päpstliche Privilegien, wie etwa die 998 verliehene Befreiung von Eingriffen des Diözesanbischofs, stärkten die Position des Klosters, das sich schon bald zum Zentrum einer großen Reformbewegung entwickelte. Bereits im Laufe des 10. Jahrhunderts wurden zahlreiche weitere Klöster Cluny zugeordnet, deren Vorstände (Prioren) dem Abt von Cluny unterstellt waren. Zum Erfolg des Klosters und der Bewegung trug auch bei, daß die Äbte meist sehr lange amtierten (etwa Abt Hugo von 1049 bis 1109) und die Mönche ihrem Abt strengen Gehorsam erwiesen.

Das Verhältnis des Klosters zum Adel der Region (Burgund) war intensiv; davon zeugen zahlreiche Stiftungen, die meist mit der Auflage verbunden waren, daß die Schenker in der Nähe der Klosterkirche bestattet werden sollten. Der Einfluß Clunys blieb vorwiegend auf Frankreich beschränkt, erfaßte in seinen Ausläufern aber auch Teile Italiens und Spaniens. In Deutschland konnten sich kluniazensische Gewohnheiten erst relativ spät durchsetzen (Kloster Hirsau um 1070). Während man lange Zeit einen starken unmittelbaren Einfluß der kluniazensischen Bewegung auf die Kirchenreform des 11. Jahrhunderts unterstellte, neigt man heute dazu, diesen Einfluß eher als gering einzuschätzen. Seit dem Beginn des 12. Jahrhunderts ging der Einfluß des Klosters rasch zurück, und noch im 12. Jahrhundert setzte auch der wirtschaftliche Niedergang ein, der durch eine ruinöse Finanzpolitik zusätzlich beschleunigt wurde.

6.2 Reformpapsttum

Kaiser Heinrich III. setzte im Jahre 1046 die Reformbewegung auch in Rom durch, als er auf den Synoden von Sutri und Rom drei konkurriende Päpste für abgesetzt erklären und den Bischof Suitger von Bamberg als Klemens II. zum Papst erheben ließ. Ganz eindeutig im Sinne der Kirchenreform agierte Papst Leo IX. (1049–54). Als er Ende 1048 vom Kaiser zum Papst bestimmt wurde, war er Bischof von Toul; er entstammte der Familie der Grafen von Egisheim und war mit dem Kaiser verwandt. Bezeichnenderweise ließ er sich erst zum Papst weihen, nachdem der Klerus und das Volk von Rom, denen nach der bisherigen Tradition die Wahl zustand, ihn erneut gewählt hatten. Aus Burgund und Lothringen brachte er bedeutende Berater mit nach Rom: Humbert aus Moyenmoutier, der zum Kardinalbischof von Silva Candida erhoben wurde, Hugo Candidus, ebenfalls Kardinal, der später ein vehementer Gegner Gregors VII. werden sollte, sowie Friedrich von Lüttich, Bruder des Herzogs Gottfried von Lothringen. Vor allem der radikale Reformer Humbert von Silva Candida hatte großen Einfluß auf den Papst. Als Leiter der päpstlichen Gesandtschaft in Konstantinopel 1054 trug er durch seine Kompromißlosigkeit wesentlich dazu bei, daß die Unionsverhandlungen mit der byzantinischen Kirche scheiterten und daß es zum Ausbruch des *Morgenländischen Schismas* (▷ 6.3) kam.

Leo IX. war der erste Papst, der durch zahlreiche Reisen, die ihn nach Frankreich, Deutschland und Unteritalien führten, den Führungsanspruch des Papsttums verwirklichte. In Leos Nachfolger Viktor II., der als Bischof Gebhard von Eichstätt der wichtigste Ratgeber Kaiser Heinrichs III. gewesen war, schien sich noch einmal die enge Zusammenarbeit zwischen Kaiser und Papst zu bewähren. Der Papst war 1056 von Heinrich III. zum Vormund seines Sohnes eingesetzt worden; er starb aber bereits 1057. Da im Reich nur eine schwache Vormundschaftsregierung unter Kaiserin Agnes existierte und in Rom die stadtadeligen Gegner der Reform in der Übermacht waren, sah sich die kleine Gruppe der Reformer gezwungen, in Siena einen Papst zu erheben; dies war Bischof Gerhard von Florenz (Nikolaus II.). Während seines kurzen Pontifikats (1058–61) wurden wichtige Entscheidungen getroffen. Auf einer Synode in Rom wurde 1059 ein Papstwahldekret erlassen, nach dem in erster Linie die Kardinalbischöfe – mit Zustimmung der übrigen Kardinäle – den Papst wählen sollten; das Recht des deutschen Königs wurde nur am Rande erwähnt (▷ 6.5). Neben der Neuregelung der Papstwahl faßte die Synode noch weitere Beschlüsse, die der Durchsetzung der Forderungen der Reformer dienen sollten. So durfte in Zukunft kein geistliches Amt mehr von einem Laien oder auf dem Wege des Ämterkaufes (Simonie) erworben werden. Nikolaus II. gelang es auch, mit den Normannen (▷ 6.7) zu einem Ausgleich zu kommen, indem er Robert Guiscard mit Apulien, Kalabrien und Sizilien sowie Richard von Aversa mit Capua belehnte und so die sich bildenden Normannenherrschaften der päpstlichen Lehnsherrschaft unterstellte.

6.3 Morgenländisches Schisma

Als am 16. Juli 1054 der päpstliche Gesandte Humbert von Silva Candida (▷ 6.2) das Scheitern der Verhandlungen mit der byzantinischen Kirche dadurch dokumentierte, daß er auf dem Altar der Hagia Sophia eine Bannbulle gegen seinen Verhandlungspartner, den Patriarchen Michael Kerullarios von Konstantinopel, niederlegte, war Papst Leo IX., in dessen Auftrag Humbert die Verhandlungen geführt hatte, bereits tot. Obwohl diese Maßnahme für die westliche Kirche von zweifelhafter Bindungswirkung war, löste sie dennoch mit dem entsprechenden Gegenbann kurz darauf das Morgenländische Schisma zwischen der Ost- und Westkirche aus, das bis heute nicht überwunden werden konnte, wenn auch die Bannbullen 1965 aufgehoben wurden.
Dieses spektakuläre Ereignis erscheint als Ergebnis einer langen Entwicklung, die durch dauernde Spannungen und einen zunehmenden Entfremdungsprozeß zwischen den beiden

Kirchen geprägt wurde. Die Auseinandersetzungen gehen auf ein Dekret des Konzils von Chalkedon (451) zurück, das Konstantinopel nach Rom den zweiten Rang innerhalb der Patriarchalsitze zugebilligt hatte. Obwohl der damalige Papst Leo I. diesen Beschluß nie anerkannt hatte, setzte sich im Osten die Auffassung von der Sonderstellung des Patriarchen von Konstantinopel als Haupt der östlichen Christenheit durch (▷ 4.19). Zu diesem Konflikt um die Aufwertung der Kaiserresidenz Konstantinopel, der besonders im 9. Jahrhundert unter Papst Nikolaus I. zu schweren Spannungen und auch zu einem Schisma geführt hatte, kamen unterschiedliche Auffassungen im Dogma und in der Liturgie.
Ein wichtiger Streitpunkt war das „Filioque" (Ausgang des Heiligen Geistes vom Vater „und vom Sohn"), das die fränkischen Bischöfe zu Beginn des 9. Jahrhunderts ins Glaubensbekenntnis eingebracht hatten, das aber in der griechischen Kirche auf Widerspruch stieß. Weiter war von Bedeutung, daß im Osten den Klerikern – mit Ausnahme der Bischöfe – Eheverbindungen gestattet waren, während im Westen die Kirchenreform gerade den Kampf gegen die Priesterehe propagierte. Dazu kamen unterschiedliche Bräuche bei der Herstellung des eucharistischen Brotes, bei den Fastengewohnheiten sowie Abweichungen in Äußerlichkeiten wie die Barttracht der Priester im Osten, die den Entfremdungsprozeß weiter förderten. Dennoch führten nicht die Bannbullen von 1054 zum endgültigen Bruch; es waren vielmehr vor allem die wirtschaftlichen und politischen Spannungen zwischen Byzanz und den italienischen Seestädten, die sich 1182 in einem Blutbad unter den Lateinern in Konstantinopel und 1204 in der Eroberung und Plünderung dieser Stadt (▷ 6.21) entluden, die am Ende die dauernde Trennung der beiden Kirchen zur Folge hatten.

6.4 Papst Gregor VII. Dictatus Papae

Nachdem Papst Alexander II. 1073 gestorben war, wurde bereits am folgenden Tag in tumultuarischer Wahl der Archidiakon Hildebrand zum Papst erhoben; mit dem Papstnamen Gregor VII. stellte er bewußt die Beziehung zu *Gregor I.* (▷ 4.29) her. Hildebrand hatte an der Kurie bereits seit 1046 eine Rolle gespielt; unter den Päpsten Nikolaus II. und Alexander II. galt er als federführend bei allen wichtigen Entscheidungen. Bei dem epoche-machenden Dictatus Papae, der im März 1075 in das päpstliche Briefregister eingetragen wurde, handelt es sich um einen Text, der zwar nicht nach außen drang und auch nicht für die Öffentlichkeit bestimmt war, der aber zentrale Themen in unerhört deutlicher Weise behandelt. Da die 27 Sätze nicht systematisch geordnet sind (sogar eine Dublette befindet sich darunter), liegt hier wohl eine Art Gedächtnisprotokoll vor, das möglicherweise unbeabsichtigt in das Register gelangt ist.

Als wichtigste Grundaussage nimmt der Text an mehreren Stellen eine absolute Sonderstellung für die römische Kirche als eine unmittelbar von Christus errichtete Institution sowie für den Bischof von Rom, der sich allein allgemeiner Bischof und Papst nennen dürfe, in Anspruch. Mehrere Sätze befassen sich mit der Jurisdiktion des Papstes, der bei der Verurteilung von Bischöfen nicht auf das Urteil von Synoden angewiesen sei und der die Führung aller wichtigen Prozesse beanspruchen könne. Zu erklären ist diese extreme und bis dahin nicht gekannte Betonung der päpstlichen Obergerichtsbarkeit mit Gregors Absicht, Ämterkauf (Simonie) und Priesterehe zu bekämpfen. Wegen der mangelnden Organisation der römischen Kurie waren diese Forderungen zur Zeit Gregors zwar noch nicht zu verwirklichen, aber sie machen doch deutlich, welche Zielvorstellung die römische Kirche in dieser Zeit bereits vor Augen hatte.

Über das Eingreifen des Papstes in den weltlichen Bereich enthält der Text zwei Aussagen. Hiernach sollte der Papst dazu berechtigt sein, nicht nur die Untertanen ungerechter Herrscher von ihrem Treueid zu entbinden, sondern auch den Kaiser selbst abzusetzen, eine für die damalige Zeit ungeheuerliche Provokation der weltlichen Gewalt. Wenn man heute auch davon abgekommen ist, daß Gregor VII. in seinem Dictatus Papae ein Regierungsprogramm formulierte, so ist doch als bemerkenswerte Neuerung festzuhalten, daß hier erstmalig – gegen die gesamte Tradition des Kirchenrechts – dem Papst Eingriffsrechte in den weltlichen Bereich zugesprochen wurden. Gregor VII. sollte sie wenig später in der praktischen Politik in Anspruch nehmen (▷ 6.5).

6.5 Kaiser und Papst Investiturstreit

Nachdem Heinrich IV. bereits von Papst Alexander II. mit dem Bann bedroht worden war, schien sich das Verhältnis zwischen Papst und König nach dem Amtsantritt Gregors VII. 1073 zunächst zu verbessern. Heinrich IV. wandte sich mit einem Ergebenheitsschreiben an den neuen Papst, der sogar daran gedacht haben soll, dem deutschen König für den Fall seiner Abwesenheit auf einem in Aussicht genommenen Kreuzzug die Leitung der abendländischen Kirche zu übertragen. Es kam zum Bruch, als Heinrich IV. 1075 in Mailand und sogar innerhalb des Kirchenstaats Bischöfe erhob, was gegen die von der Kirchenreform vertretenen Prinzipien der kanonischen Wahl durch Klerus und Volk verstieß.

Heinrich IV., Abt Hugo von Cluny und Mathilde von Tuszien. Malerei auf Pergament

Als Gregor VII. im Dezember 1075 Heinrich IV. schroff ermahnte und mit Bann bedrohte, gab es im deutschen Episkopat erheblichen Widerstand gegen die Zielvorstellung Gregors, den Kauf bzw. Verkauf geistlicher Ämter (Simonie) zu unterbinden und die Einhaltung des Zölibats auch in den deutschen Diözesen zu erzwingen. Auf einem von zahlreichen Bischöfen besuchten Hoftag wurde beschlossen, dem Papst den Gehorsam aufzukündigen (26. Jan. 1076), und in einem überaus scharfen

Schreiben – gerichtet nicht an den Papst, sondern „den falschen Mönch Hildebrand" – forderte Heinrich seinen Gegenspieler auf, den angemaßten Stuhl Petri zu verlassen.

Gregor erklärte nun seinerseits in einem Gebet an den heiligen Petrus den deutschen König für abgesetzt und exkommuniziert. Damit war etwas Unerhörtes geschehen, denn noch nie hatte ein Papst einen weltlichen Herrscher seines Amtes enthoben (▷ 6.4). Die alten Gegner des Königs, vor allem die Sachsen und die süddeutschen Herzöge, sammelten sich, und auch ein Teil der Bischöfe fiel von Heinrich IV. ab. Um einem Vermittlungsversuch des Papstes zuvorzukommen, überquerte er daher mit kleinem Gefolge die Alpen und erschien Ende Januar 1077 im Büßergewand vor der Burg Canossa, wohin der Papst sich zurückgezogen hatte. Nachdem der König in einem dreitägigen Bußgang Abbitte geleistet hatte, blieb Papst Gregor nichts anderes, als den reuigen Sünder wieder in die Kirchengemeinschaft aufzunehmen. Damit hatte Heinrich zwar einen taktischen Erfolg errungen, aber er hatte zugleich die weltliche Oberherrschaft des Papstes über das Königtum anerkannt und konnte auch nicht verhindern, daß die Fürsten in Forchheim einen Gegenkönig (Rudolf von Schwaben) wählten.

Gregor VII. untersagte 1078 dem deutschen König grundsätzlich, Bischöfe einzusetzen; damit war der Investiturstreit in vollem Gange. Nach seiner zweiten Ächtung 1080 ließ Heinrich IV. im gleichen Jahr den Erzbischof von Ravenna als Klemens III. zum Gegenpapst erheben. 1084 ließ sich Heinrich von seinem Papst in Rom zum Kaiser krönen, nachdem die Römer ihn in die Stadt gelassen hatten. Papst Gregor, der sich in der Engelsburg verschanzt hatte, wurde zwar von einem normannischen Heer entsetzt, mußte aber wegen der Übergriffe seiner Verbündeten (▷ 6.7) die Stadt bald verlassen und starb 1085 im Exil in Salerno. Der Investiturstreit wurde erst unter Heinrich V. durch das *Wormser Konkordat* (▷ 6.6) beendet.

6.6 Wormser Konkordat

Bis zur Kirchenreform des 11. Jahrhunderts hatten die ottonischen und salischen Könige Bischöfe und Reichsäbte, die auch zu weltlichen Herrschaftsaufgaben herangezogen wur-

Eine Seite aus dem Sachsenspiegel mit thronendem Christus sowie Investitur von Geistlichen und Belehnung. Dresdener Bilderhandschrift (um 1350)

den, ernannt und durch die Investitur mit den Symbolen Ring und Stab in ihre Ämter eingesetzt. Diese für die Herrschaftspraxis des Königs entscheidende Befugnis wurde von

Papst Gregor VII. (▷ 6.4) grundsätzlich in Frage gestellt; durch die Einführung eines allgemeinen Investiturverbots sollte der Einfluß von Laien bei der Besetzung geistlicher Ämter gänzlich ausgeschaltet werden. Der daraus resultierende, über 40 Jahre währende Streit zwischen Kaiser und Papst um das Investiturrecht (▷ 6.5) wurde durch das Wormser Konkordat beendet. Voraussetzung für den damals erzielten Kompromiß zwischen beiden Parteien war ein geistiger Klärungsprozeß, der zur Scheidung der geistlichen und weltlichen Befugnisse der kirchlichen Amtsträger (Trennung von geistlichen Ämtern, den Spiritualia, und weltlichen Besitz- und Hoheitsrechten, den Temporalia) führte.

Am 22. September 1122 vereinbarten Kaiser Heinrich V. und eine päpstliche Legation unter Führung des Kardinalbischofs Lambert von Ostia, des späteren Papstes Honorius II. (1124–30), bei Worms nach zähen Verhandlungen den Friedensschluß, durch den der Kaiser ohne eigene Bußleistung vom Kirchenbann gelöst wurde. Formal besteht das Wormser Konkordat aus zwei damals ausgetauschten Urkunden, in denen Heinrich V. und Papst Kalixt II. jeweils der Gegenseite in knapper Form ihre Zugeständnisse verbrieften. Im kaiserlichen Privileg verzichtete Heinrich V. auf die Investitur mit den geistlichen Symbolen Ring und Stab und gestand kanonische Wahl und freie Weihe zu; ferner versprach er die Rückgabe des entfremdeten Kirchengutes sowie künftige Hilfeleistung für den Papst. Der Einfluß des Kaisers blieb aber erheblich. Im päpstlichen Gegenstück, dem „Calixtinum", erlaubte der Papst die Anwesenheit des Kaisers bei Bischofs- und Abtswahlen und die Belehnung (Regalienleihe) der Erwählten mit dem Zepter, in Deutschland vor der Weihe, in Burgund und Italien danach; ferner sicherte er Heinrich eine begrenzte Einflußmöglichkeit bei strittigen Wahlen zu.

Während der Kaiser sein Privileg für „Gott, die heiligen Gottesapostel Petrus und Paulus und die heilige katholische Kirche" ausstellte, ist in der Urkunde des Papstes nur Heinrich V. als Empfänger genannt, so daß die päpstlichen Konzessionen zeitlich möglicherweise nur auf Heinrichs Lebenszeit beschränkt sein sollten. Die Abmachungen von Worms wurden im März 1123 durch eine Lateransynode bestätigt.

6.7 Normannisches Reich in Italien

Um die Jahrtausendwende kamen normannische Pilger und Söldner nach Süditalien und unterstützten die einheimischen Fürsten im Kampf gegen die Araber. Die süditalienischen Herrschaften und auch die Päpste warben in der Normandie weitere Söldner an, und im Jahre 1030 ließ sich der Normanne Reinulf mit der Grafschaft Aversa belehnen, wodurch die normannische Herrschaftsbildung in Süditalien eingeleitet wurde. In der Folgezeit gingen weitere Gruppen von Neuankömmlingen unter Führung der Familie der Hautevilles zu einer Politik der offenen Eroberung der einheimischen byzantinischen und langobardischen Herrschaften über. Als Papst Leo IX. versuchte, zugunsten des langobardischen Fürstentums Benevent gegen die Normannen vorzugehen, erlitt sein Heer bei Civitate (1053) eine vernichtende Niederlage; er selbst geriet in normannische Gefangenschaft.

Nikolaus II. entschloß sich zu einer folgenschweren Kehrtwendung in der päpstlichen Normannenpolitik, als er 1059 Graf Richard von Aversa mit Capua und den Normannenführer aus der Hauteville-Familie, Robert Guiscard („Schlaukopf"), mit Kalabrien, Apulien sowie Sizilien, das allerdings erst von den Arabern erobert werden mußte, belehnte. Gemeinsam mit seinem jüngeren Bruder Roger gelang es Robert Guiscard 1061, Messina als erste Stadt Siziliens den Arabern zu entreißen; 1091 war die Eroberung der Insel abgeschlossen, die Robert Guiscard noch zu seinen Lebzeiten Roger I. überließ. Anders als in Unteritalien, wo es die Normannen mit territorial zersplitterten Gebieten zu tun hatten, konnte Roger in Sizilien die monarchische Verwaltung der Araber und damit auch eine kundige einheimische Beamtenschaft übernehmen.

Als Roger I. starb (1101), war sein Sohn noch im Kindesalter; erst 1112 gelangte er als Roger II. zur selbständigen Herrschaft. Nach langjährigen Kämpfen mit seinen unteritalienischen Verwandten und gegen den Widerstand des durch ein Schisma geschwächten Papsttums gelang es ihm, 1130 seine Krönung zum König von Sizilien, Kalabrien und Apulien durchzusetzen und schließlich 1134 auch die widerstrebenden Barone Unteritaliens niederzuringen. Ein Feldzug Kaiser Lothars III. (1136/37) verlief erfolglos, und 1139 mußte auch Papst Innozenz II. das sizilianische Königtum Rogers II. anerkennen. Die bedeutendste Leistung Rogers bestand in der inneren Konsolidierung des Reiches, indem er eine Gesetzessammlung (Assisen von Ariano, 1140) erließ und die Finanzverwaltung der Araber sowie die Ämter der Byzantiner übernahm.

Ende der vierziger Jahre richtete Roger Angriffe gegen das Byzantinische Reich selbst sowie gegen Nordafrika; in Tripolis und in Tunis konnten sich die Normannen festsetzen. Die afrikanischen Besitzungen wurden nach dem Vorbild Siziliens verwaltet und durch religiöse Toleranz und Heranziehung einheimischer Amtsträger an die Normannen gebunden. Das Königreich Sizilien ging 1194 an die *Staufer* (▷ 6.14) über.

6.8 Wilhelm der Eroberer

Mit Eduard dem Bekenner (1042–66) gelangte nach dem Zusammenbruch des von König *Knut* (▷ 5.31) begründeten nordischen Großreiches wieder die westsächsische Königsdynastie zur Herrschaft. Aufgewachsen in der Normandie, pflegte der neue König auch nach seiner Rückkehr nach England enge Beziehungen zu seiner Exilheimat, indem er bevorzugt Normannen in hohe Staatsämter berief und indem er – selbst kinderlos – wahrscheinlich schon früh Herzog Wilhelm von der Normandie die Nachfolge in seinem Reiche zusicherte. Als König Eduard 1066 starb, wurde jedoch der mächtige Earl Harold, der eine Schwester des Königs geheiratet hatte, zum König erhoben. Außerdem meldete auch noch der norwegische König Harald Hardrade als Erbe Knuts eigene Thronansprüche an. Nachdem es Harold gelungen war, den norwegischen Rivalen, der mit Heeresmacht in Yorkshire eingefallen war, bei Stamfordbridge vernichtend zu schlagen, landete wenige Tage später Herzog Wilhelm mit einem Invasionsheer an der Südküste bei Pevensey.

In der Schlacht bei Hastings (14. Oktober 1066), deren Vorgeschichte und Verlauf anschaulich im Teppich von Bayeux dargestellt sind, entschied sich das Schicksal Englands auf lange Zeit: Harolds Fußtruppen unterlagen dem normannisch-französischen Ritterheer, Harold selbst fiel in der Schlacht. Damit war für Wilhelm der Weg frei, sich in Westminster zum König krönen zu lassen. Bei seiner Krönung versprach der neue König zwar, das Herkommen und die Gesetze seiner Vorgänger zu wahren und setzte damit ein deutliches Zeichen für Herrschaftskontinuität. Als bedeutsame Neuerung brachten die Eroberer jedoch mit dem kontinentalen *Lehnswesen* (▷ 5.13) ein neues, in England bisher nicht bekanntes Herrschafts- und Organisationsprinzip mit, das das Verhältnis zwischen König und Adel einschließlich des höheren Klerus auf eine neue Grundlage stellte und durch die Einführung des vasallischen Ritterdienstes auch die Wehrverfassung des Landes wesentlich modifizierte.

Mit der neuen Organisationsform wurden auch die bisherigen Besitzverhältnisse umgestaltet, da an die Stelle der angelsächsischen Großen jetzt die Gefolgsleute Wilhelms traten, die nicht nur in die hohen Kirchen- und Staatsämter einrückten, sondern auch fast alle Kronvasallen stellten, wie das 1086 im Auftrage König Wilhelms als Grundkataster angelegte Domesday Book erkennen läßt. Daneben griff Wilhelm jedoch auch auf das angelsächsische Verwaltungs- und Abgabensystem zurück. Aus der Verbindung der normannischen Feudalmonarchie mit den volksrechtlichen Traditionen des angelsächsischen Königtums wurde somit die Grundlage für eine dauerhafte monarchische Zentralgewalt geschaffen; das Land selbst wurde durch die normannische Eroberung endgültig dem romanischen Kulturkreis geöffnet. Abbildung S. 148

6.9 Seldschuken

Der Name der Seldschuken geht auf Seldschuk, einen turkmenischen, ogusischen Stammeshäuptling zurück, der um 970 mit seinen Gefolgsleuten zum Islam übergetreten war. Im 11. Jahrhundert rückten die Seldschuken zunächst nach Süden vor und eroberten den Iran. Vom *abbasidischen Kalifen* (▷ 5.15) nach Bagdad eingeladen, besetzten sie 1055 unter Tughrul Beg die Stadt und wurden Schutzherrscher über die Kalifen. 1071 schlug Alp Arslan (1063–72), Tughruls Neffe, die Byzantiner bei Manzikert, und die Turkmenen konnten sich in Anatolien festsetzen.

Angelsächsisches Schiff in der Schlacht von Hastings. Kolorierter Kupferstich nach dem Teppich von Bayeux

Etwa zur selben Zeit gerieten auch Syrien und Palästina unter die Kontrolle der Seldschuken. Damit waren wesentliche Anstöße zu den *Kreuzzügen* (▷ 6.10) gegeben, die jedoch die islamische Welt in Vorderasien nur am Rande betrafen.

Sultan Melikschah (1072–92), Sohn von Tughrul, sollte sich der Unterstützung durch Nisam al-Mulk (1018–92), einen der bedeutendsten Wesire in der islamischen Geschichte, erfreuen. Dieser wurde am Ende einer dreißigjährigen Amtszeit durch einen Assassinen ermordet. Die Assassinen („haschschâschûn", „Benutzer von Haschisch", daher auch frz. „assassin", „Mörder"), eine extremistische schiitische Sekte (▷ 5.2), hatten sich unter dem Agitator Hasan as-Sabbah (gest. 1124) als terroristische Gruppe in den Bergen südlich des Kaspischen Meeres (Bergfestung Alamut) etabliert und wurden erst 1256 durch die Mongolen vernichtet.

Nach dem Tode Melikschahs sollte das seldschukische Großreich rasch zerfallen. Zwar konnte Sultan Mohammed, ein Bruder Melikschahs, den Zersetzungserscheinungen noch Einhalt gebieten, doch sein Bruder Sandschar (1118–57) herrschte nur noch im Ostiran (Chorassan). In anderen Regionen Irans, in Syrien, dem Irak und Kleinasien bildeten sich Teilstaaten, die sich bekämpften. Von ihnen sollte das Reich der Rum-Seldschuken („oströmische Seldschuken") für Europa am wichtigsten werden. Unter Süleyman, dem

Statthalter Alp Arslans, in Anatolien mit der Hauptstadt Konya gegründet, wurde es zur großen Gefahr einerseits für die Byzantiner, die 1176 bei Myriokephalon vernichtend geschlagen wurden, aber auch für die Kreuzfahrer, deren Landwege nach Palästina erheblich gestört wurden. Als Konstantinopel 1204 von den Kreuzrittern erobert wurde, schied es als Gegner für die Seldschuken aus, und Anatolien konnte vor allem unter Kai Kobad I. (1220–37) eine kurze Blüte auf wirtschaftlichem und sozialem Gebiet erleben.

Das Ende des Reiches der Rum-Seldschuken kam durch den Vorstoß der *Mongolen* (▷ 6.29) nach Kleinasien und die Niederlage am Kösedağ 1243; die Seldschuken mußten sich unterwerfen und wurden Vasallen der Mongolen, die eine zunehmend straffere eigene Verwaltung einführten. Die seldschukische Dynastie ging 1308 mit dem Tode von Mesud II. zu Ende, während der Westen des Landes bereits in selbständige Kleinfürstentümer zerfallen war. Aus einem von ihnen sollte das Osmanische Reich hervorgehen.

6.10 Der Kreuzzugsgedanke

Am 27. November 1095 hielt Papst Urban II. im Rahmen einer Synode in Clermont (Auvergne) vor einer großen Menschenmenge eine flammende Rede. Dabei schilderte er in düsteren Farben das Schicksal der Christen im Orient, die von dem islamischen Volk der

Seldschuken (▷ 6.9) grausam unterdrückt würden, und rief in leidenschaftlichen Worten Arme und Reiche dazu auf, den Glaubensbrüdern im Osten bewaffnete Hilfe zu leisten und „das gemeine Gezücht" der Ungläubigen aus den von ihnen eroberten Gebieten zu vertreiben. Die Wirkung dieser Ansprache war außergewöhnlich. Unter den Rufen „Gott will es" ließen sich zahlreiche Zuhörer aus bunten Tüchern zusammengeschnittene Stoffkreuze auf die Schultern heften, um auf diese Weise ihre Bereitschaft zu dokumentieren, in der Nachfolge Christi „das Kreuz auf sich zu nehmen" und an dem geplanten Kriegszug gegen die Ungläubigen teilzunehmen.

Von Clermont aus sprang die so entstehende Kreuzzugsbewegung – übermittelt von zahlreichen Wanderpredigern und unterstützt durch weitere päpstliche Aufrufe – auf das übrige Frankreich über und erfaßte bald den gesamten Okzident, wobei als offizielles Kriegsziel schon früh die Befreiung der heiligen Stätten in Jerusalem in den Vordergrund rückte. Die neu entstandene Massenbewegung konnte dabei an zwei gewichtige Traditionen anknüpfen, den weit verbreiteten Brauch der Jerusalem-Wallfahrt und die aus der Abwehr gegen Sarazenen, Ungarn und Normannen erwachsene Tradition der Bekämpfung der Heiden, die nun beide gedanklich miteinander verbunden wurden, so daß der Kreuzzug von der Idee her als eine bewaffnete Wallfahrt zur Befreiung bzw. Sicherung des Heiligen Grabes in Jerusalem erscheint.

Das entsprechende Kriegspotential fand die Kirche dabei in der abendländischen Ritterschaft (▷ 6.22). Eine wichtige Rolle für den Erfolg der Bewegung spielte auch der Lohngedanke, der von der Kirche bewußt eingesetzt wurde, um zur Teilnahme an den Kreuzzügen zu motivieren. Den Kreuzfahrern wurde der Nachlaß kirchlicher Bußstrafen, aber auch der Erlaß der zeitlichen Sündenstrafen vor Gott (Ablaß) als Gegenleistung für die Kreuznahme versprochen . Dazu kam die Aussicht auf reiche Beute und den Erwerb von Grund und Boden, da die Kirche klargestellt hatte, daß das den Heiden entrissene Land von den Kreuzfahrern in Besitz genommen werden sollte. Unter diesen Gesichtspunkten dürfte die Teilnahme am Kreuzzug für so manchen nachgeborenen Sohn einer Ritterfamilie, dem in der Heimat keine großen Zu-

Seldschukengrab in Kırşehir südlich von Ankara

kunftsaussichten winkten, attraktiv gewesen sein.

6.11 Kreuzzüge und Kreuzfahrerstaaten

In seiner Rede auf der Synode von Clermont (▷ 6.10) hatte Papst Urban II. zwar unterschiedslos Arme und Reiche zum Kreuzzug gegen die Ungläubigen aufgerufen; in der Praxis wandte er sich jedoch vor allem an die französischsprachige Ritterschaft. Neben den Rittern erfaßte die Bewegung breite Volksmassen, die schon bald als undisziplinierte Haufen das Land in Richtung Osten durchquerten und deren fanatischer Haß sich zunächst gegen die heimischen Nichtchristen, die Juden, richtete, so daß die Anfänge der Kreuzzugsbewegung zugleich von den ersten schweren Judenpogromen des Mittelalters begleitet wurden.

Die Ritterheere, die 1096 aufgebrochen waren, eroberten 1099 nach einem furchtbaren Blutbad unter der Bevölkerung Jerusalem und errichteten dort – wie auch in Edessa, Tibe-

rias, Antiochia und Tripolis – eigene Herrschaften, unter denen das Königreich Jerusalem eine Führungsrolle einnahm. Für das Überleben dieser Kreuzfahrerstaaten inmitten einer feindlichen Umgebung war es von elementarer Bedeutung, daß die Verbindung zum abendländischen Europa nicht abbrach, schon weil man dringend auf die stetig nachströmenden Kreuzfahrerkontingente angewiesen war. Diese Verbindung war jedoch nur auf dem Seeweg aufrechtzuerhalten, wozu man die italienischen Seestädte (Pisa, Venedig, Genua) mit ihren Flottenkapazitäten benötigte, die sich allerdings ihr Engagement durch Sonderprivilegien teuer bezahlen ließen (▷ 6.20). Die dauernde Gefährdung der Kreuzfahrerstaaten durch die islamischen Nachbarherrschaften löste in der Folgezeit weitere Kreuzzüge aus. So rief Papst Eugen III. unter dem Eindruck des Falls von Edessa (1114/45) – unterstützt von den Predigten des Zisterzienserabtes *Bernhard von Clairvaux* (▷ 6.13) – zu einem 2. Kreuzzug (1147–49) auf, an dem auch der deutsche König Konrad III. teilnahm; das Unternehmen endete jedoch ohne greifbaren Erfolg.
Die Einigung der islamischen Herrschaften, das Ausscheren des Byzantinischen Reiches unter Andronikos I. Komnenos aus dem engen Bündnis mit den Kreuzfahrerstaaten (1185) sowie innere Auseinandersetzungen im Königreich Jerusalem ermöglichten es Sultan Saladin, 1187 Jerusalem zu erobern und die Kreuzfahrerherrschaft auf wenige Burgen im Norden sowie die drei Küstenstädte Antiochia, Tripolis und Tyrus zurückzudrängen. Der durch diese Katastrophe ausgelöste 3. Kreuzzug unter Führung des deutschen Kaisers *Friedrich Barbarossa* (▷ 6.15) drohte nach dem Tode des Kaisers in der Osttürkei (1190) kläglich zu scheitern, doch gelang es unter Führung des englischen Königs Richard Löwenherz wenigstens, Saladin zu einem Abkommen zu zwingen, das den Restbestand der Kreuzfahrerherrschaft garantierte und Zugeständnisse für den Pilgerverkehr enthielt (1192).
Die Kreuzzüge des 13. Jahrhunderts lassen erkennen, daß die Kreuzzugsidee in zunehmendem Maße unter den Einfluß politischer Sonderinteressen geriet und – wie im Falle des berüchtigten *4. Kreuzzuges* (▷ 6.21) – geradezu pervertiert wurde. Mit dem Fall Akkons

(1291) wurde die Kreuzfahrerherrschaft im Heiligen Land beendet, wenn auch in Europa immer wieder zur Rückeroberung der verlorenen Gebiete aufgerufen wurde.

6.12 Reconquista

Schon wenige Jahre nach der Eroberung des westgotischen Spaniens (711) (▷ 4.20) durch die Araber begann die christliche Rückeroberung (Reconquista) mit dem Sieg des Westgoten Pelagius, dem Anführer der Bergbewohner im nordspanischen Asturien, über die Araber (722 Schlacht bei Covadonga). Abgeschlossen wurde die Reconquista allerdings erst 770 Jahre später, als 1492 als letzter Teil der iberischen Halbinsel auch Granada den Arabern entrissen werden konnte.
Bereits um 750 konnte Galicien, in der Mitte des 9. Jahrhunderts León erobert werden; Anfang des 10. Jahrhunderts wurde die Hauptstadt Asturiens von Oviedo nach León verlegt. Im 10. Jahrhundert kam es aber zu einer Zersplitterung der christlichen Reiche, als sich Kastilien von Asturien-León abspaltete, außerdem hatte sich der Pyrenäenstaat Navarra gebildet. Das 11. Jahrhundert wurde durch die Vorherrschaft Kastiliens in christlichen Spanien geprägt. Die Könige Ferdinand I. (1035–65) und Alfons VI. (1072–1109) erreichten den Anschluß Leóns und Navarras an Kastilien und vermochten den Mauren den Norden Portugals und endlich die alte Hauptstadt Toledo (1085) abzunehmen. In dieser Zeit lebte und kämpfte auch El Cid (Rodrigo Diaz), der Held der christlichen Reconquista. Wegen der Gegensätze zum König von Kastilien stand er zuweilen auch auf arabischer Seite. Meist führte er seine Kriege auf eigene Faust, wobei das von ihm eroberte Valencia jedoch nicht auf Dauer gehalten werden konnte.
Einen Höhepunkt der kastilischen Macht bildete die Regierung Alfons' VII. (1126–57), der sich 1135 sogar zum Kaiser krönen ließ, nachdem bereits seine Vorgänger in Anknüpfung an westgotische Traditionen den Kaisertitel geführt hatten. Sein Machtbereich erstreckte sich vom Atlantik bis zur Rhône. Trotz zahlreicher Feldzüge gegen die Mauren vermochte er aber keine territorialen Gewinne zu erzielen. Das 12. Jahrhundert brachte dann den Aufstieg Aragóns, einer neuen christlichen

Macht in Spanien. Hierbei bildete die Eroberung Saragossas (1118) eine wichtige Etappe; 1143 entstand Portugal als unabhängiges Reich im Westen der Halbinsel. Für den weiteren Fortgang der Reconquista wurde der Sieg der Christen bei Navas de Tolosa (bei Jaén) im Jahre 1212 bedeutsam. 1236 konnte Córdoba, die Hauptstadt des Kalifats (▷ 5.28), den Mauren entrissen werden. Wenig später folgten Murcia und Sevilla (1248), und selbst der maurische König von Granada mußte die kastilische Oberhoheit anerkennen.

Zur gleichen Zeit konnten auch die Aragonesen unter König Jakob I. mit der Eroberung der Balearen (1229–35) und Valencias (1238) wichtige Erfolge erzielen. Daß die Reconquista nach diesen Ergebnissen nicht beendet werden konnte, war eine Folge der heftigen Gegensätze zwischen Kastilien und Aragón. Erst unter Sancho IV. (1284–95) und Alfons XI. (1312–50) von Kastilien wurde die Rückeroberungspolitik wieder aufgegriffen und dann durch die Katholischen Könige Isabella von Kastilien und Ferdinand von Aragón, die 1479 mit ihrer Heirat die Einheit des Königreiches Spanien begründeten, im Jahre 1492 mit der Eroberung Granadas abgeschlossen. Abbildung S. 152

6.13 Zisterzienser Bernhard von Clairvaux

Im Jahre 1070 gründete der Adlige Robert aus der Champagne in Molesme (Burgund) ein Kloster und wurde nach einem Zwischenspiel als Eremit auch Abt dieses Klosters. Es gab jedoch Konflikte, weil Robert und einige andere Konventsmitglieder es ablehnten, wie die bisherigen Mönche von den Grundrenten zu leben, sondern forderten, den Lebensunterhalt durch eigene Bewirtschaftung der Äcker zu erarbeiten und ein Leben in apostolischer Armut zu führen. 1098 verließen daher Abt Robert, Prior Alberich und ein Dutzend Mönche Molesme und gründeten ein neues Kloster in Cîteaux. Aus einem winzigen Konvent entstand unter den Äbten Alberich (1099–1108) und Stephan Harding (1108–33) ein großer und erfolgreicher Orden. 1119 erhielt Cîteaux die Zusage des päpstlichen Schutzes in der „Carta caritatis", dem Grundgesetz des Ordens.

Bis 1153 gab es in Westeuropa bereits 344 Zisterzienserklöster, vor allem in Frankreich, England und im Deutschen Reich. Später erstreckte sich die neue monastische Bewegung auch auf Nordspanien, Reichs-Italien, Skandinavien, Böhmen, Ungarn und Polen. Die ältesten Tochtergründungen entstanden im burgundisch-lothringischen Raum: La Ferté, Pontigny, Clairvaux und Morimond. Jährlich fand in Cîteaux das Generalkapitel statt, zu dem sich alle Zisterzienseräbte versammeln mußten. Die vollständige Rückkehr zur benediktinischen Forderung der Handarbeit wurde jedoch bald dadurch unterlaufen, daß den Hauptanteil an der Bewirtschaftung der klösterlichen Grundherrschaft Laienbrüder trugen, die den unteren sozialen Schichten entstammten und streng von den meist adligen Vollmönchen getrennt waren.

Um 1090 wurde in der Nähe von Dijon Bernhard von Clairvaux geboren. Zusammen mit dreißig Verwandten und Freunden, die er geworben hatte, trat Bernhard 1111/12 ins Kloster Cîteaux ein. Er wurde bereits 1115 ausgesandt, um das Tochterkloster Clairvaux zu gründen; dort wurde Bernhard Abt und blieb es bis zu seinem Tode 1153. Clairvaux wurde die fruchtbarste Tochtergründung von Cîteaux, der 1153 bereits 168 Klöster unterstellt waren. Durch einen ausgedehnten Briefwechsel mit den bedeutendsten Persönlichkeiten in der Kirche und der Laienwelt seiner Zeit und durch zahllose Reisen wurde Bernhard zu einer zentralen Gestalt im Europa des hohen Mittelalters. Seinem Wirken war es zu verdanken, daß sich Papst Innozenz II. gegen seinen Konkurrenten Anaklet II. durchsetzte, und auf seine Veranlassung nahmen die Könige Europas am 2. Kreuzzug (▷ 6.11) teil. Er wandte sich gegen Abaelardus und Gilbert, die wichtigsten Vertreter der neuen scholastischen Theologie und prägte die mittelalterliche Christusmystik und Marienverehrung. Das wiederentdeckte römische Recht verdammte Bernhard als Kunst der Habgier und der Rechtsverdrehung. Sein Papstspiegel „De consideratione" (entstanden 1149–52) stellte die Mißstände in der kirchlichen Verwaltung bloß und prangerte Bestechlichkeit und übertriebenen Zentralismus der Kurie an, wobei Bernhard gleichzeitig den Primat des Papstes verteidigte. 1174 wurde Bernhard heiliggesprochen.

El Cid mit Gefolge. Spanische Miniatur

6.14 Staufer und Welfen

Die Geschichte Deutschlands im hohen Mittelalter wurde durch den machtpolitischen Gegensatz zweier Adelsfamilien, der Staufer und der Welfen, geprägt. Die Welfen stammten aus einem alten, ursprünglich um Metz angesessenen Geschlecht der karolingischen Reichsaristokratie, das jedoch bereits im 8. Jahrhundert nach Schwaben wechselte und sich dort später um Weingarten ein neues Machtzentrum schuf. Demgegenüber handelt es sich bei den Staufern um eine altschwäbische Dynastie, die im *Investiturstreit* (▷ 6.5) in den Kreis der führenden Familien aufstieg, als Kaiser Heinrich IV. im Jahre 1079 Friedrich I., der sich nach dem Stammsitz bei Göppingen (Burg Stoph bzw. Stauf) „von Staufen" nannte, das Herzogtum Schwaben verlieh und seine Tochter Agnes zur Frau gab. Zur offenen Feindschaft zwischen den beiden Familien kam es, als nach dem Aussterben des salischen Kaiserhauses (1125) nicht der Staufer, Herzog Friedrich II., Neffe des verstorbenen Kaisers Heinrich V., sondern der Sachsenherzog, Lothar III., der verwandtschaftlich und politisch eng mit der welfischen Familie verbunden war, zum König gewählt wurde. Der Anspruch der Staufer auf das salische Hausgut als Erbe führte zum bewaffneten Konflikt mit der Welfenpartei, der sich noch weiter verschärfte, als die Fürsten 1138 nach dem Tode Kaiser Lothars den Staufer Konrad III. – gegen den Schwiegersohn des verstorbenen Kaisers, den Welfen Heinrich den Stolzen – zum König wählten. Nachdem es Konrad nicht gelungen war, seinen mächtigen Gegner, der neben dem bayerischen auch das sächsische Herzogtum als Erbe beanspruchte, militärisch niederzukämpfen, suchte Konrads Neffe und Nachfolger als König, *Friedrich Barbarossa* (▷ 6.15), der spätere Kaiser Friedrich I., zunächst den politischen Ausgleich mit den Welfen, indem er seinen Vetter Heinrich den Löwen als Herzog von Sachsen und Bayern bestätigte. 1180 kam es jedoch zum Bruch zwischen Kaiser Friedrich I. und seinem übermächtigen Vasallen, der zum Sturz Heinrichs des Löwen und zur Aufteilung und Neuverleihung seiner Reichslehen an andere Reichsfürsten führte; der welfischen Familie blieb nur das Allod (Eigengut).

Außenpolitisch unterstützt vom englischen Königshaus – Heinrich der Löwe war mit einer Tochter König Heinrichs II. von England verheiratet – setzten die Welfen jedoch in der Folgezeit den Kampf gegen die Staufer fort. Dabei gelang es dem Sohn Heinrichs des Löwen, Otto IV., nach der Doppelwahl von 1198 und der Ermordung seines staufischen Rivalen Philipp (1208) vorübergehend in ganz Deutschland als Reichsoberhaupt Anerkennung zu finden; gegen den vom Papst ins Spiel gebrachten staufischen Gegenkandidaten *Friedrich II.* (▷ 6.23) vermochte er sich jedoch nicht durchzusetzen. In der Schlacht von Bouvines (1214), in der Otto an der Seite des englischen Königs Johann Ohneland gegen den mit den Staufern verbündeten französischen König kämpfte, wurde der deutsche Thronstreit zugunsten der Staufer entschieden. Der Sieger, Kaiser Friedrich II., legte den Dauerkonflikt zwischen den beiden Familien endgültig bei, als er 1235 den Enkel Heinrichs des Löwen, Otto von Lüneburg, zum Fürsten des aus kaiserlichen Schenkungen und dem welfischen Allodialbesitz neugeschaffenen Herzogtums Braunschweig-Lüneburg erhob.

6.15 Friedrich Barbarossa

Als König Konrad III. starb, wählten die Fürsten seinen Neffen Friedrich zum deutschen König (1152), wohl auch in der Erwartung, daß der neue Herrscher, der mit den Welfen verwandt war, in der Lage sein werde, den Dauerkonflikt zwischen *Staufern und Welfen* (▷ 6.14) beizulegen. Friedrich erfüllte diese Erwartungen auch, indem er seinem welfi-

*Das
Castel del Monte
(bei Andria) aus
staufischer Zeit*

schen Vetter Heinrich dem Löwen nicht nur
Sachsen bestätigte, sondern ihm auch das zwischen ihm und den Babenbergern umstrittene
Herzogtum Bayern zuerkannte, allerdings
verkleinert um die Donaumark, die nun zum
eigenständigen Herzogtum Österreich erhoben wurde (1156).

*Friedrich I. Barbarossa
(Relief)*

Der neue König, der wegen seines rötlich-
blonden Haares von den Zeitgenossen in
Italien „Barbarossa" („Rotbart") genannt

wurde, war einer der glanzvollsten Herrscher
des deutschen Mittelalters. Überzeugt von der
sakralen Würde seines Königs- bzw. Kaisertums, machte er den Kampf für die „Ehre des
Reiches" („honor imperii") zum Leitmotiv einer Politik, die darauf abzielte, die Reichs-
herrschaft wieder stärker zur Geltung zu bringen. Dabei richtete Friedrich sein Augenmerk
vor allem auf Italien, wo zahlreiche Rechte des
Reiches – bedingt durch die längere Abwesenheit des Königs und das Fehlen einer institutionalisierten Reichsverwaltung – in Vergessenheit geraten waren. Vor allem die aufstrebenden oberitalienischen Städte (▷ 6.16)
setzten sich unter Führung Mailands gegen
die 1158 in Gesetzesform verkündeten Ansprüche Friedrichs zur Wehr und wurden dabei vom Papsttum unterstützt, das immer
deutlicher die absolute Vorherrschaft der
höchsten geistlichen Gewalt auch in weltlichen Angelegenheiten in Anspruch nahm.
Der Versuch Friedrichs, der noch 1155 aus der
Hand des Papstes die Kaiserkrone empfangen
hatte, das 1159 ausgebrochene Schisma dafür
zu nutzen, gegenüber dem stauferfeindlichen
Alexander III. einen kaiserlichen Gegenpapst
(Viktor IV.) zu etablieren, scheiterte an der
mangelnden Unterstützung der westeuropäischen Nachbarmonarchien. Friedrich mußte
1177 Alexander als Papst anerkennen und
1183 auch gegenüber dem Lombardischen
Städtebund einlenken. Doch in Deutschland
gelang es ihm, den Stauferbesitz vom Elsaß
bis nach Thüringen zu einem bedeutsamen

Territorialkomplex auszubauen und die lehnrechtlichen Bindungen zu den Kronvasallen zu festigen. Der wieder ausbrechende Konflikt mit den Welfen endete mit dem Sturz Heinrichs des Löwen (1180), dessen Herzogtümer aufgeteilt und neu verliehen wurden. In Italien verbündete sich Friedrich mit dem *Normannischen Reich* in Sizilien (▷ 6.7) und verheiratete seinen Sohn Heinrich VI. mit Konstanze, der späteren Erbin Siziliens; dadurch wurde den Staufern die Aussicht auf die Beherrschung ganz Italiens eröffnet. Nachdem mit der Königswahl Heinrichs VI. die dynastische Kontinuität gesichert war, brach Friedrich 1189 an der Spitze eines abendländischen Ritterheeres zum 3. Kreuzzug (▷ 6.11) auf, der mit der Rückeroberung Jerusalems, das 1187 in die Hand der Araber gefallen war, einen Höhepunkt bringen sollte; der mittlerweile über 60jährige Kaiser ertrank jedoch im Salef in Kleinasien, noch bevor er das Heilige Land erreichte.

6.16 Italienische Stadtrepubliken

Die Entstehung der italienischen Stadtrepubliken geht auf den Beginn des 11. Jahrhunderts zurück. Seit 1080 werden (zuerst für Pisa) als Träger der Stadtobrigkeit Konsuln erwähnt; bis 1125 wurde in den meisten italienischen Kommunen die Konsularverfassung eingeführt. In den meisten Städten ist für das 12. Jahrhundert auch eine Vollversammlung der Bürger belegt. Daneben gab es den Rat, wobei die größeren Städte zwischen Äußerem und Innerem Rat unterschieden. Um zu verhindern, daß die Stadtpolitik von wenigen Familien oder Interessengruppen beherrscht wurde, bediente man sich vor allem der Wahl durch das Los und der indirekten Wahl. Alle Bürger zwischen 14 und 70 Jahren waren zum Wehrdienst für die Stadt verpflichtet. Um bei Parteikämpfen in der Stadt eine neutrale Instanz zu haben, kam bald der Brauch auf, einem einzelnen die Exekutivgewalt anzuvertrauen. Dieser „podestà" („Machthaber") war meist ein Adliger aus einer anderen Stadt, der sein Amt auf Zeit nach den Weisungen der Ratsgremien führte. Um 1200 hatte sich die neue Institution weitgehend durchgesetzt und war an die Stelle der Konsularverfassung getreten.

Die deutschen Herrscher, die als Könige von Italien und als römische Kaiser auch die oberste Herrschaftsgewalt über die Städte Oberitaliens (Reichs-Italien) beanspruchten, ließen in der Ausübung ihrer Rechte wenig Kontinuität erkennen. Als *Friedrich Barbarossa* (▷ 6.15) auf dem Ronkalischen Reichstag 1158 versuchte, die Herrschaftsverhältnisse in Italien neu zu ordnen, forderte er von den Städten die finanziell ertragreichen Regalien (vom König vergebene Hoheitsrechte) zurück, besonders die Zölle, das Münzrecht und die Gewinne aus Strafen und Bußen. Widerstand gegen diese Forderungen leistete vor allem das wirtschaftlich mächtige Mailand, das nach erbitterten Kämpfen 1162 völlig zerstört wurde. Gegen die kaiserliche Herrschaftspolitik bildete sich 1164 der Veroneser und 1167 der Lombardische Städtebund.

Nach der durch eine Seuche herbeigeführten Katastrophe des deutschen Heeres vor Rom wurde 1168 die Stadt Alessandria als Bundesfeste des Lombardenbundes gegründet. 1176 erlitt das deutsche Ritterheer eine schwere Niederlage gegen die lombardischen Städte bei Legnano. Der Friede von Venedig (1177) zwischen Friedrich Barbarossa und Papst Alexander III. brachte einen Waffenstillstand auch mit den Lombarden, die sich 1183 im Frieden von Konstanz auf 30 Jahre zur Reichstreue verpflichten mußten. Die Regalien wurden gegen eine einmalige Zahlung oder gegen einen jährlichen Zins den Städten überlassen. Gegen *Friedrich II.* (▷ 6.23) kam es 1226 zu einer Neuauflage des Lombardischen Städtebundes, und zehn Jahre später wurde auch das Bündnis zwischen den Städten Oberitaliens und dem Papsttum gegen den Kaiser erneuert, der versuchte, die Selbständigkeit der Städte zu brechen. Zwar vermochte Friedrich II. in der Schlacht bei Cortenuova (Nov. 1237) die Städte zu besiegen; endgültig unterwerfen konnte er sie aber nicht. Mit dem Ende der staufischen Dynastie war auch die Unabhängigkeit der Städte Oberitaliens auf Dauer gesichert.

6.17 Angevinisches Reich Heinrich II.

Im März 1152 ließ der französische König Ludwig VII. die Ehe mit seiner Gemahlin Eleonora, Herzogin von Aquitanien, wegen angeblich zu naher Verwandtschaft für nichtig erklären; eher wohl war der zu frömmelnder Askese neigende König seiner lebenslustigen Gattin überdrüssig geworden. Es kam außerdem hinzu, daß aus der Ehe bisher zwar zwei Töchter, nicht aber der ersehnte männliche Thronerbe, der allein den Fortbestand der kapetingischen Dynastie sichern konnte, hervorgegangen war. Diese „Ehescheidung" sollte für das französische und englische Königtum schwerwiegende politische Folgen haben, denn bereits zwei Monate später heiratete Eleonora den jungen Heinrich, Herzog der Normandie und Grafen von Anjou, dessen Familie einen Ginsterzweig als Helmzier führte und daher Plantagenet (lat. „planta genista", „Ginsterbusch") genannt wurde. Mit dieser Heirat fügte Heinrich seinem schon beträchtlichen Territorialbesitz, der auch die Lehnshoheit über die Bretagne einschloß, noch das weiträumige, den gesamten Südwesten Frankreichs umfassende Herzogtum Aquitanien hinzu, so daß nun der gesamte Westen Frankreichs von der Normandie bis zu den Pyrenäen von ihm kontrolliert werden konnte.

1154 erbte Heinrich auch die englische Königskrone, und der im wesentlichen auf die Krondomäne in der Île de France beschränkte französische König mußte nun machtpolitisch gesehen geradezu wie ein Zwerg wirken. Dennoch bot dieses von Heinrich II. begründete Angevinische Reich der französischen Krone Angriffspunkte, da Heinrich hinsichtlich seiner Gebiete in Frankreich als Vasall des französischen Königs seiner Lehnsherrschaft unterworfen war.

Wenn es Heinrich auch gelang, durch bahnbrechende Verwaltungs- und Rechtsreformen seine Position in England zu festigen und zugleich durch den Erwerb der unmittelbaren Herrschaft über die Bretagne auch die Präsenz Englands auf dem Kontinent zu stärken, war das Angevinische Reich dennoch auf Dauer gegen das aufstrebende *französische Königtum* (▷ 6.18) nicht zu halten. Der Auflösungsprozeß setzte bereits gegen Ende der Regierungszeit Heinrichs II. ein und verstärkte sich unter dessen Nachfolgern, so daß England im Frieden von Paris (1259) auf die Normandie, die Grafschaft Anjou mit Maine und der Touraine sowie auf die Grafschaft Poitou verzichten mußte und als Restbestand des angevini-

schen Besitzes lediglich die Gascogne im Südwesten Frankreichs behaupten konnte. Abbildung S. 156

6.18 Französisches Königtum Philipp II.

Als König Ludwig VII. von Frankreich 1180 starb, hinterließ er seinem noch minderjährigen Sohn Philipp II. kein leichtes Erbe, galt es doch, sich gegen mächtige Nachbarn wie den englischen König Heinrich II. und sein *Angevinisches Reich* (▷ 6.17) sowie gegen die Grafen von Flandern und der Champagne zu behaupten. Wenn der Besitzstand Philipps gegenüber dem seines Hauptgegners, Heinrich II., auch recht bescheiden wirkte, so ging er doch nicht ohne Chancen in die nun einsetzende machtpolitische Auseinandersetzung.

Der Vater hatte ihm eine vorbildlich verwaltete Krondomäne in der Île de France und ein in sich gefestigtes Königtum, das sich bereits zu einer Erbmonarchie entwickelt hatte, hinterlassen. Dazu kam die rechtliche Stellung als Lehnsherr aller englischen Festlandsbesitzungen, die dem französischen Königtum in der Folgezeit immer wieder Eingriffsmöglichkeiten in die Herrschaftssphäre seines mächtigen Vasallen ermöglichte. Ferner verfügte Philipp über politischen Weitblick und beträchtliche diplomatische Fähigkeiten, mit deren Hilfe es ihm immer wieder gelang, seine gefährlichsten Gegner im entscheidenden Augenblick politisch zu isolieren. So verständigte er sich mit Heinrich II. im Vertrag von Gisors (1180), wodurch er freie Hand erlangte, die feindliche Koalition der Nachbarherrschaften Flandern, Champagne und Burgund aufzubrechen und Flandern zu beträchtlichen territorialen Zugeständnissen zu zwingen (1185).

In der Folgezeit profitierte Philipp von den Spannungen im Hause Plantagenet, wobei er ein enges politisches Bündnis mit dem staufischen Kaiserhaus (▷ 6.14) schloß. Es gelang ihm zwar nicht, sich militärisch gegen Richard Löwenherz, den Nachfolger Heinrichs II., durchzusetzen, obwohl dieser auf der Rückkehr vom Kreuzzug in die Hände Kaiser Heinrichs VI. gefallen war und von diesem erst nach der Zahlung eines hohen Lösegeldes freigelassen wurde; aber gegen Richards Nachfolger, König Johann Ohneland, und seinen welfischen Verbündeten, Kaiser Otto IV., errang Philipp in der Schlacht von Bouvines 1214 einen Sieg, der für England den faktischen Verlust der Normandie und aller anderen Gebiete nördlich der Loire besiegelte und zugleich den deutschen Thronstreit zugunsten des staufischen Verbündeten, *Friedrichs II.* (▷ 6.23), entschied.

Auch im Innern seines Herrschaftsbereiches verstand es Philipp, der nun von den Zeitgenossen „Augustus" („der Erhabene") genannt wurde, durch gezielte Verwaltungsmaßnahmen und die energische Wahrnehmung der königlichen Rechte, die monarchische Zentralgewalt zu stärken und damit dem kapetingischen Frankreich den Aufstieg zu einer europäischen Macht zu ermöglichen.

Grabmal König Heinrichs II. (12. Jh.)

6.19 Magna Carta

In England stieß die rücksichtslose Fiskalpolitik des Königs Johann Ohneland, verbunden mit schweren außenpolitischen Mißerfolgen (▷ 6.18), auf zunehmende Erbitterung bei zahlreichen geistlichen und weltlichen Magnaten des Landes, die sich zu einer bewaffneten Widerstandsbewegung formierten, mit dem Ziel, den König zur Aufgabe der Willkürherrschaft und zur Wiederherstellung der feudalen Rechtsordnung zu zwingen.

Unterstützt von der Londoner Bürgerschaft gelang es den Magnaten, dem König am 15. Juni 1215 weitreichende Zugeständnisse abzuringen, die in der Form eines königlichen Privilegs, der berühmten Magna Carta („Magna Carta libertatum", „große Urkunde der Freiheiten"), verbrieft wurden. Die meisten der 63 Artikel betreffen das Lehnsrecht

(▷ 5.13) und richten sich gegen den Mißbrauch bei der Einforderung der Lehnspflichten. Andere Artikel, wie z. B. die Bestätigung der Rechte der Londoner Bürger, der Kaufleute und der freien Bauern oder die Garantie eines allgemeinen Rechtsschutzes aller Freien, gehen jedoch weit über das lehnsrechtliche Verhältnis zwischen dem König und seinen Kronvasallen hinaus und lassen erkennen, daß die Magnaten auch die Forderungen anderer Bevölkerungskreise aufgriffen.

Obwohl König Johann kurze Zeit später die erteilten Zugeständnisse widerrief und der Papst als oberster Lehnsherr des englischen Königs die Urkunde für nichtig erklärte, wurde die Magna Carta dennoch, wenn auch in einer stark modifizierten Form, erstmals 1216, dann wieder mit Änderungen 1217 und 1225 von der Krone bestätigt. Zunächst gedacht als ein feudaler Herrschaftsvertrag zum Schutz gegen konkrete Auswüchse königlicher Herrschaftsgewalt, wurde die Urkunde im Laufe der Zeit allmählich als fundamentales Dokument des europäischen Verfassungsrechts gedeutet; erstmals gab es einen zwar begrenzten, doch rechtlich geregelten Ausgleich zwischen Königtum und Aristokratie.

6.20 Venedig

Seiner besonderen Lage im Schutze der Lagune und im Grenzbereich fränkischer und byzantinischer Herrschaftsinteressen verdankte Venedig den steilen Aufstieg zur Seemacht und Handelsmetropole im östlichen Mittelmeerraum. Mit dem Aufbau einer Flotte machte sich die aufstrebende Handelsmacht, die bereits im 8. Jahrhundert – in grundsätzlicher Anerkennung der byzantinischen Oberhoheit – einen eigenen Dogen (abgeleitet von lat. „dux", „Herzog") als Stadtoberhaupt wählte, bei den Byzantinern unentbehrlich. Als es gelang, einen Angriff der süditalienischen Normannen (▷ 6.7) auf Byzanz zurückzuschlagen (1082), wurde Venedigs Engagement durch Handelsprivilegien (z. B. Abgabefreiheit im Byzantinischen Reich) belohnt, die den venezianischen Kaufleuten eine beherrschende Stellung im byzantinischen Orienthandel einräumten. Die Kreuzfahrerstaaten mußten die venezianische Flottenhilfe durch weitreichende Sonderprivilegien (z. B. Abtretung eines Drittels der

Stadt Tyrus mit eigener Gerichtsbarkeit) teuer erkaufen.

Ende des 12. Jahrhunderts drohte die venezianische Handelsposition im Byzantinischen Reich in eine Krise zu geraten, als sich in Konstantinopel die lateinerfeindliche Stimmung in der Verhaftung von über 20 000 Venezianern (1171) sowie der Vertreibung der italienischen Kaufleute (1182) entlud. Doch 1204 gelang es den Venezianern unter ihrem Dogen Enrico Dandolo, den 4. Kreuzzug, der zur Eroberung Konstantinopels und zur Errichtung des *Lateinischen Kaiserreiches* (▷ 6.21) führte, für ihre Interessen zu nutzen. Neben unermeßlichen Kunstschätzen, die nach Venedig verschleppt wurden, ließ man sich bei der Aufteilung des Byzantinischen Reiches die strategisch wichtigen Küstenregionen und Inseln Griechenlands abtreten und konnte so das östliche Mittelmeer mit dem lukrativen Levantehandel zu einem venezianischen Handelsimperium ausbauen, das dann allerdings mit dem Zusammenbruch des Lateinischen Kaiserreiches (1261) weitgehend an Genua verlorenging. Nach einem Jahrhundert schwerer Kriege konnte sich Venedig zwar gegenüber Genua durchsetzen (Sieg bei Chioggia 1380), wurde selbst aber mehr und mehr von den Osmanen aus dem östlichen Mittelmeerraum verdrängt. Daher ging die Stadt seit dem 14. Jahrhundert verstärkt dazu über, in Norditalien ein Festlandsterritorium aufzubauen („Terra-ferma-Politik"), das im 15. Jahrhundert bis Verona (1405), Padua (1406) sowie Brescia und Bergamo (1428) ausgeweitet werden konnte. Im Innern wurde die monarchische Verfassung

seit dem 12. Jahrhundert in eine oligarchische Adelsherrschaft umgewandelt, die durch ein Gefüge von Institutionen (Großer Rat, Kleiner Rat, Rat der Zehn, Rat der Vierzig) sicherstellte, daß weder der auf Lebenszeit ge-

Ansicht von Venedig mit Campanile, Piazzetta und Dogenpalast. Kolorierter Holzstich

Einschiffung der Kreuzfahrer. Französische Buchmalerei (14. Jh.)

wählte Doge noch eine Familie allein in der Lage waren, die Herrschaft in der Stadt an sich zu reißen.

Die *Eroberung Konstantinopels durch die Osmanen* (▷ 8.10), die Entdeckungsreisen und die Öffnung des Seeweges nach Indien Ende des 15. Jahrhunderts bedeuteten dann eine Verlagerung des Welthandels, die für Venedig erst den wirtschaftlichen, dann den politischen Niedergang mit sich brachte.

6.21 4. Kreuzzug Lateinisches Kaiserreich

Auf den Kreuzzugsaufruf des Papstes Innozenz III. fanden sich 1199 bei einem Turnier in der Champagne die ersten Kontingente unter Führung der Grafen Theobald von der Champagne und Ludwig von Blois ein, denen sich bald auch Graf Balduin von Flandern und Hennegau anschloß. Die drei Grafen, die sich als Organisatoren des künftigen Kreuzzuges verstanden, nahmen nun Verhandlungen mit der Seerepublik *Venedig* (▷ 6.20) über den Transport des Kreuzfahrerheeres auf, wobei in einem geheimen Zusatzabkommen Ägypten als Angriffsziel des Unternehmens festgehalten wurde.

Als sich das Heer im Laufe des Jahres 1202 in Venedig sammelte, geriet man bald in Geldnöte, da statt der kalkulierten 35500 sich nur 11000 Mann eingefunden hatten, die Venezianer jedoch nicht bereit waren, den Transportpreis entsprechend herabzusetzen. Den Kreuzfahrern blieb nichts anderes übrig, als den Vorschlag des Dogen Enrico Dandolo, als Gegenleistung für einen Schuldenaufschub die christliche Stadt Zadar (Zara) für Venedig zurückzuerobern, in die Tat umzusetzen (Nov. 1202). Papst Innozenz III. reagierte darauf zwar mit der Exkommunikation der Venezianer, der Kreuzzug selbst wurde jedoch nicht abgebrochen. Thronstreitigkeiten im Byzantinischen Reich gaben wenig später dem Heer Gelegenheit, in die inneren Verhältnisse des Kaiserreiches einzugreifen. Mit Hilfe der Kreuzfahrer wurde der von ihnen protegierte Thronprätendent Alexios zusammen mit seinem geblendeten, aus der Kerkerhaft befreiten Vater Isaak in Konstantinopel als Kaiser eingesetzt.

Bald gab eine Palastrevolution, in der die beiden Kaiser ermordet wurden, den Kreuzfah-

rern den erwünschten Vorwand, die Herrschaft in der Stadt endgültig an sich zu reißen und das griechische Kaisertum zu beseitigen. In einem Vertrag einigte man sich über die grundsätzlichen Modalitäten des neu zu errichtenden Reiches, dann wurde Konstantinopel belagert, am 13. April 1204 erstürmt und dem Heer zu einer mehrtägigen Plünderung freigegeben. Unermeßliche Kunstschätze und ganze Bibliotheken fielen der blinden Zerstörungswut der Plünderer zum Opfer, anderes, wie z. B. die antike Quadriga, die sich heute am Hauptportal von San Marco in Venedig befindet, wurde in die Heimat der Sieger verschleppt. Zum Kaiser des sich nun konstituierenden Lateinischen Kaiserreiches wurde Graf Balduin von Flandern gewählt und mit dem Kaiserpalast, einem Viertel der Stadt Konstantinopel und einem Viertel des Reiches (Thrakien, nordwestliches Kleinasien mit den Inseln Lesbos, Chios und Samos) ausgestattet. Die anderen drei Viertel des Reiches wurden je zur Hälfte Venedig als Eigenbesitz und den Anführern des Kreuzfahrerheeres als kaiserliche Lehen überlassen, wobei Venedig es verstand, neben Teilen der Stadt Konstantinopel die strategisch wichtigen Inseln und Küstenregionen in seine Hand zu bekommen und auf dieser Grundlage ein Kolonialreich im östlichen Mittelmeer aufzubauen.

Die Aufteilung und Feudalisierung des Reiches sowie die Beschränkung der kaiserlichen Stellung durch die Einrichtung eines Kronrates führten dazu, daß das lateinische Kaisertum (1204–61) nur noch über einen Abglanz der Macht des Byzantinischen Reiches verfügte, zumal es den neuen Herren nicht gelang, auch die Restbestände griechischer Herrschaft an der Peripherie des Reiches (Nizäa, Trapezunt, Epirus) zu unterwerfen. Am 25. Juli 1261 gelang es Michael VIII. Palaiologos (1259–82), Konstantinopel zurückzuerobern und das Byzantinische Reich wiederherzustellen; die alte Machtstellung konnte nicht mehr erreicht werden (▷ 7.6).
Abbildung S. 157

6.22 Rittertum und Ritterorden

Die Entstehung des Rittertums geht auf eine militärische Neuerung zurück, die seit dem

8. Jahrhundert das Kriegswesen des Abendlandes entscheidend umgestaltet hatte: das Aufkommen von Reiterheeren, die die bisher zu Fuß kämpfenden Volksheere ablösten. Der Dienst als „Ritter" setzte neben einer kostspieligen Ausstattung (Pferd, Rüstung, Bewaffnung) auch dauerndes Training voraus, was dazu führte, daß der Ritter – im Gegensatz zu dem früheren nur bei Bedarf aufgebotenen Gelegenheitskämpfer – den Typ des Berufskriegers verkörperte. Für diesen neuen Beruf kamen zunächst vor allem die adligen Grundherren, mit dem Aufkommen des *Lehnswesens* (▷ 5.13) aber auch die Masse der karolingischen Freien in Betracht.

Die Rüstung des Ritters bestand aus einer Art Panzerhemd, einem engen Gewand aus schwerem Tuch oder Leder, das mit Metallschuppen oder ineinander verflochtenen Eisenringen besetzt war; der Helm ließ ursprünglich das Gesicht unbedeckt und war lediglich mit einem Nasenschutz versehen. Erst in der Stauferzeit (▷ 6.14) setzte sich der geschlossene Topfhelm – später mit aufklappbarem Visier – durch, und seit dem 14. Jahrhundert wurde das Panzerhemd von einem starren Plattenpanzer abgelöst. Die Verleihung der Ritterwürde erfolgte nach einer gewissen Ausbildungszeit als Knappe oder „edler Knecht" im Rahmen eines feierlichen Symbolaktes (Schwertleite, später Ritterschlag). Unter maßgeblichem Einfluß der Kirche bildete sich ein gemeinsames christliches Standesethos heraus, das dem Ritter als Aufgabe vor allem den Kampf gegen die Heiden zuwies, der in der Kreuzzugsbewegung (▷ 6.10) seinen Höhepunkt erreichte. Die Kreuzzüge brachten außerdem die geistlichen Ritterorden hervor, die im 12. Jahrhundert im Heiligen Land entstanden (Templer-, Johanniter-, Deutscher Orden, ▷ 6.28) und die die traditionellen Mönchsgelübde (Armut, Keuschheit, Gehorsam) mit der Pflicht zum Heidenkampf und bewaffnetem Pilgerschutz verbanden.

Der zunehmende Bedarf an Rittern führte vor allem in Deutschland dazu, daß das Königtum und zahlreiche Grundherren seit dem 12. Jahrhundert verstärkt auch Unfreie (Ministerialen, Dienstmannen) als Ritter ausbilden ließen. Inzwischen wurde ritterliche mit adliger Lebensweise gleichgesetzt, so daß die Aufnahme dieses Personenkreises in die elitäre Gemeinschaft der „nach Rittersart" Lebenden zur Folge hatte, daß mit der Zuerkennung der vollen Lehnsfähigkeit der unfreie Status immer mehr in Vergessenheit geriet und bald überhaupt keine Rolle mehr spielte. Durch Abgrenzung nach unten – von nun an sollten nur noch „Ritterbürtige", nur Söhne und Enkel von Rittern, den Ritterberuf ergreifen können – gelang es den ehemals Unfreien, ihren eigenen Status zu einem niederadligen Geburtsstand aufzuwerten; dieser Prozeß kam noch im 13. Jahrhundert weitgehend zum Abschluß.

6.23 Friedrich II.

Friedrich II., Enkel Kaiser *Friedrich Barbarossas* (▷ 6.15), trat nach dem Tod seines Vaters Heinrich VI. (1197) zunächst nicht die Nachfolge an, obwohl er noch zu Lebzeiten Heinrichs zum deutschen König gewählt worden war. Als Dreijährigen ließ ihn seine Mutter Konstanze lediglich zum König von Sizilien krönen, wobei nach ihrem Tod Papst Innozenz III. als Lehnsherr die Vormundschaft für den jungen König übernahm.

Friedrichs Stunde schlug, als sich 1210 der welfische Kaiser Otto IV. anschickte, in Unteritalien einzufallen, und damit in scharfen politischen Gegensatz zum Papst geriet, der nach wie vor eine Vereinigung der beiden Reiche zu verhindern trachtete. Auf Betreiben des Papstes wählten einige Fürsten 1211 den jungen Staufer Friedrich zum Gegenkönig, was Kaiser Otto zur Rückkehr nach Deutschland veranlaßte. Nachdem sich der stauferfreundliche Süden Deutschlands weitgehend dem „Knaben aus Apulien" angeschlossen hatte, wurde der Thronstreit schließlich auf dem Schlachtfeld von Bouvines (1214) entschieden, wo der Verbündete Friedrichs, der französische König Philipp II. August (▷ 6.18), einen glänzenden Sieg über den englischen König Johann Ohneland und seinen welfischen Bundesgenossen Otto IV. errang. Obwohl Friedrich seinen bereits zum König von Sizilien gekrönten Sohn Heinrich von den Fürsten auch zum deutschen König wählen ließ, konnte er das gute Einvernehmen zur Kurie zunächst wahren, das in der Kaiserkrönung (1220) sichtbaren Ausdruck fand, als er einen Kreuzzug versprach.

Als Friedrich jedoch daran ging, mit brutaler Härte den Adel in Unteritalien zu unterwer-

Friedrich II. Ausschnitt aus dem Dedikationsbild zu seinem Werk „Von der Falkenjagd"

fen, und sich außerdem anschickte, gegen den Lombardenbund (▷ 6.16) in Reichs-Italien vorzugehen, kam es zum Konflikt, der in der Exkommunikation des Kaisers durch Papst Gregor IX. (1227) einen ersten Höhepunkt erfuhr. Obwohl gebannt, unternahm Friedrich dennoch den vorgesehenen Kreuzzug, wobei es ihm gelang, durch Verhandlungen Jerusalem wieder für die Christenheit zurückzugewinnen, so daß er sich 1229 in der Heiligen Stadt zum König von Jerusalem krönen konnte. Nach seiner Rückkehr versöhnte sich Friedrich zwar mit dem Papst (Friede von San Germano 1230); dennoch verfolgte die Kurie von nun an mit wachsendem Argwohn die Politik des Kaisers. Während die Herrschaft in Deutschland weitgehend den geistlichen und weltlichen Fürsten überlassen wurde, ging Friedrich daran, das Königreich Sizilien straff zu verwalten und rückte keineswegs von der Politik einer engen Verbindung zwischen römisch-deutschem Kaisertum und sizilianischem Königtum ab. Das setzte die Herrschaft in Reichs-Italien als dem Bindeglied zwischen beiden Machtbereichen voraus.

Hier stieß Friedrich allerdings – wie einst sein Großvater – auf den Widerstand des Lombardenbundes, der in seinem Abwehrkampf immer offener von der Kurie unterstützt wurde, bis 1239 Papst Gregor IX. erneut den Kirchenbann über den Kaiser verhängte. Auf dem Konzil von Lyon (1245) erklärte Papst Innozenz IV. den gebannten Kaiser für abgesetzt, worauf in Deutschland Gegenkönige (Heinrich Raspe, Wilhelm von Holland) gewählt wurden. Doch erst mit dem Tod des Kaisers (1250) brach die staufische Herrschaftsposition in Deutschland und Reichs-Italien weitgehend zusammen.

Friedrich II. galt den Zeitgenossen als außergewöhnliche Persönlichkeit. Hochgebildet und aufgeschlossen für antike und arabische Philosophie und Naturwissenschaften, von seinen Gegnern als Antichrist und Ketzer verdammt, von seinen Anhängern als Friedensfürst und Hort der Gerechtigkeit gepriesen, verkörperte er „das Staunen der Welt" („stupor mundi"). Bald nach seinem Tod tauchten „falsche Friedriche" auf, und die Legende vom schlafenden Kaiser entstand, der einst wiederkehren werde, um sein Werk zu vollenden; im 15. Jahrhundert wurde diese Legende (Kyffhäusersage) auf Friedrichs Großvater Barbarossa übertragen.

6.24 Heian-Zeit und Kamakura-Schogunat

Mit dem Ende der Nara-Periode (710–784), die einen Höhepunkt chinesischen Einflusses auf Japan darstellt, und der folgenden Verlegung der Hauptstadt von Nara nach Kioto beginnt die Heian-Zeit (794–1192). In kultureller Hinsicht ist dies das klassische Zeitalter der höfischen Kultur. Zunächst setzte ein intensives Studium der chinesischen Klassiker und der buddhistischen Literatur ein. Als dann im 9. Jh. die Verbindung zu China abbrach, entwickelte sich eine rein japanische Literatur. In Lyrik und Prosa entstanden Werke von später nie wieder erreichter Vollendung. Bemerkenswert ist dabei die bedeutende Rolle, die Frauen in der Literatur jener Zeit spielten. Die „Erzählung vom Prinzen Gendschi" (Gendschi-monogatari) der Hofdame Murasaki Schikibu ist nur eine der unsterblichen literarischen Schöpfungen der Heian-Periode.

Politisch war die Zeit gekennzeichnet durch den beherrschenden Einfluß der weitverzweigten Familie Fudschiwara, deren Angehörige als Regenten zunächst nur für minderjährige Nachfolger auf dem Kaiserthron, später jedoch, in der Funktion der Regenten bestätigt, auf Dauer die gesamte Macht an sich zogen. Verschiedentliche Versuche von Kaisern, diese faktische Entmachtung rückgängig zu machen, hatten nur geringen Erfolg, zumal sich auch mancher Herrscher als buddhistischer Mönch in ein Kloster zurückzog. In die Heian-Zeit fällt die Entstehung eines berufsmäßigen Kriegerstandes und die Bildung von Mönchsheeren.

Aus dem besonders kriegstüchtigen Adelsgeschlecht der Minamoto, das 1185 in der historischen Schlacht von Dannoura die rivalisierenden Taira, ein anderes Adelsgeschlecht, besiegte, ging nach verwickelten Kämpfen auch gegen Mitglieder seiner eigenen Familie schließlich Minamoto Joritomo hervor. Er erhielt 1192 auf Lebenszeit und für das gesamte Reich Rang und Titel eines Oberbefehlshabers, des obersten Schogun. Damit begann ein neuer Abschnitt der japanischen Geschichte: das Schogunat. Joritomo ließ den kaiserlichen Hof und seine zahlreichen Behörden und Beamten in Kioto weiterbestehen, richtete selbst jedoch in Kamakura, unweit von Tokio, seine eigene Zentralregierung ein.

Das damit beginnende Kamakura-Schogunat (1292–1333) leistete vor allem auf dem Gebiet der Verwaltung und Gesetzgebung Bedeutendes. Der damals herausgegebene Strafrechtskodex war zum Teil noch bis in das 17. Jahrhundert hinein in Kraft. In der Literatur machte sich in der Kamakura-Zeit mit dem beherrschenden Einfluß der Kriegerkaste ein gewisser Niedergang bemerkbar. Das Studium der chinesischen Klassiker ging zurück; thematisch trat die Beschreibung von Kriegsszenen und Schlachten in den Vordergrund. Von großer Bedeutung für das gesamte spätere geistige Leben Japans war die in der Kamakura-Zeit verwirklichte Vereinfachung und Vertiefung des Buddhismus. Sie ging von religiösen Erneuerern wie Genku und Nitschiren aus. Die Zen-Sekten mit ihrer Meditationspraxis erlebte eine Blütezeit. Als 1333 einer der Generäle des Schoguns zur kaiserlichen Partei übertrat, endete das Schogunat. Kamakura wurde zerstört.

6.25 Bettelorden

Mit den Bettelorden (Mendikantenorden) – zu denen vor allem die Orden der Dominikaner, Franziskaner, Augustiner-Eremiten und Karmeliten zu rechnen sind – entstand im 13. Jahrhundert eine völlig neue Form des Ordenslebens. Unter Berufung auf das Evangelium und im Anschluß an die hochmittelalterliche Armutsbewegung forderten ihre Mitglieder nicht nur die vollkommene individuelle Armut, sondern lehnten auch für den Orden jeglichen weltlichen Besitz ab. Während die älteren Orden in der Regel in der klösterlichen Abgeschiedenheit wirkten, drängten die Bettelorden vor allem in die Städte, um hier durch Predigt und die Erteilung des Bußsakraments aktiv Seelsorge und Ketzerbekämpfung zu betreiben, wobei der Verzicht auf Eigentum und feste Einkünfte den Bettel als Lebensunterhalt voraussetzte.

Zu den Aufgaben der Bettelorden gehörte auch die Mission gegenüber Juden, Muslimen und Heiden, die zunächst vor allem von den Dominikanern systematisch betrieben und dann von den Franziskanern aufgegriffen wurde (Baltikum, Südrußland, Vorderer Orient, Ostasien). Großen Wert legten die Bettelorden auf Studium und Bildung, indem sie in die aufblühenden Universitäten drängten und in den Universitätsstädten eigene Niederlassungen gründeten, die ergänzende Ausbildungsmöglichkeiten boten.

Vom Papsttum wurden die Bettelorden zunächst gegen den Widerstand des Weltklerus gefördert. Die Tendenz der Päpste, die strengen Armutsbestimmungen zu lockern, führte im 14. Jahrhundert zu scharfen theologischen Auseinandersetzungen, besonders im Armutsstreit um die Ordenspraxis der Franziskaner. Die „Spiritualen" im Orden erklärten die auf Leben und Werk von Franz von Assisi beruhenden Armutsverpflichtungen für bindend, während sich die „Konventualen" auf die päpstlichen Erklärungen stützten. 1323 wurden die Lehren der „Spiritualen" von der vollkommenen Armut Christi und der Apostel für häretisch erklärt und ihre Anhänger als Ketzer verfolgt. Das Pontifikat des „Engelspapstes", Cölestin V. (Juli bis Dez. 1294), der als Eremit nach dem franziskanischen Armutsideal zu leben versuchte, blieb nur Episode.

6.26 Waldenser und Katharer

Im 12. Jahrhundert verfestigte sich durch die Arbeit der scholastischen Theologen die kirchliche Dogmatik. Dadurch wurde der Spielraum für abweichende Meinungen immer kleiner, so daß es Laien kaum mehr wagen konnten, inhaltliche Aussagen zu zentralen Fragen des Christentums zu machen, ohne der Häresie verdächtigt zu werden. Als nach 1160 der Kaufmann Petrus Waldes aus Lyon damit begann, ein Leben als Wanderprediger zu führen und apostolische Armut in der Nachfolge Christi zu predigen, geriet er – anders als ähnliche Laienprediger der Zeit um 1100 – schnell in den Verdacht der Ketzerei. Wegen seiner Kritik am ungeistlichen Leben der Kleriker und an der Lehrautorität der Kirche wurden Waldes und seine Anhänger in die Nähe einer anderen häretischen Bewegung gebracht, die sich seit Mitte des 12. Jahrhunderts in Oberitalien und Südfrankreich ausbreitete, den Katharern (griech. „katharos", „rein"), von deren Namen sich das deutsche Wort „Ketzer" ableitet. Die Katharer verwarfen nicht nur die Sakramente und die Hierarchie der Kirche, sondern verbreiteten eine dualistische Weltanschauung (ständiger Kampf des Bösen gegen das Gute, Trennung in Vollkommene, „perfecti", und Gläubige, „credentes"). Mit den Waldensern verband die Katharer jedoch die Ablehnung des Eides, der Todesstrafe, des Kriegsdienstes und des Kirchenzehnten. Während die Katharer vor allem unter der Landbevölkerung und dem Kleinadel des Languedoc Rückhalt fanden und daher nach dem dortigen Mittelpunkt Albi auch „Albigenser" genannt wurden, lagen die Schwerpunkte der waldensischen Bewegung im Tal der Rhône, in Oberitalien, Flandern und dem Rheintal, also in den wirtschaftlich am weitesten entwickelten Gebieten des damaligen Europas.
Papst Innozenz III. ermahnte seit 1198 immer wieder die südfranzösischen Territorialherren, die im Bann befindlichen Ketzer auszuweisen und ihre Güter zu konfiszieren. Dabei war es vor allem Graf Raimund VI. von Toulouse, der sich den päpstlichen Forderungen entgegenstellte. Als der päpstliche Legat daraufhin den Grafen bannte, wurde er 1208 von einem Ministerialen Graf Raimunds ermordet. Dies nahm Innozenz III. zum Anlaß, den Ketzer-krieg gegen Toulouse zu eröffnen. Obwohl Philipp II., der gerade mit König Johann Ohneland einen schweren militärischen Konflikt um die englischen Festlandsbesitzungen austrug (▷ 6.18), sich zurückhielt, fand ein förmlicher Kreuzzugsaufruf des Papstes gegen die Katharer im Norden Frankreichs starken Widerhall, so daß bald ein Kreuzfahrerheer unter Führung des Abtes von Cîteaux in das Languedoc vordrang. Da Graf Raimund, um sein Land zu erhalten, zunächst selbst das Kreuz nahm, wandte sich der Kreuzzug gegen den Vizegrafen von Béziers und Carcassone.
Eine neue Phase des Krieges begann, als das Kreuzfahrerheer von dem Normannen Simon von Montfort übernommen wurde, der sich selbst die Herrschaft über den Süden Frankreichs verschaffen wollte, indem er nun auch unmittelbar den Kampf gegen Graf Raimund eröffnete. Damit entwickelte sich der Ketzerkrieg zu einem reinen Machtkampf um die Herrschaft im Languedoc, der bald der Kontrolle des Papstes völlig entglitt. Zwar gelang es Simon vorübergehend, den Grafen aus seinem Land zu vertreiben, doch konnte er am Ende seine hochgesteckten Ziele nicht verwirklichen. Erst ein weiterer Kreuzzug unter der Führung des französischen Königs Ludwig VIII. (1226) führte zur Unterwerfung des Südens unter die Herrschaft der Krone Frankreichs (1229).
Im Zuge der Armutsbewegung der Dominikaner und Franziskaner (▷ 6.25) begannen die Katharer an Bedeutung zu verlieren; kleine Gruppen hielten sich in Südfrankreich und Süditalien noch bis 1330 bzw. 1412. Die französischen Waldenser verschwanden im 14. Jahrhundert.

6.27 Inquisition

Während im frühmittelalterlichen Abendland das Aufspüren von Straftaten und -tätern noch nahezu ausschließlich Sache der betroffenen Privatpersonen (des Verletzten und seiner Sippe) war, setzte sich unter dem Eindruck der Gottesfriedensbewegung und einer seit dem 11. und 12. Jahrhundert zunehmenden rechtlichen Regulierung der Lebensbereiche allmählich das Inquisitionsverfahren im Strafprozeß durch.
Eine besondere Rolle spielte die Inquisition dabei im Rahmen der Ketzerbekämpfung,

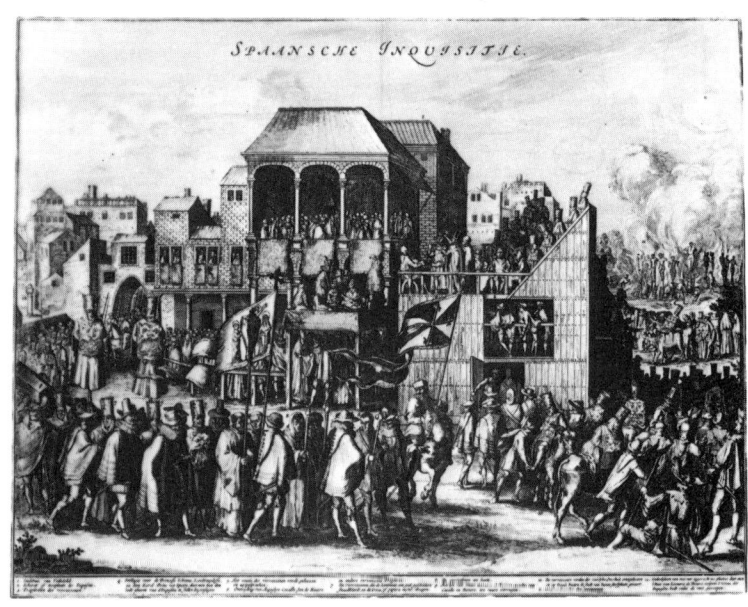

Darstellung eines öffentlichen Inquisitionsverfahrens in Spanien. Einblattdruck (1560)

beim Vorgehen der Kirche gegen die Anhänger der vermeintlichen Irrlehren, wobei von Anfang an von der Kirche auch politische bzw. wirtschaftliche Interessen verfolgt wurden, etwa bei der Auflösung des Templerordens 1307/12. Während noch in der älteren Kirchentradition die Auffassung vertreten wurde, daß gegen die Verbreitung von Häresie nicht mit Gewalt, sondern mit Predigt und Kirchenstrafen vorzugehen sei, führte seit dem endenden Hochmittelalter die Bedrohung der Kirche durch große Ketzerbewegungen (z. B. *Waldenser und Katharer,* ▷ 6.26) im Einvernehmen mit der weltlichen Obrigkeit zu einer zunehmenden Kriminalisierung der Ketzerei mit entsprechender Verschärfung der Strafen, die nun von der Vermögenskonfiskation über Kerkerhaft bis zum Tod durch Verbrennen reichten.

Zuständig für die Strafverfolgung waren noch bis in das 13. Jahrhundert hinein die Bischofsgerichte. Unter Papst Gregor IX. (1227–41) wurde jedoch die Inquisition zum spezifischen Instrument der Ketzerbekämpfung, als der Papst dazu überging, besondere, mit Spezialvollmachten ausgestattete Inquisitoren – meist Angehörige des Dominikanerordens – mit dieser Aufgabe zu betrauen, wobei diese Inquisitoren bald neben dem Ankläger- auch

das Richteramt in ihrer Person vereinigten. Die Rechtsstellung des Beschuldigten innerhalb dieses Verfahrens war denkbar ungünstig, da seine Verteidigungsmöglichkeiten äußerst beschränkt waren und er beim Vorliegen von Verdachtsmomenten durch die Folter, die 1352 von Innozenz VI. (1352–62) im Verfahren zugelassen wurde, zum Geständnis gezwungen werden konnte. Da die Kirche selbst es ablehnte, Blut zu vergießen, wurde der Delinquent der weltlichen Obrigkeit zum Vollzug des Todesurteils überantwortet. Für Deutschland erlangte die Inquisition bereits im frühen 13. Jahrhundert mit dem Wüten des berüchtigten Inquisitors Konrad von Marburg, der 1233 von aufgebrachten Adligen ermordet wurde, traurige Berühmtheit; im Gegensatz zu den südlichen Ländern setzte sie sich hier jedoch erst im 15. Jahrhundert, in den Hexenprozessen, endgültig durch.

6.28 Deutsche Ostsiedlung

Da im Zuge des anhaltenden Bevölkerungswachstums im Hochmittelalter der gestiegene Nahrungsbedarf durch verbesserte Anbaumethoden allein nicht mehr gedeckt werden konnte, mußte neues Land durch Rodung und Neusiedlung erschlossen werden. Als solches boten sich in Deutschland bald die von dichten Wäldern bedeckten Gebiete östlich der Elbe und Saale an. Die dortigen Territorialherrschaften der Welfen, Askanier und Wettiner lockten durch günstige Landerwerbsmöglichkeiten Siedler aus dem westlichen Altsiedelgebiet an, die einen über zwei Jahrhunderte anhaltenden Prozeß der Landerschließung bei gleichzeitiger kultureller Durchdringung auslösten, der im allgemeinen nicht nur im Einvernehmen mit der regionalen Obrigkeit, sondern auch im friedlichen Zusammenwirken mit der slawischen Bevölkerung erfolgte.

Von besonderer Bedeutung für die Siedlungsbewegung wurde die Errichtung des Deutschordensstaates. Der Deutsche Orden, der 1198/ 99 in Akkon im Heiligen Land als dritter *Ritterorden* (▷ 6.22) gegründet worden war und durch zahlreiche Schenkungen bald über beträchtlichen Grundbesitz verfügte, wurde von einem auf Lebenszeit gewählten Hochmeister geleitet. Die Verwaltung des Ordensbesitzes erfolgte in den Kommenden, von denen mehrere zu Balleien zusammengefaßt wurden, die – getrennt nach Ländern – unter die Leitung eines Landmeisters gestellt wurden (z. B. des Deutschmeisters für die deutschen Gebiete). Unter seinem Hochmeister Hermann von Salza nahm der Orden einen Hilferuf des Herzogs von Masowien im Kampf gegen die heidnischen Pruzzen an der unteren Weichsel an und bekam dafür das Kulmer Land überlassen. In der „Goldbulle von Rimini" (1226) betraute Kaiser *Friedrich II.* (▷ 6.23) den Orden mit Mission und Heidenkampf gegen die Pruzzen und sprach ihm alle Herrschaftsrechte über die zu erobernden, außerhalb des Deutschen Reiches gelegenen Gebiete zu. Auf dieser Legitimationsbasis, die durch eine päpstliche Bulle von 1234 ergänzt wurde, gelang es dem Orden, in langwierigen Kämpfen (1231–49) den militärischen Widerstand der Pruzzen zu brechen. In den eroberten Gebieten wurde ein straff organisierter Ordensstaat aufgebaut. Das Land wurde durch zahlreiche Burgen, von denen die Marienburg (Westpreußen) ab 1308 zur Residenz des Hochmeisters wurde, militärisch gesichert. Zur Erschließung wurden deutsche Siedler angeworben, wobei das Kulmer Stadtrecht von 1233, die „Kulmer Handfeste", zum Vorbild für weitere Stadtrechtsverleihungen wurde.

Nach einer ersten Konsolidierung seiner Herrschaft in Preußen griff der Deutsche Orden weiter nach Nordosten bis Semgallen aus und gewann als Nachfolger des Schwertbrüderordens in Livland ein zweites Herrschaftszentrum, das allerdings durch das Gebiet der heidnischen Litauer, die militärisch nicht bezwungen werden konnten, von den übrigen Ordensbesitzungen abgeschnitten war. Mit dem Erwerb von Pomerellen und Danzig (1309) im Westen wurde die Verbindung zum Deutschen Reich hergestellt, was allerdings mit einer Verschlechterung des Verhältnisses zu Polen (▷ 8.12), das auf diese Gebiete Anspruch erhob, erkauft werden mußte.

6.29 Mongolen Dschingis-Khan

Die Mongolen „kennen keine Barmherzigkeit, sie fürchten sich vor nichts, sie glauben an nichts und sie verehren nichts als ihren König...". So beschrieb in den dreißiger Jahren des 13. Jahrhunderts der Chronist Alberich von Trois-Fontaines voller Schrecken jene Eroberer aus den Steppen Zentralasiens, die nach ihrem Siegeszug durch Asien nun auch Europa bedrohten. Noch im 12. Jahrhundert wurden deren Stammland, die heutige Mongolei, von nomadisierenden Stämmen geprägt, die erst unter der großen Führergestalt des Temüdschin, später genannt Dschingis-Khan (geb. um 1167, gest. 1227), zu einem geschlossenen Reich vereinigt wurden. Nach einem der unterworfenen Stämme, dem Tatar, erhielten die Mongolen später den Namen „Tataren" (▷ 7.3). 1206 war dieser innermongolische Einigungsprozeß abgeschlossen, als Temüdschin auf einer Großversammlung der Stämme zum Oberherrscher (Khan) aller mongolischen Teilvölker erhoben wurde und von nun an den Namen Dschingis-Khan führte.

Der Aufbau einer schlagkräftigen Reiterarmee, gekoppelt mit einer Rechtsvereinheitlichung (Gesetzbuch der Jasa), die die unterschiedlichen Stammestraditionen zusammenführte, ermöglichte Dschingis-Khan in der Folgezeit eine planmäßige Eroberungspolitik, die bis 1220 zur Ausbildung eines mongolischen Großreiches führte. Dieser Expansion fielen im Osten zunächst das Chin- und Teiles Hsi-Hsia-Reiches im heutigen Nordchina zum Opfer (1211–16). Im Westen folgte ab 1219 das islamische Reich Choresmien in Nordpersien, dessen blühende Städte mit Hilfe neuartiger, von den Chinesen übernommener Belagerungstechniken erstürmt und niedergebrannt wurden. 1223 drangen die Mongolen am Ostrand des Kaukasus vorbei in Südrußland ein, wo sie an der Kalka ein russisches Aufgebot vernichteten.

Dschingis-Khan auf der Falkenjagd.
Chinesische Seidenmalerei aus der Yüanzeit

1236 stießen die mongolischen Heere unter der Führung Batus, eines Enkels Dschingis-Khans, erneut nach Westen vor, überrannten das Reich der Wolgabulgaren um die Stadt Bulgar an der mittleren Wolga (1237/38), eroberten in den folgenden Jahren die russischen Fürstentümer mit Ausnahme Nowgorods und drangen über Galizien nach Ungarn sowie nach Schlesien vor, wo sie am 9. April 1241 bei Liegnitz ein deutsch-polnisches Ritterheer unter der Führung des Herzogs Heinrich II. von Schlesien vernichteten. Daß Europa von weiteren mongolischen Eroberungen verschont blieb, dürfte auf die Nachricht vom Tod des Großkhans Ögedei (11. Dezember 1241) zurückzuführen sein, die Batu veranlaßte, mit seiner Armee wieder nach Zentralasien abzuziehen.

6.30 Islamische Reiche in Westafrika

Im Savannengürtel südlich der Sahara wirkten einheimische Impulse und Einflüsse des Islam bei der Entstehung mehrerer Reiche zusammen, die sich an den südlichen Endpunkten des Trans-Sahara-Handels bildeten. Die Macht dieser Reiche beruhte auf der Kontrolle des Salz-, Sklaven- und vor allem des Goldhandels. Im 9. und 10. Jahrhundert erlebte das Reich von Gana seinen Höhepunkt. Es hatte sein Zentrum nördlich der Niger- und Senegalbögen im heutigen Mali und Mauretanien, reichte im Osten bis Timbuktu und im Westen bis fast an den Atlantik. Um 1076 wurde es von den marokkanischen Almoraviden erobert. Danach zerfiel es in Teilreiche und ging im 13. Jahrhundert im Reich Mali auf.

Dieses Reich erstreckte sich nördlich des Regenwaldgürtels bis zu den Oasenstädten der zentralen Sahara und von der afrikanischen Westküste bis Gao am Nigerknie. Es war damit nach dem Mongolenreich (▷ 6.29) das zweitgrößte Staatsgebilde seiner Zeit. Sein Reichtum und seine Kultur faszinierten die Zeitgenossen und übten großen Einfluß im gesamten islamischen Raum aus. Mali erlebte seine größte Blüte unter Kaiser Kankan Musa (um 1312–37). Im 15. Jahrhundert schrumpfte es unter den Angriffen der Tuareg und Songhai zu einem Kleinstaat.

Nun traten die Songhai die Hegemonie in Westafrika an. Sie hatten seit der Jahrtausendwende um Gao einen eigenen islamischen Staat geschaffen, der lange in Abhängigkeit zu Mali stand. 1465 besetzten sie Timbuktu, das 1325–1433 zum Reich Mali gehört hatte, und erlangten durch die Eroberung Djennes 1473 endgültig die Vorherrschaft. Diese verloren sie 1590 durch eine marokkanische Invasion, die das Ziel hatte, den Trans-Sahara-Handel unter marokkanische Kontrolle zu bringen. Nach dem Rückzug der Marokkaner entstanden im 17. Jahrhundert zahlreiche kleinere staatliche Gebilde, von denen jedoch keines mehr die beherrschende Stellung der früheren Großreiche erlangen konnte. Auch die Versuche islamischer Reformer des 19. Jahrhunderts, unter Berufung auf die alten Traditionen ein neues islamisches Reich in Westafrika zu gründen, scheiterten, nun jedoch nicht zuletzt am Vordringen der europäischen Kolonialmächte (▷ 11.38, ▷ 12.47).

Weiter östlich fand im 16. Jahrhundert eine Expansion in umgekehrter Richtung, nämlich von Süden nach Norden, statt. Hier sicherte sich das im 8. Jahrhundert im Bereich des Tschadsees gegründete und im 11. Jahrhundert islamisierte Reich von Kanem-Bornu in der zweiten Hälfte des 16. Jahrhunderts die Kontrolle der Karawanenstraßen bis nach Fessan im Südwesten des heutigen Libyen. Trotz Machtverlustes bestand dieses Reich bis Ende des 19. Jahrhunderts. Südwestlich davon, vor allem im Norden des heutigen Nigeria, gründeten die Hausa, ein überwiegend schwarzes Mischvolk hamitischer Sprache, im 12. Jahrhundert ihre Stadtstaaten, die im 14. Jahrhundert den Islam annahmen. Ihre Städte blieben selbständig, gerieten aber seit dem 15. Jahrhundert abwechselnd unter die Vorherrschaft von Bornu und Songhai.

6.31 Salomonische Dynastie Das äthiopische Reich Schoa

Die äthiopische Geschichte war jahrhundertelang verbunden mit der das Land regierenden Salomonischen Dynastie. Die Äthiopier verlegen den Anfang ihrer Geschichte in die Zeit des biblischen Königs Salomo. In dem im 14. Jahrhundert n. Chr. entstandenen historischen Roman „Kebra Negest" („Die Herrlichkeit der Könige"), der in Äthiopien als Geschichtsquelle gilt, wird die Königin von Saba als äthiopische Fürstin dargestellt, die mit König Salomo einen Sohn hatte, der als Menelik I. der Stammvater der mit Unterbrechungen bis 1974 regierenden Salomonischen Dynastie wurde.
Nachdem die sich so herleitende Dynastie mit der Herrschaft über das *Reich von Aksum* (▷ 4.27) einen ersten historisch greifbaren Höhepunkt erlebt hatte, verlor sie zeitweilig ihre beherrschende Stellung, konnte sich jedoch in der zentraläthiopischen Provinz Schoa halten. Von hier aus gelang es ihr seit 1270 unter Jekuno Amlak (1268–78), erneut eine zentrale Herrschaft über ganz Äthiopien aufzurichten. Dabei kam es zu dem die weitere Geschichte Äthiopiens für Jahrhunderte prägenden Bund zwischen der Salomonischen Dynastie und der koptischen Kirche. Während der Herrscher der Kirche etwa ein Drittel des Landes übereignete und ihr eine überragende Stellung im Wirtschafts- und Sozialleben sowie großen Einfluß auf die Politik einräumte, garantierte die Kirche durch die sakrale Überhöhung des Königtums der Salomonischen Dynastie den Erhalt ihrer Macht und die Gefolgschaft des Volkes und des Adels. In dieser Zeit verlagerte sich der Schwerpunkt der politischen Macht nach Süden.
Es bildete sich das Reich von Schoa heraus, dessen bedeutendste Herrscher die Kaiser Amdä Sejon I. (1314–44) und Sära Jakob (1434–68) waren. Unter dem ersten wurden die im Osten und Süden angrenzenden islamischen Kleinstaaten unterworfen und so die muslimische Bedrohung für fast zwei Jahrhunderte von Äthiopien genommen. Damit einher ging trotz des Fehlens einer festen Hauptstadt (Wanderkönigtum) eine Zentralisierung und Straffung des Reiches. Die Zeit des Sära Jakob war dagegen vor allem durch eine tiefgreifende religiöse Erneuerungsbewegung gekennzeichnet, die über die Beilegung theologischer Streitigkeiten auch die Einheit des mit der Kirche so eng verbundenen Staates verfolgte. Daneben ging Sära Jakob militärisch mit Erfolg gegen muslimische und heidnische Nachbarn vor. Ihr Ende fand diese Epoche der äthiopischen Geschichte im 16. Jahrhundert, als der islamische Emir von Harar, Ahmed Gran, in Äthiopien einfiel. Mit Hilfe der Portugiesen, die durch ihre Suche nach dem Königreich des Priesters Johannes die Verbindung Äthiopiens mit der christlichen Welt seit 1487 wieder hergestellt hatten, gelang es 1541–43, die Muslime zu besiegen und die Eigenständigkeit Äthiopiens in kultureller, religiöser und politischer Hinsicht zu bewahren. Es folgte nun eine Zeit der theologischen Auseinandersetzung mit dem lateinischen Christentum, vor allem aber des Abwehrkampfes gegen die heidnischen Galla, die das Land jahrzehntelang verheerten, in einem langen Prozeß letztlich jedoch in den Staat integriert wurden.

Daten

1024–1039	Konrad II., erster salischer Kaiser (seit 1027)
1033	Vereinigung des Königreichs Burgund mit dem Deutschen Reich
1039–1056	Heinrich III. (seit 1047 Kaiser)
1049–1054	Papst Leo IX.
1054	Morgenländisches (Großes) Schisma zwischen der lateinischen und der griechischen Kirche, Universalanspruch beider Kirchen
1056–1105/06	Heinrich IV. (seit 1084 Kaiser)
1059	Papst Nikolaus II. belehnt die Normannen mit Süditalien und Sizilien
1059	Papstwahldekret Papst Nikolaus' II. (Papstwahl durch die Kardinalbischöfe)
1066	Schlacht bei Hastings, Herzog Wilhelm von der Normandie besiegt die Angelsachsen
1071	Sieg der Seldschuken über die Byzantiner bei Mantzikert
1073–1085	Papst Gregor VII.
1075	„Dictatus Papae", Anspruch des Papstes auf Eingriffsrechte auch im weltlichen Bereich
1077	Lossprechung Heinrichs IV. vom Kirchenbann in Canossa
1085	Eroberung Toledos im Zuge der Reconquista in Spanien
1090–1153	Bernhard von Clairvaux (seit 1115 Abt)
1095	Kreuzzugsaufruf Papst Urbans II.
1096–1099	1. Kreuzzug, Königreich Jerusalem 1099–1187
1105/06–1125	Heinrich V. (seit 1111 Kaiser)
1119	Anerkennung des Zisterzienserordens in der „Carta caritatis"
1122	Wormser Konkordat, Ende des Investiturstreits
1130	Roger II. wird König von Sizilien
1143	Portugal wird unabhängiges Königreich
1147–1149	2. Kreuzzug
1152–1190	Friedrich I. „Barbarossa" (seit 1155 Kaiser)
1154	Heinrich Plantagenet wird als Heinrich II. zum König von England gekrönt, Begründung des Angevinischen Reiches
1167	Gründung des Lombardischen Städtebunds gegen die kaiserlichen Herrschaftsansprüche
1170	Ermordung Thomas Beckets, Kanzler Heinrichs II. von England
1176	Niederlage der Byzantiner bei Myriokephalon gegen die Rum-Seldschuken
1180–1223	König Philipp II. von Frankreich
1187	Eroberung Jerusalems durch Sultan Saladin
1189–1192	3. Kreuzzug, Kaiser Friedrich I. stirbt auf dem Zug 1190
1190	Gründung des Deutschen Ordens, wird 1198 zum Ritterorden
1190–1197	Heinrich VI. (seit 1191 Kaiser)
1204	Eroberung Konstantinopels durch die Kreuzfahrer und Errichtung des Lateinischen Kaiserreichs
1206	Dschingis-Khan (Temüdschin) wird Herrscher aller Mongolen
1212	Sieg der Spanier bei Navas de Tolosa über die Mauren im Zuge der Reconquista
1212–1250	Friedrich II. (seit 1220 Kaiser)
1215	Magna Carta Libertatum; erster rechtlich geregelter Ausgleich zwischen dem Königtum und der Aristokratie in England

Kapitel 7
Auflösung der mittelalterlichen Ordnung

Einführung

Während die zweite Hälfte des 13. Jahrhunderts noch ganz im Zeichen von Wirtschaftsaufschwung und Prosperität stand, wurde das 14. Jahrhundert von schweren Krisen überschattet, die ihrerseits aber wiederum Anlaß zu vitaler Dynamik gaben – sei es in der Suche nach neuen Techniken und Arbeitsmethoden zur Krisenbewältigung, sei es im Ausbruch aus den bisherigen festgefügten Ordnungs- und Wertvorstellungen.

Seit dem beginnenden 14. Jahrhundert mehrten sich die Anzeichen dafür, daß die Grenzen des Wirtschaftswachstums erreicht waren. Katastrophale Mißernten lösten in den Jahren 1315 und 1317 eine ganz Europa erfassende Hungersnot aus, die in einzelnen Ländern – wie etwa in England – durch Viehseuchen noch verschärft wurde. Die hierdurch vor allem bei den unteren Sozialschichten verursachte erhöhte Sterblichkeitsrate konnte den Bevölkerungszuwachs zunächst jedoch nicht entscheidend hemmen oder gar umkehren. Dies bewirkte erst der „Schwarze Tod", die Beulen- und Lungenpest, die seit 1347 ganz Europa heimsuchte und mit dem großen Sterben einen demographischen Abwärtstrend einleitete, der bis weit in die zweite Hälfte des 15. Jahrhunderts hinein anhielt.

Die Folgen dieser Entwicklung waren vielfältig. Steigende Lohnkosten, fallende Preise für Agrarprodukte, verbunden mit einer Geldinflation, lösten eine europaweite Agrardepression aus. Hiervon waren in erster Linie die adligen und kirchlichen Grundherren betroffen, die nun zum Teil empfindliche Einkommenseinbußen hinnehmen mußten, während die Kleinbauern und Lohnarbeiter auf dem Lande, deren Arbeitskraft jetzt begehrter war, von dieser neuen Situation eher profitierten

und am Ende auch zum Teil in der Lage waren, ihren Rechtsstatus gegenüber den Grundherren entscheidend zu verbessern und nach erbitterten sozialen Auseinandersetzungen (z. B. dem Bauernaufstand in England) die alten Bande der Unfreiheit abzuschütteln.

Die Grundherren zogen aus den veränderten Verhältnissen insofern die Konsequenz, als sie die Bewirtschaftung eines Teiles der bisher genutzten Anbauflächen überhaupt einstellten, wodurch zahlreiche „Wüstungen" entstanden, oder indem sie zu anderen Anbaumethoden übergingen (Aufgabe der Eigenbewirtschaftung zugunsten einer verstärkten Ausleihe des Landes an Bauern, Verlegung auf die Schafweidezucht in England). In einem gewissen Gegensatz zu diesen Krisenerscheinungen auf dem Lande stand das verbreitete Aufblühen der städtischen Wirtschaft im 14. Jahrhundert, wo Handel und Handwerk geradezu eine Zeit der Hochkonjunktur erlebten, so daß sich der ökonomische Schwerpunkt nun deutlich vom Lande auf die Stadtwirtschaft verlagerte.

Wenn man von der Deutschen Hanse, den flandrischen Tuchmetropolen und den oberitalienischen Stadtstaaten absieht, gelang es den Städten jedoch im allgemeinen nicht, die ökonomische Macht in eine entsprechende politische Macht umzusetzen. Die aufblühende Stadtkultur führte auch nicht zur Herausbildung einer bürgerlichen Gesellschaft; die feudale Grundstruktur – geprägt durch kirchliche und adlige Lehns- und Grundherrschaft – wurde im Grundsatz nicht in Frage gestellt. Während in Norditalien die Kommunalverfassung der Städte meist durch die Herrschaft eines Mächtigen und seiner Familie (Signorie) abgelöst wurde, führten im übrigen westlichen Europa soziale Verteilungskämpfe innerhalb der Stadtmauern (Zunftaufstände) meist zu einer Differenzierung der städtischen Führungsschichten, die sich nun auch in gewissem Umfange den aufstrebenden Handwerkerfamilien öffneten. Neben Agrardepression und aufblühender Stadtkultur bestimmte auch die seit dem Beginn des 14. Jahrhunderts immer offener zutage tretende Krise der Kirche die Entwicklung im abendländischen Europa. Mit Hilfe der französischen Dynastie der Anjou hatte das Papsttum im Kampf gegen die Staufer gesiegt und schickte sich nun an, seinen Anspruch nicht nur auf die geistliche, sondern auch auf die weltliche Oberherrschaft in die Tat umzusetzen. Doch der streitbare Papst Bonifaz VIII., der in der berühmten Bulle „Unam sanctam" (1302) noch einmal diesen Anspruch mit aller Schärfe betont hatte, mußte am Ende selbst erleben, was es bedeutete, den französischen König als Herrscher eines werdenden Nationalstaates herauszufordern. Die demütigende Gefangennahme im Gewaltstreich von Anagni war mehr als die persönliche Tragödie Bonifaz' VIII.; sie bildete den Auftakt für die spätere Übersiedlung der Päpste nach Avignon in den Einflußbereich der französischen Krone, die in den Augen der nichtfranzösischen Christenheit einer „babylonischen Gefangenschaft" der Kirche gleichkam.

Die Versuche des Papsttums, von Avignon aus in die italienischen Verhältnisse einzugreifen, verschlangen riesige Geldsummen und nötigten die Kurie zu einer verschärften Fiskalpolitik, die sich wiederum in überzogenen Abgaben- und Steuerforderungen und einer rüden Besetzungspraxis kirchlicher Pfründen unter fiskalischen Gesichtspunkten niederschlug. Hinzu kam, daß auf seiten der Pfründeninhaber Ämterhäufung, Verweltlichung und zunehmende Disziplinlosigkeit um sich griffen, während der allgemeine Überfluß an Klerikern geradezu ein „Klerikerproletariat" von unterbezahlten Vikaren entstehen ließ; diese betreuten oft für einen Hungerlohn die Pfarreien seelsorgerisch, wogegen sich die eigentlichen Pfründeninhaber anderen Aufgaben widmeten.

Die Krise erreichte ihren Höhepunkt, als der Versuch des Papsttums, wieder nach Rom zurückzukehren, im Großen Schisma endete, das von nun an jahrzehntelang das abendländische Europa spaltete und erst mit der Wahl Martins V. durch das Konstanzer Konzil (1414–1418) überwunden werden konnte. Kritik gegen die kirchlichen Mißstände regte sich zunächst in den Reihen der Bettelorden, die – ausgehend von der Armutslehre – die Amtskirche hart angriffen. Sie wurde dann aber vor allem von dem Oxforder Theologen John Wyclif vorgetragen, dessen Lehre später von dem böhmischen Reformator Jan Hus aufgegriffen wurde.

Nach dem Untergang der Stauferdynastie war der hochmittelalterliche universale Herrschaftsanspruch des römisch-deutschen Kaisers in der Praxis nicht mehr aufrechtzuerhalten, wenn auch die Kaiseridee selbst lebendig blieb und dem Träger der Kaiserkrone noch immer ein schwer faßbares „Mehr" an Autorität verschaffte; an die Seite des Reiches waren längst die anderen Königreiche Europas als ebenbürtige Partner getreten. Während es dem römisch-deutschen Königtum im Bunde mit den Kurfürsten nur mit Mühe gelang, die Ansprüche des Papsttums auf eine Mitbestimmung bei der Königswahl (Approbation) und ein päpstliches Reichsvikariat während der Thronvakanz abzuwehren (Goldene Bulle), wurde der Westen im Hundertjährigen Krieg zwischen Frankreich und England um den Restbestand des „Angevinischen Reiches" in Atem gehalten.

Krisen anderer Art überschatteten auch das östliche Europa, das sich seit dem 13. Jahrhundert schweren äußeren Bedrohungen ausgesetzt sah. So brach bereits gegen Ende der Stauferzeit der Mongolensturm über die Völker Osteuropas herein, dem das Reich der Wolgabulgaren und die russischen Fürstentümer zum Opfer fielen, wobei es lediglich inneren Wirren im Mongolenbereich zu verdanken war, daß Mittel- und Westeuropa von den bereits bis Schlesien vorgedrungenen Eroberern verschont blieb. Das 1204 von den Kreuzfahrern errichtete Lateinische Kaiserreich hatte weder zu einer dauerhaften Wiederherstellung der Kircheneinheit noch zur Integration Osteuropas in das Abendland geführt; wohl aber wurde die Substanz des Byzantinischen Reiches tödlich geschwächt. Diese Schwäche mußte Kaiser Michael VIII. Palaiologos als eine schwere Hypothek für die Zukunft übernehmen, als es ihm 1261 gelang, die Lateiner aus Konstantinopel zu vertreiben und das griechisch-orthodoxe Kaisertum wiederherzustellen. So konnten seine Nachfolger den türkischen Osmanen, die seit 1354 in den Balkanraum vordrangen, keinen erfolgreichen Widerstand mehr entgegensetzen. Auch das abendländische Europa, das sich nach der Niederlage der südslawischen Völker in der Schlacht auf dem Amselfeld (1386) zur Hilfeleistung aufgerafft hatte, war hierzu nicht mehr in der Lage. Bei Nikopolis wurde das im wesentlichen aus Ungarn bestehende Kreuzfahrerheer von den Osmanen entscheidend geschlagen (1396) und der völlige Zusammenbruch des byzantinischen Restreiches war nur noch eine Frage der Zeit.

7.1 Interregnum

Als „Interregnum" (lat. „Zwischenherrschaft") wird üblicherweise die Zeit zwischen dem Erlöschen des staufischen Herrscherhauses (▷ 6.23) in Deutschland mit dem Tode Konrads IV. 1254 und der Wahl Rudolfs von Habsburg im Jahre 1273 bezeichnet. Die mit diesem Begriff verbundene Vorstellung von „der kaiserlosen, der schrecklichen Zeit" (Schiller) gibt zu Mißverständnissen Anlaß. Denn „kaiserlos" blieb das Heilige Römische Reich noch viel länger – bis zum Jahre 1312, als mit dem Luxemburger Heinrich VII. in Rom wieder ein Kaiser gekrönt wurde. Doch selbst wenn man von einer „königlosen" Zeit spricht, trifft man den Sachverhalt nicht, denn es gab eher zu viele Könige, die die Herrschaft im Reich beanspruchten. Bereits die Staufer mußten sich mit Gegenkönigen auseinandersetzen, seit 1246 mit dem Landgrafen Heinrich Raspe von Thüringen und nach dessen Tod im Jahre 1247 mit dem Grafen Wilhelm von Holland. Aus einer umstrittenen Wahl im Jahre 1257 gingen wieder zwei Könige hervor: Alfons X. von Kastilien, ein Enkel Philipps von Schwaben, sowie Richard von Cornwall, ein Bruder des englischen Königs, Heinrichs III., und Vetter Ottos IV. Beide Thronanwärter waren weniger an der Herrschaft in Deutschland interessiert, als an der Möglichkeit, über das deutsche Königtum die Kaiserkrone und damit die Herrschaft über Reichs-Italien zu erringen. Doch während Alfons von Kastilien überhaupt nie ins Reich kam, konnte auch Richard von Cornwall während seiner kurzen Aufenthalte in Deutschland, die ihn nie auf die östliche Rheinseite führten, seinen Anspruch auf Königsherrschaft als Voraussetzung für einen Romzug nicht durchsetzen.

Es fehlte zwar nicht an Königen, aber doch an einer allseitig anerkannten königlichen Autorität, die in der Lage gewesen wäre, Frieden und Recht gegenüber dem Interessenegoismus der einzelnen Territorialgewalten durchzusetzen. Während die Mehrzahl der Fürsten dieser Entwicklung eher gleichgültig gegenüberstand, hatten die rheinischen Städte bereits 1254 zur Selbsthilfe gegriffen und zur Aufrechterhaltung des Landfriedens und zur Abwehr willkürlicher Zollforderungen einen großen Städtebund (Rheinischer Bund) geschlossen, dem bereits nach zwei Jahren über 70 Städte von Aachen bis Zürich angehörten. Die Erfolge des Bundes, der energisch gegen Friedensbrecher vorging, veranlaßten sogar die rheinischen Erzbischöfe, den Pfalzgrafen sowie mehrere Bischöfe, Grafen und Herren zum Anschluß. Als im Jahre 1255 auch König Wilhelm den Bund reichsrechtlich anerkannte, schien sich hier für das Königtum eine Möglichkeit zu bieten, die selbstbewußten Städte im Sinne der Reichspolitik zur Friedenswahrung heranzuziehen.

Wie sehr der Bund sich als Wahrer des Reichsinteresses fühlte, wurde nach dem Tod Wilhelms (1256) deutlich, als die Städtevertreter beschlossen, während der Thronvakanz das Reichsgut zu schützen und nur einem zweifelsfrei gewählten König die Tore zu öffnen. Dennoch konnte die Doppelwahl von 1257 nicht verhindert werden, die das Ende des Bundes bedeutete, da die meisten Städte aus handelspolitischen Gründen Richard von Cornwall anerkannten, ohne jedoch die Lage im Reich ändern zu können. Abbildung S. 172

7.2 Rudolf I. von Habsburg

Als im Jahre 1272 Richard von Cornwall starb, hatte das Reich zwar nominell in Alfons von Kastilien noch einen König, der zunächst auch keineswegs bereit war, zu verzichten; dennoch drängte Papst Gregor X. die Kurfürsten zur Neuwahl, da er sich mit dem Gedanken eines allgemeinen Kreuzzuges trug, der nur Erfolg versprach, wenn ein einhellig

Links: Ottokar II. von Böhmen. Tumba im Prager Veitsdom. Rechts: Rudolf I. von Habsburg. Grabmal im Speyerer Dom

*Grabmal des Erzbischofs Siegfried III.
von Eppstein mit den von ihm gekrönten
Königen Heinrich Raspe IV. und Wilhelm von
Holland. Farblithographie um 1880 nach der
Grabplatte (2. Hälfte des 13. Jh.) im Dom
zu Mainz*

gewählter römisch-deutscher König die Führung übernahm.
Am 1. Oktober 1273 traten die Kurfürsten in
Frankfurt am Main zur Wahlhandlung zusammen. Die Wahl fiel auf den Grafen Rudolf
von Habsburg, obwohl auch andere mächtige
Kandidaten – unter ihnen der König von
Frankreich und König Ottokar von Böhmen
– ihr Interesse angemeldet hatten. Wenn auch

die spätere böhmische Propaganda Rudolf als
„armen Grafen" verspotten sollte, so sah die
Wirklichkeit doch etwas anders aus. Obwohl
nicht dem Reichsfürstenstand angehörend,
galt Rudolf, der über umfangreichen Besitz
und ausgedehnte Herrschaftsrechte im Aargau, im Zürichgau sowie am Oberrhein, im
Elsaß und im Schwarzwald verfügte, als der
bedeutendste Territorialherr im Südwesten des
Reiches.
Wahrscheinlich schon vor seiner Wahl hatte
sich der neue König den Kurfürsten gegenüber durch Eid verpflichtet, die im Laufe des
Interregnums (▷ 7.1) entfremdeten Güter dem
Reich zurückzuerstatten und dessen Herrschaftsrechte wiederherzustellen. Bereits auf
seinen ersten Hoftagen nahm sich Rudolf dieser Aufgabe an, die bald zu einer gefährlichen
Konfrontation mit dem mächtigen Böhmen-
könig Ottokar führte, da dieser sich nach dem
Tod Kaiser *Friedrichs II.* (▷ 6.23) ohne aus-
reichende Legitimation in den Besitz der
Herzogtümer Österreich und Steiermark gebracht hatte. Die Auseinandersetzung endete
mit der Ächtung Ottokars (1275) und dessen
Tod, nachdem König Rudolf das böhmische
Heer und seine Verbündeten in der Schlacht
auf dem Marchfeld bei Dürnkrut vernichtend
geschlagen hatte (1278). Damit war der Weg
für Rudolf frei, die Herzogtümer Österreich
und Steiermark zunächst unter Reichsverwaltung zu stellen, um sie dann im Jahre 1282 mit
Zustimmung der Kurfürsten als erbliche
Reichslehen an seine Söhne zu vergeben.
Wenn auch Rudolf weder die Kaiserkrönung
in Rom noch die unmittelbare Thronfolge eines seiner Söhne erreicht hat, so hat er doch
mit dem Erwerb Österreichs und der Steiermark die Grundlage für den Aufstieg des
Hauses Habsburg gelegt, das Ende des
14. Jahrhunderts über den größten Länder-
komplex im Reich verfügte. Da es den Habsburgern trotz dieser Erfolge nicht gelungen
war, in den Kreis der Kurfürsten aufzusteigen,
versuchte der ehrgeizige Herzog Rudolf IV.
(1358–65), durch eine Privilegienfälschung
(das „privilegium maius") seinem Haus besondere Vorrechte und den Titel eines Erz-
herzogs zu verschaffen; dies wurde erst im
15. Jahrhundert vom Reich anerkannt. Nachdem Ende des 14. Jahrhunderts Teilungen und
die Auseinandersetzungen mit den Eidgenossen (▷ 7.12) zu einer gewissen Schwächung

geführt hatten, gelang es Herzog Friedrich V., als Friedrich III. römisch-deutscher Kaiser, alle Länder wieder in seiner Hand zu vereinigen. Sein Sohn und Nachfolger Maximilian I. brachte außerdem noch das burgundische Erbe in die habsburgischen Territorien ein.

7.3 Goldene Horde

Das westliche Teilreich aus dem Gesamterbe *Dschingis-Khans* (▷ 6.29) wurde von den Russen nach einem mongolisch-türkischen Begriff „Goldene Horde" genannt, was ursprünglich nichts anderes bedeutete als „Hof" oder „Palast des Khans". Hervorgegangen ist das Reich aus dem Erbteil Dschotschis, des bereits 1227 verstorbenen Sohnes Dschingis-Khans, das Sibirien westlich des Irtysch und Choresmien mit den Nomadenvölkern der Kiptschak-Türken umfaßte. Unter Batu Khan, dem zweiten Sohn Dschingis-Khans, wurden das Wolgabulgarenreich um die Stadt Bulgar sowie die altrussischen Fürstentümer mit Ausnahme Nowgorods erobert, so daß sich das Reich nun von Sibirien bis zu den Grenzen Ungarns und Polens, von der Krim und dem Kaukasus bis vor Nowgorod erstreckte. Lebens- und Herrschaftsmittelpunkt für die mongolische Oberschicht, die sich bald mit den einheimischen Turkvölkern vermischte, war immer noch die relativ dünn besiedelte Steppe, in der es kaum Städte gab, wenn man einmal von den Residenzen der Khane, wie das von Batu zunächst als Zeltstadt gegründete Sarai an der unteren Wolga, absieht. Die unterworfenen russischen Fürstentümer hatten Heerfolge und Tributzahlungen für den Khan zu erbringen; im übrigen konnten sie weitgehend ihre Eigenständigkeit wahren. Mit dem Übertritt des Khans Berke (1257–66) zum Islam geriet das Reich unter den Einfluß des islamischen Kulturkreises, der sich außenpolitisch in einer engen Anlehnung an das Mamelukensultanat in Ägypten niederschlug. Dagegen lockerten sich in der Folgezeit die Bindungen an die anderen mongolischen Teilstaaten. Seit 1260 unabhängig vom Großkhan, wurde das Reich immer wieder in militärische und handelspolitische Auseinandersetzungen mit dem benachbarten mongolischen Ilkhanenreich in Persien verwickelt, in die auch Byzanz und die italienischen Seestädte *Venedig* (▷ 6.20) und Genua hineingezogen wurden. Seit der Mitte des 14. Jahrhunderts lösten innere Machtkämpfe und ungünstige außenpolitische Konstellationen einen zunehmenden Verfallsprozeß aus, der im 15. Jahrhundert zur Aufsplitterung in mehrere Einzelkhanate (Krim, Kasan, Astrachan, Sibirien) und 1480 zum Ende der Tatarenherrschaft in Rußland führte.

7.4 Mongolenreich in China Yüan-Dynastie

Gegen Ende des 12. Jahrhunderts kämpften nördlich von China drei mongolische Stämme untereinander um die Vorherrschaft. 1206 hatte sich Dschingis-Khan mit seiner Gefolgschaft durchgesetzt. In der ersten Hälfte des 13. Jahrhunderts eroberten die Mongolen in jahrzehntelangen Kämpfen das chinesische Siedlungsgebiet, das damit erstmals in seiner Gesamtheit unter Fremdherrschaft geriet. Die überlegenen Reiter aus dem Norden nahmen 1231 auch die koreanische Halbinsel ein und setzten 1281 sogar zum Angriff auf Japan an. Ihre Schiffe hielten der japanischen Verteidigung nicht stand und scheiterten schließlich in einem Sturm, den die Japaner darum „Götterwind" (kamikaze) nannten, an den Küsten des Inselreiches. Die Herrscher der neuen Dynastie Yüan schalteten die chinesische Bildungsschicht zunächst weitgehend von der Macht aus, die in der Hand des mongolischen Militärs konzentriert war. Die nach chinesischem Vorbild eingerichteten Behörden wurden von Mongolen geführt. Für vier Jahrzehnte wurden die Prüfungen für den Aufstieg in die Bürokratie abgeschafft. Erst während der Herrschaft des letzten Mongolenkaisers konnten chinesische Vorstellungen wieder größeres Gewicht erlangen. China hat unter den Mongolen in mancher Hinsicht aber auch Positives erfahren. Die Verkehrsverbindungen zu Wasser und zu Lande wurden instand gesetzt oder weiter ausgebaut. Für offizielle Zwecke richteten die Mongolen Poststationen mit Tausenden Kurierpferden ein. Peking, damals Khanbalik genannt, wurde im Auftrage Khubilai-Khans, eines Enkels von Dschingis-Khan, im Verlaufe von drei Jahrzehnten von einem Muslim umgebaut. Es entstanden Paläste, künstliche Hügel und Seen. Der Große Kanal, mit 1800 Kilometern die längste und älteste künstliche Wasserstraße der Welt, der in Hangchou im Süden der Provinz Chekiang beginnt, wurde unter Leitung eines hervorragenden chinesischen Organisators auf Anordnung Khubilai-Khans gründlich instand gesetzt und bis Peking verlängert. Für die Versorgung des von den südlichen Agrarzentren abhängigen Nordens war das von großer Bedeutung. Die schon im 11. Jahrhundert empfohlenen Maßnahmen zur Milderung von Hungersnöten (staatliche Getreidespeicher, freie Verteilung in Jahren mit schlechter Ernte) wurden von Khubilai wieder aufgegriffen. *Marco Polo* ($\triangleright$ 7.5), der sich von 1275–92 in China aufhielt, berichtet über großzügige Unterstützung von Tausenden von Armen durch Khubilai.

China expandierte unter der Mongolenherrschaft beträchtlich. Das wichtige Gebiet im Südwesten des Reiches, die spätere Provinz Yünnan, war Mitte des 13. Jahrhunderts von den Mongolen erobert und dem Reich eingegliedert worden; ein Thai-Prinz herrschte nur noch nominell. Am Ende dieses Jahrhunderts erstreckte sich die Herrschaft der Mongolen von Korea bis an die Donau und an den Persischen Golf, vom Baikalsee im Norden bis zur Bucht von Tonkin im Süden. Araber, Venezianer und Russen trieben Handel in chinesischen Häfen; chinesische Kaufleute hielten sich in Nowgorod, Moskau und Täbris auf.

Ein Austausch von Ideen und religiösen Vorstellungen, Fertigungstechniken und handwerklichem Können kennzeichnete die Yüan-Dynastie. Islam, nestorianisches Christentum und römischer Katholizismus drangen bis nach China. Von ihnen überlebte nur der Islam – in Zentralasien und in Westchina. Immer häufigere Volksaufstände im 14. Jahrhundert in den landwirtschaftlich reichen, aber am stärksten ausgebeuteten südchinesischen Gebieten führten 1368 zur Vertreibung der Mongolen aus Peking und zum Ende der Dynastie.

7.5 Marco Polo

Der lukrative Europa-Asien-Handel, der – gefördert von den mongolischen Herrschern ($\triangleright$ 7.3) – im 13. und 14. Jahrhundert eine Blü-

tezeit erlebte, wurde von den Kaufleuten der italienischen Seestädte beherrscht. Dabei waren es vor allem Venezianer und Genuesen, die von ihren Handelsstützpunkten im östlichen Mittelmeer aus weit nach Osten in die mongolischen Reiche vorstießen, um Handelsverbindungen zu knüpfen und neue Märkte zu erschließen.

Vor diesem Hintergrund kaufmännischer Aktivitäten sind auch die Reisen der venezianischen Kaufmannsfamilie Polo zu sehen. Nachdem die Gebrüder Nicolò und Matteo Polo bereits zwischen 1260 und 1269 das Mongolenreich bereist hatten und erste Kontakte mit dem Großkhan Khubilai (1259–94) geknüpft hatten, nahmen sie auf einer zweiten Reise ab 1271, als offizielle Gesandte des Papstes, auch Nicolòs Sohn Marco mit. Die Reise führte über Palästina und Täbris (Iran) nach Hormus am Persischen Golf. Dort beschloß man, entgegen der ursprünglichen Absicht den Landweg zu nehmen, der die kleine Reisegruppe nach mehrjährigem, strapazenreichem Marsch über Tabas (Nordiran) und das Hochland von Pamir durch Ostturkestan, dann über Lop Nor am Südrand der Wüste Gobi vorbei nach Schangtu, der Sommerresidenz des Großkhans in Nordchina ($\triangleright$ 7.4), führte. Die Venezianer wurden vom Großkhan freundlich empfangen, und besonders Marco Polo schien das Vertrauen Khubilai-Khans genossen zu haben, der ihn mit zahlreichen Missionen beauftragte, die ihn in die entlegensten Teile des Reiches führten. 1292 erhielten die Polos die Erlaubnis zur Rückreise. Zu Schiff gelangten sie durch das Südchinesische Meer, vorbei an den Küsten von Vietnam, Malaysia, Sumatra, über Ceylon und Vorderindien nach Hormus, von dort über den Iran und Armenien nach Trapezunt, schließlich weiter über Konstantinopel nach Venedig, wo sie 1295 – beladen mit reichem Gewinn – eintrafen. 1298 geriet Marco Polo bei einem Seegefecht in genuesische Gefangenschaft; Genua befand sich in ständiger Handelskonkurrenz mit Venedig, die bisweilen auch militärisch ausgetragen wurde. Dem Mitgefangenen Rusticiano da Pisa diktierte Marco Polo in französischer Sprache seinen Reisebericht, der bald in zahlreichen Handschriften und Übersetzungen verbreitet wurde und der das spätmittelalterliche und frühneuzeitliche Weltbild des Abendlandes über Ost-

asien prägte. Nach seiner Entlassung aus der Gefangenschaft (1299) wurde Marco Polo Mitglied des Großen Rates in Venedig, wo er 1324 reichbegütert starb.
Abbildung S. 176

7.6 Palaiologendynastie in Byzanz

Unter den griechischen Teilreichen, die gegenüber dem *Lateinischen Kaiserreich* (▷ 6.21) die altbyzantinische Tradition bewahrten, war gegen Mitte des 13. Jahrhunderts das Kaiserreich Nizäa unter Kaiser Johannes III. Dukas Batatzes zur führenden Macht aufgestiegen. Die Beseitigung der lateinischen Herrschaft in Konstantinopel gelang jedoch erst unter Kaiser Michael VIII. Palaiologos (1259–82), der als Vormund des Thronfolgers Johannes IV. Laskaris das Kaisertum usurpierte, sein Mündel blenden und einkerkern ließ und damit die Dynastie der Palaiologen begründete. Nachdem er 1259 das mit Nizäa um die Vorherrschaft rivalisierende griechische Teilreich Epirus in der Schlacht von Pelagonia (Makedonien) in seine Schranken verwiesen hatte, schloß er 1261, um die venezianische Flotte, die die lateinische Herrschaft in der Hauptstadt verteidigte, niederringen zu können, einen Vertrag mit Genua. Der Seerepublik wurde für eine entsprechende Hilfeleistung die gleiche Rechtsstellung, die bisher die Venezianer im Byzantinischen Reich genossen hatten, garantiert.
Dieser Vertrag, der dem Land für die Zukunft eine erneute schwere Hypothek aufbürdete, war überflüssig, denn einige Wochen später fiel die Stadt eher zufällig und ohne Hilfe der Genuesen in die Hand Michaels, der nun das altbyzantinische Kaisertum wiederherstellte und sich in der Hagia Sophia krönen ließ.
Wenn auch die Palaiologendynastie in der Folgezeit mit einer einzigen Ausnahme alle Kaiser bis zum Ende des Byzantinischen Reiches stellte, so konnte doch diese an sich herrschaftsstabilisierend wirkende Kontinuität auf Dauer den Niedergang des Reiches nicht verhindern. Die Aufsplitterung in lateinische Restherrschaften und griechische Teilreiche als Folge des 4. Kreuzzuges, das Handelsmonopol der Venezianer und Genuesen sowie die Angriffe äußerer Feinde, vor allem der osmanischen Türken, führten dazu, daß das

Reich in den folgenden beiden Jahrhunderten immer weniger in der Lage war, sich aus eigener Kraft zu behaupten. Den Todesstoß erhielt es, als es dem türkischen Sultan Mehmed II. am 29. Mai 1453 gelang, die letzte Bastion des alten Reiches, die sich verzweifelt verteidigende Stadt Konstantinopel, zu erobern; Historiker haben häufig dieses symbolträchtige Datum, den Fall Ostroms, als Ende des Mittelalters und den Beginn der Neuzeit interpretiert (▷ 8.10).

7.7 Karl von Anjou Sizilianische Vesper

Als Kaiser *Friedrich II.* (▷ 6.23) im Jahre 1250 starb, folgte ihm in Sizilien sein unehelicher Sohn Manfred, zunächst als Regent für den noch in Deutschland weilenden Konrad IV., dann – nach dessen Tod (1254) – als König von Sizilien. Papst Innozenz IV. und seine Nachfolger setzten jedoch den Kampf gegen das „verfluchte Geschlecht" der *Staufer* (▷ 6.14) fort, ohne selbst in der Lage zu sein, Manfred aus Sizilien zu vertreiben. Nachdem der Versuch, den Sohn des englischen Königs Heinrich III. als Gegenkönig in Sizilien zu installieren, fehlgeschlagen war, gelang es Papst Urban IV. 1265, Karl von Anjou, den Bruder des französischen Königs Ludwig IX., für diese Aufgabe zu gewinnen. 1266 landete Karl mit Heeresmacht in Unteritalien und stellte Manfred bei Benevent zur Entscheidungsschlacht, in der die Staufer die Krone und sein Leben verlor.
Die despotische Herrschaft des neuen Königs rief jedoch bald Widerstand im einheimischen Adel hervor, so man sich nun an den jungen Konrad, Sohn Konrads IV. und Enkel Friedrichs II., erinnerte, der in Deutschland am bayerischen Herzogshof aufgewachsen war und dessen Thronansprüche Manfred nach dem Tode Konrads IV. übergangen hatte. Der mittlerweile 15jährige Stauferebe, den die Italiener „Conradino" („kleiner Konrad") nannten, zögerte nicht, die Herausforderung anzunehmen.
Zunächst nur von wenigen Anhängern begleitet, erhielt er auf dem Wege nach Süditalien beachtlichen Zulauf, so daß er sich im August 1268 bei Tagliacozzo Karl von Anjou zur Entscheidungsschlacht stellen konnte. Doch wieder entschied das Kriegsglück gegen

Marco Polo am Hof des Khubilai-Khan (1275 bis 1292), der den Auftrag zu Perlenfischerei und Türkisgewinnung gab. Französische Buchmalerei (1375)

die Staufer. Konradins Heer wurde geschlagen, er selbst fiel auf der Flucht in die Hände des Anjou, der ihn und seine engsten Vertrauten nach einem politischen Schauprozeß zum Tode verurteilen und auf dem Marktplatz von Neapel enthaupten ließ.

Mit dem Tode des letzten Staufererben war Karls Herrschaft in Süditalien nicht mehr gefährdet, so daß er nun dazu übergehen konnte, seinen Einfluß auf Mittel- und Oberitalien auszudehnen und eine auf die Beherrschung des östlichen Mittelmeerraumes abzielende Großmachtpolitik (1272 Anerkennung als König von Albanien, 1277 Erwerb der Königsrechte im Restbestand des Königreiches Jerusalem, 1278 Erwerb von Achaia) zu betreiben. Er verbündete sich mit dem entthronten letzten lateinischen Kaiser Balduin II. zum Sturz des 1261 von Michael Palaiologos restaurierten griechischen Kaisertums in Konstantinopel (▷ 7.6).

Bevor ein geplanter Feldzug in die Tat umgesetzt werden konnte, brach jedoch am Ostermontag des Jahres 1282 in Palermo ein von den Byzantinern und König Peter III. von Aragón geschürter Volksaufstand („Sizilianische Vesper") aus, der in grausamen Massakern das verhaßte Besatzungsregiment der Franzosen auf der Insel hinwegfegte. König Peter III. von Aragón, der eine Tochter König Manfreds geheiratet hatte, nahm die ihm von

den Aufständischen angebotene Krone als König von Sizilien an und konnte seine Herrschaft auf der Insel gegenüber allen französischen Rückeroberungsversuchen behaupten. Im Frieden von Caltabelotta (1302) wurden die neuen Machtverhältnisse anerkannt. Sizilien blieb aragonesisch, Unteritalien französisch, bis es 1442 König Alfons V. von Aragón gelang, Sizilien und Unteritalien unter seiner Herrschaft wieder zu vereinigen.

7.8 Anfänge des Parlaments

Das englische Parlament geht in seinen Wurzeln auf die lehnsrechtliche Pflicht (▷ 5.13) der Kronvasallen zurück, dem König nicht nur bewaffnete Hilfe zu leisten, sondern ihn auch zu beraten. Diese Pflicht konkretisierte sich bereits in der Zeit der normannischen Könige in der Ratsversammlung („curia regis"), zu der der König Bischöfe, Äbte und Laienbarone seines Vertrauens hinzuzog. Mit dem Ausbau der königlichen Zentralverwaltung und der damit verbundenen Differenzierung der Aufgabenbereiche trennten sich zunächst die zentralen Gerichtshöfe von der Ratsversammlung. Innerhalb dieses Gremiums wurde nun zwischen einer ständigen und einer von Fall zu Fall tagenden Ratsversammlung, zu der ein erweiterter Personenkreis hinzugezogen wurde (Großer Rat), unterschieden, wobei sich im Laufe des 13. Jahrhunderts für den Großen Rat die Bezeichnung „Parlament" (lat. „parlamentum", Besprechung, Versammlung) herausbildete.

War das Parlament zunächst mit dem Großen Rat identisch, so entwickelte es sich doch im Laufe des 13. und 14. Jahrhunderts zu einer eigenständigen Institution mit zusätzlichen Aufgabenbereichen und einem neuen Selbstverständnis. Bereits mit der *Magna Carta* (▷ 6.19) von 1215 waren dem König Zugeständnisse abgetrotzt worden. Nun zwangen die aufständischen Barone unter Führung Simons von Montfort König Heinrich III., 1264 und 1265 „Parlamente" einzuberufen, die zur Hälfte aus gewählten Vertretern der Barone bestanden und zu denen erstmals neben Kronvasallen auch Vertreter der Grafschaftsritter und der Städte hinzugezogen wurden.

Noch weiter ging dann König Eduard I., der in das Parlament von 1295 neben den Kronvasallen auch gewählte Vertreter der Grafschaftsritter, der Städte und des Diözesanklerus berief, die für die von ihnen vertretenen Gemeinschaften sprechen und sie zur Befolgung der gefaßten Beschlüsse verpflichten sollten. Dieses von der älteren Forschung als „Model Parliament" bezeichnete Parlament beanspruchte bereits, dem König gegenüber die Gesamtheit des Reiches zu vertreten und bei wichtigen politischen Fragen, etwa bei der Erhebung von Steuern, mitzubestimmen; es hatte jedoch insofern keinen Modellcharakter, als sich die hier praktizierte Repräsentationsform in der Folgezeit nicht durchgesetzt hat. In England kam es vielmehr zu der für das Land charakteristisch gewordenen Ausbildung zweier Repräsentationskörperschaften, des „House of Lords" und des „House of Commons", Oberhaus und Unterhaus. Während sich die „Lords" aus den vom König persönlich geladenen Prälaten, Earls und Baronen zusammensetzten, die bald eine erbliche „Peerage" bildeten, wuchsen seit 1340 niederadlige Grafschaftsritter, Freibauern und Bürger in der Körperschaft der „Commons" zu einer neuen politischen Interessengemeinschaft zusammen.

7.9 Philipp IV., der Schöne

Während König Philipp III. von Frankreich noch ganz unter dem Einfluß seines Onkels Karl von Anjou (▷ 7.7) stand, machte sein Sohn Philipp IV., genannt der Schöne, schon als Thronfolger deutlich, daß er nicht gewillt war, sich ohne weiteres in die ehrgeizige Mittelmeerpolitik der Anjous in Süditalien einspannen zu lassen. Der neue König, der 1285 seinem Vater nachfolgte, hatte ein politisches Hauptziel: die Stärkung der französischen Monarchie.

Bei der außenpolitischen Verwirklichung dieser Zielvorstellung stieß Philipp zunächst auf den alten Dauergegner Frankreichs, England. Der Versuch, das militärische Engagement König Eduards I. in Schottland dazu zu nutzen, die Engländer aus dem Restbestand ihrer Festlandsbesitzungen, der Gascogne, zu vertreiben, führte jedoch nicht zum gewünschten Ergebnis, sondern lediglich zur Bestätigung des bisherigen Status quo (1297, 1303). Mehr Erfolg schien dagegen eine Intervention in der benachbarten Grafschaft Flandern zu versprechen, die wegen der Wirtschaftskraft ihrer blühenden Tuchindustrie und wegen ihrer strategischen Lage als potentielle Landebasis für englische Militäroperationen auf dem Kontinent eine Schlüsselstellung für das europäische Machtgefüge innehatte. Graf Guido hatte mit Unterstützung der Bevölkerung ge-

Das englische Parlament um 1280 unter König Eduard I.

gen die mächtigen Patriziergeschlechter in den Handelsstädten Front gemacht, die nun Schutz bei Philipp suchten.

Um die Macht des Templerordens zu brechen, ließ Philipp IV., der Schöne, Tempelherren verfolgen und auf dem Scheiterhaufen verbrennen

Zu Beginn des Jahres 1300 gelang es König Philipp, Flandern zu besetzen und den Grafen gefangenzunehmen, doch am Ende konnte er sich dennoch nicht durchsetzen. Nach einem Aufstand in Brügge, dem die französische Besatzung zum Opfer fiel (Mai 1300), gelang es im Juli 1302 den flämischen Fußtruppen, in der Sporenschlacht von Courtrai (Kortrijk) das französische Ritterheer vernichtend zu schlagen, so daß Philipp die Unabhängigkeit Flanderns anerkennen mußte. Erfolgreicher war er dagegen im Rahmen seiner Expansionspolitik gegenüber dem Heiligen Römischen Reich. Hier schuf ein Bündnis mit König Albrecht I. die Voraussetzungen für die Unterstellung der Freigrafschaft Burgund (1299), der Stadt Toul (1300) sowie der westlich der Maas gelegenen Teile der Grafschaft Bar (1301) unter die französische Herrschaft.

Der gestiegene Finanzbedarf und die damit verbundene rücksichtslose Fiskalpolitik des Königs, die auch vor der Besteuerung des Klerus nicht haltmachte, führte zu einem schweren Konflikt mit Papst Bonifatius VIII., in dem sich das französische Königtum jedoch durchsetzen konnte (▷ 7.10). Mit der Drohung, gegen den 1303 verstorbenen Papst ein Ketzerverfahren vor einem Konzil durchzuführen, konnte Philipp in der Folgezeit das geschwächte Papsttum zur Komplizenschaft

bei einem Gewaltakt nötigen: der zwangsweisen Auflösung des Templerordens (1307/14), der über erhebliche Reichtümer verfügte und durch seine Machtposition das Königtum selbst zu bedrohen schien. Trotz der Grausamkeit, mit der Philipp vorging – der Großmeister und andere Würdenträger wurden 1314 in Paris öffentlich verbrannt – gehört er zu den Königen Frankreichs im Mittelalter, die die Grundlagen für die Ausbildung einer souveränen Staatsgewalt geschaffen haben.

7.10 Attentat von Anagni Papsttum in Avignon

Unter Bonifatius VIII. erlebte der universale Machtanspruch des Papsttums einen letzten Höhepunkt. Der Widerspruch gegen dieses päpstliche Rollenverständnis ging nicht mehr vom deutschen Königtum aus (▷ 6.5), das sich unter Albrecht I. in devoten Verhandlungen um die päpstliche Gunst bemühte, sondern von den aufstrebenden Monarchien Westeuropas, vor allem von Frankreich. Hier hatte König *Philipp IV., der Schöne*, (▷ 7.9) bereits 1296 den Zorn des Papstes herausgefordert, als er sich über die Bulle „Clericis laicos" hinwegsetzte und trotz des päpstlichen Verbotes den Klerus seines Landes zur Besteuerung heranzog.

Da der Papst 1298 einlenkte, konnte der Konflikt zunächst beigelegt werden. Er flammte jedoch 1301 in verschärfter Form wieder auf, als König Philipp den Bischof von Pamiers wegen Hochverrats absetzte, in Haft nehmen ließ und sich weigerte, den Beschuldigten der kirchlichen Jurisdiktion zu überstellen. In der Bulle „Ausculta fili" rügte Bonifatius das Verhalten des Königs in scharfen Worten und forderte ihn auf, sich auf einer Synode in Rom persönlich zu verantworten. König Philipp reagierte mit der Einberufung einer Versammlung der Generalstände, wo schwere Anklagen gegen den Papst, so der Vorwurf der Ketzerei, erhoben und mit großem propagandistischem Aufwand verbreitet wurden.

Der Konflikt eskalierte weiter, als der Papst in der berühmten Bulle „Unam sanctam" (1302) in nicht zu überbietender Schärfe den Herrschaftsanspruch des Papsttums in geistlichen wie in weltlichen Angelegenheiten verkündete. Bevor Bonifatius jedoch dazu kam, die bereits beschlossene Exkommunikation des französischen Königs öffentlich zu verkünden, wurde er am 7. September 1303 von Wilhelm von Nogaret, einem engen Vertrauten König Philipps, sowie Angehörigen der mit ihm verfeindeten Colonna-Familie in seiner Sommerresidenz Anagni überfallen und festgesetzt. Wenn es auch den Bürgern von Anagni bereits zwei Tage später gelang, den Papst wieder zu befreien, so hatte diese Demütigung doch die Widerstandskraft des 70jährigen gebrochen, der bereits im Oktober 1303 starb.

Sein Nachfolger, Papst Benedikt XI., setzte auf eine Verhandlungslösung, und als 1305 mit Klemens V. in Lyon ein Franzose zum Papst gewählt wurde, war die Auseinandersetzung endgültig zugunsten der französischen Krone entschieden. Der neue Papst beschloß 1309, seine Residenz nach Avignon zu verlegen: Die Kurie begab sich in den Einflußbereich der französischen Krone, die „Babylonische Gefangenschaft der Kirche" hatte begonnen.

Bonifatius VIII. Fresko aus San Giovanni in Laterano

7.11 Sultanat Delhi

Nach ersten islamischen Eroberungsversuchen im 8. Jahrhundert gelang es um 1000 dem afghanisch-türkischen Herrscher Mahmud von Ghazni, die nordwestlichen Randgebiete des indischen Subkontinents für den Islam zu erobern. Erst zu Beginn des 13. Jahrhunderts erfolgte dann jedoch mit der Gründung des Sultanats Delhi die erste dauerhafte islamische Großstaatenbildung in Indien. Durch die Eroberung der Rajputenkönigreiche Nordindiens wurde damit ganz Nordindien in einem zentralistischen Staatswesen vereinigt. Diesem gelang es beinahe zwei Jahrhunderte lang, Indien gegen die Eroberungszüge der *Mongolen* (▷ 6.29, ▷ 7.4), die ansonsten fast ganz Asien heimsuchten, abzuschirmen. Zugleich wurden tiefgreifende politische, soziale und ökonomische Veränderungen zu Lasten der alten feudalen Kastengesellschaft durchgesetzt. Obgleich das Sultanat Delhi ein islamischer Staat war, praktizierte es eine Politik der religiösen Koexistenz. Dafür war u. a. kennzeichnend, daß seine Institutionen säkularer Natur waren. Selbst das Rechtswesen orientierte sich zwar am islamischen Recht, der Scharia, beinhaltete aber zahlreiche indisch-hinduistische Re-

gelungen. Indien, das zuvor stark abgeschottet gewesen war, wurde wieder der Außenwelt geöffnet. Dazu gehörte auch, daß die Herrscher von Delhi den Handel tatkräftig förderten.

Das Sultanat Delhi prägte die indische Geschichte vom frühen 13. Jahrhundert bis ins 16. Jahrhundert ganz wesentlich. Es wurde 1206 durch den General des türkischen Sultanats Afghanistan, Qutb-ud-din Aibak, errichtet. Seine Nachfahren (die Sklavendynastie) regierten Delhi von 1206 bis 1290. Unter der folgenden türkischstämmigen Dynastie der Khilji (1290–1320) erreichte das Sultanat seine größte Macht und Ausdehnung. Es beherrschte ganz Nordindien und Teile Zentral- und Südindiens. Nachdem die ersten Sultane sich noch ganz auf eine Führungsschicht aus türkischstämmigen Notabeln gestützt hatten, wurde nun auch der indische Adel in leitende Positionen aufgenommen, so daß ein indo-muslimischer Staat entstand. Unter der indisch-türkischen Dynastie der Tughluq (1321—88) setzte sich diese Entwicklung fort. Immer mehr ethnische und kulturelle Gruppen fanden Zugang zur Staatsführung. Dadurch ging jedoch die Geschlossenheit der Elite ebenso verloren wie das gemeinsame

Staatsideal. Ein langsamer Niedergang war die Folge, der in der Eroberung des Sultanats durch die nach Indien einfallenden Mongolen unter Timur im Jahr 1398 endete. Es entstanden zahlreiche kleine islamische Staaten. Das Sultanat Delhi war in der Folge unter der türkischen Dynastie der Sayyids (1414–50) auf den Umkreis der Stadt Delhi beschränkt. Die aus Afghanistan stammende Herrscherfamilie Lodi (1450–1526) brachte ihm dann einen letzten Aufschwung. Delhi stieg noch einmal zur Vormacht in Nordindien auf. 1526 wurde es jedoch durch den Großmogul Babur erobert und bis 1556 endgültig dem nun Indien beherrschenden *Mogulreich* (▷ 9.13) eingegliedert, das seinerseits die durch das Sultanat Delhi vorbereitete Blüte islamischer Staatskultur in Indien bildete.

7.12 Schweizer Eidgenossenschaft

Am 1. August 1291, kurz nach dem Tode König *Rudolfs I. von Habsburg* (▷ 7.2), schlossen im Westen des Habsburger Herrschafts- und Interessengebietes die drei Talgemeinden Uri, Schwyz und Nidwalden unter Erneuerung eines älteren Abkommens einen ewigen Landfriedensbund, dem sich wenig später auch Obwalden anschloß. Bei den Bündnispartnern (ab 1309 „Waldstätte" genannt) handelte es sich um Landgemeinden, die jeweils in einer gemeinsamen Wirtschafts- und Gerichtsorganisation zusammengeschlossen waren. Die Abgeschlossenheit der Täler und die Gemeinsamkeit der Lebensbedingungen verwischte die sonst üblichen Standesunterschiede, wobei die Führungsrolle gemeinsam von einzelnen adligen Sippen und reichen Bauernfamilien übernommen wurde. Während Nidwalden der habsburgischen Landesherrschaft unterstand, galten Uri und Schwyz seit 1231 bzw. seit 1240 als reichsunmittelbar, d. h. keinem Fürst, sondern nur dem König unterstehend. Erst seit der Intensivierung der habsburgischen Landesherrschaft unter Albrecht I. und Leopold I. geriet der Bund, der zunächst als reiner Landfriedensbund zur Eindämmung der Fehden in den Tälern konzipiert war, in zunehmende Gegensatz zu Habsburg, was im Jahre 1315 in der Schlacht am Morgarten zu einer ersten militärischen Konfrontation führte, die die Eidgenossen für sich entschei-

den konnten. Das gestiegene Selbstbewußtsein des Bundes schlug sich in einer Erneuerung des Bundesbriefes – jetzt mit deutlicher Spitze gegen Habsburg –, aber auch in der Legendenbildung nieder; Wilhelm Tell, der rücksichtslose habsburgische Landvogt Geßler sowie die berühmte „Apfelschußszene" sind historisch nicht nachzuweisen.

Die Städte Luzern (1332), Zürich (1351), Glarus und Zug (1352) sowie Bern (1353) schlossen sich dem Bund an, der damit die sogenannten „Acht alten Orte" umfaßte. Einigende Klammer war nach wie vor die Gegnerschaft zu Habsburg, wobei man Rückhalt beim römisch-deutschen Königtum fand, solange es noch nicht im Besitze der Habsburger war. Gegenüber erneuten habsburgischen Unterwerfungsversuchen konnten sich die Eidgenossen militärisch in den Schlachten von Sempach (1386) und Näfels (1388) behaupten; im 15. Jahrhundert gelang es ihnen sogar, in die Offensive zu gehen und 1415 den Aargau, 1460 den Thurgau zu erobern. Auch gegenüber den Expansionsbestrebungen des neuburgundischen Herzogtums unter Karl dem Kühnen blieben die Schweizer Eidgenossen – jetzt im Bunde mit Habsburg – am Ende siegreich. Ebenso scheiterte der Versuch König Maximilians I., die Schweizer im sogenannten Schwabenkrieg zur Anerkennung der Beschlüsse des Wormser Reichstags von 1495 zu zwingen. Mit dem Frieden von Basel (1499) schieden die Eidgenossen de facto aus dem Verband des Heiligen Römischen Reiches aus, was de jure allerdings erst mit dem *Westfälischen Friedensvertrag* von 1648 (▷ 9.35) bestätigt wurde.

7.13 Hundertjähriger Krieg

Zu Beginn des 14. Jahrhunderts gab es zwischen England und Frankreich vielfältige Streitpunkte. Neben dem Bestreben des französischen Königtums, die Engländer auch aus der Gascogne, dem Restbestand des *Angevinischen Reiches* (▷ 6.17), zu vertreiben, wurden elementare Wirtschaftsinteressen Englands durch die Versuche Frankreichs, in Flandern Fuß zu fassen, berührt, da die flämische Tuchindustrie als Hauptabnehmerin der englischen Wolle eine wichtige Stütze der englischen Wirtschaft bildete. Dazu kam, daß die englische Krone seit dem Ende des

13. Jahrhunderts eine rechtliche und faktische „Souveränität" über das Meer, das beide Länder trennte, in Anspruch nahm, um die wichtigen Seehandelsverbindungen zu beherrschen. Das konnte von Frankreich kaum hingenommen werden.

Den unmittelbaren Anlaß für den Beginn des Hundertjährigen Krieges gab der französische König Philipp VI. Valois, indem er im Mai 1337 die Gascogne für die französische Krone konfiszieren ließ. Auf der anderen Seite verlieh der englische König Eduard III. dem Konflikt eine neue rechtliche Dimension, als er für seine Person als Enkel *Philipps IV., des Schönen,* (▷ 7.9) Ansprüche auf den französischen Königsthron erhob. Da diese Ansprüche jedoch über die weibliche Linie vermittelt waren, wurden sie in Frankreich bestritten. Außerdem versuchte Eduard, durch ein umfassendes Bündnissystem, dem auch der deutsche Kaiser Ludwig der Bayer angehörte, günstige Voraussetzungen für den Konflikt zu schaffen, während Frankreich vor allem auf Schottland als Verbündeten zählen konnte. Nachdem die Engländer 1340 in einer Seeschlacht vor dem flämischen Hafen Sluys einen ersten Sieg errungen hatten, suchte König Eduard die militärische Entscheidung auf dem Kontinent, als er im Juli 1346 zur Entlastung der bereits in der Gascogne und der Bretagne operierenden englischen Truppen an der Küste der Normandie landete, Caen einnahm und in das Landesinnere vordrang.

Bei Crécy gelang dem englischen Aufgebot gegen ein überlegenes französisches Heer aus einer stark defensiven Position heraus ein spektakulärer Sieg (26. August 1346). Als schlachtentscheidend erwiesen sich dabei die englischen Bogenschützen, die zu Fuß kämpften und die ungestüm angreifenden französischen Ritter mit einem Geschoßhagel von Pfeilen überzogen. Nach dem Sieg von Crécy hatte König Eduard freie Hand, um die strategisch wichtige Stadt Calais zu belagern, die nach tapferer Gegenwehr im August 1347 kapitulierte und von nun an bis weit in das 16. Jahrhundert hinein England als Vorposten auf dem Kontinent erhalten bleiben sollte.

7.14 Schwarzer Tod

Die Große Pest, später „Schwarzer Tod" genannt, war die größte Katastrophe, die je über

Die Schlacht bei Sempach. Buchmalerei (um 1450)

die Menschen in Europa hereinbrach; ihr fielen mindestens 25%, vielleicht sogar ein Drittel der damaligen Bevölkerung zum Opfer, wobei nachfolgende Epidemien für einen bis zum Ende des 15. Jahrhunderts anhaltenden Abwärtstrend in der Bevölkerungsentwicklung sorgten. Aus Asien eingeschleppt, verbreitete sich die Seuche in den Jahren 1347 bis 1351 über ganz Europa, wobei Deutschland vor allem 1349/50 betroffen war.

Medizinisch gesehen handelt es sich um eine Krankheit bei Nagetieren (Ratten), die von einem Bakterium ausgelöst wird und über Flöhe auch auf Menschen übertragen werden kann. Da das Pestbakterium erst im Jahre 1894 entdeckt wurde, stand die mittelalterliche Medizin dieser Herausforderung noch mehr oder weniger hilflos gegenüber. Die Verbreitung wurde durch die in der Stadt wie auf dem Lande herrschenden hygienisch unzureichenden Wohnverhältnisse gefördert; ferner traf die Seuche – vor allem im Bereich der Unterschichten – auf eine durch chronische Engpässe in der Ernährung (Überbevölkerung, Mißernten) in ihrer physischen Widerstandskraft geschwächte Bevölkerung.

Die Auswirkungen dieser Katastrophe zeigten sich in allen Lebensbereichen. Volkstümliche Methoden der Seuchenabwehr fanden weitverbreitete Anwendung (Geißlerumzüge,

Amulette, Gelübde), aber auch gewaltsame und blutige Exzesse gegen Minderheiten, vor allem gegen Juden, die man für die Epidemie verantwortlich machte, nahmen zu. Das Massensterben führte zu einer dramatischen Verknappung der menschlichen Arbeitskraft, verbunden mit einem Preisverfall bei Grund und Boden und bei den landwirtschaftlichen Erzeugnissen. Während die adligen und kirchlichen Grundherren zum Teil empfindliche Einkommenseinbußen hinnehmen mußten, gab es andererseits Kleinbauern, die mit ihrer – nun noch begehrteren – Arbeitskraft von der neuen Situation profitierten.

Dies gilt vor allem für England, wo es der leibeigenen Landbevölkerung bis zum Ende des Mittelalters gelungen war, die alten Bande der Unfreiheit abzustreifen (▷ 7.23) und schriftliche Vereinbarungen mit den Grundherren auszuhandeln, wobei eine Abschrift in die Register des grundherrlichen Gerichts eingetragen wurde („copyhold"). Die Bevölkerungsverluste führten außerdem in großem Umfange zur Aufgabe bisher landwirtschaftlich genutzten Landes (Wüstungen) sowie zu einer verstärkt einsetzenden Abwanderungsbewegung in die Städte (Landflucht), in denen der Gegensatz zwischen Neuankömmlingen und Alteingesessenen zusätzliche Spannungen heraufbeschwor.

7.15 Karl IV.
Goldene Bulle

Als ältester Sohn König Johanns von Böhmen aus dem Hause Luxemburg im Jahre 1316 in Prag geboren, wurde Karl am Hof des französischen Königs Karl IV. erzogen und vom Vater bereits seit dem 15. Lebensjahr mit zahlreichen politischen Aufgaben betraut. Als er im Jahre 1346 zum Gegenkönig gegen Kaiser Ludwig den Bayern gewählt wurde, konnte er zwar mit der Unterstützung des Papstes Klemens VI. und der Mehrheit der Kurfürsten rechnen; dennoch war der Thronstreit damit noch keineswegs zugunsten Karls entschieden, da Kaiser Ludwig nach wie vor über zahlreiche Anhänger im Reich verfügte und das mit Karl verbündete französische Königtum in der Schlacht bei Crécy (▷ 7.13) eine verheerende Niederlage einstecken mußte, wobei es Karl selbst nur mit Mühe gelang, sich dem Zugriff seiner Feinde zu entziehen.

Die Entscheidung fiel mit dem Tod Ludwigs (1347); obwohl die Söhne des Kaisers den Widerstand fortsetzten und den thüringischen Grafen Günther von Schwarzburg als Gegenkönig gewinnen konnten, fiel es Karl nicht schwer, seine Gegner auszuspielen Er unterstützte dabei auch einen Hochstapler, der sich für den seit 1319 totgesagten askanischen Markgrafen Waldemar ausgab, gegen den ältesten Sohn des Kaisers, Markgraf Ludwig von Brandenburg, bis die Wittelsbacher 1349 einlenkten und gegen die Bestätigung ihres Besitzstandes, einschließlich Tirols, Karl als König anerkannten.

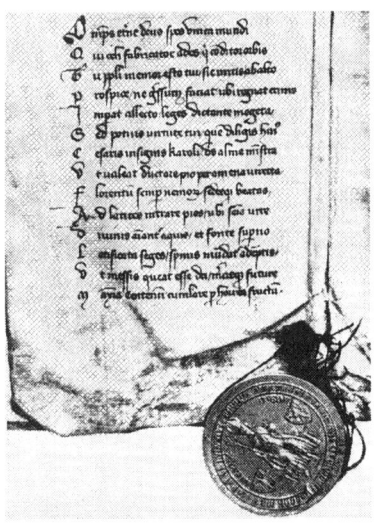

Die Goldene Bulle. Eine Seite aus dem Reichsgrundgesetz von 1356 mit dem kaiserlichen Goldsiegel

Nachdem Karl im Jahre 1355 aus der Hand des päpstlichen Kardinallegaten in Rom die Kaiserkrone empfangen hatte, ließ er ein Jahr später auf den Hoftagen von Nürnberg und Metz ein umfassendes Reichsgesetz, die Goldene Bulle (benannt nach dem in der kaiserlichen Kanzlei verwendeten goldenen Siegel), verkünden, das die Königswahl und die Rechtsstellung der Kurfürsten regelte, wobei die Festlegung auf das Mehrheitsprinzip künftige Doppelwahlen verhindern sollte. Die Ansprüche des Papsttums auf Zustimmung zur Königswahl (Approbation) und die Ausübung der kaiserlichen Rechte während der Thronvakanz (Reichsvikariat), gegen die sich die Kurfürsten bereits 1338 im Weistum von Rhens gewandt hatten, wurden mit Stillschweigen übergangen und damit faktisch zurückgewiesen, obwohl Karl vor seiner Wahl der Kurie anderslautende Zusicherungen gegeben hatte.

Nachdem Karl im Jahre 1376 die Wahl seines Sohnes Wenzel zum römisch-deutschen König durchgesetzt hatte, schien die Zukunft des Hauses Luxemburg gesichert, als der Kaiser im Jahre 1378 starb. Doch so wenig Karl in seinen letzten Lebensmonaten in der Lage war, das *Abendländische Schisma* (▷ 7.21) zu verhindern, so wenig vermochte er durch sein Vorbild auf die Politik seiner Söhne und Neffen einzuwirken, die die von ihm beschworene Eintracht des Hauses Luxemburg durch ihren Interessenegoismus schnell zunichte machten.

7.16 Polnisch-litauische Union

Als 1333 Kasimir III. seinem Vater Władysław I. als König von Polen nachfolgte, waren es vor allem zwei Nachbarstaaten, die seine Herrschaft bedrohten: das Königreich Böhmen, das Ansprüche auf die polnische Krone erhob, und der Deutsche Orden in Preußen und Livland (▷ 6.28). König Kasimir, der letzte *Piast* (▷ 5.30) auf dem polnischen Thron, zog es vor, mit beiden Mächten eine friedliche Verständigung zu suchen. So gelang es ihm, 1335 im Vertrag von Visegrad (Ungarn) König Johann von Böhmen gegen den Verzicht auf weite Teile Schlesiens und die Zahlung einer Geldabfindung dazu zu bringen, seine polnischen Thronansprüche aufzugeben. 1353 trat Kasimir auch den Rest Schlesiens an den böhmisch-deutschen König *Karl IV.* (▷ 7.15) ab, der dafür der polnischen Krone die Rechte als Lehnsherr über Masowien-Plozk überließ. Mit dem Deutschen Orden einigte sich Kasimir im Frieden von Kalisz (1343), indem er auf das umstrittene Pomerellen und das Kulmer Land verzichtete, während der Orden die im Kampf gegen Władysław I. eroberten Gebiete (Teile Kujawiens und das Dobriner Land) herausgab. Diese Verständigungspolitik gab Kasimir die Möglichkeit, sein Augenmerk nach Osten zu richten, wo es ihm gelang, sich in einem Erbfolgestreit mit Litauen weitgehend durchzusetzen und die Landschaft Rotreußen (Galitsch) sowie Teile Wolhyniens für Polen zu gewinnen (1349–66). Den Ehrennamen „der Große" erhielt der König jedoch vor allem für seine Herrschaftspolitik im Innern des Reiches. Hier trug neben dem Ausbau des Verwaltungssystems eine Fülle von wirtschaftlichen, rechts- und kulturpolitischen Maßnahmen (Neugründung von Städten und Dörfern, Förderung des Handels, Ansiedlung der aus Mitteleuropa vertriebenen Juden, Schutz der Bauern, Kodifizierung des polnischen Rechts, Gründung der Universität Krakau 1364) zur Konsolidierung der Königsherrschaft bei.

Der Aufstieg zur europäischen Großmacht wurde durch die Union mit dem bisher noch heidnischen Großfürstentum Litauen eingeleitet, als die polnischen Magnaten die Thronerbin Hedwig (Jadwiga) zwangen, ihre Verlobung mit Wilhelm von Österreich aufzulösen und statt dessen den Großfürsten Jagiełło von Litauen zu heiraten, der nun getauft und als Władysław II. Jagiełło zum König von Polen gekrönt wurde (1386). Mit der polnisch-litauischen Personalunion wurde nicht nur die bisherige machtpolitische Rivalität zwischen den beiden Ländern beendet; die nun erfolgende Christianisierung Litauens hatte außerdem zur Folge, daß die Legitimation als „Heidenkrieg", die der Orden bisher für seine militärische Expansionspolitik gegenüber Litauen in Anspruch genommen hatte, grundsätzlich in Frage gestellt wurde, was nicht ohne Auswirkungen auf das Selbstverständnis des Ordens bleiben konnte.

7.17 Hanse

Die Hanse entstand als genossenschaftliche Vereinigung von west- und niederdeutschen Fernkaufleuten, die von der Mitte des 12. bis zum 14. Jahrhundert den Nord- und Ostseebereich zu einem von ihnen beherrschten Handelsgroßraum ausbauten. Wenn auch in England die ältesten Spuren hansischer Organisation in der Form regional begrenzter Kaufmannshansen greifbar sind, so scheint doch der entscheidende Anstoß vom Ostseeraum ausgegangen zu sein, wo sich um 1160 eine Genossenschaft von westfälischen, sächsischen und lübischen Fernkaufleuten, die

Hansische Schiffe des 15. Jahrhunderts.
Buchminiatur aus einer Handschrift
des Hamburger Stadtrechts (1487)

regelmäßig die Ostseeinsel Gotland anfuhren (Gotländische Genossenschaft), konstituierte. Sie vertrat ihre Mitglieder gegenüber fremden Gewalten als eigene Rechtspersönlichkeit und führte auch ein eigenes Siegel. Die Träger dieser Vereinigung, die Fernkaufleute, übten den gleichen Beruf aus, hatten eine vergleichbare soziale Herkunft und waren durch weitverzweigte verwandtschaftliche Beziehungen verbunden, so daß bei aller Überregionalität doch eine bemerkenswerte Geschlossenheit in den Zielvorstellungen und der praktischen Umsetzung zu erkennen war.

Die im Zuge des aufblühenden Städtewesens und der fortschreitenden *Ostsiedlung* (▷ 6.28) entstehenden deutschen Städte an der Ostseeküste bildeten mit den älteren Nordseestädten wie auch mit der deutschen Siedlung in Visby auf Gotland die wirtschaftliche Operationsbasis, von der aus die Hansekaufleute zum Wettstreit vor allem mit den skandinavischen Konkurrenten im Nord- und Ostseeraum antraten. Dabei führte weniger der Einsatz eines neuen Schiffstyps (Kogge), sondern vielmehr

eine überlegene Handelskonzeption, die Land- und Seehandel mit entsprechender Spezialisierung auf das Seetransportgeschäft einerseits und das kaufmännische Handelsgeschäft andererseits verband, dazu, daß die hansischen Kaufleute bald einen beherrschenden Marktanteil erobern konnten. Von der regionalen Obrigkeit großzügig privilegierte Handelsniederlassungen (Kontore) im russischen Nowgorod am Ilmensee im Osten, dem norwegischen Bergen im Norden sowie in Brügge und London im Westen bildeten das organisatorische Rückgrat des entstehenden Handelsimperiums.

Als Ende des 13. Jahrhunderts die aufstrebende Reichsstadt Lübeck die Gotländische Genossenschaft aus der bisherigen Führungsrolle verdrängte und nunmehr selbst als Haupt der Hanse auftrat, war dies der Beginn eines Wandlungsprozesses, in dessen Verlauf die einzelnen Städte immer mehr als Kaufleute auftraten, so daß aus der Kaufmannshanse eine Vereinigung von Hansestädten geworden war. Daß die Hanse mit zunehmender wirtschaftlicher Bedeutung auch ein erhebliches politisch-militärisches Machtpotential aufgebaut hatte, wurde deutlich, als die hansischen Seestädte mit anderen Bündnispartnern (Kölner Konföderation, 1367) in eine militärische Konfrontation mit Dänemark verwickelt wurden, in der sich die Verbündeten in beeindruckender Weise behaupten konnten (Frieden von Stralsund, 1370).

Der beginnende Niedergang wurde im 15. Jahrhundert durch das verstärkte Eindringen der Engländer und vor allem der Holländer in den Ostseeraum eingeleitet; eine zunehmende Tendenz zu national-protektionistischer Handelspolitik beschleunigte diesen Prozeß, der 1494 zur Aufhebung des Kontors in Nowgorod und 1603 zur Schließung der Handelsniederlassung in London (Stalhof) führte. Dies bedeutete faktisch das Ende der Hanse als Wirtschaftsmacht, wenn sie auch nominell noch bis zur Mitte des 17. Jahrhunderts fortbestand.

7.18 Margarete I. Kalmarer Union

Im Jahre 1363 heiratete Margarete, die Tochter des dänischen Königs Waldemar IV. Atterdag, König Håkon VI. von Norwegen.

Nach dem Tode Waldemar Atterdags (1375) setzte Margarete die Erhebung ihres Sohnes Olaf zum König von Dänemark durch, der 1380 auch die Nachfolge seines verstorbenen Vaters in Norwegen antrat. Für den unmündigen König führte Margarete mit Tatkraft und diplomatischem Geschick die Regentschaft, und als Olaf bereits 1387 starb, wurde sie von den Ständen in Dänemark wie auch in Norwegen als Königin anerkannt.

Darüber hinaus bot sich ihr bald auch die Möglichkeit, die schwedische Krone zu erringen, als der schwedische König Albrecht III. von Mecklenburg-Schwerin 1388 von unzufriedenen Magnaten des Landes gestürzt wurde. Nachdem es Margaretes Feldherrn gelungen war, Albrecht und seine Parteigänger bei Falköping (Västergötland) vernichtend zu schlagen und diesen gefangenzunehmen, fiel ihr in kurzer Zeit ganz Schweden zu – mit Ausnahme des stark befestigten Stockholm, das, von einer mecklenburgischen Besatzungstruppe, unterstützt von deutschen Kaperfahrern (genannt „Vitalienbrüder", weil sie Lebensmittel in die belagerte Stadt brachten), verteidigt und erst 1398 nach einem von der *Hanse* (▷ 7.17) mit Albrecht vermittelten Abkommen an Margarete übergeben wurde.

Bereits 1397 unternahm Königin Margarete den Versuch, das von ihr begründete skandinavische Großreich auf Dauer zu etablieren. Die Reichsräte der drei Teilstaaten wurden nach Kalmar beordert, wo der vorgesehene Thronfolger Erich von Pommern, ein Großneffe der Königin, gekrönt wurde. In einem gesonderten – allerdings wohl nie endgültig ratifizierten – Unionsdokument wurde festgelegt, daß die drei Länder auf ewige Zeiten vereinigt bleiben sollten (Kalmarer Union). Nach Erichs Tod war die Wahl eines seiner Söhne zum König des Gesamtreiches vorgesehen. Trotz des gemeinsamen Königtums sollten die einzelnen Länder jedoch ihre rechtliche Eigenständigkeit und ihre eigenen Reichsräte behalten.

Während es Margarete noch gelang, den auseinanderstrebenden Interessen der drei Teilreiche und ihrer jeweiligen Führungsschichten in ausreichendem Umfang Rechnung zu tragen, mehrten sich unter den Nachfolgern die Spannungen, bis 1523 mit der Wahl Gustav Wasas zum schwedischen König die Union endgültig auseinanderbrach.

7.19 Aufstieg der Osmanen

Die frühe Geschichte des Osmanischen Reiches, eines der Teilfürstentümer am westlichen Rand des Staates der Rum-*Seldschuken* (▷ 6.9), ist in Dunkel gehüllt. Nach der wahrscheinlichsten Überlieferung kam der Stammesverband ebenso wie die Seldschuken aus Mittelasien, das er unter seinem Häuptling Süleyman infolge der mongolischen Angriffe (▷ 6.29) hatte verlassen müssen, und ließ sich zunächst im östlichen Anatolien nieder. Von Süleymans kriegerischem Enkel Osman I. Ghasi sollte das neue Reich seinen Namen erhalten.

Osman dehnte sein Herrschaftsgebiet auf Kosten der Byzantiner aus und starb 1326 kurz vor der Eroberung von Bursa (Brussa), das sein Sohn Orchan (1326–59) zur ersten osmanischen Hauptstadt machte. Orchan eroberte Iznik (Nizäa) und Izmid (Nikomedia) von den Byzantinern sowie das Fürstentum Karesi im nordwestlichen Kleinasien und gelangte so an das Ägäische Meer. Er heiratete die Tochter des byzantinischen Kaisers Johannes VI. Kantakuzenos und half seinem Schwiegervater bei den Kämpfen auf europäischem Gebiet. Sein Sohn Süleyman Schah errichtete bei Gallipoli einen ständigen Brückenkopf und eroberte im Osten Ankara (Ancyra). Als Orchan 1360 starb, verfügte das Reich über eine geordnete Militär- und Justizverwaltung.

Sein zweiter Sohn Murad I. (1359–89) rückte in Europa vor, eroberte 1361 Edirne (Adria-

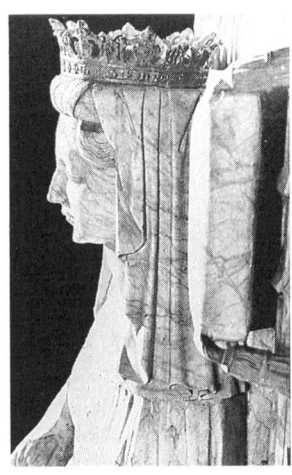

Margarete, Königin von Dänemark, Norwegen und Schweden. Grabmal im Dom von Roskilde (1423)

Murad II. Holzschnitt (1575)

nopel), das kurz darauf zur neuen Hauptstadt gemacht wurde, schlug die Serben 1371 an der Maritza und öffnete den Weg nach Bulgarien und Makedonien. Die Schaffung der Elitetruppe der Janitscharen (türk. „yeniçeri", „neue Truppe"), aus christlichen Familien fortgenommene oder gefangene Kinder und Jugendliche, wird auf ihn zurückgeführt. Nach einer Niederlage am Vardar erschien Murad I. 1389 auf dem Amselfeld und siegte über die verbündeten Serben, Bosnier, Albaner und Bulgaren, wurde aber selbst nach der Schlacht von einem Gefangenen ermordet.

Murads Sohn Bajasid I. (1389–1402) setzte die Expansion fort; Bulgarien wurde 1393 völlig erobert, die Walachei im folgenden Jahr Vasall, doch eine Belagerung von Konstantinopel brachte 1395 noch keinen Erfolg. Ein Kreuzfahrerheer unter dem späteren Kaiser Sigismund wurde 1396 bei Nikopolis an der Donau vernichtend geschlagen. Bajasid scheiterte jedoch im Kampf gegen Timurleng (Tamerlan), wurde in der Schlacht bei Ankara 1402 gefangen und starb bald darauf in der Gefangenschaft. Der osmanische Staat fiel in ein Interregnum, doch Sultan Mehmed I. (1413–21), ein Sohn Bajasids, konnte sich schließlich 1413 gegenüber seinen Brüdern durchsetzen. Unter seinem Sohn Murad II. (1421–51) wurde die alte Macht des Reiches wiederhergestellt; die verlorenen Gebiete wurden zurückgewonnen und Teile von Griechen-

land, Albanien und Serbien erobert. 1439 fiel die serbische Hauptstadt Semendria (Smederevo), Belgrad wurde jedoch vergeblich belagert. Einfälle in Ungarn blieben ebenso ohne bleibenden Gewinn wie umgekehrt die Kriege des ungarischen Feldherrn Johannes Hunyadi, der 1444 nach dem gebrochenen Friedensvertrag von Szegedin eine schwere Niederlage bei Varna und 1448 eine weitere auf dem Amselfeld erlitt. Murad II. hinterließ seinem jungen Sohn Mehmed II. ein gefestigtes Reich, dem nur noch das von osmanischem Gebiet umgebene Byzanz fehlte (▷ 8.10).

7.20 Mailand und die Visconti

Wie in anderen Städten des spätmittelalterlichen Italien (▷ 6.16) wurde auch in Mailand als Antwort auf den Parteienzwist die alte Kommunalverfassung durch eine neue Herrschaftsform, die Alleinherrschaft eines Mächtigen und seiner Familie (Signorie), abgelöst. Dabei war es zunächst die guelfische Familie della Torre, die sich durchsetzen konnte, wobei sie allerdings seit den siebziger Jahren des 13. Jahrhunderts auf die Konkurrenz der ghibellinischen Visconti stieß, die 1287 unter Matteo Visconti den Machtkampf schließlich gewannen (Guelfen, „Welfen", die Anhänger des Papstes in Oberitalien, Ghibellinen, „Waiblinger", die Parteigänger des Kaisers). Ein Umsturz brachte zwar 1302 die Torre wieder an die Macht; ihre Herrschaft war jedoch nicht von langer Dauer, denn bereits 1311 gelang es Matteo Visconti, der unter dem Schutz König Heinrichs VII. nach Mailand zurückgekehrt war, seine Rivalen beim König in Mißkredit zu bringen und die Herrschaft in der Stadt wieder an sich zu reißen.

Selbst als Matteos Gönner und Verbündeter, Heinrich VII., kurz nach seiner Kaiserkrönung in Rom starb (1313), konnten die Visconti ihre Machtstellung nicht nur behaupten, den Nachfolgern Matteos gelang es sogar, ihre Herrschaft auf zahlreiche Nachbarstädte auszudehnen und so in Oberitalien ein stattliches Visconti-Reich aufzubauen, das neben den lombardischen Städten zeitweise auch Genua umfaßte.

Nach der Teilung des Gesamtbesitzes zwischen den Erben Bernabó und Galeazzo II. Visconti (1354) erlebte Mailand unter Gian

Galeazzo, der 1378 den Anteil seines Vaters Galeazzo II. übernommen hatte, eine Blütezeit. Im Gegensatz zum Schreckensregiment der Vorgänger war Gian Galeazzo bestrebt, die Loyalität seiner Untertanen durch den Ausbau einer leistungsfähigen Verwaltung und Justiz, die Garantie von Recht und Sicherheit sowie die Förderung der Wirtschaft und der Künste zu gewinnen. Durch die Gefangennahme und Ermordung seines Onkels Bernabó (1385) gelang es ihm, die Einheit des Familienbesitzes wiederherzustellen. 1395 sorgte König Wenzel (1376–1400) für die lang erstrebte Legitimation der Visconti-Herrschaft, indem er Gian Galeazzo zum erblichen Herzog von Mailand und Grafen von Pavia erhob; der Versuch König Ruprechts (1400–1410), diese Maßnahme seines abgesetzten Vorgängers wieder rückgängig zu machen, scheiterte vor den Mauern Brescias, als es Gian Galeazzo gelang, das königliche Heer zu schlagen (1401).

Als Gian Galeazzo sich anschickte, auch in die mittelitalienischen Machtverhältnisse einzugreifen, wurde er auf dem Feldzug gegen Florenz von der Pest (▷ 7.14) erfaßt und starb (1402). Nach seinem Tode konnten die Nachfolger nur mühsam den Kernbestand des Visconti-Reiches behaupten, bis es 1450 nach dem Tod des letzten männlichen Visconti Francesco Sforza gelang, Mailand zu erobern und die Nachfolge im Herzogtum anzutreten. Abbildung S. 188

7.21 Abendländisches Schisma

Die große abendländische Kirchenspaltung (Schisma) entstand, als sich das Papsttum nach über siebzigjährigem Aufenthalt im französischen Avignon (▷ 7.10) anschickte, auf Dauer nach Rom zurückzukehren. Als Papst Gregor XI., der bereits 1377 seine Residenz nach Rom verlegt hatte, starb, wählten die anwesenden Kardinäle unter dem Druck einer bewaffneten Volksmenge, die lautstark die Wahl eines Italieners verlangte, am 8. April 1378 den Erzbischof von Bari als Urban VI. zum Papst.

Trotz der Umstände, die die Wahl begleitet hatten, fand der neue Papst zunächst durchaus Anerkennung. Erst als Urban seine Wähler durch sein schroffes und selbstherrliches Auftreten brüskierte, kündigten ihm vor allem die nicht-italienischen Kardinäle den Gehorsam auf, erklärten die Wahl für erzwungen und daher ungültig und wählten am 20. September in Fondi den Kardinal Robert von Genf als Klemens VII. zum Papst. In dieser Situation war es verhängnisvoll, daß Kaiser *Karl IV.* (▷ 7.15) bereits kurze Zeit nach der Wahl des Gegenpapstes verstarb, ohne klar Stellung in dem Konflikt beziehen zu können. Die in Italien weilende deutsche Gesandtschaft hatte sich, verschreckt durch die Weigerung Urbans, die kurz zuvor erfolgte Königswahl Wenzels zu bestätigen (approbieren), den oppositionellen Kardinälen zugewandt und Klemens als Papst anerkannt, der Unterstützung beim französischen König fand und schließlich, da ihm Rom verschlossen war, wieder in Avignon residierte. Obwohl der neue deutsche König Wenzel sich mit den vier rheinischen Kurfürsten für den „römischen" Papst Urban, der mittlerweile in der Approbationsfrage eingelenkt hatte, aussprach (Urbanbund) und dabei vom englischen König unterstützt wurde, hielten Frankreich und einige süddeutsche Reichsstände (vor allem Österreich) jedoch nach wie vor zu Klemens. Das Schisma wurde auch nicht beendet, als die sich bekämpfenden Päpste starben, da in beiden Lagern jeweils neue Päpste gewählt wurden. Der Versuch des Konzils von Pisa (1409), das Schisma durch die Absetzung der rivalisierenden Päpste und die Neuwahl eines dritten Papstes, Alexander V., zu überwinden, scheiterte vor allem daran, daß der Nachfolger des inzwischen abgesetzten Königs Wenzel, König Ruprecht, dem Konzil die Anerkennung verweigerte. Die Spaltung wurde so noch weiter vertieft, da die Kirche nun sogar über drei Päpste verfügte, die sich mit ihrer jeweiligen Anhängerschaft unversöhnlich gegenüberstanden. Erst auf dem Konstanzer Konzil (▷ 8.1) wurde 1417 mit der Wahl Martins V. das Schisma beendet.

7.22 John Wyclif

Die Geschichte des abendländischen Europa wurde im 14. Jahrhundert durch die immer offener zutage tretende Krise des Papsttums und der Kirche geprägt (▷ 7.10, ▷ 7.21). Vor diesem Hintergrund fiel das Wirken des Oxforder Theologen John Wyclif (ca. 1320–

Galeazzo Maria Sforza. Zeitgenössisches Gemälde

84) auf fruchtbaren Boden. Geboren in Yorkshire, wurde er 1372 promoviert und zum Professor an die Universität Oxford berufen. Unter dem Schutz einflußreicher Gönner griff er in Schriften und Predigten scharf die Mißstände in der Amtskirche an. Während er anfangs noch von den *Bettelorden* (▷ 6.25) unterstützt wurde, nahmen seine Angriffe unter dem Eindruck des *Abendländischen Schismas* (▷ 7.21)immer radikalere Formen an, die ihn in zunehmendem Maße von seinen Anhängern und adligen Gönnern isolierten.

Für Wyclif wurde die Kirche nicht durch Papsttum und Klerus, sondern durch die unsichtbare Gemeinschaft der von Gott Erwählten repräsentiert, während die bestehende Amtskirche dem Antichrist verfallen und damit zur ewigen Verdammnis bestimmt sei. In unversöhnlichen Gegensatz zur kirchlichen Lehrmeinung geriet Wyclif, indem er die materielle Gegenwart Christi bei der Eucharistiefeier leugnete und nicht nur die Schlüsselgewalt des Papstes, sondern eines jeden Priesters ablehnte, da vor Gott nicht Sündenbekenntnis und Sündennachlaß, sondern allein der innere Gnadenstand der Gläubigen von Bedeutung sei. Da nach Wyclifs Auffassung die Begegnung mit Gott nicht über Priester und Mönche, sondern aus der Heiligen Schrift erwachse, sah er sich gegen Ende seines Lebens veranlaßt, zusammen mit seinen Schülern den lateinischen Text der Bibel in die englische Sprache zu übersetzen.

Obwohl ein großer Teil seiner Thesen 1377 von Papst Gregor XI. verworfen wurde, bewahrten ihn das ausbrechende Schisma sowie der starke Rückhalt, den er beim Adel und im Parlament hatte, vor Verfolgung. Er mußte sich zwar 1383 auf seine Pfarre nach Lutterworth (Leicestershire) zurückziehen, konnte von dort aus aber bis zu seinem Tod seine Thesen weiter verbreiten. Seine Lehren, die später von Jan Hus (▷ 8.2) in Böhmen aufgegriffen wurden und großen Einfluß auf die Vorreformation hatten, wurden 1415 vom Konstanzer Konzil (▷ 8.1) ausdrücklich als ketzerisch verurteilt.

7.23 Englischer Bauernaufstand

Der englische Bauernaufstand von 1381 war die schwerste sozialpolitische Krise, die England im Mittelalter erschütterte. Die Ursachen, die zu dieser Erhebung führten, sind in den tiefgreifenden wirtschaftlichen und sozialen Wandlungen zu suchen, die der allgemeine Bevölkerungsrückgang – ausgelöst durch die Pestepidemien (▷ 7.14) – bewirkt hatte. So stärkte der gestiegene Wert der eigenen Arbeitskraft einerseits das Selbstbewußtsein der überlebenden bäuerlichen Bevölkerung, die nun bestrebt war, die alten Bande schollengebundener Abhängigkeit zu Gunsten neuer, den Marktgesetzen Rechnung tragender Arbeitsverhältnisse zu lösen; andererseits versuchten die Grundherren, den Forderungen nach steigenden Löhnen zu begegnen, indem sie der eigenen Landbevölkerung das Recht zu Mobilität und Freizügigkeit absprachen und im Zweifel vom unfreien Status ihrer Bauern ausgingen. Unterstützt wurden die Grundherren von der staatlichen Gesetzgebung, die bereits 1352 einen allgemeinen Lohn- und Preisstopp – bezogen auf die Zeit vor dem Schwarzen Tod – verordnet hatte.

John Wyclif

*Englischer
Bauernaufstand.
Illustration der
Ermordung des
Wat Tyler und der
Ansprache König
Richards II.
an die
Aufständischen*

Da trotz dieser gesetzlichen Maßnahme die Löhne weiter stiegen und außerdem seit den siebziger Jahren noch ein verstärkter Preisverfall bei Agrarprodukten einsetzte, verschärften die Grundherren ihre Pressionen, was zunehmende Verbitterung auslöste. Dazu kam eine tiefe Unzufriedenheit mit der Obrigkeit und ihrer Rechtsprechungspraxis auf dem Lande, die durch die einsetzenden Mißerfolge in der Kriegführung gegen Frankreich (▷ 7.13) noch gesteigert wurden. Als das Parlament für 1381 eine erneute Kopfsteuer („poll tax") zur Deckung der Kriegskosten ausschrieb, die auch bei den Unterschichten rücksichtslos eingetrieben werden sollte, brach der Aufstand in Essex und Kent aus, wobei sich nicht nur die dörflichen Unterschichten, sondern auch die besser situierten Bauern der Erhebung anschlossen.
Zum geistigen Kopf der Bewegung wurde der Kleriker John Ball, der — vielleicht beeinflußt von den Lehren John Wyclifs (▷ 7.22) — in einer Predigt in Blackheath die provozierende Frage stellte: „Als Adam grub und Eva spann, wo war denn da der Edelmann?" Von Wyclif ausgesandte Laienprediger, die „Lollarden" (niederländ./engl., „Murmler"), schürten die Unruhen mit radikaler Kirchenkritik. Unter der militärischen Führung von Wat Tyler gelang es den bewaffneten Bauernaufgeboten, sich Zugang nach London zu verschaffen und dort Jagd auf die „Verräter", die verhaßten Ratgeber des Königs, zu machen. Dabei geriet der junge König Richard II. selbst in eine kritische Situation, die er jedoch durch Zugeständnisse an die Bauern mit Hilfe der Londoner Bürgerschaft meistern konnte. Wenn der Aufstand auch bald niedergeschlagen, die erteilten Zugeständnisse widerrufen und die Rädelsführer hingerichtet wurden, so konnten sich die Grundherren dennoch auf Dauer den gewandelten ökonomischen und sozialen Erfordernissen nicht verschließen, so daß am Ausgang des Mittelalters einige der Hauptforderungen des Aufstandes, die Abschaffung der Leibeigenschaft und das Recht, freie Vereinbarungen über Arbeit gegen Lohn zu treffen, verwirklicht wurden.

Daten

1254	Gründung des Rheinischen Bundes, eines Städtebundes zur Aufrechterhaltung des Landfriedens
1254–1273	Interregnum im Deutschen Reich
1259	Frieden von Paris zwischen England und Frankreich
1261	Wiederherstellung des byzantinischen Kaisertums durch Michael VIII. Palaiologos
1268	Hinrichtung Konradins; Ende der Staufer
1272–1307	König Eduard I. von England
1273–1291	König Rudolf I. von Habsburg
1280–1368	Yüan-Dynastie in China (Mongolenreich)
1282	„Sizilianische Vesper" gegen die Anjouherrschaft auf Sizilien
1285–1314	Philipp IV., der Schöne, König von Frankreich
1290–1320	Unter der Dynastie der Khilji erreicht das Sultanat von Delhi seine größte Ausdehnung
1291	Bund von Uri, Schwyz und Nidwalden, die Keimzelle der Schweizer Eidgenossenschaft
1295	Einberufung des „Model Parliament" in England durch König Eduard I.
1298/99	Marco Polo verfaßt einen Bericht über seine Ostasienreisen
1302	Bulle „Unam sanctam" Papst Bonifaz' VIII., Erneuerung des Herrschaftsanspruchs in geistlichen und weltlichen Angelegenheiten
1302	Schlacht von Coutrai (Kortrijk), flämische Fußtruppen besiegen ein französisches Ritterheer
1303	Gefangennahme Papst Bonifaz' VIII. in Anagni
1307/1314	Vernichtung des Templerordens in Frankreich
1309–1376	Residenz der Päpste in Avignon, „Babylonische Gefangenschaft der Kirche"
1314	Doppelwahl des deutschen Königs: Friedrich der Schöne und Ludwig IV., der Bayer
1314–1347	Ludwig IV., der Bayer (seit 1328 Kaiser)
1315	Schlacht am Morgarten, Sieg der Eidgenossen über ein habsburgisches Ritterheer
ca. 1320–1384	John Wyclif
1327–1377	König Eduard III. von England
1333–1370	König Kasimir III., der Große, von Polen
1338	Kurverein von Rhense, der von den Kurfürsten gewählte Deutsche König bedarf nicht mehr der päpstlichen Bestätigung. Nur die Kaiserkrönung bleibt dem Papst überlassen
1339–1453	Hundertjähriger Krieg zwischen Frankreich und England
1346	Schlacht bei Crécy, Niederlage des französischen Ritterheeres gegen das englische Volksheer (Bogenschützen)
1346–1378	Karl IV. (seit 1355 Kaiser)
1347–1351	Pest in Europa
1356	Goldene Bulle, Reichsgrundgesetz zur Regelung der Königswahl im Deutschen Reich und zur Rechtsstellung der Kurfürsten
1370	Frieden von Stralsund, die Hanse setzt sich im Ostseeraum durch
1378–1417	Abendländische Kirchenspaltung (Schisma)
1386	Litauisch-polnische Personalunion durch Władysław II. Jagiełło
1389	Schlacht auf dem Amselfeld (Kosovo), Niederlage der christlichen Balkanvölker gegen die Osmanen

Kapitel 8
Entstehung der neuzeitlichen Welt

Einführung

Aus europäischem Blickwinkel erscheint das 15. Jahrhundert als eine Epoche, in der sich in besonderem Maße Altes und Neues gegenüberstehen. So wird diese Epoche einerseits als der „Herbst des Mittelalters" bezeichnet, andererseits werden in ihr die Elemente für die Entstehung der neuzeitlichen Welt hervorgehoben.

Die politische Geschichte der europäischen Länder war im 15. Jahrhundert von dem Gegeneinander und den Kämpfen lokaler Gewalten und der Großen gekennzeichnet, die sowohl untereinander als auch gegen die Krone stritten. In England geriet im „Krieg der Rosen" die Königsmacht zum Spielball von Magnaten mit ihren Soldtruppen. Der Hundertjährige Krieg und die Unabhängigkeitsbestrebungen großer Vasallen schwächten in Frankreich das Königtum. Den burgundischen Herzögen gelang es vorübergehend, einen machtvollen, unabhängigen Staat, bestehend aus deutschen und französischen Lehen, aufzubauen. Sie verbündeten sich mit dem Herzog der Bretagne und anderen zu einer Liga, die dem König starken Widerstand entgegensetzen konnte. Mit dem Aufstieg der deutschen Territorialherren erlebte das mittelalterliche Kaisertum unter Friedrich III. einen Tiefpunkt. 1473 verhandelte Karl der Kühne von Burgund mit dem Kaiser (allerdings erfolglos) um die Kaiserwürde. Das „blühende" Fehdewesen spiegelt die Machtlosigkeit der deutschen Zentralgewalt wider. In Spanien lähmten Ständekämpfe den Krieg gegen die Mauren.

In der zweiten Hälfte des 15. Jahrhunderts erfolgte in vielen Staaten eine Stärkung der Königsmacht, wurden die Grundlagen für die Herausbildung eines starken nationalen Königtums gelegt. In England stellte Heinrich VII. nach seinem Sieg über Richard III. 1485 die innere Ordnung auf dem rechtlichen Wege wieder her und stärkte damit die Königsmacht. Er schwächte den Hochadel durch die Förderung der Gentry und des Bürgertums. Die Katholischen Majestäten Spaniens, Ferdinand und Isabella, bedienten sich in ihrem Kampf gegen den Hochadel in Kastilien gleichfalls der Städte. Die innere Kräftigung der Königsmacht trug dazu bei, daß die Mauren endgültig von der iberischen Halbinsel vertrieben wurden.

Die Wiederherstellung der königlichen Autorität erfolgte in Frankreich unter Ludwig XI. und unter der Regentschaft seiner Tochter Anna von Beaujeu für den minderjährigen Karl VIII. Die Bretagne, die wie Burgund die Unabhängigkeit von Frankreich angestrebt hatte, konnte fest mit der französischen Krone verbunden werden. Auch das Herzogtum Burgund wurde zurückgewonnen. Die großen Lehenskomplexe wurden weitgehend mit der Krone vereint. Frankreich legte im 15. Jahrhundert die Grundlagen für den Absolutismus und den französischen Nationalstaat. In Ungarn erkämpfte Matthias Corvinus eine starke monarchische Zentralgewalt. Und Iwan III. schuf die Grundlagen für den russischen Großstaat.

Während die Kaiser Friedrich III. und Maximilian I. eine sehr erfolgreiche Hausmachtpolitik betrieben und in ihren eigenen Ländern eine effektive Verwaltung aufbauten, war ihr politischer Spielraum gegenüber dem Reich durch die sich festigende Macht der Territorialstaaten begrenzt. Die Reichsstände versuchten ihrerseits, die Ordnung im Reich auf dem Wormser Reichstag von 1495 durch die Verkündung eines Ewigen Landfriedens wiederherzustellen; dieser sollte durch ein Reichsgericht, das Reichskammergericht, gewährleistet werden. Außerdem wurde eine allgemeine Reichssteuer beschlossen. Das später eingeführte Reichsregiment, eine ständische Reichsexekutive, blieb allerdings wirkungslos. In Deutschland entstand so ein dualistisches Staatsgebilde aus Kaiser *und* Reich. Die Entwicklung der europäischen Königreiche auf eine zunehmende innere Geschlossenheit hin, die zur Grundlage der Nationalstaaten werden sollte, wurde durch die Situation der Kirche im Zeitalter des Konziliarismus begünstigt. Das Papsttum, das sich gegen die Ansprüche insbesondere des Konzils von Basel zur Wehr setzen mußte, schloß im Laufe dieses Jahrhunderts mit einzelnen Königreichen Konkordate ab, welche die Eigenheiten der jeweiligen Nationalkirchen anerkannten. Sie bildeten unter anderem die Grundlage des Gallikanismus in Frankreich. Ähnliche Entwicklungen sind in Spanien und in Polen zu beobachten. Mit Kaiser und Reich wurden entsprechende Abmachungen schon um die Mitte des Jahrhunderts getroffen. In zunehmendem Maße kam es zur Verbindung der Kirchen mit der jeweiligen politischen Macht. Einen Höhepunkt erreichte diese Entwicklung in der Trennung der Anglikanischen Kirche von Rom unter Heinrich VIII., sie war zunächst ohne Hinwendung zur gleichzeitigen Reformation vollzogen worden.

Das Papsttum selbst wurde unter den Renaissancepäpsten zu einem der Territorialherren in Italien. Eine Reform in ihrer Gesamtheit war von dieser zunehmend parzellierten Kirche kaum noch zu erwarten. Kirchliche Reformen aber wurden von vielen Seiten gefordert. Es entstand vor allem ein Widerspruch zwischen der sich zunehmend fiskalisierenden Kirche und den Glaubensbedürfnissen der Menschen. Eine allgemein gesteigerte Frömmigkeit der Bevölkerung drückte sich aus in Wallfahrten, Wunderglaube, Prophezeiungen, Heiligenverehrung, in mystischen Glaubensbewegungen und in der Entstehung von Bruderschaften in den Städten. Sie war der Nährboden für einen sittlich-religiösen Rigorismus etwa des 1498 hingerichteten Florentiner Predigers Savonarola oder der von dem Pfeifer von Niklashausen ausgelösten sozial-religiösen Bewegung von 1476. Die hierin zum Ausdruck kommende Glaubensnot und die zunehmende Kritik an den Klerikern haben die Reformation begünstigt.

Vor allem Renaissance und Humanismus gelten als Zeichen für das Heraufkommen einer neuen Epoche. Die Rückbesinnung auf die Ideen der antiken Autoren und das geistige Vorbild der Antike in Verbindung mit der Kritik an der bestehenden von kirchlichen Traditionen geprägten Kultur ließen die Möglichkeiten erkennen, die in einer schöpferischen Tätigkeit des Individuums lagen. Die Kühnheit, mit der in der Kunst der Renaissance in raschem Fortschritt neue ästhetische Maßstäbe entwickelt wurden, verband sich mit der Suche nach neuen Erkenntnissen über die Welt. Noch war die Kultur der Renaissance nicht antichristlich, sie suchte nach einer Verbindung der Religion mit den Idealen der Antike. Sie nahm aber viele neue Elemente auf, maß der Erkenntnis auch außerhalb einer religiösen Weltdeutung ihren eigenen Wert zu. Ein Beispiel dafür sind die Vorstellungen von Machiavelli über den Staat; für ihn existierte eine universale christliche Ordnung nicht mehr. Der Fürst hatte Ordnung und Ruhe in seinem jeweiligen Staat herzustellen, wobei die Mittel hierzu dem Maßstab der Zweckdienlichkeit unterlagen. Zwar waren die Vorstellungen Machiavellis im Kern nicht antichristlich, sie orientierten sich jedoch weitgehend an der Staatspraxis seiner Zeit, der dort sich entwickelnden machtstaatlichen Rationalität.

Auch die Entdeckungsfahrten der frühen Zeit verbanden noch traditionelle christliche Vorstellungen wie Kreuzzugsideen mit materiellen Interessen bei ihrer Suche nach neuen Ländern und den Wegen zu den fernen Quellen des Reichtums. Innerhalb von drei Generationen weitete sich die Kenntnis der Europäer über die Welt erheblich, von dem ersten Vorstoß der Portugiesen 1434 über das Kap Bojador hinaus, über die Entdeckung Amerikas durch Christoph Kolumbus 1492 bis hin zur ersten Weltumsegelung von 1519 bis 1522. Der Umweg um die Südspitze Afrikas und die Suche nach einem Seeweg nach Indien und Ostasien auf einer westlichen Route wurde vor allem auch durch die Sperrung des Ostens durch die Muslime und das Osmanische Reich mitverursacht. 1453 war das schon länger eingekreiste Konstantinopel von den Osmanen erobert worden.

Die Entdeckungsfahrten legten den Grundstock für die Verlagerung der Haupthandelswege nach Westeuropa. Noch spielte aber das Mittelmeer und die Handelsmetropolen im Innern Europas eine bedeutende Rolle. Schon im Spätmittelalter hatte sich ein umfassender europäischer Handel entwickelt. Englische Wolle ging nach Italien, oberdeutsches Leinen nach Spanien; flandrische Tuche, italienische Seide, orientalische Gewürze wurden in ganz Europa gehandelt. Bedeutende Handelshäuser in Augsburg, Venedig und Antwerpen beherrschten, bei dem langandauernden Niedergang der Hanse, den Fernhandel. Es entwickelten sich bedeutende Gewerbestädte inmitten von auf das Land hinausgreifenden Gewerbelandschaften. Die Handelshäuser wechselten nicht selten in das Bankgewerbe hinüber. Diese Banken, wie die Fugger in Augsburg oder die Medici in Florenz, wurden zu Staatsfinanziers. Die Medici waren wichtige Geldgeber für das Renaissancepapsttum, die Fugger finanzierten beispielsweise die Wahl Karls V. zum Kaiser. Von ihrer wirtschaftlichen Kraft her gewannen die Städte im Spätmittelalter erheblich an Bedeutung.

Während im Mittelalter die Ritter eine wichtige Rolle für die Entwicklung der Herrschaft gespielt hatten, verloren sie im Verlaufe des Spätmittelalters immer mehr an politischer und militärischer Bedeutung. Sie wurden nach den Erfolgen der flandrischen städtischen Infanterie und der Schweizer immer mehr von zu Fuß kämpfenden Söldnertruppen verdrängt, wobei das Aufkommen der Feuerwaffen nur eine unter verschiedenen Ursachen war.

8.1 Konziliarismus

Das durch Auseinandersetzungen zwischen Frankreich und Papst Bonifatius VIII. zu Beginn des 14. Jahrhunderts heraufbeschworene Schisma (▷ 7.10) warf für lange Zeit die Frage nach der Einheit und der inneren Reform der Kirche auf. Schon früh begann die Diskussion darüber, in welchem Maße weltliche Herrscher und allgemeine Konzilien (Kirchenversammlungen) bei dem offensichtlichen Versagen des Papsttums zur Reform der Kirche aufgerufen seien.

Im 15. Jahrhundert kam es zu zwei großen Konzilien, die diese Fragen zu lösen versuchten. Das Konzil von Konstanz (1414–18), das von dem schwachen Papst Johannes XXIII. einberufen worden war, stand weitgehend unter dem Einfluß des deutschen Königs Sigismund (1368–1437, König seit 1410/11), des „Verteidigers der Kirche". Auf diesem Konzil wurden die Lehren von *Wyclif* (▷ 7.22) und *Hus* (▷ 8.2) verdammt; Jan Hus wurde 1415 während des Konzils als Ketzer verbrannt. Die große Leistung des Konzils von Konstanz war die Beendigung des Schismas: Zwei Päpste wurden abgesetzt, ein dritter sprach seinen Verzicht selbst aus. 1417 wurde Oddo Colonna als Martin V. gewählt.

In Fragen der inneren Reform der Kirche war das Konstanzer Konzil jedoch weniger erfolgreich. Charakteristisch war, daß man auf dem Konzil nach „Nationen" (französische, englische, deutsche, italienische, später auch spanische) abstimmte. Die Frage der Reformen sollte in Verhandlungen mit den einzelnen Fürsten durch Konkordate geklärt werden, so etwa in der Pragmatischen Sanktion von 1438, in der Frankreich seine nationalkirchliche Eigenständigkeit, den Gallikanismus, wahrte, und im Wiener Konkordat von 1448.

Martin V. gelang es, die Stellung des Papsttums wieder zu stärken. Auf dem Konzil von Basel (1431–49) entbrannte nun vor allem der innerkirchliche Streit. Die in der Zeit des Schismas vordringliche Frage nach der Überordnung des Konzils wurde neu aufgerollt, nachdem der Nachfolger Martins, Eugen IV., schon 1431 das Konzil für aufgelöst erklärt hatte. Basel nahm diese Auflösung nicht an. Im Verlauf der Verhandlungen über die Frage der Union mit der Ostkirche wurde Eugen vom Konzil für abgesetzt erklärt, und es

kam zum letzten Mal zur Einsetzung eines Gegenpapstes (Felix V.). Der deutsche Kirchenrechtler und spätere Kardinal Nikolaus von Kues (1401–64), der zunächst die Ziele des Konzils unterstützt hatte, trat mit den Gemäßigten auf die Seite Eugens über.

Durch die Einigung mit Frankreich und dem deutschen König Friedrich III. (1415–93, König 1440, Kaiser 1452) gewann der Papst die Oberhand, und das Konzil endete 1449. Zu einer Neubelebung der Konzilsidee kam es im Verlauf der Reformation, als sich Kaiser *Karl V.* (▷ 9.8) von einem Konzil die Einigung mit den Protestanten und Reformern der Kirche erhoffte. Das dann von der katholischen Kirche einberufene *Konzil von Trient* (▷ 9.20) brachte auch Reformen zustande, die aber bereits unter dem Zeichen der *Gegenreformation* (▷ 9.21) standen.

Abbildung S. 196

8.2 Jan Hus Hussitenkriege

Während der Herrschaft Wenzels IV. (1378–1419) in Böhmen machte sich zunehmend Unzufriedenheit über die soziale, politische und religiöse Lage breit; in dem sich zuspitzenden Konflikt fiel dem um 1370 im südböhmischen Husinec geborenen Magister Jan eine führende Rolle zu. Als Vertreter des Reformanliegens und als Märtyrer gab er einer Bewegung seinen Namen, die die Geschichte Böhmens im 15. Jahrhundert entscheidend prägte.

Beeinflußt von den Schriften des englischen Reformators *John Wyclif* (▷ 7.22) trat Hus als Universitätslehrer und Initiator der tschechischen Volkspredigt in der Prager Bethlehemskapelle für eine grundlegende Kirchenreform ein. Bereits im Sommer 1409 mußte er sich vor der *Inquisition* (▷ 6.27) verantworten, wurde 1410 mit dem Kirchenbann belegt und 1412 aus Prag ausgewiesen. Da Hus überzeugt war, die Rechtmäßigkeit seiner Lehrsätze beweisen und einen bedeutenden Anstoß zur Kirchenreform geben zu können, erklärte er sich nach Zusicherung freien Geleits bereit, vor dem Konzil in Konstanz (▷ 8.1) zu erscheinen. Dort im November 1414 in Haft genommen, wurde ihm erst im Juni des folgenden Jahres die Gelegenheit geboten, seine Lehre zu verteidigen. Da er einen Widerruf, die Abschwörung seiner angeblichen Irrtümer, ablehnte, endete er am 6. Juli 1415 auf dem Scheiterhaufen.

Sein Märtyrertod löste in Böhmen schwere Unruhen aus und gab den Forderungen, künftig das Abendmahl in beiderlei Gestalt („sub utraque specie") zu reichen, sowie nach freier Predigt, einer Überprüfung des Kirchengutes und der Mißachtung ungerechtfertigter kirchlicher Bannsprüche neuen Auftrieb. In einer zwischen Gemäßigten (Kalixtiner bzw. Utraquisten) und Radikalen (Taboriten) heftig geführten Diskussion kristallisierten sich schließlich als gemeinsamer Nenner vier Punkte heraus: Kelchkommunion der Laien, Predigtfreiheit, Armut der Priester und Bestrafung der Unmoral (Prager Artikel, April 1420).

Nach dem (ersten) Prager Fenstersturz (30. Juli 1419) und dem Tod Wenzels IV. eskalierte der Konflikt, wobei sich vor allem Jan Žižka (gest. 1424) als Feldherr gegen die von König Sigismund schlecht geführten Kreuzfahrerheere zu behaupten wußte. Die sich als Gottesstreiter empfindenden Hussiten errangen mit neuen Kampftechniken – Wagenburgen, gezielter Einsatz von Geschützen und Handfeuerwaffen, hoher Marschgeschwindigkeit – erstaunliche Erfolge und verbreiteten auf ihren Zügen in ganz Mitteleuropa Angst und Schrecken. Auf dem Konzil von Basel konnten im Frühjahr 1433 Kompaktaten (Verträge) ausgearbeitet werden, die den Meinungsstreit unter den Hussiten vertieften; in der Schlacht von Lipany (Mai 1434) siegte der gemäßigte Flügel, der sich 1436 mit Sigismund als König von Böhmen abfand.

Während König und Kirche viel von ihrer Macht eingebüßt hatten, war der von der Säkularisierung begünstigte Herrenstand der eigentliche Sieger. Hauptsächlicher Verlierer aber waren die Städte, deren Wirtschaftskraft durch die Vertreibung der deutschen Bürger und den Niedergang von Handel und Handwerk schwer geschädigt wurde. Für die Entwicklung des tschechischen Volkes und seiner Staatsidee kommt dem Hussitismus ausschlaggebende Bedeutung zu.

8.3 Ming-Dynastie in China

Durch fortgesetzte Aufstände in der Mitte des 14. Jahrhunderts war die Lage in China zunehmend unruhiger geworden. Einem aus ärmsten Verhältnissen stammenden Mönch mit demagogischer Begabung und herausragenden Führungsfähigkeiten gelang es schließlich, an der Spitze einer Bewegung von Aufständischen Nanking zu erobern, 1368 mit seiner Armee die Mongolen aus Peking (▷ 7.4) und im Laufe weniger Jahre aus ganz China zu vertreiben. Kaiser Tai Tsu, so sein postumer Name, war Begründer und erster Kaiser der Ming-Dynastie (1368–1644). Grausamkeit, Mißtrauen und Rachsucht waren Merkmale dieses Herrschers. Reorganisation der Verwaltung des Landes, Instandsetzung der Bewässerungsanlagen, Wiederaufbau der Verteidigung und schonungslose Unterdrückung von Geheimgesellschaften und anderen subversiven Gruppierungen kennzeichneten die 30jährige Herrschaft des Despoten. Selbst aus der bäuerlichen Bevölkerung stammend, richtete er ein besonderes Augenmerk auf die Agrarwirtschaft. Die Einführung des Reisanbaus in Terrassen und des Fruchtwechsels anstelle der Brachwirtschaft führte zu einer Steigerung der Ernteerträge. Dies hatte ein beträchtliches Wachstum der Bevölkerung zur Folge. Von 60 Millionen am Beginn der Dynastie wuchs sie auf 200 Millionen bei ihrem Untergang 300 Jahre später.

Die Rückkehr zur chinesischen Tradition, die Entfernung von Nichtchinesen aus den Staatsämtern, die Einteilung des Reiches in 16 Provinzen und das Verbot fremder Religionsgemeinschaften kennzeichneten die innere Entwicklung am Beginn der Dynastie, die im Verlaufe ihrer fast 300jährigen Geschichte die unterschiedlichsten Herrscherpersönlichkeiten aufwies. Charakteristisch für den kaiserlichen Hof der Ming war der oft schlechte Einfluß der Eunuchen, die sich bereicherten und im Falle schwacher oder minderjähriger Herrscher ihre eigensüchtigen Interessen verfolgten. Gegen Ende der Dynastie gehörten zum kaiserlichen Haushalt zeitweilig 70000 Eunuchen.

Anfang des 15. Jahrhunderts wurde Peking, die zerstörte einstige Residenz der chinesischen Kaiser mongolischer Herkunft, wieder Hauptstadt und in großem Stil wiederaufgebaut. So ist sie in ihrem Kern bis heute erhalten. Auch die Große Mauer im Norden wurde gegen immer wieder andrängende

Konstanzer Konzil 1414–1418.
Die Papstwähler verabschieden sich von König
Sigismund. Buchmalerei (15. Jh.)

Mongolen und Tschurtschen restauriert und bekam damals ihre heutige Gestalt. Nach außen unterhielt China zeitweilig intensive Beziehungen. Der dritte Ming-Kaiser (Cheng Tsu) schickte 1405 einen ersten Verband von 62 Schiffen nach Westen. Mit wertvollen Geschenken an Bord besuchten sie Java, Sumatra, Ceylon, Indien, Arabien und die afrikanische Küste. Bis 1431 gingen insgesamt sieben Expeditionen in See. Das für die Ming-Zeit charakteristische blau-weiße Porzellan gelangte vor allem auf diesem Wege ins Ausland. Aus noch nicht bekannten Gründen wurden die Expeditionen eingestellt. Anfang des 16. Jahrhunderts erreichten die Portugiesen auf dem Seewege China. Da sie gewaltsam versuchten, die Chinesen zum Christentum zu bekehren, wurden die Kontakte bald problematisch. Die Regierung in Peking verbot portugiesischen Schiffen das Anlaufen chinesischer Häfen. Um 1600 kamen die Spanier und bald danach die Holländer nach China und erhielten die Erlaubnis zum Handel. Mit dem italienischen Jesuitenpater Matteo Ricci begann Anfang des 17.

Jahrhunderts eine Phase der christlichen Missionstätigkeit, die von Toleranz und wechselseitigem Respekt gekennzeichnet war. Die Neugestaltung des chinesischen Kalenders und die Vermittlung westlicher astronomischer Kenntnisse war das Verdienst dieser frühen Jesuitenmission.

Nach 1620 begann die Dynastie rasch unterzugehen. In den Provinzen tobten Aufstände. Als die Mandschus aus dem Norden zur Eroberung ansetzten, war der Zusammenbruch des Reiches nicht mehr aufzuhalten. Anders als alle früheren Dynastien hatte die Ming-Dynastie für das heutige China prägende Bedeutung: Provinzeinteilung, Grundlagen der Agrarordnung, Nationalbewußtsein und ein gewisser Anspruch auf Führung in Asien sind einige Merkmale, die sich damals herausgebildet haben und bis heute weiterwirken.

8.4 Portugiesische „Entdeckungsreisen"

Schon vor den Unternehmungen Heinrichs des Seefahrers (1394–1460) hatten die Portugiesen den östlichen Atlantik und die Küste Nordafrikas erkundet. Die Azoren und Madeira waren portugiesische Stützpunkte. Die Fahrten an der westafrikanischen Küste gingen aber noch nicht über das Kap Bojador (südlich der Kanarischen Inseln) hinaus. Mit den planmäßigen Unternehmungen Heinrichs des Seefahrers, eines Mitglieds des portugiesischen Königshauses, begann eine neue Epoche der portugiesischen Inbesitznahme von Gebieten entlang der afrikanischen Küste. Bestätigungen des Papstes und Abmachungen mit *Kastilien und Aragon* (▷ 8.15) gaben den Portugiesen im 15. Jahrhundert das alleinige Recht zur Erforschung der afrikanischen Küste; allein die Kanaren wurden Spanien zugesprochen.

Den Unternehmungen der Portugiesen lagen Gewinnstreben und Abenteuerlust zugrunde, aber auch der *Kreuzzugsgedanke* (▷ 6.10). Auf dem Weg nach Süden, entlang der afrikanischen Küste, hoffte man, eine Querverbindung zum Roten Meer zu finden, dort auf das Reich des sagenhaften Priesterkönigs Johannes zu stoßen und mit dessen Hilfe das Heilige Grab von den Muslimen befreien zu können. Entdeckungsstreben und Kreuzzugsidee verbanden sich.

CHINA ZUR MING-ZEIT 1368-1644
0   250   500 km

MONGOLEI

Peking
Hopeh
Taiyüan
Schansi
Tsinan
Schantung
Schensi
Kaifeng
Sian
Honan
Nanking
(Kiangsu)
Nanking
Wuhan
Hangtschou
Ningpo
1533-45 port
TIBET
Tschengtu
Szetschuan
Jangtsekiang
Hukwang
Nantschang
Tschokiang
Kiangsi
Kweiyang
Fukien
Fütschou
Yünnan
Kweilin
Changchow
1547-49 port
Kweitschou
Yünnan
Sikiang
Kanton
Kwangsi
Kwangtung
BIRMA
Macao 1557 ft. port
Mekong
LAOS
SIAM
KOREA

Herrschaftsgebiet der Mingdynastie
Gebiet dauernder Mongoleneinfälle
Annam seit 1428/71
Chines. Siedlungsgebiet seit dem 13. Jahrhundert
Korea, 1392 selbständig unt. chines. Oberhoheit
Chines. Mauer
Palisadenbefestigung

Heinrich der Seefahrer bediente sich dazu des portugiesischen Christusordens, der die Nachfolge der Templer (▷ 7.9) angetreten hatte und dessen Hochmeister er selbst war. Heinrich nahm wohl an keiner dieser Fahrten selbst teil, sondern war eher ihr Planer und Organisator. Der entscheidende Schritt erfolgte, als eine portugiesische Expedition 1434 im Auftrag Heinrichs über das Kap Bojador mit seinen gefährlichen, weit in das Meer hinausgehenden Sandbänken erstmals nach Süden vorstieß. In immer neuen Anläufen tasteten sich die Portugiesen an der afrikanischen Kü-

ste entlang. 1455 erreichten sie die Kapverdischen Inseln. Als man die Küste von Guinea erreicht hatte und gegenüber Spanien das Monopol gesichert war, gewann der Handel mit Pfeffer, Elfenbein und Gold an Bedeutung und brachte den portugiesischen Königen entsprechende Einnahmen.

In den achtziger Jahren des 15. Jahrhunderts legten die „Entdecker" größere Strecken zurück. Die Kongomündung und die Walfischbucht wurden erreicht. 1488 umsegelte *Bartolomeu Diaz* (▷ 8.19) in einem kühnen Manöver das Kap der Guten Hoffnung. Zehn Jahre

197

später gelang es *Vasco da Gama* (▷ 8.19), nach Umsegelung des Kaps der Guten Hoffnung den Hafen von Kalikut an der Westküste Indiens zu erreichen, sechs Jahre, nachdem *Christoph Kolumbus* (▷ 8.17) Amerika „entdeckt" hatte.
Abbildung S. 200

8.5 Jeanne d'Arc

Im *Hundertjährigen Krieg* (▷ 7.13) zwischen England und Frankreich um die französische Krone war der Dauphin, der französische Thronerbe Karl (1422–51), zunächst auf die Gebiete südlich der Loire beschränkt. Im Norden herrschten die Engländer, die mit den Burgundern verbündet waren. 1429 trat mit Jeanne d'Arc (der „Jungfrau von Orléans") ein 17jähriges Bauernmädchen aus dem Dorf Domrémy-la-Pucelle in Lothringen auf, das entscheidend zur Veränderung der Situation beitrug. Über ihren Lebensweg sind wir durch die Akten zu ihrem Prozeß genau unterrichtet. In einer Zeit, in der Frankreich von Prophezeiungen und Weissagungen erfüllt war, behauptete sie, daß sie „Stimmen" gehört habe und ihr Heilige erschienen seien, die sie beauftragt hätten, zum Dauphin zu gehen, gegen die Engländer zu ziehen, deren Belagerung von Orléans aufzuheben und den Dauphin zur Salbung und Krönung nach Reims zu führen.
Nach einigen Prüfungen wurde sie vom Dauphin als eine von Gott gesandte Botin akzeptiert. In eine weiße Rüstung gekleidet, mit einem Banner versehen, führte sie die französischen Truppen nach Orléans. Die Engländer gaben die Belagerung der Stadt nach kurzer Zeit tatsächlich auf. Die Städte an der Loire wurden von den Franzosen eingenommen. Noch im gleichen Jahr führte Jeanne den Dauphin nach Reims, wo er als Karl VII. gekrönt wurde. Jeanne erfüllte zweierlei Aufgaben: Zum einen ermutigte sie die französischen Truppen, zum anderen stärkte sie die Legitimität des französischen Dauphins gegen seinen englischen Konkurrenten um die Krone Frankreichs.
Jeanne drängte den König, gegen das von den Engländern gehaltene Paris zu marschieren. Der König aber wollte den Kampf nicht fortsetzen und suchte Verhandlungen mit den Burgundern. Jeanne bemühte sich, den zö-gernden König zu einer Fortsetzung des Krieges zu bewegen. In Kampfhandlungen bei Compiègne wurde sie von den Burgundern gefangengenommen, die sie an die Engländer verkauften. Nach kurzer, harter Gefangenschaft wurde ihr in Rouen von einem kirchlichen Gericht der Prozeß wegen Zauberei und Ketzerei gemacht; 1431 wurde sie auf dem Scheiterhaufen hingerichtet. Ungeklärt ist bis heute, warum Karl VII. keinerlei Anstrengungen unternahm, um sie zu befreien. Jeanne d'Arc wurde schon sehr bald zum Sinnbild der Einheit Frankreichs. 1920 wurde sie heiliggesprochen.
Abbildung S. 200

8.6 Erfindung des Buchdrucks

Die Erfindung des Buchdrucks mit beweglichen Metalllettern durch Johannes Gutenberg (1397–1468) um die Mitte des 15. Jahrhunderts revolutionierte in vielerlei Hinsicht die Welt. Sie hatte nicht nur eine erhebliche Vermehrung des Lesestoffes gegenüber früheren Jahrhunderten zur Folge, sondern bewirkte auch langfristig eine gesellschaftliche Revolution durch die Möglichkeiten zur Verbreitung von Bildung in wesentlich größerem Maße für immer weitere Schichten. Eine so rasche Verbreitung der Thesen Luthers von 1517 und damit der *Reformation* (▷ 9.3) oder aber die Kenntnis der zwölf Artikel der Bauern von 1525 wäre ohne die Buchdruckerkunst nicht möglich gewesen.
Über das Leben des Mainzer Patriziers Johannes Gutenberg wissen wir nur wenig. Zwischen 1452 und 1455 druckte er in Mainz die zweiundvierzigzeilige lateinische Bibel. Sie bestand aus zwei Bänden, mit dem Neuen Testament mit insgesamt 1282 Seiten. Etwa 180 bis 200 Exemplare stellte er in Mainz her, davon wahrscheinlich 30 auf Pergament, ansonsten auf bestem italienischen Papier. Heute sind noch 48 (teils nur fragmentarische) Exemplare erhalten.
Die Revolution Gutenbergs bestand im Grunde nicht in der Verwendung beweglicher Drucklettern, denn solche einzelnen Buchstaben wurden auch schon vorher in der Form von Stempeln geschnitten. Neu war vielmehr, daß er die Lettern in großer Stückzahl mit Hilfe von Matrizen im Gußverfahren her-

stellte. Die dabei verwendete Legierung aus Blei, Zinn, Wismut und Antimon ist nahezu unverändert bis in unser Jahrhundert zum Gießen von Lettern im Bleisatz verwendet worden. Zum Druck bediente man sich der Spindelpresse.

Die Druckerei Gutenbergs war ein größeres Unternehmen, in dem wohl 20 Mitarbeiter beschäftigt waren. Zu seiner Finanzierung mußte Gutenberg einen Kredit bei dem Mainzer Kaufmann Johannes Fust aufnehmen. Aus Prozeßakten wissen wir, daß er diesen Kredit nicht zurückzahlen konnte; er verlor 1455 sein Geschäft an den Kaufmann, der sich mit einem Gesellen Gutenbergs, Peter Schöffer, zusammentat und mit ihm ein florierendes Unternehmen entwickelte.

Druckereien entstanden zunächst vor allem in den südwestdeutschen Städten. Die Erfindung des Buchdruckes hatte bedeutenden Anteil daran, daß sich die Buchkultur auch in den Städten verbreitete.

8.7 Renaissance und Humanismus

Renaissance bedeutet „Wiedergeburt" und meint die Wiederentdeckung der griechisch-römischen Antike als eines Ideals für Kunst, Literatur und Bildung gegenüber dem als „barbarisch" empfundenen Mittelalter. Ähnliche Bestrebungen hatte es bereits in weit geringerem Ausmaß in der karolingischen Renaissance (▷ 5.14) und in der sogenannten Renaissance des 12. Jahrhunderts gegeben. Doch nun strahlte der mit ihr verbundene Geist auf Religion, Politik, Recht, Medizin und Naturwissenschaften aus. Die Wiederdeckung antiker Autoren wie Plato und Cicero, aber auch Augustinus, die kritische Hinwendung zu den Quellen („ad fontes") charakterisiert diese Bewegung. Von den sieben Freien Künsten („Artes liberales") schätzten die Humanisten besonders die Rhetorik, den Schwerpunkt der Fächer des „Triviums" (Dialektik, Grammatik, Rhetorik). Letzten Endes förderte die Auseinandersetzung mit den Zuständen der eigenen Zeit in Verbindung mit den aus der Antike gewonnenen Idealen und Haltungen die Ansicht, die Verhältnisse mit Selbstbewußtsein und in Unabhängigkeit gestalten zu können. Der Humanismus brach mit den mittelalterlichen

Vorstellungen einer universalen Einheit von geistlicher und weltlicher Herrschaft und betonte den Wert des Individuums.

Italien ging bereits seit dem frühen 14. Jahrhundert in der Entwicklung des Stadtbürgertums voraus, mit der Zeit kam es aber in ganz Europa zu einem Aufblühen des Städtewesens. Die neu entstehenden Fürstenhöfe, aber auch das *Papsttum* (▷ 8.8), wurden zu Förderern der Kunst. Obwohl eine größere Zahl der Renaissancekünstler und Humanisten dem geistlichen Stand angehörte, waren doch im wesentlichen Laien Träger dieser geistigen Bewegung. Diese war nicht antichristlich, man besann sich vielmehr auf das antike Christentum. Die Florentiner Humanisten (▷ 8.9) versuchten, den von ihnen hochgeschätzten Plato mit dem Christentum zu versöhnen. Cicero wurde als ein Schriftsteller verehrt, der christliche Ideale vertrat, auch wenn er nichts von Christus gewußt haben konnte. Ohne die Humanisten im Reich wäre eine so breite Aufnahme der *Reformation* (▷ 9.3) kaum denkbar gewesen. Die Klöster, die lange Zeit Zentren von Bildung und Kultur gewesen waren, verloren an Bedeutung.

Die Renaissancekunst suchte in allen Bereichen eine Abkehr von den mittelalterlichen Stilrichtungen und nahm rationalistische Elemente wie die Zentralperspektive sowie Natur- und Modellstudien auf. Die Humanisten wirkten besonders im Bereich der Schulbildung. Bedeutende Humanisten waren Giovanni Pico della Mirandola (1463–94), Erasmus von Rotterdam (1469–1536) und Johannes Reuchlin (1455–1522). Bezeichnend für diese neben den Universitäten stehende Gelehrtenwelt war die aus der Antike übernommene Idee der Akademie (z. B. die Florentiner Academia Platonica).

Die Wirkungen von Renaissance und Humanismus sind vor allem langfristig zu bewerten, selbst wenn ihr unmittelbarer Einfluß auf Politik und Gesellschaft eher gering einzuschätzen ist: Das Ideal klassischer Bildung etwa wurde für Jahrhunderte prägend.

8.8 Papsttum in der Renaissance

Das Papsttum der Renaissancezeit (▷ 8.7) war von extremen Gegensätzen geprägt; sittlichem Verfall, Nepotismus und Familienin-

*Ausschnitt vom Vinzenz-Altar
des Nuno Gonçalves (um 1465) mit Heinrich
dem Seefahrer (rechts)*

trigen standen die Förderung von Wissenschaft und Künsten sowie der Ausbau des Kirchenstaates zu einem wirkungsvoll verwalteten italienischen Fürstentum mit konsolidierten Finanzen gegenüber. Das Kardinalskollegium wurde in zunehmendem Maße von den großen italienischen Familien der Borgia, Colonna und Piccolomini besetzt. Rom verlor seine Selbständigkeit und wurde dem Gestaltungswillen der Päpste unterworfen. Die Behörden der Kurie wurden zu einer wichtigen Säule der päpstlichen Politik.

Die Reihe der Renaissancepäpste begann mit Nikolaus V. (1447–55). Seinen wissenschaftlichen Neigungen kam ein Ereignis entgegen, das als solches die Christenheit zutiefst erschütterte, die *Eroberung Konstantinopels* durch die Osmanen 1453 (▷ 8.10). Nikolaus ließ die dadurch in Umlauf gelangenden griechischen Texte aufkaufen. Die griechischen Autoren, die man zum Teil bisher nur durch die Vermittlung arabischer Autoren kannte (▷ 5.15), waren nun in der Originalsprache zugänglich. Nikolaus V. begründete die Vatikanische Bibliothek und plante bereits den Abriß der 1200 Jahre alten Peterskirche, um an ihrer Stelle einen Neubau zu errichten.

Der Piccolomini-Papst Pius II. (1458–64) plante mit Unterstützung Venedigs einen Kreuzzug gegen die Türken, der aber nicht zustande kam. Unter Sixtus IV. (1471–84) und seinen beiden Nachfolgern erlebte das Papsttum einen moralischen Tiefpunkt. Sixtus war einer der großen Baumeister unter den Päpsten, der in die Gestaltung Roms nachhaltig eingriff. Seine Sixtinische Kapelle wurde unter ihm und seinen Nachfolgern zum „Bilderbuch" der Malerei der italienischen Hochrenaissance ausgestaltet.

Der Borgia-Papst Alexander VI. (1492–1503) erfuhr Berühmtheit nicht zuletzt durch seine

*Jeanne d'Arc
verkündet dem
König ihre Mission,
ihn in Reims
krönen zu lassen.
Bildteppich aus dem
15. Jahrhundert*

Kinder Cesare und Lucrezia, deren Grausamkeiten unbestritten sind, auch wenn sie teilweise wohl Legende sind. Andererseits festigte Cesare Borgia mit harter Hand die Herrschaft des Papstes über den Kirchenstaat. Der Abriß der Peterskirche erfolgte endgültig unter Julius II. (1503–13), ein glanzvoller Neubau begann, an dem neben Bramante auch Raffael und Michelangelo beteiligt waren. Leo X. (1513–21) schrieb zum Bau der Peterskirche einen besonderen *Ablaß* (▷ 9.1) aus, der unter anderem den Anstoß zur *Reformation* (▷ 9.3) in Deutschland gab. Der *Sacco di Roma* (▷ 9.14), die Verwüstung Roms durch deutsche und spanische Söldner 1527, setzte dem Renaissancepapsttum ein plötzliches Ende.

8.9 Florenz und die Medici

Florenz gehörte im Mittelalter zu den mächtigsten Metropolen Europas. Vor dem Einbruch der Pest (▷ 7.14) in der Mitte des 14. Jahrhunderts hatte die Stadt wohl bereits über 100 000 Einwohner. Florenz war führend im Fernhandel, im Woll- und Tuchgewerbe, vor allem aber im Geld- und Bankgeschäft. Es gelang den Florentinern, die Papstfinanzen (▷ 8.8) lange Zeit zu beherrschen. Die Stadt wurde zum Zentrum der italienischen *Renaissance* (▷ 8.7). Besondere Förderung erfuhren Kunst, Literatur und Wissenschaft durch die Familie der Medici. Vier Generationen lang bestimmte sie die Geschicke der Stadt und prägte ihr geistiges Klima. Obwohl Florenz im 15. Jahrhundert bereits den wirtschaftlichen Höhepunkt überschritten hatte, erlebte es dank der Medici nun eine politische und kulturelle Blüte.

Den Aufstieg der Medici zu politischen Führern in Florenz begründete Giovanni (1360–1429). Er hatte sein Vermögen vor allem durch Bankgeschäfte mit dem Papst vergrößert. Seine Popularität beruhte unter anderem auf der Einführung einer Vermögenserhebung zur Besteuerung. Zwar war auch er schon als Mäzen hervorgetreten, doch wurde er darin noch von seinem Sohn Cosimo (1389–1464) übertroffen. Cosimo, „der Alte", erwies sich nicht nur als glänzender, umsichtiger Diplomat, in seiner Person verband sich zugleich gemäß dem Ideal der Renaissance, die Rolle des sich aufopfernden, für das Wohl der Stadt arbeitenden Politikers, dem Florenz nach seinem

*Lorenzo de'Medici, „der Prächtige".
Im Hintergrund Stadtansicht von Florenz
(16. Jh.)*

Tod den Ehrentitel „Vater des Vaterlandes" verlieh, mit der Rolle des Mäzens (er soll insgesamt die immense Summe von 600 000 Goldgulden für Kunst und Wissenschaft ausgegeben haben) und der des humanistischen Gelehrten. Er besaß eine riesige Bibliothek und verkehrte mit den Humanisten seiner Zeit; er förderte den bedeutenden Neuplatoniker Marsilio Ficino.

Nach dem Tod Cosimos übernahm sein Sohn Piero seine Stellung, allerdings nur für fünf Jahre. Nach dem frühen Tod Pieros folgte der erst zwanzigjährige Enkel Cosimos, Lorenzo (1449–92), genannt „il Magnifico" („der Prächtige"). Auch er förderte Künstler, darunter den jungen Michelangelo, und war mit den Humanisten Ficino und Pico della Mirandola befreundet. Er erwies sich als blendender Staatsmann und trat zugleich als Dichter hervor. Lorenzo verkörperte das Ideal des Renaissancepolitikers, auch wenn sich sein Landsmann Machiavelli den Machtmenschen Cesare Borgia zum Vorbild nahm.

8.10 Eroberung Konstantinopels

Durch das Überqueren des Bosporus und der Dardanellen, der Meerengen zwischen Europa und Asien, und durch die Eroberung in Thrazien und Bulgarien hatten die Osmanen den zusammenschrumpfenden byzantinischen Staat und seine Hauptstadt Konstantinopel zu Lande völlig eingeschlossen (▷ 7.19), und es blieben den Byzantinern nur die Seewege. Die Osmanen waren nun bemüht, auch diese zu sperren und die alte Kaiserstadt völlig in

Besitz zu nehmen, zumal die Byzantiner sich in die dynastischen Streitigkeiten der Osmanen einzumischen suchten; sie gewährten flüchtigen osmanischen Prinzen Unterschlupf und nahmen Zahlungen dafür entgegen, daß sie nicht als Thronprätendenten auftraten.

Zur besseren Kontrolle des Bosporus hatte bereits Sultan Bajasid I. 1395 auf dem asiatischen Ufer die Festung Anadoluhisari errichtet, doch eine Belagerung von Konstantinopel mußte wieder aufgegeben werden. Als der junge Sultan Mehmed II. 1451 die Nachfolge seines Vaters Murad II. antrat, setzte er sich sofort die Eroberung der Stadt zum Ziel, zumal die Byzantiner fortwährend die Verbindung zwischen den europäischen und asiatischen Reichsteilen über die Meerengen zu stören pflegten. Um den Bosporus völlig sperren zu können, ließ Mehmed 1452 auch auf dem europäischen Ufer eine Festung, Rumelihisari, bauen.

Anfang April 1453 erschien er dann mit einer Armee von mindestens 80 000 Mann und moderner Artillerie vor den Mauern Konstantinopels, das von 5 000 Einheimischen und 2 000 Fremden, meist Venezianern, verteidigt wurde und höchstens 50 000 Einwohner zählte; die genuesische Kolonie in Galata auf der anderen Seite des Goldenen Horns blieb während der folgenden Belagerung neutral und ergab sich erst später den Osmanen. Nach wochenlangen erbitterten Kämpfen wurde die Hauptstadt am 29. Mai 1453 erstürmt. Der letzte byzantinische Kaiser, Konstantin XI., fiel bei der Verteidigung, die Bewohner wurden, soweit sie überlebt hatten und in Gefangenschaft gerieten, nach islamischem Kriegsrecht versklavt; nur wenige konnten sich freikaufen oder wurden freigelassen. Die Stadt wurde geplündert, aber nicht zerstört, und die Hagia Sophia (Aya Sofya), erbaut unter Kaiser *Justinian* (▷ 4.26), sowie einige andere Kirchen wurden später in Moscheen umgewandelt.

Mehmed II., der nun den Beinamen Fatih („der Eroberer") erhielt, sah sich als Nachfolger des byzantinischen Kaisers. Konstantinopel wurde als Istanbul bzw. Ko(n)stantiniye anstelle von Edirne (Adrianopel) die neue Hauptstadt des Osmanischen Reiches, was sie bis 1923 bleiben sollte (▷ 13.31). Sie wurde umgehend mit muslimischen Türken, christlichen Griechen und Slawen sowie mit Juden aus anderen Teilen des Reiches neu besiedelt.

Bereits 25 Jahre nach der Eroberung zählte Istanbul nahezu 70 000 Bewohner; viele Neubauten verschönerten bald das Stadtbild. Anfang 1454 bestätigte Mehmed II. die Wahl und Weihe des neuen Patriarchen Gennadios, die nach der Tradition vorgenommen worden war. Die griechisch-orthodoxe und die Christenheit des Ostens überhaupt erkannte den neuen Stand der Dinge an, und auch Venedig mußte mit den Osmanen Frieden schließen. Abbildung S. 204

8.11 Rosenkriege

Das Ringen zwischen den Häusern Lancaster (rote Rose) und York (weiße Rose) um die Königswürde in England, das von 1455 bis 1485 dauerte, ist nicht als Bürgerkrieg zu bezeichnen. Es handelte sich eher um Fehden zwischen Magnaten mit begrenzten Söldnertruppen. In die Kämpfe waren außerbritische Staaten kaum einbezogen, Frankreich und Burgund spielten nach dem Ende des *Hundertjährigen Krieges* (▷ 7.13, ▷ 8.5) nur am Rande eine Rolle. So grausam sich die Großen und die Krieger auch behandelten, die ökonomischen Folgen waren nicht so schwer, wie die lange Dauer der Streitigkeiten vermuten lassen könnte. Hinterlist, Betrug, Grausamkeit und Verrat, die in diesen Auseinandersetzungen an der Tagesordnung waren, haben vor allem Dramatiker und Romanschriftsteller herausgefordert (z. B. Shakespeare und Sir Walter Scott).

Die Rosenkriege begannen 1455, als dem schwachen König Heinrich VI. aus dem Hause Lancaster der Thron von Richard von York streitig gemacht wurde. Eine wichtige Rolle bei der Auseinandersetzung spielte Graf Warwick. Er entschied den Konflikt dadurch zugunsten der Yorks, daß er mit der Garnisonstruppe aus Calais, dem letzten Stützpunkt Englands in Frankreich, in London einmarschierte. Richard fiel zwar, aber sein Sohn Eduard wurde 1461 (als Eduard IV.) zum König ausgerufen.

Zehn Jahre mußte Eduard um die Sicherung seiner Herrschaft kämpfen. Er wurde sogar zunächst von seinem Bruder Clarence und dem Grafen von Warwick nach Burgund vertrieben. Der ehemalige König Heinrich VI. wurde aus dem Tower befreit und wieder eingesetzt. Eduard kehrte jedoch mit Unterstützung Burgunds nach England zurück. 1471 fiel Warwick im Kampf wie auch der Sohn Heinrichs VI.; Eduard gewann erneut die Oberhand und ließ Heinrich VI. im Tower ermorden. Eduards Außenpolitik war wenig ruhmreich. Seine Expedition nach Frankreich 1475 scheiterte; er ließ sich durch eine Geldzahlung zur Umkehr bewegen. In England kehrte vorübergehend Ruhe ein, Eduard errichtete eine zunächst stabile Herrschaft. Als er 1483 starb, kam es erneut zu Thronstreitigkeiten, da sein Sohn (Eduard V.) minderjährig war. An seiner Stelle übernahm der Bruder Eduards IV., Richard von Gloucester, die Regierungsgeschäfte. Er bestieg als Richard III. den Thron, ließ die Söhne seines Bruders für illegitim erklären und ermorden.

Gegen Richard III. trat nun ein neuer Konkurrent auf, der sich auf seine Herkunft aus dem Hause Lancaster berief: Heinrich Tudor, der in Frankreich Asyl gefunden hatte. In der Schlacht von Bosworth 1485 wurde Richard III. von Heinrich besiegt und fand den Tod; Heinrich wurde zum König ausgerufen. Als Heinrich VII. stellte er die Ruhe durch ein rigoroses Vorgehen gegen das Fehdewesen und die adligen Privatarmeen wieder her. Er stärkte die Königsmacht, indem er das Gerichtssystem ausbaute und den selbstherrlichen Hochadel zurückdrängte.

8.12 Zweiter Thorner Frieden Großpolen

Die vernichtende Niederlage bei Tannenberg 1410 hatte die Herrschaft des Deutschen Ordens ($\triangleright$ 6.28) erschüttert. Der Erste Thorner Frieden 1411 verursachte große finanzielle Belastungen. Nach weiteren militärischen Auseinandersetzungen mit der Krone Polens (1414, 1420–22 und 1430–35) schlossen sich die mit der Ordensherrschaft unzufriedenen preußischen Landstände 1440 zu einem „Bund vor Gewalt" zusammen, der nach Eroberung fast aller Ordensburgen im Februar 1454 dem Jagellonen König Kasimir IV. (1447–92) die Oberherrschaft über das Weichselland antrug. Der sich über 13 Jahre hinziehende, vor allem von Danzig finanzierte Belagerungs- und Abnützungskrieg wurde schließlich am 19. Oktober 1466 mit dem Zweiten Thorner Frieden beendet.

Pommerellen mit Danzig, das Kulmer und das Michelauer Land, Elbing und die Marienburg fielen ebenso an Polen wie das Bistum Ermland (Warmia), wodurch Polen über die Weichselmündung Zugang zur Ostsee gewann. Das in die drei Wojewodschaften Pommerellen, Kulm und Marienburg untergliederte „Preußen königlichen Anteils" wurde vorerst Polen nicht einverleibt, sondern in einer rechtlich nicht eindeutig definierten Union der Krone Polens unterstellt. Da König Kasimir sein Vorhaben, den Deutschen Orden in türkische oder tatarische Grenzlande umzusiedeln, nicht durchsetzen konnte, verblieb dem Orden das östliche Preußen mit Königsberg als eine Art polnisches Lehen. Der Hochmeister wurde in ein Abhängigkeitsverhältnis gebracht, indem er sich verpflichtete, den polnischen König als „Haupt und Oberen" anzuerkennen, einen persönlichen Treueid zu leisten und Kriegshilfe zu stellen; die geplante Aufnahme polnischer Ritter bis zur Hälfte der Gesamtzahl sollte dem Orden seinen vorwiegend deutschen Charakter nehmen. Obwohl sich die Hochmeister den drückenden Vertragsbestimmungen zu entziehen versuchten, stellte der restliche Ordensstaat keine Bedrohung für Polen mehr dar, das mit seiner so stark von seiner deutschen Bevölkerungsmehrheit geprägten Weichselland eine beträchtliche Ausweitung seiner politischen, ökonomischen und militärischen Bedeutung erfuhr.

An der Weigerung des 1498 zum Hochmeister gewählten Friedrich von Sachsen, den Lehnseid zu leisten, entzündete sich ein neuer Konflikt. Da es dem Nachfolger Albrecht von Hohenzollern-Ansbach nicht gelang, aus dem Deutschen Reich breite Unterstützung zu erhalten, vollzog er, dem Rat *Luthers* ($\triangleright$ 9.2) folgend, die Säkularisierung des nur noch knapp 50 Ritter zählenden Ordens und ließ sich am 10. April 1525 in Krakau mit „Preußen herzoglichen Anteils" (Herzogtum Preußen, Hauptstadt Königsberg) belehnen.

Nach 300 Jahren endete die wechselvolle, durch Christianisierung und Landesausbau gekennzeichnete Geschichte des Deutschen Ordens, dessen Tätigkeit die staatliche Einheit Polens stets gefährdet hatte. Polen, das unter den Kriegen mit dem Orden schwer gelitten hatte, ging dank der Territorialgewinne nun als Ostseeanrainer beträchtlich gestärkt aus der Auseinandersetzung hervor.

Das Heerlager der Osmanen vor Konstantinopel. Buchmalerei (1455)

8.13 Georg von Podiebrad Matthias Corvinus

Die als Begründer eines nationalen Königtums in Böhmen bzw. Ungarn geachteten Monarchen und Rivalen kennzeichnen viele Gemeinsamkeiten. Georg (Jiři z Podbrad, 1420–71) hatte sich in jungen Jahren als Führer der hussitischen Utraquisten (▷ 8.2) einen Namen gemacht und wurde 1452 für den unmündigen Ladislaus (V.) Posthumus zum „Gubernator Böhmens" (Reichsverweser) berufen. Die wachsende Entfremdung zum jungen König gab nach dessen plötzlichem Tod 1457 zur Unterstellung Anlaß, Georg habe Ladislaus ermorden lassen.

1458 zum König gewählt, suchte er einen Kompromiß mit der Kurie, um die kirchliche Anerkennung zu erlangen; die 1459/60 erwogenen Pläne, nach Absetzung Friedrichs III.

zum römischen König gewählt zu werden, ließen sich jedoch nicht realisieren. Seiner Initiative, durch einen Fürstenbund den Frieden in Europa zu sichern, war ebenfalls kein Erfolg beschieden. Das Bemühen, den Religionsfrieden zu wahren, brachte dem „Ketzerkönig" 1464 die Opposition eines streng katholischen Herrenbundes ein, 1466 folgte der Kirchenbann; darüber hinaus wurde er seines Königtums für verlustig erklärt. 1468 begann ein Konflikt mit seinem ehemaligen Schwiegersohn Matthias Corvinus.

Matthias (Mátyas, 1443–90), Sohn des Reichsverwesers János Hunyadi, war nach dem Tod Ladislaus' 1458 vom Adel zum König von Ungarn bestimmt worden, konnte Kaiser Friedrich III. 1462 zum Einlenken bewegen und entwickelte sich zu einer beeindruckenden Herrschergestalt. Nachdem er durch Erweiterung der monarchischen Zentralgewalt (Beschneidung des Einflusses der Magnaten, Straffung der Verwaltung, Gerichts- und Steuerreform, Aufstellung einer allein ihm unterstehenden Söldnerarmee, des „Schwarzen Heeres") die machtpolitischen Voraussetzungen geschaffen hatte, verfolgte er trotz wachsender Türkengefahr den Aufbau eines südosteuropäischen Großreiches.

1469 von Teilen des Adels zum König von Böhmen gewählt, konnte er sich in Mähren, Schlesien und den beiden Lausitzen dauerhaft festsetzen, aber nicht verhindern, daß der von Georg von Podiebrad unter Ausschluß seiner eigenen Söhne zum Nachfolger bestimmte Jagellone Władysław II. 1471 in Böhmen gekrönt wurde. Ein erst auf einem Fürstentag in Olmütz 1479 erreichter Kompromiß beendete die verlustreichen Kämpfe und stellte dem Überlebenden die Thronfolge in Böhmen und Ungarn in Aussicht. Nach der Eroberung Niederösterreichs regierte Matthias nach 1485 von Wien aus seine Länder.

Georg und Matthias gehören zu den aufgeklärtesten und dynamischsten Regenten ihrer Zeit, die sich skrupellos der Diplomatie, aber auch des Krieges zu bedienen wußten, ihre größten Erfolge jedoch durch Kompromißbereitschaft erzielten. Die Aussöhnung der Konfessionen haben sie trotz ihrer religiösen Toleranz nicht erreicht. Unter dem aufgeklärten Mäzen und Kunstsammler Matthias zogen der *Humanismus* und die Kultur der *Renaissance* (▷ 8.7) in Ungarn ein, auch wenn sich seine Universitätsgründungen nicht behaupten konnten.

8.14 Burgund
Karl der Kühne

Seit der zweiten Hälfte des 14. Jahrhunderts hatte sich das Herzogtum Burgund mit der Hauptstadt Dijon von Frankreich gelöst. In den nächsten Jahrzehnten erbten die burgundischen Herzöge weitere Gebiete an der Grenze zwischen Frankreich und dem Heiligen Römischen Reich, insbesondere die Freigrafschaft Burgund um Besançon und große Teile der Niederlande (in dem Dreieck zwischen Luxemburg, Flandern und Holland), die im 15. Jahrhundert zu den ökonomisch und kulturell bestentwickelten Regionen gehörten. Eine Besonderheit der burgundischen Territorien lag in der lehnsrechtlichen Stellung begründet, da sie teilweise unter der Lehnshoheit des Kaisers und teilweise unter der des französischen Königs standen.

Karl der Kühne von Burgund (1465/67–1477) versuchte, sein Herzogtum zu einem zusammenhängenden Gebiet zwischen Frankreich und dem Reich auszubauen. Zu Beginn seiner Herrschaft erwarb er die Pfandschaft über das Oberelsaß und eroberte das Stift und die Stadt Lüttich sowie das Herzogtum Geldern. Um seine unter unterschiedlichen Lehnshoheiten stehenden Territorien zu einem geschlossenen Staat zusammenfügen zu können, bemühte sich Karl der Kühne um die Königswürde. 1473 traf er sich zu diesem Zweck mit Kaiser Friedrich III. in Trier. Der Kaiser taktierte, da er sich eine Ehe zwischen seinem Sohn Maximilian und Maria, der einzigen Tochter Karls, erhoffte. Diese Pläne scheiterten.

Um die Lücken in seinem Herrschaftsgebiet zu schließen, wandte sich Karl nun gegen Lothringen und gegen die *Eidgenossenschaft* (▷ 7.12) mit der Absicht, Savoyen zu gewinnen. Er überrannte Lothringen und nahm dessen Hauptstadt Nancy ein. Große Schwierigkeiten hatte er aber mit den Eidgenossen, deren Infanterie seinem Ritterheer in der Schlacht bei Murten eine vernichtende Niederlage bereitete. Auch Lothringen drohte wieder verlorenzugehen. Bei dem Versuch, Nancy erneut zu gewinnen, kam es 1477 zu einer Schlacht, in der Karl der Kühne fiel.

Karl der Kühne und seine Gattin Isabella von Bourbon (15. Jh.)

Nach dem Tod Karls entbrannte ein Ringen um das burgundische Erbe. Frankreich und die rebellierenden niederländischen Stände brachten seine Tochter in Bedrängnis. Zur Rettung ihres Erbes vermählte sich Maria mit dem künftigen deutschen Kaiser Maximilian. Bei der endgültigen Beilegung der Auseinandersetzungen 1493 fiel das Herzogtum als französisches Lehen zurück an Frankreich, die anderen Teile des burgundischen Erbes aber an Maximilian und damit an das Haus Habsburg. Damit war der über zwei Jahrhunderte andauernde Konflikt zwischen Frankreich und Habsburg angelegt.

Burgund setzte in mehreren Beziehungen in ganz Europa Maßstäbe. Die Verwaltung der burgundischen Lande war vorbildlich; gleiches gilt für den glanzvollen burgundischen Hof, seine Mode und seine Musik.

8.15 Personalunion von
Kastilien und Aragon

Als am 19. Oktober 1469 der erst 17jährige Ferdinand, der das Königreich Aragon (bestehend aus Aragon, Katalonien, Valencia, Sardinien und Sizilien) erben sollte, und die ein Jahr ältere Isabella von Kastilien-León heirateten, war die Einheit Spaniens noch nicht erreicht. Im Süden bestand noch das muslimische Reich Granada (▷ 5.28). Die Vereinigung der Königreiche, welche die „Katholischen Majestäten" erben sollten, wurde erst nach Jahrzehnten vollzogen. Zunächst blieben beide noch weitgehend getrennt und waren lediglich durch die mit der Heirat ge-

schaffene Personalunion verbunden, wobei Kastilien die größere Bedeutung zukam. Schon sehr früh war aber das gegenseitige Erbrecht der Ehepartner in dem jeweiligen Königreich festgelegt worden.
Bezeichnend ist, daß die *Inquisition* (▷ 6.27), die in Spanien ganz in königlicher Hand lag, seit 1487 die erste gemeinsame Behörde für beide Herrschaften bildete. Dem entsprach auch, daß die *Reconquista* (▷ 6.12) eine der vordringlichsten Aufgaben der gemeinschaftlichen Herrschaft wurde. 1492 fiel mit Granada die letzte muslimische Bastion auf der iberischen Halbinsel. Zwar wurde den Muslimen zunächst weitgehende Glaubensfreiheit zugesagt, im weiteren Verlauf ging es jedoch um die religiöse Einheit des Staates. Bereits 1492 waren die in Spanien sehr zahlreichen Juden vor die Wahl gestellt worden, sich entweder taufen zu lassen oder auszuwandern. 1502 wurde die muslimische Bevölkerung vor die gleiche Wahl gestellt. Große Teile der jüdischen und maurischen Bevölkerung verließen das Land.
Als Karl VIII. von Frankreich den Krieg in Italien eröffnete, war auch die aragonesische Herrschaft in Sizilien betroffen. Es gelang Ferdinand schließlich, das Königreich Neapel zu gewinnen. Eine Verbindung mit Portugal kam zwar nicht zustande, die Macht Spaniens wurde aber durch die mit den von *Kolumbus* (▷ 8.17) eröffneten Möglichkeiten in Übersee erheblich gesteigert. Johanna, die Tochter Ferdinands und Isabellas, erwies sich schließlich als alleinige Erbin. Da sie mit Philipp dem Schönen, dem Sohn des Kaiser Maximilians, verheiratet war, stand auch das habsburgische Erbe zu erwarten. Nach dem Tod Isabellas (1504), Philipps des Schönen (1506) und Ferdinands (1516) erbte Johanna die beiden Königreiche. Da die Königin jedoch geisteskrank war („Johanna die Wahnsinnige"), wurde ihr Sohn Karl, der spätere Kaiser *Karl V.* (▷ 9.8), als Prinzregent eingesetzt. Die Grundlagen für das spanische Weltreich waren unter Isabella und Ferdinand gelegt worden.
Voraussetzung für die starke Stellung Spaniens im folgenden Jahrhundert waren auch die inneren Reformen, die unter den beiden „Katholischen Majestäten" erfolgt waren. Ein Bündnis zwischen der Krone und den Städten brach den Widerstand des Adels in Kastilien. Der Aufbau einer zentralen Verwaltung erfolgte mit der Errichtung eines Königlichen Rates von Kastilien, der aus Bürgerlichen und Juristen zusammengesetzten obersten Verwaltungsbehörde (zugleich oberster Gerichtshof). Mit der Inquisition, mit dem Vorschlagsrecht des Königs für die Besetzung der hohen Kirchenämter und Bistümer sowie der Unterordnung der wichtigen Orden schuf Ferdinand eine nationale Kirche, auf die der König großen Einfluß hatte. Die finanzielle Kraft der Krone beruhte auf dem vom König allein abhängigen Steuerwesen. Innere Modernität und außenpolitische Erfolge kamen in Spanien auf dem Weg zur Universalherrschaft zusammen.

8.16 Moskaus „Sammeln der russischen Länder"

Bereits vor der Eroberung Rußlands durch die Mongolen 1237–40 war es zu einer Verlagerung des politischen Zentrums von Kiew in den waldreichen Nordosten gekommen. Das 1147 erstmals erwähnte Moskau wurde nach 1263 ständiger Fürstensitz. In Auseinandersetzungen mit den ranghöheren Fürstentümern Wladimir und Twer gelang es Juri Danilowitsch von Moskau erstmals 1317, vom Khan der *Goldenen Horde* (▷ 7.3) die Großfürstenwürde zu erlangen, die sein Sohn Iwan I. Kalita (1328–41) dann dauerhaft seinem Haus sicherte. Seit 1326 residierte auch der orthodoxe Metropolit in Moskau, dessen Fürsten dank der Unterstützung der einzigen gesamtrussischen Institution konsequent ihre Machtbasis erweitern konnten. Als Tributeinnehmer der Tataren verschafften sie sich die Mittel, um (meist durch Kauf) ihr Territorium zu vergrößern.
Während sich im Nordwesten das Großfürstentum Litauen über die Kerngebiete der alten Kiewer Rus' (▷ 5.23) auszubreiten begann, konnte 1366 das Fürstentum Susdal-Nischni Nowgorod dem Moskauer Einfluß unterstellt und 1368–75 mehrfach Angriffe von dem mit Litauen verbündeten Twer abgewehrt werden. Mit dem Sieg des Großfürsten Dmitri Donskoj am 8. September 1380 über die Tataren war der Tiefpunkt der nationalen Erniedrigung überwunden. Trotz des Zerfalls der Goldenen Horde konnten die in Erbauseinandersetzungen verstrickten Nachfolger Wassili I. (1389–1425) und Wassili II.

(1425–62) nicht daran denken, das „Sammeln der russischen Länder" planmäßig fortzusetzen, während Großfürst Witold von Litauen (gest. 1430) seinen Einfluß auf das gesamte nordöstliche Rußland auszudehnen wußte. Iwan III. (1462–1505) nutzte die außenpolitisch günstige Situation, um den Territorialerwerb und die Errichtung eines zentralisierten Einheitsstaates voranzutreiben. Nach der Einbeziehung Jaroslaws (1471) und Rostows (1474) ging Iwan militärisch gegen das abtrünnige (Groß-)Nowgorod vor, das nach der bereits 1471 erfolgten weitgehenden Beschneidung seiner politischen Freiheitsrechte 1478 unterworfen wurde. Mit der Annexion von Twer (1485) verschwand eines der letzten freien Fürstentümer; allein Pskow (Pleskau) und Rjasan konnten bis 1510 bzw. 1521 eine bescheidene Eigenständigkeit bewahren.

Eine unspektakuläre Aktion, der Abzug des Khans Achmat aus dem Feldlager an der Ugra 1480, wurde als Ende der Fremdherrschaft, als „Abschüttelung des Tatarenjochs" gewertet. Den Übertritt ruthenisch-litauischer Teilfürsten in die Dienste Moskaus nahm Iwan 1492 zum Anlaß, mehrere Feldzüge gegen Litauen auszulösen, die zu Erweiterungen im oberen Oka-Gebiet (1494) sowie im Nordosten (Tschernigow, Gomel, 1503) führten, während ein russisch-schwedischer Krieg (1495–97) um Karelien keinen Gewinn erbrachte; der Livländische Orden wußte 1503 seinen Besitzstand zu verteidigen. Iwan III., der sich 1494 „Herrscher (Zar) von ganz Rußland" nannte, hatte mit der gewaltigen territorialen Ausdehnung und dem Aufbau einer gut funktionierenden Zentralverwaltung die Voraussetzungen für den Aufstieg Moskaus zur Großmacht geschaffen.

Karte S. 208

8.17 Christoph Kolumbus

Bei allen Spekulationen, die über die nationale Herkunft von Christoph Kolumbus angestellt wurden, ist unzweifelhaft, daß er 1451 in der italienischen Hafenstadt Genua geboren wurde. Er wurde Weber, Händler und schließlich Seemann. Nach verschiedenen Fahrten, die ihn bis nach Island geführt haben sollen, machte er in Portugal, dem Land Heinrichs des Seefahrers (▷ 8.4), die Bekanntschaft mit dem Zweig des *Humanismus* (▷ 8.7), der sich intensiv mit Geographie und Kosmographie (Erdbeschreibung) beschäftigte.

Er bereiste die von den Portugiesen besetzten Außenposten der den Europäern damals bekannten Welt: Madeira und Guinea. Seine Ehe mit einer Tochter aus portugiesischem Adel wird dazu beigetragen haben, daß Kolumbus sich schließlich an König Johann II. von Portugal wandte, um die Unterstützung für eine Entdeckungsfahrt zu gewinnen, mit der er in Kenntnis der Berichte des *Marco Polo* (▷ 7.5) die Insel Cipangu (Japan) in westlicher Richtung erreichen wollte. Noch war der Weg von Europa um Afrika nach Indien nicht gefunden worden. Die Voraussetzungen für das von Kolumbus geplante Vorhaben waren günstig, denn die Portugiesen tasteten sich immer weiter nach Westen vor. Aufgrund offensichtlich fehlerhafter Berechnungen der Kosten fand er bei Johann aber keine Unterstützung. Kolumbus wandte sich nun nach Kastilien.

Die Unterstützung der „Katholischen Majestäten" Spaniens (▷ 8.15) konnte er erst nach längerer Zeit erlangen. Nachdem mit Granada die letzte Festung der Mauren auf der Iberischen Halbinsel gefallen war, erteilten Ferdinand und Isabella von Kastilien-Aragon ein Privileg an Kolumbus, mit dem er neben dem Titel Admiral und der Erhebung in den Adelsstand die Zusage erhielt, Vizekönig und Gouverneur aller Inseln und Festlande zu werden, die er für Spanien in Besitz nehmen würde. Außerdem sollte er zehn Prozent von allen Produkten der neuen Lande erhalten.

Am 3. August 1492 stach Kolumbus mit den drei Karavellen Niña, Pinta und Santa Maria, dem Flaggschiff, von Palos in See. Nach einem Zwischenaufenthalt auf den Kanarischen Inseln segelte er ohne nennenswerte Schwierigkeiten im steten Wind des Passats nach Westen. Am 12. Oktober erreichte die kleine Flotte die Insel San Salvador in der Bahamagruppe. Kolumbus glaubte, eine Indien vorgelagerte Insel gefunden zu haben und zog monatelang von einer Insel zur anderen, vor allem auf der Suche nach Gold. Dabei glaubte er, China erreicht zu haben. Er landete auf Kuba und auf Haiti und verlor schließlich die Santa Maria durch Schiffbruch. Im Januar 1493 trat Kolumbus mit der Niña den Rückweg an. Nach stürmischer Fahrt erreichte er wieder Spanien.

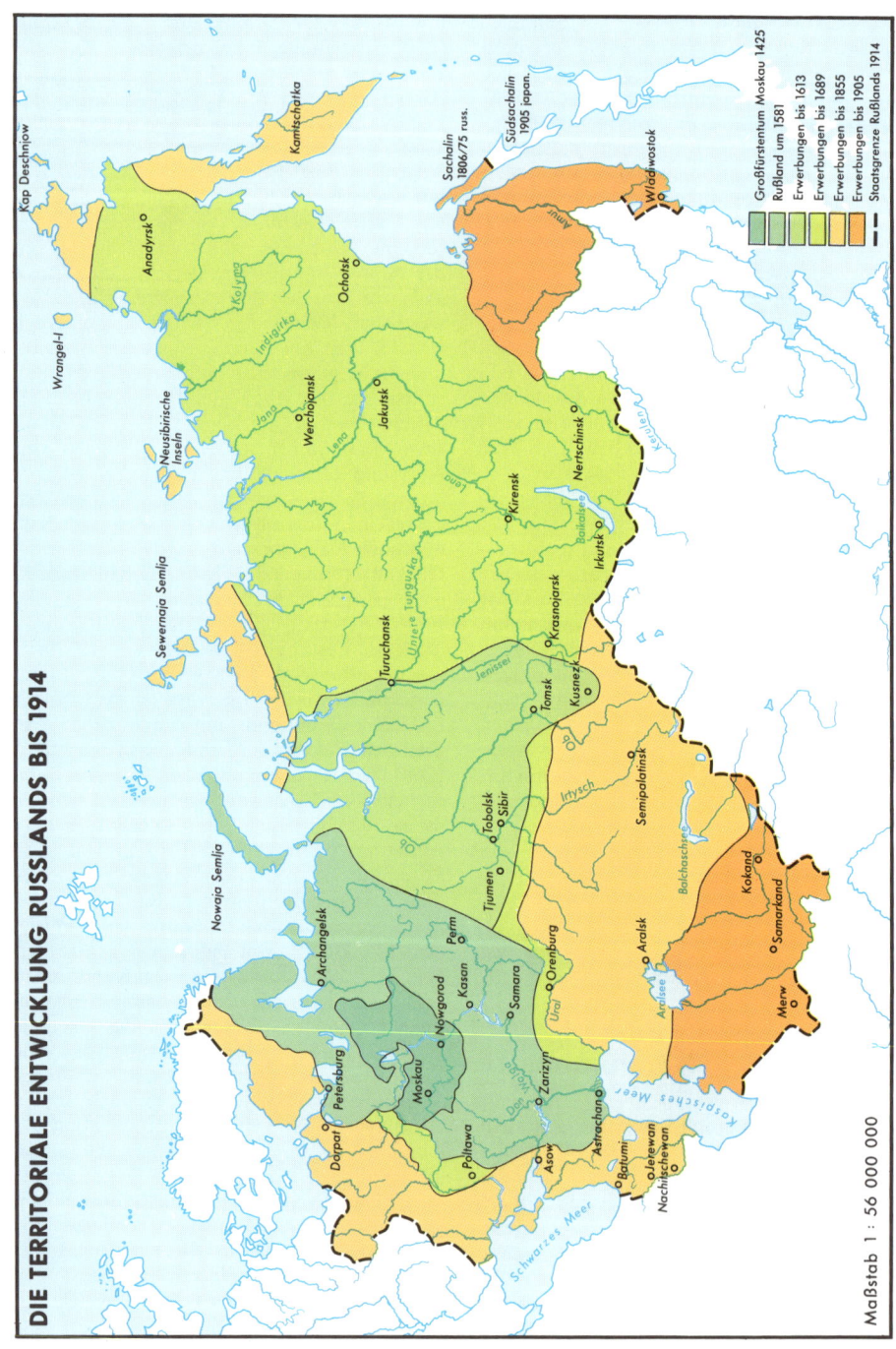

DIE TERRITORIALE ENTWICKLUNG RUSSLANDS BIS 1914

Maßstab 1 : 56 000 000

Großfürstentum Moskau 1425
Rußland um 1581
Erwerbungen bis 1613
Erwerbungen bis 1689
Erwerbungen bis 1855
Erwerbungen bis 1905
Staatsgrenze Rußlands 1914

*Die erste
Landung von
Christoph
Kolumbus.
Kupferstich
(16. Jh.)*

Kolumbus unternahm noch drei weitere Reisen in die „Neue Welt". Es kam zu Verdächtigungen, zu Zerwürfnissen und schließlich zur Anklage gegen ihn; er verlor sein Vizekönigamt. Andere ernteten die Erfolge an seiner Stelle; er starb im Jahre 1506 in Spanien.

8.18 Vertrag von Tordesillas

Bei seinem Vordringen an der westafrikanischen Küste im 15. Jahrhundert bemühte sich Portugal (▷ 8.4), Kastilien möglichst von diesen Gebieten fernzuhalten. 1454 ließ sich Portugal das ausschließliche Recht zur Erschließung dieser Länder durch ein Edikt des Papstes erteilen. Der Papst leitete seine Kompetenz zur Erteilung solcher Privilegien aus seiner Stellung als Stellvertreter Gottes auf Erden ab. Gegenüber Nichtchristen war die Inbesitznahme ihrer Länder gerechtfertigt aufgrund ihrer „Sündhaftigkeit". Der Papst verlieh das Land als Lehen mit der Pflicht der Heidenmission. Spanien erkannte 1479 dieses Vorrecht der Portugiesen gegen die Abtretung der Kanarischen Inseln an.
Ein erneuter Konflikt zwischen Portugal und Spanien entstand, als *Kolumbus* (▷ 8.17) 1492

für Spanien die „Neue Welt" in Besitz nahm. Der Anspruch Portugals bezog sich auf den Seeweg nach Indien in östlicher Richtung, insofern war der Auftrag an Kolumbus gerechtfertigt. Nach Kolumbus' Rückkehr traten Spanien und Portugal in Verhandlungen über eine „Seescheide" ein. Spanien verschaffte sich einen Vorteil, indem es von dem „spanischen" Borgia-Papst Alexander VI. 1493 eine Bulle erwirkte, in der Spanien alle Entdeckungen westlich einer von Pol zu Pol reichenden Linie im Atlantik 370 spanische Meilen westlich der Kapverdischen Inseln zugesprochen wurden, Portugal dagegen die östlich von ihr gelegenen. Portugal stimmte im Vertrag von Tordesillas 1494 dieser Lösung zu, erreichte aber, daß die Linie 370 Meilen westlich der Kapverden verlaufen sollte. Ohne es zu wissen, übertrug man die Ostküste Brasiliens damit an Portugal. Diese Aufteilung der Interessensphären geriet durch die im spanischen Auftrag stattfindende Weltumsegelung des Portugiesen *Magalhães* (▷ 8.19) in Gefahr. Durch den Vertrag von Saragossa (1529) einigte man sich auf eine vergleichbare Seescheide zwischen beiden Reichen im Pazifischen Ozean. Sie verlief von der Atlantischen Seescheidelinie in fast exakt 180

Grad Abstand, so daß die Welt in zwei annähernd gleiche Hälften aufgeteilt wurde. Die Einbeziehung des Papstes in die Frage der Aufteilung von Einflußsphären entsprach noch weitgehend mittelalterlichen Vorstellungen. Sie lieferte den vom christlichen Herrschaftsverständnis geprägten Monarchen durch den Auftrag der Heidenbekehrung eine besondere Legitimation für ihre größtenteils von materiellen Interessen bestimmte, brutale Eroberungspolitik.

8.19 Bartolomeu Diaz
Vasco da Gama

Zwischen den Eroberungsreisen der Portugiesen und denen von Kolumbus und seiner spanischen Nachfolger bestand ein wichtiger Unterschied. *Kolumbus* (▷ 8.17) war nach Westen aufgebrochen, um Cipangu (Japan) zu erreichen. Zwar glaubte er sich zeitweise in Indien oder China gelandet, aber angeregt durch die Berichte *Marco Polos* (▷ 7.5) vom sagenhaften Reichtum Ostasiens waren die Eroberungen in der „Neuen Welt" zunächst bestimmt von der Jagd nach Gold. Im Unterschied dazu ging es den Portugiesen in zunehmendem Maße darum, wegen der Sperrung des östlichen Mittelmeeres und des Vorderen Orients durch die Muslime einen Weg zum Indischen Ozean und den östlichen Gewürzländern zu finden, dorthin, wo der begehrte Pfeffer wuchs.

Nachdem sich die Suche nach einer Passage quer durch Afrika (▷ 8.4) als Irrtum herausgestellt hatte, begannen die Versuche der Umschiffung des afrikanischen Kontinents. Die Portugiesen waren entlang der westafrikanischen Küste bereits bis nach Namibia vorgedrungen, als 1487 Bartolomeu Diaz (1450–1500) mit zwei Karavellen und einem Versorgungsschiff von Lissabon aufbrach, um über diesen Punkt noch weiter hinaus zu gelangen. Er erreichte die Walfischbucht, wo er das Versorgungsschiff zurückließ. Da sich der Weg entlang der Küste wegen der Strömung als schwierig erwies, mußte er weit auf die hohe See ausweichen, um das Kap der Guten Hoffnung umrunden zu können. Schließlich erreichte er Afrika an der Küste des heutigen Natal (Südafrika).

Einen neuen Vorstoß wagte Vasco da Gama (1468–1524), der 1497 mit vier Schiffen zu einer Fahrt nach Indien aufbrach. Schiffstypen, Bewaffnung und Mannschaft waren jetzt auf eine bewaffnete Handelsexpedition ausgerichtet. Er wählte aufgrund der Erfahrungen von Diaz einen küstenfernen Kurs und passierte noch im gleichen Jahr das Kap der Guten Hoffnung. Die Flotte segelte nun entlang der Ostküste Afrikas nach Norden, wo sie auf den Einflußbereich der Muslime stieß, die die Portugiesen als Handelskonkurrenten und als Christen nicht freundlich empfingen. Trotzdem gelang es da Gama, einen erfahrenen muslimischen Navigator anzuheuern, so daß er am 20. Mai 1498 Kalikut an der Westküste Indiens anlaufen konnte. Wegen der dort ansässigen arabischen Kaufleute konnte Vasco da Gama nur einige Proben der orientalischen Gewürze erhandeln. Man mußte sich auf einen Handelskrieg einstellen. 1502 unternahm Vasco da Gama eine weitere Indienfahrt, dieses Mal mit einer Flotte von 14 Schiffen.

Bereits eine Generation nach der „Entdeckung" Amerikas durch *Kolumbus* (▷ 8.17) gelang die erste Weltumsegelung durch Fernão de Magalhães (1480–1521). Schon 1513 hatte Vasco Núñez de Balboa die Landenge von Panama durchquert und den Pazifischen Ozean erreicht. Die Suche nach einer Durchfahrt zu diesem neuen Ozean lag folglich nahe. Am 20. September 1519 trat Magalhães, mit Vollmachten Kaiser *Karls V.* (▷ 9.8) ausgestattet, mit fünf Karavellen und 237 Mann seine Reise an und segelte nach Südamerika. Im Januar 1520 glaubte er bereits, die Durchfahrt gefunden zu haben, mußte aber feststellen, daß er lediglich in die breite Mündung des Rio de la Plata eingefahren war. Er manövrierte über neun Monate an der Ostküste Südamerikas entlang, bis er am 21. Oktober die später nach ihm benannte gefährliche Meeresstraße zum Stillen Ozean entdeckte. Trotz größter Schwierigkeiten, verursacht durch mangelhafte Verpflegung und Krankheiten, überwand Magalhães dank des günstigen Passats den Pazifik und erreichte im März 1521 die Marianen, danach die Philippinen. Hier fand Magalhães bei Auseinandersetzungen mit Eingeborenen den Tod. Als sein Nachfolger Juan Sebastian Elcano die Molukken erreichte, trat die Expedition wieder in den Bereich der damals erforschten Welt ein. Von den fünf Karavellen erreichte nur eine am 7. September 1522 die Heimat.

8.20 „Entdeckungen" und Erfindungen

Die „Entdeckungsreisen" in der zweiten Hälfte des 15. Jahrhunderts veränderten das Wissen der Europäer von der bekannten Welt ganz erheblich. Diese Unternehmungen, der Beginn der europäischen Kolonisierung und Ausbeutung Amerikas (▷ 9.7, ▷ 9.12), Afrikas und Asiens, stehen im Zusammenhang mit einer ganzen Reihe von Erfindungen. Die geographischen Wissenschaften wurden insbesondere durch die Wiederentdeckung antiker Schriftsteller beeinflußt, so der Werke des Ptolemaios. Neben dessen theoretischen und kosmographischen Schriften spielten die nach ihm gefertigten Karten für das Weltbild der damaligen Zeit eine große Rolle.

Es entstanden nun Seekarten in größerer Zahl, die der Navigation dienen sollten. Durch jede neue „Entdeckung", die bekannt wurde, wurden diese Karten erweitert. Der Globus des Martin Behaim entstand bereits 30 Jahre vor der ersten Weltumsegelung (▷ 8.19). Außerdem gab es in dieser Zeit Lotsenhandbücher (Routenverzeichnisse), die längere Fahrten auch über das offene Meer erlaubten. Hinzu kamen technische Hilfsmittel wie der verbesserte Kompaß. Die geographische Breite (die Entfernung vom Nordpol) ermittelte man mit Hilfe der Quadranten, dann auch mit dem von Astronomen des Mittelalters entwickelten Astrolabium. Die Instrumente wurden in dieser Zeit solider und präziser; es entstand ein feinmechanisches Gewerbe.

Daß die „Entdeckungen" aber so weitreichende Folgen für die Erschließung der Welt durch die Europäer hatten, steht im Zusammenhang mit dem Entwicklungsstand der Kommunikation in Europa. Kaufmannsboten und Kaufmannskorrespondenzen berichteten über die Reisen. Das Briefbotenwesen war in großen Teilen Europas schon so weit entwickelt, daß sich die Nachrichten über die „Entdeckungen" rasch verbreiten konnten. Die Entstehung der habsburgischen Hofpost unter Kaiser Maximilian ist nur ein Beispiel dafür. Der *Buchdruck* (▷ 8.6) trug gleichfalls dazu bei.

Neben den „Entdeckungen" spielten technische Innovationen im ausgehenden Mittelalter eine immer größere Rolle, zum Beispiel im Bergbau und Hüttenwesen; mit Hilfe neuer Techniken (Ausnützung der Wasserkraft, Saugpumpen, Markscheidekunst) konnte man in größere Tiefen vordringen. Durch das Saigerverfahren gelang eine Trennung von Kupfer und Silber in großem Stil. Hammerwerke, Papiermühlen und Pulvermühlen förderten die Produktion. Eine Besonderheit war die Seidenzwirnmühle, die von Italien ihren Weg auch nach Deutschland fand. Zwar waren Feuerwaffen schon länger gebräuchlich, eine kriegsentscheidende Wirkung kam ihnen aber erst ab dem 15. Jahrhundert zu, als sich die Überlegenheit der neuen Infanterie (schweizerische, spanische und deutsche Söldner) gegenüber den mittelalterlichen Ritterheeren (▷ 6.22) durchsetzte.

Auch der Geschäftsbetrieb war Veränderungen unterworfen, wie etwa durch den Wechsel oder die Einführung der doppelten Buchführung. Der Übergang vom Mittelalter zur Neuzeit war von einer Fülle von Neuerungen begleitet, wenn auch die sozialen Verhältnisse im großen und ganzen zunächst noch recht stabil blieben.

Daten

1368–1644	Ming-Dynastie in China
1389–1464	Cosimo de'Medici
1394–1460	Heinrich der Seefahrer
1396	Schlacht bei Nikopolis, Niederlage eines Kreuzfahrerheeres gegen die Osmanen
1397	Kalmarer Union, Bildung eines Skandinavischen Reichs unter Margarete I.
1410/11	Niederlage des Deutschen Ordens bei Tannenberg, Erster Thorner Frieden
1414–1418	Konzil von Konstanz
1415	Hinrichtung von Jan Hus in Konstanz
1415–1493	Friedrich III., Römischer Kaiser seit 1452
1419–1436	Hussitenkriege
1420–1471	Georg von Podiebrad, König von Böhmen 1458–1471
1429	Erstes Auftreten von Jeanne d'Arc, der Jungfrau von Orléans (hingerichtet 1431)
1431–1449	Konzil von Basel
1432–1477	Karl der Kühne, Herzog von Burgund 1465/67–1477
1434	Erster Vorstoß der Portugiesen über das Kap Bojador (Nordwestafrika) hinaus
1440–1505	Iwan III., Großfürst von Moskau 1462–1505, seit 1494 Zar
1443–1490	Matthias Corvinus, König von Ungarn 1458–1490
1449–1492	Lorenzo de'Medici („Il Magnifico")
1451–1506	Christoph Kolumbus
1453	Eroberung Konstantinopels durch die Osmanen Als Istanbul Hauptstadt des Osmanischen Reiches bis 1923
um 1455	Druck der lateinischen Gutenberg-Bibel
1455–1485	Rosenkriege in England
1463–1494	Giovanni Pico della Mirandola
1466	Zweiter Thorner Frieden
1469	Heirat von Ferdinand von Aragon und Isabella von Kastilien
1469–1527	Niccolò Machiavelli
1469–1536	Erasmus von Rotterdam
1473–1481	Bau der Sixtinischen Kapelle
1477	Schlacht bei Nancy, Tod Karls des Kühnen von Burgund
1487/88	Bartolomeu Diaz umsegelt das Kap der Guten Hoffnung
1492	Eroberung von Granada, Ende der Reconquista
1492	Vertreibung der Juden aus Spanien
1492	Kolumbus entdeckt Amerika
1494	Karl VIII. von Frankreich beginnt den Kampf um Italien
1494	Vertrag von Tordesillas zwischen Spanien und Portugal, Teilung der Welt in Interessensphären
1494–1498	Wirken von Savonarola in Florenz, zuletzt hingerichtet und verbrannt
1495	Reichstag zu Worms, Verkündung des Ewigen Landfriedens
1498	Vasco da Gama erreicht Indien (Kalikut)
1519	Beginn der ersten Weltumsegelung durch Fernão Magalhães

Kapitel 9
Glaubensspaltung und
Glaubenskriege

Einführung

Aus dem Blickwinkel der europäischen Geschichte gesehen standen die anderthalb Jahrhunderte zwischen 1517 und 1648 unter dem Einfluß von Reformation, Gegenreformation und Glaubenskriegen. Zwar verschwand der konfessionelle Konflikt nach der Mitte des 17. Jahrhunderts nicht aus der Politik, trat aber hinter anderen Aspekten zurück: hinter das jahrzehntelange Ringen um Hegemonie oder Gleichgewicht in Europa, hinter den Kampf um die Herrschaft in Übersee, hinter den sich herausbildenden Absolutismus.

Dabei hatte die durch Luther, Calvin, Zwingli und andere ausgelöste Reformation in den einzelnen europäischen Ländern ganz unterschiedliche Wirkungen. Im Deutschen Reich verband sie sich mit der Verfassungsfrage und mit den Auseinandersetzungen zwischen Kaiser und Territorialfürsten, die die Reformation zu ihrer Sache machten. Die enge Verbindung von Konfessionalisierung und Territorialstaat führte nach dem Versuch einer Einigung im Augsburger Religionsfrieden (1555) zur Lähmung der Reichsinstanzen (Reichskammergericht und Reichstag) und schließlich zum Dreißigjährigen Krieg.

In den habsburgischen Staaten verband sich die Religionsproblematik mit dem ständisch-monarchischen Dualismus. Die meist protestantischen Stände in Böhmen, Schlesien, Mähren, dem Erzherzogtum Österreich und in Ungarn verknüpften ihre Forderung nach religiöser Freiheit mit politischen Zielen. So kam es unter anderem zur Revolution der böhmischen Stände gegen Kaiser Ferdinand.

Der Freiheitskampf der Niederlande wurde ausgelöst durch die Ketzerverfolgung der spanischen Inquisition. Die regionalen Gewalten sahen sie als Eingriff in ihre Privilegien an. Im weiteren Verlauf der Auseinandersetzungen führte der konfessionelle Gegensatz zur Spaltung der Niederlande in einen katholischen Süden, der bei Spanien blieb, und in die calvinisch geprägte, unabhängige Republik der Vereinigten Niederlande. Im Norden setzte sich schließlich der Gedanke der Toleranz durch, was auch zu einem wirtschaftlichen Aufblühen Hollands führte.

In Frankreich erkämpften sich die Hugenotten in einem langen Bürgerkrieg, an dem sich neben der Krone auch andere Große des Landes beteiligten, durch das Edikt von Nantes (1598) Sicherheiten, die sie zu einem Staat im Staate werden ließen. Sie bildeten eine Gefahr für den sich hier schon früh entwickelnden Absolutismus.

Die Loslösung von Rom war in England zunächst von Heinrich VIII. bewirkt worden, ohne daß er auf Ideen der Reformation zurückgegriffen hätte. Erst im weiteren Verlauf nahm die Anglikanische Kirche diese Gedanken auf. Das Überleben von katholischen Gruppen in England, die Andersartigkeit des schottischen Protestantismus und das Verbleiben Irlands beim Katholizismus führte zu langanhaltenden Konflikten. Hinzu kam, daß in England radikale Strömungen (Puritaner, Täufer und Sekten) eine weite Verbreitung fanden. Sie spielten im englischen Bürgerkrieg eine wichtige politische Rolle. In der späteren Zeit kam der Anspruch der katholischen Stuarts auf den englischen Thron als Konfliktstoff hinzu.

Südeuropa und Teile Mitteleuropas verblieben beim Katholizismus oder wurden für ihn wiedergewonnen. Die konfessionelle Frage spielte bei den Auseinandersetzungen zwischen den Staaten eine Rolle, aber man war auch bereit, die Kräfte mit abweichender Konfession im Innern der feindlichen Staaten zu unterstützen. Mehr und mehr wich der konfessionelle Gesichtspunkt schon dem der Staatsräson.

Das Zeitalter der Glaubenskriege, in dem teilweise auch der diese Epoche prägende monarchisch-ständische Dualismus zum Ausdruck kam, hatte die Notwendigkeit stabiler innerer Herrschaft vor Augen geführt. So entstand in der Zeit des französischen Bürgerkriegs das Werk Jean Bodins über den Staat (1576), das zur theoretischen Begründung des Absolutismus beitrug.

Außerhalb Europas begann der Wettlauf um die Kolonien, um die Schätze Amerikas, um die Beherrschung des Handels mit Afrika und dem Orient. Neben Spanien und Portugal, die die Welt schon im späten 15. Jahrhundert unter sich aufgeteilt hatten, traten Holland (am Kap der Guten Hoffnung und in Ostasien), Frankreich (in Kanada) und England (in Nordamerika: Virginia und Neuengland) als Konkurrenten auf. Im Laufe der Epoche wandelte sich das Bild. Die Konkurrenz Englands mit Spanien in Übersee wurde anfänglich in der Form eines Kaperkrieges geführt. Waren zunächst vor allem Handelsplätze und Flottenstützpunkte an den Küsten das Ziel der Entdeckungen gewesen, ging man im späten 16. Jahrhundert zur Beherrschung und Besiedlung der Kolonien in größerem Umfang über.

Im 16. und frühen 17. Jahrhundert gewannen neben den bisher beherrschenden Mächten in West-, Mittel- und Südeuropa neue Staaten im Norden und Osten erheblich an Bedeutung. Schweden entwickelte sich unter Gustav II. Adolf zu einer Macht, die die Küsten der Ostsee beherrschte. Polen vergrößerte sein Staatsgebiet durch die Union mit Litauen beträchtlich. Rußland begann unter Iwan IV. seinen Aufstieg zur Großmacht. Die für die nächsten zwei Jahrhunderte wichtigste Entwicklung vollzog sich jedoch im Südosten. Dem Osmanischen Reich gelang unter Sultan Selim I. ab 1512 ein erheblicher Gebietszuwachs. Nachdem er sich im Osten seines Reiches den Rücken freigemacht hatte, begann er, die östliche Küste des Mittelmeeres (Syrien und Ägypten) unter seine Herrschaft zu bringen. Im weiteren Verlauf des Jahrhunderts gelang es den Osmanen, über die ganze nordafrikanische Küste (bis auf Marokko) ihre, teilweise

allerdings nur lockere, Oberhoheit zu errichten. Sie setzten sich in den Besitz der heiligen Stätten des Islam. 1529 stieß unter Sultan Süleyman dem Prächtigen ein türkisches Heer bis nach Wien vor.

Die Welt erlebte im 16. Jahrhundert in größerer Zahl die Bildung von mächtigen Reichen. Den Großmogul gelang es, fast ganz Indien unter ihre Herrschaft zu bringen. In der afrikanischen Savannenzone zwischen Wüste und tropischem Regenwald kam es zur Bildung von verschiedenen größeren Reichen, die nur zum Teil der islamischen Religion angehörten. Diese Reiche waren aber nur in begrenztem Maße stabil, da sie die von ihnen unterworfenen Gebiete lediglich durch Tributpflichtigkeit von sich abhängig machten. Während die Portugiesen nur die Küsten besetzten, dienten die afrikanischen Reiche als Zulieferer für den immer wichtiger werdenden Sklavenhandel. Nach längeren inneren Wirren wurde Japan befriedet, so daß es sogar beabsichtigte, auf das Festland auszugreifen (China, Korea). Unter der Herrschaft der Schogun-Dynastie der Tokugawa (ab 1603) erlebte Japan eine Periode der inneren Stabilität. Unter ihnen vollzog sich aber auch ab 1639 die Abschließung des Landes gegenüber den Fremden. In dieser Epoche spielte die Verbreitung der Feuerwaffen eine nicht unerhebliche Rolle bei der Bildung der Reiche. Die Moguln gewannen in Indien durch den geschickten Einsatz der Artillerie die Oberhand über den Sultan von Delhi. In der Zeit der Schogune in Japan kam der mit Gewehren bewaffneten Infanterie eine steigende Bedeutung zu. Nordafrikanische Staaten verdankten ihre Eroberungen relativ kleinen Abteilungen von christlichen Söldnern, die mit Feuerwaffen ausgerüstet waren.

Die politischen Veränderungen wie auch der aufblühende Überseehandel hatten wichtige wirtschaftliche Veränderungen zur Folge. Die Handelswege verlagerten sich nach Westeuropa. Zusammen mit der Herausbildung der Territorialstaaten brachte das den endgültigen Niedergang der Hanse. Der Aufstieg Hamburgs zur wichtigsten Seehandelsmetropole in Deutschland anstelle von Lübeck konnte selbst durch den Dreißigjährigen Krieg nicht gebremst werden. Holland überflügelte die einstmals wirtschaftlich so bedeutungsvollen Städte in den südlichen (spanischen) Niederlanden. Die Entwicklung eines „Welthandels" hatte auch Veränderungen in der gewerblichen Produktion zur Folge. Es entstanden Gewerbelandschaften, in denen Unternehmer („Verleger") und Kaufleute die Produktion für einen Fernabsatz organisierten. Zwei wichtige Komponenten beeinflußten die soziale und wirtschaftliche Entwicklung in dieser Zeit. Schon im späten 15. Jahrhundert war es zu einer gesteigerten Silbergewinnung durch Verbesserungen im Bergbau und in der Verhüttung gekommen. Durch die in der zweiten Hälfte des 16. Jahrhunderts zusätzlich in großem Umfang einsetzenden Silberimporte aus Amerika kam es zu inflationären Tendenzen in ganz Europa. Die Nahrungsmittelpreise stiegen im Verlaufe dieses Jahrhunderts etwa auf das Dreifache an. Da nun die Löhne und Preise für gewerbliche Produkte geringer anstiegen, traf die Silberinflation des 16. Jahrhunderts also vor allem die, die von Löhnen abhängig waren. Die für den Markt produzierenden landwirtschaftlichen Betriebe (die Adelsgüter etwa) profitierten von ihr. Diese Entwicklung wirkte in gewissem Umfang stabilisierend auf die europäische Adelsgesellschaft.

Der Aufbau von Bürokratien, das Söldnerwesen und eine aufwendigere Lebensführung des Adels und der Fürsten führte zu einem vermehrten Geldbedarf der Herrscher. Dieser erhöhte Finanzbedarf bewirkte, daß die europäischen Fürsten den Ständen, denen in der Regel die Steuererhebung zustand, weitergehende Rechte einräumen mußten. Teilweise wurde dadurch das ständische Element in den Staaten (vorübergehend) gestärkt. Dort, wo der Fürst die Stände durch die Erschließung neuer Geldquellen zu umgehen suchte, wie in England unter den Stuarts, kam es zu harten Auseinandersetzungen. In England wurde der Konflikt zwischen König und Parlament durch die Steuerforderungen des Monarchen ausgelöst und eskalierte bis zum Bürgerkrieg und zum Sturz des Königs. Die Finanzierung des Geldbedarfs der Fürsten erfolgte zum Teil auch über die großen Familienhandelsgesellschaften und Bankiers wie die Fugger.

Die zweite europaweit zu beobachtende Erscheinung ist die der „Krise des 17. Jahrhunderts"; sie wird mit einer langfristigen Klimaverschlechterung in Zusammenhang gebracht. Doch auch die religiös bedingten Bürgerkriege und äußeren Kriege haben zu dieser Krise beigetragen. Insgesamt kam es zu einem Stagnieren der Bevölkerungszahlen, die noch im 16. Jahrhundert trotz anhaltender Pestepidemien gestiegen waren. Ein Ausdruck für die gesellschaftlichen Auswirkungen der Krise waren möglicherweise auch die teilweise massenhaft stattfindenden Hexenverfolgungen.

9.1 Finanzen der Kurie Ablaßhandel

Das Papsttum war um die Wende vom Mittelalter zur Neuzeit nicht zuletzt aufgrund seines weltlichen Herrschaftsanspruchs mannigfaltigen finanziellen Anforderungen unterworfen (▷ 8.8). Außerdem betrieb der auf äußere Pracht bedachte Medici-Papst Leo X. die Fertigstellung der neuen Peterskirche in Rom und schmückte seinen Palast mit den Kunstwerken der Renaissance. Die Finanzierung erfolgte vor allem mit Gebühren für die Verleihung kirchlicher Würden, was der Kirche den Vorwurf der Simonie, des Verkaufs von Ämtern oder Pfründen, eintrug. Die Kurie sicherte sich außerdem das Anrecht auf wichtige Pfründen und die sogenannten Annaten, die Abgabe des ersten Jahresertrages eines vom Papst vergebenen Benefiziums an diesen. Die Kosten für die Einsetzung in ein kirchliches Amt konnten teilweise über Weihesteuern auf die Untertanen abgewälzt werden. Ein weiteres Mittel zur Geldbeschaffung waren Dispense, die Befreiung von der Verpflichtungskraft einer kirchlichen Rechtsnorm gegen Bezahlung, und der Ablaß zeitlicher Sündenstrafen.

Ablaßhandel des Papstes. Holzschnitt von Lucas Cranach, dem Älteren

Das Finanzgebaren der Kurie traf auf Kritik weiter Kreise. *Luther* (▷ 9.2) ergriff Partei, indem er feststellte, daß der Papst vermögender sei als der „reichste Crassus". Die Adligen sahen sich durch die Vergabe der Pfründen von Rom aus und durch die päpstlichen Hofleute um ihre eigenen Versorgungsstellen betrogen. Die Humanisten beklagten die Ausbeutung der Gläubigen durch die Kurie. Kirchliche Würdenträger sahen in den Ansprüchen der Kurie eine Schmälerung ihrer Einkünfte. Der Vorwurf der Ämterkäuflichkeit und der materiellen Bereicherung traf nicht nur die Kurie, sondern galt auch der spätmittelalterlichen Kirche insgesamt.

Um den Neubau der Peterskirche finanzieren zu können, schrieb Leo X. 1515 einen besonderen Ablaß aus. Sündenstrafen sollten durch die Zahlung eines Geldbetrages für den Bau der Peterskirche erlassen werden. Schon länger hatten Bankleute die Finanzierung des Ablaßgeschäftes übernommen, so etwa in Deutschland die Fugger. Der unmittelbare Anlaß zur *Reformation* in Deutschland (▷ 9.3) entstand aus dieser Situation. Albrecht von Brandenburg erwarb 1513 die Würde eines Erzbischofs von Mainz. Da er aber schon die Diözesen Magdeburg und Halberstadt innehatte, verlangte der Papst neben dem Palliengeld, einer Zahlung für den Erwerb der erzbischöflichen Insignie, des Palliums, eine beträchtliche Summe für die Gestattung dieser Pfründenhäufung. Der junge Kurfürst mußte sich diese Gelder bei den Fuggern leihen. Um den Kredit zu tilgen, überließ der Papst dem Mainzer Erzbischof das Recht, den Ablaßhandel für acht Jahre in Deutschland durchzuführen. Die Hälfte der Einnahmen daraus sollte zur Tilgung des Darlehens dienen, die andere Hälfte an die Kurie gehen. Die Ablässe wurden von Kommissarien vertrieben, die sie mit Geschick im einfachen Volk verbreiteten; der Ablaßhandel war eine Folge des Finanzbedarfs der Kurie, aber auch der im Spätmittelalter angesichts der fundamentalen Veränderungen des mittelalterlichen Weltbildes sich steigernden Glaubensnot der Menschen.

9.2 Martin Luther

Martin Luther (1483–1546) entstammte einem Thüringer Bauerngeschlecht, sein Vater hatte es zu einem kleineren Bergwerksbesitz im Mansfeldischen Kupferrevier gebracht. Er bestimmte Martin zum Jurastudium, der aber entschied sich bald für die theologische Laufbahn. Als Mitglied der Augustinereremiten wurde er in Wittenberg zum Doktor der Theologie promoviert und zum Professor ernannt. Nicht ein übereifriger, kleiner Mönch wurde schließlich ungewollt zum Reformator, sondern ein Ordensprior, Distriktvikar und Professor der Theologie. Die theologischen Erkenntnisse Luthers waren das Ergebnis einer langandauernden Beschäftigung mit der Heiligen Schrift, ihrer intensiven Lektüre und der Auslegung vor seinen Studenten.

Die Bibelexegese brachte Luther schließlich zu der Erkenntnis, daß Gott dem Menschen Gerechtigkeit aus Gnade gewähre, und zwar aus dem Glauben. Diese Vorstellung einer unmittelbaren Beziehung des einzelnen zu Gott führte zum Konflikt mit einer Kirche, die sich als Heilsvermittlerin verstand. Der Konflikt brach aus, als er sich 1517 in 95 Thesen offen gegen den Mißbrauch des *Ablasses* (▷ 9.1) wandte. Luther besaß kein reformatorisches Programm, seine Thesen gewannen erst im Verlauf der Auseinandersetzungen mit der Kirche glaubensspaltende Qualität.

Die Thesen Luthers, die durch den Buchdruck (▷ 8.6) rasch Verbreitung fanden, erregten größtes Aufsehen, weil sie der verbreiteten antirömischen Stimmung und der Kritik an der verweltlichten Kirche entsprachen. Im Zuge der theologischen Auseinandersetzungen verfaßte Luther 1520 seine für den Fortgang der Reformation (▷ 9.3) wichtige Schrift „An den christlichen Adel deutscher Nation", in der er unter anderem die Reform der Kirche durch die weltlichen Gewalten forderte.

Auf dem *Reichstag zu Worms* 1521 (▷ 9.9) wurde über den als Ketzer bereits von der Kirche gebannten Luther vom Kaiser die Reichsacht verhängt. Das Wormser Edikt bedrohte auch diejenigen, die ihm Schutz gewährten und die Verbreitung seiner Schriften nicht verhinderten. Somit wandelte sich die „Luthersache" von einem Ketzerprozeß zu einer Reichssache.

Als sich die Bauern im Reich 1525 unter Berufung auf Luther gegen ihre Herren erhoben (▷ 9.5), wandte er sich, obwohl er viele der Beschwerden der Bauern für gerechtfertigt

hielt, gegen die weltliche Ausdeutung seiner Glaubenslehre. Zwar nahm Luther bis zu seinem Tod immer wieder Stellung zum reformatorischen Prozeß, die Reformation war aber längst zu einer Sache der Fürsten und Städte geworden und veränderte das Gesicht Europas bis zur vorläufigen Beilegung des Konflikts im *Augsburger Religionsfrieden* (▷ 9.19).

Bildnis Martin Luthers, das anläßlich seines Todes 1546 gezeichnet wurde.
Die Notiz stammt von Philipp Melanchthon

9.3 Reformation

Forderungen nach „Reformen", nach „Reformation" der Kirche in ihrer Gesamtheit wurden im 15. Jahrhundert zu Schlüsselbegriffen der Kritik an der Verweltlichung der Kirche, insbesondere der Kurie; sie waren zentrale Fragen auf den Konzilien (▷ 8.1).

Ein ganzes Bündel von Faktoren wirkte zusammen, daß die 95 Thesen *Martin Luthers* von 1517 (▷ 9.2) über den *Ablaß* (▷ 9.1) ein solches Echo fanden: eine antikuriale Strömung im Reich, eine allgemein gesteigerte Religiosität, verbunden mit herber Kritik an der Verweltlichung der Geistlichkeit, die Rückbesinnung auf die antiken Ideale im *Huma-*

nismus ($\triangleright$ 8.7) sowie Eingriffe der Territorialherren in die Belange der Kirche in ihrem Herrschaftsbereich schon vor der Reformation. Entscheidend war, daß Luther durch den Rückgriff auf die Bibel, durch das Prinzip der unmittelbaren Glaubenserfahrung jedes einzelnen und das damit verbundene „allgemeine Priestertum" die Legitimation der Kirche als Heilsvermittlungsanstalt in Frage stellte. Durch diese Vorstellung übertrug er die Aufgabe zur Reform der Kirche letztlich den weltlichen Obrigkeiten. Diese Entwicklung wurde verstärkt, weil die Achterklärung des *Wormser Ediktes* von 1521 ($\triangleright$ 9.9) nicht nur Luther betraf, sondern auch alle Fürsten, die Luther und seine Theologie nicht bekämpften.

Rasche Aufnahme fanden die Thesen Luthers auch in den deutschen Städten, wo lutherisch gesinnte Prediger und eine aufnahmebereite Bevölkerung die Reformation vorantrieben und die zögernden Obrigkeiten zum Handeln drängten. Auch der *Bauernkrieg* ($\triangleright$ 9.5) in Süd- und Mitteldeutschland 1524/25 und in Tirol 1526 muß als Ausdruck der reformatorischen Grundstimmung der Zeit angesehen werden, selbst wenn die Bauern in der „Weltlichkeit" ihrer Forderungen Luther viel zu weit gingen.

Kaiser *Karl V.* ($\triangleright$ 9.8) vermied ein entschiedenes Vorgehen gegen die Anhänger Luthers, da er der Unterstützung der Kurfürsten für seine Kriege in Italien und gegen die Türken bedurfte. So konnte sich die Reformation im Reich weitgehend ungehindert ausbreiten. Mit dem Vorlegen ihrer „Konfession" auf dem Augsburger Reichstag von 1530 nahm die Spaltung des Glaubens Gestalt an. Durch die Niederlage der Bauern, der bis dahin größten Massenbewegung der deutschen Geschichte, aber auch durch das Auftreten von Sekten (Schwärmern, Wiedertäufern, Spiritualisten) wurde die Entwicklung zu einer obrigkeitlich geprägten protestantischen Kirche hin beschleunigt. Nach der Niederlage der Protestanten im *Schmalkaldischen Krieg* ($\triangleright$ 9.18) kam es 1555 zum Abschluß des *Augsburger Religionsfriedens* ($\triangleright$ 9.19), der weitgehend den Besitzstand beider Konfessionen festschrieb, vor allem aber das landesherrliche Kirchenregiment reichsrechtlich verankerte. Nicht eingeschlossen in diesen Ausgleich waren die Anhänger *Zwinglis und Calvins* ($\triangleright$ 9.4), die Reformierten.

9.4 Zwingli und Calvin

Huldrych Zwingli (1484–1531) und Johannes Calvin (1509–64) waren die Reformatoren der *Schweizer Eidgenossenschaft* ($\triangleright$ 7.12). Darüber hinaus begründeten sie eine Konfession, die sich, anders als das Luthertum, zur Wirksamkeit in der Welt und zur Einmischung in die Politik aus religiösen Gründen veranlaßt sah.

Beiden Reformatoren war gemeinsam, daß sie bereits vor ihrer Bekanntschaft mit den Ideen *Luthers* ($\triangleright$ 9.2) humanistische Studien betrieben hatten. Zwingli wurde zunächst durch seine Beziehungen zu Erasmus von Rotterdam zu einem humanistischen Reformer der Kirche. In seiner Stellung als Prediger am Züricher Großmünster vertrat er bald, ähnlich wie Luther, eine strikt antipäpstliche Theologie, die sich allein auf die Bibel gründete.

Indem sich Zwingli in seinem reformatorischen Wirken eng mit dem Züricher Rat verband, kam es zu einer Gleichsetzung von kirchlicher und weltlicher Gemeinde, dem Fundament der Reformierten Kirche. Der Rat der Stadt übte eine strenge Sittenaufsicht aus. Charakteristisch ist auch die Entfernung der Bilder aus den Kirchen (samt Orgeln und Altären). Zur Zwinglianischen Reformation gerieten nicht nur die Altgläubigen in Widerspruch; Zürich ist auch die Geburtsstadt des Täufertums, das schließlich aus der Stadt vertrieben wurde. Auch mit dem Luthertum kam keine Übereinstimmung zustande. Eine Einigung scheiterte bei dem Marburger Religionsgespräch von 1529 an der Abendmahlsfrage. Im Krieg zwischen Zürich und den katholisch gebliebenen innerschweizerischen Kantonen wurde Zwingli 1531 getötet.

Der in der Picardie geborene Calvin hatte zunächst Rechtswissenschaften studiert, setzte sich aber unter dem Einfluß der Schriften Luthers bald mit theologischen Fragen auseinander. Er wurde 1536 zum Organisator der Reformierten Kirche in Genf. Seine Gemeindeordnung sah neben Geistlichen auch Lehrer und Diakone (für die Armenpflege) sowie Presbyter und Älteste vor. Pfarrer und Älteste bildeten das Konsistorium, das vom Rat der Stadt beauftragt war, den Lebenswandel der Gemeindemitglieder und Bürger zu überwachen. Diese Verbindung von weltlichem und religiösem Auftrag (in sehr unterschiedlichen

Formen) charakterisierte den Calvinismus, der sich insbesondere in Frankreich (▷ 9.25), in den Niederlanden (▷ 9.26) und in Schottland ausbreitete.
Abbildungen S. 220

9.5 Der deutsche Bauernkrieg von 1525

Schon seit Jahrzehnten war es im Südwesten des Reiches wiederholt zu lokalen und regionalen Bauernaufständen und -unruhen gekommen (Bundschuh, Armer Konrad). Im Jahr 1525 erstreckte sich das Aufstandsgebiet von Tirol bis Thüringen, vom Elsaß bis Franken und Salzburg. Der Aufstand des „gemeinen Mannes" (der Bauern, der Bürger landsässiger Städte, der in den Räten der Reichsstädte nicht vertretenen Schichten und der Bergknappen) begann 1524 in der Landgrafschaft Stühlingen im Hegau und breitete sich rasch in den umliegenden Regionen aus: am Bodensee, an der oberen Donau, im Breisgau und im Allgäu. Hier bildeten sich drei große Bauernhaufen, die sich auf einem Bauernlandtag 1525 zur „Christlichen Vereinigung" zusammenschlossen. Von großer Bedeutung für die weitere Ausdehnung der Bewegung war die Formulierung und Verbreitung der „Zwölf Artikel" der schwäbischen Bauern. Ihr Verfasser war der bibelkundige Kürschnergeselle Sebastian Lotzer aus Memmingen, dem der dortige Zwinglianische Prediger Christoph Schappeler zur Seite stand.
Diese „Zwölf Artikel" wurden zur Programmschrift des gesamten Bauernkrieges. In ihnen wurde eine weitgehende Autonomie der Gemeinde verlangt. Die Bauern wollten ihren Pfarrer selbst wählen, den Großen Zehnt zu dessen Besoldung selbst einziehen. Aus dieser Abgabe sollten auch weitere Aufgaben der Gemeinde bestritten werden. Neben der Aufhebung der Leibeigenschaft (und der damit verbundenen Todfallabgabe) forderten die Bauern den freien Fischfang und die freie Jagd, die Rückerstattung des Gemeindelandes (Allmende). Auch wandten sie sich gegen belastende Neuerungen bei den Abgaben und Diensten und in der Justiz. Die „Zwölf Artikel" stellten einen Grundkonsens zwischen den Bauern her, ohne daß es zu einem Zusammenschluß der Bewegungen im gesamten Aufstandsgebiet kam.

Einige Adelige schlossen sich zwar den Bauern an (Florian Geyer, Götz von Berlichingen), die politischen Ziele bestanden aber – bei aller Unschärfe – in der Errichtung eines christlichen (reformatorischen), bäuerlichen Gemeinwesens, in dem die Unterschiede der Stände aufgehoben sein sollten. So wurden in großer Zahl Klöster und Burgen zerstört, der Adel zur Teilnahme an den Erhebungen aufgefordert (allerdings sollte er sich zu Fuß in die Bauernhaufen einreihen). Teilweise blieb die Autorität der Landesherren unbestritten, zumindest aber die des Kaisers. Da die Fluktuation innerhalb der Bauernhaufen recht groß war, kann man von einem sehr hohen Grad der Mobilisierung der Bevölkerung ausgehen (in Württemberg und Baden etwa zwei Drittel der Waffenfähigen).
Zu einer Radikalisierung kam es in Thüringen unter dem Einfluß von Thomas Müntzer, der als chiliastischer Theologe mit Hilfe der aufständischen Bauern, Bürger und Bergknappen das Gottesreich auf Erden errichten wollte, das der Wiederkunft Christi vorausgehen sollte. Wie die Utopie einer bäuerlichen Gesellschaft und Staatsordnung beschaffen war, ist in der Tiroler Landesordnung des Michael Gaismair (1526) enthalten. Im Süden schlug der Schwäbische Bund unter der Führung des Truchsessen Georg von Waldburg die einzelnen Baueraufstände blutig nieder. Die Elsässer Bauern wurden vom Heer des Lothringer Herzogs bei Zabern niedergemetzelt, die Thüringer wurden in der Schlacht von Frankenhausen besiegt. Der Niederlage folgte ein blutiges Strafgericht.
Die Bauern wurden durch diese traumatisch wirkende Niederlage zwar nicht zum Schweigen gebracht, es kam aber nicht mehr zu vergleichsweise großen, territoriale Grenzen übergreifenden Aufständen. Die Bauern und Herren bedienten sich in der folgenden Zeit in zunehmendem Maße rechtlicher Mittel für ihre Auseinandersetzungen.

9.6 Aztekenreich

Das Aztekenreich war eine von drei Hochkulturen, die gegen Ende der präkolumbianischen Zeit ihre Blüte erlebten. Die Azteken, der bedeutendste Indianerstamm der Nahua-Sprachgruppe, wanderten im 13. Jahrhundert ins Hochtal von Mexiko ein. Die von ihnen

Links:
Huldrych Zwingli
Rechts:
Johannes Calvin

aufgebaute Hauptstadt Tenochtitlán gehört zu den bekanntesten Zentren der altamerikanischen Kultur; sie zählte etwa 75 000 Einwohner. Die Tempel- und Palastbauten, Kolossalstatuen mit Götterdarstellungen sowie die Keramik- und besonders die Vasenmalerei stellen bemerkenswerte Kulturobjekte dar. Das Aztekenreich, das seine Blüte in der Zeit von 1427 bis 1519 erlebte, entstand durch militärische Expansion und war ein politisch wenig stabiles Staatsgebilde, zu dessen wichtigsten Gesellschaftsgruppen neben dem von einem Ältestenrat umgebenen Herrscher der Kriegeradel und (Mais-)Bauern gehörten, wobei die Formen der Abhängigkeit und Unterwerfung sehr unterschiedlich ausgeprägt waren. Unter Itzcoatl (1428–40) war es dem aztekischen Stadtstaat Tenochtitlán gelungen, durch die Befreiung von der Vorherrschaft der Tepaneken und durch die Gründung eines Städtebundes mit den benachbarten Stadtstaaten Texcoco und Tlacopán einen entscheidenden Schritt auf dem Weg zur mittelamerikanischen Großmacht zu tun. Unter Moctezuma I. (1440–69) gewannen die Azteken die Vorherrschaft im Dreibund und erweiterten ihr Territorium bis an die Küsten des Atlantiks und des Pazifiks. Diese Expansionspolitik, die jedoch nicht auf Landgewinn, sondern auf die Erlangung von Tributen und von Gefangenen, die zur Opferung bestimmt waren, ausgerichtet war, wurde bis zu Beginn des 16. Jahrhunderts fortgesetzt. Moctezuma II. Xocoyotzin (1502–20) gelang es, die Mixteken zu unterwerfen, Texcoco abhängig zu machen und da-

mit das Aztekenreich seinem machtpolitischen Höhepunkt zuzuführen. Die Hauptstadt Tenochtitlán hatte zu dieser Zeit etwa 250 000 Einwohner.

Zur Zeit Moctezumas II. bzw. bei der Eroberung durch die Spanier (▷ 9.7) umfaßte das aztekische Großreich 38 Stadtprovinzen, die zwar dem Reich tributpflichtig, aber verwaltungsmäßig selbständig waren. Einzelne Stadtstaaten, wie z. B. Tlaxcala, waren sogar politisch unabhängig, so daß von einem geschlossenen Staatsgebilde nicht gesprochen werden kann. Dennoch wurden Herrschaft und Verwaltung zunehmend zentralisiert und die mehr als 700 Stämme, die zur Zeit der Eroberung noch existierten, der staatlichen Bürokratie unterstellt.

Die gesellschaftlich führenden Stände setzten sich aus dem alten Stammesadel sowie neuem Militäradel zusammen, wozu privilegierte Priester und hohe Beamte kamen. Ebenfalls Vorrechte genossen die Groß- bzw. Fernhandelskaufleute, die oft auch Aufklärungsdienste leisteten. Ihnen folgte eine erbliche und von landwirtschaftlicher Arbeit befreite Handwerkerschicht, die den Luxusbedarf der herrschenden Schicht zu decken hatte. Die Bodenbearbeitung erfolgte aufgeteilt nach sogenannten Calpullis, d. h. familienweise zugeteilten Ländereien, die Privateigentum darstellten, aber unveräußerlich waren und im Falle fehlender Nachkommenschaft an die Gemeinschaft zurückfielen. Schließlich gehörten zur niederen Schicht noch Pächter sowie Sklaven, die überwiegend Trägerdienste leisteten und im häuslichen Bereich eingesetzt wurden.

Die europäische Invasion in den ersten Jahrzehnten des 16. Jahrhunderts bedeutete das Ende der aztekischen Hochkultur und den Zerfall eines blühenden Großreichs.

9.7 Untergang des Aztekenreiches

Der Niedergang des *Aztekenreiches* (▷ 9.6) hatte neben der europäischen Invasion innenpolitische Gründe; außerdem spielte der tiefe Glaube an Gottesmythen und schicksalhafte Entwicklungen eine große Rolle. Den zahlreichen Göttergestalten, die die aztekische Religion kennt, wurden Menschenopfer dargebracht. In dieser tiefverwurzelten Mystik war auch der Glaube verankert, der Priesterkönig Quetzalcoatl würde eines Tages wieder aus dem Osten erscheinen und das Regiment der blutigen Götter beenden. Das tragische Mißverständnis, in Cortés den wiederkehrenden Quetzalcoatl zu sehen, und die Annahme einer Bestimmung zum Untergang waren weit verbreitet und begründen zum Teil die fehlende Widerstandskraft, die den spanischen Eindringlingen entgegengesetzt wurde.

Die Konquistadoren unter Hernán Cortés (1485–1547) landeten 1519 am Rio Tabasco, von wo sie zur Hauptstadt des Aztekenreiches, Tenochtitlán, zogen. Moctezuma II. sah in den Eroberern die neuen Herren, deren Herrschaft er sich fügen zu müssen glaubte. Am 14. November ließ Cortés den Herrscher gefangennehmen, der im Frühjahr 1520 möglicherweise durch die Azteken selbst ermordet wurde. Cortés wandte sich nun gegen eine von seinem Oberbefehlshaber Velázquez gegen ihn ausgesandte Armee, da Cortés seinen Auftrag der Erkundung des Aztekenreiches längst eigenmächtig erweitert hatte. Er besiegte die Truppen Velázquez' und eroberte am 13. August 1521 Tenochtitlán. Cortés wurde 1522 zum Generalkapitän und Statthalter von Neuspanien ernannt; den letzten Aztekenherrscher Cuauhtémoc (1520/21) ließ er im Februar 1525 hinrichten.

Ohne erhebliche militärische Hilfe der Totonaken, die lange der Willkür der aztekischen Steuereinnehmer ausgesetzt waren und große Bereitschaft zeigten, gegen die Azteken zu kämpfen, hätte es kaum gelingen können, das Aztekenreich zu erobern. Neben den Totonaken waren es die Bewohner des Stadtstaates Tlaxcala sowie andere mexikanische Völkerschaften wie die Otomi, die Cortés' Heer militärisch unterstützten und mit Lebensmitteln versorgten. Diese Gruppen genossen später Privilegien und besondere Freiheiten. Bei schweren und äußerst verlustreichen Kämpfen zwischen den Azteken und den Spaniern sollen allein bei der Eroberung der Hauptstadt 200 000 Menschen ermordet worden sein.

Aztekisches
Opferfest.
Aus einem
Wahrsagebuch

9.8 Karl V.

Kaiser Karl V. (1500–58, Kaiser 1519–56) war der letzte Herrscher des Reiches, der die Idee einer christlichen Universalmonarchie vertrat. Die Heiratspolitik, die er und seine Vorfahren verfolgten, war bereits weitgehend auf dieses Ziel ausgerichtet. Karls Großvater, Kaiser Maximilian I., hatte durch seine Heirat mit Maria von *Burgund* (▷ 8.14) die Niederlande und die Freigrafschaft Burgund in den Besitz der Habsburger gebracht. Sein Vater, Philipp der Schöne von Burgund, war mit Johanna, einer Tochter Ferdinands und Isabellas von Spanien (▷ 8.15), verheiratet. Nach dem frühen Tod anderer Mitkonkurrenten fiel auch Spanien Karl zu. Zu dieser Herrschaft gehörten außerdem die Königreiche Sizilien und Neapel mit Sardinien.

Zu langanhaltenden Konflikten kam es mit Frankreich (▷ 9.10) über den Besitz Mailands. Die Kriege in Italien, in deren Verlauf die kaiserliche Armee sogar Rom plünderte (*Sacco di Roma*, ▷ 9.14), endeten schließlich mit der Vormachtstellung der Habsburger auch in Oberitalien. Seine gefestigte Position in Italien ermöglichte es Karl, sich vom Papst 1530 in Bologna zum Kaiser krönen zu lassen. Es war das letzte Mal, daß ein Kaiser des Heiligen Römischen Reiches vom Papst gekrönt wurde.

Als christlicher Universalkaiser verstand sich Karl auch als Beschützer der Christenheit gegen die Muslime. Von seinen Kreuzzugsplänen verwirklichte er 1535 einen Feldzug gegen den osmanischen General Barbarossa Chair Ad Din, der 1534 Tunis unterworfen hatte und das westliche Mittelmeer unsicher machte. Karl setzte sich an die Spitze einer großen Kreuzfahrerflotte, die Chair Ad Din aus Tunis vertrieb. Ein weiterer Zug nach Algier scheiterte jedoch.

Der materielle Rückhalt der Herrschaft Karls beruhte vor allem auf Spanien und in steigendem Maße auf den eroberten Gebieten in Amerika (▷ 9.7, ▷ 9.12). Die überseeischen Interessen Spaniens wurden mit der Idee der Universalherrschaft und der Verpflichtung zur Heidenbekehrung gerechtfertigt. Karl rühmte sich schließlich, daß in seinem Reich die Sonne nicht untergehe.

Weniger erfolgreich war die Heiratspolitik Karls in bezug auf England, während sein Bruder Ferdinand, der österreichische Erzherzog, durch seine Ehe mit der Schwester des letzten Königs von Böhmen und Ungarn seine Machtbasis wesentlich erweitern konnte. Beide Königreiche fielen an Ferdinand. Damit zeichnete sich die Teilung des Reiches Karls V. zwischen der österreichischen und der spanischen Linie des Hauses Habsburg ab, wie sie 1555 vollzogen wurde. Die eine Seite besaß die wichtigsten materiellen Mittel (Spanien, die überseeischen Besitzungen und die Niederlande), die andere Seite aber die Kaiserwürde. Abbildung S. 224

9.9 Reichstag zu Worms Wormser Edikt

Das Erscheinen *Luthers* (▷ 9.2) vor dem Kaiser und die Verhängung der Reichsacht gegen ihn war das folgenschwerste Ereignis des Reichstages von Worms 1521, denn damit wandelte sich die „Luthersache" von einer Ketzerfrage zur Angelegenheit des Reiches; die Grundlagen für die Konfessionalisierung des Reiches waren gelegt (▷ 9.19).

Der 1519 zum Kaiser gewählte *Karl V.* (▷ 9.8) erhoffte sich von diesem Reichstag die Unterstützung für seinen Romzug und seine Kriege gegen Frankreich um Italien. Große Teile der Reichsfürsten forderten von dem Habsburger die Abstellung von Mißbräuchen der Kirche und der römischen Kurie. Wichtige Elemente der seit 1495 im Gang befindlichen Reichsreform waren nach wie vor umstritten.

Von der Kurie wurde die Erklärung der Acht über Luther durch den Kaiser, den „Verteidiger der Kirche", nach dessen Belegung mit dem Kirchenbann als zwingend angesehen. Am kaiserlichen Hof hatte sich die Auffassung durchgesetzt, daß man Luther zur Vermeidung von inneren Unruhen zwar vor den Reichstag laden, ihm aber nur den Weg des Widerrufs offenlassen solle. Die Gegenseite, auf der neben den Humanisten vor allem der Landesherr Luthers, Kurfürst Friedrich der Weise von Sachsen, stand, berief sich auf die Wahlkapitulation Karls V. von 1519, nach der niemand ohne rechtliches Verhör in die Acht erklärt werden dürfe. Außerdem setzte man auf die verbreitete antikuriale Stimmung im Reich.

Luther wurde freies Geleit zugesichert. Sein Einzug in Worms und sein Auftreten vor dem

Kaiser erregten größtes Aufsehen. Er verweigerte den Widerruf, wenn er nicht durch die Bibel und klare Vernunftgründe widerlegt werde, auch Konzilien und Päpste hätten geirrt, er dagegen folge nur seinem Gewissen. Aufgrund der Zusicherung des freien Geleits konnte Luther den Reichstag wieder verlassen, wurde jedoch von seinem Landesherrn auf der Wartburg versteckt gehalten. Nach Schluß des Reichstages, nachdem eine größere Zahl der Teilnehmer bereits abgereist war, erließ Karl V. das vorbereitete Achtmandat gegen Luther (Wormser Edikt vom 25. Mai 1521, datiert auf den 8. Mai) und verbot die Lektüre und Verbreitung seiner Schriften. Jeder, der Luther nicht auslieferte und die Verbreitung seiner Schriften nicht unterband, war gleichfalls mit Strafe bedroht. Die „Causa Lutheri" weitete sich zur Reichssache. Doch das Edikt wurde in den Territorien des Reiches sehr unterschiedlich umgesetzt.
Abbildung S. 225

9.10 Kriege Karls V. gegen Frankreich

Seit 1494 spielte sich der Konflikt zwischen Habsburg und Frankreich um das burgundische Erbe (▷ 8.14) in Italien ab. Auch 1521 war der Hauptkriegsschauplatz wieder Oberitalien, es ging um den Besitz des Herzogtums Mailand. Nachdem *Karl V.* (▷ 9.8) auch Spanien geerbt hatte, war Mailand für die Habsburger von größtem strategischem Wert. König Franz I. von Frankreich belagerte vier Monate das kaiserliche Heer unter Frundsberg und Pescara in Pavia. Deutsche Landsknechte und spanische Infanterie besiegten 1525 in einem Überraschungsangriff das französische Ritterheer und die es begleitenden Schweizer Söldner. Sie konnten außerdem Franz I. und seine beiden Söhne gefangennehmen. Der König wurde dadurch zu einem für Frankreich sehr nachteiligen Frieden und zur Zahlung eines hohen Lösegeldes gezwungen.
Franz I. widerrief die Friedensvereinbarungen, sobald er wieder in Freiheit war. Nun sammelte sich eine neue Koalition gegen Karl V. in der Heiligen Liga von Cognac, der neben Frankreich der Papst, Venedig, Mailand und Florenz angehörten. Bevor es zu einer Entscheidung kam, wendeten sich die meuternden kaiserlichen Truppen nach Süden, überfielen Rom und plünderten die Stadt (▷ 9.14).
Frankreich gewann bald wieder Vorteile, bemächtigte sich Mailands und rückte auf Neapel vor. Die Situation wendete sich entscheidend durch den Übertritt von Andrea Doria und der genuesischen Flotte auf die Seite Karls. Die Franzosen wurden besiegt und die Streitigkeiten um Mailand und Florenz nach den Vorstellungen Karls geregelt. Der Kaiser schloß mit dem Papst 1529 in Barcelona einen Frieden, der die Herrschaft des Habsburgers in Süd- und Norditalien endgültig akzeptieren mußte. Gleichzeitig wurde der „Damenfrieden" von Cambrai geschlossen, in dem Karl zwar auf das Herzogtum Burgund verzichtete, seine Herrschaft in Italien aber sicherte. Die Teilung des burgundischen Erbes wurde bestätigt.
Die Konflikte zwischen Frankreich und Karl V. waren dadurch nicht beendet. Franz I. drang in Savoyen vor und stellte erneut Ansprüche auf Mailand. Man versicherte sich gegenseitig „ewiger Freundschaft" in Aigues-Mortes (in Südfrankreich), dennoch gingen die Kriege weiter. Frankreich fand neue Alliierte in den gegen Karl V. opponierenden Reichsfürsten und verbündete sich offen gegen die Habsburger mit den Türken. Der Kriegsschauplatz verlagerte sich an den Niederrhein, wo der französische König den Herzog von Cleve unterstützte. Karl V. stieß mit einem großen Heer nach Frankreich vor, schloß aber dann den für Frankreich nicht ungünstigen *Frieden von Crépy* (1544) ab (▷ 9.17).

9.11 Inkakultur

Der Begriff Inka bezeichnete ursprünglich kein ganzes Volk, sondern nur einen Herrscher und dessen Geblüt. Der Name wurde von einem der Herrscher von Cuzco übernommen, dessen Bewohner zum Stamm der Quechua gehörten. Zunächst wurden auf friedlichem Weg einige Nachbarstämme wie die Aymara ins entstehende Inkareich inkorporiert. Danach dehnten die Inka in schnellen Eroberungszügen ihr Territorium nach Norden bis ins heutige Ecuador aus, und unter Tupac Yupanqui (1471–93) wurden das heutige Bolivien und Teile Chiles und Nordwest-

Kaiser Karl V.

argentiniens unterworfen. Zu den eroberten Reichen gehörten jene von Chimor, Cuismancu und Chincha.

Unter Huayna Cápac (1493–1527) erreichte das Inkareich seine maximale Ausdehnung vom heutigen Südkolumbien bis nach Nordchile; es war so „grenzenlos" dimensioniert, daß es das „Reich der vier Himmelsrichtungen" genannt wurde. Zur Zeit des Eintreffens der Spanier (▷ 9.12), befand sich das Inkareich in einem Bruderkrieg zwischen den beiden Söhnen Huayna Cápacs, Huáscar (in Cuzco) und Atahualpa (in Quito), den letzterer für sich entscheiden konnte, aber 1533 von den Spaniern ermordet wurde.

Die Beherrschung eines derartig ausgedehnten Imperiums erforderte rationale Planung, eine klare Hierarchie und klugen Umgang mit den Unterworfenen. Dem gottähnlich verehrten Herrscher stand eine gut ausgebildete Elite zur Seite. Sie war dem Kronrat aus vier hohen Verwaltungsbeamten, die die vier Reichsviertel verwalteten, unterstellt. Auf der Provinzebene setzten die Curacas genannten Dorf- und Stammeshäuptlinge den Willen des obersten Inka um. Von hoher Intelligenz und Rationalität zeugt die Militär- und auch Arbeitsorganisation sowie die Logistik mit dem Knotenschnursystem (Quipu) und die Infrastruktur.

Die Bemühungen um eine einheitliche Reichssprache, der geradlinige Straßenbau und die dadurch ermöglichte schnelle Nachrichtenübermittlung zeugen von einem sehr fortschrittlichen Kommunikationssystem. Von beträchtlicher bau- und kulturhistorischer Bedeutung sind die Tempelpyramiden und die Architektur der vorkolumbianischen Siedlungen wie die „verlorene Stadt" Machu Picchu. Auch der Terrassen- und Kanalbau sowie die künstlichen Bewässerungsanlagen gehören zu den wichtigen Errungenschaften der Inka. Ferner verstanden sie sich auf das Textilhandwerk und auf kunsthandwerkliche Techniken unterschiedlichster Stile im Bereich der Keramik.

Die Bewirtschaftung des Bodens erfolgte in Form einer gemeinschaftlichen Ordnung. Jede Familie erhielt von der Dorfgemeinde (Ayllú) Grund und Boden zur Nutzung zugeteilt, wobei Haus und Hof in Familieneigentum überführt wurden. Die Nahrung der Kranken und Priester wurde von den Gemeindemitgliedern erwirtschaftet. Ernteüberschüsse wurden in Staatsspeichern für Krisenzeiten aufbewahrt. Die Inkabevölkerung unterlag der zwangsweisen Verpflichtung zu Bergbau und Straßenbau (Mita), die später von den Spaniern übernommen wurde. Ein fortschrittliches Wirtschafts- und Verwaltungssystem war verbunden mit einer vorausschauenden und gut funktionierenden Sozialordnung.

9.12 Zerstörung des Inkareiches

Das Großreich der Inka (▷ 9.11), das Teile der heutigen Staaten Peru, Ecuador und Bolivien umfaßte, befand sich zum Zeitpunkt der spanischen Eroberung, ebenso wie die Hochkulturen der Maya und *Azteken* (▷ 9.6), in seiner Hochblüte. Die inneren Machtstrukturen des Inkareiches waren jedoch bereits vor der Ankunft der Spanier durch den Bruderstreit zwischen Huáscar und Atahualpa aufgeweicht und instabil geworden.

Huáscars Tod (1532) und Atahualpas Hinrichtung durch die Spanier (1533) hinterließen das Reich führungslos, was den relativ geringen Widerstand gegen die Unterwerfung erklärt. Francisco Pizarro (1475–1541) war 1529 in Toledo von *Karl V.* (▷ 9.8) zum Statthalter des zu erobernden Peru ernannt worden. Am 13. Mai 1531 landete er mit drei Brüdern bzw. Halbbrüdern und einer Armee bei Tumbes am Golf von Guayaquil und begann im Folgejahr den Zug ins peruanische Hochland. Die spanische Eroberung fand bis 1533 statt, wobei die Armee unter Francisco Pizarro über Cajamarca und Huaraz bis Cuzco vordrang, während Hernando Pizarros Eroberungszug der Pazifikküste bis Pachácamac folgte und ins Landesinnere nach Janja ging, wo eine verlustreiche Schlacht stattfand.

Pizarro ließ den Inka Atahualpa 1532/33 in Cajamarca gefangennehmen und hinrichten und zog am 15. November 1533 in die Hauptstadt Cuzco ein. Ein Aufstand unter dem von den Spaniern eingesetzten Inka Manco konnte erst 1548 niedergeschlagen werden; Pizarro wurde im Verlauf der Auseinandersetzungen 1541 getötet. Der letzte Inka Tupac Amaru wurde 1572 in Cuzco hingerichtet.

Wie im Falle des Niedergangs des Aztekenreiches spielte die gezielte Ausnutzung innerer dynastischer Spannungen und indianischer Gottgläubigkeit durch die spanischen Eroberer eine wesentliche Rolle für den „Erfolg" der Conquista. Im übrigen war es Pizarro gelungen, vor dem Marsch nach Süden über Tausende von Kilometern sämtliche spanischen Streitkräfte „Amerikas" zu konzentrieren und damit in ungleich größerer Zahl als Cortés (▷ 9.7) die Eroberung durchzuführen: Jerez war von 40 000 Soldaten begleitet, Garcilaso von 32 000, Mena von 40 000, Pedro Pizarro von noch mehr Soldaten.

Nach der Eroberung Perus endete die blutige Phase der Conquista mit der Einrichtung einer „Audiencia" in Lima 1543. Die spanische Herrschaft war an die Stelle jener der Inkas getreten, und eine der blühenden altamerikanischen Hochkulturen war vollends dem Verfall preisgegeben.

9.13 Mogulreich in Indien

Zum Begründer der Dynastie, die in der frühen Neuzeit große Teile Indiens zu einem gewaltigen Reich zusammenschließen sollte, wurde Babur (arab. Sahir Ad Din Muhammad, 1483–1530), ein ursprünglich mit relativ wenig Macht ausgestatteter türkisch-musli-

mischer Nachfahre Timurlengs (▷ 7.19) und *Dschingis-Khans* (▷ 6.29), den die Usbeken trotz seiner Unterstützung durch die Perser aus Samarkand vertrieben hatten. Er wandte sich nach Osten, eroberte Afghanistan und vernichtete 1526 durch die taktische Verbindung von beweglicher Feldartillerie, Büchsenschützen und leichter Reiterei das ihm an Zahl haushoch überlegene Heer des *Sultans von Delhi* (▷ 7.11).

Zunächst war das Reich der Moguln auf Afghanistan und das Ganges-Tiefland beschränkt. Erst der Enkel Baburs, Akbar (Dschalal Ad Din Muhammad, 1542–1605), weitete die Herrschaft der Großmoguln auch auf den Süden des Subkontinents aus und schuf ein stabiles Verwaltungssystem. Ihm gelang vor allem die Unterwerfung der hinduistischen Radschputen-Kriegsfürsten, ohne ihren Übertritt zum Islam zu verlangen. Die angestrebte Versöhnung zwischen Muslimen und Hindus fand ihren Ausdruck in seiner Heirat mit einer Tochter eines jener Hindufürsten. Außerdem schaffte er die Kopfsteuer ab, die von islamischen Herrschern von den Ungläubigen verlangt wurde, und ersetzte sie durch eine Grundsteuer, die durch eine Landvermessung und statistische Erhebungen ermittelt wurde. Die Voraussetzung für das funktionierende Steuersystem des Großreiches war ein ständiger Zufluß von Silber aus dem Westen durch den sich ausweitenden Handel der Europäer mit Asien.

Ruinen von Machu Picchu

Akbars gut funktionierende Bürokratie hat dazu geführt, daß man seine Herrschaft aus europäischer Perspektive als eine Form absolutistischer Monarchie bezeichnet hat. Außerdem versuchte er, die Mogulherrschaft durch einen religiösen, aber über den Religionen stehenden Herrscherkult zu legitimieren, der durch Toleranz gegenüber den Hindus zur Versöhnung der verschiedenen Religionen seines Reiches beitragen sollte.

Ein besonderes Element der Mogulherrschaft war im Bereich des Hofes die Verbindung persischer und indischer Kultur. Ein Ausdruck jener kulturellen Hochblüte ist das Tadsch Mahal bei Agra, das Grabmal der Frau des Großmoguls Schah Dschahan (1628–58).

Der Niedergang des Mogulreiches wurde weniger durch die europäischen Kolonialmächte (Portugal, Niederlande, Frankreich und England) verursacht, sondern durch eine ungesicherte Erbfolge, innere Kämpfe, das Wiederaufleben religiöser Streitigkeiten, regionale Widerstände und eine allgemeine Verkrustung des Herrschaftssystems. Im 18. Jahrhundert war der Verfall des Mogulreichs so weit fortgeschritten, daß der Perser Nadir Schah 1739 Delhi erobern konnte. Er erbeutete die Schätze des Mogul, darunter auch den Pfauenthron, der später allerdings verlorenging.
Karte S. 228, Abbildung S. 229

9.14 Sacco di Roma

Die Eroberung und Plünderung Roms durch deutsche Landsknechte und spanische Söldner im Mai des Jahres 1527 („Sacco di Roma") zeigt die ganze Härte, die die Auseinandersetzungen zwischen Kaiser Karl V. und König Franz I. von Frankreich um die Vorherrschaft in Italien prägten (▷ 9.10).

Nachdem durch die Schlacht von Pavia (1525) die Entscheidung über den Besitz des Herzogtums Mailand zugunsten von Habsburg gefallen war, schloß Frankreich 1526 mit Papst Clemens VII., mit Venedig, Florenz und dem Herzog Francesco Sforza von Mailand die „Heilige Liga von Cognac". Sie richtete sich gegen die Herrschaft Karls V. in Neapel und in Mailand. Im Frühjahr des Jahres 1527 wandte sich das kaiserliche Heer, unter der Führung des Herzogs von Bourbon in Oberitalien stand, plötzlich nach Süden und marschierte auf Rom. Der Grund dafür waren

ausgebliebene Soldzahlungen. Den Führern des Heeres blieb nichts anderes übrig, als sich diesem Beutezug der meuternden Söldner anzuschließen.

Das Ligaheer unter Führung des Herzogs von Urbino setzte den kaiserlichen Truppen nicht entschieden genug nach. Man traute diesen Truppen, die weder Belagerungsgerät noch Artillerie hatten, nicht zu, Rom erobern zu können. Am 6. Mai 1527 griffen die Kaiserlichen Rom an und schafften es, nach wenigen Stunden in die Stadt einzudringen. Papst Clemens zog sich in die Engelsburg zurück, und die Stadt wurde tagelang geplündert und verwüstet.

Für die deutschen Landsknechte bedeutete die Plünderung Roms auch eine Rache für die Behandlung *Luthers* (▷ 9.2) durch die Kurie. „Rom" war für die Lutheraner unter ihnen das Symbol für den Erzfeind der *Reformation* (▷ 9.3). Habgier war aber wohl das Hauptmotiv. Man schätzte die Beute auf sieben bis elf Millionen Golddukaten. Im Januar des Jahres 1528 soll Rom nur noch halb soviele Einwohner wie vor der Plünderung gehabt haben. Der Sacco di Roma markiert einen tiefen Einschnitt auch in der kulturellen Entwicklung Roms (▷ 8.8).

Eine Befreiung des Papstes durch das Ligaheer erfolgte nicht, er mußte sich schließlich gegen ein hohes Lösegeld freikaufen. Das Vorgehen des kaiserlichen Heeres gegen Rom und den Papst änderte die Machtkonstellation, wodurch der Krieg um Italien um weitere zwei Jahre verlängert wurde.

9.15 Türkenkriege

Bereits im 15. Jahrhundert hatten osmanische Truppen Kriege in Ungarn und Siebenbürgen geführt, türkische Soldaten hatten die österreichischen Grenzlande verwüstet, und die Abwehrkämpfe des ungarischen Feldherrn Johannes Hunyadi, die weit in das osmanische Gebiet hineingeführt hatten, waren mit den Niederlagen bei Varna 1444 und am Vardar 1448 (▷ 7.19) beendet worden.

Unter Sultan Süleyman I. dem Gesetzgeber, in Europa mit dem Beinamen „der Prächtige" bekannt (1520–66), wurden die osmanischen Angriffe nach Mitteleuropa intensiviert. 1521 fiel Belgrad, und 1526 siegte Süleyman bei Mohács über den ungarischen König Lud-

Nach der Plünderung Roms verspotten Landsknechte den Papst durch Nachahmung eines päpstlichen Umzugs. Kupferstich von Matthäus Merian

wig II., der während des Kampfes ums Leben kam. Der grössere Teil Ungarns wurde unter einem Vasallen, Johann Zápolya, den Osmanen tributpflichtig gemacht, während der Statthalter Kaiser *Karls V.* (▷ 9.8) im Reich, Ferdinand I. (1503–64), König über Westungarn wurde. Im Herbst 1529 wurde Wien zum erstenmal erfolglos belagert, 1532 durchquerte Sultan Süleyman die Grenzgebiete der Steiermark und Westungarns und belagerte Güns (Kőszeg).

Nachdem Johann Zápolya 1540 gestorben war, wurde im folgenden Jahr auf einem neuen Ungarnfeldzug sein Gebiet annektiert, um Ansprüche Ferdinands abzuwehren; 1552 wurde Temesvar (Timişoara) in Besitz genommen und Erlau (Eger in Nordungarn) belagert. Im Türkenkrieg Kaiser Maximilians II. (1527–76, Kaiser seit 1564) eroberten die Osmanen 1566 Szigetvár. Süleyman starb während der Belagerung, doch sein Tod wurde geheimgehalten, bis in Istanbul die Nachfolge seines Sohnes Selim II. (1566–74) gesichert war. Eine Wende bedeutete der „lange Türkenkrieg" von 1592 bis 1606, der zwar keine territorialen Veränderungen brachte, aber den Sultan zur Anerkennung des Römischen Kaisers als gleichberechtigten Partner zwang; bis dahin war der Kaiser von osmanischer Seite gewöhnlich nur als „König

von Wien" bezeichnet worden und hatte für den Besitz von Westungarn jährlich dem Sultan Geldgeschenke machen müssen.

Die Türken waren von nun an in die Defensive gedrängt. 1664 wurde zum erstenmal ein osmanisches Haupttheer im heutigen österreichisch-ungarischen Grenzgebiet bei Mogersdorf/St. Gotthard in offener Feldschlacht besiegt. Doch Anfang Juli 1683 erschienen die Osmanen unter dem Grosswesir Kara Mustafa Pascha mit mehr als 200 000 Mann vor Wien (▷ 10.12).

9.16 Anglikanische Kirche Heinrich VIII.

Die Entstehung einer eigenen, reformierten Kirche Englands setzte zwar auch, wie in Deutschland, eine verbreitete antiklerikale Grundströmung voraus, die einzelnen Schritte zu ihrer Herausbildung waren jedoch geprägt durch Entscheidungen des Königs und seines Sekretärs Thomas Cromwell. Heinrich VIII. (1491–1547, König seit 1509) stellte von seiner Erscheinung wie von seiner geistigen Kapazität her das Urbild eines Renaissancefürsten dar.

Die englische Reformation nahm ihren Anfang aus dynastisch-persönlichen Motiven des Herrschers. Noch 1521 hatte Heinrich eine an-

Blütezeit des Mogulreiches

Das Reich Akbars 1556 - 1605	Europäische Faktoreien: ▮ Niederländisch ⚑ Dänisch
Eroberungen unter Aurangseb 1658 - 1707	⚑ Portugiesisch ⚑ Französisch ⚑ Britisch

tilutherische Flugschrift verfaßt, was ihm von Seiten des Papstes den Titel „ Verteidiger des Glaubens" eingebracht hatte. Ab 1525 strebte der König aber, als ihm seine Frau Katharina keinen männlichen Nachkommen gebar, und wohl auch wegen seiner leidenschaftlichen Zuneigung zu Anna Boleyn, die päpstliche Nichtigkeitserklärung seiner ersten Ehe an. Da der Papst jedoch, auch aus Rücksicht auf Kaiser *Karl V.* (▷ 9.8), den Neffen Katharinas, unnachgiebig blieb, entzog Heinrich dem Papst die Rechtsbefugnisse über die innerenglischen kirchlichen Angelegenheiten.

Mit Unterstützung des *Parlaments* (▷ 7.8) unterwarf der König in den Jahren 1532 bis 1534 die englische Kirche seiner Suprematie (Act of Supremacy); Appellationen und die Zahlung von Annaten an den Papst wurden verboten. Der König festigte seine Stellung, indem er einen Eid der Untertanen auf die neue Ehe und auf die sich daraus ergebenden Konsequenzen für die Thronfolge verlangte. Erste reformatorische Akte waren die Aufhebung der Klöster, wodurch sich die Staatseinnahmen erheblich steigerten und der Mittelstand in England gefördert wurde. Noch wurden sowohl romtreue Katholiken als auch lutherische Häretiker verfolgt.

Die englische Kirche war unter Heinrich VIII. zur Staatskirche geworden. Erst nach seinem

Tode 1547 setzte unter der Vormundschaftsregierung für den minderjährigen Eduard VI. eine Periode innerkirchlicher Reformen im Sinne des Protestantismus ein. Unter der Herrschaft Marias I. kam es wegen deren spanischer Abstammung und ihres katholischen Glaubens zu einer gegenreformatorischen Phase. Sie heiratete Philipp II. von Spanien. Die blutige Verfolgung der Protestanten durch die katholische Maria hat in England weitreichende Nachwirkungen gehabt und verstärkte die Abneigung gegen die romtreuen Katholiken.

Elisabeth I. (▷ 9.27), die Tochter Heinrichs VIII. aus der Ehe mit Anna Boleyn, beendete 1558 die gegenreformatorische Phase und stellte die reformierte Staatskirche wieder her. Die Reformation in England hat wesentlich zur Stärkung des Parlaments beigetragen, wenngleich sie als Werk des Monarchen erscheint.

9.17 Frieden von Crépy

Obwohl sich Kaiser Karl V. in seinem vierten Krieg gegen König Franz I. von Frankreich (▷ 9.10) in einer günstigen Position befand und mit seinem Heer auf Paris marschierte, kam es überraschend zum Friedensschluß zwischen beiden Parteien. Der Frieden von Crépy vom 18. September 1544 macht deutlich, wo Karl V. die Prioritäten seiner Politik setzte.

Entsprechend seinen Vorstellungen von einer christlichen Universalmonarchie war es Karl wichtig, die Unterstützung Frankreichs, das sich mit dem Osmanischen Reich verbündet hatte, für seine Kreuzzugsidee zu gewinnen. Frankreich verpflichtete sich, 10000 Soldaten und 600 schwere Reiter zur Verfügung zu stellen. Zur Festigung des Bündnisses sollte eine Ehe zwischen beiden Häusern geschlossen werden. Karl verzichtete außerdem auf das Herzogtum Burgund und andere Gebiete und bestätigte den territorialen Status quo.

Gleichzeitig wurde ein Geheimvertrag zwischen beiden Herrschern abgeschlossen. Franz verpflichtete sich zur Hilfe bei der Abstellung von Mißständen in der Kirche und bei der Einberufung eines allgemeinen Konzils (▷ 9.20). Außerdem versprach er dem Kaiser, daß er ihn bei der Rückführung der deutschen Protestanten in den Schoß der Kirche unterstützen werde, notfalls auch mit der Bereit

Akbar und sein Hof

stellung von Truppen. Der Geheimvertrag zeigte, daß Karl nun zu einem entschlossenen Vorgehen gegen die Protestanten im Reich bereit war, zum Krieg gegen den Schmalkaldischen Bund (▷ 9.18).

9.18 Schmalkaldischer Krieg

Gegen eine drohende Reichsexekution hatten sich die deutschen Protestanten unter der Führung von Hessen und Sachsen (vor allem die norddeutschen Territorien und einige oberdeutsche Reichsstädte) 1531 zum Schmalkaldischen Bund zusammengeschlossen. Landgraf Philipp von Hessen konnte auch Luther zu einer Zustimmung bewegen, ob wohl dieser im Prinzip das Recht auf gewaltsamen Widerstand verneinte. Mit dem Siegeszug der Reformation in den folgenden Jahren schlossen sich immer mehr deutsche Territorien und Städte diesem Bund an. Für Kaiser Karl V. und seine Reichspolitik wurde zu Beginn der vierziger Jahre des 16. Jahrhunderts die Lage in Deutschland besonders bedrohlich, als der entschiedenste Parteigänger des Kaisers in Norddeutschland, Herzog Heinrich von Braunschweig, von Hessen und Sachsen vertrieben wurde und als auch die Kurpfalz drohte, zum Protestantismus überzuwechseln; selbst die Erzbischöfe von Köln und Mainz schienen der protestantischen Seite zuzuneigen. Die Gefahr einer Übermacht der Protestanten im Kurfürstenkollegium stellte alle Reichspläne Karls V. in Frage.

Zwar hielt der Kaiser die opponierenden Reichsfürsten durch Verhandlungen hin, bereitete sich aber auf einen entscheidenden Schlag gegen die Führer des deutschen Protestantismus vor. Dabei spielte Sachsen die entscheidende Rolle. Es war seit dem Spätmittelalter in ein Kurfürstentum (ernestinische Linie mit Johann Friedrich) und ein Herzogtum (albertinische Linie mit Moritz) geteilt. Für eine Unterstützung der kaiserlichen Seite versprach Karl dem Herzog Moritz die Übertragung der Kurwürde auf die albertinische Linie.

Karl, der durch den *Frieden von Crépy* (▷ 9.17) den Konflikt mit Frankreich beigelegt hatte, eröffnete den Krieg 1546 durch die Vollstreckung der Reichsacht gegen Hessen und Kursachsen wegen ihres Überfalls auf Braunschweig. Zwar brachten die Schmalkaldener eine große Streitmacht zusammen, konnten diese aber wegen der Schwerfälligkeit der Bundesorganisation kaum zur Geltung bringen.

Die entscheidende Wende im Schmalkaldischen Krieg erfolgte, als Moritz mit der Unterstützung der Kaiserlichen in das ungeschützte Kursachsen einfiel. Zur Rettung seines Landes mußte Johann Friedrich nach Norden abziehen, was Süddeutschland dem Kaiser preisgab. Um dem in Bedrängnis geratenen Herzog Moritz zu Hilfe zu kommen, eilte Karl nun mit seinen Truppen nach Sachsen. Er besiegte den Kurfürsten in der Schlacht bei Mühlberg (24. April 1547) und

konnte ihn gefangennehmen. Auch Philipp von Hessen geriet in kaiserliche Gefangenschaft.

Der Kaiser schien nun auf der Höhe seiner Macht im Reich. Auf dem „geharnischten Reichstag" von Augsburg (1547/48) erließ er das Augsburger Interim, das die Reformation in einer ganzen Reihe von süddeutschen Städten rückgängig machte. Ein durchschlagender Erfolg war ihm jedoch nicht beschieden, da Moritz von Sachsen erneut die Fronten wechselte und jetzt eine Fürstenopposition gegen Karl anführte. So mußte es schließlich mit dem *Augsburger Religionsfrieden* 1555 (▷ 9.19) zu einer gegenseitigen Anerkennung des jeweiligen Besitzstandes kommen.

9.19 Augsburger Religionsfrieden

Der auf dem Reichstag von Augsburg 1555 beschlossene Religionsfrieden bedeutete das Ende des Zeitalters der *Reformation* (▷ 9.3) in Deutschland. Reichsrechtlich wurde nunmehr die Existenz zweier Konfessionen im Reich anerkannt, die katholische Kirche und die Augsburgische Konfession. Alle Hoffnungen, durch ein gemeinsames Konzil die Protestanten und eine durch innere Reformen gewandelte Kirche zusammenzuführen, waren gescheitert.

Im Augsburger Religionsfrieden garantierten sich die beiden Parteien gegenseitig ihren Besitzstand, wobei der Passauer Vertrag (1552) als Stichtag genannt wurde. Das Recht, die Konfession eines Territoriums zu bestimmen, stand dabei nur den Fürsten und Landesherrschaften zu („cuius regio, eius religio"). Untertanen sollte für den Fall, daß ihre Religion vom Bekenntnis des Landesherrn abwich, lediglich das Recht der Auswanderung zugestanden werden, was für Leibeigene allerdings nicht gelten sollte.

Von größter Bedeutung für die Reichsverfassung war der „Geistliche Vorbehalt": Wenn ein (katholischer) geistlicher Fürst die Konfession wechselte, so mußte er seine Herrschaft aufgeben. Diese Bestimmung sicherte zumindest den Bestand der drei geistlichen Kurfürstentümer. Zusammen mit der böhmischen Kurwürde war damit eine katholische Mehrheit im Kurfürstenkollegium gesichert. Nur in den Reichsstädten, in denen beide

Religionen vertreten waren, sollten sie nebeneinander bestehen können. Ansonsten zielte der Augsburger Religionsfrieden auf die Stärkung der Kompetenzen der Territorialherren über ihre Herrschaften. Er war ein wichtiger Schritt der Entwicklung des Reiches zu einem Bund aus autonomen Territorien. Die Aufhebung der Einheit von Kaiserwürde und einheitlicher christlicher Kirche bedeutete auch das Ende der mittelalterlichen Kaiseridee. In der Exekutionsordnung, die diesem Frieden beigegeben war, waren die Reichskreise zur Handhabung des Landfriedens verpflichtet. Die Reichskreise waren bis dahin relativ bedeutungslose regionale Zusammenschlüsse von Reichsständen, nicht aber Exekutivorgane der kaiserlichen Gewalt gewesen. Auch beim Reichskammergericht sollten die konfessionellen Paritäten gewahrt werden.

Es ist kein Zufall, daß mit dem Tage der Verkündung des Augsburger Religionsfriedens die Abdankungserklärung Kaiser Karls V. in Augsburg eintraf. Auch wenn die Regelungen zur gegenseitigen Besitzstandswahrung letzten Endes den großen Konflikt zwischen den Konfessionen nicht verhindern konnten, so wurden hier doch Grundsätze festgelegt, die eine endgültige Lösung der konfessionellen Frage im *Westfälischen Frieden* von 1648 (▷ 9.35) vorgezeichnet haben. Einer der wesentlichen Mängel des Augsburger Religionsfriedens war, daß er die Reformierten (▷ 9.4) nicht einschloß.

9.20 Konzil von Trient

Die Gründe für das lange Zeit zögerliche Verhalten Karls V. gegenüber dem ständig an Boden gewinnenden Protestantismus in Deutschland sind vor allem darin zu sehen, daß er die Unterstützung der Reichsstände für seine Kriege gegen Frankreich und gegen die Bedrohung durch die Türken (▷ 9.15) benötigte. Anderseits hatte er auch die Reformbedürftigkeit der Kirche erkannt und die Wiederherstellung der Einheit der Christenheit von einem Konzil erhofft. Die Päpste ihrerseits waren in die europäische Machtpolitik eingebunden und verfolgten eigene Pläne in Verbindung mit einem Konzil.

Als das Konzil 1545 in Trient zusammenkam, verfolgte es einen anderen Zweck, als der Kaiser beabsichtigt hatte. Es beschäftigte sich von

Anfang an nicht nur mit kirchlichen Reformfragen, sondern auch mit Grundfragen der Glaubenslehre. Mit ganz wenigen Ausnahmen blieben die Protestanten dem Konzil fern. Zeitweilig wurden die Sitzungen aus Trient, das auf Reichsgebiet lag, nach Bologna in den Kirchenstaat verlegt.

Die Trienter Beschlüsse blieben nicht dabei stehen, die Lehren Luthers zu verwerfen, sondern es wurden sehr weitgehende Dogmenfragen, die schon länger strittig waren, geklärt, etwa die Frage nach der Erbsünde und der Rechtfertigung, die Sakramentenlehre, die Heiligen-, Reliquien- und Bilderverehrung und der Charakter der Messe. Die lateinische Bibel (die Vulgata) wurde zum authentischen Text erklärt. Über diese dogmatischen Fragen hinaus stellte sich das Konzil die Aufgabe, die Rechte und vor allem die Pflichten von Bischöfen schärfer zu fassen sowie die Ausbildung und die priesterliche Berufung der Geistlichkeit zu verbessern. Den Laien wurde kirchliche Zucht, Beichte, Kommunion und Messebesuch zur Pflicht gemacht.

Das Konzil begnügte sich nicht mit der Präzisierung von Glaubenslehren, sondern war bemüht, auf die Herausforderung durch den Protestantismus hin die Gemeinschaft der Kirche zu festigen. Das Konzil zog sich mit zwei Unterbrechungen bis 1563 hin, als die Konfessionalisierung in Deutschland abgeschlossen (▷ 9.19) war, der Calvinismus für den Bestand Frankreichs (▷ 9.25) zu einem ernsten Problem wurde und die anglikanische Kirche unter Elisabeth ihre protestantische Gestalt (▷ 9.16) annahm. Es ging nicht mehr nur um die Abgrenzung von abweichenden Dogmen, sondern um die Selbstbehauptung der katholischen Kirche in einer Welt der miteinander im Streit liegenden Konfessionen. Das Konzil von Trient (das Tridentinum) schuf die Grundlagen für die *Gegenreformation* (▷ 9.21), die als innere Reform betrieben werden sollte.

9.21 Gegenreformation Die Jesuiten

Der Begriff der Gegenreformation ist als polemischer Kampfbegriff in den konfessionellen Auseinandersetzungen späterer Jahrhunderte entstanden. Er erfaßt nur unzureichend die Vielfalt katholischer Reformen, die infolge der Herausforderungen durch die Reformation in Europa entstanden sind. Schon das *Konzil von Trient* (▷ 9.20) war weit über eine Abwehr der lutherischen Glaubenslehren hinausgegangen.

1542 schuf die katholische Kirche das Heilige Offizium als römische Zentralbehörde zur Bekämpfung der Häresie und zur Erhaltung der Glaubenseinheit. Um Klarheit und Einheitlichkeit bemüht, verordnete die Kirche 1564 ein auf den Tridentinischen Ergebnissen basierendes Glaubensbekenntnis und 1566 einen katholischen Katechismus. Zur gleichen Zeit wurde der Index verbotener Bücher zur Handhabung einer einheitlichen Zensur geschaffen. Eine Reform des Kardinalskollegiums und der Kurienverwaltung schloß sich an. Das schon ältere Instrument der *Inquisition* (▷ 6.27) ging teilweise in weltliche Kompetenz über (so in Spanien und Frankreich), war aber nicht eine ausschließlich katholische Erscheinung. Die Entwicklung religiöser Schulprogramme war vor allem ein Zeichen der sich entwickelnden Konfessionalisierung.

Mit der Gegenreformation ist insbesondere die Entstehung des Jesuitenordens verbunden. Sein Begründer Ignatius von Loyola (1491–1556), ein spanischer Edelmann, schlug zunächst eine militärische Karriere ein. Nach einer Verwundung gründete er mit wenigen Freunden 1534 die Societas Jesu, die 1540 die Anerkennung durch den Papst erreichte. Die Besonderheit dieses Ordens war seine Zielsetzung: Sie war ganz auf die innere und äußere Mission ausgerichtet. Ihre Organisation entsprach mit dem Prinzip der strikten Unterordnung und einem straffen zentralistischen Aufbau (unter einem Ordensgeneral) militärischen Grundsätzen. Sie unterstellte sich unmittelbar dem Papst als dem Stellvertreter Christi auf Erden.

Neben der Idee des unbedingten Gehorsams war die Verpflichtung zu regelmäßigen Exerzitien eine Besonderheit der Gesellschaft Jesu. Die Aufforderung zu strenger Selbstprüfung und zu stetem Streben nach Vollkommenheit machten die Jesuiten zu wichtigen Trägern theologischer Wissenschaft und eines wirkungsvollen Erziehungswesens. Überall dort, wo die Jesuiten ihre Kollegs errichteten und Schulen und Fakultäten an den Universitäten übernahmen, setzte die Gegenreformation ein. Die Entsendung Pater Franz Xavers nach Ostasien weist auf die bedeutende Rolle der Jesuiten bei der Mission in Übersee hin.

9.22 Großmacht Rußland

Unter einer von 1533 bis 1547 amtierenden Vormundschaftsregierung für Iwan IV. (gest. 1584) war es zu schweren Machtkämpfen rivalisierender Bojarengruppen und zu außenpolitischen Rückschlägen gekommen. Mit Unterstützung des Metropoliten Makarij leitete der am 16. Januar 1547 zum „Zaren und Selbstherrscher von ganz Rußland" gekrönte Iwan IV. („der Schreckliche") eine umfassende Reformtätigkeit unter Ausschaltung der Hocharistokratie und eine schrittweise Privilegierung des Dienstadels mit dem Ziel ein, die Großmachtstellung Rußlands zu konsolidieren (▷ 8.16).

Ein Auserwählter Rat löste 1549 die Bojarenduma als zentrales Beratungsgremium ab, der 1550 die Neukodifizierung des geltenden Rechts (Sudebnik) vornahm und eine (1555/56 fortgeführte) Heeresreform einleitete, nach der Strelitzen, reguläre Fußtruppen mit Feuerwaffen, als Kern eines stehenden Heeres neben das adlige Lehnsaufgebot traten. Auf Anregung des Beichtvaters des Zaren, Silvester, entstand mit der „Hausordnung" (Domostroj) ein Lehrbuch für häusliches Leben; Silvester beeinflußte auch die 1551 von einer großen Reformsynode verabschiedete neue Kirchenordnung (Stoglaw, Hundertkapitelbuch). Mit der Abschaffung des sogenannten Kormlenje-Systems (die „Durchfütterung" des jeweiligen Amtsträgers durch die Bevölkerung) war die nach 1555 forcierte Einführung von Selbstverwaltungsorganen verbunden; gleichzeitig wurde der Ausbau der Zentralbehörden (Prikaze) vorangetrieben und die Größe der Dienstgüter festgelegt, die jetzt der Entlohnung dienten. Die Verbreitung des Buchdrucks löste einen eindrucksvollen kulturellen Aufschwung aus.

Nach der Eroberung der Khanate Kasan 1552 und Astrachan 1556 und dem Eindringen in das Kaukasusvorland (Kabardei 1557) setzte die rasche Erschließung der fruchtbaren Grau- und Schwarzerdeböden westlich des Urals ein; 1574 gestattete Iwan die 1579 beginnende Eroberung Sibiriens. Im russisch-livländischen Krieg (1558–83) wurde zwar der Ordensstaat zerschlagen, der Durchbruch zur

Flucht von Bürgern aus Antwerpen, das von spanischen Söldnern geplündert wurde

Ostsee gelang jedoch nicht. In den langjährigen Konflikten mit Polen/Litauen und Schweden konnten jedoch keine dauerhaften Territorialgewinne erzielt werden. Dagegen brachte der von der englischen Muscovy Company 1553/55 über Archangelsk am Weißen Meer abgewickelte Westhandel wachsende Profite. Nach 1560 wurde die Politik Iwans unberechenbarer. Nur mit außerordentlichen Vollmachten und der Übertragung eines Teils des Staatsgebiets zur freien Verfügung (Opritschnina) ließ er sich 1565 zur Rückkehr auf den Thron bewegen. Die neue Diensttruppe der Opritschniki stützte schließlich ein nach 1572 etwas abgemildertes Terrorregime. Nach Iwans Tod entbrannte ein Machtkampf um die Nachfolge, in dem sich schließlich Boris Godunow (1598–1605) durchsetzte. In der folgenden „Zeit der Wirren" (Smuta) kam es zu schwersten politischen und sozialen Erschütterungen, die Rußland seine Großmachtstellung und fast die nationale Eigenständigkeit kosteten.

9.23 Aufstand der Niederlande

Die „Niederlande" hatten sich erst im Spätmittelalter im wesentlichen aus dem burgundischen Erbe der Habsburger (▷ 8.14) gebildet, einige Teile kamen noch im 16. Jahrhundert hinzu. Ein wichtiger Schritt zur Lösung der Niederlande vom Reich war ihre Übertragung an Philipp II. von Spanien durch seinen Vater, Kaiser Karl V. im Jahre 1555. Die in 17 Provinzen gegliederten Niederlande waren ein heterogener Bund von Territorien, Städten und Korporationen mit jeweils eigenen Privilegien. Die verbindende Klammer waren die sogenannten Generalstaaten, die gemeinsame Ständeversammlung aller 17 Provinzen.

Die Auseinandersetzungen zwischen den Niederlanden und Spanien entzündeten sich an der religiösen Frage. Als die Spanier dort gegen die neuen Glaubensrichtungen, vor allem calvinistisch beeinflußte Protestanten und Wiedertäufer, eine scharfe Inquisition und Ketzerverfolgung durchführen wollten, entbrannte ein Konflikt mit den lokalen Gewalten. Die Städte waren nicht mehr bereit, gegen Ketzer mit den harten Mitteln vorzugehen wie die Inquisition sie verlangte. Der Adel unter der Führung Wilhelms von Oranien verband seinen Widerstand gegen die zentralstaatliche Verwaltung mit der Religionsfrage. Soziale und religiöse Spannungen entluden sich in einem Bildersturm. Philipp entsandte daraufhin ein spanisches Heer unter dem Herzog von Alba in die Niederlande. Steuerliche Belastungen, die Einquartierung fremder Truppen und die Schaffung eines Systems neuer Bistümer weiteten den Konflikt von dem Widerstand

233

gegen die Ketzerverfolgung zu einem Krieg gegen die Tyrannei Albas und für die alten Privilegien und Freiheiten aus.

Einer der Führer der Aufständischen war der Statthalter der Provinz Holland, Wilhelm von Oranien. Als dieser 1568 mit einem Heer gegen die Spanier zog, begann ein achtzigjähriges Ringen zwischen dem habsburgischen Weltreich und den Niederlanden. Zunächst hielten sich die Rebellen nur in den Provinzen Holland und Seeland, teilweise mußten sie sich auf die See zurückziehen.

Die Niederländer bildeten keine einheitliche Front, sondern waren in verschiedene politische und religiöse Parteiungen aufgespalten. Doch selbst überzeugte Katholiken erhoben sich gegen die „spanische Furie" (so 1576 in Brüssel). Im Verlauf des Krieges bildete sich eine Zweiteilung des Landes zwischen katholischen Provinzen im Süden und von Calvinisten geprägten nördlichen Provinzen heraus. 1579 schlossen sich die wallonischen Provinzen in der Union von Arras und einige Provinzen nördlich des Rheins unter der Führung Hollands und Seelands zur Union von Utrecht zusammen. Der Krieg sollte (mit Unterbrechungen) noch fast 70 Jahre dauern, bis im Januar 1648 in Münster ein Sonderfrieden zwischen Spanien und den selbständigen „Vereinigten Provinzen" der nördlichen Niederlande geschlossen wurde. Die südlichen Provinzen, das heutige Belgien, blieben bei Spanien und fielen 1714 nach dem *Spanischen Erbfolgekrieg* (▷ 10.17) an Österreich.

9.24 Lubliner Union

Seit der Heirat des litauischen Großfürsten Władysław II. Jagiełło mit der polnischen Thronerbin Hedwig (▷ 7.16) bildeten beide Länder eine – mehrfach unterbrochene – Personalunion, die 1499 und 1501 formalisiert wurde. Nachdem in der Union von Horodło 1413 dem litauischen Adel die Privilegien der polnischen Schlachta (des mittleren und niederen Adels) zuerkannt worden waren, hatte eine durchaus freiwillige Polonisierung Litauens eingesetzt, obwohl einige Magnatenfamilien und einige der orthodoxen Bauern zum Großfürstentum Moskau (▷ 8.16) tendierten. Die zunehmende Bedrohung Litauens durch Zar Iwan I. förderte ältere Pläne, eine Real- oder Staatenunion zu bilden.

Auf einem im Januar 1569 nach Lublin einberufenen, mehrfach vom Scheitern bedrohten Reichstag verlangten die Polen eine vorbehaltlose Inkorporation, während die Litauer auf der Beibehaltung einer weitgehenden Landesselbstverwaltung beharrten. In der am 1. Juli 1569 unterzeichneten Unionsakte mußte Litauen die drei Wojewodschaften Podlachien, Wolhynien und Kiew sowie das östliche Podolien an Polen abtreten; der Rest mit den (weiß-)ruthenischen Provinzen wurde dem Königreich Polen gleichgestellt und mit ihm zu einem „unteilbaren Leib" verbunden. Der gemeinsam in Polen zu wählende und in Krakau zu krönende Monarch, die Reichstage, von denen jeder dritte auf litauischem Gebiet abgehalten werden mußte, die Außenpolitik und die Münze sollten die Einheit des neuen Bundesstaates gewährleisten. Jeder der beiden Reichsteile behielt seine eigene Verwaltung und Rechtssprechung, ein selbständiges Finanz- und Heerwesen sowie die Unabhängigkeit in der Besetzung der Ämter bei. Die in der Lubliner Union auf der Grundlage pränationaler Toleranz der beiden Völker erzielte Übereinkunft sollte bis zu den *Polnischen Teilungen* (▷ 10.30) Bestand haben.

Die Vorteile der Realunion lagen bei Kronpolen, das sein Territorium von rund 260 000 km² auf 815 000 km² mehr als verdreifachen konnte. Der polnische Großadel nutzte die Möglichkeit, seinen Landbesitz auf die dünnbesiedelten ruthenischen Wojewodschaften (Rotreußen, die heutige Ukraine) auszudehnen, konsequent aus und errichtete dort riesige Latifundien. Dafür hatte er jetzt aber auch die Last der Absicherung der Südostgrenze der Moldau und den Tataren gegenüber zu tragen und mußte Litauen im nun gemeinsamen Abwehrkampf gegen das Großfürstentum Moskau unterstützen.

Die Union von Lublin war die Voraussetzung dafür, daß nach dem Aussterben des Jagellonenhauses 1572 Polen-Litauen in eine königliche Republik (Rzeczpospolita Szlachecka) überführt werden konnte, in der dem gesamten Adel das Recht der Teilnahme an der Königswahl und am politischen Leben zustand. Um einen Rückfall in eine monarchische Alleinherrschaft auszuschließen, mußte jeder neue Herrscher in den „Articuli Henriciani" weitgehenden Beschränkungen seiner Herrschaft zustimmen und in den „Pacta conventa" konkrete Regierungsmaßnahmen versprechen.

9.25 Hugenottenkriege

Die Kriege zwischen den Glaubensparteien brachten Frankreich eine lange Epoche innerer Auseinandersetzungen, die Hugenottenkriege, die sich von 1562 bis 1598 hinzogen. Unterbrochen wurden sie jeweils durch königliche Edikte, die in ganz unterschiedlicher Weise die Toleranzfrage regelten. Zwar hatten auch die lutherischen Ideen einen gewissen Einfluß gehabt, aber erst die Lehren *Calvins* (▷ 9.4) gaben dem französischen Protestantismus seine Prägung. Der Süden und Südwesten waren die Hauptverbreitungsgebiete der französischen Calvinisten, der Hugenotten (abgeleitet von „Eidgenossen"), wobei der Anteil des Adels besonders hoch war. Auf ihrer ersten Nationalsynode in Paris (1559) hatten sie ihr Bekenntnis, die Confessio Gallicana, formuliert.

Zu einer Verschärfung des konfessionellen Bürgerkriegs kam es durch die sogenannte Bartholomäusnacht (23./24. August 1572), in der in Paris über 2000 Hugenotten ermordet wurden; in ganz Frankreich waren es etwa 8000. Die Hugenotten taten nun erste Schritte in Richtung Eigenstaatlichkeit, ein Bestreben, das sie mit dem Freiheitskampf der Vereinigten Provinzen der Niederlande (▷ 9.23, ▷ 9.26) gegen Spanien verglichen.

Als sich König Heinrich III. gegenüber den Hugenotten als nachgiebig erwies und ihnen im Frieden von Beaulieu 1576 weitgehende Religionsfreiheit zugestand, wurde von Henri de Guise eine mit Hilfe Philipps II. von Spanien finanzierte Vereinigung ins Leben gerufen, die für die Krone in gleicher Weise gefährlich werden konnte wie für die von den Bourbonen unterstützten Hugenotten: die Heilige Liga der radikalen Katholiken. Seine Ambitionen richteten sich auch auf die Krone.

Die Hugenottenkriege waren begleitet von einer Diskussion über den modernen Staat. Die calvinistischen Monarchomachen vertraten die Widerstandslehre, während die von Jean Bodin (1530–96), der selbst nur knapp der Bartholomäusnacht entronnen war, in seiner Staatstheorie („Les six livres de la République", 1576) eine Souveränitätslehre entwik-kelte, die zur Grundlage des absolutistischen Fürstenstaates wurde. 1589 wurde der schwache König Heinrich III. von einem Dominikanermönch ermordet. Der Konflikt wurde erst durch den zum Katholizismus konvertierten Hugenotten Heinrich IV. mit dem *Edikt von Nantes* 1598 (▷ 9.29) beendet. Abbildung S. 236

9.26 Spaltung der Niederlande

Die Spaltung der Niederlande war eng mit der Religionsfrage verknüpft. Die konfessionelle Karte der Niederlande war verwirrend. In den siebziger Jahren des 16. Jahrhunderts gab es auch im Süden noch bedeutende Städte (etwa Brügge und Antwerpen), in denen die Calvinisten die Oberhand hatten. Eine kompromißbereite Mitte wurde im Verlaufe der Auseinandersetzungen zwischen den gegenreformatorischen Katholiken und den Calvinisten zerrieben.

1579 kam es zu einem letzten Versuch, die konfessionelle Frage friedlich zu lösen. In den Friedensverhandlungen in Köln wollte die katholische Seite den Protestanten in Holland und Seeland volle Religionsfreiheit zugestehen, ihnen in den anderen Landesteilen aber nur die Gewissensfreiheit einräumen, also nicht etwa einen eigenen Gottesdienst. Die wallonischen Provinzen hatten sich bereits 1579 zur Union von Arras, die Protestanten im Norden zur Union von Utrecht zusammengeschlossen (▷ 9.23). Die Friedensbemühungen scheiterten, und so wurde der Kampf nun vor allem unter dem Vorzeichen der Religionsfreiheit weitergeführt.

Das Vordringen der *Gegenreformation* (▷ 9.21) im Süden führte schließlich zu einer Auswanderungswelle von ökonomisch fortschrittlichen Kräften aus den dortigen Städten. Zu einem großen Teil wanderten sie in den Norden der Niederlande, wo sie die Wirtschaftskraft erheblich stärkten. Durch diese Entwicklung sollte Amsterdam Antwerpen, der spätmittelalterlichen Wirtschaftsmetropole, den Rang ablaufen. Seit 1586 war außerdem die Schelde von den Holländern gesperrt worden. Ein Teil der Glaubensflüchtlinge ließ sich auch in Deutschland nieder, sehr zum wirtschaftlichen Vorteil ihrer Zufluchtsstätten.

Die Bartholomäusnacht

Die Streitigkeiten zwischen unterschiedlichen Richtungen des Calvinismus führten im Norden an den Rand des Bürgerkrieges. Erst zu Beginn des 17. Jahrhunderts entwickelten sich die nördlichen Niederlande zu einem Hort der Toleranz mit einer großen Vielfalt von Konfessionen, bei einer gewissen Vormachtstellung der Calvinisten. Neben deutschen Katholiken, Täufern und Lutheranern konnten auch portugiesische Juden zuwandern. Im Verlaufe der Kämpfe bildete sich dann die Grenze zwischen den nördlichen Niederlanden („Generalstaaten" bzw. Republik der Vereinigten Niederlande) und den südlichen Niederlanden (das spätere Belgien und Luxemburg) heraus. Die Spanier waren schließlich genötigt, die Unabhängigkeit der Vereinigten Niederlande (Holland) im Frieden von Münster 1648 (▷ 9.35) anzuerkennen.
Die südlichen Niederlande blieben zunächst bei Spanien und wurden von der Gegenreformation geprägt. In Holland teilten sich die Ständevertreter (vor allem das städtische Patriziat und der Adel) die Macht mit einem quasi monarchischen Statthalter (aus dem Geschlecht der Oranier). Den Zeitgenossen galt Holland als das Urbild einer Republik. Die dort herrschende religiöse Toleranz trug dazu bei, daß Holland bald die ursprünglich reicheren südlichen Provinzen ökonomisch überflügelte.

9.27   Elisabeth I.
Maria Stuart

Elisabeth I. (1533–1603, Königin seit 1558) regierte England 44 Jahre lang. Ihre Herrschaft war innen- wie außenpolitisch dadurch gekennzeichnet, daß sie Extreme zu vermeiden suchte. So hat sie mit vielen europäischen Herrscherhäusern Heiratsverhandlungen führen lassen, ist jedoch keine Ehe eingegangen; diese hätte sie möglicherweise zu stark an die eine oder andere Seite der europäischen Konfliktparteien gebunden. Elisabeth kehrte nicht zu einer rigorosen Glaubenspolitik zurück, obwohl es an Herausforderungen von katholischer Seite nicht fehlte. Aber auch die Anhänger puritanischer und presbyterianischer Richtungen konnten sich gegen die von *Heinrich VIII.* (▷ 9.16) geschaffene anglikanische Kirche nicht durchsetzen.
Elisabeth unterstützte zwar die rebellierenden Protestanten in Schottland, Frankreich und den Niederlanden, versuchte aber lange, eine direkte Konfrontation mit Spanien zu ver-

meiden. Das Verhältnis beider Länder war aufgrund der halbpiratischen Expeditionen englischer Kapitäne auf den Meeren und in den spanischen Kolonien der Neuen Welt, etwa von Sir Francis Drake, ohnehin schweren Belastungen ausgesetzt.

Eine Wende brachte das Jahr 1585, als Spanien und Frankreich ein Bündnis eingingen, um den Kampf gegen die französischen *Hugenotten* (▷ 9.25) wieder aufzunehmen. Elisabeth schloß daraufhin einen Vertrag mit den gegen Spanien rebellierenden Niederlanden (▷ 9.23) und entsandte ein Heer unter Graf Leicester zu deren Unterstützung. In dieser Situation entschloß sie sich 1587 auch zur Verurteilung und Hinrichtung von Maria Stuart, der schottischen Königin, die als Mittelpunkt der katholischen Opposition angesehen wurde.

Maria Stuart, die 1561, nach dem Tod ihres Gatten Franz II. von Frankreich, in das reformierte Schottland zurückgekehrt war, versuchte von dort aus, als Urenkelin Heinrichs VIII. ihre Ansprüche auf den englischen Thron geltend zu machen. Die Ehe mit ihrem katholischen Vetter Lord Darnley führte 1565 zu einem Aufstand der protestantischen Lords. Doch nach einer Verständigung mit den Adligen, der Ermordung ihres Ehemanns und ihrer Ehe mit dem Mörder, dem Earl of Bothwell, mußte Maria Stuart zugunsten ihres Sohnes abdanken und floh 1568 nach England, wo sie fast zwei Jahrzehnte bis zu ihrer Hinrichtung unter Bewachung gehalten wurde.

Philipp II. von Spanien, den Maria statt ihres protestantischen Sohnes Jakob zu ihrem Nachfolger in Schottland und England ernannt hatte, rüstete nun zum entscheidenden Schlag gegen England eine riesige Invasionsflotte aus. Die *Vernichtung der spanischen Armada* (▷ 9.28) vor der britischen Küste bedeutete einen Wendepunkt in der europäischen Geschichte.

Unter der Regierung Elisabeths wurden die Grundlagen für die spätere Stellung Englands im Welthandel gelegt. Auch die Künste, insbesondere das Theater, etwa durch die große Popularität der Dramen William Shakespeares (1564–1616) und Christopher Marlowes (1564–93), und die Musik erlebten im Elisabethanischen Zeitalter eine besondere nationale Blüte.

Oben: Elisabeth I. Unten: Maria Stuart

9.28 Vernichtung der spanischen Armada

Unter Philipp II. unternahm das spanische Weltreich seine letzten umfassenden Versuche, den Protestantismus im Norden niederzuringen. In Frankreich war er mit der katholischen Heiligen Liga (▷ 9.25) verbündet, in den Niederlanden versuchte er, die protestantischen Provinzen zurückzuerobern (▷ 9.23). 1588 wollte er England durch eine Invasion für den Katholizismus zurückgewinnen; letztlich ging es darum, Holland auf dem Weg über England zu besiegen.

Zur Eroberung Englands rüstete Spanien eine große Flotte von 130 Schiffen aus, die „Unbesiegbare Armada". Die Taktik der Spanier zielte darauf ab, die englischen Schiffe durch schwere Artillerie außer Gefecht zu setzen und dann zu entern. Aus diesem Grund hatte die spanische Armada neben 8000 Matrosen auch fast 19000 Soldaten an Bord. In den Niederlanden stand ein weiteres Landheer zum Übersetzen nach England bereit.

Die englische Flotte, in der sich so erfahrene Kapitäne wie Sir Francis Drake und Sir John Hawkins befanden, war der spanischen Flotte zahlenmäßig zwar überlegen, zu ihr gehörten aber auch viele kleinere Schiffe, etwa Küstensegler. Die Schlagkraft der englischen Flotte beruhte auf leichteren, aber weitreichenden Geschützen und einer ganz auf einen beweglichen Seekrieg ausgerichteten Taktik. Vor Cornwall stießen die Flotten zum ersten Mal aufeinander. Die englische Flotte verfolgte die Armada bis zur Straße von Dover, wo die Armada vor Calais vor Anker ging, um sich mit der spanischen Landungsarmee aus den Niederlanden zum entscheidenden Angriff auf England zu vereinigen.

Doch die Verbindungen zwischen der Armada und dem Herzog von Parma waren nur unzureichend, so daß die Landungsarmee noch nicht bereit zum Auslaufen war; außerdem griffen die Engländer in der Nacht vom 7. auf den 8. August 1588 mit sechs Feuerschiffen die spanische Armada an. Es folgte eine erbitterte Seeschlacht, bei der die Windverhältnisse für die Engländer besonders günstig waren. Um nicht in die Untiefen vor Flandern getrieben zu werden, mußte die Armada, deren taktischer Verband dadurch aufgelöst wurde, in die Nordsee ausweichen. Ungünstige Winde trieben sie immer weiter nach Norden, so daß sie um Schottland und Irland herum den Heimweg antreten mußte. Der Mangel an geeigneten Karten und Lotsen sowie Stürme brachten der Armada weitere Verluste.

Immerhin erreichten etwa zwei Drittel der Schiffe wieder Spanien. Die Kosten für das erfolglose Unternehmen waren hoch gewesen, von noch größerer Bedeutung war aber der Prestigeverlust der Spanier. Die Niederlage der Armada war für die Protestanten in Frankreich, in den Niederlanden und in England eine Ermutigung, für die von Spanien betriebene Gegenreformation der Wendepunkt. Mit ihr begann der Aufstieg Englands als überseeischer Macht.

9.29 Edikt von Nantes

Als mit Heinrich von Navarra 1589 einer der Anführer der *Hugenotten* (▷ 9.25) – 1593 sollte er allerdings zum Katholizismus übertreten – den französischen Thron bestieg, besserte sich die Lage der Hugenotten zunächst. Heinrich IV. erließ am 13. April 1598 das „Edikt von Nantes" und drei weitere Urkunden; den Hugenotten wurde nun vor allem die Gewissensfreiheit in ganz Frankreich gewährt, außerdem sollte der reformierte Gottesdienst an den Orten gestattet sein, wo er 1597 bereits existiert hatte.

Die Zugeständnisse gingen aber über die reine Besitzstandswahrung hinaus, denn nun wurde nahezu flächendeckend die Abhaltung von Gottesdiensten eingeräumt, und zwar an zwei Orten pro Gerichtsbezirk (baillage), allerdings nur in Vorstädten und auf den Gütern der Lehnsherren, die die hohe Gerichtsbarkeit besaßen. Ausgenommen blieben einige Städte, vor allem Paris mit einer Bannmeile, sowie der Hof. An allen Schulen, Universitäten und bei der Aufnahme in Hospitäler sollten die Hugenotten gleichberechtigt sein, der Zugang zu öffentlichen Ämtern sollte ihnen nicht aufgrund ihrer Konfession verwehrt werden. Bedeutende Persönlichkeiten in der königlichen Verwaltung und Armee waren in der Folgezeit Hugenotten; zum Beispiel der Finanzminister Sully und der General Turenne.

Die Erlaubnis, Konsistorien zu bilden und Synoden abzuhalten, bedeutete, daß der französische Protestantismus als Konfession anerkannt wurde. Den Hugenotten wurde eine größere Zahl von Sicherheitsplätzen zugestanden, deren Garnisonen darüber hinaus auch noch vom König besoldet werden sollten. Das Edikt von Nantes gewährte den Hugenotten so weitgehende Rechte im Bereich der inneren Organisation, daß die französischen Reformierten einen Staat im Staate bildeten, mit eigener Verwaltung und eigener Armee. Für den im 17. Jahrhundert in Frankreich sich durchsetzenden *Absolutismus* (▷ 9.34) bedeuteten die so organisierten Protestanten eine Gefährdung.

Das Edikt brachte aber auch den Katholiken Vorteile, indem es stellte die Rechte der Katholiken in überwiegend protestantischen Gebieten wieder her. Gewaltsam entfremdetes Kirchengut mußte zurückgegeben werden. Das

Edikt von Nantes führte zu einer Beruhigung der inneren Spannungen in Frankreich.

9.30 Ständeaufstand in Böhmen Prager Fenstersturz

Unter der Herrschaft der Habsburger waren in Böhmen seit 1526 gezielte Rekatholisierungsmaßnahmen eingeleitet worden, die vor allem der 1556 nach Prag berufene *Jesuitenorden* (▷ 9.21) durchführte. Die spürbare Verhärtung auf religiösem Gebiet zeigte bald auch politische Folgen, weil die nichtkatholischen Ständevertreter ihre Zustimmung zu den für die *Türkenkriege* (▷ 9.15) erforderlichen Steuern von der Bestätigung ihrer Glaubensfreiheit abhängig machten. Sie wurde ihnen 1575 in der „Confessio Bohemica" zwar gewährt, aber in der Praxis während der Regierung Kaiser Rudolfs II. (1552–1612, Kaiser seit 1576) zunehmend mißachtet, der gezielt Katholiken in die wichtigsten Landesämter berief.

Einen 1604 von Ungarn ausgehenden Aufstand nutzte der Bruder des Kaisers, Matthias, um Rudolf weitgehend zu entmachten, der sich in Böhmen nur durch die Unterzeichnung eines die Glaubensfreiheit und die Ständeprivilegien sichernden Majestätsbriefs (9. Juli 1609) zu behaupten wußte. Dennoch wurde er 1611 von Matthias zum Rücktritt gezwungen.

Nachdem es Kaiser Matthias (1557–1619, Kaiser seit 1612) gelungen war, einen langfristigen Frieden mit dem osmanischen Sultan zu unterzeichnen, versuchte er seit 1615 den Einfluß der nichtkatholischen Stände in Böhmen zu beschneiden, die ihrerseits Kontakte zum protestantischen Fürstenbund im Reich pflegten. Aus Verärgerung über die ständige Verletzung ihrer im Majestätsbrief verbürgten Rechte zog am 23. Mai 1618 eine große Menschenmenge zur Prager Burg und stürzte zwei der zehn Statthalter aus dem Fenster. Obgleich diese überlebten, löste der (zweite) Prager Fenstersturz die erste Etappe des *Dreißigjährigen Krieges* (▷ 9.32) aus, den Aufstand des vorwiegend protestantischen Adels gegen die autokratisch-katholische Landesherrschaft der Habsburger. Aus einer böhmischen Rebellion entwickelte sich ein ganz Europa erfassender Krieg.

Die in einer Konföderation verbundenen böhmischen Stände versagten Ferdinand II. (1578–1637, Kaiser seit 1619) die Anerkennung und wählten Friedrich V. von der Pfalz zum König. Den Sieg der Kaiserlichen am Weißen Berg vor Prag am 8. November 1620 nutzte Ferdinand II., um die Privilegien der Stände und die staatsrechtliche Selbständigkeit der böhmischen Kronländer abzubauen und die ausschließliche Souveränität des Monarchen zu verankern. Den als unzuverlässig eingestuften Adligen wurde mit der Enteignung ihrer Güter die wirtschaftliche Grundlage entzogen. Eine immense Teuerung und eine Hungersnot forderten zahllose Opfer.

Die gewaltsame Pazifizierung und Rekatholisierung wurden 1627 in einer „Verneuerten Landesordnung" abgesichert, die den katholischen Glauben als einzig anerkannte Religion festschrieb, das Mitbestimmungsrecht der Stände weitgehend beschnitt und Böhmen zum Erbkönigtum des Hauses Habsburg proklamierte.

9.31 Puritanische Revolution Bürgerkrieg in England

Nach dem Tod *Elisabeths I.* (▷ 9.27) folgten zwei Stuarts (Jakob I. 1603–1625, Karl I. 1625–1649) auf den englischen Thron. Bereits Jakob I. geriet in einen schweren Konflikt mit dem Parlament, der sich unter Karl I. verschärfte, als dieser sich auf die anglikanische Staatskirche stützte. Zum Verfassungs- und Sozialkonflikt trat nun der Kampf zwischen der Bischofskirche und den radikalen calvinistischen Gruppierungen der Puritaner, die die Reinigung der Kirche von England von katholisierenden Elementen betrieben. Schon 1620 waren die Pilgrim Fathers, radikale Puritaner, aufgrund des Glaubenszwanges in die Neue Welt emigriert und hatten die erste dauerhafte Kolonie in New England gegründet. Später folgten ihnen andere Puritaner, Täufer siedelten auf Rhode Island und in Connecticut, englische Katholiken in Maryland.

Als Karl I. in Schottland das anglikanische Kirchensystem durchsetzen wollte und zusätzlich eine Rebellion in Irland ausbrach, verschärften sich die Gegensätze zwischen Parlament und Krone, bis es schließlich 1642 zum Ausbruch des Bürgerkrieges kam. Auf die Seite des Parlaments stellten sich vor allem London und der höher entwickelte Süden. Das königliche Heer und der konservative Adel wurde von den Schotten und einem neugebildeten Parlamentsheer geschlagen. Im Verlaufe der Auseinandersetzungen hatte sich die religiöse Frage weiter radikalisiert. Eine große Zahl puritanischer und täuferischer Sekten wollten sich selbst einer Synode nicht unterwerfen. Sie fanden Unterstützung bei dem neuen Heer (New Model Army), so daß nun ein Gegensatz von Parlament, das sich den Royalisten wieder annäherte, und Armee entstand.

Die radikalen Puritaner und Independenten setzten sich schließlich durch, der König wurde angeklagt und 1649 hingerichtet, das Oberhaus und das Königtum abgeschafft. Bis zur Restaurierung des englischen Königtums 1660 bestand eine Staatsform, die ganz entscheidend von der Person *Oliver Cromwells* (▷ 10.1), des Führers der New Model Army, geprägt war.

9.32 Der Dreißigjährige Krieg

Der Dreißigjährige Krieg führte zu einem fast vierzigprozentigen Bevölkerungsverlust, zu einschneidenden territorialen Einbußen und ökonomischen Rückschlägen für das Reich, dessen Territorien die Hauptkriegsschauplätze waren. Eine der wesentlichen Ursachen des Krieges lag in der Konfessionalisierung des Reiches und der Territorien, sie hatte die wichtigsten Schlichtungsinstanzen lahmgelegt, so den Reichstag und das Reichskammergericht, und zur Gründung der katholischen Liga und der protestantischen Union geführt.

Nach dem *Ständeaufstand in Böhmen* 1618 (▷ 9.30) weitete sich der Krieg bis nach Norddeutschland aus, immer weitere Mächte beteiligten sich an dem Konflikt. Der Verlauf des Krieges wird von der Historiographie meist in vier Phasen unterteilt: der böhmisch-pfälzische Krieg (1618–22), der niedersächsisch-dänische Krieg (1623–29), der schwedische Krieg (1630–35) und das Eingreifen Frankreichs, die europäische Phase (1635–48).

Der Hauptgegensatz bestand zwischen Frankreich und den Habsburgern (Österreich und Spanien). Frankreich versuchte in diesem Krieg, die deutschen Fürsten als die Gegner des habsburgischen Kaisers zu stärken. Im Norden trat mit Schweden eine neue Macht auf, die ein nordisches Großreich an der Ostsee schaffen wollte. Weitere Akteure dieses europäischen Konfliktes waren Holland, Dänemark, England, Savoyen, das Veltlin, aber auch der Papst.

Nicht zuletzt aufgrund der militärischen Erfolge seines Generals *Wallenstein* (▷ 9.33) konnte Kaiser Ferdinand II. bald Herrschaftsansprüche gegenüber dem Reich geltend machen, die man als Ansätze zu einer kaiserlichen absolutistischen Herrschaft ansehen kann. 1629 erließ der Kaiser, ohne die Zustimmung eines Reichstages oder Kurfürstentages eingeholt zu haben, das Restitutionsedikt, das die Wiederherstellung säkularisierter geistlicher Herrschaften verlangte. Dieser Akt rief jedoch auch den Widerstand der katholischen deutschen Fürsten auf den Plan. Nachdem *Gustav Adolf* 1632 (▷ 9.33) in der Schlacht bei Lützen gefallen war und Schweden 1634 eine vernichtende Niederlage bei Nördlingen erlebt hatte, brachte der Friede von Prag (1635) nochmals ein deutliches Übergewicht der kaiserlichen Macht. Das unmittelbare Eingreifen Frankreichs in den Krieg im Jahr 1635 machte aber alle diese Pläne zunichte. Der *Westfälische Frieden* von 1648 (▷ 9.35) dokumentiert die Schwäche der kaiserlichen Gewalt.

Gustav Adolf II. von Schweden

Die Zerstörungen und ökonomischen Folgen des Krieges zwangen die Fürsten zu einer staatlich gelenkten, merkantilistischen Wiederaufbaupolitik (▷ 10.6), und die Erfahrungen mit dem Söldnerwesen bewirkten die Schaffung eines stehenden Heerwesens, beides wesentliche Elemente des sich entwickelnden absolutistischen Staates.

MITTELEUROPA WÄHREND DES DREISSIGJÄHRIGEN KRIEGES
1618–1648

Habsburgische Lande:
- Österreichische Linie
- Spanische Linie

Hohenzollernsche Lande:
- Brandenburgische Linie
- Fränkische Linie

Haus Oldenburg:
- Hzm. Schleswig-Holstein-Gottorp
- Hzm. Schleswig-Holstein-Glückstadt (Personalunion mit Dänemark) und Oldenburg

0   50   100   150 km

- Geistliches Gebiet
- Reichsstädte
- Kleinere Territorien
- Reichsgrenze 1648

Wettinische Lande:
- Albertinische Linie
- Ernestinische Linie

Wittelsbachische Lande:
- Bayerische Linie
- Pfälzische Linie

9.33 Gustav Adolf von Schweden Wallenstein

Gustav II. Adolf (1594–1632, König seit 1611), aus dem Hause der Wasa, bestieg als 17jähriger den schwedischen Königsthron. Gemeinsam mit seinem Kanzler Graf Oxenstierna dehnte er die schwedische Herrschaft auf die ganze Ostsee aus. Rußland rang er Ingermanland ab und schnitt es damit vom Zugang zur Ostsee ab. In einem Krieg gegen seinen katholischen Vetter Sigismund II. von Polen erwarb er Livland, Memel, Pillau und Elbing. Ihm kam es darauf an, die Küsten der Ostsee zu beherrschen. Im Innern baute er eine straffe Verwaltung und ein schlagkräftiges Heer auf.

Das Vordringen der kaiserlichen Heere in Norddeutschland im Verlauf des *Dreißigjährigen Krieges* (▷ 9.32) veranlaßte ihn 1630 zum militärischen Eingreifen. Zunächst beherrschte die schwedische Politik dabei der Gedanke des Präventivkrieges. Gleichzeitig trat Gustav Adolf als Beschützer der durch das Restitutionsedikt von 1629 bedrohten evangelischen Reichsfürsten auf. Durch den Vertrag von Bärsewalde (1631) mit Frankreich erhielt er beträchtliche Hilfsgelder. Die Sicherung der schwedischen Ostseemacht gegenüber dem Kaiser und das Verlangen nach Erstattung seiner Kriegskosten führten zu Territorialansprüchen an das Reich.

Entgegen den Absichten *Richelieus* (▷ 9.34) dehnte Gustav Adolf seine Kriegszüge bis nach Süddeutschland aus, wo er den Plan eines Bündnisses der evangelischen Reichsfürsten, geführt von schwedischen König als militärischem Protektor oder als einer Art protestantischer Nebenkaiser, betrieb. Gustav Adolf fiel 1632 in der Schlacht bei Lützen gegen Wallenstein. Sein Eingreifen in den Dreißigjährigen Krieg hat im Ergebnis die Niederlage des Protestantismus im Reich verhindert. Sein Hauptgegenspieler im Reich war der kaiserliche General Albrecht von Wallenstein (1583–1634). Er entstammte einem altböhmischen Adelshaus und stieg zum Herzog von Mecklenburg auf. Für den Kaiser, der in der ersten Zeit des Krieges vom bayrischen Herzog und seinem Heer der Liga unter Tilly abhängig war, schuf Wallenstein ein eigenes Heer, das sich auf Kosten des Landes erhielt,

in dem es operierte. Wallenstein perfektionierte das System der Kontributionen. Aufgrund der Erfolge Wallensteins, der Christian von Dänemark aus dem Reich vertrieb, konnte der Kaiser seine Herrschaftsansprüche im Reich ausdehnen. Wegen des Mißtrauens der deutschen Reichsfürsten gegenüber den absolutistischen Plänen des Kaisers wurde dieser 1630 zur Entlassung Wallensteins gezwungen. Das Vordringen Gustav Adolfs führte dann wieder zu seiner Rückberufung. Das Vertrauensverhältnis zwischen ihm und dem Kaiser war jedoch während dieses zweiten Generalats weitgehend gestört. Außerdem verfolgte Wallenstein ehrgeizige Pläne, sei es, daß er ein Kurfürstentum im Reich erstrebte, sei es, daß er selbst mit Unterstützung der vertriebenen böhmischen Adligen König in Böhmen werden wollte. 1634 wurde er von eigenen Offizieren in Eger ermordet, die annahmen, damit einem Wunsch des Kaisers zu entsprechen. Im Grunde war Wallenstein aber an der Adelsgesellschaft seiner Zeit gescheitert, die nicht den Aufstieg eines böhmischen Barons zum Reichsfürsten zulassen wollte.

9.34 Absolutismus Richelieu

Armand Jean du Plessis, Herzog von Richelieu (1585–1642), gehört zu den Begründern der absoluten Monarchie in Frankreich unter Ludwig XIII. Er konnte dabei an Tendenzen anknüpfen, die bei Franz I. und Heinrich IV. vorgezeichnet waren.

Die innere Entwicklung Frankreichs stand in der ersten Hälfte des 17. Jahrhunderts immer noch unter der ständigen Gefahr eines Bürgerkrieges zwischen den Calvinisten und der nach Zentralisierung der Macht strebenden Krone. Die Hugenotten hatten immer noch feste Plätze in ihrem Besitz, die als Sicherheit für ihre freie Religionsausübung dienen sollten, etwa La Rochelle, das von den Engländern unterstützt wurde. Mit der Belagerung und Eroberung der Festung La Rochelle im Jahre 1628 beseitigte Richelieu diese Gefährdung des beginnenden Absolutismus. Er begnügte sich mit der militärischen und politischen Entmachtung der Hugenotten, die Religionsfreiheit, wie sie im *Edikt von Nantes* (▷ 9.29) niedergelegt worden war, tastete er jedoch nicht an.

Ein weiterer zentraler Gesichtspunkt der Innenpolitik Richelieus war die Unterwerfung des Adels, der, anstatt königliche Gerichte anzurufen, Händel untereinander im Selbsthilfeverfahren, durch Duelle und Privatkriege regelte. Mit harter Hand unterwarf er die Adligen im Languedoc, Duelle wurden verboten. Die Absicht Richelieus war es, den Adel in den Staat einzugliedern und der Staatsräson zu unterwerfen. Mit dem gleichen Ziel stellte er den Gouverneuren in den Provinzen königliche Beamte an die Seite, die „lieutenants généraux". Ein wichtiges Mittel zur Unterordnung der Provinzen und lokalen Verwaltungen wurden die Intendanten, die, mit weitgehenden Vollmachten ausgestattet, als Kommissare in die Provinzen entsandt wurden.

Richelieu tastete zwar die Sozialordnung Frankreichs nicht an, versuchte aber, sie dem absolutistischen Staat unterzuordnen. Gesteigerte Steueranforderungen und Eingriffe der Verwaltung, vermehrte Belastungen aufgrund der Kriege Frankreichs führten wiederholt unter Richelieu und seinem Nachfolger Mazarin zu Volksaufständen im Süden und Südwesten. Frankreichs Außenpolitik wurde in dieser Zeit von dem Gegensatz zu Spanien beherrscht. Die Politik Richelieus war einerseits auf die nationale Sicherheit ausgerichtet, andererseits enthielt sie aber auch schon eine ideologische Komponente, es war die Idee der Verpflichtung des „allerchristlichsten" Königs von Frankreich zum Schutz der Schwachen. Auch wenn bei der Außenpolitik die Staatsräson oft als übermächtiges Handlungsmotiv erschien, so begnügte sich Richelieu in der Regel mit kleinen Schritten; das Chaos der *Hugenottenkriege* (▷ 9.25) sollte vermieden werden. Die nationale Komponente seiner Politik wird auch in der Gründung der „Académie française" deutlich.

9.35 Westfälischer Frieden

1644 begannen die Friedensverhandlungen zwischen dem Kaiser und den Schweden in Osnabrück sowie zwischen dem Kaiser und Frankreich in Münster, um den folgenschwersten Krieg zu beenden, den Mitteleuropa je erlebt hatte. Der Frieden von Münster und Osnabrück (Westfälischer Frieden) von 1648 enthielt neben territorialen Bestimmungen eine Reihe tiefgreifender Regelungen.

Die konfessionelle Streitfrage, die maßgeblich zur Entstehung des Krieges beigetragen hatte, wurde endgültig beigelegt. Zusätzlich zu den reichsgesetzlichen Bestimmungen des *Augsburger Religionsfriedens* von 1555 (▷ 9.19) wurde festgelegt, daß keine konfessionelle Partei die andere in Religionsfragen überstimmen durfte. Die Calvinisten (▷ 9.4) wurden als dritte Konfession neben den Lutheranern und Katholiken anerkannt. Außerdem bestand für Untertanen, die die Konfession ihres Landesherrn nicht annehmen wollten, ein Auswanderungsrecht.

Alle Versuche einer Stärkung der kaiserlichen Gewalt waren gescheitert. Die deutschen Landesherren erhielten über ihr Territorium die volle Landeshoheit, einschließlich des Rechtes, mit dem Ausland Bündnisse abzuschließen, mit dem Vorbehalt allerdings, daß sie nicht gegen Kaiser und Reich gerichtet sein durften. Damit hatten sich die Grundsätze „deutscher Libertät" durchgesetzt, ein Ziel, für das Frankreich, um den Kaiser zu schwächen, in den Krieg eingetreten war. Folgerichtig wurden Schweden und Frankreich zu Garantiemächten des Friedens erklärt. Die *Schweizer Eidgenossenschaft* (▷ 7.12) und die Niederlande (▷ 9.26) schieden endgültig aus dem Reichsverband aus, ebenso die Bistümer Metz, Toul und Verdun. Darüber hinaus erhielt Frankreich alle Rechtstitel und Besitzungen der Habsburger im Elsaß. Zusammen mit einigen Vorposten (Breisach und Philippsburg) bedeutete das die Sperrung des Rings der Habsburgerstaaten um Frankreich. Schweden erhielt Vorpommern (mit Rügen, Stettin und Wismar), das Erzstift Bremen und das Stift Verden und kontrollierte so die wichtigsten Zugänge des Reiches zu Nord- und Ostsee. Außerdem war durch die Unabhängigkeit der Vereinigten Niederlande die Rheinmündung dem Reich entzogen. Preußen erhielt neben Hinterpommern die Stifte Halberstadt, Minden und Magdeburg und dehnte seinen Herrschaftsbereich deutlich nach Westen aus.

Zwar wurden wichtige Fragen auf zukünftige Regelungen vertagt, der Westfälische Frieden hat jedoch eine ganze Reihe von Streitpunkten ausgeräumt und als eines der „Reichsgrundgesetze" die innere Ordnung bis zum *Ende des Heiligen Römischen Reiches Deutscher Nation* (▷ 11.13) geprägt.

Daten

1483−1546	Martin Luther
1484−1531	Huldrych Zwingli
1491−1547	Heinrich VIII., König von England 1509−1547
1493−1527	Unter Huayna Cápac erreicht das Inkareich seine größte Ausdehnung
1494−1547	Franz I., König von Frankreich 1515−1547
1500−1558	Karl V., 1519−1556 Kaiser
1502−1520	Moctezuma II., machtpolitischer Höhepunkt des Aztekenreiches
1509−1564	Johannes Calvin
1517	Thesenanschlag Luthers
1519−1521	Eroberung des Aztekenreiches durch die Spanier
1520−1566	Sultan Süleyman I., der Prächtige
1521	Reichstag zu Worms, Achterklärung gegen Luther
1521	Eroberung Belgrads durch die Osmanen
1524−1525	Bauernkrieg
1525	Schlacht bei Pavia, Kaiser Karl V. schlägt Franz I. von Frankreich
1526	Sieg des Moguls Babur über den Sultan von Delhi
1527	Plünderung Roms („Sacco di Roma") durch kaiserliche Truppen
1527−1576	Maximilian II., Deutscher Kaiser seit 1564
1527−1598	Philipp II., König von Spanien seit 1556
1529	Erste erfolglose Belagerung Wiens durch die Osmanen
1530	Reichstag zu Augsburg
1530−1584	Iwan IV., Zar von Rußland 1547−1584
1531−1533	Eroberung des Inkareiches durch die Spanier
1533−1603	Elisabeth I., Königin von England 1558−1603
1532−1534	Entstehung der anglikanischen Kirche, Act of Supremacy
1534	Gründung des Jesuitenordens durch Ignatius von Loyola
1542−1605	Großmogul Akbar dehnt seine Herrschaft auf den Süden Indiens aus
1544	Frieden von Crépy zwischen Karl V. und Franz I.
1545−1563	Konzil von Trient, das „Tridentinum" schafft die Grundlagen für die Gegenreformation
1546−1547	Schmalkaldischer Krieg
1552−1612	Rudolf II., Römischer Kaiser seit 1576
1555	Augsburger Religionsfrieden, die Landesherren bestimmen die Religionszugehörigkeit („cuius regio, eius religio")
1562−1598	Hugenottenkriege in Frankreich
1568−1648	Freiheitskampf der Niederlande
1569	Lubliner Union zwischen Polen und Litauen
1572	Bartholomäusnacht in Paris
1578−1637	Ferdinand II., Römischer Kaiser seit 1619
1579	Unionen von Arras und Utrecht
1583−1634	Albrecht von Wallenstein
1585−1642	Kardinal Richelieu
1588	Vernichtung der Spanischen Armada
1594−1632	Gustav II. Adolf, König von Schweden 1611−1632
1598	Edikt von Nantes durch Heinrich IV. von Frankreich
1618−1648	Dreißigjähriger Krieg
1620	Landung puritanischer Kolonisten („Pilgerväter") in „Neu-England"
1642−1646	Bürgerkrieg in England
1648	Frieden von Münster und Osnabrück (Westfälischer Frieden)

Kapitel 10
Zeitalter des Absolutismus

Einführung

Die Staatsform des Absolutismus in Europa läßt sich in vier Perioden aufteilen: pragmatischer Absolutismus, Hochabsolutismus, aufgeklärter Absolutismus, Spätabsolutismus. Die Grundlagen des Absolutismus wurden teilweise schon im Spätmittelalter entwickelt. So wurde der Anspruch des französischen Königs auf eine unbefristete Steuer schon nach dem Ende des Hundertjährigen Krieges durchgesetzt. Der Aufbau von Zentral- und Provinzialverwaltungen erstreckte sich über einen längeren Zeitraum, so begann er in Spanien bereits zu den Zeiten von Ferdinand und Isabella Ende des 15. Jahrhunderts.

Die Unterordnung der Länder unter die zentrale Macht der Fürsten erfolgte in der Regel zunächst pragmatisch, in Frankreich unter Ludwig XI., Franz I., Heinrich IV und vor allem Richelieu, der allerdings auch schon eine absolutistische Staatstheorie vertrat. Der Große Kurfürst schuf nach dem Ende des Dreißigjährigen Krieges in Brandenburg-Preußen die Grundlagen für den Absolutismus vor allem durch die Zurückdrängung der Stände und durch die Einführung eines dauerhaften, von anderen Institutionen unabhängigen Steuersystems.

In der Epoche des „pragmatischen Absolutismus" wurden aber auch schon die Grundsätze der absoluten Fürstenherrschaft formuliert (etwa von Bodin, Lipsius, Hobbes), die dann zur Legitimierung der monarchischen Alleinregierung herangezogen werden sollten. Grundlage der absolutistischen Staatstheorie war, daß der von Gott eingesetzte Monarch in der Gesetzgebung unabhängig, allein Gott gegenüber verantwortlich war. In der Idealform des Absolutismus beanspruchte der Monarch das alleinige Gesetzgebungsrecht,

das Amt des obersten Richters, das Recht, die höchsten Beamten einsetzen zu dürfen, das alleinige Recht über Krieg und Frieden mit allem, was mittelbar damit zusammenhing, und vor allem das Monopol über die bewaffnete Macht im Staat. Diese Rechte mußten sich die Fürsten gegenüber den konkurrierenden Ständen häufig in langwierigen Auseinandersetzungen erkämpfen. In England und in den nördlichen Niederlanden blieben die Stände schließlich Sieger. Im Falle Polens führte die starke Stellung des Adels gegenüber der Krone, aber auch seine Uneinigkeit dazu, daß es zum Spielball der Nachbarstaaten werden konnte.

Die Bürger- und Religionskriege im Zeitalter der Glaubenskriege verstärkten die Einsicht in die Notwendigkeit einer Macht im Staate, die Ordnung, Ruhe und Sicherheit herstellen konnte. Das „Geburtsjahr" des europäischen „Hochabsolutismus" war das Jahr 1661, in dem Ludwig XIV. sich entschloß, die Herrschaft ohne einen Ersten Minister allein auszuüben. Die französischen Generalstände waren ohnehin bereits bedeutungslos geworden und 1614 zum letzten Mal zusammengerufen worden. Erst 1789 sollten sie wieder in Aktion treten. In der Theorie verschmolzen Volk, Land und Monarch zu einer Einheit. Der Ruhm des Fürsten verband sich mit dem Wohl des Staates und umgekehrt. Die Maßnahmen des von Gott eingesetzten Monarchen wurden mit der Staatsräson begründet. Der Aufbau des Absolutismus wurde in Deutschland durch die Verwüstungen des Dreißigjährigen Krieges begünstigt. Die Fürsten standen vor der Notwendigkeit, ihre Staaten mit Hilfe merkantilistischer Politik wieder aufzubauen. Zar Peter der Große von

Rußland versuchte, mit den Instrumenten des Absolutismus seinen Staat an die Entwicklung in Westeuropa heranzuführen. Die seit 1644 in China bestehende Mandschu-Herrschaft zeigte einige Elemente, die sie als eine dem europäischen Absolutismus verwandte Staatsform erscheinen läßt.

Das typische Instrument der Durchsetzung der monarchischen Regierung waren in Europa die Kommissare. Mit weitreichenden Vollmachten ausgestattet, griffen sie in die Geschäfte der lokalen und regionalen Verwaltungen ein. In Frankreich erfüllten die Intendanten, in Preußen die Steuerkommisssare diese Aufgaben. Die Umgestaltung des Staates sollte nach den Grundsätzen der Zweckrationalität erfolgen. Vor allem griffen die absolutistischen Verwaltungen auch in Gewerbe und Handel ein. Mit Hilfe des Merkantilismus sollten der Reichtum des Staates gefördert und damit die Staatskassen gefüllt werden. Eine zentralistisch aufgebaute Bürokratie, das stehende Heer und ein gut funktionierendes Steuersystem stellten die Stützen des absolutistischen Staates dar.

Die dritte Epoche wird vom „aufgeklärten Absolutismus" in der zweiten Hälfte des 18. Jahrhunderts gebildet, als deren herausragender Vertreter Friedrich II. von Preußen gilt. Die Herrschaftslegitimation veränderte sich. An die Stelle des „Gottesgnadentums" trat die Begründung der Herrschaft durch die Funktion, die der Monarch im Staat erfüllte. Sie blieb dabei eine absolute Fürstenherrschaft. Aufgeklärte Gedanken bestimmten Reformen im Bildungswesen, im Recht und im Bereich der Religion, in dem sich der Grundsatz der Toleranz durchsetzte. Außer in einigen wenigen Ansätzen unter Ludwig XVI. gab es in Frankreich keine Phase des aufgeklärten Absolutismus. Die Beschränkung dieser Erscheinung vorwiegend auf die östlichen Staaten Europas wird dahingehend interpretiert, daß durch sie diese Staaten ihren Rückstand gegenüber den „moderneren" westlichen Staaten auszugleichen suchten. Eine letzte Epoche der absoluten Fürstenherrschaft bestand im 19. Jahrhundert mit dem „Spätabsolutismus", als sie in Konkurrenz zur Idee des Konstitutionalismus treten mußte.

Bei allen Veränderungen im Bereich der Verfassung ließ der Absolutismus in der Regel die ständisch gegliederte Gesellschaft unangetastet. Die Leibeigenschaft wurde, bis auf wenige Ausnahmen, nicht aufgehoben. Der Adel wurde dadurch gestützt, daß ihm häufig das ausschließliche Recht auf die Offiziersstellen im stehenden Heer zugestanden wurde. Dem Adel kam in der Landwirtschaft nach wie vor eine bedeutende Rolle zu: in der ostelbischen Gutswirtschaft, im englischen Großgrundbesitz und auf den italienischen Latifundien. Nur teilweise war er hier bürgerlicher Konkurrenz ausgesetzt, wie etwa in Frankreich, wo in zunehmendem Maße das Bürgertum als Agrarunternehmer auftrat.

Das Bürgertum erlebte in Europa ganz unterschiedliche Entwicklungen. Während in England eine relativ offene Elite entstand, die in vielfältiger Weise als Kaufleute, Gewerbetreibende und Agrarunternehmer ökonomisch aufstieg, versuchte ein Teil der französischen Bourgeoisie die adlige Lebensweise anzunehmen und von einem Renteneinkommen aus Landbesitz und Ämtern zu leben. In Deutschland kam es, insbesondere in der Zeit des aufgeklärten Absolutismus, zur Bildung eines bürokratischen Bildungsbürgertums. Gegen Ende der Epoche ist allgemein ein Anwachsen der Unterschichten in den Städten zu beobachten. London und Paris wuchsen zu riesigen Metropolen heran. Die Pauperisierung großer Massen des Stadtbürgertums bildete ein Problem, das erst durch die Auswanderung und die Industrialisierung eine Lösung fand.

Die Außenpolitik in der Epoche des europäischen Absolutismus war geprägt von einer großen Anzahl von Kriegen zur Erweiterung der Macht. Dynastische Streitigkeiten boten häufig den Anlaß für „Erbfolgekriege". Der Hauptgegensatz bestand zwischen dem nach Hegemonie strebenden Frankreich und anderen Staaten (vor allem England und dem Reich), die in einem Gleichgewichtssystem der europäischen Staaten den Schutz ihrer Interessen suchten. Frankreich versuchte, sein Staatsgebiet vor allem im Westen und Norden zu erweitern. Die vorherrschende Kolonialmacht wurde in dieser Epoche England. Die europäischen Kriege fanden in der Regel ihr Echo in den überseeischen Besitzungen der jeweiligen Staaten. Die häufigen Kriege führten zu erheblichen finanziellen Belastungen der Staaten. Die Türkengefahr, welche in den vorausgegangenen beiden Jahrhunderten die europäische Politik belastet hatte, verminderte

sich nach der Niederlage der Türken vor Wien im Jahre 1683.
Ein weiterer wichtiger Kostenfaktor der absolutistischen Staatshaushalte, neben den Militär- und Kriegslasten, war der Schloßbau. Um entsprechenden Platz für die weiträumige Gestaltung ihrer neuen Schlösser und Parks zu haben, verlegten viele Herrscher ihre Residenzen auf das Land. Das Vorbild Ludwigs XIV. mit der Errichtung von Versailles wurde von vielen Herrschern Europas nachgeahmt.

In England setzte bereits um die Mitte des 18. Jahrhunderts die industrielle Revolution ein. Sie fand unter anderem im Bergbau statt, wo Dampfmaschinen Verwendung fanden. Im Bereich der Textilindustrie erfolgten wichtige Innovationen mit der Erfindung von Spinnmaschinen. Die Verarbeitung von Baumwolle war eines der wichtigen Gebiete, auf denen neue Produktionsformen einsetzten.

10.1 Oliver Cromwell England als Republik

In der Endphase der *Puritanischen Revolution* in England (▷ 9.31) hatte sich eine Spaltung innerhalb der Revolutionäre vollzogen. Als sich das Parlament wieder stärker den Royalisten annäherte, kam es innerhalb der revolutionären Armee, der New Model Army, zur Radikalisierung. Die Armee wurde in zunehmendem Maße politisiert, und Repräsentanten beanspruchten, im Namen Englands zu sprechen. Die Radikalen setzten letzten Endes auch die Verurteilung König Karls I. und dessen Hinrichtung am 30. Januar 1649 durch.

Allegorische Darstellung Oliver Cromwells als Retter Englands. Die Sünde und der als Schlange gezeichnete Irrtum liegen besiegt unter seinen Füßen

Schon 1647 hatte die Armeeversammlung unter dem Einfluß der radikalen Levellers („Gleichmacher") eine Vereinbarung (Agreements of the People) beschlossen, in dem die Übertragung der Souveränitätsrechte auf das Parlament gefordert wurde. Außerdem verlangten sie Gleichheit der Stimmen bei der Parlamentswahl, regelmäßige Neuwahlen sowie einige Grundrechte, an erster Stelle die Religionsfreiheit. Die Levellers zogen das bestehende Parlament auf ihre Seite, indem sie es 1648 mit militärischer Macht von allen presbyterianischen Kräften reinigten. Das so entstandene Rumpfparlament wurde willfähriges Instrument der Puritanischen Revolution. Zum starken Mann Englands wurde in dieser Situation der Oberbefehlshaber der Armee, Oliver Cromwell (1599–1658).

Nach der Hinrichtung des Königs und der Aufhebung des Oberhauses etablierte sich in England das „Commonwealth" unter der Leitung von Cromwell, dem Rumpfparlament und einem Staatsrat, in dem sich das Londoner Großbürgertum durchsetzte. Die Verfassungsvorstellungen orientierten sich an der Holländischen Republik. Doch 1653 jagte Cromwell das Parlament auseinander, verkündete im Namen der Armee das Instrument of Government und übernahm das semi-monarchische Amt eines Lordprotektors auf Lebenszeit.

Als Oliver Cromwell 1658 starb, konnte sein Sohn Richard die vom Vater durch persönliche Autorität ausgeübte Herrschaft nicht fortsetzen. Er gab die Macht an das wieder einberufene Rumpfparlament zurück. Mittlerweile hatte auch ein Umschwung in der öffentlichen Meinung stattgefunden; sie richtete sich gegen die „Königsmörder". In dem 1660 neugewählten Parlament mit Ober- und Unterhaus waren die Royalisten wieder stark vertreten, so daß der Thronerbe Karl II. nach England zurückkehren und die Monarchie der Stuarts restaurieren konnte, nachdem er bereits 1650 in Schottland als legitimer Erbe anerkannt worden war.

In der Zeit der Republik konnten die Fundamente für die spätere englische Weltmachtstellung gelegt werden; Wirtschaft und Handel blühten. Die Navigationsakte (1651) erteilte der englischen Flotte das Monopol des Zwischenhandels, um den niederländischen Einfluß zu beseitigen; der erste englisch-niederländische Seekrieg war die Folge (1652–54). In der kolonialpolitischen Auseinandersetzung mit Spanien konnte die englische Flotte Jamaika erobern (1655–58). Unter dem Eindruck der innenpolitischen Unruhen zeichnete Thomas Hobbes (1588–1679) im „Leviathan" (1651) das Bild eines säkularisierten Staates, der den Kampf aller gegen alle beendet.

*Seeschlacht vor Kopenhagen (1658).
Die niederländische
Flotte schützt
Kopenhagen vor
dem Angriff
der Schweden*

10.2 Erster Nordischer Krieg Liberum veto

Polen war nicht unmittelbar am *Dreißigjährigen Krieg* (▷ 9.32) beteiligt gewesen, aber wachsende ethnische, religiöse, politische und soziale Spannungen hatten schwere innenpolitische Erschütterungen ausgelöst. Vor allem das Streben der Kosaken, einer Gruppe freier Grenzbewohner und Krieger am Unterlauf des Dnjepr, sich der Ausbeutung durch die polnischen Magnaten zu entziehen, führte zum Konflikt mit dem Großfürstentum Moskau (▷ 9.22), in dessen Verlauf sich Hetman Boddan Chmelnizki 1653 dem Zaren Alexei Michailowitsch (1645–76) unterstellte, so daß von Polen beträchtliche Territorialverluste im Nordosten hingenommen werden mußten.
Diese Schwächung der Adelsrepublik nutzte der neue schwedische König Karl X. Gustav zum Angriff (Erster Nordischer Krieg). Bis Oktober 1655 konnte er, verbündet mit Rußland und Brandenburg, Litauen, Preußen und weite Teile Groß- und Kleinpolens besetzen. Kurfürst Friedrich Wilhelm I. von Brandenburg nahm 1656 das Herzogtum Preußen und Ermland vom Schwedenkönig zum Lehen und

beteiligte sich ebenso an den „Kriegen der blutigen Sintflut" wie Dänemark und Siebenbürgen. Die erfolgreiche Verteidigung des Paulinerklosters in Tschenstochau und die symbolische Proklamation der Mutter Gottes zur Königin Polens 1656 leitete den militärischen Umschwung ein.
Nach dem Vertrag von Wehlau (19. September 1657), in dem das Herzogtum Preußen aus der polnischen Vasalität entlassen und die Religionsfreiheit der Protestanten im Weichselland garantiert wurde, wechselte Brandenburg ebenso wie der Zar die Fronten. Die Schweden hatten zwischenzeitlich Dänemark den Frieden von Roskilde (1658) aufgezwungen, waren allerdings vor Kopenhagen gescheitert. Im Frieden von Oliva (1660) mußte der polnische König Johann II. Kasimir (1648–68) endgültig auf seine Ansprüche in Schweden und auf Livland verzichten. Nach mehrfachem Aufflackern der Kämpfe wurde mit Moskau der Waffenstillstand von Andrussowo (1667) geschlossen, bei dem Polen/Litauen die Ukraine bis zum Dnjepr und Kiew mit 233 000 km² und 1,6 Millionen Menschen einbüßte. Der Krieg, die Pest und Hungersnöte hatten ganze Landesteile entvölkert und lösten eine tiefgreifende soziale Krise aus.

Dazu trug auch die Pervertierung des Liberum veto bei. Gewohnheitsrechtlich stand jedem Adligen die „freie Stimme" zu, was im Laufe der Zeit die Entwicklung zum äußersten Einstimmigkeitsprinzip begünstigte. Nachdem 1652 erstmals ein einzelner Landbote mit seinem Einspruch den Sejm „zerrissen" hatte, machten sowohl einheimische Magnaten als auch ausländische Höfe immer häufiger von der nie ausdrücklich sankionierten Praxis des Jus vetandi, des Rechtes auf Einspruch, Gebrauch, um ihnen unliebsame Entscheidungen zu verhindern. So fielen zwischen 1623 und 1788 53 Reichstage dem „Zerreißen" zum Opfer.

Alle Initiativen, die politische Selbstverstümmelung zu beenden, die königliche Autorität zu stärken und Mehrheitsbeschlüsse zuzulassen, blieben ohne Erfolg. Allein mit Hilfe von Konföderationen, freiwilligen Zusammenschlüssen des Adels, die ihre Beschlüsse mit Stimmenmehrheit faßten, konnten die verheerenden Folgen des Liberum veto zeitweilig gemildert werden.

10.3 Mandschu-Kaiser in China

Mit der Eroberung des chinesischen Throns durch die Mandschu 1644 begann die letzte Dynastie, mit deren Sturz 1912 nach über 2000 Jahren die kaiserlich-monarchische Tradition Chinas endete. Wieder stand das Reich unter einer Fremdherrschaft. Die Mandschu machten sich die Schwächen der Ming-Herrschaft (▷ 8.3) zunutze und überfielen das durch Bauernaufstände geschwächte China, dessen Armeen ohne einige Führer waren. 1644 etablierte sich ihr Kaiser in Peking. Er gab der Dynastie in Analogie zu „Ming" (klar) die Bezeichnung „Ching" (rein).

Die Verwaltungsstruktur der Ming wurde beibehalten und die wichtigsten Ämter ungefähr gleichgewichtig mit Mandschu und Chinesen besetzt; etwa 80 bis 90 Prozent der unwichtigeren Posten waren in chinesischen Händen. Mit mongolischen und chinesischen Verbänden von berittenen Bogenschützen (Bannern) schufen sich die Mandschu eine schlagkräftige Streitmacht. Unter der Mandschu-Herrschaft wurde 1720 Tibet (▷ 15.22) fest mit China verbunden, nachdem gegen Ende des 17. Jahrhunderts Kaiser Kang-hsi, einer der bedeu-

tendsten Herrscher der Mandschu-Dynastie, seine Oberherrschaft über die gesamte Mongolei verkündet hatte. Im Nordwesten reichte China bis an den Balchaschsee, im Südosten dehnte sich sein beherrschender Einfluß bis zur Südspitze der Malaiischen Halbinsel, im Südwesten gehörten Taiwan, die Pescadoren und die Riukiu-Inseln zu China.

Mit dem aus der Ming-Dynastie übernommenen Verwaltungssystem konnte das Riesenreich mit seiner wachsenden Bevölkerung noch einigermaßen zusammengehalten werden. In der ersten Hälfte des 18. Jahrhunderts erschien es manchen Europäern (Leibniz, Voltaire) wegen seiner hohen Kultur und zivilisatorischen Vollkommenheit als idealer Staat. Aber 100 Jahre später war der Zerfall offenkundig: Im *Opiumkrieg* (▷ 11.29), der 1840 mit England wegen der Frage der Legalisierung der Opiumeinfuhr ausbrach, mußte China Hongkong an England abtreten. In weiteren „ungleichen Verträgen" mit ausländischen Staaten, verlor es Einfluß und Herrschaft über riesige Gebiete. Das alte China brachte nicht mehr die Kraft auf, sich aus sich selbst zu erneuern; die konfuzianische Ordnung war erstarrt und hatte sich überlebt.

Die von außen andrängenden imperialistischen Mächte beschleunigten mit ihrer nationalen Geschlossenheit, ihrer geistigen und technischen Überlegenheit den Zusammenbruch des alten Reiches. Die Niederlage im Krieg gegen Japan 1895 (▷ 12.26), der wegen der Rivalität um die Herrschaft über Korea ausgebrochen war, und das völlige Scheitern des Kampfes gegen ausländischen Einfluß (*Boxeraufstand*, ▷ 12.30) machte die Schwäche Chinas vollends offenbar. Großbritannien, Deutschland, Frankreich und Rußland diktierten 1901 das sogenannte Boxerprotokoll, wonach China innerhalb von 39 Jahren 450 Millionen Silbertaler als Kriegsentschädigung an die Alliierten zahlen sollte. Damit war der finanzielle Ruin des Landes besiegelt. Anfang 1912 mußte die Dynastie abdanken. China wurde Republik (▷ 12.43).

Abbildung S. 252

10.4 Pyrenäenfrieden

Die letzte Phase des *Dreißigjährigen Krieges* (▷ 9.32) war vom französisch-habsburgischen Gegensatz geprägt gewesen. Während Frankreich und der Kaiser im *Westfälischen Frieden* von 1648 (▷ 9.35) zu einer Regelung kamen, ging der spanisch-französische Krieg zunächst weiter.

Die Politik Frankreichs wurde jetzt immer deutlicher von Hegemonialbestrebungen beherrscht. Schon nach dem Tod Kaiser Ferdinands III. (1608–57, Kaiser seit 1637) hatte Frankreich den Anspruch auf die Kaiserwürde im Reich erhoben. *Ludwig XIV.* (▷ 10.5) trat als Erbe der Kapetinger (▷ 6.18) auf. Bei der inneren Zerrissenheit des Reiches schien die Kandidatur des französischen Königs nicht aussichtslos; schließlich wurde aber der Habsburger Leopold I. (1640–1705) 1658 zum Kaiser gewählt, nachdem ihm allerdings jede Hilfeleistung für Spanien untersagt worden war.

Die Gründung des (ersten) Rheinbundes von 1658 bedeutete eine weitere Schwächung der spanischen Position. Die Kurfürsten von Mainz, Trier und Köln schlossen sich mit einigen anderen Fürsten unter Einschluß Frankreichs zu einer Allianz zusammen, die vor allem den Durchmarsch österreichischer Truppen in die Spanischen Niederlande verhindern sollte. Noch fürchteten die Reichsfürsten die Habsburger mehr als Frankreich. Der neue Kaiser war mit einer Tochter Philipps IV. von Spanien verlobt, so daß ein Wiederaufleben des habsburgischen Großreiches wie zu Zeiten *Karls V.* (▷ 9.8) zu befürchten war.

Wie weit die französische Diplomatie reichte, zeigt die Intervention zugunsten Schwedens, das sich im *Ersten Nordischen Krieg* (▷ 10.2) von einer Übermacht, bestehend aus Polen, Dänemark, Holland, Brandenburg und Kaiser, hart bedrängt sah. Mit dem Tod *Oliver Cromwells* im Jahre 1658 (▷ 10.1) schien zudem einer der größten Konkurrenten um das spanische Erbe in Übersee geschwächt. In dieser Situation schloß Frankreich mit Spanien am 7. November 1659 den Pyrenäenfrieden, der den seit 1635 geführten Krieg beendete. Die Gebietsgewinne Frankreichs waren nicht bedeutend, schufen aber die Basis für die weitere Hegemonialpolitik. Es sicherte sich seine Rechte im Elsaß, den Pyrenäenkamm als Grenze zwischen Frankreich und Spanien, die Hoheit über Lothringen und einige Teile der spanischen südlichen Niederlande; Spanien verzichtete auf diejenigen Gebiete, die Frank-

reich im Westfälischen Frieden von Österreich erhalten hatte. Vor allem aber wurde eine Ehe zwischen Ludwig XIV. und Maria Theresia, einer Tochter Philipps IV. von Spanien geschlossen. Zwar mußte Maria Theresia im Heiratskontrakt formell auf alle Erbansprüche auf Spanien verzichten, was aber nicht verhinderte, daß diese in Zukunft die Rechtfertigung für die Hegemonialkriege Ludwigs XIV. liefern sollten.

Mit dem Pyrenäenfrieden endete die spanisch-habsburgische Vormachtstellung in Europa. In den überseeischen Gebieten entbrannte der Kampf um die spanischen Kolonien zwischen Holland, Frankreich und England.

10.5 Ludwig XIV.

Der 1638 geborene König Ludwig XIV. (ab 1643, gest. 1715) von Frankreich erlebte als junger Thronfolger die Aufstände des Hochadels, der Parlamente und der Stadt Paris gegen das absolutistische Königtum in der Zeit der Fronde (1648–53). Als er nach dem Tod des Ministers Mazarin 1661 auch faktisch die Herrschaft antrat, entschloß er sich, die Regierung ohne einen Ersten Minister auszuüben.

Ludwig XIV., der „Sonnenkönig", baute mit Hilfe eines von ihm abhängigen Regierungs- und Verwaltungsapparates eine souveräne Herrschaft auf, bei der die höchste Gewalt in allen Bereichen (Gesetzgebung, Verwaltung, Außenpolitik und Rechtsprechung) in seiner Person konzentriert war. Der angebliche Ausspruch Ludwigs XIV. „L'état c'est moi" („der Staat bin ich") ist Ausdruck der Identifizierung von Staat und Herrscher; der Ruhm und Glanz des Monarchen war mit dem Wohl des Staates untrennbar verbunden.

Mit Hilfe einiger Minister und Staatsdiener (Colbert, Louvois, Vauban) entstand ein zentralistischer Verwaltungsapparat, der aus bürgerlichen Aufsteigern wie aus Amtsadeligen bestand. Die Parlamente (hohe Gerichtshöfe) wurden weitgehend ausgeschaltet. Den Schwertadel machte Ludwig von sich abhängig, indem er ihn an den glanzvollen Hof in seiner neuen Residenz Versailles band. Damit gelang es ihm, seine Herrschaft durch eine Balance zwischen den neuen bürgerlich-amtsadligen Schichten und dem alten Adel zu sichern. Große Summen verschlangen die Hofhaltung,

*Sommerpalast
in Peking
aus der Zeit des
Kaisers Ch'ien Lung
(1736—95)*

der persönliche Luxus der königlichen Familie und die Schloßbauten.

Eine *merkantilistische Wirtschaftspolitik* (▷ 10.6) sollte einen ausgeglichenen Staatshaushalt sichern, doch brachten die Hegemonialpolitik und die dauernden Kriege Frankreich bald in finanzielle Schwierigkeiten. In der Konfessionspolitik war Ludwig von seinem Selbstverständnis als „Allerchristlichstem König" bestimmt. So hob er 1685 das *Edikt von Nantes* (▷ 9.29) auf, was zur Flucht der Hugenotten, die zu den auch ökonomisch wichtigsten Kräften Frankreichs gehörten, ins Ausland führte.

10.6 Merkantilismus

Als Merkantilismus bezeichnet man die auf die Steigerung der staatlichen Macht ausgerichtete Wirtschaftspolitk der absolutistischen Staaten Europas seit der zweiten Hälfte des 17. Jahrhunderts. Ziel merkantilistischer Politk war die Sanierung der Staatsfinanzen durch eine aktive Handelsbilanz; zu diesem Zweck empfahlen die Theoretiker und Praktiker des Merkantilismus eine Reihe von Maßnahmen, die die wirtschaftliche Kraft eines

Landes auf Kosten der anderen Staaten stärken sollten. Der Merkantilismus war keine geschlossene Wirtschaftstheorie. Jean-Baptist Colbert (1619–83), der seit 1661 als Generalkontrolleur *Ludwigs XIV.* (▷ 10.5) die Wirtschaftspolitik Frankreichs bestimmte, hat dieses System am konsequentesten vertreten (Colbertismus).

Die aktive Handelsbilanz sollte durch eine entsprechende protektionistische Zollpolitik erreicht werden. So erhöhte Colbert die Einfuhrzölle, während er die Ausfuhr mit allen Mitteln zu fördern suchte. Dazu diente auch der Aufbau einer französischen Handelsflotte; die Kolonien wurden in dieses Wirtschaftssystem einbezogen. Ein weiteres Mittel sah Colbert in der Förderung der heimischen Produktion durch Qualitätskontrollen, Schutzmaßnahmen und staatliche Zuschüsse.

Vor allem die Luxusindustrie sollte gefördert werden. Manufakturarbeitern wurde die Auswanderung bei Todesstrafe verboten, während ausländische Arbeiter und Unternehmer angeworben wurden, so Metallarbeiter aus Deutschland, Tuch- und Gobelinhersteller aus den Niederlanden und Fachleute für die Spiegelherstellung aus Italien. Ferner wurde eine regelrechte Gewerbespionage betrieben. Durch Straßen- und Kanalbauten sollte das Verkehrswesen verbessert werden. Auch die Inlandsnachfrage sollte zur Förderung der Produktion gesteigert werden. Dem König (und dem Hof) wurde dabei eine Vorreiterrolle zugeschrieben. Durch seinen Luxus sollte er die Produzenten zu gesteigerter Leistung anregen, und französische Waren und französische Mode wurden bestimmend in weiten Teilen Europas. Der Steigerung der Nachfrage diente auch eine Politik zur Vermehrung der Einwohnerzahlen (Peuplierungspolitik).

Dem Zustrom französischer Waren versuchte man im Reich gleichfalls mit merkantilistischen Maßnahmen zu begegnen (Reichsmerkantilismus). Die Kleinterritorien, aber auch Preußen, bedienten sich einer merkantilistischen Wirtschaftspolitik noch bis zum Ende des 18. Jahrhunderts.

10.7 Manufakturwesen Frühkapitalismus

Ludwig XIV. Gemälde von Hyacinthe Rigaud

Auch wenn die Manufakturen als charakteristische Betriebsformen für die Zeit des *Absolutismus* (▷ 9.34) und des *Merkantilismus* (▷ 10.6) gelten können, waren doch weite Bereiche der gewerblichen Produktion noch im traditionellen zünftigen Handwerk organisiert. Und auch die sich in sogenannten „Manufakturstädten" oder in Gewerbelandschaften konzentrierenden, auf Fernhandel und Massenabsatz ausgerichteten Gewerbe wurden meist noch in der Form des Verlags betrieben; Handwerker arbeiteten in ihren eigenen Kleinbetrieben für Unternehmer (Verleger) auf Stücklohnbasis.

Großbetriebe entstanden zuerst vor allem im Bereich der Metallverarbeitung, so die Saigerhütten (Kupferhütten) oder Hammerwerke, aber auch in der Salz- und Zuckersiederei (aus Rohrzucker), in der Herstellung von Fayencen (bunte Töpferwaren), von Porzellan und Irdenware, in der Tabakverarbeitung sowie in der Papier- und Pulverproduktion. Die im Verlagssystem erarbeiteten

Eine Spielkarten-manufaktur in Paris mit Blick auf Seine und Louvre

Produkte erfuhren ihre Veredelung oder Endfertigung in größeren zentralisierten Bereichen, so die Färberei von Stoffen. In einigen Bereichen der Textilproduktion kam es bereits im 18. Jahrhundert zur Konzentration einer größeren Zahl von Arbeitskräften in einem einzelnen Betrieb. Dabei handelte es sich meist um Produkte, die einer größeren Fertigkeit bedurften wie die Baumwollfärberei, die verschiedenen Zweige der Seidenverarbeitung und die Spitzen- und Gobelinherstellung. Charakteristisch für die Epoche des Merkantilismus und seiner deutschen Sonderform, des Kameralismus, war auch die Errichtung von Spinn- und Arbeitshäusern sowie von Zuchthausmanufakturen. Sowohl das Verlags- als auch das Manufakturwesen beförderten die Entstehung einer kapitalkräftigen Unternehmerschicht, andererseits bedurfte es größerer Kapitalinvestitionen, die unterschiedlichen Quellen entstammten: teilweise aus dem Handelskapital, teilweise auch vom Staat oder vom grundbesitzenden Adel. Charakteristisch für die frühkapitalistische Epoche sind die Hoffaktoren, die mit staatlichem Kapital, mit Gewinnen aus gewerblichen Unternehmen und vor allem durch die einträgliche Versorgung der Höfe und des Militärs zu Reichtum gelangten.

10.8 Devolutionskrieg

Als Philipp IV. von Spanien 1665 starb, erlebte der Streit um das spanische Erbe zwischen Österreich und Frankreich einen ersten Höhepunkt. *Ludwig XIV.* (▷ 10.5) war mit Maria Theresia, der Tochter Philipps aus erster Ehe, verheiratet, während Kaiser Leopold I. die Tochter aus dessen zweiter Ehe, Margarete Theresia geheiratet hatte. Den Thron bestieg allerdings Karl II., der kränkelnde Sohn Philipps. Eine Teilung des spanischen Erbes war dabei stets abgelehnt worden.

Ludwig XIV. eröffnete 1667 im Namen der Erbansprüche seiner Frau den Krieg um die Spanischen Niederlande. Da Philipp Maria Theresia noch in seinem Testament enterbt hatte, machte Ludwig die Ansprüche auf einen Teil des spanischen Erbes seines Schwiegervaters mit einem im Niederländischen geltenden privatrechtlichen Erbrechtsgrundsatz geltend, dem sogenannten Devolutionsrecht, das einen erbrechtlichen Vorrang der Nach-

kommen aus erster Ehe vorsah. In einem Handstreich nahm Ludwigs Heer einige Plätze in Flandern und eroberte die Freigrafschaft Burgund. Die Reichsfürsten und der Kaiser blieben durch die geschickte Diplomatie Ludwigs neutral, trotz öffentlicher Warnungen vor dem Gewaltstreich Frankreichs; Leopold schloß sogar einen geheimen Teilungsvertrag mit Frankreich ab.

Durch das Vordringen Frankreichs in den südlichen Niederlanden fühlte sich nun aber Holland bedroht. Dieses befand sich damals noch in einem Seekrieg mit England, dem letzten zwischen beiden Staaten. Holland nötigte England zum Frieden von Breda (1667). Außerdem verband man sich mit dem langjährigen Verbündeten Frankreichs, mit Schweden, zur sogenannten Tripelallianz. Es bildete sich hier zum ersten Mal eine mächtige Allianz gegen Ludwig, der mit Gewalt seine Hegemonialstellung durchsetzen wollte. Frankreich vereinbarte daraufhin mit England und den holländischen Generalstaaten einen Friedensvertrag, dem Spanien im Frieden von Aachen (2. Mai 1668) notgedrungen beitrat. Frankreich konnte nur wenige feste Plätze in den südlichen Niederlanden, darunter Lille, behalten. Vor allem aber hatte Ludwig die Ansprüche seiner Gemahlin unüberhörbar angemeldet.

Für Spanien bedeutete der Frieden einen weiteren Schritt des Niedergangs seines Weltreiches, denn es mußte die englischen Besitzungen in Amerika anerkennen. Im Devolutionskrieg zeichnete sich auch der grundsätzliche Konflikt ab, der die nächsten kriegerischen Jahrzehnte in Europa bestimmen sollte, nämlich der Streit zwischen den Hegemonialansprüchen Frankreichs und den Allianzen zur Sicherung einer europäischen Friedensordnung, in der der Grundsatz des Gleichgewichtes herrschen sollte.

10.9 Niederländisch-französischer Krieg

Der 1672 beginnende Krieg zwischen den Generalstaaten, den Vereinigten Niederlanden, und Frankreich betraf durch diplomatische Winkelzüge, rasche Frontenwechsel der Bündnispartner und viele Nebenschauplätze bald ganz Europa. Immer wieder spielte auch der Kampf um die überseeischen Interessensphären eine Rolle. Kaiser Leopold I. zögerte lange mit einer Parteinahme, da sich in Ungarn eine von Frankreich unterstützte Opposition gegen ihn erhob. Die Reichsfürsten waren uneins: Köln und Münster erhofften sich Vorteile am Niederrhein, Bayern stand auf der Seite Frankreichs, allein Brandenburg unterstützte die Holländer, wurde aber später durch den Einfall Schwedens im eigenen Land gebunden.

Frankreich eröffnete 1672 den Krieg gegen Holland, das von *Ludwig XIV.* (▷ 10.5) als Erzfeind Frankreichs angesehen wurde, nachdem sich England wieder auf die Seite Frankreichs geschlagen hatte. Außerdem erschien die Situation günstig, da die Vereinigten Niederlande innerlich gespalten waren in eine republikanische Partei und in die Anhänger Oraniens, die Befürworter einer starken Statthalterschaft. Die Franzosen griffen mit ihren Verbündeten von Kleve her an und konnten rasche Erfolge verzeichnen. Allerdings erzielte die französisch-englische Flotte keinen ausschlaggebenden Erfolg; ein Volksaufstand hatte Wilhelm III. von Oranien an die Macht gebracht, und die Niederländer griffen zu einer Taktik, die für das feindliche Heer unüberwindlich war, sie durchstachen die Dämme und setzten weite Teile des Landes unter Wasser.

Der Krieg konzentrierte sich dann auch auf die Ostgrenze Frankreichs, auf Lothringen und das Elsaß. Wilhelm brachte eine Koalition mit Brandenburg, Österreich, Spanien und dem Reich zustande. 1674 wurde der Reichskrieg erklärt; obwohl die Armeen recht erfolgreich waren, war eine Revision der Ergebnisse des *Westfälischen Friedens* (▷ 9.35) doch nicht zu erreichen. Letzten Endes siegte Frankreich, das Schweden und Polen als Bundesgenossen gewonnen hatte, auf diplomatischem Feld gegen die uneinigen Allianzen. Der Frieden von Nimwegen 1678/79 brachte Frankreich weitere Teile Westflanderns (Cambrai) und die spanische Freigrafschaft Burgund (Franche Comté) ein. Die Vereinigten Niederlande wurden restituiert, waren nun aber zur Neutralität verpflichtet.

10.10 Reunionspolitik

Frankreich war nach dem Frieden von Nimwegen (▷ 10.9) zur europäischen Hegemonialmacht geworden. Die Reichsfürsten beeilten sich, Beziehungen mit Frankreich anzuknüpfen und Verträge abzuschließen. Vor allem Brandenburg sah sich von seinen Verbündeten im Stich gelassen. Trotz seiner Erfolge gegen Schweden hatte es nur geringe Zugeständnisse in Norddeutschland erhalten. Friedrich Wilhelm (1620–1688), genannt der Große Kurfürst, suchte jetzt sein Heil in der Verbindung mit Frankreich.

In dieser Situation ging *Ludwig XIV.* (▷ 10.5) an den Ausbau der Ost- und Nordgrenze. Als Basis dafür diente ihm der Teil der Spanischen Niederlande, den Frankreich in den letzten Jahren gewonnen hatte, die 1648 erlangte Souveränität über die lothringischen Bistümer Toul, Metz und Verdun sowie seine Ansprüche im Elsaß wie auch die 1678 Frankreich zugesprochene Freigrafschaft Burgund. Zu diesem Zweck wurden in Tournai, im Elsaß, in Metz und Besançon Behörden oder Gerichtshöfe (die sogenannten Reunionskammern) errichtet, die nach alten lehnsrechtlichen Verbindungen oder Ansprüchen dieser neugewonnenen Territorien suchten und sie für Frankreich reklamierten.

Frankreich benutzte die reunierten Gebiete dazu, um den östlichen Festungsgürtel auszubauen. So wurde Saarlouis gegründet und oberhalb von Traben-Trarbach eine große Festung (Montroyal) angelegt. Die Besitzansprüche, die im Elsaß nur sehr lückenhaft waren, wurden auf das ganze Elsaß ausgedehnt. Die Reichsstadt Straßburg wurde sogar ohne einen rechtlichen Reunionsanspruch 1681 von Frankreich annektiert. In einem erneuten Krieg gegen Spanien eroberte Frankreich die mächtige Festung Luxemburg (1684).

Zwar erfuhr angesichts der französischen Bedrohung der Reichsgedanke in Deutschland wieder eine Stärkung, und man kam sogar 1681 zum Abschluß einer förmlichen Reichskriegsverfassung, zu einer militärischen Organisation der Reichskreise; doch gegenüber der Hegemonialmacht Frankreich waren die Reichsfürsten machtlos. 1684 wurde zwischen Frankreich, dem Reich und dem Kaiser, einschließlich Spaniens, der Regensburger Stillstand abgeschlossen, der die Reunionen Frankreichs für 20 Jahre anerkannte. Das Reich war zudem durch die von den Franzosen geförderten, neuerlichen Vorstöße der Türken (▷ 10.12) im Osten gebunden.

*Die Schlacht
am Kahlenberge
zur Befreiung Wiens
von der türkischen
Belagerung 1683*

10.11 Habeas-Corpus-Akte

Die Geschichte der Menschen- und Bürgerrechte in England ist eng verbunden mit den Auseinandersetzungen zwischen Krone und Parlament (▷ 7.8). Seit der *Magna Carta* von 1215 (▷ 6.19) kam es immer wieder zu wichtigen Urkunden, die die persönliche Freiheit der Engländer sicherten. Es ging juristisch vor allem darum, die Freiheit der Person vor Willkürmaßnahmen der Krone zu sichern.

Prinz Eugen von Savoyen

Während des Kampfes zwischen Krone und Parlament unter den Stuarts war in der Petition of Right („Petition über das, was Recht ist") von 1628 bereits gefordert worden, daß niemandem ohne ein rechtliches Verfahren die Freiheit entzogen werden dürfe. Bereits im alten englischen Recht hatte es die Writs of Habeas Corpus gegeben, die bestimmten, daß jemand seinem zuständigen Richter zugeführt werden müsse, damit er sich entsprechend der Gesetze verantworten könne. Das gelte auch, wenn die Verhaftung aufgrund eines königlichen Befehls erfolgt sei.

Nach der Restaurierung der Königswürde 1660 (▷ 10.1) kam es immer wieder zu Vorstößen des Unterhauses, gegen Fälle von willkürlicher Einkerkerung oder von Überstellung von Gefangenen auf die Kanalinseln, nach Irland oder in die Kolonien eine gesetzliche Maßnahme zu ergreifen. Allgemein gab es wohl einige juristische Unsicherheiten bei der Handhabung des Grundsatzes von Habeas Corpus (nach dem lateinischen Anfang mittelalterlicher Haftbefehle, „du sollst den Körper haben"), insbesondere in Fällen, wo eine Haftverschonung von Angeklagten durch Stellung einer Kaution hätte erfolgen können. 1679 setzte das Parlament die Habeas-Corpus-Akte durch, die eine willkürliche Einkerkerung verhindern sollte. Angeklagte sollten innerhalb von drei Tagen ihrem zuständigen Richter vorgeführt werden, unabhängig von einer Verlegung des Gefangenen von dem einen in ein anderes Gefängnis. Hohe Strafen wurden festgelegt für diejenigen, die diese Bestimmungen verletzten. Kein Einwohner Englands sollte zur Einkerkerung außer Landes gebracht werden dürfen. Die Habeas-Corpus-Akte beruhte teilweise auf älteren Bestimmungen und schuf klare Verfahrensregeln. Sie war ein Meilenstein in der Entwicklung der persönlichen Freiheitsrechte.

10.12 Zweiter Türkenkrieg

Ein Grund für die lange Zurückhaltung Kaiser Leopolds I. bei den kriegerischen und diplomatischen Aktivitäten Frankreichs an der Westgrenze des Reiches (▷ 10.10) bestand in der bedrohlichen Situation im Osten. Zum einen widersetzten sich die Ungarn einer zentralistischen, gegenreformatorischen Politik Wiens, zum anderen bestand die ständige Bedrohung durch das mächtige Osmanische Reich (▷ 9.15). Nur vorübergehend, solange die Türken mit Polen und Rußland im Streit lagen, hatte der Kaiser auch im Westen einige Bewegungsfreiheit. Frankreich pflegte dagegen stets gute Kontakte zur Pforte.

Das Osmanische Reich suchte 1683 eine Entscheidung im Westen. Unter dem Großwesir Kara Mustafa Pascha zog ein riesiges Heer von mehr als 200 000 Mann auf Wien zu, darunter Hilfstruppen aus den Donaufürstentümern und aus Ägypten sowie Krimtataren, und belagerte die Stadt. Die Verteidiger, etwa 11 000 Mann und 5000 waffenfähige Bürger, widerstanden einer mit allen Mitteln der damaligen Kriegstechnik betriebenen Belagerung. Kaiser Leopold war nach Linz und weiter nach Passau geflohen. Gegen die Bedrohung sammelte sich nun ein Heer bestehend aus Polen unter ihrem König Jan Sobieski (Johann III.), Bayern (unter Kurfürst Max Emanuel), Kaiserlichen (unter Karl von Lothringen) sowie aus Kontingenten des fränkischen und schwäbischen Kreises und Sachsen. Zu den Teilnehmern auf der Seite des Entsatzheeres gehörten auch der junge Prinz Eugen von Savoyen und der Markgraf Ludwig Wilhelm von Baden (genannt der „Türkenlouis"). Durch den Sieg dieses Heeres am Kahlenberge 1683 wurde nicht nur Wien befreit, sondern auch eine große Offensive gegen die Türken eingeleitet, die den Druck der „Türkengefahr" von Europa nahm, die nach der *Eroberung Konstantinopels* (▷ 8.10) zwei Jahrhunderte lang die Politik auf dem Kontinent ganz ent-

scheidend mitgeprägt hatte. Mit dem Papst, Polen und Venedig verband sich der Kaiser zur „Heiligen Liga" (1684). Die Türken wurden weit zurückgeworfen. Ofen (Buda) wurde erobert, und nach dem Sieg von Mohács 1687 fiel ganz Ungarn, das bisher zu einem größeren Teil unter osmanischer Herrschaft gestanden hatte, an den Kaiser, der dort die Erblichkeit der Habsburger Dynastie durchsetzte. Als 1688 sogar Belgrad unter der Führung des bayrischen Kurfürsten Max Emanuel erobert wurde, war die Herrschaft Österreichs unangefochten. Im Friedensschluß von Karlowitz (Sremski Karlovci) am 26. Januar 1699 wurden die osmanischen Gebietsverluste vertraglich anerkannt. Die Türkenkriege im 18. Jahrhundert (▷ 10.21, ▷ 10.29) fanden außerhalb Mitteleuropas statt.

10.13 Glorious revolution

Unter der Herrschaft Jakobs II. (1685–88) brach in England der Konflikt zwischen Krone und Parlament, der in der ersten Hälfte

Wilhelm III. von Oranien

des 17. Jahrhunderts zur *Puritanischen Revolution* (▷ 9.31) geführt hatte, erneut aus. Jakob war Katholik und betrieb bei der Besetzung der Ämter in Verwaltung und Armee eine entschiedene Rekatholisierungspolitik. Insbesondere mit der *Anglikanischen Kirche* (▷ 9.16) mußte Jakob in Konflikt geraten. Der König war seit Heinrich VIII. Oberhaupt der Kirche, sie war zu einer wesentlichen Stütze der Krone geworden. Die Situation verschärfte sich dadurch, daß Karl II., der Bruder und Vorgänger Jakobs, wichtige städtische und regionale Ämter in den Händen von Kirchenvertretern konzentriert hatte.

Als sich die Kirche Anordnungen Jakobs widersetzte und das Parlament nach der Geburt des Thronfolgers (1687) die protestantische Monarchie in Gefahr sah, forderten Whigs und Tories den Schwiegersohn Jakobs, Wilhelm von Oranien (▷ 10.9), auf, die Herrschaft in England anzutreten. Wilhelm leistete dieser Einladung bereitwillig Folge, da er England in eine Koalition gegen Frankreich einbinden wollte. Als Wilhelm am 15. November 1688 mit einer starken Flotte in England landete, löste sich das Heer Jakobs auf; der König floh zu *Ludwig XIV.* (▷ 10.5), der erst drei Jahre zuvor das *Edikt von Nantes* (▷ 9.29), den Schutzbrief der französischen Protestanten, aufgehoben hatte. Die verfassungsrechtliche Situation war verworren. Jakob II. hatte nicht abgedankt. Das Parlament war aufgelöst, es hätte nur durch einen König zusammengerufen werden können. Ein aus dem Oberhaus und ehemaligen Parlamentsangehörigen bestehender Konvent bildete ein neues Parlament, das die Fragen der Nachfolge in Verhandlungen mit Wilhelm und seiner Frau Maria, der ältesten Tochter Jakobs, regelte. Wilhelm III. bestieg am 13. Februar 1689 den Thron.

Die später so bezeichnete Glorious revolution erscheint als unblutiger Staatsstreich, als Dynastienwechsel. Die Declaration of Rights vom Januar 1689, später als Bill of Rights bestätigt, legte konstitutionelle Beschränkungen des Königtums fest: Ohne die Zustimmung des Parlaments sollte es keine Gesetzgebung, keine Besteuerung, kein stehendes Heer in Friedenszeiten in England mehr geben. Außerdem wurde die Freiheit der Parlamentsabgeordneten vereinbart. Faktisch wurde die Souveränität auf das Parlament verschoben und die Vorstellungen von der Prärogative des Königs beendet.

Der Staatstheoretiker John Locke (1632–1704) beschrieb in seinen „Two Treatises of Government" (1690) die neue Lage nach der Glorious revolution: Krone und Parlament übten treuhänderisch die Macht zugunsten des Volkes aus, das über das Recht zum Widerstand verfügte. Der Königstitel in England beruhte von nun an auf vertragsrechtlichen Regelungen. Die konstitutionelle Entwicklung in Europa im 18. und 19. Jahrhundert war vorgezeichnet.

10.14 Personalunion England–Holland

Die *Glorious revolution* von 1688 (▷ 10.13) und die Königserhebung Wilhelms III. von Oranien in England und Schottland war von großer Bedeutung für die Machtverhältnisse in Europa. Wilhelm konnte nun auch England und Schottland an der Allianz gegen *Ludwig XIV.* (▷ 10.5) beteiligen. Durch den Krieg gegen Frankreich (▷ 10.15) wurde die Herrschaft Wilhelms gefestigt. Ludwig XIV. hatte sich zunächst auf die Seite des nach der Glorious revolution nach Frankreich geflohenen Jakob II. gestellt.

Der Krieg mit Frankreich ab 1689 belastete England mit hohen Kosten. Daraus entwickelte sich ein neues Finanzierungssystem des Staates. Ein Teil dieses neuen Kapitalsystems war die Gründung der Bank von England 1694 unter der Garantie des Parlaments und einer neuen Ostindischen Kompanie, die den Kapitalanlegern hohe Renditen brachte. Diese Art der Kriegsfinanzierung führte zu einer Stärkung des Parlaments. Der König war ohne das Parlament im Grunde nicht mehr kreditfähig. Die Regierung des Oraniers festigte durch ihre Außenpolitik damit die Entwicklung Englands zu einer konstitutionellen Monarchie.

Da Wilhelm keinen direkten Nachkommen hatte, legte sich das Parlament gegen die Ansprüche der Stuarts 1701 auf die spätere Thronfolge des Hauses Hannover fest. Der Act of Settlement regelte die protestantische Nachfolge. Am 8. März 1702 bestieg als letzte Stuart Königin Anna, die Schwester Königin Marias, den Thron. In Holland blieb nach dem Tod Wilhelms die Statthalterwürde lange

Die Verwüstung
Speyers
durch französische
Truppen im
Pfälzischen
Erbfolgekrieg

vakant; es hatte eine schwere Kriegslast zu tragen und erlebte nun einen Niedergang der Republik.

10.15 Frieden von Rijswijk

Der Frieden von Rijswijk beendete 1697 den Pfälzischen Erbfolgekrieg, der 1688 von Ludwig XIV. nach dem Tode des letzten Nachkommen der Pfalz-Simmerner Linie und der Nachfolge der Pfalz-Neuburger Linie in der Kurpfalz zur Sicherung der Erbansprüche seiner Schwägerin Liselotte begonnen worden war. Eine mächtige Koalition stand gegen Frankreich: die 1686 geschlossene Augsburger Allianz (mit dem Kaiser, Bayern, Franken, Spanien und Schweden), das seit der *Glorious revolution* (▷ 10.13) mit Holland verbündete England und das sogenannte Magdeburger Konzert (Brandenburg, Sachsen, Hannover und Hessen-Kassel), außerdem Savoyen.
Zwar konnte Frankreich durch geschickte Diplomatie einige Glieder aus dieser Allianz herausbrechen, zu entscheidenden Erfolgen aber kam Ludwig XIV. nicht. Französische Truppen besetzten einige Gebiete am Ober- und Mittelrhein sowie Kurköln, ein entscheidender Durchbruch gelang aber nicht. Daraufhin entschloß sich Frankreich zu einer defensiven Haltung. Gestützt auf die eroberte Reichsfestung Philippsburg gegenüber Speyer brandschatzten die Truppen weite Gebiete im Westen Deutschlands. Außerdem schufen die Franzosen ein Glacis durch eine Politik der Verwüstung und Entvölkerung in der Pfalz.

Neben anderen Städten wurden Mannheim, Heidelberg und Speyer niedergebrannt. Durch die Anlage von Befestigungslinien hielt Ludwig Wilhelm von Baden (der „Türkenlouis") die Franzosen in Schach. Ein Invasionsversuch Englands endete mit einer vernichtenden Niederlage der französischen Flotte 1692 vor La Hogue (Normandie). Die Überlegenheit zu See ging nun an England über.
Im Frieden von Rijswijk (1697) behielt Frankreich zwar das Elsaß mit Straßburg, gab auch seine Ansprüche auf das spanische Erbe nicht auf, es mußte aber auf alle *Reunionen* (▷ 10.10) außerhalb des Elsaß verzichten. Es verlor vor allem die vorgeschobenen Festungen im Reich, Montroyal und die rechtsrheinischen Brückenköpfe. Auch mußte es der Einsetzung des lothringischen Herzogs Leopold in seine Rechte zustimmen. Der Kaiser diskreditierte sich bei den protestantischen Reichsfürsten durch seine geheimen Abmachungen mit Frankreich, daß die in den ehemals reunierten deutschen Gebieten vorgenommenen Änderungen zugunsten der Katholiken nicht rückgängig gemacht werden sollten, eine eindeutige Verletzung der Bestimmungen des *Westfälischen Friedens* (▷ 9.35).
Rijswijk machte deutlich, daß den Ansprüchen Frankreichs in Europa der Widerstand einer weitgespannten europäischen Allianz gegenüberstand. Im gleichen Jahr gelang es dem Prinzen Eugen von Savoyen mit einem kaiserlichen Heer, die Türken bei Zenta am Unterlauf der Theiß erneut entscheidend zu besiegen. Das Habsburger Reich wuchs nun im Südosten zu Lasten der Türken weit über die

Grenzen Ungarns hinaus. Frankreich war somit ein Verbündeter im Osten genommen.

10.16   Zar Peter I.

Die Herrschaft Peters I., des Großen, (geb. 1672, Zar 1682/89–1725) bildet eine tiefe Zäsur in der Geschichte Rußlands; der Allrussische Kaiser (seit 1721) sicherte seinem Land dank der konsequenten Modernisierung im Innern und der außenpolitischen Erfolge die Vorrangstellung in Osteuropa und erhob es wieder zur europäischen Großmacht.

Peter der Große nimmt bei einem Besuch 1717 in Paris — entgegen der Etikette — Ludwig XV. auf den Arm

Der ohne geregelte Erziehung aufgewachsene Peter, Sohn des Zaren Alexei Michailowitsch (1645–76), beendete 1689 die Regentschaft seiner Stiefschwester Sophia, übernahm aber erst nach dem Tod seiner Mutter 1694 die Regierungsgeschäfte. Auf seiner ersten Europareise 1697/98 gelang es ihm nicht, eine Allianz gegen das Osmanische Reich zustandezubringen; dafür sammelte er technische Informationen und erhielt prägende Eindrücke, die auf sein im Verlauf des *Zweiten Nordischen Krieges* (▷ 10.18) durchgeführtes Reformwerk zurückwirkten. Den militärischen Erfordernissen mußte notgedrungen mit dem Aufbau einer zeitgemäßen Heeresorganisation (1705 Neuregelung des Soldatendienstes, 1716 Kriegsreglement) und einer Flotte (1715 Gründung der Marineakademie, 1720 Marinestatut) Priorität eingeräumt werden.

Den grundsätzlich dienstpflichtigen Adel unterwarf Peter einem rationalistischen Leistungsprinzip und zog ihn zum Militär- und Staatsdienst heran (1722 Dienstrangtabelle). Der Zwang zur Steigerung der Staatseinnahmen bedingte die Einführung lastender Steuern, die Inflation und gezielte Münzverschlechterungen; mit der steuerlichen Gleichstellung der schollengebundenen Bauern mit den rechtlosen Cholopen 1722 wurde unter fiskalischen Gesichtspunkten die Leibeigenschaft ausgeweitet.

Neben wenig erfolgreichen Ansätzen zur Reform der Stadtverwaltungen verfügte Peter 1711 die Einrichtung eines Regierenden Senats, der bald als oberstes Staatsorgan wichtige legislative und administrative Funktionen wahrnahm, und schuf als Kontrollinstanz die Fiskalämter. Als oberste Verwaltungsbezirke dienten 1708 zunächst acht, 1719 elf Gouvernements. Die seit 1712 nach ausländischen Vorbildern vorbereitete Reform der gesamten Staatsverwaltung mit neun Kollegien als Zentralbehörden wurde 1717 bis 1722 realisiert. 1712 machte der Zar seine Gründung St. Petersburg zur Hauptstadt.

Nach der Aufhebung der Patriarchatsverfassung und dem Erlaß einschränkender kirchenrechtlicher Verordnungen übertrug der Zar 1721 die Kirchenaufsicht einem Heiligsten Regierenden Synod. Dem Aufbau von Manufakturen und Schulen galt Peters besonderes Interesse. Im Thronfolgegesetz von 1722 behielt er sich die freie Wahl des Nachfolgers vor. Er

schrieb die Benutzung des Julianischen Kalenders vor, der in Rußland bis 1918 galt.
Da Zar Peter die religiös-traditionalistischen Wertvorstellungen des Moskauer Staates verletzte und im Kampf gegen das Alte auch nicht vor Demütigungen und einer totalen Reglementierung der Gesellschaft zurückschreckte, löste er beträchtliche Widerstände aus.

10.17 Spanischer Erbfolgekrieg

Im Spanischen Erbfolgekrieg (1701–14) kam es erneut zu einem Kampf um die hegemoniale Rolle Frankreichs in Europa. Der letzte spanische Habsburger, Karl II., starb 1701 ohne Nachkommen und hatte den Enkel Ludwigs XIV., Philipp von Anjou, als Erben eingesetzt. Jetzt zeigte sich, daß alle Erbteilungsverhandlungen zwischen dem französischen König und den Habsburgern taktischer Natur gewesen waren. Ludwig dachte nicht an eine Aufteilung des spanischen Erbes.
Als der Bourbone Philipp in Madrid einzog, konnte Ludwig mit den beiden nun vereinten Königreichen den Landmächten in Europa und den Seemächten in Übersee gestärkt gegenübertreten. Hinzu kam, daß er England durch die Proklamation des Stuarts Jakob III. zum Gegenkönig in Bedrängnis brachte (▷ 10.19). Außerdem fand Ludwig im Reich mächtige Verbündete: Der Wittelsbacher Kurfürst Joseph Klemens von Köln und der ehrgeizige Max Emanuel von Bayern (der Blaue Kurfürst) stellten sich auf die Seite Frankreichs. Max Emanuel erhoffte sich reichen Gebietsgewinn aus dem habsburgischen Besitz, wenn nicht gar die Kaiserkrone.
Erneut kam unter Wilhelm von Oranien eine wirkungsvolle Koalition, bestehend aus England, Holland und Österreich, zusammen, die Haager Allianz von 1701. Außerdem wurde der Reichskrieg erklärt. Auf der Seite der Allianz standen auch Savoyen und Friedrich I. von Preußen, der dem Kaiser für den Erwerb der Königswürde verpflichtet war. Der Krieg wurde an drei Fronten geführt, in Italien, in den Spanischen Niederlanden und am Oberrhein. Den französischen Heeren standen kaiserliche Truppen unter Prinz Eugen von Savoyen und dem englischen Herzog von Marlborough gegenüber. Die entscheidende

Schlacht fand schon 1704 bei Höchstädt an der Donau statt, in der die Franzosen und Bayern besiegt wurden. Kaiserliche Truppen besetzten daraufhin Bayern. Im gleichen Jahr eroberten die Engländer Menorca und Gibraltar. In Italien und in den Niederlanden (Schlacht bei Oudenaarde 1708) gab es weitere Siege für die Allianz. Versuche zur Rückgewinnung Schottlands für die Stuarts scheiterten.

Herzog von Marlborough

Trotz dieser Siege war aber die Lage der Allianz nicht unproblematisch. Der zum habsburgischen Gegenkönig in Spanien ernannte Sohn des Kaisers, Erzherzog Karl, war wenig erfolgreich. Im Osten kam es zum Vorstoß des Schwedenkönigs Karl XII. nach Sachsen (▷ 10.18), der sich aber nicht auf die Seite Frankreichs stellte. Die Ungarn erhoben sich unter Franz II. Rákóczi erneut gegen die Habsburger.
Die entscheidende Wende zum Frieden hin kam von England. Der Herzog von Marlborough, der in England die Politik bestimmt hatte, wurde entmachtet. Die Tories, Vertreter des ländlichen Adels, traten für einen Frieden mit Frankreich ein. England, das den Krieg gleichzeitig auch im Mittelmeer und in den amerikanischen Kolonien geführt hatte, war aus wirtschaftlichen Interessen vor allem an der Sicherung seiner Seemachtstellung interessiert. Außerdem war Erzherzog Karl 1711 zum Nachfolger des Kaisers im Reich gewählt worden. An einer Wiedererrichtung eines habsburgischen Großreiches durch die Vereinigung von Österreich und Spanien konnte England nicht interessiert sein. So schloß England 1713 mit Frankreich den Frieden von Utrecht; Philipp von Anjou behielt die spa-

nischen Hauptlande und die Kolonien, mußte aber auf eine Vereinigung mit Frankreich verzichten. Ein Jahr später folgten die Friedensschlüsse von Rastatt und Baden (▷ 10.20) mit Kaiser und Reich. Die Verträge standen ganz unter der von England vertretenen Idee des europäischen Gleichgewichts.

10.18 Zweiter Nordischer Krieg

Die vom *Zaren Peter I.* (▷ 10.16) 1698/99 mit August II., dem Starken, von Polen/Sachsen und Friedrich IV. von Dänemark gegen den schwedischen König Karl XII. geschlossene Allianz wurde durch die Siege Karls über die Dänen (Frieden von Travendal) und die Russen vor Narwa in Estland bereits 1700 schwer beeinträchtigt. Nach der Eroberung Polens erzwang Karl XII. die Wahl Stanislaus' I. Leszczyński zum König und nötigte 1706 im Frieden von Altranstädt August zum Verzicht auf die polnische Krone.

Inzwischen hatte Peter I. aber sein Heer erneuert und eine Flotte aufgebaut. Bei seinem 1708 begonnenen Rußlandfeldzug wurde Karl XII. vom Kosakenhetman Mazeppa unterstützt, verlor mit seinem durch russische Überfälle und Seuchen geschwächten Heer 1709 die Entscheidungsschlacht bei Poltawa in der Ukraine, konnte sich aber schwerverwundet in die Türkei retten. Während August II. Polen zurückeroberte und Stanislaus I. ins Exil nach Pfalz-Zweibrücken trieb, mußte sich Peter I. im Krieg gegen die Türkei nach der Einschließung seines Heeres am Fluß Pruth durch den Verzicht auf Asow 1711 den freien Abzug erkaufen.

Russische Truppen beteiligten sich 1711 bis 1716 an der Eroberung Schwedisch-Pommerns (Vorpommerns); währenddessen griff Peter I. die schwedischen Ostseebesitzungen gezielt an: 1714 wurde ganz Finnland erobert, und nach dem ersten russischen Sieg in einer Seeschlacht (Hangö, 1714) wurden die Åland-Inseln besetzt. Im Vertrag von Amsterdam (1717) akzeptierten Rußland, Frankreich und Preußen die Ergebnisse des *Spanischen Erbfolgekrieges* (▷ 10.17) und garantieren den jeweiligen Besitzstand.

Da eine vom Tod Karls XII. vor Frederikshald 1718 beeinflußte erste russisch-schwedische Friedenskonferenz an Peters Forderung nach ganz Livland scheiterte, ließ der Zar eine Invasion in Schweden vorbereiten, nachdem die Schweden bereits alle Besitzungen außerhalb des Stammlandes verloren hatten. Doch das britische und französische Interesse am nordischen Gleichgewicht verhinderte eine vollständige schwedische Niederlage. Im Frieden von Nystad (10. September 1721) konnte schließlich der Krieg zwischen Rußland und Schweden beendet werden, das die Provinzen Livland, Estland, Ingermanland, Teile Kareliens und die Inseln Dagö, Ösel und Møn an Rußland und damit seine Vormachtstellung in diesem Raum verlor, dafür aber Finnland zurückgewann.

Diese beträchtliche Machtausweitung im Baltikum veranlaßte Peter, am 22. Oktober 1721 den Kaisertitel („Allrussischer Kaiser") anzunehmen. Zudem konnte der Zar als Schlichter im Streit zwischen König August II. und der Konföderation von Tarnogród 1716/17 die russische Suprematie in Polen ausbauen und sich 1719/20 mit Österreich und Preußen darüber verständigen, Reformen zur Überwindung der adelsständischen Anarchie in Polen zu unterbinden. Durch seine ambitionierte Heiratspolitik konnte er zudem den russischen Einfluß auf Norddeutschland ausdehnen.

10.19 Union von England und Schottland

Die Beziehungen zwischen England und Schottland gestalteten sich seit dem 16. Jahrhundert aufgrund der dynastischen Verhältnisse schwierig. Nachdem der letzte Stuart auf dem englischen Thron, König Jakob II., durch die *Glorious revolution* 1688 (▷ 10.13) vertrieben worden war, versuchten sein Sohn (Jakob III. Eduard) und sein Enkel der „Bonnie Prince Charles", auf dem Weg über das schottische Stammland der Stuarts wiederholt die englische Krone zurückzugewinnen. Ihre Anhänger, die Jakobiten, waren in Schottland, insbesondere in den nördlichen Highlands, zahlreich. Dort bestanden teilweise noch mittelalterliche Verhältnisse in der Hinsicht, daß der Adel etwa das Recht hatte, von den von ihm abhängigen Bauern die Heerfolge zu verlangen, was den Jakobiten zu ansehnlichen Truppen verhalf.

Zu neuen Versuchen Jakobs III. zur Rückgewinnung Schottlands (und Englands) kam es, als 1707 von der englischen Königin Anna (1702–14) die Union von England und Schottland verkündet wurde. Die reicheren südlichen schottischen Lowlands sahen in der Union vor allem wirtschaftliche Vorteile. Gegenüber der in Schottland herrschenden presbyterianischen Kirche waren die Anhänger der englischen Bischofskirche Außenseiter. Religiöse Konflikte begleiteten die nach der Union einsetzenden Versuche der Kronprätendenten, in Schottland Fuß zu fassen. Die katholische Politik der Stuarts machte die Situation noch komplizierter.

Königin Anna

Ein erster Landungsversuch Jakobs III. in Schottland mit französischer Unterstützung scheiterte 1708. Als Anna 1714 starb, konnte Jakob seine Ansprüche nicht durchsetzen, auf dem Thron folgte der Hannoveraner Georg, dessen Nachfolge im *Frieden von Utrecht* (▷ 10.20) 1713 sanktioniert worden war. Jakob III. suchte nun Unterstützung in Europa. Schottische Aufstände in den Jahren 1715 und 1719 (mit spanischer Unterstützung) scheiterten. Zu einem letzten Versuch kam es, als „Bonnie Prince Charles" 1745 schottischen Boden betrat, um für seinen Vater den Thron zurückzugewinnen. Am 16. April 1746 wurden die schottischen Clans unter Charles bei Culloden vernichtend geschlagen. Es war der Endpunkt der Jakobitischen Bewegung. Charles und sein Bruder hinterließen keine Erben. Die Bestrebungen der Stuarts um die Wiedergewinnung des Throns bewirkten letztlich die Festigung der Union zwischen England und Schottland. Die Rebellen wurden durch Hinrichtungen und Deportationen dezimiert. Wiederholt kam es zu Gesetzen über die Ent-

waffnung der Schotten. Die Kriegsfolgepflicht der Bauern gegenüber ihren Clanherren wurde aufgehoben. Viele Adlige besaßen in Schottland bis zur Einführung des englischen Gerichtssystems noch die erbliche Richterwürde. Militärstraßen sollten das Land erschließen. 1747 wurde das Tragen der schottischen (keltischen) Nationaltracht und der Tartans verboten. Durch die Errichtung schottischer Regimenter machte sich England die kriegerischen Traditionen der Schotten bald für das in der Entstehung begriffene Empire zunutze.

10.20 Frieden von Utrecht Frieden von Rastatt

Bereits 1708 kamen im Verlauf des *Spanischen Erbfolgekrieges* (▷ 10.17) Verhandlungen über eine umfassende Friedensregelung zustande. Kaiser und Reich erhofften sich aufgrund der Erfolge der Allianz auf dem Schlachtfeld eine weitgehende Revision der Friedensverträge des 17. Jahrhunderts. Da sich aber durch die Kaisererhebung des Habsburgers Karl VI. (1685–1740, Kaiser seit 1711), der gleichzeitig Ansprüche auf den spanischen Thron erhob, die Möglichkeit einer übermächtigen Stellung Österreichs abzeichnete, der England nicht zustimmen konnte, kam es zu geheimen Friedensverhandlungen zwischen Frankreich und England, die zum Friedenskongreß von Utrecht führten. Während Frankreich, England, Holland, Savoyen, Portugal und Preußen den Vertrag von Utrecht 1713 unterzeichneten, verweigerte der kaiserliche Gesandte die Unterschrift. Einige Wochen später schlossen auch England und Spanien, das unter der Herrschaft des Enkels Ludwigs XIV. blieb, einen Vertrag, der England vor allem den Besitz von Gibraltar und das Monopol im spanischen Sklavenhandel bestätigte. Außerdem sicherte sich England weitere Teile des französischen Kolonialbesitzes in Nordamerika, so die Hudsonbai und Newfoundland. England hatte sich in Utrecht mit seiner Idee des Gleichgewichts durchgesetzt. Das spanisch-habsburgische Riesenreich wurde nicht restituiert. Spanien selbst blieb in den Händen der französischen Bourbonen, durfte aber in keinem Falle mit Frankreich vereinigt werden. Die Spanischen Niederlande fielen an den Kaiser, Holland erhielt einige Sperrfestungen gegenüber Frankreich und besetzte die Gegenküste zum Inselreich. Die italienischen Besitzungen Spaniens fielen an Österreich, Sizilien aber an das Haus Savoyen. Der bayerische Kurfürst wurde wieder in seine Herrschaft eingesetzt, die Königserhebung Preußens wurde anerkannt.

Da der Kaiser dem Frieden von Utrecht nicht beigetreten war, blieb der Oberrhein Kriegsschauplatz, hier fanden die Friedensverhandlungen zwischen Frankreich und dem Kaiser statt. Die beiden Heerführer, Prinz Eugen von Savoyen für den Kaiser und der französische Marschall Villars, führten ihre Verhandlungen im badischen Rastatt. Der Kaiser mußte die Ergebnisse von Utrecht im Frieden von Rastatt (7. März 1714) akzeptieren. Das Elsaß blieb bei Frankreich, Österreich behielt die Herrschaft über die Lombardei, Neapel und Sardinien. Landau, das die Franzosen erobert hatten, bildete eine stark befestigte Exklave Frankreichs im Reich. Wenige Monate später wurde der Frieden zwischen dem Reich und Frankreich in Baden in der Schweiz geschlossen, der die Abkommen von Utrecht und Rastatt bestätigte.

10.21 Frieden von Passarowitz

Das Osmanische Reich stellte trotz der Niederlage vor Wien 1683 (▷ 10.12) immer noch eine bedeutende Macht dar. Allerdings war es durch innere Machtkämpfe geschwächt. Die Zeit der großen osmanischen Sultane war vorbei; faktisch herrschten die Großwesire. Zu Beginn des 18. Jahrhunderts machten es innenpolitische Unruhen unmöglich, daß das Osmanische Reich die günstige Situation ausnutzen konnte, die sich durch den Aufstand Franz' II. Rákóczi gegen die habsburgische Herrschaft in Ungarn bot.

Als der 1709 bei Poltawa von den Russen vernichtend geschlagene Schwedenkönig Karl XII. (▷ 10.18) zu den Türken floh, entschlossen diese sich zu einem Schlag gegen den mächtigen Nachbarn Rußland, über den 1711 ein Sieg erzielt wurde. Der ehrgeizige Großwesir Damat Ali Pascha wollte nun einen Erfolg gegen Venedig, den Konkurrenten im Mittelmeer, erzielen. Es gelang den Osmanen, den Peloponnes zurückzuerobern und Kreta vollständig unter ihre Herrschaft zu bringen.

Um der Gefahr an der Südostflanke des Reiches zu begegnen, begann Österreich erneut einen Krieg gegen das Osmanische Reich. Prinz Eugen, mittlerweile Reichsfeldmarschall, besiegte die Türken bei Peterwardein (bei Novi Sad) 1716 und eroberte das Banat mit Temesvar und schließlich auch Belgrad, von dessen Eroberung das zeitgenössische Lied vom „edlen Ritter" kündete, das zur Popularität des Prinzen beitrug. Im Frieden von Passarowitz (südöstlich von Belgrad) am 21. Juli 1718 wurde das Osmanische Reich zur Abtretung weiterer Gebiete, u. a. Nordserbiens, gezwungen.

Der Vertrag eröffnete den österreichischen Kaufleuten gute Aussichten: Die Freiheit des Handels und der Schiffahrt wurde im gesamten Osmanischen Reich gewährt. Doch diese Vorteile konnten von Österreich wegen des Fehlens einer schlagkräftigen Handels- und Kriegsflotte nicht hinreichend genutzt werden. Die günstigen Bestimmungen waren der geschickten Verhandlungsführung des Prinzen Eugen zu verdanken. In der Folgezeit setzte eine intensive, organisierte Einwanderung in das entvölkerte Ungarn und das Banat ein, hauptsächlich von bäuerlich-handwerklichen Siedlern aus den Gebieten Südwestdeutschlands (Banater Schwaben).

10.22 Polnischer Thronfolgekrieg

August II., der Starke, hatte zeitlebens versucht, in Polen eine Erbmonarchie für das Haus Wettin zu errichten, wofür er auch zu beträchtlichen Gebietsabtretungen bereit gewesen wäre. Seine von Preußen unterstützten Pläne scheiterten jedoch am Einspruch Rußlands. Nach seinem Tod am 1. Februar 1733 sprach sich der polnische Adel für einen *Piasten* (▷ 5.30), einen Polen, als Nachfolger aus und wählte den von seinem Schwiegersohn Ludwig XV. unterstützten Stanislaus I. Leszczyński erneut zum König (▷ 10.18). Unter dem Druck russischer Truppen stimmte eine kleine Zahl meist litauischer Adliger jedoch für den Kurfürsten August von Sachsen, der sich die Unterstützung Österreichs durch die Bestätigung der Pragmatischen Sanktion Kaiser Karls VI. (▷ 10.23) und die Rußlands durch die Einräumung der freien Verfügungsgewalt über das Herzogtum Kurland gesichert

*Maria Theresia mit
ihren Söhnen
Leopold II.,
Ferdinand Karl,
Joseph II. und
Maximilian Franz*

hatte. Während sich Leszczyński in Danzig gegen die russisch-sächsische Belagerung verteidigte, konnte sich August III. am 17. Januar 1734 in Krakau krönen lassen. Nach der Kapitulation Danzigs im Juni bildete sich zwar noch eine Konföderation zugunsten Stanislaus' I., die aber der russisch-polnisch-sächsischen Übermacht nicht gewachsen war.
Im Frieden zu Wien (3. Oktober 1735, bestätigt 1738) verzichtete Stanislaus auf die polnische Krone und wurde dafür mit dem Herzogtum Lothringen abgefunden, das nach seinem Tod (1766) an Frankreich fallen sollte; Franz Stephan von Lothringen, der 1736 die österreichische Thronerbin *Maria Theresia* (▷ 10.24) heiratete, erhielt dafür die Toskana. Der an politischen Fragen uninteressierte August III. überließ die Führung der Regierungsgeschäfte seinem Günstling Heinrich Graf Brühl, unter dem die Kämpfe der Magnatenfaktionen um Ämter, Krongüter und Einfluß die Adelsrepublik völlig lähmten, so daß Polen zum Spielball der Nachbarmächte herabsank. Die staatliche Autorität verfiel weitgehend; trotz brauchbarer Reformprojekte wurden alle Reichstage, meist unter Mitwirkung Rußlands, Frankreichs und vor allem Preußens, gesprengt.

10.23 Österreichischer Erbfolgekrieg

Es entsprach den Grundsätzen absolutistischer Staatsräson, daß Kaiser Karl VI. in der Pragmatischen Sanktion von 1713 die Unteilbarkeit des österreichischen Gesamtstaates festlegte, ein Grundsatz, der für Frankreich schon seit Jahrhunderten galt. Außerdem bestimmte die Pragmatische Sanktion, daß Karls Töchter in der Erbfolge vor denen seines Bruders Joseph stehen sollten.
So fiel nach dem Tod Karls VI. (1740) die Herrschaft an seine 1717 geborene älteste Tochter *Maria Theresia* (▷ 10.24). Von allen Seiten wurden, entsprechend der vorherigen Erbfolgekriege, Ansprüche auf Teile aus diesem Erbe gemacht: von Sachsen, Bayern, Spanien und vor allem von Preußen. Kurfürst Karl Albrecht (1697–1745) von Bayern erhob aufgrund seiner Herkunft auch Anspruch auf die Kaiserkrone. Frankreich schlug sich auf die antihabsburgische Seite.
Der junge Friedrich II. von Preußen (▷ 10.24), der von seinem Vater Friedrich Wilhelm I. einen wohlorganisierten Staat und eine schlagkräftige Armee übernommen hatte, eröffnete den Krieg gegen Maria Theresia um

den Besitz Schlesiens. Am 16. Dezember 1740 marschierte sein Heer in Schlesien ein, und es begann damit ein jahrzehntelanges Ringen mit Österreich, der Anfang des preußisch-österreichischen Dualismus, der erst 1866 (▷ 12.10) beendet wurde.

Neben dem Angriff auf Schlesien rückten bayerische und französische Truppen an der Donau und am Oberrhein auf Österreichs Erblande vor. Der Monarchin gelang es, sich den Rücken dadurch freizuhalten, daß sie sich der Hilfe der ungarischen Stände versicherte. Dennoch konnte sie es nicht verhindern, daß ihre Gegner Prag einnahmen und daß 1742 Karl Albrecht als Karl VII. zum Römischen Kaiser gewählt wurde, während sich Maria Theresia die Kaiserwürde für ihren Gemahl Franz von Lothringen erhofft hatte.

Auf englische Vermittlung kam 1742 ein Frieden zwischen Friedrich und Maria Theresia zustande, in dem diese auf Schlesien verzichtete. Ihr Hauptaugenmerk richtete sie nun auf Bayern, zumal ihr Truppen Englands, Sardiniens und der Generalstaaten am Oberrhein zu Hilfe kamen. Österreich konnte für eine längere Zeit Bayern besetzen und sogar an dessen Erwerbung denken. Die Sachsen, die ursprünglich in der Allianz der Gegner Maria Theresias gestanden hatten, traten nun auf die Seite Österreichs.

In dieser Situation fühlte sich Friedrich II. bedroht. Unterstützt durch ein Bündnis mit Frankreich eröffnete er 1744 mit einem Einfall in Böhmen den zweiten Schlesischen Krieg. Der Tod Kaiser Karls VII. machte unter dem Druck der preußischen Gefahr den Weg frei für die Wiedereinsetzung des bayerischen Erben Max Joseph in sein Land, wobei dieser auf Ansprüche auf die Kaiserkrone verzichten mußte. Maria Theresia konnte nun die Wahl Franz' von Lothringen (1708–65, Kaiser seit 1745) zum Römischen Kaiser durchsetzen. Sachsen wurde zum Hauptkriegsschauplatz. Der Frieden von Dresden (1745) bestätigte den Besitz Schlesiens für Friedrich. Mit der französischen Offensive in Flandern und Italien ging der Krieg zunächst weiter; geschürt durch die kolonialpolitische Rivalität traten Frankreich und Großbritannien nun als Hauptgegner hervor. Der Österreichische Erbfolgekrieg wurde 1748 mit dem Frieden von Aachen abgeschlossen. Die Großmachtstellung Österreichs wurde bestätigt, Frank-

reich hatte eine weitere politische Niederlage erlitten.

10.24 Maria Theresia Friedrich II. von Preußen

Maria Theresia von Österreich (1717–1780) und Friedrich II. von Preußen (1712–1786) galten schon den Zeitgenossen als die beherrschenden Monarchen des 18. Jahrhunderts in Europa. Beide traten 1740 die Herrschaft an. Fast vier Jahrzehnte bestand die Konkurrenz zwischen beiden Staaten, ein Viertel davon diktierte der Krieg, wobei vor allem Schlesien der Zankapfel war, das Friedrich aus dem habsburgischen Erbe herausgelöst hatte (▷ 10.23) und erbittert verteidigte.

Die Ehen beider waren von dynastischen Gesichtspunkten bestimmt, aber während Maria Theresia mit dem lothringischen Herzog Franz Stephan, der auf sein Erbe verzichtet hatte und 1745 zum Kaiser gewählt wurde, in einer harmonischen Ehe lebte, kühlte das Verhältnis zwischen Friedrich und der mit ihm verheirateten Braunschweiger Prinzessin Elisabeth Christine recht bald ab. Während die Haltung Maria Theresias stark von ihrer Religiosität geprägt war, basierte Friedrichs Toleranz neben wirtschaftlichen Erwägungen auch auf einer persönlichen Haltung. Friedrich wird als Vertreter des aufgeklärten Absolutismus angesehen, eine Charakterisierung, die auf Maria Theresia trotz ihrer inneren Reformen, und obwohl sie unter dem Einfluß jansenistischer Berater reformkatholischen Bestrebungen gegenüber offen war, nicht zutrifft.

Maria Theresia sah sich durch die Kriege zu Beginn ihrer Regierungszeit veranlaßt, ihren Staat zur Steigerung der militärischen Schlagkraft zu reformieren. Neben einer Reform des Heerwesens organisierte sie sowohl die Zentralverwaltung als auch die Provinzialverwaltungen neu (Theresianische Staatsreform von 1749), so daß aus den österreichischen Erblanden und Böhmen ein zentral verwalteter, einheitlicher Staat wurde, in dem die ständischen Elemente ihren Einfluß verloren. Außerdem schuf sie ein Kataster, das einer effektiven Steuer- und Wirtschaftspolitik dienen sollte.

Friedrich II. hatte von seinem Vater Friedrich Wilhelm I., dem „Soldatenkönig", einen or-

Gemeinsame Grundüberzeugung der zahlreichen Vertreter der Aufklärung war die Auffassung von der Autonomie der Vernunft, die als einzige und letzte Instanz ebenso über Methoden, Wahrheit und Irrtum jeder Erkenntnis wie über Normen des ethischen, politischen und sozialen Handelns entscheiden können soll.
Obere Reihe (von links): John Locke, Christian Wolff, Montesquieu, David Hume
Untere Reihe (von links): Jean-Jacques Rousseau, Denis Diderot, Jean Le Rond d'Alembert, Immanuel Kant

ganisierten Staat übernommen. Er förderte insbesondere dessen Wirtschaftskraft durch eine merkantilistische Politik (▷ 10.6). Außerdem leitete er eine durchgreifende Justizreform in die Wege. Vor allem steigerte er die militärische Kraft Preußens, indem er das Heer noch erheblich ausbaute. Trotz seiner Hinwendung zur *Aufklärung* (▷ 10.25) blieb er doch dem Absolutismus verhaftet und stützte die Aristokratie. Innenpolitisch betrieb er die Bildung eines zu unbedingtem Gehorsam verpflichteten Beamtenstandes. Auch als Förderer von Wissenschaft und Kunst erlangte Friedrich, der sich selbst als Komponist und Schriftsteller betätigte, Bedeutung.

10.25 Aufklärung

Die Aufklärung des 17. und 18. Jahrhunderts ist ein Teil eines umfassenden Rationalisie-

rungsprozesses in der europäischen Geschichte. *„Entdeckungen" und Erfindungen* (▷ 8.20), die sich entwickelnden neuen Naturwissenschaften, in denen das überkommene scholastisch-aristotelische Weltbild nun durch ein mechanistisches abgelöst wurde, die *Renaissance* (▷ 8.7), der Humanismus, die *Reformation* (▷ 9.3), aber auch die Erfahrungen aus den konfessionellen Kriegen führten zu einer in vielen europäischen Staaten verbreiteten geistigen Bewegung, die die Vernunft zum Prüfstein für ihre geistige, aber auch gesellschaftliche und politische Situation machte.

Autonomes Denken und Mündigkeit wurden zu Leitideen der Aufklärung, wie auch die Vorstellung von einer Vervollkommnung des durch den Erkenntnisprozeß geleiteten Menschen. Die Grundlagen menschlicher Erkenntnis wurden überprüft, etwa im englischen Em-

*Tafelrunde
Friedrichs
des Großen
(Mitte)
in Sanssouci,
der auch
Voltaire
(zweiter
links neben
dem König)
angehört*

pirismus bei John Locke, bei David Hume (1711–76), aber auch schon Francis Bacon (1561–1626). Die Aufklärer übten vor allem am theologisch-metaphysisch begründeten Weltbild des Christentums, an Aberglauben und Schwärmerei Kritik. Sie gelangten zur Idee eines rationalen Deismus, aber auch zu materialistisch-atheistischen Lehren. Von langfristigem Einfluß auf die politische Entwicklung waren die Forderungen der Aufklärer nach allgemeiner Toleranz und nach Freiheit der Meinungsäußerung.

Die Aufklärung beförderte den Prozeß der allgemeinen Säkularisierung aller Lebensbereiche und war stark an Fragen der Erziehung in gesellschaftsverändernder Absicht interessiert. Jean-Jacques Rousseaus (1712–78) Erziehungs- und Staatstheorie legte die künftige Entwicklung allein in die Hände der Menschen, die, frei und gleich geboren, auch im Staat das Recht auf Selbstbestimmung besäßen.

Aufklärerisch wirkte besonders die sich ausweitende, auf ein weites Publikum zielende Publizistik. Die Schriften Voltaires (1694–1778) und die große „Encyclopédie" (35 Bde.,

1751–80) von Diderot und d'Alembert waren Meilensteine. Die Entwicklung der Literatur nahm unerwartete, neue Richtungen, beispielsweise durch Fabeln und utopische Romane. Gotthold Ephraim Lessing (1729–81) hat der aufklärerischen Idee im Drama „Nathan der Weise" (1779) klassischen Ausdruck verliehen.

Immanuel Kant (1724–1804), dessen Aufforderung zum „Ausgang des Menschen aus selbstverschuldeter Unmündigkeit" das Programm der Aufklärung benannte, weist in einer kritischen Haltung gegenüber dem selbstgewissen Vernunfts- und Fortschrittsglauben bereits über die Aufklärung hinaus.

Die politische Wirkung der Ideen der Aufklärung bestand in der beginnenden Auseinandersetzung mit dem *Absolutismus* (▷ 9.34, ▷ 10.26) und entfaltete sich schließlich in der *Französischen Revolution* (▷ 11.5).

10.26 Aufgeklärter Absolutismus

In der zweiten Hälfte des 18. Jahrhunderts entwickelte sich durch die enge Verknüpfung von absoluter Fürstenherrschaft (▷ 10.5) mit den Ideen der *Aufklärung* (▷ 10.25) eine Sonderform des *Absolutismus* (9.34), die man als aufgeklärten Absolutismus bezeichnet hat. Der Einfluß der Aufklärung kam in der Veränderung der Legitimation der Herrschaft zum Ausdruck. Während der klassische Absolutismus als Herrschaft „von Gottes Gnaden" verstanden wurde, rechtfertigten die Vertreter des aufgeklärten Absolutismus ihre Stellung mit ihrem Eintreten für das Untertanenwohl. *Friedrich II. von Preußen* (▷ 10.24) bezeichnete sich als den „ersten Diener" seines Staates. Die zweckrationale Begründung der Herrschaft führte zur Anerkennung eines durch gegenseitige Pflichten bestimmten Vertragsverhältnisses zwischen Monarch und Untertanen. Teilweise bemühten sich die Herrscher auch, an dem aufgeklärten Diskurs ihrer Zeit teilzunehmen. Die monarchische Herrschaft als solche wurde allerdings noch nicht in Frage gestellt.

Aufgeklärte Herrschaft zeigte sich auch im Bemühen um Reformen im Staat. Dabei reichten zweckrationale Reformen, die der Steigerung staatlicher Macht dienten, in den meisten Staaten schon weiter zurück. So führten schon die Reformen des Vaters Friedrichs des Großen, Friedrich Wilhelm I. von Preußen, oder die Maria Theresias, der Mutter Josephs II., in den Bereichen Verwaltung, Militärwesen oder Finanzen zu einer zweckmäßigeren Organisation. Die entscheidenden Reformen des aufgeklärten Absolutismus betrafen dagegen den juristischen Bereich, etwa die Ab-

schaffung der Folter und die Einschränkung der Todesstrafe. Außerdem erfolgten umfangreiche Gesetzgebungswerke, wie das von Friedrich angeordnete „Allgemeine Landrecht für die preußischen Staaten", das allerdings erst 1794 in Kraft trat, und das Allgemeine Bürgerliche Gesetzbuch Josephs II. von 1786.

Die zunehmende Gewährung religiöser Toleranz war ein weiteres Merkmal aufgeklärter Herrschaft. Neben den ökonomischen Vorteilen, die solche Reformen brachten, entsprachen sie meist auch der persönlichen Überzeugung der Herrscher. In Verbindung mit der naturrechtlichen Selbstbindung der Fürsten an ihre Amtspflichten stand die Ausbildung einer Bürokratie, die dann im 19. Jahrhundert zu einem gewichtigen Faktor bei der Modernisierung der Staaten werden konnte. Eine Aufhebung der ständischen Gliederung der Gesellschaft wurde unter dieser Herrschaftsform jedoch nicht bewirkt, ja auch nicht angestrebt, selbst wenn es bereits in manchen Ländern zur Aufhebung der Leibeigenschaft kam.

10.27 Siebenjähriger Krieg in Europa

Dem Siebenjährigen Krieg (1756–63), durch den der größte Teil Europas in den österreichisch-preußischen Konflikt einbezogen wurde, ging eine Umkehr der Allianzen voraus, die die früheren Kriege bestimmt hatten. In noch stärkerem Maße als in den beiden

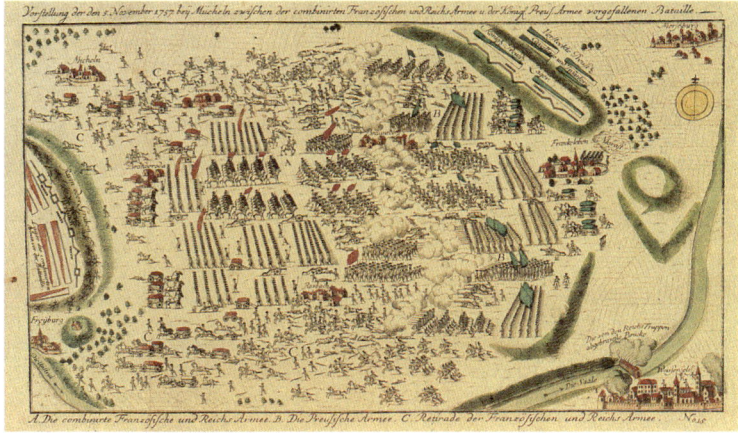

Plan der Schlacht bei Roßbach (1757)

vorausgegangenen Jahrhunderten spielte auch der Krieg um die koloniale Herrschaft in Übersee eine Rolle (▷ 10.28).

Zum Schutz des durch Personalunion mit ihm verbundenen Hannover entschloß sich Großbritannien zu einem Defensivbündnis mit Preußen (Westminsterkonvention vom Januar 1756). Das rief Frankreich auf den Plan, das nun ein Bündnis mit Österreich einging, dem Hauptgegner der letzten Jahrzehnte in Europa. Das Ziel war die Rückgewinnung Schlesiens für Österreich, die österreichischen Niederlande sollten an Frankreich abgetreten werden.

Friedrich II. (▷ 10.24) entschloß sich, nachdem Zarin Elisabeth (1741–62) der französisch-österreichischen Allianz beigetreten war, Angriffsplänen Österreichs zuvorzukommen, indem er 1756 in Sachsen einfiel. Preußen sah sich nun von allen Seiten bedrängt, der Ring der mächtigen Gegner reichte von Schweden über Rußland, Österreich, der Mehrzahl der Reichsfürsten bis Frankreich, nachdem 1757 eine Reichstagsmehrheit die Reichsexekution gegen Preußen beschlossen hatte. Allein Großbritannien unter dem „Staatssekretär für den Süden", William Pitt d. Ä. (1708–78), unterstützte Preußen, es unterhielt in Norddeutschland ein Heer überwiegend aus deutschen Truppen unter dem Oberbefehl des Prinzen Ferdinand von Braunschweig.

Durch den Sieg Preußens bei Roßbach (1757) gegen französische und Reichstruppen und bei Leuthen gegen Österreich im gleichen Jahr konnte Friedrich die drohende Niederlage abwenden. Doch zwei Jahre später erlebte Friedrichs Armee bei Kunersdorf eine so vernichtende Niederlage gegen Österreicher und Russen, daß der preußische König schon den Untergang seines Staates befürchtete. Eine für Preußen günstige Lage ergab sich nach dem Tod der Zarin Elisabeth (5. Januar 1762). Peter III. schloß bald Frieden mit Preußen und verzichtete auf Gebietsgewinne. Selbst ein kurzes preußisch-russisches Bündnis kam nun zustande.

Nachdem sich Großbritannien und Frankreich bereits 1762 in einem Vorfrieden in Fontainebleau geeinigt hatten, wurde am 15. Februar 1763 auf Schloß Hubertusburg bei Leipzig der Frieden zwischen Österreich, Preußen und Sachsen geschlossen. Gegen das Versprechen der späteren Wahl Josephs II. zum Kaiser sicherte sich Friedrich II. den Besitz von Schlesien, das er bereits 1740 erobert hatte. Der territoriale Status quo wurde anerkannt. Der Krieg flammte zwar noch einmal kurzfristig um die Erbfolge in Bayern auf (1778/79), doch der Versuch Kaiser Josephs II. (1741–90, Kaiser seit 1764), die österreichische Stellung im Reich zu stärken, wurde von Friedrich II. mit russischer Unterstützung vereitelt.

10.28 Siebenjähriger Krieg in den Kolonien

Der *Siebenjährige Krieg in Europa* (▷ 10.27) war begleitet vom Ringen um die koloniale Herrschaft zwischen Frankreich und Großbritannien, das bereits 1754 begonnen hatte (French and Indian War). Die Kriegsschauplätze waren vor allem Nordamerika und Indien, aber auch die Karibik und die westafrikanische Küste. Unter William Pitt d. Ä. gelang es Großbritannien im Verlaufe dieses Krieges, sich die Vormachtstellung sowohl in Nordamerika als auch in Indien zu sichern. In Nordamerika standen der von Virginia und den Neuenglandstaaten ausgehenden britischen Expansion in Kanada, jenseits der Alleghany Mountains und in Louisiana französische Ansiedlungen im Wege. In den Jahren zwischen dem Frieden von Aachen (▷ 10.23) und dem Siebenjährigen Krieg hatten sich die Franzosen bemüht, durch die Errichtung einer Reihe von Forts entlang des Ohio und Mississippi die Verbindung zwischen den beiden großen französischen Besitzungen herzustellen. Gegen diese Bedrohung rückten die britischen Kolonien in Nordamerika näher zusammen, was bedeutungsvoll für ihren späteren Unabhängigkeitskampf (▷ 11.2) werden sollte.

Großbritannien, das 1756 Frankreich den Krieg erklärte, leistete zwar auch Friedrich II. Unterstützung, richtete sein Hauptaugenmerk aber auf die Kolonien und auf den Kampf mit Frankreich. Wesentliche Kräfte Frankreichs waren nun in Europa gebunden. In Amerika gelang der Vorstoß auf das Ohiotal, wo zu Ehren von William Pitt das französische Fort Duquesne in Pittsburgh umbenannt wurde. Auch die Indianervölker wurden in den Krieg einbezogen. Entscheidend waren die Siege in Kanada. Hinzu kam, daß die französische

Kriegsflotte in Europa in zwei Seeschlachten von den Briten geschlagen wurde. Die französischen Kolonien waren so vom Nachschub aus dem Mutterland abgeschnitten; Montreal kapitulierte schließlich 1760, die Besitzungen in der Karibik gingen verloren.
In Indien konnte Großbritannien von den Franzosen Kalkutta zurückerobern und ein bengalisches Heer besiegen. Das Land am Unterlauf des Ganges wurde zum Ausgangspunkt für die Beherrschung des indischen Subkontinentes. Außerdem konnte sich Großbritannien gegenüber Frankreich auch an der Südostküste Indiens durchsetzen (Madras). Nach dem Kriegseintritt Spaniens (1761) besetzten die Briten Kuba und die Philippinen. 1758 hatten die Briten bereits die französischen Stützpunkte an der westafrikanischen Küste (Senegal) erobert.
Im Frieden von Paris vom 10. Februar 1763 machte Großbritannien den Spaniern eine Reihe von Zugeständnissen, so wurde zum Beispiel die Herrschaft Spaniens über Kuba und die Philippinen bestätigt, das aber Florida an Großbritannien abtreten mußte; auch Frankreich erhielt eine Reihe von Gebieten auf den Westindischen Inseln, in Afrika und Indien zurück. Nordamerika aber war nun von Kanada bis Florida und bis an den Mississippi britisch; nur New Orleans blieb zunächst französisch.

10.29 Russisch-türkischer Krieg

Nach der Niederlage vor Wien 1683 (▷ 10.12) und den nachfolgenden Kriegen mußte das Osmanische Reich auf dem Balkan immer weiter zurückweichen. Als bedeutender Konkurrent trat nun Rußland auf, das bis zur Donau vorrückte. Außerdem waren die Türken durch die starke Stellung Rußlands in Polen unter der Zarin Katharina II., der Großen, (1729–96, Zarin seit 1762) zunehmend verunsichert.
Grenzzwischenfälle führten dazu, daß die Osmanen 1768 einen Krieg gegen Rußland begannen, der den Niedergang der Großmachtstellung des Osmanischen Reiches besiegelte und die Grundlagen für eine neue Zielrichtung der russischen Politik schuf: den Weg auf den Balkan und zu den Dardanellen. Erfolge der Russen im Kaukasus und in Bessarabien er-

mutigten die osmanischen Vasallenstaaten Moldau und Walachei, sich von der Türkei loszusagen. Eine russische Flotte aus der Ostsee segelte mit britischer Unterstützung ins östliche Mittelmeer, um die Osmanen anzugreifen. Die Bemühungen, die Osmanen durch den Aufstand der Griechen auf dem Peloponnes und durch einen direkten Angriff auf Istanbul zum Aufbau einer zweiten Front zu zwingen, hatte jedoch auf Dauer keinen Erfolg, auch wenn die Russen die türkische Flotte im Juli 1770 besiegten. Eine Einfahrt in die Dardanellen war wegen der dort aufgebauten türkischen Artillerie nicht möglich, und Flottenverbände der nordafrikanischen muslimischen Barbareskenstaaten zwangen die Russen zur Umkehr.
Im Norden gelang es den Russen, das Klinat auf der Krim zu besetzen. Außerdem wurde das Osmanische Großreich durch Unabhängigkeitsbestrebungen in Ägypten und im Vorderen Orient erschüttert.
1774 wurde ein Frieden zwischen Rußland und dem Osmanischen Reich in Küçük Kaynarcı geschlossen. Die Türkei mußte Asow und die Schwarzmeerküste zwischen Dnjepr und südlichem Bug an Rußland übergeben; 1783 annektierte Katharina die Krim. Die Bindungen der Donaufürstentümer zum Osmanischen Reich wurden gelockert, sie erhielten weitgehende Privilegien, und Rußland trat von nun an als der Wahrer ihrer Interessen auf. Für die weitere Entwicklung war bedeutungsvoll, daß Rußland zur Schutzmacht für die orthodoxen Christen im Osmanischen Reich wurde (▷ 11.22). Außerdem durfte Rußland eine Handelsflotte im Schwarzen Meer unterhalten und die Dardanellen frei passieren.
Abbildung S. 272

10.30 Polnische Teilungen

Nach der Wahl Stanislaus' II. August Poniatowski 1764 zum polnischen König unterbanden Rußland und Preußen alle Reformbestrebungen und setzten die Beibehaltung der adelsständischen Verfassung durch. Im Zuge innerpolnischer Unruhen kamen Zarin Katharina II., Friedrich II. und Kaiser Joseph II. 1772 überein, eine seit dem 16. Jahrhundert bereits mehrfach diskutierte Teilung Polens vorzunehmen. Rußland nahm die Wojewod-

Katharina die Große

schaften Polock, Vitebsk, Mstislav und Preußisch Livland in Besitz; Österreich annektierte als „Königreich Galizien und Lodomerien" weite Teile Kleinpolens und Rotreußens, während Preußen mit dem Erwerb von Königlich Preußen (ohne Danzig und Thorn) zwar nur den kleinsten Anteil, damit aber die strategisch und wirtschaftlich wichtige Landverbindung von Hinterpommern nach Ostpreußen erhielt. Der um ein Drittel verkleinerte Reststaat erwies sich mit seinen 527 000 km² und etwa sieben Millionen Einwohnern trotz ungünstiger Grenzziehung jedoch zunächst als lebensfähig.

Als sich die Polen auf dem Vierjährigen Reichstag 1791 eine moderne Verfassung gaben (die erste geschriebene Verfassung Europas), nahmen Rußland und Preußen die Opposition konservativer Magnaten zum Anlaß, militärisch zu intervenieren und am 23. Januar 1793 die zweite Teilung zu erzwingen. An Rußland fielen die ruthenisch besiedelten Gebiete östlich einer Linie Dünaburg-Chocim, an Preußen Großpolen bis zur Pilica, das westliche Masowien und die Städte Danzig und Thorn. In dem auf 240 000 km² mit 3,5 Millionen Bewohnern reduzierten, nicht mehr lebensfähigen Reststaat brach im März 1794 ein Nationalaufstand aus, der nach Anfangserfolgen von russischen Truppen niedergeschlagen wurde.

Rußland und Österreich trafen am 3. Januar 1795 eine Vereinbarung zur endgültigen Aufteilung Polens, der Preußen am 24. Oktober beitrat. Danach annektierte Rußland die litauischen und ruthenischen Gebiete östlich von Njemen und Bug; Österreich bekam das restliche Kleinpolen bis zur Pilica und zum Bug mit Krakau; Preußen besetzte das restliche Masowien mit Warschau, Teile Podlachiens und Litauens. Stanislaus II. August mußte am 25. November 1795 abdanken, die polnisch-litauische Adelsrepublik war mit der dritten Teilung von der politischen Landkarte Europas getilgt worden.

Das Bewußtsein, daß den Polen vor allem in der zweiten und dritten Teilung, für die es noch nicht einmal eine historische Begründung gab, bitteres Unrecht zugefügt worden sei und allein die ungezügelten Machtinteressen der Teilungsstaaten den Ausschlag gegeben hatten, war im restlichen Europa durchaus lebendig. Die polnische Frage stellte im 19. Jahrhundert nicht nur ein innerstaatliches Problem für die jeweilige Teilungsmacht dar, sondern beschäftigte häufig die große Politik der europäischen Kabinette (▷ 11.28).

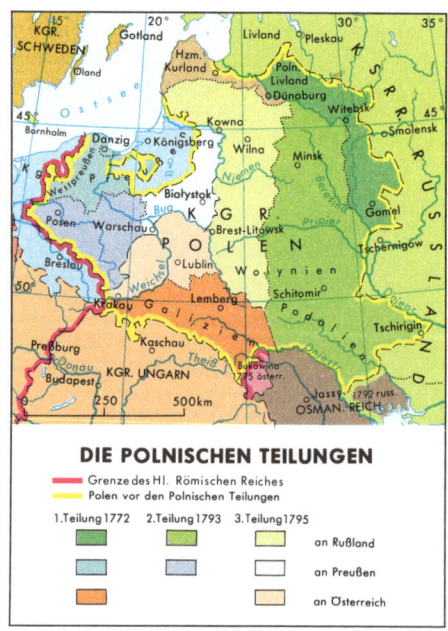

DIE POLNISCHEN TEILUNGEN

━━━ Grenze des Hl. Römischen Reiches
━━━ Polen vor den Polnischen Teilungen

1.Teilung 1772	2.Teilung 1793	3.Teilung 1795	
			an Rußland
			an Preußen
			an Österreich

Daten

1638 – 1715	Ludwig XIV., König von Frankreich seit 1643
1644 – 1912	Mandschu-Herrschaft in China (Ch'ing-Dynastie)
1649	Hinrichtung König Karls I. von England
1649 – 1658	Herrschaft Oliver Cromwells in England
1655 – 1660	Erster Nordischer Krieg
1658 – 1707	Aurangzeb, letzter bedeutender Großmogul in Indien
1659	Pyrenäenfrieden zwischen Frankreich und Spanien, er beendet den seit 1635 geführten Krieg
1661	Beginn der Selbstregierung Ludwigs XIV.
1662 – 1722	Kaiser Kang-tsi, Duldung der christlichen Mission in China
1672 – 1678	Niederländisch-französischer Krieg
1672 – 1725	Peter I., der Große, russischer Zar seit 1682
1679	Habeas-Corpus-Akte in England, Sicherung persönlicher Freiheitsrechte gegenüber staatlicher Gewalt
1682 – 1718	Karl XII., König von Schweden seit 1697
1683	Niederlage der Türken vor Wien
1685	Aufhebung des Edikts von Nantes durch Ludwig XIV.
1688	Glorious revolution in England, Königserhebung Wilhelms III. von Oranien 1689
1688 – 1697	Pfälzischer Erbfolgekrieg, ausgelöst durch den Einmarsch französischer Truppen in die Pfalz
1689	Declaration of Rights (später als Bill of Rights bestätigt), sie legt konstitutionelle Beschränkungen des Königtums in England fest
1700 – 1721	Zweiter Nordischer Krieg
1701 – 1714	Spanischer Erbfolgekrieg, ausgelöst durch die Thronbesteigung Philipps von Anjou, eines Enkels Ludwig XIV., in Spanien
1707	Vereinigung von England und Schottland, seither „Großbritannien"
1709	Schlacht bei Poltawa, Niederlage Karls XII. in der Ukraine
1712 – 1778	Jean-Jacques Rousseau
1712 – 1786	Friedrich II., König von Preußen 1740 – 1786
1713	Frieden von Utrecht zwischen Frankreich und England, beendet auch in den Kolonien die Konfrontation beider Staaten
1713	Pragmatische Sanktion in Österreich, Unteilbarkeit des Gesamtstaates, Sicherung der weiblichen Nachfolge
1717 – 1780	Maria Theresia, Erzherzogin von Österreich, seit 1745 Kaiserin
1718	Frieden von Passarowitz, das Osmanische Reich willigt in die Abtretung von Gebieten an Österreich ein
1724 – 1804	Immanuel Kant
1729 – 1796	Katharina II., die Große, Zarin seit 1762
1733 – 1738	Polnischer Thronfolgekrieg
1736 – 1796	Kaiser Kien-lung, Verbot der christlichen Mission in China
1740 – 1748	Österreichischer Erbfolgekrieg
1756 – 1763	Siebenjähriger Krieg in Europa und in den britischen/französischen Kolonien
1768 – 1774	Russisch-türkischer Krieg
1768 – 1779	Wissenschaftliche Seereisen des Engländers James Cook
1772	Erste polnische Teilung
1793	Zweite polnische Teilung
1794	Allgemeines Landrecht für die preußischen Staaten
1795	Dritte polnische Teilung

Kapitel 11
Zeitalter der Revolutionen

Einführung

Das Zeitalter der Revolutionen setzte mit der Loslösung der dreizehn amerikanischen Kolonien vom britischen Mutterland im amerikanischen Unabhängigkeitskrieg und mit der wenig später beginnenden Französischen Revolution ein; es endete mit den nahezu alle Länder Europas erfassenden Revolutionen der Jahre 1848 und 1849.

Am Beginn der Auseinandersetzungen zwischen den aufständischen Siedlern und der britischen Kolonialmacht in Nordamerika wie auch am Anfang der Revolution in Frankreich stand, erstmalig in der Weltgeschichte, die feierliche Proklamation der Menschen- und Bürgerrechte. Im Kampf mit den alten Ordnungsmächten behielten in Amerika wie in Europa die von den Freiheits- und Humanitätsideen der Aufklärung erfüllten Revolutionäre die Oberhand über die militärisch weit überlegenen, aber wenig motivierten Söldner der Fürstenstaaten.

Fasziniert verfolgten die Zeitgenossen in den europäischen Nachbarländern die Ereignisse in Frankreich, viele teilten die Aufbruchstimmung der Abgeordneten, die in der Nationalversammlung die seit Jahrhunderten bestehenden Machtstrukturen der feudalistischen Gesellschaft und die Privilegien der oberen Stände hinwegfegten. Seit langem schon hatten in vielen Ländern Europas Philosophen, Schriftsteller und Publizisten erkannt, daß sich die Welt zu verändern begonnen hatte. Die Ideen der Aufklärung in Europa stellten bisherige Wertvorstellungen in Frage und wiesen der Autonomie der menschlichen Vernunft absoluten Vorrang zu. In den spektakulären Ereignissen der Französischen Revolution erkannten Zeitgenossen den Anbruch des erwarteten neuen Zeitalters.

Doch die Serie von Kriegen in der Folgezeit der Revolution führte nicht zur Verbreitung ihrer Ideen, zur Weitergabe der revolutionären Errungenschaften an andere Völker, sondern zur Eroberung und Unterwerfung nahezu ganz Kontinentaleuropas durch die Armeen Napoleons I. Als erfolgreichster Feldherr der Revolutionskriege beendete der Korse die Revolution, indem er sich 1804 zum Kaiser der Franzosen ernannte. Er veränderte nach eigenen Vorstellungen das Staatengefüge des alten Europa. Dem altersschwachen Heiligen Römischen Reich, geprägt durch eine Vielzahl kleiner und kleinster Territorien, versetzte er durch Säkularisation und Mediatisierung den Todesstoß. Ein Länderblock aus neuentstandenen oder vergrößerten deutschen Mittelstaaten unterstellte sich als Rheinbund dem französischen Imperator.

Um seine Vormachtstellung in Kontinentaleuropa zu zementieren, mußte Napoleon Großbritannien zur Anerkennung seiner Herrschaft zwingen, das bisher jedem Hegemoniestreben einer europäischen Macht entgegengetreten war, um das Gleichgewicht der Kräfte in Europa sowie seine unangefochtene Stellung als Seemacht aufrechtzuerhalten. Der Versuch, das Inselreich mit dem Mittel der Kontinentalsperre gefügig zu machen, scheiterte vollends, als der Zar aus dem Blockadering ausscherte. Napoleons Versuch, Rußland niederzuwerfen und in seinen Herrschaftsbereich einzubeziehen, um der Wirtschaftsblockade gegen Großbritannien Nachdruck zu verleihen, führte zum Untergang der „Grande Armée" auf dem Rückzug von Moskau.

In ihrem Bemühen um eine moralische und politische Erneuerung waren in den Jahren der französischen Fremdherrschaft überall in

Europa nationale Bewegungen entstanden. Dem gemeinsamen Ansturm der europäischen Armeen in den Befreiungskriegen war die französische Militärmacht nicht mehr gewachsen. Auf dem Wiener Kongreß bemühten sich die Sieger um eine Restauration des alten Ordnungssystems. Aber eine völlige Wiederherstellung des vorrevolutionären Zustandes gelang in Kontinentaleuropa nicht mehr. Vieles von dem, was die französische Militärverwaltung von den Errungenschaften der Revolution und den Napoleonischen Reformen auch in den besetzten Ländern installiert hatte, blieb nun erhalten.

Die Heilige Allianz der Siegermächte, in die nach wenigen Jahren auch das besiegte Frankreich unter der wiederhergestellten Bourbonenmonarchie aufgenommen wurde, unternahm es, über die in Wien festgelegte neue Ordnung zu wachen, und war bestrebt, jede revolutionäre Regung, die diesen Zustand gefährden könnte, bereits im Keim zu ersticken. Aber die Ideen der Aufklärung waren nicht mehr aus der Welt zu schaffen. Die aus den Befreiungskriegen heimgekehrten Freiwilligen drängten ihre Regierungen, die Verfassungsversprechen einzulösen. Nationale und liberale Bürgerbewegungen verlangten die Aufnahme der Menschen- und Bürgerrechte in die Verfassungen, nationale Minderheiten forderten die Anerkennung ihrer Rechte. Eine von liberalen Kräften getragene Revolution in Spanien erfaßte rasch Portugal, Italien und Griechenland und führte in Mittel- und Südamerika zum Sieg der Unabhängigkeitsbewegungen über die spanische Kolonialmacht.

In Kontinentaleuropa versuchten die alten Machteliten, der Unruhe in ihrer Bevölkerung mit verschärften Strafbestimmungen und hartem Polizeieinsatz Herr zu werden. Wirtschaftskrisen und die Verelendung ganzer Bevölkerungsschichten in der beginnenden industriellen Revolution sorgten für zusätzlichen sozialen Konfliktstoff. Das vom österreichischen Staatskanzler Fürst Metternich erdachte und im Bereich des Deutschen Bundes errichtete Überwachungs- und Unterdrückungssystem wurde von nahezu allen Fürstenstaaten in Europa übernommen. Allerdings erwies sich das „System Metternich" bereits im griechischen Freiheitskampf gegen die türkische Herrschaft als nahezu wirkungslos, weil die Mächte der Heiligen Allianz zu dem

Geschehen ganz unterschiedliche Positionen bezogen.

Die Pariser Julirevolution von 1830, die den reaktionären Bourbonenkönig Karl X. stürzte, hatte eine Welle von Umsturzversuchen zur Folge, die besonders die Niederlande, die Länder des Deutschen Bundes, Italien und Polen erfaßte. In Paris bestieg ein erstmals vom Parlament gewählter Monarch als „Bürgerkönig" den Thron, in Brüssel sagten sich die Belgier mit ihrer Unabhängigkeitserklärung von den Niederlanden los. Ihre auf den Grundprinzipien der Volkssouveränität fußende Verfassung wurde Vorbild für die liberalen Bewegungen. Doch die alten Machthaber gaben ihre Privilegien nicht kampflos preis: Österreichisches Militär warf nationalitalienische Aufstände im Habsburgerreich nieder, der russische Zar ging mit grausamer Härte gegen den Aufstand der Polen vor, die sich gegen Russifizierungsmaßnahmen zur Wehr setzten. Die Heilige Allianz der Großmächte zerbrach, als Großbritannien, das ihr nicht angehört hatte, und Frankreich eine tolerante Haltung zu den revolutionären Entwicklungen einnahmen und nationale Freiheitsbestrebungen offen unterstützten, während Rußland, Österreich und Preußen ihren antirevolutionären Pakt erneuerten.

Im Frühjahr 1848 entluden sich lange aufgestaute Spannungen fast gleichzeitig in zahlreichen Ländern Europas. In Frankreich bestimmten sozialrevolutionäre Forderungen das Geschehen, die Monarchie wurde gestürzt und die Republik ausgerufen; in den Märzrevolutionen in Wien und Berlin strebte das liberale Bürgertum an der Spitze der Erhebungen ähnlich wie in Italien nach nationaler Einheit und der Überwindung des Vielstaatensystems, machte jedoch vor den Thronen halt. In Italien verbanden sich aus sozialen Mißständen entspringende Aufstände im Süden mit der norditalienischen Freiheitsbewegung gegen die österreichische Fremdherrschaft. Tschechen, Ungarn, Slowenen und Kroaten meldeten im Vielvölkerstaat Österreich ihre Ansprüche auf Autonomie an.

Die Zielvorstellungen der liberalen Führer waren begrenzt. Nicht der revolutionäre Umsturz wurde angestrebt, sondern die Umformung der staatlich-gesellschaftlichen Ordnung in der Zusammenarbeit mit den Dynastien, die verfassungsrechtliche Absicherung der liberalen Grundsätze und eine seiner wirtschaftlichen Macht entsprechende Beteiligung des Bürgertums am staatlichen Leben. Trotz beachtlicher Anfangserfolge scheiterten noch im Laufe des Jahres 1848 alle Revolutionsbewegungen, hauptsächlich deshalb, weil sich aus Furcht vor einer Radikalisierung der Revolution Teile des liberalen Besitzbürgertums mit den alten Ordnungsmächten arrangierten. Die Gegenrevolution begann. Die an den revolutionären Zielen festhaltenden Gruppen radikaler Demokraten wurden schließlich ebenso mit militärischer Gewalt niedergeworfen wie die nationalen Aufstände der Minderheiten gegen die Fremdherrschaft.

Die Reaktion hatte gesiegt, doch das Gesicht Europas hatte sich erneut verändert. Verfassungen blieben erhalten oder bewahrten dort, wo sie oktroyiert wurden, wie etwa in Österreich und in Preußen, die Ergebnisse der bürgerlichen Emanzipationsbestrebungen wenigstens teilweise. Der Prozeß der Bauernbefreiung, in Rußland beispielsweise, überdauerte ebenfalls das Scheitern der Revolutionen. Das entstehende Industrieproletariat hatte einen Politisierungsprozeß durchgemacht und meldete Forderungen nach staatsbürgerlicher Gleichberechtigung und nach Chancengleichheit an. Das Kommunistische Manifest, von Karl Marx und Friedrich Engels 1848 in London verkündet, übte auf die Arbeiterbewegung in der zweiten Hälfte des 19. Jahrhunderts großen Einfluß aus, denn das brennendste Problem der Zeit, die Soziale Frage, blieb weitgehend ungelöst.

Die imperiale Aufteilung der Welt durch die europäischen Mächte war auf allen Kontinenten in vollem Gange. Die USA, die nun selbst als Kolonialmacht auftraten und Gebiete im Pazifik erwarben, pochten mit der Monroedoktrin (1823) auf die politische Autonomie Amerikas. Sie traten jedem europäischen Anspruch zur (Re-)Kolonisation entgegen und wollten ihrerseits in Zukunft darauf verzichten, sich in europäische Angelegenheiten einzumischen. Die Grundlage für den Isolationismus der USA war gelegt.

Nachdem China in der Folge des sogenannten Opiumkriegs seine Zollautonomie eingebüßt hatte, mußte es Großbritannien, Frankreich und den USA weitgehende Zugeständnisse machen und wurde in mehrere Einflußsphären aufgeteilt. Großbritannien hatte sich als Vormacht in Indien etabliert; Teile des Sudan gerieten unter angloägyptische Herrschaft, und in Südafrika kam es nach dem „Großen Treck" zur Gründung von Burenstaaten und zu britischen Annexionen. Nach der Inbesitznahme von Neusüdwales für die britische Krone durch Kapitän Cook 1770 wurde Australien als Strafkolonie zunehmend zum Ersatz für die in Nordamerika verlorengegangenen Kolonien.

Das Zeitalter der Revolutionen in Europa, der Beginn der Befreiung aus der politischen Unmündigkeit, war begleitet von einer Phase imperialistischer Expansion, die den Völkern außerhalb der Alten Welt den Verlust von Eigenständigkeit und kultureller Unversehrtheit bringen sollte.

Boston Tea Party.
Lithographie
(Anfang des 19. Jh.)

11.1 Boston Tea Party

Nach Beendigung des *Siebenjährigen Krieges*
zwischen Großbritannien und Frankreich
(▷ 10.27 und 10.28) beschloß das britische
Parlament, zum Ausgleich des durch die
Kriegskosten stark verschuldeten Staatshaus-
halts auch die amerikanischen Kolonien, die
ihm seit 1689 unterstanden, heranzuziehen.
1764 wurden im sogenannten Zuckergesetz
Einfuhrzölle auf Zucker, Kaffee, Wein, Textilien u. a. erhoben. 1765 wurde ein Stempel-
steuergesetz erlassen, das Gebühren für die
Ausstellung von Urkunden festsetzte und Abgaben auf alle Druckerzeugnisse verlangte.
Die allgemeine Entrüstung über diese als un-
zulässig und ungerecht empfundenen Maßnahmen des Mutterlandes führte in den bisher
untereinander zerstrittenen Kolonien rasch
zur Ausbildung eines Solidaritätsgefühls der
Amerikaner. Auf einem Kongreß in New
York 1765 erklärten die Vertreter von neun
Kolonien, daß ihnen ohne ihre ausdrückliche
Zustimmung vom Parlament in London keine
Steuern auferlegt werden dürften („no taxa-
tion without representation"). Tatsächlich erreichten sie mit dem Boykott britischer Im-
porte 1766 die Rücknahme des Stempelsteu-
ergesetzes.
Dieser Erfolg verstärkte das Zusammenge-
hörigkeitsgefühl der Amerikaner. Als 1767 ein
neuer Versuch unternommen wurde, Zölle
nun auch auf Glaswaren, Papier, Porzellan

und Farben einzutreiben, stießen auch diese
Maßnahmen auf einhellige Ablehnung bei den
Kolonisten. Besonders erregte sie das korrupte Verhalten einiger Inspektoren der neu
eingerichteten Zollaufsichtsbehörde in Boston. Diese sah sich gezwungen, zu ihrem
Schutz Truppen der Kolonialarmee anzufor-
dern. Im März 1770 kam es in Boston zu einem blutigen Zusammenstoß zwischen Bürgern und britischen Soldaten.
Vor der Entschlossenheit der Kolonisten wich
die britische Regierung erneut zurück, sie hob
mit Ausnahme des Teezolls alle Zölle auf und
zog die Truppen aus Boston ab. Erleichtert
gaben die Amerikaner den Boykott britischer
Waren auf, gründeten aber Korrespondenz-
komitees zur gegenseitigen Unterrichtung
über neue britische Schritte.
1773 erhielt die in finanziellen Schwierigkeiten
befindliche East India Company von der britischen Regierung die Ermächtigung, ihren in
England von der Steuer befreiten Tee in den
amerikanischen Kolonien zu niedrigen Preisen abzusetzen. In London hoffte man, die
Gesellschaft würde sich mit dem Verkauf sa-
nieren und die Amerikaner würden anstelle
des geschmuggelten, teuren holländischen
Tees den billigen Tee abnehmen. Diese aber
sahen in diesem Vorgehen einen Versuch Lon-
dons, sie mit dem günstigen Angebot zur Anerkennung der Teesteuer zu verleiten. Aufgebrachte Bostoner Bürger warfen, als Indianer
verkleidet, am 16. Dezember 1773 im Bosto-

ner Hafen die Teeladung eines Schiffes ins Meer („Boston Tea Party"). Das Parlament in London antwortete mit Strafmaßnahmen: Der Bostoner Hafen wurde bis zur Zahlung einer Entschädigung geschlossen, die Selbstverwaltung der Kolonie Massachusetts wurde eingeschränkt. Die übrigen Kolonien solidarisierten sich daraufhin mit Massachusetts. Auf dem Ersten Kontinentalkongreß in Philadelphia im Oktober 1774 erklärten die Delegierten der Kolonien alle seit 1763 erlassenen Steuergesetze für verfassungswidrig und riefen zum Boykott britischer Waren auf. Aus dieser Konfrontation entwickelte sich im Frühjahr 1775 nach ersten Zusammenstößen zwischen britischen Soldaten und amerikanischen Milizen der Unabhängigkeitskrieg.

11.2 Amerikanische Unabhängigkeitserklärung

Im Mai 1775 trat wieder in Philadelphia der Zweite Kontinentalkongreß der Delegierten aus zwölf Staaten (außer Georgia) zusammen. Im April schon war es zu ersten Gefechten mit britischen Truppen gekommen. Tausende von Milizangehörigen aus allen Kolonien strömten jetzt nach Boston. Der Kongreß beauftragte *George Washington* (▷ 11.4), einen Farmer aus Virginia, mit der Aufstellung einer Kontinentalarmee aus den Milizen der Einzelstaaten.

In dem ungleichen Kampf gegen eine an Zahl, Bewaffnung und Kampferfahrung weit überlegene Streitmacht des britischen Weltreiches mußten die ungeübten und schlecht ausgerüsteten Amerikaner anfangs empfindliche Niederlagen einstecken, konnten sich jedoch nicht zuletzt dank der Kriegführung Washingtons am Ende behaupten. Mit dem Kriegseintritt Frankreichs an der Seite der Aufständischen 1778 trat die Wende ein, aber erst die Kapitulation der britischen Hauptarmee bei Yorktown (19. Oktober 1781) brachte die endgültige Entscheidung. Im Frieden von Paris (3. September 1783) erkannte Großbritannien die Unabhängigkeit der Vereinigten Staaten an. Bereits am 4. Juli 1776 hatten sich die Delegierten des Zweiten Kontinentalkongresses in Philadelphia mit der Unabhängigkeitserklärung vom Mutterland losgesagt. Die Erklärung war im wesentlichen von Thomas Jeffer-

son nach der in seinem Heimatland Virginia erlassenen Verfassung vorbereitet worden, in der erstmals auch die Menschenrechte formuliert und gesetzlich verankert worden waren. Zur Rechtfertigung ihres Schrittes stellten die Delegierten der Erklärung „selbstverständliche Wahrheiten" (self-evident truths) unter Berufung auf das Naturrecht der Aufklärung voran: „Wir halten diese Wahrheiten für selbstverständlich, daß alle Menschen gleich geschaffen wurden, daß sie von ihrem Schöpfer mit gewissen unveräußerlichen Rechten ausgestattet sind, darunter Leben, Freiheit und Streben nach Glück; daß zur Sicherung dieser Rechte Regierungen eingesetzt sind, die ihre gerechten Vollmachten von der Einwilligung der Regierten herleiten."

Auch der Gedanke der Volkssouveränität und das Widerstandsrecht eines Volkes wurden in die Erklärung aufgenommen: „Wenn eine Regierungsform diesen Zielen zum Schaden gereicht, ist es das Recht des Volkes, (...) sie zu ändern oder abzuschaffen und eine neue Regierung einzusetzen."

Thomas Jefferson, Rechtsanwalt aus Virginia, wurde schon früh ein Vorkämpfer der Unabhängigkeitsbewegung. Auch die 1787 vom Kongreß verabschiedete „Northwest Ordinance", die für die politische Entwicklung aller zukünftigen US-Territorien die Weichen stellte, stammte vorwiegend aus seiner Feder. 1789 wurde er im Kabinett des Präsidenten Washington der erste Außenminister der Vereinigten Staaten (bis 1793). Als Führer der von ihm gegründeten Republikanischen Partei, die sich später in Demokratische Partei umbenannte, unterlag Jefferson 1796 im Präsidentenwahlkampf dem Kandidaten der Föderalisten, John Adams, und wurde Vizepräsident (1797–1801). 1801 wurde Jefferson der dritte Präsident der Vereinigten Staaten (bis 1809).

11.3 Die amerikanische Verfassung

Noch während des Unabhängigkeitskrieges hatten sich die 13 nordamerikanischen Kolonien zu einem losen Staatenbund zusammengeschlossen; in den 1777 aufgestellten Konföderationsartikeln war eine Zentralregierung noch nicht vorgesehen. Die Einzelstaaten, die sich zu Beginn des Krieges Verfassungen gegeben hatten, bestanden auf ihrer Souveränität. Der Kongreß der Konföderation verfügte über keine Exekutivgewalt. Doch schon bei den Friedensverhandlungen erwies es sich als notwendig, dem Kongreß größere Befugnisse zu übertragen. In der Nachkriegszeit drohte die Einmütigkeit der Einzelstaaten im Streit über Gebiets- und Wirtschaftsfragen wieder zu zerfallen. Weitsichtige Politiker wie Thomas Jefferson (▷ 11.2), James Madison und Alexander Hamilton sowie der Befehlshaber der Kontinentalarmee des Unabhängigkeitskrieges, *George Washington* (▷ 11.4), bemühten sich, die Gegensätze zu überwinden. Schließlich wurde ein Verfassungskonvent nach Philadelphia einberufen, der am 25. Mai 1787 mit seinen Beratungen begann.

Die Verhandlungen gestalteten sich schwierig, weil den freiheitsliebenden Amerikanern die Errichtung einer übergeordneten und möglicherweise unkontrollierbaren Staatsgewalt nicht behagte. Am 17. September 1787 wurde vom Konvent die amerikanische Verfassung verabschiedet, die — mit einigen Änderungen — bis heute gilt. Sie beruht auf den Grundsätzen der Gewaltenteilung und der Volkssouveränität sowie auf dem Bundesstaatsprinzip. Der Kongreß als Legislative besteht aus zwei Kammern, dem Repräsentantenhaus (Volksvertretung) und dem Senat (Vertretung der Einzelstaaten). Die Abgeordneten des Repräsentantenhauses werden vom Volk unmittelbar auf zwei Jahre gewählt. Im Senat besitzt jeder Einzelstaat, unabhängig von seiner Größe, zwei Stimmen. Die Senatoren werden auf sechs Jahre gewählt, alle zwei Jahre jeweils im Turnus ein Drittel von ihnen. Mit der Einrichtung des Senats konnten die Bedenken vornehmlich der kleinen Staaten gegen die Zentralregierung ausgeräumt werden. Der Kongreß beschließt über Krieg und Frieden, schließt Verträge mit fremden Staaten und entscheidet über Maße, Münzen und Gewichte sowie über Zölle und Steuern.

Der Präsident steht dem Kongreß als oberster Beamter der Exekutive gegenüber. Er wird von einem Wahlmännergremium, das durch direkte Wahl in den Einzelstaaten zustande kommt, für jeweils vier Jahre gewählt; die einmalige Wiederwahl ist möglich. Er ernennt die höheren Beamten wie Botschafter und Konsuln sowie die Bundesrichter. Er sorgt für die Durchführung der Beschlüsse des Kongresses, besitzt jedoch das Recht, diese durch sein Veto aufzuhalten; ferner ist er Oberbefehlshaber der Streitkräfte. Der oberste Gerichtshof als Judikative besteht aus unabhängigen Richtern, die vom Präsidenten ernannt, aber nicht abgesetzt werden können.

11.4 Erster Präsident der Vereinigten Staaten: George Washington

Der Verfassungskonvent hatte im Mai 1787 George Washington, den erfolgreichen Befehlshaber der Kontinentalarmee, zum Vorsitzenden ernannt. Nach dem Inkrafttreten der *amerikanischen Verfassung* (▷ 11.3) wurde Washington am 7. Januar 1789 einstimmig zum ersten Präsidenten der Vereinigten Staaten gewählt.

Die Verfassung hat dem Präsidentenamt eine starke Position im Staat zugeordnet. Er ist Staatsoberhaupt und Regierungschef in einer Person und zugleich Oberbefehlshaber der

George Washington

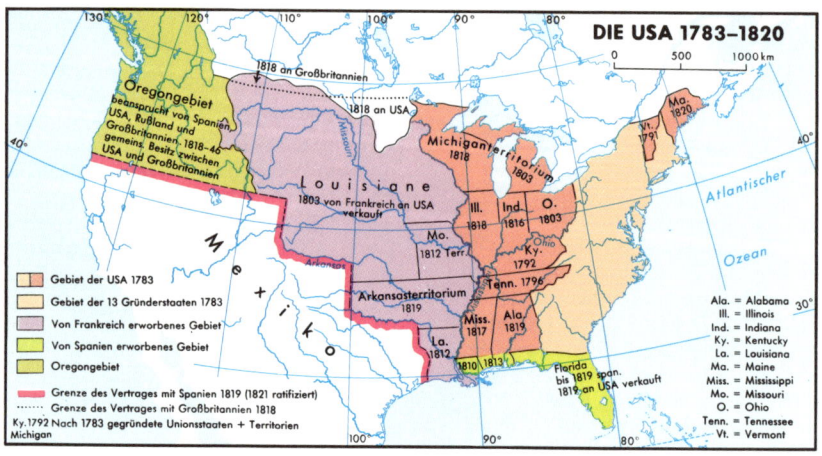

Karte: DIE USA 1783–1820

Oregongebiet beansprucht von Spanien, USA, Rußland und Großbritannien. 1818–46 gemeins. Besitz zwischen USA und Großbritannien

1818 an Großbritannien

1818 an USA

Michiganterritorium 1818

L o u i s i a n e 1803 von Frankreich an USA verkauft

M e x i k o

Arkansosterritorium 1819

Mo. 1812 Terr

Ill. 1818

Ind. 1816

O. 1803

Ohio 1803

Vt. 1791

Ma. 1820

Atlantischer Ozean

Ky. 1792

Tenn. 1796

Miss. 1817

Ala. 1819

La. 1812

1810 1813

Florida bis 1819 span. 1819 an USA verkauft

Gebiet der USA 1783
Gebiet der 13 Gründerstaaten 1783
Von Frankreich erworbenes Gebiet
Von Spanien erworbenes Gebiet
Oregongebiet
Grenze des Vertrages mit Spanien 1819 (1821 ratifiziert)
Grenze des Vertrages mit Großbritannien 1818
Ky.1792 Nach 1783 gegründete Unionsstaaten + Territorien
Michigan

Ala. = Alabama
Ill. = Illinois
Ind. = Indiana
Ky. = Kentucky
La. = Louisiana
Ma. = Maine
Miss. = Mississippi
Mo. = Missouri
O. = Ohio
Tenn. = Tennessee
Vt. = Vermont

Streitkräfte. Mit seinem Veto kann der Präsident jeden Kongreßbeschluß verhindern oder aufhalten. Jedoch besitzt der Kongreß die rechtliche Möglichkeit, sich mit Zweidrittelmehrheit über das Präsidentenveto hinwegzusetzen. Er kann ferner mit Hilfe eines Impeachment-Verfahrens die Amtsenthebung des Präsidenten wegen nachgewiesener Verfehlungen einleiten.

George Washington trat in seinem neuen Amt für eine starke Zentralregierung ein, befürwortete früh einen Ausgleich mit Großbritannien und wahrte im europäischen *Revolutionskrieg* (▷ 11.8) strikte Neutralität. Im Innern war ein funktionierender Behördenapparat und eine stabile Währung aufzubauen. Washington unterstützte die Bemühungen seines Schatzministers Alexander Hamilton um den Ausbau einer gesunden Finanzverwaltung und die Stabilisierung der durch den Krieg zerrütteten Wirtschaft. Er vermochte das Präsidentenamt aus dem innenpolitischen Streit zwischen den Parteien herauszuhalten. 1793 wurde Washington für weitere vier Jahre in seinem Amt bestätigt.

1796 widersetzte er sich dem Wunsch zahlreicher Freunde, sich ein drittes Mal, diesmal entgegen der Verfassung, zum Präsidenten wählen zu lassen, mit großer Entschiedenheit. In seiner Abschiedsbotschaft vom 17. September 1796 begründete er noch einmal seine Einstellung, das Land von langfristigen Bündnissen mit europäischen Staaten fernzuhalten, weil Amerika mit den besonderen Interessen der Europäer und ihren häufigen Streitereien nichts gemein habe.

11.5 Die Französische Revolution: Erstürmung der Bastille

Die Vorgänge in Nordamerika, der Freiheitskampf der 13 Kolonien und ihre *Unabhängigkeitserklärung* (▷ 11.2) hatten überall in Europa große Aufmerksamkeit und auch Sympathie geweckt, besonders in Frankreich, zumal französische Soldaten an der Seite der Aufständischen am Unabhängigkeitskrieg teilgenommen hatten. In Frankreich bestand noch ein absolutistisches Herrschaftssystem, aber der schwache Monarch, Ludwig XVI., vermochte nicht, die auch von einigen Ministern wie Turgot, Calonne und Necker geforderten Reformen zur Überwindung der durch Kriege, falsche Finanzpolitik und verschwenderische Hofhaltung entstandenen Wirtschaftskrise gegenüber den auf ihren Vorrechten beharrenden privilegierten Ständen durchzusetzen.

Die Einberufung der Generalstände nach Versailles zum Frühjahr 1789 – seit 1614 waren sie nicht mehr zusammengetreten – erschien jetzt als allerletzter Versuch, einen Ausweg aus der Krise zu finden. Aber die Verhältnisse hatten sich entscheidend verändert. Der bisher weitgehend rechtlose Dritte Stand war zu politischem Bewußtsein erwacht. Seine Wortführer, aus der geistigen Elite des Bildungsbür-

gertums oder aus dem wirtschaftlich erstark-
ten Besitzbürgertum stammend, forderten die
Gleichstellung mit Adel und Geistlichkeit.
Soeben noch hatten sie die Verdoppelung ihrer
Abgeordnetensitze erfochten und waren in die
Lage versetzt, die gleiche Anzahl Delegierter
nach Versailles zu entsenden wie die beiden
anderen Stände zusammen. Dort aber konnten sie ihre Forderung, von dem alten, nach
Ständen getrennten Abstimmungsmodus ab-
zugehen und im Plenum nach Köpfen abstimmen zu lassen, nicht durchsetzen. So erklärten
sich die Abgeordneten des Dritten Standes am
17. Juni 1789 zur Vertretung des gesamten
Volkes, zur Nationalversammlung, und legten
am 20. Juni, als ihnen der Sitzungssaal verschlossen war, im benachbarten Ballhaus den
Eid ab, nicht eher wieder auseinanderzuge-
hen, bis daß eine Verfassung von ihnen beschlossen sein würde. Vor der Entschlossenheit der Abgeordneten, denen sich bereits Angehörige der anderen Stände anzuschließen
begannen, wich der König zurück, und er gab
aus Furcht vor einem Volksaufstand im unruhigen Paris jetzt sogar den abseits stehenden
Vertretern der anderen Stände den Befehl, sich
der Nationalversammlung anzuschließen.
Aber weder die Abgeordneten noch die Pariser Bevölkerung glaubten an eine Kehrtwendung des Monarchen. Gerüchte über Trup-
penzusammenziehungen schienen den Verdacht zu bestätigen, der König plane im
Verein mit reaktionären Adelskreisen, die revolutionäre Bewegung mit Waffengewalt niederzuschlagen. Die Entlassung des populären,
liberalen Finanzministers Jacques Necker am
11. Juli 1789 und die Berufung erzkonserva-
tiver Minister brachten die angespannte Situation in der Hauptstadt auf den Siedepunkt.
Am 14. Juli strömte eine aufgebrachte Volksmenge, die sich in den Besitz von Waffen gebracht hatte, zum Stadtgefängnis, der mittelalterlichen Bastille, und stürmte die nur noch
mit wenigen Gefangenen belegte Festung, die
als Symbol despotischer Königsherrschaft
galt. Der Kommandant und ein Teil der aus
Kriegsinvaliden bestehenden Besatzung wurden getötet.
Die Nachricht von der Erstürmung der Bastille löste im ganzen Land Jubel und weitere
Aufstände aus. Das zentralistische System der
absolutistischen Herrschaft brach zusammen.
Verglichen mit dem revolutionären Akt des

Der Sturm auf die Bastille am 14. Juli 1789

*Auch bei den Farbigen löste die
Französische Revolution den Anspruch
auf Freiheit aus*

17. Juni war die Erstürmung der Bastille ein
eher unbedeutendes Ereignis, das aber im
Ausland als Symbol für das Freiheitsringen
des französischen Volkes gesehen wurde. In
Frankreich selbst erhielt der Bastillesturm
nachträglich den Nimbus des außergewöhnlichen nationalen Ereignisses: Der 14. Juli
wurde zum nationalen Feiertag der Franzosen.

11.6 Erklärung der Menschen- und Bürgerrechte

Ludwig XVI. hatte das eigenmächtige Vorgehen des Dritten Standes und die Konstituierung der Nationalversammlung, wenn auch halbherzig, hingenommen. Auch nach der *Erstürmung der Bastille* (▷ 11.5) lenkte er ein und gab vor der Nationalversammlung den Abzug der Truppen aus der Umgebung von Paris bekannt. Die Nationalversammlung beschloß in einer langen Nachtsitzung vom 4. August 1789 die Abschaffung aller Feudalrechte und Steuerprivilegien sowie die Aufhebung des Kirchenzehnten. Eine Ergebenheitsadresse an den König feierte den Monarchen als den „Wiederhersteller der französischen Einheit".

Doch Teile des Adels rückten von den Beschlüssen bald wieder ab. Auch der König ließ deutlich erkennen, daß er mit der „Beraubung meines Klerus und meines Adels" nicht einverstanden war. Unbeeindruckt von diesem Sinneswandel verkündete die Nationalversammlung am 26. August 1789 eine Erklärung der Menschen- und Bürgerrechte, mit der die Beschlüsse des 4. August verfassungsrechtlich legitimiert wurden.

Unverkennbar ist das Vorbild der *amerikanischen Unabhängigkeitserklärung* (▷ 11.2). Die Abgeordneten begründeten darüber hinaus die Abschaffung der vom Feudalsystem vorgegebenen Rechtsungleichheit: „Die Menschen werden frei und gleich an Rechten geboren und bleiben es. Soziale Unterschiede können nur im Wohle der Gemeinschaft gerechtfertigt sein (§ 1). Der Zweck jeder staatlichen Vereinigung ist die Erhaltung der natürlichen und unverjährbaren Menschenrechte. Diese Rechte sind: Freiheit, Eigentum, Sicherheit und Widerstand gegen Unterdrückung (§ 2)." Der Gedanke der Volkssouveränität wurde offen geäußert: „Der Ursprung jeder Herrschaft liegt im Prinzip und ihrem Wesen nach in der Nation: Keine Körperschaft und kein einzelner kann eine Autorität ausüben, die sich nicht ausdrücklich von ihr herleitet (§ 3). Die Freiheit besteht darin, alles tun zu können, was einem anderen nicht schadet (...). Die Grenzen der Freiheit können allein durch das Gesetz bestimmt werden (§ 4)." Der Grundsatz der Gewaltenteilung wurde ebenso betont wie die Gleichheit vor dem Gesetz, die Steuergleichheit sowie die Meinungs-, Presse- und Glaubensfreiheit und die Sicherung des Privateigentums.

Die Menschenrechtserklärung wurde 1791 in die Verfassung aufgenommen. Sie hat weit über die Grenzen Frankreichs hinaus große Resonanz gefunden und wurde zum Vorbild für die Freiheitsbewegungen der Völker in Europa und in der Welt.

11.7 Schreckensherrschaft der Jakobiner

Die *Erklärung der Menschen- und Bürgerrechte* am 26. August 1789 (▷ 11.6) durch die Nationalversammlung beendete die von idealistischem Schwung getragene erste Phase der Französischen Revolution. Nun begann für die Abgeordneten die Alltagsarbeit, in der die Überwindung der größten wirtschaftlichen und sozialen Not im Vordergrund stand, sowie die Erarbeitung eines Verfassungswerkes. Die Schwäche Ludwigs XVI. angesichts der revolutionären Entwicklung führte zu einer ersten großen Emigrationswelle des Adels, der nun vom benachbarten Rheinland aus eine heftige gegenrevolutionäre Agitation entfachte und die europäischen Fürsten drängte, in Frankreich auch militärisch einzugreifen. Gerüchte über eine unmittelbar bevorstehende Intervention auswärtiger Mächte erzeugten im Lande Angst und Panikstimmung und lösten Unruhen aus. Die mißglückte Flucht der Königsfamilie im September 1791 deckte die geheimen Verbindungen des Monarchen zu den Emigranten und zum kaiserlichen Hof in Wien auf und leitete die Entmachtung des Königs ein.

Die Revolution radikalisierte sich. In der neuen Volksvertretung meldete sich eine Minderheit lautstark zu Wort, die dem politisch einflußreichen Klub der Jakobiner angehörte, der die Abschaffung der Monarchie forderte. Eine andere aktive Gruppe, die Girondisten, drängte darauf, der erwarteten Intervention der Fürstenstaaten mit einer Kriegserklärung zuvorzukommen. Sie hofften, mit einer großen nationalen Kraftanstrengung die inneren Schwierigkeiten und Widerstände überwinden zu können.

Im April 1792 erklärte die Nationalversammlung Österreich den Krieg. Als die verbündeten Österreicher und Preußen in den ersten

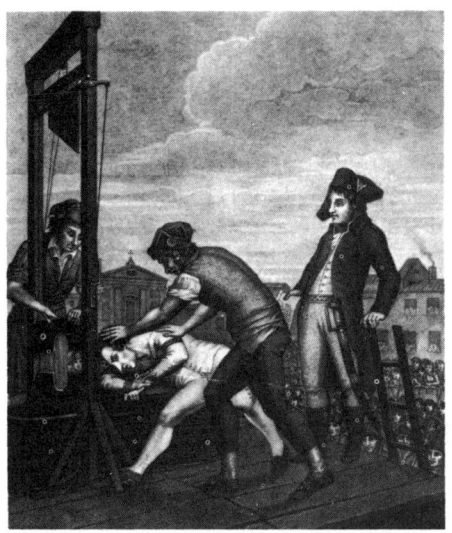

Hinrichtung von Maximilien de Robespierre am 28. Juli 1794

Gefechte die französischen Revolutionstruppen zurückschlugen und der Oberbefehlshaber der Alliierten im Juli 1792 in einem Manifest drohte, Paris zu zerstören, wenn der königlichen Familie Gewalt angetan würde, erstürmte die aufgebrachte Pariser Bevölkerung die Tuilerien und nahm die Königsfamilie gefangen. Die revolutionäre Kommune übernahm die Herrschaft in Paris. Mit der Ermordung von in den Gefängnissen einsitzenden vermeintlichen Gegnern Anfang September 1792 begann die Schreckensherrschaft. Der neue Nationalkonvent beschloß am 20. September die Abschaffung der Monarchie. Ludwig XVI. wurde wegen geheimer Verbindungen zum Feind vor Gericht gestellt und zum Tode verurteilt; am 21. Januar 1793 wurde er öffentlich enthauptet.

Nach den Septembermorden und der Hinrichtung des Königs schlossen sich fast alle europäischen Mächte der Kriegskoalition der Österreicher und Preußen gegen Frankreich an, das durch den verstärkten militärischen Druck, royalistische Aufstände im Innern und völlig zerrüttete wirtschaftliche Verhältnisse vor dem Zusammenbruch zu stehen schien. Aber das Chaos wurde durch eine radikale Disziplinierung des Volkes unter der Diktatur der Jakobiner abgewendet. Ihre Führer, der

Advokat Robespierre und der mitreißende Redner Danton, strebten eine völlige Umgestaltung der französischen Gesellschaft an. Der von Ihnen beherrschte „Wohlfahrtsausschuß", Exekutivorgan des Nationalkonvents, übte durch willkürliche Verhaftungen und Verurteilungen eine grausame Herrschaft aus. In den Jahren 1793 und 1794 wurden Tausende hingerichtet, zuerst politische Gegner, aber auch Konventsmitglieder anderer politischer Richtungen, schließlich sogar Gesinnungsgenossen und Mitkämpfer wie Danton selbst.

Als sich die militärische Lage durch Siege französischer Armeen sichtlich entspannte, gewannen im Lande die Gegner Robespierres die Oberhand; er wurde im Konvent überwältigt und am 28. Juli 1794 zusammen mit zahlreichen Mitstreitern hingerichtet.

11.8 Revolutionskrieg (Erster Koalitionskrieg)

Während die revolutionären Vorgänge in Versailles und Paris bei den europäischen Völkern auf große Sympathien stießen und von Dichtern, Schriftstellern und Publizisten mit großer Zustimmung kommentiert wurden, zeigten sich die Regierungen der europäischen Mächte zunächst eher zurückhaltend, wenn nicht sogar uninteressiert. Österreich, Rußland und Preußen waren zudem mit der Aufteilung Polens (▷ 10.30) beschäftigt.

Nach der mißglückten Flucht der Königsfamilie im Juni 1791 und mit der Bedrohung der Monarchie in Frankreich änderte sich die Situation. Der österreichische Kaiser Leopold II., Bruder der französischen Königin Marie Antoinette, und der preußische König Friedrich Wilhelm II. bekundeten in der Pillnitzer Deklaration vom 27. August 1791 ihre Solidarität mit Ludwig XVI., machten ihr Eingreifen jedoch von der Zustimmung der übrigen europäischen Herrscher abhängig. Es war das erklärte Ziel, den französischen König wieder in seine Rechte einzusetzen.

Der Kriegsausbruch im April 1792, durch die Kriegserklärung der französischen Revolutionäre an Österreich verursacht, wurde von den patriotisch gestimmten Freiwilligen in Frankreich gefeiert. Das Lied der Marseiller Freiwilligen „Chant de guerre de l'armée du Rhin", bald als Marseillaise von allen in den

Krieg ziehenden Regimentern gesungen, wurde die französische Nationalhymne. Gegenüber den geschulten Linientruppen der Österreicher und Preußen mußte die ungeübte Revolutionsarmee anfänglich Niederlagen hinnehmen und den Rückzug antreten. Dann aber änderte sich die militärische Situation schlagartig. Nach einem ganztägigen Artillerieduell zwischen den verbündeten Fürstenheeren und den französischen Revolutionsverbänden am 20. September 1792 bei Valmy in der Champagne gab der Herzog von Braunschweig, der Oberbefehlshaber der Interventionsarmee, am Abend den Befehl zum Rückzug, der für die Verbündeten wegen Unwetters und Epidemien zur Katastrophe wurde. Der französische Vormarsch zum Rhein führte rasch zur Besetzung von Mainz, Speyer und Worms sowie der österreichischen Niederlande (des späteren Belgiens) und Savoyens.

Die Marseillaise. Das Lied der Marseiller Freiwilligen, erstmals am 30. Juli 1792 bei ihrem Einzug in Paris gesungen, wurde 1795 zur Nationalhymne erklärt

Johann Wolfgang von Goethe, der im Stab des Herzogs von Weimar den Feldzug miterlebt hatte, erkannte vielleicht die historische Bedeutung der Kanonade von Valmy, als er am Abend des Tages in mehr ironischem Ton zu seiner Begleitung sagte: „Von hier und heute geht eine neue Epoche der Weltgeschichte aus, und Ihr könnt sagen, Ihr seid dabeigewesen."

11.9 Frieden von Campoformio

Nach der Hinrichtung Ludwigs XVI. im Januar 1793 weitete sich der von der französischen Revolutionsregierung ausgelöste Krieg gegen Österreich zu einem großen, ersten Koalitionskrieg (▷ 11.8) aus, da fast alle europäischen Staaten, voran Großbritannien, dem Bündnis der Österreicher und Preußen beitraten. Die sich erneut verschlechternde Situation der französischen Armeen konnte der Ingenieur Lazare Carnot mit der Einführung der allgemeinen Dienstpflicht, der „levée en masse", und einer Neuorganisation des Heeres überwinden. Fortan erwiesen sich die Armeen der Revolution mit ihren jungen Generalen der vereinten Heeren der Fürstenstaaten auf allen Schlachtfeldern überlegen.

Im Sonderfrieden von Basel (24. Oktober 1795) mit Preußen errang die französische Revolutionsregierung ihren ersten außenpolitischen Erfolg: die vertragliche Anerkennung durch Preußen und darüber hinaus die preußische Zustimmung zur Rheingrenze. Nach dem Ende der Jakobinerherrschaft setzte die bürgerliche Konventsmehrheit den Krieg fort, ebenso das 1795 mit der neuen Verfassung geschaffene Direktorium, das nun, nachdem der Plan einer Landung in England als undurchführbar fallengelassen worden war, die Entscheidung in diesem Krieg in der Auseinandersetzung mit Österreich auf dem oberitalienischen Kriegsschauplatz suchte. Die Regierung übertrug den Oberbefehl über die dort operierende französische Armee dem 27jährigen General Napoleon Bonaparte (▷ 11.10).

Nach mehreren Siegen über die Österreicher eroberte Napoleon Mailand und Mantua, verfolgte den geschlagenen Gegner bis Klagenfurt und erzwang von ihm den Vorfrieden von Leoben (April 1797). Während die Pariser Re-

gierung auf der Fortsetzung des Krieges bis zum triumphalen Einzug in Wien bestand, schloß Napoleon eigenmächtig mit den Österreichern am 17. Oktober 1797 den Frieden von Campoformio. Österreich mußte die Niederlande und die Lombardei abtreten, es erhielt dafür Venetien. Es verzichtete auch, wie vordem Preußen, auf seine linksrheinischen Besitzungen und erkannte damit den Rhein als Ostgrenze Frankreichs an. Mit den Gründungen der Ligurischen und Zisalpinischen Republik in Oberitalien entstanden die ersten Satellitenstaaten des französischen Empire. Im Frieden von Campoformio zeigte der junge General zum ersten Male, daß er nicht nur auf dem Schlachtfeld zu siegen wußte, sondern auch eigene politische Vorstellungen über die territoriale Neugestaltung eines besiegten Landes besaß und diese der Regierung in Paris gegenüber durchzusetzen verstand.

Mit den Siegen im Italienfeldzug 1796/97 und dem Frieden von Campoformio hatte der junge, aus Korsika stammende General Napoleon Bonaparte die Bühne der Weltgeschichte betreten. In den nächsten zwei Jahrzehnten bestimmte er das politische und militärische Geschehen in Europa so ausschließlich, daß man diesen Jahren nachträglich die Bezeichnung „Napoleonisches Zeitalter" gegeben hat.

Ansprache Napoleons an die Armee vor der Schlacht bei den Pyramiden 1798

Staatsstreich vom 18. Brumaire. Napoleon im Rat der Fünfhundert in Saint-Cloud

11.10 Ägyptenfeldzug Napoleons

Dem wie ein Triumphator von der Pariser Bevölkerung empfangenen Feldherrn übertrug das Direktorium im Dezember 1797 den Oberbefehl für ein neues Unternehmen. Napoleon sollte mit einer Expeditionsarmee in Ägypten landen und die britische Mittelmeerstellung bekämpfen. Der Plan stammte von ihm selbst, das Direktorium gestand ihm die Durchführung zu.

Am 19. Mai 1798 brach Napoleon von Toulon aus mit einem Flottenverband und 38 000 Elitesoldaten an Bord auf; im Juli 1798 war er bereits Herr über Ägypten. Als er in Alexandria landete, verkündete er, daß er den Frieden liebe und Freund des osmanischen Sultans sei, des Kalifen sämtlicher Muslime; zudem wolle er den Muslimen eine großartige Moschee bauen lassen. Er sei nach Ägypten gekommen, um das Land aus der Tyrannei der Mamelucken zu befreien. Diese Worte verrieten zwar viel diplomatisches Geschick, beruhigten jedoch die Lage im besetzten Land nicht. Bereits in Alexandria leistete man ihm Widerstand, Tote und Verletzte waren zu beklagen. Nach der Besetzung Kairos am 22. Juli drangen seine Truppen in die berühmte Ashar-Universität (▷ 5.19) ein, wo sie Verwüstungen anrichteten.

Nachdem sich in Europa die militärische Lage für Frankreich drastisch verschlechtert hatte und die oberitalienischen Eroberungen wieder verloren gegangen waren, entschloß sich Napoleon zur vorzeitigen Rückkehr nach Frankreich. Mit einem Stab seiner Offiziere erreichte er am 9. Oktober, vorbei an den im Mittelmeer patrouillierenden britischen Kriegsschiffen, die südfranzösische Küste, kehrte nach Paris zurück und stürzte am 18. Brumaire (9. November) 1799 das Direktorium. In einer von ihm diktierten, von einem Plebiszit gebilligten Konsulatsverfassung übernahm er als Erster Konsul die exekutive Gewalt und die Gesetzesinitiative.

Als Nachfolger von Bonaparte gelang es auch General Jean-Baptiste Kléber nicht, die Lage in Ägypten zu beruhigen. Ein junger Syrer aus Aleppo, ein Ashar-Absolvent, beschloß, nachdem er von den Untaten der Franzosen in der geistlichen Hochschule erfahren hatte, diese zu rächen und ermordete Kléber am 24. Juni 1800 in Kairo. Dies veranlaßte die Verantwortlichen der Besatzungsarmee zur Schließung der Universität und zur strengen Überwachung von Lehrern und Studenten. Moscheen wurden in Kairo und anderwärts geschlossen oder von den Franzosen auf vielfältige Weise zweckentfremdet. Napoleon hatte die Muslime brüskiert, indem er, ein Christ, sich einem islamischen Land als Machthaber aufzwang, ohne den legitimen Herrscher zu berücksichtigen, der immer noch als Sultan und Kalif von Konstantinopel aus theokratisch regierte.

In der Begleitung des künftigen Kaisers der Franzosen befanden sich zahlreiche Wissenschaftler, die sogenannte „Mission scientifique", welche die Reise Bonapartes beschreiben, aber auch das Land erforschen sollten, das seit seiner Besetzung durch die Osmanen im Jahre 1517 isoliert gewesen war. Das Institut d'Égypte mit seinen modernen Arbeitsmaterialien und die französischen Gelehrten, die wissenschaftlichen Eifer mit Zuneigung für das Land verbanden, setzten viele Einheimische in Erstaunen. Die vielen bisher unbekannten Arbeitsgeräte faszinierten die ägyptischen Gelehrten, darunter vor allem die Druckerei mit arabischen Schriftzeichen, die der General aus dem Vatikan geraubt und mitgeführt hatte.

Man kann daher den Feldzug als einen wichtigen Wendepunkt in der Entwicklung Ägyptens und der arabisch-islamischen Welt betrachten, da er diesen Ländern die Tür zur modernen Welt weit aufstieß. Mehmet Ali (1805–49), der die französischen Soldaten vertrieb und Alleinherrscher über Ägypten wurde, plante, es zu einem modernen und starken Staat zu machen. Berichte über Napoleon, über seine gut organisierte Verwaltung und über die bedeutenden, in seinen Diensten stehenden Wissenschaftler waren ihm zu Ohren gekommen. So spielte Frankreich bei diesem Modernisierungsprozeß Ägyptens im Laufe des 19. und 20. Jahrhunderts eine Schlüsselrolle.

11.11 Friedensschlüsse von Lunéville und Amiens

Mit dem Staatsstreich vom 18. Brumaire (9. November) 1799 übernahm Napoleon

Bonaparte die Regierungsgewalt in Frankreich. Die bedrohliche militärische Lage, derentwegen er sein Ägyptenunternehmen abgebrochen hatte, war bereits wieder stabilisiert worden.

Nachdem Friedensangebote Napoleons an Großbritannien und Österreich auf Ablehnung gestoßen waren, griff er mit einem neu aufgestellten Heer auf dem oberitalienischen Kriegsschauplatz ein (Zweiter Koalitionskrieg) und schlug die Österreicher am 14. Juni 1800 entscheidend. Nach einer weiteren schweren Niederlage bei Hohenlinden kam am 9. Februar 1801 zwischen Österreich und Frankreich der Friede von Lunéville zustande. Er bestätigte weitgehend den *Frieden von Campoformio* (▷ 11.9). Kaiser und Reich erkannten, wie zuvor Preußen (1795), den Rhein von Holland bis zur Schweiz als französische Ostgrenze an.

Da auch der Zar bereits mit Napoleon in Verhandlungen stand, war Großbritannien isoliert. Der Zar initiierte mit den skandinavischen Staaten einen Bund der Neutralen gegen britische Handelsübergriffe, während Frankreich seine Mittelmeerstellung auszubauen versuchte. So sah sich die britische Regierung aus innenpolitischen und wirtschaftlichen Gründen genötigt, den Krieg zu beenden. Am 27. März 1802 erkannte auch Großbritannien im Frieden von Amiens Frankreichs „natürliche Grenzen" an und verpflichtete sich, die im Krieg erzielten überseeischen Eroberungen gegen den Verzicht Frankreichs auf Ägypten herauszugeben.

In den Jahren 1800 bis 1804 unter Napoleon als Erstem Konsul wurden bedeutende und dauerhafte Innovationen in der Innen-, Rechts- und Kulturpolitik auf den Weg gebracht, von denen besonders das Gesetzeswerk des Code civil (Code Napoléon) eine weit über die Grenzen Frankreichs hinausreichende Bedeutung erlangte.

11.12 Austerlitz und Trafalgar

Der *Friedensschluß von Amiens* (▷ 11.11) wurde von Napoleon nur als Waffenstillstand angesehen. Die endgültige Entscheidung im Kampf um die Vorherrschaft in Europa stand noch bevor. Die Annexion der Insel Elba und die Besetzung des Fürstentums Piemont, das Eingreifen in die deutschen Verhältnisse, der

konsequent betriebene Ausbau der eigenen Machtposition, die mit der Errichtung des erblichen Kaisertums (1804) den Höhepunkt erreichte, mußte die Briten irritieren und provozieren.

Während Napoleon Kriegspläne entwickelte und Vorbereitungen für eine Landung auf der Insel traf, nahm der in Großbritannien wieder an die Spitze der Regierung berufene William Pitt (der Jüngere) Verhandlungen mit dem Zaren auf, um Rußland für eine neue Koalition gegen Napoleon zu gewinnen. Das Bündnis kam im April 1805 zustande; weitere Mächte schlossen sich an, zuerst Österreich, das seit 1804 ein eigenständiges Kaisertum war, dann auch Schweden und Neapel. Preußen blieb weiterhin neutral.

Der Dritte Koalitionskrieg begann; in Eilmärschen führte Napoleon seine Armeen von der Kanalküste nach Süddeutschland, überraschte die noch nicht formierten Österreicher und zwang sie am 17. Oktober 1805 in Ulm zur Kapitulation. Schon kurz darauf zog er in Wien ein. Wenige Tage nach der österreichischen Katastrophe erlitten die vereinten Seestreitkräfte der Franzosen und Spanier im Mittelmeer eine vernichtende Niederlage durch die britische Flotte unter Admiral Nelson in der Schlacht bei Trafalgar. Dieser eindrucksvolle Seesieg sicherte dem Inselreich die Dominanz auf den Weltmeeren bis ins 20. Jahrhundert.

Napoleon setzte, scheinbar unbeeindruckt von dieser schweren Niederlage, seine Landoperationen fort. Am 2. Dezember 1805 traf er bei Austerlitz in Südmähren auf die Armeen der Russen und Österreicher, bei denen sich auch die Monarchen, der Zar und der Kaiser von Österreich befanden. Der glänzende Sieg Napoleons über die zahlenmäßig weit überlegenen gegnerischen Streitkräfte in dieser „Dreikaiserschlacht" ist sowohl militärstrategisch als auch politisch als sein größter Erfolg bezeichnet worden. Er brachte ihm endgültig die Vorherrschaft Frankreichs auf dem Kontinent.

Österreich mußte sich zu dem demütigenden Frieden von Preßburg am 26. Dezember 1805 bereitfinden. Es verlor Venetien und Dalmatien an das neugeschaffene Königreich Italien, Tirol und Vorarlberg an Bayern und mußte Napoleon als Kaiser der Franzosen und König von Italien anerkennen. Unmittelbare

*Schlacht bei
Jena und
Auerstedt (1806).
Kolorierter
Kupferstich*

Folge dieses Diktatfriedens war der Austritt zahlreicher Reichsfürsten aus dem deutschen Reichsverband, die sich zum Rheinbund unter französischem Protektorat zusammenschlossen.

11.13 Ende des Heiligen Römischen Reiches Deutscher Nation

In den Friedensschlüssen von *Campoformio* (▷ 11.9) und *Lunéville* (▷ 11.11) hatte auch Österreich, wie bereits Preußen im Sonderfrieden von Basel, auf alle linksrheinischen Territorien verzichtet und den Rhein als natürliche Grenze Frankreichs anerkannt. Dabei war vereinbart worden, die deutschen Fürsten für ihre linksrheinischen Verzichte im Reich zu entschädigen.

1803 nahm eine außerordentliche Reichsdeputation diese Entschädigung vor (Reichsdeputationshauptschluß), indem die Hoheitsrechte der geistlichen Fürstentümer und des Reichskirchengutes aufgehoben und die so freigewordenen Territorien den zu entschädigenden weltlichen Fürsten zugewiesen, also säkularisiert wurden. Mit dieser grundlegenden Neuordnung des Deutschen Reiches, für die Napoleon bereits 1802 mit dem Zaren Übereinstimmung erzielt hatte, sollte eine Gruppe von Mittelstaaten gestärkt werden, die fortan als „Drittes Deutschland" und Parteigänger Frankreichs ein Gegengewicht zu den Großmächten Österreich und Preußen darstellen sollten.

Nach dem Frieden von Preßburg wurden die mit Frankreich verbündeten süddeutschen Staaten Bayern, Württemberg und Baden mit Landgewinnen belohnt, Bayern und Württemberg zu Königreichen, Baden zum Großherzogtum erhoben. Diese und 13 weitere Reichsfürstentümer schlossen sich am 12. Juli 1806 mit Napoleon als Protektor im Rheinbund zusammen. In einer zweiten Gebietsreform konnten diese Fürsten durch Mediatisierung zahlreicher Ländereien aus dem Besitz der Reichsritterschaft und der meisten Reichsstädte ihre Territorien erheblich vergrößern; zahlreiche Fürsten erhielten Standeserhöhungen.

Am 1. August 1806 erklärten die Rheinbundstaaten ihren Austritt aus dem Heiligen Römischen Reich Deutscher Nation. Unter dem Druck Napoleons, der dem Reich gewissermaßen die völkerrechtliche Anerkennung entzog, legte Kaiser Franz II. am 6. August die Römische Kaiserwürde nieder und erklärte das Heilige Römische Reich für aufgelöst. Bereits 1804 hatte er — als Franz I. — das alle Erblande zusammenfassende Kaisertum Österreich proklamiert. Bis 1808 traten zahlreiche weitere Staaten dem Rheinbund bei, wie das zum Königreich erhobene Sachsen und das von Napoleon neu gegründete Königreich Westfalen.

11.14 Frieden von Tilsit

Preußen hatte sich seit dem 1795 mit Frankreich geschlossenen Sonderfrieden von Basel aus allen späteren Koalitionen der europäischen Mächte gegen den neuen Machthaber in Paris herausgehalten. Bei der auf Napoleonische Vorstellungen Rücksicht nehmenden Neuordnung des Deutschen Reiches 1803 zählte der preußische Staat mit beträchtlichem Gebietszuwachs zu den Hauptgewinnern. Um jedoch der drohenden Abhängigkeit von Napoleon etwas entgegensetzen zu können, schloß Preußen eine Koalition mit Rußland und Sachsen. Die preußische Regierung fühlte sich bald stark genug, von Napoleon den Rückzug seiner Truppen rechts des Rheins und die Auflösung des Rheinbundes zu fordern. Ein Ultimatum sollte diese Forderungen bekräftigen; es begann jedoch eine militärische Konfrontation (Vierter Koalitionskrieg). In der Doppelschlacht von Jena und Auerstedt am 14. Oktober 1806 wurden die preußischen Heere vernichtend geschlagen. Bereits am 27. Oktober zog Napoleon an der Spitze seiner Truppen in Berlin ein. Den Vormarsch der Franzosen bis nach Ostpreußen vermochten auch die den Preußen zu Hilfe eilenden russischen Armeen nicht aufzuhalten. Der Sieg Napoleons bei Friedland am 14. Juni 1807 beendete die Kampfhandlungen.

Die beiden mächtigsten Monarchen des Kontinents, Zar Alexander I. von Rußland und der Kaiser der Franzosen, nahmen nun eine Teilung der Welt nach ihren Interessen vor. Das Ergebnis waren die Friedensverträge von Tilsit, am 7. Juli zwischen Frankreich und Rußland, am 9. Juli zwischen Frankreich und Preußen. Der Zar konnte die von Napoleon geplante völlige Auslöschung des preußischen Staates verhindern, Preußen mußte aber alle Besitzungen westlich der Elbe abtreten, die größtenteils zum Königreich Westfalen zusammengefaßt und dem Bruder Napoleons, Jérôme, übertragen wurden. Preußen mußte ferner die in den *Polnischen Teilungen* (▷ 10.30) erworbenen Gebiete herausgeben, die als Großherzogtum Warschau in Personalunion mit dem Königreich Sachsen vereint wurden. Das übrige Preußen blieb weiterhin von der französischen Armee besetzt.

Napoleon und Alexander vereinbarten eine enge Zusammenarbeit. Der Zar erklärte seine Bereitschaft, am Wirtschaftskrieg gegen Großbritannien teilzunehmen und die *Kontinentalsperre* (▷ 11.15) auch an seinen Küsten durchzuführen. Sein Plan, mit einer Aufteilung der Türkei Zugang zum Bosporus zu erhalten, war für Napoleon nicht akzeptabel.

11.15 Kontinentalsperre

Napoleons Plan, mit der Landung seiner Armeen auf der britischen Insel den großen Gegner militärisch zu besiegen, war nach dem Untergang der französischen Flotte in der Seeschlacht von *Trafalgar* (▷ 11.12) endgültig zur Utopie geworden. Nun bemühte sich Napoleon, die Inselmacht durch einen Wirtschaftskrieg auf die Knie zu zwingen. Von Berlin aus verhängte der Kaiser am 21. November 1806 gegen die seit 1793 bestehende britische Blockade eine Kontinentalsperre, die die hermetische Abschließung aller Küsten Europas vorsah. Eine totale Abschottung aller Küsten Europas gegen Großbritannien konnte Napoleon trotz der Besetzung Portugals und Spaniens 1807/08, der Annexion Etruriens und des Kirchenstaates 1808/09 sowie Hollands und Norddeutschlands 1810 jedoch nicht erreichen.

Im Zuge der Kontinentalsperre werden Händler in Leipzig von französischen Soldaten nach englischen Waren durchsucht

Die sich in Großbritannien seit 1809 ankündigende Wirtschaftskrise und den Abbruch der Beziehungen zu den USA wertete Napoleon als untrügliche Anzeichen des bevorstehenden Zusammenbruchs des Inselreiches. So reifte in ihm der Entschluß, jetzt gegen Rußland zu Felde zu ziehen, nachdem der Zar 1810 die vereinbarte Beteiligung an der Kontinentalsperre gegen Großbritannien aufgekündigt hatte.

Schrecken und Brutalität im spanischen Freiheitskampf, dargestellt von Goya. Aus der Folge „Los Desastres de la Guerra"

Zu keiner Zeit erwuchs für Großbritannien durch die Kontinentalsperre eine bedrohliche Lage; der weitaus größte Anteil des britischen Exports ging ohnehin in die Kolonien und in die Vereinigten Staaten von Amerika. Aber auch die Ausfuhr nach Europa war gewährleistet, sie konnte sogar gesteigert werden, weil die Blockade durch zahlreiche Lizenzvergaben durchbrochen wurde und an allen Küsten ein lebhafter Schmuggel selbst die strengsten französischen Kontrollen zu umgehen vermochte.
Schwer getroffen von der Kontinentalsperre und dem dadurch bedingten Neuaufbau eines Kontinentalmarktes wurden dagegen die großen europäischen Mittelmeerhäfen sowie Hansestädte an der Nord- und Ostseeküste, ferner bestimmte Wirtschaftszweige wie die Leinenfertigung, während das Textilgewerbe und der Maschinenbau einen gewaltigen Aufschwung verzeichneten und bereits den Anfang der Industrialisierung signalisierten.
Da jedoch Napoleon in diesem Kontinentalsystem rigoros den Vorrang Frankreichs im Auge behielt und zur Stärkung der französischen Wirtschaft die besetzten Länder, aber auch die Bundesgenossen ausbeutete, entstand auch in den befreundeten Ländern eine antifranzösische Stimmung, die zuerst in der spanischen und der österreichischen Erhebung von 1809 (▷ 11.16) zum Ausdruck kam und in den *Befreiungskriegen* (▷ 11.18) zum Aufstand der Völker Europas gegen die Napoleonische Fremdherrschaft führte.

11.16 Freiheitskampf in Spanien, Erhebung in Österreich

Um die Küsten des mit Großbritannien verbündeten Portugal gegen den britischen Handelsverkehr abzuschotten und das Königreich in die *Kontinentalsperre* (▷ 11.15) einzubeziehen, ließ Napoleon 1807 das Land von einer französischen Armee besetzen. Mit dem spanischen König wurde ein Vertrag geschlossen, der die Durchmarschrechte sicherte. Napoleon griff jedoch bald auch in Spanien selbst und in die spanische Thronfolge ein, zwang sowohl den König als auch den gegen ihn revoltierenden Sohn zur Thronentsagung und setzte seinen Bruder Joseph als König ein.
Die Cortes, die alten Reichsstände, proklamierten den nationalen Widerstand gegen die französische Besetzung. Der Unabhängigkeitskampf der Spanier wurde von einem britischen Heer, das in Portugal gelandet war, unterstützt. Gegen die von Adel und Klerus geführten spanischen Aufständischen und den von ihnen meisterhaft beherrschten Guerillakrieg mußten die französischen Truppen schwere Niederlagen hinnehmen, ebenso in Portugal gegen die Briten unter General Wellesley, dem späteren Herzog von Wellington und Sieger bei Waterloo (1815).
Napoleon sah sich genötigt, mit großer Heeresmacht in Spanien zu erscheinen, um die Lage wiederherzustellen und seinen geflohenen Bruder Joseph auf den spanischen Thron zurückzuführen. Er wurde aber, noch bevor seine Aktion beendet war, durch die österreichische Erhebung nach Mitteleuropa zurückgerufen. Der Guerillakrieg schwelte weiter und führte schließlich nach der Befreiung Madrids (1812) mit britischer Hilfe zur Befreiung ganz Spaniens.

In Österreich drängten die Patrioten um Außenminister Johann Philipp Graf von Stadion zum Aufstand der Völker Europas gegen die französische Fremdherrschaft. Obwohl die preußische Regierung abseits blieb, begannen die Österreicher mit dem Einmarsch in Bayern die Feindseligkeiten (Fünfter Koalitionskrieg). Erzherzog Karl vermochte im Mai 1809 eine französische Armee zu schlagen, aber Napoleon machte mit seinem Sieg bei Wagram am 5./6. Juli 1809 alle Hoffnungen auf eine Wende des Krieges zunichte. Einzelaktionen einiger Freiheitskämpfer wie in Norddeutschland (Freikorps Schill) und in Tirol (Volksaufstand unter Führung Andreas Hofers) wurden niedergeschlagen, ihre Anführer erschossen. Im Friedensvertrag von Schönbrunn mußte Österreich weitere erheblichen Gebietsabtretungen zustimmen (insgesamt 100 000 km^2 mit 3,5 Millionen Einwohnern).

11.17 Rußlandkrieg Napoleons

Das zwischen Napoleon und Zar Alexander I. im *Frieden von Tilsit* (▷ 11.14) im Juli 1807 geschlossene Bündnis war nicht von langer Dauer. Da die russische Wirtschaft dringend für den Export ihrer Agrarprodukte, ihres Holzes und ihrer Felle britische Erzeugnisse einführen mußte, kündigte der Zar 1810 die Teilnahme an der *Kontinentalsperre* (▷ 11.15) auf und öffnete seine Häfen. Napoleon sah sich nun genötigt, auch Rußland als letzten „Festlandsdegen" Großbritanniens niederzuwerfen. Er begann mit den Kriegsrüstungen und stellte eine außergewöhnlich große Streitmacht auf, der alle verbündeten und besetzten Staaten Truppenkontingente zuzuführen hatten.
Im Juni 1812 begann Napoleon den Krieg gegen Rußland. Er selbst führte die Hauptarmee über Smolensk mit Stoßrichtung auf Moskau. Seine Hoffnung, daß sich die Russen früh zur Entscheidungsschlacht stellen würden, erfüllte sich nicht. Die zurückweichenden russischen Generale zogen die Angreifer immer tiefer in die russische Weite. Wenige, sehr verlustreiche Schlachten brachten keine Entscheidung, da sich die Russen immer wieder von ihren Gegnern lösen konnten.
Am 15. September zog Napoleon mit seiner bereits erheblich dezimierten Armee in Moskau ein. Am folgenden Tag ging die menschenleere Stadt in Flammen auf. Der Brand Moskaus signalisierte dem Eroberer den ungebrochenen Widerstandswillen des russischen Volkes. Das von Napoleon aus Moskau an den Zaren gerichtete Waffenstillstandsangebot auf der Basis des Tilsiter Friedens blieb unbeantwortet.
Am 18. Oktober begann notgedrungen der Rückzug. Von der bei Beginn des Feldzuges 450 000 Mann starken Hauptarmee war jetzt nur noch ein Fünftel kampffähig. Der Rückmarsch, durch starke Regenfälle erschwert, die die Straßen in nur schwer passierbare Schlammbäche verwandelten, und der nachfolgende Wintereinbruch führten zum Untergang der „Grande Armée". Die völlig erschöpften Truppen mußten sich zudem der ständigen Attacken nachstoßender Kosakenverbände erwehren. Nur geringfügige Reste der einst stolzen Armee erreichten Mitteleuropa.
Napoleon hatte an der Beresina seine Truppen verlassen und war mit wenigen Begleitern nach Paris zurückgekehrt, weil er bestrebt war, vor den Katastrophenmeldungen in der französischen Hauptstadt einzutreffen. Er wußte, daß die Staaten und Völker Europas auf diese Stunde seiner Niederlage gewartet hatten.
Abbildung S. 292

11.18 Befreiungskriege

Der Untergang der Napoleonischen Armee in Rußland (▷ 11.17) war für die unterdrückten Völker Europas das lang ersehnte Signal zum Aufstand. Emigranten aus verschiedenen Ländern im Gefolge des Zaren, unter ihnen der deutsche Reichsfreiherr vom und zum Stein, drängten den russischen Monarchen, den Kampf gegen Napoleon auch über die Weichsel hinaus fortzusetzen.
Nach eigenmächtig abgeschlossenen Abkommen des preußischen Generals Yorck am 30. Dezember 1812 und – einen Monat später – des österreichischen Feldmarschalls Schwarzenberg mit ihren bisherigen russischen Gegnern lösten sich das preußische und das österreichische Hilfskorps aus dem französischen Heeresverband. Aber die von den deutschen Patrioten ersehnte Allianz des preußischen und des österreichischen Monarchen mit dem Zaren kam zunächst noch nicht zustande.

Karikatur zum Rückzug der Grande Armée vom russischen Feldzug

Preußen verbündete sich mit Rußland und erklärte am 16. März 1813 Napoleon den Krieg. Der Aufruf des preußischen Königs „An mein Volk" vom folgenden Tag verstärkte die nationale Begeisterung.

In ersten Gefechten blieb Napoleon erneut Sieger und drängte die verbündeten Preußen und Russen nach Schlesien zurück. Da er jedoch dringend Zeit zur Ausbildung neuer Rekruten benötigte, schlug Napoleon selbst eine Waffenruhe vor. Später hat er diesen Vorschlag als großen taktischen Fehler bezeichnet. Als am 10. August die Feindseligkeiten wieder auflebten, hatte sich die Koalition gegen ihn durch den Beitritt Großbritanniens, Schwedens und schließlich auch Österreichs wesentlich verstärkt. In drei Heeresgruppen rückten die Armeen der Verbündeten von Norden, Osten und Süden gegen die im Raum Dresden konzentrierten Franzosen vor. In der „Völkerschlacht" bei Leipzig (16.– 19. Oktober 1813) fiel die Entscheidung. Napoleon mußte, um der drohenden Einschließung zu entgehen, mit den Resten seiner schwer geschlagenen Truppen einen fluchtartigen Rückzug zum Rhein antreten, während die mit ihm verbündeten Rheinbundkontingente in geschlossenen Verbänden zu den Alliierten übergingen.

Der Krieg wurde in Frankreich fortgesetzt, da Napoleon auf ein Friedensangebot des die Außenpolitik des Bündnisses maßgeblich bestimmenden österreichischen Staatsmannes *Metternich* (▷ 11.21) nicht einging. Der Vormarsch der weit überlegenen Alliierten auf Paris war nicht mehr aufzuhalten, zumal auch

von Spanien aus ein britisches Heer in Frankreich einrückte. Am 31. März 1814 zogen die Verbündeten in Paris ein. Napoleon dankte ab, ihm wurde die Insel Elba als Exil zugewiesen.

Während noch die Siegermächte auf dem *Wiener Kongreß* (▷ 11.19) über die Neuordnung Europas stritten, kehrte Napoleon jedoch überraschend nach Paris zurück und proklamierte ein liberales Regierungsprogramm; der Bourbonenkönig Ludwig XVIII. floh vorübergehend ins Ausland. Aber die zuvor noch heftig zerstrittenen Verbündeten setzten gemeinsame Militäraktionen gegen Napoleon in Gang. Bei Waterloo konnte er am 18. Juni 1815 von Briten und Preußen endgültig geschlagen werden und wurde nun auf die Atlantikinsel St. Helena verbannt.

11.19 Wiener Kongreß

Nach dem Abschluß der Kämpfe in Frankreich mit dem Pariser Frieden vom 30. Mai 1814 traten die Staatsmänner der Siegermächte und ihre Monarchen in Wien zusammen, um das durch die Napoleonische Herrschaft so grundlegend veränderte Europa neu zu ordnen. An dem Anfang Oktober 1814 offiziell eröffneten Kongreß nahmen Großbritannien, Österreich, Preußen, Rußland, Schweden, Spanien und Portugal teil. Frankreich war durch seinen Außenminister Talleyrand vertreten, der bestrebt war, im Kreise der europäischen Mächte die Gleichberechtigung seines Landes mit der Begründung zu erreichen, daß mit der Wiederherstellung der bour-

bonischen Monarchie Frankreich zum vorrevolutionären und vornapoleonischen Zustand
zurückgekehrt sei.

Die Kongreßleitung lag in den Händen des
österreichischen Staatskanzlers Fürst *Metternich* (▷ 11.21). Neben den Monarchen, von
denen vor allem Zar Alexander I. eine herausragende Rolle spielte, waren an den Beratungen und Entscheidungen der preußische
Staatskanzler Fürst von Hardenberg, der britische Außenminister Viscount Castlereagh
und im Verlauf des Kongresses auch Talleyrand maßgeblich beteiligt. Hauptanliegen der
Kongreßteilnehmer war die Wiederherstellung (Restauration) der vorrevolutionären
Zustände und des Gleichgewichts der europäischen Mächte. Es stellte sich jedoch heraus, daß die tiefgreifenden politischen Veränderungen und die von Napoleon vollzogene
territoriale Umgestaltung Europas nicht überall und in vollem Umfange rückgängig gemacht werden konnten. Der russische Anspruch auf Polen und die preußische Kom-
pensationsforderung nach Sachsen stießen auf
den entschiedenen Widerspruch Metternichs
und Castlereaghs. Das Scheitern des Kongresses schien unabwendbar, die Rückkehr
Napoleons nach Paris stellte aber die Einmütigkeit der Kongreßteilnehmer wieder her.
Noch bevor Napoleon bei Waterloo endgültig

Der Staatskanzler Fürst Metternich

besiegt werden konnte, wurde am 8. Juni 1815
die Wiener Kongreßakte von allen Teilnehmern unterzeichnet.

Großbritannien und Rußland waren die
Hauptgewinner des Kongresses. Großbritannien wurde als dominierende Seemacht bestätigt und konnte seinen Kolonialbesitz mit der
Kapkolonie, Ceylon und Malta erheblich aus-

*Dreimonarchentreffen
1814: Kaiser
Franz I. empfängt
Zar Alexander I.
und König Friedrich
Wilhelm III.
vor Wien*

293

bauen. Rußland erwarb den größten Teil des Herzogtums Warschau (Kongreßpolen). Der Zar sicherte dem polnischen Volk eine eigene Verfassung zu. Österreich wuchs mit Erwerbungen in Oberitalien (Lombardei, Venetien), mit Dalmatien und Kroatien sowie der Abrundung in Galizien weiter aus Deutschland heraus und wurde eine osteuropäische Großmacht. Preußen gewann nur einen Teil Sachsens, erhielt dafür aber die Rheinprovinz und Westfalen sowie das bisher schwedische Vorpommern. Die Neugründungen – das Königreich der Vereinigten Niederlande (mit den ehemals österreichischen Niederlanden und dem Großherzogtum Luxemburg) und das Königreich Sardinien/Piemont – sollten französische Gebietsansprüche zur Scheldemündung hin und in Oberitalien abblocken. An die Stelle des 1806 aufgelösten *Heiligen Römischen Reiches Deutscher Nation* (▷ 11.13) trat ein deutscher Staatenbund mit internationalen Verflechtungen: der Deutsche Bund, dem auch der britische König mit Hannover, der dänische König mit Holstein und Lauenburg und der niederländische König mit Luxemburg und Limburg angehörten. Die ersten elf Artikel seiner Bundesakte wurden in die Kongreßakte aufgenommen; Artikel 13 versprach allen Bundesstaaten landständische Verfassungen. Die zögerliche Einlösung dieses Versprechens bildete in den Folgejahren den Ausgangspunkt der revolutionären Einheits- und Verfassungsbewegungen in Deutschland, die nach dem Höhepunkt des Hambacher Fests 1832 schließlich in die Revolution 1848/49 mündeten.

11.20   Heilige Allianz

Auf dem *Wiener Kongreß* (▷ 11.19), der sich mit der Neuordnung Europas nach dem Zusammenbruch des Napoleonischen Herrschaftssystems befaßte, legte Zar Alexander I. seinen Verbündeten, Kaiser Franz I. von Österreich und König Friedrich Wilhelm III. von Preußen, ein Manifest zur Unterzeichnung vor, nach dem religiöse und moralische Grundsätze der Politik als Richtschnur dienen sollten. In der vom österreichischen Staatskanzler *Metternich* (▷ 11.21) überarbeiteten Endfassung, die am 26. September 1815 von den drei Monarchen unterzeichnet wurde, war aus dem idealistischen Entwurf des Zaren ein

Bündnisvertrag mit restaurativ-konservativen Zielvorstellungen geworden, in dem die Stabilisierung des Status quo, des mit der Wiener Kongreßakte erzielten politischen Zustandes der Länder Europas, absoluten Vorrang erhielt, zu der sich die Unterzeichner feierlich verpflichteten.

In ihrer christlich-konservativen Grundhaltung (Bund von Thron und Altar) prägte die Heilige Allianz der Monarchen das Zeitalter der Restauration. Ihr schlossen sich alle europäischen Mächte an mit Ausnahme Großbritanniens, der Türkei und des Kirchenstaates. Großbritannien gab zwar eine Sympathieerklärung ab, blieb aber distanziert, da es das in der Heiligen Allianz verankerte Interventionsrecht der Großmächte entschieden ablehnte. So wurde es bald zum Anwalt und Förderer nationaler Erhebungen in Europa und Amerika.

Die Heilige Allianz zerbrach bereits während des *griechischen Freiheitskampfes* (▷ 11.22) und der *Unabhängigkeitskriege in Lateinamerika* (▷ 11.23). Lediglich zwischen den drei Ostmächten Österreich, Preußen und Rußland blieb sie Teil einer gemeinsamen Ordnungspolitik und hatte bis zum *Krimkrieg* (▷ 12.2) Bestand.

11.21   Restauration
Das System Metternich

„Restauration" bedeutet Wiederherstellung einer früheren Ordnung. In der Geschichte der europäischen Staaten wird der Begriff als Epochenbezeichnung für die Jahre vom *Wiener Kongreß* (▷ 11.19) bis zu den Revolutionen von 1830 und 1848 verwendet. In dieser Zeit versuchten die Staatsmänner Europas, an die vorrevolutionäre Ordnung in Europa anzuknüpfen. Mit der Wiener Kongreßakte war die alte Ordnung nur in Teilen restauriert worden: Die Monarchien in Frankreich, Spanien, Portugal und in den italienischen Staaten kehrten zurück, die Veränderungen auf dem Gebiet des ehemaligen Heiligen Römischen Reiches wurden jedoch nicht rückgängig gemacht, das römisch-deutsche Kaisertum wurde nicht erneuert.

Die *Heilige Allianz* (▷ 11.20), der Bund der Monarchien, sollte darüber wachen, daß die vom Wiener Kongreß festgelegte neue Ordnung auf dem Kontinent gewahrt wurde. Sie

*Der Wiener Kongreß.
Radierung*

beruhte auf dem monarchischen Prinzip, nach dem die alleinige und ungeteilte Staatsgewalt in der Hand des Monarchen lag. Die Sicherung dieser Ordnung konnte nur gemeinsam von den europäischen Fürsten garantiert werden, insbesondere von den Großmächten, denen die Erhaltung des Mächtegleichgewichts oberstes Gebot war.

Maßgeblicher Vertreter der Restaurationspolitik war der österreichische Staatskanzler Metternich, der im innenpolitischen Bereich in den Jahren vom Wiener Kongreß bis zum Revolutionsjahr 1848 alle nationalen und liberaldemokratischen Bewegungen mit äußerster Härte verfolgen ließ. Im August 1819 wurden in Karlsbad (bei Eger) von österreichischen und preußischen Ministern Beschlüsse zur Knebelung der Presse (z. B. Vorzensur für alle Schriften unter 20 Druckbögen) und zur Überwachung der Universitäten gefaßt. Diese Karlsbader Beschlüsse wurden später von der Bundesversammlung in Frankfurt am Main bestätigt. Die in der Heiligen Allianz verbündeten Monarchen nahmen ferner das Recht zur Intervention gegen jede Veränderung der Machtverhältnisse in Europa in Anspruch. Dieses restaurative System wurde erst von den revolutionären Bewegungen 1848 beseitigt. Metternich mußte zurücktreten und floh nach England.

11.22 Griechischer Freiheitskampf

Der auf dem *Wiener Kongreß* (▷ 11.19) von den europäischen Großmächten errichteten *Heiligen Allianz* (▷ 11.20) war neben Großbritannien auch die Türkei nicht beigetreten; sie gehörte dem Kreis der christlichen Mächte nicht an. Rußland und Österreich hegten als Nachbarstaaten des Osmanischen Reiches seit langem den Wunsch, die türkische Herrschaft über den Balkan zu beenden. Seit dem russisch-türkischen Frieden von Küçük Kaynarcı 1774 besaß der Zar ein Schutzrecht über die orthodoxen Christen auf dem Balkan.

Der 1821 beginnende griechische Freiheitskampf gegen die Türkenherrschaft war in Europa ideell durch die Geistesbewegung der Klassik vorbereitet worden, die das antike Griechenland überhöhte.

Nach einem gescheiterten Aufstandsversuch unter Fürst Alexandros Ypsilanti im März 1821 führte eine weitere Erhebung auf dem Peloponnes im April zu blutigen Kämpfen mit den Türken. Im Januar 1822 proklamierte der Nationalkongreß von Epidauros die Unabhängigkeit Griechenlands. Sie wurde in ganz Europa unterstützt; aus allen europäischen Ländern meldeten sich Freiwillige für den griechischen Freiheitskampf.

Die Türken belagern die Stellung der aufständischen Griechen auf der Akropolis. Aquarell

Als der Freiheitskampf der türkischen Übermacht zu erliegen drohte, griffen europäische Großmächte ein. Großbritannien gab seine Neutralitätspolitik auf und schloß mit Rußland ein Zweckbündnis zugunsten der Aufständischen, dem Frankreich beitrat. Eine britisch-russisch-französische Flotte vernichtete 1827 bei Navarino die vereinigten Flotten der Türken und Ägypter, während ein französisches Hilfscorps im Bunde mit den Freiheitskämpfern die Türken vom Peloponnes vertrieb. Im Frieden von Adrianopel erkannte die Türkei die Unabhängigkeit Griechenlands an (14. September 1829).

Der griechische Freiheitskampf hatte langfristige und bedeutsame Folgen. Die Heilige Allianz der Großmächte war an Interessengegensätzen zerbrochen. Der Zar hatte gegen seine legitimistisch-konservative Grundeinstellung gehandelt, als er die Rebellen unterstützte, um die Türkei zu schwächen. Großbritannien war als Sachwalter aller liberalen und nationalen Bewegungen konsequent für die griechischen Freiheitskämpfer aufgetreten. Obwohl mit Rußland verbündet, begrüßte die Inselmacht die russischen Erwerbungen (das Donaudelta, Teile Armeniens) im Zuge des Friedensschlusses nicht. Österreich hatte gegen die Intervention gestimmt, weil es ein Ausgreifen revolutionärer und nationaler Gedanken auf die anderen Balkanvölker und seine italienischen und slawischen Untertanen befürchtete.

11.23 Unabhängigkeitskriege in Lateinamerika Simón Bolívar

Die *Unabhängigkeitserklärung* der USA von 1776 (▷ 11.2) und die *Erklärung der Menschen- und Bürgerrechte* durch die französische Nationalversammlung (▷ 11.6) hatten auch Auswirkungen auf die spanischen und portugiesischen Kolonien Mittel- und Südamerikas. Während des spanischen Aufstandes gegen die französische Fremdherrschaft (▷ 11.16) bildeten sich in Mexiko, Venezuela und im La-Plata-Gebiet (Argentinien) revolutionäre Junten gegen die Herrschaft des im spanischen Mutterland und den Kolonien als König eingesetzten Bruder Napoleons Joseph Bonaparte.

Als die in Spanien wiederhergestellte Bourbonenmonarchie Truppen in die Kolonien entsandte, um die Selbständigkeitsbestrebungen zu unterbinden, kam es in ganz Spanisch-Amerika zum Aufstand. Er erfaßte jedoch der Bevölkerungsstruktur in diesen Ländern entsprechend im wesentlichen nur die relativ dünne Oberschicht der Kreolen (Nachkommen der europäischen Einwanderer, 18–20% der

Jamaika

KARIBISCHES MEER

ATLANTISCHER

Kleine
Antillen
1526 span.
1634 niederl.
1807-1814 brit.
1814 niederl.

OZEAN

Aruba Curaçao
Bonaire

Coro 1527
Maracaibo 1571
Cartagena
1533

Trinidad
1496 1588 span.
1797 brit.

Panama
1519
Golf v.
Panama

Neu-Toledo
Generalkapitanat Caracas
(Cumaná) 1521
1528 - 1552 an die Welser verpfändet

bis 1781 niederl.
1781 brit.
1792 franz.
1783 niederl.
1803 14 brit.

Stabroek
(Georgetown)
Paramaribo (ca. 1640)

Bogotá
1538

Missionsstaat Orinoko
Mitte 17. Jahrh.

Guayana

bis 1667 brit.
1667 niederl.

Cayenne
1674 1604
franz.

Nicaraguasee

Vizekönigreich Neugranada
Popayán
1536

bis 1739 zum Vizekönigreich Peru

Quito
1534

Äquator

span.
port.

Ft. Para
(Belém)
1616

São Luis
1616

niederl.
Interessen-
gebiet Recife
1526

Guayaquil
(1537) 1693

Tumbes
1526

Missionsstaat Maynas
1638

Rio Japurá

Rio Negro

Manaus
1674

1624 - 1648/54

Brasilien

Cajamarca

Vizekönigreich
Peru

1500 port.

Bahia (Salvador)
1549, bis 1763 Hptst.

Ciudad de
los Reyes (Lima)
1535

Cusco
1543

Missionsstaat
Mojos
1684

Mato Grosso
1752

Cuiabá
1722

1661 Verzicht Hollands auf seine Ansprüche

Diamantina
1730

Arequipa
1540

La Paz
1548

Sta Cruz
1548

Missionsstaat
Chiquitos
1691

Corumbá
1788

Vizekönigreich
Rio de la Plata
1776

Asunción
1737

São Paulo
1552

Rio de Janeiro
1555, 1763 Hptst.

Ft. Coligny
Santos 1546

Südl. Wendekreis

General-
kapitanat
Chile

Tucumán
1564

bis 1776 zum
Vizekönigreich Peru

Missionsstaat
Paraguay
1610 /28 Guayrá gebiet
1631 nach Süden verlegt

La Serena
1544

Santiago de Ch.
1542

Córdoba
1573

Santa Fé
1573

Porto Alegre
1741

Rio Grande
1747

Colonia Sacramento
1680-1776 port. 1776 span.
Buenos Aires
1535

Montevideo
1726

Concepción
1550

Valdivia
1552

Chiloé

Südamerika
Kolonialzeitalter

Spanischer Besitz
Portugiesischer Besitz
Französischer Besitz
Niederländischer Besitz
Britischer Besitz
Jesuiten-Missionsstaaten (die Jahreszahl bedeutet
die Gründung der ersten Reduktion)
von 1624-1648/54 niederl. Interessengebiet
Ungefähre Grenze zw. span. u. port. Besitz
Grenze zu nicht iberischem Kolonialbesitz
Verwaltungsgrenzen
Grenzen der Jesuiten-Missionsstaaten
Interessengrenze zw. Portugal u. Spanien nach
dem Vertrag von Tordesillas 1494
Die Jahreszahlen bei den Ortsnamen bedeuten das Gründungsjahr.

Maßstab 1 : 42 000 000
0   250   500   750   1000
km

Westfalkland
1765 franz.
1765 brit.
1774 span.

Ostfalkland
1764 franz.
1774 span.

Porto Famine
1581-1590 span. Kolonie Felipe

Feuerland

Südgeorgien

297

Gesamtbevölkerung), während der weitaus größere Teil der Bewohner Lateinamerikas (Indianer, Schwarze, Mischlinge), der in großer Armut und Abhängigkeit, ja sogar im Zustand der Sklaverei lebte, einer Unabhängigkeit ihres Landes, die ihre Lebensverhältnisse kaum verbessern würde, gleichgültig gegenüberstand.

Simón Bolívar

Die Aufstandsbewegung fand in Simón Bolívar und José de San Martín Führer von charismatischer Ausstrahlung, die den Befreiungskampf in alle südamerikanischen Länder weitertrugen und schließlich erfolgreich beendeten. Moralische und auch praktische (militärische) Unterstützung erhielten sie von Großbritannien und den USA.
1822 waren mit Ausnahme des heutigen Bolivien alle ehemaligen spanischen Kolonien frei. Brasilien löste sich im selben Jahr kampflos von Portugal und wurde unter dem portugiesischen Prinzen Pedro unabhängiges Kaiserreich. Die USA erkannten bereits im Frühjahr 1822 die neuen Republiken La Plata (Argentinien), Chile, Peru, Kolumbien und Mexiko an. Gegenüber französischen Plänen, nach der Niederwerfung eines revolutionären Aufstandes in Spanien auch die spanischen Kolonien zurückzuerobern, erließ im Dezember 1823 der amerikanische Präsident James Monroe seine als *Monroedoktrin* (▷ 11.24) berühmt gewordene Botschaft an den Kongreß, die die Europäer vor Interventionsabsichten in Amerika warnte.
Bolívar wurde 1819 zum Präsidenten Venezuelas gewählt, das er später mit den Ländern Ecuador und Peru zu vereinigen suchte. Er trat 1830 zurück, als sich der Großstaat nicht

verwirklichen ließ, blieb aber die Symbolfigur des südamerikanischen Freiheitskampfes. Ihm zu Ehren gab sich der letzte, die Unabhängigkeit erlangende Staat, Oberperu, den Namen Bolivien. Unter der Herrschaft reicher weißer Minderheiten entstanden in den meisten Ländern Lateinamerikas instabile Republiken oder Militärdiktaturen. Sie gerieten im Laufe des 19. Jahrhunderts zunehmend in wirtschaftliche Abhängigkeit von den USA.

11.24 Monroedoktrin

Der Abfall der spanischen Kolonien vom Mutterland löste 1820 in Spanien selbst einen Aufstand gegen die absolutistische Herrschaft des bourbonischen Königs Ferdinand VII. aus. In die spanischen Unruhen griffen die in der *Heiligen Allianz* (▷ 11.20) verbündeten europäischen Großmächte ein. Auf ihrem Kongreß von Verona im Herbst 1822 beriefen sie sich auf ihr Interventionsrecht und beauftragten Frankreich, in Spanien zugunsten des Königtums militärisch einzugreifen und im Lande Ruhe und Ordnung wiederherzustellen. Frankreichs Zielsetzung war es, nicht nur das spanische bourbonische Königreich wieder stärker an das französische heranzuführen, sondern auch bei der nachfolgenden Rückeroberung der spanischen Kolonien Gewinne für die französische Monarchie zu erzielen. Gegen derartige Bestrebungen wandte sich der Präsident der Vereinigten Staaten, James Monroe. In einer Botschaft an den Kongreß am 2. Dezember 1823 bezeichnete er jede Absicht europäischer Staaten, ihren Kolonialbesitz in Amerika auszudehnen, als unfreundlichen Akt gegenüber den Vereinigten Staaten. „Dank der Freiheit und Unabhängigkeit, welche die amerikanischen Kontinente erworben haben und aufrechterhalten, sind sie von nun an nicht mehr als Subjekte zukünftiger Kolonisierung durch europäische Mächte anzusehen." Mit dieser später als „Monroedoktrin" bezeichneten Botschaft richtete sich der amerikanische Präsident gegen russische Besitzansprüche über Alaska hinaus nach Süden, gegen die von der Heiligen Allianz verfolgten Pläne der Rekolonisation und gegen die von Frankreich geplante Einmischung in Südamerika.
Zugleich gab er die Versicherung ab, daß die USA bestehende europäische Besitzverhält-

nisse in Amerika respektieren und sich wie in der Vergangenheit auch in Zukunft nicht in die inneren Angelegenheiten europäischer Mächte einmischen würden. Indem Großbritannien 1824 die Unabhängigkeit der früheren spanischen und portugiesischen Kolonien als erste europäische Macht anerkannte, distanzierte es sich eindeutig von der Heiligen Allianz und stellte sich hinter die Erklärung Präsident Monroes.

11.25 Nationalismus Liberalismus

„Nationalismus" (lat. natio „das Geborenwerden, das Geschlecht, der Stamm") bezeichnet eine verstärkte, meist übersteigerte Betonung des Nationalgedankens. Der moderne Nationalismusbegriff entstand mit der *Französischen Revolution* (▷ 11.5). Die Freiwilligen der französischen Revolutionsarmeen, die sich in patriotischer Begeisterung mit ihrer Nation identifizierten, zeigten sich den Söldnerheeren der Fürstenmächte weit überlegen. Im Widerstand gegen die Napoleonische Fremdherrschaft entstanden überall in Europa nationale Freiheitsbewegungen, zuerst in Spanien, dann in Tirol, in Preußen und in Österreich. Sie drängten nach dem Debakel der französischen Armee in Rußland (▷ 11.17) ihre Regierungen, den Entscheidungskampf gegen den Unterdrücker Europas zu wagen.

Ihre Wünsche und Erwartungen fanden jedoch in der restaurativen Friedensordnung des *Wiener Kongresses* (▷ 11.19) keine Beachtung, vielmehr wurden alle nationalen Regungen, wo sie sich bemerkbar machten, von den reaktionär-konservativen Mächten mit der ganzen Härte ihrer Polizeiapparate verfolgt. In Italien und Deutschland forderte die nationale Bewegung den Zusammenschluß der Einzelherrschaften zu einem gemeinsamen Vaterland. Andere nationale Gruppen suchten ihre Völker von der Fremdherrschaft zu befreien, so z. B. die Griechen im Osmanischen Reich (▷ 11.22), die Polen gegen die russische Staatsgewalt (▷ 11.28) sowie die Ungarn, Italiener und Slawen im Vielvölkerstaat Österreich.

Die nationale Bewegung war in diesen Jahrzehnten bis zu den Revolutionen von 1848/49 nicht von der liberalen Bewegung zu trennen.

Zugrundegelegt in der Naturrechtslehre der Aufklärung (etwa bei John Locke oder bei Montesquieu) war auch die liberale Idee in der Amerikanischen wie in der Französischen Revolution in den Menschenrechtserklärungen zum Durchbruch gelangt. Der Liberalismus war die geistige Welt des zu wirtschaftlicher Macht und politischem Bewußtsein gelangten Bürgertums, das Anspruch auf Gleichberechtigung gegenüber den bisher privilegierten Ständen erhob und an den Angelegenheiten des Staatslebens aktiv beteiligt werden wollte. Die Forderung nach einer die Rechte der Bürger schützenden Verfassung wurde deshalb das Hauptanliegen der liberalen Bewegung. Die Fürsten und die den absolutistischen Staat tragenden Kräfte dagegen sahen in den liberalen Forderungen Anzeichen der Auflösung der alten Ordnung und das Herannahen der Revolution.

11.26 Pariser Julirevolution 1830

Für die in den Jahrzehnten nach dem *Wiener Kongreß* (▷ 11.19) überall in den europäischen Ländern entstandenen liberalen und nationalen Bewegungen galt Frankreich noch immer als Vorbild, als Mutterland der Revolution. Es besaß seit dem Sturz Napoleons I. eine konstitutionelle Monarchie, in der die Meinungs-, Presse- und Religionsfreiheit verfassungsmäßig ebenso garantiert war wie die Gleichheit der Bürger vor dem Gericht und die Unverletzlichkeit des Eigentums. Doch diese Garantien wurden durch Sondergesetze zunehmend eingeschränkt. Der Katholizismus wurde wieder Staatsreligion, die Pressefreiheit wurde beschnitten. Die Abge-

Karikatur von Honoré Daumier mit dem Titel „Könige Europas, seid auf der Hut, der Monat Juli tut Euch nicht gut!"

ordneten des Parlaments rekrutierten sich infolge des neuen Zensuswahlrechts ausschließlich aus den vermögenden Schichten des Großbürgertums. Die restaurative Politik der bourbonischen Könige, insbesondere Karls X. (seit 1824), der mit Unterstützung der Ultraroyalisten die Wiederherstellung des Ancien Régime anstrebte, führte zu erheblichen Spannungen in der französischen Gesellschaft. Als Karl X. die verfassungswidrigen „Vier Ordonnanzen" erließ, in denen die Pressefreiheit gänzlich beseitigt, die soeben neugewählte Kammer wiederum aufgelöst und eine weitere Einschränkung des Wahlrechts verordnet wurde, führte ein Aufstand in Paris innerhalb von drei Tagen (27.–29. Juli 1830) zum Rücktritt der Regierung und zum Sturz der Monarchie.

Aber die Aufständischen – Arbeiter, Studenten, Kleinbürger – waren ohne Führung und ohne Programm auf die Barrikaden gegangen. Nutznießer des Umsturzes wurde so das Großbürgertum und die liberale Mehrheit des Abgeordnetenhauses. Nicht zuletzt durch den Einfluß des 73jährigen Generals La Fayette, Teilnehmer am amerikanischen Unabhängigkeitskrieg und an der Französischen Revolution, und des 76jährigen ehemaligen Außenministers Talleyrand blieb die Monarchie erhalten.

Louis Philippe aus einer bourbonischen Nebenlinie wurde zum König der Franzosen ausgerufen. Aber er wurde nicht, wie noch sein Vorgänger, in der Kathedrale von Reims gekrönt, sondern formlos vor dem Parlament vereidigt. Die Verfassung wurde revidiert, die Gesetzesinitiative zwischen dem sogenannten „Bürgerkönig" und den beiden Kammern geteilt. Das Parlament hob die Pressezensur auf und beseitigte den beherrschenden Status der katholischen Kirche. Der Weg zur Parlamentarisierung des politischen Lebens war beschritten, aber Streiks und Aufstände in den folgenden Jahren ließen erkennen, daß insbesondere die Unterschichten nicht zufriedengestellt waren und Maßnahmen zur Verbesserung ihrer sozialen Situation forderten.

11.27 Unabhängigkeit Belgiens

Auf Betreiben der Großmächte war auf dem *Wiener Kongreß* (▷ 11.19) das Königreich der

Vereinigten Niederlande entstanden, in dem die ehemaligen österreichischen Niederlande mit dem von Napoleon geschaffenen Königreich Holland und dem Fürstbistum Lüttich unter dem Oranier Wilhelm I. zusammengefügt wurden, also die südlichen katholischen Provinzen mit den nördlichen, vorwiegend calvinistischen Niederlanden.

Aus Protest gegen die autokratische Herrschaft des Königs und seine Kirchen- und Sprachenpolitik vereinigten sich in den südlichen Gebieten Liberale und Katholiken in der Opposition gegen den niederländischen König. Angeregt durch die Pariser Julirevolution kam es Ende August 1830 zu Unruhen in Brüssel, die rasch zur Loslösung der südlichen Provinzen aus dem niederländischen Staatsverband führten. Die Aufständischen, von Frankreich unterstützt, verkündeten am 4. Oktober 1830 die Unabhängigkeit ihres Landes. In der Londoner Fünfmächtekonferenz (1830/31) setzten Briten und Franzosen die Anerkennung des neuen Staates Belgien durch. Auch Rußland, Vormacht der Reaktion, stimmte zu, da es zur gleichen Zeit mit dem *Aufstand in Polen* (▷ 11.28) im eigenen Herrschaftsbereich beschäftigt war.

Die belgischen Revolutionäre verabschiedeten eine Verfassung, die die Volkssouveränität in den Mittelpunkt stellte. Sie wurde von den Liberalen in zahlreichen Ländern Europas als vorbildlich angesehen und beeinflußte in den folgenden Jahrzehnten bis zum Revolutionsjahr 1848 nahezu alle Kämpfe um Verfassungen.

Durch Vermittlung der Großmächte, die die „ewige Neutralität" garantierten, wurde Belgien konstitutionelle Monarchie. Der britisch-französische Kompromißkandidat Leopold von Sachsen-Coburg wurde als Leopold I. König der Belgier. Durch seinen raschen wirtschaftlichen Aufstieg in der jetzt von Großbritannien auf den Kontinent übergreifenden *industriellen Revolution* (▷ 11.33) wurde Belgien zu einem führenden Industriestaat in Europa.

11.28 Aufstand in Polen

Der *Wiener Kongreß* (▷ 11.19) bestätigte 1815 die *Polnischen Teilungen* (▷ 10.30), sprach Rußland aber 82% des ehemaligen Staatsterritoriums zu. Die mehrheitlich von Polen bewohnten Distrikte wurden als „Königreich Polen" (Kongreßpolen) in Personalunion mit dem Zarenreich verbunden und erhielten am 27. November 1815 eine relativ liberale Verfassung, die Regierung und Verwaltung ausschließlich in polnische Hände legte. Zunehmende nationalrevolutionäre Bestrebungen ließen Zar Nikolaus I. bis 1829 zögern, den Eid auf die Verfassung zu leisten.

Die Begeisterung unter Studenten und Offizieren über den Erfolg der *Pariser Julirevolution 1830* (▷ 11.26) und die belgische Erhebung lösten Aufstandsvorbereitungen aus. Das Gerücht, polnische Truppen sollten zur Niederschlagung der Revolution in Westeuropa eingesetzt werden, war am 29. November Anlaß zu einem Angriff auf russische Einrichtungen in Warschau. Ohne klare Konzeption trieben anfangs der „Diktator" Chłopicki, danach eine „Nationalregierung" unter Adam Jerzy Czartoryski die Rüstungen voran, verhandelten aber auch mit dem Zaren.

Bei den im Frühjahr 1831 beginnenden Kämpfen zeigten sich die von einer Choleraepidemie heimgesuchten Russen trotzdem überlegen und eroberten am 6./7. September Warschau. Mit der Verhängung des (bis 1856 geltenden) Ausnahmezustands gingen die Kassierung der Verfassung, das Verbot des Sejm, die Auflösung der selbständigen Armee, die Russifizierung von Verwaltung und Schule sowie die Proklamation des „Organischen Statuts" (26. November 1832) einher; zahlreiche Patrioten wurden nach Sibirien verschickt, 3 000 Güter konfisziert, 9 000 Repräsentanten in die Emigration gezwungen. Auch im Großherzogtum Posen waren die Polen bis 1839 („Ära Flottwell") Repressalien ausgesetzt.

Die polnischen Emigranten wurden in Europa mit viel Sympathie aufgenommen. Auf dem Hambacher Fest bei Neustadt an der Weinstraße, auf dem Ende Mai 1832 mehr als 30 000 Menschen für einen deutschen Verfassungsstaat demonstrierten, waren auch polnische Abordnungen vertreten. Die Redner forderten Freiheitsrechte für alle Völker. *Metternich* (▷ 11.21) nahm diese Vorgänge zum Anlaß, im Deutschen Bund verschärfte Verfolgungsmaßnahmen durchzusetzen. Preußen und Österreich schlossen sich mit Rußland zu einem gegenseitigen Hilfsverpflichtungsvertrag (1833) gegen alle nationalen Bestrebun-

Polnische Revolution 1830/31.
Die Bevölkerung Warschaus bereitet sich auf die Verteidigung der Stadt vor

gen zusammen. Die Unterdrückung des polnischen Nationalismus veranlaßte die Westmächte, 1834 eine Quadrupelallianz mit Großbritannien, Frankreich, Spanien und Portugal als Mitgliedern zu schließen, ein Gegengewicht gegen die *Heilige Allianz* (▷ 11.20) des Ostens.

Der Aufstandsversuch im Februar 1846 in Krakau hatte keine politische Wirkung, bedingte jedoch blutige Auseinandersetzungen zwischen landlosen Bauern und Gutsbesitzern. Im Großherzogtum Posen kam es im April 1848 zu offenen Kämpfen zwischen dem Heer und nationalpolnischen Freischärlern, die am 9. Mai in Wreschen kapitulieren mußten. Unter Aberkennung seiner bisherigen Sonderstellung wurde das Großherzogtum als Provinz Posen in den preußischen Staat eingegliedert. Die große Polendebatte in der Frankfurter Paulskirche vom 24.–26. Juli

1848 machte den durch den Aufstand bedingten Sympathieverlust für die Polen deutlich. Die Reformbereitschaft des Zaren Alexander II. (1856–81) brachte für Kongreßpolen zwar Erleichterungen, angesichts großer sozialer Spannungen und in der Hoffnung auf französische Unterstützung kam es jedoch am 22. Januar 1863 zu einem neuen Aufstand. Er mißlang wegen des Fehlens von Waffen und des Versagens der militärischen Führung. Polen wurde bis März 1864 gewaltsam befriedet und danach mit harten Maßnahmen überzogen. Kongreßpolen wurde danach als „Weichselgouvernement" gezielt russifiziert und ganz dem Zarenreich eingegliedert.

11.29 Opiumkrieg Frieden von Nanking

Nachdem Großbritannien in Indien seine Vormachtstellung ausgebaut hatte, drängte der britische Handel verstärkt auch auf den chinesischen Markt. Die britische Ostindische Kompanie setzte seit langem schon billig erworbene indische Waren in dem einzigen chinesischen Freihafen Kanton ab und tauschte dagegen den im Mutterland begehrten chinesischen Tee ein.

Opiumkrieg. Zusammenkunft zwischen dem englischen Commodore Bremer und Chang, dem chinesischen Gouverneur der Provinz Tschusan. Stahlstich

Die besten Erlöse aber ließen sich mit dem indischen Opium erzielen. Die chinesische Regierung verbot 1800 die Opiumeinfuhr, denn der Opiumhandel führte zu einer rapiden Verschlechterung der chinesischen Außenhandelsbilanz und zum Abfluß großer Mengen von Edelmetall ins Ausland. Aber das Opiumgeschäft wurde illegal fortgesetzt. 1839 erließ Kaiser Tao Kuang ein totales Opiumeinfuhrverbot und veranlaßte die Beschlagnahmung der britischen Opiumvorräte in Kanton. Diesen Vorfall nahm Großbritannien zum Anlaß, 1840 mit der Fernostflotte militärisch einzugreifen. Begründet wurde dieser Schritt mit dem Vorwand, die britischen Kaufleute in China schützen zu müssen. Es kam zu einem fast dreijährigen Krieg, in dessen Verlauf britische Landungstruppen unter dem Schutz ihrer Kriegsschiffe zahlreiche Küstenstützpunkte zwischen Kanton und Schanghai errichteten.

Am 29. August 1842 wurde schließlich der Friede von Nanking geschlossen. China wurde gezwungen, Hongkong an Großbritannien abzutreten. Es mußte fünf Häfen dem internationalen Handel öffnen, darunter neben Kanton auch Amoy und Schanghai, sowie eine Kriegsentschädigung zahlen. In Zusatzabkommen erzwang Großbritannien besonders günstige Handelsbedingungen sowie konsularische Rechte in den Handelshäfen. China mußte ferner sein Land den christlichen Missionen öffnen. Es war der erste der „ungleichen Verträge", die China künftig mit ausländischen Mächten abzuschließen gezwungen wurde. 1844 folgten Verträge mit den USA und Frankreich, in denen China seine Zollautonomie verlor. In der Folge wurde das Land mit ausländischen Waren überschwemmt, China wurde zu einem halbkolonialen Staat.

11.30 Meerengenvertrag Londoner Konventionen

Das Osmanische Reich hatte im Frieden von Adrianopel 1829 und im Londoner Protokoll 1830 nicht nur die Unabhängigkeit Griechenlands (▷ 11.22) und die Autonomie Serbiens sowie der Fürstentümer Moldau und Walachei anerkennen, sondern auch Rußland bedeutende Zugeständnisse machen müssen (Donaumündung, Teile Armeniens, freie Durchfahrt durch den Bosporus). Auch im Innern des Reiches wurde das Land durch den Aufstand des Pascha von Ägypten erschüttert, der als Lohn für seine bisherige Unterstützung Syrien forderte und, als sein Wunsch abgelehnt wurde, es in einem kurzen Feldzug in Besitz nahm. Ägypten wurde dabei von Frankreich unterstützt, das seinerseits die Schwäche des Osmanischen Reiches ausnutzte und Algerien besetzte. Die übrigen europäischen Großmächte aber waren an einer weiteren Schwächung oder Auflösung des Osmanischen Reiches, das sich noch immer vom Balkan bis zum Persischen Golf erstreckte, aus unterschiedlichen Gründen nicht interessiert, selbst Großbritannien und Rußland nicht, die zuvor noch den griechischen Freiheitskampf unterstützt hatten. Sie verpflichteten sich, zusammen mit Österreich und Preußen, am 15. Juli 1840 in London vertraglich, für die Stabilisierung des Osmanischen Reiches einzutreten (Erste Londoner Konvention). Frankreich war isoliert. Erregte öffentliche Diskussionen in Frankreich erzeugten in Europa Kriegsstimmung, aber nachdem die Ägypter mit britischer Waffenhilfe von den Türken geschlagen und zur Herausgabe Syriens gezwungen worden waren, lenkte Frankreich ein. Im Meerengenvertrag vom 13. Juli 1841, der Zweiten Londoner Konvention, vereinbarten die Großmächte (einschließlich Frankreichs) mit dem Sultan, daß die Dardanellen und der Bosporus in Friedenszeiten für nichttürkische Kriegsschiffe geschlossen werden sollten. Die Einmütigkeit der europäischen Großmächte war wiederhergestellt. Der Meerengenvertrag stellte einen großen diplomatischen Erfolg Großbritanniens dar, da mit ihm dem russischen Drängen zum Bosporus ein Riegel vorgeschoben wurde. Eine dauerhafte Stabilisierung des Osmanischen Reiches aber wurde nicht erreicht.

11.31 Vertrag von Guadalupe Hidalgo

Mit dem Kauf des riesigen Louisiane-Territoriums zwischen Mississippi und Rocky Mountains von Frankreich im Jahre 1803 hatte die Ausdehnung des jungen nordamerikanischen Staatswesens nach Westen begonnen; ferner wurde 1819 Florida von den Spaniern erworben. Die Westwanderung verstärkte sich zunehmend in den ersten Jahrzehnten des 19. Jahrhunderts durch Einwanderer aus Europa, wobei die indianischen Ureinwohner immer weiter abgedrängt, immer stärker drangsaliert, bekämpft und schließlich nahezu ausgerottet wurden. Der Glaube der Amerikaner an die „manifest destiny", die „offenkundige Bestimmung" der Vorsehung, nach der sie den ganzen Kontinent in Besitz nehmen und kultivieren sollten, führte in den vierziger Jahren zu einer gewaltigen Expansion in Richtung Pazifikküste. 1835 löste sich das zum mexikanischen Staatsverbund gehörende Texas nach einem Aufstand amerikanischer Siedler von Mexiko und erklärte sich zur unabhängigen Republik. Die Vereinigten Staaten erkannten die Unabhängigkeit von Texas umgehend an. 1845 wurde Texas dem amerikanischen Staatenbund angegliedert; die Aufforderung, die weiter westlich gelegenen Gebiete New Mexico und Kalifornien an die Vereinigten Staaten zu verkaufen, lehnten die Mexikaner ab.

Aus einem von den Amerikanern provozierten Grenzzwischenfall entwickelte sich 1846 ein Krieg mit Mexiko, der von einer großen Mehrheit der amerikanischen Bevölkerung abgelehnt wurde. Die Amerikaner eroberten 1847 die Hauptstadt Mexiko und erreichten im Frieden von Guadalupe Hidalgo am 2. Februar 1848 die Abtretung aller Gebiete nördlich des Rio Grande von Texas bis Kalifornien.

Die äußere Staatsentwicklung der Vereinigten Staaten war damit nahezu abgeschlossen, nachdem bereits 1846 im Oregon-Vertrag mit den Briten das sogenannte Oregon-Territorium (die späteren Staaten Washington, Oregon und Idaho) in Besitz genommen worden war. Die Einwanderung in die neuen Gebiete wurde durch den „gold rush" nach Entdeckung der Goldminen in Kalifornien (ab 1848) wesentlich beschleunigt. In wenigen Jahrzehnten entwickelten sich die Vereinigten Staaten zu einer der führenden Industrienationen der Welt. Aber im Streit um die Beibehaltung oder Abschaffung der Sklaverei verschärfte sich der Gegensatz zwischen den Nord- und den Südstaaten immer mehr, bis er schließlich 1861 im *Sezessionskrieg* (▷ 12.6) kulminierte. Abbildung S. 304

11.32 Einwanderung nach Amerika

Wirtschafts- und Agrarkrisen in der ersten Hälfte des 19. Jahrhunderts, Hungersnöte

*Die amerikanische
Belagerung von
Veracruz 1847
im Krieg der
Vereinigten Staaten
gegen Mexiko*

nach Mißernten, die besonders 1816/17 und 1846/47 katastrophale Auswirkungen hatten (z. B. in Irland), lösten in den betroffenen Ländern Europas regelmäßig große Auswanderungswellen aus. Das in der Anfangsphase der Industrialisierung in vielen Ländern Europas entstandene Massenelend trug wesentlich zur Beschleunigung der Auswanderungsbewegung bei. Bevorzugtes Ziel der Auswanderer war Nordamerika, mit Abstand folgten Kanada, Australien und Südamerika. In den ersten 40 Jahren des 19. Jahrhunderts verließen 1,5 Millionen Menschen Europa; bis 1880 stieg die Anzahl der Auswanderer auf 13 Millionen. Die zunehmende Anziehungskraft der Vereinigten Staaten spielte eine herausragende Rolle bei den Auswanderungswilligen, die aus Briefen und Zeitungsberichten vom besseren Leben in der Neuen Welt, von höheren Löhnen und günstigeren Arbeitsbedingungen, auch vom märchenhaften Karrieren im „Land der unbegrenzten Möglichkeiten" gehört hatten. Nach dem Scheitern der Revolution und der nationalen Freiheitskämpfe 1848/49 (▷ 11.37) verließen viele aus politischen Gründen ihre Heimat, um sich der Verfolgung zu entziehen und in Amerika eine neue Existenz zu gründen.

Die Gesamtzahl der Einwanderer in die USA betrug in den beiden Jahrzehnten 1820 bis 1840 über 750 000, aber in den beiden Jahrzehnten 1841 bis 1860 bereits 4,3 Millionen. Auffallend ist, daß in der ersten Hälfte des Jahrhunderts über 90% der Einwanderer aus den nord- und westeuropäischen Ländern (einschließlich Deutschlands) kamen. Die Anzahl der Zuwanderer aus Süd- und Osteuropa stieg erst gegen Ende des Jahrhunderts deutlich an (auf mehr als 50%), während im gleichen Zeitraum der Zuzug aus West- und Nordeuropa auf 40% zurückging.

Die große Anzahl der europäischen Einwanderer beschleunigte in den Vereinigten Staaten den Prozeß des Landesausbaus und der Inbesitznahme der neuen, im Oregon-Vertrag und im Friedensvertrag von *Guadalupe Hidalgo* (▷ 11.31) erworbenen Gebiete bis zum Pazifischen Ozean. Aus dem Zusammenwachsen der „Ursprungsamerikaner" aus der Zeit des Unabhängigkeitskrieges mit den Einwanderern aus nahezu allen europäischen Völkern entstand die amerikanische Nation.

11.33 Industrielle Revolution

„Industrielle Revolution" bezeichnet die Phase der Industrialisierung in Europa und Nordamerika, in der sich die Lebens- und Produktionsbedingungen der Menschen und ihre Lebensräume in einem bis dahin unbekannten Ausmaß veränderten und die seit Menschengedenken agrarisch geprägte Gesellschaft sich in wenigen Jahrzehnten zur Industriegesellschaft wandelte. Das atemberaubende Tempo, mit dem sich diese Entwicklung vollzog, sowie die fundamentalen Auswirkungen auf alle Lebensbereiche haben dazu geführt, diesen Umwälzungsprozeß als „industrielle Revolution" zu bezeichnen.

Der Vorgang der Industrialisierung begann in der zweiten Hälfte des 18. Jahrhunderts in Großbritannien. Als führende Seemacht der Welt verfügte das Inselreich über einen weit größeren wirtschaftspolitischen Handlungsspielraum als die Staaten des Kontinents. Diesen Vorsprung gegenüber dem Festland galt es zu erhalten. Dabei mußten die Briten den durch die Unabhängigkeit der nordamerikanischen Kolonien erlittenen Verlust so rasch wie möglich auszugleichen suchen. Zugleich mußte die britische Sonderstellung gegenüber den Ambitionen des Napoleonischen Frankreich verteidigt werden, das mit der *Kontinentalsperre* ($\triangleright$ 11.15) die Wirtschaftsmacht Großbritanniens bedrohte.

Zu Hilfe kamen den Briten die bahnbrechenden Erfindungen der letzten Jahrzehnte des ausgehenden Jahrhunderts, die in britischen Forschungsstätten „erdacht" und erprobt worden waren: voran James Watts Dampfmaschine (1769), ferner Hargreaves' und Arkwrights Spinnmaschine (1768 bzw. 1769) und Cartwrights mechanischer Webstuhl (1785). Mit der Nutzbarmachung dieser Erfindungen in einer mechanisierten Textilherstellung bildeten sich erste Großunternehmen. Die intensive Nutzung der heimischen Kohle zur Erzeugung von Dampfkraft hatte einen rapiden Anstieg der Steinkohlengewinnung zur Folge. Erst nach dem Ende der Napoleonischen Kriege sprang der Prozeß der Industrialisierung auf den europäischen Kontinent über, zuerst nach Belgien, den Niederlanden und nach Frankreich.

Inzwischen beschleunigte sich die Industrialisierung in England durch die Revolutionierung des Verkehrswesens, ausgelöst durch die Erfindung der Dampfeisenbahn. 1803/04 wurde die erste Dampflokomotive gebaut, 1825 die erste Eisenbahnstrecke zwischen Stockton und Darlington eröffnet. Schon 1850 existierte in Europa (einschließlich Großbritanniens) ein Eisenbahnnetz von 23 500 km, in Amerika von 15 100 km. Der in diesen Zahlen zum Ausdruck kommende rasche Ausbau des Eisenbahnnetzes, der sich bis 1870 auf 372 000 km nahezu verzehnfachte, war mit einem ungeheuren Bedarf an Stahl, Eisen und Kohle verbunden und führte zum raschen Aufbau einer florierenden Metall- und Maschinenbauindustrie.

Diese vehemente Industrialisierung veränderte die bisher dörflich-agrarische Landschaft grundlegend. Industriestandorte entstanden überall dort, wo Rohstoffe lagerten, oft fernab von Städten, an Flüssen oder an günstigen Verkehrswegen. Arbeiterstädte schossen aus dem Boden, dörfliche Gegenden

Ein Hamburger Dampfschiff nimmt Auswanderer an Bord

wandelten sich zu unkontrolliert wachsenden Industrierevieren, so in Mittelengland, in Belgien und Nordfrankreich, an Rhein und Ruhr sowie im sächsisch-schlesischen Raum.

11.34 Soziale Frage

Mit der *industriellen Revolution* (▷ 11.33) waren ganze Bevölkerungsschichten aus ihren jahrhundertealten Bindungen und Lebensgewohnheiten herausgerissen worden und in Not und Elend geraten. Eine Klasse der besitzlosen und lohnabhängigen Industriearbeiter entstand: arbeitslose Handwerksgesellen, durch Landreform und Bauernbefreiung entwurzelte und verarmte Kleinbauern, Landarbeiter, Tagelöhner. Diese auch politisch nicht gleichberechtigten Arbeiter standen am Anfang den neuen Fabrikherren, bei denen sie Arbeit und Lohn begehrten, ohne rechtlichen Schutz gegenüber. Aus der Diskrepanz zwischen dem ungebremsten wirtschaftlichen Aufschwung auf der einen Seite und den sozialen Mißständen sowie der Massenarmut auf der anderen Seite entstand mit der industriellen Revolution auch die soziale Frage.

Die Ausbeutung der menschlichen Arbeitskraft in den neuen Fabriken war am Anfang durch keine gesetzlichen Bestimmungen eingeschränkt. Die wöchentliche Arbeitszeit der Fabrikarbeiter lag bei etwa 80 Stunden; die Löhne waren so niedrig, daß Frauen und Kinder mitarbeiten mußten, um für die Familie einen dürftigen Lebensunterhalt sicherzustellen. Die Arbeitsbedingungen waren unmenschlich, die Unfallgefahr groß, die soziale Absicherung war völlig unzureichend: Bei Krankheit, Unfall oder Tod des Haupternährers standen die Familienangehörigen vor dem Nichts.

Die Krisensituation wurde zusätzlich verschärft durch ein sprunghaftes Bevölkerungswachstum. Die Wohnunterkünfte für die in die Industriezentren strömenden Menschen waren primitiv, eng und überfüllt und ohne Beachtung hygienischer Erfordernisse errichtet. Möglichkeiten, durch Proteste Verbesserungen zu erzielen, bestanden nicht, denn es drohte die sofortige Entlassung. Zusammenschlüsse und Absprachen von Arbeitern untereinander waren streng verboten. Organisierter Widerstand gegen die Fabrikherren konnte sich daher nicht entwickeln.

Erst allmählich begannen Versuche zur „Hebung der arbeitenden Klasse" wirksam zu werden. Staatliche, kirchliche und private Stellen bemühten sich, wenigstens die gröbsten Mißstände abzubauen und die Verelendung der Arbeiter zu beseitigen. Aber erst gegen Ende der fünfziger und zu Beginn der sechziger Jahre erreichte die soziale Frage mit der Entstehung der *Arbeiterbewegung* (▷ 11.36) eine neue, eine politische Dimension.

11.35 Kommunistisches Manifest

Die durch die *industrielle Revolution* (▷ 11.33) verursachten Veränderungen der gesellschaftlichen Struktur hatten eine neue Klasse der besitzlosen, lohnabhängigen Industriearbeiter zur Folge. Die katastrophalen sozialen Mißstände in der ersten Phase der Industrialisierung waren für die Entstehung der *sozialen Frage* (▷ 11.34) verantwortlich. Restriktionen (z. B. Versammlungsverbote) der Behörden ließen nach einigen frühen Protestaktionen („Maschinenstürmer" 1811/12 in Großbritannien gegen die Vernichtung der Hausindustrie) einen organisierten Arbeiterwiderstand vorerst nicht mehr zu. Erst 1839 entstand mit dem Londoner Arbeiterverein („People's Charter") eine erste politische Arbeiterorganisation (Chartismus), die weitreichende Forderungen erhob.

Wie in Paris und Brüssel bestanden zu dieser Zeit in London revolutionäre Geheimbünde von Emigranten aus verschiedenen europäischen Ländern, unter ihnen auch der Deutsche *Karl Marx* (▷ 12.9) und Friedrich Engels. Sie gehörten dem „Bund der Gerechten" an, der sozialrevolutionäre Ziele verfolgte und sich ab 1847 „Bund der Kommunisten" nannte. Marx und Engels wurden beauftragt, ein politisches Programm zu verfassen. So entstand Ende 1847 eine Programm- und Kampfschrift, das „Manifest der Kommunistischen Partei", ein bedeutendes Dokument der Arbeiterbewegung. Es enthielt bereits die wesentlichen Grundsätze der politischen Theorie des Marxismus. Das Manifest wurde im Februar 1848 in London veröffentlicht.

Ausgehend von der These, die Geschichte aller bisherigen Gesellschaft sei die Geschichte von Klassenkämpfen, stellt Marx fest, daß sich, wenn der Feudalismus überwunden worden sei, in der bürgerlichen Gesellschaft die Klassengegensätze auf den Konflikt zwischen Bourgeoisie und dem von ihr notwendig hervorgebrachten Proletariat zuspitzten. Nur die proletarische Bewegung sei wirklich revolutionär; sie werde der Bourgeoisie nach und nach durch Eingriffe in das Eigentumsrecht und die bürgerlichen Produktionsverhältnisse gewaltsam Kapital und Macht entziehen und schließlich, nach dem Verschwinden der Klassenunterschiede, den eigenen Klassencharakter aufheben. Die Parteilosung „Proletarier aller Länder, vereinigt Euch!" weist auf die internationale Zielrichtung hin.

Titelblatt der Erstausgabe des Kommunistischen Manifests (London 1848)

Die deutschen Proletarier werden von Marx aufgefordert, die bevorstehende bürgerliche Revolution zu unterstützen, um nach dem Sturz der reaktionären Klassen den Kampf gegen die Bourgeoisie selbst zu beginnen. Dies sei der letzte Klassenkampf der Geschichte, bevor an die Stelle der bürgerlichen Gesellschaft eine Assoziation freier Individuen treten könne. „Kommunismus" ist keine inhaltlich gefüllte Ordnungsvorstellung, sondern soll die Bedingung beschreiben, unter denen Verelendung, Ausbeutung und Selbstentfremdung des Menschen überwunden werden können und die allseitige Selbstverwirklichung gewährleistet werden kann.

In den bürgerlichen *Revolutionen von 1848/49* (▷ 11.37) hat das Manifest jedoch keine wesentliche Rolle gespielt. Langfristig hat die Schrift allerdings einen außerordentlichen Einfluß auf die internationale *Arbeiterbewegung* (▷ 11.36) ausgeübt.

11.36 Arbeiterbewegung

Die in der *industriellen Revolution* (▷ 11.33) entstehende Klasse der lohnabhängigen Industriearbeiter sah sich in der Anfangsphase der gewaltige gesellschaftliche Veränderungen verursachenden Industrialisierung völlig rechtlos den Fabrikherren und den neuen Produktionsverhältnissen ausgeliefert und in eine unmenschliche soziale Situation abgedrängt. Dennoch war die Entwicklung organisierter Interessenvertretungen der Arbeiter, die sich darum bemühen konnten, die wirtschaftliche und soziale Not abzumildern, nicht möglich, da Zusammenschlüsse von Arbeitern gesetzlich verboten waren, seit es in der Frühzeit der Industrialisierung Ausschreitungen arbeitsloser Handwerksgesellen gegen die ersten Maschinen gegeben hatte („Maschinenstürmer"). England war in der Entwicklung des Industrialisierungsprozesses den anderen europäischen Ländern um einige Jahrzehnte voraus, hier waren aber auch die krassesten Auswüchse des kapitalistischen Systems zu beobachten. Nachdem 1829 das Koalitionsverbot für Arbeiter aufgehoben worden war, entstand dort eine organisierte Arbeiterbewegung, die sich 1839 offiziell zu Wort meldete und in der People's Charter mit eigenen Vorstellungen zur Wahlrechtsreform politische Mitbestimmung verlangte. Diese Bewegung der Chartisten verlor jedoch nach 1848 ihre Massenbasis und löste sich auf. Die erste Arbeiterorganisation, die sozialrevolutionäre Ziele verfolgte, war der 1847 in London von politischen Emigranten gegründete „Bund der Kommunisten", in dessen Auftrag die deutschen Revolutionäre *Karl Marx* (▷ 12.9) und Friedrich Engels ein Programm entwarfen, das als *Kommunistisches Manifest* (▷ 11.35) bekannt wurde. Erst nach der Jahrhundertmitte kam es im Zusammenhang mit dem erwachenden Klassenbewußtsein der Arbeiter zur Bildung von Arbeiterorganisationen unterschiedlicher Zielrichtungen. Interessenvertretungen gleicher

Berufs- und Ausbildungsgruppen entstanden, Arbeiterbildungsvereine und Unterstützungskassen, aus denen sich allmählich – und noch immer durch staatliche Verbote behindert – Gewerkschaften und die ersten Arbeiterparteien entwickelten.

Die sozialen Mißstände in der englischen Industrie (hier Kinderarbeit in einem Bergwerk) gaben Marx und Engels entscheidende Anstöße zur Erarbeitung ihrer sozialistischen Theorien

11.37 Revolution in Europa 1848/49

Mit der raschen Industrialisierung und ihren positiven wie negativen Begleiterscheinungen hatte sich auch das politische Bewußtsein der Menschen in Europa nachhaltig verändert. Seit der Proklamation der Menschenrechte, zuerst in Amerika (▷ 11.2), dann in Frankreich während der Revolution (▷ 11.6), waren nationale und liberale Bewegungen entstanden, die im Freiheitskampf gegen die Napoleonische Fremdherrschaft nahezu alle Völker des Kontinents erfaßten. Von den Ergebnissen des *Wiener Kongresses* (▷ 11.19) enttäuscht, führten sie, an ihrer Spitze anfänglich vor allem die studentische Jugend und die Freiwilligen der *Befreiungskriege* (▷ 11.18), einen verzweifelten Kampf gegen die Restaurationspolitik der Fürsten, die mit der ganzen Macht ihrer Polizeiapparate die Emanzipationsbestrebungen vergeblich zum Schweigen zu bringen versuchten.

Der immer brisanter werdende Gegensatz zwischen den reformfreudigen, nationale und liberale Rechte einfordernden Kräften und den mehr oder weniger starr auf politische Beharrung ausgerichteten Staatsapparaten löste im Frühjahr 1848 eine bis auf England und Rußland ganz Europa erfassende Revolutionswelle aus, die Ende Februar in Paris mit Protesten gegen die korrupten Oberschichten und den hohen Wahlzensus ihren Anfang nahm. Da politische Versammlungen verboten waren, veranstaltete die Opposition eine Reihe von „Banketten", die allerdings zur politischen Arbeit genutzt wurden. Das Verbot eines großen „Reformbanketts" am 22. Februar 1848 führte zum Aufstand. Die Revolutionäre gewannen die Oberhand und zwangen den „Bürgerkönig" Louis Philippe zur Abdankung. Frankreich wurde zur Republik erklärt. Republikaner und Sozialisten bildeten eine provisorische Regierung und schrieben Wahlen zur Nationalversammlung aus.

Die Pariser Ereignisse gaben das Signal für zahlreiche revolutionäre Aufstände in anderen europäischen Ländern, die auch als Märzrevolution bezeichnet werden. In Wien erzwangen die Aufständischen am 13. März den Rücktritt des verhaßten Staatskanzlers Fürst *Metternich* (▷ 11.21). Auch in Berlin kam es zu Barrikadenkämpfen mit dem Militär. Fast widerstandslos gaben jetzt die Regierungen nach, überall wurden reformfreudigere Persönlichkeiten in die Kabinette berufen und Verfassungen versprochen. Am 18. Mai trat in der Frankfurter Paulskirche eine aus Wahlen hervorgegangene deutsche Nationalversammlung zusammen.

Im österreichischen Vielvölkerstaat verbanden sich revolutionär-liberale Vorstellungen mit Autonomieforderungen der nichtdeutschen Nationalitäten. Die Tschechen lehnten ihre Teilnahme an den Wahlen zur deutschen Nationalversammlung ab und beriefen einen Slawenkongreß zum 2. Juni nach Prag ein. In Italien setzte ein sozialpolitisch motivierter Aufstand in Sizilien die italienische Reformbewegung in Gang, die in einen nationalen Befreiungskrieg gegen Österreich mündete, als sich König Karl Albert von Sardinien an die Spitze der Befreiungsbewegung setzte und Österreich den Krieg erklärte. In Ungarn meldete die ungarische Nationalbewegung unter Kossuth Autonomieforderungen an.

*Im Februar 1848
stürmt die
Bevölkerung von
Paris in die
Tuilerien*

Der Umschwung dieser revolutionären Entwicklung, der schließlich zur Niederschlagung nahezu aller Erhebungen und Reformansätze führte, setzte wieder in Frankreich ein. Als nach dem Wahlsieg der Republikaner über die Sozialisten einige soziale Reformen zurückgenommen wurden und die Arbeiter dagegen Sturm liefen, ließ die Nationalversammlung diese erste sozialistische Erhebung in der europäischen Geschichte vom Militär brutal niederschlagen.

Auch in Deutschland gelang es der Frankfurter Nationalversammlung nicht, sich gegenüber den wiedererstarkenden Mächten Preußen und Österreich als übergeordnete Reichsregierung durchzusetzen. Die Versammlung löste sich auf, die in einem Rumpfparlament verbliebenen radikalen Demokraten wurden schließlich von preußischen Truppen auseinandergejagt (Juni 1849). Immerhin enthielt der Verfassungsentwurf der Paulskirche einen Katalog der Grundrechte, der die künftige konstitutionelle Debatte bestimmen sollte. Der Weg zum Verfassungsstaat war auch durch die Reaktion nicht mehr aufzuhalten. Österreichisches Militär zerschlug sowohl die Erhebung tschechischer Studenten und Arbeiter in Prag im Juni 1848 wie den Wiener Arbeiteraufstand im Oktober. Auch die italienische Freiheitsbewegung brach nach anfänglichen Erfolgen zusammen. Rom, wo Aufständische den Papst vertrieben hatten, wurde von französischen Truppen besetzt, die die alte Ordnung wiederherstellten. In Ungarn mußte Österreich die Hilfe russischer Truppen in Anspruch nehmen, um den ungarischen Aufstand endgültig niederzuwerfen. Allein in Frankreich war es zu einem grundlegenden strukturellen Wandel des politischen Systems gekommen.

11.38 Aufhebung des Sklavenhandels Beginn der imperialen Aufteilung Afrikas

Mit der Entdeckung und Erforschung der westafrikanischen Küsten durch portugiesische Seefahrer auf ihrem Weg nach Indien seit dem 15. Jahrhundert nahm in den europäisch-afrikanischen Handelsbeziehungen der Sklavenhandel, der seit Jahrhunderten in arabischer Hand gelegen hatte, eine besondere Stellung ein, die sich mit der Nachfrage nach billigen Arbeitskräften für die Zuckerrohr-, Baumwoll- und Tabakplantagen in Amerika noch wesentlich verstärkte. In den vier Jahrhunderten bis zum Verbot des Sklavenhandels im 19. Jahrhundert wurden nach Schätzungen mehr als elf Millionen Afrikaner über den Atlantik gebracht, weitere drei bis vier Millionen starben während der Transporte. Durch die *Aufklärung* (▷ 10.25) und die durch sie ausgelöste Menschenrechtsdiskussion verstärkte sich der öffentliche Protest gegen die Sklaverei. In Dänemark wurde sie bereits 1772 verboten, in Großbritannien 1807. In die Akte des *Wiener Kongresses* 1815 (▷ 11.19) wurde ein allgemeines Verbot des Sklavenhandels aufgenommen. Dieser wurde allerdings in der südlichen Hemisphäre zwischen Angola und Brasilien von den Portugiesen noch bis 1878 fortgesetzt. Auch an den unter arabischer Herrschaft stehenden ostafrikanischen Küsten mit Sansibar als Hauptumschlagplatz bestand der Sklavenhandel als Teil der örtlichen Tradition bis in das letzte Viertel des 19. Jahrhunderts fort.

Die an der westafrikanischen Küste zwischen der Senegalmündung und Angola von privaten Gesellschaften angelegten europäischen Niederlassungen verloren mit der Abschaffung der Sklaverei ihre Haupteinnahmequelle. Sie suchten nun Schutz und Unterstützung bei ihren Regierungen. Das britische Parlament beschloß bereits 1821 die Übernahme der britischen Niederlassungen an der Westküste Afrikas. Die Handelsstützpunkte waren jedoch wenig rentabel. Hinzu kam, daß mit der Eröffnung des *Sueskanals* (▷ 12.12) 1869 ein kürzerer Weg nach Indien für die Schiffahrt geöffnet wurde. Dänen und Holländer verkauften deshalb ihre Niederlassungen an Großbritannien.

Auch die britische und die französische Regierung waren zunächst geneigt, ihre westafrikanischen Stützpunkte aufzugeben, sie wurden jedoch durch die öffentliche Meinung in ihren Ländern gehindert, die ein stärkeres Engagement in Afrika auf den Spuren der großen Forschungsreisenden forderte; man begann imperialistisch zu denken. Ein Vorreiter war der belgische König Leopold II., der persönlich Reisen nach Afrika unternommen hatte und unter dem Vorwand, missionarische und wissenschaftliche Zwecke zu verfolgen, in Zusammenarbeit mit dem britischen Forscher Henry M. Stanley die Erschließung Zentralafrikas einleitete.

Bis zu diesem Zeitpunkt hatten sich außer den Küsten nur wenige Bereiche Afrikas in den Händen europäischer Mächte befunden: das französische Senegalgebiet, das britische Südafrika sowie die portugiesischen Gebiete Angola und Moçambique. Die Aufteilung Afrikas begann mit der *Berliner Kongokonferenz* 1884 (▷ 12.19); zuvor schon hatten die Franzosen Tunis (1881) und die Briten Ägypten (1882) besetzt.

11.39 Freihandel

Die *industrielle Revolution* (▷ 11.33) in Europa schuf ein gewaltiges wirtschaftliches und technisches Machtzentrum, das in alle Teile der Erde ausstrahlte. Die Revolutionierung des Verkehrs durch den Eisenbahnbau begann um die Mitte des 19. Jahrhunderts das Gesicht der Welt zu verändern. Die Entwicklung der Dampfschiffahrt ermöglichte die schnelle Ausdehnung des Handels in die entferntesten Erdteile. Die dadurch verstärkte weltweite Verflechtung der Wirtschaft wurde weiter intensiviert durch den Ausbau der mündlichen und schriftlichen Drahtverbindungen (Telegrafie und Telefon).

Großbritannien war um die Mitte des 19. Jahrhunderts unbestritten die führende Industrienation der Welt. Sie besaß aus merkantilistischer Zeit ein Wirtschaftssystem mit vielfältigen Abriegelungsmaßnahmen wie z. B. die Navigationsakte von 1651, die die englische Schiffahrt gegenüber dem niederländischen Zwischenhandel begünstigen sollte. Eine von Manchester ausgehende starke liberale Bewegung, die „Anti Corn Law League", forderte zur Förderung des Exports den freien Wettbewerb und die Abschaffung aller Zölle. Die Freihandelsbewegung erreichte schließlich 1846 die Abschaffung der Getreidezölle. Damit eröffnete das Inselreich, gestützt auf das international bedeutende britische Pfund, die Ära des Freihandels. Seine Industrie bezog den gesamten Kolonialbesitz in den weltwirtschaftlichen Verkehr mit ein.

Die europäischen Staaten zogen zögernd nach, zunächst die Niederlande. Der französisch-britische Vertrag von 1860 (Cobden-Vertrag) löste auch auf dem Festland die Periode des Freihandels aus. Zahlreiche Abkommen Frankreichs mit europäischen Staaten und mit dem Deutschen Zollverein folgten. Die europäische Industrialisierungswelle ab 1850 war ganz überwiegend vom Freihandel geprägt; auf dem Festland gab es stark reduzierte Schutzzölle. Die Ära des Freihandels war aber nicht nur ökonomisch von Bedeutung, in ihrem geistigen und politischen Klima vermochte sich der Aufschwung der europäischen Wirtschaft kräftig zu entfalten. Doch mit Beginn des wirtschaftlichen Abschwunges nach 1873/74 zeichnete sich bereits das Ende der Freihandelsepoche in Europa ab. Zuerst forderte im neugegründeten Deutschen Reich die Industrie in der Rezessionsphase staatlichen Schutz gegenüber der britischen Konkurrenz, auch die Großagrarier riefen nach Protektionismus, als der deutsche Markt mit billigem Getreide aus den USA und Rußland überschwemmt wurde. Bismarcks Schutzzollgesetz von 1879 war die Folge.

Bis 1890 kehrte auch das übrige Europa zur Schutzzollpolitik zurück, nur Großbritannien, durch seinen reichen Kolonialbesitz abgesichert, sowie Belgien und die Niederlande blieben bis zum Ersten Weltkrieg beim Freihandel. Aber Großbritannien hatte seine Führungsposition an Deutschland und die USA abgegeben. Der Konkurrenzkampf zwischen den produzierenden und handeltreibenden Nationen verschlechterte im Zeitalter des Imperialismus ($\triangleright$ 12.20) die zwischenstaatlichen Beziehungen. Als sich die protektionistische Wirtschaftspolitik nun mit aggressiver Außenpolitik verband, produzierte sie die explosive Hochspannung, die die letzten Jahrzehnte vor dem Ersten Weltkrieg kennzeichnete.

Daten

4. Juli 1776	Unabhängigkeitserklärung der Vereinigten Staaten von Amerika
5. Mai 1789	Zusammentritt der Generalstände in Paris, der Dritte Stand erklärt sich zur Nationalversammlung
14. Juli 1789	Sturm auf die Bastille in Paris, Symbol für den Beginn der Französischen Revolution
26. Aug. 1789	Erklärung der Menschen- und Bürgerrechte in Paris
3. Sept. 1791	Verkündung der ersten französischen Verfassung
21. Sept. 1792	Der französische Nationalkonvent beschließt die Abschaffung des Königtums
21. Jan. 1793	König Ludwig XVI. wird hingerichtet
27. Juli 1794	Sturz Robbespierres
1792−1797	Erster Koalitionskrieg gegen Frankreich
1796/97	Feldzug Napoleons in Oberitalien, Frieden von Campoformio am 16. Okt.
1798/99	Napoleons Kriegszug in Ägypten und Syrien
9. Nov. 1799	(18. Brumaire) Staatsstreich Napoleons; Konsulatsverfassung
2. Dez. 1804	Kaiserkrönung Napoleons
21. Okt. 1805	Britischer Seesieg bei Trafalgar gegen die französische Flotte
2. Dez. 1805	Sieg Napoleons in der Dreikaiserschlacht bei Austerlitz gegen Österreich und Rußland
12. Juli 1806	Gründung des Rheinbundes unter dem Protektorat Napoleons
6. Aug. 1806	Ende des Heiligen Römischen Reiches Deutscher Nation
14. Okt. 1806	Preußen verliert die Doppelschlacht von Jena und Auerstedt gegen Napoleon
7.−9. Juli 1807	Frieden von Tilsit
1808−1814	Krieg Napoleons in Spanien und Portugal
1812−1813	Krieg Napoleons gegen Rußland
16.−19. Okt. 1813	„Völkerschlacht" bei Leipzig
Nov. 1814− Juni 1815	Wiener Kongreß zur Wiederherstellung des europäischen Staatensystems
18. Juni 1815	Schlacht bei Waterloo
26. Sept. 1815	Heilige Allianz, Bundesvertrag zwischen Österreich, Preußen und Rußland, dem fast alle europäischen Mächte beitreten
1816−1825	Unabhängigkeitskriege lateinamerikanischer Staaten
2. Dez. 1823	Verkündung der Monroedoktrin, Zurückweisung jeder Einmischung europäischer Staaten in die Angelegenheiten unabhängiger amerikanischer Regierungen
27. Juli 1830	Beginn der Julirevolution in Frankreich
4. Okt. 1830	Proklamation der Unabhängigkeit Belgiens
29. Nov. 1830	Polnischer Aufstand in Warschau
27.−30. Mai 1832	Hambacher Fest
1839−1842	Opiumkrieg in China, Friede von Nanking am 29. Aug. 1842
26. Juli 1847	Unabhängigkeitserklärung der Republik Liberia
Febr. 1848	„Kommunistisches Manifest" in London publiziert
22.−24. Febr. 1848	Februarrevolution in Paris
März 1848	Revolution in Wien (Rücktritt Metternichs am 13. März), Berlin, München; in Ungarn, in Italien
18. Mai 1848	Zusammentritt der Deutschen Nationalversammlung in der Frankfurter Paulskirche
1849	Scheitern der Revolution in Italien, Österreich und Deutschland

Kapitel 12
Zeitalter des Imperialismus

Einführung

In der Zeit nach dem Scheitern der bürgerlichen Revolutionen von 1848/49 bis zum Beginn des Ersten Weltkrieges vollzogen sich nicht nur im äußeren Bild Europas und weiter Teile der Welt außerordentlich große Veränderungen, es wandelten sich auch in bisher ungekannter Schnelligkeit die Lebensverhältnisse von vielen Millionen Menschen, vornehmlich in denjenigen Ländern, die nun immer stärker von der industriellen Revolution erfaßt wurden.

In den meisten Staaten Europas setzte nach der Niederschlagung der Revolutionen eine Phase der verschärften Reaktion ein. Die bekannten oder vermeintlichen Initiatoren der Aufstandsbewegungen wurden verfolgt und verurteilt, sofern sie sich nicht ins Ausland, vor allem nach England oder in die Schweiz, die einzigen Zuflucht gewährenden Länder Europas, absetzen konnten. Andere kehrten dem alten Kontinent den Rücken und wanderten in die Freiheit und Wohlstand verheißende „Neue Welt" aus.

Eine Rückkehr zu vorrevolutionären gesellschaftlichen Verhältnissen war jedoch nicht mehr möglich. Mit der industriellen Revolution, die von der Mitte des Jahrhunderts an auch in den mitteleuropäischen Ländern voll einsetzte, wurde ein einschneidender wirtschaftlicher und gesellschaftlicher Strukturwandel in Gang gesetzt, dem sich die europäischen Regierungen und ihre Monarchen anzupassen suchten, indem sie begannen, mit den Repräsentanten dieses Prozesses, dem zu Macht und Ansehen gelangten Wirtschaftsbürgertum, die Macht zu teilen.

Großbritannien galt in dieser Zeit trotz noch immer bestehender Wahlrechtsbeschränkungen, die erst mit der Reform von 1867 weit-gehend aufgehoben wurden, den europäischen Liberalen als Musterland, in dem das künftige Zweiparteiensystem, das stabile Regierungen, aber auch gesellschaftlichen Fortschritt garantieren sollte, bereits in Ansätzen erkennbar war. In Frankreich war die Wiedererrichtung des Kaisertums mit der rigorosen Unterdrückung der politischen Opposition verbunden; Napoleon III. behielt zwar das allgemeine Wahlrecht bei und erweiterte die Möglichkeiten für Plebiszite, schränkte aber die Rechte des Parlaments ein. Von Großbritannien ausgehend begann nach der Niederlage des politischen Liberalismus in Kontinentaleuropa mit der fortschreitenden Industrialisierung der Aufstieg des Wirtschaftsliberalismus, mit dem sich die britische Wirtschaftsform des Freihandels durchsetzte. Einen starken Anschub erhielt der Wirtschaftsaufschwung in West- und Mitteleuropa durch den raschen, die Grenzen überspringenden Eisenbahnbau, der eine Revolutionierung des Verkehrswesens und die Erschließung neuer Märkte zur Folge hatte.

Großbritannien und Frankreich traten dem hegemonialen russischen Streben hin zum Balkan und zu den Meerengen entgegen. Als Verbündete des Osmanischen Reiches und zur Sicherung seines europäischen Besitzstandes griffen sie in den erneuten russisch-türkischen Krieg ein. Zum ersten Mal seit dem Wiener Kongreß standen sich im Krimkrieg europäische Großmächte, ehemalige Partner in der Heiligen Allianz, in einem militärischen Konflikt gegenüber. Der Krieg blieb auf die Region des Schwarzen Meeres beschränkt, da Österreich und Preußen neutral blieben. Die Verstimmung Rußlands, das im Frieden von Paris den größten Teil seiner Eroberungen wieder herausgeben mußte, wandte sich nun gegen Österreich, von dem man sich Unterstützung als Gegenleistung für die gewährte Truppenhilfe bei der Niederwerfung der Revolutionäre erhofft hatte. Die bald einsetzende Entfremdung zwischen den beiden bisherigen Verbündeten sollte in ihren Auswirkungen noch die Konfrontation im Ersten Weltkrieg mitbestimmen.

Der französische Kaiser, der sich auf den Pariser Weltausstellungen als Vertreter des neuen Zeitalters der Technik in Szene zu setzen verstanden hatte, zeigte sich nicht nur den wirtschaftlichen Interessen der Industriegesellschaft gegenüber aufgeschlossen, sondern auch den nationalen Bewegungen, und kam nun deren Forderungen zunehmend entgegen. Er unterstützte die italienischen Einigungsbestrebungen und den Freiheitskampf gegen Österreich mit militärischen Kräften, doch die vollständige Befreiung italienischer Provinzen von der österreichischen Herrschaft gelang erst im Deutschen Krieg mit dem Sieg der Preußen bei Königgrätz. Die Ernennung Roms zur Hauptstadt des neuen Nationalstaates Italien erfolgte sogar erst im deutsch-französischen Krieg, in dessen Verlauf der deutsche Nationalstaat Bismarckscher Prägung entstand. Napoleon III. war nicht nur auf dem Schlachtfeld unterlegen, sondern hatte auch den Thron verloren.

Der in den neuen Staatenbildungen des Königreiches Italien und des deutschen Kaiserreiches zum Ausdruck kommende Prozeß einer voranschreitenden Nationalisierung, dem in der „Neuen Welt" der Sezessionskrieg zwischen den Nord- und den Südstaaten um die Zukunft der jungen nordamerikanischen Nation gegenüberstand, führte zusehends zur Verlagerung der Interessen der europäischen Großmächte nach Übersee. In der Absicht, für ihre expandierenden Industrien neue Absatzmärkte und Rohstoffquellen zu gewinnen, begannen die Nationalstaaten mit dem Ausbau ihrer Kolonialreiche, um so die eigene Machtposition und das Prestige zu stärken. Nach der französischen Eroberung Tunesiens und der britischen Besetzung Ägyptens setzte ein Wettlauf der großen europäischen Nationen um die noch „verfügbaren" Territorien in Afrika ein, den die internationale Afrika-Konferenz in Berlin vergeblich in geordnete Bahnen zu lenken versuchte.

Der imperialistische Ausdehnungsdrang der europäischen Großmächte, zu denen auch die USA und Japan stießen, war mit einer sehr kostspieligen Aufrüstung verbunden, in erster Linie mit der Aufstellung modernster Kriegsflotten, die die fernen Besitzungen und die weiten Handelswege erforderten. Diese Expansionspolitik stieß auf breite Zustimmung in der öffentlichen Meinung der beteiligten Staaten, deren Wortführer, die neugegründeten Tageszeitungen, die mit Massenauflagen weite Bevölkerungskreise erreichten, das Weltmachtstreben ihrer Regierungen zu einer nationalen Schicksalsfrage erklärten. Die moralische Rechtfertigung für die rücksichtslose Kolonialpolitik und die Unterwerfung fremder Völker lieferten sozialdarwinistische Vorstellungen vom Recht des Stärkeren und der angeblichen kulturellen Überlegenheit der weißen Rasse.

Im Konkurrenzkampf der Großmächte, in den „verspätet" auch Italien und Deutschland eingriffen, stießen immer häufiger die Interessen der Mächte hart aufeinander; britische und russische Ambitionen kreuzten sich in Mittel- und Ostasien, deutsche und britische in Afrika und im Pazifik. Der britisch-französische Konflikt in Zentralafrika führte an den Rand eines Krieges. Der mühsam ausgehandelte Kompromiß leitete einen Prozeß der Annäherung zwischen den Rivalen ein, der schließlich zum Ausgleich der kolonialen Interessen und zur Entente cordiale führte.

Der chinesisch-japanische Krieg hatte das riesige, aber schwache chinesische Reich zunehmend in den Blickpunkt der imperialistischen Mächte gerückt. In einer einmütigen Aktion fanden sich um die Jahrhundertwende alle Kolonialmächte zu einem gemeinsamen Vorgehen gegen den chinesischen Boxeraufstand, der sich gegen die Ausplünderung Chinas durch die imperialistischen Großmächte richtete, zusammen.

Im Gegensatz zu China hatte sich das andere ostasiatische Großreich, Japan, seit seiner „Öffnung" in der zweiten Hälfte des Jahrhunderts zu einer modernen Großmacht entwickelt. Im russisch-japanischen Krieg brachte Japan der europäischen Großmacht Rußland eine empfindliche Niederlage bei und stoppte den russischen Vormarsch in Ostasien. Die Niederlage Rußlands hatte zur Folge, daß sich das Zarenreich wieder auf seine europäischen

Interessen besann. Mit Frankreich seit der Nichterneuerung des Bismarckschen Rückversicherungsvertrages verbündet, wandte sich Rußland dem Balkan zu und bot sich den nach Freiheit und Unabhängigkeit strebenden slawischen Völkern mit panslawistischen Parolen als Schutzmacht an. Damit aber sah sich das Zarenreich mit den Interessen des Habsburgerreiches konfrontiert, das mit dem Deutschen Reich verbündet war.

Mit einer ausgewogenen und maßvollen Außenpolitik hatte Bismarck die Skepsis der europäischen Nachbarn gegenüber dem neuen Reich in Mitteleuropa überwunden und ihr Vertrauen gewonnen; nach seinem Sturz ging dieser Kredit jedoch rasch wieder verloren, als sich das Deutsche Reich unter Kaiser Wilhelm II. mit unberechenbarer Politik und militärischem Gepränge am imperialistischen Streben der Großmächte nach einem „Platz an der Sonne" beteiligte. Auf den Haager Friedenskonferenzen erwarben sich die deutschen Delegierten den zweifelhaften Ruf, verbissene Gegner jeder Friedens- und Abrüstungsregelung zu sein. Mit fragwürdigen, diplomatisch ungeschickten Schritten war die Reichsregierung bestrebt, das Ausgreifen Frankreichs nach Nordafrika zu vereiteln. Die in hektischer Eile vorangetriebene deutsche Flottenrüstung alarmierte Großbritannien, das sich in seiner Seemachtstellung bedroht fühlen mußte.

Als den Briten nach dem Ausgleich ihrer Kolonialinteressen mit Frankreich auch eine weitgehende Verständigung mit dem Zarenreich gelang, glaubten die Deutschen, die Westmächte würden zusammen mit Rußland die „Einkreisung" der Mittelmächte vorbereiten. Der deutsche Generalstab traf Vorkehrungen für einen Zweifrontenkrieg. Vorwiegend von britischer Seite ausgehende Bemühungen, mit dem Deutschen Reich in der Flottenrivalität zu einem Ausgleich zu kommen, scheiterten schließlich an der starren Haltung des deutschen Kaisers und der Marineleitung, die, begleitet von der nationalistischen Stimmung einer breiten Öffentlichkeit, zu Einschränkungen nicht bereit waren. Der Kaiser hatte selbst viel dazu beigetragen, durch großsprecherische und ungeschickte Äußerungen die Briten vor den Kopf zu stoßen.

So standen sich 1914 die beiden Machtblöcke, die Entente, bestehend aus Frankreich, Großbritannien und Rußland, und die Mittelmächte Deutschland und Österreich-Ungarn bis an die Zähne bewaffnet gegenüber, offensichtlich unfähig, sich von der Starrheit und den Automatismen der Bündnissysteme zu lösen. Es schien nur noch eines Anlasses zu bedürfen, damit es in dieser aufgeladenen Atmosphäre tatsächlich zum Krieg kommen sollte, der zwar von niemandem gewollt, aber von jedem einkalkuliert wurde.

12.1 Zweites Empire in Frankreich

Seit der *Französischen Revolution* 1789 (▷ 11.5–11.7) galt Frankreich als das Mutterland der Revolution, als Land des Fortschritts. Die Weltöffentlichkeit konnte miterleben, wie die Franzosen die einmal errungenen Freiheiten zu verteidigen wußten, so im Juliaufstand 1830 gegen den reaktionären Monarchen Karl X. (▷ 11.26) und im Februar 1848, als sie den „Bürgerkönig" Louis Philippe zur Abdankung zwangen und Frankreich zur Republik erklärten (▷ 11.37). Aber noch im Juni desselben Jahres ließ die bürgerliche Mehrheit in der Nationalversammlung eine Rebellion kleinbürgerlicher Schichten und Arbeiter in Paris von Soldaten zusammenschießen. Die Wendung des gemäßigten Bürgertums aus der gemeinsamen Revolutionsfront zum Pakt mit den alten Ordnungsmächten war wesentlich bestimmt von der Sorge vor einer jakobinischen Ausweitung der Revolution wie 1793/94.

In großen Teilen der französischen Gesellschaft vollzog sich ein politischer Meinungswandel. Die neue Verfassung von 1848, die die Wahl eines Präsidenten durch das Volk vorsah, verhalf nun den konservativen Kräften zum Durchbruch. Eine „napoleonische Legende" wurde zur wirkungsvollsten Wahlkampfparole: Wie einst Napoleon I. die Franzosen aus den Unruhen der Revolution geführt hatte, sollte nun ein anderer Träger dieses Namens die Rettung Frankreichs bringen. So erhielten in der Wahl vom 10. Dezember 1848 nicht die in der Februarrevolution erfolgreichen Führer des Bürgertums die meisten Stimmen, sondern Louis Napoleon Bonaparte, ein Neffe des Kaisers, der noch kurz zuvor wegen Umsturzversuchen gesucht worden war. Das politische Klima in Frankreich hatte sich nach seiner Rückkehr aus dem Exil zu seinen Gunsten entscheidend verändert, seit 1840 der Leichnam des Kaisers in einem feierlichen Staatsakt von St. Helena nach Paris übergeführt und im Invalidendom beigesetzt worden war.

Der jüngere Napoleon nutzte die ihm von der Verfassung zugewiesene starke Position und übte bald, gestützt auf die monarchistische Mehrheit im Parlament, eine verschleierte Diktatur aus. Zugleich aber trat er als Anwalt des Volkes auf, indem er die Wiedereinführung des allgemeinen Wahlrechts betrieb. Als das Parlament seinen Antrag ablehnte und auch der Verlängerung seiner präsidialen Amtszeit nicht zustimmte, inszenierte er einen sorgfältig vorbereiteten Staatsstreich, ließ seine politischen Gegner verhaften und löste das Parlament auf. Bald darauf kündigte er die Aufhebung des umstrittenen Wahlgesetzes von 1850 und eine neue Verfassung an. Republikanischer Widerstand schlug fehl; eine Volksabstimmung führte nachträglich mit großer Mehrheit zur Billigung seines Vorgehens. Die neue, ganz auf ihn zugeschnittene Verfassung vom 14. Januar 1852 sah ein Zweikammersystem (Staatsrat und Senat) vor. Der Senat entschied sich für die Errichtung eines Zweiten Empire. Am 2. Dezember 1852, am Jahrestag seines Staatsstreiches und der Kaiserkrönung seines Onkels, wurde der „Prinz-Präsident" Kaiser der Franzosen. Er nannte sich Napoleon III., da der Sohn Napoleons I. bereits 1832 gestorben war. Die französische Bevölkerung stimmte in einem Plebiszit der Wiedererrichtung des Kaisertums mit überwältigender Mehrheit zu.

12.2 Krimkrieg

Als Schutzmacht der im Osmanischen Reich lebenden christlichen Untertanen stellte Zar Nikolaus I. in ultimativer Form Forderungen an den Sultan, die dieser ablehnte. Als daraufhin der Zar die Donaufürstentümer Moldau und Walachei besetzen ließ, erklärte die Türkei im Oktober 1853 Rußland den Krieg; der Krimkrieg hatte begonnen. Großbritannien und Frankreich traten dem russischen Vordringen nach Südosteuropa im Interesse des europäischen Gleichgewichts entgegen. Da ihre Forderung nach Räumung der besetzten Gebiete unbeantwortet blieb, erklärten sie Ende März 1854 Rußland den Krieg. Seit 1815 standen erstmalig wieder europäische Großmächte gegeneinander im Krieg, die *Heilige Allianz* (▷ 11.20) war endgültig zerbrochen. Da jedoch Preußen und Österreich neutral blieben, weitete sich der Krieg nicht aus, sondern blieb im wesentlichen auf das Gebiet des Schwarzen Meeres begrenzt und spielte sich hauptsächlich auf der Krim ab. Von Oktober 1854 bis September 1855 belagerten britische und französische Streitkräfte

Krimkrieg. Zwischen den Anhöhen von Balaklawa stoßen die britischen und russischen Truppen zusammen

sowie ein italienisches Hilfscorps die Festung Sewastopol. Nach ihrem Fall führten Waffenstillstandsverhandlungen mit dem neuen Zaren Alexander II. zur Beendigung des Krieges, der mit einer halben Million Toten außerordentlich verlustreich gewesen war.

In dem am 30. März 1856 in Paris unterzeichneten Frieden wurde der Bestand des Osmanischen Reiches gewährleistet. Die Donaufürstentümer verblieben nominell unter der Oberhoheit des Sultans, doch gaben die Großmächte Garantien für ihre weitgehende Autonomie ab: Sie wurden 1878 zu dem neuen Königreich Rumänien vereinigt. Das Osmanische Reich versprach die Durchführung innenpolitischer Reformen (Gleichstellung von Islam und Christentum) und mußte sich ausländischen Handelsverträgen mit niedrigen Einfuhrzöllen öffnen; die Staatseinnahmen wurden verpfändet.

Das Schwarze Meer wurde neutralisiert. Rußland und die Türkei durften weder Küstenbefestigungen anlegen noch Kriegsschiffe unterhalten (Pontusklausel). Der Krimkrieg führte zu einer dauernden Verstimmung zwischen Rußland und Österreich. Rußland hatte als Dank für die Hilfe bei der Niederschlagung des ungarischen Aufstandes 1849 auf österreichische Unterstützung gerechnet. Statt dessen hatte Österreich durch die Mobilmachung seiner grenznahen Truppen die Russen gezwungen, die Donaufürstentümer wieder zu räumen. Rußland mußte auf die Schutzherrschaft über die türkischen Christen verzichten; diese standen nun unter dem Protektorat aller Großmächte.

12.3 Vertrag von Kanagawa

Japan hatte sich, ähnlich wie China, aus Furcht vor fremden Einflüssen aus dem Westen seit Beginn des 17. Jahrhunderts nahezu vollständig isoliert. Außenhandel war allein über die einzige offene Hafenstadt Nagasaki möglich. Er beschränkte sich neben den traditionellen Verbindungen zu China auf Kontakte zu holländischen Kaufleuten. Gegen Ende des 18. Jahrhunderts mehrten sich Zwischenfälle mit in japanische Gewässer eindringenden fremden Schiffen.

Die Öffnung der chinesischen Vertragshäfen in den „Ungleichen Verträgen" des *Friedens von Nanking* (▷ 11.29) bahnte im Fernen Osten neuen Handelsströmen den Weg. Jetzt suchten auch die Amerikaner, die nach dem Erwerb Kaliforniens San Francisco zum besonderen Hafen für den Handelsverkehr mit den chinesischen Häfen Kanton und Schanghai bestimmt hatten, Verbindungen zum Fernen Osten.

Im Juni 1853 landete eine amerikanische Flotteneinheit unter Kommodore Matthew Perry nahe Edo (dem heutigen Tokio), um ein Schreiben des amerikanischen Präsidenten zu übergeben, mit dem die Aufnahme des Handelsverkehrs mit den USA verlangt wurde. Der Brief löste in Japan langandauernde Debatten zwischen Gegnern und Befürwortern einer Öffnung des Landes aus. Als Perry im Frühjahr 1854 an der japanischen Küste eintraf, um die Antwort der Schogunatsregierung einzuholen, erklärte sich diese zum Abschluß eines Handelsvertrages bereit.

Im Vertrag von Kanagawa wurden die Häfen Schimoda und Hakodate für amerikanische Schiffe geöffnet; die Verproviantierung amerikanischer Seeleute wurde ebenso wie die Aufnahme und Versorgung von Schiffbrüchigen zugesichert. Ferner wurde der Austausch konsularischer Vertretungen vereinbart. Dem erzwungenen Handels- und Freundschaftsvertrag von Kanagawa vom 31. März 1854 folgten nun ähnliche Verträge mit Großbritannien, Frankreich, Rußland, den Niederlanden, Portugal und Preußen. Die japanische Bevölkerung empfand die Verträge als Demütigung. Heftige, vom Fremdenhaß bestimmte Ausschreitungen gegen Ausländer waren die Folge. Zugleich kam es innenpolitisch zu einer schweren Krise, in deren Verlauf das seit sieben Jahrhunderten bestehende ständisch-feudale Schogunatssystem abgelöst wurde. Kaiser Mutsuhito (1852–1912) übernahm als Meidschi Tenno selbst die Regierung, schaffte das Feudalsystem ab und wagte Schritte zu einer konstitutionellen Monarchie; eine neue Verfassung wurde 1889 eingeführt. Japan entwickelte sich nach einer durchgreifenden „Reform von oben" unter einem wiedererstarkten Kaisertum in wenigen Jahrzehnten zu einer modernen Großmacht, die am Ende des 19. Jahrhunderts als Weltmacht gleichberechtigt neben die europäischen Großmächte und die USA trat.

12.4 Französisch-piemontesischer Krieg gegen Österreich

Die italienischen Einigungsbestrebungen während der europäischen Revolutionen 1848/49 waren ebenso ohne Erfolg geblieben wie die Bemühungen der italienischen Freiheitskämpfer, die österreichische Fremdherrschaft abzuschütteln. Aber die nach nationaler Einheit und Freiheit verlangenden Kräfte wurden auch durch die Rückschläge und Niederlagen nicht entmutigt, zumal sie in dem liberalen Realpolitiker Camillo Benso Graf von Cavour eine überragende Führungspersönlichkeit besaßen.

1847 hatte Cavour in Turin die Zeitschrift „Il Risorgimento" (= Wiedererstehung), die der Freiheitsbewegung den Namen gab, gegründet. Seit 1852 leitete er als Ministerpräsident die Geschicke des italienischen Königreiches Piemont-Sardinien, die Keimzelle des künftigen italienischen Nationalstaates. Mit einer konsequenten Liberalisierung und Modernisierung seines Landes schuf er die Voraussetzungen für die Entstehung eines italienischen liberalen Einheitsstaates.

Um die italienische Frage in das Bewußtsein der Westmächte zu rücken, trat er 1855 an der Seite Großbritanniens und Frankreichs mit einem starken Truppenkontingent in den *Krimkrieg* (▷ 12.2) gegen Rußland ein. Sein vehementes Engagement für das italienische Problem auf dem Pariser Friedenskongreß blieb vorerst ohne sichtbare Reaktion seitens der Westmächte, aber 1858 sagte ihm in einem Geheimtreffen in Plombières Kaiser Napoleon III. Unterstützung in einem Krieg gegen Österreich zu, wenn es gelänge, die Österreicher durch Provokation als Angreifer erscheinen zu lassen.

Der Plan gelang: Österreich erklärte Piemont-Sardinien nach Ablehnung eines Ultimatums 1859 den Krieg. Die Österreicher wurden von den vereinigten italienischen und französischen Truppen (die erstmals mit der Eisenbahn herangeführt wurden) im Juni bei Magenta und schließlich bei Solferino geschlagen. Das Grauen dieses Krieges veranlaßte einen Augenzeugen, den schweizerischen Kaufmann Henri Dunant, die Gründung des „Roten Kreuzes" als internationaler Hilfsorganisation anzuregen.

Nach den beiden siegreichen Schlachten verständigte sich Napoleon III. jedoch mit dem österreichischen Kaiser Franz Joseph am 12. Juli im Vorfrieden von Villafranca. Er wollte einer Ausweitung des Krieges durch ein Eingreifen Preußens am Rhein zuvorkommen,

außerdem erschreckte ihn die Eskalation der italienischen Aufstandsbewegung in Mittelitalien, wo die „Società nazionale" die Fürsten vertrieben hatte.
Österreich trat die Lombardei an Frankreich ab, die 1860 an Piemont weitergegeben wurde. Venetien blieb unter habsburgischer Herrschaft, auch die österreichischen Regenten in der Toskana und in Modena sollten wieder in ihre Rechte eingesetzt werden. Cavour trat aus Protest gegen den Treubruch des französischen Kaisers zunächst zurück, der die italienische Freiheitsbewegung mit seinen Zusagen zum Krieg gegen Österreich ermutigt und sie dann im Stich gelassen hatte. Im Frieden von Zürich im November 1859 wurden die Vereinbarungen von Villafranca bestätigt.

12.5 Einigung Italiens

Die nationale Bewegung in Italien hatte bereits in den Revolutionsjahren 1848/49 (▷ 11.37) die Hoffnungen auf einen italienischen Einheitsstaat begraben müssen. Um so größer war die Enttäuschung jetzt, als die italienischen Freiheitskämpfer trotz der mit schweren Verlusten errungenen Siege von Magenta und Solferino erneut ihr Ziel, einen Nationalstaat zu errichten, verfehlten, weil Napoleon III. sie im Stich gelassen hatte. Dennoch war die Freiheitsbewegung nicht mehr aufzuhalten. Die im Vertrag von Villafranca (12. Juli 1859) beschlossene Wiederherstellung der Herrschaftssysteme in Mittel- und Oberitalien wurde von der „Società nazionale" unterlaufen. Sie bildete überall provisorische Regierungen, die eine Vereinigung mit Piemont-Sardinien suchten.
Im Januar 1860 übernahm Cavour noch einmal das Amt des Ministerpräsidenten. Er erreichte jetzt von Napoleon III. für den Preis der Abtretung Nizzas und Savoyens die stillschweigende Duldung der Angliederung der Toskana, von Modena, Parma und der Emilia-Romagna an Piemont-Sardinien. Inzwischen war ein Volksaufstand auf der Insel Sizilien gegen die Bourbonenherrschaft ausgebrochen, dem am 11. Mai 1860 der Freischarführer Guiseppe Garibaldi mit seinem „Zug der Tausend" zu Hilfe kam. Er befreite Sizilien und vertrieb anschließend den Bourbonenkönig Franz II. aus Neapel (7. September 1860).

Seine vor allem die Leidenschaften der verarmten Schichten entfachenden beträchtlichen Erfolge waren von Cavour im Interesse der gemeinsamen Sache anfänglich geduldet und genutzt worden, aber der Gefahr einer Eskalation der revolutionären Ziele – der Papst sollte aus Rom vertrieben und von dort die italienische Republik ausgerufen werden – begegnete Cavour mit großer Entschiedenheit. Sein Ziel war die Einigung Italiens nach dem Modell der piemontesischen konstitutionellen Monarchie. Er ließ eine piemontesische Armee nach Mittelitalien vorrücken. Ein Zusammenstoß mit den siegreichen Truppen Garibaldis schien unvermeidlich zu sein, aber Garibaldi lenkte ein und löste seine Armee am 26. Oktober 1860 auf.
In Volksabstimmungen sprach sich die Bevölkerung der befreiten Gebiete mit überwältigender Mehrheit für den Anschluß an das Königreich Piemont-Sardinien aus. Viktor Emanuel II. wurde von dem ersten frei gewählten italienischen Parlament am 14. März 1861 zum „König von Italien" gewählt. Venetien befand sich aber noch in der Hand der Österreicher, und Rom war seit der gescheiterten Revolution 1849 noch immer von französischen Truppen besetzt, die seinerzeit den Erhalt des Kirchenstaates hatten garantieren wollen. Erst in den kriegerischen Auseinandersetzungen im Zusammenhang mit der deutschen *Reichsgründung* (▷ 12.14) vollendete sich auch die italienische Einigung. Venetien wurde im Frieden von Wien am 3. Oktober 1866 nach dem Sieg Preußens über Österreich mit Italien vereinigt; Rom wurde erst im Zuge des *deutsch-französischen Krieges* (▷ 12.13) nach dem Abzug der französischen Besatzungstruppen italienisches Territorium. Am 9. Oktober 1870 wurde Rom Hauptstadt des Königreiches Italien.

12.6. Sezessionskrieg Abraham Lincoln

In der stürmischen Ausdehnungsperiode der Vereinigten Staaten in der ersten Hälfte des 19. Jahrhunderts vom Mississippi westwärts bis zur Pazifikküste hatte sich der alte Gegensatz zwischen den Nord- und den Südstaaten in gefährlicher Weise verschärft. Zwischen dem Handel treibenden, urbanisierten, sich einer schnellen Industrialisierung öffnenden

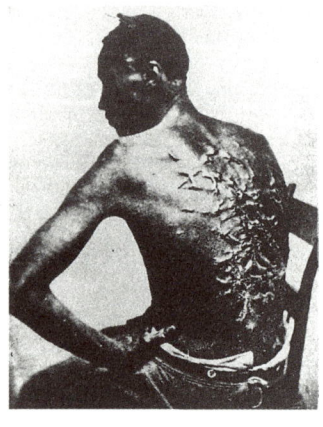

*Die
Narben
eines
entflohenen
Sklaven
aus
Louisiana*

publikanische Partei, zu der viele ehemalige Mitglieder der Demokratischen Partei, die ebenfalls Gegner der Sklaverei waren, übertraten. So blieb die Demokratische Partei nach der Abspaltung das Organ des Südens, der Pflanzeraristokratie. Als aus der Präsidentenwahl 1860 der Kandidat der Republikaner, Abraham Lincoln, als Sieger hervorging, erklärten sieben, später weitere vier Südstaaten ihren Austritt aus der Union. Sie beriefen sich dabei auf das alte Recht der unbeschränkten Souveränität der Einzelstaaten, während Präsident Lincoln die Union für unauflösbar erklärte.

Die Südstaaten eröffneten mit der Beschießung des Bundesforts Sumter am 12. April 1861 den Bürgerkrieg und errangen anfänglich beachtliche Erfolge. Ihre Armeen bedrohten zeitweilig sogar die Hauptstadt des Nordens, Washington, aber dann setzte sich die größere wirtschaftliche und militärische Kraft des Nordens durch. Als Präsident Lincoln im September 1862 offiziell die Abschaffung der Sklaverei als Kriegsziel proklamierte, war nunmehr eine moralische Unterstützung des Südens durch europäische Mächte ausgeschlossen. Ab 1863 endgültig in die Defensive gedrängt, mußte die Südstaatenarmee nach verlustreichen Kämpfen im April 1865 vor

Norden, der jede Form von Sklaverei verurteilte, und dem in der agrarischen Struktur der Baumwoll- und Tabakplantagen fest verankerten Süden, für den der Fortbestand der Sklavenhaltung lebensnotwendig erschien, war um die Eingliederung der im Westen neu entstandenen Territorien (▷ 11.31) in die Gruppe der Sklavenbefürworter und die der Sklavengegner ein erbittertes Ringen im Gange.

1854 bildete sich aus verschiedenen Parteigruppierungen im Norden eine neue, die Re-

SEZESSIONSKRIEG 1861 – 65

▬▬▬	Nordgrenze der Konföderierten Staaten von Amerika 1861	
➤	Truppenbewegungen der Unionsstaaten	
✗	Von den Unionsstaaten gewonnene Schlachten	
➤	Truppenbewegungen der Konföderierten Staaten	
✗	Von den Konföderierten Staaten gewonnene Schlachten	

*Niederlage der
Konföderierten in
der Schlacht bei
Gettysburg,
Pennsylvania (1863).
Kolorierte
Kreidelithographie*

den überlegenen Streitkräften des Nordens kapitulieren.

Der Sezessionskrieg ist in die Kriegsgeschichte eingegangen als erster Krieg modernen Ausmaßes, in dem beide Seiten außergewöhnlich hohe Verluste erlitten (etwa 360 000 Tote im Norden und 275 000 im Süden), in dem improvisierte Massenheere über riesige Entfernungen operierten und zum ersten Mal neueste technische Erfindungen (Eisenbahn, Telegraphie) zum Einsatz kamen. Präsident Lincoln, 1864 für eine zweite Amtsperiode wiedergewählt, wollte so rasch wie möglich die Aussöhnung mit den ehemaligen Gegnern herbeiführen, um die Union wiederherzustellen. Aber bereits fünf Tage nach der kriegsentscheidenden Kapitulation, am 14. April 1865, wurde er von einem Südstaatenanhänger in einem Theater von Washington ermordet.

12.7 Die USA werden Weltmacht

Die Periode der Rekonstruktion, die Jahre des Wiederaufbaus nach Beendigung des *Sezessionskrieges* (▷ 12.6), wurde von vielen ernsten Problemen begleitet. Die von Präsident Andrew Johnson als Nachfolger des ermordeten Präsidenten Lincoln eingeleiteten, vom Willen zum Ausgleich geprägten Normalisierungsmaßnahmen zur Wiedereingliederung der Südstaaten in die Union wurden von der

den Kongreß beherrschenden Republikanischen Partei gestoppt. Der Süden wurde von 1867 bis 1877 von Unionstruppen besetzt gehalten, die Wiederaufnahme der Einzelstaaten von einer Reihe von demütigenden Bedingungen abhängig gemacht.

Zugleich führte die formale Befreiung der Schwarzen zu neuen sozialen und politischen Problemen. Gebietsweise kam es zu Ausschreitungen befreiter Sklaven, die von weißen Spekulanten aus dem Norden zu Aktionen mißbraucht wurden. Weiße Südstaatler errichteten eigene Organisationen (Ku-Klux-Klan), um mit terroristischen Aktionen die Gleichberechtigung der schwarzen Amerikaner zu verhindern.

Aber die junge amerikanische Nation überwand die etwa zehn Jahre andauernde innenpolitische Krise und wuchs in den letzten Jahrzehnten des Jahrhunderts mit beispielloser Schnelligkeit zu einer modernen Weltmacht heran, die mit ihren wirtschaftlichen und finanziellen Möglichkeiten sich anschickte, ihren Anspruch an der Aufteilung der Welt gegenüber den imperialistischen Großmächten Europas einzufordern. Besonders im Nordosten verbanden sich Hochindustrialisierung und eine allgemeine wirtschaftliche Revolution mit Konzentrationserscheinungen und einer sich organisierenden *Arbeiterbewegung* (▷ 11.36). Entscheidenden Anteil an dieser Entwicklung hatten der rasche Ausbau des Verkehrssystems (1869 wurde die erste transkontinentale Eisenbahnlinie eröffnet) und der Einwandererzustrom aus Europa (1869 bis 1900: 15 Millionen Menschen). Mit der brutalen Niederschlagung des letzten Widerstandes der indianischen Ureinwohner, deren Existenz sich auf ein Leben in wirtschaftlich uninteressanten Reservaten beschränken mußte, war die Eroberung des nordamerikanischen Kontinents abgeschlossen.

12.8 Sozialismus

Die europäischen Revolutionen des Jahres 1848 waren noch weitgehend vom liberalen Bürgertum ausgelöst worden, das selbstbewußt den Anspruch anmeldete, künftig an der Gestaltung des öffentlichen Lebens in Staat und Gesellschaft beteiligt zu werden. Als sich jedoch das Bürgertum im weiteren Verlauf der revolutionären Vorgänge aus Furcht vor der sich schon ankündigenden, unkontrollierbaren Eigendynamik der Revolution mit den wiedererstarkten staatlichen Gewalten arrangierte, ging der Gedanke der Revolution auf die Industriearbeiterschaft über, die im Begriff war, sich als *Arbeiterbewegung* (▷ 11.36) zu organisieren.

Als Gegenbewegung zum bürgerlichen Liberalismus entstanden die Ideen des Sozialismus. Die kapitalistische Wirtschafts- und Gesellschaftsordnung hatte bisher für die große Masse der lohnabhängigen Arbeiter nur Armut und Rechtlosigkeit, Unterdrückung und Ausbeutung gebracht. Demgegenüber entwarf der Sozialismus das Bild einer Welt, in der soziale Gleichheit und Gerechtigkeit für alle garantiert wurden, ferner allgemeiner Friede und Völkerversöhnung.

Es galt zunächst, die soziale Lage der Arbeiterschaft zu verbessern, politische Rechte zu erkämpfen und durch eine gerechte Eigentums- und Gesellschaftsordnung umfassende soziale Sicherheit für alle zu gewährleisten. In dem im Februar 1848 in London veröffentlichten *Kommunistischen Manifest* (▷ 11.35) war von den Verfassern, den deutschen Revolutionären Karl Marx und Friedrich Engels, der Arbeiterklasse die führende Rolle im Kampf um die Verwirklichung der Ziele des Sozialismus zugewiesen worden. Die von Marx und Engels entwickelten Thesen des wissenschaftlichen Sozialismus (bzw. des Hi-

storischen Materialismus) hatten in den europäischen Revolutionen des Jahres 1848 mit Ausnahme Frankreichs kaum Beachtung erlangt. Erst in den letzten Aufständen des Jahres 1849 zeigten sich erste sozialistische Tendenzen im Widerstand gegen das von den Ordnungsmächten eingesetzte Militär.

Von Beginn an bildeten sich innerhalb des Sozialismus unterschiedlichste Denkansätze heraus über die zur Verwirklichung der angestrebten Ziele einzuschlagende Strategie. Sie schwankten zwischen der Hoffnung, auf legalem Weg Reformen erreichen und soziale Verbesserungen durchsetzen zu können, und der Überzeugung, nur mit der revolutionären Aktion, dem gewaltsamen Umsturz den Sieg des Sozialismus zu erringen. Diese Gegensätze sorgten auch in den sich jetzt überall herausbildenden Arbeiterparteien für ständige Flügelkämpfe und gefährdeten die Geschlossenheit der Arbeiterbewegung, die die soziale Gleichheit aller Menschen, Völker und Rassen zu ihrer Grundforderung erhob und die internationale Solidarität der Arbeiterschaft anstrebte. An diesem Gegensatz scheiterte bereits wenige Jahre nach ihrem Zusammenschluß die *Erste Internationale* (▷ 12.9).

Karl Marx

12.9 Erste Internationale Karl Marx

Die in der *industriellen Revolution* (▷ 11.33) sich rasch herausbildende neue Klasse der Industriearbeiter begann seit der Mitte des 19. Jahrhunderts in zahlreichen Ländern Europas und auch in den Vereinigten Staaten von

Amerika, sich in Arbeiterbildungs- und Unterstützungsvereinen, in gewerkschaftlichen Vereinigungen und in ersten Arbeiterparteien zu organisieren. Gemeinsames Ziel dieser Zusammenschlüsse war die Verbesserung der völlig unzureichenden sozialen Lage der Arbeiterschaft und die Erkämpfung politischer Rechte.

Von Anfang an suchten die Arbeiterorganisationen die internationale Solidarität der Proletarier aller Länder, wie sie bereits im *Kommunistischen Manifest* (▷ 11.35) gefordert worden war. Am 28. September 1864 gründeten in London britische Gewerkschaftler, französische Arbeiterdelegierte sowie aus Deutschland, Polen und anderen Ländern emigrierte Sozialisten die Internationale Arbeiter-Assoziation (IAA), die Erste Internationale, mit Vertretern aus 13 europäischen Staaten und aus den USA.

In dieser ersten internationalen Arbeiterorganisation waren alle politischen und ideologischen Ausrichtungen des *Sozialismus* (▷ 12.8) vereint. Sie bildeten eine lose Verbindung selbständiger nationaler Gruppen, die trotz des internationalen Anspruchs auf ihre Selbständigkeit pochten und abweichende Ziele verfolgten. Die Kongreßleitung wurde einem Generalrat übertragen, der ständig tagte und seinen Sitz bis 1872 in London hatte. Er wurde von dem jährlich zusammentretenden Kongreß gewählt. Als Vertreter der deutschen Sektion gehörte Karl Marx der Kongreßleitung an. Er nahm mit den von ihm ausgearbeiteten Grundsatzpapieren maßgeblichen Einfluß auf die Programmgestaltung und die geistige Ausrichtung der IAA. Ihr Ziel war „die Vernichtung aller Klassenherrschaft" und die „Emanzipation der Arbeiterklasse durch die Arbeiterklasse selbst". Aber während Marx zur Gewinnung der Macht die bestehende Staatsform aus taktischen Gründen anerkannte und eine zentralistische Organisation, die Konstituierung des Proletariats als politische Partei, anstrebte, lehnte die von dem Exilrussen Michail Bakunin geleitete anarchistische Bewegung jede staatliche und gesellschaftliche Autorität ab.

Nach dem Scheitern des *Pariser Kommuneaufstandes* von 1871 (▷ 12.15) kam es auf der Haager Konferenz 1872 zum endgültigen Bruch zwischen der Marxschen Richtung und der Bakunin-Gruppe, die ausgeschlossen wurde. Nach der Verlegung des Generalrates nach New York, die Marx auf der Haager Konferenz durchgesetzt hatte, verlor die Internationale zunehmend an Bedeutung und löste sich 1876 auf.

Plakat aus der Zeit um 1900, das zur Solidarität der Arbeiter aufruft. Sie bildeten nach sozialistischer Anschauung die Klasse, die das ökonomische und politische System umwälzen werde

Karl Marx (1818–1883) wurde durch seine Hauptwerke „Zur Kritik der politischen Ökonomie" (1859) und „Das Kapital" (1. Band 1867) zusammen mit Friedrich Engels (1820–1895) der Begründer des wissenschaftlichen Sozialismus. Er versuchte, der Arbeiterbewegung durch eine kritische Analyse der kapitalistischen Produktionsweise eine wissenschaftliche Grundlage ihres Kampfes um Emanzipation zu geben. Die vom ihm begründete politische und gesellschaftliche Theorie (Marxismus) wurde in den neuen Arbeiterparteien zum Gegenstand des leidenschaftlichsten Streites um den richtigen Weg zum Sozialismus.

12.10 Deutsche Einigungskriege

Der Rivalitätskampf zwischen den beiden deutschen Großmächten Österreich und Preußen innerhalb des Deutschen Bundes trat in den fünfziger Jahren des 19. Jahrhunderts in eine neue Phase ein. Nach dem Scheitern der Einigungspläne der Frankfurter Nationalversammlung in den Revolutionsjahren 1848/49 (▷ 11.37) waren die deutschen Staaten zu der seit dem *Wiener Kongreß* (▷ 11.19) geltenden Geschäftsordnung des Deutschen Bundes zurückgekehrt, der als oberste Behörde den in Frankfurt am Main tagenden Bundestag unter dem Vorsitz Österreichs vorsah. Von 1851 bis 1859 war der Vertreter Preußens in diesem Gesandtenkongreß Otto von Bismarck (▷ 12.14).

Deutsch-dänischer Krieg 1864. Seeschlacht bei Helgoland zwischen Österreichern und Dänen

Bismarck lehnte als preußischer Patriot den Führungsanspruch Österreichs ab. Davon überzeugt, daß in der gegenwärtigen Verfassung des Deutschen Bundes kein Platz für zwei Großmächte vorhanden sei, strebte er danach, Österreich aus dem deutschen Staatsverband herauszudrängen und unter Führung Preußens die Einigung Deutschlands zu vollenden.
Im Herbst 1862 von dem im Verfassungskonflikt mit dem Abgeordnetenhaus in Bedrängnis geratenen preußischen König Wilhelm I. zum Ministerpräsidenten ernannt, setzte Bismarck gegen das Parlament die für die Heeresreform notwendigen Budgetgesetze durch. Als 1863 der dänische König den internationalen Vertrag über die Unteilbarkeit der Herzogtümer Schleswig und Holstein verletzte und das zum Deutschen Bund gehörende Schleswig annektierte, nutzte Bismarck die Chance, gegen Dänemark wegen dieser Verletzung des Völkerrechts Krieg zu führen und Österreich zu zwingen, sich seinem Vorgehen anzuschließen. Dänemark war schnell besiegt und mußte im Frieden von Wien (20. Oktober 1864) die Herzogtümer Schleswig, Holstein und Lauenburg an die Siegermächte abtreten. Aber im Streit um die Zukunft der Herzogtümer, die zuerst gemeinsam besetzt und verwaltet, später aufgeteilt wurden, kam es zum Zerwürfnis zwischen den beiden Verbündeten. Bismarck konnte nun über eine militärische Auseinandersetzung die Entscheidung über die künftige Gestaltung Deutschlands herbeiführen. Schon im April 1866 hatte er mit Italien, das Gebietsansprüche an Österreich stellte, ein Bündnis geschlossen. Österreich beantragte in der Bundesversammlung die Mobilmachung des Bundesheeres und die Bundesexekution gegen Preußen.
Am 3. Juli 1866 trafen die Armeen der Österreicher und Preußen bei Königgrätz in Ostböhmen aufeinander. In dieser Entscheidungsschlacht des Krieges blieben die Preußen mit ihrem Generalstabschef Helmuth von Moltke Sieger. Nach der Schlacht bemühte sich Bismarck um eine schnelle Beendigung der Feindseligkeiten, denn ein Eingreifen der Franzosen war zu befürchten, die durch einen Geheimvertrag mit Österreich verbunden waren. Bismarck setzte durch, daß Österreich im Frieden von Prag (23. August 1866) großmütig behandelt wurde. Es mußte lediglich Venetien an Italien abtreten, aber der Auflösung des Deutschen Bundes zustimmen.
Als weitere Folge der Entscheidung von Königgrätz entstand nördlich der Mainlinie der Norddeutsche Bund, dem unter Führung des vergrößerten Preußens – Kurhessen, Nassau, Hannover und Frankfurt am Main wurden annektiert – die noch selbständig gebliebenen norddeutschen Klein- und Mittelstaaten sowie die Freien Städte Hamburg, Bremen und Lübeck angehörten. In seiner Verfassung nahm der Norddeutsche Bund bereits die Gestalt des späteren Deutschen Reiches voraus. Mit sei-

Fürstenschiffe auf der ersten Fahrt durch den Sueskanal am 17. 11. 1869. Farbdruck nach einem zeitgenössischen Gemälde

nen föderalistischen (Bundesrat) und liberalen Elementen (der aus freien und allgemeinen Wahlen hervorgegangene Reichstag) konnte Bismarck sowohl den süddeutschen Fürsten den späteren Beitritt erleichtern als auch die öffentliche Meinung in Deutschland für seinen Weg der deutschen Einigung „von oben" gewinnen.

12.11 Österreichisch-ungarischer Ausgleich

In der Anfangsphase der Revolution von 1848 (▷ 11.37) hatte die Wiener Zentrale den Ungarn Zugeständnisse eingeräumt, die eine bürgerlich-demokratische Umgestaltung ermöglichen sollten. Als Antwort auf eine militärische Intervention und die oktroyierte Verfassung war am 14. April 1849 das Haus Habsburg entthront und die Unabhängigkeit ausgerufen worden. Mit russischer Truppenhilfe konnten die von Lajos Kossuth geführten Aufständischen zur Kapitulation gezwungen werden; das mit der „Verwirkungstheorie" gerechtfertigte brutale Durchgreifen während der neoabsolutistischen Ära trug nicht zur politischen Konsolidierung bei. Auch moderatere Lösungsversuche wie das föderalistisch-konservative „Oktoberdiplom" (1860) oder das zentralistisch-liberale „Februarpatent" (1861) waren nicht geeignet, das österreichisch-ungarische Verhältnis zu normalisieren, denn die Ungarn bestanden unter der Führung Ferenc Deáks auf der Wiederherstellung der 1848 geltenden Rechte.

Die österreichische Niederlage gegen Preußen 1866 (▷ 12.10) unterstrich die Notwendigkeit, selbst unter Verzicht auf ein einheitliches, zentralisiertes Reich den überfälligen Ausgleich herbeizuführen. Nach schwierigen Verhandlungen wurde Anfang 1867 Einvernehmen darüber erzielt, das „Kaisertum Österreich" auf der Grundlage der Pragmatischen Sanktion von 1722/23 in eine Realunion, die österreichisch-ungarische Monarchie, umzuwandeln. Am 29. Mai 1867 nahm der ungarische Landtag die Vereinbarung an, die Kaiser/König Franz Joseph am 12. Juni in Kraft setzte. Dem dualistisch gegliederten Habsburgerreich – der österreichischen Reichshälfte (Zisleithanien, westlich des Flusses Leitha) standen „die Länder der Heiligen Ungarischen Krone" (Transleithanien) gegenüber – waren künftig nur noch der Monarch, die Außenpolitik, das Kriegsministerium sowie die für diese Aufgaben benötigten Finanzen gemeinsam. Jede der beiden Staatshälften besaß ein eigenständiges Zweikammerparlament, eine eigene Regierung, Territorialstreitkräfte und eine selbständige Finanzverwaltung. Abgesehen vom Kaiser/König war das Gemeinsame Ministerium auch den von beiden Parlamenten, dem zisleithanischen Reichsrat und dem ungarischen Reichstag, gewählten „Delegationen" verantwortlich, die u. a. die „Quote" festzusetzen hatten, den jeweiligen Anteil bei der Kostendeckung der gemeinsamen „kaiserlich und königlichen" (k. u. k.) Angelegenheiten. Dem Kaiser/König kam bei dieser komplizierten Regelung ausschlaggebende Bedeutung zu, denn er bestimmte die Außenpolitik, war oberster Kriegsherr und besaß Entscheidungsgewalt in allen strittigen Fragen. Im Laufe der Jahre wuchs mit der Entwicklung eines lebendigen magyarischen Nationalismus in Ungarn die Bereitschaft, die Reichseinheit zugunsten von Selbständigkeitsbestrebungen in Frage zu stellen. Obschon der „Ausgleich" die Umgestaltung des Vielvölkerreiches in einen Bund gleichberechtigter Nationen verhinderte und schwere innenpolitische Konflikte heraufbeschwor, bot die 1867 gefundene Lösung letztlich die einzige Chance, die Großmachtstellung Österreich-Ungarns zu verteidigen.

12.12 Eröffnung des Sueskanals

Der französische Diplomat und Ingenieur Ferdinand de Lesseps erhielt 1854 von dem ägyptischen Vizekönig Said Pascha eine Konzession für den Bau eines Kanals am Isthmus von Sues, mit dem der Schiffahrt ein Verbindungsweg zwischen dem Mittelmeer und dem Roten Meer geschaffen werden sollte, nicht zuletzt, um die Erschließung Afrikas und Asiens durch die europäischen Mächte zu erleichtern. Lesseps gründete mit französischem Kapital die „Compagnie universelle du Canal de Suez", die 1856 gegen den Widerspruch des Osmanischen Reiches und Großbritanniens autorisiert wurde. Erhebliche Unterstützung erfuhr das Unternehmen durch den französischen Kaiser Napoleon III. (▷ 12.1), der, modernen, technischen Entwicklungen gegenüber aufgeschlossen war und aus innenpolitischen Gründen einen Prestigegewinn dringend benötigte. Obwohl Großbritannien seit Napoleons I. Ägyptenexpedition 1798/99 (▷ 11.10) jeder französischen Aktivität im Mittelmeerraum mit Argwohn begegnete, erkannte man in London die Bedeutung des Suesunternehmens in der Vorbereitungsphase nicht, weil die Verwirklichung des Projektes für unmöglich gehalten wurde.

Der Kanalbau begann 1859 und wurde planmäßig bereits 1869 fertiggestellt. Am 17. November 1869 wurde der neue Schifffahrtsweg durch den ägyptischen Vizekönig Ismail Pascha mit einer Flottenparade feierlich eröffnet. Das spektakuläre Eröffnungsschauspiel hatte einen dramatischen Wandel der britischen Afrikapolitik zur Folge. Den Briten wurde nun die Bedeutung des Kanals für ihre Verbindung zu Indien bewußt. Dennoch lehnte die britische Regierung noch ab, als der stark verschuldete ägyptische Herrscher 1870 sein Aktienpaket zum Kauf anbot. Erst Premierminister Benjamin Disraeli (▷ 12.16) erwarb 1875 für 4 Millionen Pfund den ägyptischen Aktienanteil, mit dem Großbritannien (mit 44%) fast ebenso stark am Kanal beteiligt wurde wie Frankreich. Konsequent verfolgte fortan die britische Afrikapolitik das Ziel, die Kontrolle über Ägypten zu intensivieren. Erleichtert wurde den Briten ihr Unternehmen dadurch, daß sich Frankreichs Interessen nach dem Sturz Napoleons III. im *deutsch-französischen Krieg* (▷ 12.13) anderen Regionen Afrikas zuwandten.
1882 wurde das Ziel schließlich gewaltsam erreicht: Nach einer Bombardierung Alexandrias besetzten britische Marineeinheiten das Land am Nil. Bereits 1882 fuhren 80 Prozent aller den Sueskanal passierenden Schiffe unter britischer Flagge.
Abbildung S. 325

12.13 Deutsch-französischer Krieg

Die Beziehungen zwischen Frankreich und dem neu gegründeten Norddeutschen Bund unter Führung Preußens waren gespannt, seit Bismarck durch den schnellen Friedensschluß mit Österreich 1866 Napoleons Gebietsforderungen als Honorierung seiner Neutralität zuvorgekommen war.
Die Situation verschärfte sich, als 1869 einer Nebenlinie des Hauses Hohenzollern die vakante spanische Königskrone angeboten wurde. Für Frankreich war die Vorstellung, ein Verwandter des preußischen Königs würde die spanische Krone erwerben, unvorstellbar; man fürchtete eine preußische Hegemonie über Europa. Deshalb verlangte die französische Regierung, obwohl inzwischen die Be-

fürchtung durch den Thronverzicht der Hohenzollern gegenstandslos geworden war, vom preußischen König Wilhelm I. eine Erklärung, die für alle Zukunft einen Erwerb der Krone Spaniens durch das Haus Hohenzollern ausschloß.

Der sich zur Kur in Bad Ems aufhaltende preußische Monarch wies die ihm vom französischen Botschafter vorgetragene Forderung als unzumutbar zurück und informierte telegrafisch seinen Kanzler Bismarck über den Vorgang. Dieser übergab den Wortlaut der „Emser Depesche" in redigierter Form der Presse, in der das Auftreten des französischen Gesandten ultimativen Charakter erhielt. Die französische Regierung sah sich ihrer überzogenen Forderungen wegen bloßgestellt und international isoliert und erklärte am 19. Juli 1870 Preußen den Krieg. Da die süddeutschen Staaten, mit denen Bismarck bereits 1866 Geheimbündnisse abgeschlossen hatte, jetzt ihrer Bündnispflicht nachkamen, befanden sich an der Seite Preußens alle deutsche Staaten im Krieg mit Frankreich.

Die militärische Auseinandersetzung verlief in zwei Phasen. Die erste führte zur Einschließung der französischen Hauptarmee bei Sedan und zur Kapitulation am 2. September 1870. Mit seinen Truppen ging auch Napoleon III. in die Gefangenschaft.

Am 4. September wurde in Paris die Republik ausgerufen. Nun begann die zweite Phase des Krieges, in der die deutschen Heere auf den erbitterten Widerstand des französischen Volkes stießen. Bismarck bemühte sich, den Krieg so rasch wie möglich zu beenden, weil sich jetzt die Sympathien der neutralen Staaten der französischen Seite zuzuneigen begannen. Aber erst die Belagerung und Beschießung der Hauptstadt Paris brach den Widerstand der Franzosen; am 28. Januar 1871 wurde der Waffenstillstand unterzeichnet.

Im Friedensvertrag von Frankfurt am Main (10. Mai 1871) mußte Frankreich Elsaß-Lothringen an das Deutsche Reich (▷ 12.14) abtreten und eine Kriegsentschädigung zahlen. Der Verlust des seit Jahrhunderten zwischen Deutschen und Franzosen umstrittenen Elsaß-Lothringen hielt bei den französischen Nachbarn Gedanken an Revanche wach, die eine Normalisierung der Beziehungen bis zum Ersten Weltkrieg verhinderten.

Abbildung S. 328

12.14 Bismarcksche Reichsgründung

Seit den *Befreiungskriegen* gegen Napoleon (▷ 11.18) war die nationale Einigung das politische Ziel der deutschen Patrioten gewesen. Diesem Ziel waren sie in der Frankfurter Nationalversammlung 1848/49 bereits sehr nahe gewesen, dann aber hatten die reaktionären Fürstenstaaten durch Einsatz von Militär alle Hoffnungen zerschlagen. Der preußische Ministerpräsident Otto von Bismarck versuchte seit seinem Amtsantritt 1862, die Einheit Deutschlands unter preußischer Führung „von oben" zu verwirklichen. Anfänglich wurde ihm als erzkonservativem Reaktionär mißtraut, aber mit den begrenzten Kriegen gegen Dänemark 1864 und Österreich 1866 (▷ 12.10) begann er, die Sympathien der nationalen Bewegung zu gewinnen.

Als der Krieg gegen Frankreich wegen der unzumutbaren französischen Forderungen in der spanischen Thronfolgefrage unvermeidlich geworden zu sein schien, bahnte sich die deutsche Einigung bereits bei Kriegsbeginn an, weil auch die süddeutschen Staaten an der Seite der Preußen gegen Frankreich in den Krieg zogen. Noch während der Kampfhandlungen nutzte Bismarck die nationale Begeisterung und nahm Gespräche mit den süddeutschen Staaten über ihren Beitritt zu dem 1867 gegründeten Norddeutschen Bund auf. Mit dem Zugeständnis eigener Hoheitsrechte an die Könige von Bayern und Württemberg gelang es Bismarck, die Zustimmung aller deutschen Fürsten für die Schaffung eines gemeinsamen Deutschen Reiches zu erhalten. Am 18. Januar 1871 gründeten die Fürsten im Spiegelsaal des Versailler Schlosses mit der Proklamation des preußischen Königs zum Deutschen Kaiser das Deutsche Reich.

Bismarck wurde der erste Reichskanzler. Mit einer maßvollen Außenpolitik bemühte er sich, die Veränderung der Machtverhältnisse in Mitteleuropa als unbedeutend erscheinen zu lassen, so daß von den übrigen europäischen Mächten eine Beeinträchtigung des Gleichgewichts der Kräfte nicht befürchtet wurde. Eine rasche Normalisierung der Beziehungen strebte er mit dem Gegner von 1866, der Doppelmonarchie Österreich-Ungarn, an, mit der das Deutsche Reich bis zum Ende des Ersten Weltkrieg verbündet blieb.

Bombardement Straßburgs im August 1870 unter General von Werder im deutsch-französischen Krieg. Kolorierte Lithographie

12.15 Pariser Kommune

Während im *deutsch-französischen Krieg* (▷ 12.13) die Hauptstadt Paris von den deutschen Armeen eingeschlossen wurde, kam es zu einer ersten heftigen Kontroverse zwischen der „Regierung der nationalen Verteidigung" und den republikanischen Vertretern der 20 Stadtbezirke, die der Regierung Untätigkeit gegenüber dem Feind vorwarfen und ihren Rücktritt verlangten.

Der Gegensatz zwischen der Regierung und der von der Nationalgarde angeführten Pariser Protestbewegung verschärfte sich, als nach der Unterzeichnung des Waffenstillstandes (28. Januar 1871) auf Bismarcks Drängen, der einen Friedensvertrag nur mit einer legalen Regierung aushandeln wollte, Wahlen zur Nationalversammlung ausgeschrieben wurden, aus denen Anfang Februar ein Parlament hervorging, in dem Konservative und Monarchisten mehr als zwei Drittel der Sitze einnahmen. Die Abgeordneten wählten aus Furcht vor äußerem Druck Versailles zum Tagungsort.

Regierung und Nationalversammlung wollten den Widerstandswillen der Pariser Aufständischen brechen und versuchten zunächst, die Nationalgarde aufzulösen. Doch die Enttäuschung über die nationale Niederlage und die Empörung über die unsoziale Innenpolitik der

neuen Regierung waren bei den republikanisch-revolutionären Kräften so groß, daß die Regierung und die Armee von Paris nach Versailles fliehen mußten. Die Aufständischen glaubten gesiegt zu haben (18. März 1871). Sie schrieben Kommunalwahlen aus und riefen die Bevölkerung in den Provinzen auf, sich dem Pariser Beispiel anzuschließen.

Die neugewählte Kommune übernahm die Regierungsgewalt in der Stadt. Sie erließ erste Arbeiterschutzgesetze, verfügte die Gleichberechtigung der Frau und die Trennung von Kirche und Staat. In der Kommune waren neben sehr unterschiedlichen republikanischen und sozialistischen Richtungen auch Mitglieder der *Ersten Internationale* (▷ 12.9) vertreten. Die Nationalversammlung stellte jedoch gegen die Pariser Kommune eine neue Armee auf. Die Pariser Bevölkerung erlebte eine zweite Belagerung, die Hungersnöte, Elend und Tod brachte. Anfang Mai erteilte Regierungschef Adolphe Thiers den Befehl zur Rückeroberung der Hauptstadt.

In Straßenschlachten, in denen um jede Barrikade, um jeden Straßenzug erbittert gerungen wurde, eroberten die Regierungstruppen schließlich die Stadt in der „blutigen Woche" vom 21. bis 28. Mai. Sie gingen dabei mit größter Härte gegen die Aufständischen vor, Massenerschießungen, auch von Frauen, Kindern und Greisen, waren an der Tagesordnung. Die genaue Anzahl der Toten auf der Seite der Aufständischen konnte nicht festgestellt werden, die Angaben schwanken zwischen 25 000 und 40 000. Aber der Terror der Sieger wütete weiter. Viele Tausende wurden verhaftet und verurteilt. Es kam zu Massendeportationen und Verbannungen. Erst 1880 wurden die Überlebenden amnestiert. Die französische *Arbeiterbewegung* (▷ 11.36) hatte einen schweren Schlag erlitten.

12.16 Viktorianisches England

Großbritannien war in der Mitte des 19. Jahrhunderts die führende Weltmacht. Während überall in Europa der politische Liberalismus nach den Revolutionsjahren 1848/49 (▷ 11.37) schwere Rückschläge hinnehmen mußte, trat von Großbritannien aus der Wirtschaftsliberalismus seinen Siegeszug an. Mit dem Übergang zum uneingeschränkten Freihandel setzte die britische Nation ihren wirtschaftlichen Aufstieg zur bedeutendsten Handelsmacht der Welt fort. Ihre Vorrangstellung erlangte sie mit einer überlegenen und vorerst noch nahezu konkurrenzlosen Technologie, mit einer liberalen Sozialstruktur, mit ausreichenden Kapitalreserven und der Verfügungsgewalt über weltweite Exportmärkte.
Königin Viktoria (1819–1901), seit 1837 auf dem britischen Thron, wurde in einer langen und weitgehend friedlichen Regierungszeit zum Symbol für die Nation und das Empire in dem später nach ihr benannten Zeitalter. Aus den vorwiegend von der Aristokratie geprägten exklusiven Parteigruppierungen der

Königin Victoria und Benjamin Disraeli. Kolorierte Kreidelithographie

Liberalen und der Konservativen (Tories) entwickelten sich nach der zweiten Wahlrechtsreform von 1867 moderne Parteien als Massenorganisationen; die Zweiparteientradition setzte sich fort. Die beiden Parteiführer, der Liberale William E. Gladstone und der Konservative Benjamin Disraeli, die in den letzten Jahrzehnten des Jahrhunderts abwechselnd als Premierminister die Regierungsgeschäfte leiteten, wurden zu Schlüsselfiguren der britischen Politik.
Disraeli (1804–81) war Premierminister 1868 und von 1874 bis 1880; er eröffnete die Politik

Während des Pariser Kommuneaufstands 1871 gestürztes Standbild Napoleons I. Zeitgenössische Photographie

des Imperialismus mit der Absicherung des britischen Seeweges nach Indien. Das britische Interesse an dem neuen Schiffahrtsweg durch den *Sueskanal* (▷ 12.12) bekundete er mit dem Ankauf ägyptischer Suesaktien 1875. Die Annahme des Titels „Kaiserin von Indien" durch die britische Königin Viktoria ab 1877 sollte die enge Verflechtung des Mutterlandes mit der südasiatischen Kolonie dokumentieren. Dem Erwerb Zyperns 1878 folgte 1882 die Inbesitznahme Ägyptens. Diese letzte militärische Aktion erfolgte bereits unter der Regierung Gladstone.

Der den Ideen der Freiheit und der christlichen Humanität verbundene Gladstone (1809–1898) mußte in seiner Regierungszeit herbe Rückschläge in der Kolonialpolitik hinnehmen, die schließlich auch seinen Sturz zur Folge hatten. Er setzte aber in der Innenpolitik mit der dritten Wahlrechtsreform 1884 den Weg zur weiteren Demokratisierung des Landes fort. Ferner leitete er den welthistorisch bedeutsamen Prozeß der Föderalisierung des Empires ein, beginnend 1867 mit Kanada, der im weiteren Verlauf zur Umwandlung in ein *Commonwealth* (▷ 13.38) führte. Am Ende des Jahrhunderts, am Ende der viktorianischen Ära, war das britische Empire das größte Kolonialreich der Welt.

12.17 Große Orientkrise Berliner Kongreß

Im *Krimkrieg* (▷ 12.2) waren die westeuropäischen Großmächte Frankreich und Großbritannien dem russischen Drang, auf Kosten der Türkei seinen Machtbereich auf den Balkan auszuweiten, entgegengetreten. 22 Jahre später versuchte Rußland, über die slawische Freiheitsbewegungen Einfluß auf die Balkanvölker zu nehmen. Die Unruhen 1875 und 1876 in der Herzegowina, in Bosnien, Bulgarien und Mazedonien, entfacht durch die katastrophale Wirtschaftslage, gingen von den nichtmuslimischen Volksgruppen aus; sie waren geistig vorbereitet durch die von Rußland geförderte Idee des *Panslawismus* (▷ 12.18).

Die Kämpfe gegen die Aufständischen, in denen die Türkei mit größter Härte vorging, hatten die Kriegserklärung der Serben und Montenegriner an die Türkei zur Folge, schließlich 1877 die militärische Intervention der Russen. Nach wechselvollen Kämpfen endete der russisch-türkische Krieg 1878 mit einem vollständigen Sieg Rußlands. Der Vormarsch auf Konstantinopel wurde nur aus Rücksicht auf die anderen Großmächte gestoppt. Aber im Vorfrieden von San Stefano diktierte der Sieger harte Friedensbedingungen, die Rußland Landgewinne in Armenien und in Europa (Bessarabien) verschafften und die Herrschaft des Osmanischen Reichs auf dem Balkan so gut wie beendeten.

Großbritannien und Österreich-Ungarn erhoben Protest. Britische Kriegsschiffe lagen vor Konstantinopel, und der Krieg schien unvermeidlich. Die Gefahr wurde gebannt durch die Einberufung einer europäischen Konferenz, zu der sich alle beteiligten Mächte bereit erklärten. Auf dem Berliner Kongreß (13. Juni bis 13. Juli 1878) übernahm der deutsche Reichskanzler Otto von Bismarck (▷ 12.14) die Aufgabe, als Repräsentant einer unbeteiligten Macht, als „ehrlicher Makler", zwischen den verfeindeten Staaten zu vermitteln.

Die erzielten Ergebnisse waren Kompromisse, die für die Zukunft zahlreiche Konfliktstoffe enthielten. Der Friede von San Stefano wurde revidiert. Rußland behielt Bessarabien und seine Landgewinne in Armenien, mußte aber auf das Protektorat Großbulgarien verzichten, das in zwei Teilstaaten mit unterschiedlichem politischen Status geteilt wurde: das autonome und tributpflichtige Fürstentum Bulgarien unter der Souveränität des Sultans und die unmittelbar dem Osmanischen Reich unterstehende Provinz Ost-Rumelien. Dagegen wurden die Balkanstaaten Serbien, Montenegro und Rumänien selbständig. Österreich-Ungarn wurde die Besetzung und Verwaltung Bosniens und der Herzegowina zugesprochen. Der Sultan hatte schon vor der Konferenz Großbritannien für seine Haltung im russisch-türkischen Krieg das strategisch wichtige Zypern überlassen.

Zar Alexander II. gab Bismarck die Schuld für seinen Prestigeverlust. Die Folge war eine zunehmende Verschlechterung des Klimas in den deutsch-russischen Beziehungen. Die nationalen Forderungen der Balkanvölker waren nur zum Teil erfüllt, sie verbanden sich fortan zunehmend mit panslawistischen Ansprüchen. Österreich-Ungarn war nun selbst als Balkanstaat zwangsläufig in die nationalen Rivalitäten der Balkanvölker verstrickt.

12.18 Panslawismus

Panslawismus ist die Bezeichnung für die sprachliche Gemeinsamkeit und das Bestreben nach kulturellem und politischem Zusammenschluß aller slawischen Völker. In den 1830er Jahren erhielt sie im Zusammenhang mit dem sich bildenden nationalen Bewußtsein der Tschechen, Slowaken und Südslawen eine klare politische Ausrichtung.

In Rußland (Michail P. Pogodin) wurden Theorien entwickelt, die die Überlegenheit der Slawen gegenüber anderen Völkern aus Geschichte und Religion begründeten und dem russischen Volk als dem bedeutendsten die Führungsrolle zuwiesen. Auf dem ersten Slawenkongreß in Prag 1848 verkündeten die Westslawen ihre Vorstellungen. Sie strebten die Umwandlung des Habsburgerreiches in einen Bund gleichberechtigter Volksgruppen an. Dieser Austroslawismus bemühte sich um einen friedlichen Ausgleich innerhalb der Donaumonarchie. Eine Verbindung zu Rußland wurde wegen dessen Haltung in den Revolutionsjahren 1848/49 und der Niederschlagung des *Aufstandes in Polen* 1830/31 (▷ 11.28) lange Zeit strikt abgelehnt.

Erst der *österreichisch-ungarische Ausgleich* (▷ 12.11) 1867, der die austroslawischen Interessen völlig außer acht ließ, bewirkte eine Hinwendung zu Rußland. Der russische Panslawismus wurde in der schwierigen innenpolitischen Situation des Landes nach den Reformen der sechziger Jahre zur Ablenkung genutzt. Als die Großmacht Rußland den westslawischen und bulgarischen Aufständischen gegen die türkische Herrschaft zu Hilfe kam, bestimmte jedoch nicht mehr allein der Gedanke des Panslawismus die russische Politik, sondern imperiales Machtstreben. Das Zarenreich wurde in seinem Bestreben, seine Grenzen in Richtung auf die Meerengen vorzuschieben, durch den Einspruch Großbritanniens und Österreich-Ungarns gestoppt und mußte auf dem *Berliner Kongreß* (▷ 12.17) seine Ambitionen zurückstecken. Aber der Anspruch, Führungsmacht der slawischen Völkergruppe zu sein, wurde aufrechterhalten. Der Versuch jedoch, eine Föderation aller slawischen Völker unter russischer Ägide zu erreichen, scheiterte. Zu groß war das Mißtrauen gegenüber russischem Hegemoniestreben, zu groß waren auch die Gegensätze zwischen der russisch-orthodoxen Kultur und Religion und den von der westlichen, römisch-lateinischen Kultur geprägten West- und Südslawen.

12.19 Berliner Kongokonferenz

Während des *Berliner Kongresses* 1878 (▷ 12.17) verständigten sich die Großmächte auch über ihre Afrikapolitik. Der britische Vorschlag, Frankreich möge sich als Ausgleich für die britische Erwerbung Zyperns Tunesiens bemächtigen, fand die Unterstützung des deutschen Reichskanzlers Bismarck (▷ 12.14), der sich von einem französischen Engagement in Afrika eine Ablenkung von möglichen Revanchegedanken erhoffte.

In den siebziger Jahren hatte in fast allen europäischen Staaten ein Meinungsumschwung in der Bewertung eigenen kolonialen Besitzes eingesetzt. Vor allem in den Industriestaaten setzte ein neuer Nationalismus die Regierungen unter Druck, Kolonien zu erwerben, um zusätzliche Absatzmärkte für die heimische Industrie zu gewinnen und um im Konkurrenzkampf mit den anderen Mächten strategische Vorteile zu erlangen. Frankreich nahm 1881 Tunesien in Besitz, aber der britische Alleingang 1882 in Ägypten, mit dem der militärischen Besetzung des Landes am Nil endete, verursachte in Frankreich eine tiefe Verstimmung, die in den Folgejahren eine deutsch-französische Kooperation in Fragen der Kolonialpolitik ermöglichte.

Bismarck entschloß sich nur zögernd zu einer eigenen Kolonialpolitik und vollzog erst 1884/85 die Umwandlung der von Kaufleuten erworbenen Gebiete in Afrika (Togo, Kamerun, Ost- und Südwestafrika) und im Pazifik in „Schutzgebiete" des Deutschen Reiches. Gegen britische Pläne, den Kongo-Freistaat des belgischen Königs Leopold II. in Abstimmung mit Portugal vom Mündungsgebiet des Kongo abzuschneiden, erhoben Deutschland und Frankreich gemeinsam Protest. Der Einladung Bismarcks zu einer internationalen Konferenz nach Berlin, auf der die Probleme des Kongo-Freistaates behandelt werden sollten, leisteten 13 europäische Staaten Folge, ebenso die USA und das Osmanische Reich. Diese Konferenz legte mit der am 26. Februar 1885 verabschiedeten Kongo-Akte den Status

331

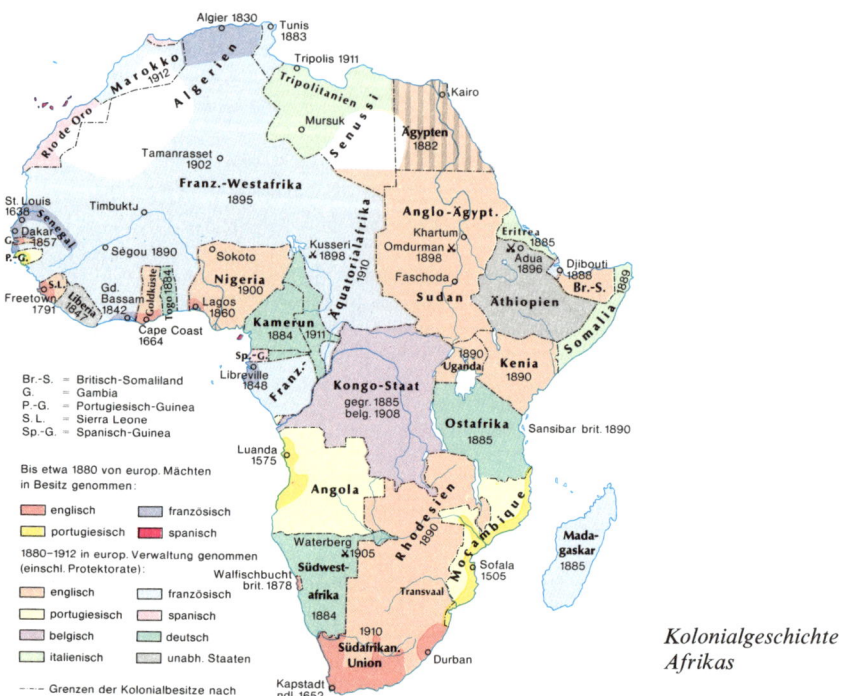

Algier 1830
Tunis 1883
Tripolis 1911
Marokko 1912
Algerien
Tripolitanien
Senussi
Kairo
Mursuk
Rio de Oro
Tamanrasset 1902
Ägypten 1882
Franz.-Westafrika 1895
St. Louis 1638
Timbuktu
Anglo-Ägypt.
Dakar 1857
Senegal
P.-G.
Ségou 1890
Sokoto
Kusseri 1898
Äquatorialafrika 1910
Khartum
Omdurman 1898
Adua 1896
Eritrea 1885
Djibouti 1888
S.L.
Freetown 1791
Liberia 1847
Goldküste
Togo 1884
Nigeria 1900
Lagos 1860
Faschoda
Sudan
Äthiopien
Br.-S.
Somali 1889
Gd. Bassam 1842
Cape Coast 1664
Kamerun 1884 1911
Sp.-G.
Libreville 1848
Franz.
Kongo-Staat gegr. 1885 belg. 1908
1890
Uganda
Kenia 1890
Ostafrika 1885
Sansibar brit. 1890

Br.-S. = Britisch-Somaliland
G. = Gambia
P.-G. = Portugiesisch-Guinea
S. L. = Sierra Leone
Sp.-G. = Spanisch-Guinea

Luanda 1575
Angola
Rhodesien 1890
Mosambique
Sofala 1505
Mada-gaskar 1885

Bis etwa 1880 von europ. Mächten in Besitz genommen:

⬛ englisch		⬛ französisch	
⬛ portugiesisch		⬛ spanisch	

1880–1912 in europ. Verwaltung genommen (einschl. Protektorate):

Waterberg 1905
Walfischbucht brit. 1878
Südwest-afrika 1884
Transvaal
1910
Südafrikan. Union
Durban

⬛ englisch		⬛ französisch	
⬛ portugiesisch		⬛ spanisch	
⬛ belgisch		⬛ deutsch	
⬛ italienisch		⬛ unabh. Staaten	

- - - Grenzen der Kolonialbesitze nach den Verträgen von 1884–1894

Kapstadt ndl. 1652 brit. 1806

Kolonialgeschichte Afrikas

des Kongo-Freistaates fest, der als persönlicher Besitz des belgischen Königs bestätigt und in seinen Grenzen festgelegt wurde. Die Freiheit der Schiffahrt auf Kongo und Niger sollte zugleich die Neutralität des Kongobeckens unterstreichen. Die Festlegung von Kriterien für die völkerrechtliche Anerkennung von Kolonialbesitz löste einen Wettlauf um die bisher noch nicht beanspruchten Gebiete Afrikas aus, obwohl auf der Konferenz versucht wurde, Machtkämpfe der europäischen Staaten untereinander in Zentralafrika zu vermeiden. Am Ende des Jahrhunderts war Afrika bis auf Liberia und Äthiopien unter den europäischen Staaten aufgeteilt. Die deutsch-französische Annäherung in Kolonialfragen war bereits 1885 wieder beendet.

12.20 Imperialismus

Imperialismus (lat. imperium = Herrschaft, Reich) bezeichnet zunächst das Streben eines Volkes bzw. Staates nach Herrschaft über andere Völker oder Staaten, also die Schaffung und Ausdehnung eines größeren Herrschafts-bereiches (Imperium) auf Kosten unterlegener anderer Völker. Der neue Nationalismus der europäischen Industriestaaten steigerte sich im letzten Drittel des 19. Jahrhunderts rasch zum Imperialismus. Die nationalen Bewegungen forderten von den eigenen Regierungen, dem britischen Beispiel nachzueifern und sich ebenfalls mit dem Erwerb von Kolonien ein Weltreich zu schaffen, und wurden dabei von einer breiten Öffentlichkeit in ihren Ländern unterstützt. Großbritannien hatte seinen Machtbereich in der Welt durch Inbesitznahme überseeischer Territorien ausgebaut. Nun wirkten auch die übrigen europäischen Großmächte bei diesem imperialistischen Weltmachtstreben mit: Rußland und Frankreich, die neuen Nationalstaaten Deutschland und Italien, bald auch die außereuropäischen Mächte USA und Japan.

Das Verlangen nach Kolonien wurde zunächst mit wirtschaftlichen Aspekten begründet: Die heimische Industrie wollte neue Absatzmärkte gewinnen und neue Rohstoffquellen erschließen. Für die ständig wachsende Bevölkerung in den industriellen Ballungsgebieten versprach man sich billige Nahrungsmittel. Als Legitimation für den rigorosen Landerwerb in Übersee hielt man missionarisches Gedankengut bereit; den „unterentwickelten" Völkern in Afrika und Asien sollten die Segnungen der europäischen Zivilisation und Kultur nahegebracht werden, auch christlich-religiöses Sendungsbewußtsein wurde als Rechtfertigung des brutalen machtpolitischen Vorgehens angeführt.

Zugleich wurde der Herrschaftsanspruch der Imperialisten mit der anmaßenden These von der Überlegenheit der weißen Rasse begründet und von den pseudowissenschaftlichen Argumenten des Sozialdarwinismus vom Recht des Stärkeren unterstützt. Es entwickelte sich schließlich ein erbitterter Konkurrenzkampf der Großmächte untereinander, ein hektischer Wettlauf um die noch nicht verteilten, bisher „freien" Gebiete, zuerst in Afrika, später auch in Asien und Ozeanien. Das Ringen der Großmächte um den besten „Platz an der Sonne", um die strategisch günstigste Weltmachtstellung führte immer wieder zu gefährlichen Krisensituationen, etwa zwischen Großbritannien und Frankreich in Afrika, zwischen Briten und Russen in Asien, zwischen Rußland und Japan in Ostasien, zwischen den USA und Spanien in Lateinamerika (▷ 12.29).

Die Kritik am Imperialismus der Mächtigen entzündete sich zuerst an dem militärischen Aufwand und wurde zunehmend getragen von der in Europa um die Jahrhundertwende rasch erstarkenden, gegen Rüstung und Militarismus aufbegehrenden *Arbeiterbewegung* (▷ 11.36).

12.21 Rückversicherungs- vertrag und Mittelmeerentente

Der deutsche Reichskanzler Bismarck hatte sich bis zu seiner Entlassung 1890 bemüht, den neu erstandenen preußisch-deutschen Großstaat im europäischen Mächtesystem zu etablieren und mit einer ausgleichenden Außenpolitik den Frieden in Europa in den sich häufenden Krisensituationen zu bewahren. Das gelang ihm mit Hilfe einer sorgfältigen Bündnispolitik.

Das seit dem *Berliner Kongreß* (▷ 12.17) gestörte Verhältnis zu Rußland sollte wieder

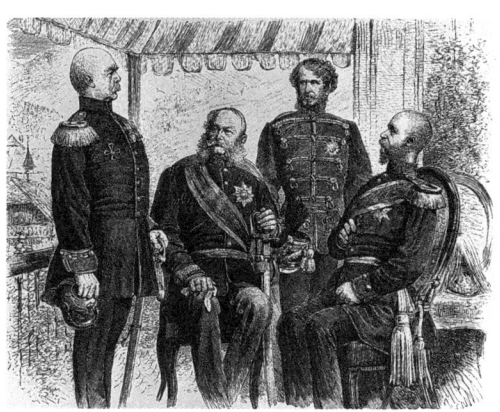

Dem geheimen Zweibund diente ein Treffen Kaiser Wilhelms I. (zweiter von links) und Kaiser Franz Josephs (rechts) mit den Außenministern Bismarck (links) und Andrassy in Bad Gastein. Holzstich

normalisiert werden. Zwar ging Bismarck 1879 mit Österreich-Ungarn den Zweibund ein, dem sich 1882 Italien anschloß, und stärkte die Donaumonarchie gegen russische Ambitionen auf dem Balkan, aber er hielt den Kontakt mit St. Petersburg weiter aufrecht und erneuerte 1881 im Dreikaiserbündnis das bereits 1872 zustandegekommene informelle Bündnisverhältnis zwischen Rußland, Österreich-Ungarn und dem Deutschen Reich. Dieses Abkommen konnte 1884 noch einmal verlängert werden, aber eine umfassende Abgrenzung der österreichischen und russischen Interessensphären auf dem Balkan war nicht zu verwirklichen.

Bismarcks Hauptaugenmerk in seiner Bündnispolitik galt der Isolierung Frankreichs. Der „Erbfeind" sollte nach der Niederlage im *deutsch-französischen Krieg* (▷ 12.13) daran gehindert werden, in einer anderen europäischen Großmacht einen Bündnispartner für einen Krieg gegen Deutschland zu finden. So bestimmte der „cauchemar des coalitions" (Alptraum der Koalitionen) seine Politik seit 1871.

Als 1887 eine neuerliche Balkankrise die weitere Verlängerung des Dreikaiserbündnisses unmöglich machte, schloß Bismarck mit Rußland – im Einverständnis mit Wien – ein zweiseitiges Abkommen, das er selbst „Rückversicherungsvertrag" nannte. Der Vertrag war umstritten und wurde streng geheimgehalten. Ein gegenseitiges Neutralitätsversprechen schützte Deutschland vor einer russischen Unterstützung eines französischen Angriffs und Rußland vor deutscher Waffenhilfe bei einem österreichischen Angriff. Der Vertrag bot Rußland Rückendeckung gegenüber Großbritannien in Asien und signalisierte in einem Protokoll Zustimmung für die Angriffspläne auf die Meerengen.

Mit Bismarcks Einverständnis kam im gleichen Jahr 1887 zwischen Österreich-Ungarn, Italien und Großbritannien eine Mittelmeerentente zustande, mit der der Status quo im Mittelmeer und die Unabhängigkeit der Türkei garantiert wurden. Es war die einzige vertragliche Bindung, die das Inselreich auf dem Kontinent einging; trotz gleichbleibend guter Beziehungen zu Deutschland konnte es sich zu keinem engeren Zusammengehen mit dem Reich Bismarcks entschließen und verharrte in seiner Haltung der „splendid isolation".

Der Gegensatz zwischen den Zielen des Mittelmeerabkommens und den Bismarckschen Zugeständnissen an Rußland im Rückversicherungsvertrag war augenscheinlich. Ganz offensichtlich war der Vertrag mit Rußland ein Abkommen auf Zeit, das Bismarck abschloß, als die Spannungen zwischen Österreich-Ungarn und Rußland unüberbrückbar schienen.

Als unmittelbar nach Bismarcks Demission 1890 sein Nachfolger Caprivi den Rückversicherungsvertrag nicht mehr verlängerte, kam sehr schnell die französisch-russische Verständigung zustande (▷ 12.22).

12.22 Französisch-russische Militärkonvention

Frankreich hatte bald nach der Niederlage im *deutsch-französischen Krieg* 1870/71 (▷ 12.13) immer wieder seinen Anspruch auf die Gebiete Elsaß und Lothringen, die im Frankfurter Friedensvertrag abgetreten werden mußten, angemeldet. Bismarck, der Kanzler des neuen Deutschen Reiches, verfolgte deshalb in seiner Außenpolitik konsequent das Ziel, jede französische Kontaktaufnahme zu einer anderen europäischen Macht zu verhindern. Er bemühte sich ferner, den sich ständig verschärfenden Gegensatz zwischen den beiden Balkanmächten Österreich-

Ungarn und Rußland nicht ausufern zu lassen, was ihm durch geschickte Bündnispolitik auch gelang.

Die Nichterneuerung des *Rückversicherungsvertrages* (▷ 12.21) durch die neue Regierung Kaiser Wilhelms II. nach Bismarcks Entlassung, obwohl der russische Außenminister für den Fall der Vertragsverlängerung beträchtliche Zugeständnisse anbot, gab denjenigen Kräften in Rußland Auftrieb, die schon seit langem eine Wende in der Außenpolitik und die Annäherung an Frankreich forderten. Die weitverbreitete deutschfeindliche Stimmung hatte zum großen Teil ihre Ursachen in der deutschen Schutzzollpolitik der achtziger Jahre, durch die besonders der russische Getreideexport schwer geschädigt worden war. Ebenso hatte die deutsche Weigerung von 1887, russische Anleihen an der Berliner Börse zuzulassen, zu Verärgerung geführt und die russische Regierung zwangsläufig veranlaßt, sich zur Deckung ihres Kreditbedarfs an die Pariser Börse zu wenden.

Die Russen wurden zudem durch den am 1. Juli 1890 zwischen Großbritannien und dem Deutschen Reich abgeschlossenen Helgoland-Sansibar-Vertrag beunruhigt, weil sie darin den Beginn einer deutsch-britischen Zusammenarbeit zu sehen glaubten. Mit dem später etwas irreführend als „Tauschvertrag" bezeichneten Abkommen bereinigten die beiden Mächte koloniale Streitigkeiten in Afrika; Das Deutsche Reich erkannte die britische Herrschaft über Sansibar an und erhielt als Gegenleistung Helgoland. Es verzichtete auf weitere Erwerbungen in Südwest- und Ostafrika, verfügte aber nun mit dem „Caprivizipfel" über einen Zugang zum Sambesi.

Nach ersten Gesprächskontakten im Jahre 1890 zwischen hohen Militärs folgte im Juli 1891 ein französischer Flottenbesuch in Kronstadt und im August 1892 schließlich die französisch-russische Militärkonvention, die nach langem Zögern des Zaren am 4. Januar 1894 in Kraft gesetzt und 1899 erneuert wurde.

Mit dem Abschluß des französisch-russischen Zweibundes, eines Beistandspakts für den Fall 2 eines Angriffs der Dreibundmächte, war wenige Jahre nach Bismarcks Entlassung das Ereignis eingetreten, das er seit 1871 mit seiner Außenpolitik hatte verhindern wollen. Die Gefahr eines Zweifrontenkrieges mußte fortan in alle politischen und militärstrategischen Überlegungen der Deutschen einbezogen werden. Insbesondere die deutschnationale Geschichtsschreibung hat im Abschluß des französisch-russischen Zweibundes den Beginn der „Einkreisung" Deutschlands gesehen. Die russische Politik benutzte den Vertrag jedoch vor allem zur Rückendeckung für ihre Aktivitäten in Asien und war zur damaligen Zeit keinesfalls bereit, Frankreich zu einem Revanchekrieg gegen Deutschland zu verhelfen. Als in der Folgezeit die britisch-russischen Gegensätze in Asien bereinigt werden konnten, gewann der französisch-russische Zweibund noch an Bedeutung (▷ 12.33).

12.23 Antisemitismus

Judenfeindschaft und Judenverfolgungen kennzeichneten bereits seit den ersten Jahrhunderten nach Christi Geburt und das ganze Mittelalter hindurch den Alltag der in der Diaspora lebenden jüdischen Gemeinden, die an ihren religiösen und sozialen Eigenheiten festhielten. Erst die in der Zeit der Aufklärung einsetzende Säkularisierung des Lebens führte durch die Gewährung der Religionsfreiheit auch zu einer Auflockerung des bisherigen Zwanges zur Anpassung, der auf den Juden lastete. Von der Französischen Revolution beschleunigt, konnte im 19. Jahrhundert in verschiedenen Ländern Europas schließlich die rechtliche und gesellschaftliche Gleichstellung der Juden (Judenemanzipation) angestrebt werden. Mitte der siebziger Jahre war die formale Emanzipation in Mitteleuropa abgeschlossen.

Dieser liberalen Entwicklung stellte sich der in den letzten Jahrzehnten des 19. Jahrhunderts aufkommende neue Nationalismus entgegen, der durch die sozialen Umwälzungen und den Verfall des bürgerlichen Liberalismus Auftrieb erhielt. Er strebte nach der in Abstammung und Sprache einheitlichen Nation und diskriminierte die jüdischen Mitbürger als Fremdkörper. In den achtziger Jahren hatten antisemitische Ausschreitungen in Rußland eine Massenemigration der Juden nach Mitteleuropa zur Folge, wo Agitatoren die fremdenfeindliche Stimmung ausnutzten. Der politische, rassisch motivierte Antisemitismus ist von der jahrhundertealten Judenfeindschaft zu trennen, wenn auch beides sozialpsycho-

logisch als Reaktion auf das scheinbar bedrohliche „Andersartige" zu erklären wäre. Doch die antisemitische Propaganda richtete sich nun gegen das emanzipierte bzw. assimilierte Judentum; Kriterien der gesellschaftlichen Ächtung wurden Abstammung und „Rasse", nicht mehr die Religion.

Geistig vorbereitet hatte den politischen Antisemitismus u. a. der französische Schriftsteller J. A. Graf von Gobineau, der in seinem „Versuch über die Ungleichheit der Menschenrassen" (1853–55) die Überlegenheit der „arischen Rasse" behauptet hatte.

In Deutschland hatten die Hetzreden des Hofpredigers Adolf Stoecker große Wirkung auf den wirtschaftlich bedrohten Mittelstand. Seine Christlich-Sozialen und die „Berliner Bewegung" bekämpften sowohl den „jüdischen Kapitalismus" als auch die Sozialdemokratie. Seit den neunziger Jahren stellte die völkische Ideologie den „Rassegedanken" in den Vordergrund ihrer Agitation.

Paul de Lagarde trat in seinen „Deutschen Schriften" (1896) für die Einheit des deutschen Volkes in Rasse und Religion ein; das Kulturelle sei die unüberbrückbare Trennlinie zwischen Deutschen und Juden. Houston Stewart Chamberlain, der spätere Schwiegersohn Richard Wagners, erhob in den „Grundlagen des 19. Jahrhunderts" (1899) die „germanische Rasse" Westeuropas als einzig kulturell bedeutenden, die Juden dagegen seien von ausschließlich negativem Einfluß, so daß die „arische Rasse" aufgrund der vielen Vermischungen ihre Reinheit erst wiedererlangen müsse.

In Frankreich erlebte die Antisemitismuswelle ihren Höhepunkt in der *Dreyfusaffäre* (▷ 12.24); stärkere Verbreitung fand der Antisemitismus aber im Deutschen Reich und in Österreich-Ungarn, wo er parteibildend wirkte, sowie in den osteuropäischen Ländern. Judenfeindliche Parolen wurden auch von nationalistischen Parteien und Verbänden in ihre Programme aufgenommen. Im wirtschaftlichen Aufschwung des ersten Jahrzehnts des 20. Jahrhunderts verlor der Antisemitismus deutlich an Boden, doch nach dem Ersten Weltkrieg gaben diese Gruppierungen in Deutschland und Österreich den Juden (und den Marxisten) die Schuld an der Niederlage und an der politischen und sozialen Krise. Darüber hinaus lieferten die jüdischen

Akteure der *Oktoberrevolution* (▷ 13.10) und der Münchener Räterepublik den Antisemiten den Anlaß, nun gegen den „jüdischen Bolschewismus" zu hetzen. Die Nationalsozialisten in Deutschland konnten schließlich mit ihren absurden Thesen von der völkischen Reinheit des Blutes und der allgegenwärtigen jüdischen Weltverschwörung auf den vorhandenen Fundus antisemitischer Ressentiments zurückgreifen.

12.24 Dreyfusaffäre

Als 1892 die Hintergründe des Bankrotts der Panamakanal-Gesellschaft aufgedeckt wurden, geriet in Frankreich die Regierung der Dritten Republik in eine schwere Krise, in der nationalistische und antisemitische Kreise im Lande verstärkt Zulauf fanden. Die sogenannte Dreyfusaffäre spaltete die französische Gesellschaft.

Links: Alfred Dreyfus. Rechts: Émile Zola

Ende September 1894 wurde der Artilleriehauptmann Alfred Dreyfus, von Geburt Elsässer und jüdischer Abstammung, wegen angeblichen Landesverrats vor ein Kriegsgericht gestellt. Der Prozeß löste eine Welle des *Antisemitismus* (▷ 12.23) aus. In dem Vergehen des Offiziers, der militärische Informationen an die deutsche Botschaft verraten haben sollte, sah man den Beweis für eine Verschwörung des Judentums gegen die nationalen Interessen Frankreichs. Dreyfus wurde zu lebenslänglicher Verbannung verurteilt, degradiert und aus der Armee ausgestoßen.
Obwohl im Sommer 1896 der französische Geheimdienst einwandfrei aufzeigen konnte, daß nicht Dreyfus, sondern ein Major Ester-

házy mit der deutschen Botschaft Verbindung gehabt hatte, verhinderte der französische Generalstab eine Revision des Urteils oder zumindest eine Neuansetzung des Prozesses, die zur Freisprechung Dreyfus' hätte führen müssen. Man stellte das Ansehen der Armee über das Schicksal eines einzelnen, noch dazu jüdischen Offiziers. Neue Fälschungen sollten die Schuld Dreyfus' erhärten, Esterházy wurde freigesprochen.
Zwei Tage nach diesem Urteil erschien in der Zeitung „L'Aurore" am 13. Januar 1898 ein offener Brief des Schriftstellers Emile Zola, „J'accuse" („Ich klage an"). Er deckte die Hintergründe des Dreyfusprozesses auf und spaltete so die Nation in zwei sich bekämpfende Lager, die Nationalisten und die „Dreyfusards". Es kam zu Demonstrationen und Straßenschlachten. Als weitere Einzelheiten über die Dokumentenfälschungen bekannt wurden, konnte die Regierung der Revision des Verfahrens nicht mehr ausweichen. Aber erneut verweigerte das Kriegsgericht in einem Verfahren im Sommer 1899 Dreyfus den Freispruch, verurteilte es ihn vielmehr „angesichts mildernder Umstände" zu zehn Jahren Festungshaft. Dreyfus wurde jedoch kurz danach durch den Präsidenten der Republik begnadigt. Erst 1906 hob ein Kassationshof das Urteil endgültig auf, und Dreyfus wurde voll rehabilitiert. Im Zuge der Affäre formierten sich Parteien, die das alte Honoratiorensystem ersetzten, sowie ein Block der Sozialisten, der die bisherige republikanische Mehrheit ablöste.

12.25 Zionismus

Mit dem Aufkommen des nationalstaatlichen Denkens entstand in Europa auch eine jüdische nationale Bewegung. Sie war zum Teil religiös geprägt durch die traditionelle glaubensmäßige Beziehung zu Palästina, dem Land der Verheißung, der Stadt Jerusalem, Zion, sie war aber auch in dem Streben nach einem Judenstaat durchaus mit politischen Zielsetzungen verbunden. Die Erfahrungen mit dem *Antisemitismus* (▷ 12.23) waren für die Begründer des politischen Zionismus und für seine Entwicklung von ausschlaggebender Bedeutung.
Als erster politischer Zionist gilt der Arzt Leon Pinsker (1821–91) aus Odessa, der unter

Chinesisch-japanischer Krieg. Angriff der Japaner auf Ping-Jang (Provinz Shansi). Farbholzschnitt

Eindruck der Judenpogrome von 1881 in Rußland seine Schrift „Autoemanzipation" (1882) erscheinen ließ, in der er eine Heimat für das bedrängte Judentum forderte, das vor allem wieder eine Nation werden müsse. Die Schrift hatte für den späteren Zionismus grundlegende Bedeutung. Dem von Pinsker geleiteten Palästinakolonisationsverein (später Odessaer Komitee) gelang es nicht, eine Auswanderung in größerem Umfang zu verwirklichen.

Unabhängig von Pinsker, aber besonders unter dem Eindruck der *Dreyfusaffäre* (▷ 12.24) in Frankreich, begründete der österreichische Schriftsteller und Politiker Theodor Herzl (1860–1904) mit seiner Schrift „Der Judenstaat" (1896) die zionistische Bewegung. Für Herzl war die Judenfrage eine nationale, von den Juden selbst zu lösende Aufgabe: Sie müßten sich auf politischem Wege das Land für einen eigenen Staat sichern. Die zionistischen Kongresse – der erste fand 1897 in Basel statt – sollten eine Art „parlamentarische Zentralgewalt" für den Zionismus sein und seinen politischen Zielen als Plattform dienen. Das Zentrum der zionistischen Bewegung wurde in Wien errichtet, wo auch die von Herzl publizierte Wochenschrift „Die Welt" erschien. Die zionistische Bewegung repräsentierte bis zum Ersten Weltkrieg nur eine Minderheit des europäischen Judentums mit dem Schwergewicht der Anhänger in Rußland, wenn auch geführt von österreichischen und deutschen Juden.

Bei den westeuropäischen, inzwischen formal emanzipierten Juden fand der Zionismus keine ungeteilte Zustimmung. Der überwiegende Teil folgte dem seit der Emanzipation eingeschlagenen Weg der Assimilation; sie befürchteten, daß durch die zionistische Bewegung ihre Integration in Frage gestellt werden könne und jede Heraustellung von Besonderheit dem Antisemitismus Angriffsmöglichkeiten bieten würde.

Theodor Herzl

Die Einwanderung nach Palästina setzte in größerem Stil erst in den zwanziger Jahren ein, nachdem die *Balfour-Deklaration* (▷ 13.11) die britische Unterstützung für die Errichtung jüdischer Siedlungen in Palästina gesichert hatte. Die Forderung der „Baseler Erklärung" des ersten Zionistenkongresses von 1897 nach einer „öffentlich-rechtlichen gesicherten Heimstätte in Palästina" erfüllte sich erst mit der Gründung des Staates *Israel* (▷ 15.14) im Jahre 1948.

12.26 Chinesisch-japanischer Krieg

Die Zerstückelung des Chinesischen Reiches hatte bereits mit dem *Friedensvertrag von Nan-*

king (▷ 11.29) begonnen, mit dem China Hongkong „für immer" an Großbritannien hatte abtreten müssen. In weiteren „ungleichen Verträgen" in den folgenden Jahren mußte China auch anderen europäischen Mächten Zugeständnisse machen.

Zunehmend drängten in den Jahren von 1860 bis 1890 die europäischen Großmächte in ihrem Wettlauf um überseeischen Kolonialbesitz auch in den ostasiatischen Raum und trotzten der stark geschwächten chinesischen Zentralregierung neue Einschränkungen ihrer nationalen Souveränität (u. a. Öffnung weiterer chinesischer Häfen und Binnengewässer) und den Verzicht auf Territorien in Randgebieten ab.

Aus diesem Interessenkonflikt der Europäer, in den auch Niederländer, Deutsche und erstmalig von Hawaii aus die US-Amerikaner eingriffen, versuchte 1894 überraschend auch Japan, die zweite ostasiatische Macht, Nutzen zu ziehen. Japan hatte sich erst mit dem *Vertrag von Kanagawa* (▷ 12.3) 1856 westlichen Einflüssen geöffnet, war aber von imperialistischen Übergriffen der Europäer verschont geblieben. Vermutlich beunruhigt über das Erscheinen der Russen an der Pazifikküste, die die Abtretung des Gebietes links des Amur sowie der mandschurischen Küstenprovinzen erzwungen hatten, beanspruchten die Japaner von China die Halbinsel Korea, die seit 1876 bereits von Japan wirtschaftlich beherrscht wurde.

Als die Koreaner gegen die japanische Vormundschaft chinesische Truppen ins Land riefen, erklärte Japan am 1. August 1894 den Chinesen den Krieg. China wurde rasch geschlagen, und Japan führte der staunenden Welt vor Augen, daß es in den wenigen Jahrzehnten seit seiner Öffnung eine westlichen Vorstellungen entsprechende moderne Armee aufgestellt hatte und fortan als ebenbürtige Großmacht anerkannt zu werden verlangte.

China mußte im Frieden von Schimonoseki (17. April 1895) in die Unabhängigkeit Koreas einwilligen, das 1910 japanisch wurde, sowie Formosa (Taiwan), die Pescadoresinseln und die Halbinsel Liaotung an Japan abtreten. Aber gegen die Abmachungen des Vertrages erhoben, von China um Hilfe gebeten, Rußland und Frankreich, denen sich das Deutsche Reich anschloß, Einspruch, und Japan wurde gezwungen, die Halbinsel Liao-

tung wieder herauszugeben. Da China die von Japan auferlegte hohe Kriegskostenentschädigung nicht zahlen konnte, mußte es von den europäischen Mächten Geld leihen; dadurch gewannen diese die Kontrolle über Chinas Finanzen und sicherten sich weitere wirtschaftliche Konzessionen und Einflußsphären.

Gedemütigt durch das rigorose Vorgehen der imperialistischen Mächte war das alte chinesische Kaiserreich dem Zusammenbruch nahe. Reformversuche des Kaisers scheiterten am Widerstand ultrakonservativer Kräfte. Aus dem Haß gegen die fremden Eroberer entstand eine nationalchinesische Bewegung, die 1900 zum sogenannten *Boxeraufstand* (▷ 12.30) führte.

12.27 Burenkrieg

Auf der *Berliner Kongokonferenz* 1884/85 (▷ 12.19) hatten die Teilnehmerstaaten einen Versuch unternommen, Richtlinien festzulegen, nach denen Machtkämpfe zwischen den europäischen Nationen um die noch nicht „vergebenen" Gebiete Afrikas vermieden werden konnten. Gleichwohl ging der Streit der imperialistischen Mächte um die Verteilung der noch „freien" Territorien Afrikas mit unverminderter Heftigkeit weiter.

Großbritannien besaß von allen sich beteiligenden Mächten die weitaus günstigste Ausgangsposition. Es konnte von seinen bereits bestehenden Besitzungen aus operieren, im Norden von Ägypten in Richtung Sudan und Ostafrika, im Süden von der Kapkolonie aus. Kolonialminister Joseph Chamberlain und der spätere Premierminister der Kapkolonie, Cecil Rhodes, entwickelten den Plan eines geschlossenen afrikanischen Besitzes mit einer durchgehenden Eisenbahnverbindung vom Kap bis nach Kairo.

Rhodes drängte auf die Ausdehnung des britischen Einflußgebietes nach Norden, um den Deutschen, die sich 1884 in Südwestafrika niedergelassen hatten, zuvorzukommen. Er annektierte das Betschuanaland und unterwarf im Kampf mit den Matabele und Maschona 1893 ein riesiges Gebiet für die britische Krone, das 1895 nach ihm Rhodesien genannt wurde. Damit waren die noch unabhängigen Burenrepubliken Oranjefreistaat und Transvaal von Süden, Westen und Norden umklammert. Ostentativ unterstützte Großbritannien die von den Goldfunden in Transvaal angezogenen weißen Siedler vorwiegend britischer Nationalität, die „Uitlanders", denen der Burenpräsident Paulus („Ohm") Krüger die vollen Bürgerrechte verweigerte. Ein von Rhodes veranlaßter bewaffneter Einfall in Transvaal unter Führung seines Mitstreiters Leander Starr Jameson am 29. Dezember 1895 („Jameson Raid") sollte eine Revolte der „Uitlanders" auslösen und die Burenregierung stürzen; Krüger konnte den Angriff jedoch abwehren.

Das Glückwunschtelegramm des deutschen Kaisers Wilhelm II. an den Burenpräsidenten („Krügerdepesche") rief im Inselreich große Empörung hervor und führte vorübergehend zu einer schweren Belastung der deutsch-britischen Beziehungen. Die nicht zu überbrükkenden Gegensätze zwischen Großbritannien und den sich verbündenden Burenstaaten, die in Europa Waffenkäufe tätigten, führte schließlich im Oktober 1899 zum Krieg. Die anfänglich erfolgreichen Buren hofften vergeblich auf militärische Unterstützung durch europäische Mächte, insbesondere auf deutsche Waffenhilfe, und unterlagen im Juni 1900 der überlegenen militärischen Stärke der Weltmacht Großbritannien. Die Fortsetzung der Kampfhandlungen in Form eines erbitterten Guerillakrieges beantworteten die Briten mit harten Repressalien gegen die Zivilbevölkerung, u. a. mit der Internierung von Frauen und Kindern in Konzentrationslagern, in denen unzulängliche Lebensbedingungen zu einer hohen Sterblichkeit führten. Erst im Mai 1902 wurde in Vereeniging der Friedensvertrag unterzeichnet.

Die Buren erkannten die Souveränität Großbritanniens über ihre Republiken an, ihnen wurden Kredite für den Wiederaufbau gewährt und die innere Autonomie für ganz Südafrika in Aussicht gestellt. Damit waren die Voraussetzungen für die Gründung der *Südafrikanischen Union* (▷ 12.41) geschaffen. Abbildung S. 340

12.28 Faschodakrise

Die französischen Kolonialpläne sahen vor, den britischen Ansprüchen einen gleichwertigen zusammenhängenden Kolonialbesitz von Algier und Tunis aus bis zum Kongo entgegenzusetzen. Die zu diesem Zeitpunkt stärker

in Ostafrika und Asien gebundenen Briten behinderten die französischen Ausbreitungsbestrebungen vorerst nicht; erst ab 1895 wurden sie auch in West- und Zentralafrika wieder aktiv und errichteten im Nigerdistrikt und im Hinterland der Goldküste britische Kolonialstützpunkte.

1898 drängten die Franzosen vom Kongo und vom westlichen Sudan aus zum oberen Nil, um dort, im Bereich zwischen Khartum und dem Victoriasee, militärische Stützpunkte zu errichten. Mit diesen Ambitionen berührten sie unmittelbar die Interessen der Briten, die die Verbindung ihres Besitzes von Ägypten aus über den ägyptischen Sudan bis Britisch-Ostafrika und weiter bis zur Kapkolonie zum Ziel hatten.

Ein französisches Expeditionskorps erreichte vom Kongo aus am 10. Juli 1898 den Oberlauf des Nils bei Faschoda und hißte dort die Trikolore. Die Briten hatten von dem französischen Vorhaben erfahren und versuchten, den Franzosen zuvorzukommen. Eine starke britisch-agyptische Streitmacht, die General Kitchener befehligte, wurde jedoch auf dem Marsch zum oberen Nil in kriegerische Auseinandersetzungen mit den sudanesischen Mahdisten verwickelt. Unter ihrem Anführer Al Mahdi (1844–85) hatten die Mahdisten 1883 die ägyptische Besatzungsarmee besiegt und 1885 Khartum erobert; sie wurden erst durch General Kitchener erneut der ägyptischen und britischen Herrschaft unterworfen (2. Sept. 1898). Die Briten verlangten nun den Abzug der Franzosen aus Faschoda. In Großbritannien und in Frankreich verfolgte die Öffentlichkeit mit zunehmender Besorgnis die Entwicklung der Konfrontation im fernen Afrika. Ein Krieg zwischen den beiden Mächten schien unvermeidbar. Doch die französische Regierung lenkte ein; für den Verzicht erhielt Frankreich Zugeständnisse im Bereich des Tschadsees.

Während der Faschodakrise bot die britische Regierung überraschend dem Deutschen Reich Bündnisverhandlungen an, auf die Kaiser Wilhelm II. und die Reichsregierung jedoch nicht eingingen. In Frankreich verblaßte der Eindruck der demütigenden Niederlage rasch. Frankreich begann, sich schrittweise Großbritannien anzunähern. 1904 kam zwischen beiden Kolonialmächten schließlich die *Entente cordiale* (▷ 12.33) zustande.

*Burenkrieg. Bis zur britischen
Gegenoffensive (1900) gelang es den Buren,
britische Gefangene zu machen*

*Spanisch-amerikanischer Krieg.
Im Juni 1898 landeten US-Truppen auf
Guantanamo (Kuba)*

12.29 Spanisch-amerikanischer Krieg

Die USA erlebten nach Beendigung des *Sezessionskrieges* (▷ 12.6) einen beispiellosen wirtschaftlichen Aufstieg. Am Ende des Jahrhunderts hatte die industrielle Produktion diejenige jedes anderen Industriestaates überflügelt. Gleichzeitig begann die wirtschaftliche Expansion nach Lateinamerika und in den pazifischen Raum. Die außerordentliche Leistungssteigerung von Industrie und Landwirtschaft wurde im wesentlichen durch das sprunghafte Anwachsen der Bevölkerung und durch die riesigen Einwandererzahlen (im letzten Jahrzehnt des 19. Jahrhunderts rund 4 Millionen) ermöglicht.

Die expandierenden wirtschaftlichen Verflechtungen weit über die Grenzen des Kontinents hinaus führten die US-Amerikaner zwangsläufig in weltpolitische Konfliktsituationen. Bei ihrem Vordringen in den Pazifik stießen sie auf die europäischen Großmächte, die auch in diesem Raum auf der Suche nach neuen Kolonialgebieten und militärischen Stützpunkten waren.

Auf der *Berliner Kongokonferenz* (▷ 12.19) waren die Vereinigten Staaten erstmals durch einen Beobachter vertreten gewesen. Eine weitere Konferenz in Berlin übertrug 1889 die Samoainseln einem gemeinsamen Protektorat Deutschlands, Großbritanniens und der USA. Die Vereinigten Staaten reihten sich mit diesem Kolonialabkommen in die Gruppe der imperialistischen Mächte ein. Obwohl die neue weltpolitische Aktivität der amerikanischen Regierung auf heftige Kritik einer starken Opposition im Lande stieß, wurde der Bau einer schlagkräftigen Flotte in Auftrag gegeben und dies mit dem Schutz der überseeischen Besitzungen begründet. Auch darin unterschieden sich die USA nun nicht mehr von den anderen Weltmächten.

Der Aufstand der Kubaner gegen die spanische Kolonialherrschaft wurde zunehmend von den Vereinigten Staaten unterstützt; die als Provokation empfundene, ungeklärte Explosion des amerikanischen Kriegsschiffes „Maine" im Hafen von Havanna führte zur Intervention des amerikanischen Präsidenten McKinley und zur Kriegserklärung an Spanien Ende April 1898. Es wurde ein Krieg zwischen zwei sehr ungleichen Gegnern. Es stellte

Mitglieder des Geheimbundes der Boxer bringen gefangengenommene Europäer zu Beamten, um den Mythos der Unbesiegbarkeit zu unterstreichen. Zeitgenössischer chinesischer Bilderbogen

sich sehr rasch heraus, daß die veraltete spanische Flotte den modernen Kriegsschiffen der US-Amerikaner nicht gewachsen war. Sie besetzten Kuba und ebenso die Philippinen. Durch Vermittlung Frankreichs kam am 10. Dezember 1898 in Paris der Friedensvertrag zustande, in dem Spanien auf seine Besitzungen in Ostasien und Westindien verzichtete. Kuba wurde unabhängig, allerdings unter amerikanischem Protektorat. Die Vereinigten Staaten erhielten Puerto Rico, Guam und die Philippinen sowie die im gleichen Jahr annektierten Hawaii-Inseln.

Die neue Expansionspolitik der Vereinigten Staaten sollte insbesondere von Theodore Roosevelt gefördert werden, der 1901 Präsident wurde.

12.30 Boxeraufstand in China

Das durch den verlorenen Krieg gegen Japan (▷ 12.26) und innenpolitische Schwierigkeiten geschwächte Chinesische Reich stellte für die machthungrigen Großmächte ein wirtschaftlich und strategisch außerordentlich interessantes Gebiet dar. Durch Pachtverträge erwarben sie größere Küstengebiete und anliegende Häfen, die sie zu Handelszentren und Militärstützpunkten ausbauten. Die nahezu vollständige Aufteilung des chinesischen Riesenreiches unter die europäischen Mächte Rußland, Frankreich, Großbritannien und Deutschland sowie die USA und Japan schien nur noch eine Frage der Zeit.

Dieser drohenden Entwicklung suchte eine Gruppe von Reformern um den jungen Kaiser

Kuang Hsü entgegenzutreten. Ihre „Reform der hundert Tage" wurde indessen durch einen Staatsstreich der mit den Ultrakonservativen im Bunde stehenden Kaiserinwitwe Tz'u Hsi blutig beendet. Aber im chinesischen Volk hatte sich eine breite Widerstandsbewegung gegen die reaktionäre Regierung entwickelt, die die sozialen Mißstände im Lande anprangerte und sich zunehmend auch gegen die Fremden im Lande richtete.

Keimzelle dieser Bewegung war die „Gesellschaft für Rechtlichkeit und Eintracht", ein Geheimbund, dessen Mitglieder ihres militärischen Drills wegen von den Europäern „Boxer" genannt wurden. Der Boxeraufstand breitete sich rasch in weiten Teilen Chinas aus, in Peking wurde von den Aufständischen das Gesandtschaftsviertel belagert. Als der deutsche Gesandte von Ketteler ermordet wurde, beschlossen die europäischen Mächte zum Schutz ihrer Interessen die Aufstellung eines gemeinsamen Expeditionskorps. Großbritannien, Frankreich, Deutschland, Österreich-Ungarn, Italien, Rußland, Japan und die USA stellten Truppenkontingente.

Die Aufstandsbewegung wurde rasch niedergeschlagen und Peking bereits von den in China stationierten Truppenverbänden zurückerobert, ehe der Hauptteil des Expeditionskorps eingetroffen war. Die chinesische Regierung, die anfänglich die Aufständischen als nationalchinesische Bewegung akzeptiert hatte, schwenkte zur Invasionsarmee über und unterzeichnete am 7. September 1901 das sogenannte Boxerprotokoll, mit dem China neue Demütigungen auferlegt wurden. Es wurde zur Zahlung einer hohen Entschädigung verpflichtet, sollte selbst für die Zerschlagung der Aufstandsbewegung sorgen und mußte in die Internationalisierung des Diplomatenviertels in Peking einwilligen. Die drohende Aufteilung Chinas in Interessensphären der Siegermächte konnte jedoch verhindert werden, weil sich die amerikanische „Politik der offenen Tür" durchsetzte, die die Erschließung ganz Chinas für den freien Handel aller Staaten vorsah, der sich schließlich die anderen Mächte anschlossen.

12.31 Haager Friedenskonferenzen

In der Hochphase des *Imperialismus* (▷ 12.20), in der die Großmächte damit beschäftigt waren, ihren Kolonialbesitz ständig zu erweitern, schlagkräftige Kriegsflotten aufzubauen und ihre Heeresrüstungen noch zu verbessern, gab es bereits eine internationale Friedensbewegung, die das Ziel verfolgte, den Krieg als Mittel der Politik zu ächten. Im Laufe des 19. Jahrhunderts entstanden in vielen Staaten Friedensgesellschaften, so etwa die britische „Peace Society" (1816), die „American Peace Society" (1828), die „Ligue internationale de la Paix et de la Liberté" in Frankreich (1867) und die "Österreichische Friedensgesellschaft", 1891 gegründet von Bertha von Suttner (1834–1914). Suttners Roman „Die Waffen nieder!" (1889) erreichte weite Bevölkerungskreise.

In Deutschland hatte der Historiker Ludwig Quidde (1858–1941) mit seiner Schrift „Caligula" den preußisch-wilhelminischen *Militarismus* (▷ 12.32) der Lächerlichkeit preisgegeben. Suttner erhielt 1905 den Friedensnobelpreis, dessen Stiftung sie selbst angeregt hatte. Quidde erhielt den Preis 1927, zusammen mit dem Franzosen Ferdinand Buisson (1841–1932), dem Mitbegründer der „Ligue des Droits de l'Homme". Die pazifistische Bewegung konnte gegen Ende des Jahrhunderts besonders in den angelsächsischen Ländern die Politik der Regierungen beeinflussen.

Zar Nikolaus II. richtete im August 1898 ein Friedensmanifest an die Völker der Welt und rief zu einer internationalen Abrüstungskonferenz auf. Die russische Initiative fand ein unterschiedliches Echo. Mit Begeisterung begrüßte die internationale Friedensbewegung den Schritt des Zaren als ermutigendes Zeichen für eine neue Denkweise. Mit Argwohn und Skepsis reagierte dagegen die Mehrheit der Staatsmänner in Europa und Amerika und bewertete den Vorschlag des Zaren als Schachzug, um der russischen Wirtschaft Zeit zum Aufholen des beträchtlichen Rückstandes gegenüber den west- und mitteleuropäischen Nationen zu verschaffen.

Dennoch kam am 18. Mai 1899 im niederländischen Den Haag die Erste Friedenskonferenz zustande, an der insgesamt 26 Staaten teilnahmen, außer sämtlichen europäischen Nationen auch die USA, China, Japan, Siam und Mexiko. Auf allgemeine Ablehnung stieß der russische Vorschlag eines begrenzten Rüstungsmoratoriums. Am Ende wurde lediglich die unverbindliche Erklärung verabschiedet, daß eine Begrenzung militärischer Rüstungen durchaus erwünscht wäre. Auch der Vorschlag zur Errichtung eines obligatorischen Schiedsgerichts bei zwischenstaatlichen Streitfragen fand keine einhellige Zustimmung. Man beschloß zwar die Einrichtung einer neutralen Schiedsstelle, des Haager Schiedshofes, und stellte eine Liste von geeigneten Schiedsrichtern in Aussicht, überließ es dann jedoch den einzelnen Staaten, nach ihrem Gutdünken die Schiedstelle anzurufen. Dennoch wurden die verabschiedeten Abkommen, insbesondere die Konventionen über die Humanisierung der Kriegführung, als ermutigender Schritt zu besseren zwischenstaatlichen Beziehungen begrüßt.

Diese Abkommen wurden auf der Zweiten Haager Friedenskonferenz 1907 ergänzt. Angeregt vom US-Präsidenten Theodore Roosevelt nahmen 44 Nationen an ihr teil. Bereits in der Vorbereitungsphase scheiterte der britische Versuch, den Fragenkomplex der Rüstungsbegrenzung auf die Tagesordnung zu setzen, am hartnäckigen Widerstand der deutschen und österreichischen Delegierten; erstere sahen in dem britischen Vorgehen den Versuch, die unbegrenzte deutsche Flottenrüstung zu stören.

Die Einrichtung eines Ständigen Gerichtshofes mit bindenden Urteilen fand erneut keine allgemeine Zustimmung, da insbesondere die deutschen Teilnehmer sich wie schon auf der Ersten Konferenz ablehnend verhielten. In der Schlußakte vom 18. Oktober 1907 wurden jedoch 13 Abkommen unterzeichnet, von denen die Vereinbarungen über die Führung des

Landkriegs („Haager Landkriegsordnung"), über Rechte und Pflichten der Neutralen sowie über spezifizierte Regeln des Seekrieges einen deutlichen Fortschritt gegenüber den Ergebnissen von 1899 darstellten. Von der Friedensbewegung wurde die mit hohen Erwartungen beobachtete Konferenz jedoch als Mißerfolg gewertet. Der Krieg wurde völkerrechtlich nicht geächtet; immerhin wurde er aber in seinen Mitteln eingeschränkt.

12.32 Militarismus

Das Schlagwort Militarismus bezeichnet die Überbewertung militärischen Denkens im zivilen Lebensbereich und die Übertragung militärischer Verhaltensweisen und soldatischer Umgangsformen auf alle Bereiche des gesellschaftlichen Lebens, vor allem auf die Erziehung und Prägung der nachwachsenden Generationen. Der Begriff wurde erstmals in Frankreich um 1860 von Gegnern der von Napoleon III. betriebenen Einführung einer Berufsarmee verwendet. Er wurde sehr bald auch von süddeutschen Patrioten übernommen, um gegen die zunehmende Überlegenheit Preußens und seines militärischen Machtapparates zu protestieren.

Allen Großmächten waren in ihrem Weltmachtstreben im Zeitalter des *Imperialismus* (▷ 12.20) und im Rüstungswettlauf starke militaristische Züge eigen, wie in ihrer Freude an der Zurschaustellung militärischer Macht, ihrer Heeres- und Marinestreitkräfte, in ihrer Grundeinstellung zum Krieg, dessen Unvermeidbarkeit sie voraussetzten, und nicht zuletzt in der Rechtfertigung ihres Anspruches, Kolonien zu erwerben und über Kolonialvölker zu herrschen. Ihnen nacheifernd zeigten auch viele kleinere Staaten, insbesondere die neuen Nationalstaaten auf dem Balkan, deutliche militaristische Verhaltensweisen.

Im politischen Meinungsstreit mußte sich das Deutsche Reich in der Wilhelminischen Zeit den Vorwurf gefallen lassen, dem Militarismus besonders anzuhängen. Tatsächlich verhalf der Monarch, Kaiser Wilhelm II., durch seine Vorliebe für militärische Schauspiele jeder Art, durch seine Leidenschaft für die kaiserliche Flotte, durch die Bevorzugung militärischer Umgangsformen und durch sein persönliches Auftreten in der Öffentlichkeit dem Soldatenstand zu einer Spitzenstellung im

gesellschaftlichen Ansehen. Der Militärdienst wurde zur „Schule der Nation" aufgewertet, wer „gedient" hatte, galt mehr in der Gesellschaft, und wer beruflich avancieren wollte, mußte Reserveoffizier sein.

Die militaristische Prägung aller Lebensbereiche wirkte sich auch auf den Alltag der Kinder im Deutschen Reich aus; um die Jahrhundertwende wurde der Matrosenanzug zur bevorzugten Kleidung für kleine Jungen, und die Fibeln der Erstklässler waren voller militaristischer Stereotypen, wie etwa das Lob des Soldatentums und der „Ordentlichkeit".

Bei ausländischen Besuchern und kritischen Beobachtern, aber auch bei innenpolitischen Gegnern, festigte sich der Eindruck, daß das Wilhelminische Deutschland in besonderem Maße vom Militarismus geprägt sei. Diese Einschätzung der deutschen Wesensart beeinflußte dann im Ersten Weltkrieg und besonders in den Friedensverhandlungen die Haltung der Kriegsgegner nachhaltig.

12.33 Entente cordiale

Den ersten Schritt zur Verständigung mit Großbritannien über koloniale Interessensphären vollzog der französische Außenminister Delcassé 1898 in der *Faschodakrise* (▷ 12.28), indem er seinem Expeditionskorps den Befehl zum Abzug erteilte und so die drohende militärische Konfrontation verhindert hatte.

Die weltpolitische Gesamtlage um die Jahrhundertwende ließ es der britischen Regierung geboten erscheinen, aus der bisher strikt eingehaltenen „splendid isolation" herauszutreten und sich nach einem Bündnispartner umzusehen. Sie nahm Verhandlungen mit dem Deutschen Reich auf, das seit 1898 mit eigenem Weltmachtanspruch in Ostasien und im Pazifik auftrat. Gestärkt durch ein Bündnis mit den Deutschen wollte Großbritannien dem russischen Ausgreifen in Mittel- und Ostasien Einhalt gebieten.

Als die sich bis 1901 hinziehenden Verhandlungen platzten, weil der deutsche Kaiser nicht bereit war, das Tempo seines ehrgeizigen Flottenaufbauprogramms zu verlangsamen, schloß Großbritannien ein Bündnis mit Japan (30. Januar 1902). Die unmittelbare Folge dieses Zusammenschlusses war der Ausbruch des *russisch-japanischen Krieges* (▷ 12.34), da sich

Während des russisch-japanischen Krieges entstandene japanische Karikatur mit Rußland als schwarzem Polypen

Japan nun in der Lage sah, der expansiven russischen Fernostpolitik zu begegnen.

Die Bemühungen Frankreichs, mit Großbritannien zu einem Ausgleich zu kommen, verstärkten sich seit 1902 und mündeten nach dem Paris-Besuch des britischen Königs Eduard VII. im Mai 1903 in konkrete Verhandlungen ein. Aber erst nach sehr langwierigen Konferenzen erreichten beide Länder mit dem Abschluß der „Entente cordiale" („herzliches Einverständnis") vom 8. April 1904 die Bereinigung aller bisherigen kolonialen Reibungspunkte. Frankreich verzichtete jetzt endgültig auf jede Anfechtung des britischen Protektorats über Ägypten. Dafür wurde ihm Aktionsfreiheit in Marokko zugestanden.

Der britisch-französische Ausgleich, der einem Bündnis ähnelte, war anfangs keineswegs gegen das Deutsche Reich gerichtet, er stieß sogar zuerst in Frankreich selbst wegen seines ausschließlich kolonialen Bezuges auf Widerspruch; dennoch wurde durch ihn die Mächtekonstellation in Europa entscheidend verändert und die Zuversicht der deutschen Staatsführung, die bisher geglaubt hatte, sie könne den Zeitpunkt bestimmen, wann sie ein Bündnis eingehe und mit wem, wobei sie zwischen Großbritannien und Rußland schwankte, bereits sehr deutlich eingeschränkt. Von einer „Einkreisung" Deutschlands konnte jedoch erst mit der *Tripelentente* (▷ 12.37) zwischen Großbritannien, Frankreich und Rußland die Rede sein.

12.34 Russisch-japanischer Krieg

Mit der Gründung und dem schnellen Ausbau der Hafenstadt Wladiwostok am Japanischen Meer war Rußland zum ersten Mal in seinem imperialistischen Vorwärtsdrang zum Pazifik in den unmittelbaren Einflußbereich jenes fernöstlichen Landes geraten, das sich erst 1854 im *Vertrag von Kanagawa* (▷ 12.3) widerwillig dem westlichen Einfluß geöffnet hatte. Den Gebietsabtretungen Chinas an Japan im Frieden von Schimonoseki (▷ 12.26) trat Rußland gemeinsam mit Frankreich und Deutschland entgegen, nahm sich dann selbst die den Japanern verweigerte Halbinsel Liaotung mit dem Hafen Port Arthur und besetzte nach dem chinesischen *Boxeraufstand* (▷ 12.30) die Mandschurei.

Als Rußland Anstalten machte, auch Korea in seinen Machtbereich einzubeziehen, stieß es mit den Interessen Japans endgültig zusammen. Der durch das Bündnis mit Großbritannien (1902) gestärkte Inselstaat eröffnete, als seine Verständigungsversuche von Rußland abgelehnt wurden, mit einem Überfall auf die vor Port Arthur vor Anker liegende russische Ostasienflotte am 8./9. Februar 1904 den russisch-japanischen Krieg.

In diesem ersten Waffengang des in der westlichen Welt bisher kaum beachteten ostasiatischen Staates mit einer der europäischen Großmächte erwies sich die junge, aufstrebende Industrie- und Militärmacht Japan den schwerfällig operierenden russischen Streitkräften in jeder Weise überlegen. Die japanischen Armeen brachten, über Korea in die Mandschurei vorstoßend, den Russen mehrere Niederlagen bei, zuletzt mit der Entscheidungsschlacht bei Mukden (21. Februar bis 10. März 1905). Sie eroberten nach längerer Belagerung Port Arthur und vernichteten die am 27. Mai 1905 nach einer Fahrt um die halbe Welt eintreffende russische Ostseeflotte in der Seeschlacht bei Tsuschima. Dem seit der *Ersten Russischen Revolution* (▷ 12.35) gelähmten Zarenreich bot der amerikanische Präsident Theodore Roosevelt seine Dienste als Friedensvermittler an. So kam am 5. September 1905 unter Roosevelts Vorsitz in Portsmouth (USA) der Frieden zustande, in dem Rußland auf Korea zugunsten Japans verzichtete und die Halbinsel Liaotung mit dem Hafen Port Arthur sowie den Südteil der Insel Sachalin abtrat. Während der Süden der Mandschurei an China zurückgegeben wurde, behielt Rußland die nördliche Mandschurei und blieb so eine der führenden Mächte in Fernost; Japan aber etablierte sich mit dem Frieden von Portsmouth als anerkannte Vormacht in der ostasiatischen Region.

Ein weiteres Ergebnis des Krieges war die Neuorientierung der russischen Politik auf Europa, dort besonders auf den südosteuropäischen Raum.

12.35 Erste Russische Revolution

Am 9. Januar 1905 zogen über 140000 Petersburger Arbeiter unter Führung eines Geistlichen zum Winterpalast des Zaren Nikolaus II., um diesem eine Bittschrift zu überreichen. Gefordert wurden der Acht-Stunden-Tag und sonstige Verbesserungen der Arbeitsbedingungen, die Einstellung entlassener Arbeiter, aber auch die Einberufung einer verfassunggebenden Versammlung. Die Offiziere der Wachmannschaften ließen jedoch auf die friedlichen Demonstranten schießen. Mehrere hundert Tote waren zu beklagen. Mit diesem „Blutsonntag" begann eine Welle revolutionärer Unruhen, die das Zarenreich in den Grundfesten erschütterten.

In ihnen entlud sich eine weit verbreitete Unzufriedenheit. Die Bauern, die mit 80 Prozent die Mehrheit der Bevölkerung stellten, waren zwar seit 1861 persönlich frei, doch noch erheblichen Belastungen unterworfen. Verbittert reagierten sie auf Versuche vieler Adliger, ihren Landbesitz auszudehnen. Die Arbeiter, rund 10 Prozent der Bevölkerung, waren enttäuscht darüber, daß der rasche Industrialisierungsprozeß für sie nur geringe Fortschritte brachte. Eigene Organisationen waren verboten. In Konfliktfällen stand der Staat meist auf seiten der Unternehmer. Die liberale Intelligenz forderte mehr politische Freiheiten und eine Verfassung. Das Prestige des Zarenregimes wurde schließlich vollends angeschlagen durch den Verlauf des *russisch-japanischen Krieges* (▷ 12.34).

Die Schüsse am „Blutsonntag" zerstörten den Mythos vom „guten Zaren". Bis zum Herbst 1905 dehnten sich Unruhen und Streiks auf immer mehr Städte des Reiches aus, auch in den Randgebieten, in denen unterdrückte Nationalitäten ihre Rechte einklagten. Überall entstanden im Bündnis von Arbeiterschaft und Intelligenz Organisationen und Parteien, die zum Teil schon vorher illegal tätig gewesen waren. Ihren Höhepunkt erreichte die Bewegung in einem landesweiten, von der gesamten Opposition unterstützten Generalstreik im Oktober 1905. Auf verschiedenen betrieblichen und lokalen Vorformen aufbauend, formierte sich als zentrale Streikleitung in St. Petersburg ein Sowjet, ein Rat der Arbeiterdeputierten. Am 17. Oktober versprach der Zar in einem Manifest bürgerliche Freiheiten und ein Parlament, die Duma.

Während die Liberalen überwiegend mit den Zugeständnissen zufriedengaben, wollten die Arbeiterorganisationen den Erfolg vergrößern. Aber die Kraft reichte nicht. Ein bewaffneter Aufstand im Dezember, mit dem Zentrum in Moskau, wurde blutig niedergeschlagen. Vor allem gelang es nicht, Arbeiter- und Bauernbewegung zu verbinden. Vereinzelte Unruhen auf dem Land mündeten erst seit dem Herbst, nicht zuletzt aufgrund der Enttäuschung darüber, daß im Zarenmanifest von einer Lösung der Bauernfrage keine Rede war, in umfassende Aktionen ein. Nachdem die Arbeiterbewegung vorerst besiegt war, konnte das Regime nach und nach auch in den Dörfern die „Ruhe" wiederherstellen. Die gewaltsamen Vergeltungsmaßnahmen zogen sich bis 1907 hin.

Obwohl die Revolution scheiterte, veränderte sie Rußland. Im April 1906 ließ Zar Nikolaus die „Grundgesetze" verkünden, um der kurz darauf zusammentretenden Duma zuvorzukommen. Sie schränkten die „Selbstherrschaft" (Autokratie) ein: Die Bürger erhielten wesentliche Freiheitsrechte garantiert, die Duma mußte den größten Teil des Staatshaushaltes bewilligen und konnte Gesetze einbringen. Diese bedurften allerdings der Zustimmung des Reichsrates und des Zaren, der auch das Recht behielt, das Parlament aufzulösen und durch Notverordnungen zu regieren. Eine staatsstreichartige Änderung des Wahlgesetzes im Juni 1907 sorgte dafür, daß über die Verteilung der Wahlmännerstimmen die linksliberale Mehrheit in der Duma durch eine konservative abgelöst wurde. Ende 1906 begannen Maßnahmen zur Agrarreform, die eine ökonomisch kräftige Bauernschicht schaffen sollte. Auch sonst zeigte das System eine erstaunliche Reformkraft. Die Kluft zwischen dem Zaren, den besitzenden und gebildeten Schichten der „Gesellschaft" sowie dem „Volk" war jedoch nicht so leicht zu schließen.

12.36 1. Marokkokrise Konferenz von Algeciras

In der von Großbritannien und Frankreich am 8. April 1904 mit der *Entente cordiale* (▷ 12.33) erreichten Abgrenzung ihrer kolonialen Interessensphären war Marokko ausdrücklich zum französischen Einflußgebiet erklärt worden. Frankreich begann nach Abstimmung mit Spanien noch im gleichen Jahr mit der verstärkten „friedlichen Durchdringung" des Landes mit dem Ziel, es in ein französisches Protektorat umzuwandeln. Diesen Plänen glaubte die deutsche Reichsregierung im Interesse ihrer eigenen Handelsabsichten entgegentreten zu müssen. Um demonstrativ die Ansprüche Deutschlands in dieser Region und zugleich die Souveränität des Sultans von Marokko zu unterstreichen, inszenierte Reichskanzler von Bülow einen Besuch des deutschen Kaisers in Tanger. Der triumphale Empfang Wilhelms II. am 31. März 1905 in Tanger erregte bei der französischen Regierung und in der Öffentlichkeit großes Aufsehen. Man fürchtete, das Deutsche Reich könnte zu einem Präventivkrieg

gegen Frankreich entschlossen sein, da der französische Verbündete Rußland durch die Niederlage im *russisch-japanischen Krieg* (▷ 12.34) zumindest vorübergehend politisch geschwächt schien.

Die Deutschen strebten jedoch die Einberufung einer internationalen Konferenz an, auf der die Marokkofrage geregelt und Frankreich von einem Alleingang in Marokko zurückgehalten werden sollte. Die deutsche Regierung erhoffte sich von der Konferenz, daß Frankreich eingeschüchtert und isoliert werden könne. Frankreich sollte die Wertlosigkeit des Bündnisses mit Großbritannien einsehen und sich für ein Kontinentalbündnis mit Deutschland und Rußland entscheiden. Als die Konferenz schließlich von Januar bis April 1906 im spanischen Algeciras zustande kam – an ihr nahmen neben den fünf europäischen Großmächten auch Italien, Spanien, Portugal, Belgien, Schweden, die Niederlande und die USA teil –, mußte die deutsche Delegation eine unerwartete, schwere diplomatische Niederlage hinnehmen. Denn nicht Frankreich, das die Unterstützung Großbritanniens, aber auch anderer Staaten und der USA erhielt, war politisch isoliert, sondern das Deutsche Reich, das sich lediglich auf Österreich-Ungarn als Verbündeten stützen konnte.

In der am 7. April 1906 unterzeichneten Algeciras-Akte wurde die Souveränität des Sultans von Marokko im wesentlichen anerkannt und die internationale Handelsfreiheit garantiert. In den acht Häfen des Landes wurde die marokkanische Polizei jedoch französischen und spanischen Offizieren unterstellt. Diese Regelung sollte für die Dauer von fünf Jahren gelten. Die Bank von Marokko sollte von je einem französischen, britischen, spanischen und deutschen Beauftragten kontrolliert werden.

Äußerlich war damit die deutsche Forderung erfüllt; die schrankenlose Vereinnahmung des Landes durch Frankreich war verhindert worden. Aber der Verlauf der Verhandlungen hatte allen Teilnehmern deutlich gemacht, daß das Deutsche Reich mit seinem habsburgischen Verbündeten eine empfindliche politische Niederlage erlitten hatte, während die britisch-französische Entente cordiale gestärkt aus der Konferenz hervorgegangen war.

12.37 Tripelentente

Noch während der Verhandlungen über den Abschluß eines französisch-britischen Vertrages zur Bereinigung ihrer bisherigen kolonialen Streitpunkte war von französischer Seite der Wunsch geäußert worden, dem Abkommen einen ähnlichen Ausgleich der kontroversen kolonialen Interessen zwischen Großbritannien und Rußland, dem Bündnispartner Frankreichs, folgen zu lassen.

Der Versuch der deutschen Regierung, in der *Marokkokrise* (▷ 12.36), ausgelöst durch den Kaiserbesuch in Tanger, Frankreich zu demütigen und auf der Konferenz von Algeciras zu isolieren, war fehlgeschlagen. Das Gegenteil war eingetreten, Deutschland war isoliert, während Frankreich von Großbritannien, Rußland und den übrigen Staaten der Konferenz unterstützt wurde.

Das deutsch-britische Verhältnis verschlechterte sich zusehends durch die strikte Weigerung der Deutschen, dem Vorschlag der Briten zuzustimmen, nun die Frage der Rüstungsbegrenzung auf die Tagesordnung der *Haager Friedenskonferenzen* (▷ 12.31) zu setzen. Die Flottenrivalität der beiden Staaten wurde noch zusätzlich durch chauvinistische Pressekampagnen auf beiden Seiten angeheizt. Inzwischen begannen britisch-russische Verhandlungen, vorerst auf Botschafterebene. Sie führten schließlich zum Abschluß eines Vertrages am 31. August 1907, in dem die Interessensphären gegenseitig abgegrenzt und die bisherigen regionalen Streitpunkte beigelegt wurden.

Rußland verzichtete auf Afghanistan, das zur britischen Einflußzone erklärt wurde. Die chinesische Oberhoheit über Tibet wurde von beiden Seiten anerkannt. Persien wurde in eine nördliche russische und eine südliche britische Interessensphäre aufgeteilt, die mittlere für neutral erklärt. Rußland respektierte das Interesse Großbritanniens am Status quo am Golf. Unerfüllt blieben die russischen Hoffnungen auf eine Neuregelung der Meerengendurchfahrt für russische Kriegsschiffe.

Von beiden Mächten wurde eine antideutsche Spitze des Abkommens bestritten. Auf deutscher Seite wurde indessen der Abschluß des Vertrages mit der britisch-französischen Entente von 1904 (▷ 12.33) in Verbindung gebracht und den drei Mächten vorgehalten, die

„Einkreisung" Deutschlands zu betreiben. In den Augen des Kaisers und der nationalistischen Kreise in Deutschland stand vornehmlich die britische Regierung hinter dieser Politik, weil sie in Deutschland wegen dessen Flottenrüstung den Hauptgegner der britischen Weltmachtstellung sah. Das britisch-russische Bündnis ergänzte das britisch-französische sowie das französisch-russische von 1892 (▷ 12.22) zur Tripelentente und sollte auch im Ersten Weltkrieg die Kriegskoalitionen bestimmen.

12.38 Jungtürkische Revolution

Bereits in den sechziger Jahren des 19. Jahrhunderts hatte sich eine jungtürkische Vereinigung gebildet, die das Osmanische Reich grundlegend umgestalten wollte. Man setzte sich die Abschaffung der Despotie unter dem verschwenderischen Sultan Abd Al Asis (1861–76), die rechtliche Gleichstellung der Untertanen aller Konfessionen und Nationalitäten im Reich und die Modernisierung der Staatsverwaltung nach europäischem Vorbild zum Ziel, ohne die Bindung an die islamische Ordnung aufgeben zu wollen. Die Organisation betätigte sich sowohl in der Türkei wie auch in Paris, Genf und London und löste sich um 1871 auf; später wurden ihre Anhänger zur Unterscheidung von den folgenden Revolutionären als „Jungosmanen" bezeichnet. Die Anfänge der eigentlichen jungtürkischen Bewegung, die sich selbst Vereinigung (Komitee) für „Einheit und Fortschritt" nannte, gehen auf das Jahr 1889 zurück. Sie entstand in der jungen Generation der Kadetten und Offiziere, Studenten und Beamten mit ähnlichen Zielsetzungen wie die der Jungosmanen, jedoch mit geringerer Betonung der islamischen Komponente und einer später stärkeren Orientierung auf das Türkentum und einen Pantürkismus unter Einbeziehung der Turkvölker in Rußland. 1894 wurde Sultan Abd Al Hamid II. (1876–1909), der die osmanische Verfassung von 1876 im darauffolgenden Jahr wieder suspendiert hatte, seine politischen Gegner verfolgte und verbannte sowie durch ein ausgedehntes Spitzelsystem das Reich kontrollierte, auf die Jungtürken aufmerksam. Er versuchte, ihre Organisation zu zerschlagen, einige Mitglieder aber auch durch Amne-

347

stien für sich zu gewinnen, während andere Vertreter der Bewegung von Paris aus weiter gegen ihn agitierten.

Eine Militärrevolte in Saloniki, nach Konstantinopel der wichtigsten Stadt des Osmanischen Reiches, zwang Abd Al Hamid im Sommer 1908, die Verfassung von 1876 wieder in Kraft zu setzen; ein Gegenputsch seiner Anhänger im Frühjahr 1909 kostete den Sultan schließlich den Thron. Nachfolger wurde sein Bruder Mehmed V. (1909–18), die politische Macht ging jedoch an die Jungtürken über; deren prominenteste Vertreter waren Enwer Pascha, Vizegeneralissimus und Schwiegersohn des Sultans, Talat Pascha, ein ehemaliger Postbeamter, dann Minister und Großwesir, und Kemal Pascha, der spätere Gouverneur von Syrien. Sie übernahmen die Regierungsgeschäfte, abgesehen von einer kurzen Unterbrechung 1912/13. Mustafa *Kemal Atatürk* (▷ 13.31), der erste Präsident der Türkischen Republik, gehörte nicht zum engsten Kreis der Revolutionäre.

Am 2. August 1914 schlossen die jungtürkischen Vertreter in der Osmanischen Regierung einen Geheimvertrag mit dem Deutschen Reich und traten am 29. Oktober 1914 an der Seite der Mittelmächte in den Ersten Weltkrieg ein. Angesichts des drohenden Zusammenbruchs gegen Ende des Krieges wurde die letzte jungtürkische Regierung am 8. Oktober 1918 abgesetzt. Ihre Führer flohen ins Ausland; Talat wurde 1921 in Berlin, Kemal 1922 in Tiflis von Armeniern, die für den Völkermord an ihren Landsleuten 1915 in Anatolien Rache nehmen wollten, ermordet, Enwer fiel 1922 in Innerasien im Kampf gegen die Sowjetunion. In der neuen Türkischen Republik sollten die Jungtürken, die als politische Reformbewegung das Osmanische Reich in das 20. Jahrhundert geführt hatten, keine Rolle mehr spielen.

12.39 Bosnienkrise

Nach dem Königsmord in Serbien (Alexander I. Obrenović) am 11. Juni 1903 hatten Kaiser Franz Josef von Österreich-Ungarn und Zar Nikolaus II. am 29. September 1903 eine Kooperation beider Staaten zur Erhaltung des Status quo auf dem Balkan verabredet, die anfänglich zu guten Ergebnissen führte (makedonische Reformen), weil Rußland in

Fernost gebunden war. Die Gegensätze zwischen beiden Mächten brachen wieder auf, als Rußland sich nach seiner Niederlage im *russisch-japanischen Krieg* (▷ 12.34) verstärkt seinem südosteuropäischen Interessengebiet zuwandte.

Als die *Jungtürkische Revolution* (▷ 12.38) im Sommer 1908 den Verfassungsstaat (von 1876) wiederherstellte, der den unterworfenen Völkern die Gleichberechtigung bringen und somit Veränderungen im Gefüge des Osmanischen Reiches hervorrufen sollte, entschloß sich der österreichische Außenminister, die seit dem *Berliner Kongreß* (▷ 12.17) besetzten türkischen Provinzen Bosnien und Herzegowina durch Annexion endgültig dem Reichsverband der Doppelmonarchie einzuverleiben.

Die Bekanntgabe der Annexion unmittelbar nach der Unabhängigkeitserklärung der Bulgaren und der Proklamation eines souveränen Königreiches Bulgarien am 5. Oktober 1908 führte zu einer schweren Krise, die bis in das Frühjahr 1909 andauerte.

Die selbständigen südslawischen Balkanstaaten Serbien und Montenegro protestierten heftig gegen das österreichische Vorgehen und wurden in ihrer Haltung von Rußland unterstützt, das sich von Österreich hintergangen fühlte. Wenige Monate vorher hatten österreichisch-russische Gespräche über ein geplantes Tauschgeschäft stattgefunden: Rußland hatte seine Bereitschaft signalisiert, der Annexion zuzustimmen, wenn dafür Österreich die russischen Interessen in der Meerengenfrage unterstützen würde. Diese Gespräche aber waren noch zu keinem Abschluß gekommen.

Die heftigen Reaktionen Rußlands und Serbiens, dessen Einigungsbestrebungen durch den österreichischen Schritt gestört worden waren, führten im Laufe der Krise im Winter 1908/09 zu umfangreichen Mobilisierungsmaßnahmen sowohl in St. Petersburg und Belgrad wie auch in Wien. In dieser Situation ermunterte die deutsche Regierung die Donaumonarchie zu einem scharfen Ultimatum an Serbien, in dem die sofortige Einstellung jeder Agitation und die Anerkennung der Annexion verlangt wurde. Gleichzeitig forderte Deutschland die russische Regierung ultimativ auf, die Unterstützung Serbiens abzubrechen und der österreichischen Annexion ebenfalls zuzustimmen. Rußland hatte nach der Niederlage im *russisch-japanischen Krieg* (▷ 12.34) noch nicht wieder aufgerüstet, scheute das Risiko eines Zusammenstoßes mit beiden Mächten und lenkte schließlich ein.

12.40 Daily-Telegraph-Affäre

Der deutsche Kaiser Wilhelm II. hatte bereits wiederholt durch spontane öffentliche Äußerungen in großsprecherischem Ton außenpolitische Verstimmungen verursacht und in der Weltöffentlichkeit den Eindruck verstärkt, daß die deutsche Politik militaristisch und auf Konfrontation ausgerichtet sei.

Am 28. Oktober 1908 erschien im Londoner Massenblatt „The Daily Telegraph" ein Interview, das nach Gesprächen des Monarchen mit einem britischen Offizier anläßlich eines privaten Urlaubs zusammengestellt worden war. In diesem Interview hob der Kaiser sein ständiges Bemühen um ein freundschaftliches Verhältnis zu Großbritannien hervor, mit dem er jedoch in Deutschland nahezu allein stehe. Er empfinde es als persönliche Kränkung, daß auch die Briten seinen Sympathiebekundungen mit Argwohn begegneten. Er habe während des *Burenkrieges* (▷ 12.27) einen Kontinentalbund zwischen Deutschland, Frankreich und Rußland gegen Großbritannien verhindert. Er habe sogar der britischen Königin Viktoria, seiner Großmutter, einen von ihm ausgearbeiteten Feldzugsplan zugesandt, der dem britischen General Roberts in Südafrika offensichtlich zum Erfolg über die Buren verholfen habe. Der Bau der deutschen Flotte sei nicht gegen die Briten gerichtet, sondern allein zum Schutz des deutschen Welthandels geplant. Sicherlich würden die Briten eines Tages über eine deutsche Flottenhilfe im Pazifik froh sein.

In Großbritannien rief das Interview Empörung hervor, besonders die naive und zugleich anmaßende Behauptung des Kaisers, mit seinem Feldzugsplan den Burenkrieg entschieden zu haben. Als unaufrichtig wurde sein Werben um die Sympathie der britischen Nation zurückgewiesen, weil er an dem forcierten Flottenbau festhalte, wodurch auch Großbritannien zu hohen Rüstungsanstrengungen und finanziellen Ausgaben gezwungen werde.

In Deutschland führte die Veröffentlichung des Interviews zu einer ersten großen Krise des

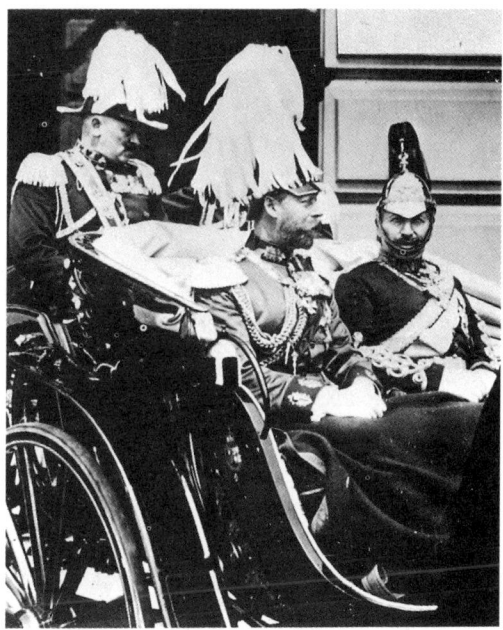

Kaiser Wilhelm II. und König Georg V. von Großbritannien

monarchischen Systems und einer heftigen Debatte im Reichstag, in der dem Kaiser vorgeworfen wurde, mit seinen selbstgefälligen Bemerkungen dem Ansehen des Reiches und der deutschen Monarchie Schaden zugefügt zu haben. Auch den Reichskanzler von Bülow traf ein Großteil der Schuld am Zustandekommen dieses Interviews, da er den Text ungelesen weitergegeben hatte. Der Reichstag nutzte jedoch nicht seine Chance, dem Reichskanzler das Mißtrauen auszusprechen und damit den Weg zur Parlamentarisierung der Reichsverfassung einzuschlagen.

12.41 Südafrikanische Union

Im Jahre 1906 gewährte die britische Regierung Transvaal, 1907 dem Oranjefreistaat die Selbstverwaltung; sie entsprach damit einer Zusage, die sie im Frieden von Vereeniging diesen bis zum *Burenkrieg* (▷ 12.27) unabhängigen Republiken gemacht hatte. Mit dem Inkrafttreten des „South Africa Act", einer gemeinsamen Verfassung für die britische

Kapkolonie, für Natal, den Oranjefreistaat und für Transvaal, entstand am 31. Mai 1910 die Südafrikanische Union. Die von der weißen, burisch-britischen Minderheit getragene Union erhielt den Status eines sich innerhalb des Empires selbst regierenden Dominions. Erster Premierminister war Louis Botha (1910–1919), gefolgt von Jan Christiaan Smuts (1919–1924); sie verfolgten eine Politik der burisch-britischen Aussöhnung und der Eingliederung der Südafrikanischen Union in das Gefüge des Empires. Botha setzte die Teilnahme seines Landes am Weltkrieg auf britischer Seite durch.

Die Südafrikanische Union entsandte 1919 als völkerrechtliches Subjekt eine Delegation zu den Pariser Friedenskonferenzen (▷ 13.19). Als Mitglied des Völkerbundes erhielt sie 1920 in dessen Auftrag das Mandat für die treuhänderische Verwaltung des früheren Deutsch-Südwestafrika, das südafrikanische Truppen zu Beginn des Ersten Weltkriegs besetzt hatten. Zusammen mit den anderen Dominions erlangte die Südafrikanische Union 1931 im Rahmen des *Westminster-Statuts* (▷ 13.38) die Unabhängigkeit und wurde Mitglied des Commonwealth.

In der Südafrikanischen Union stand der gesellschaftlich und politisch dominierenden weißen Minderheit, den Buren sowie den Siedlern britischer Herkunft, die Mehrheit der von gesellschaftlicher Gleichberechtigung und politischer Mitsprache nahezu ausgeschlossenen Schwarzen (u. a. Zulu, Xhosa und Ndebele) und der Inder gegenüber.

Im 19. Jahrhundert hatten begüterte Schwarze und „Coloureds" (Mischlinge) in der Kapkolonie das Wahlrecht erwerben können, doch dies wurde zunehmend eingeschränkt. In den Burenrepubliken blieb auch nach 1910 das Wahlrecht den Weißen vorbehalten.

Unter den Weißen in der neuen Union überwog die rassistische Auffassung, daß nur sie als einheitliche „Nation" zur Führung des Landes berechtigt seien; daher wurde schon früh mit dem „Natives' Land Act" (1913), der den Schwarzen separate Gebiete zuwies und weiteren Landbesitz verbot, die Grundlage einer Rassengesetzgebung geschaffen, die bis in die Gegenwart als „getrennte Entwicklung" die Bevölkerungsmehrheit diskriminiert. Der „Natives' Land Act" machte die Schwarzen zu Fremden im eigenen Land und zwang sie

zu schlechtbezahlter Wanderarbeit, besonders im Bergbau der großen Minengesellschaften. Die verschärften Paßgesetze machten Streiks oder das Verlassen des Arbeitsplatzes zu kriminellen Handlungen.

Mit dem Wahlsieg der National Party (NP) und der Ernennung von James B. M. Hertzog zum Premierminister (1924–39) gelangten jene burischen Kräfte an die Macht, die den nichtweißen Bevölkerungsgruppen radikal jede politische Gleichberechtigung verwehren wollten und zugleich den britischen Einfluß in Politik, Wirtschaft und Kultur bekämpften. Afrikaans wurde neben dem Englischen zur zweiten Amtssprache. Der radikale Flügel der NP spaltete sich 1934 ab und forderte eine drastische Rassentrennung in allen Bereichen, die nach ihrem Wahlsieg 1948 als Politik der *Apartheid* (▷ 16.39) in die Realität umgesetzt wurde. Die Regierung Hertzog legte 1936 mit dem „Natives' Trust and Lands Act" Reservate (13% der Gesamtfläche) für die Schwarzen fest.

Sowohl in den Burenrepubliken als auch in den britischen Kolonien hatte es schon lange vor der Konstituierung der Südafrikanischen Union eine politische Bewegung gegen die Rassendiskriminierung gegeben, die sich 1912 zum African National Congress (ANC) formierte. Der ANC leistete bis 1960 gewaltlosen Widerstand und bemühte sich darum, mit legalen Aktionen die Beteiligung an der politischen Macht zu erlangen und alte Rivalitäten der schwarzen Völker untereinander zu beenden.

1907 und 1913/14 hatte *Mahatma Gandhi* (▷ 13.27) in einer Kampagne für die Bürgerrechte des indischen Bevölkerungsteils in Südafrika seine Methode des zivilen Ungehorsams entwickelt.

12.42 2. Marokkokrise „Panthersprung"

Die nach der Algeciras-Akte (▷ 12.36) geplante wirtschaftliche Zusammenarbeit zwischen Deutschland und Frankreich in Marokko war nicht zustande gekommen. Als Frankreich sich entschloß, dem Sultan von Marokko gegen aufständische Berberstämme mit einer militärischen Aktion zu Hilfe zu kommen, und die Stadt Fes besetzte, glaubte die deutsche Reichsregierung, ihrerseits durch eine militärische Demonstration die deutschen Ansprüche in dieser Region zur Geltung bringen zu müssen, bevor Frankreich Marokko vollständig vereinnahmen würde. Sie entsandte das Kanonenboot „Panther" am 1. Juli 1911 zum westmarokkanischen Hafen Agadir.

Die deutsche Reichsregierung verfolgte mit diesem drastischen Vorgehen das Ziel, die französische Regierung zur Aufnahme von Kompensationsgesprächen zu zwingen. Für die Zustimmung des Deutschen Reichs zur Besetzung Marokkos durch die Franzosen erwartete sie die Abtretung des gesamten französischen Kongogebietes.

Die Reaktion auf das deutsche Vorgehen war ein enger Zusammenschluß der beiden Ententemächte Frankreich und Großbritannien (▷ 12.33). Frankreich lehnte die deutschen Forderungen entschieden ab, und Großbritannien richtete an die deutsche Adresse die unmißverständliche Warnung, Frankreich werde im Falle eines deutschen Angriffs nicht allein gelassen werden. Nach langen und zähen Verhandlungen über den Umfang der französischen Zugeständnisse kam am 4. November 1911 der Marokko-Kongo-Vertrag zwischen dem Deutschen Reich und Frankreich zustande. Frankreich erhielt freie Hand für die Errichtung des französischen Protektorats über Marokko, zugleich wurde für alle Mächte in dieser Region Handelsfreiheit garantiert. Die Deutschen mußten sich mit der Überlassung kleinerer Randteile des französischen Kongos, die im wesentlichen der deutschen Kolonie Kamerun zugeschlagen wurden, zufriedengeben.

Das Ergebnis der Verhandlungen, das in Deutschland zu nationalistischen Protesten führte und als schwere politische Niederlage empfunden wurde, gab in Frankreich zu ähnlich scharfer Kritik und zum Sturz der Regierung Anlaß. Eine Entspannung zwischen den beteiligten Mächten, die auf dem Höhepunkt der Krise bereits Mobilisierungsmaßnahmen eingeleitet hatten, war durch das Abkommen nicht erreicht worden.

12.43 Chinesische Revolution

Die Revolution war seit ältester Zeit in China ein legitimes Mittel, sich eines unfähigen oder

unwürdigen Herrschers zu entledigen, dem „der Himmel" den Auftrag zu regieren entzogen hatte. Alle Dynastiewechsel erfolgten durch Aufstände oder ausgedehnte Umstürze. In der zweiten Hälfte des 19. Jahrhunderts spitzten sich die Probleme des unter der Fremdherrschaft der Mandschus stehenden Landes zu. Wiedergewinnung der vollen Souveränität und Modernisierung waren die beiden drängendsten Probleme. Eine Bewegung, die sich die allmähliche Reform unter Beibehaltung der Dynastie zum Ziel gesetzt hatte, scheiterte 1898.

Als Folge wuchs die Zahl der Nationalisten, die eine Revolution gegen die als fremd empfundene Mandschu- oder Ching-Dynastie propagierten. Sun Yat-sen, der im Ausland mit westlichen Ideen des Nationalismus, der Demokratie und des Sozialismus Berührung gehabt hatte, war mit der revolutionären Bewegung eng verbunden. Schon 1895 versuchte er, mit Hilfe traditioneller Geheimgesellschaften einen Aufstand in Kanton zu organisieren. Sein Scheitern zwang ihn zur Flucht nach Japan. Zur wichtigsten Kraft der revolutionären Bewegung wurden am Beginn des 20. Jahrhunderts die Intellektuellen und die Studenten, namentlich diejenigen, die im Ausland, vor allem in Japan, studierten. Hier lernten sie durch japanische Vermittlung moderne westliche Gedanken kennen. Während des ersten Jahrzehnts des 20. Jahrhunderts war Tokio das Zentrum der chinesischen Revolutionäre.

Das Bündnis Sun Yat-sens mit den radikalen Studenten war entscheidend für die Entwicklung der chinesischen Revolutionsbewegung, die sich 1905 im Chinesischen Revolutionsbund organisierte. Das Programm des Bundes kam in Sun Yat-sens Losung zum Ausdruck: „Vertreibt die Mandschus, restauriert die Herrschaft der Chinesen, errichtet die Republik, gleicht die Grundbesitzrechte aus!" Zwischen 1906 und 1911 organisierte der Revolutionsbund eine Reihe erfolgloser Aufstände, meistens im Süden des Landes.

Zur Verschärfung der Spannungen trug die Taktik der Dynastie bei, die Einführung einer Verfassung zu verzögern. Hinzu kamen Unruhen wegen Hungers und zu hoher Steuern. Das revolutionäre Potential wuchs. Die von der Dynastie geschaffene Neue Armee stellte sich auf die Seite der Aufständischen. Als ein

Aufstand in Wuchang, dem heutigen Wuhan, im Herbst 1911 erfolgreich verlief, erklärten einzelne Provinzen ihre Unabhängigkeit. Ende 1911 fand in Nanking die Wahl von Yüan Shih-k'ai zum ersten provisorischen Präsidenten der Republik statt. Am 12. Februar 1912 zwang dieser die Dynastie abzudanken. Damit hatte die mehr als 2000jährige Ära der absolutistischen Monarchie in China ihr Ende gefunden.

12.44 Deutsche und britische Flottenhochrüstung

Die Beziehungen zwischen dem Deutschen Reich und Großbritannien gestalteten sich während der Kanzlerschaft Bismarcks von 1871 bis 1890 aufgrund seiner strikten Zurückhaltung in der Kolonialfrage weitgehend positiv und störungsfrei. Sie schienen auch nach Bismarcks Rücktritt so fortzubestehen, als am 1. Juli 1890 der Helgoland-Sansibar-Tauschvertrag geschlossen wurde. Aber die Heftigkeit der Kritik, mit der dieses Abkommen in der deutschen Öffentlichkeit aufgenommen wurde, ließ erkennen, daß sich die Einstellung der Deutschen grundlegend zu verändern begann.

Die ersten Flottengesetze, beschlossen um die Jahrhundertwende, leiteten den Ausbau der deutschen Seemacht ein. Alfred von Tirpitz, seit 1898 preußischer Marineminister, war im selben Jahr Mitbegründer des Deutschen Flottenvereins und betrieb unter Umgehung des Reichstags mit kaiserlicher Unterstützung und der Hilfe der Großindustrie die Aufrüstung der Reichsmarine. Zur gleichen Zeit fanden jedoch noch diplomatische Gespräche zwischen beiden Staaten über eine engere Zusammenarbeit statt, weil Großbritannien seiner weltpolitischen Schwierigkeiten wegen, etwa im *Burenkrieg* (▷ 12.27) oder in der *Faschodakrise* (▷ 12.28) sowie bei Spannungen mit Rußland in Mittel- und Ostasien, auf dem Kontinent einen Bündnispartner suchte. Die Gespräche führten aber zu keinem Ergebnis. Während die Briten nun ihre Verbindungen zu den USA vertieften und schließlich auch mit Frankreich einen Ausgleich in strittigen Bereichen 1904 in der *Entente cordiale* (▷ 12.33) erreichten, geriet der sich immer mehr beschleunigende deutsche Flottenbau in das Blickfeld der britischen Marineleitung. Sie reagierte mit dem Bau schneller und gepanzerter Großkampfschiffe der „Dreadnought"-Klasse. Der Rüstungswettlauf war nun in vollem Gange; begleitet wurde er auf beiden Seiten von vehementen antibritischen bzw. antideutschen Pressekampagnen.

Dennoch versuchten führende britische und deutsche Politiker in den Jahren 1909 bis 1912 wiederholt, eine Annäherung zwischen beiden Lagern zu erzielen und den Zwang zur Aufrüstung zu stoppen. Den letzten Versuch unternahm im Februar 1912 der britische Kriegsminister Richard B. Haldane bei einer Reise nach Berlin. Doch blieben die Standpunkte unverändert. Die Briten verlangten als Voraussetzung für eine politische Annäherung von den Deutschen, das Rüstungstempo zu verlangsamen. Weder der deutsche Kaiser noch die Marineführung waren dazu bereit. Andererseits konnten die Briten die von ihnen verlangte Neutralitätszusage im Falle eines deutsch-französischen oder deutsch-russischen Konfliktes ihrer Bündnisverpflichtungen wegen nicht geben. So scheiterte auch dieser letzte Verständigungsversuch.

12.45 Balkankriege

Die nationalrevolutionären Befreiungsbewegungen auf dem Balkan gegen die Türkei hatten im Verlauf des 19. Jahrhunderts zur Ausbildung selbständiger Staaten geführt; die *Jungtürkische Revolution* (▷ 12.38) und die *Bosnienkrise* von 1908 (▷ 12.39) belebten den Wunsch nach territorialen Veränderungen, zumal der nichttürkischen Bevölkerung der europäischen Besitzungen der Türkei alle Sonderrechte aberkannt worden waren. Unter russischem Protektorat unterzeichneten 1912 Serbien, Bulgarien, Griechenland und Montenegro einen Balkanbund mit dem Ziel, die von Landsleuten besiedelten Gebiete von der türkischen Oberhoheit zu befreien.

Nach Unterstützung eines Aufstands in Nordalbanien erklärte Montenegro der Türkei am 8. Oktober 1912 den Krieg, dem am 18. Oktober die anderen Verbündeten beitraten. Militärisch war der Erste Balkankrieg, in dem Bulgarien die Hauptlast trug, innerhalb weniger Wochen entschieden und die osmanische Herrschaft auf dem Balkan zusammengebrochen. In dem von den Großmächten am 30. Mai 1913 vermittelten Londoner Frieden verlor die Türkei ihre europäischen Besitzungen westlich der Linie Enos–Mida und die ägäischen Inseln, so daß ihr nur noch ein kleiner Gebietsstreifen vor Konstantinopel verblieb. Albanien wurde in die Unabhängigkeit entlassen.

Bei der Aufteilung der Beute brachen die nur notdürftig überdeckten Interessengegensätze unter den Balkanstaaten wieder auf, wobei der Streit um die von Bulgarien und Serbien beanspruchte Wardarzone (mittleres Mazedonien) den Zweiten Balkankrieg auslöste. Ein Angriff des sich bedroht fühlenden Bulgariens in der Nacht vom 29. zum 30. Juni 1913 löste eine Gegenoffensive aus, an der sich neben den bisherigen Verbündeten jetzt auch Rumänien und die besiegte Türkei beteiligten. Bulgarien wurde an allen Fronten geschlagen und verlor im Frieden von Bukarest am 10. August den Großteil Thraziens mit Adrianopel (Edirne) an die Türkei, die Süddobrudscha an Rumänien und mußte die Aufteilung Mazedoniens zwischen Serbien und Griechenland hinnehmen. Da ihm nur ein kleiner Gebietsstreifen an der mazedonischen Ostgrenze als Gewinn aus dem Ersten Balkankrieg verblieb, konnte Bulgarien seinen Plan, die Vormachtstellung auf dem Balkan zu erringen, nicht weiter verfolgen.

Serbien, das gestärkt aus den Kriegen hervorging, versuchte in der Folgezeit die Abfall- und Souveränitätsbewegungen der im Habsburgerreich lebenden slawischen Brüder zu ermutigen, was die Spannungen mit Österreich-Ungarn anheizte. Da die jungen Balkanstaaten in ihrem zügellosen Nationalismus aus eigener Kraft kein den Gesamtraum überspannendes Ordnungssystem aufzubauen vermochten, verschärften die Balkankriege die allgemeine Krisensituation und verschafften der Forderung nach einer Radikallösung, wie sie dann der Erste Weltkrieg darstellte, breiten Widerhall.

12.46 Restauration Äthiopiens Menilek II.

Nachdem sich die Fürsten der äthiopischen Provinzen im 18. Jahrhundert weitgehend von

Balkankriege. Die serbische Heldin Sophia Iovanović

der kaiserlichen Zentralgewalt unabhängig gemacht hatten, versuchten die Kaiser seit Theodor II. (1855–68), diese wiederherzustellen und die Unabhängigkeit ihrer Herrschaft gegen Vorstöße arabischer und europäischer Mächte zu behaupten. Die äthiopischen Herrscher gerieten dabei in Auseinandersetzungen mit den Europäern, die sich im letzten Drittel des 19. Jahrhunderts anschickten, Afrika unter sich aufzuteilen (▷ 12.19, ▷ 12.20).

Kaiser Johannes IV. (1872–89), der durch gewaltsame Bekehrungen der muslimischen und andersgläubigen Bevölkerung zum Christentum sein Reich zentralisiert hatte und ägyptischen und europäischen Kolonisierungsversuchen entgegengetreten war, fiel im Kampf gegen von Westen eindringende Mahdisten. Menilek von Schoa, von seinem Vorgänger nach längeren Streitigkeiten als Kronprinz anerkannt, bestieg am 9. März 1889 als Menilek II. den kaiserlichen Thron. Er führte eine Verwaltungsreform durch und erhob Addis Abeba zur neuen Hauptstadt.

Bereits als Kronprinz hatte Menilek mit italienischer und französischer Hilfe ein Heer

353

aufgebaut. Im Jahr seiner Thronbesteigung drängte ihn Italien, das im „Wettlauf um Afrika" die ganze Ostspitze des afrikanischen Kontinents, Eritrea, Somaliland und Äthiopien, unter seine Oberherrschaft bringen wollte, zum Vertrag von Uccialli, dessen italienischer Text der Anerkennung eines Protektorats über Äthiopien gleichkam. Unter Berufung auf die amharische Fassung des Vertragstextes wies Menilek diesen Plan zurück. Italien versuchte nunmehr, sein Ziel mit Waffengewalt durchzusetzen, mußte jedoch am 1. März 1896 bei Adua (Provinz Tigre) eine vernichtende Niederlage gegen die Streitkräfte Menileks hinnehmen. Im Frieden von Addis Abeba mußte Italien die Unabhängigkeit Äthiopiens anerkennen.

Mit der Garantieerklärung der äthiopischen Grenzen durch Großbritannien, Frankreich und Italien (1896/97) konnte sich Äthiopien der Beherrschung durch eine europäische Macht erfolgreich entziehen. Als die Briten durch die Mahdisten gebunden waren, versuchte Menilek 1898 zusammen mit den Franzosen, zum oberen Nil vorzustoßen, doch in der *Faschodakrise* (▷ 12.28) mußten die Franzosen einlenken. Mit französischer Hilfe ließ Menilek die für ganz Ostafrika wirtschaftlich wichtige Eisenbahnlinie von Djibouti nach Addis Abeba bauen; 1906 mußte er den Europäern allerdings Einflußsphären zugestehen. Der Vertrag mit Italien von 1908 diente Mussolini als Vorwand für den *italienisch-äthiopischen Krieg* (▷ 14.6).

Menilek eroberte Nachbarländer (Harar, Kaffar) und sicherte der Koptischen Kirche ihren bestimmenden Einfluß in seinem von der amharischen Kriegerelite geprägten Reich. Nach Menileks Tod 1913 führte Kaiser Haile Selassie I. (1930–74) das Reich bis zum Ende der Monarchie.

12.47 Europäischer Kolonialismus in Afrika

Mit dem „Wettlauf" der europäischen Mächte um die Aufteilung Afrikas hatte der europäische Kolonialismus im *Imperialismus* (▷ 12.20) einen Höhepunkt erreicht. Im Kampf um die Beherrschung Afrikas stießen insbesondere britische und französische Kolonialinteressen aufeinander.

Ständig bemüht, den Seeweg nach Indien zu sichern, hatte Großbritannien bereits 1806 das Gebiet am Kap der Guten Hoffnung erobert. Nachdem die *Eröffnung des Sueskanals* (▷ 12.12) den Seeweg nach Indien wesentlich verkürzt hatte, nahm Großbritannien 1881 innere Unruhen in Ägypten zum Anlaß, als „Schutzmacht" dieses Land seiner Oberhoheit zu unterstellen, und gab damit das Signal zur Aufteilung Afrikas unter die europäischen Mächte. Ziel der britischen Afrikapolitik wurde es nun, ein zusammenhängendes Herrschaftsgebiet „vom Kap bis Kairo" zu schaffen. Mit der Begründung des Protektorats Betschuanaland (1886), der heutigen Botswana, der Kolonien Süd- und Nordrhodesien (seit 1889) und der Unterwerfung der Burenrepubliken Oranjefreistaat und Transvaal im *Burenkrieg* (1899–1902) (▷ 12.27) weitete Großbritannien mit einer großen Landmasse sein Empire aus. Von Sansibar aus besetzte es Kenia und Uganda (seit 1887), von Ägypten her den östlichen Sudan (1899). Mit dem Mandat des Völkerbundes über Deutsch-Ostafrika (1919) war es die noch bestehende Lücke in der „Kap-Kairo-Linie" schließen. Auch in Westafrika eignete sich Großbritannien ein größeres Kolonialgebiet an (z. B. Nigeria). Die meisten seiner Kolonien regierte es nach der Methode der „indirekten Herrschaft" mit Hilfe einheimischer Autoritäten.

Unter dem Eindruck der Niederlage im *deutsch-französischen Krieg* (▷ 12.13) wandte sich auch Frankreich imperialistischen Zielen in Afrika zu, um seine Machtposition in Europa zu behaupten. Von den älteren Kolonien aus (Algerien, Gabun) eroberte es in West- und Zentralafrika ausgedehnte Regionen, die später verwaltungstechnisch in Gebietsgruppen zusammengefaßt wurden, Französisch-Westafrika (seit 1895) und Französisch-Zentralafrika (seit 1910). Vor dem Hintergrund französisch-britischer Gegensätze gelang es dem belgischen König Leopold II. auf der *Berliner Kongokonferenz* (▷ 12.19), sich die persönliche Herrschaft über den in seinem Auftrag 1881 gegründeten Kongostaat zu sichern. Die *Faschodakrise* (▷ 12.28), ausgelöst durch den Zusammenstoß französischer und britischer Expeditionsstreitkräfte bei Faschoda am Weißen Nil, markiert den Höhepunkt der britisch-französischen Rivalität in der Afrikapolitik. Mit dem Sudanvertrag

(1899) wurde schließlich ein Kolonialkrieg vermieden. Während sich beide Mächte anschließend politisch näherten, führte der deutsch-französische Streit um Marokko zu einer wachsenden Isolation Deutschlands in Europa (▷ 12.36, ▷ 12.42).

Mit Deutschland und Italien beteiligten sich Staaten an der Aufteilung Afrikas, die erst wenige Jahrzehnte zuvor national geeint worden waren und nun den Gewinn von Kolonien über die wirtschaftlichen Aspekte hinaus als Angelegenheiten ihres neugewonnenen Prestiges verfolgten. Deutschland erwarb Kolonien in Ost-, Südwest- und Westafrika, Italien an der Mittelmeerküste (das gesamte heutige Libyen) und am Horn von Afrika (Eritrea und Somaliland). Mit der Anerkennung des französischen Protektorats über Marokko (1912) mußte Deutschland eine diplomatische, in der Schlacht bei Adua (1896) gegen Äthiopien (▷ 12.46) mußte Italien eine militärische Niederlage hinnehmen.

Die Hinterlassenschaft des europäischen Kolonialismus belastete die jungen Staaten Afrikas nach der *Entkolonialisierung* (▷ 15.43) in vielfacher Weise; die gewachsenen Wirtschaftsstrukturen waren zerstört, die eigene kulturelle Entwicklung der Völker war für Jahrhunderte unterbrochen, und die Grenzen, die die Kolonialmächte oftmals ohne jede Rücksicht auf historische Gegebenheiten gezogen hatten, teilten Regionen und Menschengruppen und waren Anlaß für *Bürgerkriege in Afrika* (▷ 16.5).

Daten

1852—1870	Zweites Kaiserreich in Frankreich, Kaiser Napoleon III.
1853—1856	Krimkrieg zwischen Rußland und dem Osmanischen Reich, Großbritannien und Frankreich
31. März 1854	Vertrag von Kanagawa zwischen Japan und den USA
6. Nov. 1860	Wahl von Abraham Lincoln zum Präsidenten der USA
1861—1865	Sezessionskrieg in den USA
19. Febr. 1861	Gesetz über die Aufhebung der Leibeigenschaft in Rußland
17. März 1861	Proklamation Viktor Emanuels II. zum König von Italien
1863—1864	Polnischer Aufstand in Rußland
1864	Krieg Österreichs und Preußens gegen Dänemark
28. Sept. 1864	Gründung der Ersten Internationale in London
Juni/Juli 1866	Preußisch-österreichischer Krieg
1866/67	Bildung des Norddeutschen Bundes
1867	Österreichisch-ungarischer Ausgleich, das Kaiserreich wird zur Doppelmonarchie Österreich-Ungarn umgestaltet
17. Nov. 1869	Eröffnung des Sueskanals
1870/71	Deutsch-französischer Krieg
4. Sept. 1870	Proklamation der Dritten Republik in Frankreich
18. Jan. 1871	Proklamation Wilhelms I. zum Deutschen Kaiser in Versailles
März—Mai 1871	Kommune in Paris
1877	Königin Viktoria von England nimmt den Titel „Kaiserin von Indien" an
Juni/Juli 1878	Berliner Kongreß, Beilegung der Balkankrise
7. Okt. 1879	Zweibund zwischen dem Deutschen Reich und Österreich-Ungarn
11. Juli 1882	Großbritannien besetzt Ägypten
20. Mai 1882	Dreibund zwischen dem Deutschen Reich, Österreich-Ungarn und Italien
15. Nov. 1884	Berliner Kongokonferenz (bis 26. Februar 1885)
1894—1895	Chinesisch-japanischer Krieg
1894—1906	Dreyfusaffäre in Frankreich
1897	Erster zionistischer Kongreß in Basel
April 1898	Spanisch-amerikanischer Krieg (bis 10. Dez.)
Juli/Sept. 1898	Faschodakrise im anglo-ägyptischen Sudan zwischen Frankreich und Großbritannien
1899—1902	Burenkrieg in Südafrika
1900—1901	Boxeraufstand in China, Niederschlagung durch ein Expeditionskorps der europäischen Mächte
1904—1905	Russisch-japanischer Krieg
8. April 1904	Entente cordiale zwischen Frankreich und Großbritannien
22. Jan. 1905	Erste Russische Revolution (russischer Kalender: 9. Jan.)
16. Jan. 1906	Konferenz von Algeciras (bis 7. April) zur Beilegung der 1. Marokkokrise
15. Juni 1907	2. Haager Friedenskonferenz (bis 18. Okt.)
31. Aug. 1907	Britisch-russische Konvention zur Abgrenzung der Interessensphären
1908	Jungtürkische Revolution
31. Mai 1910	Gründung der Südafrikanischen Union
1911	2. Marokkokrise
1911/12	Sturz der Mandschu-Dynastie in China und Errichtung der Republik
1912—1913	Balkankriege

Kapitel 13
Erster Weltkrieg und Zwischenkriegszeit

Einführung

In dem kurzen Epochenabschnitt vom Beginn des Ersten Weltkriegs bis zum Machtantritt der Nationalsozialisten in Deutschland sind, bedingt durch den Krieg und die Verträge der Nachkriegszeit, erhebliche, weltgeschichtlich bedeutsame Veränderungen und Entwicklungen zu verzeichnen. An der Schwelle des Krieges standen sich in Europa hochgerüstete Bündnissysteme gegenüber. Gegenseitiges Mißtrauen, militärische Begeisterung und nationaler Überschwang hatten eine explosive Atmosphäre erzeugt, in der es für die tatsächliche Konfrontation nur noch eines Anlasses bedurfte.

Das Attentat von Sarajevo am 28. Juni 1914, die Ermordung des österreichischen Thronfolgers Franz Ferdinand und seiner Frau durch einen bosnischen Studenten ohne unmittelbare Beteiligung der serbischen Regierung, war die Triebfeder, die den Mechanismus der Bündnisse in Kraft setzte. Die Doppelmonarchie Österreich-Ungarn, durch den hohen slawischen Bevölkerungsanteil seit langem innerlich zerissen, glaubte, um Stärke zu demonstrieren, harte Maßnahmen gegen die von Belgrad unterstützte serbische Freiheitsbewegung ergreifen, notfalls sogar militärisch gegen Serbien vorgehen zu müssen. Das Deutsche Reich als Bündnispartner signalisierte der Regierung in Wien für ein solches Vorgehen volle Unterstützung. Österreich erklärte Serbien den Krieg, hinter Serbien aber stand das mit Frankreich verbündete Rußland. Die Militärs drängten ihre Regierungen, die Mobilmachung einzuleiten. Der deutsche Generalstab beabsichtigte, angesichts des erwarteten Zweifrontenkrieges dem gegnerischen Aufmarsch im Westen zuvorzukommen. Die Reichsregierung erklärte Rußland und Frank-

reich den Krieg und nahm mit der Verletzung der belgischen Neutralität zudem die britische Kriegserklärung in Kauf.

Der Kriegsbeginn wurde von weiten Bevölkerungskreisen in den Hauptstädten der beteiligten Nationen zunächst geradezu als Erlösung von der Hochspannung der letzten Vorkriegsmonate empfunden und bejubelt. Man rechnete allgemein mit einer nur kurzen Kriegsdauer. Doch bereits nach wenigen Monaten wurde deutlich, daß dieser Krieg, der im Laufe der Jahre weite Teile der Welt miteinbezog, hinsichtlich der ungeheuren Anzahl von Toten, des brutalen Einsatzes modernster Kriegstechnik, aber auch des Leidens der Zivilbevölkerung mit den Kriegen des 19. Jahrhunderts nicht zu vergleichen war. Der Kriegseintritt der USA 1917 gab den Ausschlag zugunsten der Entente.

US-Präsident Wilson hatte noch nach der Kriegserklärung an die Mittelmächte seine Auffassung vertreten, daß nur ein Verständigungsfrieden den Krieg beenden könne und daß dann eine Institution, der alle Nationen angehören müßten, geschaffen werden sollte, mit der künftig Kriege verhindert werden sollten. Doch auf den Pariser Friedenskonferenzen beherrschten Haß und Mißtrauen zwischen den Kriegsgegnern die Szene und diktierten die Bestimmungen der Friedensverträge. Am Ende war niemand mit den Ergebnissen der Verträge zufrieden. Die Amerikaner ratifizierten die Verträge nicht einmal und blieben auch dem Völkerbund fern, den nun die europäischen Sieger errichteten, zunächst ohne die unterlegenen Staaten aufzunehmen. So war bereits bei seiner Gründung erkennbar, daß der Völkerbund die in ihn gesetzten Hoffnungen, die mit transnationalen Rechten

ausgestattete globale Institution zur Konfliktverhütung zu werden, nicht erfüllen konnte.
In der Revolution von 1918 entledigten sich
die Deutschen der Monarchie und schufen
zum ersten Mal in ihrer Geschichte eine parlamentarische Republik. Aber die neuen Vertreter des Volkes konnten in Versailles nicht
die Gleichberechtigung für ihr Land erreichen, sie übernahmen mit der Unterzeichnung
des Friedensvertrages formell die Verantwortung für die militärische Niederlage der Monarchie. Schwer belastet wurde die deutsche
Republik durch die Anfeindungen monarchi-
stisch-konservativer Kreise, die etwa in der
Dolchstoßlegende zum Ausdruck kamen.
In den Pariser Friedensverträgen sollte Europa neu geordnet werden, aber der Frieden
war von Anfang an brüchig. Das von Wilson
geforderte Selbstbestimmungsrecht für alle
Völker wurde den besiegten Nationen verweigert. Aus dem Zusammenbruch Österreich-Ungarns, des Zarenreiches und des Osmanischen Reiches waren in Ostmitteleuropa
zahlreiche neue Nationalstaaten entstanden.
Starke Minderheiten erhoben Revisionsforderungen. Eine Politik des Ausgleichs, die solche Wünsche hätte entschärfen können, war
in den von unüberwindbaren Gegensätzen geprägten Nachkriegsjahren nicht zu realisieren.
Das Kerngebiet des ehemaligen Osmanischen
Reiches erklärte sich 1923 zur Republik Türkei.
In Rußland war nach den Revolutionen des
Jahres 1917 ein sozialrevolutionäres Regime
entstanden, das erst nach jahrelangem bluti-
gem Bürgerkrieg und der Abwehr ausländischer Interventionen mit dem inneren Aufbau
beginnen konnte. Mit dem propagierten Ziel
der kommunistischen Weltrevolution erschien
das bolschewistische Rußland unter Lenin,
später unter Stalin, als ständige Bedrohung
der labilen bürgerlichen Demokratien in Europa.
In den ersten Nachkriegsjahren berieten die
Siegermächte – ohne die USA – auf zahlreichen Konferenzen über die Reparationsverpflichtungen der unterlegenen Völker, zunächst ohne diese an den Besprechungen teilnehmen zu lassen. Die Franzosen versuchten
mit der Ruhrbesetzung ihre Forderungen gewaltsam durchzusetzen. Das Deutsche Reich
und die neuen Machthaber in Moskau bemühten sich mit dem Abkommen von Rapallo

darum, ihre außenpolitische Isolation zu
durchbrechen.
Das Verhandlungsklima zwischen Siegern und
Besiegten versachlichte sich erst, als die Amerikaner ihre freiwillige Isolation aufgaben und
als Hauptgläubiger mit Finanzexperten wieder an den Konferenzen teilnahmen. Mit dem
Dawesplan wurde erstmals ein Abkommen
geschlossen, das auch die Zahlungsfähigkeit
des Schuldners, in diesem Falle Deutschlands,
ernsthaft in Rechnung stellte.
In der Mitte der zwanziger Jahre begann in
Mitteleuropa eine Stabilisierungsphase der
politischen Verhältnisse, in der es sogar zu einer Annäherung zwischen Deutschland und
Frankreich kam. Sie erhielt große Impulse
von der Freundschaft der beiden Außenminister, Aristide Briand und Gustav Stresemann. Höhepunkt ihrer auf Ausgleich und
Versöhnung gerichteten Politik war das Vertragswerk von Locarno, in dem beide Staaten
die Rechtmäßigkeit ihrer im Versailler Vertrag
festgelegten gemeinsamen Grenzen ausdrücklich anerkannten. Beide mußten jedoch ihre
Politik immer wieder gegenüber der starken
nationalistischen Opposition in ihrem Land
verteidigen, die nicht gewillt war, alte Feind-
bilder aufzugeben.
Der neue militante Nationalismus, dessen
Vorbild das faschistische Italien war, seit Benito Mussolini in Rom an die Macht gelangt
war, sorgte zunehmend für Unruhe und verhinderte insbesondere in den jungen und noch
ungefestigten Staaten Ostmittel- und Südosteuropas eine dauerhafte Stabilisierung. Die
mehr und mehr mit Gewalttätigkeiten und
Massenkundgebungen die Straße beherrschenden Nationalisten rechtfertigten das paramilitärische Auftreten ihrer Verbände mit
ihrer antikommunistischen Einstellung und
der Notwendigkeit der Abwehr der angeblich
von Moskau und den europäischen Kommunisten geplanten Weltrevolution. Unüberhörbar waren bei den Nationalsozialisten in
Deutschland und Österreich die antisemitischen Töne und der Haß auf das parlamentarische System.
In anderer Weise wirkte der neue Nationalismus der Völker auf die außereuropäische
Welt. Nicht erst seit Großbritannien und
Frankreich im Weltkrieg Soldaten aus den
Kolonien gegen die Mittelmächte eingesetzt
hatten und diesen Ländern die Unabhängig-

keit in Aussicht gestellt worden war, meldeten diese ihre Ansprüche auf Selbständigkeit und Befreiung von der Kolonialherrschaft an. Mit dieser Emanzipationsbewegung bahnte sich eine Entwicklung an, die die bisherigen Herrschaftsverhältnisse und den Besitzstand der imperialistischen Mächte zunehmend in Frage stellte.

Großbritannien hatte bereits während des Krieges seine Haltung gegenüber den Dominien geändert; diese konnten als selbständige Staaten an den Pariser Friedenskonferenzen teilnehmen. Schließlich legte das Westminster-Statut von 1926 den Status der Dominien als autonome und dem englischen Mutterland gleichberechtigte Teile des Empire, des Commonwealth of Nations, fest. Besondere Anziehungskraft ging von der indischen Unabhängigkeitsbewegung aus, die vor allem mit der Politik des gewaltlosen Widerstands, mit Leben und Werk Mahatma Gandhis verbunden ist.

Der Zusammenbruch der New Yorker Börse im Oktober 1929 leitete eine Weltwirtschaftskrise ein, die besonders für jene Staaten, die eng an die amerikanische Wirtschaft gebunden waren, katastrophale Folgen hatte. Verlierer war aber auch der Völkerbund, der kurz zuvor, nach der Aufnahme der bislang noch ausgeschlossenen Nationen, Aktivitäten zu einer internationalen wirtschaftlichen Zusammenarbeit zu entwickeln begonnen hatte. Die Wirtschaftskrise machte alle Ansätze zunichte; viele Staaten, voran die USA und selbst das traditionell vom Freihandel gekennzeichnete Großbritannien, gingen zu protektionistischen Maßnahmen über, um ihre Wirtschaft zu schützen. Immerhin gelang es in beiden großen Demokratien, gegenüber faschistischen und rassistischen Bewegungen weitgehend immun zu bleiben, die in Europa großen Zulauf hatten. Nach seinem Wahlsieg 1932 schuf Franklin D. Roosevelt mit seiner Politik des „New Deal" einen neuen nationalen Konsens und bekämpfte erfolgreich die Depression in den USA.

Die Folge der Wirtschaftskrise in Europa war eine deutliche Verschlechterung der internationalen Beziehungen; hinzu kam, daß die von den Pariser Verträgen benachteiligten Staaten unter dem Druck ihrer immer stärker werden-

den Opposition von rechts ihre Revisionsforderungen mit größerer Entschiedenheit zu erheben begonnen. Das deutsch-französische Verhältnis kühlte sich nach dem Tod Stresemanns wieder ab. Mit Mißtrauen beobachtete man in Frankreich die Bemühungen der deutschen Regierungen, die verheerenden Auswirkungen der Weltwirtschaftskrise in Deutschland zu nutzen, um mit dem Hinweis auf die totale Zahlungsunfähigkeit eine vollständige Einstellung der Reparationsverpflichtungen zu erreichen. Die nationalistischen Töne in der innenpolitischen Auseinandersetzung wurden im Ausland mit Besorgnis registriert. Nach ihrem Erfolg bei den Reichstagswahlen 1930 begannen die Nationalsozialisten zu einer ernsten Gefahr für die Demokratie nicht nur in Deutschland zu werden.

Die japanische Invasion in China 1931 ebenso wie der italienische Überfall auf Äthiopien wenige Jahre später führten der Welt die Ohnmacht des Völkerbundes vor Augen. Auf die Besetzung der Mandschurei und die Ausrufung des japanischen Satellitenstaates Mandschukuo reagierte der Völkerbund lediglich mit einer schwachen, nicht bindenden Resolution, die das japanische Vorgehen für unrechtmäßig erklärte.

Die Reparationskonferenz von Lausanne im Sommer 1932 unter dem Eindruck der weltweiten Folgen der Wirtschaftskrise hatte die Einstellung aller Reparationszahlungen zur Folge. Im Dezember beschloß die Genfer Abrüstungskonferenz nach langen, fruchtlosen Debatten über Sicherheitsgarantien und Abrüstungsdetails, „Deutschland und den anderen durch die Verträge abgerüsteten Staaten die Gleichberechtigung zu gewähren". Das Ende der Nachkriegszeit, so schien es, war gekommen. Mit dem neuen Jahr 1933 konnte, so hoffte man, für die europäische Staatenwelt ein neuer friedlicher Zeitabschnitt der Zusammenarbeit anbrechen, zumal sich die Anzeichen mehrten, daß der Höhepunkt der Weltwirtschaftskrise überwunden war. Doch am 30. Januar 1933 ernannte Reichspräsident von Hindenburg den „Führer" der Nationalsozialisten, Adolf Hitler, zum Kanzler des Deutschen Reiches. Dieses Datum sollte in den folgenden zwölf Jahren weltgeschichtliche Dimensionen erlangen.

13.1 Attentat von Sarajevo

Die Spannungen zwischen den starren europäischen Bündnissystemen, die zuletzt in den *Balkankriegen* (▷ 12.45) offen zutage getreten waren, wurden durch nationalistisch-chauvinistische Propaganda auf beiden Seiten zusätzlich aufgeheizt. Am 28. Juni 1914 verbreiteten Extrablätter die Meldung vom Attentat in Sarajevo, bei dem ein Serbe den österreichischen Thronfolger Erzherzog Franz Ferdinand und dessen Frau getötet hatte. Anschläge auf Staatsmänner und gekrönte Häupter waren in dieser Zeit nichts Außergewöhnliches. Politische Extremisten hatten in zahlreichen Ländern Europas und in den USA den Schrecken des Terrorismus verbreitet.

Die Ermordung des österreichischen Thronfolgers aber war ein Ereignis von besonderer Brisanz, ein Schlag gegen die österreichisch-ungarische Monarchie. Er erschütterte nachhaltig das Gefüge des Vielvölkerstaates.

Der ermordete Erzherzog galt als Befürworter einer slawenfreundlichen Politik und strebte die innenpolitische Gleichstellung der slawischen Völker entsprechend dem *österreichisch-ungarischen Ausgleich* von 1867 (▷ 12.11) an. Hätte er seine Pläne nach der Thronbesteigung verwirklichen können, wäre der panslawistischen Freiheitsbewegung im Reich die Grundlage entzogen worden.

In Wien argwöhnte man sofort, daß der Anschlag von Belgrad aus gesteuert worden war und daß hinter den Akteuren, die man in serbischen Geheimdienstkreisen vermutete, Rußland stand. Die Regierung der Doppelmonarchie glaubte nun aus Prestigegründen Stärke zeigen zu müssen und entschloß sich zu einem Vorgehen gegen Serbien. Dazu benötigte sie aber die Billigung des Deutschen Reiches als Rückendeckung gegen Rußland.

Auch in Berlin erwartete man ein energisches Auftreten des einzigen noch verbliebenen Bündnispartners. Mit einem schnellen Vergeltungsschlag gegen Serbien, so glaubte man, würden vollendete Tatsachen geschaffen, könne der Konflikt begrenzt werden: Rußland sollte am Eingreifen zugunsten Serbiens gehindert werden, und Großbritannien und Frankreich würden kaum bereit sein, wegen Serbien Krieg zu führen. So gab die Reichsregierung am 5. Juli 1914 Österreich-Ungarn die Bekräftigung der unbedingten Bündnistreue, den „Blankoscheck" für das Vorgehen gegen Serbien. Und sie drängte nun die verbündete Regierung in Wien, die Gunst der Stunde zu nutzen und schnell zu handeln.

13.2 Julikrise und Kriegsausbruch

Während deutsche und österreichische Generalstäbler bereits Pläne für einen Präventivkrieg gegen Rußland entwarfen, argumentierte die Reichsregierung, ein rascher und erfolgreicher Schlag Österreichs würde Rußland die Entscheidung zuschieben, nach der österreichischen Strafaktion selbst mobil zu machen oder Serbien seinem Schicksal zu überlassen. Würde jedoch Rußland wegen Serbien einen großen Krieg auslösen, würde es von der Weltöffentlichkeit als Verursacher angeklagt werden. In diesem Falle hoffte man in Berlin, die Zustimmung der deutschen Sozialdemokraten zum Verteidigungskrieg zu gewinnen und zugleich Rußland von seinen Verbündeten zu trennen.

Das österreichische Ultimatum an Serbien aber wurde erst nach einiger Verzögerung am 23. Juli 1914 in Belgrad übergeben. Es war auf 48 Stunden befristet und enthielt einige nahezu unannehmbare Forderungen. So wurde eine rigorose Strafverfolgung der Verschwörer und ihrer Hintermänner verlangt und die Beteiligung österreichischer Dienststellen an den Untersuchungen gefordert. In Wien rechnete man mit der Ablehnung des Ultimatums. Aber am 25. Juli erkannte Serbien die Forderungen weitgehend an, und die Kriegsgefahr schien gebannt. Doch die österreichische Regierung erklärte die Antwort für nicht ausreichend, brach noch am selben Tag die diplomatischen Beziehungen zu Serbien ab und begann mit der Mobilmachung.

Obwohl der britische Außenminister zur Vermittlung eine Botschafterkonferenz vorschlug und der deutsche Außenminister direkte Verhandlungen zwischen Wien und St. Petersburg anregte, erklärte die österreichische Regierung am 28. Juli Serbien den Krieg. Während Rußland am 30. Juli die Generalmobilmachung anordnete, sicherte der deutsche Generalstabschef den österreichischen Militärs volle Unterstützung zu und drängte nun auch die Reichsregierung zu schnellen Entscheidungen,

Abfahrt deutscher Truppen nach Frankreich im August 1914

um den Aufmarsch der Armeen rechtzeitig einleiten zu können. So erfolgte am 1. August nach einem unbeantwortet gebliebenen Ultimatum die deutsche Kriegserklärung an Rußland.

Da die Reichsregierung auf eine Anfrage in Paris nach der Haltung Frankreichs in dem deutsch-russischen Konflikt keine befriedigende Antwort erhielt, erklärte sie am 3. August auch Frankreich den Krieg. Der Schlieffenplan (▷ 13.3) sah den Durchmarsch deutscher Armeen durch Belgien zur schnellen Entscheidung in Frankreich vor. Mit der Verletzung der belgischen Neutralität aber provozierten Reichsregierung und Heeresleitung den Kriegseintritt Großbritanniens. Am 4. August wurde die Londoner Kriegserklärung in Berlin übergeben. In den am Krieg beteiligten Staaten wurde der Kriegsbeginn zunächst begeistert aufgenommen. Das Bündnis der Mittelmächte (Deutsches Reich, Österreich-Ungarn, später auch das Osmanische Reich und Bulgarien) und die Staaten der Entente (Frankreich, Großbritannien, Rußland, später auch die USA) standen sich hochgerüstet gegenüber. Italien und Rumänien, die deutschen Bündnispartner, blieben zunächst neutral.

13.3 Marneschlacht Tannenberg

Der Aufmarsch der deutschen Armeen im Westen wurde nach einer 1905 verfaßten

Denkschrift des damaligen Generalstabschefs Graf von Schlieffen ausgeführt, der von einem Zweifrontenkrieg des Deutschen Reiches gegen Frankreich und Rußland ausging. Sie sah vor, die französischen Streitkräfte mit einem schnellen Schlag auszuschalten, um sich dann mit der gesamten Heeresmacht dem russischen Aufmarsch zuzuwenden.

Der schnelle Erfolg im Westen war nur mit einer umfassenden Umgehungsbewegung vom rechten Flügel her zu bewerkstelligen; dazu mußte jedoch die belgische Neutralität verletzt werden. Die deutsche Heeresleitung und die bereits weitgehend einflußlose Reichsregierung nahmen den Kriegseintritt Großbritanniens bewußt in Kauf.

In Abänderung des Schlieffenplanes schwenkten die Armeen des rechten Flügels bereits lange vor Erreichen der Kanalküste nach Süden und trafen östlich von Paris auf eine eilends zur Verteidigung der Hauptstadt zusammengestellte, zahlenmäßig überlegene französisch-britische Streitmacht. In der Marneschlacht (5. bis 9. September) kam der deutsche Vormarsch zum Stehen, und als in der zwischen den beiden deutschen Armeen entstandenen Lücke ein gegnerischer Flankenangriff drohte, gab Generalstabschef Helmuth von Moltke den Befehl, die Armeen auf eine 80 km entfernt gelegene Linie zurückzuziehen. Damit war der Plan, die französische Hauptstreitmacht im ersten Ansturm zu besiegen, gescheitert. Nur zögernd folgten die französischen Einheiten den zurückweichenden

Deutschen. Man hat deshalb in Frankreich vom „Wunder an der Marne" gesprochen. Wesentlich schneller als von der deutschen Heeresleitung erwartet vollzog sich der russische Aufmarsch. Die schwachen deutschen Heeresverbände mußten sich vor den feindlichen Armeen unter Preisgabe ostpreußischer Gebiete zurückziehen, um nicht eingeschlossen und aufgerieben zu werden. Die Heeresleitung übertrug dem reaktivierten General Paul von Hindenburg den Oberbefehl über die deutschen Truppen in Ostpreußen. Hindenburg gelang es zusammen mit seinem Stabschef Erich Ludendorff, in einer waghalsigen Schlacht bei Tannenberg eine russische Armee einzuschließen und vernichtend zu schlagen (26. bis 30. August) und eine weitere an den Masurischen Seen (6. bis 15. September) zu einem verlustreichen Rückzug zu zwingen. Während die Verluste der Deutschen relativ gering waren, mußten die Russen mehr als 90 000 Tote beklagen, über 137 000 Mann gerieten in deutsche Gefangenschaft.

Diese Erfolgsmeldungen vermochten in der deutschen Bevölkerung den Schock über den Ausgang der Marneschlacht wieder etwas zu lindern. Aber das Scheitern des deutschen Angriffs im Westen ließ ahnen, daß der Krieg nicht in wenigen Monaten zu gewinnen war, was in der Anfangseuphorie allgemein erwartet worden war.

13.4 Stellungskrieg

Nachdem der Versuch der deutschen Heeresleitung, in einem „Wettlauf zum Meer" vor dem Gegner die Kanalküste zu erreichen und die für den britischen Nachschub unentbehrlichen Häfen zu besetzen, gescheitert war (▷ 13.3), standen sich zu Beginn des Winters 1914/15 die alliierten und die deutschen Heere auf einer Frontlänge von 700 km von der belgischen Küste bis zur schweizerischen Grenze nahezu bewegungslos gegenüber. Die Soldaten gruben sich ein, ein Schützengrabensystem entstand, durch Stacheldrahtverhaue notdürftig gesichert: Der Stellungskrieg begann. Lauf- und Verbindungsgräben führten zu rückwärtigen Stäben, zu Nachschub- und Versorgungsstellen, zu den Verbandsplätzen und Feldlazaretten. Ein befestigtes Erdloch wurde für die Fronttruppen Aufenthalts-, Schlaf- und Schutzraum: der Unterstand. Die in den

Löchern hockenden Soldaten ahnten in diesem noch relativ ruhigen Winter 1914/15 nicht, daß sie dieses Schützengrabendasein mehr als drei Jahre, bis zum Frühjahr 1918, zu ertragen haben würden.

Vom Frühjahr 1915 an entwickelte sich aus dem Versuch, den Gegner an einem bestimmten Frontabschnitt zu überrennen, um zum Bewegungskrieg zurückzukehren, die „Materialschlacht". Mehrmals unternahmen es die Alliierten vergeblich, durch massiven Einsatz von schwerer Artillerie an verschiedenen Stellen der Front das deutsche Grabensystem niederzuwalzen, um dem nachfolgenden Infanterieangriff den Durchbruch ins Hinterland zu ermöglichen. Dabei erlitten die Angreifer ungleich höhere Verluste als die Verteidiger.

Im Februar 1916 setzte die deutsche Heeresleitung zu einer Großoffensive auf die französische Maasfestung Verdun an, den wichtigsten Eckpfeiler der französischen Front. Das deutsche Oberkommando beabsichtigte nicht, die durch zahlreiche Außenforts gesicherte Festung zu erobern. Die Strategie, die französischen Divisionen in einer gewaltigen Zermürbungsschlacht ausbluten zu lassen, ging jedoch nicht auf. In einem sich über Monate hinziehenden mörderischen Ringen, in dem um jeden Meter Boden erbittert gekämpft wurde, mußten beide Seiten extreme Verluste hinnehmen, ohne daß eine Entscheidung erzielt werden konnte. Im November 1916 brachen die Deutschen das Unternehmen, das insgesamt etwa 700 000 Tote gefordert hatte, ab.

Ebenso ergebnislos verlief der vornehmlich von britischen Truppenverbänden unternommene Durchbruchsversuch in der Sommeschlacht vom Juli bis November 1916. Auf beiden Seiten erkannte man, daß trotz des gewaltigen Einsatzes von Menschen, schweren Waffen und Munition die feindlichen Stellungen nicht überwunden werden konnten, solange der Verteidiger seine eigenen Verluste rasch wieder ausgleichen konnte. Auf deutscher Seite machte sich zunehmend die materielle Unterlegenheit und das Fehlen frischer und ausgebildeter Reserven bemerkbar. Als die Alliierten ab 1917 eine neue Waffe, die Tanks (Panzer) zum Einsatz brachten, mit denen tiefe Einbrüche in die deutschen Frontlinien erzielt werden konnten, ging die deutsche Heeresleitung zu einer flexibleren Kriegführung über, mit der verlorenes Gelände abgeriegelt und aus taktischen Gründen auch aufgegeben wurde, um der Frontlinie größere Geschlossenheit und bessere Widerstandsmöglichkeiten gegen Tankangriffe zu verschaffen. Erst im Frühjahr 1918 gelang den deutschen Armeen mit der Frühjahrsoffensive (▷ 13.14) auf breiter Front ein Durchbruch, mit dem der Stellungskrieg überwunden wurde. Karte S. 364

13.5 Kriegsziele

Seit Beginn des Krieges befaßten sich alle beteiligten Mächte mit der Frage, wie Europa und die Welt nach Beendigung der Kämpfe aussehen sollten. Auf allen Seiten wurden die Kriegsziele zum Teil wesentlich erweitert, wobei sich die Vorstellungen eines Staates von denen seines bzw. seiner Verbündeten deutlich unterscheiden konnten.

Die französischen Kriegsziele gingen über die Rückgabe Elsaß-Lothringens (▷ 12.13) wesentlich hinaus. Man forderte nun auch das Saarland und einen besonderen Status für die linksrheinischen Gebiete und, wie Großbritannien, die Wiederherstellung der belgischen Souveränität. Der Vielvölkerstaat Österreich-Ungarn sollte nach dem Kriege in mehrere selbständige Staaten aufgelöst werden.

Die britischen Forderungen beschränkten sich auf die Zerstörung der deutschen Flotte und die Übernahme der deutschen Kolonien. In der Neuordnung Europas blieb Großbritannien seinem Grundsatz der „balance of power" treu und ließ erkennen, daß es an einer zu weit gehenden Schwächung Deutschlands nicht interessiert sei. Dem russischen Anspruch auf die Meerengen mit Konstantinopel widersetzten sich die Briten nicht mehr, wohl aber der Forderung nach einem Protektorat über Armenien. In einem Geheimabkommen (Sykes-Picot-Abkommen) verständigten sich Franzosen und Briten über die Abgrenzung ihrer Interessensphären im Nahen Osten. Nach der Besetzung Serbiens 1915/16 waren die unmittelbaren Kriegsziele der Mittelmächte erreicht. Die deutschen Forderungen zielten nun auf den Ausbau der deutschen Position in Mitteleuropa. Frankreich sollte das ertragreiche Erzbecken von Brie und einen Küstenstreifen von Dünkirchen bis Boulogne abtreten. Belgien sollte in einen Vasallenstaat

Deutsche Infanterie im Schützengraben

umgewandelt werden, um zu verhindern, daß es ein feindliches Einfallstor werden könnte. Die weitreichenden deutschen Kriegsziele im Osten bedurften der Abstimmung mit den Österreichern, die jedoch nie stattfand. Am 5. November 1916 proklamierten die Mittelmächte ein selbständiges Königreich Polen, um die im russischen Heer kämpfenden Polen zur Desertion anzustiften, was aber mißlang. Zudem war nun die Chance vertan, den Zweifrontenkrieg zu beenden, da Rußland unter diesen Umständen zu keinerlei Friedensverhandlungen bereit war. Daneben konnten sich die Mittelmächte nicht über das Staatsgebiet eines neuen Polen einigen, da Galizien bei Österreich verbleiben und Posen nicht aus dem Deutschen Reich herausgelöst werden sollte. Im Gegensatz zu den deutschen Nationalisten traten die deutschen Sozialdemokraten für einen Frieden ohne Annexionen, einen Verständigungsfrieden, nicht für einen „Siegfrieden" ein.

Die amerikanischen Kriegszielvorstellungen formulierte der amerikanische Präsident Wilson in einer Botschaft an den Kongreß am 8. Januar 1918. *Wilsons Vierzehn Punkte* (▷ 13.12) haben in den Friedensverhandlungen eine herausragende Rolle gespielt.

13.6 Ostfront

An der Ostfront beherrschte anfangs der Aufmarsch der russischen Armeen, die sich auf die Grenzen des Deutschen Reiches und der Donaumonarchie zubewegten, das Bild des Krieges. Durch die Siege bei *Tannenberg* und an den Masurischen Seen (▷ 13.3) konnten die Deutschen den Einbruch zweier russischer

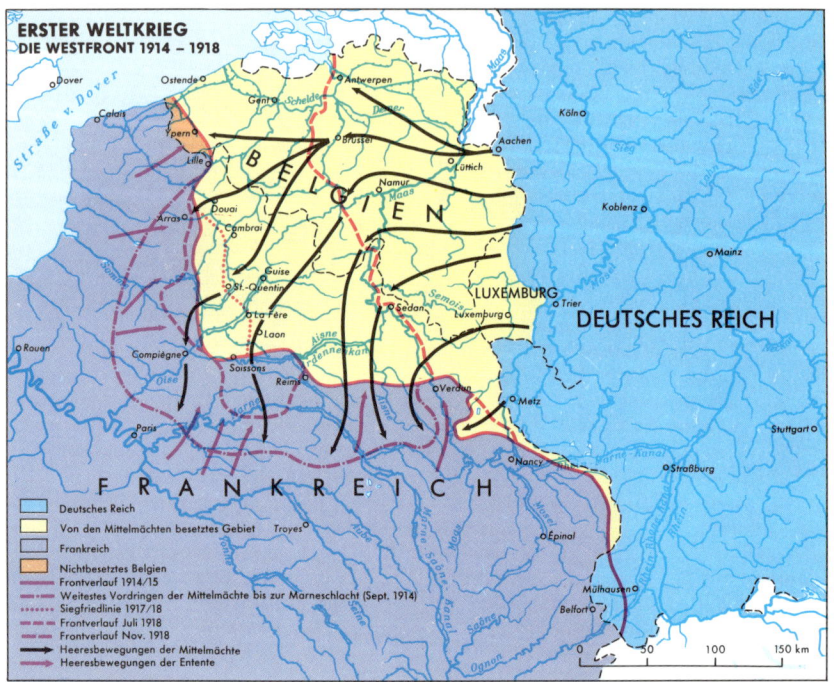

ERSTER WELTKRIEG
DIE WESTFRONT 1914 – 1918

DEUTSCHES REICH

Deutsches Reich
Von den Mittelmächten besetztes Gebiet
Frankreich
Nichtbesetztes Belgien
Frontverlauf 1914/15
Weitestes Vordringen der Mittelmächte bis zur Marneschlacht (Sept. 1914)
Siegfriedlinie 1917/18
Frontverlauf Juli 1918
Frontverlauf Nov. 1918
Heeresbewegungen der Mittelmächte
Heeresbewegungen der Entente

Armeen in Ostpreußen abwehren. Gleichzeitig aber mußten österreichisch-ungarische Heeresverbände in Galizien nach schweren Kämpfen bei Lemberg vor den weit überlegenen russischen Streitkräften bis an die Karpaten zurückweichen. Dabei verloren sie den größten Teil ihres aktiven Offizierskorps. Zugleich machte sich schon in den ersten Gefechten die Unzuverlässigkeit der Truppenteile bemerkbar, die einen hohen Anteil an Soldaten aus slawischen Volksgruppen aufwiesen. Gegen Ende des Jahres 1914 erstarrte auch im Osten von der Memel bis zu den Karpaten der Kampf zum Stellungskrieg. Doch schon im Februar 1915 gelang den Siegern von Tannenberg mit der Winterschlacht in Masuren die endgültige Befreiung Ostpreußens; österreichische und deutsche Verbände behaupteten sich zur gleichen Zeit gegen eine massiert angreifende russische Übermacht in der Winterschlacht in den Karpaten. Im Mai 1915 überwanden die Armeen der Mittelmächte in der Schlacht bei Gorlice den Grabenkrieg. Obwohl gerade zu dieser Zeit österreichische Heereseinheiten an die Alpenfront

gegen Italien, das nach langem Zögern im Mai 1915 Österreich-Ungarn den Krieg erklärt hatte, weil es auf beträchtliche territoriale Zugewinne hoffte, abgezogen werden mußten, wurden Kurland, Litauen und Polen besetzt, Galizien zurückgewonnen. Deutsche, Österreicher und Bulgaren, die sich nun den Mittelmächten angeschlossen hatten, überrannten in einem schnellen Feldzug bis Ende des Jahres 1915 auch Serbien. Die Landverbindung zur Türkei war nun hergestellt.
Die Lage für Rußland wurde immer dramatischer, denn die Türkei war im Oktober 1914 an der Seite der Mittelmächte in den Krieg eingetreten und sperrte die Durchfahrt durch die Dardanellen, so daß Rußland von seinen Verbündeten abgeschnitten war. Briten und Franzosen versuchten vergeblich, durch eine Landung bei Gallipoli (Gelibolu) die Meerengen in ihre Hände zu bekommen (Februar 1915 bis Januar 1916). Aber trotz der ungeheuer großen russischen Verluste wies der Zar jeden Gedanken an einen Sonderfrieden zurück. Zur Überraschung der Deutschen und Österreicher traten am 4. Juni 1916 vier

russische Armeen unter Führung des Generals Brussilow auf breiter Front zum Sturm auf die österreichischen Linien in Galizien und Wolhynien an, überrannten die gegnerischen Truppen und erzielten beträchtliche Geländegewinne. Bis August gerieten mehr als 350 000 Soldaten der Habsburgermonarchie in Gefangenschaft. Rumänien sah sich nun veranlaßt, den Alliierten beizutreten. Österreich mußte den Angriff in Norditalien abbrechen, deutsche Truppen wurden rasch von der Somme ($\triangleright$ 13.4) an die Ostfront geschickt. Die Brussilow-Offensive wurde abgewehrt, und die russischen Verluste überstiegen die Millionengrenze; die Moral der russischen Soldaten war nun gebrochen.

Gefallene russische Soldaten

13.7   Seekrieg

Mit Beginn des Kriegszustandes zwischen Großbritannien und Deutschland stellte sich sogleich die Frage, ob und in welcher Weise die beiden größten Schlachtflotten der Welt zum Einsatz gebracht werden konnten ($\triangleright$ 12.44). Auf deutscher Seite zeigte sich bald, daß weder Reichsregierung noch Marineführung und auch der Kaiser nicht die Verantwortung dafür übernehmen wollten, der Flotte den Befehl zu geben, auf hoher See die Briten zum Kampf herauszufordern. Die britischen Seestreitkräfte waren bei Kriegsbeginn den deutschen deutlich überlegen. So wurde beschlossen, die deutsche Seestreitmacht in den Häfen zurückzuhalten.

Die einzelnen, bei Kriegsbeginn in Übersee operierenden deutschen Kriegsschiffe wurden bis auf wenige Ausnahmen in kurzer Zeit von britischen Flottengeschwadern zum Kampf gestellt und versenkt. Da die in den Häfen festliegenden Großkampfschiffe auch nicht in der Lage waren, von ihren Stützpunkten aus in den Kanal vorzustoßen und die britischen Truppentransporte nach Frankreich zu stören, war der Beweis erbracht, daß der ungeheuer aufwendige und politisch verhängnisvolle deutsche Schlachtflottenbau eine grandiose Fehlinvestition gewesen war, wie Kritiker schon lange behauptet hatten.

Die britische Admiralität erklärte am 2. November 1914 die gesamte Nordsee zum Kriegsgebiet und verhängte eine Blockade gegen die Mittelmächte, die um so schärfer wurde, je mehr es die Briten verstanden, ihre Kon-

trollen über den Seehandel auszuweiten. Zwar protestierten die Neutralen, auch die USA, gegen die völkerrechtswidrige Handhabung des Handelskrieges, aber da die Briten um weitgehende Entschädigung der Neutralen für entstandene Schäden bemüht waren, führte der anfängliche Unmut zu keinen ernsten Ver-

wicklungen. Die Deutschen sahen einen Ausweg nur im Einsatz einer neuen Waffe, der Unterseeboote ($\triangleright$ 13.8).

Überraschend kam es Ende Mai 1916 doch zu einem direkten Aufeinandertreffen der deutschen und der britischen Flottengeschwader in der Seeschlacht am Skagerrak, an der 21 deutsche und 37 britische Großkampfschiffe beteiligt waren. In dem heftigen Artillerieduell gelang es den deutschen Schiffen unter Admiral Scheer, dem britischen Verband erheblich höhere Tonnageverluste zuzufügen, als sie selbst hinnehmen mußten. Der britische Flottenchef, Admiral Jellicoe, ließ die Chance, den deutschen Geschwadern, die sich im Schutze der Nacht vom Gegner gelöst hatten und den heimatlichen Gewässern zustrebten, den Weg abzuschneiden und sie mit seiner Hauptmacht erneut zu stellen, ungenutzt verstreichen. Die Deutschen glaubten, einen Sieg errungen zu haben, doch die Schlacht hatte keine kriegsentscheidende Bedeutung.
Abbildung S. 368

13.8 U-Boot-Krieg Kriegseintritt der USA

Nachdem die britische Admiralität die gesamte Nordsee zum Kriegsgebiet erklärt, vermint und auf hoher See auch die neutrale Schiffahrt zu kontrollieren begonnen hatte, erklärten die Deutschen im Februar 1915 die Gewässer um die Britischen Inseln zum Operationsgebiet ihrer Flotte. Obwohl zunächst nur wenige U-Boote einsatzbereit waren, setzte man große Hoffnungen auf die neue Waffe, zumal bereits im September 1914 drei alte britische Panzerkreuzer von einem deutschen U-Boot versenkt worden waren.
Am 22. Februar 1915 befahl die deutsche Marineleitung den uneingeschränkten U-Boot-Krieg, was den Seekriegsbestimmungen der *Haager Friedenskonferenzen* ($\triangleright$ 12.31) widersprach, und provozierte damit den scharfen Protest der neutralen Länder und insbesondere der USA, die bereits in London gegen die britische Hungerblockade gegen Deutschland interveniert hatten. Die Versenkung des britischen Passagierdampfers „Lusitania" am 7. Mai 1915, bei der 1198 Menschen ums Leben kamen, darunter 139 US-Staatsbürger, führte zu einer schweren Belastung der deutsch-amerikanischen Beziehungen. Aus

Sorge vor einer weiteren Verschärfung der Spannungen wurde der uneingeschränkte U-Boot-Krieg daher zunächst eingestellt.

Als sich jedoch durch die anhaltende britische Seeblockade die Versorgungslage im Reich zunehmend verschlechterte, wurde der uneingeschränkte U-Boot-Krieg, mit dem die Marineführung die Niederlage Großbritanniens in sechs Monaten versprach, wieder aufgenommen. Diese Prognose erwies sich jedoch als Fehleinschätzung; am 6. April 1917 erklärten die USA Deutschland den Krieg. Der amerikanische Präsident Woodrow Wilson hatte sich seit Kriegsbeginn bemüht, zwischen den kriegführenden Mächten zu vermitteln, und diese Haltung auch noch nach dem „Lusitania-Zwischenfall" beizubehalten versucht, obwohl die öffentliche Meinung in den Vereinigten Staaten eindeutige Sympathien für die Ententemächte hegte. Wilson, der noch im Januar 1917 die Ansicht vertreten hatte, daß ein dauerhafter Frieden nur durch einen Verständigungsfrieden zu erreichen sein werde, bot den kriegführenden Staaten sein Friedensprogramm der *Vierzehn Punkte* ($\triangleright$ 13.12) an. Der Kriegseintritt der USA hat den Ersten Weltkrieg schließlich entschieden.
Abbildung S. 368

13.9 Februarrevolution in Rußland

Am 22. Februar 1917 (nach dem zu dieser Zeit in Rußland gültigen Julianischen Kalender) streikten in Petrograd, wie die russische Hauptstadt seit 1914 hieß, über 100000 Arbeiter. Einen Tag später schlossen sich die vor den Lebensmittelläden schlangestehenden Frauen an. Das war der Durchbruch in einer seit dem Jahrestag des „Blutsonntags" von 1905 ($\triangleright$ 12.35) anhaltenden Demonstrationswelle. Am 25. Februar herrschte Generalstreik, am 26. begannen die Soldaten der Garnison auf die Seite der Aufständischen überzugehen, am 27. war die Stadt in ihren Händen, zwei Tage später auch Moskau. Das alte Regime erwies sich als unfähig, dieser Herausforderung zu begegnen. Zar Nikolaus II. dankte am 2. März ab.
Die Reformen, die nach der Revolution von 1905 eingeleitet worden waren, hatten die wirtschaftlichen, sozialen und politischen Probleme des Zarenreichs nicht lösen können. Die

Gegensätze zwischen den herrschenden Schichten und der Mehrheit des Volkes hatten sich im Weltkrieg weiter verschärft. Militärisch konnte sich das Regime zwar wieder von mehreren schweren Niederlagen gegen die deutschen Truppen erholen; die Kriegswirtschaft jedoch blieb in vielen Bereichen wenig effektiv, die Lebensmittelversorgung der Städte brach zusammen. Die liberale Opposition gegen den Zaren verlor zusehends an Rückhalt im Volk, da sie sich immer wieder zu Kompromissen bereitfand, ohne daß es zu einer grundlegenden Besserung kam. Die Autorität des Zaren verfiel, sogar konservative Kreise erörterten einen Umsturz. Als erste Tat wurde im Dezember 1916 der Mönch Rasputin ermordet, um dessen Einfluß auf die Zarenfamilie auszuschalten. Die spontane Erhebung vom Februar 1917 konnte dies allerdings nicht mehr aufhalten.

Während der Revolution entstanden wie schon 1905 Sowjets (Räte) der Arbeiter und Soldaten, die bald von Bauernsowjets ergänzt wurden. Betriebe, Truppeneinheiten, Stadtbezirke oder Dörfer wählten nach einem bestimmten Schlüssel ihre Vertreter in die örtlichen Sowjets. Diese wiederum entsandten Delegierte in das nächsthöhere Gremium bis hinauf zum Allrussischen Sowjetkongreß, der Anfang Juni 1917 erstmals zusammentrat, und zum Zentralen Exekutivkomitee. Der Petrograder Sowjet, der sich am 28. Februar konstituierte, hätte die Regierungsgewalt übernehmen können. Die Mitglieder zweifelten jedoch, ob sie sich überall im Land Anerkennung verschaffen könnten und fähig sein würden, Rußland Brot, Freiheit und Frieden zu bringen. Manche meinten, Marx interpretierend, es müsse zunächst eine bürgerliche Demokratie aufgebaut werden, bevor man zum Sozialismus übergehen könne.

Deshalb beschränkte sich der Sowjet darauf, dem ebenfalls am 28. Februar aus dem alten Parlament hervorgegangenen Provisorischen Duma-Komitee und der am 2. März von diesem gebildeten Provisorischen Regierung die Grundsätze der künftigen Arbeit vorzuschreiben: Die politischen Freiheiten und Selbstvertretungsrechte sollten gewährleistet, die Demokratisierung des Militärs, die Aufhebung aller Klassen-, Nationalitäten- und religiösen Beschränkungen in die Wege geleitet werden. Die „Doppelherrschaft" hatte begonnen.

Oben: Lenin spricht in Petrograd
Unten: Erstürmung des Winterpalastes in
Petrograd am 7. November (25. Oktober) 1917

13.10 Oktoberrevolution

Die „Doppelherrschaft" zwischen Petrograder Sowjet und Provisorischer Regierung nach der *Februarrevolution* 1917 (▷ 13.9) drückte auch das Verhältnis zwischen den Vertretern des Volkes und den Repräsentanten der „Gesellschaft" aus (▷ 12.35). Kam es zunächst zu einer begrenzten Zusammenarbeit, so wurde bald offensichtlich, daß es der Regierung sowie den hinter ihr stehenden liberalen und gemäßigt-konservativen Parteien nicht gelingen würde, die drängenden Probleme des Landes zu lösen. Die Lebensmittelversorgung konnte kaum verbessert werden. Die Agrarreform, die den Bauern mehr Land auf Kosten der adligen Gutswirtschaften bringen sollte, wurde ebenso vertagt wie die Nationalitäten-

Drei englische Panzerkreuzer werden durch das deutsche U-Boot U9 in der Nordsee versenkt. Aquarell

Das deutsche U-Boot U20 versenkt die „Lusitania" auf der Fahrt von den USA nach Liverpool. Aquarell

frage oder der Friedensschluß. Man wollte diese grundlegenden Entscheidungen der Verfassunggebenden Nationalversammlung überlassen. Deren Wahl wurde jedoch immer wieder hinausgeschoben, so daß im Volk das Mißtrauen gegenüber der Regierung wuchs. Im April 1917 kam es zu einer ersten schweren Krise. Die Sozialrevolutionäre, eine sozialistische Partei, die vor allem unter den Bauern Anklang fand, und die Menschewiki („Minderheitler"), der gemäßigte Flügel der russischen Sozialdemokratie, entschlossen sich, Vertreter in die umgebildete Regierung zu entsenden. Da beide Organisationen die Mehrheit in den Sowjets stellten, war das bisherige Prinzip der „Doppelherrschaft" durchbrochen. Die Kluft zwischen „Gesellschaft" und Volk hätte vielleicht geschlossen werden können, wenn den Forderungen von Arbeitern, Bauern und Soldaten nun stärker entsprochen worden wäre. Da dies nicht der Fall war, gerieten Menschewiki und Sozialrevolutionäre mit der „Gesellschaft" in den Sog des Vertrauensschwundes. Im Juli, nachdem eine militärische Offensive gegen die Mittelmächte im Weltkrieg gescheitert war, entlud sich in Petrograd die Kritik in Streiks und Demonstrationen mit der Parole „Alle Macht den Sowjets". Während sich der Petrograder Sowjet verweigerte, stellten sich die Bolschewiki („Mehrheitler"), die radikalen Sozialdemokraten, an die Spitze der Proteste, obwohl sie den Zeitpunkt eines Umsturzes für verfrüht hielten. Die Regierung ließ die Demonstrationen gewaltsam auflösen und verbot die bolschewistische Partei.

Die Menschewiki und Sozialrevolutionäre verloren zunehmend Anhänger, die Bolschewiki erschienen neben einigen kleineren Gruppierungen als einzige Partei, die von Kompromissen mit der „Gesellschaft" unbelastet war. Dafür hatte nicht zuletzt Lenin (Wladimir Iljitsch Uljanow, 1870–1924) gesorgt, nachdem er im April aus dem Exil zurückgekehrt war. Die von den Bolschewiki unterstützten Losungen „Frieden – Land – Brot", „Alle Macht den Sowjets" und „Arbeiterkontrolle in den Fabriken" drückten die zentralen Wünsche der Bevölkerung aus. Als Ende August Ministerpräsident Kerenski die Hilfe von Bolschewiki in Anspruch nehmen mußte, um einen Putsch des Oberbefehlshabers Kornilow durch Massenaktionen niederzuschlagen, stieg deren Autorität. Es entstand gewissermaßen eine neue „Doppelherrschaft" zwischen den Massenbewegungen, die sich mehr und mehr von den Bolschewiki repräsentiert fühlten, und der Regierung. Da Menschewiki und Sozialrevolutionäre die Übernahme der Macht durch die Sowjets ablehnten, drängte Lenin seit September seine Partei zum bewaffneten Aufstand. Das Zentralkomitee gab dem am 10. Oktober (nach dem Julianischen Kalender) nach heftigen Auseinandersetzungen nach, zumal zahlreiche Betriebskomitees vor einer wachsenden Enttäuschung der Arbeiter über die zurückhaltende Politik der Partei gewarnt hatten. Inzwischen besaßen die Bolschewiki auch im Petrograder Sowjet die Mehrheit. Dieser wählte Leo Trotzki (Leib Bronschtein, 1879–1940) zum Vorsitzenden und bestimmte ein Militärisches Revolutionskomitee, um gegen einen befürchteten neuen gegenrevolutionären Putsch gerüstet zu sein. Als die Regierung versuchte, die Aktivitäten der Bolschewiki und des Militärischen Revolutionskomitees zu behindern, ging dieses zur Offensive über. Am 25. Oktober besetzten Arbeiter und Soldaten alle wichtigen Gebäude in Petrograd und verhafteten die Regierung. Der am Abend zusammengetretene 2. Allrussische Sowjetkongreß billigte den Umsturz. Die Minderheit aus Menschewiki und Sozialrevolutionären zog unter Protest aus. Am nächsten Tag verabschiedete der Kongreß zwei Gesetze: Das eine enteignete den Gutsbesitz und übergab das Land den Bauern, das andere bot einen sofortigen Friedensschluß an. Darüber hinaus wurde die Wahl zur Nationalversammlung eingeleitet und die Provisorische Arbeiter- und Bauern-Regierung mit Lenin an der Spitze gebildet.

Auch die folgenden Maßnahmen entsprachen den Forderungen der Massenbewegungen. Neben den Bolschewiki traten nur die – abgespalteten – Linken Sozialrevolutionäre in den Rat der Volkskommissare, wie man die Regierung nannte, ein. Koalitionsverhandlungen mit den Menschewiki und Sozialrevolutionären scheiterten. Erst jetzt erklärten die Bolschewiki die Revolution zur „sozialistischen" und setzten sich damit das Ziel, in planmäßiger Entwicklung einen grundlegenden gesellschaftlichen Umbau vorzunehmen.

13.11 Balfour-Deklaration

Bereits im Baseler Programm des ersten Zionistenkongresses 1897 (▷ 12.25) wurde die Errichtung einer nationalen Heimat für die Juden in Palästina gefordert. Mit der Veröffentlichung dieses Programms begann, vorerst noch zögernd, die jüdische Auswanderung nach Palästina, besonders aus Osteuropa. Erste jüdische Stadtgründung wurde 1909 Tel Aviv. Bis zum Ersten Weltkrieg blieb der Anteil der Juden an der Gesamtbevölkerung in Palästina gering (um 10%), dennoch führte die jüdische Einwanderung schon bald zu Konflikten mit den Arabern. Im Ersten Weltkrieg bemühte sich Großbritannien verstärkt um die arabische Nationalbewegung und versprach, ihr in ihrem Streben nach einem unabhängigen eigenen Staat behilflich zu sein,

wenn die Araber als Verbündete der Ententemächte in den Krieg gegen die Mittelmächte und die Türkei eintreten würden. Mit einer Unabhängigkeitserklärung eröffneten die Araber im Sommer 1916 den Krieg gegen die Türkei. Zugleich aber unterstützte die britische Regierung die zionistische Bewegung, um vor allem die öffentliche Meinung in den USA für die Sache der Alliierten zu gewinnen. Außenminister Arthur J. Balfour (1848–1930) gab im Auftrag der britischen Regierung dem Vertreter der Zionisten, Lord Rothschild, am 2. November 1917 die Bestätigung, daß Großbritannien den Wunsch der Juden nach „einer nationalen Heimstätte in Palästina" unterstützen werde. Die Rechte bestehender nichtjüdischer Gemeinschaften sollten allerdings nicht beeinträchtigt werden. Die Balfour-Deklaration löste bei den an der Seite der Briten gegen die Türken kämpfenden Arabern Befürchtungen aus, die die britische Regierung zu beschwichtigen suchte, indem sie versprach, sich für die Unabhängigkeit der Araber einzusetzen, und eine umfassende Nachkriegsregelung in Aussicht stellte.

Diese zweigleisige, proarabische wie projüdische Politik verfolgte Großbritannien auch nach dem Krieg, auf der Konferenz von San

Balfour-Deklaration

Foreign Office,
November 2nd, 1917.

Dear Lord Rothschild,

I have much pleasure in conveying to you, on behalf of His Majesty's Government, the following declaration of sympathy with Jewish Zionist aspirations which has been submitted to, and approved by, the Cabinet.

"His Majesty's Government view with favour the establishment in Palestine of a national home for the Jewish people, and will use their best endeavours to facilitate the achievement of this object, it being clearly understood that nothing shall be done which may prejudice the civil and religious rights of existing non-Jewish communities in Palestine, or the rights and political status enjoyed by Jews in any other country".

I should be grateful if you would bring this declaration to the knowledge of the Zionist Federation.

Remo (April 1920), auf der sich die Alliierten über die Aufteilung der ehemals türkischen, arabischen Provinzen einigten, und später, als der *Völkerbund* (▷ 13.18) das ihm übertragene Mandat über Palästina an Großbritannien weitergab. Dabei wurde zur Auflage gemacht, die Balfour-Deklaration zu erfüllen.

Nach 1920 wurde Palästina verstärkt Einwanderungsland der europäischen Juden. Als Zugeständnis an die Araber wurde das Ostjordanland als selbständiges Emirat Transjordanien von Palästina abgetrennt. Gestützt auf die Balfour-Deklaration erhoben die Zionisten sehr bald weitgehende Forderungen nach Errichtung eines jüdischen Staates. Damit aber stießen sie auf den erbitterten Widerstand der arabischen Bevölkerung.

13.12 Wilsons Vierzehn Punkte

Die Bemühungen des amerikanischen Präsidenten Woodrow Wilson (1856–1924), zwischen den kriegführenden Parteien zu vermitteln, begannen schon im Frühjahr 1915, als er noch versuchte, durch konsequente Neutralitätspolitik die USA aus dem Krieg herauszuhalten. Mit seiner Note vom 20. Dezember 1916 forderte der Präsident die kriegführenden Mächte und die Neutralen zu einem Meinungsaustausch über alle Friedensbedingungen und Kriegszielforderungen auf. Die Reichsregierung, die wenige Tage zuvor eine Friedensdeklaration an die USA gerichtet hatte, stimmte zu. Aber die im Januar 1917 beschlossene Wiedereröffnung des uneingeschränkten *U-Boot-Krieges* (▷ 13.8) ließ die deutsche Friedensbereitschaft unaufrichtig erscheinen. Am 3. Februar 1917 brachen die USA die diplomatischen Beziehungen zum Deutschen Reich ab.

Noch im Januar 1917 hatte Präsident Wilson öffentlich erklärt, daß ein dauerhafter Friede nur durch einen „Frieden ohne Sieg" erreicht werden könne, und allen überzogenen Kriegszielvorstellungen (▷ 13.5) eine entschiedene Absage erteilt. Trotz des seit April 1917 herrschenden Kriegszustandes mit dem Deutschen Reich befaßte sich Wilson weiter mit der Ausarbeitung von Grundsätzen für einen allgemeinen Frieden. Nachdem im Sommer 1917 auch ein Vermittlungsversuch des Papstes gescheitert war, legte Präsident Wilson am

8. Januar 1918 dem Kongreß ein in vierzehn Punkten zusammengestelltes Friedensprogramm vor, das nicht zuletzt auch gegen die Gefahren gerichtet war, die von der bolschewistischen Revolution (▷ 13.10) ausgehen konnten.

Die Punkte I–V betrafen die Öffentlichkeit aller internationaler Verhandlungen, die Freiheit der Meere in Krieg und Frieden, die Beseitigung von Handelsschranken, die internationale Abrüstung und die unparteiische Ordnung der kolonialen Ansprüche unter Berücksichtigung der Interessen der Kolonialvölker. Die Punkte VI–VIII forderten die Räumung der besetzten Gebiete in Rußland, Belgien und Frankreich einschließlich der Rückgabe Elsaß-Lothringens. In den Punkten IX–XIII wurden die autonome Entwicklung der Völker der Donaumonarchie und des Osmanischen Reiches, ferner die Räumung Rumäniens, Serbiens und Montenegros postuliert sowie die Errichtung eines unabhängigen polnischen Staates mit einem freien Zugang zum Meer und die Öffnung der Dardanellen für die internationale Schiffahrt vorgesehen. Punkt XIV forderte die Bildung eines allgemeinen Verbandes der Nationen, eines *Völkerbundes* (▷ 13.18), um politische Unabhängigkeit und territoriale Integrität für große und kleine Staaten gleichermaßen zu gewährleisten.

Woodrow Wilson

Die Alliierten stimmten den Vierzehn Punkten mit gewissen Einschränkungen zu, das Deutsche Reich ging erst auf das amerikanische Angebot ein, als seine Frühjahrsoffensive (▷ 13.14) gescheitert war. Weder in den Waffenstillstandsverhandlungen noch in den Pariser Friedenskonferenzen (▷ 13.17, ▷ 13.19) vermochte Wilson seine Vorstellungen gegenüber den Verbündeten voll durchzusetzen, konnte aber sein Hauptziel, die Gründung des Völkerbundes, erreichen. 1920 erhielt Wilson den Friedensnobelpreis.

13.13 Frieden von Brest-Litowsk

Der 3. Allrussische Sowjetkongreß rief am 15. Januar 1918 die Russische Sozialistische Sowjet-Republik als Föderation aus und verabschiedete die Deklaration der Rechte des werktätigen und ausgebeuteten Volkes, die dann auch in die Verfassung vom 10. Juni 1918 einging. Damit war die staatsrechtliche Folgerung aus den Ergebnissen der *Oktoberrevolution* (▷ 13.10) gezogen worden. Die am 5. Januar 1918 zusammengetretene Nationalversammlung hatte sich mit ihrer deutlichen Mehrheit aus nichtbolschewistischen Parteien, vorab der Sozialrevolutionäre, geweigert, die seit Oktober getroffenen Maßnahmen überhaupt zu beraten. Daraufhin war sie von den Bolschewiki aufgelöst worden.

Die Grenzen des neuen Staates konnten noch keineswegs als gesichert gelten. Das unmittelbar nach dem Oktoberumsturz erlassene Gesetz über den Frieden hatte nur bei Deutschland und seinen Verbündeten Resonanz gefunden; am 22. November 1917 war ein Waffenstillstand geschlossen worden. Da die Westmächte weiterhin Friedensgespräche ablehnten, begannen bereits am 9. Dezember 1917 in Brest-Litowsk Verhandlungen über einen Sonderfrieden. Aufgrund der hohen deutschen Forderungen erwiesen sie sich als außerordentlich schwierig. Nachdem ultimativ der Annahme der deutschen Bedingungen verlangt worden war, unterbrach am 31. Januar 1918 der sowjetische Delegationsleiter Trotzki die Verhandlungen und erklärte zugleich den Kriegszustand für beendet. Mit der Losung „Weder Krieg noch Frieden" hoffte er, daß auch ohne Vertrag die militärischen Aktionen nicht wiederaufleben würden.

Die Deutschen und ihre Bündnispartner entschieden sich jedoch nach internen Differenzen für eine Offensive ihrer Truppen, die ihnen erhebliche Gebietsgewinne brachte. Die Spitzen des Sowjetstaates gaben diesem Druck nach. Am 3. März 1918 wurde der Friedensvertrag von Brest-Litowsk unterzeichnet: Der Sowjetstaat erkannte die Ukraine und Finnland als selbständige Staaten an und verzichtete auf territoriale Ansprüche gegenüber Polen und dem Baltikum, die zum Russischen Reich gehört hatten. Armenien fiel an die Türkei. Dieser „Diktatfrieden" war in seiner Härte mit dem *Versailler Vertrag* (▷ 13.17) gegenüber Deutschland vergleichbar: Insgesamt verlor der neue Sowjetstaat rund 1,4 Millionen km² Staatsgebiet mit etwa 60 Millionen Einwohnern. Mit der Ukraine ging die Kornkammer Rußlands sowie über 70% seiner Eisen- und Kohleindustrie verloren.

Der Friedensschluß war unter den Bolschewiki heftig umstritten. Neben die Konzeption Trotzkis trat die Forderung der „linken Kommunisten" um Nikolai Bucharin (1888–1938), lieber einen revolutionären Krieg zu führen, als sich den Bedingungen der reaktionären Monarchie zu unterwerfen. Einen solchen Krieg werde die Bevölkerung mit neuem Einsatz unterstützen, zugleich gehe von ihm eine Signalwirkung für die Weltrevolution aus. Lenin und seine Anhänger, die einen Friedensschluß befürworteten, um eine Atempause zur Konsolidierung der Revolution zu erhalten, blieben zunächst in der Minderheit und konnten sich erst unter dem Eindruck des deutschen Vormarsches durchsetzen. Aus Protest gegen den Frieden schieden die linken Sozialrevolutionäre aus der Regierung aus und versuchten im Juli sogar einen Aufstand. Am 30. August verwundete eine Sozialrevolutionärin Lenin bei einem Attentat schwer.

Nach der *Novemberrevolution in Deutschland* (▷ 13.15) erklärte die Sowjetregierung den Vertrag von Brest-Litowsk für ungültig. Eine Atempause hatte er bislang nicht gebracht: Deutschland strebte weiterhin eine Ausdehnung seines Einflusses an, und vor allem verschärfte sich dadurch der *Bürgerkrieg* (▷ 13.22). Erstmalig war deutlich geworden, daß die revolutionären Erwartungen nicht ohne weiteres in Erfüllung gingen, sondern Kompromisse und Abstriche notwendig wurden. Die innenpolitische Verhärtung wirkte sich nachteilig auf eine demokratische Entwicklung aus; aus einer Miliz ohne militärische Ränge und mit der Wahl aller Vorgesetzten wurde wieder eine „normale" Armee, und die Außenpolitik mußte sich darauf einstellen, daß man statt mit der Weltrevolution noch länger mit traditionellen zwischenstaatlichen Beziehungen zu rechnen hatte.

13.14 Entscheidung an der Westfront

Das Jahr 1917 hatte insbesondere den Frontsoldaten das äußerste an Opfern, Leiden und Entbehrungen abverlangt, ohne daß sich eine Entscheidung abzeichnete. Aber während die Regierungen in London und Paris ihren kriegsmüden Völkern mit dem Hinweis auf das unmittelbar bevorstehende Eintreffen der Amerikaner neue Hoffnungen auf einen nicht mehr fernen Sieg machen konnten, blieb der deutschen Heeresleitung, da der *U-Boot-Krieg* (▷ 13.8) den erwarteten Zusammenbruch Großbritanniens nicht gebracht hatte, nur der Versuch, im Frühjahr 1918 mit der Zusammenballung aller noch verfügbaren Reserven an Menschen, Waffen und Material − und dazu gehörte nach dem Frieden mit Rußland (▷ 13.13) jetzt auch ein großer Teil der Ostfrontdivisionen − die militärische Entscheidung an der Westfront zu erzwingen.

Diese Entscheidung sollte fallen, bevor die Amerikaner in nennenswerter Stärke an der Front eintreffen würden. Am 21. März 1918 begann nach mehrstündigem Trommelfeuer aus Tausenden von Geschützen auf einer Frontbreite von 80 km die deutsche Offensive. Sie führte zu beträchtlichen Einbrüchen und Geländegewinnen von mehr als 60 km Tiefe. Die gesteckten Ziele wurden dennoch nicht erreicht, es fehlte an frischen, beweglichen Reserven, die von ausgemergelten Pferden gezogenen Geschütze konnten nicht rechtzeitig nachgeführt werden. In den Jahren des *Stellungskrieges* (▷ 13.4) war die geforderte Motorisierung der Artillerie nicht entschieden genug betrieben worden. Auch Panzer waren nicht entwickelt worden. Am 5. April wurde die Einstellung der Offensive befohlen. Ein kriegsentscheidender Durchbruch war nicht gelungen. Zwar brachten weitere Offensiven im April und Mai noch einmal Geländegewinne, aber die außerordentlich hohen Verluste waren nicht mehr zu ersetzen. Als am 18. Juli der alliierte Gegenangriff begann, von einem großen Aufgebot an Panzern und der Luftwaffe unterstützt, ging das von den Deutschen im Frühjahr gewonnene Terrain wieder verloren.

Aber erst nachdem im September immer neue amerikanische Truppeneinheiten an die Front rückten und der von Marschall Ferdinand Foch, dem Oberkommandierenden aller Truppen der Entente, an verschiedenen Frontabschnitten eröffnete neue Großoffensive für die deutschen Soldaten zu einer militärischen Katastrophe zu werden drohte, gab General Ludendorff am 29. September zu, daß der Krieg verloren war. Er forderte nun von der Reichsregierung die sofortige Einleitung von Waffenstillstandsverhandlungen.

13.15 Ende der Donaumonarchie Revolution in Deutschland

Nur ein schneller Sieg der Mittelmächte in diesem Krieg hätte die Lösung der Probleme des Habsburgerstaates noch einmal vertagen können. Je länger der Krieg dauerte, desto offensichtlicher wurde er für den Vielvölkerstaat zu einer Existenzfrage. Am 21. November 1916 war nach 68jähriger Regierungszeit der letzte Garant für den Zusammenhalt der Doppelmonarchie, Kaiser Franz Joseph II., hochbetagt gestorben. Sein Nachfolger, Karl I., begann schon früh, die Friedensbedingungen der Ententemächte zu erkunden, um die Monarchie zu retten. Im Mai 1917 wurde erstmals seit Kriegsbeginn der Reichsrat zusammengerufen, auf dem tschechische und südslawische Volksgruppen Anspruch auf größere Mitsprache im Staat anmeldeten.

Karls Versuch, mit dem Manifest vom 16. Oktober 1918 die Völker seines Staates zur Bildung von Nationalräten aufzurufen, um das Reich als Bundesstaat zu erhalten, kam zu spät; der Autoritätsverfall des Kaisers war nicht mehr aufzuhalten. Am 28. Oktober kam es in Prag zur Proklamation der unabhängigen tschechoslowakischen Republik, und auch die ungarische Regierung erklärte die Unabhängigkeit am 1. November 1918. Am 3. November schloß die Wiener Regierung mit den Alliierten einen Waffenstillstand und erkannte damit die geforderte Auflösung der Donaumonarchie an. Der Kaiser ging ins Exil. Am 12. November proklamierte eine provisorische Nationalversammlung die Republik Deutschösterreich.

Die völlig unzureichende Versorgungslage im Deutschen Reich hatte bereits im sogenannten Kohlrübenwinter 1916/17 zu einer sich ausweitenden Radikalisierung großer Teile der Arbeiterschaft geführt. Im Januar/Februar 1918 kam es in zahlreichen deutschen Städten zu Massenstreiks und zu Friedensdemonstrationen, auf denen gegen die überzogenen Kriegszielforderungen der Heeresleitung und nationalistischer Kreise protestiert wurde. Als Ende Oktober die Marineleitung der Hochseeflotte in Wilhelmshaven den Befehl zum Auslaufen erteilte, um in einem letzten Seegefecht mit der britischen Flotte „die Ehre der Waffengattung" zu retten, verweigerten Matrosen und Heizer die Gefolgschaft. Die Rädelsführer wurden verhaftet, aber die Meuterei sprang auf die anderen Häfen über, und am 3. November befand sich Kiel in den Händen aufständischer Matrosen, Soldaten und Arbeiter. Die Aufstandsbewegung griff rasch auf Garnisonen im Reich und auf die Arbeiterschaft in den Industriestandorten über. Am 7. November wurde in München die Dynastie der Wittelsbacher gestürzt und die Republik Bayern ausgerufen. Am 9. November hatte die revolutionäre Welle auch die Reichshauptstadt erreicht. In langen Demonstrationszügen strömten die Massen der Arbeiter und Soldaten in das Regierungsviertel, und der letzte Reichskanzler der Monarchie, Max von Baden, mußte die Abdankung des Kaisers verkünden; er übergab die Regierungsgeschäfte dem Sozialdemokraten Friedrich Ebert, dem Vorsitzenden der stärksten Reichstagspartei. Wilhelm II. ging ins Exil.

13.16 Waffenstillstand von Compiègne

Als am 29. September 1918 die Generäle Ludendorff und Hindenburg die militärische Niederlage eingestanden und die sofortige Einleitung von Waffenstillstandsverhandlungen forderten, verlangten sie zugleich, daß die Regierung umgebildet werden und ihr fortan auch Vertreter der im Reichstag die Mehrheit bildenden Parteien angehören sollten. Die Parlamentarisierung der Reichsverfassung war seit langem eine Forderung der Parteien gewesen. Die Verfassungsänderung kam zudem den Erwartungen des amerikanischen Präsidenten Wilson entgegen, der wiederholt erklärt hatte, nur mit einer vom deutschen Volk getragenen Regierung in Friedensverhandlungen eintreten zu wollen.

Mitglieder eines Arbeiter- und Soldatenrates während der Novemberrevolution

Die deutsche Waffenstillstandsdelegation wurde von dem Zentrumspolitiker Matthias Erzberger geführt, an der Spitze der Alliierten stand Marschall Foch. Um zu verhindern, daß die Deutschen die Kampfpause zur Wiederaufrüstung der Front benutzten, ließen die Alliierten keine Verhandlungen zu, sondern übergaben der deutschen Delegation am 8. November ihre Bedingungen. Gefordert wurde die sofortige Räumung der besetzten Gebiete einschließlich Elsaß-Lothringens. Auch das linke Rheinufer sollte geräumt und eine rechtsrheinische Sicherheitszone eingerichtet werden. Verlangt wurde ferner die Auslieferung aller U-Boote und des größten Teils der Hochseeflotte sowie großer Mengen von Kriegs- und Transportmaterial. Ohne Gegenleistung sollten sämtliche alliierten Kriegsgefangenen freigelassen werden. Die Blockade sollte dagegen vorerst bestehen bleiben. Der *Friedensvertrag von Brest-Litowsk* (▷ 13.13) wurde annulliert. Die deutsche Delegation unterzeichnete die Waffenstillstandsbedingungen am 11. November 1918 im Salonwagen des Marschalls im Wald von Compiègne. Am 30. September 1918 hatte bereits Bulgarien, am 3. November die sich auflösende Donaumonarchie Österreich-Ungarn mit den Alliierten eigene Waffenstillstandsverträge abgeschlossen.

Britische Truppen unter General Allenby und arabische Einheiten (▷ 13.11), die von

Thomas E. Lawrence („Lawrence von Arabien"), der den Aufstand der Araber gegen die Türken organisiert hatte, unterstützt wurden, rückten bis Aleppo, Damaskus und Beirut vor, so daß die Türken am 30. Oktober 1918 zum Waffenstillstand von Mondros gezwungen wurden, die Meerengen öffnen und sich von den Mittelmächten lösen mußten.

13.17 Versailler Vertrag

Am 18. Januar 1919 traten in Paris die Siegermächte zur Friedenskonferenz zusammen. 32 Nationen waren durch Delegationen vertreten, die ehemaligen Mittelmächte waren nicht zugelassen worden; das bolschewistische Rußland war wegen des Bürgerkrieges (▷ 13.22) nicht vertreten. Den Vorsitz führte der französische Ministerpräsident Georges Clémenceau.

Die Entscheidungen wurden im wesentlichen in einem Viererrat getroffen, dem außer Clémenceau der britische Premierminister David Lloyd George, der amerikanische Präsident Woodrow Wilson und zeitweise der italienische Ministerpräsident Vittorio E. Orlando angehörten. Die von Wilson entwickelten Gedanken eines gerechten Friedens auf der Grundlage des Selbstbestimmungsrechts der Völker (▷ 13.12.) wurden zum zentralen Punkt der Beratungen, bei denen jedoch die Ansichten über ihre Realisierung weit auseinandergingen. Im Verlauf der Konferenz wurden Fachausschüsse gebildet, die ihre Untersuchungsergebnisse dem Rat der Vier bzw. Drei als oberster Entscheidungsinstanz vorlegten. Wilsons Hauptanliegen war die Errichtung eines *Völkerbundes* (▷ 13.18), der zukünftig alle internationalen Streitfragen auf friedlichem Wege regeln sollte.

Der britische Premierminister Lloyd George, der im Wahlkampf kriegerische Töne angeschlagen hatte, kehrte auf der Konferenz zur traditionellen britischen Gleichgewichtspolitik zurück und bemühte sich, gemeinsam mit Wilson, überzogenen französischen Forderungen gegenüber Deutschland entgegenzutreten. Frankreichs Haltung war ausschließlich bestimmt von seinem Verlangen nach Sicherheitsgarantien vor den zu befürchtenden Revancheabsichten des zwar geschlagenen, aber an Bevölkerungszahl dennoch überlegenen deutschen Nachbarn.

Da das zaristische Rußland als Bündnispartner nicht mehr existierte, schloß Clémenceau mit den neuen Staaten in Ostmitteleuropa, Polen und der Tschechoslowakei, Militärbündnisse ab, die gegen Deutschland gerichtet waren. Die französischen Wünsche nach ständiger militärischer Besetzung des linken Rheinufers und des Saarlandes wurden von Wilson und Lloyd George abgelehnt: Die Rheinlandbesetzung wurde zeitlich begrenzt, das Saarland auf 15 Jahre dem Völkerbund unterstellt. Die ausgearbeiteten Friedensbedingungen wurden den Delegationen der unterlegenen Staaten zur schriftlichen Stellungnahme übergeben, eine mündliche Verhandlung wurde nicht zugelassen. Die Unterzeichnung der Verträge durch die ehemaligen Verbündeten Deutschlands erfolgte in verschiedenen Pariser Vororten (▷ 13.19).

Die deutsche Delegation nahm am 7. Mai 1919 in Versailles die Friedensbedingungen entgegen. Die Bekanntgabe der Vertragspunkte rief in Deutschland Empörung hervor. Neben den Gebietsabtretungen im Westen und im Osten (insgesamt, ohne Kolonien, rund 70 000 km²) und den Bestimmungen zur Entmilitarisierung stieß vor allem die Feststellung der Alleinschuld Deutschlands an diesem Krieg (in Art. 231) auf eine nahezu einhellige Ablehnung im Volk und im Reichstag. Um einen Einmarsch alliierter Truppen nach Deutschland zu vermeiden, entschloß sich die Reichsregierung dennoch zur Unterzeichnung des Versailler Vertrages, die am 28. Juni 1919 vollzogen wurde. Für die junge deutsche Demokratie bedeutete der Vertrag eine außerordentliche Belastung. Die Forderung nach Revision der harten Bedingungen des Versailler Vertrages begünstigten den Aufstieg Hitlers, wenngleich die Regierungen der *Weimarer Republik* (▷ 13.20), vor allem die Außenpolitik Stresemanns, einige der Friedensbedingungen mildern und Deutschlands Ansehen in der Welt kontinuierlich verbessern konnten.

13.18 Völkerbund

Bereits in den *Haager Friedenskonferenzen* 1899 und 1907 (▷ 12.31) waren Vorstellungen von einer Friedensorganisation entworfen worden, mit der alle künftigen internationalen Streitfragen am Verhandlungstisch geregelt werden sollten. Sie vermochten sich jedoch in

*An der Pariser
Friedenskonferenz,
nahmen Vertreter von
27 Siegerstaaten des
Ersten Weltkriegs teil.
Im Bild (von rechts),
W. Wilson,
C. B. Clémenceau,
V. E. Orlando und
D. Lloyd George*

der Hochrüstungsphase der Vorkriegszeit nicht weiterzuentwickeln. Im Ersten Weltkrieg griff der amerikanische Präsident Woodrow Wilson diese Gedanken wieder auf und machte sie zu einem Kernpunkt seines Friedensprogramms (▷ 13.12). Um seine Ideen zu verwirklichen, reiste er persönlich zur Friedenskonferenz nach Paris (▷ 13.17). Er erreichte sein Ziel, die Errichtung des Völkerbundes, aber seine Absicht, mit dem Völkerbund zugleich eine Ära der Abrüstung einzuleiten, konnte er am Ende eines furchtbaren Krieges nicht realisieren. Auch blieb der Zugang zu diesem Bund der Völker den besiegten Nationen vorerst noch versagt. Im Zuge der Außenpolitik *Gustav Stresemanns* (▷ 13.36) trat Deutschland schließlich 1926 dem Völkerbund bei.

Für das weltweite Renommee der neuen Institution wurde es verhängnisvoll, daß der amerikanische Senat dem Präsidenten die Unterstützung für sein Vorhaben entzog und die USA nicht einmal Mitglied des Völkerbundes wurden. Die Völkerbundsakte trat mit der Ratifizierung der Pariser Verträge in Kraft. Mitglieder des Völkerbundes wurden zunächst die 32 Siegermächte des Weltkrieges sowie 13 eingeladene neutrale Staaten. Der Aufnahme weiterer Mitglieder mußte eine Zweidrittelmehrheit zustimmen. Oberstes Organ war die einmal jährlich in Genf tagende Bundesversammlung, in der jedes Mitglied

eine Stimme besaß und bis zu drei Delegierte stellen konnte, sowie der Völkerbundsrat als wichtigstes Beschlußgremium. Ihm gehörten als ständige Mitglieder Großbritannien, Frankreich, Italien und Japan an sowie im Turnus für je drei Jahre neun weitere Staaten. Das Generalsekretariat hatte ebenfalls in Genf seinen Sitz, der Internationale Gerichtshof in Den Haag. Die Mitgliedstaaten waren zur Erhaltung des Weltfriedens verpflichtet und befugt, gegenüber einem Friedensbrecher Sanktionen zu verhängen. Jedoch erst der *Briand-Kellogg-Pakt* (▷ 13.37) von 1928 erklärte den Krieg allgemein für rechtswidrig. Der Völkerbund entwickelte ein Mandatssystem. Nach diesem Verfahren wurden ehemalige Territorien des Deutschen bzw. des Osmanischen Reiches, z. B. die deutschen Kolonien oder arabische Gebiete des Osmanischen Reiches, die noch nicht in die Selbständigkeit entlassen werden sollten, unter Mandatsverwaltung gestellt, die ein dazu beauftragtes Mitglied unter Aufsicht des Völkerbundes übernahm.

Der Völkerbund hat besonders auf humanitärem Gebiet Bedeutendes geleistet; er vermochte sich jedoch in Streitfragen, an denen auch Großmächte beteiligt waren, nicht durchzusetzen. Mehrere Austrittserklärungen schwächten seine Position in den dreißiger Jahren zusätzlich (z. B. Deutsches Reich und Japan 1933, Italien 1937). Im Zweiten Weltkrieg wurde die politische Ohnmacht des Völkerbundes überdeutlich; nach Gründung der *Vereinten Nationen* (▷ 15.2) wurde der Völkerbund aufgelöst.

13.19 Pariser Vorortverträge

Österreich, dessen Friedensdelegation unter Leitung des Sozialdemokraten Karl Renner stand, bemühte sich vergebens, als eine aus den Resten der Donaumonarchie neu entstandene Republik anerkannt und für den von der k.u.k. Monarchie verursachten Krieg nicht verantwortlich gemacht zu werden. Im Frieden von St. Germain vom 10. September 1919 wurde die Republik Deutsch-Österreich ebenso wie Ungarn als Nachfolgestaat der Doppelmonarchie eingestuft und somit als besiegte Nation behandelt. Verboten wurde der von der Nationalversammlung bereits beschlossene Anschluß an Deutschland. Anerkannt werden mußte die Unabhängigkeit der neuen Staaten Tschechoslowakei und Polen sowie des südslawischen Königreichs der Serben, Kroaten und Slowenen, das 1929 den Namen Jugoslawien annahm. Abtreten mußte Österreich Südtirol bis zum Brenner, außerdem Triest, Istrien und Dalmatien sowie Teile von Krain und Kärnten. Aus der ungarischen Erbmasse erhielt Österreich das Burgenland.

Auch Ungarn wurde im Friedensvertrag von Trianon am 4. Juni 1920 als Nachfolgestaat der Donaumonarchie behandelt und als Kriegsanstifter angesehen. Demzufolge enthielt auch dieser Vertrag wie der deutsche und der österreichische den Kriegsschuldparagraphen sowie Bestimmungen über Wiedergutmachung, Abrüstung und Rüstungsbeschränkung. Ungarn verlor die Slowakei und weitere Gebiete an die Tschechoslowakei, Kroatien und Slawonien an das spätere Jugoslawien, die Bukowina, Siebenbürgen und einen Großteil des Banats an Rumänien sowie das Burgenland an Österreich.

Bulgarien wurde in dem am 27. November 1919 in Neuilly-sur-Seine unterzeichneten Friedensvertrag schonender behandelt, verlor südwestthrakische Küstengebiete an Griechenland, mazedonische an Jugoslawien und mußte eine Kriegsentschädigung zahlen.

Im Frieden von Sèvres vom 10. August 1920 mußte die Türkei Ostthrakien mit Gallipoli und die ägäischen Inseln an Griechenland abtreten und in die Internationalisierung der Meerengen einwilligen. Syrien und Kilikien fielen als Mandatsgebiete an Frankreich, der Irak und Palästina an Großbritannien, das auch die Schutzherrschaft über Arabien übernahm. Rhodos und die Dodekanes erhielt Italien. Armenien wurde selbständig.

13.20 Weimarer Republik

Nachdem am 9. November 1918 in Berlin die Republik ausgerufen worden war, der letzte kaiserliche Reichskanzler, Prinz Max von Baden, die Regierungsgeschäfte an Friedrich Ebert, den Vorsitzenden der Sozialdemokraten, übergeben und die Abdankung des Kaisers verkündet hatte, begann der schwierige Weg des jungen Staatswesens von der Monarchie zu einer modernen Demokratie. Es war zugleich ein Weg aus Krieg und Niederlage auf der Suche nach einem Zustand der Normalität. Die erste provisorische Regierung der Republik, der Rat der Volksbeauftragten, stellte mit der Ausschreibung von Wahlen für eine deutsche Nationalversammlung die Weichen für eine parlamentarische Demokratie und gegen die von den Linkssozialisten geforderte Räterepublik.

Bei den Wahlen am 19. Januar 1919, bei denen zum ersten Male auch Frauen wahlberechtigt waren, errangen die Parteien, die schon im bisherigen Reichstag die Mehrheit besessen hatten – Sozialdemokraten, Zentrum und Fortschrittliche Volkspartei, die sich jetzt Deutsche Demokratische Partei (DDP) nannte –, einen überwältigenden Erfolg. Zusammen erhielten sie 78,1% der Mandate die SPD allein 38,1%. Demgegenüber kamen die beiden die Republik ablehnenden Rechtsparteien auf 15%, die Unabhängigen Sozialdemokraten (USPD) nur auf 5,2% der Mandate. Am 11. Februar 1919 wählte die – wegen der unruhigen Situation in Berlin – in Weimar tagende Nationalversammlung Friedrich Ebert zum Reichspräsidenten, der zwei Tage später die Regierung der „Weimarer Koalition" aus Sozialdemokraten, Zentrum und DDP ernannte.

Im Mai 1919 wurden in Deutschland die harten Bedingungen des *Versailler Vertrages* (▷ 13.17) bekannt und stießen bei nahezu allen Parteien auf einhellige Ablehnung. Den

MITTELEUROPA 1919 – 45

0   100   200   300   400   500 km

/// Von deutschen Truppen besetzte Gebiete
/// Gebiet des Generalgouvernements 1941

— Grenze des Großdeutschen Reiches 1942
— Curzon-Linie vom 8. 12. 1919

1 Teschen 1920 geteilt. Östl. Umland 1920
  polnisch, westl. Umland 1938 polnisch
2 Sudetenland 1939 an Deutschland
  angegliedert

3 Saargebiet 1920 – 35 Völkerbundsmandat
4 Hultschiner Ländchen 1919/20 tschechisch
5 Prekmurje bis 1918 und 1941 – 45 ungarisch
6 Südböhmen und Südmähren 1938 zu den
  Reichsgauen Oberdonau bzw. Niederdonau

heftigsten Protest entfachte der Artikel 231, in dem Deutschland (zusammen mit seinen Verbündeten) die alleinige Kriegsschuld zugewiesen wurde. Damit wurde die junge Republik für alle Verluste und Schäden, die den Alliierten im Kriege entstanden waren, verantwortlich gemacht. Die aus diesem Kriegsschuldartikel abgeleiteten Reparationsansprüche der Alliierten stellten eine langjährige, schwere Belastung dar, die das junge Staatswesen in seiner Entwicklung nachhaltig schwächte.

Unter dem Druck der Alliierten unterzeichneten am 28. Juni 1919 nach erregten Debatten im Reichstag Vertreter der Regierung den Vertrag. Fortan war die Republik in ihrer Existenz durch die sich auf der linken wie auf der rechten Seite formierenden Gegner des parlamentarischen Systems bedroht. Abgesehen von einer kurzen Konsolidierungsphase zwischen 1924 und 1929 blieb dieser fragile Zustand der Republik ein Charakteristikum der ersten deutschen Demokratie, die dann in den Jahren der Massenarbeitslosigkeit nach der *Weltwirtschaftskrise* (▷ 13.40) den Nationalsozialisten nichts mehr entgegenzusetzen hatte.

13.21 Komintern

Anfang März 1919 trafen sich in Moskau Vertreter verschiedener kommunistischer und sozialistischer Parteien, um aus Enttäuschung über das Verhalten der sozialdemokratischen Zweiten Internationale im Weltkrieg und in der Hoffnung auf die nun bevorstehende Weltrevolution die Dritte, die Kommunistische Internationale (Komintern) zu gründen. Der zweite Weltkongreß 1920 legte 21 Bedingungen für die Aufnahme von Parteien in die Komintern fest. Diese mußten sich nach dem Muster der Bolschewiki organisieren und als Sektionen der Zentrale unterordnen, dem Weltkongreß und seinem Exekutivkomitee mit Sitz in Moskau, das von der Führung der russischen Kommunisten beherrscht wurde. Darin drückte sich das Prestige Sowjetrußlands mit der bisher einzigen erfolgreichen Revolution aus.

Da es in der kapitalistischen Welt immer weniger Anzeichen für revolutionäre Veränderungen gab, wurden die Sektionen stärker an die Interessen des Sowjetstaates gebunden, die

man mit denen der Weltrevolution gleichsetzte. Die Komintern mit ihren angeschlossenen Sektionen wandelte sich so bis Ende der zwanziger Jahre zu einem Ausführungsorgan der sowjetischen nationalstaatlichen Politik. Anfangs hatte es noch eine gewisse Arbeitsteilung zwischen sowjetischer Außenpolitik und weltrevolutionären Bestrebungen der Komintern gegeben. Manchmal waren diese von der Sowjetregierung unterstützt worden, wenn eine „revolutionäre Situation" in einem kapitalistischen Land die internationalen Bedingungen für den sozialistischen Aufbau im Rahmen der *„Neuen Ökonomischen Politik"* (▷ 13.28) zu verbessern schien.

Als sich die Aussichten für eine Revolution in Westeuropa, zumal in Deutschland und Großbritannien, weiter verschlechterten, verlagerte sich das Schwergewicht der Komintern-Tätigkeit zunehmend in den Fernen Osten und in die koloniale Welt. Hier propagierte man nicht nur proletarische, sondern auch national-bürgerliche Revolutionen in einem antiimperialistischen Bündnis von Proletariat, Bauernschaft und Bourgeoisie. Gegen Ende der zwanziger Jahre war diese Strategie jedoch gescheitert, vor allem nach den Ereignissen in China (▷ 13.41).

Zur gleichen Zeit endete das Konzept der „Einheitsfront" auch im Westen, hier verstanden als gemeinsames Handeln mit Sozialdemokraten. Da die sozialdemokratische Führung dies ablehnte, wurde sie seit 1924 als „sozialfaschistischer" Handlanger der Bourgeoisie angeprangert. Als Reaktion auf antikommunistische Maßnahmen von Sozialdemokraten, aber in völlig falscher Einschätzung der internationalen Lage und der faschistischen Bewegungen erklärte der sechste Komintern-Weltkongreß 1928 den „Sozialfaschismus" zur Hauptgefahr. Dies trug letztlich zur Verhinderung eines geschlossenen Widerstandes von Kommunisten und Sozialdemokraten gegen den Nationalsozialismus ebenso bei wie die nun einsetzende Verfolgung aller gegen den sich entfaltenden *Stalinismus* (▷ 14.5) gerichteten Strömungen in den kommunistischen Parteien. Nach dem *deutschen Überfall* (▷ 14.23) wurde die Komintern zu einer Belastung für das sowjetische Bündnis mit den Westmächten (vor allem den USA und Großbritannien) und deshalb am 15. Mai 1943 aufgelöst (▷ 15.11).

13.22 Russischer Bürgerkrieg Kriegskommunismus Alliierte Intervention

Die „Atempause" für die russischen Revolutionäre (▷ 13.10) nach dem *Friedensschluß von Brest-Litowsk* (▷ 13.13) hatte nicht lange gewährt. Seit Mai 1918 entbrannte der Bürgerkrieg in voller Schärfe. Die Kräfte der Gegenrevolution, die „Weißen", umfaßten ein weites politisches Spektrum von Monarchisten bis zu Sozialrevolutionären. Unterstützt wurden sie durch die Intervention Großbritanniens, Frankreichs, Japans, der USA und weiterer Staaten, die Truppen entsandten und umfangreiche materielle Hilfe leisteten. Die Kämpfe zogen sich bis 1920 hin, als der Krieg mit Polen (▷ 13.26) die Lage zusätzlich verschärfte. Im Fernen Osten dauerten sie sogar bis 1922. Hohe Menschenverluste waren zu beklagen, große Teile des Landes wurden verwüstet. Mehrfach geriet die Sowjetmacht an den Rand einer Niederlage. Dennoch gelang es ihr schließlich, sich zu behaupten.

Für die Rote Armee, an deren Spitze Trotzki stand, stellten sich nicht nur zahlreiche Nichtkommunisten zur Verfügung, sondern es konnten auch Bauern mobilisiert werden. Sie befürchteten von einem Sieg der „Weißen" eine Rückkehr zu vorrevolutionären Zuständen. Darüber hinaus mangelte es den „Weißen" und Alliierten an innerer Geschlossenheit und überzeugenden politischen Zielen. Die „kapitalistische Einkreisung" Sowjetrußlands war ein traumatisches Erlebnis für die Bolschewiki. Der Wunsch, sie aufzubrechen, war von nun an Grundbestandteil sowjetischer Außenpolitik.

Innenpolitisch wirkte sich der Bürgerkrieg verheerend aus. Nach den Einschränkungen einiger Freiheitsrechte entfaltete sich nun ein „weißer" und ein „roter" Massenterror, die sich in nichts nachstanden. Die Macht der sowjetischen Geheimpolizei wuchs beträchtlich. Mit dem Vorwurf, sie hätten sich mit der Gegenrevolution verbündet, verbot die Sowjetregierung zahlreiche Parteien. Ende 1918 wurden immerhin die Menschewiki, Anfang 1919 ein Teil der Sozialrevolutionäre wieder zugelassen, in ihrer Arbeit allerdings nach wie vor behindert. Insgesamt förderte der Bürgerkrieg eine Zentralisierung und Bürokratisierung des politischen wie wirtschaftlichen Le-

bens. Außerordentliche Organe regierten das Land, und die Sowjets verloren an Einfluß. 1920 kam es noch einmal zu einer Wiederbelebung dieser Organisationsform, ohne daß sie indes parteiunabhängig oder -übergreifend hätte wirken können.

Besonders in Mitleidenschaft gezogen wurde das Programm eines unmittelbaren Aufbaus des Sozialismus, das sich im Frühjahr 1918 hatte durchsetzen können und im wesentlichen von den „linken Kommunisten" (▷ 13.13) entworfen worden war. In einem stufenweisen Vorgehen sollte über eine planmäßige Vergesellschaftung und Lenkung der Wirtschaft, bei Orientierung an den Bedürfnissen der Bevölkerung und unter deren Mitwirkung, allmählich kommunistische Verhältnisse entstehen: eine freie Bedürfnisbefriedigung bei vollständiger Selbstverwaltung. Wenngleich einige Maßnahmen diesen Zielen durchaus entsprachen, war während der Kriegsbedingungen nicht daran zu denken, das Konzept wie vorgesehen zu verwirklichen. Statt dessen herrschten behördliche Anordnungen und Zwang vor. Namentlich auf dem Land artete die gewaltsame Eintreibung von Nahrungsmitteln oft in blutige Kämpfe aus. In Anlehnung wurde deshalb die Bezeichnung „Kriegskommunismus" für diese Periode geprägt. Die wirtschaftliche Leistung fiel auf einen bisher nicht gekannten Tiefstand, die Bevölkerung vor allem der großen Städte lebte in unvorstellbarem Elend. Als sich 1920 der Bürgerkrieg seinem Ende entgegenneigte, keimte noch einmal Hoffnung auf, man könne zu den früheren Ansätzen zurückkehren. So wurde Ende des Jahres der erste Gesamtwirtschaftsplan verabschiedet, mit dem auf der Grundlage einer umfassenden Elektrifizierung in 10 bis 15 Jahren die Voraussetzungen für den Sozialismus geschaffen werden sollten: ein leuchtendes Zukunftsprogramm vor dem Hintergrund größter Not. Wenige Monate später jedoch waren alle Hoffnungen verflogen (▷ 13.28).

Abbildung S. 380

13.23 Neue Staatenwelt in Ost- und Südosteuropa

Die nach der Niederlage und dem Auseinanderbrechen der drei Kaiserreiche Rußland,

Sowjetisches Plakat mit dem Titel:
„Proletarier aller Länder, vereinigt Euch! Es
lebe die Sonne! Es schwinde die Finsternis!"
(1921)

Österreich-Ungarn und Deutschland im Ersten Weltkrieg entstandenen, in den *Pariser Vorortverträgen* (▷ 13.19) garantierten neuen Staaten in Ost- und Südosteuropa sahen sich mit gewaltigen Aufgaben konfrontiert. Der Aufbau und die Absicherung der Eigenstaatlichkeit warf gewaltige politische, soziale und ökonomische Probleme auf, denen die Verantwortlichen meist nicht gerecht wurden.

Allen Ländern blieben schwere innenpolitische Turbulenzen nicht erspart. Die Übernahme der parlamentarisch-demokratischen Ordnung und der Aufbau eines funktionierenden Verwaltungssystems erwiesen sich wegen der Traditionslosigkeit, der fehlenden Erfahrungen und einer Vielzahl von konkurrierenden Parteien als schwierig. Die Unterdrückung der Kommunisten wurde vom Aufstieg faschistischer Bewegungen begleitet. Soziale Unruhe breitete sich nicht nur in der Arbeiterschaft, sondern auch unter der mehrheitlich kleinbäuerlichen Bevölkerung aus, deren Bedarf an Ackerland durch die halbherzige Enteignung und Umverteilung des Großgrundbesitzes nicht gestillt werden konnte. Kapitalmangel, Inflation, die schwierige Erschließung neuer Absatzmärkte, Autarkiebestrebungen und hohe Schutzzölle beeinträchtigten das Wirtschaftswachstum und den Außenhandel.

Obschon der *Völkerbund* (▷ 13.18) die Rechte der starken nationalen Minderheiten garantiert hatte, kam es immer wieder zur politischen, ökonomischen, sprachlichen und religiösen Diskriminierung der nicht dem Staats-

volk angehörenden Bürger; antisemitische Strömungen waren weit verbreitet. Allein die Tschechoslowakei konnte viele Schwierigkeiten zufriedenstellend bewältigen.

Außenpolitisch sorgten alte Rivalitäten, territoriale Streitfragen und die Forderung nach Revision der 1919/20 gezogenen Grenzen für Spannungen. Frankreich versuchte nicht nur durch die Errichtung eines „Cordon sanitaire" sein Sicherheitsbedürfnis gegen die bolschewistische Sowjetunion zu befriedigen, sondern zeigte sich bemüht, im Rahmen bilateraler Vertragsbeziehungen zur Konsolidierung und Stabilität des neuen Staatengürtels beizutragen. Die Tschechoslowakei, Rumänien und Jugoslawien verbanden sich nach 1921 gegen Ungarn in der Kleinen Entente. Allen Initiativen jedoch, unter Einbeziehung der Großmächte Deutsches Reich und UdSSR den Frieden in der Region zusätzlich abzusichern, war kein Erfolg beschieden.

Angesichts der durch Parteienstreit, Regierungskrisen, Korruption und Ineffizienz vertieften vielfältigen Probleme wuchs früh die Bereitschaft, unter Verletzung der Verfassungsnormen autoritäre oder offen diktatorische Regime (▷ 13.44) hinzunehmen, die durch Wahlmanipulationen und die Verfolgung der politischen Gegner zum Niedergang der politischen Kultur beitrugen. Diese Entwicklungen ließen die Länder Ost- und Südosteuropas zu einer Schwachstelle der nach dem Ersten Weltkrieg gefundenen Friedensordnung werden.

13.24 Griechisch-türkischer Krieg

Im Friedensvertrag von Sèvres (▷ 13.19) hatte Griechenland beträchtlichen Gebietszuwachs auf Kosten der Türkei erhalten. Ihm fielen der größte Teil Makedoniens und Thrakiens bis zu einer Grenzlinie 40 km vor Istanbul zu, ferner alle ägäischen Inseln mit Ausnahme von Rhodos. Mit britischer Unterstützung wurde Griechenland außerdem das Völkerbundmandat über das kleinasiatische Smyrna (Izmir) übertragen.

Während der Sultan in Konstantinopel bereit war, sich den harten Friedensbedingungen zu unterwerfen, erkannten die türkischen Nationalisten unter ihrem Führer Mustafa Kemal Pascha den Vertrag von Sèvres nicht an. Der

Aufstand des anatolischen Kernlandes gegen die griechische Besetzung von Smyrna führte zum griechisch-türkischen Krieg. Kemal Pascha, der sich durch einen Freundschaftsvertrag mit der Sowjetunion abgesichert hatte, gelang es, die griechischen Invasionstruppen in mehreren Schlachten entscheidend zu besiegen und ihren Abzug aus Kleinasien zu erzwingen. Smyrna wurde zurückerobert.

Im Frieden von Lausanne (24. Juli 1923) mußte Griechenland auf alle Besitzungen in Kleinasien verzichten, blieb aber im Besitz der ägäischen Inseln. Die Türkei gewann auf dem europäischen Festland Teile Ostthrakiens zurück. Zugleich begann für die Türkei, die sich mit der Wahl Kemal Paschas zum Staatspräsidenten am 29. Oktober 1923 zur Republik erklärt hatte (▷ 13.31), der neuerliche Aufstieg zur wichtigsten Macht im Vorderen Orient.

Eine Folge des Friedens von Lausanne war die Umsiedlung von mehr als 1,4 Millionen Griechen aus kleinasiatischen Gebieten, in denen sie seit dreitausend Jahren ansässig gewesen waren, in das Mutterland. Die Schwierigkeiten bei der Eingliederung stürzten Griechenland in eine schwere Wirtschaftskrise, in deren Verlauf das Königtum abgeschafft (1924) und die Republik proklamiert wurde. Die Ansiedlung der Flüchtlinge wurde schließlich durch eine umfassende Landreform gelöst, durch die eine breite Schicht von Kleinbauern entstand.

13.25 Italienischer Faschismus Benito Mussolini

Der Begriff „Faschismus" bezieht sich auf ein aus der Antike übernommenes Symbol der Amtsgewalt. Die römischen Magistrate trugen die Faszes, ein Rutenbündel mit Beil, die für das Recht, zu züchtigen und die Todesstrafe zu verhängen, standen. Ab 1926 waren die Faszes das offizielle Staatssymbol Italiens.

Die 1919 von Benito Mussolini (1883–1945) gegründete antisozialistische und antikapitalistische Bewegung der „Fasci di combattimento" sprach mit einem militanten Nationalismus vor allem ehemalige Frontsoldaten an und traf in der italienischen Nachkriegskrise auf die Unzufriedenheit breiter Massen mit den Ergebnissen der Friedensverträge

Kommunistisches Plakat aus dem russischen Bürgerkrieg: „Kasak, mit wem bist Du? Mit uns oder mit denen da?"

(▷ 13.19). Dabei gehörte Gewalt von Anfang an zum Mittel der politischen Auseinandersetzung. Die Italiener fühlten sich als Besiegte, obwohl sie, an der Seite der Entente stehend, beträchtliche territoriale Gewinne verbuchen konnten; ihre kolonialen Hoffnungen hatten sich nicht erfüllt, auch nicht die aus den Zusicherungen der Westmächte beim Kriegseintritt Italiens genährten Ambitionen auf Erwerbungen in Dalmatien und Albanien.

Die Unfähigkeit der Parteien, miteinander zu koalieren und den Versuch zu unternehmen, aus der katastrophalen, durch Geldentwertung, Wirtschaftskrise und Arbeitslosigkeit geprägten Nachkriegssituation einen Ausweg zu finden, verschaffte der faschistischen Bewegung Zulauf. Unterstützung erfuhr sie auch von Armee und Polizei, von der staatlichen Bürokratie und von der Wirtschaft, die in den faschistischen Organisationen einen Schutzschild gegen die Bestrebungen der Sozialisten sahen, in Italien eine Revolution nach russischem Vorbild auszulösen. Ihren Erwartungen kam Mussolini mit Loyalitätsbekundungen gegenüber Monarchie, Kirche und alten Eliten entgegen.

*Die italienischen
Faschisten unter der
Führung B. Mussolinis
(im Vordergrund)
beim Marsch auf Rom*

Dann aber bahnte sich Mussolini durch den von ihm inszenierten „Marsch auf Rom" am 27./28. Oktober 1922 mit seinen paramilitärischen Verbänden gewaltsam den Weg zur Macht. König Viktor Emanuel III. ernannte ihn am 30. Oktober zum Ministerpräsidenten einer nationalen Regierung, der vier Faschisten angehörten. Mussolinis Regierungsprogramm war im wesentlichen eine Sammlung antidemokratischer Ressentiments, des Antiliberalismus und Zentralismus. Zur Sanierung des Staates erhielt die Regierung außerordentliche, auf ein Jahr befristete Vollmachten, die Mussolini nutzte, um mit der Gründung des Faschistischen Großrates am 15. Dezember 1922 und der Institutionalisierung der faschistischen Kampfgruppen die Umwandlung des politischen Systems einzuleiten. Im März 1923 wurde die Partei der Nationalisten mit dem „Partito Nazionale Fascista" (PNF) vereinigt, in den folgenden Jahren wurden alle nichtfaschistischen Parteien verboten und die individuellen Grundrechtsgarantien sowie die Gewaltenteilung beseitigt. Justiz und Verwaltung wurden gleichgeschaltet und die Pressefreiheit aufgehoben. Das Führerprinzip wurde auf allen politischen und gesellschaftlichen Ebenen eingeführt („stato totalitario").
In der Außenpolitik ordnete sich das faschistische Italien zunächst in die von Frankreich und Großbritannien dominierte europäische Nachkriegsordnung ein. Es schloß Freundschaftsverträge mit Spanien, Rumänien, Ungarn, der Türkei und Abessinien (Äthiopien). Am 11. Februar 1929 wurden mit dem Vatikan die Lateranverträge abgeschlossen, in denen der italienische Staat die Souveränität und Regierungsgewalt des Papstes über die „Città del Vaticano" anerkannte und der Papst die Römische Frage, den bis dahin ungelösten Gegensatz zwischen der Herrschaft des Papstes über den Kirchenstaat und der italienischen Einigungsbewegung, für beendet erklärte. Ein Konkordat bestätigte den Katholizismus als Staatsreligion und beschwichtigte damit die alten Führungsschichten in Italien. Mit der gemeinsamen Beteiligung am *Spanischen Bürgerkrieg* (▷ 14.7) begann die enge Zusammenarbeit mit dem nationalsozialistischen Deutschland (▷ 14.8).

13.26 Polnisch-sowjetischer Krieg Curzon-Linie

Der von den Linksparteien unterstützte „Vorläufige Staatschef" Józef Klemens Piłsudski (1867–1935) verfolgte nach Beendigung des Ersten Weltkriegs unter Berufung auf historisches Staatsrecht das Ziel, für Polen die vor der Ersten Teilung von 1772 ($\triangleright$ 10.30) bestehende Ostgrenze wiederzugewinnen. Dieser Konzeption einer „jagellonischen Föderation", die Millionen von Litauern, Weißrussen und Ukrainern in den polnischen Staat eingegliedert hätte, stand die von Roman Dmowski geführte Nationaldemokratie mit Vorbehalten gegenüber. Der Oberste Alliierte Rat der Siegermächte schlug seinerseits am 8. Dezember 1919 den Verlauf der Ostgrenze entlang der Flüsse Bug und San (die erst später nach dem britischen Außenminister Lord George Curzon so benannte Curzon-Linie) vor, wodurch die wiedererstandene Republik nur die mehrheitlich von Polen besiedelten Gebiete erhalten hätte.

In der Erwartung, das revolutionäre Rußland werde langfristig als Hegemonialmacht in Osteuropa ausfallen, verwarf Piłsudski diese Grenzziehung, verbündete sich mit der antikommunistischen Ukrainischen Volksrepublik und löste am 26. April 1920 eine Offensive aus, die am 7. Mai in der Einnahme Kiews gipfelte. Der im Juni begonnenen sowjetischen Gegenoffensive, die zugleich der Entfesselung der kommunistischen Revolution und der Errichtung eines „Sowjet-Polen" dienen sollte, konnte Polen anfangs wenig militärischen Widerstand entgegensetzen. Der am 16. August 1920 mit dem „Wunder an der Weichsel" von Piłsudski eingeleitete Gegenschlag führte dann aber eine rasche Entscheidung im polnisch-sowjetischen Krieg herbei, weil die Rote Armee nach Durchbrechung ihrer Nachschublinien in wilder Flucht zurückweichen und teilweise sogar auf deutsches Reichsgebiet übertreten mußte.

Bei den Friedensverhandlungen in Riga ab Oktober 1920 kam es zwischen den expansionsorientierten „Föderalisten" und den einen starken Nationalstaat fordernden nationaldemokratischen „Unitaristen" innerhalb der polnischen Delegation zu heftigen Auseinandersetzungen. Mit der Unterzeichnung des Friedens von Riga am 18. März 1921 konnte eine die polnischen Forderungen berücksichtigende Festlegung der polnisch-sowjetrussischen und der polnisch-sowjetukrainischen Grenze mehr als 150 km östlich der Curzon-Linie erzielt werden, der die Alliierte Botschafterkonferenz zustimmte.

Unter Aufgabe eines wirklich föderalistischen Programms und nach dem Sieg des National-staatsgedankens wurde das neue Polen als nationalpolnischer Einheitsstaat konzipiert. Durch zunehmenden Polonisierungsdruck wurde damit begonnen, die Rechte der nationalen Minderheiten, die rund ein Drittel der Bevölkerung stellten, zu beeinträchtigen. Dieses Konfliktpotential und die spannungsreiche Nachbarschaft, die zum Deutschen Reich und nun auch zur jungen Sowjetmacht bestand, haben die Konsolidierung der innen- und außenpolitischen Lage Polens nachteilig erschwert.

13.27 Indischer Freiheitskampf Mahatma Gandhi

Nach der Niederschlagung des großen Aufstands („mutiny") von 1857/58 gegen die britische Kolonialherrschaft wurde die Ostindische Kompanie aufgelöst und Indien unmittelbar der britischen Krone unterstellt. Ausgangspunkt der indischen Freiheitsbewegung war 1885 die Konstituierung des Indian National Congress (INC) in Bombay. Ihm gehörten Teile der indischen Bildungselite, überwiegend Hindus, aber auch einige Briten an. 1906 wurde die All India Muslim League gegründet, um die muslimische Minderheit an den politischen Körperschaften in den Provinzen zu beteiligen.

In der Folgezeit wurden begrenzte Mitwirkungsrechte der Inder an der Regierung erreicht, insbesondere 1918 in den Reformen von Edwin Montagu, dem neuen britischen Indienminister, und Frederick Chelmsford, dem Vizekönig („viceroy"). In Anerkennung der von Indien im Weltkrieg getragenen Lasten wurde den Indern nach dem Prinzip der „Dyarchie" zwar eine Teilmitwirkung an den Provinzregierungen eingeräumt, die Kontrolle über zentrale politische Bereiche blieb jedoch in britischer Hand.

In Protestaktionen gegen die Verzögerung dieser Reformen trat erstmals Mohandas Karamchand Gandhi hervor, Mahatma (Sanskrit „dessen Seele groß ist") genannt. Gandhi, 1869 in Porbandar im Bundesstaat Gujarat geboren, hatte in London Jura studiert und in *Südafrika* ($\triangleright$ 12.41) von 1893 bis 1914 in den Auseinandersetzungen um die politischen Rechte der indischen Einwanderer dort seine

Methode des gewaltlosen Widerstands entwickelt. Dieser bestand in der Verweigerung der Mitarbeit in Behörden („noncooperation") und zivilem Ungehorsam („civil disobedience"); für bewußte Gesetzesübertretungen wurden Gefängnisstrafen in Kauf genommen. 1914 nach Indien zurückgekehrt, propagierte Gandhi in Ergänzung dazu den Boykott britischer Waren (besonders Textilien) und aktivierte die gegen das britische Textilmonopol gerichtete häusliche Handspinnerei. Die von INC und Muslim League gemeinsam getragene Satjagraha-Kampagne („Ergreifen der Wahrheit") 1920/22 brach Gandhi nach dem Ausbruch blutiger Ausschreitungen seiner Anhänger ab. Nachdem Indien der geforderte Dominionstatus (▷ 13.38) von der britischen Regierung verweigert worden war, kam es zu einer weiteren Massenkampagne, dem „Salzmarsch": Gandhi und seine Anhänger gewannen eigenhändig Salz aus dem Meer, verstießen damit bewußt gegen das Monopolgesetz und ließen sich verhaften. Roundtable-Konferenzen 1930 und 1931 in London endeten ergebnislos. Der dann ohne indische Beteiligung zustande gekommene Government of India Act von 1935, eine Verfassungsreform, die einen Bundesstaat vorsah, scheiterte an der ablehnenden Haltung der indischen Fürsten.

Die weitere Entwicklung der Unabhängigkeitsbewegung in Indien war gekennzeichnet durch zunehmende Interessenkonflikte zwischen INC und Muslim League, die unter Führung Mohammad Ali Dschinnahs (Jinnahs) nach 1934 für ein unabhängiges Pakistan eintrat. Gandhi, der 1934 aus dem INC austrat, setzte sich nun vor allem für die „Parias", die „Unberührbaren" ein. 1947 half er blutige Auseinandersetzungen zwischen Hindus und Muslimen zu schlichten, die schließlich zur *Unabhängigkeit Indiens und Pakistans* (▷ 15.12) führten. Gandhi wurde am 30. Januar 1948 von einem fanatischen Hindu in Delhi erschossen.

Durch seine Methoden des gewaltlosen Widerstands zur Durchsetzung politischer Ziele wurde Gandhi besonders für die *Bürgerrechtsbewegungen* der sechziger Jahre (▷ 16.4) zur Symbolfigur. In Indien gilt Gandhi als entscheidender Wegbereiter für die Unabhängigkeit des Subkontinents von der britischen Kolonialherrschaft.

13.28 „Neue Ökonomische Politik" in der Sowjetunion

Ein erneuter wirtschaftlicher Einbruch im Winter 1920/21, eine Welle von Bauernunruhen, hervorgerufen durch Unzufriedenheit über die Getreideeintreibung, Arbeiterdemonstrationen und der Aufstand der Kronstädter Matrosen Anfang 1921, die eine bessere Ernährung, aber auch freie Wahlen zu den Sowjets forderten, führten bei Lenin und anderen führenden Kommunisten zur Einsicht, daß gegen den Widerstand der Bevölkerung nicht an der bisherigen Politik festgehalten werden könne. Der X. Parteitag der Kommunisten entschied deshalb im März 1921, die Getreideablieferungspflicht der Bauern durch eine wesentlich niedrigere Naturalsteuer zu ersetzen und einen freien lokalen Handel zuzulassen. Damit begann eine Abkehr vom Gesellschaftsprogramm des „Kriegskommunismus" (▷ 13.22).

Die „Neue Ökonomische Politik" (NÖP) zielte darauf ab, in einer Mischform aus sich dynamisch entfaltenden Marktkräften und staatlicher Lenkung zunächst die Kaufkraft der Bauern zu stärken, damit deren Nachfrage die Produktion der Konsumgüterindustrie und diese wiederum die Produktionsmittelindustrie anregen würde. In der Tat konnten die unmittelbaren wirtschaftlichen Schwierigkeiten behoben und bis Mitte der zwanziger Jahre der Stand der Vorkriegsproduktion wieder erreicht werden.

Allerdings verlief die Entwicklung nicht problemlos. Immer wieder kam es über das Verhältnis der Preise von Agrar- zu Industrieprodukten zu Konflikten, die Absatzprobleme für industrielle Waren mit sich brachten. Viele Bauern, die mit dem Angebot nicht zufrieden waren, hielten die von ihnen produzierten Überschüsse vom Markt zurück. Sie erhöhten ihren Eigenverbrauch oder spekulierten mit ihrem Getreide. Der linke Flügel der Kommunistischen Partei um Trotzki und Preobraschenski verlangte deshalb in der „Industrialisierungsdebatte" zwischen 1924 und 1928 ein schärferes Vorgehen gegen die ökonomisch kräftigen Bauern, die „Kulaken", und eine gezielte vorrangige Förderung des Produktionsmittelsektors. Andere, wie der Finanzexperte Schanin, meinten, man müsse die Landwirtschaft und die Konsumgüterindustrie mehr als bisher bevorzugen, um die Lebensverhältnisse der Bevölkerung zu verbessern und die Nachfrage anzuregen. Eine mittlere Richtung um Bucharin strebte ein „dynamisches wirtschaftliches Gleichgewicht" an, damit sich die verschiedenen Bereiche der Wirtschaft aufeinander abgestimmt entwickeln könnten.

Doch als seit Ende 1927 deutlich wurde, daß die Getreidebeschaffung erneut stockte und die Strukturprobleme zwischen Stadt und Land nicht gelöst waren, schlug die Stimmung zugunsten eines radikaleren Vorgehens um. Nach einem Schaukelkurs zwischen gewaltsamen „außerordentlichen" Maßnahmen und einer Rückkehr zu Methoden der NÖP fiel 1929 in einer panikartigen Reaktion die Entscheidung, rascher als geplant zu industrialisieren, die Bauern in Kollektivwirtschaften unter staatlicher Leitung zusammenzufassen und die „Kulaken als Klasse zu liquidieren".

Zu diesem Umschwung trug bei, daß seit dem Parteitag von 1921, parallel zur ökonomischen Lockerung, die politischen Zügel straffer angezogen worden waren. Die noch bestehenden nichtkommunistischen Parteien wurden verboten, zugleich die innerparteiliche Demokratie beschränkt. Dies erleichterte die Ausschaltung von Oppositions-„Fraktionen" – etwa um Trotzki oder Bucharin –, die sich nicht zuletzt im Zusammenhang mit der „Industrialisierungsdebatte" gebildet hatten. Daß zugleich in den zwanziger Jahren die staatliche wie die Parteibürokratie, die „doppelte Hierarchie", und die Arbeiterschaft eine tiefgreifende strukturelle Wandlung durchmachten, stärkte die Zentrale um den höchst machtbewußt handelnden *Stalin* (▷ 14.5) weiter, der als Generalsekretär der Partei nach Lenins Tod 1924 seine Konkurrenten nach und nach ausgeschaltet hatte. Die Wirtschaftskrise konnte deshalb nicht von dezentraler Eigenverantwortlichkeit und Selbständigkeit aufgefangen werden. Statt dessen ertönte der Ruf nach einem Eingreifen der Zentrale immer lauter. Viele begrüßten daher die Beschlüsse von 1929 und erhofften einen Ausweg aus der verfahrenen Situation oder sogar den entscheidenden Schritt zum Sozialismus. Doch die Folgen der „Flucht nach vorn" waren ein wirtschaftliches Fiasko und die Festigung eines neuen Systems, des Stalinismus, das Millionen Menschenleben forderte.

Mahatma Gandhi mit Anhängern auf dem „Salzmarsch" (1930)

13.29 Die Frage der Reparationen

Im *Versailler Vertrag* (▷ 13.17) war den Deutschen die Verpflichtung auferlegt worden, Wiedergutmachung für die Kriegsschäden zu leisten, eine Festlegung der Gesamtforderungen der Alliierten war jedoch noch nicht erfolgt. Eine mit großen Vollmachten ausgestattete Kommission sollte die Gesamthöhe der von Deutschland zu erbringenden Reparationen bis zum 1. Mai 1921 ermitteln und einen Zahlungsplan aufstellen. Bis zu diesem Zeitpunkt hatte Deutschland bereits 20 Milliarden Goldmark an Geld- und Sachwerten zu zahlen.

In den ersten Nachkriegsjahren befaßten sich die europäischen Siegermächte in zahlreichen Konferenzen vornehmlich mit der Reparationsfrage, mit den Zahlungsmodalitäten und der Höhe der Jahresleistungen (Annuitäten). Zu diesen Konferenzen waren die Deutschen nicht zugelassen. Erstmals im Juli 1920 durften sie an der Konferenz von Spa teilnehmen.

Frankreich und Großbritannien offenbarten deutliche Differenzen in ihrer Einstellung zum Reparationsproblem und zum ehemaligen Kriegsgegner.

Frankreich beharrte auf der Festlegung extrem hoher Wiedergutmachungsleistungen, um eine allzu rasche wirtschaftliche Erholung Deutschlands zu verhindern. Großbritannien, das anfänglich die harte Haltung der Franzosen unterstützt hatte, begann angesichts der gefährdeten innenpolitischen Situation der deutschen Regierung auf die deutsche Zahlungsfähigkeit Rücksicht zu nehmen. Eine baldige wirtschaftliche und politische Stabilisierung Deutschlands lag im britischen Interesse.

Im Januar 1921 wurde die deutsche Gesamtschuld auf 226 Milliarden Goldmark festgelegt. Als die deutsche Regierung die Anerkennung dieser Schuld verweigerte, besetzte Frankreich am 8. März 1921 die Städte Düsseldorf und Duisburg. Im April 1921 wurde der Gesamtbetrag der Reparationen auf 132 Milliarden Goldmark gesenkt und mit einem alliierten Ultimatum verbunden; diesen Betrag erkannte der Reichstag am 11. Mai 1921 an. Fortan bemühte sich die Reichsregierung, den Verpflichtungen nachzukommen, um eine

Reichskanzler Wirth und die russischen Delegierten Krassin und Tschitscherin (rechts) vor Abschluß des Rapallovertrags

weitere militärische Besetzung deutscher Landesteile abzuwehren. Von den Rechtsparteien wurde diese Haltung als „Erfüllungspolitik" der „Novemberverbrecher" erbittert bekämpft. In Frankreich verstärkte sich die unnachgiebige Haltung, als im Januar 1922 Raymond Poincaré (1860–1934) die Regierung übernahm. Er mißtraute allen Versuchen der Deutschen, mit Rücksicht auf die katastrophale wirtschaftliche Lage und die hohe Staatsverschuldung einen Zahlungsaufschub zu erreichen. Einen geringfügigen Rückstand bei den deutschen Sachlieferungen nutzte er deshalb Anfang 1923 als Vorwand für die *Besetzung des Ruhrgebietes* (▷ 13.32). Sie führte zu einer großen Kraftprobe zwischen den beiden Weltkriegsgegnern. Nach dem Ende dieser Eskalation gelang unter maßgeblicher amerikanischer Beteiligung schließlich eine grundlegende Neugestaltung der Reparationsfrage mit Hilfe des *Dawesplans* (▷ 13.34).

13.30 Rapallo

Auf Initiative des britischen Premierministers David Lloyd George kam im April 1922 in Genua eine internationale Wirtschaftskonferenz zustande, auf der zum ersten Mal seit den Pariser Friedensschlüssen (▷ 13.17, ▷ 13.19) die wirtschaftlichen und politischen Probleme Europas beraten werden sollten. Alle europäischen Staaten waren vertreten, erstmalig auch die Sowjetunion. Voller Erwartungen blickte die internationale Öffentlichkeit nach Genua; man vermutete die Bildung eines internationalen Wirtschaftskonsortiums mit Beteiligung der Deutschen.

Zu Beginn der Konferenz zeigte sich jedoch, daß eine gleichberechtigte Behandlung der Deutschen nicht beabsichtigt war. Zudem war das für Deutschland wichtige Reparationsthema auf Veranlassung Frankreichs von der Tagesordnung gestrichen worden. Die Sowjets waren an einer internationalen Organisation zum Aufbau ihres Landes nicht interessiert, da sie darin eine weitere Einmischung sahen (▷ 13.22). Sie drängten deshalb die Deutschen, mit ihnen ein Sonderabkommen abzuschließen. Die Delegationen trafen sich am 16. April 1922 im benachbarten Rapallo und unterzeichneten einen Vertrag, in dem beide Seiten auf den Ersatz ihrer Kriegskosten und Zivilschäden verzichteten. Für den künf-

Die Einführung der lateinischen Schrift war Bestandteil des weitreichenden Reformprogramms von Kemal Atatürk.
Auf dem Bild (1930) überzeugt sich der Staatspräsident (rechts) von den Fortschritten seines Stabes bei der Einübung der lateinischen Schrift

tigen Handels- und Wirtschaftsverkehr sollte der Grundsatz der Meistbegünstigung gelten. Die diplomatischen und konsularischen Beziehungen wurden wieder aufgenommen.

Bei den Alliierten wurde die Nachricht vom Abschluß dieses Vertrages mit Empörung aufgenommen. Die Deutschen beeilten sich zu versichern, daß sich an der westlichen Orientierung nichts geändert habe und man keineswegs beabsichtige, nunmehr den Westen gegen den Osten auszuspielen. Allerdings waren nun vorerst alle deutschen Bemühungen um eine Herabsetzung der Reparationen und um einen Zahlungsaufschub zum Scheitern verurteilt. Auch der britische Premierminister Lloyd George war über den eigenmächtigen Schritt der Deutschen verstimmt und näherte sich nun wieder der unnachgiebigen Haltung des französischen Ministerpräsidenten Poincaré. Der Rapallovertrag hat dennoch für die deutsche Republik eine Phase größerer diplomatischer und politischer Bewegungsfreiheit eingeleitet; für die international bisher isolierte Sowjetunion brachte er eine erste diplomatische Aufwertung.

13.31 Republik Türkei Kemal Atatürk

Mit dem Waffenstillstand von Mondros (Mudros) im Oktober 1918 (▷ 13.16) war das Os-

manische Reich aus dem Ersten Weltkrieg als Verlierer hervorgegangen; es mußte einer Besetzung des Landes zustimmen, die Flotte ausliefern und die Armee demobilisieren. Im November erschien eine Kriegsflotte der Entente vor Istanbul und leitete die Besetzung der Hauptstadt ein. Von dem letzten osmanischen Sultan Mehmed VI. (1918–22) wurde General Mustafa Kemal Pascha (1881–1938) als Armeeinspekteur für die Demobilisierung der türkischen Truppen nach Anatolien entsandt. Weitere Küstenstädte und -regionen wurden von der Entente besetzt, während Griechenland versuchte, sich wegen der dort wohnenden Griechen Izmir (Smyrna) und das Hinterland zu sichern. Die osmanische Regierung wurde durch den Friedensvertrag von Sèvres (▷ 13.19) härtesten Bedingungen unterworfen. Alle arabischen Gebiete mußten abgetreten werden, Izmir und ein Teil Westanatoliens wurden griechisch und das übrige Land fast völlig in fremde Einfluß- und Besatzungszonen aufgeteilt.

Währenddessen formierte sich im Innern Anatoliens unter der Führung Mustafa Kemals und anderer hoher Offiziere und Beamter der militärische und politische Widerstand gegen die Besatzungen und die Parteigänger des alten Regimes. In erfolgreichen Kämpfen konnte das Land gegen die Franzosen im Süden und die Armenische Republik im Osten verteidigt werden. Ein Abkommen vom 16. März 1921 mit der Sowjetunion beließ Kars und Ardahan bei der Türkei. Die Italiener räumten freiwillig den Südwesten und leisteten Verzicht auf die Dodekanes (Südliche Sporaden).

Die Kämpfe mit Griechenland waren am längsten und erbittertsten (*griechisch-türkischer Krieg,* ▷ 13.24). Izmir wurde besetzt; am 11. Oktober endeten durch den Waffenstillstand von Mudanya die Kämpfe. Durch Gesetz vom 1. November 1922 wurde das Sultanat abgeschafft, Sultan Mehmed VI. verließ auf einem britischen Kriegsschiff das Land. Am 13. Oktober 1923 wurde Ankara zur Hauptstadt des neuen Staates proklamiert, der durch Beschluß der Nationalversammlung am 29. Oktober zur Republik erklärt wurde. Zum größten außenpolitischen Erfolg wurde der Friedensvertrag von Lausanne, der nach monatelangen zähen Verhandlungen mit den einstigen Kriegsgegnern am 24. Juli 1923 unterzeichnet werden konnte. Im Oktober 1923 verließ der letzte Soldat der Entente türkischen Boden; die Grenzen der Türkei wurden im heutigen Umfang garantiert, wobei die Türken 1926 noch auf das Gebiet von Mosul im Nordirak verzichten mußten. Ansässige Griechen wurden mit Ausnahme der Bewohner von Istanbul nach Griechenland umgesiedelt.

In den folgenden Jahren konnte die kemalistische Republik an den innenpolitischen und wirtschaftlichen Neuaufbau des Landes gehen. Als Staatspartei war die Republikanische Volkspartei 1923 gegründet worden; ihr Programm von 1931 bestand aus den „sechs Säulen" des Republikanertums, Nationalismus, der Volksverbundenheit (Populismus), der staatlichen Kontrolle über die Hauptindustrien (Etatismus), der Trennung von Staat und Religion (Laizismus) und revolutionärer Gesinnung. 1926 wurden das italienische Strafgesetzbuch und das Schweizer Zivilgesetzbuch eingeführt und so die islamische Gesetzgebung außer Kraft gesetzt. Schon 1925 hatte man die Derwischklöster und -orden aufgehoben und den Fes als männliche Kopfbedeckung verboten. Anstelle des arabischen wurde ein lateinisches Alphabet eingeführt; der Islam verlor seinen Status als Staatsreligion. 1934 mußten allgemein Familiennamen angenommen werden; Mustafa Kemal erhielt

von der Nationalversammlung den Familiennamen Atatürk („Vater der Türken"); im selben Jahr bekamen die Frauen das aktive und passive Wahlrecht.

Als Atatürk 1938 starb, hinterließ er seinem Nachfolger Ismet Inönü ein wirtschaftlich geordnetes Land, die sozialen und innenpolitischen Fragen waren jedoch noch ungelöst.

13.32 Ruhrbesetzung

Der Vertrag von *Rapallo* (▷ 13.30) sowie die ständigen Versuche Deutschlands, die Reparationsverpflichtungen einer Revision zu unterziehen, hatten für den französischen Ministerpräsidenten Poincaré den Beweis geliefert, daß Nachgiebigkeit gegenüber dem ehemaligen Kriegsgegner fehl am Platze war. Als der Alliierte Reparationskommission Ende des Jahres 1922 einen geringfügigen Rückstand bei den deutschen Holz- und Kohlelieferungen feststellte, entschloß er sich, die schon geplante Besetzung des Ruhrgebietes im Januar 1923 durchzuführen, zum einen, um sich eine militärische Sicherheitsgarantie zu verschaffen, zum anderen, um der eigenen Erzindustrie die notwendigen Kohlelieferungen zu sichern.

Die Besatzungstruppen, bestehend aus französischen und belgischen Einheiten, übernahmen den Auftrag, die Arbeit einer Kontrollkommission aus Ingenieuren, die die Reparationsleistungen zu überwachen hatte, zu begleiten. Sie unterstellten die industrielle und staatliche Verwaltung ihrer Kontrolle, um auf diese Weise in den Besitz „produktiver Pfänder" zu gelangen. Poincaré verfolgte mit seinem Ruhrunternehmen zugleich das Ziel, das nach seiner Auffassung im *Versailler Vertrag* (▷ 13.17) Versäumte nun nachzuholen, nämlich Deutschland auf die Rheingrenze zurückzudrängen.

Die allgemeine Entrüstung in Deutschland war groß. Die Reichsregierung stellte alle Reparationslieferungen an Frankreich und Belgien ein und rief die Bevölkerung des besetzten Gebiets zu passivem Widerstand auf. Als dieser weitgehend befolgt wurde, reagierte die Besatzungsmacht mit der Ausweisung von Beamten und mit der völligen Abschnürung des Ruhrgebietes vom Reich. Die Regierung in Berlin unterstützte die streikende Bevölkerung mit Geld- und Sachleistungen nach Kräften.

Die finanzielle Überbeanspruchung mußte in kurzer Zeit zur Verschärfung der Inflation und zum wirtschaftlichen Zusammenbruch Deutschlands führen, zumal auch die Steuereinnahmen aus dem besetzten Gebiet ausfielen. Es setzte rasch ein ungeheurer Wertverfall der Mark ein.

Die deutsche Regierung hoffte, daß Frankreich und Belgien bald zur Einsicht kommen würden, zumal ihre Vorgehensweise in den USA und auch in Großbritannien auf deutliche Kritik gestoßen war. Da jedoch Poincaré hart blieb, sah der Reichskanzler und Außenminister der neuen Koalitionsregierung, *Gustav Stresemann* (▷ 13.36), nur im Abbruch des passiven Widerstandes (im September 1923) die Möglichkeit zur Herstellung einer Verhandlungsbasis mit Frankreich. Kurz darauf wurden die Reparationszahlungen wieder aufgenommen. Damit waren die Voraussetzungen gegeben, den Gesamtkomplex der Reparationsfrage auf internationaler Ebene neu zu durchdenken; der Weg zum *Dawesplan* (▷ 13.34) war gewiesen. Wenige Wochen später gelang der Reichsregierung mit der Einführung der Rentenmark ein Auffangen der galoppierenden Inflation und die Sanierung der Währung.

13.33 Hitler-Putsch

1923 war die junge deutsche Republik schwersten Belastungsproben ausgesetzt, in denen ihre Existenz und der Zusammenhalt ihrer Länder auf dem Spiel standen. Im Zusammenhang mit der *Ruhrbesetzung* (▷ 13.32) durch französische Truppen machten im Rheinland separatistische Gruppen von sich reden, die, von der Besatzungsmacht unterstützt, eine autonome Rheinische Republik proklamierten (in Aachen, im Oktober 1923), die sich unter französisches Protektorat stellte. Da ihnen jedoch die Bevölkerung weitgehend die Unterstützung verweigerte, scheiterten sie und wurden auch von der Besatzungsmacht fallengelassen.

In Sachsen und Thüringen bereitete die Kommunistische Partei (KPD) mit der Aufstellung von „proletarischen Hundertschaften" eine revolutionäre Erhebung, zu der sie Unterstützung aus Moskau erhielt. Mit der Verhängung des Ausnahmezustandes und der Entsendung von Reichswehreinheiten reagierte

Hitlerputsch am 9. November 1923: Barrikaden vor dem Kriegsministerium in München

die Regierung in Berlin und zwang die KPD zum Rückzug, die erkennen mußte, ihren Einfluß auf die Arbeiterschaft überschätzt zu haben.

Eine größere Gefährdung ging von Bayern aus. Es stand seit 1921 unter konservativen Landesregierungen, die offen gegen die Reichsregierung im „roten Berlin" opponierten. In diesem Klima konnten sich zahlreiche extrem rechts eingestellte „vaterländische Verbände" mit paramilitärischem Zuschnitt entwickeln. Unter diesen Gruppen hatte sich zunehmend die Nationalsozialistische Deutsche Arbeiterpartei (NSDAP) mit ihren „Sturmabteilungen" (SA) in der Öffentlichkeit mit Massenversammlungen und Aufmärschen hervorgetan. Die NSDAP war 1919 in München als „Deutsche Arbeiterpartei" gegründet worden. Ihr Vorsitzender und Hauptredner war der aus Österreich stammende Weltkriegsgefreite *Adolf Hitler* (1889–1945; ▷ 14.1).

Nach dem Ende der Räterepublik ging die Landesregierung unter von Kahr zunehmend auf Konfrontationskurs zur Reichsregierung. Eine von der Landesregierung am 8. November 1923 im Münchener Bürgerbräu-Keller einberufene Versammlung nutzten Hitler und Ludendorff (▷ 13.15), indem sie gewaltsam das Podium besetzten und die Landesregierung zwangen, die Absetzung der Reichsregierung zu verkünden und eine provisorische Regierung, der auch Hitler und Ludendorff angehören sollten, auszurufen. Am Morgen des 9. November formierten sich SA-Sturmtrupps und andere rechtsextreme Verbände zu einem Marsch durch München. Bayerische Polizei stoppte den Zug an der Feldherrnhalle und trieb die Menge auseinander. Hitler floh und tauchte zunächst unter, Ludendorff ließ sich gefangennehmen. Damit war die „nationale Revolution" zusammengebrochen. Die von den Deutschnationalen und der Bayerischen Volkspartei getragene bayerische Landesregierung solidarisierte sich schließlich doch mit der Reichsregierung, die NSDAP wurde verboten. Den Anführern des Putsches wurde im Frühjahr 1924 der Prozeß gemacht, der allerdings nur sehr glimpfliche Strafen zur Folge hatte.

13.34 Dawesplan und Youngplan

Mit der Aufgabe des Ruhrkampfes (▷ 13.32) und der Stabilisierung der deutschen Währung waren die Voraussetzungen für eine grundlegende Neuregelung der *Reparationsfrage* (▷ 13.29) geschaffen. Auch das internationale Klima hatte sich gewandelt, seit die USA ihre freiwillige Isolation aufgaben und sich in den neuen Reparationsverhandlungen verstärkt engagierten. Als Hauptgläubiger hatten sie ihr Interesse an einer finanzpolitisch vernünftigen Regelung des Reparationsproblems nie verloren.

Eine Kommission aus amerikanischen und britischen Bankiers und Wirtschaftsfachleuten begann im Januar 1924 mit der Prüfung der wirtschaftlichen Situation Deutschlands und seiner Zahlungsfähigkeit. Am 9. April 1924 legte der Sachverständigenrat unter Vorsitz des amerikanischen Bankiers Charles G. Dawes das Gutachten der Reparationskommission vor. Eine endgültige Gesamtsumme der deutschen Leistungen wurde jedoch nicht festgelegt, auch die Frage der Dauer der deutschen Verpflichtung wurde umgangen. Der Dawesplan ersetzte die sehr hohen Jahresleistungen früherer Regelungen durch erträgliche für die nächsten fünf Jahre. Die Notwendigkeit einer Erholungspause für die deutsche Wirtschaft wurde festgestellt, zu deren

Wiederbelebung eine internationale Anleihe von 800 Millionen Goldmark bereitgestellt wurde. Das neu errichtete Amt des Reparationsagenten in Berlin übernahm die Umwandlung deutscher Zahlungen in ausländische Währungen unter Beachtung der deutschen Zahlungsfähigkeit. Als Garantien des Reiches wurden die Reichsbahn in ein vom Reich unabhängiges, internationales Unternehmen umgewandelt und die Reichsbank der Kontrolle eines internationalen Generalrates unterstellt. Auf der Londoner Konferenz im August 1924 wurde der Dawesplan von allen beteiligten Regierungen angenommen. Obwohl der französische Ministerpräsident die Zusicherung gab, binnen Jahresfrist das Ruhrgebiet zu räumen, wurde der Dawesplan in Deutschland von den Rechtsparteien als weiterer Schritt der Entmündigung des deutschen Volkes heftig kritisiert.

1928/29 kam die Reparationsfrage erneut auf die Tagesordnung, weil der Termin näherrückte, von dem an die deutschen Jahresleistungen sich laut Dawesplan drastisch erhöhen sollten. Die deutsche Wirtschaft sah sich nicht in der Lage, diese Zahlungen aufzubringen. Nachdem auch der Reparationsagent für eine Neuregelung gewonnen werden konnte, kam es zur Einberufung einer Kommission unabhängiger Finanzsachverständiger unter dem Vorsitz des amerikanischen Managers Owen D. Young. Im Mai 1929 legte sie den sogenannten Youngplan vor. Eine 5,5%ige Anleihe über 300 Millionen US-Dollar wurde gewährt. Die Reparationssumme wurde auf 112 Milliarden Goldmark festgelegt, die in 59 Jahresraten zu durchschnittlich 2 Milliarden Mark gezahlt werden sollten. (Die Zahlungen wurden jedoch bereits 1931 eingestellt.) Deutschland erhielt die alleinige Verantwortung für die Zahlungen in fremder Währung. Die Alliierten sagten die vorzeitige Räumung des Rheinlandes zu.

13.35 Verträge von Locarno

Der Abschluß des *Dawesplans* (▷ 13.34) war das erste Ergebnis neuer internationaler Verhandlungen nach dem Abbruch des Ruhrkampfes (▷ 13.32). Am 9. Februar 1925 bot der deutsche Außenminister Gustav Stresemann der französischen Regierung einen umfassenden Sicherheitspakt an, in dem die deutsch-französische und die deutsch-belgische Grenze international als endgültig garantiert werden sollten.

Frankreich reagierte erst nach Monaten und auf Drängen Großbritanniens und der USA. Nach intensivem Notenwechsel kam im Oktober 1925 in Locarno eine Konferenz zustande. Das am 16. Oktober abgeschlossene Vertragswerk bestand aus einer Reihe von Einzelverträgen, in deren Mittelpunkt der Rheinpakt stand. Mit ihm verzichteten Frankreich, Belgien und Deutschland auf eine gewaltsame Veränderung ihrer gemeinsamen Grenzen. Großbritannien und Italien traten dem Abkommen als Garantiemächte bei. Deutschland erkannte die Rechtmäßigkeit seiner Westgrenzen an. Es stimmte auch der im *Versailler Vertrag* (▷ 13.17) festgelegten Entmilitarisierung des Rheinlandes zu. Dem Rheinpakt schlossen sich Schiedsverträge an, die Deutschland mit Polen und der Tschechoslowakei vereinbarte. Eine weitergehende Anerkennung der deutschen Ostgrenzen („Ostlocarno") lehnte die deutsche Delegation ab, um den Anspruch auf eine spätere Revision der Ostgrenzen aufrechtzuerhalten. Frankreich schloß, um dem Sicherheitsbedürfnis Polens und der Tschechoslowakei entgegenzukommen, zusätzliche Beistandsverträge mit beiden Staaten ab.

Von allen beteiligten Staatsmännern wurde das Vertragswerk von Locarno als bedeutsamer Schritt zu einer dauerhaften Befriedung Europas gewertet. Die Aufnahme Deutschlands in den Völkerbund im September 1926, die im Schlußprotokoll des Locarnopaktes zugesagt worden war, war die logische Folge dieser politischen Entwicklung zur Entspannung. Im April 1926 wurde in Berlin ein deutsch-sowjetischer Freundschaftsvertrag unterzeichnet und damit das Bündnis von *Rapallo* (▷ 13.30) bekräftigt. Die Garantien für die Westmächte und die Einbindung in das neue internationale System wurden durch ein Neutralitätsversprechen gegenüber der Sowjetunion im Falle eines Krieges ergänzt, solange diese nicht der Angreifer sei.

13.36 Aristide Briand Gustav Stresemann

Die Namen Aristide Briand (Frankreich) und Gustav Stresemann (Deutschland) sind eng

Konferenz von Locarno mit (von links) Gustav Stresemann, Sir Joseph Austen Chamberlain, Aristide Briand und V. Scialòja

verknüpft mit dem *Vertragswerk von Locarno* (▷ 13.35), das im wesentlichen aus dem Zusammenwirken der beiden Staatsmänner und in Übereinstimmung mit dem britischen Außenminister Sir Joseph Austen Chamberlain (1863–1937) zustande gekommen war.

Aristide Briand (1862–1932) war Advokat und Journalist. Er gehörte zwischen 1906 und 1932 neunzehn Jahre lang der französischen Regierung als Außenminister oder Ministerpräsident an. Briand war einer der ersten Politiker Frankreichs, die nach dem Kriege für eine Versöhnung mit dem ehemaligen Kriegsgegner Deutschland eintraten.

Gustav Stresemann (1878–1929) gehörte dem deutschen Reichstag seit 1907 als Abgeordneter der Nationalliberalen Partei an. Während des Krieges vertrat er annexionistische Kriegsziele und gründete 1918 die monarchistische Deutsche Volkspartei (DVP). Als Mitglied der Nationalversammlung und des Reichstages wandelte er sich jedoch zum Befürworter des Weimarer Staates. Als Kanzler einer großen Koalition brach er im Krisenjahr 1923 den Widerstand gegen die französische Ruhrbesetzung ab, um aus Einsicht in das realpolitisch Mögliche die Voraussetzungen für eine neue Phase der Politik zwischen den Alliierten und Deutschland zu schaffen. Als Außenminister in den folgenden Regierungen setzte er diese Politik der Versöhnung fort.

Briand und Stresemann gelang in Locarno ein Abkommen, das von den von Kriegsfeindschaft diktierten Pariser Friedensverträgen (▷ 13.17, ▷ 13.19) wegführte und vom Geist der Freundschaft zwischen den beteiligten

Staatsmännern geprägt war. Beide Politiker wurden 1926 (Chamberlain bereits 1925) wegen ihrer Verdienste mit dem Friedensnobelpreis ausgezeichnet. Sie mußten ihre Politik der behutsamen deutsch-französischen Annäherung gegen den erbitterten Widerstand reaktionärer Kräfte im jeweils eigenen Land durchsetzen. So konnte Briand seinen Landsleuten die vorzeitige Räumung des Rheinlandes nicht plausibel machen, die Stresemann als großen außenpolitischen Erfolg der bedrohlich gewachsenen Rechtsopposition hätte entgegenhalten können. Beide Politiker waren noch 1928 an dem Zustandekommen des *Briand-Kellogg-Paktes* (▷ 13.37) maßgeblich beteiligt, mit dem eine einhellige moralische Verurteilung des Krieges ausgesprochen wurde. Der plötzliche Tod Stresemanns im Oktober 1929 hat die Fortführung der deutsch-französischen Zusammenarbeit im Sinne des Briandschen Europagedankens jäh beendet.

13.37 Briand-Kellogg-Pakt

Innerhalb des *Völkerbundes* (▷ 13.18) hatte sich in der Mitte der zwanziger Jahre, vornehmlich durch die Aktivitäten des französischen Außenministers *Aristide Briand* (▷ 13.36) eine starke Strömung herausgebildet, alle noch bestehenden Konflikte friedlich zu lösen. Nach der Aufnahme Deutschlands in den Völkerbund (1926) hatte daran auch Außenminister *Gustav Stresemann* (▷ 13.36) maßgeblichen Anteil. Als Briand 1927 den USA ein umfassendes französisch-amerikanisches Abkommen zur Friedenssicherung vorschlug, griff der amerikanische Außenminister Frank B. Kellogg (1856–1937) den Briandschen Gedanken auf und erweiterte ihn. Er entwarf einen allgemeinen völkerrechtlichen Vertrag, der die Ächtung des Krieges als Mittel zur Lösung zwischenstaatlicher Streitigkeiten enthielt. Am 27. August 1928 unterzeichneten den Pakt, der nach seinen Initiatoren Briand-Kellogg-Pakt genannt wurde, 15 Staaten, darunter auch Deutschland, die USA, Frankreich, Belgien, Großbritannien, Italien, Japan, Polen und die Tschechoslowakei. Bis 1929 unterzeichneten ihn 63 Staaten einschließlich der Sowjetunion. Die großen Erwartungen, die an dieses Abkommen geknüpft wurden, haben sich jedoch nicht erfüllt. Die Schwäche des Vertrages lag

darin, daß er keine Vorkehrungen vorsah, in welcher Weise gegen einen eventuellen Friedensbrecher Sanktionen angeordnet und durchgeführt werden sollten. So blieb der Kriegsächtungspakt, wie letztlich der Völkerbund auch, ohne Einwirkungsmöglichkeit, als sich in einer Reihe von Staaten autoritäre Regierungssysteme zu etablieren begannen, die zur Erreichung nationalistischer Ziele vor Gewaltmaßnahmen gegen andere Staaten nicht zurückschreckten. Der inhaltliche Kern des Briand-Kellogg-Paktes wurde aber in die Satzung der *Vereinten Nationen* (▷ 15.2) aufgenommen.

13.38 Commonwealth of Nations Westminster-Statut

Als dominierende See- und Kolonialmacht war Großbritannien 1914 an der Seite seiner Ententepartner Frankreich und Rußland in den Krieg gegen die Mittelmächte Deutschland und Österreich-Ungarn eingetreten. Es hatte zwar den Krieg als Sieger beenden können, aber letztlich nur dank des entscheidenden Eingreifens der Vereinigten Staaten, die sich nun anschickten, den Briten die Führungsrolle in der Welt streitig zu machen. Die Weltlage hatte sich seit dem Kriegsbeginn 1914 grundlegend verändert, ebenso die Verhältnisse im britischen Empire. Die britische Kriegserklärung vom 4. August 1914 war noch für das gesamte Empire ausgesprochen worden, aber der Kriegsverlauf und die Heranziehung der kolonisierten Völker zum Fronteinsatz in Europa und an anderen Kriegsschauplätzen hatte die schon vorhandene Tendenz zur Loslösung von den Kolonialmächten noch offensichtlicher gemacht. Die Kriegskonferenzen der Jahre 1917/18 führten zur faktischen Anerkennung der Dominien Kanada, Australien, Neuseeland und Südafrikanische Union als gleichberechtigte Staaten innerhalb des britischen Empire. Diese Entwicklung kam auch auf den Friedenskonferenzen 1919 zum Ausdruck, an denen diese Staaten bereits mit eigenen Delegationen teilnahmen. Die Parlamente berieten und ratifizierten den *Versailler Vertrag* (▷ 13.17), und als selbständige Mitglieder wurden sie in den *Völkerbund* (▷ 13.18) aufgenommen.

Parallel zu dieser Entwicklung gab es bereits in der frühen Nachkriegszeit Unabhängigkeitsbewegungen in den Kronkolonien, so besonders in *Indien* (▷ 13.27), wo es bald zu blutigen Auseinandersetzungen zwischen der Kolonialmacht und der indischen Bevölkerung kam, die durch die erfolgreiche Teilnahme Indiens am Weltkrieg zusätzliches Selbstbewußtsein erlangt hatte. Eine Lösung mußte auch für die noch immer ungelöste irische Frage gefunden werden; nach einem mehr als zweijährigen britisch-irischen Kleinkrieg wurde die Insel 1921 geteilt, eine Perspektive, die keine Seite befriedigte. Während die Nordprovinzen (Ulster) weiter zu Großbritannien gehörten, erhielt der Südteil als Irischer Freistaat mit eigener Regierung und eigenem Parlament einen dominionähnlichen Status (▷ 16.10).

Nachdem den Dominien bereits das Recht zum souveränen Abschluß von Staatsverträgen zuerkannt worden war, übernahm erst die Imperial Conference von 1926 die wegweisende, vom ehemaligen Außenminister Arthur J. Balfour formulierte Definition der Dominien als „autonome Gemeinschaften innerhalb des britischen Empire, gleich im Status". Die „Balfour-Formel" galt für die Dominien Kanada, Australien, Neuseeland, die Südafrikanische Union und den Irischen Freistaat. Newfoundland bewahrte lange seine Selbständigkeit und wurde erst 1949 zehnte Provinz Kanadas. Die Dominien waren im „Commonwealth of Nations" verbunden durch gemeinsame Treueverpflichtungen gegenüber der Krone als dem Symbol der Einheit des Empire. Die Beschlüsse von 1926 wurden 1931 mit dem Westminster-Statut staatsrechtlich bestätigt. Daneben existierten im Empire weiterhin Kronkolonien und Protektorate.

13.39 Piłsudski-Regime in Polen

Am 12. Mai 1926 löste der ehemalige „Vorläufige Staatschef" (1918–22) Piłsudski (▷ 13.26), unterstützt von Teilen der Armee, einflußreichen Großgrundbesitzern und der politischen Linken, in Warschau einen Staatsstreich aus, um die häufigen Regierungskrisen, die von Inflation begleiteten sozioökonomischen Probleme und den außenpolitischen Prestigeverlust Polens zu beenden. Trotz

Józef Klemens Piłsudski

seiner Aversion gegen die herkömmlichen politischen Parteien griff er das von ihnen 1921 geschaffene Verfassungssystem in den nächsten neun Jahren formal nicht an. Ferner lehnte er die Wahl zum Staatspräsidenten ab und begnügte sich, obschon er zweimal kurzzeitig selbst den Regierungsvorsitz übernehmen mußte, mit dem Amt des Kriegsministers und des Generalinspekteurs der Streitkräfte. Gestützt auf eine ungewöhnliche Autorität sowie getragen vom Vertrauen der Armee begründete er seine „moralische Diktatur", die eine „Sanierung" des politischen Lebens vornehmen und den Machtverfall im Innern und nach außen aufhalten wollte.

Da der Versuch, die persönliche Gefolgschaft Piłsudskis in einem „Parteilosen Block der Zusammenarbeit mit der Regierung" zu organisieren, nicht den gewünschten Erfolg brachte, kam es immer häufiger zu Rechtsbeugungen. Die Verfolgung von Oppositionellen und die Manipulation der Sejmwahl im Herbst 1930 stellten die schwerwiegendsten Verletzungen der Verfassung dar. Mit großer Anteilnahme trieb der Marschall die Verabschiedung eines neuen Grundgesetzes voran, das dem Staatsoberhaupt im Rahmen einer präsidialen Republik wesentliche Rechte einräumte. Ohne wirkliche Achtung für die demokratische Staatsform glaubte Piłsudski vor der Lösung der gewaltigen wirtschaftlichen Schwierigkeiten Zuflucht zu einer zunehmend autoritären Herrschaftspraxis nehmen zu müssen; sein Tod am 12. Mai 1935 hat Polen vor der Gefahr des Übergangs in eine Diktatur bewahrt. Nach dem Abschluß von Nichtangriffsverträgen mit den mächtigen Nachbarn UdSSR (1932) und Deutsches Reich (1934) verfolgte Außenminister Józef Beck das Programm, ein von Frankreich weniger abhängiges Polen zur Führungsmacht in Ostmitteleuropa zu machen. Verhängnisvoll für Polen wirkte sich aus, daß die Nachfolger Piłsudskis nicht an der vom Marschall nüchtern an den Machtverhältnissen orientierten Außenpolitik festhielten und eine der eigenen Stärke unangemessene Schaukelpolitik betrieben.

Nach Piłsudskis Tod verfiel sein autoritäres System sehr schnell, obschon es in seinen Grenzen bis zum *deutschen Überfall* 1939 (▷ 14.14) fortbestand. Es fehlte den Epigonen die Autorität, die Skrupellosigkeit und die unbeugsame Charakterstärke des Vorbilds, zumal es nicht gelang, die schweren Sozial- und Wirtschaftskrisen zu meistern.

13.40 Weltwirtschaftskrise

Die Vereinigten Staaten waren der Geldgeber ihrer europäischen Verbündeten während des Krieges gewesen, nach dem Kriege finanzierten im wesentlichen amerikanische Banken den Wiederaufbau Europas, förderten aber auch mit hohen Krediten in Ländern Asiens und Lateinamerikas den Aufbau moderner Industrien und die Technisierung der Landwirtschaft. Durch ihre internationale Finanzpolitik und den hohen Stand der Industrialisierung waren die USA zum reichsten Land der Welt geworden.

Auch nach Deutschland strömten Gelder aus den USA in beträchtlichem Maße, seitdem es mit amerikanischer Hilfe gelungen war, das Reparationsproblem durch den *Dawesplan* (▷ 13.34) zu vereinfachen. Die amerikanischen Kredite gaben nicht nur der deutschen Wirtschaft wichtige Impulse, sie sollten auch die deutsche Regierung in die Lage versetzen, ihren Reparationsverpflichtungen ohne Verzögerungen nachzukommen, denn aus den

Reparationssummen bezahlten wiederum die Westalliierten ihre Kriegsschulden an die USA.

Die weltwirtschaftliche Situation am Ende der zwanziger Jahre war geprägt durch ein gefährlich erscheinendes Ungleichgewicht, die nahezu vollständige Abhängigkeit vom Zustand der Konjunktur in den Vereinigten Staaten. Tatsächlich erlebten die Amerikaner seit dem Beginn der zwanziger Jahre eine relativ lange Phase der Hochkonjunktur. Vor allem die Autoindustrie und die Elektroindustrie sowie die Bauwirtschaft verzeichneten einen beispiellosen wirtschaftlichen Aufschwung.

Die anhaltende Wirtschaftsblüte aber verleitete die Unternehmen zu immer neuen Investitionen und zu ungebremster Produktionsausweitung ohne Berücksichtigung der Marktlage. Zugleich erzeugte das Spekulationsfieber einen Aktienboom bisher unbekannten Ausmaßes.

Als jedoch der Absatz langlebiger Verbrauchsgüter ins Stocken geriet, gaben auch die Kurse nach. Die Aktienbesitzer reagierten hektisch. Am 23. Oktober 1929 wurden rund 6,5 Millionen Aktien an der New Yorker Börse von ihren Besitzern aus Angst vor größeren Verlusten verkauft. Die Panik weitete sich aus („Schwarzer Freitag" am 25. Oktober 1929), die Angstverkäufe führten bis zum 29. Oktober zum totalen Zusammenbruch der New Yorker Börse. Dadurch, daß amerikanische Banken und Unternehmen nun ihre ins Ausland vergebenen kurzfristigen Kredite zurückriefen, weitete sich die amerikanische Börsenkrise zur Weltwirtschaftskrise aus. In Deutschland führte die Krise auch zur Instabilität der politischen Verhältnisse und begünstigte den Aufstieg der Nationalsozialisten (▷ 14.1). Die liberalen Demokratien wurden durch die globale Krise der Wirtschaft nachhaltig geschwächt. Die Massenarbeitslosigkeit wurde erst um den Preis einer allgemeinen Aufrüstung beseitigt.

13.41 Kuomintang-Herrschaft in China

Auf die Gründung der Republik 1912 folgte für 15 Jahre eine Phase des Machtvakuums, in der sich verschiedene Cliquen und Militärmachthaber, denen Regierung und Parlament in Peking gleichgültig waren, um die Herr-

Die Wall Street während des Börsenkrachs am „Schwarzen Freitag"

schaft über weite Landesteile stritten. In Kanton herrschte die selbsternannte Revolutionsregierung der Kuomintang (Nationale Volkspartei, KMT) unter *Sun Yat-sen* (▷ 12.43), die zu einem Sammelbecken der Kräfte einer nationalen Erneuerung Chinas wurde. Einen entscheidenden Impuls erhielten diese Kräfte aus der Bewegung des 4. Mai 1919, der sich vor allem Intellektuelle und die städtische Bevölkerung zum Protest gegen die Japan bevorzugende Behandlung der Shantung-Frage auf der Friedenskonferenz von Versailles anschlossen.

Die Kräfte der Neuordnung formierten sich schließlich unter der vereinten Führung von KMT und Kommunistischer Partei (Gründung der KPCh 1921). Das Bündnis der beiden Parteien hatte zum Ziel, vom Süden her ganz China zu erobern. Dabei sollten Bauern, Arbeiter und Studenten als revolutionäre Kräfte herangezogen werden. Nach dem Tode Sun Yat-sens (1925) begannen Richtungskämpfe die KMT zu lähmen. 1926 gelang es Chiang

Kai-shek, sich an die Spitze der Partei zu stellen und den Einfluß der sowjetischen Berater zurückzudrängen. Ein Jahr später wandte sich Chiang offen gegen die KPCh, schloß ihre Mitglieder aus der KMT aus und ließ sie zu Tausenden verhaften oder hinrichten. 1928 konnte er in Nanking die Führung einer neuen Nationalregierung übernehmen.

In den folgenden Jahren gelang es ihm, in Bürgerkriegen seinen Herrschaftsbereich auf knapp 15% der Fläche des Landes und 40% der Bevölkerung auszuweiten. Mit der Besetzung der Mandschurei durch japanische Truppen (▷ 13.42) im Herbst 1931 trat ein neuer Gegner in Erscheinung. Unter der Wirkung dieser Bedrohung gelang es, zeitweilig die Zerrissenheit Chinas zugunsten einer Nationalregierung mit Sitz in Nanking zu überwinden. Das Vordringen der Japaner führte KMT und KPCh erneut zusammen. Chiang Kai-shek verpflichtete sich, die Verfolgung der Kommunisten einzustellen; diese erklärten sich ihrerseits bereit, das von ihnen im Grenzgebiet der Provinzen Hunan und Kiangsi errichtete Sowjetsystem abzuschaffen, die Bodenreform einzustellen und die Rote Armee der Kon-

Links: Sun Yat-sen.
Rechts: Chiang Kai-shek

trolle durch die KMT-Regierung zu unterwerfen.

Auf den Ausbruch des *japanisch-chinesischen Krieges* (▷ 13.42) antworteten am 7. August 1937 die KMT und die KPCh mit der Bildung einer Einheitsfront. Diese Entwicklung gab den Kommunisten, die über eine eigene Armee verfügten, die Chance, Eigenständigkeit zu erlangen und sich 1945, nach dem Ende des Krieges gegen Japan, als politische Alternative zur KMT zu präsentieren. Während des Krieges gewannen sie im Volk eine wachsende Zahl von Sympathisanten und Anhängern. Bald nach der Kapitulation Japans im August 1945 zerbrach die Einheitsfront. Zusammenstöße zwischen KMT und Kommunisten häuften sich und mündeten in einen Bürgerkrieg, in dessen Verlauf die kommunistischen Verbände den Streitkräften Chiang Kai-sheks ab Sommer 1947 eine Niederlage nach der anderen bereiteten. Anfang 1949 trat Chiang zurück. Die Nationalregierung löste sich auf und floh nach Taiwan, wo sie die Herrschaft der KMT fortsetzte und seitdem die Restposition der Republik China repräsentiert. Am 1. Oktober 1949 rief Mao Tse-tung als Vorsitzender der kommunistischen Regierung in Peking die Volksrepublik aus.

13.42 Japanisch-chinesischer Krieg Mandschukuo-Regime

Als Folge seines Sieges über Rußland 1905 hatte sich Japan eine beherrschende Stellung

in Korea und Rechte in der Mandschurei gesichert. Von 1907 an durfte es zum Schutz der Südmandschurischen Eisenbahn in der Provinz Kwantung in der Mandschurei Militär unterhalten. Diese Streitkräfte in Divisionsstärke erhielten 1919 als Kwantung-Armee einen unabhängigen Status und wurden zunehmend politisiert. Teile des Offizierskorps traten für eine gewaltsame Abtrennung der Mandschurei von China ein. Unter den chinesischen Militärs regte sich Widerstand gegen den wachsenden japanischen Einfluß. Offiziere der Kwantung-Armee inszenierten am 18. September 1931 einen „Zwischenfall": Eine Explosion auf dem Gelände der Südmandschurischen Eisenbahn, die chinesischen Truppen angelastet wurde, lieferte den Vorwand, Mukden (heute Shenyang) sowie andere Teile der Mandschurei zu besetzen. Aus Korea wurden Verstärkungen herangeführt. Die Regierung in Tokio, die zunächst keine Expansion wünschte, war machtlos. Ihre Anordnungen wurden von den Offizieren der Kwantung-Armee ignoriert.

Bald waren große Teile der Mandschurei in japanischer Hand; Anfang 1932 wurde der „unabhängige" Staat Mandschukuo geschaffen. Das Untersuchungsergebnis der im Dezember 1931 vom Völkerbund eingesetzten Lytton-Kommission wurde von Japan nicht anerkannt. Japan verließ den Völkerbund. Als Kaiser des Marionettenstaates setzte Japan 1934 Pu Yi, den letzten Kaiser Chinas, ein. Ab 1935 kam es zwischen japanischen und chinesischen Truppenverbänden wiederholt zu kleineren Zusammenstößen. Der Zwischenfall an der Marco-Polo-Brücke bei Peking am 7. Juli 1937 war der Auftakt zum offenen Krieg.

Das China unter Chiang Kai-shek war nicht mehr bereit, die Provokationen der Japaner hinzunehmen und setzte sich zur Wehr. Unter dem Eindruck anfänglicher Erfolge glaubten die Japaner, der Feldzug in China werde sich rasch beenden lassen. Doch der chinesische Widerstand wuchs. KMT und Kommunisten bildeten eine Einheitsfront (▷ 13.41) und kämpften gemeinsam gegen die Japaner. Guerrillas, vornehmlich unter kommunistischer Führung, fügten der japanischen Armee ab 1938 beträchtlichen Schaden zu. Angesichts der Weite des Landes konnten die japanischen Streitkräfte sich nur noch darauf beschränken, die größeren Städte und wichtige Verkehrsverbindungen zu kontrollieren. Die eroberten Gebiete versuchte Japan, durch Marionettenregierungen unter Kontrolle zu halten. Unter den Kollaborateuren war die im März 1940 in Nanking eingesetzte Regierung des früheren KMT-Führers Wang Ching-wei die bekannteste. Japan anerkannte sie offiziell als Regierung Chinas, es fehlte ihr jedoch jede Glaubwürdigkeit im Lande. Das Stagnieren des militärischen Engagements in China veranlaßte Japan, um so intensiver nach Südostasien vorzudringen. Dies wiederum führte ab Dezember 1941 zum pazifischen Krieg, dessen massive Bindung militärischer und wirtschaftlicher Ressourcen jede Hoffnung auf ein baldiges Ende der japanischen Verstrickung in China zunichte machte. Am 9. September 1945 kapitulierte Japan formell auch gegenüber Chiang Kai-shek.

13.43 Austrofaschismus

Nach der Auflösung der Habsburgermonarchie (▷ 13.15) hatten sich in Deutschösterreich viele nichtstaatliche Organisationen gebildet, die sich bewaffneten und in der Notsituation des Jahres 1919 versuchten, die Ordnung im Lande aufrechtzuerhalten. Sie waren bereit, die Heimat gegen eventuelle Angriffe der Nachbarn zu schützen. Die Sozialdemokratische Partei Österreichs schuf sich mit dem Republikanischen Schutzbund eine regelrechte Parteiarmee. Vornehmlich auf dem Lande entstanden katholisch-traditionalistisch geprägte Heimwehrverbände mit stark antimarxistischer Stoßrichtung. Die christlichsozialen Regierungen unterstützten sie als Gegengewicht gegen den sozialdemokratischen Schutzbund. Nach den sozialistischen Unruhen in Wien im Sommer 1927 nahm der Einfluß der Heimwehrverbände auf die Innenpolitik des Landes zu. Die Heimwehrführer näherten sich in ihrer ideologischen Ausrichtung dem *italienischen Faschismus* (▷ 13.25) und lehnten in ihrem Korneuburger Programm 1930 auch die parlamentarische Demokratie westlichen Zuschnitts ab. Da sich die beiden großen Parteien im Nationalrat, Christlichsoziale und Sozialdemokraten, nicht in der Lage sahen, miteinander zur Bekämpfung der katastrophalen Auswirkungen der *Weltwirtschaftskrise* (▷ 13.40) eine

Chinesische Guerillakämpfer in Südwest-Kwantung (1939)

große Koalition zu bilden und gemeinsam der nationalsozialistischen Gefahr entgegenzutreten, entschloß sich der seit Mai 1932 amtierende christlichsoziale Regierungschef, Engelbert Dollfuß, zum Staatsstreich. Gestützt auf die Heimwehrverbände suspendierte er im März 1933 die parlamentarische Verfassung, verbot alle Parteien und Verbände mit Ausnahme der von ihm mitbegründeten Vaterländischen Front, in der alle Heimwehrverbände zusammengeschlossen waren, und errichtete ein autoritär-ständestaatliches Regierungssystem.

Die enge Bindung Österreichs an das faschistische Italien kam im März 1934 erneut zum Ausdruck, als es zusammen mit Ungarn die Römischen Protokolle unterzeichnete, die ein politisches und wirtschaftliches Zusammengehen mit Italien vorsahen. Ein nationalsozialistischer Umsturzversuch schlug fehl, weil Mussolinis Truppenaufmarsch am Brenner Hitler von einer Unterstützung der Putschisten abhielt, doch Dollfuß kam bei dem gescheiterten Putsch am 25. Juli 1934 ums Leben.

Kurt Schuschnigg setzte die autoritäre Regierung seines Vorgängers fort; trotz Auflösung

*Bundeskanzler
Dollfuß nimmt in
Wien eine Parade
der Vaterländischen
Front ab*

der Heimwehren gelang ihm der innenpolitische Ausgleich nicht. Mit dem nationalsozialistischen Deutschland erreichte er zwar am
11. Juli 1936 ein Ausgleichsabkommen, das
die Souveränität des österreichischen Staates
bestätigte, wenngleich sich die österreichische
Außenpolitik an Deutschland orientieren
mußte, und vorübergehend die Spannungen
zwischen den beiden Staaten beendete.
Schuschnigg aber mußte die Tätigkeit der Nationalsozialisten im Lande wieder legalisieren,
die nun immer offener den „Anschluß" an das
Reich forderten (▷ 14.9), nachdem sich
Deutschland und Italien während des *italienisch-äthiopischen Krieges* (▷ 14.6) einander
angenähert hatten.

13.44 „Königsdiktaturen" und faschistische Bewegungen

In fast allen europäischen Staaten, mit Ausnahme der westlichen Demokratien, hatten
sich nach dem Ende des Weltkrieges paramilitärische, nationalistische Bewegungen gebildet, die eine wesentliche innenpolitische Rolle
spielten. Gemeinsam war ihnen das Erlebnis
des Krieges sowie das Unvermögen, sich auf
den Friedenszustand umzustellen, der nicht
selten drastisch veränderte politische Verhältnisse mit sich brachte.
In ihrem extremen Antikommunismus sahen
sie sich von Anfang an als Gegenbewegung
zu der von der Sowjetunion verkündeten
Weltrevolution. Sie lehnten aber auch das
liberale, parlamentarische Regierungssystem

ab und strebten mit der Diktatur ihrer Parteiorganisation ein autoritäres Regime an. Ihr
völkisch-übersteigerter Chauvinismus verband sich mit Haß auf Minderheiten und insbesondere mit militantem *Antisemitismus*
(▷ 12.23).
Im faschistischen Italien (▷ 13.25) hatte erstmals eine paramilitärische Parteiorganisation
die Macht im Staat übernommen. Aber erst
als sich durch die Auswirkungen der *Weltwirtschaftskrise* (▷ 13.40) die Lebensverhältnisse breiter Bevölkerungsschichten verschlechterten, erhielten die rechtsradikalen,
aber auch linksrevolutionäre Bewegungen
und Parteigruppierungen in Europa großen
Zulauf.
In Deutschland errang die nationalsozialistische Partei einen erdrutschartigen Erfolg bei
den Reichstagswahlen vom 14. September
1930. In dem westlich orientierten Rumänien
versuchte seit 1930 der regierende König Karl
II., der sich rasch ausbreitenden faschistischen, antisemitischen „Eisernen Garde" mit
einer eigenen Willkürherrschaft zu begegnen.
1938 errichtete er eine „Königsdiktatur", hob
die Verfassung auf und verhängte ein Parteienverbot. Sein Versuch, Rumänien aus dem
Krieg herauszuhalten, scheiterte bereits 1940.
Er wurde zum Rücktritt gezwungen, und das
jetzt von Faschisten beherrschte Land trat an
die Seite der Achsenmächte.
Auch der serbische König Alexander I. errichtete, um die Einheit Jugoslawiens zu retten, eine „Königsdiktatur", um den kroatischen Unabhängigkeitsbestrebungen ein Ende
zu bereiten. Aber in der rechtsradikalen und

antisemitischen Ustascha-Bewegung verstärkte sich der kroatische Widerstand. Im Oktober 1934 fiel Alexander bei einem Staatsbesuch in Marseille einem Attentat zum Opfer. Ein Ausgleich kam nur vorübergehend zustande. Nach dem Einmarsch deutscher Truppen in Jugoslawien (▷ 14.22) erhielt Kroatien als faschistischer Ustascha-Staat, installiert von der deutschen Besatzung, eine gewisse Selbständigkeit.

Autoritäre Regime entstanden in der Zwischenkriegszeit auch in Lettland, Estland, Litauen, Albanien, Bulgarien, Ungarn sowie in Polen (▷ 13.39) und Österreich (▷ 13.43).

13.45 Präsidialregierungen in Deutschland

Ende März 1930 zerbrach in Deutschland die von einer großen Koalition der demokratischen Parteien gestützte Regierung des sozialdemokratischen Reichskanzlers Hermann Müller an der Unfähigkeit, ein gemeinsames Finanzprogramm zu entwickeln. Nun ernannte Reichspräsident Hindenburg kraft seines Amtes einen neuen Reichskanzler, den Zentrumspolitiker und Finanzexperten Heinrich Brüning. Der Übergang zum Präsidialsystem war vollzogen.

Brüning bemühte sich vergeblich um parlamentarische Zustimmung für seine deflatorische, die Sozialausgaben kürzende Politik zur Sanierung des Staatshaushaltes. Nach der vorzeitigen Auflösung des Reichstages regierte er mit Notverordnungen. Die Neuwahlen im September 1930 führten zu einer weiteren Destabilisierung der Republik durch die großen Stimmengewinne der Nationalsozialisten (sie erreichten nun 107 Sitze, 95 mehr als im letzten Reichstag) und auch der KPD (von 54 auf 77 Sitze). Im Reichstag gab es nun keine demokratische Mehrheit mehr. Seit seinem Regierungsantritt verfolgte Brüning das Ziel, die Reparationsverpflichtungen aufzuheben und so den Wünschen der politischen Rechten zu entsprechen. Die unmittelbare Bekämpfung der Massenarbeitslosigkeit wurde vernachlässigt.

Am 30. Mai 1932 trat Brüning zurück, als ihm der Reichspräsident das Vertrauen entzog. Die äußerste Rechte hatte sich in der Harzburger Front formiert und den Rücktritt des Kabinetts gefordert. Nach der Wiederwahl Hindenburgs zum Reichspräsidenten im April 1932 waren SA und SS verboten worden. Die Ernennung Franz von Papens zum Reichskanzler vollzog sich, wie Brünings Sturz, in Geheimabsprachen im engsten Kreis des Prä-

Kundgebung der Eisernen Front, die 1931 zur Verteidigung der Weimarer Demokratie gegen deren Gegner rechts – v. a. die Harzburger Front – gegründet worden war

sidenten. Der Übergang von der immerhin noch parlamentarisch tolerierten Politik der Notverordnungen zu einer reinen Präsidialregierung war erfolgt. Im neuen „Kabinett der Barone" nahm General Kurt von Schleicher als Reichswehrminister eine Schlüsselposition ein. Beide, Papen und Schleicher, suchten nun ein Bündnis mit der nationalsozialistischen Massenbewegung mit dem Ziel, Adolf Hitler zur Mitarbeit in der Regierung zu gewinnen, um ihn einzubinden und zu „zähmen".

Papen hob das SA-Verbot auf und schrieb Reichstagswahlen aus, die zur Folge hatten, daß sich die Anzahl der Sitze der NSDAP erneut verdoppelte. Bei einer erneuten Reichstagswahl im Herbst 1932 mußte die NSDAP zwar erstmals Verluste hinnehmen, doch Papens Politik der Entschärfung der nationalsozialistischen Forderungen durch betont nationalistische und autoritäre Regierungspolitik war offenkundig gescheitert.

Hindenburg übertrug nun Schleicher am 3. Dezember 1932 die Regierungsgeschäfte.

Um der Massenarbeitslosigkeit wirksam begegnen zu können, entwickelte Schleicher ein abenteuerliches, aber nicht aussichtsloses Arbeitsbeschaffungsprogramm, für dessen Verwirklichung er sowohl Sozialdemokraten und Gewerkschaften wie auch den „linken Flügel" der Nationalsozialisten zu gewinnen suchte. Mit seinem Angebot wollte er die NSDAP spalten und Hitler von der Macht fernhalten. Sein Plan scheiterte, weil sich ihm die angesprochenen Politiker versagten. Aber nun hatte sich Schleicher bei den Interessenverbänden der Großindustrie, der Großagrarier und des Großbürgertums seiner sozialistischen Pläne wegen verdächtig gemacht. Sie drängten den Präsidenten, Schleicher abzusetzen und Adolf Hitler zum Reichskanzler zu ernennen, dessen nationale und antimarxistische Einstellung bekannt war. Jetzt gab Hindenburg seine Abneigung gegen Hitler, den „böhmischen Gefreiten", auf und ernannte ihn am 30. Januar 1933 zum Reichskanzler ($\triangleright$ 14.1).

Daten

1914–1918	Erster Weltkrieg
28. Juni 1914	Attentat von Sarajevo, Ermordung des österreichischen Thronfolgers
26.–30. Aug. 1914	Schlacht bei Tannenberg in Ostpreußen
5.–9. Sept. 1914	Marneschlacht in Frankreich
23. Mai 1915	Italien erklärt Österreich den Krieg
21. Febr. – 16. Dez. 1916	Schlacht um Verdun
12. März 1917	Februarrevolution in Rußland (russischer Kalender: 27. Febr.)
6. April 1917	Kriegseintritt der Vereinigten Staaten von Amerika
2. Nov. 1917	Balfour-Deklaration Großbritanniens zu Palästina
7. Nov. 1917	Oktoberrevolution in Rußland (russischer Kalender: 25. Okt.)
8. Jan. 1918	Rede des amerikanischen Präsidenten Wilson mit Erläuterung seiner „14 Punkte" als Richtlinien für den Weltfrieden
3. März 1918	Frieden von Brest Litowsk zwischen Sowjetrußland und dem Deutschen Reich mit seinen Verbündeten
28. Okt. 1918	Proklamation der tschechoslowakischen Republik
9. Nov. 1918	Revolution in Berlin, Abdankung Kaiser Wilhelms II., Ausrufung der Republik, Übertragung der Regierungsgeschäfte an Friedrich Ebert
11. Nov. 1918	Unterzeichnung des Waffenstillstands bei Compiègne
12. Nov. 1918	Proklamation der Republik Deutschösterreich
16. Nov. 1918	Proklamation der Republik Ungarn
1. Dez. 1918	Proklamation des Königreichs der Serben, Kroaten und Slowenen
18. Jan. 1919	Beginn der Pariser Friedenskonferenz
28. April 1919	Gründung des Völkerbundes
28. Juni 1919	Unterzeichnung des Versailler Vertrages
10. Sept. 1919	Unterzeichnung des Vertrages von Saint Germain-en-Laye (Österreich)
4. Juni 1920	Vertrag von Trianon (Ungarn)
10. Aug. 1920	Vertrag von Sèvres (Türkei)
Juli– Aug. 1920	II. Kongreß der Kommunistischen Internationale
16. April 1922	Vertrag von Rapallo zur Regelung der deutsch-russischen Beziehungen
27./28. Okt. 1922	Mussolinis Marsch auf Rom
29. Okt. 1923	Kemal Atatürk Präsident der Türkei
8./9. Nov. 1923	Hitlerputsch in München
21. Jan. 1924	Tod Lenins
April 1924	Vorlage des Dawesplans zur Regelung der deutschen Reparationszahlungen
5.–16. Okt. 1925	Konferenz von Locarno, Unterzeichnung von Sicherheitsabkommen zwischen Deutschland und seinen Nachbarn
12.–15. Mai 1926	Staatsstreich Piłsudskis in Polen
Nov. 1926	Begründung des British Commenwealth of Nations
27. Aug. 1928	Briand-Kellog-Pakt, Ächtung des Krieges als Mittel zur Lösung zwischenstaatlicher Streitigkeiten
25. Okt. 1929	Börsenkrach in New York, Schwarzer Freitag
Jan. 1930	Unterzeichnung des Youngplanes, Revision des Dawesplans
9. Juli 1932	Konferenz von Lausanne, Ende der Reparationszahlungen Deutschlands

Kapitel 14
Zweiter Weltkrieg und seine Vorgeschichte

Einführung

Die nationalsozialistische Gewaltherrschaft in Deutschland dauerte zwölf Jahre und wenige Monate. In dieser so kurzen Zeitspanne entfesselten die Deutschen einen globalen Konflikt, der selbst das Grauen des Ersten Weltkrieges weit in den Schatten stellte. Die von den Deutschen in dieser Zeit begangenen Verbrechen, im eigenen Land und im besetzten Europa, sind bis heute einzigartig in der Weltgeschichte. Am Ende des Krieges lagen weite Teile Europas und der Welt in Trümmern, mehr als 55 Millionen Tote, davon fast die Hälfte Zivilisten, waren zu beklagen.

Die Ernennung von Adolf Hitler, dem „Führer" der Nationalsozialistischen Deutschen Arbeiterpartei (NSDAP), der stärksten Partei im Berliner Reichstag, zum Reichskanzler am 30. Januar 1933 war im Rahmen der Präsidialregierungen in der Endphase der Weimarer Republik ein normaler Vorgang. Reichspräsident Paul von Hindenburg ernannte Hitler: ein Regierungswechsel, der Legalität beanspruchen konnte. Der Widerstand gegen die Nationalsozialisten war schwach, das Interesse der deutschen Öffentlichkeit an der Verteidigung der Demokratie gering. Die konservativen Minister, die den greisen Reichspräsidenten zur Berufung Hitlers gedrängt hatten, glaubten, mit ihrer starken Mehrheit im Kabinett den unberechenbaren Demagogen „einrahmen" zu können. Sie hofften, daß er sich in der Regierungsarbeit bald verschleißen würde. Bereits sechs Monate später aber waren alle demokratischen Strukturen der ersten deutschen Republik beseitigt. Alle Parteien außer der NSDAP waren verboten, die Gewerkschaften zerschlagen, die Länder „gleichgeschaltet", die Polizeigewalt in allen Ländern in den Händen der Nationalsozialisten; die von der Verfassung garantierten Menschen- und Bürgerrechte waren außer Kraft gesetzt. Rassismus, Antisemitismus, übersteigerter Nationalismus und die Ideologie einer konfliktfreien „Volksgemeinschaft" bestimmten nun die deutsche Politik.

Eine breite Mehrheit der Deutschen unterstützte Hitlers Politik, wenn auch Wahlen und Volksbefragungen manipuliert wurden und daher kein exaktes Stimmungsbild wiedergaben. Hitlers außenpolitische Ziele, die Revision der „Schmach von Versailles" und die Wiederherstellung der nationalen Größe Deutschlands, entsprachen den Wünschen und Hoffnungen der meisten Deutschen, die Ablösung des parlamentarischen Systems, das sie für abgewirtschaftet hielten, begrüßten. Die Massenarbeitslosigkeit wurde rasch überwunden; doch die vielfältigen Arbeitsbeschaffungsprogramme in der Rüstungsindustrie dienten einzig dem Ziel, Deutschland möglichst schnell kriegsbereit zu machen.

Die europäischen Nachbarn beobachteten mit Sorge die neue deutsche Politik. Außenpolitisch wahrte Hitler zunächst den Schein der Friedfertigkeit seiner Absichten. Im Juli 1933 schloß das Deutsche Reich ein Konkordat mit dem Vatikan. Der überraschende Abschluß eines Nichtangriffspaktes mit Polen im Januar 1934 schien zu signalisieren, daß das neue Deutschland entschlossen war, sein Verhältnis zu Polen zu normalisieren. Doch mit dem amtlich angeordneten Judenboykott vom 1. April 1933 wurde schon sehr früh erkennbar, daß sich die neue Regierung nicht scheute, die antisemitischen Hetzparolen der „Kampfzeit" nun in die Tat umzusetzen. Doch selbst die von Hitler befohlene Mordaktion gegen die Führungsspitze der SA, die sich jedoch auch gegen Gegner des Regimes richtete, wurde nach anfänglichem Erschrecken hingenommen, als Hitler die blutige Tat als Notmaßnahme des Staates zur Verhütung eines drohenden Putsches zu bemänteln verstand. Hitler hatte sich damit die Loyalität der Reichswehr gesichert.

Mit der Wiedereinführung der Wehrpflicht und dem Aufbau einer Wehrmacht im März 1935 verstieß Hitler gegen die Bestimmungen des Versailler Vertrages. Doch die Reaktion der westlichen Demokratien blieb weitgehend aus, die Briten schlossen zwei Monate später sogar ein Flottenabkommen mit Deutschland. Mit der Besetzung des entmilitarisierten Rheinlands beging Deutschland einen weiteren eklatanten Vertragsbruch; doch die westliche Politik des „Appeasement" sollte die deutschen Ansprüche beschwichtigen und Hitler in ein gegenseitiges System der Sicherheit einbinden.

Die deutsche Außenpolitik wurde nun aggressiver. Die Unterstützung Italiens bei dessen Überfall auf Äthiopien leitete eine enge Zusammenarbeit der beiden faschistischen Regime ein, die „Achse Berlin-Rom". Mussolini und Hitler unterstützten im Spanischen Bürgerkrieg den nationalspanischen General Franco mit Truppen und Kriegsmaterial, während die Westmächte es unterließen, den republikanischen Kräften in Spanien Hilfe zu leisten, die allein von der Sowjetunion und von internationalen Brigaden Unterstützung erhielten. Dem Antikominternpakt, den Hitler im November 1936 mit Japan, das hegemoniale Ansprüche in Ost- und Südostasien verfolgte, abschloß und dem Italien später beitrat, kam in erster Linie propagandistische Wirkung zu. Er sollte das nationalsozialistische Deutschland in Europa als Bollwerk gegen den von den Demokratien geächteten Bolschewismus in der Sowjetunion darstellen.

Der Einmarsch der Wehrmacht in Österreich, dem der „Anschluß" an das Reich folgte, war erneut ein klarer Bruch des Völkerrechts, den jedoch die Westmächte, beeindruckt von der überwältigenden Zustimmung der österreichischen Bevölkerung, widerspruchslos hinnahmen. Hitlers Versuch, mit der Inszenierung der „Sudetenkrise" die Tschechoslowakei zu zerschlagen, trat die britische Premierminister Neville Chamberlain entgegen, der Hitler mit Zugeständnissen von einem gewaltsamen Vorgehen abzubringen versuchte. Das von Großbritannien, Frankreich und Italien mit Deutschland geschlossene Münchener Abkommen zwang die Tschechen zur Abtretung des von Deutschen besiedelten Sudetenlandes. Damit glaubte Chamberlain, den „Frieden für unsere Zeit" gerettet zu haben. Für Hitler aber war München lediglich eine Etappe; im März 1939 besetzten deutsche Truppen die „Resttschechei".

Nach dieser erneuten Gewalttat gaben Großbritannien und Frankreich nun Garantieerklärungen für Polen ab, als Hitler sich mit Gebietsforderungen an die östlichen Nachbarn wandte. Hitler hielt es für unwahrscheinlich, daß sich ihm die westlichen Demokratien ernsthaft in den Weg stellen würden. Der Abschluß des deutsch-sowjetischen Nichtangriffspaktes war eine diplomatische Sensation. In einem geheimen Zusatzprotokoll wurden Polen, die baltischen Staaten, Finnland und Teile des Balkans zu Interessengebieten Deutschlands bzw. der Sowjetunion erklärt. Die Nationalsozialisten hatten alle ideologischen Bedenken der Strategie, den Krieg vom Zaun zu brechen, untergeordnet. Stalin wußte, daß die Rote Armee nach den „Säuberungen" der dreißiger Jahre noch nicht kriegsbereit war und sah nun die Gelegenheit, die Konfrontation der ideologischen Todfeinde zumindest aufzuschieben. Für die Antifaschisten und Kommunisten in aller Welt war der Pakt ein schwerer Schlag.

Hitlers Plan, die Westmächte durch den Pakt mit den Sowjets von einem Eingreifen für Polen abzuschrecken, ging nicht auf. Dem deutschen Überfall am 1. September 1939 folgten zwei Tage später die Kriegserklärungen Großbritanniens und Frankreichs, die allerdings zunächst nicht militärisch eingriffen. Der überlegenen deutschen Wehrmacht gelang in weniger als drei Wochen der Sieg über Polen, das seine vierte Teilung erlitt.

Der Krieg sollte Hitler der Verwirklichung seiner Hauptziele dienen: der Eroberung von „Lebensraum" für das deutsche Volk im Osten Europas und der Entrechtung und Vernichtung der Juden in Deutschland und Europa. Den deutschen Juden hatte nicht erst der Brand der Synagogen in den Pogromen des Novembers 1938 gezeigt, mit welcher Brutalität die Nationalsozialisten ihnen zu begegnen gedachten. Die Entrechtung und vollständige Entfernung jüdischer Mitbürger aus dem öffentlichen Leben in Deutschland war schon vor Kriegsbeginn nahezu abgeschlossen. Im „Generalgouvernement" begann nun die physische Vernichtung, die sich auch gegen die polnische Führungsschicht richtete.

Der Krieg im Westen begann im Mai 1940 nach „Blitzkriegen" gegen Dänemark und Norwegen und geriet zu einem Triumph der deutschen Kriegsführung. In wenigen Wochen war Frankreich geschlagen, waren die Briten über den Kanal zurückgeworfen. Hitler stand auf dem Höhepunkt seiner Popularität beim deutschen Volk. Ihm schien in wenigen Wochen das gelungen zu sein, was die Generäle des Kaiserreiches im Ersten Weltkrieg in vier Jahren nicht erreicht hatten. Als einziger ernstzunehmender Gegner in Europa war Großbritannien übriggeblieben.

In London war seit Mai 1940 Winston Churchill Premierminister einer großen Kriegskoalition. Er war entschlossen, unter Mobilisierung aller Kräfte den Deutschen Widerstand zu leisten. Für einen längeren Krieg gegen den Inselstaat aber existierte im deutschen Generalstab kein Konzept. Hitler ordnete Vorbereitungen zu einer Invasion an. Doch während des Luftkrieges gegen England erlitten die deutschen Fliegerverbände so schwere Verluste, daß der Invasionsplan bald aufgegeben wurde. Zum ersten Mal hatte Hitler eine schwere Niederlage erlitten.

Noch während der Schlacht über England war der Angriffsbeginn gegen die Sowjetunion festgelegt worden. Die nationalsozialistische Propaganda stellte Hitler als den Retter Europas vor der sowjetischen Bedrohung dar. In Wirklichkeit war es der von Hitler geplante Vernichtungskrieg gegen das „bolschewistische Weltjudentum". Zugleich wurden die letzten Vorbereitungen für die „Endlösung der Judenfrage" getroffen, die in den mit Unterstützung der deutschen Großindustrie neu zu errichtenden Vernichtungslagern Ostpolens vor sich gehen sollte.

Die Sowjets wurden vom Angriff der Deutschen sichtlich überrascht. Bis zum letzten Tag war Stalin bemüht gewesen, die wirtschaftlichen Verpflichtungen, die mit dem Vertragspartner bestanden, peinlich genau zu erfüllen. Der deutsche Überfall am 22. Juni 1941 traf die Rote Armee völlig unvorbereitet; Berichten der Geheimdienste und von Überläufern wurde kein Glauben geschenkt. Ein neuer Blitzsieg schien sich anzukündigen. Aber in der Winterschlacht vor Moskau wurden den sieggewohnten deutschen Soldaten die Grenzen ihrer Leistungsfähigkeit aufgezeigt; die Wende des Krieges bahnte sich an. Die deutsche Führung hatte den Widerstandswillen der sowjetischen Verteidiger und ihre schier unerschöpflichen Reserven unterschätzt. Der nochmalige Vormarsch der deutschen Armeen im Sommer 1942 bis zum Kaukasus endete im folgenden Winter in der Niederlage von Stalingrad.

Durch den japanischen Überfall auf die amerikanische Flotte in Pearl Harbor und den offenen Kriegseintritt der USA war der europäische Krieg unterdessen zum Weltkrieg geworden. Nicht zuletzt um angesichts der schwierigen Kriegslage die Initiative zu behalten, erklärte Hitler im Dezember 1941 den USA den Krieg. Italiens Kriegserklärung folgte. Die Japaner erlitten im Juni 1942 in der Seeluftschlacht bei den Midway-Inseln eine schwere Niederlage, so daß nun auch im Pazifikkrieg die Wende eintrat. Auf dem afrikanischen Kriegsschauplatz führte die Landung alliierter Kampfverbände zur Kapitulation der Achsenmächte bei Tunis.

Um die Jahreswende 1942/43 war die Initiative auf allen Kriegsschauplätzen auf die Alliierten übergegangen. Mit der Verkündung ihres Kriegszieles der bedingungslosen deutschen Kapitulation koordinierten US-Präsident Roosevelt und Churchill die alliierte Kriegsführung. Doch noch für geraume Zeit mußte die Sowjetunion die Hauptlast des Krieges in Europa tragen, da der Zeitpunkt für eine alliierte Landung in Westeuropa, für die Eröffnung einer zweiten Front, noch nicht gekommen war. Mit dem Sturz Mussolinis nach der alliierten Landung in Italien zerbrach die deutsch-italienische Waffenbrüderschaft; Italien wurde von den Deutschen besetzt. Die alliierten Bomber hatten inzwischen die Luftherrschaft über dem Reichsgebiet und den besetzten Ländern erlangt. Unter dem Bombenhagel pausenloser alliierter Luftangriffe sanken zahlreiche deutsche Städte in Trümmer; die Deutschen hatten beim Luftkrieg gegen die Zivilbevölkerung (etwa in Rotterdam, Warschau und Coventry) bereits selbst diese schreckliche Form der Kriegsführung angewandt.

Der Aufstand der Juden im Ghetto von Warschau signalisierte der Welt in aller Deutlichkeit, daß der Völkermord an den europäischen Juden in den ostpolnischen Lagern bereits in vollem Gange war. Beim Rückzug aus der Sowjetunion hinterließen die Deutschen verbrannte Erde, und der Haß der Befreier schlug bald auf das Reichsgebiet zurück.

Mit der Invasion der Alliierten in der Normandie im Juni 1944 und der gleichzeitigen Großoffensive der Roten Armee im Mittelabschnitt der Ostfront begann die Endphase des Krieges. Frankreich wurde in wenigen Monaten befreit. Die drückende Luftüberlegenheit der Alliierten erstickte jede Entfaltung deutscher Gegenangriffe. Der späte Versuch deutscher Offiziere, Hitler zu beseitigen und den aussichtslosen Kampf zu beenden, scheiterte. Um die Jahreswende überschritten die Armeen der Verbündeten die deutschen Grenzen.

In Jalta berieten Roosevelt, Churchill und Stalin im Februar 1945 über die zukünftige Gestaltung Europas und der Welt sowie über die Behandlung der besiegten Gegner nach Kriegsende. Kurz vor der Einnahme des Bunkers unter der zerstörten Reichskanzlei in Berlin durch Sowjetsoldaten entzog sich Hitler durch Selbstmord der Gefangennahme. Wenige Tage später beendete die Kapitulation der deutschen Wehrmacht den Krieg in Europa.

Ein verlustreicher Endkampf in Ostasien um die japanischen Hauptinseln sollte durch den Entschluß des neuen amerikanischen Präsidenten Truman, die soeben erst erfolgreich erprobte Atombombe einzusetzen, vermieden werden. Die japanischen Städte Hiroshima und Nagasaki verbrannten im Inferno der neuen Vernichtungswaffe, ehe auch Japan kapitulierte. Das Grauen über diese bisher ungekannte Vernichtungskraft sollte den Ost-West-Konflikt und den Kalten Krieg der Nachkriegszeit bestimmen. Weite Teile Europas und Asiens lagen in Schutt und Asche. Die Bündnissysteme hatten alle Kontinente einbezogen. Der deutsche Nationalstaat war für mehr als vierzig Jahre zerstört; das deutsche Weltmachtstreben endete in der Teilung. Die Hauptsiegermächte USA und Sowjetunion waren nun die Pole der globalen Auseinandersetzung.

14.1 Machtübertragung auf Adolf Hitler

Nach dem gescheiterten Putsch im November 1923 in München (▷ 13.33) war die Nationalsozialistische Deutsche Arbeiterpartei (NSDAP) verboten worden. Ihr Vorsitzender, der 1889 im österreichischen Braunau geborene Adolf Hitler, war zu fünf Jahren Festungshaft verurteilt, aber bereits Ende 1924 vorzeitig entlassen worden. In seiner Haftzeit hatte er eine Rechtfertigungs- und Programmschrift zu schreiben begonnen, die erstmals 1925/26 als „Mein Kampf" in zwei Bänden erschien. In diesem Buch breitete er seine weltanschaulichen Ansichten und seine politischen Ziele aus. Er forderte den „rassisch gereinigten", antisemitischen, antiliberalen und antimarxistischen Führerstaat, der „neuen Lebensraum" im Osten Europas erobern müsse. Eine diktatorische und nationalistische Politik nach innen sollte mit einer expansionistischen, auf Revision des *Versailler Vertrags* (▷ 13.17) ausgerichteten Außenpolitik gekoppelt werden.

Nach seiner Haftentlassung begann Hitler, die Partei mit dem Ziel wiederaufzubauen, auf legalem Weg an die Macht zu gelangen, jedoch blieb die NSDAP in den Jahren der relativen Stabilisierung der Weimarer Republik bis 1929 ohne große Bedeutung. Erst durch die Auswirkungen der *Weltwirtschaftskrise* (▷ 13.40) erhielten die Nationalsozialisten mehr und mehr Zulauf. Bei der Reichstagswahl im September 1930 errangen sie ihren ersten spektakulären Erfolg und wurden nach den Sozialdemokraten die zweitstärkste Partei.

Im Frühjahr 1932 wurde Hitler bei den Reichspräsidentenwahlen von den Rechtsparteien als Kandidat gegen den amtierenden Reichspräsidenten von Hindenburg aufgestellt. Er unterlag, konnte jedoch 36,8% der Stimmen auf sich vereinigen. Bei der Reichstagswahl im Sommer 1932 wurde die NSDAP stärkste Partei. Die Pläne der Reichskanzler der *Präsidialregierungen* (▷ 13.45), von Papen und von Schleicher, Hitler und seine Partei in der Regierungsarbeit zu „zähmen" bzw. zu spalten, scheiterten, weil Hitler die ganze Macht beanspruchte, die ihm der Reichspräsident zunächst noch verweigerte.

Erst als die Hindenburg nahestehenden konservativen Kreise der Großagrarier und Industriellen ihn angesichts der sozialpolitischen Pläne Schleichers bestürmten, dem nationalgesinnten Hitler die Regierungsgewalt zu übertragen, gab der greise Präsident seinen Widerstand auf und ernannte am 30. Januar 1933 Hitler zum Reichskanzler. In einer Koalitionsregierung, der außer ihm zwei weitere Nationalsozialisten neben acht konservativen Ministern angehörten, glaubte Hindenburgs Vertrauensmann von Papen, der sich für die Berufung Hitlers eingesetzt hatte, ihn so „eingerahmt" zu haben, daß er die in den propagandistischen Reden geäußerten Ziele nicht in praktische Politik werde umsetzen können. Hitler gelang es jedoch, mit Hilfe von Sondervollmachten in wenigen Monaten alle Institutionen des demokratischen Staates auszuschalten und die anderen Parteien sowie die Gewerkschaften zu verbieten (▷ 14.3).

14.2 Franklin D. Roosevelt „New Deal"

In den USA hatte die *Weltwirtschaftskrise* (▷ 13.40) eine lange Periode der Hochkonjunktur beendet und den an eine blühende Wirtschaft gewöhnten Amerikanern einen besonders schmerzhaften Schock versetzt. Bis zum Frühjahr 1933 erhöhte sich die Zahl der Arbeitslosen auf fast 15 Millionen. Da die Maßnahmen des Präsidenten Herbert C. Hoover zur Krisenbewältigung keinen durchschlagenden Erfolg hatten, richteten sich die Hoffnungen der Amerikaner bei den Präsidentschaftswahlen 1932 auf den Kandidaten der Demokraten, Franklin D. Roosevelt. Er versprach im Wahlkampf, das Land mit einer neuen Politik des „new deal for the American people", einem Programm umfassender Reformen, aus der Depression herauszuführen. Roosevelt errang einen überwältigenden Sieg über Hoover und übernahm am 4. März 1933 das Präsidentenamt. Um die wirtschaftlichen Probleme bewältigen zu können, griff Roosevelt zu staatlichen Initiativen, die auch die bisher in den USA unantastbaren Freiräume des Marktes betrafen. Die unmittelbare Belebung der Wirtschaft sollte durch umfangreiche Arbeitsbeschaffungsmaßnahmen erreicht werden. Ein freiwilliger Arbeitsdienst für die 18- bis 25jährigen Männer sollte helfen, die Arbeitslosigkeit zu bekämpfen, ein währungspolitisches Sanierungsprogramm galt der

Wiederbelebung des Bankwesens. Eine mit halbrichterlichen Befugnissen ausgestattete Behörde sollte die Einhaltung der Maßnahmen überwachen. Besondere Aufmerksamkeit widmete Roosevelts New-Deal-Programm der Landwirtschaft. Durch Reduzierung der Produktion und Beschränkung des Anbaus bestimmter Getreidearten sollten höhere Preise erzielt werden. In der Industrie wurde die Überproduktion durch Arbeitszeitverkürzung gedrosselt. Ein weiterer Schwerpunkt des „New Deal" war eine Arbeitsgesetzgebung, die den Aufbau starker Gewerkschaften förderte. In der zweiten Phase des „New Deal" ab 1935 wurde eine umfassende Sozialgesetzgebung eingeleitet. Auf Bundesebene wurde eine Invaliden-, Alters- und Hinterbliebenenversicherung eingerichtet, und die Bundesstaaten erhielten Zuschüsse für die Arbeitslosenversicherung. Auch Maßnahmen für den sozialen Wohnungsbau wurden von der Bundesregierung eingeleitet. Der „New Deal" hat den modernen Sozialstaat begründet. Der hohe Wahlsieg Roosevelts bei seiner Wiederwahl 1936 bestätigten die Leistungen des Präsidenten. Das politische System der USA war nicht anfällig für rechtsextreme und *faschistische Bewegungen*, die in Europa ständig an Boden gewannen (▷ 13.44).

14.3 Festigung der Hitlerdiktatur

Die Ernennung Adolf Hitlers zum Reichskanzler am 30. Januar 1933 (▷ 14.1) war ein Akt des Reichspräsidenten, ein legaler Regierungswechsel in einem präsidialen System. Die von der nationalsozialistischen Propaganda mit diesem Datum verknüpfte „Machtergreifung" fand in den Wochen und Monaten danach statt, als Hitler mit Sondervollmachten nach dem von den Nationalsozialisten propagandistisch ausgenutzten Reichstagsbrand (27. Februar) und mit dem Ermächtigungsgesetz („Gesetz zur Behebung der Not von Volk und Staat", 23. März) begann, die Verfassungsorgane der Republik auszuschalten und eine Alleinherrschaft der NSDAP zu errichten. Die Reichstagswahlen vom 5. März (NSDAP: 44%) konnten nach dem Verbot der KPD bereits nicht mehr als freie Wahlen bezeichnet werden.

Durch zwei Gesetze „zur Gleichschaltung der Länder mit dem Reich" vom 31. März bzw. 7. April wurden die Behörden der Länder und Kommunen unmittelbar der Reichsregierung unterstellt. Sofort nach der Machtübertragung hatte die „Gleichschaltung" der gesellschaftlichen Einrichtungen der Republik begonnen. Die freien Gewerkschaften wurden am 2. Mai verboten, nach dem Verbot von KPD und SPD mußten sich die übrigen Parteien bis Anfang Juli selbst auflösen. Berufsverbände wurden in Gliederungen der NSDAP umgewandelt, und die „Gleichschaltung" von Partei und Staat wurde durch das „Gesetz zur Sicherung der Einheit von Partei und Staat" am 1. Dezember vollzogen. Ungeklärt war nach wie vor die Rolle, die der Sturmabteilung aus der „Kampfzeit", der SA („Braunhemden"), zukünftig im Staatsapparat zukommen sollte. Die Reichswehrführung versuchte, sich bei Hitler gegen Pläne des SA-Stabschefs Ernst Röhm, die SA in eine bewaffnete Volksmiliz umzuwandeln, in die auch die Reichswehr eingegliedert werden würde, abzusichern. Da Hitler die Reichswehr für seine Politik der Aufrüstung und seine Weltmachtpläne dringend benötigte, entschied er sich für eine radikale Entmachtung der SA. Gerüchte über angebliche Putschabsichten nahm Hitler zum Anlaß, neben der gesamten SA-Führungsspitze auch konservative Gegner (von Schleicher) sowie innerparteiliche Rivalen (der „linke Flügel" unter Gregor Strasser) am 30. Juni 1934 durch die Geheime Staatspolizei und durch Einheiten der schwarz uniformierten SS (Schutzstaffeln) verhaften und ohne jede Gerichtsverhandlung ermorden zu lassen.

Die Reichswehrführung war aus der Affäre gestärkt hervorgegangen, moralisch aber war sie angeschlagen. Sie hatte zur Erhaltung ihrer Machtstellung die Mordaktion gebilligt und widerspruchslos hingenommen, daß auch andere Widersacher Hitlers liquidiert worden waren, darunter zwei Generale. Mit der Entmachtung der SA begann zugleich der Aufstieg der SS, die unter ihrem „Reichsführer SS", Heinrich Himmler, Hitler direkt unterstand. Mit der Zusammenfassung der Politischen Polizeieinheiten aller Länder unter dem Namen der bisherigen preußischen Geheimen Staatspolizei, „Gestapo", mit der SS und dem Sicherheitsdienst (SD) leitete Himmler die enge personelle und organisatorische Verzahnung von SS und Polizei ein. Auch die schon seit Frühjahr 1933 im Aufbau befindlichen Konzentrationslager für politische Gefangene gingen jetzt in den Aufgabenbereich der SS über. Als am 2. August 1934 Reichspräsident von Hindenburg starb, vereinte Hitler die Funktionen des Reichskanzlers und des Reichsoberhauptes in seiner Person. Noch am selben Tag leisteten die Offiziere und Soldaten der Reichswehr einen persönlichen Treueid auf den „Führer und Reichskanzler".

Eine allgemeine konjunkturelle Verbesserung in der westlichen Welt ließ noch 1933 die Anzahl der Arbeitslosen deutlich sinken, und mit dem Beginn der umfassenden Aufrüstung ging sie weiter drastisch zurück. Das Gewaltregime der Nationalsozialisten konnte dadurch in der Bevölkerung weiteren Rückhalt finden.

Mao Tse-tung an der Spitze des Langen Marsches 1934

14.4 Langer Marsch

Der Begriff bezeichnet den Rückzug der Kommunisten aus ihrer zentralen Basis in Kiangsi 1934/35, wo sie von den Truppen der Kuomintang (KMT) unter Chiang Kai-shek eingeschlossen und bedrängt wurden. Ihm war die Vernichtung der Kommunisten ein wichtiges Ziel. Die kommunistischen Streitkräfte durchbrachen Mitte Oktober 1934 den Ring der nationalchinesischen Einheiten in westlicher Richtung. Angaben über die Stärke der Ausbrechenden schwanken zwischen 50 000 und 140 000; hinzu kamen noch etwa 15 000 Mann des Parteiapparats. Die gewaltige Absetzbewegung führte durch die Provinz Kweitschou weit nach Westen bis nördlich von Kunming in der Provinz Yünnan. Dann verlief der Marsch in nördlicher Richtung bis in den Nordwesten der Provinz Schensi.

Die durch schwere Kämpfe mit den nationalchinesischen Streitkräften und durch Strapazen auf dem insgesamt 12 500 km langen Marsch bis auf 7000 Mann dezimierten kommunistischen Einheiten erreichten die neue Basis im Oktober 1935. Zusammen mit den Abteilungen anderer kommunistischer Armeen zählte dieser Kern schließlich 30 000 Mann. Die Führung der Haupteinheit auf dem Marsch lag bei General Chu Te, politischer Kommissar war Chou En-lai. Mao Tse-tung spielte zunächst noch eine untergeordnete Rolle. Der einzige Ausländer, der an dem langen Marsch teilnahm, war der deutsche Komintern-Berater Li Te (Klarname: Otto Braun).

Im Januar 1935 fand in Tsunyi in der Provinz Kweitschou eine erweiterte Sitzung des Politbüros statt, auf der Mao Tse-tung die sogenannten 28 Bolschewiken, die aus der Sowjetunion zurückgekehrten chinesischen Kommunisten aus der Parteispitze verdrängte und damit den Einfluß der Komintern weitgehend ausschaltete. Mao wurde Vorsitzender des Politbüros. Auch mit dem Politkommissar der Vierten Frontarmee, Chang Kuo-tao, überwarf sich Mao Tse-tung wegen der Frage, wo eine neue Rätebasis geschaffen werden solle: Chang plädierte für Szetschuan, Mao wollte weiter nach Norden in das Gebiet von Schensi-Kansu marschieren. Die Folge war die Spaltung der Roten Armee. Erst 1936 stieß Chang mit seinen Streitkräften zu der von Mao geführten Basis.

Die politische Bedeutung des Langen Marsches liegt zum einen in dem Beweis, daß die KPCh in der Lage war, den an Zahl und Ausrüstung weit überlegenen nationalchinesischen Streitkräften standzuhalten; zum anderen ging mit der Konzentration der kommunistischen Kräfte in einem Stützpunktgebiet der Aufbau einer einheitlichen Führung einher. Für den späteren Weg zur Macht hatte das große Bedeutung.

14.5 Stalinismus

Der Begriff des Stalinismus bezeichnet eine Herrschaftsform, die durch die unumschränkte Macht einer Parteiführung oder eines Parteiführers charakterisiert ist, die im Falle Stalins auch die Aufhebung der innerparteilichen Demokratie umfaßte. Stalinismus bedeutet aber auch die Hinwendung zu autoritär-bürokratischen Methoden, denen ein dogmatisches Verständnis des Marxismus entspricht. Dazu gehören Überzentralisierung des öffentlichen und wirtschaftlichen Lebens, Voluntarismus, auch Irrationalismus der Entscheidungen, Dogmatismus im Denken, Verschärfung der Arbeitsverfassung, Unterdrückung nichtrussischer Nationalitäten und insgesamt Terror gegenüber weiten Kreisen der Bevölkerung. Entstanden Ende der zwanziger Jahre aus einem Zusammentreffen von akuter Wirtschaftskrise und tiefgreifenden strukturellen Wandlungen durch die *„Neue Ökonomische Politik"* (▷ 13.28), gründete sich der Stalinismus auch auf Traditionen autoritären Denkens und Handelns sowie gewaltsamer Lösungsmuster in Krisensituationen in der Geschichte Rußlands und der Sowjetunion. Der Rückgriff auf diese Tradition wurde durch die Spannungen zwischen revolutionären Ideen und sozialer Wirklichkeit im Rahmen des riesigen Territoriums mit völlig unterschiedlichen Strukturen begünstigt. Stalinistische Systeme bildeten sich nach dem Zweiten Weltkrieg im *sowjetisierten Osteuropa* (▷ 15.8). Nachwirkungen sind weit über den Tod Stalins hinaus bis heute zu spüren.

Das Leid, das der Stalinismus über viele Menschen brachte, ist unermeßlich. Der Terror, der in mehreren „Säuberungs"-Wellen gipfelte, forderte Millionen von Opfern. Zahlreiche „Volksschädlinge" fristeten, völlig unschuldig, in Straf- und Arbeitslagern ihr Dasein. Ein Großteil der Bevölkerung lebte in ständiger Angst. Dadurch wurden Gegner des Systems ausgeschaltet und mögliche Kritiker eingeschüchtert. Darüber hinaus diente der Terror dazu, Fehler und Mängel des Systems auf angebliche „Saboteure" abzuschieben, statt sie in der eigenen Politik zu suchen. Rivalitäten zwischen einzelnen Apparaten und Personengruppen kamen ebenso hinzu wie ein zeitweise außer Kontrolle geratendes Denunziantentum.

Der Stalinismus wurde allerdings nicht nur durch Terror zusammengehalten. Nach Überwindung der katastrophalen Folgen des Umbruchs von 1929 waren Verbesserungen der Lebensverhältnisse nicht zu übersehen, die Hoffnungen auf einen stetigen Aufschwung weckten. Viele Arbeiter waren stolz auf die Leistungen, die sie im Zuge der Industrialisierung vollbrachten. Der Widerstand der Bauern gegen die Kollektivierung konnte dadurch etwas beruhigt werden, daß ihnen ein Stück Hofland zur freien Bewirtschaftung verblieb. Die dort erzeugten Produkte erlangten gesamtwirtschaftlich eine erhebliche Bedeutung. Besonders wichtig waren die neuen Beschäftigungs- und Aufstiegsmöglichkeiten, die dem System eine gewisse Loyalität sicherten. Schließlich gewann Stalin als „Vaterfigur" in der schwer überschaubaren, alle Lebensbereiche erfassenden Umbruchzeit und dann noch einmal mit dem Sieg der Sowjetunion im Zweiten Weltkrieg (▷ 14.23, ▷ 14.24) eine weit verbreitete Autorität.

Die Erfolge des Stalinismus, die das Land etwa auf den zweiten Platz in der Weltproduktion brachten und ihm eine Weltmachtstellung verschafften, erwiesen sich als vordergründig. Letztlich gingen sie auf Kosten der Bevölkerung und förderten eine Wirtschaftsordnung, die durch ihre vorrangig schwerindustriell ausgerichtete Produktion und ihre bürokratisch-zentralistische Planung den Grund für ihren Niedergang legte. Diskreditiert wurde auch die internationale sozialistische Bewegung, überhaupt die Idee, eine sozialistische Gesellschaft aufzubauen. Die Prägungen des Stalinismus können nur schwer überwunden werden; einen ersten Ansatz zur Überwindung des Stalinismus in der Sowjetunion brachte der *XX. Parteitag der KPdSU* (▷ 15.34) im Februar 1956.

14.6 Italienisch-äthiopischer Krieg

Benito Mussolini, seit Ende 1922 italienischer Regierungschef und Diktator des faschistischen Einparteienstaates (▷ 13.25), hatte bis 1934 in der Außenpolitik eine gemäßigte Haltung an der Seite der Westmächte Großbritannien und Frankreich eingenommen. Noch im Sommer 1934 hatte er anläßlich des Umsturzversuches der österreichischen Nationalsozialisten und der Ermordung Dollfuß' gegen dessen autoritäres Regime in Wien (▷ 13.43) mit einem Truppenaufmarsch am Brenner mögliche Absichten Deutschlands, sich in Österreich einzumischen, eine deutliche Warnung erteilt.

Eine erste Begegnung der beiden Diktatoren Hitler und Mussolini im Juni 1934 in Venedig führte zu keiner Annäherung. Dem Anschein nach hatte aber das Auftreten Hitlers Mussolini angeregt, nun seinen zahlreichen, bisher nur deklamatorischen Bekundungen von der Wiedergeburt der antiken Größe Italiens und vom Mittelmeer als „mare nostrum" Taten folgen zu lassen. Mit dem Entschluß, das Kaiserreich Äthiopien (▷ 12.46) zu erobern, wollte er den italienischen Kolonialbesitz in Afrika (Eritrea und Somaliland) abrunden. Äthiopien aber war seit 1923 Mitglied des Völkerbunds. Ein Angriff auf das Kaiserreich mußte diesen auf den Plan rufen. Mussolini suchte mit dem Hinweis auf die rückständigen Verhältnisse im Reich Kaiser Haile Selassies in Frankreich und Großbritannien Verständnis für seine Absichten zu finden. Noch im April 1935 hatte er in Stresa zusammen mit den beiden Westmächten eindeutig gegen Hitler Stellung bezogen, der sich von den Rüstungsbeschränkungen des *Versailler Vertrages* (▷ 13.17) losgesagt hatte.

Als Mussolini jedoch am 3. Oktober 1935 mit dem Einmarsch in Äthiopien den Krieg begann, zerbrach das Einvernehmen. Der Völkerbund verurteilte den Aggressor und verhängte Sanktionen, u. a. ein Waffenembargo. Obwohl Frankreich und Großbritannien die Sanktionspolitik nur halbherzig betrieben, um Italien nicht in die Arme Hitlers zu treiben, vollzog Mussolini während des Krieges eine Annäherung an Deutschland. Er fühlte sich von seinen bisherigen Partnern im Stich gelassen, während Hitler ihn mit dringend benötigten Rohstofflieferungen unterstützte. Mussolini revanchierte sich, indem er im März 1936 Hitler gewähren ließ, wie es auch die Westmächte taten, als dieser mit dem Einmarsch in das entmilitarisierte Rheinland in eklatanter Weise gegen die Verträge von Versailles und *Locarno* verstieß (▷ 13.35).

Im Krieg gegen Äthiopien gab schließlich die logistische Überlegenheit der Italiener den Ausschlag. Am 6. Mai 1936 besetzten ihre Truppen die Hauptstadt Addis Abeba. Mus-

solini verkündete die Annexion Äthiopiens und gab die Gründung des italienischen Imperiums bekannt. Der italienische König Viktor Emanuel nahm den Titel Kaiser von Äthiopien an. Wenige Wochen später kam es zu einer politischen und militärischen Zusammenarbeit der beiden Diktatoren im *Spanischen Bürgerkrieg* (▷ 14.7).

14.7 Spanischer Bürgerkrieg Franco

Spanien war seit dem Scheitern der Diktatur Primo de Riveras (1923–30) eine Republik. Die aus Liberalen und Sozialisten gebildete Regierung versuchte, die ungelösten Probleme des Landes (besonders die hohe Arbeitslosigkeit und die ungleiche Verteilung des Volkseinkommens) mit Reformen zu bewältigen, stieß aber mit ihrer antikirchlichen Gesetzgebung 1933 auf den Widerstand der traditionell starken konservativen und katholischen Kräfte. Nach dem Sieg der Rechtsparteien bei den Neuwahlen zum spanischen Parlament, den Cortes, wurde der größte Teil der eingeleiteten Reformen rückgängig gemacht. Begleitet von den Entwicklungen in Italien und Deutschland bildeten sich auch in Spanien faschistische Bewegungen, etwa die „Falange Espagnola" des José Antonio Primo de Rivera, eines Sohnes des früheren Diktators.

Im Februar 1936 gelang den in der Volksfront zusammengeschlossenen Sozialisten, Republikanern, Kommunisten und katalanischen linken Gruppen der Sieg über die Rechtsparteien bei Neuwahlen der Cortes. Während im Parlament die gemäßigten Kräfte der Volksfront die Oberhand hatten, lieferten sich links- und rechtsextreme Gruppen blutige Straßenschlachten. Die Ermordung eines monarchistischen Abgeordneten löste einen seit Monaten von den Militärs vorbereiteten Putsch der Generale gegen die Madrider Regierung am 17./18. Juli 1936 aus. Der Aufstand ging von Spanisch-Marokko aus und griff schnell auf das Mutterland über. Ihm schlossen sich die konservativen Kräfte an, die Monarchisten, die katholische Kirche sowie die faschistische Falangebewegung. Zentralfigur des Putsches wurde der von der Volksfrontregierung in die Verbannung geschickte General Francisco Franco (1892–1975), doch der Putsch war zunächst nur in einem Drittel des

Landes (Altkastilien, Navarra) erfolgreich. Nach Francos Hilfeersuchen an die Diktatoren Mussolini und Hitler, die mit Kampfverbänden eingriffen, weiteten sich die Auseinandersetzungen rasch zum Bürgerkrieg aus. Die Bombardierung des baskischen Guernica durch die deutsche „Legion Condor" am 26. April 1937 rief weltweit Empörung hervor.

Da Großbritannien und Frankreich für eine Politik der Nichteinmischung votierten, erhielt die rechtmäßige spanische Regierung offiziell lediglich von der Sowjetunion Unterstützung. Eine besondere Bedeutung erlangten die von der *Komintern* (▷ 13.21) organisierten internationalen antifaschistischen Brigaden, in denen Freiwillige aus zahlreichen Ländern Europas und Amerikas für die legale Regierung Spaniens kämpften. Erst im Frühjahr 1939 konnte Franco, der zum Chef einer Junta ernannt wurde, in Madrid einziehen und den Bürgerkrieg für beendet erklären, nachdem Madrid bereits Ende 1936 vergeblich belagert worden war. Er verdankte seinen Sieg im wesentlichen der italienischen und deutschen Unterstützung sowie der Zurückhaltung der Westmächte, aber auch der Zersplitterung der republikanischen Kräfte im Land.

Franco stützte sein diktatorisches Regime auf die Armee, die Einheitspartei der Falange und die katholische Kirche. Im Zweiten Weltkrieg blieb Franco trotz seiner Sympathien für die Achsenmächte neutral, und erst nach seinem Tod (November 1975) konnte die Demokratisierung Spaniens beginnen (▷ 16.28).

14.8 Achse Berlin – Rom Antikominternpakt

Für seine aggressive Außenpolitik benötigte Hitler Verbündete. Da sich Großbritannien, sein Wunschpartner, nicht bereitfand, mit dem nationalsozialistischen Deutschland eine Bündnisverpflichtung einzugehen, wandte er sich verstärkt Mussolini, dem Diktator des *faschistischen Italien* (▷ 13.25), zu. Seit dem *italienisch-äthiopischen Krieg* (▷ 14.6) hatte sich eine Zusammenarbeit der beiden Diktatoren angebahnt.

Am 25. Oktober 1936 wurde in Berlin ein deutsch-italienisches Abkommen unterzeichnet, in dem beide Regierungen ihre Parteinahme für General Franco im *Spanischen*

Bürgerkrieg (▷ 14.7) mit ihrer Entschlossenheit begründeten, einer Ausbreitung des Bolschewismus überall in Europa energisch entgegenzutreten. Mussolini gab wenige Tage später dem neuen Verbindung der beiden Staaten den Namen „Achse Berlin–Rom". Im Mai 1939 wurde die deutsch-italienische Zusammenarbeit in der Außenpolitik zu einem offensiven Militärbündnis im „Stahlpakt" erweitert, der von Hitler vor allem propagandistisch genutzt wurde. In Italien standen führende Kreise einer engeren Bindung Italiens an Deutschland wesentlich distanzierter gegenüber, so das Königshaus, die Generalität und Teile des diplomatischen Korps.

Die antikommunistische Einstellung des Deutschen Reiches nahm die japanische Regierung, die der wachsenden chinesisch-sowjetischen Zusammenarbeit begegnen wollte, zum Anlaß, der Reichsregierung Verhandlungen über eine gemeinsame Politik gegenüber der Sowjetunion anzubieten. Am 25. November 1936 kam in Berlin ein deutsch-japanischer Vertrag, der Antikominternpakt, zustande, der eine Absicherung der beiderseitigen Politik gegenüber der Sowjetunion und den Aktivitäten der *kommunistischen Internationale* (▷ 13.21) beinhaltete.

In einem Zusatzprotokoll verpflichteten sich beide Staaten zu gegenseitiger Neutralität im Falle eines nicht provozierten Angriffs oder einer Angriffsdrohung der Sowjetunion gegen eines der beiden Länder. Beide gaben die Versicherung ab, mit der Sowjetunion keine Verträge abzuschließen, die dem „Geist dieses Abkommens" nicht entsprechen würden. Italien trat dem Antikominternpakt im November 1937 bei, ohne von der deutschen Regierung über die Existenz des Zusatzprotokolls unterrichtet zu werden. 1939 traten auch Ungarn und Spanien dem Antikominternpakt bei.

14.9 „Anschluß" Österreichs Großdeutschland

In der 1918/19 entstandenen Ersten Republik in Österreich hatte sich 1933 zur Bewältigung der verheerenden Auswirkungen der *Weltwirtschaftskrise* (▷ 13.40) ein autoritäres Regime unter dem christlichsozialen Bundeskanzler Engelbert Dollfuß gebildet (▷ 13.43); der Putsch österreichischer Nationalsoziali-

*Nach dem „Anschluß"
wird Hitler auf
seiner Fahrt nach
Wien von den
Österreichern
begeistert begrüßt*

sten im Juli 1934 scheiterte an der drohenden Haltung Mussolinis, die eine Unterstützung durch Hitler vereitelte. Doch die Zusammenarbeit von Deutschland und Italien seit Mitte der dreißiger Jahre veranlaßte Mussolini, Hitler in Österreich freie Hand zu lassen.

Im Juli 1936 schlossen Deutschland und die Alpenrepublik ein Abkommen, das die freundschaftlichen Beziehungen zwischen beiden Staaten wiederherzustellen schien. Hitler erkannte die Unabhängigkeit Österreichs an, der österreichische Bundeskanzler Schuschnigg mußte allerdings der Wiederzulassung der NSDAP in seinem Land, die im Juli 1933 verboten worden war, zustimmen.

Nachdem Hitler sich in London versichert hatte, daß er bei einem Vorgehen gegen Österreich keinen Einspruch Großbritanniens erwarten mußte, änderte er seine Haltung. Bei einem Treffen in Berchtesgaden am 12. Februar 1938 zwang er Schuschnigg, eine Verpflichtung zu unterschreiben, die die österreichische Außenpolitik der deutschen unterordnete. Außerdem mußte er den Nationalsozialisten Arthur Seyß-Inquart als Innenminister in seine Regierung aufnehmen. Allerdings schien eine relative Unabhängigkeit seines Landes gewahrt. Auf ein Ultimatum Hitlers hin mußte Schuschnigg ein geplantes Plebiszit aussetzen.

Da verzweifelte Appelle an die Regierungen in Paris, London und Rom keinerlei Rückendeckung erbrachten, trat Schuschnigg noch

am Nachmittag des 11. März zurück. Bundespräsident Wilhelm Niklas widersetzte sich zunächst der Ernennung Seyß-Inquarts zu dessen Nachfolger. Daraufhin gab Hitler noch am selben Abend den Befehl zum Einmarsch deutscher Truppen für den folgenden Tag, gleichzeitig wurde ein angebliches Hilfeersuchen Seyß-Inquarts veröffentlicht.

Die am 12. März in Österreich einrückenden deutschen Soldaten wurden von großen Teilen der Bevölkerung überschwenglich begrüßt. Hitler nahm die Eingliederung Österreichs in das Deutsche Reich („Anschluß") umgehend vor. Frankreich und Großbritannien schickten zwar Protestnoten, Mussolini aber ließ sein „herzliches Einverständnis" übermitteln. Hitler verkündete auf einer Großkundgebung am 13. März in Wien feierlich „vor der Geschichte den Eintritt meiner Heimat in das Deutsche Reich". Die nach dem „Anschluß" Österreichs zunächst inoffizielle Bezeichnung „Großdeutschland" wurde in der Folgezeit zum offiziellen Staatsnamen.

14.10 „Sudetenkrise" Münchener Abkommen

Nachdem im März 1938 der *„Anschluß" Österreichs* an das Deutsche Reich (▷ 14.9) nahezu reibungslos vollzogen worden war, wandte Hitler sich neuen außenpolitischen Zielen zu. Seit der Gründung der Tschechoslowakei 1918/19 lebten 3,2 Millionen Deutsche (22,5%

der Gesamtbevölkerung) in dem neuen Staatsverband. Sie bewohnten im wesentlichen die grenznahen Gebirgslandschaften im Norden und Westen, das Sudetenland.
Erst nach der nationalsozialistischen „Machtübernahme" im benachbarten Deutschland begann die deutsche Volksgruppe sich stärker zu artikulieren und von der Regierung in Prag Autonomierechte zu fordern, insbesondere die Sudetendeutsche Heimatfront, die im Mai 1935 als Sudetendeutsche Partei bei Wahlen 68% der deutschen Stimmen auf sich vereinigen konnte. Unmittelbar nach der Eingliederung Österreichs drängte Hitler deren Führer, Konrad Henlein, die Autonomieforderungen immer höher zu schrauben, so daß sie von der Prager Regierung nicht erfüllt werden konnten. Die sich verschärfende Spannung nahm er zum Anlaß, nun die Abtretung der vorwiegend von Deutschen bewohnten Gebiete zu verlangen, und löste so die „Sudetenkrise" aus.
Der Wehrmachtführung erteilte Hitler am 30. Mai 1938 die Weisung, den Krieg vorzubereiten; es sei sein „unabänderlicher Entschluß, die Tschechoslowakei in absehbarer Zeit durch eine militärische Aktion zu zerschlagen". Die weitere Entwicklung aber hing von der Haltung der Westmächte ab. Der britische Premierminister Neville Chamberlain glaubte, den Frieden bewahren zu können, wenn er den deutschen Wünschen weit entgegenkam, zumal Hitler erklärt hatte, daß diese Forderung der letzte territoriale Anspruch des Reiches sei. Chamberlain riet deshalb der Prager Regierung, mit den Sudetendeutschen einen Ausgleich zu finden, um Hitler jeden Interventionsgrund zu nehmen.
Chamberlain flog am 15. und 22. September nach Deutschland, um Hitler von übereilten Gewaltmaßnahmen abzuhalten. Obwohl sich die Prager Regierung bereit erklärt hatte, die Sudetengebiete abzutreten, bestand Hitler auf dem Einmarsch deutscher Truppen. Jedoch kam in letzter Stunde ein Ausgleich zustande; am 29. September unterzeichneten in München Chamberlain, Mussolini, Hitler sowie der französische Ministerpräsident Daladier ein Abkommen, das die Tschechoslowakei verpflichtete, ab 1. Oktober die Sudetengebiete zu räumen, die zur selben Zeit von deutschen Truppen besetzt werden sollten. Großbritannien und Frankreich garantierten der

Tschechoslowakei, die zu den Münchener Verhandlungen nicht hinzugezogen wurde, die Unabhängigkeit ihres restlichen Staatsgebietes. Chamberlain war überzeugt, den „Frieden für unsere Zeit" gesichert zu haben. Für Hitler dagegen war das Münchener Abkommen nur eine Etappe auf dem Weg zum Krieg.

14.11 Entrechtung der Juden in Deutschland „Reichskristallnacht"

Extremer Antisemitismus war ein Hauptbestandteil des nationalsozialistischen Programms. Zwei Monate nach der *Machtübertragung auf Hitler* ($\triangleright$ 14.1) eröffnete der neue Reichsminister für Volksaufklärung und Propaganda, Joseph Goebbels, am 1. April 1933 mit dem von ihm im gesamten Reichsgebiet organisierten Boykott jüdischer Geschäfte und Einrichtungen die gnadenlose Hetze des nationalsozialistischen Staates. Wenige Tage später wurde mit dem „Gesetz zur Wiederherstellung des Berufsbeamtentums" die rechtliche Grundlage für die Entfernung „nichtarischer" Beamter aus ihren Stellungen geschaffen. Fortan wurden die jüdischen Mitbürger durch Gesetze und Verordnungen einem immer weiter ausgrenzenden Sonderrecht unterstellt.
Die Nürnberger Gesetze, auf dem Reichsparteitag am 15. September 1935 verkündet, erklärten die deutschen Juden zu Staatsbürgern minderen Rechts. Das „Gesetz zum Schutze des deutschen Blutes und der deutschen Ehre" verbot unter Androhung von Zuchthausstrafen Eheschließungen und außereheliche Beziehungen zwischen „Juden und Staatsangehörigen deutschen oder artverwandten Blutes". Das „Reichsbürgergesetz" mit mehreren Folgeverordnungen entzog Juden das Stimmrecht und schließlich die Bürgerrechte; ihnen wurden die Ausübung des Arzt- und des Anwaltsberufs sowie alle kaufmännischen Tätigkeiten untersagt und jeder richterliche Schutz verweigert. Nicht zuletzt aus dem kulturellen und wissenschaftlichen Leben wurden sie vollständig entfernt.
Als am 7. November 1938 in Paris ein junger Jude aus Polen einen Angehörigen der deutschen Botschaft erschoß, nahm Goebbels diesen Vorfall zum Anlaß, einen vorgeblich spontanen Aufstand deutscher Bürger gegen ihre

jüdischen Mitbürger zu inszenieren. Überall im Reich wurden SA- und SS-Verbände angestachelt, die in der Nacht vom 9. auf den 10. November 1938 Synagogen in Brand setzten und jüdische Geschäfte und Wohnungen plünderten und demolierten. Jüdische und auch andere deutsche Bürger, die sich den Brandkommandos in den Weg stellten, wurden angegriffen. Mehr als 26 000 Bürger wurden in „Schutzhaft" genommen, etwa 100 Todesopfer waren zu beklagen.

Für die entstandenen Schäden wurde als besonderer Hohn den betroffenen Juden eine Geldbuße von einer Milliarde Reichsmark auferlegt, die an das Deutsche Reich zu zahlen war. Jüdische Geschäftsinhaber wurden enteignet, ihre Geschäfte wurden „arischen" Händen übergeben. Bis zu dem Novemberpogrom 1938 hatten trotz ständiger Diskriminierung erst rund 170 000 jüdische Bürger, etwa ein Drittel der jüdischen Bevölkerung, Deutschland verlassen. Jetzt schwoll der Auswandererstrom an, wenn auch die Emigration von den deutschen Behörden, aber auch von den europäischen Nachbarstaaten immer weiter erschwert wurde.

Vermutlich Goebbels erfand für die Vorgänge des 9./10. November 1938 den zynischen Namen „Reichskristallnacht". Die Entrechtung der Juden, die nur während der Olympischen Spiele 1936 in Berlin, einer gigantischen Propagandaveranstaltung der Machthaber, kurzzeitig abgemildert worden war, war nun weit vorangetrieben.

14.12 „Protektorat Böhmen und Mähren"

Das Jahr 1938 hatte Adolf Hitler auf einen Höhepunkt seiner Popularität im deutschen Volk geführt. Mit der Besetzung des entmilitarisierten Rheinlandes (1936), der Eingliederung Österreichs in das Deutsche Reich (▷ 14.9) und der Loslösung des Sudetenlandes aus dem tschechoslowakischen Staatsverband (▷ 14.10) hatte er Ziele der deutschen Außenpolitik, die darauf gerichtet war, die Beschlüsse des *Versailler Vertrages* (▷ 13.17) zu revidieren, ohne größere politische Komplikationen und ohne Blutvergießen erreicht. Die überwiegende Mehrheit der Deutschen hielt ihn für einen außergewöhnlichen Staatsmann, dem anscheinend alles gelang.

Der kleinen Gruppe von Diplomaten und hohen Militärs, die das aggressive außenpolitische Vorgehen Hitlers seit längerem mißbilligte, weil offenkundig war, daß ein neuer Krieg kaum zu vermeiden sein würde, war durch das Münchener Abkommen die Grundlage für eine offene Rebellion entzogen worden. Der britische Premierminister Chamberlain war davon überzeugt, Hitler mit einer zusätzlichen deutsch-britischen Nichtangriffserklärung fest in seine Appeasement-Politik eingebunden zu haben.

Hitler jedoch forderte bereits im November 1938 in einer Rede vor der deutschen Presse, daß das deutsche Volk auf den Krieg vorbereitet sein müsse. Zugleich ermunterte er die Slowaken, ihre Forderungen nach Selbständigkeit gegenüber der gemeinsamen Staatsführung der ČSR zu verstärken. Das slowakische Parlament erklärte unter dem Druck Hitlers am 14. März 1939 die Unabhängigkeit. Der tschechoslowakische Staatspräsident Emil Hácha wurde während seines Besuches in Berlin zur gleichen Zeit von Hitler gezwungen, noch in der Nacht zum 15. März ein Abkommen zu unterzeichnen, das sein Land der Willkür des deutschen Aggressors überließ. In derselben Nacht begann die Besetzung der Tschechoslowakei durch die deutsche Wehrmacht. Die tschechische Bevölkerung mußte dem Einmarsch mit ohnmächtiger Wut schweigend zusehen. Am 16. März verkündete Hitler in Prag die Errichtung eines „Reichsprotektorats Böhmen und Mähren". Die Slowakei wurde ein Satellitenstaat Deutschlands. Die Botschafter der Westmächte überreichten erst am 18. März in Berlin ihre formellen Protestnoten gegen den Bruch des *Münchener Abkommens* (▷ 14.10). Nun hatte Hitler endgültig das Vertrauen der westlichen Demokratien verspielt. Noch im März 1939 gaben Großbritannien und Frankreich ostentativ der polnischen Regierung für den Fall eines deutschen Angriffs eine Garantieerklärung.

14.13 Deutsch-sowjetischer Nichtangriffspakt

Nach dem neuerlichen Gewaltakt Hitlers gegen die Tschechoslowakei (▷ 14.12) nahmen die Westmächte Verhandlungen mit der Sowjetunion auf. Allerdings begegneten sich beide

Seiten mit großem Mißtrauen. Stalin fürchtete ein Komplott gegen die Sowjetunion, einen Zusammenschluß der Westmächte mit den faschistischen Staaten. Der Westen dagegen wollte in den Verhandlungen verhindern, daß sich die Sowjets ein Bündnis mit einem hohen Preis bezahlen lassen würden: der Vorherrschaft im osteuropäischen Raum. Die kleineren ost- und südosteuropäischen Staaten schlossen eine Verbindung mit der Sowjetunion aus. Sie waren eher bereit, mit Deutschland, Italien und Japan eine Verbindung einzugehen und sich dem *Antikominternpakt* (▷ 14.8) anzuschließen.

Um die Verhandlungen zwischen den Westmächten und Stalin zu unterlaufen, entschloß sich Hitler, selbst eine Verständigung mit Stalin zu suchen. Er wurde darin von Außenminister Joachim von Ribbentrop unterstützt. Stalin hatte seinerseits bereits im April erste Kontakte mit Berlin aufgenommen. Da das von Hitler angestrebte Einvernehmen mit den Briten nicht zu erreichen war und Mussolini trotz des soeben mit Hitler geschlossenen „Stahlpaktes" (Mai 1939) bekanntgab, daß Italien vor 1942 nicht kriegsbereit sei, stellte Hitler die ideologischen Vorbehalte gegenüber dem „jüdischen Weltbolschewismus" vorerst zurück und nahm direkte Verhandlungen mit Stalin auf.

Ribbentrop reiste am 23. August 1939 nach Moskau und unterzeichnete noch am selben Tage mit dem sowjetischen Außenminister Wjatscheslaw M. Molotow im Beisein Stalins den deutsch-sowjetischen Nichtangriffspakt. Dieser Vertrag wurde als Sensation empfunden, vor allem in Großbritannien und Frankreich, aber auch in Deutschland, wo in der Parteipropaganda bisher ganz andere Töne im Vordergrund gestanden hatten. Jetzt wurde der Vertrag als diplomatisches Meisterstück Hitlers gepriesen. Stalin wiederum konnte in der bevorstehenden Auseinandersetzung Hitlers mit den Westmächten im Hintergrund bleiben und die weitere Entwicklung gelassen abwarten. Für die Kommunisten in den westlichen Ländern und für die zahllosen deutschen Emigranten war der Pakt ein Schock, hatte sich doch nun die Macht mit Hitler verbündet, der allein man zugetraut hatte, dem deutschen Faschismus Einhalt zu gebieten.

In einem geheimen Zusatzprotokoll legten Ribbentrop und Molotow die Interessensphä-

Einzug deutscher Truppen in der südmährischen Stadt Brünn

ren zwischen Deutschland und der Sowjetunion für den Fall von territorialen Veränderungen in Europa fest. Polen wurde erneut geteilt. Deutschland erklärte sein Interesse an Polen westlich der Flüsse Weichsel, Narew und San sowie an Litauen. Die Sowjetunion erhob Anspruch auf Finnland, Estland, Lettland sowie an Bessarabien in Südosteuropa.

14.14 Deutscher Überfall auf Polen

Seit der im *Versailler Vertrag* (▷ 13.17) festgelegten Grenzregelung zwischen Polen und Deutschland war das Verhältnis der beiden Nachbarn ständig gespannt. Keine Regierung der *Weimarer Republik* (▷ 13.20) war bereit gewesen, die neuen Ostgrenzen anzuerkennen. Hitler dagegen überraschte ein Jahr nach der Machtübertragung die Öffentlichkeit mit dem Abschluß des deutsch-polnischen Nichtangriffspaktes (26. Januar 1934). Er beabsichtigte, mit diesem Vertrag seine Friedensbereitschaft zu beweisen und das polnische Bündnis mit Frankreich zu lockern. Deutschlands weitgehende außenpolitische Isolierung war damit durchbrochen worden.

Nach dem *Münchener Abkommen* (▷ 14.10) konzentrierten sich Hitlers Aktivitäten auf eine Auseinandersetzung mit Polen. Er for-

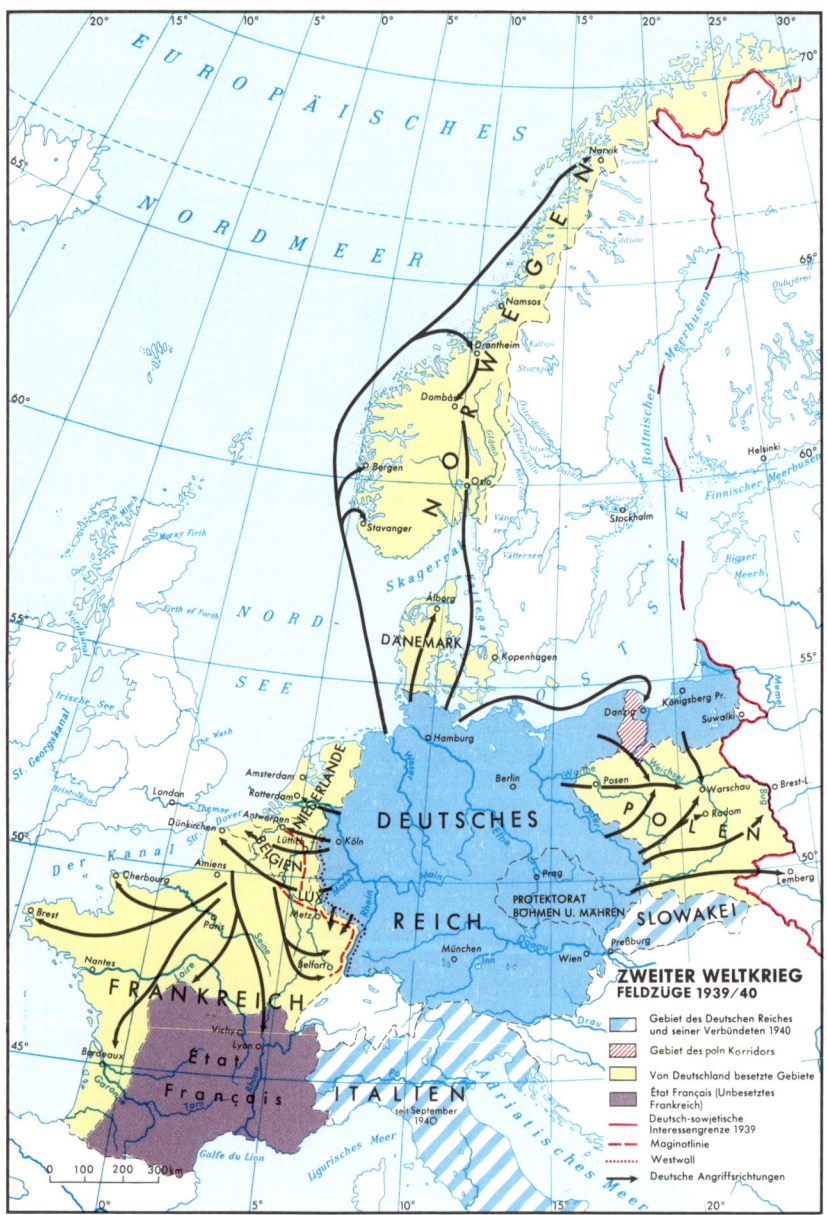

ZWEITER WELTKRIEG
FELDZÜGE 1939/40

Gebiet des Deutschen Reiches und seiner Verbündeten 1940

Gebiet des poln. Korridors

Von Deutschland besetzte Gebiete

État Français (Unbesetztes Frankreich)

Deutsch-sowjetische Interessengrenze 1939

Maginotlinie

Westwall

Deutsche Angriffsrichtungen

derte die Wiedereingliederung Danzigs ins Reich – die Stadt war nach dem Weltkrieg als „Freie Stadt" unter den Schutz des Völkerbundes gestellt worden –, Garantien für die deutsche Minderheit besonders in Westpolen und schlug eine exterritoriale Verbindung (Autobahn und Schiene) nach Ostpreußen durch den sogenannten polnischen Korridor vor. Hitler glaubte zu diesem Zeitpunkt noch, die Polen für einen gemeinsamen Krieg gegen die Sowjetunion gewinnen zu können und versprach ihnen als Gegenleistung die Anerkennung der deutsch-polnischen Grenze.

Nach der Besetzung der „Resttschechei" (▷ 14.12) im März 1939 wiederholte Hitler sein Angebot, jetzt aber in ultimativer Form. Der polnische Außenminister Józef Beck hatte bisher den Vorschlägen Hitlers abwartend gegenübergestanden, jetzt lehnte er sie, gestützt auf eine britische Garantieerklärung für Polen, kategorisch ab. Damit war für Hitler die Entscheidung gefallen, seine Forderungen mit militärischen Mitteln durchzusetzen. Im April kündigte Hitler das Abkommen mit Polen und das deutsch-britische Flottenabkommen vom Juni 1934.

Der *deutsch-sowjetische Nichtangriffspakt* (▷ 14.13) machte den Weg frei für Deutschlands Überfall auf Polen. Für den geplanten Angriffsbeginn am 1. September 1939 verschaffte Hitler sich einen fadenscheinigen Vorwand. Er gab einen von der SS inszenierten Anschlag auf den deutschen Sender Gleiwitz als einen von polnischen Verbänden geführten Angriff aus.

Die am 3. September überreichten Kriegserklärungen Großbritanniens und Frankreichs, die so ihre Bündniszusagen erfüllten, lösten Betroffenheit in Deutschland aus. Es gelang den weit überlegenen deutschen Armeen zwar, in drei Wochen die polnischen Streitkräfte zur Kapitulation zu zwingen, aber der Krieg war nun nicht mehr zu begrenzen. Die Westmächte sahen davon ab, mit massierten Kräften die deutsche Westgrenze, die nur schwach gesichert war, anzugreifen und die bedrängten polnischen Armeen zu entlasten. Denn seit dem 17. September war Polen auch noch dem Angriff der Sowjetunion von Osten her ausgesetzt.

Am 28. September legten Deutsche und Sowjets die endgültige Grenzlinie fest, die abweichend von den Vereinbarungen vom 23. August an den Bug verlegt wurde. Zentralpolen mit der Hauptstadt Warschau kam unter deutsche Militärverwaltung. Das vorwiegend von Weißruthenen und Ukrainern bewohnte Ostpolen wurde ebenso wie die baltischen Staaten, einschließlich eines Großteils von Litauen, in den sowjetischen Machtbereich eingegliedert.

14.15 „Generalgouvernement" Besatzungspolitik

Mit der Kapitulation Warschaus am 27. September 1939 und der vollständigen Besetzung des polnischen Staatsgebietes durch deutsche und sowjetische Truppen war der Krieg gegen Polen (▷ 14.14) nach weniger als vier Wochen beendet. Der Gedanke, aus den anfänglich unter Militärverwaltung stehenden Gebieten einen polnischen Reststaat mit eingeschränkter Selbständigkeit entstehen zu lassen, wurde zunächst erwogen, aber sowohl von Stalin wie auch von Hitler verworfen. Die Vorstellungen Hitlers von der Zukunft der polnischen Bevölkerung gab er in einer Reichstagsrede am 6. Oktober 1939 bekannt, in der er die Polen als „minderwertige Rasse" bezeichnete.

Nach der Angliederung der westpolnischen, teilweise von Deutschen bewohnten ehemaligen preußischen Provinzen als Reichsgaue Danzig-Westpreußen und Wartheland wurde das verbliebene Gebiet zum „Generalgouvernement" erklärt, in dem etwa 12 Millionen nun als staatenlos geltende Polen lebten. Der Hitler unmittelbar unterstellte Generalgouverneur residierte in Krakau, seine Verordnungen besaßen Gesetzeskraft. Dem Generalgouverneur an die Seite gestellt wurde der „Reichsführer SS und Chef der deutschen Polizei", Heinrich Himmler, als „Reichskommissar zur Festigung des deutschen Volkstums". Er war für die Verschleppung der polnischen und jüdischen Bevölkerung aus den neuen Reichsgauen in das „Generalgouvernement" verantwortlich, ebenso für die Rückführung und Wiederansiedlung sogenannter Volksdeutscher aus dem Baltikum und den ostpolnischen Gebieten. Himmler entwickelte, gestützt auf den „Führererlaß" vom 7. Oktober 1939 zur „Ausschaltung des schädigenden Einflusses von solchen volksfremden Bevölkerungsteilen, die eine Gefahr für das Reich und die deutsche Volksgemeinschaft bedeuten", die Ausrottungspolitik gegen das polnische Volk.

Aus Angehörigen der Gestapo, des Sicherheitsdienstes (SD) sowie aus SS- und Polizeieinheiten wurden „Einsatzgruppen" gebildet, die mit brutalem Terror gegen bestimmte Bevölkerungsgruppen, besonders gegen die polnische Elite und gegen die jüdische Bevölkerung, vorgingen. Dem polnischen Volk sollte die politische Führung genommen werden. Die versklavte Masse der Bevölkerung sollte der Besatzungsmacht allein als Arbeitskräftereservoir zur Verfügung stehen. Willkürliche Massenerschießungen von Polen und Juden waren an der Tagesordnung. Die sowjetische Besatzungsmacht machte sich ähnlicher Greuel schuldig, besonders an der polnischen Oberschicht sowie an Kriegsgefangenen.

Die jüdische Bevölkerung in den neuen Reichsgauen wurde in das „Generalgouvernement" deportiert und dort in mehreren Städten in Ghettos (▷ 14.34) zusammengepfercht. Mehr als 6 Millionen Polen, darunter 3 Millionen jüdischen Glaubens, sind während der deutschen Besatzungszeit ermordet worden.

14.16 Sowjetischer Krieg gegen Finnland Annexion des Baltikums

Im geheimen Zusatzprotokoll des *deutsch-sowjetischen Nichtangriffspaktes* (▷ 14.13) sowie in einem weiteren Abkommen vom September 1939 waren die baltischen Staaten und Finnland dem sowjetischen Interessenbereich zugeschlagen worden. Unmittelbar nach Beendigung des Krieges in Polen wurden Estland, Lettland und Litauen, wo seit Mitte der dreißiger Jahre autoritär-nationalistische Regime die Macht innehatten, von Moskau gezwungen, mit der Sowjetunion „Beistandspakte" abzuschließen. Während die baltischen Staaten ohne Aussicht auf auswärtige Unterstützung dem sowjetischen Druck nachgaben, lehnte Finnland ein ähnliches Ansinnen der Sowjets ab.

Moskau überfiel Finnland am 30. November 1939 ohne Kriegserklärung mit einer gewaltigen Streitmacht, der die Finnen lediglich neun unzureichend ausgerüstete Divisionen entgegensetzen konnten. Finnland appellierte an den Völkerbund, der die Sowjetunion als Aggressor aus der Gemeinschaft ausschloß. Freiwillige, vornehmlich aus den skandinavischen Nachbarländern, eilten den finnischen Verteidigern zu Hilfe, größere militärische Unterstützung durch die Westmächte blieb zunächst jedoch aus.

Wider Erwarten vermochten die Finnen unter dem Oberbefehl des Marschalls Carl Gustaf Freiherr von Mannerheim der sowjetischen Übermacht standzuhalten und ihr schwere Verluste zuzufügen. Eine kommunistische Gegenregierung wurde von Stalin bald wieder fallengelassen. Dem Entschluß Großbritanniens und Frankreichs, mit einer militärischen Intervention über Nordnorwegen Finnland zu Hilfe zu kommen und dabei zugleich die deutsche Erzzufuhr aus Schweden zu unterbinden, kamen die Friedensverhandlungen zwischen Moskau und Helsinki zuvor, die am 12. März 1940 den „Winterkrieg" beendeten. Finnland behielt seine Selbständigkeit, mußte aber Gebietsverluste hinnehmen (Karelien) und den Sowjets Stützpunkte überlassen.

Nach dem schnellen Sieg Hitlers über Frankreich (▷ 14.18) beeilte sich Stalin, die in den deutsch-sowjetischen Abkommen der Sowjetunion zugestandene Inbesitznahme der baltischen Länder zu realisieren, da nun mit einem raschen Ende des Krieges im Westen zu rechnen war. Zwischen Oktober 1939 und März 1940 waren bereits mehr als 130 000 Baltendeutsche ins Reich umgesiedelt worden. Jetzt forderte Stalin die Regierungen der baltischen Staaten auf, einer vollständigen Besetzung ihrer Länder zuzustimmen und ihre Regierungen umzubilden. Nach „Volksabstimmungen" wurden kommunistische Regierungen gebildet, danach erfolgte der Anschluß der drei Staaten als Sozialistische Sowjetrepubliken an die Sowjetunion (Juli/August 1940). Umgehend setzten Massenverhaftungen und Deportationen ein.

14.17 Krieg im Norden

Nach dem Sieg über Polen (▷ 14.14) plante Hitler, noch im Herbst 1939 den Krieg im Westen zu eröffnen. Der von ihm auf den 12. November 1939 angesetzte Angriffstermin wurde jedoch nicht eingehalten, weil die Führung der Wehrmacht den Stand der Rüstung noch nicht für ausreichend hielt. Bei der Generalität war die Erinnerung aus dem Ersten Weltkrieg an den *Stellungskrieg* (▷ 13.4) im Westen noch sehr lebendig.

Der Angriffsbefehl wurde mehrmals verschoben. Hitler mißtraute seiner Generalität, und in der Tat bemühte sich eine kleine Gruppe führender Offiziere und Diplomaten vergeblich, Friedensgespräche mit Großbritannien einzuleiten. Der Angriffsbeginn im Westen verzögerte sich schließlich durch den deutschen Überfall auf Dänemark und Norwegen. Mit diesem am 9. April 1940 begonnenen „Blitzkrieg" wollte Hitler einem britischen Zugriff auf Nordnorwegen zuvorkommen. Ziel der Deutschen war es, den Transportweg von den schwedischen Erzlagern über den nordnorwegischen Hafen Narvik zu sichern und eine Operationsbasis für die Kriegführung der Seestreitkräfte im Atlantik zu gewinnen. Während Dänemark, unvorbereitet und ungerüstet, auf jeden Widerstand verzichtete, gerieten deutsche Kriegsschiffe bei der Sicherung der Landungsoperationen der Heereseinheiten in norwegischen Häfen in Gefechte mit überlegenen britischen Flottenverbänden und mußten schwere Verluste hinnehmen.

Am 10. Juni 1940 kapitulierte Norwegen. Der Nordteil wurde jetzt bis zum Nordkap und zur finnischen Grenze bei Kirkenes von den Deutschen besetzt. Der König und die Regierung von Norwegen waren bereits nach Großbritannien geflohen und bauten von London aus eine nationale Widerstandsbewegung auf. Die deutsche Besatzung installierte eine norwegische Satellitenregierung unter dem Faschisten Vidkun Quisling, der vom deutschen Reichskommissar Josef Terboven abhängig war.

Dem Mut der dänischen und norwegischen Bevölkerung war es zu verdanken, daß die deutschen Besatzer nur einen verhältnismäßig kleinen Teil der jüdischen Bürger in die Vernichtungslager im Osten (▷ 14.27) deportieren konnten.

14.18 Krieg im Westen

Durch den Überfall auf Dänemark und Norwegen (▷ 14.17) war der Angriffstermin für die Westoffensive mehrmals verschoben worden. Am 10. Mai 1940 traten die deutschen Armeen auf breiter Front von der Nordsee bis zur Südgrenze Luxemburgs zum Angriff an; Belgien, Luxemburg und die Niederlande wurden unter Verletzung ihrer Neutralität sofort in die Kampfhandlungen einbezogen. Der Schwerpunkt des Angriffs lag nicht auf dem rechten Flügel, was dem Schlieffenplan im Ersten Weltkrieg (▷ 13.3) entsprochen hätte, sondern in der Mitte. Durch die vermeintlich

Der Einmarsch deutscher Truppen in Paris

unwegsamen Ardennen stießen deutsche Panzerverbände vor und erreichten bereits am 20. Mai bei Abbéville die Kanalküste. Mit diesem Operationsplan gelang die Abtrennung der Nordgruppe der französischen Armee, des britischen Expeditionskorps und der belgischen Armee von der französischen Hauptstreitmacht.

Die Niederlande waren bereits am 15. Mai nach schweren Luftangriffen auf Rotterdam, mit denen Hitler den Bombenkrieg gegen die Zivilbevölkerung eröffnete, zur Aufgabe des Widerstandes gezwungen worden. Die belgische Armee kapitulierte am 28. Mai. Den nach Dünkirchen zurückweichenden britischen Verbänden drohte die Einkesselung. Hitler wollte größere Verluste seiner Panzerarmeen vor der Auseinandersetzung mit der französischen Hauptstreitmacht vermeiden und ließ den Panzervormarsch für kurze Zeit anhalten. Die britische Admiralität konnte den Großteil der Truppen, etwa 335 000 Mann, auf die Insel zurückholen. Auch französische und belgische Soldaten konnten nach Großbritannien entkommen.

Am 5. Juni begann mit dem Durchbruch durch die sogenannte Weygandlinie die zweite Phase des Angriffes, mit dem die gefürchtete Maginotlinie von rückwärts aufgerollt werden konnte. Am 14. Juni wurde Paris kampflos besetzt. Am 18. Juni richtete der neue französische Regierungschef und Marschall des Ersten Weltkrieges, Philippe Pétain, ein Waffenstillstandsangebot an die Deutschen. Vier Tage später wurde im Wald von Compiègne im selben Eisenbahnwagen, in dem am 11. November 1918 die Deutschen die Waffenstillstandsbedingungen der Sieger entgegengenommen hatten (▷ 13.16), der Waffenstillstand unterzeichnet.

Der größte Teil Frankreichs nördlich der Linie Genf-Tours-Atlantikküste bis zur spanischen Grenze wurde von deutschen Truppen besetzt, Elsaß-Lothringen und nördliche Departements wurden abgetrennt. Im unbesetzten Südfrankreich richtete die Regierung Pétain ihren Amtssitz in Vichy ein. Pétain verfolgte eine Politik der „Nationalen Revolution" und kollaborierte eng mit den Deutschen. Von London aus rief am Abend des 18. Juni relativ unbeachtet General Charles de Gaulle über den Rundfunk das französische Volk dazu auf, an der Seite Großbritanniens den Kampf fortzusetzen. Er gründete am 28. Juni in London das „Nationalkomitee der Freien Franzosen". Hitler aber feierte seinen Sieg, das deutsche Volk jubelte und selbst bisher skeptische Militärs begannen nun, an Hitlers „Feldherrngenie" zu glauben.

14.19 Luftkrieg über England

Hitler war nach dem triumphalen Erfolg über Frankreich (▷ 14.18) davon überzeugt, daß dem nun isolierten Großbritannien nichts anderes übrig bleibe, als den Widerstand aufzugeben und sich mit dem Großdeutschen Reich zu arrangieren. Er richtete ein vages Friedens- und Verhandlungsangebot an die britische Regierung, das jedoch unbeachtet blieb. In London hatte am 10. Mai 1940 Winston S. Churchill (1874–1965) den weiter an seiner Politik des Appeasement festhaltenden Neville Chamberlain als Premierminister abgelöst. Churchill bildete eine Koalitionsregierung mit der Labour Party (Clement Attlee wurde Stellvertreter) und erhielt, der gespannten Lage angemessen, außerordentliche Vollmachten. Für ihn gab es kein Verhandeln mit dem deutschen Diktator. Er wurde in seiner Haltung von dem amerikanischen Präsidenten *Franklin D. Roosevelt* (▷ 14.2) unterstützt, der sich entschloß, Großbritannien im Kampf

gegen Deutschland moralische und materielle Hilfe zu gewähren.

Hitler gab schließlich den Befehl zur Vorbereitung einer Landung in Großbritannien. Bedingung für das Gelingen dieses angesichts der überlegenen britischen Flotte gewagten Unternehmens war aber die Luftherrschaft. Am 13. August 1940 begannen Großangriffe auf Flugplätze, Funkleitstellen und die britische Luftrüstungsindustrie. Die deutsche Luftwaffe war jedoch für einen strategischen Luftkrieg kaum ausgerüstet. Schnelle Fernbombergeschwader, die tief in das feindliche Hinterland eindringen konnten, um Produktionsstätten und Versorgungseinrichtungen zu zerstören, waren nicht in ausreichender Anzahl vorhanden. Sie waren zudem gegenüber der Luftabwehr zu schwerfällig und gegen Abfangjäger weitgehend ungeschützt, da die deutschen Jagdmaschinen nur einen begrenzten Aktionsradius besaßen.

Die deutschen Fliegerstaffeln erlitten schwere Verluste, die nicht ersetzt werden konnten. Als ab 16. September die Großeinsätze wegen verschlechterter Wetterbedingungen abgebrochen werden mußten, verschob Hitler das Landungsunternehmen auf das Frühjahr 1941. Das gesteckte Ziel, die Luftherrschaft zu erringen, war nicht erreicht worden, auch nicht die Zerschlagung der britischen Industrieproduktion. Hitler hatte gedroht, britische Städte „auszuradieren". Aber auch die verschärften Nachtangriffe auf Häfen und Industriestädte (London 15. September; Coventry 14./15. November) erreichten trotz der hohen Anzahl von Opfern ihr Ziel, den Widerstandswillen der Bevölkerung zu brechen, nicht. Sie wurden im Frühjahr 1941 ganz eingestellt, weil die deutsche Luftwaffe nun im Osten benötigt wurde (▷ 14.23). Hitler hatte in der „Luftschlacht um England" seine erste schwere Niederlage erlitten und entschloß sich nun dazu, sich gegen die Sowjetunion zu wenden, um danach als Beherrscher des Kontinents Großbritannien zur Annahme seiner Friedensbedingungen zwingen zu können.

14.20 Massenmord an „lebensunwertem Leben"

Die nationalsozialistische Rassenideologie hielt in ihrem Wahn von der Reinheit der „arischen Rasse" die Tötung „lebensunwerten Lebens" nicht nur für vertretbar, sondern geradezu für geboten. Dabei wurden der auf die Antike zurückgehende Begriff der Euthanasie (griech. „euthanasia", „schöner Tod") sowie christlich-ethische Überlegungen zur medizinischen Hilfeleistung beim Sterben in rassistischem Sinn pervertiert.

Bereits wenige Monate nach dem Machtantritt Hitlers (▷ 14.1) wurde mit dem „Gesetz zur Verhütung erbkranken Nachwuchses" im Juli 1933 eine formaljuristische Grundlage für die Sterilisation von geistig und physisch Kranken geschaffen. Unmittelbar nach dem *Überfall auf Polen* (▷ 14.14) befahl Hitler mit „Führererlaß" vom Oktober 1939, der auf den Kriegsbeginn (1. September) zurückdatiert wurde, im Reichsgebiet Maßnahmen zur Tötung der in den Heil- und Pflegeanstalten untergebrachten unheilbar Geisteskranken einzuleiten. Ausgesuchte Ärzte sollten diejenigen auswählen, denen „der Gnadentod" gewährt werden sollte, so die zynische Formulierung in der „Euthanasie-Verordnung".

Eine korrekte medizinische Betreuungsaktion wurde vorgetäuscht, um die Massentötungen, durch Medikamente oder Giftgas, vor der Öffentlichkeit zu verschleiern. Anstaltsleitern und Familienangehörigen wurde erklärt, die Verlegung in andere Anstalten erfolge im Interesse der Kranken. Dennoch gelangten bald Gerüchte von den wirklichen Vorgängen in den Todesanstalten (z. B. Hadamar in Hessen) an die Öffentlichkeit und verursachten Unruhe in der Bevölkerung. Kirchenführer beider Konfessionen protestierten öffentlich gegen diese Mordaktionen, so etwa Clemens von Galen, der Bischof von Münster, oder Friedrich von Bodelschwingh. Hitler ließ im August 1941 die Aktionen offiziell einstellen, Einzeltötungen, die „Kindereuthanasie" sowie die Ermordung von „lebensunwerten" Insassen der Konzentrationslager gingen jedoch weiter. Rund 80000 Menschen fielen diesem „Euthanasieprogramm" zum Opfer, wie es in den *Nürnberger Prozessen* (▷ 15.6) bezeichnet wurde.

14.21 Krieg in Nordafrika und im Mittelmeerraum

Der für die deutschen Armeen erfolgreiche Verlauf des Krieges im Westen (▷ 14.18) ver-

anlaßte den italienischen Diktator Mussolini, Frankreich und Großbritannien den Krieg zu erklären (10. Juni 1940). Hitler überließ seinem Bündnispartner Italien im Sinne einer Aufteilung der Interessensphären die Kriegführung im Süden Europas, im Mittelmeer und in Nordafrika. Vorübergehend folgte Hitler dem Plan der deutschen Marineleitung, die britische Präsenz im Mittelmeer mit der Eroberung Gibraltars nachhaltig zu schwächen. Er bemühte sich im Oktober 1940 vergeblich, den spanischen Diktator Franco und den Regierungschef des unbesetzten Frankreichs, Marschall Pétain, zum Eintritt in den Krieg gegen Großbritannien zu bewegen. Die italienische Position war zunächst sehr günstig. Ihre Flotte war dem britischen Mittelmeergeschwader deutlich überlegen, auch ihre in Nord- und Ostafrika stationierten Landstreitkräfte übertrafen an Kampfkraft die britischen Kolonialtruppen in Ägypten und Palästina. Aber die Italiener vermochten diesen Vorteil nicht zu nutzen. Sie wagten den Kräftevergleich mit der britischen Flotte nicht, und ebensowenig riskierten sie die Besetzung des kaum befestigten britischen Stützpunktes Malta.

Während der italienische Vorstoß über die libysch-ägyptische Grenze bald steckenblieb, eröffnete Mussolini von dem 1939 annektierten Albanien aus eine Offensive gegen Griechenland (28. Oktober 1940). Als die italienischen Armeen gegenüber der starken griechischen Abwehr nicht nur in Bedrängnis gerieten, sondern von der griechischen Gegenoffensive sogar nach Albanien zurückgeworfen wurden, begann Hitler den Krieg gegen Griechenland, um den Aufbau einer britischgriechischen Front in Südosteuropa zu verhindern (▷ 14.22).

Der britische Gegenangriff in Nordafrika am 9. Dezember 1940 führte rasch zum Zusammenbruch der italienischen Nordafrikafront und zum Verlust der Cyrenaika. Auch die italienische Flotte erlitt schwere Verluste, und wenig später, im Mai 1941, kapitulierten die italienischen Truppen in Ostafrika gegenüber den durch Commonwealth-Verbände verstärkten Briten. Hitler ordnete die Aufstellung eines Afrikakorps an, das am 31. März 1941 unter Führung des Generals Erwin Rommel zum Angriff antrat und in kurzer Zeit die Cyrenaika zurückeroberte. Ein weiterer Vorstoß nach Ägypten hinein gegen die geschwächten britischen Verbände mußte wegen Versorgungsmängeln abgebrochen werden.

14.22 Krieg auf dem Balkan

Mit der Besetzung Griechenlands sollte die Bildung einer neuen Front in Südosteuropa, von der aus die für die deutsche Rüstungsindustrie lebenswichtigen rumänischen Ölquellen in den Bereich britischer Luftangriffe geraten wären, verhindert werden. Deutsche Truppen standen bereits in Ungarn, Rumänien und Bulgarien. Diese Staaten waren wie Jugoslawien dem zwischen Deutschland, Italien und Japan im September 1940 geschlossenen Dreimächtepakt beigetreten.

Deutsche Fallschirm- und Gebirgsjäger besetzen die von britisch-griechischen Truppen verteidigte Insel Kreta

Der Operationsplan gegen Griechenland wurde auf Jugoslawien ausgedehnt, weil dort die achsenfreundliche Regierung vom Militär im März 1941 gestürzt worden war und die neue Regierung am 5. April mit der Sowjet-

union einen Freundschaftsvertrag abgeschlossen hatte. Am 6. April begann die Offensive gegen beide Staaten. Bereits nach wenigen Tagen war die kleine jugoslawische Armee überwältigt, Belgrad wurde nach heftigen Luftbombardements am 12. April besetzt; mit der Kapitulation der jugoslawischen Streitkräfte am 17. April war der Angriff, an dem auch italienische, ungarische und bulgarische Verbände teilgenommen hatten, beendet.

Von der bulgarischen Südgrenze aus erfolgte der Angriff der Wehrmacht gegen Griechenland. Am 21. April kapitulierte die griechische Heeresführung, kurz darauf wurde Athen von deutschen Truppen eingenommen. Der Hauptteil der in Griechenland gelandeten britischen Streitkräfte konnte sich nach Kreta und von dort nach Ägypten absetzen. Höhepunkt des Krieges gegen Griechenland wie auch des Seekrieges im Mittelmeer war der Angriff deutscher Fallschirmjäger- und Luftlandeverbände auf den britischen Marine- und Luftwaffenstützpunkt Kreta am 20. Mai 1941, das erst nach mehrtägigen, verlustreichen Kämpfen erobert werden konnte.

Mit deutscher Unterstützung wurde im April 1941 ein unabhängiger Staat Kroatien proklamiert, der sich bald dem Dreimächtepakt anschloß. Die neue Regierung konnte sich auf die nationalistische, antiserbische Bewegung der „Ustascha" stützen und bildete ein autoritäres Regime. Das jugoslawische Staatsgebiet wurde von Deutschland und Italien in Besatzungszonen aufgeteilt, der Staat Jugoslawien am 9. Juli 1941 für aufgelöst erklärt. Serbien wurde der deutschen Militärverwaltung unterstellt. Noch während der Kampfhandlungen entstanden in Jugoslawien zwei Widerstandsbewegungen gegen die Besatzungsmacht, die serbisch-zentralistischen und königstreuen „Tschetniks" und die Kommunisten Jugoslawiens, unter denen der Kroate Josip Broz, genannt Tito (▷ 14.33), in der Folgezeit eine Führungsrolle übernahm.

14.23 Deutscher Überfall auf die Sowjetunion

Im Frühjahr 1941 waren Hitlers Pläne gescheitert, Großbritannien ähnlich schnell wie Frankreich zu besiegen; der *Luftkrieg über England* (▷ 14.19) mußte beendet werden. Nachdem Verhandlungen über einen Beitritt der Sowjetunion zum Dreimächtepakt im November 1940 ergebnislos verlaufen waren, gab Hitler Ende Dezember konkrete Weisungen an das Oberkommando der Wehrmacht, den Feldzug gegen die UdSSR unter dem Decknamen „Fall Barbarossa" für das Frühjahr 1941 vorzubereiten.

Wegen des *Krieges auf dem Balkan* (▷ 14.22) wurde der Angriffstermin verschoben, eine für den weiteren Kriegsverlauf im Jahre 1941 folgenreiche Entscheidung. Die sowjetische Führung wurde von dem Überfall durch ihren deutschen Vertragspartner (▷ 14.13) am 22. Juni 1941 überrascht, obwohl sie durch die westlichen Geheimdienste und durch Überläufer eindeutige Warnungen erhalten hatte. Bis zum letzten Tag vor dem Überfall war sie darauf bedacht gewesen, die aus dem im Januar mit Deutschland geschlossenen Wirtschaftsabkommen resultierenden Verpflichtungen peinlich genau zu erfüllen.

Die zwischen der Ostsee und den Karpaten vorrückenden drei Heeresgruppen, denen auch finnische, ungarische, rumänische, slowakische und italienische Einheiten angehörten, vermochten in kurzer Zeit beträchtlich weit vorzudringen. In mehreren Umfassungsschlachten wurden sowjetische Armeen eingekesselt und Hunderttausende von Soldaten gefangengenommen. Im Norden erreichten die Armeen die Außenbezirke von Leningrad, im Mittelabschnitt wurde Smolensk eingenommen, in der Ukraine standen die deutschen Panzerverbände vor Kiew. Gegen die Vorschläge der Generale, die noch im August den Vormarsch in Richtung Moskau hatten fortsetzen wollen, gab Hitler den Befehl, zuerst Kiew einzunehmen und Leningrad einzuschließen. Erst nachdem dies geschehen war, befahl er am 2. Oktober den Großangriff auf Moskau. Die deutsche Führung meldete bereits die kurz bevorstehende bedingungslose Niederlage der Sowjetunion. Doch kurz vor Moskau konnten die deutschen Armeen aufgehalten werden, der Vormarsch war beendet. Die spätherbstliche Schlammperiode und der frühe Wintereinbruch sowie für den Winterkrieg ausgebildete sowjetische Verbände, die nun, da Japan keine zweite Front eröffnete, von Sibirien herangeführt wurden, zermürbten die Invasionstruppen.

Dieser Gegenoffensive in einer Auseinandersetzung, die Stalin, nun auch Oberbefehlshaber der Roten Armee, als „Großen Vaterländischen Krieg" zu bezeichnen begann, hatten die völlig erschöpften deutschen Soldaten, die zudem für den Winter nicht ausgerüstet waren, kaum etwas entgegenzusetzen. Hitler verbot alle Rückzugsoperationen und erschwerte mit unsinnigen Durchhaltebefehlen die Lage an den Frontabschnitten, die meist nur mühsam gehalten werden konnten. Er setzte die kommandierenden Generale ab und übernahm selbst den Oberbefehl. Sein Plan aber, die Sowjetunion in einem „Blitzfeldzug" niederzuwerfen, war gescheitert. Statt dessen schloß die Sowjetunion bereits im Juli und August 1941 Beistandsabkommen mit den USA und Großbritannien sowie den Exilregierungen von Polen, der Tschechoslowakei und Jugoslawien ab, denen im Mai 1942 ein offizieller sowjetisch-britischer Bündnisvertrag folgte.

Tito (rechts) und seine engsten Mitarbeiter 1944 vor dem Hauptquartier der Partisanentruppen

14.24 Vernichtungskrieg im Osten

Bereits in „Mein Kampf" hatte Hitler gefordert, daß dem deutschen Volk ein größerer

Lebensraum gebühre, den es sich eines Tages mit Gewalt von seinen östlichen Nachbarn nehmen müsse. Wenige Tage nach seiner Ernennung zum Reichskanzler wiederholte er vor der Reichswehrführung seinen Standpunkt von der Notwendigkeit der „Erweiterung des Lebensraumes im Osten". Der Pakt mit Stalin vom 23. August 1939 (▷ 14.13) war von strategischen Überlegungen motiviert und bedeutete keineswegs die Aufgabe seiner „Lebensraum"-Vorstellungen.

Vor Beginn des *Überfalls auf die Sowjetunion* (▷ 14.23) eröffnete Hitler der Wehrmacht, daß die bevorstehende Auseinandersetzung kein Krieg wie jeder andere sein werde, sondern ein „Kampf zweier verfeindeter Weltanschauungen gegeneinander", an dessen Ende die Niederwerfung des Bolschewismus und die Versklavung der Völker der Sowjetunion stehen werde. Die Soldaten wurden in „Führerbefehlen" darauf vorbereitet, daß der Gegner von der „jüdisch-bolschewistischen" Ideologie verseucht und darüber hinaus rassisch minderwertig sei; daher seien die üblichen Regeln bei der Kriegführung unangebracht. Der bolschewistische Soldat sei ein „Untermensch", der unschädlich gemacht, gegebenenfalls liquidiert werden müsse.

Diese von Hitler angeordnete Kriegführung, zu der auch der „Kommissarbefehl" gehörte, welcher die sofortige Erschießung der politischen Kommissare der Sowjetarmee verfügte, ist von der Wehrmacht, aber hauptsächlich von den nachfolgenden SS- und SD-Einheiten und den berüchtigten „Einsatzgruppen", von denen jeweils eine den vier deutschen Heeresgruppen zugeordnet wurde, mit ihrem Terror gegen die Zivilbevölkerung in die Tat umgesetzt worden. Die deutschen Armeen waren beim Einmarsch in bestimmten Regionen, so im Baltikum oder in der Ukraine, von der Bevölkerung zunächst nicht feindlich empfangen worden, aber Hitler war zu keiner Zeit zur Kooperation mit russischen oder ukrainischen Nationalbewegungen bereit. Die brutale Besatzungspolitik führte bald zu einem erbitterten Partisanenkampf (▷ 14.33) hinter den deutschen Frontlinien.

Angesichts der Ausrottungspolitik der Besatzungsmacht gelang es Stalin, die letzten Kräfte des Landes zur Verteidigung der Hauptstadt Moskau zu mobilisieren; die Völker der Sowjetunion wurden im „Großen Vaterländischen Krieg" geeint. Die erfolgreiche sowjetische Gegenoffensive vor Moskau richtete nicht nur das Selbstbewußtsein der angeschlagenen Roten Armee wieder auf, sondern stabilisierte auch das politische Gewicht Stalins.

14.25 Alliierte Kriegskoalition Atlantikcharta

Nach der Kapitulation Frankreichs im Juni 1940 (▷ 14.18) stand Großbritannien allein im Kampf gegen die Achsenmächte. Die Briten erhielten anfangs vom amerikanischen Präsidenten Franklin D. Roosevelt nur moralische Unterstützung. Aufgrund der Erfolge seines *„New Deal"* (▷ 14.2) sowie angesichts des Krieges in Europa zum dritten Mal gewählt, vermochte er sich gegenüber dem auf strikter Neutralität beharrenden Kongreß durchzusetzen.

Mit der Verabschiedung des Leih- und Pachtgesetzes vom März 1941 erhielt der Präsident die Vollmacht, Waffen und Kriegsmaterial im Wert von (zunächst) 7 Milliarden Dollar Großbritannien zur Verfügung zu stellen. Roosevelt ging zu einer Politik des „unerklärten Krieges" gegen die Achsenmächte über, als er im September 1941, nachdem es bei der Sicherung der Hilfstransporte auf der Atlantikroute zu Zwischenfällen mit deutschen U-Booten gekommen war, amerikanischen Kriegsschiffen den Befehl erteilte, jedes in Sicht kommende Schiff der Achsenmächte unter Feuer zu nehmen.

Am Tag des *deutschen Überfalls auf die Sowjetunion* (▷ 14.23) erklärte der britische Premier Winston Churchill, er sei immer ein Gegner des Kommunismus gewesen, nun aber gebe es nur ein Ziel, nämlich „Hitler und jede Spur des Naziregimes" auszumerzen. Am 12. Juli 1941 verabredeten die Regierungen Großbritanniens und der Sowjetunion ein gemeinsames Vorgehen gegen Deutschland. Auch Roosevelt nahm jetzt Kontakt zu Stalin auf. Im Herbst 1941 wurde die Sowjetunion in die Hilfeleistungen der USA einbezogen. Churchill und Roosevelt trafen sich im August auf einem Schlachtschiff im Atlantik. Am 12. August 1941 beschlossen sie ihr gemeinsames Kriegszielprogramm, die Atlantikcharta. Sie enthielt acht Prinzipien für die künftige Weltpolitik: 1. Verzicht auf Annexionen; 2. territoriale Veränderungen lediglich mit Zustimmung der betroffenen Völker; 3. Selbstbestimmungsrecht aller Völker und dessen Wiederherstellung im Nachkriegseuropa; 4. gleicher Zugang für alle Nationen zum Welthandel und zu den Rohstoffen der Welt; 5. internationale wirtschaftliche Zusammenarbeit; 6. Aufbau einer umfassenden Friedensordnung nach der „endgültigen Zerstörung der Nazityrannei"; 7. Freiheit der Meere; 8. allgemeine Verminderung der Rüstung und Entwaffnung der Aggressorstaaten, dann Errichtung eines „umfassenden und dauernden Systems der allgemeinen Sicherheit".

Mit diesem Programm verpflichteten sich die USA zur Niederwerfung des Hitlerregimes in Deutschland. Im September 1941 stimmte auch die Sowjetunion zu. Die Atlantikcharta wurde später zu einem grundlegenden Dokument der *Vereinten Nationen* (▷ 15.2).

14.26 Japanischer Angriff auf Pearl Harbor Kriegseintritt der USA

Mit der Proklamation des japanischen Marionettenstaates Mandschukuo begann 1932 die Expansion Japans auf dem asiatischen Festland. Seit Sommer 1937 befand sich Japan erneut im Krieg mit China (▷ 13.42), Ende des Jahres war ganz Nordchina erobert, Peking und Schanghai besetzt. Die japanische Führung strebte mit der Neuordnung Ostasiens einen Wirtschaftsraum an, dessen Kern die Staaten Japan, Mandschukuo und China bilden sollten.

Die Japaner führten ihre Vorstellungen einer „Neuen Ordnung Ostasiens" auf vermeintlichen wirtschaftlichen und demographischen Druck zurück. Diese Pläne kollidierten jedoch mit den politischen und wirtschaftlichen Interessen der Amerikaner, Briten, Franzosen und der Niederländer.

Die Annäherung der Japaner an die faschistischen Diktaturen in Europa im *Antikominternpakt* 1936 (▷ 14.8) sowie das Bündnis im Dreimächtepakt (27. September 1940) verschärfte die gespannte Situation in Asien. Als Reaktion auf die fortschreitende japanische Expansion verhängten Roosevelt und Churchill ab Herbst 1940 Boykottmaßnahmen gegen den Inselstaat, die im Laufe des Jahres 1941 ausgeweitet wurden. Besonders das Ölembargo ab Juli 1941 führte in Japan zu ernsten Versorgungsschwierigkeiten. Verhandlungen über eine Aufhebung scheiterten an der Weigerung Japans, auf die imperialistischen Ziele zu verzichten und die bereits annektierten Gebiete zu räumen.

Der Zusammenstoß mit den Westmächten schien unvermeidlich. Der amerikanische Präsident konnte jedoch mit Rücksicht auf die zur Neutralität tendierende amerikanische Bevölkerung den offiziellen Schritt zum Krieg noch nicht vollziehen. Den Anlaß zum Krieg lieferten die Japaner schließlich selbst, als sie am 7. Dezember 1941 ohne vorherige Kriegserklärung die in Pearl Harbor stationierte amerikanische Pazifikflotte überfielen und zahlreiche amerikanische Kriegsschiffe versenkten oder schwer beschädigten.

In Washington hatte man mit einem provozierenden Schritt Japans gerechnet. Roosevelt hatte nun breite Zustimmung, als er am 8. Dezember Japan den Krieg erklärte. Hitler und Mussolini waren von ihrem japanischen Verbündeten über dessen Schlag gegen die US-Flotte nicht unterrichtet worden. Hitler erklärte jedoch noch am 11. Dezember zusammen mit Italien den Vereinigten Staaten den Krieg. Dieser spektakuläre Schritt sollte von der schwierigen Situation der Wehrmacht vor Moskau (▷ 14.23) ablenken und der Welt demonstrieren, daß die Initiative in diesem Kriegsgeschehen weiterhin von Hitler ausging. Der europäische Krieg erhielt nun weltweite Dimensionen.

14.27 „Endlösung der Judenfrage"

Bald nach der *Machtübertragung auf Hitler* (▷ 14.1) setzte der staatlich gelenkte Terror gegen die jüdische Bevölkerung ein. Er begann mit dem vom Reichspropagandaministerium angeordneten Boykott jüdischer Geschäfte am 1. April 1933 und führte über die Nürnberger Gesetze im September 1935 zu den Pogromen in der „*Reichskristallnacht*" am 9./10. November 1938 (▷ 14.11). Um der fortwährenden Diskriminierung und Verfolgung zu entgehen, war mehr als die Hälfte der in Deutschland und Österreich lebenden Juden ausgewandert.

Tote Häftlinge nach der Befreiung des Konzentrationslagers Buchenwald durch eine geheime Häftlingsgruppe am 11. April 1945

Hitler hatte in den letzten Monaten vor dem Krieg in öffentlichen Reden sowie in Gesprächen mit ausländischen Staatsmännern für den Kriegsfall „die Vernichtung der jüdischen Rasse in Europa" angekündigt. Unmittelbar nach der Besetzung Polens (▷ 14.15) zeigte sich, daß diese Drohung nun wahr gemacht wurde. Die letzte Phase nationalsozialistischer Gewalt gegen die Juden, die physische Vernichtung, hatte begonnen, als die von Himmler befehligten „Einsatzgruppen" der SS die jüdische Bevölkerung Polens in Ghettos pferchte und vielerorts Massaker verübten.

Im Frühsommer 1941 hatten die Planungen zur systematischen Vernichtung der europäischen Juden Gestalt angenommen. Durch die Siege der deutschen Wehrmacht waren inzwischen große Teile der jüdischen Bevölkerung Europas in den Machtbereich der SS geraten. Im Auftrag Hitlers erteilte Reichsmarschall Hermann Göring dem SS-Gruppenführer Heydrich im Sommer 1941 den Befehl, „die organisatorischen, sachlichen und materiellen Voraussetzungen zur Durchführung der angestrebten Endlösung der Judenfrage" vorzubereiten.

Heydrich lud Vertreter politisch wichtiger Reichsministerien und Parteidienststellen zu einer Unterredung ein, die am 20. Januar 1942 in einer Wannseevilla stattfand. In sehr bürokratischer Diktion erläuterte er das Vorha-

ben. Die Länder Europas, soweit sie im Herrschaftsbereich der Deutschen lagen, sollten „gesäubert", d. h. „judenfrei" gemacht werden. Die Juden sollten „in geeigneter Weise im Osten zum Einsatz kommen", dabei wurde einkalkuliert, daß „zweifellos ein Großteil durch natürliche Verminderung ausfallen wird". Der überlebende Teil „wird entsprechend behandelt werden müssen, da dieser, eine natürliche Auslese darstellend, bei Freilassung als Keimzelle eines neuen jüdischen Aufbaues anzusprechen ist".

Damit war der Massenmord gemeint, der in den inzwischen im Osten eingerichteten *Vernichtungslagern* (▷ 14.35) begonnen hatte. Etwa sechs Millionen Juden wurden von den Nationalsozialisten ermordet, mehr als die Hälfte davon in den Vernichtungslagern, die dem alleinigen Zweck der Massentötung dienten, während in den Konzentrationslagern die Ausbeutung der Arbeitskraft der Häftlinge („Tod durch Arbeit") betrieben wurde. In Auschwitz-Birkenau und in Lublin-Majdanek befanden sich sowohl Konzentrations- als auch Vernichtungslager, und die deutsche Wirtschaft betrieb große Industrieanlagen in der Umgebung.

Niemand von den bei der „Wannseekonferenz" anwesenden Vertretern der Ministerien erhob Widerspruch. Von nun an rollten die Deportationszüge, die trotz der schwieriger werdenden Kriegslage an der Ostfront zur Verfügung gestellt wurden, mit Opfern aus allen besetzten Ländern Europas und aus dem Reichsgebiet in die Vernichtungslager.

Das Protokoll der „Wannseekonferenz" stammt vom „Judenreferenten" des Reichssicherheitshauptamtes (RSHA), Adolf Eichmann. Er wurde 1960 vom israelischen Geheimdienst in Südamerika gefunden, 1961 von einem israelischen Gericht zum Tode verurteilt und hingerichtet.

14.28 „Germany-first"-Strategie der Alliierten

Hitler hatte die japanische Führung 1941 geradezu gedrängt, die amerikanische Kriegserklärung zu provozieren. Daß er dem Bündnispartner mit seiner eigenen Kriegserklärung an die USA zu Hilfe kam, sollte Japan verpflichten, nun an der Seite der europäischen Achsenmächte in den Krieg gegen die Sowjetunion einzutreten. Doch Japan brach seinen im April 1941 mit der UdSSR geschlossenen Neutralitätspakt nicht, sondern konzentrierte alle Kräfte auf den Kampf mit den USA und auf die Errichtung eines japanischen Imperiums in Südostasien. Hitler irrte sich zudem in der Einschätzung der amerikanischen Kampfstärke und der immensen Reserven des Landes. Er glaubte, daß Japan die USA im pazifischen Raum binden könne und daß deren Kräfte nicht ausreichten, zugleich auf dem europäischen Kriegsschauplatz mit nennenswerten Truppenkontingenten einzugreifen.

Tatsächlich waren die USA nach den schweren Verlusten von *Pearl Harbor* (▷ 14.26) vorerst ebensowenig imstande, dem Vordringen der Japaner in Südostasien ernsthaften Widerstand entgegenzusetzen wie die Briten, die fast zur gleichen Zeit durch Beschuß der japanischen Luftwaffe bei Singapur mehrere ihrer Großkampfschiffe verloren hatten. Der amerikanische Präsident Roosevelt und der britische Premierminister Churchill entschieden sich auf ihrer ersten Kriegskonferenz in Washington (22. Dezember 1941 bis 14. Januar 1942) für die „Germany-first"-Strategie, die die Niederwerfung Deutschlands als vorrangiges Kriegsziel vorsah. Allerdings mußte Roosevelt diese Entscheidung gegen erheblichen Widerstand weiter Kreise der amerikanischen Bevölkerung durchsetzen,

die vor allem Vergeltungsmaßnahmen gegen Japan forderten. Amerikanische und britische Militärstrategen fanden trotz heftiger Kontroversen zu einer Koalitionskriegsführung und zu einem engen Schulterschluß der Führungsstäbe beider Oberkommandos („Combined Chiefs of Staff") zusammen, während auf der Seite der Achsenmächte und Japans nur eine lockere Koordination zustande kam.

Mehrfach drängte Stalin seine neuen Verbündeten, zur Entlastung der Roten Armee eine zweite Front in Europa zu errichten. Eine Invasion von der britischen Insel aus gegen das von den Achsenmächten besetzte Europa wurde von Amerikanern und Briten als notwendig und möglicherweise kriegsentscheidend angesehen, aber vor 1943 nicht für möglich gehalten. Eine Zwischenetappe war die Landung der Alliierten in Nordafrika am 7./8. Dezember 1942, die zur Kapitulation der deutsch-italienischen Afrikatruppen führte (▷ 14.31).

14.29 Krieg im Pazifik

Nach dem Überfall auf die amerikanische Flotte in *Pearl Harbor* (▷ 14.26) setzten die japanischen Streitkräfte zu einer umfassenden Offensive auf den südostasiatischen Raum an mit dem Ziel, einen Herrschaftsgürtel weit vor den japanischen Inseln zu errichten, um bei einem späteren Gegenangriff der angelsächsischen Mächte diesem bereits fernab des eigenen Landes begegnen zu können.

In für die Alliierten verlustreichen Blitzaktionen eroberten die japanischen Streitkräfte bis März 1942 ganz Niederländisch-Indien (das heutige Indonesien), die Philippinen, Hongkong, Singapur sowie zahlreiche Pazifikinseln. Mit der Besetzung Birmas erreichten sie die indische Grenze. Auch der Krieg gegen China wurde wieder aufgenommen und die von den Briten benutzten Flugbasen in der Provinz Tschekiang erobert. Nach sechs Monaten war im südostasiatischen Raum die westliche Kolonialherrschaft zusammengebrochen. Die Japaner begannen, in den besetzten Ländern ihre Vorstellungen zu verwirklichen. Mit der Parole „Asien den Asiaten" sollten die Völker von der neuen japanischen Ordnung überzeugt und ihnen der Unterschied zum früheren Kolonialstatus vor Augen geführt werden. Einigen Ländern wie Birma und den Philippinen

427

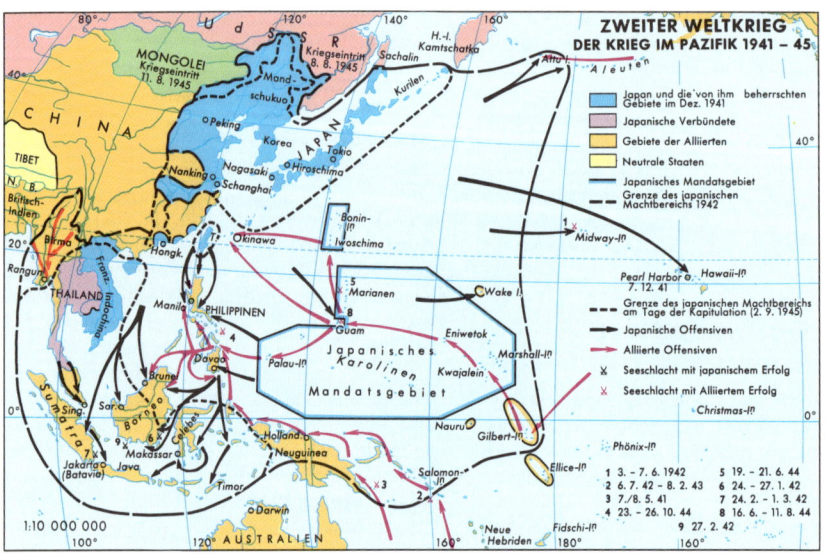

wurde die Unabhängigkeit in Aussicht ge-stellt. Doch ließ die harte Besatzungspolitik der Japaner keine echte Interessengemein-schaft aufkommen.

Anfang Mai 1942 kam es im Korallenmeer zu einer ersten Seeschlacht zwischen angelsäch-sischen und japanischen Trägerschiffen, die die Japaner veranlaßte, eine geplante Lan-dungsoperation auf Neuguinea abzubrechen. Einen Monat später wurde die vor den Mid-way-Inseln versammelte japanische Flotte von einer starken alliierten Flotteneinheit völlig überrascht. In der sich entwickelnden See-Luftschlacht verloren die Japaner vier Flug-zeugträger sowie einen Großteil ihrer Flug-zeugbesatzungen. Diese erste schwere Nieder-lage nahm den Japanern ihre Überlegenheit zur See und in der Luft. Ihre Rüstungspro-duktion vermochte die entstandenen Verluste nicht mehr zu ersetzen. So wurde die Schlacht bei Midway zur Wende des Krieges im Pazifik. Mit der Landung einer amerikanischen Ma-rineinfanteriedivision auf der Salomonen-In-sel Guadalcanal am 7. August 1942 begann die amerikanische Gegenoffensive, die 1943 mit dem „Inselspringen" der amerikanischen Streitkräfte zum Einbruch in das japanische Vorfeld führte. Ab 1943 propagierten die Ja-paner die Schaffung einer „Großostasiati-schen Wohlstandssphäre", um Nationalbe-wegungen in den besetzten Ländern gegen die europäischen Kolonialherren zu fördern, doch schließlich wandten sich diese Bewegun-gen gegen die Japaner selbst.

14.30 Stalingrad

Seit der Winterschlacht vor Moskau (▷ 14.23) hatte sich die Situation für die deutsche Wehr-macht an der Ostfront ständig verschlechtert; sie konnte erst im Frühjahr 1942 stabilisiert werden, als es gelang, eingeschlossene deut-sche Divisionen zu befreien. Eine neue Offen-sive im Sommer 1942 zielte auf die Verfü-gungsgewalt über die Kohle- und Erzvorräte im Dongebiet mit Stalingrad als Industrie-metropole und über die Ölquellen im Kau-kasus. Im Norden sollte zugleich die Ein-nahme Leningrads angestrebt werden.

Am 28. Juni 1942 begann auf einer Breite von 800 km die Großoffensive der Heeresgruppe Süd, nachdem im Mai ein sowjetischer Angriff zur Rückgewinnung von Charkow zurück-geschlagen worden war. Die deutsche Wehr-macht und die verbündeten Armeen erzielten rasch beträchtliche Raumgewinne, doch ge-lang es diesmal nicht, die sowjetischen Ar-meen einzukesseln.

Der Angriffsplan sah zuerst die Einnahme Stalingrads vor, danach sollte der Vorstoß

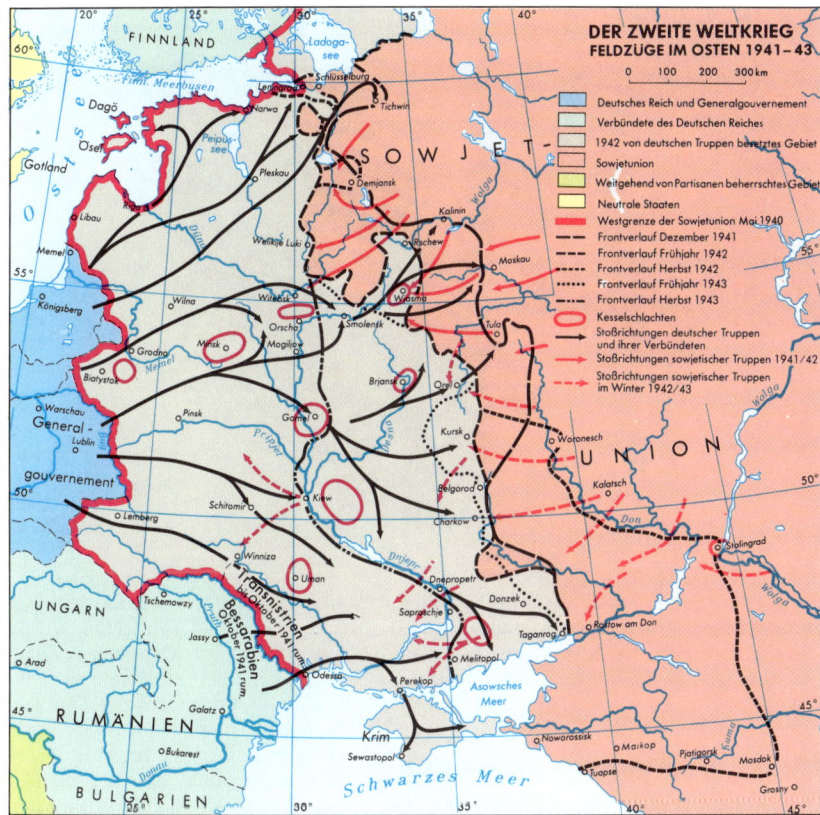

DER ZWEITE WELTKRIEG
FELDZÜGE IM OSTEN 1941–43

0   100   200   300 km

- Deutsches Reich und Generalgouvernement
- Verbündete des Deutschen Reiches
- 1942 von deutschen Truppen besetztes Gebiet
- Sowjetunion
- Weitgehend von Partisanen beherrschtes Gebiet
- Neutrale Staaten
- Westgrenze der Sowjetunion Mai 1940
- Frontverlauf Dezember 1941
- Frontverlauf Frühjahr 1942
- Frontverlauf Herbst 1942
- Frontverlauf Frühjahr 1943
- Frontverlauf Herbst 1943
- Kesselschlachten
- Stoßrichtungen deutscher Truppen und ihrer Verbündeten
- Stoßrichtungen sowjetischer Truppen 1941/42
- Stoßrichtungen sowjetischer Truppen im Winter 1942/43

zum Kaukasus fortgesetzt werden. Hitler befahl jedoch, beide Vorhaben gleichzeitig voranzutreiben. Dadurch kam es zu einer Zersplitterung der Kräfte und einer Überdehnung der Front. Die vorrückenden Armeen konnten zwar am 21. August 1942 den Elbrus, den höchsten Gipfel des Kaukasus, erreichen, hatten jedoch nicht mehr die Kraft, die Ölgebiete zu besetzen.

Andererseits vermochten die in das Stadtgebiet von Stalingrad eingedrungenen geschwächten Heereseinheiten auch in monatelangem Straßen- und Häuserkampf nicht, die Metropole an der Wolga in Besitz zu nehmen, zumal die Verteidiger ständig durch frische Reserven Verstärkung erhielten. Als die Sowjets am 19. November 1942 zum Gegenangriff antraten, konnten sie in wenigen Tagen die stark dezimierten und erschöpften deutschen und verbündeten Truppen einkesseln.

Dem Plan des deutschen Befehlshabers, General Friedrich Paulus, mit den Resten der Armee nach Westen durchzubrechen, versagte Hitler seine Zustimmung; er versprach, man werde die Eingeschlossenen aus der Luft versorgen und in Kürze durch eine Entsatzarmee befreien. Inzwischen hatte erneut ein sehr strenger Winter eingesetzt. Da die Versorgung aus der Luft unzulänglich blieb und die Entsatzarmee nicht vorankam, sah sich General Paulus schließlich gezwungen, mit den Resten der Armee vor der erdrückenden sowjetischen Übermacht zu kapitulieren (31. Januar/2. Februar 1943).

Durch den Kampf um Stalingrad waren zahlreiche sowjetische Armeen monatelang gebunden, so daß die Kaukasusarmee der Umklammerung entging und eine weit rückwärtige Frontlinie einnehmen konnte. Hitler unternahm es, den Untergang der 6. Armee vor

*Krieg in Nordafrika.
Angreifende libysche
Kavallerie*

Stalingrad dem deutschen Volk als grandioses germanisches Heldenepos darzustellen. In Wirklichkeit war der Kampf um Stalingrad der militärische Wendepunkt des Krieges in Europa.

14.31   El Alamein und Tunis

Im Frühjahr 1941 hatte das Eintreffen des deutschen Afrikakorps unter General Erwin Rommel in Nordafrika die militärische Lage nach dem Rückzug der italienischen Divisionen für die Achsenmächte wieder stabilisiert (▷ 14.21). Im Januar 1942 ging Rommel zum Angriff über, als sich die Nachschubsituation durch die Verlegung deutscher See- und Luftstreitkräfte an die Mittelmeerfront wesentlich verbessert hatte. Im Mai 1942 durchbrach er die Stellungen der Briten, eroberte nach heftigen Kämpfen am 21. Juni die Wüstenfestung Tobruk und kam erst vor El Alamein, 100 km vor Alexandria, zum Stehen. Versuche, bis zum Suezkanal vorzustoßen, scheiterten jedoch an der heftigen Abwehr, zumal der Nachschub ausblieb.

Am 23. Oktober 1942 begann die Gegenoffensive der Briten unter ihrem neuen Befehlshaber, General Bernard L. Montgomery. Sie wurde von der den Luftraum beherrschenden Royal Air Force unterstützt. Rommels Ent-

schluß, mit einem rechtzeitigen Rückzug größere Verluste zu vermeiden, wurde nur kurzfristig verzögert. Dennoch verlor das Afrikakorps seine gesamte Infanterie, die schweren Waffen und das Gros der Fahrzeuge.

Inzwischen waren am 7./8. November 1942 amerikanische und britische Verbände unter dem Kommando des amerikanischen Generals Dwight D. Eisenhower an der marokkanischen und algerischen Küste gelandet. Hitler reagierte mit einer Landungsoperation deutscher Verbände in Tunesien. Sein Versuch, Marschall Pétain und die Vichy-Regierung (▷ 14.18) zu einem gemeinsamen Vorgehen gegen die Alliierten zu gewinnen und die in Nordafrika stehenden französischen Truppen gegen die Invasoren einzusetzen, mißlang. Als Gegenmaßnahme marschierten deutsche und italienische Verbände in das bisher unbesetzte südliche Frankreich ein. Die zögernden französischen Generale in Nordafrika gingen daraufhin zu den Alliierten über.

Das Afrikakorps Rommels hatte sich inzwischen mit den in Tunis und Bizerta gelandeten Truppen vereinigt (Februar 1943). Als es Rommel nicht gelang, die gegnerischen Stellungen zu durchbrechen und die alliierte Front aufzurollen, forderte er am 10. März 1943 die Räumung des Brückenkopfes, um Menschen und Material zu retten. Da

Hitler ablehnte, blieb der Afrika-Armee, die auf eine immer enger werdende Verteidigungsstellung zusammengedrängt wurde, nur die Kapitulation (13. Mai 1943); 250 000 deutsche und italienische Soldaten gingen in die Gefangenschaft.
Karte S. 432

14.32 Konferenz von Casablanca

Vom 14. bis 26. Januar 1943 fand im marokkanischen Casablanca eine Gipfelkonferenz der Westalliierten statt, an der der amerikanische Präsident Roosevelt und der britische Premier Churchill mit ihren militärischen Stäben teilnahmen. Auch Stalin war eingeladen, er konnte jedoch wegen des Kampfes um *Stalingrad* (▷ 14.30) die Sowjetunion nicht verlassen.

Die von Stalin seit langem geforderte zweite Front in Europa war von Roosevelt bereits zugesagt, aber nicht vor Juli/August 1943 in Aussicht gestellt worden. Auf britischen Vorschlag wurde eine Landung auf Sizilien für Juni/Juli 1943 verabredet. Mit ihr sollte die Mittelmeerposition der Alliierten gefestigt und der Sprung auf das italienische Festland vorbereitet werden.

Präsident Roosevelt verkündete auf einer Pressekonferenz als vorrangiges Kriegsziel die bedingungslose Kapitulation Deutschlands und seiner Verbündeten („unconditional surrender"). Angestrebt werde nicht die Vernichtung der Völker, sondern die Zerstörung ihrer Kriegsmacht und ihrer auf Eroberung und Unterjochung anderer Länder ausgerichteten Weltanschauung. Mit dieser Formulierung sollte dem mißtrauischen Stalin bewiesen werden, daß die Westmächte keinen Sonderfrieden anstrebten, sondern zusammen mit den Sowjets bis zur endgültigen Niederwerfung Deutschlands, Italiens und Japans kämpfen würden.

Roosevelts Erklärung bedeutete für die Kriegsgegner, daß sie sich nicht auf bestimmte Punkte der *Atlantikcharta* (▷ 14.25) berufen konnten. Die Erklärung machte zwischen Nationalsozialismus und deutschem Volk keinen Unterschied und zerstörte die Hoffnungen des – zahlenmäßig geringen – *Widerstandes in Deutschland* (▷ 14.40), mit einem erfolgreichen Putsch gegen den Diktator günstigere

Friedensbedingungen für Deutschland erreichen zu können. Die Ergebnisse von Casablanca und die Kapitulation in Stalingrad veranlaßten die nationalsozialistische Propaganda zur Ausrufung des „totalen Krieges" (Sportpalast-Rede von Goebbels am 18. Februar 1943); trotz des verstärkt einsetzenden *Luftkrieges* (▷ 14.42) über Deutschland solidarisierte sich die Bevölkerung mit den Durchhalteparolen der NS-Führung oder war zumindest zur resignativen Hinnahme des immer aussichtsloser erscheinenden Kriegsgeschehens bereit.

14.33 Widerstand in den besetzten Ländern

Gegen die deutsche Besatzungsmacht erhob sich in allen besetzten Ländern Widerstand, der von Streiks und Arbeitsverweigerungen über Sabotageakte, Überfälle auf Wehrmachtsangehörige und Attentate auf hohe SS- und Polizeifunktionäre bis zu regelrechten Aufständen reichte. Die Besatzungsmacht reagierte meist mit grausamer Vergeltung.

Erste öffentliche Hinrichtung einer Partisanin in Weißrußland (1941)

In Polen entstand gegen die Ausrottungspläne der Besatzer eine breite Untergrundbewegung mit militärischer Ausrichtung, die sich „Hei-

matarmee" nannte und mit der Exilregierung in London Verbindung hielt. Nach dem *deutschen Überfall auf die Sowjetunion* (▷ 14.23) entwickelte sich auch eine kommunistische Partisanenbewegung, die von Moskau unterstützt wurde. Der *Warschauer Aufstand* im August 1944 (▷ 14.41) war der verzweifelte Versuch der nationalpolnischen „Heimatarmee", die Hauptstadt noch vor dem Eintreffen der Roten Armee zu befreien.

In Frankreich erhielt die Résistancebewegung Unterstützung vom „Nationalkomitee der Freien Franzosen" in London. Nach der *Landung der Alliierten in der Normandie* (▷ 14.39)

kam es in Frankreich zu bewaffneten Aufständen und zur Unterstützung der alliierten Streitkräfte. Auch in Belgien, den Niederlanden, Dänemark und Norwegen kämpften nationale Widerstandsgruppen im Untergrund.

Die der Wehrmacht nachfolgenden „Einsatzgruppen" gingen in der Sowjetunion in ähnlich menschenverachtender Weise wie in Polen (▷ 14.15) vor, und schon bald entstand eine breite und wirkungsvolle Partisanentätigkeit. Sehr effektiv konnten Partisanenverbände auch in den unwegsamen Gebirgen des Balkans operieren, so besonders die jugoslawischen, albanischen und griechischen Widerstandskämpfer. In Jugoslawien und in Griechenland existierten nationale und kommunistische Bewegungen nebeneinander und bekämpften sich zeitweise. Erfolgreichster Partisanenführer wurde Josip Broz, genannt Tito, der mit seiner Partisanenarmee die Befreiung Jugoslawiens nahezu allein erkämpfte und nach dem Abzug der Deutschen die Regierung übernahm. Besonders erbittert war der Kampf der italienischen Partisanen gegen den ehemaligen deutschen Verbündeten nach der Kapitulation Italiens (▷ 14.36).

Lidice in Böhmen wurde am 10. Juni 1942 in einer grausamen Mordaktion zur Rache für das Attentat auf Reinhard Heydrich, den „Reichsprotektor" von *Böhmen und Mähren* (▷ 14.12), dem Erdboden gleichgemacht; Oradour-sur-Glane in Südfrankreich wurde am 10. Juni 1944 von einem Verband der SS-Division „Das Reich" völlig zerstört. Beide Ortsnamen stehen stellvertretend für viele andere Verbrechen, die die deutschen Besatzer in den Ländern Europas begingen.

14.34 Warschauer Ghettoaufstand

Unmittelbar nach der Besetzung Polens durch die deutsche Wehrmacht begann Himmler im „*Generalgouvernement*" (▷ 14.15) und im annektierten Westpolen mit Ausrottungs- bzw. Versklavungsmaßnahmen gegen die jüdische und polnische Bevölkerung. Er ließ alle Juden in verschiedenen polnischen Städten in Ghettos, die durch Mauern von den übrigen Stadtgebieten getrennt wurden, zusammenpferchen. Im Warschauer Ghetto lebten etwa 400 000 Juden auf einer Gesamtfläche von 4 km² unter unmenschlichen Verhältnissen bei völlig unzureichender Versorgung. Die Sterblichkeit war durch Unterernährung und ausbrechende Seuchen extrem hoch. Dennoch glaubten nicht wenige der dort hausenden Menschen, die Verhältnisse ertragen zu können in der Hoffnung, vorerst davongekommen zu sein.

Doch verstärkten sich in Warschau im Frühjahr 1942 nach der „Wannseekonferenz" (▷ 14.27) Gerüchte, daß die systematische und vollständige Vernichtung der Juden beschlossen worden sei. Der Judenrat, die von den Deutschen installierte Verwaltungsbe-

hörde im Ghetto, erhielt den Auftrag, einen „Umsiedlungstransport" von etwa 4 000 Personen zusammenzustellen, der am 22. Juli 1942 nach Treblinka geleitet werden sollte. Fast täglich rollten von nun an Transporte von bis zu 12 000 Ghettobewohnern in das *Vernichtungslager* (▷ 14.35); Alte und Kranke wurden zuerst ausgewählt, aber auch die Kinder des jüdischen Waisenhauses.

Im Oktober 1942 waren im Warschauer Ghetto nur noch etwa 70 000 Menschen auf einem wesentlich verkleinerten Terrain zurückgeblieben, vorwiegend Männer und Frauen, die in der Rüstungsindustrie arbeiteten und von dort große Gewinne verbuchenden deutschen Firmen „Freistellungen" erhalten hatten. Unter ihnen hatten sich Widerstandsgruppen gebildet, die gewillt waren, den Aufstand zu wagen und sich weiteren Deportationen gewaltsam zu widersetzen. Für sie gab es keinen Zweifel mehr, daß die Transporte keine Verlegungen waren, sondern direkt in die Vernichtungslager führten.

Als am 19. April 1943 die SS mit Panzern das Ghetto auflösen wollte, brach der Aufstand los. Mit dem Mut der Verzweiflung traten jüdische Männer und Frauen mit völlig unzulänglicher Bewaffnung und selbstkonstruierten Sprengkörpern der SS entgegen. Der erbitterte Kampf um jedes Haus zog sich fast fünf Wochen, bis zum 16. Mai, hin. Erst die Überflutung des unterirdischen Kanalsystems und die Inbrandsetzung der hartnäckig verteidigten Häuserblocks beendeten den Widerstand; fast alle Aufständischen wurden ermordet. Das Ghetto wurde dem Erdboden gleichgemacht.

14.35 Vernichtungslager Auschwitz

Mit dem Beginn des Krieges gegen die Sowjetunion (▷ 14.23) wurden die vagen Pläne in der Führungsspitze der Nationalsozialisten zur Schaffung besonderer Gebiete für die Juden aufgegeben und ihre systematische Vernichtung in Lagern im Osten eingeleitet. Die im August 1941 von Hitler offiziell eingestellte Mordaktion an „*lebensunwertem Leben*" (▷ 14.20) lieferte das Muster. Vergasungseinrichtungen aus reichsdeutschen Tötungsanstalten wurden in einigen Lagern im Osten installiert. Die technisch-organisatorische

*Selektion von Juden auf der Rampe
von Auschwitz-Birkenau nach Ankunft eines
Eisenbahntransports aus einem Ghetto*

Durchführung der Vernichtung wurde auf der Wannseekonferenz (▷ 14.27) im Januar 1942 festgelegt.

Der Massenmord an den Juden, aber auch an slawischen „Untermenschen", an Sinti und Roma, an Homosexuellen, „Asozialen", religiösen Minderheiten und politisch Andersdenkenden ist ohne historisches Beispiel. In den Vernichtungslagern Belzec, Chelmno, Sobibor und Treblinka wurden die ankommenden Opfer direkt in die Gaskammern getrieben.

Den beiden größten Vernichtungslagern, Auschwitz-Birkenau und Lublin-Majdanek, waren auch Arbeitslager angeschlossen, in denen die noch arbeitsfähigen Häftlinge ausgebeutet wurden. Auschwitz war bereits im Mai 1940 wegen seiner Nähe zum oberschlesischen Industriegebiet errichtet worden und wurde später zum größten nationalsozialistischen Konzentrationslager ausgebaut (Gesamtausdehnung 40 km²). 1941 errichtete die I. G. Farbenindustrie AG in unmittelbarer Nähe zum Lager ein Werk zur Herstellung synthetischen Gummis. Hier wurde auch das blausäurehaltige Giftgas Zyklon B entwickelt, das in den Gaskammern der Vernichtungslager eingesetzt wurde, nachdem es im September 1941 an sowjetischen Kriegsgefangenen erprobt worden war.

Von Januar 1942 bis zur Befreiung des Lagers im Herbst 1944 rollten die Transporte mit den meist in Viehwaggons gepferchten jüdischen

Menschen aus 23 Ländern Europas in die Vernichtungslager. Zur Tarnung waren in verschiedenen Lagern Bahnhofsanlagen als Attrappen aufgebaut worden, die den Eindruck einer Umsteigestation hervorrufen sollten. In Auschwitz wurden bereits bei der Ankunft an der berüchtigten Rampe die arbeitsfähigen Juden von SS-Ärzten „selektiert". Den übrigen, Frauen, Kindern, Greisen und Kranken, die direkt in die Gaskammern gebracht wurden, wurde mitgeteilt, sie müßten sich vor der Weiterreise einer ärztlichen Untersuchung unterziehen und deshalb ihre Kleidung ablegen, um ein Duschbad zu nehmen.

Der „Vergasungsvorgang" dauerte 15 bis 20 Minuten. Jüdische Mithäftlinge mußten die Leichen in vorbereitete Massengräber werfen. Allein in Auschwitz wurden mindestens 1,5 Millionen Menschen, meist Juden, vergast, in den anderen Vernichtungslagern über 3 Millionen. Auf Anordnung Himmlers wurden die Massenvergasungen ab 1. November 1944 eingestellt. Vor dem Herannahen der Roten Armee sprengte die SS die meisten Gaskammern und Krematorien, die Leichen sollten exhumiert und verbrannt werden. Die überlebenden Lagerinsassen mußten in Fußmärschen KZ-Lager im Reichsgebiet zu erreichen versuchen. Dabei sind noch einmal Hunderttausende durch Krankheit und Entkräftung gestorben. In diesem größten Völkermord der Weltgeschichte, dessen grauenvolle Einzigartigkeit darin besteht, daß er detailgenau in Planungsstäben entworfen und auch durchgeführt wurde, sind etwa sechs Millionen europäischer Juden vernichtet worden.

Karte S. 436

14.36 Mussolinis Sturz

Mit der Kapitulation der deutsch-italienischen „Heeresgruppe Afrika" bei *Tunis* am 13. Mai 1943 (▷ 14.31) war das gesamte Südufer des Mittelmeeres unter der Kontrolle der Alliierten, die nun zum Angriff auf das europäische Festland ansetzten. Am 10. Juli 1943 gingen amerikanische und britische Streitkräfte an verschiedenen Stellen Siziliens an Land. In kurzer Zeit konnte die Insel eingenommen werden, weil die Italiener kaum noch Widerstand leisteten und die deutschen Einheiten nach hartnäckigem Widerstand auf das italienische Festland zurückgeführt wurden, um einer Einschließung zu entgehen. Die Bereitschaft zum Krieg an der Seite Deutschlands war bei den Italienern nach den Niederlagen der Achsenmächte in Afrika und Rußland und den ersten schweren Bombenangriffen der Alliierten auf italienische Städte deutlich zurückgegangen. König Viktor Emanuel III. wurde von politischen Gegnern Mussolinis, selbst von führenden Faschisten, gedrängt, selbst den Oberbefehl über die Streitkräfte zu übernehmen und den „Duce" zu entmachten. Nachdem der Faschistische Großrat diesen Plan mehrheitlich unterstützt hatte, erklärte Mussolini seinen Rücktritt; er wurde am 25. Juli 1943 verhaftet.

Der vom König beauftragte neue Regierungschef, Marschall Badoglio, bekundete zwar Hitler gegenüber seine Loyalität, um eine Besetzung des Landes durch deutsche Truppen zu verhindern, nahm jedoch insgeheim Verhandlungen mit den Alliierten auf. Am 3. September wurde auf Sizilien ein zunächst noch geheimgehaltener Waffenstillstand unterzeichnet; am selben Tage landeten alliierte Verbände in Kalabrien, am 9. September ging die Hauptstreitmacht der Alliierten bei Salerno an Land. Einen Tag vorher gab der amerikanische Oberkommandierende, General Eisenhower, den Abschluß des Waffenstillstands mit Italien bekannt.

Die deutsche Wehrmachtführung mußte nun reagieren, und es gelang ihr, die italienischen Truppen in Südfrankreich, auf dem Balkan und auch in Italien zu entwaffnen und Rom zu besetzen. Der König und die neue italienische Regierung entkamen und stellten sich unter alliierten Schutz. In einer spektakulären Aktion wurde Mussolini von deutschen Fallschirmjägern am 12. September aus seiner Haft am Gran Sasso in den Abruzzen befreit. Wenige Tage später gründete er die „Italienische Soziale Republik" (Republik von Salò), deren Regierung mit allen Gegnern, derer sie habhaft werden konnte, eine blutige Abrechnung vornahm; politisch spielte sie jedoch keine bedeutende Rolle mehr.

Am 4. Juni 1944 konnte Rom von alliierten Truppen besetzt werden; trotz einer Kriegserklärung der Badoglio-Regierung an Deutschland vom Oktober 1943 galt Italien nicht als alliiertes Land und war daher auch nicht Gründungsmitglied der *Vereinten Natio-*nen (▷ 15.2). Mussolini wurde am 28. April 1945 von kommunistischen Partisanen bei dem Versuch, in die Schweiz zu fliehen, erschossen.

14.37 Konferenz von Teheran

Die von den Westmächten beschlossene Verschiebung der Landung in Nordfrankreich zur Errichtung einer zweiten Front führte im Sommer 1943 zu einer schweren Belastung der Beziehungen zur Sowjetunion. Stalin sagte eine mit Roosevelt vereinbarte Begegnung kurzfristig ab. Er beschuldigte vor allem den britischen Premier Churchill, die zugesagte Invasion in Frankreich mutwillig zu verzögern. Die durch das Ausscheiden Italiens aus dem Krieg veränderte Situation veranlaßte Roosevelt und Churchill, Stalin erneut die Dringlichkeit eines Dreiertreffens vor Augen zu führen. Stalin argumentierte, er sei wegen der Kampfhandlungen an der Front nicht abkömmlich, stimmte aber einem Treffen der Außenminister Eden, Hull und Molotow zu, das vom 19. bis 30. Oktober in Moskau stattfand. Erstmalig wurde vorrangig die Regelung der Nachkriegsverhältnisse in Deutschland erörtert, zu der eine „Europäische Beratende Kommission" in London Vorschläge erarbeiten sollte.

Schließlich kam doch ein erstes Treffen der „Großen Drei" zustande, und zwar in Teheran vom 28. November bis zum 1. Dezember 1943, nachdem sich in *Casablanca* (▷ 14.32) nur Churchill und Roosevelt getroffen hatten. Fragen der gemeinsamen Kriegführung und die Politik nach dem Krieg standen im Vordergrund. Stalin drängte erneut seine Verbündeten, definitiv den Termin für die Landung in Nordfrankreich festzulegen, um die Front im Osten zu entlasten. Roosevelt nannte den Mai 1944 als voraussichtlichen Termin. Stalin versprach, in diesem Zeitraum durch eine Großoffensive deutsche Divisionen an der Ostfront zu binden. Ferner sagte er zu, nach dem Sieg über Deutschland in den Krieg gegen Japan einzutreten und sich an der geplanten Weltfriedensorganisation zu beteiligen. Um diese wichtigen Zusagen nicht zu gefährden, unterstützte Roosevelt nicht Churchills Plan, im östlichen Mittelmeer mit einer Operation der Westmächte den auf dem Balkan kämpfenden Partisanen der Jugoslawen und

Verbreitung der nationalsozialistischen Konzentrationslager und Vernichtungslager

Griechen zu Hilfe zu kommen, weil Stalin diesem Plan mißtraute. Tito wurde jedoch als selbständiger Befehlshaber der Alliierten in Jugoslawien angesehen.

Im Mittelpunkt der Beratungen stand aber die Zukunft Deutschlands und Polens. Eine Aufteilung Deutschlands wurde bereits ins Auge gefaßt, wobei über die Zergliederung im einzelnen noch keine Einigung erzielt werden konnte. Mit Rücksicht auf Stalin akzeptierte Churchill den Vorschlag der Sowjets, Polen nach Westen bis an die Oder zu „verschieben", während Ostpolen bis zur *Curzon-Linie* (▷ 13.26) von der Sowjetunion beansprucht wurde. Stalin weigerte sich, mit der polnischen Exilregierung in London Kontakte aufzunehmen und ließ klar erkennen, daß er im ostmitteleuropäischen Raum freie Hand zu behalten wünschte. Freie Wahlen in den baltischen Ländern lehnte er ebenfalls ab, denn er setzte darauf, diese nach der Rückeroberung wieder in die UdSSR eingliedern zu können.

14.38 Wende an der Ostfront

Nach der Katastrophe von *Stalingrad* (▷ 14.30) Anfang 1943 traten die deutschen Armeen an der Ostfront im Sommer 1943 erneut zu einem Großangriff an, der die sowjetische Front im Raum Kursk erschüttern sollte. Aber der mit massierten Panzerverbänden und starker Unterstützung aus der Luft vorgetragene Angriff kam in den tief gestaffelten sowjetischen Verteidigungslinien nicht voran und mußte nach schweren Verlusten bereits nach acht Tagen abgebrochen werden.

Die Rote Armee trat nun auf breiter Front zum Gegenangriff an und übernahm fortan die Initiative an der Ostfront. Vor der drückenden Überlegenheit der sowjetischen Armeen mußten die deutschen Verbände immer weiter zurückweichen, wobei Hitler wiederholt mit sinnlosen Durchhaltebefehlen ganze Truppenteile dem Untergang überließ. Charkow mußte geräumt werden, und das Donezgebiet sowie Kiew wurde von den Sowjets im Herbst 1943 zurückerobert. Im Mittelabschnitt mußte Smolensk, der Ausgangspunkt des Angriffs auf Moskau im Oktober 1941, von den Deutschen aufgegeben werden. Vorsichtige, geheime Kontakte zwischen deutschen und sowjetischen Stellen über Stockholm, in denen ein Sonderfrieden ausgelotet werden sollte, wurden bald abgebrochen. Stalin hatte diesen Kontakten zunächst zugestimmt, weil er über die Haltung der Westmächte tief verärgert war, und argwöhnte, Amerikaner und Briten strebten die totale Erschöpfung Deutschlands und der Sowjetunion an, um dann die Friedensbedingungen diktieren zu können.

Im Frühjahr 1944 standen die sowjetischen Armeen, nachdem der deutsche Belagerungsring um Leningrad gesprengt worden war – 900 Tage lang war die Stadt belagert worden und hatte sich trotz riesiger Verluste den Deutschen nicht geöffnet –, im Norden an der Grenze zu den baltischen Staaten. Im Mittelabschnitt hatten sie die alte polnische Grenze (von 1939) überschritten, im Südabschnitt erreichten sie bereits rumänisches Gebiet. Während Hitler an der starren Verteidigung der vordersten Frontlinien festhielt und die opponierenden Generale entließ, gelang der Sowjetführung mit ihrer Großoffensive im Mittelabschnitt die völlige Zerschlagung der deutschen Heeresgruppe Mitte, die bis zum

Deutsche Kriegsgefangene nach der verlorenen Schlacht von Stalingrad

8. Juli 1944 rund 350 000 Soldaten verlor. Die siegreichen sowjetischen Armeen bereiteten nun ihren Vormarsch auf die deutsche Reichsgrenze vor.

14.39 Alliierte Landung in der Normandie

Bereits im Sommer 1941 hatte Stalin, zu Beginn der militärischen Zusammenarbeit mit den Westmächten, seine Bündnispartner gedrängt, zur Entlastung seiner Armeen im Westen Europas eine zweite Front aufzubauen. Im August 1942 war ein alliiertes Landeunternehmen bei Dieppe an der Kanalküste gescheitert, hatte aber den Westmächten wertvolle Erkenntnisse für die Vorbereitung ihrer späteren Invasion gebracht. Hitler nahm den Landungsversuch zum Anlaß, den Bau einer gewaltigen Verteidigungslinie von den Pyrenäen bis zur niederländischen Küste anzuordnen. Dieser von der NS-Propaganda als unüberwindlich gefeierte „Atlantikwall" war jedoch im Frühsommer 1944 nur in Teilabschnitten fertiggestellt.

Die mehrmals verschobene Invasion in Nordfrankreich wurde sorgfältig vorbereitet und von der deutschen Luftaufklärung in ihrem Ausmaß nicht wahrgenommen. Der unter dem Oberbefehl des amerikanischen Generals Dwight D. Eisenhower stehenden Invasionsstreitmacht gehörten weit über 5000 Schiffe und Landungsboote an, darunter 8 Schlachtschiffe, 22 Kreuzer und 93 Zerstörer. Die deutsche Führung erwartete das Landeunternehmen eher an der Straße von Dover und hielt noch in der Nacht zum 6. Juni 1944, als sich die Invasionsflotte auf die normannische Küste zubewegte und im Hinterland erste Luftlandeverbände abgesetzt wurden, diese Bewegungen für ein Ablenkungsmanöver.

Mit Beginn der Morgendämmerung wurden die deutschen Linien von massiert angreifenden Flugzeuggeschwadern und dem Trommelfeuer der Schiffsgeschütze eingedeckt. Um 6 Uhr 30 begann an fünf verschiedenen Stellen zwischen Cherbourg und Caen die Landung der Alliierten. Es gelang sowohl den Amerikanern wie den Briten, Brückenköpfe zu bilden und auszubauen. Ein Gegenangriff deutscher Panzer kam angesichts der Luftüberlegenheit der Alliierten zum Erliegen. Auch die Heranführung weiterer deutscher

Panzereinheiten aus dem Raum um Paris wurde durch die Luftherrschaft der Alliierten erheblich erschwert und verlief äußerst verlustreich. Dennoch konnte vorerst ein Durchbruch der Briten verhindert werden.

Bis Anfang Juli vermochten die Alliierten bereits eine Million Soldaten und riesige Mengen an Material und Fahrzeugen auf das Festland zu bringen. Aber erst am 30. Juli gelang es den alliierten Panzerverbänden, bei Avranches den Durchbruch in den nordfranzösischen Raum zu erzwingen. In wenigen Wochen stießen nun die alliierten Armeen mit Unterstützung der sehr aktiven französischen Widerstandsbewegung weit in Frankreich vor. Am 15. August gingen auch an der Südküste Frankreichs amerikanische und französische Truppen an Land, und am 25. August wurde Paris befreit. Gegen den Befehl Hitlers, die Hauptstadt „bis zur letzten Patrone" zu verteidigen und dann zu zerstören, übergab der deutsche Stadtkommandant Paris den Franzosen. Am 26. August hielt der Führer des Freien Frankreich, General Charles de Gaulle (▷ 14.18), unter dem Jubel der Bevölkerung seinen Einzug in die befreite Hauptstadt. Karte S. 440

14.40 Widerstand in Deutschland

In den Augen der großen Mehrheit der Deutschen hatte die Außenpolitik Hitlers in den Jahren 1933 bis 1938 ungeahnte Erfolge gebracht. Nach dem *„Anschluß"* Österreichs (▷ 14.9) war Hitlers Popularität auf dem vorläufigen Höhepunkt angelangt. Gegen seine Pläne zur „Zerschlagung" der Tschechoslowakei hatte es jedoch Widerspruch gegeben; eine Gruppe aus Diplomaten und Militärs um Generalstabschef Ludwig Beck (1880–1944) war entschlossen, Hitler entgegenzutreten, wenn er einen Krieg riskierte. Doch nach dem *Münchener Abkommen* (▷ 14.10) mußte Beck zurücktreten und wurde aus der Wehrmacht entlassen.

Die „Blitzsiege" Hitlers lähmten die Opposition in Deutschland, die im Gegensatz zu den *Widerstandsbewegungen in den besetzten Ländern* (▷ 14.33) kaum an das Nationalgefühl ihrer Landsleute appellieren konnte. Das Sprengstoffattentat Georg Elsers auf Hitler

*Beginn
der alliierten
Landung
in der Normandie*

am 8. November 1939 scheiterte nur knapp. Die Opposition von Sozialdemokraten und Kommunisten war in den dreißiger Jahren durch brutalen Terror und Verbote ausgeschaltet worden. Die Anführer der Arbeiterbewegung waren ermordet oder in Konzentrationslagern festgesetzt worden. Der Widerstand entwickelte sich daher im wesentlichen aus bürgerlichen Kreisen, aus kirchlichen Gruppen oder aber in den Reihen der Militärs. Eine Gruppe von Studenten um die Geschwister Hans und Sophie Scholl, die „Weiße Rose", die in der Münchener Universität mit Flugblättern gegen das Unrechtsregime protestierte, mußte ihr mutiges Aufbegehren mit dem Leben bezahlen (Februar 1943). Bis 1942 konnte die „Rote Kapelle", die deutsche Spionageorganisation eines Systems von zumeist kommunistischen Widerstandsgruppen in den besetzten Ländern Europas, Nachrichten an die Sowjetunion übermitteln. Den jugendlichen „Edelweißpiraten" an Rhein und Ruhr gelangen 1943/44 einige Anschläge auf Einrichtungen der NSDAP.

Seit 1943 hatte sich der „Kreisauer Kreis" für gewaltsamen Widerstand ausgesprochen. Die Gruppe um H. J. Graf von Moltke (1907–45) versammelte sich seit dem Sommer 1940 auf seinem Gut Kreisau in Schlesien und strebte eine konservative Neuordnung Deutschlands auf christlicher Grundlage an. Ihr gehörten auch Sozialdemokraten wie Julius Leber (1891-1945) sowie Geistliche der evangelischen Bekennenden Kirche an, die sich seit 1938 zunehmend mit den Machthabern arrangieren mußte; Pastor Martin Niemöller

(1892–1984) war bereits 1937 verhaftet worden und saß bis Kriegsende im Konzentrationslager. Die Führung der katholischen Kirche betrieb seit dem Abschluß des Reichskonkordats von 1933 eine Politik der defensiven Selbstbewahrung.

Die militärische Opposition, die nun auch Kontakte zum „Kreisauer Kreis" hatte, war zum Handeln entschlossen. Attentatspläne kamen nicht zur Ausführung oder scheiterten. Als Oberst Claus Graf Schenk von Stauffenberg am 20. Juli 1944 in Hitlers Hauptquartier („Wolfsschanze") in Ostpreußen eine Bombe zündete, die Hitler töten und den Staatsstreich auslösen sollte, mißlang der Anschlag, und der Diktator kam mit leichten Verletzungen davon.

Es folgte eine gnadenlose Menschenjagd. Über 200 Männer und Frauen aus dem engeren Widerstandskreis wurden nach Schauprozessen vor dem Volksgerichtshof hingerichtet, darunter Carl Friedrich Goerdeler (1884–1945), der 1937 als Leipziger Oberbürgermeister zurückgetreten und als Reichskanzler nach dem erfolgreichen Putsch vorgesehen war, sowie der ehemalige Generaloberst Beck, der Staatsoberhaupt werden sollte. Die Anzahl der Verhafteten wird auf 7000 geschätzt; rund 5000 von ihnen wurden, teilweise noch kurz vor Kriegsende, ermordet.

14.41 Polnischer Aufstand in Warschau

Die polnische Widerstandsbewegung war zusammengefaßt in der „Heimatarmee"; sie hielt

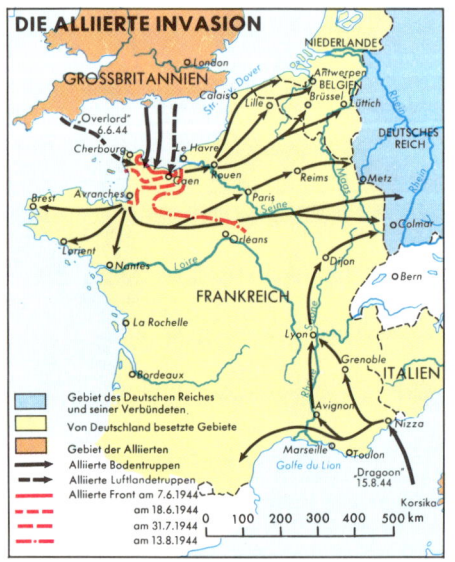

DIE ALLIIERTE INVASION

GROSSBRITANNIEN

London
Dover
Calais
Antwerpen
BELGIEN
NIEDERLANDE
Brüssel
Lüttich
"Overlord"
6.6.44
Cherbourg
Le Havre
DEUTSCHES
REICH
Brest
Avranches
Rouen
Reims
Metz
Lorient
Paris
Seine
Colmar
Nantes
Loire
Orléans
Dijon
Bern
FRANKREICH
La Rochelle
Lyon
ITALIEN
Bordeaux
Grenoble
Avignon
Nizza
Gebiet des Deutschen Reiches
und seiner Verbündeten
Von Deutschland besetzte Gebiete
Marseille
Toulon
Golfe du Lion
"Dragoon"
15.8.44
Gebiet der Alliierten
Alliierte Bodentruppen
Alliierte Luftlandetruppen
Alliierte Front am 7.6.1944
am 18.6.1944
am 31.7.1944
am 13.8.1944
Korsika
0 100 200 300 400 500 km

enge Verbindung zur polnischen Exilregierung in London und kämpfte nicht nur gegen die deutschen Besatzer, sondern zunächst auch gegen die sowjetische Besatzungsmacht in Ostpolen. Nach dem *deutschen Überfall auf die Sowjetunion* (▷ 14.23) stellten die Sowjets aus Exilpolen und Kriegsgefangenen eine kommunistische polnische Armee auf und lehnten eine Unterstützung der nationalpolnischen Untergrundbewegung ab.

Als sich die sowjetischen Armeen Ende Juli 1944 den Vorstädten Warschaus näherten, entschloß sich die Führung der "Heimatarmee" am 1. August zum Aufstand. Ihr Ziel war es, die polnische Hauptstadt aus eigener Kraft von den Deutschen zurückzuerobern, um den einrückenden sowjetischen Truppen als Befreier Warschaus gegenübertreten zu können. Die "Heimatarmee" zählte zu diesem Zeitpunkt rund 25 000 Männer und Frauen, die völlig unzureichend bewaffnet, aber zum Äußersten entschlossen waren. Unter dem Befehl des Generals Tadeusz Bór-Komorowski gelang es ihnen anfangs, die SS- und Polizeieinheiten sowie Dienststellen des Heeres und der Luftwaffe von ihren rückwärtigen Verbindungen abzuschneiden. Sie besetzten Bahnhöfe und Verkehrsknotenpunkte; der Versuch, die Weichselbrücken sowie Flugplätze in ihre Gewalt zu bekommen, schlug jedoch fehl.

Am 4. August begann der Gegenangriff der Deutschen. Hitler hatte den Befehl ausgegeben, Warschau "dem Erdboden gleichzumachen" und die Bevölkerung zu "liquidieren". Trotz der drückenden Überlegenheit der Besatzungsstreitkräfte vermochte sich die "Heimatarmee" in Straßen- und Häuserkämpfen noch zwei Monate lang zu behaupten. Die sowjetischen Truppen kamen ihr zunächst nicht zu Hilfe. Erst nach eindringlichen Mahnungen der britischen Regierung entschloß Stalin sich, Unterstützungsmaßnahmen der Alliierten zuzustimmen und Teile der eigenen polnischen Armee zur Entsetzung der Eingeschlossenen in Warschau eingreifen zu lassen.

Als deren anfänglich erkämpfte Brückenköpfe von den Deutschen wieder zerschlagen wurden, kapitulierte General Bór-Komorowski mit den Resten seiner Armee am 2. Oktober 1944, nachdem ihm der deutsche Befehlshaber die Zusicherung gegeben hatte, die überlebenden Aufständischen wie reguläre Kriegsgefangene zu behandeln. Die "Heimatarmee" hatte etwa 16 000 Gefallene zu beklagen, die Verluste unter der Zivilbevölkerung betrugen rund 150 000 Tote. Erst am 17. Januar 1945 wurde Warschau im Zuge der sowjetischen Großoffensive auf die deutsche Reichsgrenze erobert und von der sowjet-polnischen Armee befreit.

14.42 Luftkrieg

Warschau und Rotterdam waren von der deutschen Luftwaffe bereits während der "Blitzkriege" in großem Ausmaß verwüstet worden. Während des *Luftkriegs über England* 1940 (▷ 14.19) hatte Hitler mit seiner Ankündigung, er werde englische Städte "ausradieren", Terrorangriffe gegen die Zivilbevölkerung in Großstädten durch Flächenbombardements eröffnet. Die deutsche Luftwaffe flog im Herbst 1940 Nachtangriffe, 65 Tage unterbrochen, gegen London. Insgesamt warfen deutsche Bomberverbände 1940/41 rund 60 000 t Bomben auf britisches Gebiet ab. Coventry wurde fast völlig zerstört.

Nach ersten Angriffen britischer Geschwader gegen norddeutsche Städte im März und April 1942 war Köln am 30./31. Mai 1942 das Ziel eines Großangriffs. Auf der *Konferenz von Casablanca* (▷ 14.32) im Januar 1943 beschlossen die Westalliierten eine "Combined Bomber Offensive", deren Beginn auf den 10. Juni 1943 festgelegt wurde. Hamburg war das erste Ziel der „Round-the- clock"-Bombardements, bei denen die Royal Air Force in nächtlichen Angriffen Flächenziele attackierte, während die amerikanische Luftflotte am Tage bedeutende Einzelziele unter Beschuß nahm (25. bis 30. Juli 1943). Weitere Angriffe des Jahres 1943 galten den deutschen Flugzeugwerken und ihrer Zuliefererindustrie. Im November begann eine systematische Bombardierung der Reichshauptstadt.

Zu Beginn des Jahres 1944 hatten die Westalliierten die uneingeschränkte Luftherrschaft errungen. Die deutschen Jagdflieger gerieten gegenüber der erdrückenden Übermacht der „fliegenden Festungen" und der sie begleitenden Fernjäger auch in der technischen Ausrüstung (Radarzielgeräte) ins Hintertreffen. Im Jahre 1944 warfen die alliierten Bomberverbände auf deutsches Reichsgebiet und noch besetzte Gebiete rund 1 200 000 t Bomben ab. Obwohl am Ausgang des Krieges kein Zweifel mehr bestand, flogen die Amerikaner am 3. Februar 1945 noch einmal einen Großangriff auf Berlin (rund 22 000 Tote); am 13./ 14. Februar 1945 griffen amerikanische und britische Bomberverbände Dresden an, das mit Flüchtlingen überfüllt war, so daß es zu extrem hohen Verlusten unter der Zivilbevölkerung kam (etwa 35 000 Tote).

Die deutsche Kriegswirtschaft war trotz schwerster Zerstörungen nicht entscheidend beeinträchtigt worden, der Arbeitskräftemangel wurde durch die allgemeine Dienstpflicht und durch verschleppte „Fremdarbeiter" aus den besetzten Ländern ausgeglichen und die Produktion oft unterirdisch weiterbetrieben. Ab dem Jahresende 1944 war der Treibstoffmangel jedoch nicht mehr zu beheben. Die beabsichtigte demoralisierende Wirkung des Bombenkrieges auf die deutsche Zivilbevölkerung blieb weitgehend aus, doch der NS-Propaganda, die nun „Wunderwaffen des Führers" ankündigte, wurde kein Glauben mehr geschenkt. Die „Vergeltungswaffen" V1 und V2 wurden seit Juni bzw. September 1944 eingesetzt und richteten besonders in Antwerpen und London große Schäden an, denn aufgrund der hohen Geschwindigkeit dieser Raketen gab es keine Gelegenheit, die Bevölkerung in den betroffenen Städten zu warnen. Eine Wende wurde jedoch nicht erzielt.

14.43 Konferenz von Jalta

Als sich Roosevelt, Churchill und Stalin nach der *Konferenz von Teheran* im November 1943 (▷ 14.37) zum zweiten Mal trafen, diesmal in Jalta auf der Krim vom 4. bis zum 11. Februar 1945, standen die alliierten Armeen bereits an den Grenzen des Deutschen Reiches; eine letzte, aussichtslose deutsche Offensive in den Ardennen, von der sich Hitler eine Kriegswende erhofft hatte, war nach wenigen Tagen im Dezember 1944 zusammengebrochen. An der Ostfront waren die sowjetischen Armeen zum Großangriff auf Ostpreußen, Schlesien und Berlin angetreten.

Im Vordergrund der Gespräche der „Großen Drei" standen Überlegungen zur Nachkriegsordnung in Deutschland ebenso wie zur Gestaltung des neuen polnischen Staates und seiner Grenzen sowie der übrigen befreiten europäischen Staaten. Stalin versicherte, daß die Sowjetunion zwei bis drei Monate nach der Kapitulation Deutschlands in den Krieg gegen Japan eintreten werde.

Von links: W. Churchill, F.D. Roosevelt und I.W. Stalin auf der Konferenz von Jalta

Man einigte sich nach kontrovers geführten Debatten, die „vollständige Entwaffnung, Entmilitarisierung und Entnazifizierung" Deutschlands durchzuführen und das besetzte Land gemäß den Vorschlägen der „Europäischen Beratenden Kommission" in Besatzungszonen aufzuteilen. Frankreich sollte eine vierte Besatzungszone erhalten, die aus der britischen und der amerikanischen Zone herausgetrennt werden sollte. Eine weitere Kommission wurde eingerichtet, die Vorschläge über die Höhe der deutschen Reparationen auszuarbeiten hatte.

Lange umstritten war auch die polnische Frage. Schließlich gelang ein Kompromiß: Eine bis zu den Wahlen gebildete provisorische polnische Regierung sollte sich aus Mitgliedern des von den Sowjets gestützten kommunistischen „Lubliner Komitees" und der Londoner Exilregierung zusammensetzen. Die Ostgrenze Polens sollte die *Curzon-Linie* (▷ 13.26) bilden, die etwa der zwischen Hitler und Stalin 1939 festgelegten Demarkationsgrenze entsprach. Über die endgültige Festlegung der Westgrenze Polens und der abzutretenden deutschen Ostgebiete wurde noch keine Einigung erzielt. Die Westmächte stimmten jedoch mit Stalin darin überein, daß Polen „beträchtlichen" Gebietszuwachs im Westen als Ausgleich für das verlorene Gebiet im Osten erhalten müsse. Stalin sprach bereits von der *Oder-Neiße-Grenze* (▷ 15.4).

Die „Großen Drei" verpflichteten sich in Jalta zwar ausdrücklich, allen Staaten im befreiten Europa die Möglichkeit zu geben, sich nach eigener Wahl demokratische Einrichtungen zu schaffen, doch Stalin machte bereits in Jalta deutlich, daß er in den durch die Rote Armee befreiten Ländern Ost- und Südosteuropas diese Bestimmungen ganz zu seinem Vorteil auszulegen entschlossen war. Ferner kam es in Jalta zu einem Kompromiß über die geplante Gründung der *Vereinten Nationen* (▷ 15.2); den Großmächten wurde ein Vetorecht zugestanden.

14.44 Kapitulation der Wehrmacht

Als sich die Armeen der Westalliierten nach ihrer gelungenen *Landung in der Normandie* (▷ 14.39) und in Südfrankreich den Reichsgrenzen näherten, berief Hitler im September 1944 den „Volkssturm" ein, ein letztes Aufgebot aus älteren Männern und Jugendlichen, das den Kampf des dezimierten Heeres unterstützen sollte. Seine Erwartung, mit dem Aufruf einen nationalen Aufstand der Bevölkerung zur Verteidigung der Heimat auszulösen, erfüllte sich jedoch nicht. Eine letzte deutsche Offensive begann am 16. Dezember 1944 in den Ardennen, doch sie scheiterte bereits nach wenigen Tagen.

Am 12. Januar 1945 setzte der sowjetische Großangriff auf Ostpreußen, Schlesien und die Reichshauptstadt ein. Bereits Ende Januar war die Oderlinie erreicht, an der sich die sowjetischen Armeen zum Sturm auf Berlin sammelten. Im Februar 1945 setzten auch die Westalliierten zum Angriff auf das Reichsgebiet an, nachdem bereits im Herbst 1944 Aachen als erste deutsche Stadt besetzt worden war. Ende März war der Rhein auf breiter Front überschritten. Das Gros der noch kampffähigen deutschen Divisionen wurde im Ruhrkessel eingeschlossen und zur Aufgabe gezwungen. In schnellem Vormarsch drangen jetzt britische und amerikanische Verbände in den norddeutschen Raum sowie Franzosen und Amerikaner nach Süddeutschland vor; die deutschen Truppenteile lösten sich auf.

Der amerikanische Oberbefehlshaber General Eisenhower überließ den sowjetischen Armeen die Eroberung Berlins. Mitte April begannen die Sowjets den Angriff auf die Reichshauptstadt. Im Bunker der Reichskanzlei verschanzt, hatte Hitler noch die Hoffnung, die Kriegskoalition werde zerbrechen; er glaubte sich bestätigt, als Präsident Roosevelt am 12. April 1945 überraschend starb. Doch der Krieg war längst entschieden. Berlin war bereits von sowjetischen Truppen eingeschlossen, auch die fiktive Entsatzarmee blieb aus. Der absehbaren Gefangennahme entzog sich Hitler am 30. April 1945 durch Selbstmord. Der von ihm als Nachfolger eingesetzte Großadmiral Dönitz erreichte in Verhandlungen mit Eisenhower, daß sich der größte Teil der Flüchtlinge und wesentliche Teile der Armee nach Westen absetzen konnten. Berlin kapitulierte am 2. Mai; am 7. Mai 1945 fand die Gesamtkapitulation der deutschen Wehrmacht im amerikanischen Hauptquartier in Reims statt, auf Wunsch der Sowjets wurde sie am 8. Mai im sowjetischen Hauptquartier in Berlin-Karlshorst wiederholt. In Europa war der Krieg zu Ende.

14.45 Hiroshima und Nagasaki Kapitulation Japans

Der mit weit überlegenen Kräften im Sommer 1943 beginnenden alliierten Offensive hatten

*Die Stadt Hiroshima
nach Abwurf
der Atombombe*

die Japaner nach der Niederlage in der Schlacht bei den Midway-Inseln (▷ 14.29) kaum noch etwas entgegenzusetzen. Sie hatten es darüber hinaus versäumt, mit der von ihnen propagierten „Neuen Ordnung" bei den besiegten Völkern im südostasiatischen Raum Sympathien und Zustimmung zu gewinnen, weil sie eine rigorose und oft brutale Besatzung ausübten.

In einer Fülle von amphibischen Operationen, durch vorsichtiges Springen von Insel zu Insel, erkämpften die Alliierten in verschiedenen Stoßrichtungen die Rückeroberung des südwest- und des zentralpazifischen Raumes. Den sich zur Befreiung der Philippinen vereinigenden amerikanischen Streitkräften warfen die Japaner in der Schlacht vor Leyte im Oktober 1944 fast ihre gesamte noch vorhandene Flottenstreitmacht entgegen und setzten auch zum ersten Mal Staffeln von Todesfliegern, den „Kamikaze"-Piloten, ein. Dennoch wurde die japanische Flotte vernichtend geschlagen. Die nun errungene absolute Seeherrschaft im südpazifischen Raum war die Voraussetzung für die Rückeroberung der Philippinen. Zugleich hatte die US-Luftflotte die Luftherrschaft gewonnen und bombardierte fortan von Flugzeugträgern und von Flugbasen in China und im Pazifik die Industriezentren auf den japanischen Inseln. Mit der Eroberung Okinawas (April bis Juni 1945) drangen die Amerikaner in das unmittelbare Vorfeld der Hauptinseln Japans vor. Mit dem Verlust ihrer letzten großen Kriegsschiffe im Kampf um Okinawa war die japanische Seemacht besiegt.

Auf der *Konferenz von Potsdam* (▷ 15.1) forderten die USA, Großbritannien und die Sowjetunion Japan am 26. Juli 1945 ultimativ auf, die Waffen niederzulegen. Als die Japaner ablehnten, weil die Siegermächte den Fortbestand der Monarchie in Japan nicht garantieren wollten, entschloß sich der neue amerikanische Präsident, Harry S. Truman (1884–1972), zum Einsatz der Atombombe, die im Juli getestet worden war. Am 6. August wurde die erste amerikanische Atombombe auf Hiroshima abgeworfen, am 9. August erfolgte ein zweiter Atombombenabwurf auf die Stadt Nagasaki. In beiden Städten wurden etwa 130 000 Einwohner sofort getötet und über 100 000 verwundet. Die Anzahl der Langzeitopfer durch Verstrahlung ist nicht zu schätzen; sie steigt heute noch an. Bereits am 10. August schickte Kaiser Hirohito ein Kapitulationsangebot an die Alliierten. Am 2. September unterzeichneten die japanischen Unterhändler auf dem amerikanischen Schlachtschiff „Missouri" in der Bucht von Tokio die bedingungslose Kapitulation. Die japanische Armee wurde bis Ende Oktober 1945 entwaffnet.

Auch im Pazifik war nun der Krieg beendet. Weltweit waren mehr als 55 Millionen Tote zu beklagen, mindestens 20 Millionen davon waren Einwohner der Sowjetunion, die lange Zeit die Hauptlast des Krieges gegen Deutschland zu tragen hatte.

Der erste Einsatz von Atomwaffen gegen die Zivilbevölkerung Japans markierte den Beginn des Atomzeitalters; der Zweite Weltkrieg war vorüber, doch die fürchterliche Wirkung dieser neuen Waffe begründete eine Dimension des Schreckens, die die Auseinandersetzung der ehemaligen Alliierten im bald einsetzenden *Kalten Krieg* (▷ 15.25) bestimmen sollte.

443

Daten

30. Jan. 1933	Ernennung Hitlers zum Reichskanzler
4. März 1933	Franklin D. Roosevelt amerikanischer Präsident, Beginn des „New Deal"-Programms
23. März 1933	Der Deutsche Reichstag verabschiedet das „Ermächtigungsgesetz"
15. Sept. 1935	„Nürnberger Gesetze", Ausgrenzung der Juden in Deutschland
3. Okt. 1935	Beginn des italienisch-äthiopischen Krieges
25. Okt. 1936	„Achse Berlin—Rom"
25. Nov. 1936	Antikominternpakt zwischen Deutschland und Japan
1936—1939	Spanischer Bürgerkrieg
7. Juli 1937	Beginn des japanisch-chinesischen Krieges
13. März 1938	„Anschluß" Österreichs an das Deutsche Reich
29. Sept. 1938	Münchner Abkommen
9./10. Nov. 1938	Organisierte Pogrome gegen die Juden in Deutschland, „Kristallnacht"
31. März 1939	Britische und französische Garantieerklärung für Polen
22. Mai 1939	„Stahlpakt" zwischen Deutschland und Italien
23. Aug. 1939	Deutsch-sowjetischer Nichtangriffspakt
1. Sept. 1939	Deutscher Überfall auf Polen
3. Sept. 1939	Kriegserklärung Großbritanniens und Frankreichs an Deutschland
9. April 1940	Deutscher Überfall auf Dänemark und Norwegen
10. Mai 1940	Beginn des Krieges gegen Frankreich, Überfall auf Belgien, die Niederlande und Luxemburg
10. Juni 1940	Kriegseintritt Italiens
13. Aug. 1940	Beginn des Luftkrieges über England
27. Sept. 1940	Dreimächtepakt Deutschland-Italien-Japan
6. April 1941	Deutscher Angriff gegen Jugoslawien und Griechenland
22. Juni 1941	Deutscher Überfall auf die Sowjetunion
14. Aug. 1941	Atlantikcharta von Winston Churchill und Franklin D. Roosevelt
7. Dez. 1941	Japanischer Überfall auf Pearl Harbor
11. Dez. 1941	Deutschland und Italien erklären den USA den Krieg
20. Jan. 1942	„Wannseekonferenz" in Berlin über die technisch-organisatorische Durchführung der Vernichtung der europäischen Juden
3.–6. Juni 1942	Japan verliert Seeluftschlacht bei den Midway-Inseln
7. Nov. 1942	Alliierte Landung in Nordafrika
31. Jan. 1943	Deutsche Kapitulation in Stalingrad
19. April 1943	Warschauer Ghettoaufstand (bis 19. Mai)
10. Juli 1943	Alliierte Landung in Sizilien
25. Juli 1943	Sturz Mussolinis, 8. Sept. Kapitulation Italiens
28. Nov. 1943	Beginn der Konferenz von Teheran (bis 1. Dez.) zwischen Churchill, Roosevelt und Stalin
6. Juni 1944	Invasion der Alliierten in der Normandie
20. Juli 1944	Das Bombenattentat des Grafen Stauffenberg auf Hitler mißlingt
1. Aug. 1944	Polnischer Aufstand in Warschau (bis 2. Okt.)
4.—11. Febr. 1945	Konferenz von Jalta zwischen Churchill, Roosevelt und Stalin
12. April 1945	Tod Roosevelts, Harry Truman neuer Präsident
30. April 1945	Hitler begeht Selbstmord
7./8. Mai 1945	Kapitulation der deutschen Wehrmacht in Reims bzw. Karlshorst
17. Juli 1945	Beginn der Potsdamer Konferenz
6./9. Aug. 1945	Atombombenabwurf auf Hiroshima und Nagasaki
2. Sept. 1945	Kapitulation Japans

Kapitel 15
Neuordnung der Welt und
Kalter Krieg

Einführung

Nach dem Ende des größten und verlustreichsten Krieges der bisherigen Geschichte erfolgte die Neuordnung der Welt entsprechend den Interessen der Siegermächte. Die Anti-Hitler-Kriegskoalition zerfiel; schon bald nach Kriegsende war deutlich geworden, daß das Bündnis einzig dem Zweck des gemeinsamen Kampfes gegen die Achsenmächte gedient hatte. Der krasse Interessenunterschied führte in einen permanenten Konfrontationszustand zwischen den USA als Führungsmacht der westlichen Demokratien und der Sowjetunion, die sich mit einem Ring von Satellitenstaaten in Osteuropa umgab. Diesem Zustand gab man wegen seiner ständigen, gefährlichen Nähe zum militärischen Konflikt die Bezeichnung Kalter Krieg.

Nach dem Kriegsende in Europa, während der Krieg gegen Japan noch im Gange war und den japanischen Städten Hiroshima und Nagasaki das furchtbare Inferno, das den Krieg in Ostasien beendete, noch bevorstand, trafen sich in Potsdam die Sieger, der US-Präsident Harry S. Truman, der britische Kriegspremier Winston Churchill, der noch während der Konferenz der Gewinner der Unterhauswahlen, der Labourführer Clement R. Attlee, ablöste, und der sowjetische Staatschef Josef W. Stalin, um die Nachkriegsordnung zu beraten. Bereits während des Krieges hatte es solche Treffen gegeben.

Einige Wochen zuvor hatten in San Francisco Vertreter von 50 Nationen die neue Weltorganisation, die Vereinten Nationen, feierlich gegründet. Durch die Teilnahme der USA und der Sowjetunion an diesem Gründungsakt und deren Unterzeichnung der UN-Charta gab es berechtigte Hoffnungen, daß nun – anders als mit der Gründung des machtlosen Völkerbundes nach dem Ersten Weltkrieg – der Weg in eine bessere und friedlichere Zukunft für alle Völker der Welt beschritten werden könne.

Doch in Potsdam taten sich zwischen den Westmächten und der Sowjetunion Gräben auf, die durch das Abschlußkommuniqué nur oberflächlich verdeckt werden konnten. Stalin hatte seine bisherigen Verbündeten vor vollendete Tatsachen gestellt, indem er den Vollzug der Westverschiebung Polens bis zur Oder-Neiße-Linie bekanntgab und keinen Zweifel daran ließ, daß er bei der Neuordnung der von der Roten Armee befreiten mittel- und südosteuropäischen Länder allein die Interessen der Sowjetunion berücksichtigen wollte.

Der Entschluß Trumans, die Türkei und Griechenland gegen diese sowjetische Bedrohung zu unterstützen (Truman-Doktrin), war Ausdruck der neuen amerikanischen Politik der „Eindämmung" gegenüber jedem tatsächlichen oder vermeintlichen sowjetischen Expansionsdrang. Das European Recovery Program („Marshallplanhilfe"), ein Hilfsangebot, das sich auch an die Sowjetunion und die Staaten Osteuropas richtete, strebte vorrangig die wirtschaftliche Erholung und den Wiederaufbau der nicht im sowjetischen Machtbereich befindlichen Staaten an, um diese in den Westen einzubinden und der sowjetischen Verfügungsgewalt zu entziehen. Als die Sowjetunion verhinderte, daß die osteuropäischen Staaten die Marshallplanhilfe in Anspruch nahmen, verstärkte sich die Spaltung Europas. Aus den ehemaligen Verbündeten waren erbitterte ideologische Gegner geworden.

Mit der Blockade der Verbindungswege nach West-Berlin zu Land und zu Wasser verschärfte die Sowjetunion den Konfrontations-zustand bis an den Rand einer kriegerischen Auseinandersetzung. Ihr Plan, die Westalli-ierten zur Aufgabe ihrer Rechte in Berlin und zur Anerkennung des sowjetischen Anspruchs auf Gesamt-Berlin zu zwingen, wurde durch die Einrichtung einer alliierten Luftbrücke vereitelt. Angesichts des sich nun entfaltenden Kalten Krieges gründeten die USA mit dem Westeuropäern und Kanada den Nordatlan-tikpakt (NATO); die Sowjetisierung Osteu-ropas wurde mit der Einbeziehung des Westens in den Schutz der USA beantwortet. Von den Westalliierten forciert, entstand im Westen des besiegten Deutschen Reiches die Bundesrepublik Deutschland, der die Sowjets in ihrer Zone die Deutsche Demokratische Republik entgegensetzten. Vom „Eisernen Vorhang", der in Europa niedergegangen sei, sprach Winston Churchill bereits 1946. Nun war auch die Teilung Deutschlands vollzogen. Die Lage West-Berlins, inmitten der DDR ge-legen, blieb prekär.

Der Sieg der Kommunisten im chinesischen Bürgerkrieg und die Proklamation der Volks-republik China im Herbst 1949 zeigte, daß nun der volkreichste Staat der Erde den Weg des Sozialismus eingeschlagen hatte. Das Ver-hältnis zur Sowjetunion war jedoch ständig neuen Belastungen ausgesetzt, ging es doch um die Führungsrolle im östlichen Lager. Für China war eine lange und leidensvolle Periode beendet, in der das riesige Land der Willkür fremder Mächte unterworfen war. Der Westen dagegen erkannte lange Zeit den Alleinvertre-tungsanspruch der auf die Insel Formosa (Tai-wan) geflüchteten nationalchinesischen Kuo-mintang-Regierung an, die dort die Republik China gegründet hatte.

Als im Juni 1950 Truppen des kommunisti-schen Nordkorea das soeben von der ameri-kanischen Besatzungsmacht verlassene Süd-korea überfielen und den Koreakrieg auslö-sten, drohte eine Eskalation des Kalten Krieges. Aber der Koreakrieg blieb regional begrenzt. Den erstmals im Auftrag der Ver-einten Nationen eingreifenden amerikani-schen Truppen, die den nordkoreanischen An-griff zurückschlugen, traten nicht sowjetische, sondern chinesische Freiwilligenverbände ent-gegen. Nach mehr als zweijährigen, schwieri-gen Waffenstillstandsverhandlungen wurde der Krieg beendet; die bis heute andauernde

Teilung Koreas entlang des 38. Breitengrades wurde zementiert.

Ein anderer Krisenherd entstand mit der Pro-klamation des Staates Israel in Palästina 1948. Der Nahostkonflikt, der in dem jeweiligen Anspruch von Israelis wie Palästinensern, Juden und Arabern auf das gleiche Land be-steht, dauert bis heute an. Die arabischen Nachbarstaaten, die sich noch vor dem briti-schen Abzug aus Palästina zur Arabischen Liga zusammengeschlossen hatten, bestritten das Existenzrecht des neuen Staates, in dessen Gebiet viele vor dem nationalsozialistischen Völkermord in Europa geflohene europäische Juden Zuflucht gefunden hatten. Bereits unmittelbar nach dem Teilungsplan der Ver-einten Nationen und der Staatsgründung kam es zu einem Krieg um Palästina, in dem sich die israelische Armee schließlich behauptete, ohne daß jedoch das Dilemma einer Lösung näher gebracht wurde. Der Nahostkonflikt wurde schwer belastet durch das Problem der von den Israelis aus ihrer Heimat vertriebenen Palästinenser. Der nächste Krieg im Nahen Osten fand 1956 statt, als Ägypten zunächst den Suezkanal verstaatlichte und schließlich für israelische Schiffe sperrte. Der israelische Angriff auf Ägypten und die britisch-französi-sche Militäraktion wurden von den USA und den Vereinten Nationen verurteilt und erst unter massiver sowjetischer Drohung be-endet. Die UdSSR war nun zum Akteur im Nahen Osten geworden und leistete Militär-und Wirtschaftshilfe für Ägypten, dessen Staatschef Gamal Abd Al Nasser die arabi-sche Führungsrolle innehatte.

Im westlichen Europa führte der durch die Marshallplanhilfe ermöglichte rasche wirt-schaftliche Aufbau auch zu einer Belebung der Idee eines vereinigten Europa, die in enger Anbindung an die USA Verständigung und Aussöhnung der Völker zustande bringen sollte. In diesen westeuropäischen Verbund sollte auch der neue deutsche Weststaat ein-bezogen werden. Diese Einbindung in das westliche Lager, maßgeblich vorangetrieben von dem ersten Bundeskanzler Konrad Ade-nauer, wurde schon bald durch einen Ver-teidigungsbeitrag der Bundesrepublik unter-strichen. Die deutsche Wiederbewaffnung mußte gegen starken innenpolitischen Wider-stand durchgesetzt werden. Stalin versuchte mit dem Vorschlag eines Friedensvertrages und dem Angebot eines wiedervereinigten, neutralen Deutschland diesen Integrationsprozeß zu verhindern; nicht wenigen Deutschen bedeutete die Wiedervereinigung mehr.

Der Tod Stalins im März 1953 weckte in der westlichen Welt Hoffnungen auf eine Annäherung der Supermächte, die nun beide Atommächte waren. Der brutale Panzereinsatz gegen den Aufstand in der DDR im Juni 1953 und die blutige Niederwerfung des ungarischen Volksaufstandes im Herbst 1956 machten jedoch deutlich, daß sich die Koordinaten der sowjetischen Politik nicht verändert hatten. Als die Bundesrepublik Deutschland mit eigenen Truppenkontingenten in den Nordatlantikpakt aufgenommen wurde und damit das Besatzungsstatut formell endete, antwortete die Moskauer Führung mit dem Abschluß des Warschauer Vertrages, in dem die Ostblockstaaten ihre Armeen sowjetischem Oberkommando unterstellten.

Seit Mitte der fünfziger Jahre forcierten sechs Staaten Westeuropas, darunter die Bundesrepublik Deutschland, die europäische Integration, die zunächst auf wirtschaftlichem Gebiet Fortschritte machen sollte. Die Römischen Verträge von 1957 begründeten die Europäische Wirtschaftsgemeinschaft (EWG) sowie die Europäische Atomgemeinschaft (Euratom) zur Koordinierung der Kernforschung. Vorbild dieser Gemeinschaften war die von den gleichen Partnern 1951 gegründete Montanunion.

Angesichts der sich immer stärker voneinander abschottenden Blöcke formierte sich Mitte der fünfziger Jahre eine Gruppe von Staaten, die erst kurz zuvor die Kolonialherrschaft hatten beseitigen können, wie Indien oder Indonesien, aber auch das mit Moskau zerstrittene Jugoslawien, als Bewegung der Blockfreien. Unter der Führung des indischen Premiers Jawaharlal Nehru und des ägyptischen Staatschefs Nasser ging es ihnen um einen dritten Weg zwischen den Blöcken, ein besonders für die vielen kurz vor der staatlichen Souveränität stehenden oder diese anstrebenden Staaten Afrikas und Asiens attraktiver Kurs. In der indonesischen Stadt Bandung riefen sie 1955 Ost und West zur Verständigung und Koexistenz auf und forderten die Beendigung des nuklearen Rüstungswettlaufs.

Die Entkolonialisierung in Asien und Afrika verlief jedoch selten friedlich. Die Strukturen der Kolonialzeit waren schwere Bürden für die neuen Staaten, und der Abzug der Europäer, die es allerdings nach wie vor verstanden ihren wirtschaftlichen Einfluß zu behalten, führte zu Unruhen und Bürgerkriegen. Besonders blutige Freiheitskämpfe fanden in Algerien und in Zentralafrika statt; nach der Unabhängigkeit der Kolonie Belgisch-Kongo kam es zu heftigen Kämpfen, in deren Verlauf Truppen der Vereinten Nationen eingesetzt wurden.

Die Amerikaner hatten in den ersten Jahren der Nachkriegszeit aus dem Bewußtsein heraus, allein über Atombomben zu verfügen, ein strategisches Konzept der „massiven Vergeltung" entwickelt, das sie befähigte, der Sowjetunion im Falle eines Angriffs mit atomarer Bestrafung zu drohen, ohne dabei ein eigenes Risiko einzugehen. Seit der Zündung der ersten sowjetischen Atombombe 1949 und der ersten Wasserstoffbombe wenig später wurde jedoch offenkundig, daß die Sowjets dabei waren, den rüstungstechnischen Vorsprung des Westens einzuholen.

Mit dem nuklearen Rüstungswettlauf nahm der Ost-West-Konflikt rasch eine neue Dimension an. Der erfolgreiche Flug des sowjetischen Satelliten „Sputnik" in den Weltraum 1957 löste in den USA einen Schock aus, denn nun schien es so, daß die UdSSR auch in der Hochtechnologie mit den westlichen Staaten zumindest gleichgezogen hatte und daß damit eine neue Bedrohung entstanden war. Der Rüstungswettlauf führte bereits nach wenigen Jahren zu einem „atomaren Patt", in dem das Vernichtungspotential auf beiden Seiten ein Gleichgewicht des Schreckens herstellte.

In Europa war West-Berlin, das Symbol der Teilung des Kontinents, immer wieder das Ziel sowjetischer Aggressionen. Der neue Machthaber im Kreml, Nikita Chruschtschow, setzte zwar mit seiner öffentlichen Kritik an der Politik Stalins auf dem XX. Parteitag der KPdSU eine deutlicher Zäsur, doch in der Außenpolitik führte er bald den harten Konfrontationskurs gegenüber dem Westen fort. Wiederholt stellte er den Viermächtestatus Berlins in Frage. Er strebte die völlige diplomatische Anerkennung der DDR an und gab schließlich seine Zustimmung zum Bau der Mauer quer durch die Viersektorenstadt, mit der das SED-Regime die Massenflucht der Bürger in den Westen beendete und nun, begleitet von entsprechenden Maßnahmen an der innerdeutschen Demarkationslinie, für jedermann erkennbar eine Politik der Abschottung betrieb.

Die Westmächte hatten sich auf verbale Proteste beschränkt und wollten keine militärische Auseinandersetzung mit der Sowjetunion riskieren; ferner sahen sie ihre Rechte in Berlin nicht beeinträchtigt. Der sowjetische Partei- und Regierungschef legte diese Haltung als Schwäche des Westens aus. Chruschtschow verstärkte die sowjetische Unterstützung für das sozialrevolutionäre Regime Fidel Castros, das von den USA bekämpft wurde, und ordnete die Stationierung sowjetischer Raketen auf Kuba an, die den Osten der USA unmittelbar erreichen konnten. US-Präsident John F. Kennedy verlangte ultimativ den sofortigen Abbau der Raketenstellungen und ihren Ab-

transport. Die Welt stand in jenen 13 Tagen im Oktober 1962 am Rand eines Nuklearkrieges. Chruschtschow aber lenkte ein, und eine gemeinsame Note beider Staaten an den Generalsekretär der Vereinten Nationen beendete die Kubakrise.

Die Supermächte mußten erkennen, daß die Politik der atomaren Abschreckung an eine Grenze gelangt war, die nicht mehr überschritten werden durfte, wenn ein Nuklearkrieg vermieden werden sollte. So begann mit der Beilegung der Kubakrise ein neuer Abschnitt der Weltpolitik, in dem sich das Verhältnis der Supermächte zueinander, von den Nuklearwaffen erzwungen, von der harten Konfrontation allmählich zu einer Politik der Koexistenz wandelte. Gleichwohl nahmen die Kosten des Rüstungswettlaufs immer gewaltigere Dimensionen an.

15.1 Konferenz von Potsdam

Auf der *Konferenz von Jalta* (▷ 14.43) im Februar 1945 hatten die „Großen Drei" – der amerikanische Präsident Roosevelt, der britische Premierminister Churchill und der sowjetische Diktator Stalin – die Entscheidungen über die Neuordnung Polens und über die von Deutschland an Polen abzutretenden Gebiete vertagt. Nach dem plötzlichen Tod Roosevelts (12. April 1945) trafen Churchill und Stalin schließlich am 17. Juli 1945 mit dem neuen amerikanischen Präsidenten Harry S. Truman in Potsdam zusammen. Die Konferenz endete am 2. August mit dem Potsdamer Abkommen, das neben Truman und Stalin auch der neue britische Premier, Clement Attlee (1883 bis 1967), unterzeichnete, dessen Labour Party in den Unterhauswahlen vom Juli überraschend die Konservative Partei Churchills besiegt hatte.

Während der Konferenz kam es zu heftigen Auseinandersetzungen zwischen den westlichen Regierungschefs und Stalin über sein Vorgehen in den von der Roten Armee besetzten osteuropäischen Ländern. Stalin hatte entgegen der in Jalta getroffenen Vereinbarung, in den befreiten Ländern nur demokratisch gewählte Volksvertretungen zuzulassen, mit rigorosen Methoden die Bildung sowjetfreundlicher Regierungen vorangetrieben und antikommunistische Kräfte ausgeschaltet. Noch entschlossener war die sowjetische Politik der vollendeten Tatsachen in der polnischen Frage. Stalin hatte die deutschen Ostgebiete bis zur *Oder und Neiße* (▷ 15.4) der provisorischen polnischen Regierung übergeben, die in dieser Region nun vier Wojewodschaften einrichtete und die deutsche Bevölkerung auszuweisen begann.

Mehrfach drohte die Konferenz zu scheitern. Schließlich kam es zum Kompromiß. Truman und Attlee akzeptierten die von Stalin vollzogene „Westverschiebung" Polens unter dem Vorbehalt, daß über die endgültige Festlegung der polnischen Westgrenze der kommende Friedensvertrag mit Deutschland entscheiden sollte und bis zu diesem Zeitpunkt die deutschen Ostgebiete lediglich unter polnische Verwaltung gestellt wurden. Das Gebiet um Königsberg wurde unter sowjetische Verwaltung gestellt. Sie billigten zugleich die längst stattfindende Ausweisung der deutschen Bevölkerung aus den deutschen Ostgebieten sowie aus Polen, Ungarn und der Tschechoslowakei; Auswüchse bei der *Vertreibung* (▷ 15.5) wollten sie mit dem Hinweis eindämmen, diese müsse in „humaner Weise" vor sich gehen. Stalin erklärte sich einverstanden, daß der polnischen, bisher rein kommunistischen Regierung künftig auch einige Mitglieder der Londoner Exilregierung angehören sollten.

In der Reparationsfrage konnte keine einheitliche Regelung erzielt werden. Schließlich beschloß man, daß jedes Land seine Reparationsansprüche im wesentlichen aus der eigenen Besatzungszone befriedigen sollte. Der Sowjetunion wurden zusätzlich 10 Prozent der Reparationsentnahmen aus den Westzonen zugesagt. Damit war der Grundstein für eine unterschiedliche Verfahrensweise in den Besatzungszonen gelegt, obwohl die wirtschaftliche Einheit Deutschland gewahrt werden sollte.

Für die weitere Behandlung des besiegten Deutschland wurden Richtlinien vereinbart. Es sollten alle notwendigen Maßnahmen ergriffen werden, damit der „deutsche Militarismus und Nazismus" nie mehr die Nachbarstaaten und den Frieden in Europa und in der Welt bedrohen könne. Statt dessen sollten die Deutschen ihr staatliches Leben „auf einer demokratischen und friedlichen Grundlage" neu aufbauen. Das Erziehungs- und Gerichtswesen sollte grundlegend erneuert werden. Demilitarisierung, Denazifizierung und Demokratisierung waren die Leitlinien der unmittelbaren Nachkriegszeit; doch schon sehr bald wurde deutlich, daß die Anti-Hitler-Koalition ein reines Zweckbündnis gewesen war und nun an den unterschiedlichen Interessen von Ost und West zerbrach.

15.2 Vereinte Nationen

In der *Atlantikcharta* (▷ 14.25) vom August 1941 hatten US-Präsident Roosevelt und der britische Premierminister Churchill die Zusammenarbeit aller Völker und die Errichtung einer Weltfriedensorganisation gefordert, die, anders als der in den Krisen der dreißiger Jahre ohnmächtige *Völkerbund* (▷ 13.18), mit echten Vollmachten ausgestattet werden sollte. Die neue Organisation sollte global ausgerichtet sein, d.h. ihr sollten von Anfang an auch die USA und die UdSSR angehören. Roosevelt hatte sich in *Teheran* (▷ 14.37) und *Jalta* (▷ 14.43) gegenüber den Forderungen Stalins weitaus nachgiebiger gezeigt als Churchill, um die Beitrittszusage der Sowjets nicht zu gefährden.

Die Prinzipien der Weltfriedensorganisation wurden auf der Konferenz von Dumbarton Oaks (August bis Oktober 1944) von Vertretern der Kriegskoalition ausgearbeitet. Am 26. Juni 1945 erfolgte die Gründung der Vereinten Nationen (UN) in San Francisco mit der Unterzeichnung der UN-Charta durch Delegierte aus 51 Staaten; die UN-Charta trat am 24. Oktober 1945 in Kraft, nachdem die fünf Großmächte (USA, UdSSR, Großbritannien, Frankreich und China) sowie die Mehrheit der Unterzeichnerstaaten die Ratifikationsurkunden bei der US-Regierung hinterlegt hatten.

Die Ziele der neuen Weltorganisation wurden in Artikel 1 der UN-Charta festgelegt: Erhaltung des Friedens und der internationalen Sicherheit, Herstellung freundschaftlicher Beziehungen zwischen den Völkern, Zusammenarbeit der Völker auf wirtschaftlichem, sozialem, kulturellem und humanitärem Gebiet sowie Schutz der Menschenrechte und Grundfreiheiten ohne Ansehen von Rasse, Geschlecht, Sprache und Religion.

Die Generalversammlung, das Hauptorgan der UN, tagt (mindestens) einmal im Jahr. Alle durch die UN-Charta erfaßten Gegenstände können verhandelt werden, daneben alle Angelegenheiten, die Zuständigkeit und Funktionen der anderen UN-Organe betreffen. Die Beschlüsse, die Außenwirkung entfalten sollten, haben im allgemeinen rein moralische Qualität.

Der Sicherheitsrat besteht (seit 1963) aus 15 Mitgliedern, davon fünf ständigen (USA, UdSSR, Großbritannien, Frankreich und China) mit Vetorecht; den Platz der UdSSR nimmt seit 1992 Rußland ein; die zehn weiteren Mitglieder werden von der Vollversammlung für zwei Jahre gewählt. Der Weltsicherheitsrat trifft verbindliche Anordnungen, falls der Weltfrieden gefährdet erscheint oder bereits gebrochen ist. Die Entsendung von UN-Friedenstruppen („Blauhelme") kann allerdings bisher nur erfolgen, wenn Mitgliedstaaten freiwillig Truppenkontingente zur Verfügung stellen.

Der Wirtschafts- und Sozialrat (ECOSOC) soll den wirtschaftlichen und sozialen Aufbau sowie die friedliche Zusammenarbeit der Staaten und die Einhaltung der Menschenrechte fördern. Der Internationale Gerichtshof in Den Haag kann von Staaten zur Schlichtung von Streitigkeiten angerufen werden.

Das Sekretariat ist das Verwaltungsorgan der UN. Es wird vom Generalsekretär geleitet, dem höchsten Beamten der UN; er besitzt Diplomatenrang. Er wird von der Vollversammlung für fünf Jahre gewählt, eine Wiederwahl ist möglich. Als erster Generalsekretär trat 1946 der Norweger Trygve Halvdan Lie sein Amt an.

Abbildung S. 453

15.3 Alliierter Kontrollrat Besatzungszonen

In der Berliner Erklärung vom 5. Juni 1945 gaben die vier Oberbefehlshaber der alliierten Streitkräfte die Aufteilung des Deutschen Reiches in vier Besatzungszonen bekannt, in eine amerikanische, französische, britische und sowjetische. Das Saargebiet sollte einen gewissen Autonomiestatus erhalten und vor allem in wirtschaftlicher Hinsicht eng an Frankreich gebunden werden.

Als oberstes Regierungsorgan der Militärverwaltung wurde der Alliierte Kontrollrat eingerichtet. Das Potsdamer Abkommen (▷ 15.1) vom 2. August 1945 erläuterte die Aufgaben der Militärregierung, die „von jedem [Militärgouverneur] in seiner Besatzungszone, sowie gemeinsam in ihrer Eigenschaft als Mitglieder des Kontrollrates in den Deutschland als Ganzes betreffenden Fragen" wahrgenommen werden sollten. Am 30. August 1945 trat der Alliierte Kontrollrat im Gebäude des ehemaligen Berliner Kammergerichts erstmals zusammen.

Er befaßte sich zunächst mit der Aufhebung nationalsozialistischer Gesetze und Verordnungen, ferner mit der Entnazifizierung, der Entmilitarisierung und der Demontage. Die Herausbildung zentraler deutscher Verwaltungen gemäß dem Potsdamer Abkommen scheiterte lange am Einspruch Frankreichs. Der Kontrollrat besaß keine eigene Exekutivgewalt. Er erließ Direktiven und war darauf angewiesen, daß jeder Militärgouverneur sie in seiner Besatzungszone auch durchführte.

Das sich ständig steigernde Mißtrauen zwischen den Westalliierten und der Sowjetunion, das allmählich in die Phase des *Kalten Krieges* (▷ 15.25) überging, die Sonderwünsche der französischen Besatzungsmacht sowie die unterschiedliche Entwicklung in den Besatzungszonen lähmten mehr und mehr die Funktionsfähigkeit des Kontrollrates. Als sich die drei westlichen Militärgouverneure in der Sitzung am 20. März 1948 weigerten, mit dem sowjetischen Vertreter über die *Londoner Sechsmächtekonferenz* (▷ 15.13) zu diskutieren, verließ die sowjetische Delegation unter Protest den Sitzungssaal. Damit endete die Tätigkeit des Alliierten Kontrollrates, denn nach diesem Eklat trat das Gremium nicht mehr zusammen. Die von den Sowjets am 24. Juni 1948 aus Protest gegen die auf der Londoner Konferenz von den Westmächten beschlossene wirtschaftliche und politische Vereinigung der drei Westzonen ausgelöste *Berliner Blockade* (▷ 15.17) bildete einen ersten Höhepunkt des „Kalten Krieges", in dem sich die Teilung Deutschlands und Europas vollzog.

Auf der *Konferenz von Jalta* (▷ 14.43) war auch die Aufteilung Österreichs in vier Besatzungszonen vereinbart worden. Im Gegensatz zu der Entwicklung in Deutschland hatte sich in dem von den Sowjets besetzten östlichen Landesteil bereits im April 1945 eine Provisorische Staatsregierung unter Karl Renner gebildet, die die Wiederherstellung der Republik Österreich proklamierte und dann auch die Verfügungsgewalt über die drei westlichen Besatzungszonen erhielt (20. Oktober 1945). Der Übergangsstatus endete nach den ersten Nationalrats- und Landtagswahlen am 25. November 1945 mit dem Zusammentritt der Bundesversammlung und der Wahl Renners zum ersten österreichischen Bundespräsidenten. So konnte trotz Fortbestehen der Militärregierungen in den Besatzungszonen die Einheit des Landes auch in der Zeit der eingeschränkten Souveränität (alliiertes Kontrollabkommen vom 28. Juni 1946) bis zum *Staatsvertrag* 1955 (▷ 15.33) gewahrt werden.

15.4 Das neue Polen Oder-Neiße-Linie

In ihrem Pakt vom 23. August 1939 (▷ 14.13) hatten Hitler und Stalin eine neue, die vierte Teilung Polens vollzogen. Nach dem *deutschen*

Überfall auf die Sowjetunion (▷ 14.23) war Deutschland für den polnischen Widerstand der einzige Gegner. Jedoch blieb die nationalpolnische „Heimatarmee" (▷ 14.41) den Sowjets gegenüber, die aus polnischen Kriegsgefangenen eigene, kommunistisch ausgerichtete Freiwilligenverbände aufstellte, auf Distanz, vor allem, nachdem 1943 die Massengräber bei Katyn entdeckt worden waren und eine internationale Untersuchungskommission belegte, daß die mehr als 5000 polnischen Offiziere von der Roten Armee erschossen worden waren. Dem *Aufstand* der nationalpolnischen Widerstandsbewegung am 1. August 1944 in *Warschau* (▷ 14.41) waren die sowjetischen Armeen auf alliiertem Druck hin erst zu Hilfe gekommen, als es bereits zu spät war.

Auf der *Konferenz von Jalta* (▷ 14.43) im Februar 1945 kam es zu Meinungsverschiedenheiten zwischen Stalin und den Westmächten über die Neugestaltung Polens. Stalin erhob Anspruch auf die ostpolnischen Gebiete mit ihren weißrussischen und ukrainischen Bevölkerungsteilen. Er war zudem bemüht, das unter sowjetischer Mithilfe entstandene „Lubliner Komitee" als alleinige polnisch-kommunistische Regierung einzusetzen und die Londoner Exilregierung auszuschalten. Als Entschädigung für die Abtretung der Ostgebiete an die Sowjetunion versprach Stalin der sowjetfreundlichen polnischen Regierung eine beträchtliche Gebietserweiterung nach Westen. Erstmals nannte er die Oder-Neiße-Linie.

Vor der *Potsdamer Konferenz* im Juli 1945 (▷ 15.1) hatte Stalin bereits vollendete Tatsachen geschaffen. Mit dem Argument, die deutsche Bevölkerung sei aus den Ostgebieten abgezogen, hatte er Ostpreußen (bis auf den von den Sowjets beanspruchten Nordteil um Königsberg), Pommern, Ostbrandenburg und Schlesien an Polen übergeben. Mit der Oder-Neiße-Linie als Staatsgrenze „von der Ostsee unmittelbar westlich von Swinemünde und von dort die Oder entlang bis zur westlichen Neiße und die westliche Neiße entlang bis zur tschechoslowakischen Grenze" fanden sich die Westmächte jedoch erst ab, als im Abschlußkommuniqué die Erklärung Aufnahme fand, die endgültige Festlegung der polnischen Westgrenze werde ein kommender Friedensvertrag mit Deutschland regeln.

Polen, das im Zweiten Weltkrieg riesige Verluste erleiden mußte (über ein Fünftel der Gesamtbevölkerung), übernahm bereits im März 1945 die ihm übertragene Verwaltung der deutschen Ostgebiete und begann mit der *Vertreibung* (▷ 15.5) der deutschen Bevölkerung.

15.5 Flucht und Vertreibung

Flucht und Vertreibung in größtem Ausmaß kennzeichnen das 20. Jahrhundert. Das von Fridtjof Nansen 1921 gegründete Flüchtlingshilfswerk des *Völkerbundes* (▷ 13.18) hatte bis 1938 über 3 Millionen Flüchtlinge (überwiegend Russen, Armenier und Türken) betreut. In der UdSSR wurden allein in den Jahren von 1926 bis 1939 mehr als 3 Millionen Angehörige verschiedener Völker aus europäischen Landesteilen der Sowjetunion nach Sibirien oder in den Fernen Osten zwangsweise umgesiedelt.

Flüchtlinge in Berlin nach der Kapitulation (Juli 1945)

Aus Deutschland flohen in den Jahren 1933 bis 1939 mehr als 350000 jüdische Menschen vor den Verfolgungen des NS-Regimes. Eine Million Polen und rund 300000 Juden wurden nach der Eingliederung der polnischen Westgebiete in das Deutsche Reich 1939/40 in das „*Generalgouvernement*" (▷ 14.15) abgeschoben. Nach dem Beginn des *deutschen Überfalls auf die Sowjetunion* (▷ 14.23) ließ Stalin rund 400000 Wolgadeutsche und 150000 in Wolhynien ansässige Deutsche aus ihren jahrhundertealten Siedlungsgebieten nach Zentralasien deportieren. Im Zweiten Weltkrieg wurden von den Nationalsozialisten aus den besetzten Gebieten Millionen von Menschen

als „Fremdarbeiter" zwangsverpflichtet und der deutschen Rüstungswirtschaft zur Verfügung gestellt.

Nach dem Ende des Zweiten Weltkrieges betreute die UNRRA („United Nations Relief and Rehabilitation Administration") mehr als 13 Millionen Kriegsgefangene und Zwangsverschleppte, von denen bis zum 30. Juni 1947 etwa 6 Millionen repatriiert werden konnten. Nahezu eine Million dieser „displaced persons" verweigerten unter Berufung auf Art. 1 der Charta der *Vereinten Nationen* (▷ 15.2) die Rückführung in ihre Heimatländer.

Anfang des Jahres 1945 begann mit den Flüchtlingstrecks der Bevölkerung aus den deutschen Ostgebieten vor der näherrückenden Front eine der größten Flüchtlingsbewegungen der Nachkriegsgeschichte, die mit der Vertreibung der Deutschen aus Polen, der Tschechoslowakei und Ungarn nach Kriegsende einen weiteren Höhepunkt erreichte. Von dieser Aussiedlungsaktion, die die Westmächte im Potsdamer Abkommen (▷ 15.1) zu humanisieren versuchten, wurden etwa 16,5 Millionen Menschen betroffen; 2,5 Millionen überlebten die Strapazen der Flucht nicht. Nach 1945 setzten große Wanderbewegungen aus der sowjetischen Zone bzw. der DDR in das westliche Deutschland ein.

Ähnliche Dimensionen hatten Flucht und Vertreibung in Asien. Nach der Gründung der *Volksrepublik China* 1949 (▷ 15.22) flohen 3 Millionen Chinesen nach Hongkong oder Taiwan. Nach der Teilung ihres Landes mußten 3 Millionen Koreaner aus dem kommunistischen Nordteil flüchten, und als 1947 die *Unabhängigkeit Indiens und Pakistans* (▷ 15.12) proklamiert wurde, kam es zu großen Flüchtlingswellen in beide Richtungen. Nach der Gründung des Staates *Israel* (▷ 15.14) mußten zwischen einer und zwei Millionen Araber ihre Heimat in Palästina verlassen.

15.6 Nürnberger Kriegsverbrecherprozeß

In der Moskauer Dreimächteerklärung vom 30. Oktober 1943 hatten die USA, Großbritannien und die Sowjetunion die Bestrafung von Kriegsverbrechern angekündigt und gemeinsam mit Frankreich am 8. August 1945

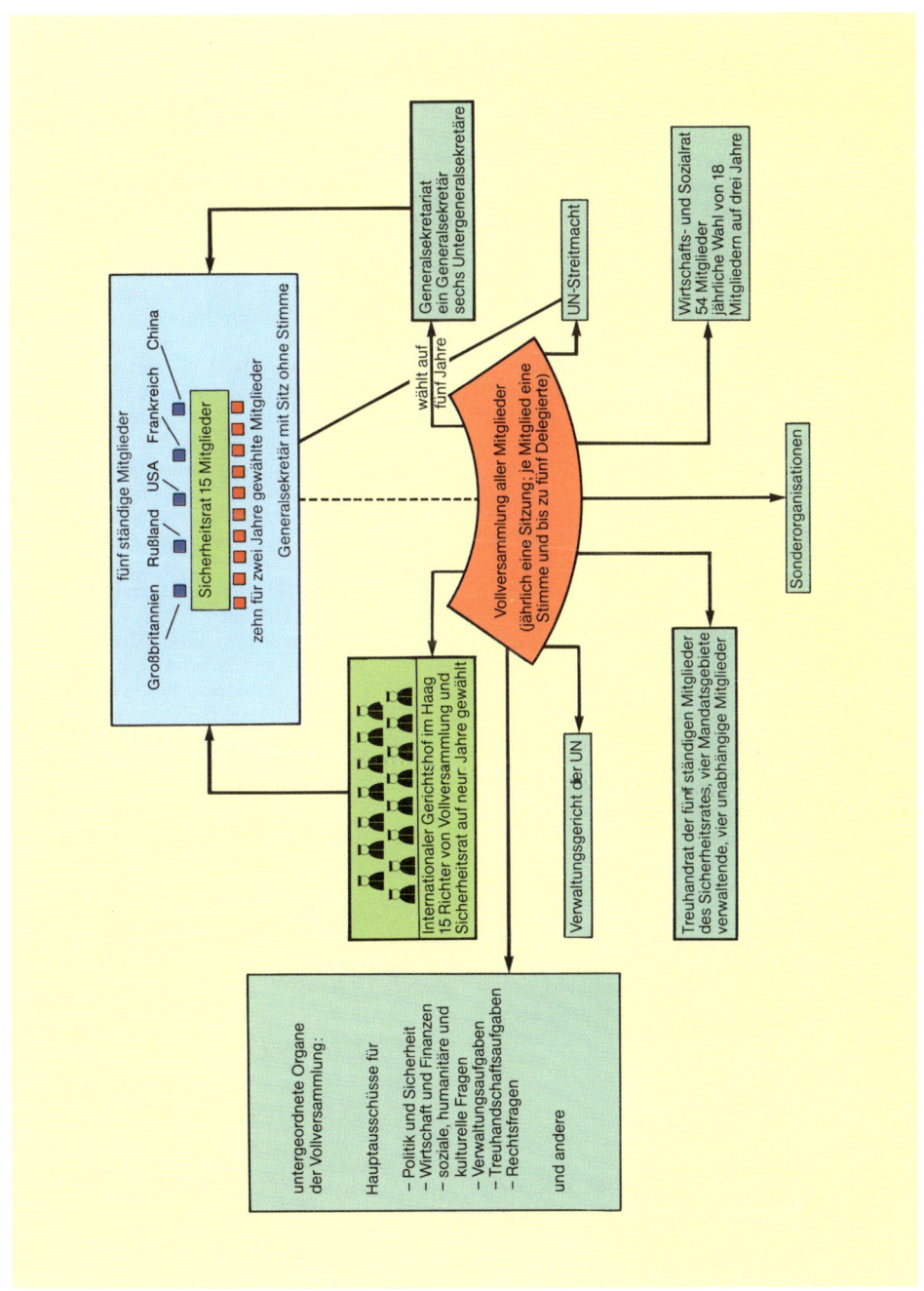

Organisationsschema der Vereinten Nationen

im Londoner Abkommen die Einrichtung eines Internationalen Militärgerichtshofes beschlossen, der mit Vertretern dieser vier Mächte besetzt wurde. Am 18. Oktober 1945 wurde gegen 22 als Hauptkriegsverbrecher eingestufte führende Nationalsozialisten aus Partei, Staat und Wehrmacht Anklage erhoben. Der Prozeß begann am 20. November 1945 in Nürnberg, der Stadt der nationalsozialistischen Reichsparteitage, und endete am 1. Oktober 1946 mit der Verkündung der Urteile.

Die Berichte über den Prozeß beschäftigten ein Jahr lang die Medien in aller Welt. Die von Beginn an auf Krieg zielende Aggressionspolitik Hitlers wurde Gegenstand der Verhandlungen. Das ganze Ausmaß der von den Deutschen begangenen Verbrechen, insbesondere der mit bürokratischer Perfektion durchgeführte Massenmord an den europäischen Juden (▷ 14.27), wurde nun offenbar und rief in der Welt Entsetzen und Abscheu hervor.

Die drei Hauptanklagepunkte waren: Verbrechen gegen den Frieden (Planung, Vorbereitung, Einleitung oder Führung eines Angriffskrieges); Kriegsverbrechen (Verletzungen des Kriegsrechts und des Völkerrechts); Verbrechen gegen die Menschlichkeit (Ermordung, Ausrottung, Versklavung, Verschleppung oder andere unmenschliche Handlungen an der Zivilbevölkerung oder Verfolgung aus politischen, rassischen oder religiösen Gründen).

Adolf Hitler, Propagandaminister Joseph Goebbels und der „Reichsführer SS und Chef der deutschen Polizei", Heinrich Himmler, hatten sich der Anklage bereits durch Selbstmord in den letzten Kriegstagen bzw. nach der Gefangennahme entzogen. Von den 22 Angeklagten dieses ersten Kriegsverbrecherprozesses wurden zwölf zum Tode durch den Strang verurteilt, darunter Ribbentrop, Keitel, Frank (ehemaliger „Generalgouverneur" in Polen) und Sauckel, der Generalbevollmächtigte für den Arbeitseinsatz; zehn Todesurteile wurden am 15. Oktober 1946 vollstreckt. Reichsmarschall Hermann Göring entzog sich der Hinrichtung durch Einnahme von Gift. Der ehemalige Leiter der Parteikanzlei, Martin Bormann, wurde in Abwesenheit zum Tode verurteilt. Sieben Angeklagte erhielten Freiheitsstrafen von zehn Jahren bis lebenslänglich, von denen die meisten jedoch recht bald

in den fünfziger Jahren wieder auf freien Fuß gelangten; drei Angeklagte wurden freigesprochen, darunter von Papen, als vorletzter Reichskanzler der Weimarer Republik (▷ 13.45) einer der „Steigbügelhalter" Hitlers. Der Gerichtshof erklärte das Führerkorps der NSDAP, die SS, den Sicherheitsdienst und die Geheime Staatspolizei (Gestapo) zu verbrecherischen Organisationen. Neben dem Hauptprozeß vor dem Internationalen Militärgerichtshof gab es eine Reihe von Nachfolgeprozessen, zum Teil ebenfalls in Nürnberg, bei denen bestimmte politische, militärische und wirtschaftliche Führungsgruppen und auch Berufsgruppen (Ärzte) im Mittelpunkt der Anklage standen. Geahndet wurden u. a. die Verfolgung der Juden sowie der politischen Gegner des Regimes durch die deutsche Justiz, die Deportation ausländischer Zwangsarbeiter in deutsche Rüstungsbetriebe, die medizinischen Versuche an KZ-Häftlingen und Kriegsgefangenen, die Gewalttaten und Morde in den KZ sowie die Verbrechen der berüchtigten Einsatzgruppen in den besetzten Gebieten.

Die Kriegsverbrecherprozesse haben viel zur internationalen Weiterentwicklung des Völkerrechts beigetragen, doch ihre Wirkung auf die Entnazifizierung in Deutschland ist umstritten. Problematisch war das Moment der Siegerjustiz (deutsche Richter waren nicht vertreten, ausschließlich deutsche Kriegsverbrechen wurden verhandelt), und die moralische Legitimation wurde dadurch gefährdet, daß der ehemalige Vertragspartner der Deutschen, die Sowjetunion, nun mit zu Gericht saß und überdies das geheime Zusatzprotokoll des *deutsch-sowjetischen Nichtangriffspaktes* (▷ 14.13) als Beweismittel ablehnte.
Abbildung S. 456

15.7 Arabische Liga

Die arabische Liga (arab. Al-Dschamia Al Arabija) wurde am Ende des Zweiten Weltkriegs gegründet, um die ursprüngliche Einheit der arabischen Welt wiederherzustellen. Dieser Wunsch war seit dem Zusammenbruch des islamisch-arabischen Kalifenreiches (▷ 5.28, ▷ 6.12) immer lebendig geblieben. Mit dem langsamen Erwachen eines Nationalgefühls am Ende des 19. und zu Anfang des 20. Jahrhunderts, vor allem im Ersten

Weltkrieg, verstärkte sich die Vorstellung, daß alle Araber eine gewisse nationale Homogenität aufweisen, die durch eine gemeinsame arabische Schriftsprache und eine ähnliche Lebensweise und Kultur zum Ausdruck gebracht wird.

Schon zuvor hatte es mehrere Versuche gegeben, die Einheit der Araber wenigstens teilweise herzustellen. Ägypten, das sich der arabischen Sache zwischen den beiden Weltkriegen angeschlossen hatte, unternahm schließlich die ersten Schritte zur Gründung der Arabischen Liga. Am 7. Oktober 1944 versammelten sich in Alexandria Vertreter der als unabhängig betrachteten arabischen Staaten, um die Fundamente einer Einheit zu legen; am 22. März 1945 wurde der Vertrag in Kairo von folgenden Staaten unterzeichnet: Ägypten, Saudi-Arabien, Irak, Libanon, Syrien, Transjordanien und Nord-Jemen. Später kamen hinzu: Libyen (1953), Sudan (1956), Tunesien und Marokko (1958), Kuwait (1961), Algerien (1962), Süd-Jemen (1967), die Vereinigten Arabischen Emirate, Katar, Bahrain und Oman (1971), Mauretanien und Somalia (1974), Dschibuti (1977) und die *PLO* (▷ 16.21), 1965 als Beobachter und 1976 als Vollmitglied. Das Ziel der Arabischen Liga wurde folgendermaßen formuliert: „Die Vertiefung der Bindungen zwischen den Mitgliedstaaten und die Koordinierung ihrer politischen Handlung", mit der Absicht, eine Zusammenarbeit bei gegenseitiger Respektierung der Souveränität zu verwirklichen.

An der Spitze der Arabischen Liga steht ein Oberster Rat, der sich auf der Ebene von Staats- und Regierungschefs oder Außenministern versammelt. Er faßt seine Entscheidungen mit der einfachen Mehrheit der Stimmen, doch sind Entscheidungen in allen wichtigen Angelegenheiten nur bindend, wenn sie einstimmig getroffen werden. Im anderen Fall verpflichten sie nur diejenigen Staaten, die sie getragen haben. Neben dem Obersten Rat existieren seit 1950 fünf weitere Räte auf ministerieller Ebene, die die gemeinsame Verteidigung, Wirtschaft, Information, Gesundheit und Jugend betreffen. Zehn ständige Ausschüsse haben als Aufgabe, Fragen ihrer Ressorts zu untersuchen und Projekte oder Empfehlungen den verschiedenen Instanzen zu unterbreiten. Ein Verwaltungsgericht und ein Wirtschaftskontrollausschuß sind unmittelbar vom Rat abhängig. Ein ständiges Generalsekretariat, dessen Leiter, der Generalsekretär, mit Zweidrittelmehrheit gewählt wird, hat mehrere Abteilungen, Ämter, Institute und Sozialzentren unter sich.

Die Arabische Liga hat die arabischen Staaten auf den Weg der Emanzipation gebracht und Befreiungsbewegungen unterstützt, ohne jedoch Konflikte zwischen den einzelnen Mitgliedern zu lösen. Der Sitz des einen oder des anderen Mitgliedstaates blieb ohnehin immer wieder vakant. 1945 wurde ein Amt zum Boykott Israels gegründet, 1950 die Union der Kammer für Handel, Industrie und Landwirtschaft und 1957 der Rat der Arabischen Wirtschaftlichen Union. Die Arabische Liga hat nachdrücklich zur Entstehung von Organisationen wie der *OPEC* (▷ 16.20) oder der OAPEC (Organisation der Arabischen Ölexportierenden Staaten) beigetragen. Seit 1964 ist ein Gemeinsamer Arabischer Markt entstanden, der jedoch bisher nicht über eine beschränkte Freihandelszone zwischen wenigen Staaten hinausgeht. 1973 wurde ein Arabischer Fonds für die Wirtschaftliche und Soziale Entwicklung gegründet, 1975 die Union Arabischer Banken und die Arabische Bank für die Wirtschaftliche Entwicklung in Afrika. Seit 1973 spielt die Liga eine zentrale Rolle beim euro-arabischen Dialog und bleibt, trotz aller Rivalitäten, eine wichtige Institution der arabischen Welt. Aus Protest gegen den Friedensvertrag zwischen Ägypten und Israel im Jahre 1979 (▷ 16.27) wurde der Sitz der Arabischen Liga nach Tunis verlegt und Ägypten ausgeschlossen. Erst im Oktober 1990 wurde Kairo wieder Sitz der Arabischen Liga, nachdem Ägypten unter Präsident Mubarak seine Isolation überwunden hatte.

15.8 Sowjetisierung Osteuropas

Der Zweite Weltkrieg hatte das Staatensystem, das vor 1939 die sowjetische Einflußsphäre in Europa eingrenzte, zerschlagen. Die nach der Niederlage des Deutschen Reiches und seiner Verbündeten grundlegend veränderte Lage sowie den weitgehenden Zusammenbruch des französischen und britischen Einflusses in Osteuropa wußte die Sowjetführung zu nutzen, um dort die zuvor relativ schwachen nationalen kommunistischen Par-

Nürnberger Kriegsverbrecherprozeß. Hinter der Barriere die Angeklagten

teien an die Macht zu bringen und vielfältige Abhängigkeiten von der UdSSR zu schaffen. Da Stalin bis zur *Konferenz von Jalta* (▷ 14.43) den Eindruck zu erwecken verstand, die mit dem sowjetischen Sicherheitsinteresse und den enormen Kriegsverlusten begründeten Forderungen nach Veränderungen in Europa entsprängen keinen expansiven Tendenzen der UdSSR, die zudem keine radikale Umgestaltung der politischen und sozioökonomischen Verhältnisse in ihrem Vorfeld anstrebe, akzeptierten die Westalliierten die Erweiterung des sowjetischen Einflußbereichs.

Die „Sowjetisierung" geschah unter dem Deckmantel der „Demokratisierung" der vor dem Krieg meist autoritär oder diktatorisch geführten osteuropäischen Staaten und wurde sowohl durch die Präsenz der Roten Armee als auch durch die Aktivierung panslawistischen Gedankengutes (▷ 12.18) unterstützt.

Sowohl in den ehemaligen Feindstaaten (Rumänien, Ungarn, Bulgarien), in denen sich die von sowjetischen Vertretern beherrschten Alliierten Kontrollkommissionen massiv in die Tagespolitik einmischten, als auch bei den ehemaligen Verbündeten (Jugoslawien, Tschechoslowakei, Polen) entstanden kommunistisch dominierte „Nationale Einheits-" oder „Volksfronten". Die von ihnen vorgenommenen Eingriffe in den Verwaltungsaufbau, das Wirtschaftssystem, die Justiz, die Armee,

die Medien und das Schulwesen trugen zur weiteren Destabilisierung der bereits durch den Krieg erschütterten Gesellschaften bei. Die schwachen demokratischen Kräfte wurden von den kommunistischen Parteien, die dank ihres populistischen Programms ihre Mitgliederzahlen vervielfachen konnten und die Gewerkschaften kontrollierten, ohne größere Schwierigkeiten ausgeschaltet, so daß sie ohne Einfluß waren.

Da die Autorität Stalins, die Führungsrolle der KPdSU und das verbindliche Vorbild der in der UdSSR entwickelten Staats-, Wirtschafts- und Gesellschaftsordnung von den nationalen kommunistischen Parteien anerkannt und ihnen ein bescheidenes Maß an Eigenständigkeit eingeräumt wurde, kam der Sowjetisierungsprozeß trotz gelegentlicher Rückschläge nahezu ohne direkte sowjetische Maßnahmen voran.

Vor dem Hintergrund des sich entwickelnden *Ost-West-Konflikts* (▷ 15.25) schottete der Kreml nach 1946 seinen Hegemonialbereich durch einen „Eisernen Vorhang" nach außen ab, verankerte in den jetzt zu „Volksdemokratien" erhobenen Staaten das Machtmonopol der Kommunisten, forcierte das Tempo der Umgestaltung und sicherte durch den Abschluß bilateraler Verträge über Freundschaft, Zusammenarbeit und militärischen Beistand seine Vorherrschaft ab.

15.9 Truman-Doktrin

Die bei den letzten Kriegskonferenzen der „Großen Drei" in *Jalta* (▷ 14.43) und *Potsdam* (▷ 15.1) zu Tage getretenen gravierenden Gegensätze in nahezu allen Fragen der Nachkriegspolitik zwischen den Westmächten und der Sowjetunion verschärften sich weiter in den Jahren 1945 und 1946. Das Vorgehen der Sowjets in ihrer Einflußsphäre, etwa Stalins eigenmächtige „Westverschiebung" Polens, wurde von den Westmächten als Beweis für die Gefährlichkeit des sowjetischen Expansionsstrebens gedeutet. Mehr und mehr rückte die Regierung Truman von ihrer bisherigen Kooperationsbereitschaft mit den Sowjets ab und ging, wie vorher bereits die Briten, zu einer Politik der „Eindämmung" („containment") über, um jedes weitere sowjetische Vordringen zu verhindern. Der Antikommunismus wurde besonders in den USA zur Leitlinie der Politik.

Harry Spencer Truman

Die Sowjets interpretierten die zunehmende Kooperationsverweigerung der Amerikaner sowie deren Anspruch auf Mitgestaltung in Osteuropa als Zeichen für den aggressiven Charakter des Kapitalismus, der unter dem Vorwand, für liberale Prinzipien einzutreten, allein das Ziel verfolge, sich weltweit durchzusetzen. Sie reagierten mit der Beschleunigung der *Sowjetisierung* (▷ 15.8) in den Ländern Osteuropas, wobei sie auch vor Gewaltmaßnahmen nicht zurückschreckten, um antikommunistische Kräfte auszuschalten und sowjethörige Regierungen zu etablieren. Da auch in Mitteleuropa das gegenseitige Mißtrauen ein gemeinsames Handeln zur Überwindung der katastrophalen wirtschaftlichen Verhältnisse kaum zuließ, erhärtete sich bei den Westalliierten der Verdacht, die Sowjetunion strebe die Verelendung Europas bewußt an, um sie für die Ausbreitung des Kommunismus nutzen zu können. Mit der Zusammenlegung ihrer Zonen zu einer wirtschaftlichen Einheit („Bizone") zum 1. Januar 1947 versuchten die USA und Großbritannien der desolaten wirtschaftlichen Lage Deutschlands wirksamer zu begegnen.

Am 12. März 1947 rief Präsident Truman den Kongreß und die Öffentlichkeit auf, den aus amerikanischer Sicht freien Völkern in ihrem Kampf gegen innere und äußere Feinde, wobei er in erster Linie an kommunistische Bewegungen dachte, Unterstützung zu gewähren. Er forderte vom Kongreß großzügige Hilfen für die antikommunistischen Kräfte in der Türkei und in Griechenland, wo mittlerweile ein Bürgerkrieg im Gange war. Die Truman-Doktrin wurde zum Signal für den Beginn einer neuen Phase der amerikanischen Nachkriegspolitik. Die USA kehrten nicht – wie nach dem Ersten Weltkrieg – zu einer Politik des Isolationismus zurück, sondern waren nun entschlossen, als Führungsmacht der westlichen Welt den Expansionsbestrebungen der östlichen Führungsmacht weltweit energischen Widerstand entgegenzusetzen.

15.10 Marshallplanhilfe

Der amerikanische Präsident Harry Spencer Truman hatte mit seiner Rede vor dem Kongreß am 12. März 1947 das amerikanische Volk zur Unterstützung aller „freien" Völker gegen die kommunistische Bedrohung aufgerufen. Der *Truman-Doktrin* (▷ 15.9) folgte wenige Monate später die Initiative des neuen amerikanischen Außenministers George C. Marshall (1880–1959) mit seinem umfangreichen Hilfsprogramm zur wirtschaftlichen Stabilisierung der Länder Europas.

Das von Marshall in seiner Rede an der Harvard-Universität am 5. Juni 1947 entwickelte „European Recovery Program" (ERP) wurde von ihm als Feldzug gegen „Hunger, Armut, Verzweiflung und Chaos" bezeichnet und beruhte auf der Erkenntnis, daß nur die Überwindung der Wirtschaftsmisere die Völker Europas gegen den Kommunismus immunisieren werde. Eine antikommunistische Tendenz war im Marshallplan ursprünglich nicht enthalten; Marshall selbst ergänzte sein Hilfsangebot am

12. Juni 1947 mit der Bemerkung, es sei an „alle Länder westlich von Asien" gerichtet und auch die Sowjetunion sei willkommen. Einzige Vorbedingung für die amerikanische Hilfeleistung war, daß die Völker Europas ihre Anstrengungen zum Wiederaufbau Europas miteinander abstimmen würden und sich aus der Zusammenarbeit eine weitergehende Integration der einzelnen Volkswirtschaften entwickeln würde. Von vornherein waren die drei Westzonen Deutschlands in dieses Konzept eingebunden. Für deren wirtschaftliche Erholung hatten bereits die Militärgouverneure Clay und Robertson mit der Zusammenlegung der amerikanischen und britischen Zone zu einer wirtschaftlichen Einheit („Bizone") am 1. Januar 1947 erste Schritte eingeleitet.

Nahezu alle osteuropäischen Staaten bekundeten ihr Interesse, von der Marshallplanhilfe zu profitieren, auch die Sowjetunion. Außenminister Molotow erschien zur ersten Planungskonferenz in Paris Ende Juni 1947 mit einem großen Expertenstab. Die sowjetische Delegation reiste jedoch nach wenigen Tagen wieder ab, da die Westmächte auf die von Molotow geforderten Sonderregelungen nicht eingingen. Für die Sowjetunion war die Vorbedingung, daß die europäischen Völker ihre wirtschaftlichen Planungen aufeinander abstimmen, nicht akzeptabel.

Daß einige der osteuropäischen Länder ihre Bereitschaft, am Marshallplan teilzunehmen, trotz der sowjetischen Absage aufrechterhielten, machte deutlich, daß die *Sowjetisierung Osteuropas* (▷ 15.8) noch keineswegs vollendet war. Die Sowjets prangerten den Marshallplan als Mittel des US-Imperialismus an und werteten ihn als Einmischung in die Souveränität anderer Staaten. Die Tschechoslowakei, Polen und Ungarn mußten unter massivem sowjetischen Druck ihre Mitwirkung absagen.

Der Marshallplan, an dem schließlich alle nicht im sowjetischen Machtbereich liegenden europäischen Staaten partizipierten, trug zum raschen Wiederaufbau Europas entscheidend bei, denn die Hilfsleistungen bestanden neben Krediten hauptsächlich aus Geschenken von Rohstoffen und Lebensmitteln. Die Absage der Sowjets und der osteuropäischen Staaten aber beschleunigte noch die Spaltung des Kontinents.

15.11 Kominform

Der seit 1946 einsetzende *Kalte Krieg* (▷ 15.25) überzeugte Stalin von der Notwendigkeit, den Einflußbereich der UdSSR in Ost- und Südosteuropa zu einer festen Einheit zusammenzufassen und den alleinigen politischen und ideologischen Führungsanspruch der KPdSU zu verankern. Ein Wiederaufleben der 1943 suspendierten *Kommunistischen Internationale* (▷ 13.21) schien inopportun zu sein, denn bei dem von anderen kommunistischen Parteien erreichten Entwicklungsstand war eine offizielle überparteiliche Befehlszentrale überflüssig.

Nach mehrmonatigen Konsultationen und unter absoluter Geheimhaltung wurden mit Ausnahme Albaniens, aber unter Beteiligung französischer und italienischer Delegierter die Führer der osteuropäischen kommunistischen Parteien schließlich für den 22. bis 27. September 1947 ins polnische Szklarska Poręba zur Gründungskonferenz des Kommunistischen Informationsbüros (Kominform) eingeladen. Die sowjetischen Chefdelegierten Schdanow und Malenkow vertraten in ihren Grundsatzreferaten die Auffassung, daß die Phase der internationalen Zusammenarbeit beendet sei und die Welt sich in zwei große Lager gespalten habe. Die auf Gleichheit und gegenseitige Achtung gegründeten Beziehungen zwischen den kommunistischen Parteien müßten im Interesse der Selbstbehauptung noch enger ausgestaltet werden. Neben einer Kritik an den französischen und italienischen Genossen wegen ihres Zögerns, nach Kriegsende die Macht an sich zu reißen, wurden vom polnischen Parteichef Gomułka vorsichtig Vorbehalte gegen eine allzu deutliche Gängelung der kommunistischen Parteien durch das ZK der KPdSU angemeldet. Auf Wunsch Stalins wurde Belgrad zum Sitz des Kominform gemacht, das auch die Monatszeitschrift „Für dauerhaften Frieden, für Volksdemokratie" betreuen sollte.

Der rechtlichen Konstruktion nach wurde mit dem Kominform keine überparteiliche, sondern eine zwischenparteiliche Institution geschaffen, die keine Weisungsbefugnis besaß; tatsächlich diente das Kominform jedoch dem ZK der KPdSU als Befehlszentrale, um die (nach dem Beitritt Albaniens am 28. Oktober 1947) zehn Mitgliedsparteien zu disziplinieren und eine weitgehende Konformität zu erreichen.

Bis November 1949 wurden allerdings nur vier Plenarsitzungen abgehalten, denn der Zusammenschluß konnte die im Kreml gehegten Erwartungen nicht erfüllen, zumal es Stalin unter Einsatz des Kominform im Sommer 1948 nicht gelungen war, das Jugoslawien Titos wieder uneingeschränkt der Autorität der UdSSR und der KPdSU zu unterstellen (▷ 15.18). Auch die siegreiche KP Chinas trat dem Kominform nicht bei.

Der Tod Stalins am 5. März 1953, der Abbau des sowjetischen Absolutheitsanspruchs verbunden mit der Aufwertung des Grundsatzes des proletarischen Internationalismus sowie die Akzeptanz eigener Wege zum Sozialismus trugen schließlich zur Auflösung des Kominform bei, die im Rahmen der sowjetischen Wiederannäherung an Jugoslawien am 17. April 1956 bekanntgegeben wurde.

15.12 Unabhängigkeit Indiens und Pakistans

Die im August 1946 ausgebrochenen bürgerkriegsähnlichen Unruhen zwischen Hindus und Moslems in Indien (▷ 13.27) wurden mit der Teilung des Landes in zwei unabhängige Staaten, das mehrheitlich hinduistische Indien und das mehrheitlich muslimische Pakistan, in dem vom britischen Unterhaus am 11. Juni 1947 verabschiedeten „Independence of India Act" beendet: Beide Staaten wurden am 15. August 1947 unabhängig; Indien blieb bis 1950 Dominion, Pakistan bis 1956.

Die Verfassung vom 26. Januar 1950 gestaltete die Indische Union als föderative Republik und parlamentarische Demokratie. Abgesehen von einer Unterbrechung 1977–79, als die Janata-Partei mit Morarji Ranchhodji Desai den Regierungschef stellte, blieb die Kongreßpartei (INC) die beherrschende Kraft Indiens, 1952 bis zu seinem Tod 1964 unter Premierminister Jawaharlal („Pandit") Nehru, 1964–66 unter Shastri (Lal Bahadur), dann bis 1977 und wieder ab 1980 bis zu ihrer Ermordung 1984 unter Indira Gandhi (geb. 1917), Nehrus Tochter. Die Kongreßpartei verfolgte eine durch Hinwendung zu Sozialismus und Säkularismus gekennzeichnete Innenpolitik, die nicht ohne Widerstände blieb, so daß im Juni 1975 der Ausnahmezustand verhängt und

J. Nehru bei der Unterzeichnung der neuen Verfassung Indiens (Januar 1950)

Grundrechte außer Kraft gesetzt wurden. Diesen Zustand beendete Desais Wahlsieg 1977.

Die Wirtschaftspolitik Indira Gandhis war der Industrialisierung und Verbesserung der Versorgungslage verpflichtet. Außenpolitisch wurde Indien zu einem führenden Mitglied in der Bewegung der *blockfreien Staaten* (▷ 15.35), obwohl 1971 ein Freundschaftsvertrag mit der Sowjetunion abgeschlossen worden war. 1975 wurde Sikkim, das ehemalige indische Schutzgebiet, 22. Bundesstaat der Union.

Grenzstreitigkeiten mit China endeten 1962 mit einer militärischen Niederlage Indiens. Der Konflikt mit Pakistan seit 1947 um Kaschmir war 1949 vorläufig durch eine Teilung des Gebietes beigelegt worden. Zwar verzichteten beide Staaten nach einem weiteren Krieg um Kaschmir 1965 im Vertrag von Taschkent, der 1966 durch sowjetische Vermittlung zustande gekommen war, auf Gewaltanwendung zur Lösung von Konflikten, doch kam es zu erneuten Kämpfen um Kaschmir im Zuge des indisch-pakistanischen Krieges 1971, der mit der Unabhängigkeit Ost-Pakistans als Bangladesch endete.

Pakistans Entwicklung nach der Unabhängigkeit war innenpolitisch durch ständige, auch durch die räumliche Trennung der Staatshälften bedingte Unruhen, außenpolitisch zunächst durch enge Partnerschaft mit den USA charakterisiert. Die erste Verfassung von 1956 wurde schon 1958 von Präsident Iskander

Mirza außer Kraft gesetzt. Er mußte im gleichen Jahr General Mohammed Ayub Khan weichen, der sein System einer „gelenkten Demokratie" aufgrund der Verfassung von 1963 zur Unterdrückung der Opposition nutzte. Deren Forderung nach freien Wahlen führte zu seinem Rücktritt 1969. Sein Nachfolger, General Aga Mohammed Jahja Khan, suchte schließlich die Einheit des Landes durch die Wiederzulassung von Parteien und Wahlen zu wahren, doch nach den ersten freien und direkten Parlamentswahlen zerbrach Pakistan, denn der Ostteil proklamierte unter der von Mujibur Rahman geleiteten Awami-Liga, die einen überwältigenden Wahlsieg errungen hatte, die unabhängige Republik Bangladesch, die sich in den militärischen Auseinandersetzungen mit indischer Unterstützung gegen die pakistanische Zentralregierung behaupten konnte.

Zulfikar Ali-Khan Bhutto (1928–79) wurde 1971 Staats- bzw. unter der Verfassung von 1973 Ministerpräsident und errichtete wieder ein ziviles Regierungssystem. 1972 verließ Pakistan das Commonwealth. Nach Unruhen infolge Bhuttos zunehmend autoritärer werdenden Regierungsstils übernahm 1977 das Militär durch einen Putsch die Macht. General Mohammad Ziaul Haq als Oberster Kriegsrechtsadministrator und ab 1978 auch als Präsident vollzog eine deutliche Islamisierung des öffentlichen Lebens in Pakistan und hob erst 1986 Kriegsrecht und Parteienverbot wieder auf. Bhutto wurde 1977 wegen Anstiftung zum Mord angeklagt, zum Tode verurteilt und trotz internationaler Proteste 1979 hingerichtet worden; seine Tochter Benazir Bhutto ging 1988 aus Wahlen als Siegerin hervor, wurde als Regierungschefin aber 1990 unter dem Vorwurf des Amtsmißbrauchs und der Korruption abgesetzt.

15.13 Londoner Sechsmächtekonferenz

In der Deutschlandpolitik gelang weder dem *Alliierten Kontrollrat* (▷ 15.3) noch den Außenministern der vier Siegermächte trotz zahlreicher Konferenzen in den ersten Nachkriegsjahren eine einheitliche Linie für die Behandlung des besiegten Deutschland. Die gegensätzlichen Standpunkte verhinderten nicht nur gemeinsame Vereinbarungen über den abzuschließenden Friedensvertrag, es unterblieben auch zonenübergreifende Aktionen, die zur Überwindung der sich verschärfenden wirtschaftlichen Notsituation in dem vom Krieg zerstörten Land dringend erforderlich gewesen wären.

War bisher die Bildung deutscher Zentralbehörden stets am Einspruch der Franzosen gescheitert, so versagten sich nun die Sowjets allen amerikanischen Initiativen zur Aufrechterhaltung der im *Potsdamer Abkommen* (▷ 15.1) vorgesehenen wirtschaftlichen Einheit Deutschlands. Die USA gingen zu einer Strategie der „Eindämmung" (▷ 15.9) über, mit der das außerhalb des sowjetischen Machtbereichs gelegene Europa vor einem Expansionsstreben der Sowjets bewahrt werden sollte. Diesem „freien Europa" wurden auch die drei Westzonen zugerechnet. Zwar war das Hilfsangebot des *Marshallplanes* (▷ 15.10) auch an die osteuropäischen Staaten und an die Sowjetunion selbst gerichtet worden, aber nach seiner Zurückweisung durch die Sowjets, der sich alle ihre osteuropäischen Satellitenstaaten sowie die sowjetische Besatzungszone anschließen mußten, vertiefte sich der Graben zwischen den gegensätzlichen Gesellschaftsordnungen. Die Trennungslinie verlief entlang der innerdeutschen Zonengrenze.

Während die Amerikaner nach dem Scheitern der letzten Außenministerkonferenz in London im Dezember 1947 ihre Bemühungen verstärkten, Westeuropa unter Einschluß der drei Westzonen enger zusammenzufügen, drängte der sowjetische Außenminister Molotow auf die Fortsetzung der nominellen Vierzonenverwaltung, um etwa den sowjetischen Anspruch auf eine Beteiligung an der Internationalisierung des Ruhrgebietes aufrechtzuerhalten. Dieser Ausweitung des sowjetischen Einflusses auf das westliche Deutschland aber stellten sich die westeuropäischen Staaten entgegen, die sich im März 1948 im Brüsseler Pakt zu gegenseitiger Hilfe im Falle eines bewaffneten Angriffes auf Westeuropa verpflichteten.

Auf der Londoner Sechsmächtekonferenz (23. Februar bis 2. Juni 1948) einigten sich Großbritannien, Frankreich und die Beneluxstaaten (Belgien, die Niederlande und Luxemburg) zusammen mit den USA auf eine gemeinsame Deutschlandpolitik. Als Vorausset-

Vor dem Hintergrund der restriktiven Einwanderungspolitik Großbritanniens wanderten Juden illegal in Israel ein. Im Bild jüdische Einwanderer am Strand bei Nahariya

zung für eine durchgreifende wirtschaftliche Gesundung der Westzonen beschlossen sie eine Währungsreform in Westdeutschland, die am 21. Juni durchgeführt wurde. Ferner forderten sie die Ministerpräsidenten der westdeutschen Länder am 1. Juli 1948 auf, zur Bildung eines deutschen Weststaates eine Verfassung auszuarbeiten und eine verfassunggebende Versammlung einzuberufen. Das Ruhrgebiet sollte eine internationale Kontrollbehörde erhalten, in der auch Deutschland vertreten sein sollte.

15.14 Israel

Bereits der erste Zionistenkongreß von 1897 (▷ 12.25) hatte die „Schaffung einer gesicherten Heimstätte in Palästina" gefordert. Nachdem die britische Regierung mit der *Balfour-Deklaration* vom November 1917 (▷ 13.11) ihre Unterstützung für die Errichtung jüdischer Siedlungen in Palästina bekanntgegeben hatte, setzte in den zwanziger Jahren eine verstärkte Einwanderung ein; 1929 machten die Juden etwa 15 Prozent der Gesamtbevölkerung Palästinas aus, das seit 1920/23 als Mandat des Völkerbundes von Großbritannien verwaltet wurde. Die Briten gingen dabei eine doppelte Verpflichtung ein, da sie auch die Rechte bestehender nichtjüdischer Gemeinschaften schützen sollten.

Nach dem Ende des Ersten Weltkrieges hatte Chaim Weizmann (1874–1952) die Forderung nach einer nationalen Heimat für die Juden aufgegriffen; er wurde 1929 Leiter der „Jewish Agency for Palestine". Die jüdische Einwanderung, die sich nach dem Machtantritt des antisemitischen Hitler-Regimes in Deutschland (▷ 14.1) erheblich verstärkte, stieß bald auf das Mißtrauen der arabischen Bevölkerung, die befürchtete, die Juden könnten einen eigenen Staat errichten. In den dreißiger Jahren übernahm David Ben Gurion (1886–1973) die Führungsrolle der zionistischen Bewegung.

Nachdem ein arabischer Aufstand unter Führung des Muftis von Jerusalem, Muhammad Amin Al Husaini (1895–1974), gescheitert war, begannen die Briten 1939, die jüdische Einwanderung stark einzuschränken. Das „Weißbuch über Palästina" sah lediglich eine Quote von 75 000 Menschen für die nächsten fünf Jahre vor. Die Briten machten den Arabern Zugeständnisse, um sie während des Zweiten Weltkriegs nicht in das Lager der Achsenmächte zu treiben, eine Annäherung, die der seit 1937 im Exil lebende Mufti favorisierte. In der Biltmore-Resolution von New York drängten die Zionisten 1942 darauf, angesichts des nationalsozialistischen Völkermordes in Europa (▷ 14.27) Palästina zu einem „Jewish Commonwealth" zu erklären,

461

um den verfolgten Juden einen Zufluchtsort zu bieten. Zionistische Extremisten ermordeten am 6. November 1944 den britischen Orientminister Lord Moyne in Kairo, da sie davon überzeugt waren, die Briten hätten die Sache der Zionisten verraten.

Die restriktive Einwanderungspolitik wurde nach 1945 zunächst fortgesetzt. Jüdische Widerstandsorganisationen wie die „Hagana" („Verteidigung") und die „Irgun Zwai Leumi" („Nationale Militärorganisation") unterstützten die illegale Einwanderung. Als der Sieg der Alliierten im Zweiten Weltkrieg feststand, waren sie bereits zum bewaffneten Kampf gegen die Briten übergegangen. Im Juni 1945 forderte die Jewish Agency die sofortige Einwanderung von 100 000 jüdischen Flüchtlingen aus Europa und wurde dabei von Präsident Truman unterstützt. Die neugegründete *Arabische Liga* (▷ 15.7) machte sofort ihre Empörung deutlich.

Bereits 1937 hatte es einen britischen Teilungsvorschlag für Palästina gegeben. Der UN-Teilungsplan vom 29. November 1947 war letztlich das Ergebnis der Unentschiedenheit der Briten, die das Palästinaproblem im April 1947 den Vereinten Nationen übergeben hatten. Am 14. Mai 1948, kurz nachdem die letzten britischen Truppen das Land verlassen hatten, rief Ben Gurion den neuen Staat Israel aus. Er wurde der erste Ministerpräsident. Die diplomatische Anerkennung durch die USA und die Sowjetunion erfolgte sofort. Nur etwas mehr als die Hälfte des ehemaligen Mandatsgebietes war nun israelisches Staatsgebiet. Erster Staatspräsident wurde Weizmann. Am Tag, als das britische Mandat offiziell erlosch (15. Mai 1948), widersetzten sich die arabischen Nachbarstaaten und die arabischen Palästinenser offen der Teilung und griffen an den neuen Staat an (▷ 15.15). Der Palästinakonflikt war fortan ein Konflikt zwischen arabischem Nationalismus und politischem Zionismus; er war geprägt vom unvereinbaren Anspruch auf dasselbe Territorium.

15.15 Erster israelisch-arabischer Krieg

Der Plan zur Teilung Palästinas in einen jüdischen und einen arabischen Staat rief den Widerstand der Palästinenser hervor, die Anfang Dezember 1947 in den Generalstreik traten. Bei heftigen Kämpfen mit den jüdischen Einwohnern, begleitet vom Abzug der Briten und der Flucht der palästinensischen Anführer, wurden bis Mai 1948 Araber aus den Gebieten, die den israelischen Staat bilden sollten, vertrieben.

Unmittelbar nach Ausrufung des Staates *Israel* am 14. Mai 1948 (▷ 15.14) begann der Angriff arabischer Truppen aus Ägypten, Syrien, Transjordanien, dem Irak und dem Libanon. Ein Versuch der USA, einen Waffenstillstand zu vermitteln, schlug fehl. Die Staaten der Arabischen Liga (▷ 15.7) gingen ohne einheitliches Oberkommando vor, zumal Syrien und Ägypten in der Teilung Palästinas einen ersten Schritt zur Erweiterung des jordanischen Gebietes zugunsten eines haschemitischen Großsyriens erkannten. Alle arabischen Regierungen standen aber angesichts der Zahl der Flüchtlinge aus Palästina unter großem Druck, etwas zugunsten dieser Menschen zu unternehmen.

Am Anfang standen 24 000 arabische Soldaten 30 000 jüdischen gegenüber; die Araber erzielten zunächst Erfolge. Die Ägypter besetzten den Gasastreifen und machten dort halt, wo die arabische Zone des Teilungsplans aufzuhören hatte. Zudem war es ihnen gelungen, das Negevgebiet unter ihre Kontrolle zu bringen und Westjordanien zu erreichen. König Abd Allah von Transjordanien schickte seine Legion nach Jerusalem und eroberte das Altstadtviertel.

Graf Bernadotte, Präsident des schwedischen Roten Kreuzes, wurde als Vermittler entsandt und schlug einen neuen Teilungsplan vor; Transjordanien sollte das Westjordanland erhalten, Israel das westliche Galiläa, sollte aber den Negev den Arabern überlassen. Doch der vereinbarte Waffenstillstand wurde von den kämpfenden Parteien genutzt, sich trotz eines Embargos mit Waffen zu versorgen. Die israelischen Truppen konnten sich bedeutend verstärken, und das Blatt begann sich zu wenden. Am 8. Juli 1948 nahm Ägypten die Kämpfe wieder auf. Insgesamt erhöhte sich in dieser zweiten Kriegsphase die Zahl der arabischen Flüchtlinge auf über 100 000. Israel lehnte jede Verantwortung für diese Flüchtlinge ab und machte die arabischen Staaten auch für die Kriegsfolgen verantwortlich.

Die Lage wurde für die Araber noch schwieriger, als Graf Bernadottes Vermittlerrolle scheiterte und er am 17. September 1948 durch jüdische Extremisten der Gruppe Stern ermordet wurde. Im Spätherbst drängten die Israelis die ägyptische Armee aus dem Negev, und die kämpfenden Parteien waren nun bereit, einem neuen Waffenstillstand zuzustimmen und in Friedensverhandlungen einzutreten. Am 1. November 1948 verabschiedeten palästinensische Vertreter in Jericho die Union zwischen Westjordanien und Transjordanien, das im April 1949 in Haschemitisches Königreich von Jordanien umbenannt wurde. Am 7. Januar 1949 endeten die Kämpfe.

Die Zahl der Flüchtlinge von 1948–49 wurde mit bis zu 700 000 beziffert. Ende Februar 1949 vereinbarte Israel zunächst einen Waffenstillstand mit Ägypten; die Abkommen mit dem Libanon, Jordanien und Syrien folgten dann bis April. Israel verfügte nun über ein zusammenhängendes Staatsgebiet, das über die im Teilungsplan zugestandenen Territorien hinausging und ganz Galiläa umfaßte. König Abd Allah von Jordanien annektierte im Frühjahr 1950 Westjordanien, die „Westbank". Die israelische Regierung erklärte den Westteil Jerusalems zur Hauptstadt, was jedoch dem von der UN vorgesehenen Sonderstatus für die Stadt widersprach. Ägypten kontrollierte den Gasastreifen. Da weder das Problem der Flüchtlinge noch das der endgültigen Grenzen geregelt war, war das Ende des ersten israelisch-arabischen Krieges der Ausgangspunkt für weitere schwere Konflikte zwischen Israelis und Arabern (▷ 15.38, ▷ 16.8, ▷ 16.19).

15.16 Umsturz in Prag

Mit der Gründung des *Kominform* (▷ 15.11) verfolgte Stalin das Ziel, alle im sowjetischen Einflußbereich liegenden Staaten Ostmittel- und Südosteuropas rasch in „Volksdemokratien" umzuwandeln. In der Tschechoslowakei (ČSR) hatte die von den fünf zugelassenen Parteien getragene Regierung in Realisierung des am 5. April 1945 verkündeten Programms bereits einschneidende Verstaatlichungsmaßnahmen, die Enteignung des Großgrundbesitzes und der vertriebenen Sudetendeutschen sowie einen Zweijahrplan für die Wirtschaft durchgeführt, eine Politik, die den Vorstellungen der starken kommunistischen Partei (KPČ) entgegenkam. Bei den Wahlen am

Maifeierlichkeiten in Prag 1948 mit einem Transparent des Ministerpräsidenten Klement Gottwald

26. Mai 1946 hatte die KPČ 38% der Stimmen erhalten und stellte mit Klement Gottwald (1896–1953) den Ministerpräsidenten. Die Vertreter der demokratischen Parteien, die mit der KPČ in der Nationalen Front zusammenarbeiteten, beklagten im Jahresverlauf 1947 die zunehmenden Eigenmächtigkeiten und Ungesetzlichkeiten der Kommunisten, die im November 1947 die nichtkommunistischen Politiker aus der slowakischen Landesregierung verdrängten und rücksichtslos ihre Kader in den Staatssicherheitsdienst und die Polizei einschleusten.

Da der kommunistische Innenminister einen diese Praktiken untersagenden Kabinettsbeschluß ständig mißachtete, traten am 20. Februar 1948 elf Minister zurück; die Regierung blieb aber beschlußfähig, weil sich die parteilosen Ressortchefs, unter ihnen Außenminister Jan Masaryk, diesem Schritt nicht anschlossen.

Nach von der KPČ organisierten Streiks und Massendemonstrationen beugte sich Präsident Eduard Beneš der Forderung Gottwalds, entließ am 25. Februar die zurückgetretenen Minister und stimmte einem neuen Koalitionskabinett zu, das durch die Mitarbeit von gefügigen Statisten aus den anderen Parteien den Anschein einer Fortsetzung der Nationalen Front erweckte. Nach dem „Siegreichen Februar" gehörten 12 der 24 Minister der KPČ an, die nun alle bedeutenden Ressorts

Während der Berliner Blockade wurde Berlin über eine Luftbrücke der Westmächte versorgt. Im Bild ein amerikanisches Flugzeug im Anflug auf Tempelhof

kontrollierte. Am 11. März sanktionierten die anwesenden 230 der 300 Abgeordneten einstimmig den Machtwechsel, der von Entlassungen aus dem Staatsdienst und der Armee, der Verhaftung potentieller Oppositioneller, der Gleichschaltung der Medien und einer unduldsamen Kirchenpolitik begleitet wurde. Nachdem Masaryk, möglicherweise unter Zwang, am 10. März Selbstmord begangen hatte, trat am 7. Juni 1948 Beneš zurück, weil er den von den Kommunisten massiv veränderten Verfassungsentwurf nicht unterzeichnen wollte. Unter seinem Nachfolger Gottwald wurde die ČSR konsequent zu einer „Volksdemokratie" stalinistischen Typs umgestaltet, wobei auf allen relevanten Gebieten das sowjetische Vorbild kopiert wurde. „Säuberungen" fielen bis 1954 auch zahlreiche Kommunisten zum Opfer. Die Unterdrükkung des slowakischen Autonomiebegehrens, die schlechte Wirtschaftslage, die Verletzung

der Menschen- und Bürgerrechte und die Verkrustung der KPČ gaben jedoch einer Reformbewegung Auftrieb, die sich schließlich 1968 im *Prager Frühling* ($\triangleright$ 16.9) Bahn brach.

15.17 Berliner Blockade Luftbrücke

Die Vereinbarungen der Westmächte auf der *Londoner Sechsmächtekonferenz* ($\triangleright$ 15.13), die auf die Bildung eines deutschen Weststaates hinausliefen, hatten am 20. März 1948 den Auszug des sowjetischen Militärgouverneurs Marschall Sokolowski aus dem *Alliierten Kontrollrat* ($\triangleright$ 15.3) zur Folge. Damit war die seit Kriegsende von den vier Siegermächten ausgeübte Militärregierung endgültig gescheitert. Als die drei Westmächte am 20. Juni 1948 in ihren Zonen eine Währungsreform durchführten und diese auch in den Westsektoren Berlins zur Geltung brachten, verkündeten die Sowjets in ihrer Zone ebenfalls eine Währungsreform mit dem Stichtag 24. Juni 1948. Am selben Tag endete in Warschau eine zweitägige Konferenz von acht Staaten, die sich zum Ostblock formierten, um den Beschlüssen der Londoner Sechsmächtekonferenz zu begegnen. Sie forderten die Bildung einer „provisorischen, demokratischen, friedliebenden gesamtdeutschen Regierung". Ebenfalls am 24. Juni sperrten die sowjetischen Behörden die Landverbindungen zwischen der ehemaligen Reichshauptstadt und den Westzonen und unterbrachen auch die Strom- und Kohleversorgung der Westsektoren.
Berlin war in den letzten Kriegswochen von den sowjetischen Armeen allein erobert worden, doch hatte bereits am 12. September 1944 die Europäische Beratende Kommission für die Reichshauptstadt den Dreimächtestatus (nach Hinzuziehung Frankreichs den Viermächtestatus) festgelegt. In Berlin residierte der Alliierte Kontrollrat als oberste Besatzungsbehörde Deutschlands und die ihr unterstellte Alliierte Stadtkommandantur.
Regelungen für den ungehinderten Verkehr der westalliierten Truppeneinheiten zwischen den Westzonen und Berlin durch die sowjetische Zone waren nicht getroffen worden. Wohl aber hatte man Ende 1945 für den Luftverkehr nach West-Berlin drei Luftkorridore von Hamburg, Hannover und Frankfurt vereinbart. Die sowjetische Blockade West-Ber-

lins sollte nun die Westmächte zwingen, die geplante Gründung eines deutschen Weststaates wieder aufzugeben.

Die Sowjetunion sprach den Westmächten ihre im Viermächtestatus festgelegten Rechte an der Stadt Berlin ab. General Kotikow hatte seit dem Sommer 1947 in den Sitzungen der Alliierten Stadtkommandantur immer häufiger Groß-Berlin als Teil der sowjetischen Zone bezeichnet. Ebenfalls 1947 hatten die Westmächte begonnen, Teile ihrer Stäbe aus dem Ostsektor Berlins, wo sich die weitaus meisten öffentlichen Gebäude der Stadt befanden, nach Frankfurt am Main zu verlegen, was die Sowjets als den Anfang eines vollständigen Abzuges aus Berlin deuteten.

Auf die Blockade reagierten Amerikaner und Briten mit der Einrichtung einer Luftbrücke. Mit einer eindrucksvollen organisatorischen, technischen und menschlichen Leistung gelang es, die Versorgung der Zivilbevölkerung (rund 2,5 Millionen) und der westlichen Besatzungstruppen sicherzustellen. Während der elf Monate dauernden Blockade wurden fast 1,5 Millionen Tonnen Lebensmittel, Brenn- und Baumaterialien, Medikamente und andere wichtige Güter in etwa 195 000 Flügen nach West-Berlin gebracht. An der innerdeutschen Zonengrenze errichteten die Westmächte eine Gegenblockade.

Als die Sowjets sahen, daß sie ihre Ziele, die Einführung der Deutschen Mark in den Westsektoren und die Bildung einer westdeutschen Regierung zu verhindern, nicht durchsetzen konnten, beendeten sie nach Geheimverhandlungen mit den USA am 12. Mai 1949 die Blockade. Die Leistungen der Luftbrücke und das Durchhaltevermögen der Berliner fanden in der Welt große Anerkennung. Das in der Blockadezeit entstandene Solidaritätsgefühl hat viel zur Formierung des Westblocks und zur Einbeziehung der Westdeutschen und West-Berliner in diese Gemeinschaft beigetragen.

15.18 Jugoslawiens Bruch mit Moskau

Nach der Machtübernahme der Kommunisten (KPJ) und der Ausrufung der Republik in Jugoslawien am 29. November 1945 verfolgte der Generalsekretär und Ministerpräsident Tito (bürgerlich Josip Broz; ▷ 14.33)

einen im wesentlichen der Sowjetunion folgenden politischen Kurs. Der Stolz auf die eigenen revolutionären Errungenschaften und der Anspruch, einen den Voraussetzungen des Vielvölkerstaates angemesseneren Weg zum Sozialismus zu verfolgen, lösten 1947 erste Spannungen aus, als Stalin angesichts des beginnenden *Ost-West-Konflikts* (▷ 15.25) die Anerkennung der Führungsrolle der KPdSU von allen kommunistischen Parteien verlangte.

Titos Eingriffe in die albanische Innenpolitik und seine vom bulgarischen KP-Chef Georgi Dimitrow mitgetragene Initiative, eine Föderation der Balkanländer zustandezubringen, veranlaßten Stalin, im Januar 1948 die Spitzen der beiden Parteien nach Moskau zu beordern. Da Tito diese Aufforderung nicht befolgte, wurden im März 1948 die sowjetischen Wirtschaftsberater und Militärexperten aus Jugoslawien zurückgezogen.

In dem sich anschließenden Briefwechsel zwischen den Parteiführungen trug die KPdSU in immer drohenderem Ton augenscheinlich falsche Beschuldigungen gegen die jugoslawischen Genossen vor, während sich Tito unter Betonung seiner unverbrüchlichen Treue zu den kommunistischen Idealen und der Füh-

Tito bei der Stimmabgabe in Belgrad (1953)

rungsrolle Stalins bemühte, den Konflikt zu entschärfen.

Auf einer am 21. Juni 1948 in Bukarest eröffneten Konferenz des *Kominform* (▷ 15.11) wurde Jugoslawien aus der kommunistischen Gemeinschaft ausgeschlossen; die KPJ hatte zuvor eine Teilnahme abgelehnt. Gegen die Partei wurden auf der Konferenz schwere Vorwürfe erhoben: Die KPJ habe eine inkorrekte, sich vom Marxismus-Leninismus entfernende Haltung eingenommen, eine der UdSSR und der KPdSU gegenüber unfreundliche Politik verfolgt sowie kapitalistische Zustände und einen kleinbürgerlichen Nationalismus geduldet. Doch nicht so sehr ideologische Meinungsverschiedenheiten, sondern vielmehr Titos Weigerung, sich dem sowjetischen Führungsanspruch bedingungslos unterzuordnen, hatten zum Bruch geführt.

Alle Versuche der UdSSR und der abhängigen Staaten, Belgrad zu isolieren und durch politischen Druck, militärische Provokationen und einen Wirtschaftsboykott zur Unterwerfung zu zwingen, blieben dank westlicher Kredite fruchtlos. Dieser Erfolg erhöhte das Prestige der KPJ und ihres unangefochtenen Vorsitzenden Tito weltweit.

Die vorsichtige Annäherung zwischen Jugoslawien und der UdSSR nach dem Tod Stalins erhielt durch den Besuch des neuen Ersten Sekretärs des ZK Chruschtschow und Ministerpräsident Bulganins im Mai/Juni 1955 in Belgrad und die Auflösung des Kominform im April 1956 Auftrieb; man versuchte zudem den Konflikt trotz weiterbestehender ideologischer Differenzen Anfang August 1957 während einer Geheimkonferenz beizulegen, obwohl die sowjetische Intervention in Ungarn im Oktober 1956 (▷ 15.37) zu neuen Spannungen geführt hatte. Der eigenständige jugoslawische Weg zum Sozialismus wurde von den Sowjets anerkannt.

15.19 Rat für gegenseitige Wirtschaftshilfe (RGW)

Der von Stalin erzwungene Verzicht auf die Teilnahme am *Marshallplan* (▷ 15.10) hatte gravierende Auswirkungen auf die noch stark agrarisch geprägten, von Kriegszerstörungen hart getroffenen Volkswirtschaften der osteuropäischen Länder. Die vom Kreml verlangte Übernahme des zentralen Planungssystems und die Zwangskollektivierung der Landwirtschaft bedingten weitere Einbußen. Auf Initiative der UdSSR schlossen sich am 25. Januar 1949 Bulgarien, Polen, Rumänien, die Tschechoslowakei und Ungarn mit der Sowjetunion im Rat für gegenseitige Wirtschaftshilfe (auch Council for Mutual Economic Assistance/COMECON) zusammen, der um Albanien (1949), die DDR (1950), die Mongolische Volksrepublik (1962), Kuba (1972) und Vietnam (1978) sowie mehrere assoziierte Mitglieder erweitert wurde.

Im Interesse eines raschen Wirtschaftswachstums und des Ein- oder gar Überholens der kapitalistischen Staaten wurde als Nahziel die Koordinierung der Wirtschaftspläne, der Investitionen und der Produktionsprogramme unter optimaler Ausnutzung der Ressourcen angestrebt.

Das Ständige Büro des RGW in Moskau bereitete die aufeinander abgestimmten, langfristigen nationalen Wirtschaftspläne vor, die dem Aufbau der Schwerindustrie ohne Rücksicht auf nationale Rohstoffvorräte Vorrang einräumten. Die UdSSR, die 1951 bereits 80% ihres Außenhandels mit den RGW-Partnern abwickelte, konnte die Preise für ihre Energie- und Erzlieferungen diktieren. Erst nach 1958 entwickelte sich unter Aufgabe der bisherigen Autarkiebestrebungen langsam eine internationale Arbeitsteilung mit der konzentrierten Produktion bestimmter Erzeugnisse in einzelnen Ländern, ohne daß es aber gelang, wichtige Grundsatzfragen, etwa die Realisierung eines „sozialistischen Preissystems" oder die Konvertibilität der Währungen, zu lösen.

Als Antwort auf die durch wiederkehrende Engpässe in der Lebensmittel- und Konsumgüterversorgung ausgelösten Bemühungen einzelner Länder, die Zentralplanung zu lockern und Marktmechanismen zu berücksichtigen, intensivierte der Kreml seine Versuche, die „sozialistische Integration" voranzutreiben; ein 1971 verabschiedetes „Komplexprogramm" sollte die Planung und Zusammenarbeit verbessern. Die Zuständigkeit von Unterorganisationen (Koordinierung der Forschung, 1962; Internationale Investitionsbank, 1963/1971; Interatom, 1972; Kreditbank für Entwicklungsländer, 1974) wurde erweitert.

Die Ausrichtung der Abrechnung an den Weltmarktpreisen, das knappe Warenangebot und hohe, nicht verwertbare Guthaben in Transfer-Rubeln ließen die osteuropäischen RGW-Partner verstärkt Kredite, moderne Technik, Partner und Absatzmöglichkeiten im Westen suchen. Die allgemeine, von Inflation, Streiks und Versorgungsschwierigkeiten begleitete Krise der sozialistischen Planwirtschaft der achtziger Jahre konnte vom RGW nicht mehr beigelegt werden. Als Folge des eingeleiteten Übergangs zur Demokratie westlichen Vorbilds und zur Marktwirtschaft wurde er zum 30. Juni 1991 aufgelöst.

15.20 Nordatlantikpakt (NATO)

Die Zurückweisung des amerikanischen Hilfsangebotes im *Marshallplan* (▷ 15.10) durch die Sowjetunion und die von ihr erzwungene Absage der osteuropäischen Staaten kam denjenigen Kräften in der amerikanischen Administration, die von dem expansionistischen Charakter der Sowjetunion überzeugt waren, nicht ungelegen. Sie intensivierten ihre Pläne, zur Abwehr der als Bedrohung empfundenen militärischen Präsenz der Sowjetunion in Europa eine „Westunion" unter Einschluß der deutschen Westzonen zu errichten.

Die sowjetischen Aktivitäten schienen eindeutig die Bedrohung Westeuropas zu bestätigen, etwa die Gründung des *Kominform* (▷ 15.11), die offensichtlich von Moskau gelenkten Streikbewegungen in Italien und Frankreich im Winter 1947/48 und insbesondere der kommunistische *Umsturz in Prag* (▷ 15.16) Ende Februar 1948. Den Höhepunkt des Gegensatzes zwischen den Siegermächten stellte die von den Sowjets am 24. Juni 1948 begonnene *Berliner Blockade* (▷ 15.17) dar, die hart an die Schwelle eines neuen Weltkrieges führte.

Die Blockade aber verstärkte noch im Sommer 1948 die Bestrebungen auf westlicher Seite, militärisch zusammenzuarbeiten. An den Verhandlungen nahmen außer den westeuropäischen Staaten Großbritannien, Frankreich, Belgien, den Niederlanden und Luxemburg, die bereits im März 1948 ein Verteidigungsbündnis eingegangen waren (Brüsseler Pakt, ursprünglich gegen ein wiedererstarkendes Deutschland gerichtet), auch die USA und Kanada teil. In einer späteren Phase wurden auch Dänemark, Island, Italien, Norwegen und Portugal zur Teilnahme eingeladen. Am 4. April 1949 wurde von den genannten Staaten in Washington der Nordatlantikpakt (North Atlantic Treaty Organization/NATO) unterzeichnet.

Die Signatarstaaten beriefen sich auf die Ziele und Grundsätze der Charta der *Vereinten Nationen* (▷ 15.2) und bekundeten ihre Entschlossenheit, „die Freiheit der Völker, ihr gemeinsames Erbe und ihre Zivilisation, die sich auf Prinzipien der Demokratie, der Freiheit des Individuums und der rechtsstaatlichen Ordnung gründen, zu erhalten". Oberstes Organ der politischen Organisation wurde der NATO-Rat (North Atlantic Council), in dem alle Mitgliedsländer Sitz und Stimme haben. Er tritt unter Vorsitz des Generalsekretärs zu Konsultationen über politische Entscheidungen der Allianz auf Botschafterebene wöchentlich, auf Ministerebene zweimal jährlich zusammen.

Als militärische Oberinstanz wurde ein Militärausschuß, dem die Stabschefs der beteiligten Länder angehören, eingesetzt. Er berät den Ständigen Rat in militärstrategischen Angelegenheiten. Das Bündnisgebiet wurde in drei Kommandobereiche eingeteilt mit je einem alliierten Oberbefehlshaber. 1952 traten Griechenland und die Türkei, 1955 die Bundesrepublik Deutschland und 1982 Spanien der NATO bei.

Frankreich schied 1966 aus der militärischen Organisation aus, blieb aber Mitglied des politischen Teils des Bündnisses. 1974 zog sich Griechenland aufgrund der Zypern-Krise und Konflikten mit dem NATO-Partner Türkei aus der integrierten Militärstruktur zurück, trat aber im Oktober 1980 wieder der militärischen Organisation bei. Durch die *Pariser Verträge* (▷ 15.31) von 1954 wurde die NATO mit der Westeuropäischen Union verknüpft. Abbildung S. 468

15.21 Europarat

Bereits 1946 hatte sich Winston Churchill, im Krieg britischer Premierminister und nun Oppositionsführer im Unterhaus, für „eine Art Vereinigte Staaten von Europa" ausgesprochen. Die Einigung der freien Völker Europas sollte dem von Stalin in Osteuropa errichteten Block kommunistischer Staaten entgegenwirken, zugleich aber Westeuropa stärken, so daß es sich als dritte Kraft zwi-

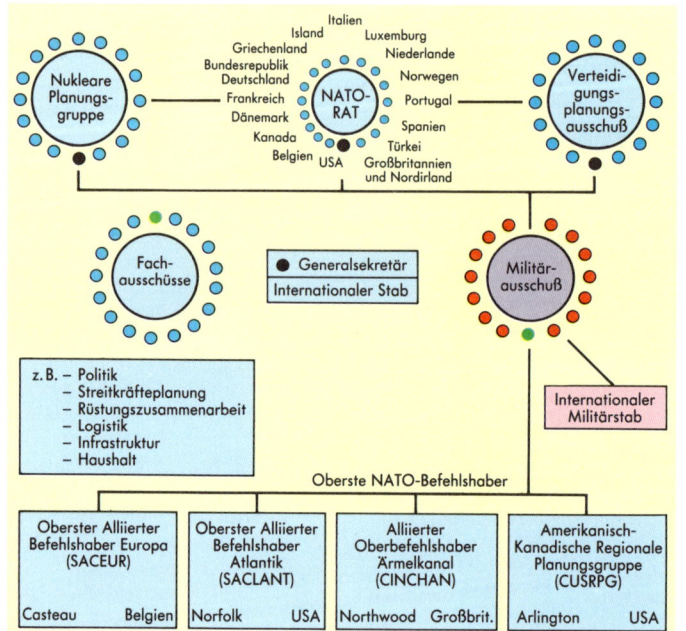

z. B. – Politik
– Streitkräfteplanung
– Rüstungszusammenarbeit
– Logistik
– Infrastruktur
– Haushalt

Oberste NATO-Befehlshaber

Oberster Alliierter Befehlshaber Europa (SACEUR)	Oberster Alliierter Befehlshaber Atlantik (SACLANT)	Alliierter Oberbefehlshaber Ärmelkanal (CINCHAN)	Amerikanisch-Kanadische Regionale Planungsgruppe (CUSRPG)
Casteau Belgien	Norfolk USA	Northwood Großbrit.	Arlington USA

Die zivile und militärische Struktur der NATO

schen den beiden Weltmächten USA und UdSSR behaupten konnte.

Die *Marshallplanhilfe* (▷ 15.10) verpflichtete die Staaten Westeuropas zu enger Zusammenarbeit und leitete die wirtschaftliche Konsolidierung ein. Am 16. April 1948 gründeten in Paris 17 Staaten sowie die Militärgouverneure der drei westlichen Besatzungszonen Deutschlands die europäische Wirtschaftsorganisation OEEC (Organization for European Economic Cooperation). Im März 1948 hatten einige westeuropäische Staaten ein Verteidigungsbündnis geschlossen, das im Zuge des beginnenden *Kalten Krieges* (▷ 15.25) unter federführender Beteiligung der USA im April 1949 zur *NATO* (▷ 15.20) erweitert wurde.

Neben der wirtschaftlichen und militärischen Kooperation nahm nun auch der Gedanke der politischen Einigung Europas konkretere Formen an. Am 5. Mai 1949 unterzeichneten in London zehn europäische Staaten die Gründungsurkunde des Europarates (Council of Europe/Conseil de l'Europe): Belgien, Dänemark, Frankreich, Großbritannien, Irland, Italien, Luxemburg, die Niederlande, Norwegen und Schweden. Der Europarat strebt unter Wahrung des gemeinsamen europäi-

schen Erbes die Förderung des sozialen und wirtschaftlichen Fortschritts an. Die Bundesrepublik Deutschland wurde im Mai 1951 Vollmitglied.

Der Europarat verfügt über zwei Organe, das Ministerkomitee (die Außenminister der Mitgliedsstaaten) und die Beratende Versammlung (zusammengesetzt aus den entsprechend der Größe der einzelnen Staaten von den nationalen Parlamenten entsandten Abgeordneten). Das Generalsekretariat mit Sitz in Straßburg organisiert die regelmäßigen Tagungen der Organe und der Expertenausschüsse. Der Europarat erläßt keine unmittelbar geltenden Rechtsakte, seine Organe äußern sich in der Form von Entschließungen und Empfehlungen. Besondere Bedeutung erlangte die 1950 in Rom unterzeichnete Europäische Konvention über die Menschenrechte und Grundfreiheiten. 1959 wurde als Organ des Europarates der Europäische Gerichtshof für Menschenrechte gebildet. Der Europarat ist die einzige europäische Organisation, in der bis zur Auflösung des Ostblocks nahezu alle nichtkommunistischen Staaten Europas vertreten waren. Derzeit sind 27 Staaten Vollmitglieder des Europarates, darunter auch

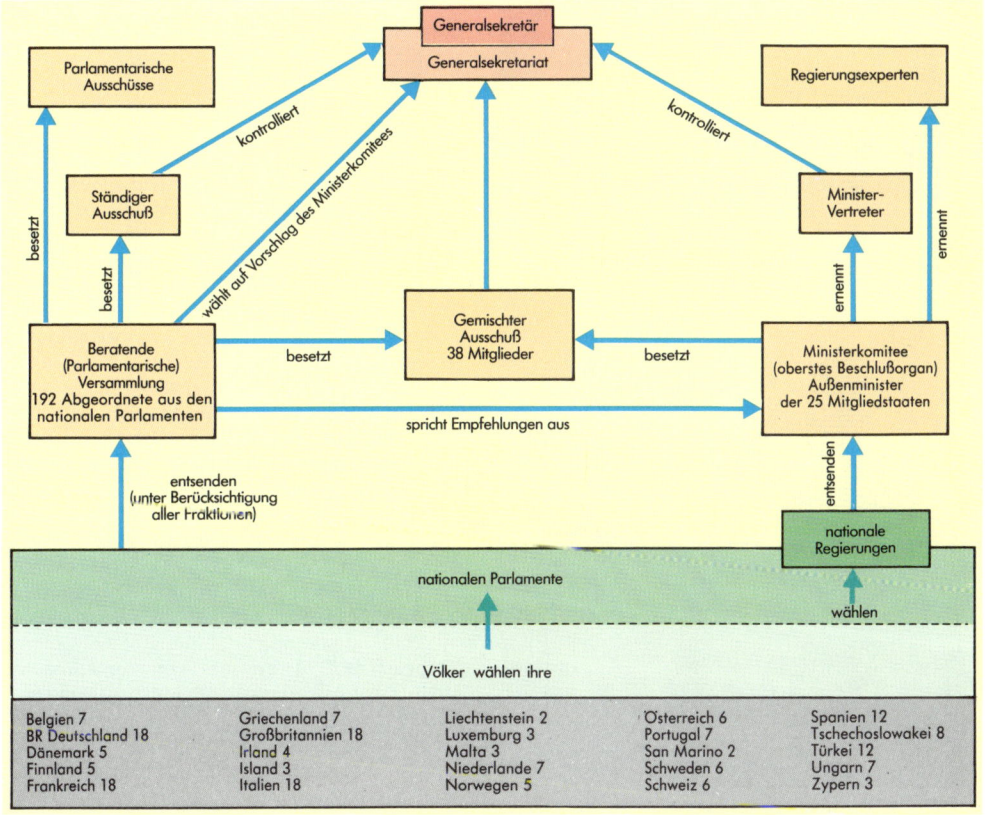

Aufbau des Europarats

verschiedene Staaten des ehemaligen Warschauer Pakts. Einige Länder haben einen
Gaststatus.

15.22 Volksrepublik China Annexion Tibets

Am 1. Oktober 1949 verkündete Mao Tse-
tung die Errichtung der Volksrepublik China
mit Peking als Hauptstadt. Eine neue Verfassung trat 1954 in Kraft. Die kommunistische
Führung erklärte die Umgestaltung von einem
Agrarstaat in einen modernen Industriestaat
zu ihrem wichtigsten Ziel. Der Sozialismus
wurde von den chinesischen Kommunisten für
die erfolgreichste Methode auf diesem Weg
angesehen. Nach sowjetischem Vorbild begann sogleich eine Umgestaltung der Besitz-

verhältnisse auf dem Lande. Ziel der Bodenreform war eine ausgeglichenere Verteilung
des Bodens zugunsten der „Armen und unteren Mittelbauern". Die bis dahin grundbe-
sitzende Klasse wurde enteignet und teilweise
auch liquidiert. Die Anzahl der Opfer wird auf
fünf Millionen geschätzt.
Mit einer Kampagne zur Bildung halbsozia-
listischer Produktionsgenossenschaften erfolgte 1953 ein weiterer Schritt zur Beseitigung
der privaten Landwirtschaft, die 1957 durch
forcierte Zwangskollektivierung nahezu völlig
verschwand. Auch bei der Verstaatlichung der
Industrie lehnte sich die kommunistische
Führung Chinas an das sowjetische Vorbild
an. Gesamtwirtschaftlich bedeutete dies den
vorrangigen Aufbau der Schwerindustrie vor
Leichtindustrie und Landwirtschaft.
Ab 1958 entfernte sich Mao Tse-tung durch
eine Politik der Massenmobilisierung („Gro-

*Mao Tse-tung verkündet am 1. Oktober 1949
auf dem Platz des Himmlischen Friedens
die Gründung der Volksrepublik China*

ßer Sprung vorwärts") und durch die totale
Kollektivierung der Landwirtschaft („Volkskommunen") von sowjetischen Vorstellungen
über den Aufbau des Sozialismus. Dies war
sowohl Ausdruck chinesischer Eigenständigkeit und Zurückweisung sowjetischer Bevormundung als auch eine Manifestation der
revolutionären Utopie Mao Tse-tungs von einer egalitären Gesellschaft. Die Partei- und
Staatsbeziehungen zwischen den beiden
mächtigen kommunistischen Nachbarn verschlechterten sich rapide bis zu offener Feind-
seligkeit. Der chinesisch-sowjetische Vertrag
über Freundschaft und gegenseitigen Beistand
vom Februar 1950 hatte ab Anfang der sechziger Jahre seine Bedeutung verloren. Der
Bruch zwischen China und der Sowjetunion

(▷ 15.47), der 1969 sogar zu militärischen
Grenzkonflikten führte, blieb nicht ohne Folgen für den Weltkommunismus.

Eine der ersten innenpolitischen Aufgaben,
der sich die neue Führung Chinas 1949 ge-
genübersah, war die Errichtung einer effektiven Kontrolle durch die KP und ihre Organe,
um ihren Machtanspruch bis in die entlegensten Landesteile durchzusetzen und zu festigen. Auch Tibet, das schon die Republik
China seit ihrer Gründung als Teil des Reiches
beansprucht hatte, war Objekt dieser Politik.
Im Oktober 1950 marschierten etwa 40 000
Mann der kommunistischen Volksbefreiungsarmee (VBA) in Tibet ein, um es zu „befreien". Bereits Ende 1949 hatte die Regierung
in Lhasa vergeblich Großbritannien und die
USA gebeten, die Aufnahme des Himalaya-
Staates in die UN zu unterstützen. Auch andere Bemühungen, eine chinesische Annexion
abzuwenden, scheiterten.

Mit militärischem Druck erzwang die Regierung in Peking am 23. Mai 1951 die tibetische
Unterschrift unter ein 17-Punkte-Abkommen,
mit dem Tibet den chinesischen Herrschaftsanspruch anerkannte. China stützte seinen
Anspruch auf historische Argumente, nach
denen Tibet spätestens seit der Yüan-Dynastie
im 13. Jahrhundert (▷ 7.4) zu China gehört
habe. Es ist jedoch nachweisbar, daß Tibet
trotz wechselnder Beziehungen zum chinesischen Nachbarn bis zum Anfang dieses Jahrhunderts unabhängig war.

Die Unterwerfung Tibets durch die VBA
führte wiederholt zu schweren Unruhen in der
Bevölkerung. Im Zusammenhang mit Aufständen in Tibet Ende der fünfziger Jahre floh
der Dalai Lama, das politische und geistliche
Oberhaupt der Tibeter, im März 1959 nach
Indien, wo er seitdem im Exil lebt. Die erfolgreichen Bestrebungen der erst russisch,
dann sowjetisch dominierten Völker nach Unabhängigkeit seit Ende der achtziger Jahre haben außerhalb Chinas dem Tibet-Problem erneut Aktualität verliehen. Die Regierung in
Peking weist jedoch jede Diskussion dieser
Frage als „Einmischung in innere Angelegenheiten" zurück.

15.23 Teilung Deutschlands

Im Potsdamer Abkommen (▷ 15.1) hatten
sich die Siegermächte verpflichtet, das in vier

Besatzungszonen aufgeteilte Deutschland weiterhin als wirtschaftliche Einheit zu behandeln. Dieser Grundsatz war jedoch infolge der unterschiedlichen Besatzungspolitik in den einzelnen Zonen nicht eingehalten worden. Während in den Westzonen parlamentarische Demokratien entstanden und freie Wahlen durchgeführt wurden, entwickelte sich in der Ostzone eine Einparteienherrschaft nach sowjetischem Muster.

Nach der Zurückweisung der amerikanischen *Marshallplanhilfe* (▷ 15.10) durch die Sowjetunion vertiefte sich die Kluft zwischen den Westzonen und der Ostzone. Am 1. Juli 1948 erteilten die westlichen Militärgouverneure mit der Übergabe der „Frankfurter Dokumente" den Ministerpräsidenten der westdeutschen Länder den Auftrag, eine verfassunggebende Nationalversammlung einzuberufen. Die deutschen Politiker standen dem jedoch zunächst ablehnend gegenüber, da sie die Verantwortung für eine Teilung Deutschlands nicht übernehmen wollten. Erst der durch die *Berliner Blockade* (▷ 15.17) sich zuspitzende Ost-West-Konflikt, das Drängen der Vereinigten Staaten und letztlich auch das vehemente Eintreten des Berliner Oberbürgermeisters Ernst Reuter (1889–1953) für eine schnelle Westlösung unter Einschluß West-Berlins gaben den Ausschlag für ihre Zustimmung.

Am 1. September 1948 nahm ein aus 65 von den Landtagen der elf westdeutschen Länder entsandten Mitgliedern und fünf Vertretern West-Berlins zusammengesetzter Parlamentarischer Rat in Bonn seine Verfassungsarbeit auf, nachdem im August in Herrenchiemsee ein Verfassungskonvent die Grundlagen für die Beratungen erarbeitet hatte. Am 23. Mai 1949 wurde das „Grundgesetz für die Bundesrepublik Deutschland" verkündet. Der provisorische Charakter des neuen Staates, wurde in der Präambel hervorgehoben: „Das gesamte Deutsche Volk bleibt aufgefordert, in freier Selbstbestimmung die Einheit und Freiheit Deutschlands zu vollenden."

In der sowjetischen Besatzungszone hatte die Kommunistische Partei, von der sowjetischen Militärregierung unterstützt, im April 1946 die Vereinigung mit der Sozialdemokratischen Partei zur Sozialistischen Einheitspartei Deutschlands (SED) vorangetrieben. Die sozialdemokratischen Führungskräfte wurden

jedoch bereits 1948 aus allen maßgeblichen Positionen wieder herausgedrängt, dem „Sozialdemokratismus" wurde offiziell der Kampf angesagt. Die SED entwickelte sich zu einer von Moskau gelenkten Kaderpartei. Sie versuchte, mit der Forcierung einer „Volkskongreßbewegung für Einheit und gerechten Frieden" an die nationalen Gefühle der Deutschen in Ost und West zu appellieren. Als die sowjetische Blockadepolitik gescheitert war, wurde die Volkskongreßbewegung zunehmend zur propagandistischen Vorbereitung der separaten Staatsbildung eingesetzt. Der nach einer Einheitsliste mit festgelegter Verteilung der Sitze auf Parteien und Organisationen gewählte Volkskongreß nahm im Mai 1949 die Verfassung der Deutschen Demokratischen Republik an und wählte einen neuen Volksrat, der sich am 7. Oktober 1949 als provisorische Volkskammer der DDR konstituierte. Die Teilung Deutschlands war vollzogen.

15.24 Unabhängigkeit Indonesiens, Birmas und der Philippinen

Die Invasion Indonesiens durch die Japaner 1942 beendete die niederländische Kolonialherrschaft. Ein Teil der indonesischen Unabhängigkeitsbewegung, Sozialisten und Kommunisten, ging in den Untergrund und bekämpfte von dort aus die Japaner, während die Gruppierungen um Achmed Sukarno (1911–70) und Mohammed Hatta (1902–80) mit der Besatzungsmacht kooperierten. Unmittelbar nach der *japanischen Kapitulation* 1945 (▷ 14.45) riefen Sukarno und Hatta die unabhängige Republik Indonesien aus. Zwar konnten die Niederländer sich militärisch gegen die indonesischen Truppen durchsetzen und die Herrschaft über große Teile Indonesiens zurückerobern, aber unter dem Druck der UN mußten die Niederlande auf der Konferenz von Den Haag am 2. November 1949 die Souveränität Indonesiens anerkennen – unter Ausklammerung von West-Neuguinea (Irian Jaya), das erst 1963 unter die Verwaltung der indonesischen Regierung gelangte.

Sukarnos autoritärer Regierungsstil führte zu Aufstandsbewegungen, die blutig unterdrückt wurden. Außenpolitisch vertrat er einen zunehmend antiwestlichen Kurs, der in der Konfrontation mit dem neugegründeten Malaysia 1963, als die von Sukarno beanspruchten Gebiete Sabah und Sarawak dem neuen Staat eingegliedert wurden, sowie im Austritt Indonesiens aus den UN 1965 (Wiedereintritt 1966) gipfelte. Nach einem von der Armee niedergeschlagenen Putschversuch der Kommunisten 1965 wurde Sukarno, dessen Rolle dabei ungeklärt blieb, schrittweise entmachtet und 1968 als Präsident durch General Suharto (geb. 1921) abgelöst, der eine antikommunistische und bündnisfreie Politik verfolgte (▷ 17.5).

Sukarno bei einer Ansprache 1956

Birma war 1935 von der Kolonialmacht Großbritannien die Selbstverwaltung mit eigener Regierung und frei gewähltem Parlament zugestanden worden. Nachdem die Japaner bei der Besetzung des Landes im Zweiten Weltkrieg zunächst als Befreier begrüßt worden waren, unterstützte die Bevölkerung angesichts der harten japanischen Besatzungspolitik schon bald die Briten, die Birma am 4. Januar 1948 in die Unabhängigkeit entließen. Innere Unruhen und eine Wirtschaftskrise nahm General Ne Win (geb. 1911) zum Anlaß, Premierminister U Nu, der das Reformprogramm eines „buddhistischen Sozialismus" zu realisieren suchte und ihm schon 1958–60 die Staatsgewalt vorübergehend übertragen hatte, am 2. März 1962 zu stürzen. Ne Win verfolgte, gestützt auf einen Militärrat und seit 1974 auch auf die neue sozialistische Verfassung, einen „birmanischen Weg des Sozialismus".

Die USA hatten 1935 den Philippinen Teilautonomie zugestanden; Außenpolitik und Verteidigung blieben unter der Kontrolle eines amerikanischen Kommissars. Auch hier bildeten sich nach der japanischen Besetzung im Zweiten Weltkrieg Kräfte, die zur Kollaboration mit der Besatzungsmacht bereit waren, sowie nationale Widerstandsbewegungen. Die von Japan etablierte „unabhängige" philippinische Republik brach mit der japanischen Kapitulation 1945 zusammen.

Die Exilregierung kehrte aus den USA zurück, und am 4. Juli 1946 erlangte das Land die staatliche Unabhängigkeit, wobei weiterbestehende enge wirtschaftliche und militärische Bindungen zu den USA deren Einfluß auf den Philippinen festigten. Ferdinando Edralin Marcos (1917–1989), Präsident von 1965 bis 1986, trieb die „Philippinisierung" des Landes weiter voran, schuf sich aber zugleich, 1972–1981 gestützt auf das Kriegsrecht und nach dessen Aufhebung auf umfassende Vollmachten, in zunehmendem Maße die Stellung eines Diktators.

15.25 Ost-West-Konflikt Kalter Krieg

Nach dem *Überfall Deutschlands auf die Sowjetunion* im Juni 1941 (▷ 14.23) kam es zu einem Kriegsbündnis zwischen Großbritannien und der Sowjetunion, dem sich später auch die USA anschlossen. Doch diese *alliierte Kriegskoalition* (▷ 14.25) stellte sich bald als reines Zweckbündnis heraus, da sowohl der britische Premierminister Churchill wie auch der amerikanische Präsident Roosevelt überzeugte Demokraten waren und aus ihrer antikommunistischen Überzeugung keinen Hehl machten. Die Zusammenarbeit dauerte nur so lange, bis der Hauptgegner, das nationalsozialistische Deutschland, besiegt war.

Schon auf den Konferenzen von *Jalta* (▷ 14.43) und *Potsdam* (▷ 15.1) wurden fundamentale Meinungsverschiedenheiten in den wesentlichen Fragen der Nachkriegspolitik offenkundig. Das gegenseitige Mißtrauen verhinderte bald jede konstruktive Zusammenarbeit. Die Sowjets vermuteten hinter allen Initiativen der Westmächte das Machtstreben des amerikanischen Kapitalismus, der es darauf abgesehen habe, ihr in Osteuropa errichtetes Sicherheitssystem zu destabilisieren. Amerikaner und Briten sahen in allen Forderungen und Aktivitäten der Sowjets klare

Beweise für den aggressiven, undemokratischen Charakter des kommunistischen Herrschaftssystems.

Die mit dem *Marshallplan* (▷ 15.10) verbundene Absicht, die sich außerhalb des sowjetischen Machtbereiches befindenden Länder Europas politisch und wirtschaftlich zusammenzuschließen und wieder aufzubauen, um sie gegen kommunistische Einflüsse unempfindlich zu machen, wurde von der Sowjetunion mit der *Berliner Blockade* (▷ 15.17) beantwortet. Mit diesem Gewaltakt trieb die Sowjetunion das zwischen den ehemaligen Verbündeten entstandene Spannungsverhältnis auf einen ersten Höhepunkt. Der neue Ost-West-Konflikt, dessen erste Phase (bis 1962/63) man auch als Kalter Krieg bezeichnet hat, sollte die globale machtpolitische Auseinandersetzung der Nachkriegszeit werden.

Als die Sowjets erkannten, daß sie ihr Ziel, die Westmächte zur Aufgabe ihrer Besatzungsrechte in Berlin zu zwingen, nicht erreichen konnten, sondern vielmehr durch ihr Verhalten die Pläne zur Gründung eines westdeutschen Separatstaates eher beschleunigten, lenkten sie ein und fanden sich mit der Teilung Europas und Deutschlands ab. Doch im Sommer 1949 endete mit der Explosion der ersten sowjetischen Atombombe die Phase der Monopolstellung der USA als Atommacht; mit dem *Koreakrieg* (▷ 15.26) nahm der Ost-West-Konflikt ganz andere Dimensionen an.

15.26 Koreakrieg

Die von den *Vereinten Nationen* (▷ 15.2) 1947 nach der *Kapitulation Japans* (▷ 14.45) im von amerikanischen und sowjetischen Truppen besetzten Korea angeordneten Wahlen waren zunächst nur im Südteil durchgeführt worden. Der Gründung der Republik Süd-Korea im August 1948 folgte im September die Proklamation der Volksdemokratischen Republik Nord-Korea. Nach dem Abzug der Besatzungstruppen im Laufe des Jahres 1948 begannen beide Teilrepubliken mit einer raschen Aufrüstung. Während der mit polizeistaatlichen Methoden regierende südkoreanische Präsident Syngman Rhee (1875–1965) eine aggressive antikommunistische Politik betrieb, war die kommunistische Führung Nord-Koreas unter Kim Il Sung (geb. 1912) bemüht, mit subversiven Mitteln die südkoreanische

Ein chinesischer Soldat wird von einem amerikanischen Sanitäter versorgt

Bevölkerung gegen den autoritären Präsidenten zu mobilisieren. An der Demarkationslinie häuften sich die Grenzzwischenfälle.

Als am 25. Juni 1950 nordkoreanische Truppen überraschend den 38. Breitengrad überschritten und schnell auf die grenznahe südkoreanische Hauptstadt Seoul vorrückten, sahen die Vereinigten Staaten in diesem Vorgehen der Nordkoreaner eine erneute Herausforderung der Sowjetunion im *Kalten Krieg* (▷ 15.25). Der UN-Sicherheitsrat verurteilte Nord-Korea als Aggressor und beschloß die Bildung einer UN-Truppe, die unter dem Kommando der USA, die bereits seit dem 27. Juni die Südkoreaner unterstützten, den Angriff zurückschlagen sollte. Die UN-Resolution kam zustande, weil der sowjetische Delegierte aus Protest gegen die Aufnahme Taiwans in den Weltsicherheitsrat den Sitzungen ferngeblieben war und sein Veto nicht einlegen konnte. 15 Nationen beteiligten sich mit Kontingenten an dem UN-Unternehmen.

Nach dem Fall Seouls und der Zurückdrängung der südkoreanischen Einheiten bis in den äußersten Süden des Landes ließ der amerikanische Präsident Harry S. Truman die unter dem Kommando des Generals Douglas MacArthur stehenden amerikanischen Heeresverbände erheblich verstärken und befahl den Einsatz der Bodentruppen. Mit der am 15. September eröffneten Gegenoffensive wurde Seoul befreit und am 1. Oktober die Demarkationslinie wieder erreicht. Trotz der Warnung der Pekinger Führung, der Übertritt von amerikanischen und von UN-

Verbänden über den 38. Breitengrad sei für die Volksrepublik China der Anlaß, in den Krieg einzugreifen, setzten die Amerikaner ihren Vormarsch bis zur chinesischen Grenze fort. Als starke chinesische Truppeneinheiten zum Gegenangriff antraten und die amerikanischen und die UN-Streitkräfte bis zum 38. Breitengrad zurückwarfen, forderte MacArthur die Bombardierung des chinesischen Hinterlandes und die Einbeziehung Taiwans in den Krieg.

An einer Ausweitung des Krieges mit China war jedoch Präsident Truman nicht interessiert, zumal der Schwerpunkt der Militärstrategie der USA in Europa lag. General MacArthur wurde abgelöst, am 10. Juli wurden Waffenstillstandsverhandlungen aufgenommen, die länger als zwei Jahre dauerten. Am 27. Juli 1953 wurde in Panmunjom der Waffenstillstand auf der Basis des Status quo ante unterzeichnet. Die Grenze zwischen beiden Landesteilen, der 38. Breitengrad, wurde bestätigt; eine entmilitarisierte Zone sollte den erneuten Ausbruch von Kämpfen verhindern. Die Teilung Koreas dauert bis in die Gegenwart an.

15.27 Schumanplan Montanunion

Die Internationalisierung des Ruhrgebietes, die Loslösung von Rhein und Ruhr aus Deutschland waren Maximalforderungen französischer Politiker bei den Konferenzen der Außenminister über die Zukunft des besetzten Landes. Auch die Sowjets traten für eine Internationalisierung der Ruhrindustrie ein, die einer Vier-Mächte-Kontrolle unterstellt werden sollte. Auf diese Weise hofften sie, nicht nur an der Ausbeutung der Ruhrindustrie beteiligt zu werden, sondern auch, auf die Entwicklung Gesamtdeutschlands Einfluß nehmen zu können.

Die Briten, zu deren Besatzungszone das Ruhrgebiet in dem neugeschaffenen Land Nordrhein-Westfalen gehörte, wiesen mit der Unterstützung der USA alle diese Ansprüche zurück. Bei der sich anbahnenden Konzentration der westeuropäischen Staaten auf eine „Westunion"-Lösung verhandelte die *Londoner Sechsmächtekonferenz* 1948 (▷ 15.13) auch über das zukünftige Schicksal des Ruhrgebietes. Mit Rücksicht auf Frankreichs Sicherheitsbedürfnis wurde von den sechs Staaten ein Abkommen über eine internationale Kontrollbehörde für das Gebiet geschaffen, das am 28. April 1949 als Ruhrstatut unterzeichnet wurde.

Die Kontrollbehörde sollte die Produktion an Kohle, Koks und Stahl kontrollieren, auf dem deutschen und internationalen Markt verteilen und zugleich eine wirtschaftliche Konzentration verhindern. Das Ruhrgebiet blieb aber Bestandteil des deutschen Staatsgebietes. Als die Bundesrepublik Deutschland nach ihrer Konstituierung im November 1949 der Ruhrbehörde beitrat, führte dieser Schritt im Deutschen Bundestag zu einer heftigen Kontroverse.

Der erste deutsche Bundeskanzler, Konrad Adenauer (1876–1967), schlug im März 1950 eine deutsch-französische Wirtschaftsunion vor, um die französischen Bedenken gegen ein wirtschaftliches Wiedererstarken des Nachbarn zu entkräften. Diese Idee einer Fusion der deutschen und französischen Kohle- und Stahlindustrie griff der französische Außenminister Robert Schuman (1886–1963) auf, als er am 9. Mai 1950 für diese Produktionsgemeinschaft eintrat und die übrigen westeuropäischen Länder aufforderte, sich der Gemeinschaft anzuschließen.

Ende Juni 1950 nahmen Belgien, Frankreich, Italien, Luxemburg, die Niederlande und die Bundesrepublik Deutschland Verhandlungen über den Schumanplan auf. Sie beschlossen die Errichtung einer Hohen Behörde, deren Beschlüsse für die teilnehmenden Länder verbindlich sein sollten, und sie erklärten sich bereit, Hoheitsrechte an diese Behörde zu übertragen. Am 18. April 1951 unterzeichneten sie in Paris den Vertrag über die Gründung der Europäischen Gemeinschaft für Kohle und Stahl (EGKS). Der Vertrag wurde auf eine Dauer von 50 Jahren abgeschlossen. Die Montanunion trat am 25. Juli 1952 in Kraft. Gleichzeitig wurde das Ruhrstatut aufgehoben.

Die Montanunion war einer der Grundpfeiler der Europäischen Gemeinschaften (▷ 15.39). Sie leitete zugleich die deutsch-französische Aussöhnung ein, die in dem von Konrad Adenauer und Charles de Gaulle am 22. Januar 1963 geschlossenen *deutsch-französischen Freundschaftsvertrag* (▷ 16.1) ihren völkerrechtlichen Ausdruck fand.

15.28 Europäische Verteidigungsgemeinschaft Deutschlandvertrag

Der Überfall des kommunistischen Nord-Korea auf das von amerikanischen Besatzungstruppen geräumte Süd-Korea am 25. Juni 1950 löste den *Koreakrieg* (▷ 15.26) aus und rief bei den Westalliierten die Befürchtung hervor, daß der *Kalte Krieg* (▷ 15.25) eskalieren könne.

Vor der Versammlung des *Europarates* (▷ 15.21) forderte am 11. August 1950 der britische Oppositionsführer Winston Churchill, der im Krieg Premierminister gewesen war, die Bildung einer „Europa-Armee", an der alle westeuropäischen Länder und auch die Bundesrepublik Deutschland beteiligt werden sollten. Die Außenminister Frankreichs, Großbritanniens und der USA übernahmen auf ihrer Konferenz in New York im September den Vorschlag Churchills und stimmten einer deutschen Beteiligung an der Verteidigung Europas zu.

Der deutsche Bundeskanzler Konrad Adenauer ergriff die ihm mit der westdeutschen Beteiligung an der Verteidigung Europas gebotene Chance, für die Bundesrepublik die Souveränität zu erreichen und zugleich die europäische Integration voranzutreiben. Der französische Ministerpräsident René Pleven legte, um seinen Landsleuten die Furcht vor einer neuen deutschen Aufrüstung zu nehmen, am 24. Oktober 1950 der Nationalversammlung den Plan einer supranationalen europäischen Streitmacht vor, in der die deutschen Verbände einer Kontrolle durch die Partnerstaaten unterworfen sein sollten.

Aus dem Plevenplan entstand in Verhandlungen das Projekt der Europäischen Verteidigungsgemeinschaft (EVG). Es sah die Vereinigung der nationalen Streitkräfte unter einem gemeinsamen Oberbefehlshaber vor. Die Grundeinheiten bis zur Division sollten national, die höheren Einheiten, die Kommandobehörden und die Logistik supranational organisiert sein. Der EVG-Vertrag wurde am 27. Mai 1952 in Paris von den Vertretern Belgiens, Luxemburgs, der Niederlande, Frankreichs, Italiens und der Bundesrepublik Deutschland unterzeichnet.

Einen Tag zuvor war in Bonn der Deutschlandvertrag zwischen der Bundesrepublik

Bundeskanzler Konrad Adenauer unterzeichnet den Deutschlandvertrag

Deutschland und den drei Westmächten abgeschlossen worden, der das Besatzungsstatut von 1949 aufhob und damit der Bundesrepublik die Rechte eines souveränen Staates gab. In ihm wurde die Westbindung des westdeutschen Staates festgeschrieben und als gemeinsames Ziel der Westalliierten und der Deutschen die Wiedervereinigung festgelegt. Die Bestimmung der Grenzen Deutschlands wurde „bis zu einer friedensvertraglichen Regelung" aufgeschoben.

Der Deutschlandvertrag war durch ein Junktim mit dem EVG-Vertrag verbunden. Als dieser scheiterte, weil die französische Nationalversammlung ihn am 30. August 1954 ablehnte, konnte der Deutschlandvertrag erst am 5. Mai 1955 in revidierter Fassung in den *Pariser Verträgen* (▷ 15.31) in Kraft treten. Da der deutsche Verteidigungsbeitrag weiterhin für notwendig gehalten wurde, erfolgte gleichzeitig die Aufnahme der Bundesrepublik in den *Nordatlantikpakt* (▷ 15.20).

15.29 Aufstand in der DDR

Der sich abzeichnenden Westintegration der Bundesrepublik Deutschland begegnete Stalin im Frühjahr 1952 mit einer überraschenden diplomatischen Offensive: Er bot den Westmächten neue Verhandlungen über ein wie-

17. Juni 1953. In Berlin werden sowjetische Panzer von der Bevölkerung mit Steinen beworfen

dervereinigtes, neutrales Gesamtdeutschland (ohne die ehemaligen Ostgebiete) an. In London, Paris und Washington wurde die Note Stalins jedoch als Störmanöver angesehen und rasch abgelehnt. Da auch Bundeskanzler Adenauers Politik längst auf eine Westbindung der Bundesrepublik ausgerichtet war, wurde die Ernsthaftigkeit des sowjetischen Angebotes gar nicht erst geprüft.

Auf die Unterzeichnung des EVG-Vertrages am 27. Mai 1952 (▷ 15.28) reagierte die Sowjetunion mit einer drastischen Reduzierung der Grenzübergänge an der Zonengrenze und in Berlin. Die seit dem Entstehen beider deutscher Staaten anhaltende außergewöhnliche Flüchtlingsbewegung aus der DDR in die Bundesrepublik wurde dadurch nicht beeinträchtigt, sie wuchs vielmehr in der zweiten Jahreshälfte 1952 und besonders in den ersten fünf Monaten des Jahres 1953 beträchtlich an. Der innenpolitische Druck des SED-Regimes, der verstärkte Ausbau des Sozialismus und die – im Vergleich zur Bundesrepublik – anhaltend schlechte Versorgungslage waren die Gründe für die Massenflucht aus der DDR. Stalins Tod am 5. März 1953 ließ die Hoffnung aufkommen, daß sich das starre Herrschaftssystem auflockern und den Satellitenstaaten mehr Bewegungsfreiheit bringen würde. In der DDR kursierten Gerüchte, daß der starr am stalinistischen Kurs festhaltende SED-Generalsekretär Walter Ulbricht (1893 bis 1973) auf Geheiß der Machthaber in Moskau abgelöst werden sollte. Tatsächlich mußte das SED-Politbüro Ende Mai 1953 wirtschaftliche Zugeständnisse machen und einen

„neuen Kurs" ankündigen. Doch eine erst am 17. Mai 1953 verfügte Normenerhöhung für Industrie- und Bauarbeiter, die erhebliche Unruhe in der Arbeiterschaft erzeugt hatte, wurde nicht zurückgezogen.

Aus Protest gegen diese erhöhten Arbeitsnormen begannen am 16. Juni 1953 Streiks der Arbeiter auf den Baustellen der Stalinallee in Ost-Berlin. Sie erfaßten mit Demonstrationen bald ganz Ost-Berlin. Zunehmend wurden auch politische Ziele proklamiert und für den folgenden Tag ein Generalstreik ausgerufen, der am 17. Juni auf weite Teile der DDR übergriff. In mehr als 270 Orten, vornehmlich in Industriezentren und größeren Städten wie Halle, Magdeburg und Erfurt, kam es zu Arbeitsniederlegungen und Demonstrationen. Dabei wurden der Rücktritt Ulbrichts und der Regierung, die Wiederherstellung der deutschen Einheit und freie Wahlen gefordert.

Die SED-Führung war außerstande, dem Aufstand zu begegnen. Sowjetische Truppen warfen ihn jedoch unter Einsatz von Panzern noch am 17. Juni nieder. Es gab Tote und Verletzte sowie zahlreiche Verhaftungen; mindestens 1400 Personen wurden wegen ihrer Teilnahme an dem von „faschistischen Provokateuren" aus der Bundesrepublik initiierten Aufstand zu langjährigen Freiheitsstrafen verurteilt.

Die SED mußte zwar die Normenerhöhungen auf den Stand von Ende März 1953 zurücknehmen; die Stellung Ulbrichts hatte sich jedoch gefestigt, und am 25. März 1954 gab die UdSSR eine Souveränitätserklärung für die DDR ab.

15.30 Indochinakrieg

Nach der *Kapitulation Japans* (▷ 14.45) am Ende des Zweiten Weltkriegs und der Entwaffnung der japanischen Besatzungstruppen in Südostasien bemühten sich die Franzosen, ihre Kolonialherrschaft in Indochina wieder herzustellen. Sie besetzten den Süden des Landes und errichteten in Saigon ihren Regierungssitz, während im Norden bereits am 2. September 1945 der Führer der Unabhängigkeitsbewegung Vietminh, Ho Chi Minh (1890–1969), in Hanoi die Demokratische Republik Vietnam (DRV) ausgerufen hatte.

In einem Abkommen vom 6. März 1946 versprach Frankreich der Demokratischen Republik Ho Chi Minhs einen unabhängigen Status innerhalb der Französischen Union (Union Française), einer neugebildeten Gemeinschaft, die Frankreich, die französischen Überseedepartments und -territorien sowie assoziierte Gebiete und Staaten umfassen sollte und 1958/60 von der Französischen Gemeinschaft (Communauté Française) abgelöst wurde. Doch noch im gleichen Jahr brach anläßlich eines Zollstreites im Hafen von Haiphong zwischen der Kolonialmacht und der vietnamesischen Verwaltung ein Konflikt aus, in dessen Verlauf am 23. November der französische Befehlshaber Haiphong bombardieren ließ, wobei über 6000 Zivilpersonen getötet wurden. Aus blutigen Zusammenstößen zwischen dem Vietminh und französischen Kolonialtruppen entwickelte sich ein achtjähriger Krieg.

Auf die Dauer war das französische Expeditionskorps dem Guerillakrieg der Vietminh-Einheiten nicht gewachsen, zumal diese nach dem Sieg der Kommunisten in China von dort mit Waffen und Material unterstützt wurden. Sie fanden großen Rückhalt bei der Mehrheit der bäuerlichen Bevölkerung, lediglich die größeren Städte blieben unter der Kontrolle der französischen Kolonialmacht.

Obwohl die USA den Kampf mit kräftigen Finanzhilfen und mit Militärberatern unterstützten, war er für die Franzosen nicht zu gewinnen. Am 7. Mai 1954 kapitulierte das französische Expeditionskorps nach verlustreichen Kämpfen in der Festung Dien Bien Phu; bereits am 8. Mai begannen in Genf die Waffenstillstandsverhandlungen. An dieser Indochina-Konferenz nahmen neben den un-mittelbar betroffenen Staaten Indochinas (DRV, das französisch beeinflußte Süd-Vietnam, Laos und Kambodscha) die Großmächte USA und Sowjetunion, Großbritannien und Frankreich sowie die Volksrepublik China teil.

Nach 75 Verhandlungstagen wurde am 21. Juli 1954 ein Waffenstillstandsabkommen unterzeichnet. Vietnam wurde durch eine ausdrücklich als provisorisch bezeichnete Demarkationslinie entlang des 17. Breitengrades geteilt. Die Regierungen in Hanoi und Saigon wurden verpflichtet, innerhalb von zwei Jahren – spätestens bis Juli 1956 – gesamtvietnamesische Wahlen abzuhalten und die Wiedervereinigung der beiden Teile des Landes durchzuführen. Frankreich verzichtete endgültig auf seine kolonialen Ansprüche im südostasiatischen Raum.

Französische Fallschirmjäger verstärken die von Vietminh-Truppen immer enger eingeschlossenen Verbände bei Dien Bien Phu

Süd-Vietnams neuer Regierungschef Ngo Dinh Diem regierte autoritär, stützte sich auf die Geheimpolizei und sah sich schon bald mit einer kommunistischen, von der DRV unterstützten Guerilla, dem Vietcong, konfrontiert. Diem lehnte die gesamtvietnamesischen Wahlen ab, die Guerilatätigkeit verstärkte sich

*Abtransport
verwundeter
Soldaten aus den
französischen
Stellungen wenige
Tage vor der
Kapitulation bei
Dien Bien Phu*

und der Konflikt zwischen der DRV und Süd-Vietnam führte schließlich in den *Vietnamkrieg* (▷ 16.3).

15.31 Pariser Verträge Westeuropäische Union

Vom 25. Januar bis zum 18. Februar 1954 fand in Berlin eine Außenministerkonferenz der vier Siegermächte statt, das erste Viermächtetreffen seit dem Tode Stalins. Die hohen Erwartungen, die die Öffentlichkeit in die Verhandlungen gesetzt hatte, wurden jedoch enttäuscht: Weder in der Deutschlandfrage noch bei den Verhandlungen über den *österreichischen Staatsvertrag* (▷ 15.33) gab es irgendwelche Fortschritte. Die neue Sowjetregierung setzte ihre Versuche fort, mit Angeboten von Friedensverhandlungen mit Gesamtdeutschland die Integration der Bundesrepublik Deutschland in ein westeuropäisches Bündnis zu unterlaufen. Sie lehnte jedoch die Gegenforderung der Westmächte ab, daß vor Beginn dieser Verhandlungen freie Wahlen in ganz Deutschland stattfinden müßten, wie es etwa der Plan des britischen Außenministers Eden vorsah.
Die Ablehnung des EVG-Vertrages durch die französische Nationalversammlung (▷ 15.28)

am 30. August 1954 versetzte der Idee eines auch militärisch „Vereinten Europas", wie sie etwa der Franzose Robert Schuman (▷ 15.27), der Italiener Alcide De Gasperi, der Belgier Paul Henri Spaak und Konrad Adenauer verfolgten, einen empfindlichen Rückschlag. Der brisante Ost-West-Gegensatz veranlaßte die Teilnehmer einer Neunmächtekonferenz in London vom 28. September bis zum 3. Oktober 1954 – auf ihr waren neben den westeuropäischen Staaten die USA und Kanada vertreten –, eine andere Bündnislösung zu finden, um den deutschen Wehrbeitrag zu gewährleisten.
Auf der Folgekonferenz, die vom 9. bis 23. Oktober 1954 in Paris stattfand, wurden entsprechend den Empfehlungen der Londoner Schlußakte mehrere Abkommen unterzeichnet, die die internationale Stellung der Bundesrepublik Deutschland neu definierten, die Pariser Verträge. Der am 26. Mai 1952 zwischen den Westmächten und der Bundesrepublik Deutschland abgeschlossene Deutschlandvertrag wurde in einer revidierten Fassung jetzt verabschiedet und damit das Besatzungsregime für beendet erklärt. Der „Vertrag über den Aufenthalt ausländischer Streitkräfte in der Bundesrepublik Deutschland" sicherte allerdings das Stationierungsrecht der Westmächte. Der 1948 von Großbritannien,

Frankreich, Belgien, den Niederlanden und Luxemburg geschlossene Brüsseler Pakt wurde durch den Beitritt Italiens und der Bundesrepublik Deutschland zur Westeuropäischen Union (WEU) erweitert.

Die französischen Vorbehalte gegen eine Wiederbewaffnung Deutschlands konnten durch dessen feste Einbindung in das westliche Verteidigungssystem überwunden werden. Das Land, gegen das sich der Brüsseler Pakt ursprünglich gerichtet hatte, wurde nun selbst Vertragspartner. Der Eintritt der Bundesrepublik in die WEU war die Voraussetzung für den Beitritt zur *NATO* (▷ 15.20), weil sie sich bestimmten Rüstungsbeschränkungen unterwarf und auf die Herstellung von atomaren, biologischen und chemischen Waffen verzichtete. Die Hauptaufgabe der WEU sollte es sein, „die Einheit Europas zu fördern und seine fortschreitende Integration zu unterstützen".

Bilateral wurde zwischen Frankreich und der Bundesrepublik Deutschland ein Abkommen über das Saarstatut ausgehandelt. Die von Frankreich beabsichtigte Europäisierung des Saarlandes im Rahmen der WEU kam jedoch nicht zustande, da sich in einer Volksabstimmung am 23. Oktober 1955 die Saarbevölkerung mit 67,7% gegen das Statut und für die Eingliederung in die Bundesrepublik Deutschland entschied.

Die Pariser Verträge waren in der Bundesrepublik innenpolitisch heftig umstritten, die SPD-Opposition, aber auch große Teile der Öffentlichkeit sahen durch die forcierte Westintegration und den eigenen Verteidigungsbeitrag die Chancen auf eine Wiedervereinigung entscheidend schwinden. Am 5. Mai 1955 traten die Pariser Verträge in Kraft, nachdem alle Ratifikationsurkunden hinterlegt worden waren. Der Westteil des ehemaligen Deutschen Reiches hatte seine völkerrechtliche Souveränität wiedererlangt.

15.32 Warschauer Pakt

Die Aufnahme der Bundesrepublik Deutschland in die *NATO* (▷ 15.20) am 5. Mai 1955 bot der Regierung der UdSSR den Anlaß, am 14. Mai in Warschau einen seit November 1954 vorbereiteten multilateralen Vertrag über Freundschaft, Zusammenarbeit und gegenseitigen Beistand durch Vertreter von sieben osteuropäischen Ländern unterzeichnen zu lassen. In dem auf zwanzig Jahre abgeschlossenen Warschauer Pakt (WP) verpflichteten sich Albanien (Mitglied bis 1968), Bulgarien, die DDR, Polen, Rumänien, die Tschechoslowakei, Ungarn und die UdSSR zu gegenseitigem Beistand bei einem militärischen Angriff in Europa und sagten sich die friedliche Beilegung internationaler Streitfragen, gegenseitige Konsultationen sowie Nichteinmischung in innere Angelegenheiten eines Mitgliedstaates zu. Die Beteiligung an anderen Bündnissystemen wurde verboten; Bestimmungen über einen vorzeitigen Austritt fehlten. Der Einsatz von gemeinsamen WP-Verbänden auf dem Boden eines Signatarstaates war nicht von vornherein ausgeschlossen.

Dem von den Partei- und Regierungschefs sowie den Außen- und Verteidigungsministern

Ein Treffen der Staats- und Parteichefs der Staaten des Warschauer Pakts 1973: (von links) Schiwkow (Bulgarien), Ceauşescu (Rumänien), Gierek (Polen), Kádár (Ungarn), Husák (ČSSR), Breschnew (UdSSR) und Honecker (DDR)

gebildeten Beratenden Politischen Ausschuß kam vor der Reform der Paktstruktur 1969 nur geringe Bedeutung zu. Ein Militärrat überwachte die Koordination, Planung, Ausbildung und Waffenstandardisierung. Das Vereinigte Kommando der Streitkräfte der Signatarmächte (ab 1969: Gemeinsames Oberkommando) mit Sitz in Moskau stand unter sowjetischem Oberbefehl. Durch vage Formulierung waren die anderen Vertragspartner gehalten, ihre nationalen Streitkräfte dem Vereinigten Kommando zu unterstellen, ohne aber selbst Einfluß auf die sowjetische Militärdoktrin und Rüstung nehmen zu können.

Da alle Mitglieder zudem durch zweiseitige Beistandsverträge miteinander verbündet und sowjetische Einheiten in der DDR, Polen, Rumänien und Ungarn stationiert waren, diente der Warschauer Pakt dem Kreml anfangs als Instrument der politischen Kontrolle und Disziplinierung. Erst in den sechziger Jahren kam es zu einer Intensivierung der militärischen Zusammenarbeit und zu gemeinsamen Manövern. Der Kreml drohte mehrfach Mitgliedern mit Truppenintervention und beendete dementsprechend gewaltsam den *Prager Frühling* (▷ 16.9).

Mit den Entspannungsbemühungen in Europa, mit den Bestrebungen der Mitgliedstaaten nach mehr Eigenständigkeit und der Möglichkeit, in außereuropäische Konflikte der UdSSR (China 1969, Afghanistan 1979) verwickelt zu werden, wuchs der Widerstand gegen die sowjetische Militärdominanz. Der Demokratisierungskurs seit 1985 verstärkte sowohl in den Mitgliedstaaten des Warschauer Paktes als auch in der UdSSR die Vorbehalte gegen die überholte Paktstruktur. Den 1990 geschlossenen bilateralen Abkommen über den Abzug der Sowjetarmee aus Osteuropa folgte die Vereinbarung über seine Auflösung zum 1. Juli 1991 (▷ 17.22).

15.33 Staatsvertrag für Österreich

Österreich war ebenso wie Deutschland 1945 von den Armeen der Siegermächte besetzt und in *Besatzungszonen* (▷ 15.3) aufgeteilt worden, hatte jedoch bereits im April 1945 in der sowjetischen Zone eine provisorische Staatsregierung erhalten, die dann im Okto-

ber 1945 auch in den drei westlichen Zonen anerkannt worden war. Noch während des Krieges hatten die Alliierten in der „Moskauer Deklaration" vom 1. November 1943 festgelegt, die Republik Österreich wiederherzustellen.

Schon im November 1945 fanden in Österreich die ersten freien Wahlen statt. Die hieraus hervorgegangene Koalitionsregierung aus Bürgerlichen, Sozialisten und Kommunisten unterstand dem Alliierten Rat der vier Besatzungsmächte. Die Kommunisten schieden aus der Regierung aus, als diese das Angebot des *Marshallplanes* (▷ 15.10) annahm. Seitdem teilten sich die Österreichische Volkspartei (ÖVP) und die Sozialistische Partei Österreichs (SPÖ) die Regierungsgeschäfte nach einem Proporzsystem. Diese große Koalition trug wesentlich dazu bei, die Position Österreichs gegenüber den Besatzungsmächten zu stabilisieren und eine Spaltung in eine West- und eine Osthälfte im Lande und in der Viersektorenstadt Wien zu verhindern.

Die Ablösung des Besatzungsstatuts durch einen Staatsvertrag wurde seit 1946 angestrebt und war ein Dauerthema auf den zahlreichen Konferenzen der vier Außenminister. Doch die Zukunft Österreichs geriet ebenso wie das Deutschlandproblem in das Spannungsfeld des *Kalten Krieges* (▷ 15.25), so daß eine Entscheidung immer wieder vertagt werden mußte.

Erst als nach Stalins Tod die neue Moskauer Führung die Westpolitik, die mit der Note Stalins vom Frühjahr 1952 an die Westmächte begonnen hatte und eine westeuropäische Militärallianz verhindern sollte, fortsetzte, kam Bewegung in die sowjetische Haltung auch gegenüber der österreichischen Frage. Ende März 1955 signalisierten die Sowjets ihre Bereitschaft, ihre Besatzungstruppen zugleich mit den Truppen der anderen ehemaligen Verbündeten aus Österreich abzuziehen, wenn der österreichische Staat „immerwährende Neutralität" zusichern würde. So konnte in relativ kurzer Frist am 15. Mai 1955 der österreichische Staatsvertrag von den Außenministern der vier bisherigen Besatzungsmächte und dem österreichischen Außenminister unterzeichnet werden.

Wenige Tage vorher war die Westintegration der Bundesrepublik Deutschland in den *Pariser Verträgen* (▷ 15.31) vollzogen worden.

Am 15. Mai 1955
unterzeichneten
(von links) J. F. Dulles
(USA), Molotow
(UdSSR, stehend),
L. Figl (Österreich),
H. Macmillan
(Großbritannien) und
A. Pinay (Frankreich,
ganz rechts) den
österreichischen
Staatsvertrag

Die Antwort der Sowjetunion auf diese Entwicklung war die Gründung des *Warschauer Paktes* (▷ 15.32) am 14. Mai 1955. Mit dem österreichischen Staatsvertrag und der freiwilligen Zusicherung der österreichischen Neutralität durch die Wiener Regierung war aus Sicht der Sowjetunion verhindert worden, daß auch die österreichischen Westzonen in die westeuropäische Allianz eingegliedert wurden. Am 25. Mai 1955 zogen die letzten Besatzungstruppen aus Österreich ab, und schon im Dezember wurde Österreich Mitglied der Vereinten Nationen.

15.34 XX. Parteitag der KPdSU Entstalinisierung

Nach Stalins Tod 1953 setzte unter dem Druck der bisher künstlich niedergehaltenen gesellschaftlichen Spannungen ein „Tauwetter" (Ilja Ehrenburg) ein. Aufbruchstimmung machte sich breit. Reformen gerade auch zur Lösung der erheblichen sozialökonomischen Probleme wurden öffentlich diskutiert. Heftige innerparteiliche Kontroversen begleiteten die Debatte. In ihnen behauptete sich Nikita Chruschtschow (1894–1971), der seit 1953 an der Spitze der Partei stand. Mit seinem Namen ist die „Entstalinisierung" verknüpft, die er 1956 auf dem XX. Parteitag einleitete. Mehr und mehr Verbrechen des stalinistischen Terrors kamen ans Tageslicht. Viele der unschuldigen Opfer wurden rehabilitiert, die Straflager begannen sich zu leeren.
Doch eine vollständige Umkehr gelang nicht. Eine Reihe Tabus blieb bestehen; bei der Suche nach den Ursachen des *Stalinismus*

(▷ 14.5) stieß man keineswegs bis zu den Wurzeln vor. Stalin und einige seiner engsten Mitarbeiter sowie der „Personenkult" wurden für alle Unterdrückungsmaßnahmen und Mißstände verantwortlich gemacht. Der Schock war für Partei und Öffentlichkeit zu groß, als daß man tiefer nach den strukturellen Gründen gefragt hätte. Die mangelnden Kontrollmechanismen der Partei sowie die Art der Industrialisierung und Kollektivierung zum Kern der Kritik zu machen hätte bedeutet, an den Grundlagen der Ordnung zu rütteln. Für viele war es ohnehin schwer zu glauben, daß all das Leid, die Opfer und Entbehrungen vielleicht umsonst gewesen seien. Darüber hinaus war die neue Partei- und Staatsführung ebenso wie der gesamte Apparat noch vom stalinistischen System geprägt.
Das wirkte sich auch auf die Reformen aus, die in Angriff genommen wurden. Die Landwirtschaft sollte umstrukturiert werden. In der Industrie suchte man nach einer besseren Verbindung von zentralistischen und dezentralen Elementen sowie nach einer Verfeinerung der Planung. Die Konsumgüterproduktion sollte gesteigert werden. Parallel dazu begannen Veränderungen in der Parteistruktur, die eine höhere Qualifikation der Funktionäre und mehr innerparteiliche Demokratie zum Ziel hatten. Die Masse der Funktionäre fühlte sich allerdings durch die vielen Neuerungen verunsichert und boykottierte sie weitgehend. Die im Stalinismus eingeübten Praktiken und Verhaltensweisen wirkten fort. So wartete man vielfach immer noch auf Instruktionen übergeordneter Stellen, statt selbständig zu entscheiden. Zugleich wurde die Realität verschleiert, um z. B. im wirtschaftlichen Bereich

die Erfüllung der Planvorgaben melden und die entsprechenden Prämien einstreichen zu können.

Als die zahlreichen, oft wenig durchdachten Experimente schließlich nicht zu den erhofften wirtschaftlichen Erfolgen führten und zudem der offensive außenpolitische Kurs Chruschtschows in der *Kubakrise* ($\triangleright$ 15.46) 1962 eine Niederlage erlitt und zudem durch den Konflikt mit der Volksrepublik China neue Spannungen entstanden, war seine Absetzung 1964 durchaus folgerichtig. Die neue Führung um den Parteichef Leonid Breschnew (1906–1982) und den Ministerratsvorsitzenden Alexei Kossygin (1904–1980) machte radikale Änderungen an der Parteistruktur wieder rückgängig. Im Herbst 1965 beschloß sie jedoch eine umfassende Wirtschaftsreform, die allerdings bald steckenblieb. Die „Entstalinisierung" des Systems konnte nicht abgeschlossen werden.

15.35 Konferenz von Bandung Die Blockfreien

Während sich im *Ost-West-Konflikt* ($\triangleright$ 15.25) die Positionen zwischen den beiden Supermächten USA und UdSSR zunehmend verhärteten und beide feste Bündnissysteme aufbauten, die in der Mitte der fünfziger Jahre die Welt in zwei sich feindlich gegenüberstehende Machtblöcke zu teilen drohten, meldeten sich jene Staaten zu Wort, die außerhalb dieser Blocksysteme geblieben waren und sich bald die Bezeichnung „Blockfreie" gaben. Auf Anregung des indischen Ministerpräsidenten Nehru trafen sich in Bandung auf Java (Indonesien) Delegierte aus 23 asiatischen und sechs afrikanischen Staaten zu einer Konferenz vom 18. bis 24. April 1955. Die Teilnehmerstaaten, unterschiedlich in ihrer Gesellschaftsordnung und politischen Ausrichtung, stimmten überein in ihrer leidenschaftlichen Stellungnahme gegen jede Form von Kolonialismus und Rassendiskriminierung und forderten die Achtung der Charta der *Vereinten Nationen* ($\triangleright$ 15.2). Ihre Resolution gegen den Kolonialismus gab den Unabhängigkeitsbewegungen in den noch existierenden Kolonien Auftrieb. Eine weitere Resolution galt dem Weltfrieden. Gefordert wurde der Abbau der Spannungen zwischen den Machtblöcken und eine allgemeine Abrüstung. Die Konferenz setzte sich für ein Verbot und für die Vernichtung der bestehenden Kernwaffenarsenale ein sowie für die sofortige Einstellung der Kernwaffenversuche. Nehru, neben dem als herausragende Persönlichkeiten der ägyptische Staatspräsident Nasser, der chinesische Ministerpräsident Chou En-lai und als Gastgeber der indonesische Präsident Sukarno im Mittelpunkt des Interesses standen, rief die Teilnehmerstaaten auf, sich den Machtblöcken fernzuhalten und sich gemeinsam um Entspannung zu bemühen.

In dem Bekenntnis zur partnerschaftlichen Zusammenarbeit und zur friedlichen Koexistenz der Staaten mit unterschiedlichen politischen und gesellschaftlichen Strukturen entstand der „Geist von Bandung", der den Prozeß der *Entkolonialisierung* ($\triangleright$ 15.43) in Afrika und Asien wesentlich bestimmt hat. Erstmalig in der Geschichte wurde der Begriff der „Dritten Welt" in der Forderung der „Bandung"-Staaten nach Gleichberechtigung und Gleichbehandlung an die Adresse der ehemaligen Kolonialmächte deutlich.

Neben Nehru und Nasser wurde in den folgenden Jahren der jugoslawische Staatschef Tito ($\triangleright$ 15.18) ein Vorkämpfer für die Gedanken der Blockfreiheit, dessen Land sich als einziger europäischer Staat dem Kreis der „Bandung"-Staaten näherte. Im Juli 1956 trafen sich Tito, Nasser und Nehru auf der jugoslawischen Halbinsel Brioni, um Prinzipien und Ziele der Blockfreien zu diskutieren. Die erste Konferenz der blockfreien Staaten fand vom 1. bis 6. September 1961 in Belgrad statt und endete mit einem Abrüstungsappell an die Großmächte. Daneben forderte sie, daß der Kongo ($\triangleright$ 15.43) und Kuba ($\triangleright$ 15.46) das Recht haben müßten, ihr politisches System selbst zu bestimmen.

15.36 Polnischer Oktober

Die Abrechnung mit dem Stalinismus auf dem *XX. Parteitag der KPdSU* ($\triangleright$ 15.34) und der Tod des Parteichefs Bierut am 12. März 1956 stürzten die Polnische Vereinigte Arbeiterpartei (PVAP) in eine Krise. Dem Gebot Chruschtschows, die innenpolitischen Zwänge abzubauen, politische Häftlinge zu amnestieren und eine konsumorientierte Wirtschaftspolitik zu verfolgen, kam der neue Erste

Sekretär Ochab zwar nach; er wurde aber am 22. Juni 1956 von einem Streik Posener Arbeiter überrascht, der durch einen Einsatz der Armee, der 48 Todesopfer kostete, niedergeschlagen wurde. Unter Druck der Öffentlichkeit mußten trotz des Widerstands einer altstalinistischen Fraktion Anfang August die 1948/49 entmachteten „Nationalkommunisten" um Władysław Gomułka (1905 bis 82), denen allein eine Konsolidierung der aufgewühlten Stimmung im Lande zugetraut wurde, rehabilitiert und in die PVAP aufgenommen werden.

Władysław Gomułka

Die Wahl Gomułkas zum Ersten Sekretär am 19. Oktober und die Entmachtung der an den Schaltstellen von Verwaltung, Armee und Partei tätigen sowjetischen Berater versuchte Chruschtschow bei einem Blitzbesuch in Polen am 20. Oktober zu verhindern, er mußte aber dem Machtwechsel und dem damit verbundenen Programm, den Sozialismus nach nationalpolnischen Gesichtspunkten aufzubauen, zustimmen. Da eine überzeugende personelle Alternative zu Gomułka fehlte, große Sympathiekundgebungen für die neue Führung die antisowjetische Grundstimmung in Polen aufzeigten und der *Aufstand in Ungarn* (▷ 15.37) größere Risiken beinhaltete, lenkte die Kremlführung ein.
Gomułka versprach eine Reform der Planwirtschaft, die Erweiterung der Arbeiterselbstverwaltung in den Betrieben, die Aufhebung der Zwangskollektivierung und die Wiederzulassung der privaten Landwirtschaft, größere Rechte für das Parlament (den Sejm) sowie eine liberalere Kultur- und Kirchenpolitik (Freilassung inhaftierter Geistlicher mit Primas Kardinal Wyszyński an der Spitze, Wiedereinführung des Religionsunter-

richts an Schulen). Viele dieser Ansätze wurden aber rasch verwässert, da es Gomułka trotz seiner beträchtlichen Popularität nicht gelang, die rivalisierenden Flügel innerhalb der PVAP zu versöhnen und einheitliche ideologische Richtlinien durchzusetzen. Zudem durfte Gomułkas Programm gemäßigter innenpolitischer Reformen nicht die Führungsrolle der UdSSR, Polens Zugehörigkeit zum „sozialistischen Lager" und das Machtmonopol der Kommunisten in Frage stellen.
So haben die nach dem Polnischen Oktober praktizierten Doktrinen die einstige ideologische und institutionelle Gleichförmigkeit im sowjetischen Hegemonialbereich zwar gesprengt, ohne daß es aber zur Ausbildung einer neuen Art von Kommunismus gekommen wäre, in der innere Liberalität und äußeres Unabhängigkeitsstreben unter dem Banner des Nationalkommunismus eine Symbiose hätten eingehen können.

15.37 Aufstand in Ungarn

Die ungarischen Altstalinisten um Parteichef Rákosi verweigerten auch nach dem *XX. Parteitag der KPdSU* (▷ 15.34) eine Kurskorrektur, so daß sich die innenpolitische Lage im Frühsommer 1956 zuspitzte. In dem Bemühen, zu einem Ausgleich mit dem Jugoslawien Titos (▷ 15.18) zu gelangen und ein Übergreifen der polnischen Streikbewegung (▷ 15.36) auf Ungarn auszuschließen, zwang die Kremlführung Rákosi am 18. Juli zum Rücktritt und bestimmte Ernő Gerő zum neuen Ersten Sekretär der ungarischen Kommunisten (MDP). Die Rehabilitierung der Opfer der Stalinzeit und das Versprechen, die Versorgungslage zu verbessern, konnte aber die von Studenten und Intellektuellen auf die Arbeiterschaft übergreifende Unzufriedenheit nicht abbauen.
Der Versuch der Polizei, am 23. Oktober eine Sympathiekundgebung für Polen gewaltsam zu beenden, löste einen spontanen Volksaufstand aus. Der in der Öffentlichkeit großes Ansehen genießende Kommunist Imre Nagy (1896–1958), der als Vertreter eines „neuen Kurses" in ständiger Auseinandersetzung mit dem stalinistischen Flügel der MDP stand, trat als neuer Ministerpräsident an die Spitze des Aufstands; seiner Regierung gehörten auch prominente Nichtkommunisten an. János Ká-

Volksaufstand in Ungarn 1956. Ungarn haben einen sowjetischen Panzer erbeutet

dár (1912–90) übernahm die Reorganisation der MDP. Bis zum 27. Oktober hatten sowjetische Truppen die Ruhe wiederhergestellt.

Nagys Programm, das reformsozialistische Ungarn nach dem Abzug der Sowjetarmee in eine parlamentarische Demokratie und in die Neutralität zu führen, versetzte die von den Altstalinisten zur Militärintervention aufgeforderte Kremlführung in Alarmbereitschaft. Während die Weltöffentlichkeit durch die *Sueskrise* (▷ 15.38) abgelenkt war, rückten neue Panzerverbände nach Ungarn ein. Als Proteste und Verhandlungen über den Vormarsch kein Ergebnis brachten, erklärte Nagy am 2. November 1956 den Austritt aus dem Warschauer Pakt und die Neutralität Ungarns. Das von Aufständischen und Teilen der Armee verteidigte Budapest fiel nach blutigen Straßenkämpfen am 10./11. November 1956. Selbst nach den geschönten offiziellen Zahlen forderten die Kämpfe 3000 Tote und 13000 Verletzte; über 4000 Gebäude wurden zerstört. 200000 Ungarn gingen ins Exil. Über 20000 Personen wurden in Gefängnisse und Tausende in sowjetische Arbeitslager verbracht. Unter den mehr als 2000 nach Sonderverfahren Hingerichteten befand sich auch Nagy, der zunächst in der jugoslawischen Botschaft Asyl erhalten hatte.

Als Ministerpräsident und Erster Sekretär einer neuformierten Ungarischen Sozialistischen Arbeiterpartei (USAP) hatte der inzwischen prosowjetische Kádár mit harter Hand den geforderten „Normalisierungskurs" durchzusetzen. Es gelang ihm aber allmählich, den nach den unbarmherzigen Vergeltungsmaßnahmen eingetretenen Vertrauensverlust wettzumachen, die materielle Versorgung zu verbessern und mit einem vorsichtigen Liberalisierungskurs auch Voraussetzungen für die spätere Demokratiebewegung (▷ 17.9) zu schaffen.

15.38 Sueskrise

Die fünfziger Jahre hatten ein deutliches Anwachsen des Selbstbewußtseins vieler Völker des Südens erlebt. Ägyptens Präsident Gamal Abd el Nasser (1918–1970) spielte dabei eine besondere Rolle: Auf der *Konferenz von Bandung* (▷ 15.35) hatte er an der Seite von Nehru, Chou En-lai und Sukarno als überzeugender Vertreter der Blockfreien internationales Ansehen gewonnen. Der Westen verweigerte ihm jedoch die Hilfe bei der Aufrüstung Ägyptens, so daß er das Angebot der Sowjetunion annahm und mit der ČSSR ein Waffenlieferungsabkommen abschloß. Die arabische Welt sah nun einen Weg, der Abhängigkeit vom Westen zu entgehen. Für *Israel* (▷ 15.14) bedeutete die neue arabisch-sowjetische Allianz, daß es als einziger zuverlässiger Partner der westlichen Welt im Vorderen Orient hervortrat, denn auch Jordanien begann, sich von der britischen Dominanz zu emanzipieren. Am 1. und 2. November 1955 griffen die Israelis ägyptische Stellungen im Gasastreifen an, um palästinensischen Überfällen ein Ende zu setzen. Nasser erschien mehr und mehr als der auszuschaltende Erzfeind nicht nur Israels, sondern auch der ehemaligen Mandatsmächte Großbritannien und Frankreich, das Nasser für Waffenlieferungen an die algerische FLN verantwortlich machte (▷ 15.42).

Nassers Plan, den Assuan-Staudamm auszubauen, um die Probleme des Landes bei der Bewässerung und Elektrifizierung zu lösen, war der Ausgangspunkt der Sueskrise. Nasser benötigte finanzielle Hilfe des Westens, die aber nur unter Auflagen gewährt worden wäre, die an die Zeiten der Besetzung Ägyptens durch Großbritannien Ende des 19. Jahrhunderts erinnerten und daher von Nasser kategorisch abgelehnt wurden. Als Antwort auf die Haltung des Westens verstaatlichte Ägypten im Juli 1956 die Sueskanalgesellschaft, nachdem die britischen Truppen aus der Kanalzone abgezogen waren. Durch diese Maßnahme gewann Nasser großes Ansehen in Ägypten und in den meisten arabischen Ländern. Briten und Franzosen waren entschlossen, mit allen Mitteln ihre Anwesenheit in der Region zu verteidigen, besonders angesichts der westlichen Abhängigkeit vom Öl der Golfregion. Der *Sueskanal*, 1869 eingeweiht (▷ 12.12), war die wichtigste Seeverbindung zwischen Europa, dem Nahen Osten und Südasien.

Nasser lehnte den Vorschlag einer Internationalisierung des Sueskanals ab. Die Briten und die Franzosen zogen nun ihr Fachpersonal ab, doch die Ägypter wurden bald Herr der Lage und bewiesen ihre technische Kompetenz. Die beiden Westmächte waren jedoch entschlossen, die sich zuspitzende Sueskrise zu nutzen, um gemeinsam mit Israel das Nasser-Regime zu beseitigen und den panarabischen Ambitionen entgegenzutreten. In drei Londoner Konferenzen (August bis Oktober 1956) bemühte man sich vergeblich um eine Beilegung der Krise. Nach geheimen Absprachen begann Israel am 29. Oktober den Angriff auf den Gasastreifen und drang rasch auf den Sinai vor. Wenig später führte die britisch-fran-

Der ägyptische Staatspräsident Nasser

zösische Luftoffensive zur Bombardierung der Kanalstädte; die beiden Westmächte wähnten sich in einer günstigen Situation, da die Sowjetunion durch den *Aufstand in Ungarn* (▷ 15.37) gebunden schien.

Die UN nahmen eine Resolution der USA an, die das Ende der Kämpfe forderte; die beiden westeuropäischen Mächte wurden verurteilt. Am 4. November beschlossen die UN, eine multinationale Streitmacht an den Kanal zu entsenden, um die Kriegsparteien zu trennen. In dieser Situation bloßgestellt, begannen die Briten und die Franzosen eine überhastete Landung bei Port Said. US-Präsident Eisenhower verurteilte die Gewaltanwendung und war darauf bedacht, den Einfluß der USA in der Region nicht zu gefährden. Die Sowjetunion drohte mit der Anwendung von Nuklearwaffen; unter starkem internationalem Druck mußten die britischen und französischen Truppen den Angriff abbrechen. Die Gefahr eines neuen Weltkriegs war vorüber. Nach der außenpolitischen Niederlage mußte der britische Premierminister Anthony Eden zurücktreten und wurde am 10. Januar 1957 durch Harold MacMillan (1894—1986) ersetzt. Der bedeutende militärische Stützpunkt am Sueskanal ging den Westmächten verloren. Nasser hatte zwar einen Krieg militärisch verloren, aber dafür einen großen politischen Sieg errungen. Er war nun die unbestrittene Führungsfigur der arabischen Welt. Der Sowjetunion gelang es, ihr Prestige in der „Dritten Welt" zu steigern. Israel mußte sich gegen die Garantie freier Schiffahrt im Golf von Akaba aus den eroberten Gebieten zurückziehen; UN-Soldaten, die die Truppen der Briten

*Die
Unterzeichnung
der Römischen
Verträge zur
Gründung der
EWG und der
Euratom am
25. März 1957*

und Franzosen bis Jahresende 1956 abgelöst hatten, überwachten die ägyptischen Grenzen zu Israel, das nun in der Region isolierter als zuvor erschien. Der Sueskanal blieb israelischen Schiffen weiter verschlossen.

15.39 Römische Verträge EWG und Euratom

Die Bereitschaft der Regierungen Belgiens, der Bundesrepublik Deutschland, Frankreichs, Italiens, Luxemburgs und der Niederlande, auf dem Wege zu einem europäischen Zusammenschluß voranzuschreiten, hatte auch nach dem Scheitern des EVG-Projektes (▷ 15.28) fortbestanden und zur Aufnahme der Bundesrepublik Deutschland in die WEU (▷ 15.31) und in den *Nordatlantikpakt* (▷ 15.20) geführt. Bereits Anfang Juni 1955 kamen die Außenminister zu einer Konferenz in Messina zusammen. Sie beschlossen, einen neuen Schritt „auf dem Wege der europäischen Integration" zu beginnen und „diese Etappe zunächst auf wirtschaftlichem Gebiet zurückzulegen."

Die Verhandlungen von Wirtschaftsexperten der sechs Länder, an denen auch Vertreter des *Europarates* (▷ 15.21) und der OEEC teilnahmen, zogen sich wegen der Fülle der zu lösenden Detailfragen über längere Zeit hin. Strittig war etwa die Frage, wie die französischen Gebiete in Übersee einbezogen werden könnten und in welcher Form der Handel über die innerdeutsche Grenze hinweg zu berücksichtigen sei. Erst auf der Konferenz in Paris im

Februar 1957 konnten die Verhandlungen zum Abschluß gebracht werden. Die Unterzeichnung der Verträge, mit denen eine Europäische Atomgemeinschaft (Euratom) zur Koordinierung der Kernforschung und der friedlichen Nutzung der Kernenergie sowie eine Europäische Wirtschaftsgemeinschaft (EWG) geschaffen wurden, erfolgte auf dem Kapitol in Rom am 25. März 1957. Die britische Regierung hatte eine Teilnahme an den Verhandlungen abgelehnt, da die außenpolitische Orientierung auf das *Commonwealth* (▷ 13.38) Vorrang hatte und in Europa eher eine *Freihandelszone* (▷ 15.44) bevorzugt wurde. Die Römischen Verträge traten Anfang 1958 in Kraft.

Ziel der EWG war die Errichtung eines europäischen Binnenmarktes und eine gemeinsame Wirtschaftspolitik; als weiterer Schritt wurde eine europäische Währungsunion angestrebt, mit gemeinsamer Währung oder wenigstens fixierten Wechselkursen.

Zur Erfüllung der vielfältigen Aufgaben des Integrationsprozesses wurde folgende Organisationstruktur festgelegt: Aus der gemeinsamen Versammlung der *Montanunion* (▷ 15.27), der EWG und Euratom wurde das „Europäische Parlament" entwickelt, in das die nationalen Parlamente ihre Vertreter entsenden. Entscheidendes Organ wurde der „Rat", der sich aus je einem Regierungsvertreter (Minister oder Stellvertreter) der Mitgliedstaaten zusammensetzte. Die EWG-Kommission als geschäftsführendes Organ mit Sitz in Brüssel sollte für die Durchführung des Vertrages und der Ratsbeschlüsse Sorge tragen und Vorschläge und Empfehlungen zur Entwicklung der Gemeinschaft erarbeiten. Die Mitglieder der EWG-Kommission wurden von den nationalen Regierungen auf vier Jahre ernannt. Weitere Organe waren der Europäische Gerichtshof und der Wirtschafts- und Sozialausschuß.

Die ersten direkten Wahlen zum Europäischen Parlament fanden erst 1979 statt. Die „Europäische Gemeinschaften (EG)" weiteten sich beständig aus (▷ 16.17). Seit 1975 wurden zahlreiche Länder aus dem afrikanischen, karibischen und pazifischen Raum (AKP-Staaten) mit der EWG assoziiert.

15.40 Rapacki-Plan

Nach dem *Polnischen Oktober* (▷ 15.36) entwickelte der polnische Außenminister Adam Rapacki (1909–1970) zum Abbau der Spannungen in Mitteleuropa den Plan einer militärischen Teilabrüstung. An der Nahtstelle von *NATO* (▷ 15.20) und *Warschauer Pakt* (▷ 15.32) sollte als erstes eine atomwaffenfreie Zone geschaffen werden, die beide deutsche Staaten, Polen, die Tschechoslowakei, Ungarn und die Niederlande umfassen sollte. Dieser am 2. Oktober 1957 vor der Vollversammlung der Vereinten Nationen erläuterte Vorschlag fand anfangs keinen Widerhall, zumal dieser Politik der „konstruktiven Koexistenz" im Westen unterstellt wurde, sie wolle die Bundesrepublik Deutschland aus der NATO herausbrechen, und im Osten die Befürchtung herrschte, Polen könne sich durch eine Schaukelpolitik aus dem sozialistischen Lager lösen. Der polnische Parteichef Gomułka regte deshalb an, im Interesse einer verbesserten Zusammenarbeit auch die Ostsee-Anrainer zu beteiligen und versicherte, die polnische Initiative werde einer Vertiefung der Teilung Europas entgegenwirken.

Nach schwierigen Verhandlungen im Januar/Februar 1958 im Kreml konnte Rapacki die sowjetischen Bedenken über die Kontrollmechanismen ausräumen, doch die den NATO-Partnern am 14. Februar zugeleitete neue Version fand keine Gegenliebe, weil die Überlegenheit des Warschauer Paktes bei konventioneller Rüstung nicht ausreichend berücksichtigt schien. Rapacki modifizierte seinen Entwurf am 31. Oktober 1958 in Oslo mit dem Vorschlag, in einer ersten Etappe die atomare Rüstung auf dem gegenwärtigen Stand einzufrieren und danach, zeitgleich mit der vollständigen und kontrollierten atomaren Abrüstung, eine Herabsetzung der konventionellen Bewaffnung einzuleiten.

Das sowjetische Berlin-Ultimatum vom November 1958, die *Berlin-Krise* und der *Mauerbau* (▷ 15.45) unterbrachen die polnischen Bemühungen. Im Rahmen der Genfer Abrüstungskonferenz erneuerte Polen am 28. März 1962 seine Initiative und stellte mit dem Vorschlag zur Erweiterung der atomwaffenfreien Zone auch die Modalitäten zur Gewährleistung uneingeschränkter Kontrollen vor, konnte aber die Vorbehalte der Westmächte nicht ausräumen. Da auch der die bisherigen Anregungen zusammenfassende Gomułka-Plan von 1964 keine Zustimmung fand, erlosch das polnische Interesse, einen konstruktiven Beitrag zur Konfliktregulierung zu leisten.

15.41 Vereinigte Arabische Republik

Nach dem Zweiten Weltkrieg spielte die Armee in Syrien eine immer bedeutendere Rolle. Die 1943 gegründete, erst 1955 offiziell zugelassene sozialistische Baath-(Wiedergeburts-)Partei hatte den Panarabismus zum Ziel und stellte die dominierende Rolle der führenden sunnitischen Familien, die bereits unter dem französischen Völkerbundsmandat (1920–45) das Land regiert hatten, in Frage. Die innenpolitischen Auseinandersetzungen und die militärische Niederlage im Krieg gegen den neuen Staat *Israel* (▷ 15.14) lösten mehrere Staatsstreiche des Militärs aus, die in die Diktatur Adib Schischaklis mündeten.

Eine neue Verfassung wurde angenommen, in der der Islam als Staatsreligion festgeschrieben wurde, was sowohl die Baath-Partei als auch die Christen ablehnten. Syriens Wirtschaftspolitik wurde immer protektionistischer, im Gegensatz etwa zu der am freien Markt orientierten libanesischen. Schischakli entließ 1951 die zivile Regierung, setzte eine militärische ein und löste das Parlament auf. Er verteidigte Syrien gegen irakischen und amerikanischen Druck, schaffte den Konfessionalismus ab und stärkte wirtschaftlich die öffentliche Hand zugunsten der herrschenden Familien. Nach einem erneuten Militärputsch im Frühjahr 1954 suchte Syrien unter Shukri Al Kuwwaki (1891–1967) die von der Baath-Partei, die in Rivalität mit der Kommunistischen Partei ständig an Boden gewann, geforderte Annäherung an Ägypten. Jedes Bündnis mit dem prowestlichen Irak, etwa der Bagdadpakt zwischen dem Irak und der Türkei, wurde abgelehnt. Eine Mehrheit sah in der Zusammenarbeit mit Ägypten den besten Weg für die Verwirklichung der eigenen neutralistischen Tendenzen: Nasser wollte die Solidarität der Araber mit seiner Politik der Unabhängigkeit stärken, die aus den Arabern eine internationale politische Macht schaffen sollte; die Baath-Partei verfolgte dagegen die Ideologie eines panarabischen Bündnisses.

Im Oktober 1955 wurde ein Militärpakt mit Ägypten geschlossen. Israel antwortete darauf mit der Bombardierung syrischer Gebiete, vermochte jedoch damit nicht, Syrien von seinem Kurs abzubringen. Im Juni 1956 wurde eine Regierung der Nationalen Union unter Sabri Al Asali gebildet, die Baath-Partei stellte den Außenminister. Die USA bereiteten seit 1955 mit Großbritannien den Sturz der syrischen Regierung vor, doch nach der *Sueskrise* (▷ 15.38) mußten sie ihre Politik ändern, da der westliche Einfluß zugunsten der Sowjetunion verlorenging, die jetzt auch Syrien mit Waffen versorgte.

Syrien geriet immer mehr in sowjetische Abhängigkeit. Seine Nachbarn standen aber auf der Seite der USA, vor allem die Türkei, die Truppen an der syrischen Grenze konzentrierte. König Saud von Saudi-Arabien versuchte zwischen den USA und Syrien zu vermitteln, jedoch ohne Absprache mit Nasser, der dem Wunsch der syrischen Nationalisten nach einer Union mit Ägypten nachkam und am 13. Oktober 1957 ägyptische Truppen in der Hafenstadt Al Ladhikijjah (Lattakieh) landen ließ, die entlang der Grenze zur Türkei Stellung bezogen. Die Baath-Partei legte im Dezember einen Unionsentwurf vor; die syrische Armee entschied sich aus Furcht vor der Zersplitterung in sich bekämpfende Gruppen für die Union mit Ägypten. Nasser nahm den Entwurf im Januar 1958 an, jedoch erst nachdem er seine Vorstellungen durchgesetzt hatte: keine Föderation, sondern eine Fusion mit Ägypten. Am 1. Februar 1958 wurde die Union verkündet, die Vereinigte Arabische Republik (VAR).

Anfangs genoß Nasser große Popularität in Syrien, jedoch entfernte er nach und nach die syrischen Politiker aus verantwortungsvollen Stellen. Die Schwierigkeiten in Syrien nahmen zu, und Nasser griff alle Separatisten, sogar die Kommunisten an, hielt jedoch am Sozialismus fest. Der Jemen schloß sich am 8. März 1958 in einem lockeren Bündnis der VAR an, um die Vereinigten Arabischen Staaten zu bilden; dieser Schritt blieb jedoch nahezu ohne praktische Konsequenzen. Nach dreieinhalb Jahren wurde die VAR durch einen Militärputsch in Syrien wieder gelöst (28. September 1961).

Das Scheitern der VAR war vor allem in dem ägyptischen Hegemoniestreben begründet, das Syrien, die „Nordprovinz" der VAR, nicht als Partner, sondern als Besitz betrachtete. Die Nationalisierungen in Ägypten gestalteten alle wirtschaftlichen Bereiche zugunsten der ägyptischen Interessen, und die syrischen Beamten wurden in ihrer eigenen Heimat durch Ägypter ersetzt. In Syrien war die Baath-Partei uneingeschränkt für die Fusion mit Ägypten eingetreten. Dennoch kam bald die Ernüchterung: Die Baath-Minister mußten feststellen, daß ihre Partei in Ägypten nicht geduldet wurde und ihre Kompetenzen in der gemeinsamen Regierung immer mehr beschnitten wurden; deswegen traten sie ab Ende 1959 zurück. Ägypten behielt den Namen VAR, bis Sadat ihn im Jahre 1971 durch Arabische Republik Ägypten ersetzte. Syrien hatte seine Souveränität wiedererlangt, und schon bald sollte die Baath-Partei an die Macht gelangen (▷ 16.8).

15.42 Nationalbewegungen in Nordafrika

Bereits zwischen den Weltkriegen hatte sich in Ägypten eine Nationalbewegung entwickelt. Als Großbritannien die Entsendung einer ägyptischen Abordnung (arab. wafd) zur Versailler Friedenskonferenz (▷ 13.17) ablehnte, kam es zu Unruhen in ganz Ägypten („Revolution von 1919"). Geführt von Saad Saghlul, erreichte die Wafd-Partei die Aufhebung des britischen Protektorats über Ägypten (1922); die Briten behielten jedoch militärische Rechte. Mit begrenztem Erfolg forderte sie in den folgenden Jahren die volle Souveränität Ägyptens, verlor jedoch nach dem

Zweiten Weltkrieg, in dem das Land von den Briten wieder wie ein Protektorat behandelt wurde, angesichts von Korruptionsvorwürfen stark an Rückhalt in der Bevölkerung. Insgeheim hatte sich inzwischen eine Organisation „Freie Offiziere" gebildet, die König Faruk stürzte. Ein Revolutionsrat, in dem Gamal Abd el Nasser immer stärker hervortrat, wurde nunmehr oberstes Organ des Staates. Am 18. Juni 1953 wurde Ägypten Republik. Mit dem Rückzug britischer Streitkräfte aus der Sueskanalzone wurde 1954 der aus den dreißiger Jahren stammende anglo-ägyptische Vertrag gelöst. In der *Sueskrise* (▷ 15.38) konnte Ägypten trotz militärischer Niederlage die Verstaatlichung des Sueskanals durchsetzen; Nasser entwickelte sich zu einer Integrationsfigur des Panarabismus.

Unter algerischen Arbeitern in Frankreich war 1926 der „Nordafrikanische Stern" entstanden. Seit 1929 geführt von Messali Hadj, 1937 in „Algerische Volkspartei" umbenannt, forderte sie die vollständige Unabhängigkeit Algeriens. Nach der blutigen Niederschlagung des Aufstandes von Sétif (1945) gründete Ferhat Abbas die „Demokratische Union des algerischen Manifestes", die die Gleichberechtigung der arabisch-muslimischen Bevölkerung allerdings innerhalb des französischen Staatsverbandes forderte.

Die Verfassung der IV. Republik in Frankreich sah die völlige Integration Algeriens in den französischen Staatsverband vor; die Nationalbewegung radikalisierte sich nun. Bald entstand die „Bewegung für den Triumph Demokratischer Freiheiten" (MTLD). Aus einer militanten Geheimorganisation innerhalb der MTLD ging die Nationale Befreiungsfront (FLN) hervor, die im November 1954 einen Aufstand auslöste, der zum Algerienkrieg führte und mit dem Vertrag von Évian Algerien 1962 die Unabhängigkeit brachte. Erster Ministerpräsident wurde Mohammed Ben Bella (geb. 1927), der seit 1949 gegen die französische Herrschaft gekämpft hatte. In einem unblutigen Staatsstreich wurde Ben Bella, der alle Macht im Staat auf sich vereint hatte, 1965 durch Houari Boumedienne gestürzt, der den Aufbau Algeriens in Anlehnung an die Staaten des Ostblocks fortsetzte.

In Tunesien hatten vom Großbürgertum getragene Kräfte 1920 die antikoloniale Destur-Partei (arab. „Verfassung") gegründet, von der sich 1934 die „Neo-Destur" abspaltete. Geführt von Habib Burgiba (geb. 1903), erreichte sie nach Unruhen im ganzen Land, daß Frankreich 1956 die Unabhängigkeit Tunesiens anerkennen mußte. Burgiba wurde Ministerpräsident und später Staatspräsident auf Lebenszeit.

In Marokko wurde die 1937 von der „Marokkanische Aktion" abgespaltete Partei der Unabhängigkeit (arab. istiqlal) die tragende Kraft der marokkanischen nationalen Bewegung. Sie initiierte landesweite Aufstände und erreichte im Zusammenwirken mit Sultan Mohammed V. 1955/56 die Ablösung des französischen und spanischen Protektorates. Nach dem Tod Mohammeds wurde Hassan II. 1961 König und Ministerpräsident.

15.43 Entkolonialisierung Kongokrise

Nach dem Zweiten Weltkrieg ging die Kolonialherrschaft westeuropäischer Staaten (Großbritannien, Frankreich, Niederlande und Belgien) in Asien, Afrika, Mittelamerika und Ozeanien zu Ende. In Artikel 73 fordert die UN-Charta die Gewährung des Selbstbestimmungsrechts an „Völker, die noch nicht die volle Selbstregierung erreicht haben". Frankreich weigerte sich jedoch im Hinblick auf Algerien (▷ 15.42), Portugal hinsichtlich seines gesamten Kolonialbesitzes, diesen Grundsatz anzuerkennen, da sie diese Gebiete als integrale Bestandteile ihres Staatsgebiets betrachteten.

Mit der Entlassung Britisch-Indiens in die Unabhängigkeit (1947) und der Teilung des Subkontinents in die Indische Union und Pakistan (▷ 15.12) setzte die Entkolonialisierung im Empire ein, die überwiegend mit friedlichen Mitteln geschah. Der Prozeß der Machtübertragung an einheimische, meist von einer Nationalbewegung getragene Kräfte vollzog sich in Etappen. Die Mehrzahl der neuen Staaten blieb im *Commonwealth of Nations* (▷ 13.38). Nach dem britischen Modell verlief auch der Entkolonialisierungsprozeß in den französischen Kolonien südlich der Sahara, die bis 1960 ihre staatliche Souveränität erhielten. In blutigen Kriegen dagegen mußten sich Algerien (1954–62) und die Länder Indochinas (1946–54) aus französischer, Angola, Moçambique und Portugiesisch-Guinea (1961–75) aus portugiesischer Herrschaft lösen. Auf der Seite der nach Unabhängigkeit strebenden Völker spielten Befreiungsbewegungen eine tragende Rolle, so die „Front de Libération Nationale" (FLN, ▷ 15.42) in Algerien oder die Vietminh in Vietnam (▷ 16.3).

Patrice Lumumba

Am 30. Juni 1960 gewährte Belgien seiner Kolonie als „Republik Kongo" die Unabhängigkeit; Staatspräsident wurde Joseph Kasawubu (1917–69), Ministerpräsident Patrice Lumumba (1925–61). Die von der Kolonialmacht hinterlassene Wirtschaftsstruktur war beherrscht von multinationalen Unternehmen zur Ausbeutung der Rohstoffvorkommen, besonders von der belgischen Bergwerksgesellschaft „Union Minière du Haut-Katanga" in der südöstlichen Provinz Katanga, dem heutigen Shaba. Bis in die fünfziger Jahre paternalistisch regiert, war die einheimische Bevölkerung nur für untergeordnete Produktions- und Dienstleistungsaufgaben ausgebildet worden. Die kleine politische Führungsschicht war zersplittert; neben der Partei Kasawubus, der ABAKO, bot nur die von Lumumba geführte Kongolesische Nationalbewegung (MNC) eine alle Volksgruppen ansprechende Perspektive.

In dem von Aufständen und Gewalt zerrissenen Land machte sich Katanga unter Führung des Provinzgouverneurs Moise Tschombé mit belgischer Unterstützung am 11. Juli 1960 selbständig. Auf Bitten der Zentralregierung, die Belgien den Krieg erklärt hatte, entsandten die UN Truppen, die nach und nach die belgischen Verbände ablösten. Die eigentlichen Machtzentren waren nun das UN-Oberkommando und die Botschaft der USA, die das Eingreifen der UN finanzierten. Am 14. September kam es zum Putsch der

Armee unter Joseph Mobutu (geb. 1930), offenkundig mit amerikanischer Unterstützung. Anfang 1961 wurde Lumumba in Katanga ermordet; 1962/63 beendeten die UN-Truppen die Sezession Katangas und weiterer rebellischer Provinzen im Osten des Landes. Nach deren Abzug bildete Tschombé eine neue Regierung der nationalen Sammlung, die sich im folgenden Bürgerkrieg durchsetzte. Doch am 25. November 1965 übernahm Mobutu in einem unblutigen Militärputsch die Macht, ernannte sich für fünf Jahre zum Staatspräsidenten und begann mit dem Neuaufbau des Kongo; seit 1971 ist der Staatsname Zaïre.

Während der Kongokrise kam der amtierende UN-Generalsekretär Dag Hammarskjöld (geb. 1905), der sich zum Ziel gesetzt hatte, die UN zur treibenden Kraft bei der Entkolonialisierung zu machen, bei einem Flugzeugabsturz im Kongo am 18. September 1961 ums Leben. Er erhielt im selben Jahr postum den Friedensnobelpreis.

15.44 Europäische Freihandelszone (EFTA)

Der von den Unterzeichnern der *Römischen Verträge* (▷ 15.39) angestrebten europäischen Integration stand Großbritannien ablehnend gegenüber. Noch waren die britischen Wirtschaftsinteressen stärker mit dem Commonwealth verbunden als mit den Ländern des Kontinents. Großbritannien strebte eine Liberalisierung des zwischenstaatlichen Handels an, eine große europäische Freihandelszone ohne die Errichtung supranationaler Institutionen. Jedes Mitgliedsland sollte die Freiheit behalten, in seiner Handelspolitik Beziehungen zu anderen Staaten aufzunehmen.

Da Verhandlungen mit den sechs EWG-Staaten erfolglos blieben, kam es unter Führung Großbritanniens zur Gründung einer Freihandelszone (European Free Trade Association / EFTA), der am 4. Januar 1960 in Stockholm außer Großbritannien Dänemark, Norwegen, Schweden, Österreich, Portugal und die Schweiz beitraten. Finnland schloß sich 1961 an, gab aber seine bereits bestehenden Verbindungen zum osteuropäischen *RGW* (▷ 15.19) nicht auf. Island trat der EFTA im März 1970 bei.

Das Stockholmer Abkommen sah den Abbau aller Zölle und Mengenbeschränkungen im Handelsverkehr untereinander bis zum 1. Januar 1970 vor. Dieses Ziel wurde bis Ende 1969 mit der völligen Abschaffung der Zölle auf Industrieerzeugnisse erreicht. Agrarprodukte blieben davon allerdings ausgeschlossen. Als politische Organisation der europäischen Integration hat die EFTA im Vergleich mit der EWG keine Rolle gespielt. Bereits 1961 stellte Großbritannien unter dem Eindruck der unterschiedlichen wirtschaftlichen Entwicklung im eigenen Land und in den EWG-Staaten den Antrag, in die Europäische Gemeinschaft aufgenommen zu werden, der jedoch 1963 am Veto Frankreichs scheiterte; daraufhin wurde in der EFTA der Prozeß des Abbaus der Zölle auf Industrieimporte beschleunigt, da ja auch die EWG in ihrem Bereich ähnliche Pläne verfolgte. Erst 1969 konnten neue Beitrittsverhandlungen in Gang gesetzt werden, die nun zur Aufnahme Großbritanniens sowie Dänemarks und Irlands in die EG zum 1. Januar 1973 (▷ 16.17) führten, was das Ausscheiden der Briten und der Dänen aus der EFTA zur Folge hatte. In Norwegen lehnten die Stimmberechtigten in einer Volksabstimmung einen EG-Beitritt ab. Die in der EFTA verbliebenen Länder hielten die Freihandelszone aufrecht. Bereits 1972 schloß die EG mit Island, Portugal, Schweden, Finnland, Österreich und der Schweiz Handelsabkommen, die eine große Freihandelszone im gesamten westeuropäischen Raum zum Ziel hatten.

15.45 Berlin-Krise Mauerbau

Die Sowjetführung und insbesondere der neue Partei- und Regierungschef Nikita Chruschtschow versuchten als Reaktion auf die verstärkte amerikanische Atomrüstung und die befürchtete Ausstattung der westdeutschen Bundeswehr mit Atomwaffen, den Status quo in Europa festzuschreiben, die internationale Anerkennung der DDR voranzutreiben und die Bundesrepublik mit ihrem deutschlandpolitischen Konzept (Alleinvertretungsanspruch gemäß der Hallsteindoktrin von 1955) zu isolieren.
Am 10. November 1958 stellte Chruschtschow in einer Moskauer Rede die Rechte der drei

Berliner Mauer. Amerikanische und sowjetische Panzer stehen sich am Sektorenübergang Friedrichstraße gegenüber

Westmächte in Berlin (▷ 15.1) in Frage. Wenig später forderte er die Westmächte ultimativ auf, sich innerhalb von sechs Monaten mit der Sowjetunion über die Umwandlung West-Berlins in eine „selbständige politische Einheit" zu einigen. Sollte dieses Berlin-Ultimatum nicht befolgt werden, würde er die Kontrolle der westalliierten Zufahrtswege nach West-Berlin den Polizeibehörden der DDR übertragen. In einer weiteren Note ließ Chruschtschow am 10. Januar 1959 den Westmächten den Entwurf eines Friedensvertrages zustellen, der von der Existenz zweier deutscher Staaten ausging sowie einer entmilitarisierten „Freien Stadt Westberlin".
Nach einigem Zögern antworteten die Westmächte mit einer Einladung zu einem Außenministertreffen der vier Mächte in Genf. Diese Außenministerkonferenz fand mit einigen Unterbrechungen vom 11. Mai bis zum 5. August 1959 statt. An ihr nahmen auch Delegationen beider deutscher Staaten „am Katzentisch" teil. Damit hatte Chruschtschow die De-facto-Anerkennung der DDR als Verhandlungspartner, gleichberechtigt neben der Bundesrepublik, durchgesetzt. Die Konferenz blieb jedoch ebenso ohne greifbares Ergebnis für die deutsche Frage wie das mit vielen Hoffnungen erwartete Gipfeltreffen Chruschtschows mit US-Präsident Dwight D. Eisenhower im September 1959 in Camp David in den USA, wo sich immerhin eine gewisse Entspannung abzuzeichnen begann.

491

Bei der ersten Begegnung mit dem neuen amerikanischen Präsidenten John F. Kennedy (1917–1963) bei dem Gipfeltreffen in Wien am 3./4. Juni 1961 erneuerte Chruschtschow das Berlin-Ultimatum von 1958 in vollem Umfang. Diesen Forderungen stellte der amerikanische Präsident „three essentials" entgegen, über die es in der Berlin-Frage keinen Verhandlungspielraum geben werde, nämlich „das Recht der Westalliierten in West-Berlin präsent zu sein, die Unantastbarkeit der alliierten Zufahrtswege nach West-Berlin und die Verpflichtung, der West-Berliner Bevölkerung die Selbstbestimmung ihrer Zukunft und die freie Wahl ihrer Lebensform zu gewährleisten".

Bauarbeiter aus Ost-Berlin schließen die durch einen Sprengstoffanschlag beschädigte Mauer an der Bernauer Straße. Sie werden von einem Volkspolizisten bewacht

Als am 13. August 1961 die DDR-Führung mit Zustimmung Moskaus über Nacht mit dem Bau einer Mauer durch Berlin begann, durch die der Ostteil der Stadt hermetisch von den Westsektoren abgeschlossen wurde, beschränkten sich die Westmächte auf verbale Proteste, da zum einen ihre Rechte in West-Berlin durch den Mauerbau nicht beeinträchtigt wurden, sie zum anderen aber auch angesichts der höchst explosiven Lage kaum echte Möglichkeiten der Gegenwehr sahen. Die DDR begründete die Abriegelungsmaßnahmen mit der anhaltenden Massenflucht in der DDR-Diktion Störmaßnahmen und Menschenhandel, angeleitet vom Westen, die für die Wirtschaft und die Versorgungslage der DDR nicht mehr zu verkraften war. Darüber hinaus wurde die Grenze zur Bundesrepublik zu einem unüberwindbaren Hindernis ausgebaut.

Für die Bundesrepublik Deutschland bedeutete die Hinnahme des Mauerbaus durch die alliierten Schutzmächte eine schmerzliche Erfahrung, die eine Neuorientierung ihrer politischen Grundsätze auszulösen begann. Die DDR-Führung feierte den Bau des „Antifaschistischen Schutzwalls" als Sieg des sozialistischen Lagers über den westlichen Imperialismus, der im Begriff gewesen sei, zu einem Angriff auf die DDR anzusetzen. Die Berliner Mauer wurde für 28 Jahre das Symbol der deutschen Teilung und der Teilung Europas schlechthin.

15.46 Kubakrise

Der reibungslose Ablauf der von der Sowjetunion gedeckten rigorosen Absperrmaßnahmen der DDR-Führung zur Beendigung der Massenflucht ihrer Bürger und die Hinnahme des Berliner *Mauerbaus* (▷ 15.45) durch die Westalliierten verleiteten Chruschtschow zu einer noch selbstbewußteren Haltung im atomaren Wettstreit mit der anderen Supermacht USA. Er verfolgte nach wie vor das Ziel, die Amerikaner zu einer nachgiebigeren Haltung gegenüber sowjetischen Forderungen in Europa zu bewegen.

Ende August 1961 kündigte Chruschtschow die Wiederaufnahme der von ihm 1958 einseitig eingestellten Kernwaffenversuche an. Während am 30. Oktober bei der Insel Nowaja Semlja im Eismeer der bis dahin größte thermonukleare Sprengkörper gezündet wurde, standen sich in Berlin am Sektorenübergang Friedrichstraße („Checkpoint Charlie") sowjetische und amerikanische Panzer einsatzbereit unmittelbar gegenüber.

Inzwischen intensivierte Chruschtschow die Unterstützung des unter fortwährendem amerikanischem Druck stehenden sozialistischen

Regimes Fidel Castros (geb. 1927) auf Kuba. Castro war es 1959 gelungen, den Diktator Batista zu vertreiben und mit seiner Guerilla nach sechs Jahren Kampf die Revolution auf Kuba zu beginnen. Nicht zuletzt aufgrund der geopolitischen Lage der Insel kam es sehr bald zum ersten kubanisch-sowjetischen Handels- und Kapitalhilfeabkommen. Die USA reagierten mit einem partiellen Handelsembargo, das im Februar 1962 zu einem totalen ausgeweitet wurde. Im Frühjahr 1961 war ein von den USA geförderter Versuch von Exilkubanern gescheitert, eine Invasion auf Kuba in der Schweinebucht durchzuführen. Chruschtschow begann nun mit der Installierung sowjetischer Raketenstellungen auf Kuba, durch die die Metropolen der amerikanischen Ostküste unmittelbar bedroht werden konnten. Aus dieser Position heraus glaubte er Amerika zwingen zu können, auf seine Forderungen in Europa – Anerkennung der DDR, Abschluß eines Friedensvertrages mit beiden deutschen Staaten, Errichtung einer atomwaffenfreien Zone in Mitteleuropa – einzugehen. Als im September 1962 amerikanische Aufklärungsflugzeuge die sowjetischen Abschußrampen auf Kuba zweifelsfrei identifizierten, kam es im engsten Mitarbeiterstab des amerikanischen Präsidenten zu einer Serie von Krisensitzungen, an deren Ende Kennedy am 22. Oktober von Chruschtschow ultimativ den Abbau der Stellungen und den Rücktransport der Raketen in die Sowjetunion forderte.

Die Welt stand in den nächsten Tagen am Rande eines Nuklearkrieges zwischen den beiden Supermächten. Am 24. Oktober errichteten die USA eine Seeblockade gegen Kuba; am 28. Oktober ließ Chruschtschow nach einem geheimen Briefwechsel mit Kennedy die sowjetische Flotte abdrehen und ordnete an, mit der Demontage der Raketenstellungen zu beginnen. Kennedy ließ daraufhin im Frühjahr 1963 die Südrußland bedrohenden amerikanischen Raketenstellungen in der Türkei abziehen. Beide Mächte erkannten fortan die Notwendigkeit an, durch gegenseitige Kontaktaufnahme ähnliche Krisensituationen, die den Weltfrieden bedrohen könnten, von vornherein zu vermeiden. Eine gemeinsame Note beider Mächte an den UN-Generalsekretär U Thant im Januar 1963 beendete offiziell die Kubakrise.

Chruschtschow (rechts) und J. F. Kennedy bei einem Gipfeltreffen in Wien im Juni 1961

15.47 Chinesisch-sowjetischer Konflikt

Bereits zweieinhalb Monate nach dem Sieg der Kommunisten über die nationalchinesischen Streitkräfte, der am 1. Oktober 1949 in der Errichtung der *Volksrepublik China* gipfelte, reiste Mao Tse-tung nach Moskau (▷ 13.41, ▷ 15.22). Ergebnis der zweimonatigen Verhandlungen mit Stalin: Am 14. Februar 1950 schlossen China und die Sowjetunion einen „Vertrag über Freundschaft, Bündnis und gegenseitigen Beistand" mit einer Laufzeit von 30 Jahren.

In den nun folgenden Jahren strömten Tausende von sowjetischen Beratern ins Land und übernahmen entscheidende Positionen in allen Bereichen der chinesischen Gesellschaft. Die Freundschaft wurde „ewig und unverbrüchlich" genannt, doch zeigten sich sehr bald Meinungsverschiedenheiten in grundsätzlichen Fragen. Die chinesischen Ideologen beanspruchten von Anfang an für die Lehre Mao Tse-tungs theoretische Eigenständigkeit neben den Lehren von Marx, Lenin und Stalin; die sowjetischen Ideologen hingegen ordneten Mao diesen Theoretikern unter und sahen sein Verdienst in der korrekten Anwendung der Ideen Lenins und Stalins auf die konkreten Bedingungen der chinesischen Revolution. Bereits diese subtilen Divergenzen enthüllten eine Rivalität um Führungsanspruch bzw. Gleichberechtigung auf der Ebene der Ideologie.

Offen traten die Gegensätze nach dem Tode Stalins (1953) zutage. Chruschtschows Abrechnung mit Stalin auf dem *XX. Parteitag der KPdSU* 1956 (▷ 15.34) erfolgte ohne vorherige Absprache mit den anderen kommunistischen Parteien. Die KP Chinas bezeichnete nach anfänglichem Schweigen die völlige Verurteilung Stalins als „ernsten Irrtum" und nannte ihn einen „hervorragenden Marxisten-Leninisten". Mao war besorgt, daß eine generelle Verurteilung Stalins die Legitimität und Glaubwürdigkeit der Herrschaft der KP in Frage stellen könnte. Die entscheidende Abwendung vom sowjetischen Modell des sozialistischen Aufbaus erfolgte 1958 mit der Errichtung von Volkskommunen in China. Damit versuchte Mao Tse-tung, China an die Spitze der Entwicklung des Sozialismus zum Kommunismus zu stellen, indem er die Volkskommunen als Keimzellen einer künftigen kommunistischen Gesellschaft bezeichnete und für China eine historisch fortgeschrittenere Position als die der Sowjetunion beanspruchte. Er revidierte zwar diesen Anspruch, doch blieb die Entscheidung für eine eigene, von der der Sowjetunion abweichende Linie. Der Versuch Chruschtschows 1958, Mao Tse-tung davon zu überzeugen, daß China keine eigene Atombombe brauche, die Abschreckung vielmehr durch die sowjetische Bombe genüge, intensivierte Chinas Streben nach eigenen Kernwaffen. 1959 annullierte Moskau ein erst zwei Jahre zuvor geschlossenes Abkommen, China das Modell einer Atombombe und technische Daten ihrer Herstellung zu überlassen. Dieser Versuch, China in militärischer Abhängigkeit zu halten, war ein entscheidender Faktor im chinesisch-sowjetischen Konflikt, in dessen Verlauf es 1969 sogar zu militärischen Zusammenstößen am Grenzfluß Ussuri kam.

Hinter den zunehmend öffentlich ausgetragenen Meinungsverschiedenheiten über diverse Fragen der Ideologie verbargen sich im Grunde machtpolitische Interessen. China wollte nicht zweitrangige Macht im Schatten der Sowjetunion sein, sondern souverän und unabhängig seine Interessen verfolgen können. Für Mao Tse-tung war der Streit mit Moskau ein Mittel zur Emanzipation von der sozialistischen Hegemonialmacht Sowjetunion. Daß dieser Konflikt die tiefe Spaltung und damit Schwächung des Weltkommunismus zur Folge hatte, kümmerte den Nationalisten Mao wenig. Die Unabhängigkeit und innere ideologische Selbständigkeit seines Landes war ihm, von dem die entscheidenden Initiativen des Konflikts ausgingen, wichtiger als die Aufrechterhaltung der Einheit der kommunistischen Weltbewegung. Der Besuch Gorbatschows in China im Mai 1989 und Gegenbesuche chinesischer Spitzenpolitiker in den folgenden Jahren in Moskau beendeten den über drei Jahrzehnte währenden Konflikt und führten zur Wiederherstellung normaler Beziehungen.

Daten

26. Juni 1945	Gründung der Vereinten Nationen in San Francisco
Juli/Aug. 1945	Konferenz von Potsdam
24. Okt. 1945	Die Charta der Vereinten Nationen tritt in Kraft
20. Nov. 1945 bis	Nürnberger Hauptkriegsverbrecher-Prozeß gegen 24
1. Okt. 1946	Hauptangeklagte; das NS-Führerkorps, Gestapo, SD und SS werden zu verbrecherischen Organisationen erklärt
18. April 1946	Internationaler Gerichtshof in Den Haag eröffnet
10. Febr. 1947	Friedensverträge mit Finnland, Italien, Ungarn, Rumänien und Bulgarien
12. März 1947	Truman-Doktrin, Zusage von Militär- und Wirtschaftshilfe an alle Länder zur Bewahrung ihrer Unabhängigkeit
5. Juni 1947	Bekanntgabe des Marshallplanes
15. Aug. 1947	Unabhängigkeit Indiens und Pakistans
17. März 1948	Brüsseler Pakt
14. Mai 1948	Proklamation des Staates Israel
24. Juni 1948	Beginn der Berliner Blockade (bis 12. Mai 1949)
28. Juni 1948	Bruch Jugoslawiens mit der Sowjetunion
25. Jan. 1949	Rat für gegenseitige Wirtschaftshilfe (COMECON/RGW)
4. April 1949	Abschluß des Nordatlantikpakts (NATO)
5. Mai 1949	Gründung des Europarats
23. Mai 1949	Verkündung des Grundgesetzes für die Bundesrepublik Deutschland
1. Okt. 1949	Proklamation der Volksrepublik China
7. Okt. 1949	Gründung der Deutschen Demokratischen Republik
27. Dez. 1949	Unabhängigkeit Indonesiens
25. Juni 1950	Beginn des Koreakrieges (bis 27. Juli 1953)
18. April 1951	Europäische Gemeinschaft für Kohle und Stahl (Montanunion)
23. Mai 1951	Annexion Tibets durch die VR China
26. Mai 1952	Deutschlandvertrag mit den drei Westmächten
10. Sept. 1952	Wiedergutmachungsabkommen der Bundesrepublik mit Israel
5. März 1953	Tod Stalins
18. Juni 1953	Ägypten wird Republik
26. April 1954	Indochina-Konferenz in Genf (bis 21. Juli)
8. Sept. 1954	Gründung des Südostasienpaktes (SEATO)
23. Okt. 1954	Pariser Verträge, Beitritt der Bundesrepublik zur WEU
18.–24. April 1955	Konferenz von Bandung, erste Konferenz der blockfreien Staaten
9. Mai 1955	Beitritt der Bundesrepublik zur NATO
14. Mai 1955	Gründung des Warschauer Paktes, Beitritt der DDR
15. Mai 1955	Österreichischer Staatsvertrag mit den vier Siegermächten
14.–25. Febr. 1956	XX. Parteitag der KPdSU
23. Okt. 1956	Beginn des ungarischen Volksaufstandes
Okt./Nov. 1956	Suezkrise
25. März 1957	Römische Verträge zur Europäischen Wirtschaftsgemeinschaft
1957–1964	Unabhängigkeit der meisten afrikanischen Staaten
27. Nov. 1958	Berlin-Ultimatum Chruschtschows
1. Jan. 1959	Fidel Castro stürzt das Militärregime auf Kuba
4. Jan. 1960	Gründung der europäischen Freihandelszone (EFTA)
30. Juni 1960	Unabhängigkeit des Kongo, Beginn der Kongokrise
13. Aug. 1961	Mauerbau in Berlin
18. März 1962	Ende des Algerienkrieges
14.–28. Okt. 1962	Kubakrise um die Stationierung sowjetischer Raketen

Kapitel 16
Supermachtanspruch
und politische Vielfalt

Einführung

Aus den Erfahrungen der Kubakrise hatten die Regierungen der USA und der UdSSR die Erkenntnis gewonnen, daß sie angesichts ihrer Arsenale gegenseitiger mehrfacher Vernichtungspotentiale gemeinsame Anstrengungen unternehmen mußten, um künftig solche Konfrontationen, die die Gefahr eines Nuklearkrieges in sich bargen, zu vermeiden. Die Notwendigkeit einer Rüstungskontrolle verlangte nicht nur den Willen zur Koexistenz, sondern erforderte vor allem praktische Kooperation. Die Einrichtung eines „heißen Drahtes" zwischen Washington und Moskau war ein Symbol der veränderten Situation. Das Atomteststoppabkommen von 1963 und der Atomwaffensperrvertrag 1968 waren erste Ergebnisse einer neuen Zusammenarbeit der Supermächte.

Trotz dieser Erkenntnis waren die USA wie die Sowjetunion bemüht, sich gegenüber dem Kontrahenten keine Blöße zu geben; die praktische Politik blieb noch für lange Jahre den Prämissen des Kalten Krieges verhaftet. Die Amerikaner engagierten sich immer stärker mit Heer und Luftwaffe in Vietnam, um zu verhindern, daß Süd-Vietnam und damit möglicherweise ganz Südostasien ihrer Einflußsphäre entglitt. Die Sowjetunion unterstützte Nord-Vietnam, aber auch Rebellen bzw. Befreiungsbewegungen überall in der Welt. Die Dritte Welt war längst ein Schauplatz von heißen Stellvertreterkriegen geworden. Die Gegensätze zwischen den Blöcken, dem aus pluralistischen Demokratien gebildeten Westen und dem monolithischen von der Sowjetunion beherrschten Block östlicher Volksdemokratien waren fundamental. Während in den sechziger Jahren die Bürgerrechtsbewegung in den Vereinigten Staaten

Gleichberechtigung für die Schwarzen forderte, später die studentische Jugend in vielen Städten der westlichen Welt den Protest gegen die verkrusteten Gesellschaftsstrukturen auf die Straße trug, die Politik ihrer Regierungen und deren Geschäftsbeziehungen zu korrupten, die Menschenrechte mißachtenden Regimen anprangerte und leidenschaftlich den „schmutzigen Krieg" der Amerikaner in Vietnam brandmarkte, zeigte die sowjetische Führung mit der Intervention der Warschauer-Pakt-Truppen in der ČSSR und der Niederschlagung des Prager Frühlings 1968 der Welt, daß sie ein Ausscheren aus dem als ihren Besitzstand betrachteten Ostblock auch weiterhin nicht dulden würde. Albanien trat jedoch formell aus dem Pakt aus und wandte sich der Volksrepublik China zu.

Dennoch begannen 1969 zwischen beiden Supermächten erste konkrete Rüstungskontrollgespräche, die im Mai 1972 zur Unterzeichnung des SALT-I-Vertrages in Moskau führten; erstmals wurden die Begrenzung bestimmter Waffenkategorien und der Verzicht auf ihren weiteren Ausbau festgeschrieben. In besonderem Maße hatte US-Präsident Richard Nixon, der die Wahlen vornehmlich mit dem Versprechen gewonnen hatte, den Vietnamkrieg zu beenden, diese Entspannungspolitik vorangetrieben. Er zeigte Gesprächsbereitschaft mit der sowjetischen Führung, nahm aber zugleich Verbindungen zur Volksrepublik China auf, die sich mit der Sowjetunion in einem politisch-ideologischen Konflikt befand. Im Oktober 1971 erfolgte die Aufnahme der Volksrepublik China in die Vereinten Nationen, auch als ständiges Mitglied im Sicherheitsrat; Taiwan wurde ausgeschlossen.

Nach dem Regierungsantritt der sozialliberalen Koalition unter Willy Brandt begann gegen Ende der sechziger Jahre die Normalisierung der Beziehungen der Bundesrepublik Deutschland zu ihren östlichen Nachbarn, insbesondere zu der Sowjetunion und Polen, nachdem sieben Jahre zuvor der Elysée-Vertrag die deutsch-französische Aussöhnung besiegelt hatte. Der Grundlagenvertrag zwischen beiden deutschen Staaten stellte einen Modus vivendi dar, eine den Umständen entsprechende pragmatische Regelung des komplizierten innerdeutschen Verhältnisses. Der neue SED-Generalsekretär Erich Honecker verfolgte zunächst einen Kurs der vorsichtigen Öffnung der DDR. Das Viermächteabkommen der Siegermächte bekräftigte den Rechtsstatus Berlins und sicherte die Lebensfähigkeit des Westteils der Stadt.

Die erfolgreichen Mondlandungen amerikanischer Astronauten Ende der sechziger und Anfang der siebziger Jahre brachten den USA großes Prestige ein; der Konkurrent in der Weltpolitik, die Sowjetunion, mußte einen herben Rückschlag beim Wettlauf im All hinnehmen. Die gesellschaftliche Aufbruchstimmung jener Jahre schien in den offenbar unbegrenzten Möglichkeiten der Technik ihre Entsprechung zu finden. Doch das Selbstbewußtsein der USA erlitt in jenen Jahren ein Trauma, das die amerikanische Außenpolitik lange bestimmte: Die Amerikaner mußten den Vietnamkrieg beenden, geschlagen im Dschungelkrieg von einer kleinen Nation. Nach dem Friedensschluß in Paris 1973 wurde Süd-Vietnam Teil des kommunistischen Vietnams. Es blieb das bittere Gefühl, als Weltmacht unterlegen zu sein, und der Skandal der Watergate-Affäre bewirkte einen großen Vertrauensverlust in das politische System der westlichen Führungsmacht.

Der israelisch-arabische Konflikt erfuhr durch den Sechstagekrieg 1967 eine erneute Eskalation, in dessen Folge der Gasastreifen, der Sinai, Westjordanien und die Golanhöhen von Israel besetzt wurden. Als die erdölexportierenden arabischen Staaten im Jom-Kippur-Krieg 1973 durch Produktionsdrosselungen erstmals das Erdöl als Waffe einsetzten und damit eine weltweite Energie- und Wirtschaftskrise auslösten, wurde den westlichen Industrieländern, aber auch den Ländern des Südens durch die verheerenden Wirkungen

verdeutlicht, wie sehr die Volkswirtschaften miteinander verflochten waren und wie groß die Abhängigkeit von fossilen Rohstoffen war. Die Brüchigkeit des weltwirtschaftlichen Systems wurde offenkundig, den Industriestaaten wurde ihre Verletzbarkeit durch Boykotte von Rohstofflieferungen, die für ihre Wirtschaft und ihren Reichtum unersetzbar waren, drastisch vor Augen geführt. Mit dem Bericht des Club of Rome begann sich die Erkenntnis durchzusetzen, daß die Grenzen des Wachstums erreicht waren und die Zerstörung der Umwelt, der langsame, aber sichere Selbstmord des Planeten, bevorstand, wenn man nicht umzudenken bereit war. Die Ausmaße eines neuen weltumspannenden Konfliktes wurden an der Kluft erkennbar, die sich zwischen den reichen Ländern des Nordens und den verelendeten Ländern des Südens aufgetan hatte. Besonders die jungen Staaten Afrikas hatten nach der größtenteils abgeschlossenen Entkolonisierung mit den Folgen der langen Entmündigung zu kämpfen. Je nach Orientierung wurden Guerillas, aber auch putschende Militärs von Ost oder West unterstützt, und die kolonialen Grenzziehungen der Europäer führten zu blutigen Bürgerkriegen, während in weiten Teilen der Hunger regierte. Die Europäische Gemeinschaft, nach dem Beitritt von Dänemark, Irland und Großbritannien nun das Europa der Neun, schloß mit der Konvention von Lomé Assoziierungsabkommen mit Staaten aus Afrika, der Karibik und dem pazifischen Raum (AKP-Staaten), was vielen dieser Länder wirtschaftliche Vorteile brachte.

Das Klima für Entspannung und Demokratisierung in Europa schien günstig. Die Militärdiktatur in Griechenland und das autoritäre Regime in Portugal waren gestürzt worden, und mit dem Tod Francos begann Ende 1975 auch in Spanien die Demokratisierung. Der Höhepunkt der Entspannungspolitik jener Jahre war das Gipfeltreffen der Staats- und Regierungschefs Europas einschließlich der Staaten des Ostblocks (außer Albanien) sowie der USA und Kanadas in Helsinki zur Unterzeichnung der Schlußakte der Konferenz für Sicherheit und Zusammenarbeit in Europa (KSZE) im Sommer 1975. Obwohl dieses Schlußdokument kein vertraglich verpflichtendes Abkommen darstellte, enthielt es dennoch den Keim des politischen Wandels, der Ende der achtziger Jahre zum Ende des Ost-West-Konflikts führen sollte. Die siebziger und achtziger Jahre waren auch Etappen auf dem Weg zu einer immer engeren politischen Einigung Westeuropas. Im Juni 1979 fanden die ersten Direktwahlen zum Europäischen Parlament statt, und das Europa der Neun wuchs durch die Beitritte Griechenlands (1981) sowie Spaniens und Portugals (1986) zum Europa der Zwölf.

Die Ostblockstaaten hatten die Schlußakte von Helsinki unterzeichnet. Es zeigte sich jedoch bald, daß sie nicht gewillt waren, die in dem Vertragswerk geforderte Achtung der Menschenrechte und Grundfreiheiten im eigenen Lande zu praktizieren, geschweige denn Pluralismus und Meinungsfreiheit nach westlichem Verständnis zuzulassen. Wo sich die Demokratiebewegung unter Berufung auf die Schlußakte zu Wort meldete, etwa in der ČSSR (Charta 77), wurde sie brutal unterdrückt, doch schon bald zeigte sich, daß die Uhren nicht zurückgedreht werden konnten: Die Gründung der ersten unabhängigen Gewerkschaft in einem Ostblockland (Solidarność in Polen) leitete das Jahrzehnt des politischen Wandels in Europa ein.

Von einem grundlegenden Wandel in den Beziehungen zwischen den Supermächten und zwischen den Blöcken konnte allerdings unmittelbar nach Helsinki noch keine Rede sein. Daneben gab es innerhalb der NATO erstmals einen militärischen Konflikt zweier Mitglieder; die Konfrontation mit der Türkei um Zypern führte zum zeitweiligen Austritt Griechenlands aus der militärischen Organisation des Bündnisses.

Die USA vermißten in den Rüstungskontrollverhandlungen (SALT II, MBFR) eine flexiblere Haltung der Sowjetunion, die auch in dieser Atmosphäre der Entspannung ihre Aufrüstung und die Verfolgung globalstrategischer Pläne unbeirrt fortzusetzen schien, indem sie nicht nur sozialistische Regime überall auf der Welt förderte, sondern auch weiterhin antiwestlichen Befreiungsbewegungen, etwa in Afrika, militärische Hilfe gewährte. Mit Unterstützung der Sowjetunion wurde Indien im Mai 1974 sechste Atommacht.

In den USA gewannen die Gegner der Entspannungspolitik zunehmend an Einfluß. Sie sprachen der sowjetischen Führung ein echtes Interesse an Verständigung mit dem Westen

ab und beschuldigten sie, lediglich die eigene Machtposition erweitern und ein militärisches Übergewicht erzielen zu wollen, ein Vorwurf, der allerdings zum Repertoire beider Konfliktparteien gehörte. Doch der Einmarsch sowjetischer Truppen in Afghanistan im Dezember 1979 bestätigte offensichtlich den sowjetischen Expansionswillen. Der Gedanke, die Sowjetunion könne beabsichtigen, über Afghanistan hinaus in die Region des Persischen Golfes vorzustoßen und die Ölvorkommen unter ihre Kontrolle zu bringen, war eine Schreckensvision für die Industriestaaten des Westens.

Zudem hatte kurz zuvor die Vertreibung des Schahs, des engen Verbündeten der USA, durch die islamische Revolution im Iran die Lage in der Golfregion unberechenbar gemacht. Als iranische Studenten die amerikanische Botschaft in Teheran besetzten und das Botschaftspersonal als Geiseln nahmen, eskalierten die Spannungen zwischen den USA und den neuen Machthabern im Iran. Wie bereits im Vietnamkrieg mußten die USA die Erfahrung machen, daß ihre Wirtschafts- und Militärmacht nicht ausreichte, um ihre Interessen überall durchzusetzen. Sie sahen sich nicht in der Lage, das Geiseldrama kurzfristig zu beenden, weder auf dem Verhandlungswege noch mit einer wirtschaftlichen oder militärischen Machtdemonstration. Mit dem neun Jahre andauernden Ersten Golfkrieg der Nachbarn Iran und Irak wurde deutlich, daß die krisenhaften Entwicklungen in der Region die Interessen der auf das Erdöl angewiesenen westlichen Industrieländer gefährden könnten. Der Irak unter Präsident Saddam Husain erhielt in dieser Zeit massive westliche Militärhilfe, Waffen, die Saddam in den Folgejahren gegen den Westen und dessen Verbündete wandte.

Wut über die Demütigung und Ohnmacht zusammen mit der Tatsache, daß die Sowjets die Phase der Entspanngspolitik offenkundig zu vermehrten Rüstungsanstrengungen genutzt hatten, beendeten die Amtszeit der Regierung Carter und verhalfen Ronald Reagan in das Präsidentenamt, dessen Programm eine Politik der Stärke war. Zu den großen Verdiensten Carters zählte jedoch das Abkommen von Camp David zwischen Ägypten und Israel; der US-Präsident war Vermittler der historischen Verhandlungen, und der erste Friedensvertrag zwischen Israel und einem seiner arabischen Nachbarstaaten weckte große Hoffnungen auf eine friedliche Lösung des Nahostkonflikts. Doch der eskalierende Bürgerkrieg im Libanon machte rasch deutlich, daß eine umfassende Friedensregelung in der Nahostregion nicht ohne eine Lösung des Palästinenserproblems denkbar war.

Reagan, der schon in seinen Wahlkampfreden die Sowjetunion in der Polemik des Kalten Krieges attackiert hatte, begann seine Amtszeit mit einer drastischen Erhöhung des Verteidigungsetats, einem forcierten Aufrüstungsprogramm und dem vorläufigen Abbruch aller Rüstungskontrollgespräche.

In dieser Situation, die bedenklich an die Konfrontation der Blöcke während des Kalten Krieges erinnerte, erhob sich aus Angst vor der Gefahr eines atomaren Schlagabtausches in vielen Ländern der Protest einer internationalen Friedensbewegung. In Massenkundgebungen demonstrierten Millionen für die Bewahrung des Friedens und forderten von Washington und Moskau die sofortige Wiederaufnahme der Abrüstungsgespräche.

Zur gleichen Zeit kam es zwischen Großbritannien und Argentinien zu einem kurzen, aber brutalen Krieg um die Falklandinseln (Malvinen) im Südatlantik, eine britische Kronkolonie, die von Argentinien unter Berufung auf historische Rechte militärisch besetzt worden war. Nach der argentinischen Kapitulation wurde das Militärregime abgesetzt, und in vielen Staaten Südamerikas vollzog sich ein Prozeß der Demokratisierung, der schließlich auch in Chile einsetzte, wo seit 1973 eine Diktatur herrschte, die die demokratisch gewählte sozialistische Regierung Allende durch einen von den USA gestützten Militärputsch beseitigt hatte.

Die europäischen Partner der USA bemühten sich, in der neuen politischen Eiszeit die Kontakte zu den Ostblockstaaten nicht ganz abreißen zu lassen und den durch die harte Gangart der Reagan-Administration angerichteten Schaden zu begrenzen. Mit dem NATO-Doppelbeschluß erkannten sie zwar die Notwendigkeit einer westlichen Nachrüstung an, die Stationierung neuer amerikanischer Raketen in Europa sollte jedoch erst dann erfolgen, wenn die Sowjetunion in dem ihr angebotenen Verhandlungsspielraum von zwei Jahren keine Bereitschaft zeigte, das durch ihre Überrüstung in Europa entstandene Ungleichgewicht abzubauen.

Da zweijährige Rüstungskontrollverhandlungen in Genf ergebnislos blieben, erfolgte ab November 1983 die Stationierung der amerikanischen Mittelstreckenraketen. Die Sowjets reagierten darauf mit dem Abbruch der Genfer Verhandlungen. Reagans Erdrutschsieg bei seiner Wiederwahl zum Präsidenten im November 1984 schien zu bestätigen, daß das amerikanische Volk diesen harten Kurs billigte. Die Sowjetunion war geschwächt — im Zeitraum von weniger als drei Jahren mußte dreimal der Inhaber des höchsten Amtes in Staat und Partei neu bestimmt werden — und kehrte im Januar 1985 an den Verhandlungstisch zurück, um vor allem die vom amerikanischen Präsidenten geplante Militarisierung des Weltraums aufzuhalten.

Im März 1985 wurde Michail Gorbatschow Generalsekretär der KPdSU. Von seiner neuen Politik wurde erwartet, im Interesse der für notwendig erachteten wirtschaftlichen und gesellschaftlichen Erneuerung der Sowjetunion geeignete Maßnahmen zu ergreifen, um den Rüstungsetat drastisch zu kürzen und eine Verständigung mit dem Westen anzustreben.

16.1 Deutsch-französischer Freundschaftsvertrag

Die europäische Kooperation erlangte in den *Römischen Verträgen* von 1957 (▷ 15.39) eine neue Qualität. Der Regierungsantritt Charles de Gaulles 1958 schien anfänglich die bisherigen Beziehungen zu beeinträchtigen, da der General jedes supranationale Engagement europäischer Staaten ablehnte und statt dessen ein „Europa der Vaterländer" anstrebte, das sich aus der Bindung an die Führungsmacht USA mehr und mehr lösen sollte und in dem Frankreich eine Schlüsselrolle zufallen würde. In mehreren persönlichen Begegnungen des westdeutschen Bundeskanzlers Adenauer mit Staatspräsident de Gaulle gelang es jedoch, die deutsch-französische Aussöhnung zu fördern, wobei das gute persönliche Verhältnis zwischen den beiden Politikern das Fortbestehen der unterschiedlichen politischen Grundeinstellungen weitgehend überdeckte.

Am 22. Januar 1963 schlossen Adenauer und de Gaulle im Pariser Élysée-Palast einen Freundschaftsvertrag, der beide Regierungen zu ständigen Konsultationen verpflichtete. In regelmäßigen Treffen sollten fortan die Regierungschefs und Außenminister sowie weitere Ressortminister, insbesondere die für Wirtschaft, Verteidigung und Kultur, ihre Politik in allen wichtigen Fragen aufeinander abstimmen. Diese gemeinsamen Konferenzen finden seither zweimal jährlich statt. Ein Jugendaustausch wurde beschlossen, aus dem das Deutsch-Französische Jugendwerk entstanden ist.

Große Unterschiede blieben jedoch in der Bewertung existierender Verträge und in den Zielvorstellungen auf dem Felde der europäischen und der atlantischen Politik bestehen. De Gaulle bekundete noch wenige Tage vor der Unterzeichnung des Élysée-Vertrages mit seinem Veto gegen den britischen EWG-Beitritt und der Ablehnung einer multilateralen Atomstreitmacht seine der deutschen Anschauung zuwiderlaufende Einstellung; auch in de Gaulles Ablehnung der Struktur und Strategie der *NATO* (▷ 15.20) wurden die bestehenden Differenzen deutlich.

Erst sein Nachfolger Georges Pompidou (1911–1974) gab 1969 seine Zustimmung zur *Erweiterung der Europäischen Gemeinschaft* (▷ 16.17). Die deutsch-französische Freundschaft wurde zu einem Eckpfeiler für alle auf die Einigung Europas zielenden Bestrebungen. Der deutsch-französische Vertrag setzte einen Schlußstrich unter die jahrhundertealte Rivalität der beiden Nachbarvölker.

16.2 Atomwaffenentwicklung Atomteststoppabkommen

Im Oktober 1962 auf dem Höhepunkt der *Kubakrise* (▷ 15.46) war die Gefahr einer nuklearen Konfrontation zwischen der Sowjetunion und den USA greifbar nahe gewesen. Beide Mächte zogen aus dieser Erfahrung die Konsequenz, zukünftig alle Anstrengungen zu unternehmen, um zu internationalen Arrangements zu gelangen, die direkte Konfronta-

Charles de Gaulle (dritter von links) und Konrad Adenauer (zweiter von links) unterzeichnen im Élysée-Palast den deutsch-französischen Freundschaftsvertrag

tionen verhüteten. Die Beziehungen zwischen den beiden Supermächten, deren nukleare Vernichtungspotentiale die Bereitschaft zur Koexistenz geradezu erzwangen, waren fortan weitgehend von der Suche nach einer verläßlichen Rüstungskontrolle geprägt. Zudem waren es die gigantischen Kosten, die für die modernen Waffensysteme aufgewendet werden mußten, die die Supermächte drängten, in Abrüstungsverhandlungen einzutreten. Lange Zeit hatten sich die UN bereits bemüht, diesen Prozeß mit der Einrichtung von Abrüstungskommissionen in Gang zu setzen.

Mit dem Erreichen des atomaren Patts zwischen den Supermächten war ein Zustand erreicht, in dem militärische Auseinandersetzungen durch das „Gleichgewicht des Schreckens" verhindert wurden, da das vorhandene nukleare Potential auf beiden Seiten die mehrfache Vernichtung des Gegners und die Zerstörung des Erdballs jederzeit möglich machte.

Am 5. August 1963 schlossen die USA, Großbritannien und die Sowjetunion den „Moskauer Vertrag" über die teilweise Einstellung von Kernwaffenversuchen in der Atmosphäre, unter Wasser und im Weltraum. Das Abkommen war ein erster Schritt zu Abrüstungsverhandlungen auf dem Wege zu einer die Gegensätze abbauenden Politik der Entspannung. Vorrangig war den vertragsschließenden Mächten daran gelegen, das Atomwaffenmonopol zu bewahren und eine Weiterverbreitung (Proliferation) von Atomwaffen und aller zum Atomwaffenbesitz nötigen Materialien zu verhindern. Doch erst am 1. Juli 1968 wurde von den drei Regierungen der „Vertrag über die Nichtverbreitung von Kernwaffen" unterzeichnet, dem sich 59 weitere Staaten anschlossen, u. a. die Bundesrepublik Deutschland, nicht aber Frankreich und die Volksrepublik China, die beide bereits im Besitz von Atomwaffen waren. Der Vertrag trat am 5. März 1970 in Kraft.

Die keine Nuklearwaffen besitzenden Staaten verzichteten mit ihrem Beitritt zum „Atomwaffensperrvertrag" auf den Erwerb von Atomwaffen, ohne daß ihnen von den Atommächten eine Schutzgarantie gegen eine atomare Bedrohung gegeben wurde. Eine UN-Entschließung sicherte ihnen lediglich im Falle einer Bedrohung das sofortige Eingreifen des UN-Sicherheitsrates zu.

Unter dem Zwang zur Koexistenz intensivierten die USA und die Sowjetunion gegen Ende der sechziger Jahre ihre Bemühungen, in Rüstungskontrollverhandlungen eine Beschränkung der Raketenabwehrsysteme und der Zahl der Interkontinentalraketen zu erreichen. Das zu dieser Zeit bereits offenkundige Zerwürfnis zwischen den beiden Führungsmächten des Weltkommunismus, der Sowjetunion und der Volksrepublik China, trug wesentlich dazu bei, daß die Sowjets den Verhandlungen mit dem Westen ein zunehmend großes Gewicht beimaßen.

Soldaten der US-Infanterie in südvietnamesischem Hügelgelände

16.3 Vietnamkrieg

Der Vietnamkrieg begann 1946, als Frankreich im Widerspruch zum französisch-vietnamesischen Abkommen vom 6. März 1946 der 1945 von Ho Chi Minh ausgerufenen Demokratischen Republik Vietnam (DRV) nicht den vereinbarten Status eines freien Staates innerhalb der Französischen Union zugestand, sondern eine Politik der Rekolonialisierung betrieb. Die 1941 gegen die japanischen Besatzer und die französischen Kolonialherren gegründete Befreiungsbewegung Vietminh widersetzte sich diesem Vorgehen. Das französische Expeditionskorps konnte den Angriffen der von der Volksrepublik China unterstützten Einheiten der Vietminh trotz Hilfeleistungen durch die Amerikaner nicht standhalten; am 7. Mai 1954 kapitulierten die bei Diên Biên Phu eingeschlossenen französischen Truppen.

Aufgrund der auf der Genfer Indochina-Konferenz am 21. Juli 1954 vereinbarten Waffenstillstandsabkommen wurde u. a. eine in der Schlußerklärung ausdrücklich als vorläufig und keinesfalls als politische oder territoriale Grenze zu interpretierende Demarkationslinie nahe dem 17. Breitengrad festgelegt, hinter die sich nach Norden die Vietminh, nach Süden die französischen Truppen zurückziehen sollten. Doch die Schlußerklärung, die auch freie Wahlen in ganz Vietnam für 1956 vorsah, wurde nur zur Kenntnis genommen, eine Unterzeichnung unterblieb. Mit dem Ende der ersten, der „französischen" Phase des Vietnamkriegs, die auch als Indochinakrieg bezeichnet wird, wurde zwar der endgültige Rückzug Frankreichs aus diesem Raum, aber nur ein vorübergehender Friede in Südostasien erreicht.

Während der Genfer Indochina-Konferenz war Ngô Dinh Diêm, Katholik, Antikommunist und Gegner des Kolonialismus, Ministerpräsident des südlichen Teils von Vietnam geworden. Er setzte Kaiser Bao-Dai ab, proklamierte im Oktober 1955 Vietnam als Republik, deren erster Präsident er wurde, und weigerte sich, gesamtvietnamesische Wahlen in Zusammenarbeit mit der DRV vorzubereiten. Er war vielmehr bemüht, mit amerikanischer Hilfe Süd-Vietnam politisch und militärisch zu einem antikommunistischen Bollwerk auszubauen. Zugleich erfolgte von Nord-Vietnam aus eine gezielte Infiltration der ländlichen Gebiete Süd-Vietnams mit fast ausschließlich aus Südvietnamesen bestehenden Kadern, deren Anzahl auf 4000 für 1963 geschätzt wird. Der dadurch bewirkte wenigstens politische Einfluß der Front National de Libération du Viet-nam Sud (FLN), die hier teils auch eine eigene Verwaltung einrichtete und ihre Truppen rekrutierte, erreichte einen solchen Umfang, daß die Regierung Süd-Vietnams Anfang 1964 die Kontrolle von noch über ein Drittel aller Dörfer des Landes ausübte.

Spätestens Ende 1960 hatte die „amerikanische" Phase des Vietnamkrieges eingesetzt, als Präsident John F. Kennedy 2000 Militärberater nach Süd-Vietnam schickte, deren Stärke kontinuierlich erhöht wurde. Nach der Ermordung Ngô Dinh Diêms im Zuge eines Militärputsches 1963 und weiterer Militärrevolten wurde General Nguyên Văn Thiêu 1965 Staatsoberhaupt bzw. 1967 Präsident Süd-Vietnams. Aufgrund einer Ermächtigung

durch den Kongreß wurden die amerikanischen Truppen weiter verstärkt, die Bombardements auf Nord-Vietnam ab Februar 1965 systematisiert, die Nachschubwege des Vietcong auch auf dem durch Laos und Kambodscha führenden Teil in Luftangriffe einbezogen. Zwar vermochten die USA einen Sieg des Gegners zu verhindern, konnten ihn selbst jedoch auch nicht erlangen.

Die Bombenangriffe auf Nord-Vietnam bewirkten ungeheure Zerstörungen und große Verluste unter der Zivilbevölkerung sowie eine verstärkte Abhängigkeit Nord-Vietnams von der Sowjetunion, beeinträchtigten aber den Nachschub für die FNL-Truppen nicht nachhaltig. Mit der – militärisch letztlich fehlgeschlagenen – Tet-Offensive Anfang 1968 schockierte General Vo Nguyên Giap die Amerikaner. Während weltweit die Kritik am amerikanischen Vorgehen in Vietnam, insbesondere auch nach dem Massaker von My Lai, zunahm, wurden Ende März 1968 die Bombardements auf Nord-Vietnam eingestellt, als Vorbedingung für Verhandlungen, die ab Mai 1968 in Paris stattfanden. Zu Beginn des Jahres 1969 standen einer Truppenstärke von (jeweils rund) 550 000 Amerikanern, 30 000 Südvietnamesen und 70 000 Alliierten auf der einen Seite etwa 200 000 gegnerische Soldaten – je zur Hälfte der DRV und der FNL – gegenüber.

Die Bemühungen der USA in der Folgezeit, durch kontinuierlichen Truppenabzug und gleichzeitige Aufrüstung der südvietnamesischen Streitkräfte sowie in Geheimverhandlungen mit der DRV eine Beendigung des Vietnamkriegs zu erreichen, führten schließlich – gegen den Widerstand Süd-Vietnams – zum Waffenstillstandsabkommen von 1973 (▷ 16.22).

16.4 Bürgerrechtsbewegung in den USA Martin Luther King

Die Vereinigten Staaten waren aus dem Zweiten Weltkrieg nach dem Sieg über die faschistischen Diktaturen als Führungsmacht der westlichen Welt hervorgegangen. Sie behaupteten diese Position auch in dem sich bald zuspitzenden *Ost-West-Konflikt* (▷ 15.25) gegenüber der kommunistischen Führungsmacht Sowjetunion. Doch im eigenen Land

*Martin Luther King
(Bildmitte)
bei einem Protestmarsch
in Montgomery
(Alabama) 1965*

war der soziale Frieden in Hinblick auf das Verhältnis zwischen der weißen und der schwarzen Bevölkerung noch immer nicht gesichert. Der sogenannte Rassenkonflikt nahm vielmehr in den ersten Nachkriegsjahren an Brisanz zu. Wiederholt versuchten amerikanische Präsidenten, etwa Harry S. Truman, später auch Dwight D. Eisenhower, mit gesetzlichen Maßnahmen Ausschreitungen gewalttätiger Weißer und die Diskriminierung von Schwarzen abzubauen.

Im Süden der USA widersetzten sich Weiße jeder Veränderung des Status quo zugunsten der schwarzen Bevölkerung. Auf der anderen Seite verstärkte sich der Kampf der Schwarzen gegen die Benachteiligung in allen Bereichen des öffentlichen Lebens. Seit Mitte der fünfziger Jahre trat der schwarze Baptistenpfarrer Martin Luther King (1929–1968) in der neuen Bürgerrechtsbewegung hervor. Er rief zu gewaltlosem Widerstand gegen Diskriminierung und Rassenhaß auf und begründete verschiedene Organisationen, z. B. die „Southern Christian Leadership Conference", die den friedlichen Prozeß der Rassenintegration fördern sollten. 1956 bereits erreichte er durch einen Omnibusboykott in Montgomery (Alabama) die Aufhebung der Rassenschranken in den öffentlichen Verkehrsmitteln, ein erster Erfolg seiner Strategie der systematischen Unterwanderung der Rassentrennungsgesetze im Süden der USA.

Dennoch erfuhren die Schwarzen in den USA weiterhin eine starke Diskriminierung. Sie wurden an der Ausübung des Wahlrechts gehindert und am Arbeitsplatz, in Gewerkschaften, in Schulen und in anderen öffent-

lichen Einrichtungen als Bürger zweiter Klasse behandelt. Außerdem waren die Lebensbedingungen in den zumeist von Schwarzen bewohnten Großstadtghettos katastrophal.

Martin Luther King organisierte mit anderen Bürgerrechtlern am 28. August 1963 einen Sternmarsch zur Bundeshauptstadt Washington, an dem rund 250 000 Schwarze und Weiße teilnahmen, um Präsident John F. Kennedy zu einer schnelleren Revision der Rassengesetzgebung zu bewegen. Die Ermordung Kennedys am 22. November 1963 in Dallas wurde zunächst als schwerer Rückschlag für die Bürgerrechtsbewegung gewertet, denn Kennedy stand Kings Forderungen sehr aufgeschlossen gegenüber und hatte bereits 1960 großen Anteil an der Entlassung Kings aus der Haft, nachdem der Bürgerrechtler wegen nichtiger Delikte verurteilt worden war. Kennedy, damals Präsidentschaftskandidat der Demokraten, hatte massiv zugunsten Kings interveniert und damit besonders bei den Schwarzen große Sympathien gewonnen, was seinen Wahlsieg nur wenige Tage darauf sichern half.

Präsident Lyndon B. Johnson (1908–1973) setzte Kennedys Reformpolitik fort. Sein Bürgerrechtsgesetz von 1964 enthielt Maßnahmen zur Aufhebung der Rassendiskriminierung in allen öffentlichen Gebäuden und Schulen und garantierte den Schwarzen die Ausübung der Bürgerrechte. Doch die reale Lebenssituation der Schwarzen in den Großstädten besserte sich kaum.

1966 entstand in Oakland (Kalifornien) die afroamerikanische Organisation der „Black

Panther Party", die sich auf die afrikanischen Wurzeln besann, die bewaffnete Selbstverteidigung propagierte und den Befreiungskampf mit revolutionären Zielsetzungen verband. Kings Leitlinie der Gewaltlosigkeit verlor zunehmend an Einfluß, und 1966/67 kam es zu blutigen Ghettoaufständen in den USA. King nahm nun an vielfältigen Aktivitäten gegen die verbreitete Armut und Arbeitslosigkeit teil und engagierte sich in der wachsenden Opposition gegen den *Vietnamkrieg* (▷ 16.3). Am 4. April 1968 wurde Martin Luther King, der 1964 den Friedensnobelpreis erhalten hatte, von einem weißen Rassenfanatiker in Memphis (Tennessee) ermordet. Kings Programm der gewaltlosen Veränderung gesellschaftlicher Verhältnisse hat langfristig die politische Kultur in den USA und in den Staaten der westlichen Welt beeinflußt. Der Slogan der amerikanischen Bürgerrechtsbewegung „We shall overcome" wurde zur Vision von einer friedlichen Welt. Doch die anhaltende wirtschaftliche Unterprivilegierung des schwarzen Bevölkerungsteils blieb auch in den folgenden Jahrzehnten ein ungelöstes innenpolitisches Problem in den USA.

16.5 Bürgerkriege in Afrika

Nach der Erlangung ihrer staatlichen Unabhängigkeit brachen in verschiedenen ehemaligen Kolonien Gegensätze auf, die in einigen Fällen zu Bürgerkriegen führten. Die Ursachen lagen in den von den Kolonialherren willkürlich gezogenen Grenzen, in der ungleichen Verteilung der politischen Macht unter die verschiedenen Völker, die in den neuen Staaten lebten, aber auch in ungelösten Konflikten der Vorkolonialzeit.
Von 1967 an entluden sich im Krieg zwischen der Zentralregierung Nigerias und der unter dem Namen „Biafra" abgefallenen Ostregion Spannungen, die in vorkoloniale Zeit zurückreichten und durch die britische Kolonialpolitik noch verstärkt worden waren. Im nördlichen Nigeria hatten die Fulbe und Hausa ihre islamisch bestimmte, aristokratisch strukturierte Gesellschaftsordnung bewahrt, im südlichen Nigeria dagegen hatten besonders die christlichen Ibo unter der Kolonialherrschaft gesellschaftliche Strukturen, Arbeits- und Lebensweisen entwickelt, die sich stärker europäischen Mustern anglichen.

Nach der Unabhängigkeit Nigerias (1960) erreichten die inneren Gegensätze 1966 mit zwei aufeinanderfolgenden Putschen einen ersten Höhepunkt. Das Parlament wurde aufgelöst. Gewalttätigkeiten gegen Ibo in Nordnigeria sowie die Erschließung von Erdölvorkommen im Südosten Nigerias veranlaßten General C. O. Ojukwu, den Militärgouverneur der von Ibo bewohnten Ostregion, diese am 30. Mai 1967 zur unabhängigen Republik Biafra zu proklamieren. In einem von Hungersnot und Flüchtlingselend gekennzeichneten Bürgerkrieg machten die Truppen der Bundesregierung unter General Yakubu Gowon die Sezession bis 1970 rückgängig.
Der Sudan war seit dem Ende der *Faschodakrise* 1899 (▷ 12.28) ein britisch-ägyptisches Kondominium gewesen. Eine Volksabstimmung sollte 1955 über die Zukunft des Landes entscheiden. Im selben Jahr erhoben sich die Südprovinzen und forderten Autonomie, um ihr Eigenleben gegenüber dem Norden mit seinem arabisch-islamischem Selbstverständis behaupten zu können und einen möglichen Anschluß an Ägypten zu verhindern. Die Auseinandersetzung hatte durch das Bekenntnis der südsudanesischen Völker zum Christentum oder zu altafrikanischen Religionen auch eine religiöse Komponente und weitete sich nach der Unabhängigkeitserklärung des Sudan rasch zum Bürgerkrieg aus, an dem auf Regierungsseite auch ägyptische Truppen teilnahmen. Nach einem Putsch 1969 regierte der Revolutionäre Kommandorat unter Oberst Dschafar M. An Numairi, der den drei Südprovinzen 1972 weitgehende innere Autonomie gewährte. Doch in den achtziger Jahren lebte der Konflikt unter dem Einfluß fundamentalistisch-islamischer Bestrebungen im nördlichen Sudan wieder auf. Zu weiten Teilen des Südens haben Regierungstruppen keinen Zugang mehr.
Ruanda-Urundi war seit 1946 UN-Treuhandgebiet unter belgischer Verwaltung gewesen. Bereits vor der Unabhängigkeit der beiden Staaten (1962) brachen die Gegensätze zwischen der herrschenden Minderheit der Tussi und der unterdrückten Mehrheit der Hutu mit großer Heftigkeit aus. 1959 beseitigten die Hutu in einem Aufstand die Vorherrschaft der Tussi im Nordteil, dem späteren Rwanda. Im unabhängigen Burundi hingegen konnten die Tussi ihre politische Macht gegenüber den

Hutu behaupten; dabei kommt es bis in die Gegenwart zu bürgerkriegsähnlichen Unruhen, bei denen Hutu-Guerillas von Rwanda, Tansania und Zaïre aus operieren.

Als Äthiopien 1961 das mit ihm seit 1952 einer Föderation verbundene Eritrea völkerrechtswidrig annektierte, brach dort ein Aufstand aus, der nach einem langen Krieg 1989/ 90 zum faktischen Ausscheiden Eritreas aus dem äthiopischen Staatsverband führte. Zudem bekämpfte seit 1975 ein Großteil des Volkes der Tigray die Zentralregierung; die Volksbefreiungsfront (TPLF) kontrolliert die gesamte Provinz Tigre im Norden. Im offenen Krieg um den Ogaden, der kulturell und ethnisch eher zu Somalia gehört, wurde Somalia 1977/78 von Äthiopien vernichtend geschlagen. Auch die Oromo, das größte Volk innerhalb Äthiopiens, kämpft seit 1977 um mehr Autonomie.

Im Tschad kommt es infolge innenpolitischer Unruhen seit Ende der siebziger Jahre zu Interventionen Frankreichs bzw. Libyens, das Anspruch auf den Aouzou-Streifen (etwa 100 000 km²) erhebt. In Moçambique und Angola entstanden nach der Unabhängigkeit 1975 blutige Kriege, in denen die regierungsfeindlichen Rebellen durch südafrikanische Truppen und Militärhilfe unterstützt wurden.

16.6 Kulturrevolution in China

Ende 1957 gab Mao Tse-tung den bis dahin relativ maßvollen innenpolitischen Kurs auf und versuchte, mit dem „Großen Sprung vorwärts" und der Errichtung von Volkskommunen (1958) eine gigantische Zwangskollektivierung aller Bereiche des öffentlichen und privaten Lebens einzuleiten. Der katastrophale Mißerfolg dieses ehrgeizigen Experiments führte in eine mehrjährige ernste Versorgungskrise mit Millionen von Hungertoten. Die landwirtschaftliche und industrielle Produktion wurde um Jahre zurückgeworfen. Die Folge war der teilweise offene Widerstand der Bauern, die von der Radikalisierung der Politik am stärksten betroffen waren, aber auch das Entstehen einer Opposition gegen Mao Tse-tung in der KPCh.

Mao sah sich schließlich gezwungen, das Amt des Staatspräsidenten an Liu Shao-ch'i abzugeben. Liu ging vom Vorrang der Wirt-

Auf dem Platz des Himmlischen Friedens in Peking zeigen Angehörige der Roten Garden ihre Begeisterung für die Werke Mao Tse-tungs

schaft aus und leitete die nach dem Mißerfolg des Großen Sprungs dringend gebotene Stabilisierung der Volkswirtschaft ein. Mao verfolgte dagegen das utopische Ziel einer permanenten Revolution, in deren Verlauf das Bewußtsein der Menschen mit Blick auf sozialistische Ideale umgeformt werden sollte. Die Auseinandersetzung zwischen diesen beiden Linien führte zur Kulturrevolution. Einflußreiche chinesische Intellektuelle äußerten in literarischer Form geschickt getarnte Kritik an der revolutionären Linie Mao Tse-tungs. Dieser fürchtete eine schleichende Revision seiner Vorstellungen und eine allmähliche „Verbürgerlichung" Chinas. Mit Hilfe seiner Anhängerschaft, darunter Verteidigungsminister Lin Piao, versuchte Mao, seine bedrohte Macht und seinen ideologischen Einfluß wiederzugewinnen. Parallel zu einer landesweiten „sozialistischen Erziehungsbewegung" erfolgte die Indoktrinierung der Armee mittels des Roten Buches, einer von Lin Piao zusammengestellten Textauswahl aus den Schriften Maos.

Ende 1965 begannen radikale Verfechter der Linie Mao Tse-tungs mit der Verurteilung von Dramen und Essays, die kritische Anspielungen auf die Politik Maos enthielten. Die Angriffe auf die Verfasser dieser Literatur verschärften sich und führten zu einer grundsätzlichen Kritik an allen Bereichen der Kultur, der Kunst und des Erziehungswesens, deren Vertreter ab Mai 1966 auf Geheiß Maos von jungen radikalisierten Studenten, den so-

Die kalifornische Universität Berkeley war eine Hochburg der amerikanischen Studentenbewegung. Eine Demonstration auf dem Campus führt zur Konfrontation mit bewaffneten Sicherheitskräften

genannten Roten Garden, verunglimpft, teilweise auch physisch angegriffen und aus ihren Ämtern entfernt wurden. Die Hochschulen schlossen; die „Große Proletarische Kulturrevolution", im Grunde ein Macht- und Richtungskampf, war in vollem Gange. In der Partei- und Staatsführung ging es Mao Tse-tung um die Entmachtung der für einen pragmatischen Kurs eintretenden Politiker, die in erster Linie die wirtschaftliche Rückständigkeit Chinas beseitigen wollten. Die prominentesten Vertreter dieser „revisionistischen" Linie waren Staatspräsident Liu Shao-ch'i und der Generalsekretär der KPCh Teng Hsiao-p'ing. Beide wurden öffentlich gedemütigt und verloren ihre Ämter. Liu starb, Teng überlebte und erschien nach dem Tode Mao Tse-tungs (1976) wieder auf der politischen Bühne. Als durch die Kulturrevolution das Land im Chaos zu versinken drohte, mußte 1967 die Armee die Ordnung wieder herstellen. Auf dem 9. Parteitag der KPCh im April 1969 wurde die Kulturrevolution als beendet erklärt.

Obwohl sich die Verhältnisse allmählich wieder beruhigten, blieben in der Bevölkerung eine tiefe Verunsicherung und ein Haß auf die radikalen kulturrevolutionären Führer, darunter auch Chiang Ch'ing, die Frau Maos,

zurück. Zehntausende von Intellektuellen, Verwaltungskadern und Parteifunktionären waren für mehrere Jahre in harte Umerziehungslager geschickt worden. Die Wirtschaft stagnierte, Ausbildung und Erziehung waren lahmgelegt. Die Kulturrevolution, die sich nach Maos Vorstellung noch mehrmals wiederholen sollte, war für die Entwicklung Chinas ein schwerer Rückschlag. 1978 setzte Teng Hsiao-p'ing der utopisch-revolutionären Politik Maos ein Ende und leitete drastische Wirtschaftsreformen ein.

16.7 Studentenbewegung

Zu Beginn der sechziger Jahre entstand in verschiedenen Ländern eine studentische Protestbewegung. Sie ging von den USA aus und griff bald auf Europa und andere Teile der Welt über. Aus Protesten gegen unzureichende Studienbedingungen wurden bald Forderungen nach umfassenden Hochschulreformen. Als Hochschulleitungen und staatliche Behörden mit Relegationen, Demonstrationsverboten und Verhaftungen antworteten, gewannen die studentischen Proteste zunehmend politischen Charakter und hatten nun eine grundlegende Veränderung des gesellschaftlichen Systems zum Ziel.

In den USA ging die studentische Opposition von Anfang an mit der *Bürgerrechtsbewegung* (▷ 16.4) zusammen und übte scharfe Kritik am *Vietnamkrieg* (▷ 16.3) der USA. Auch in Europa demonstrierten die Studenten gegen den Vietnamkrieg und prangerten die politischen und wirtschaftlichen Beziehungen ihrer Regierungen zu Regimen an, mit denen sie aus strategischen Überlegungen im Rahmen des *Ost-West-Konflikts* (▷ 15.25) gute Beziehungen unterhielten, obwohl es sich dabei meist um Diktaturen handelte, die grobe Verstöße gegen die Menschenrechte begingen. Die gewaltsame Niederschlagung des *Prager Frühlings* (▷ 16.9) führte zu heftigen Protesten, da nun die Hoffnungen auf eine Reform der versteinerten Verhältnisse in den Ländern des Ostblocks einen empfindlichen Rückschlag erlitten.

In der Bundesrepublik Deutschland richtete sich der Protest der Studenten gegen die verkrusteten Hochschulstrukturen („Unter den Talaren der Muff von tausend Jahren"), gegen überkommene Autoritäten in Elternhaus, Schule und Kirche und gegen die allzu selbstgefällig erscheinende Wohlstandsgesellschaft, der man vorwarf, die faschistische Vergangenheit niemals angemessen aufgearbeitet zu haben. Zudem regierte seit dem 1. Dezember 1966 eine große Koalition unter Bundeskanzler Kiesinger (1904–88), dessen eigene Rolle in der nationalsozialistischen Zeit sowie die Tatsache, daß nun das für die parlamentarische Demokratie grundlegende Prinzip der Kontrolle der Regierung durch eine starke Opposition faktisch zum Erliegen kam, das Anwachsen der „außerparlamentarischen Opposition" (APO) weiter begünstigte. Bei dem Staatsbesuch des Schahs von Persien, Resa Pahlevi, in der Bundesrepublik und in West-Berlin im Juni 1967 kam es zu Demonstrationen, in deren Verlauf ein Student von der Polizei erschossen wurde. Am 11. April 1968 wurde eine zentrale Persönlichkeit der Studentenbewegung, Rudi Dutschke (1940–79), bei einem Attentat lebensgefährlich verletzt.

Der studentischen Bewegung gelang es nicht, durch oft spektakuläre Aktionen gegen das „Establishment" eine Solidarisierung der breiten Bevölkerung mit ihr herzustellen, auch weil die Protestaktionen und die Bewunderung für die Befreiungsbewegungen in der Dritten Welt, etwa für das neue China Mao Tse-tungs oder für die südamerikanischen Revolutionäre Che Guevara und Fidel Castro (▷ 15.46), von einer zu theoretischen Rezeption der revolutionären Gesellschaftstheorie von Karl Marx, von Lenin oder den Schriften der „Kritischen Theorie" der Frankfurter Schule begleitet wurden. Lediglich in Spanien schlossen sich Arbeiter und Intellektuelle 1967 dem Aufstand der Studenten gegen die Diktatur Fran-

Bei den Unruhen im Mai 1968 in Frankreich kam es vielfach zu Zusammenstößen zwischen demonstrierenden Studenten und Polizeikräften wie hier im Pariser Quartier Latin

ISRAELISCH-ARABISCHER KONFLIKT
1947-67

UN-Teilungsplan von 1947

--- Geplanter Arabischer Staat

--- Geplanter jüdischer Staat

-- -- Geplantes internationales Gebiet

Israel nach dem Krieg von 1948/49

Ägyptisch besetztes Gebiet

•••• Neutrale Zone

Der Sechs-Tage-Krieg vom 5.-11. Juni 1967

Von Israel besetzte Gebiete

Im Sechstagekrieg 1967 konnte Israel die bisher größten territorialen Gewinne verbuchen. Während die Sinaihalbinsel bis 1982 an Ägypten zurückgegeben wurde, konnten die Konfliktparteien über die fortdauernde Besetzung Ost-Jerusalems, des Westjordanlandes, des Gasastreifens und der syrischen Golanhöhen bisher keine Einigung erzielen

cos an; vorübergehend gelang auch bei den Maiunruhen 1968 in Frankreich den Studenten ein Zusammenschluß mit der Arbeiterschaft, der Staatspräsident de Gaulle und die Regierung Pompidou in große Bedrängnis brachte.

Zu Zusammenstößen zwischen der Polizei und der Protestbewegung kam es auch in Japan, Mexiko, in Österreich, in der Schweiz, in Jugoslawien, Polen, Belgien, den Niederlanden, der Türkei und in Griechenland. Die Studentenunruhen klangen Anfang der siebziger Jahre allmählich ab. Sie trugen wesentlich zur politischen Bewußtseinsbildung und zur Emanzipation bei und waren der Ausgangspunkt für die sozialen Bewegungen der siebziger und achtziger Jahre. Sie haben die po-

litische Kultur der westlichen Staaten, etwa hinsichtlich der Steigerung der Partizipationsmöglichkeiten der Bürger, aber auch das Lebensgefühl der Individuen, beispielsweise durch die sexuelle Liberalisierung, nachhaltig verändert. Vereinzelt führten extreme Gruppen die Konfrontation mit dem Staat gewaltsam und mit den Methoden des *Terrorismus* (▷ 16.26) fort.

16.8 Sechstagekrieg

Ende September 1961 hatte Syrien das Bündnis mit Ägypten in der *Vereinigten Arabischen Republik* (▷ 15.41) gelöst; am 8. März 1963 war ein Staatsstreich der Baath-Partei erfolgreich. Nach innerparteilichen Machtkämpfen putschte am 23. Februar 1966 der radikale linke Flügel und übernahm die Macht in Syrien. Die neue Regierung suchte ein enges Bündnis mit der Sowjetunion. Drei Offiziere, unter ihnen Hafis Al Asad (geb. 1928), beherrschten nun den Staat und trieben ihre politischen Gegner ins Exil, u. a. in den Irak, wo bald ein gemäßigtes Baath-Regime die Macht ausübte, das sich später mehr und mehr radikalisierte. Dadurch verschärften sich die Auseinandersetzungen zwischen beiden Staaten.

Seit Jahren hatte es bereits wieder eine Verschärfung der Spannungen an der syrisch-israelischen Demarkationslinie gegeben; Syrien griff israelische Siedlungen an und bildete palästinensische Fedajin aus. Am 7. April 1967 bombardierten die Israelis als Antwort die Grenzgebiete Syriens und drohten, Damaskus anzugreifen. Die Sowjetunion informierte die arabischen Staaten über die israelische Truppenkonzentration an der syrischen Grenze; der ägyptische Präsident Nasser schickte Truppen an die israelische Grenze und forderte die UN am 16. Mai auf, die Friedenstruppen, die seit dem Ende der *Sueskrise* (▷ 15.38) den Waffenstillstand zwischen Israel und seinen arabischen Nachbarn überwachten, von der ägyptisch-israelischen Grenze, jedoch nicht aus dem Gasastreifen und vom Scharm Asch-Schaich im Süden des Sinai abzuziehen. UN-Generalsekretär U Thant rief dennoch alle Truppen zurück und verdeutlichte den Ernst der Lage.

Am 22. Mai verbot Nasser der israelischen Schiffahrt die Benutzung der Meerenge von Tiran; er wollte zur Situation von 1948 vor der Staatsgründung Israels (▷ 15.14) zurückkehren. Die ägyptische Armee war jedoch nicht in der Lage, allein Krieg gegen Israel zu führen. Am 1. Juni schloß Jordanien mit Nasser einen Pakt zur gemeinsamen Verteidigung ab. König Husain sah im Krieg gegen Israel das kleinere Übel, denn er wollte mit Blick auf seine palästinensische Bevölkerung einen Bürgerkrieg vermeiden. Am 4. Juni schloß sich Irak diesem Pakt an und Saudi-Arabien entsandte ebenfalls Truppen. Doch die Rivalitäten in diesem antiisraelischen Bündnis waren kaum überbrückbar. Die Armeen hatten keine Erfahrung in der Zusammenarbeit und keinen gemeinsamen Kriegsplan.

Die Israelis entschieden sich für einen Präventivschlag: Am 5. Juni 1967 startete Israel einen

Ein zur Niederschlagung des Prager Frühlings eingesetzter sowjetischer Panzer ist von der Bevölkerung in Brand gesetzt worden

Überraschungsangriff gegen die arabischen Nachbarn und begann so den Krieg, der später Sechstagekrieg genannt wurde. Die israelische Strategie konzentrierte sich auf Ägypten und dessen Flughäfen. Die meisten ägyptischen Flugzeuge wurden bereits am Boden vernichtet. Jordanien, das Ägypten zu Hilfe eilte, hatte nur eine kleine Luftwaffe, die bereits gegen Mittag des ersten Tages von der israelischen zerstört wurde; gleichzeitig griff man die syrischen Einrichtungen an, denen dasselbe widerfuhr. Am nächsten Tag flog Israel Angriffe gegen Irak und bombardierte irakische Flughäfen.

Ägypter und Jordanier beschuldigten Amerikaner und Briten, an den häufigen Luftangriffen beteiligt gewesen zu sein. Die israelischen Soldaten marschierten in den Sinai und in den Gasastreifen ein; die ägyptischen waren auf groß angelegte Kriegsaktionen nicht vorbereitet, jedoch hielten sie am ersten Tag noch stand. Am zweiten Tag aber stieß die israelische Armee weiter vor. Am 7. Juni brach die ägyptische Verteidigung zusammen. Am 8. Juni gelangten die Israelis entgegen dem Befehl von General Moshe Dayan bis zum Kanal, ein bitterer Augenblick für Ägypten, das etwa 10 000 Soldaten verloren hatte, 5 000 Gefangene und das meiste Kriegsmaterial zurücklassen mußte.

Jordaniens Armee war zwar gut ausgebildet, jedoch besaß sie keinen abgeschirmten Luftraum. König Husain wollte nicht als Verräter innerhalb der arabischen Welt gelten, obwohl Israel signalisiert hatte, daß man ihn nicht angreifen würde; doch Husain war davon überzeugt, daß die annektierte Westbank in Gefahr war. Am 6. Juni griff die israelische Armee die Soldaten des Königs an, die sich vom Westjordanland und aus Jerusalem zurückzuziehen begannen und war bald Herr sowohl dieses Gebiets als auch der Stadt.

Am 9. Juni wandten sich die israelischen Soldaten gegen die Syrer, die Dayan zunächst nicht angreifen wollte, weil er eine sowjetische Reaktion befürchtete. Die Golan-Schlacht begann trotzdem, während die Syrer verlangten, daß der an den anderen Fronten wirksam gewordene Waffenstillstand auch hier respektiert werden solle; nach hartem Kampf brach am 10. Juni der Widerstand zusammen, und die Syrer zogen sich zurück, um ihre nahe Hauptstadt Damaskus besser verteidigen zu können. Somit waren auch die Golanhöhen von Israel besetzt, so daß der Waffenstillstand mit Syrien am Ende des sechsten Tages des Krieges angenommen wurde.

Westjordanien und Ost-Jerusalem, die Golanhöhen, der Sinai und der Gasastreifen wurden von Israel besetzt, wobei klar wurde, daß die neue Siedlungspolitik des Staates Israel mehr als nur auf Bewegungsfreiheit oder die freie Schiffahrt im Golf von Akaba und im Sueskanal ausgerichtet war. Israel lehnte es ab, über diese Eroberungen zu verhandeln.

Am 9. Juni bot Nasser seinen Rücktritt an, nahm ihn aber unter zahlreichen Sympathiekundgebungen zurück und begann mit der Reorganisation seiner Armee. Die Sowjetunion stellte sich immer mehr als Anwalt der Araber dar und verurteilte die israelische Besatzungspolitik. Frankreich tat das gleiche, rief Israel dazu auf, sich aus den besetzten Gebieten zurückzuziehen und ermahnte die Araber, das Existenzrecht Israels anzuerkennen. Die USA wurden wegen ihrer proisraelischen Politik von den arabischen Regimes verurteilt.

Am 22. November 1967 wurde von den UN die Resolution 242 verabschiedet: Das Prinzip des Rückzugs Israels aus den besetzten Gebieten wurde dem Existenzrecht für dieses Land gleichgestellt, in gesicherten und anerkannten Grenzen zu leben. In gewissem Sinne kam es zur Anerkennung Israels durch die arabischen Staaten, doch in den nächsten Monaten erfolgte keine Annäherung zwischen den Konfliktparteien, so daß ein neuer Krieg vorprogrammiert war ($\triangleright$ 16.19). Zudem nahmen die Guerillaüberfälle der palästinensischen Fedaijin zu, die das militärische Versagen der arabischen Staaten mit der Ausrufung des „Volkskrieges" beantworteten.

16.9 Prager Frühling

Als Folge des „Tauwetters" und der damit einhergehenden Entstalinisierung wurde nach 1963 in der ČSSR der Ruf nach einer Reform des verkrusteten politischen und ökonomischen Systems immer lauter. Während die Slowaken eine echte Föderalisierung der Republik verlangten, wurde im tschechischen Landesteil der Übergang zu einem „humanitären Sozialismus" gefordert. Nach vergeblichen Versuchen der Führung der Kommunistischen Partei (KPČ) unter Antonín Novotný, die Reformbegehren zu unterdrücken, wurde mit Billigung des sowjetischen Parteichefs Breschnew am 5. Januar 1968 der bis dahin kaum in Erscheinung getretene slowakische Parteisekretär Alexander Dubček (geb. 1921) zum Ersten Sekretär der KPČ berufen. Trotz der Bereitschaft zur Kooperation mit den sozialistischen „Bruderländern" äußerte Dubček die Erwartung, daß künftig die Grundsätze der Gleichberechtigung im *Warschauer Pakt* ($\triangleright$ 15.32) und im *Rat für gegenseitige Wirtschaftshilfe* ($\triangleright$ 15.19) stärker beachtet würden. Die Gewährung der freien Meinungsäußerung und Maßnahmen zum Schutz der Bürgerrechte lösten eine Flut von Resolutionen aus, in denen immer weitergehende Forderungen nach einer uneingeschränkten Demokratisierung des gesamten Systems, der Rehabilitierung früherer politischer Opfer, nach einer durchgreifenden Verfassungsänderung mit einer stärkeren Verankerung der Menschen- und Freiheitsrechte und nach Zulassung anderer Parteien erhoben wurden. Das am 5. April 1968 verabschiedete neue Aktionsprogramm der KPČ versprach einen „Sozialismus mit menschlichem Antlitz".

Der wachsende Widerstand in den kommunistischen Parteiführungen der „Bruderländer" gegen die Politik der KPČ konnte auf bi- und multilateralen Konferenzen nicht ausgeräumt werden, so daß sich im Kreml die „Falken" durchsetzten, die mit Unterstützung tschechoslowakischer Reformgegner die militärische Besetzung der ČSSR am 20./ 21. August 1968 durch Truppen des Warschauer Pakts als letzten Ausweg zur Beendigung der Reformbewegung sahen.

Da es nicht gelang, eine willfährige Kollaborationsregierung zu bilden und den geschlossenen passiven Widerstand der Bevölkerung zu brechen, erzwang die Sowjetführung wenige Tage nach der Besetzung die Zustimmung der Reformer zu einem „Normalisierungskurs", der eine stufenweise Rücknahme der vorgenommenen Liberalisierungen vorsah. Am 16. Oktober ließ sich die UdSSR das Recht einräumen, auf unbestimmte Zeit Truppen in der ČSSR zu stationieren. Mit der Abwahl Dubčeks am 17. April 1969 und dem Aufstieg Gustav Husáks (1913−91) zum Ersten Sekretär der KPČ gingen der Ausschluß aller Sympathisanten des Reformkurses, die verschärfte Bevormundung des geistigen und kulturellen Lebens und die immer umfassendere Überwachung der Bevölkerung einher.

Allein die von den Slowaken forcierte Föderalisierung des zentralistischen Einheitsstaates zum 1. Januar 1969 hatte über den Prager Frühling hinaus Bestand. Die im Januar 1977 gegründete Bürgerrechtsbewegung „Charta '77" hat sich jedoch auf seine Ergebnisse berufen und die Voraussetzungen für den Erfolg der „Samtenen Revolution" im November 1989 (▷ 17.13) geschaffen.

Abbildung S. 509

16.10 Nordirlandkonflikt

Irland, die westlichste der britischen Inseln, war seit dem Jahre 1801 von Großbritannien direkt beherrscht worden. Die lange politische Entrechtung der katholischen Bevölkerungsmehrheit wurde mit der ersten Bildung eines nationalen Parlaments im Januar 1919 und durch die Errichtung des Irischen Freistaats 1921 als selbständiges Dominion im Rahmen des *Commonwealth* (▷ 13.38) beendet; die überwiegend protestantischen sechs nördlichen Grafschaften (Ulster) wurden abgetrennt und verblieben bei Großbritannien. Die Verfassung vom 29. Dezember 1937 schuf den unabhängigen Staat Eire, ohne daß das Nordirlandproblem gelöst worden war. 1948 erklärte Irland seinen Austritt aus dem Commonwealth, 1949 wurde die Republik Irland ausgerufen.

Der Nordirlandkonflikt kam Ende der sechziger Jahre zum offenen Ausbruch. Bei einer Demonstration katholischer Bürgerrechtler am 5. Oktober 1968 in Londonderry kam es zu blutigen Straßenschlachten mit protestantischen Gegendemonstranten. Die auf enge Zusammenarbeit mit Großbritannien bedachten protestantischen Unionisten lehnten eine Machtbeteiligung der katholischen Nationalisten strikt ab. Symbolfigur für den unnachgiebigen Unionismus wurde der Kirchengründer der Free Presbyterian Church, Ian Paisley. Die Forderungen der Northern Ireland Civil Rights Association (NICRA), auf friedlichem Wege nach dem Vorbild der *Bürgerrechtsbewegung in den USA* (▷ 16.4) das allgemeine und gleiche Wahlrecht bei Kommunalwahlen durchzusetzen und Diskriminierungen von Katholiken etwa bei der Wohnraumvergabe abzubauen, blieben uneingelöst.

Die Anwesenheit britischer Militäreinheiten seit August 1969 verschärfte die Situation, insofern sie die bis dahin bereits bedeutungslos gewordene Irish Republican Army (IRA) wiederbelebte, die nun den Kampf gegen die britischen Truppen aufnahm und ihre Terroraktionen auch nach Großbritannien und auf das europäische Festland ausweitete. Der Konflikt eskalierte zum Bürgerkrieg zwischen den verfeindeten Bevölkerungsteilen und wurde mit unverminderter Heftigkeit fortgesetzt, auch nachdem London 1972 die nordirische Autonomie aufgehoben und selbst die Regierungsgewalt in Ulster übernommen hatte. Die Terroraktionen der IRA nahmen weiter zu. Wiederholte Versuche, ein von beiden Konfliktparteien akzeptiertes nordirisches Parlament einzurichten, scheiterten.

Im Herbst 1976 nahm eine Friedensbewegung katholischer und protestantischer Frauen mit ihren Demonstrationen die Tradition der Gewaltlosigkeit wieder auf. Die Verleihung des Friedensnobelpreises 1977 an Betty Williams und Mairead Corrigan brachte diesen Friedensbemühungen internationale Anerkennung, die allerdings größer war als die politische Wirkung in Nordirland. Die Hungerstreikkampagne einiger IRA-Häftlinge, die mit dieser Aktion von der konservativen Regierung Margaret Thatchers (▷ 16.38) die Anerkennung als politische Gefangene erzwingen

511

Jugendliche der katholischen Bevölkerungsminderheit bewerfen ein britisches gepanzertes Fahrzeug mit Steinen

wollten und ihren Tod riskierten, führte 1980 zu einer weiteren Verhärtung der Positionen.

1985 kam es zum Abschluß eines anglo-irischen Abkommens, das der Republik Irland Mitsprache in den Angelegenheiten Nordirlands einräumte, ein Konfliktlösungsmodell, das die gewachsene Konzilianz der Republik und ihre Suche nach Alternativen zur Vereinigung beider Teile der Insel dokumentiert. Die Wirkung auf die beiden Bevölkerungsgruppen war jedoch gering, da nun jede befürchtete, dadurch in eine dauerhafte Minderheitenposition abzusinken.

16.11 Wettlauf im All

Mit der Entsendung des ersten künstlichen Erdsatelliten, Sputnik 1, am 4. Oktober 1957 in den Weltraum hatte die Sowjetunion als erster den Schritt ins All vollzogen und das Zeitalter der Raumfahrt eröffnet. Die USA reagierten mit einer Neuorientierung ihres Raketenbauprogramms. Bereits am 31. Januar 1958 zogen sie mit ihrem ersten Erdsatelliten Explorer I nach. Im Juli 1958 wurde die „National Aeronautics and Space Administration" (NASA) errichtet, eine Regierungsbehörde für Luft- und Raumfahrtforschung.

Im Wettlauf der Supermächte gelang der Sowjetunion auch der erste Schritt in der bemannten Raumfahrt, als sie am 12. April 1961 ein bemanntes Raumschiff, die Wostok I, startete, mit dem der Kosmonaut Jurij A. Gagarin die Erde umkreiste. Doch mit der dreimaligen erfolgreichen Erdumkreisung durch John H. Glenn in einer Mercury-Kapsel konnten die USA bereits am 20. Februar 1962 gleichziehen. Nachdem Sowjets wie Amerikaner mit Sonden bereits die Oberflächenbeschaffenheit des Mondes erkundet hatten, erprobten US-Astronauten um die Jahreswende 1968/69 mit mehreren bemannten Flügen bis in Mondnähe das Funktionieren einer Raumfähre. Erstmals wurden Mondumrundungen durchgeführt und das Aussteigen in der Erdumlaufbahn geübt.

Am 20. Juli 1969 landeten die US-Astronauten Neil A. Armstrong und Edwin E. Aldrin mit dem Flug „Apollo 11" auf der Mondoberfläche, während der dritte Astronaut, Michael Collins, mit der Kommandokapsel den Mond umkreiste. Das Betreten des Mondes am 21. Juli 1969 um 3.56 MEZ konnte mittels einer Fernsehdirektübertragung in der ganzen Welt miterlebt werden. Die NASA führte bis zum Dezember 1972 noch sechs weitere Mondflüge durch, von denen nur einer vorzeitig abgebrochen werden mußte.

Die *Vereinten Nationen* (▷ 15.2) hatten sich seit 1957 bemüht, Maßstäbe für die mit der Raumfahrt zusammenhängenden wissenschaftlichen, technischen und rechtlichen Fragen aufzustellen und Grundsätze für die Erforschung des Weltraums zu entwickeln. Im Vordergrund der Bemühungen standen die Beschränkung der Raketenrüstung der Supermächte und die Kanalisierung des Wettrüstens im Weltraum, da die militärische Bedeutung der Weltraumforschung stets Vorrang vor der wissenschaftlichen besaß. Einen ersten Erfolg erzielten die USA, die Sowjetunion und Großbritannien durch den sogenannten Weltraumvertrag vom 27. Januar 1967. Verboten wurden in diesem Vertrag die Stationierung militärischer Einrichtungen auf Himmelskörpern, die Verbringung von Kern- und anderen Massenvernichtungswaffen in Umlaufbahnen sowie der Gebietserwerb im Weltraum. Die Freiheit der Weltraumforschung sollte jedoch nicht angetastet werden, wenngleich im Weltraum nur friedenserhaltende und der internationalen Sicherheit dienende Tätigkeiten stattfinden sollten. Die Unterzeichner sicherten sich Unterstützung bei Weltraumunfällen zu.

Die Supermächte, das verdeutlicht der Weltraumvertrag, waren auf dem Weg in die Entspannungspolitik. In den achtziger Jahren jedoch gelangte die Problematik der Raketenrüstung im Weltraum durch das *SDI-Programm* (▷ 16.36) Präsident Reagans wieder auf die Tagesordnung der Weltpolitik.

16.12 Nixon in China

Mit dem Sieg der Kommunisten über die nationalchinesischen Streitkräfte Chiang Kaisheks 1949 standen die USA vor der Frage, welche der beiden chinesischen Regierungen sie künftig als offizielle Vertretung Chinas akzeptieren sollten. Die Entscheidung fiel schließlich zugunsten der nach Formosa geflohenen Führung unter Chiang Kai-shek (▷ 13.41). Das kommunistische China und die USA wurden für zwei Jahrzehnte erbitterte Feinde. In der zweiten Hälfte der sechziger Jahre wuchs das Interesse der USA an einer Entspannung der Beziehungen zu China. Andererseits ließ der sich verschärfende Konflikt zwischen Peking und Moskau bei Mao Tse-

Der sowjetische Satellit Sputnik 1

*Die erste Mondlandung mit „Apollo 11".
Im Bild E. Aldrin bei der Einrichtung zur
Messung des Sonnenwindes, im Hintergrund
die Mondfähre (Juli 1969)*

tung die Erkenntnis reifen, daß die eigentliche Bedrohung Chinas nicht mehr von den in den *Vietnamkrieg* (▷ 16.3) verstrickten USA, sondern von der Sowjetunion ausgehe. Bald faßte er den Entschluß, eine Annäherung an die Vereinigten Staaten einzuleiten, um auf diese Weise die sowjetische Bedrohung zu neutralisieren.

Vorsichtige Entspannungssignale, z. B. die Ankündigung Präsident Nixons Mitte 1969, keine weiteren militärischen Engagements auf dem asiatischen Festland einzugehen (Nixon-Doktrin), die Einladung einer amerikanischen Tischtennismannschaft nach China (Ping-Pong-Diplomatie) und die schrittweise Aufhebung der Wirtschaftsblockade Chinas durch die USA, bereiteten den Boden für direkte amerikanisch-chinesische Kontakte auf höchster Ebene vor. Dazu kam es schließlich nach diskreten Vermittlungsbemühungen Pakistans: Am 15. Juli 1971 teilte Präsident Nixon der Welt die sensationelle Nachricht mit, daß er Anfang 1972 China besuchen werde. Vom 9. bis 11. Juli hatte Sicherheitsberater Henry Kissinger in geheimen Gesprächen mit Premierminister Chou En-lai in Peking die Voraussetzungen für den Besuch des Präsidenten geschaffen. Die sowjetische Führung

513

war konsterniert; Japan sprach von einem „Nixon-Schock". Über Nacht war eine neue strategische Lage entstanden. Vom 21. bis 28. Februar 1972 besuchte Präsident Nixon die Volksrepublik China. Bereits am Tage der Ankunft wurde er vom Vorsitzenden der KP Chinas, Mao Tse-tung, empfangen, was Billigung von höchster Stufe bedeutete und Spekulationen über innerparteiliche Differenzen wegen des Besuchs verstummen ließ. Ergebnis der Gespräche zwischen Richard Nixon und Chou En-lai war das Kommuniqué von Schanghai, in dem beide Seiten weitere Bemühungen um eine Normalisierung ihrer Beziehungen vereinbarten. Haupthindernis auf diesem Wege war die Taiwan-Frage. Nixon sicherte als Endziel den Abzug aller amerikanischen Streitkräfte von Taiwan zu und anerkannte, daß es nur ein China gebe und Taiwan ein Teil Chinas sei. Ferner kamen beide Seiten überein, auf das Streben nach Hegemonie im asiatisch-pazifischen Raum zu verzichten und Bestrebungen anderer Länder nach Hegemonie abzulehnen. Diese Antihegemonie-Klausel richtete sich vor allem gegen die Sowjetunion.

Der Besuch des amerikanischen Präsidenten in China schuf die Grundlage für die Normalisierung des politischen Verhältnisses, aber auch für intensive Handels- und Technologiebeziehungen. Beide Seiten richteten Verbindungsbüros mit quasidiplomatischen Funktionen ein. Volle diplomatische Beziehungen nahmen Washington und Peking erst am 1. Januar 1979 auf. Gleichzeitig brachen die USA ihre offiziellen Beziehungen zu Taiwan ab. Unmittelbare Folge der Reise Nixons nach China war, daß alle Staaten des westlichen Bündnisses und Japan ihre Beziehungen mit der Regierung in Peking normalisierten. Damit war die Zeit der chinesischen Isolierung beendet. Bereits im Herbst 1971 hatte Peking die chinesische Vertretung in den Vereinten Nationen mit ständigem Sitz im Sicherheitsrat übernommen. Taiwan mußte sich aus der Weltorganisation zurückziehen.

16.13 Ostverträge der Bundesrepublik Deutschland

In der Bundesrepublik Deutschland nahm im Herbst 1969 die neue Regierung unter dem sozialdemokratischen Bundeskanzler Willy Brandt und dem liberalen Außenminister Walter Scheel zu den Staaten des Ostblocks einschließlich der DDR Verhandlungen auf. Ihre Absicht war es, nach der Aussöhnung mit Frankreich nun mit den Staaten des Ostens einen friedlichen Ausgleich herbeizuführen und dabei auch den anderen deutschen Staat einzubeziehen. Die neue Ostpolitik sollte die persönlichen Verbindungen der Menschen diesseits und jenseits des Eisernen Vorhangs durch Verbesserungen des gegenseitigen Besucherverkehrs erhalten und die Lebensfähigkeit West-Berlins sichern. Die Sowjetunion, Polen und die DDR gaben bald zu erkennen, daß sie bereit waren, mit der Bundesrepublik in konkrete Verhandlungen einzutreten. Die CDU/CSU-Opposition im Deutschen Bundestag bekämpfte die sozialliberale Entspannungspolitik, da sie in ihr einen Ausverkauf deutscher Interessen, besonders derjenigen der nach dem Zweiten Weltkrieg Vertriebenen (▷ 15.5), sowie eine Aufwertung der DDR sah.

Während es zwischen Bonn und Moskau sowie zwischen Bonn und Warschau bereits erste Kontakte gab, trafen sich im März 1970 Bundeskanzler Brandt und der DDR-Ministerpräsident Willi Stoph (geb. 1914) in Erfurt zu einem Gespräch, der ersten offiziellen Begegnung zwischen beiden Staaten seit ihrer Gründung 1949 (▷ 15.23). Stoph kam im Mai 1970 zu einem Gegenbesuch nach Kassel. Ein substantieller Fortschritt in den Beziehungen konnte allerdings nicht erzielt werden, denn das Maß an Unterschiedlichkeit der jeweiligen politischen Standpunkte war groß.

Die Verhandlungen in Moskau führten indessen am 12. August 1970 zum Abschluß eines Vertrages, in dessen Mittelpunkt ein Gewaltverzicht stand sowie die Normalisierung der gegenseitigen Beziehungen (Moskauer Vertrag). Ihm folgte am 7. Dezember 1970 ein Vertrag mit der Volksrepublik Polen, in dem beide Seiten die „Unverletzlichkeit ihrer bestehenden Grenzen jetzt und in der Zukunft" bekräftigten. Ferner hatten Gespräche zwischen den vier Siegermächten des Zweiten Weltkrieges über eine neue Berlin-Regelung begonnen, die im Herbst 1971 zum Abschluß des Berliner *Viermächteabkommens* (▷ 16.14) führten. Für seine Entspannungspolitik erhielt Willy Brandt im Dezember 1971 den Friedensnobelpreis.

In dem günstigen weltpolitischen Klima wurden auch die innerdeutschen Verhandlungen wiederaufgenommen. Sie führten nach ersten Vereinbarungen über deutsch-deutsche Verkehrserleichterungen am 16. August 1972 zum Abschluß eines Grundlagenvertrages. Bonn und Ostberlin verpflichteten sich in diesem Abkommen, auf der Grundlage der Gleichberechtigung normale, gutnachbarliche Beziehungen zu unterhalten. Die Einrichtung „Ständiger Vertretungen" wurde vereinbart, um den Begriff „Botschaften" zu vermeiden. Beide deutsche Staaten wurden am 18. September 1973 in die UN aufgenommen. Noch im Dezember 1973 unterzeichneten in Prag die Regierungschefs der Bundesrepublik Deutschland und der Tschechoslowakei einen deutsch-tschechoslowakischen Vertrag, in dem das *Münchener Abkommen* von 1938 (▷ 14.10) als „nichtig" erklärt wurde. Verträge mit Ungarn und Bulgarien folgten im Dezember 1973.
Abbildung S. 516

16.14 Viermächteabkommen

Mit der Teilung Deutschlands (▷ 15.23) war auch Berlin in einen westlichen und einen östlichen Teil gespalten worden. Der Westteil Berlins lag als Enklave inmitten des von sowjetischen Truppen beherrschten Gebietes und ab 1949 inmitten der DDR. Die Situation West-Berlins und insbesondere seine Verbindungswege durch das Territorium der DDR zur Bundesrepublik waren unzureichend abgesichert und lediglich durch die Rechte der Siegermächte im Londoner Protokoll vom 12. September 1944 provisorisch formuliert. Wiederholt hatte die Sowjetunion versucht, die Rechte der Westmächte in Berlin zu bestreiten, so 1948 mit der *Blockade* (▷ 15.17) sowie mit dem „Berlin-Ultimatum" Chruschtschows von 1958. Auch nach dem Bau der Berliner Mauer 1961 (▷ 15.45) fand das DDR-Regime immer wieder Anlässe, den Transitverkehr zwischen der Bundesrepublik und West-Berlin zu stören. Die Regierung der DDR bezeichnete ihren Sektor Berlins nie als Ost-Berlin, sondern erklärte demonstrativ Berlin zur Hauptstadt der DDR und erkannte die faktische Zugehörigkeit West-Berlins zum Geltungsbereich des Bonner Grundgesetzes nicht an.

Diesen krisenanfälligen Zustand zu bereinigen und die Lebensfähigkeit West-Berlins zu sichern, war ein Hauptanliegen der neuen Ostpolitik (▷ 16.13) der sozialliberalen Bundesregierung in Abstimmung mit den westlichen Verbündeten. Da auch die Sowjetunion, die eine gesamteuropäische Sicherheitskonferenz anstrebte, an verbesserten Beziehungen interessiert war, nahmen die Bonner Botschafter der USA, Großbritanniens und Frankreichs in West-Berlin Gespräche mit dem sowjetischen Botschafter in Ost-Berlin über ein neues Berlin-Abkommen auf.

Die Bonner Regierung drängte die Sowjets auf eine Beschleunigung der Verhandlungen, da sich andernfalls die Ratifizierung des Moskauer Vertrages im Bundestag nicht durchsetzen lassen würde. So konnte am 3. September 1971 das Viermächteabkommen über Berlin durch Vertreter der ehemaligen Siegermächte unterzeichnet werden. Es bestätigte die Verantwortlichkeiten und Rechte der vier Mächte in Gesamt-Berlin unter Berücksichtigung ihrer unterschiedlichen Rechtspositionen und legte fest, daß die bestehende Lage nicht einseitig verändert werden sollte. Die Sowjetunion verpflichtete sich, für den reibungslosen Ablauf des Transitverkehrs zwischen den Westsektoren Berlins und der Bundesrepublik zu sorgen. Damit war die DDR das alleinige Verfügungsrecht über den Berlinverkehr genommen.

Das Abkommen schuf erhebliche Erleichterungen für die Bürger West-Berlins bei Reisen in die DDR und für die Aufrechterhaltung und Weiterentwicklung der „Bindungen zwischen den Westsektoren Berlins und der Bundesrepublik Deutschland". Zugleich bestätigte die Interessenvertretung West-Berlins durch die Bundesrepublik, unterstrich aber, daß West-Berlin kein „konstitutiver Teil" der Bundesrepublik sei. Mit dem Viermächteabkommen wurde eine Stabilisierung der Lage in und um Berlin erreicht, die Wartezeiten der Reisenden an den Grenzübergängen erheblich reduziert, die oft langwierigen und entwürdigenden Kontrollen verringert.

16.15 SALT-I-Abkommen
MBFR-Verhandlungen

Die Beziehungen zwischen den USA und der Sowjetunion hatten im Laufe der sechziger

*DDR-Ministerpräsident
W. Stoph (links) und
Bundeskanzler
W. Brandt beim deutsch-
deutschen Gipfeltreffen
in Kassel
am 21. Mai 1970*

Jahre zu der beiderseitigen Einsicht geführt, daß bilaterale Vereinbarungen über Abrüstung und Rüstungskontrolle zwischen den beiden Supermächten dringend geboten waren, um künftige Krisen mit der Gefahr eines die Erde zerstörenden Nuklearkrieges zu vermeiden. Darüber hinaus wurde deutlich, daß die riesigen Summen, die die Rüstung verschlang, in anderen, wichtigeren Bereichen der Volkswirtschaften fehlten.

So begannen am 17. November 1969 in Helsinki Gespräche zur Begrenzung strategischer Waffen (Strategic Arms Limitation Talks, SALT) mit dem Ziel, das Rüstungsgleichgewicht zwischen den Supermächten zu stabilisieren. Die Verhandlungen wurden in sieben Sitzungsperioden, abwechselnd in Wien und Helsinki, geführt und anläßlich des Besuches des amerikanischen Präsidenten Richard Nixon in Moskau, des ersten Besuchs eines US-Präsidenten in der Sowjetunion, am 26. Mai 1972 mit der Unterzeichnung mehrerer Verträge abgeschlossen.

Das SALT-I-Abkommen bestand aus zwei Verträgen, einem auf unbegrenzte Zeit geschlossenen Abkommen über die Begrenzung von Systemen zur Abwehr ballistischer Raketen („ABM-Vertrag", Anti-Ballistic-Missile) und einem auf fünf Jahre vorgesehenen Interimsvertrag, der Maßnahmen zur Begrenzung von Interkontinentalraketen und seegestützten Raketen auf dem derzeit vorhandenen Stand einschließlich der im Bau befindlichen vorsah. Diese vertragliche Beschränkung hinderte jedoch beide Supermächte nicht daran, an der qualitativen Verbesserung der zugelassenen Raketen weiterzuarbeiten.

Neben den beiden Rüstungskontrollabkommen wurden mehrere Vereinbarungen über wirtschaftliche Zusammenarbeit getroffen, so vor allem der am 18. Oktober 1972 unterzeichnete Handelsvertrag. Von besonderer politischer Bedeutung war die am 29. Mai 1972 von Nixon und Breschnew unterzeichnete „Grundsatzerklärung", in der sich beide Mächte auf Grund ihrer besonderen Verantwortung als ständige Mitglieder des Weltsicherheitsrates verpflichteten, „alles in ihrer Macht stehende zu tun, damit es nicht zu Konflikten oder Situationen kommt, die zur Erhöhung internationaler Spannungen führen würden".

Daneben gab es seit Oktober 1972, während bereits Vorgespräche für eine *Konferenz über Sicherheit und Zusammenarbeit* in Europa (KSZE) in Helsinki liefen (▷ 16.23), zwischen den NATO-Staaten und den Staaten des Warschauer Paktes „Verhandlungen über beiderseitige ausgewogene Reduzierungen von Streitkräften und Rüstungen und damit zusammenhängende Maßnahmen in Mitteleuropa" (Mutual Balanced Forces Reductions, MBFR). Wenn auch das Zustandekommen dieser Gespräche die atmosphärische Verbesserung im Verhältnis der bisherigen Kontrahenten zueinander deutlich werden ließ, so verhinderte das gegenseitige Mißtrauen und der Zweifel an den jeweiligen Angaben der tatsächlichen Truppenstärken bei den langen Verhandlungen in Wien zunächst einen echten Fortschritt.

16.16 Watergate-Affäre

Die Wiederwahl des US-Präsidenten Nixon im November 1972 war zu keinem Zeitpunkt in Frage gestellt. Seit er bei seinem Amtsantritt im Januar 1969 eine „Ära des Verhandelns" eingeleitet hatte, war außenpolitisch außergewöhnlich viel in Bewegung geraten. Die Gespräche mit der Sowjetunion waren intensiviert und konkretisiert, die eingefrorenen Beziehungen zur Volksrepublik China waren neubelebt worden. Im Wahljahr 1972 unternahm der Präsident spektakuläre Reisen nach Peking ($\triangleright$ 16.12) und Moskau. In der sowjetischen Hauptstadt wurde im Mai 1972 das erste Rüstungskontrollabkommen zwischen den beiden Supermächten, *SALT I,* unterzeichnet ($\triangleright$ 16.15). Mit Nord-Vietnam hatte die US-Regierung Geheimverhandlungen zur Beendigung des Vietnamkrieges aufgenommen ($\triangleright$ 16.22). Nixons Wahlsieg über den Kandidaten der Demokratischen Partei, George McGovern, war überwältigend: 49 von 50 Bundesstaaten votierten für Nixon.

Doch im Frühjahr 1973 wurde durch Recherchen der Washington Post öffentlich bekannt, daß es im Wahlkampf 1972 illegale Aktionen seitens des von der Republikanischen Partei eingesetzten „Komitees für die Wiederwahl des Präsidenten" gegeben hatte, deren Höhepunkt ein Einbruch in das demokratische Wahlkampfzentrum im Watergate Hotel in Washington, D.C., im Sommer 1972 gewesen war. Mit einer Abhöranlage sollte politische Interna der gegnerischen Partei ausgeforscht werden. Bei den polizeilichen Verhören der verhafteten Einbrecher stieß die Untersuchungsbehörde auf Spuren, die unzweifelhaft in die nächste Nähe des Präsidenten und seines Wahlkampfstabes führten. Der Verdacht erhärtete sich, daß der Einbruch und weitere strafbare Handlungen Teil der rigorosen Wahlkampfstrategie des republikanischen Komitees waren.

Ein Senatsausschuß versuchte von Mai bis November 1973, in Anhörungen, die in Fernsehen und Rundfunk von der amerikanischen Öffentlichkeit verfolgt wurden, Licht in das Dunkel um den Watergate-Skandal und andere Unregelmäßigkeiten des Wahlkampfes zu bringen. Im Laufe der Ermittlungen mußten engste Mitarbeiter Nixons aus dem Weißen Haus und dem Justizministerium den Dienst quittieren. Als der Präsident die Herausgabe von Tonbandaufzeichnungen, die ihn belasten konnten, zu verhindern suchte, sah sich der Kongreß veranlaßt, im Oktober 1973 ein Amtsenthebungsverfahren („Impeachment") einzuleiten. Da am Ausgang des Verfahrens kein Zweifel mehr bestand, kam Nixon der Amtsenthebung zuvor und trat am 8. August 1974 zurück.

Die Watergate-Affäre führte zu einer schweren Staatskrise, die die amerikanische Exekutive lähmte und die Position der USA als Führungsmacht des Westens schwächte. Der Nachfolger im Präsidentenamt, der bisherige Vizepräsident, Gerald Ford (geb. 1913), nahm Nixon von Strafverfolgung aus, indem er von seiner Begnadigungskompetenz Gebrauch machte. Mitarbeiter Nixons dagegen wurden vor Gericht gestellt und verurteilt.

16.17 EG-Erweiterung Europäisches Parlament

Mit den *Römischen Verträgen* vom März 1957 ($\triangleright$ 15.39) hatten die sechs westeuropäischen Staaten (Belgien, Bundesrepublik Deutschland, Frankreich, Italien, Luxemburg und die Niederlande) den Gemeinsamen Markt beschlossen, der für alle Mitgliedsländer der Gemeinschaft als Binnenmarkt gelten sollte. Mit einer gemeinsamen Wirtschaftspolitik wurde eine Zollunion angestrebt, die zum 1. Januar 1970 verwirklicht wurde. Bereits 1967 gelang die organisatorische Verklammerung der *Montanunion* ($\triangleright$ 15.27), der Euratom und der EWG in gemeinsamen Organen der Europäischen Gemeinschaften (EG): Ministerrat, Europäische Kommission, Europäisches Parlament und Europäischer Gerichtshof. Seit 1975 trifft sich mindestens zweimal im Jahr der Europäische Rat, das höchste Gremium auf EG-Ebene; ihm gehören die Staats- bzw. Regierungschefs der Einzelstaaten sowie der Präsident der Kommission an.

Frankreich widersetzte sich lange den Bestrebungen der anderen Mitgliedsländer, nun auch die politische Union der Gemeinschaft einzuleiten. Frankreichs Präsident Charles de Gaulle warb vielmehr für sein Konzept eines „Europa der Vaterländer" und lehnte den Beitritt Großbritanniens zur EG ab. Erst sein Nachfolger Georges Pompidou stimmte auf der Haager Gipfelkonferenz der EG im Dezember 1969 zu, die Beitrittsverhandlungen mit Großbritannien und anderen europäischen Staaten wiederaufzunehmen. Im Januar 1972 wurden die Beitrittsverträge mit Großbritannien, Dänemark und Irland unterzeichnet; der Beitritt erfolgte am 1. Januar 1973. Die norwegische Bevölkerung sprach sich in einer Volksabstimmung gegen einen Beitritt aus.

Mit dem Abkommen von Lomé vom Februar 1975 versuchte die EG, einen Beitrag zur Lösung des *Nord-Süd-Konflikts* (▷ 16.35) zu leisten: Die Regelung der Wirtschaftsbeziehungen mit 46 AKP-Ländern (Afrika, Karibik, Pazifik) sollte diesen Staaten Exporte erleichtern und ihnen festgelegte Exporterlöse sichern. Das Budget des Europäischen Entwicklungsfonds (EEF) wurde verdreifacht. Die Assoziierung der AKP-Länder mit der EG wurde bislang alle fünf Jahre erneuert.

Die ersten direkten Wahlen zum Europäischen Parlament fanden vom 7. bis zum 10. Juni 1979 statt. Obwohl die Wahlbeteiligung in den neun Staaten der EG unterschiedlich hoch war (durchschnittlich 61%), haben Wahlkampf und Wahl doch viel zur Bildung eines europäischen Bewußtseins der Bürger

beigetragen. Das erste direkt gewählte Europäische Parlament trat im Juli 1979 zu seiner konstituierenden Sitzung in Straßburg zusammen. Es bestand aus 410 Abgeordneten. Je 81 Abgeordnete stellten die Bundesrepublik Deutschland, Frankreich, Großbritannien und Italien, 25 kamen aus den Niederlanden, 24 aus Belgien, 16 aus Dänemark, 15 aus Irland und 6 aus Luxemburg. Am 1. Januar 1981 trat Griechenland, am 1. Januar 1986 traten Spanien und Portugal der EG bei. Die Zahl der Abgeordneten beträgt inzwischen 518 (einschließlich 18 Parlamentariern aus den neuen Bundesländern Deutschlands).

16.18 Militärputsch in Chile

Am 11. September 1973 wurde der chilenische Präsident Salvador Allende (geb. 1908) durch einen Putsch gestürzt und kam dabei ums Leben. Damit war sein unter der Devise eines „demokratischen Wegs zum Sozialismus" stehendes sozialrevolutionäres Programm gescheitert. Allende war das erste marxistische Staatsoberhaupt in der Geschichte, das (1970) demokratisch gewählt wurde. Er führte eine linksgerichtete, ideologisch heterogene Koalition. Sein Programm der Nationalisierung

Konstituierende Sitzung des ersten direkt gewählten Europäischen Parlaments in Straßburg (Juli 1979)

weiter Teile der Privatwirtschaft und der Umverteilung der Einkommen verschärfte die politische Polarisierung und führte zu wachsender Opposition des Bürgertums.

Das politische System Chiles hatte sich bis in die sechziger Jahre durch wechselnde Koalitionen aus drei etwa gleich starken Parteien ausgezeichnet, d. h. durch eine bemerkenswerte politische Flexibilität. Diese war in den späten sechziger Jahren und mit Allendes Regierungsantritt mehr und mehr verlorengegangen. Allende war es nicht gelungen, die verhärteten politischen Fronten aufzuweichen. Insbesondere einflußreiche und wirtschaftlich potente Kräfte begehrten gegen ihn auf; sie waren nicht bereit, eine in ihren Augen dogmatische, ideologische Politik des Sozialismus und Antiimperialismus mitzutragen.

Das neue Militärregime unter General Augusto Pinochet setzte eine radikale Reprivatisierung durch und öffnete das Land erneut ausländischem Kapital. Pinochet verfolgte einen strikt marktwirtschaftlichen Kurs, ohne diesen jedoch sozialpolitisch zu flankieren, was zu einer Revitalisierung der alten Eliten, zur Verschärfung der einseitigen Einkommensverteilung und zum Wiederaufleben der alten Machtstrukturen führte.

Nach dem Vorbild Spaniens unter Franco (▷ 16.28) und der Militärdiktatur Brasiliens in den sechziger Jahren regierte die Militärjunta durch willkürlich erlassene „Verfassungsakte". Sie verbot allen anderen politischen Kräften jegliche Tätigkeit und verwarf die verfassungsmäßig gewählten Grund- und Freiheitsrechte. Das Militärregime beschränkte sich nicht auf die Übernahme der Exekutive, sondern nahm auch legislative und verfassungsgebende Funktionen in Anspruch. Dem „ideologischen Pluralismus" der Öffnung und zunehmenden Internationalisierung bzw. Lateinamerikanisierung folgte die ideologische Abschottung und eine temporäre weltpolitische Isolierung wegen der Mißachtung elementarster Menschenrechte, was wiederholt zur Verurteilung durch die UN führte. Erst 1989/90 wurde die Diktatur durch ein Oppositionsbündnis abgelöst.

16.19 Jom-Kippur-Krieg

Anfang der siebziger Jahre waren die USA durch den *Krieg in Vietnam* (▷ 16.3) weltpo-

Militärputsch in Chile. Vor dem brennenden Präsidentenpalast sind Panzer aufgefahren, um auf Anhänger der legalen Regierung zu schießen

litisch gebunden, so daß eine Lösung für den arabisch-israelischen Konflikt nicht in Sicht war. Die USA blieben jedoch Hauptwaffenlieferant Israels. Ein Versuch des neuen ägyptischen Präsidenten Anwar As Sadat (1918–1981), Israel mit Hilfe der USA dazu zu bewegen, gemeinsam mit Ägypten einen Teilrückzug aus der Sueskanalzone zu vereinbaren, um den Kanal, der seit dem Beginn des *Sechstagekrieges* (▷ 16.8) blockiert war, wieder für die Schiffahrt zu öffnen, scheiterte, obwohl Sadat im Juli 1972 überraschend den Beratervertrag mit der Sowjetunion aufkündigte. Die arabischen Staaten setzten nun zunehmend ihre Öllieferungen an die westliche Welt als politische Waffe ein; in Libyen war seit 1969 Muammar Al Kadhdhafi (geb. 1942) als Präsident eines Revolutionsrates das Staatsoberhaupt und nationalisierte wie Algerien 1971 einen Großteil der Produktion. Der Irak folgte 1972 mit der völligen Nationalisierung der Ölförderung. Die Auswirkungen dieser Rohstoffpolitik (▷ 16.20) änderten jedoch nichts an der westlichen Unterstützung für Israel.

Ägypten, von der Sowjetunion nun doch wieder mit Waffen beliefert, hatte 1971 ein Projekt der Föderation mit Syrien verabschiedet, in dessen Rahmen im April 1973 der neue syrische Staatschef Al Asad (seit 1970) und Sadat die Wiederaufnahme des bewaffneten Kampfes gegen Israel vereinbarten; Jordanien sollte wegen seiner schwachen Luftverteidigung nicht daran beteiligt werden. Über die Kriegsziele konnte man sich nicht einigen: Sadat sah an erster Stelle das politische Ziel, die USA zu mehr Beweglichkeit zu zwingen und die Verhandlungen wieder aufzunehmen; der Sinai sollte an Ägypten zurückgegeben werden. Al Asad wollte durch die Rückeroberung vieler Gebiete Israel dazu zwingen, alle besetzten Gebiete zu räumen. Sadat wählte den 6. Oktober 1973, das islamische Fest des Propheten — Schlacht von Badr gegen die Mekkaner — als Angriffstermin; dieses Datum fiel mit dem höchsten jüdischen Feiertag Jom Kippur, dem Versöhnungsfest, zusammen. Der Krieg sollte durch einen Überraschungsangriff beginnen.

Am 6. Oktober stellten die Israelis rasch fest, daß ein Krieg bevorstand und führten sofort die allgemeine Mobilmachung durch; die Amerikaner brachten sie von einem Präventivschlag ab, um der Welt zu zeigen, wer die Angreifer waren. Die Ägypter überquerten den Sueskanal und griffen die Bar-Lev-Linie an; weitere Einheiten sollten die Verbindungslinien auf dem Sinai unterbrechen, während die sonst überlegene israelische Luftwaffe durch eine Artilleriesperre gegen die israelischen Stellungen neutralisiert wurde. Die neuen sowjetischen Waffen zeigten ihre Wirkung. Gemäß einer sowjetischen Strategie gruben sich die Ägypter am Ostufer des Kanals tief ein, den sie in einer Länge von 4 bis 12 km kontrollierten. In drei Tagen verloren die Israelis mehr als ein Drittel der dort stationierten 900 Panzer.

Währenddessen hatte der syrische Angriff auf die Golanhöhen begonnen. Die Israelis konzentrierten sich auf die syrische Front, wo ihre Luftwaffe den syrischen Streitkräften erhebliche Verluste beibrachte; langsam übernahmen sie die Offensive. Der Verbrauch an Waffen und Kriegsmaterial war dabei so erheblich, daß Israel um rasche amerikanische Hilfe nachsuchte, die erst am 14. Oktober mit einer Luftbrücke begann, als die Amerikaner befürchteten, daß Israel sonst zu Nuklearwaffen greifen würde. Am selben Tag begannen die Ägypter eine Offensive auf dem Sinai, um die Syrer zu entlasten; sie mißlang jedoch. Den Israelis gelang es sogar, den Kanal zu überqueren und die Ägypter am Ostufer zu umzingeln.

Die Syrer erhielten jordanische und irakische Hilfe, um Damaskus zu verteidigen; als Al Asad eine Gegenoffensive starten wollte, war es zu spät, denn der Konflikt war mittlerweile internationalisiert worden, und es bestand die Gefahr einer großen Krise zwischen den Supermächten. Niemand war an einer solchen Situation interessiert, trotzdem bestand Sadat weiter darauf, daß die Israelis die besetzten Gebiete freigeben sollten, während Golda Meir (1898–1978), seit 1969 israelische Ministerpräsidentin, den Willen zum Kampf bis zum endgültigen Sieg bekundete. Am 17. Oktober griffen die arabischen Ölländer zur Ölwaffe: Die fünfprozentige monatliche Verringerung der Förderung führte zum totalen Embargo Saudi-Arabiens gegen die USA und die Niederlande (wegen des Hafens von Rotterdam) am 20. Oktober, als die Bedeutung der amerikanischen Waffenlieferung an Israel durch eine Luftbrücke bekannt wurde. Der erste Ölschock für den Westen war da.

Angesichts des militärischen Patts beschloß der UN-Sicherheitsrat die Resolution 338, die am 22. Oktober verabschiedet wurde und einen sofortigen Waffenstillstand und die Anwendung der Resolution 242 aus dem Jahr 1967 vorsah. Doch Israel schloß die Dritte Armee der Ägypter und die Stadt Sues ein, was mehrere Resolutionen gegen Israel zur Folge hatte. Die Sowjetunion drohte am 24. Oktober mit ihrer Intervention, um Israel zur Ordnung zu rufen; doch die nukleare Drohung der USA brachte sie davon ab. Die „Pendeldiplomatie" des US-Außenministers Henry Kissinger führte zum Waffenstillstand zwischen Israel und Ägypten. Die Araber wiederholten auf ihrer 6. Gipfelkonferenz vom 26. bis zum 28. November in Algier ihre Maximalforderungen an Israel. Kissinger nahm die rege Rceisediplomatie Ende 1973 und Anfang 1974 wieder auf, durch die er ein vorläufiges Entflechtungsabkommen erreichte. Die Israelis zogen sich auf eine Linie parallel zum Kanal etwa 20 bis 25 km weit zurück; eine Pufferzone wurde durch UN-Truppen überwacht. Erst Ende Mai 1974 wurde, nach Rückgabe einer unbedeutenden Zone an Syrien, eine Entflechtungsvereinbarung mit Syrien erreicht, nachdem im März erneut Kämpfe ausgebrochen waren.

Besonders die Anfangserfolge hatten den Arabern verlorenes Selbstvertrauen wiedergegeben. Israels sicherheitspolitische Lage blieb prekär, und angesichts der Ölwaffe überprüften die USA ihre Politik im Nahen Osten. Als Folge des Krieges konnte die *PLO* (▷ 16.21) ihre Bedeutung weiter verstärken. Die von den USA vermittelten Friedensgespräche zwischen Israel und Ägypten führten 1979 zum Abkommen von *Camp David* (▷ 16.27).

16.20 Ölkrise Die OPEC

Die OPEC (Organization of Petroleum Exporting Countries; Organisation Erdöl exportierender Länder) war 1960 in Bagdad von Irak, Iran, Kuwait, Saudi Arabien und Venezuela mit dem Ziel gegründet worden, die Erdölpolitik der Mitgliedsstaaten zu koordinieren und die Erlöse aus dem Erdölexport zu stabilisieren. Anlaß für die Gründung war die zweimalige einseitige Senkung der Listenpreise für Erdöl durch die internationalen Ölkonzerne 1959 und 1960 gewesen. Bis heute schlossen sich der OPEC als weitere Mitglieder Algerien, Ecuador, Gabun, Indonesien, Katar, Libyen, Nigeria und die Vereinigten Arabischen Emirate an. Die arabischen OPEC-Mitglieder bildeten 1968 eine spezielle Organisation, die Organization of the Arab Petroleum Exporting Countries (OAPEC), die zusätzlich Ägypten, Bahrain und Syrien umfaßte.

Während und nach dem Jom-Kippur-Krieg 1973 (▷ 16.19) suchten die Länder der OAPEC mit ihrer Erdölpolitik Druck auf die westlichen Staaten auszuüben, die Israel unterstützten. Gegen die USA und die Niederlande wurde ein Lieferboykott verhängt, der sich auch auf die anderen westeuropäischen Staaten auswirkte. Die OPEC konnte gegenüber 1970 (1,40 US-Dollar pro Barrel) eine Vervierfachung des Rohölpreises durchsetzen; außerdem wurde die Verstaatlichung der Ölförderung forciert.

Die drastischen Ölpreiserhöhungen, die in den Abnehmerländern zu einem starken Preisanstieg auch auf anderen Märkten und zu großen Ungleichgewichten in den Zahlungsbilanzen führten, trugen zu der weltweiten Wirtschaftskrise ab 1973/74 bei. In den westlichen Industriestaaten lösten sie erste Energiesparmaßnahmen und eine verstärkte Forschung für die Nutzung „alternativer" Energien aus. Auch eine zweite Ölpreiskrise 1979/81, in deren Verlauf der Preis pro Barrel zeitweilig auf über 40 US-Dollar stieg, war politisch verursacht: durch die iranische Revolution (▷ 16.29) und den Ausbruch des *Ersten Golfkrieges* (▷ 16.37).

PLO-Kämpfer mit Fahnen und einem Porträt ihres Führers Jasir Arafat beim Abzug aus Beirut (August 1982)

16.21 Palästina Die PLO Libanon

Die verschiedenen israelisch-arabischen Kriege (▷ 16.8, ▷ 16.19) ließen das Problem der Palästinenser auch immer mehr ins Bewußtsein der Weltöffentlichkeit treten. Jedoch änderte sich bis zum heutigen Tag nichts an der elenden Lage dieser heimatlosen Bevölkerung. Der englische Teilungsplan für Palästina zwischen Juden und Arabern, der von Amerika befürwortet und am 29. November 1947 in der Vollversammlung der Vereinten Nationen mit 33 gegen 13 Stimmen (eine Stimme mehr als die Zweidrittelmehrheit) verabschiedet wurde, hatte sich nicht verwirklichen lassen (▷ 15.14, ▷ 15.15).

Seitdem erweiterte sich mit jedem Krieg das Gebiet des im Mai 1948 gegründeten Staates

Israel auf Kosten der einheimischen palästinensischen Bevölkerung, die viele Flüchtlinge und Vertriebene zu verzeichnen hat. Die Zahl der Flüchtlinge von 1948–1949 wird auf etwa 600 000–760 000 geschätzt; sie wurden auf die Nachbarstaaten verteilt, die nicht versuchten, sie zu integrieren, sondern sie als Druckmittel in der Hand behielten, um die Gebiete, aus denen sie vertrieben wurden, als palästinensischen Staat zu beanspruchen. Israel seinerseits lehnte jede Verantwortung ab und sah eine Regelung für das Palästinenserproblem nur in einer globalen Lösung der israelisch-arabischen Probleme.

Der erste palästinensische Nationalkongreß fand in Ost-Jerusalem vom 28. Mai bis 2. Juni 1964 statt. König Husain von Jordanien hielt die Eröffnungsrede; die anwesenden 348 Vertreter, 242 aus Jordanien, die übrigen aus den anderen Staaten, gründeten die PLO (Palestine Liberation Organization) und beschlossen, eine Armee für die Befreiung Palästinas aufzustellen. Der Kongreß verabschiedete die erste palästinensische Charta, die zwar keinen Anspruch auf Verantwortung für das Westjordanland und den Gasastreifen erhob, um weder Jordanien noch Ägypten zu irritieren, in ihrem Programm aber ein Manifest zugunsten eines arabischen Palästina darstellt. Dessen Grenzen sollten die der englischen Mandatszeit sein. Die radikalen Gruppen traten sofort in den Kampf ein, so Al Asifa (Sturm), der militärische Zweig der PLO, der von 1964–1967 etwa 300 Überfälle auf Israel verübte.

Die erste PLO war auch durch die Niederlage des Sechstagekriegs von 1967 in Verruf geraten, so daß ab 1968 eine neue organisiert wurde, in die die übrigen Organisationen aufgenommen wurden. Yasir Arafat (geb. 1929 in Jerusalem) wurde auf deren 5. Kongreß zum Präsidenten gewählt. Die neue PLO dehnte ihre Aktivitäten auf viele Gebiete des zivilen und öffentlichen Lebens aus; sie wurde vor allem von den Ölländern finanziert, die den arabischen Nationalismus verteidigen und die PLO an ihre eigene Politik binden wollten. Die Belange der Palästinenser fanden in der Weltöffentlichkeit immer größere Beachtung. Die UN sprach in ihrer Resolution 2535 B, statt wie bisher von Flüchtlingen, zum ersten Mal von den legitimen Rechten des palästinensischen Volks.

Um die Israel unterstützenden Staaten zu einer gerechten Regelung des Palästinenser-Problems zu zwingen, erweiterte die PLO ihre Aktionen auf Flugzeugentführungen und Terroranschläge in der westlichen Welt. Seit dem *Sechstagekrieg* (▷ 16.8) und verstärkt seit dem Tod Nassers (1970) besaßen die palästinensischen Organisationen nur noch im Libanon Bewegungsfreiheit, nachdem sie ihren Kampf gegen Jordanien im sogenannten „Schwarzen-September"-Massaker von 1970 verloren hatten und das Land verlassen mußten. Die israelische Politik versuchte, die PLO und den libanesischen Staat gegeneinander aufzubringen: Das Land sollte durch Repressalien destabilisiert werden, damit es sich gegen die Palästinenser wende. Mehrere Konflikte überlagerten sich seit 1983, so daß gewaltsame Konfrontationen zwischen Palästinensern und christlichen Milizen neben politischen, sozialen, familiären Auseinandersetzungen sowie Entführungen, Morden und Verwüstungen des Südens und anderer Gebiete des Libanon auf der Tagesordnung standen.

Am 6. Juni 1982 erfolgte eine israelische Invasion des Libanon, die die palästinensischen Freischärler aus dem Land und die Syrer weit von der Hauptstadt Beirut verdrängte. Im Ergebnis waren 17 000 libanesische und 20 000 libanesische und palästinensische Tote und viele Verwundete zu beklagen, und viele Menschen mußten flüchten. Am 14. September 1982 wurde der libanesische Präsident ermordet und Israel mußte dem Entsetzen sowohl der israelischen als auch der internationalen Öffentlichkeit vor den Ausmaßen der verübten Grausamkeiten Tribut zahlen und sich aus dem Land zurückziehen. Für die PLO war es ein harter Schlag, denn ein großer Teil ihres militärischen Potentials und ihrer Infrastruktur wurde vernichtet. Sie mußte ihr Hauptquartier nach Tunis verlegen. Sie verbuchte jedoch national wie international einen moralischen Erfolg, so daß sie fortan zu allen Verhandlungen direkt oder indirekt herangezogen werden mußte. Aufgrund der nach wie vor unveränderten Lage in den besetzten Gebieten fand die PLO mit der Intifada (▷ 17.11) zu einer neuen Widerstandsform.

16.22 Kriegsende in Vietnam

Mit der Unterzeichnung des Waffenstillstandsabkommens am 27. Januar 1973 trat der

Vietnamkrieg (▷ 16.3) von seiner zweiten – amerikanischen – Phase in die letzte, die vietnamesische. Die Verhandlungen zwischen den Kriegsparteien in Süd-Vietnam zur Bildung des im Waffenstillstandsabkommen vorgesehenen Nationalen Versöhnungsrats führten zu keinem Erfolg, vielmehr versuchten beide Parteien, die von ihnen kontrollierten Gebiete zu vergrößern. Doch der völlige Zusammenbruch der zahlenmäßig überlegenen Armee Süd-Vietnams brachte das Ende des Krieges Anfang 1975; eine Entscheidungsschlacht hatte nicht mehr stattgefunden.

Nachdem die führenden Kräfte der südvietnamesischen Regierung und eine große Zahl weiterer Flüchtlinge mit amerikanischer Hilfe ins Ausland gebracht worden waren, wurde am 30. April 1975 Saigon von Truppen der Provisorischen Revolutionsregierung besetzt, die nun die Regierungsgewalt in Süd-Vietnam übernahm. Der Vietnamkrieg hat nach amerikanischen Angaben (aus der Mitte der siebziger Jahre) zwischen 1961 und 1972 über 1,1 Millionen Soldaten das Leben gekostet, die Opfer unter der Zivilbevölkerung werden auf über 2 Millionen geschätzt. Die Kosten dieses Krieges sind wegen der ökologischen Schäden aufgrund des Einsatzes chemischer Kampfmittel („Agent Orange") zur Entlaubung der Wälder durch die USA kaum abzusehen und betragen weit über 200 Milliarden Dollar.

Nach der Durchführung von Wahlen zur vereinigten Nationalversammlung Vietnams im April 1976 wurde mit der Gründung der Sozialistischen Republik Vietnam am 2. Juli die Wiedervereinigung Nord- und Süd-Vietnams vollzogen. Die zunächst behutsam angegangene Umgestaltung von Wirtschaft und Gesellschaft des Südens im Sinne des Staatssozialismus des Nordens – etwa mit der Enteignung des Großgrundbesitzes und der Verstaatlichung der Industrie – wurde schon 1978 durch eine Währungsreform und die Verstaatlichung des Großhandels forciert. Die ökologischen Folgen des Krieges, die zugesagte, aber ausbleibende Wirtschaftshilfe seitens der westlichen Industriestaaten und Naturkatastrophen führten, neben der miserablen wirtschaftlichen Situation aufgrund der Vergesellschaftungen, zu einer drastischen Verschlechterung der Lebensmittelversorgung und zu einer starken, nicht abreißenden Flüchtlingsbewegung („Boat people").

Der Konflikt mit Kambodscha seit 1977, der mit der Einnahme Phnom Penhs durch vietnamesische Truppen 1979 endete (▷ 16.25), wurde von einer militärischen Invasion im Norden Vietnams durch Einheiten der Volksrepublik China im Februar 1979 begleitet, die sich aber nach für beide Seiten verlustreichen Kämpfen Anfang März wieder zurückzogen.

16.23 KSZE-Schlußakte von Helsinki

In den sich intensivierenden Gesprächen zwischen den USA und der Sowjetunion zu Beginn der siebziger Jahre hatten die Sowjets wiederholt den Plan einer europäischen Sicherheitskonferenz vorgetragen. Nach Vorgesprächen, bei denen die Agenda um den Bereich der wirtschaftlichen und wissenschaftlich-technischen Zusammenarbeit erweitert worden war, wurde am 3. Juli 1973 in Helsinki von 35 Außenministern europäischer Staaten einschließlich der Sowjetunion, der USA und Kanadas die Konferenz über Sicherheit und Zusammenarbeit in Europa eröffnet.

Nach einer langen Konferenzphase in Genf (vom 18. September 1973 bis 21. Juli 1975), die der Beschlußfassung und der Ausarbeitung der Schlußdokumente diente, wurde bei dem Gipfeltreffen der Staats- und Regierungschefs vom 30. Juli bis zum 1. August 1975 in Helsinki die Schlußakte unterzeichnet. Sie enthielt keine verbindlichen Absprachen, sondern lediglich Absichtserklärungen. Die Teilnehmerstaaten sagten zu, sich in ihren Beziehungen untereinander von folgenden Prinzipien leiten zu lassen: souveräne Gleichheit und Achtung der der Souveränität innewohnenden Rechte; Enthaltung von Androhung oder Anwendung von Gewalt; Unverletzlichkeit der Grenzen; territoriale Integrität der Staaten; friedliche Regelung von Streitfällen; Nichteinmischung in innere Angelegenheiten; Achtung der Menschenrechte und Grundfreiheiten einschließlich der Gedanken-, Gewissens-, Religions- oder Überzeugungsfreiheit; Gleichberechtigung und Selbstbestimmungsrecht der Völker; Zusammenarbeit zwischen den Staaten; Erfüllung völkerrechtlicher Verpflichtungen nach Treu und Glauben.

Ferner wurden vertrauensbildende Maßnahmen auf militärischem Gebiet (Ankündigung

*Gruppenbild von den
Staats- und Regierungschefs
der westlichen Industrieländer
bei der sechsten
Weltwirtschaftskonferenz
am 22./23. Juni 1980
in Venedig*

von Manövern, Zulassung von Manöverbeobachtern), eine Zusammenarbeit in den Bereichen Wirtschaft, Wissenschaft, Technik und Umwelt sowie in humanitären Bereichen (Information, Kultur, Bildung) vereinbart.

Vom Oktober 1977 bis März 1978 fand in Belgrad ein KSZE-Folgetreffen statt, auf dem ein Meinungsaustausch über die bisherige Durchführung der Schlußakte von Helsinki geführt wurde und Vorschläge zur Weiterentwicklung der europäischen Zusammenarbeit und des Entspannungsprozesses im Mittelpunkt standen. Die westlichen Staaten wiesen auf Fälle von Menschenrechtsverletzungen in den kommunistischen Staaten hin, die gegen neue oppositionelle Gruppen verübt wurden, die sich auf die Verwirklichung der Menschenrechte entsprechend der Schlußakte beriefen.

Der mit der KSZE eingeleitete Prozeß hat die Entspannung zwischen den Blocksystemen entscheidend gefördert. Einen Rückschlag erlitt der Entspannungsprozeß während der KSZE-Nachfolgekonferenz in Madrid (ab November 1980) durch den *sowjetischen Einmarsch in Afghanistan* (▷ 16.33) und die Verhängung des *Kriegsrechts in Polen* (▷ 16.34).

16.24 Weltwirtschaftsgipfel

Die Gefährdung des Weltwährungssystems und die globale Wirtschaftskrise, verschärft durch den Ölboykott der arabischen Staaten (▷ 16.20) und die Ölpreiserhöhungen während des *Jom-Kippur-Krieges* (▷ 16.19) weckten in den westlichen Industrieländern das Bedürfnis nach engerer Zusammenarbeit im wirtschafts- und währungspolitischen Bereich. Der französische Staatspräsident Valéry Giscard d'Estaing (geb. 1926) und der Bundeskanzler Helmut Schmidt (geb. 1918) sahen in regelmäßigen Begegnungen der Staats- und Regierungschefs der führenden Industriestaaten auf Gipfelkonferenzen eine Möglichkeit zur „Koordinierung der Weltpolitik". Ausschlaggebend für sie war der Gedanke, daß auf eine Abstimmung in weltwirtschaftlichen Fragen nicht mehr verzichtet werden könne, wenn man eine für die Stabilität der einzelnen Staaten und damit auch für das westliche Bündnis gefährliche Rezession abwenden wollte.

Die erste Gipfelkonferenz fand auf Einladung des französischen Staatspräsidenten vom 15. bis 17. November 1975 auf Schloß Rambouillet bei Paris statt. An ihr nahmen die Regierungschefs Großbritanniens, Frankreichs, Japans, Italiens und der Bundesrepublik Deutschland sowie der Präsident der USA teil. Hauptthemen waren wirtschafts- und finanzpolitische Fragen, Handel und Energie sowie die Nord-Süd-Beziehungen (▷ 16.35). Weitere Themen kamen hinzu, so die weltweite Arbeitslosigkeit und die Staatsverschuldung. Fortan fanden in jedem Jahr Weltwirtschaftsgipfel in einem der Teilnehmerländer statt. Ab 1976 nahmen auch der kanadische Regierungschef sowie der Präsident der EG-Kommission an den Konferenzen teil.

Mehr und mehr traten politische Themen in den Vordergrund, etwa das Verhältnis zur Sowjetunion und zu den Staaten des Warschauer Paktes, besonders seit durch den *sowjetischen Einmarsch in Afghanistan* (▷ 16.33) und den Abbruch der Genfer Abrüstungsverhandlungen nach der Aufstellung amerikanischer Pershing-II-Raketen in einigen westeuropäischen Ländern die Entspannungspolitik belastet wurde.

Bei den meisten Gipfelkonferenzen blieb es bei allgemeinen Empfehlungen; der Siebener-Gipfel wollte und konnte zu keiner Zeit als Krisenmanagement fungieren. Immerhin gelang es den Teilnehmerstaaten, die sehr unterschiedlichen Interessen der Weltmacht USA, der aufstrebenden Wirtschaftsmacht Japan und des immer mehr zusammenwachsenden Machtzentrums Westeuropa weitgehend auszugleichen.

16.25 Rote Khmer

Nachdem Norodom Sihanuk am 18. März 1970 durch den Staatsstreich einer proamerikanisch-antikommunistischen Gruppe unter General Lon Nol als Staatspräsident Kambodschas abgesetzt worden und nach Peking geflohen war, betrieb er von dort aus mit seiner von zahlreichen Staaten anerkannten Exilregierung die Rückgewinnung seines Landes. In der Folgezeit führten seine Anhänger und die kommunistisch orientierten, von der Volksrepublik China und Nord-Vietnam unterstützten Roten Khmer gegen das Militärregime Lon Nol einen Bürgerkrieg, der – nachdem sich die Amerikaner aus Vietnam zurückgezogen hatten (▷ 16.22) – mit der Einnahme von Phnom Penh am 17. April 1975 durch die Roten Khmer und mit der Flucht des Lon-Nol-Regimes ins Ausland entschieden wurde.

Der Außerordentliche Nationalkongreß der Roten Khmer bestätigte Norodom Sihanuk zunächst als Staatspräsidenten. Sihanuk kehrte im September 1975 nach Kambodscha zurück, legte jedoch schon im April des folgenden Jahres seine Ämter nieder, nachdem

sich eine ultralinke Gruppierung innerhalb der Roten Khmer durchgesetzt hatte. Das neue Regime mit Khieu Samphan als Staatsoberhaupt und Pol Pot als Ministerpräsidenten etablierte eine Terrorherrschaft, die durch Hunger und systematische Exekutionen mehr als eine Million Menschen das Leben kostete. Stadtbewohner wurden nach der Machtübernahme der Roten Khmer zur Zwangsarbeit in den Reisfeldern deportiert. Über 300 000 Menschen flüchteten vor dem Terror nach Thailand.

Grenzstreitigkeiten mit Vietnam führten 1977 zu bewaffneten Auseinandersetzungen. Eine Großoffensive vietnamesischer Truppen mit Unterstützung von Partisanen kambodschanischer Oppositionsgruppen gegen das Pol-Pot-Regime endete einerseits mit der Eroberung Phnom Penhs am 7. Januar 1979, andererseits wurde sie von der Volksrepublik China zum Anlaß für eine Invasion im Norden Vietnams genommen. Auf Ersuchen der von ihnen eingesetzten provisorischen Regierung der Vereinigten Nationalen Front zur Rettung Kambodschas blieb ein Teil der Streitkräfte Vietnams im Land, zum Schutz gegen Truppen des Pol-Pot-Regimes, die vom Grenzgebiet zu Thailand aus einen Guerillakrieg führten.

Massengräber aus der Zeit des Regimes unter Pol Pot

Nach Wahlen zur Nationalversammlung im Mai 1981 wurde eine Regierung unter Heng Samrin gebildet, die allerdings nur von den Staaten des Ostblocks und wenigen Staaten der „Dritten Welt" Anerkennung fand. Im Juni 1982 wurde in Kuala Lumpur aus einer Koalition unter Norodom Sihanuk, dem früheren konservativen Ministerpräsidenten Son Sann und dem vormaligen Staatspräsidenten Khieu Samphan eine Exilregierung gebildet, die breite internationale Unterstützung fand. Um den Krieg in Kambodscha zu beenden und den Konflikt um die Regierung zu lösen, wurde 1991 unter Vermittlung der UN ein Oberster Nationaler Rat unter dem Vorsitz von Sihanuk eingesetzt.

16.26 Internationaler Terrorismus

Terrorismus ist eine Sammelbezeichnung für unterschiedliche Formen politisch motivierter Gewaltanwendung insbesondere durch revolutionäre oder extremistische Gruppen und Einzelpersonen, die auf Grund ihrer zahlenmäßigen Unterlegenheit gegenüber dem herrschenden Staatsapparat mit auf herausragende Vertreter des herrschenden Systems gezielten „direkten Aktionen" die Hilflosigkeit des Regierungs- und Parteiapparates gegen solche Aktionen bloßstellen, Loyalität von den Herrschenden abziehen und eine revolutionäre Situation schaffen wollen.

Seine theoretische Grundlage fand der Terrorismus v. a. im revolutionären Anarchismus des 19. Jahrhunderts, dessen Theoretiker die Vernichtung jeglicher Gesellschaftsform forderten und die Kampfform der „Propaganda der Tat" entwickelten, die jede rächende Tat an einem Vertreter herrschaftlicher Ordnung rechtfertigte. Zumindest zeit- und teilweise haben sich im 20. Jahrhundert zur Befreiung von fremder Herrschaft die nationalen Befreiungsbewegungen in der Dritten Welt, die ETA im spanischen Baskenland, die IRA in *Nordirland* (▷ 16.10), jüdische Organisationen im Kampf gegen Briten und Araber in Palästina vor 1948 sowie die *PLO* in Nahost (▷ 16.21) terroristischer Mittel bedient. Die von palästinensischen Gruppen zur politischen Erpressung unternommenen Flugzeugentführungen brachten den Übergang zum internationalen Terrorismus mit dem charakteristischen Phänomen der Zusammenarbeit von Terrororganisationen unterschiedlichster politischer Ausrichtung.

In Deutschland hat sich der Terrorismus 1968 aus einem kleinen Teil der studentischen Protestbewegung entwickelt. Die größtenteils der „Rote-Armee-Fraktion" (RAF) zugeschriebenen Anschläge sind mit sozialrevolutionären Zielvorstellungen verbunden. Dadurch sah sich der Staat herausgefordert, mit Gesetzesänderungen beispielsweise im Strafgesetzbuch (neuer Strafbestand der Bildung einer terroristischen Vereinigung), in der Strafprozeßordnung, im Gerichtsverfassungsgesetz, im Waffen- und Sprengstoffrecht und mit der Neuschaffung des Kontaktsperregesetzes sowie mit dem Ausbau des Bundeskriminalamtes und der Verstärkung des Bundesgrenzschutzes und der Polizeikräfte der Länder dem Terrorismus gegenüber Stärke zu

1978 wurde der frühere italienische Ministerpräsident Aldo Moro von Mitgliedern der „Roten Brigaden" entführt und ermordet

Der ägyptische Präsident Sadat (links), US-Präsident Carter (Mitte) und Israels Ministerpräsident Begin (rechts) 1979 in Camp David bei der Unterzeichnung des ägyptisch-israelischen Friedensvertrages

demonstrieren und dem Sicherheitsbedürfnis der Bürger Rechnung zu tragen.

Neben den linksextremistischen Terrorbewegungen, deren Aktionen meist gegen einzelne Repräsentanten des staatlichen und gesellschaftlichen Systems gerichtet sind – in Deutschland wurde der Arbeitgeberpräsident Hanns-Martin Schleyer durch die „Rote-Armee-Fraktion" ermordet, in Italien der frühere Ministerpräsident Aldo Moro durch die „Roten Brigaden" –, sind insbesondere seit 1980 auch vermehrt neofaschistische bzw. neonazistische Terroraktionen zu verzeichnen, so in besonderem Maße in Italien (Attentat von Bologna), Frankreich (Synagogenattentat in Paris) und in der Bundesrepublik Deutschland (insbesondere Attentate auf Ausländerwohnheime).

16.27 Camp David

Der *Jom-Kippur-Krieg* (▷ 16.19) führte eine wesentliche Veränderung in der Politik Ägyptens herbei: Staatspräsident Sadat verfolgte nicht mehr, wie noch sein Vorgänger Nasser, hegemoniale Ansprüche innerhalb der arabischen Welt, sein Ziel war es vielmehr, die territoriale Integrität seines Landes wiederherzustellen. Daher wandte er sich einerseits den USA zu, von denen Israel abhängig war, andererseits den arabischen Golfstaaten, von denen sich Ägypten für seine desolate wirtschaftliche Lage Hilfe erhoffte. Die aufeinanderfolgenden Kriege und die nasseristische, allzu bürokratische Wirtschaftspolitik hatten

das Land in schwere Krisen gestürzt; Sadat leitete eine liberale Wirtschaftspolitik ein. Er bekämpfte die alten Strukturen, indem er dem Panarabismus einen ägyptischen Nationalismus entgegensetzte, der alle Komponenten der ägyptischen Identität, auch die islamische, einbezog. Der atheistische Marxismus wurde bekämpft, die gemäßigten islamistischen Bewegungen gefördert; die Muslimbruderschaft, eine islamische Erneuerungsbewegung, durfte sich freier bewegen.

Die Wahl von James E. Carter (geb. 1924) zum US-Präsidenten 1976 eröffnete Ägypten eine neue politische Perspektive, da Carter nach einer globalen Regelung für den israelisch-arabischen Konflikt suchte. Zum ersten Mal sprach ein amerikanischer Präsident von einem Heimatrecht für die palästinensischen Flüchtlinge, ohne jedoch die Israelis zu vergessen, denen die USA weiter Unterstützung gewährten. Die beiden Supermächte sahen eine Friedenskonferenz zwischen Israel, seinen arabischen Nachbarn und der *PLO* (▷ 16.21), die in der jordanischen Delegation vertreten sein sollte, vor. Am 1. Oktober 1977 rief eine sowjetisch-amerikanische Erklärung dazu auf, die „legitimen Rechte der Palästinenser" zu sichern.

Der spektakuläre Wendepunkt kam am 9. November 1977, als Sadat in einer Rede vor der ägyptischen Nationalversammlung erklärte, daß er bereit wäre, für den Frieden überall hinzugehen, sogar nach Jerusalem, um der Kontrolle der feindselig gesinnten Syrer bei einer möglichen Genfer Konferenz zu entgehen und den Israelis die Ernsthaftigkeit seines

Friedenwillens zu bekunden. Am 19./20. November besuchte er Jerusalem, wo er in einem dramatischen Appell seiner Absicht Ausdruck verlieh, in Frieden mit Israel zusammenzuleben, allerdings auch einen palästinensischen Staat forderte. Damit zog sich Sadat den Zorn der arabischen Staaten, vor allem Algeriens, Libyens, Syriens, des Süd-Jemen sowie der PLO, zu, die einen ägyptisch-israelischen Separatfrieden fürchteten. Er brach zu ihnen die diplomatischen Beziehungen ab. Die USA zeigten sich sehr zufrieden über Sadats Schritt gegenüber Israel und waren der Meinung, daß Ägypten von Israel auch Konzessionen über die palästinensische Frage gemacht werden müßten.

Mitte Dezember 1977 unterbreitete Israel Vorschläge: Die israelische Armee würde den Sinai verlassen, während die israelischen Siedler dort verblieben; das Westjordanland und der Gasastreifen sollten dagegen noch keine vorläufige Regelung finden. Am 25. Dezember traf Begin Sadat in Ismailija am Sueskanal; ihre Begegnung war jedoch ein Mißerfolg, weil jeder seine harten Positionen wiederholte. Als Carter zu diesem Zeitpunkt intervenierte, um eine separate Regelung zwischen den beiden Ländern zu erreichen, unternahm die PLO Überfälle vom Südlibanon aus, die die Invasion Israels im Südlibanon bis zum Litani-Fluß im März 1978 zur Antwort hatten. Carter lud Premierminister Menachem Begin (1913–92) und Sadat nach Camp David ein, um mit ihnen vom 6. bis zum 17. September 1978 über eine beiderseits annehmbare Lösung zu verhandeln.

Es wurde hart gerungen, beide Kontrahenten mußten Konzessionen machen, und Carter war Vermittler und Hauptakteur der erzielten Abmachungen. Die Vereinbarungen sahen wie eine Globalregelung des israelisch-arabischen Konflikts aus, wobei die UN-Resolution 242 von 1967 bestätigt wurde: Ägypten bekam seine Souveränität über den Sinai zurück, der von Israel gegen die Benutzung des Sueskanals und des Golfs von Akaba nach und nach geräumt werden sollte. Daneben wurde vereinbart, Verhandlungen über die Zukunft der Palästinenser mit dem Ziel einer palästinensischen Autonomie zu führen. Begin zeigte wenig Eile, den Friedensvertrag mit Ägypten zu unterschreiben, damit die Verhandlungen über die anderen besetzten Gebiete in weite

Ferne rückten, da für ihn die erzielte Vereinbarung mit Ägypten das Wesentliche war, während Sadat den Sinai sofort unter ägyptische Hoheit stellen wollte und Carter den außenpolitischen Erfolg benötigte. Die arabische Welt verwarf diesen Vertrag und beschloß, den Sitz der *Arabischen Liga* (▷ 15.7) nach Tunis zu verlegen, um Ägypten noch mehr zu isolieren. Erst im Oktober 1990 wurde ihr Sitz nach Kairo zurückverlegt.

Der ägyptisch-israelische Friedensvertrag wurde in Washington am 26. März 1979 unterschrieben. Im Januar 1980 nahmen beide Länder diplomatische Beziehungen auf. Sadat wurde am 6. Oktober 1981 von islamischen Fundamentalisten in Kairo ermordet, ein bitteres Ende für einen tapferen Schritt. In der zweiten Hälfte der achtziger Jahre konnte sich Ägypten unter Sadats Nachfolger Husni Mubarak (geb. 1928) langsam aus seiner Isolation innerhalb der arabischen Welt lösen.

16.28 Demokratie in Portugal und Spanien

Während sich die parlamentarischen Demokratien Westeuropas in der Europäischen Gemeinschaft zusammenschlossen (▷ 15.39), standen die beiden Staaten der Iberischen Halbinsel, Portugal und Spanien, bis in die Mitte der siebziger Jahre mit ihren autoritären Regimen abseits, wenngleich Portugal 1949 zu den Gründungsmitgliedern des *Nordatlantikpaktes* gehört hatte (▷ 15.20) und 1960 der *Europäischen Freihandelszone EFTA* (▷ 15.44) beigetreten war.

Der in Portugal seit 1933 herrschenden Einparteiendiktatur („Estado Novo") unter Antonio O. Salazar (1889–1970) war die nahezu lückenlose Abschirmung des Landes gegen das Ausland gelungen. Als letzte europäische Kolonialmacht rechtfertigte das Salazar-Regime das militärische Vorgehen gegen die Befreiungsbewegungen in den Kolonien mit dem Argument, die Unruhen in Angola und Moçambique würden von den kommunistischen Staaten des Ostblocks gesteuert.

Erst nach Salazars Tod und halbherzigen Liberalisierungsversuchen seines Nachfolgers Caetano beendete eine seit langem in den Streitkräften existierende Oppositionsgruppe am 25. April 1974 die 40jährige Diktatur mit einem weitgehend unblutigen Putsch. Die Militärjunta bildete eine Übergangsregierung, schrieb freie Wahlen aus und löste die bisher allmächtige politische Polizei auf. Sie beendete die Kolonialkriege und entließ die Kolonien in die Unabhängigkeit (▷ 15.43).

Mario Soares nach seiner Rückkehr aus dem Exil (1974)

Bei den ersten Parlamentswahlen wurden die Sozialisten unter Mario Soares die stärkste politische Kraft, die auch die erste demokratische Regierungsbildung vornahm. 1977 wurde das demokratische Portugal in den Europarat aufgenommen, 1986 folgte der Beitritt zur Europäischen Gemeinschaft.

Das faschistische Regime Francisco Francos in Spanien, das nach dem *Bürgerkrieg* (▷ 14.7) 1939 errichtet worden war, hatte den Zweiten Weltkrieg überdauert. Die Isolation Spaniens wurde vor dem Hintergrund des Kalten Krieges vor allem von den USA aufgebrochen, die Luft- und Flottenstützpunkte benötigten. Bereits 1947 war die Wiedereinführung der Monarchie für die Zeit nach Franco beschlossen worden. Der Staatschef bestimmte Juan Carlos (geb. 1938), den Enkel des spanischen Königs Alfons XIII., zu seinem Nachfolger. Seit 1971 Stellvertreter Francos, wurde Juan Carlos zwei Tage nach dem Tod des Diktators im November 1975 zum spanischen König erhoben.

Noch im November 1975 leitete ein Sprachengesetz, das Baskisch, Katalanisch und Galicisch als gleichberechtigte Staatssprachen anerkannte, die allmähliche Demokratisierung ein. Ministerpräsident Adolfo Suárez, dessen Union des Demokratischen Zentrums die stärkste politische Kraft wurde, begann, vom König unterstützt, den Übergang von der Diktatur zur Demokratie; diesen Prozeß vermochten auch die politischen Gegner von rechts nicht aufzuhalten. Der König eröffnete am 22. Juli 1977 das erste freigewählte Parlament mit den Worten: „Die Demokratie hat begonnen – vollenden wir sie!" Trotz eines Autonomiestatuts, das 1979 für Katalonien und das Baskenland beschlossen wurde, kämpft die baskische Untergrundorganisation ETA („Euzkadi ta Azkatasuna", „Baskenland und Freiheit") weiter für einen unabhängigen Staat.

An der eindeutigen Stellungnahme des Königs für die Demokratie sind auch spätere Versu-

Spaniens Staatschef Franco gibt im Juli 1969 vor den Cortes bekannt, daß Juan Carlos von Bourbon als König von Spanien sein Nachfolger sein wird

che der noch immer starken Anhängerschaft des franquistischen Systems, das Rad der Geschichte zurückzudrehen, gescheitert, so etwa der Putschversuch vom 23. Februar 1981. Am 1. Januar 1986 wurde auch Spanien Mitglied der Europäischen Gemeinschaft.

16.29 Islamische Republik Iran

Am 1. April 1979 rief der Ayatollah Ruhollah Mussawi Hendi (1900–1989), nach seinem Geburtsort Chomain (bei Isfahan) „Chomaini" genannt, die Islamische Republik Iran aus. Chomaini entstammte einer alten schiitischen Gelehrtenfamilie. Als Theologe sammelte er in Ghom, einem Zentrum des Schiitismus, eine wachsende Zahl von entschlossenen Anhängern um sich, die nicht allein den macht- und wirtschaftspolitischen Einfluß der Industriestaaten des westlichen Europa und der USA bekämpften, sondern auch den Prozeß der „Verwestlichung" von Staat und Gesellschaft (beispielsweise im Rechts- und Erziehungswesen). Sie sahen besonders in der autoritär regierenden Pahlawi-Dynastie mit ihrem an westlichen Mustern orientierten Regierungs- und Lebensstil einen Verstoß gegen zentrale Lehren des Islam.

Hatte Chomaini bereits während der zwanziger Jahre die an den türkischen Reformer Kemal Atatürk angelehnten Reformen Resa Schahs (1878–1944; im Amt 1925–1941) als „unislamischen Modernismus" abgelehnt (z. B. Einführung eines Straf- und Zivilgesetzbuchs nach europäischem Vorbild, Abschaffung des Verschleierungszwangs für Frauen), so löste er zu Beginn der sechziger Jahre eine Kampagne gegen die von Mohammad Resa Schah (1919–1980; im Amt 1941–1979) eingeleitete „weiße Revolution" aus (u. a. eine begrenzte Landreform, auch auf Kosten der Mullahs). Nachdem die Regierung des Schah diese Protestbewegung blutig unterdrückt hatte, organisierte Chomaini vom Exil aus (zunächst im Irak, zuletzt in Frankreich) die Opposition gegen das Schahregime, die seit Mitte der siebziger Jahre zu einer Massenbewegung anschwoll. Gestützt auf Militär und Geheimpolizei suchte der Schah vergeblich, den Sturz seines Regierungssystems zu verhindern. Er ging im Januar 1979 außer Landes.

Begleitet von Massendemonstrationen sympathisierender Teile der Bevölkerung, kehrte Chomaini am 1. Februar 1979 nach Teheran zurück. Unter seinem Vorsitz wurde ein Revolutionsrat gebildet, dem die Regierung untergeordnet wurde. Revolutionsgerichte führten in Verwaltung, Armee und Geheimdienst eine blutige Säuberung des Landes von Repräsentanten des abgesetzten kaiserlichen Regierungssystems durch. Nach einer Volksabstimmung am 30. März 1979 proklamierte Chomaini die Islamische Republik Iran. Besonders von der schiitischen Geistlichkeit getragen und militärisch vor allem auf die Formation der „Islamischen Revolutionswächter" gestützt, wandelte der Revolutionsrat unter der Führung Chomainis Verwaltung, Recht, Erziehung und Wirtschaft im fundamentalistisch-islamischen Sinne um.

Gemäß der im Dezember 1979 durch Volksabstimmung gebilligten Verfassung mußte sich die Islamische Republik Iran in all ihren Zielen am Geist des Islam ausrichten. Im Sinne des traditionellen islamischen Rechtssystems, der Scharia, sollte die Verfassung die Einheit von Staat und Religion, von staatlichem und religiösem Gesetz wiederherstellen und sichern. Höchste Autorität des Staates ist der Führer der Islamischen Revolution. Unter seiner Oberaufsicht, die nach dem Tod Chomainis von Hodjatoleslam Ali Chamenei (geb. 1940) wahrgenommen wird, liegt die höchste Exekutivgewalt beim Staatspräsidenten. Dieses Amt hat seit 1989 Ali Akbar Hashemi Rafsandjani (geb. 1934) inne. Die Legislative bildet die Islamische Beratende Versammlung; ihre Beschlüsse bedürfen der Zustimmung des „Rates der Wächter des Islam", der zur Hälfte aus islamischen Rechtsgelehrten besteht und darüber wacht, daß die Gesetze mit der Verfassung und den Gesetzen des Islam in Einklang stehen.

Die Verdammung alles Westlich-Europäischen griff einschneidend in das kulturelle Leben ein; politische Gegner und religiöse Minderheiten (etwa die Bahai) wurden verfolgt. Kritische Auseinandersetzungen mit dem Islam galten als todeswürdiges Verbrechen daher rief Chomaini zum Mord an dem Schriftsteller Salman Rushdie auf. In der Außenpolitik sah Chomaini die USA als die größte internationale, den Irak als die regionale Bedrohung der Islamischen Republik. Mit der

Botschaftsbesetzung in Teheran (▷ 16.30) 1979 kühlten die Beziehungen zu den USA weiter ab, mit dem *Ersten Golfkrieg* (▷ 16.37), der 1980 ausbrach, wurde der Irak zum Kriegsgegner. Im Nahostkonflikt unterstützt Iran die Gegner Israels.
Abbildung S. 532

16.30 Botschaftsbesetzung in Teheran

Im Zuge der fundamentalistisch-islamischen Revolution im Iran (seit Februar 1979) sanken die amerikanisch-iranischen Beziehungen auf einen Tiefpunkt. Revolutionsführer Ayatollah Chomaini betrachtete die Weltmacht USA im Sinne seines radikal religiösen Weltverständnisses nicht allein als die Schutzmacht des gestürzten kaiserlichen Regimes der Pahlawi-Dynastie, sondern darüber hinaus als den „großen Satan", der die islamische Republik Iran in ihrem Bestand von außen auf das stärkste bedroht. Am 4. November 1979 besetzten islamische Studenten die Botschaft der USA in Teheran und nahmen 100 Geiseln, von denen sie etwa die Hälfte aus unterschiedlichen Gründen wenig später wieder freiließen. Diese Aktion wurde nachträglich von Chomaini ausdrücklich gebilligt. Die Geiselnehmer forderten die amerikanische Regierung unter Präsident Carter auf, den zu diesem Zeitpunkt in den USA weilenden Schah Mohammad Resa an den Iran auszuliefern, sein Vermögen zu übergeben und das – in Reaktion auf die Geiselnahme – von ihr eingefrorene iranische Bankguthaben in den USA freizugeben.
Die Geiselaffäre schlug international hohe Wellen. Im Dezember forderten der UN-Sicherheitsrat und der von den USA angerufene Internationale Gerichtshof in Den Haag die Freilassung der Geiseln. Eine am 1. Januar 1980 von UN-Generalsekretär Kurt Waldheim eingeleitete Vermittlungsaktion scheiterte. Am 22. April 1980 beschlossen die Außenminister der EG, alle Waffenlieferungen an den Iran einzustellen und neue Lieferverträge für Waren und Dienstleistungen zu stoppen.
Am 25. April scheiterte eine hauptsächlich von der CIA getragene militärische Aktion zur Befreiung der Geiseln. Mit dem Tode Schah Mohammad Resas am 27. Juli in Kairo

entfiel eines der entscheidenden Motive für die Geiselnahme. Nach langwierigen Verhandlungen zwischen Iran und den USA, bei denen Algerien zwischen den beiden Staaten vermittelt hatte, wurde ein Abkommen über die Freilassung der Geiseln unterzeichnet. Am Tage der Amtseinführung des neuen amerikanischen Präsidenten Ronald Reagan (geb. 1911), am 20. Januar 1981, übergab der Iran im Flughafen von Algier die Geiseln nach 444 Tagen Gefangenschaft an die USA.
Abbildung S. 532

16.31 NATO-Doppelbeschluß

Seit 1977 hatte die Sowjetunion begonnen, ihre auf Westeuropa gerichteten Mittelstreckenraketen durch modernere, zielgenaue Raketen vom Typ SS-20 mit jeweils drei Sprengköpfen zu ersetzen. Dadurch sahen sich die europäischen NATO-Verbündeten einer neuartigen Bedrohungen ausgesetzt, die die Prinzipien des strategischen Gleichgewichts in Europa in Frage zu stellen schien und das westliche Abschreckungssystem an einem kritischen Punkt traf, nämlich der Glaubwürdigkeit des amerikanischen „Nuklearschirms" über Europa, da sich nun unterhalb der Ebene der Interkontinentalraketen eine nukleare Überlegenheit der Sowjets herauszubilden begonnen hatte.
Auf Anregung des deutschen Bundeskanzlers Helmut Schmidt wurde daraufhin im NATO-Bündnis über westliche Gegenmaßnahmen beraten. Am 12. Dezember 1979 beschlossen die Außen- und Verteidigungsminister der NATO-Staaten in Brüssel, dem durch die sowjetische Aufrüstung entstandenen Ungleichgewicht bei den atomaren Mittelstreckenraketen in Europa mit der Modernisierung der amerikanischen Waffen dieses Typs zu begegnen. Die Stationierung der neuen Raketen in Europa sollte allerdings erst erfolgen, wenn Verhandlungen mit der Sowjetunion über eine einvernehmliche Lösung bei den Mittelstreckenwaffen nicht zustande kommen sollten oder die Sowjetunion sich nicht bereit erklären würde, ihre entsprechenden Mittelstreckensysteme abzubauen. In diesem Falle sollten die USA Ende 1983 mit der Stationierung bodengestützter atomarer Mittelstreckenwaffen (Pershing-II-Raketen und Marschflugkörper Cruise Missiles) in Europa beginnen.

*Bei seiner Rückkehr nach Teheran wird
Ajatollah Chomaini von einer jubelnden
Menge begrüßt (Februar 1979)*

*Besetzung der US-Botschaft in Teheran. Die
erste Gruppe freigelassener Geiseln bei einer
Pressekonferenz*

Die INF-Verhandlungen (Intermediate Nuclear Forces) zwischen den USA und der Sowjetunion wurden erst mit großer zeitlicher Verzögerung im November 1981 in Genf aufgenommen. Der *Einmarsch der Sowjets in Afghanistan* (▷ 16.33) hatte das Klima zwischen den Supermächten abgekühlt, und der neue amerikanische Präsident Ronald Reagan stand in den ersten Jahren seiner Regierung einer Fortsetzung der Rüstungskontrollgespräche ablehnend gegenüber; er bezeichnete die Sowjetunion wiederholt als „Reich des Bösen".

Da in den Genfer Verhandlungen eine Annäherung der gegensätzlichen Standpunkte nicht erreicht wurde – ein von beiden Verhandlungsführern auf einem Waldspaziergang

im Sommer 1982 erarbeiteter Kompromiß fand weder in Washington noch in Moskau Zustimmung –, rückte der Zeitpunkt der vorgesehenen Raketenstationierung näher. Obwohl eine internationale *Friedensbewegung* (▷ 16.32) gegen die Nachrüstung protestierte und die Regierungen aufforderte, die Abrüstungsverhandlungen fortzusetzen, begannen die USA im November 1983 mit der Stationierung ihrer Pershing-II-Raketen in Europa. Die Sowjetunion brach daraufhin die Genfer Verhandlungen ab, die erst mit Beginn des Jahres 1985 wieder aufgenommen wurden (▷ 17.7).

16.32   Friedensbewegung

Anfang der achtziger Jahre entstand in zahlreichen westlichen Staaten eine politische Massenbewegung, die angesichts der fortgesetzten nuklearen Aufrüstung beider Supermächte eine Beendigung des Rüstungswettlaufs und eine Rückkehr zu den Rüstungskontrollverhandlungen forderte. Zahlreiche Wissenschaftler warnten vor dem unabsehbaren Folgen eines atomaren Konflikts, und namhafte Ärzte bekannten sich hilflosigkeit bei einer nuklearen Katastrophe. Die Überlegungen führender Politiker und Strategen in den USA über die Möglichkeit und Gewinnbarkeit eines begrenzten Atomkriegs in Europa verliehen dem Protest gegen die nukleare Rüstung zusätzliche Legitimation und alarmierten vor allem die Menschen in Europa. Ein nur durch Computerfehler ausgelöster Atomkrieg war angesichts der geringen Vorwarnzeiten nicht mehr auszuschließen.

Auslöser der breiten Friedensbewegung war der Ende 1979 verabschiedete *NATO-Doppelbeschluß* (▷ 16.31), der für den Fall erfolgloser Verhandlungen mit der Sowjetunion die Stationierung neuer amerikanischer Mittelstreckenraketen in Europa, vorwiegend in der Bundesrepublik Deutschland und in den Niederlanden, vorsah. Da sich die Verhandlungen mit den Sowjets in Genf hinzogen und ohne Ergebnis blieben, rückte der vorgesehene Zeitpunkt für die Raketenstationierung (Ende 1983) immer näher, und die erregten Nachrüstungsdebatten in den Parlamenten bewegten die Bevölkerung, insbesondere große Teile der politisch aufgeschlossenen jungen Generation in fast allen Ländern Westeuropas, besonders in den unmittelbar von der Raketenstationierung betroffenen Ländern.

Besonders heftig wurde in den Niederlanden, in Belgien, in einzelnen skandinavischen Ländern und in der Bundesrepublik Deutschland über die Raketennachrüstung öffentlich gestritten; Großkundgebungen unterstrichen noch die politischen Forderungen, etwa die am 10. Juni 1982 in Bonn mit 350 000 Teilnehmern. Die Ostblockländer ließen Aktivitäten der Friedensbewegung jedoch nicht zu, da diese Staaten für sich in Anspruch nahmen, aufgrund ihrer „antiimperialistischen" Geschichte Träger der Friedensbewegung zu sein. Oppositionsgruppen in diesen Ländern, die für Rüstungskontrolle und Abrüstung eintraten, wurden verfolgt. Lediglich in der DDR konnte unter dem Schutz der evangelischen Kirche eine Friedensbewegung begrenzte Aktivitäten entfalten („Schwerter zu Pflugscharen").

Die Friedensbewegung konnte die Aufstellung der Raketen in Europa 1983/84 nicht verhindern. Ihr moralisches Gewicht aber hat zweifellos mit dazu beigetragen, daß der Prozeß der Entspannungspolitik weiter voranging und daß auch in den Staaten des Ostblocks die Bereitschaft weiter zunahm, nachdem in der Sowjetunion der Gedanke der *Perestroika* (▷ 17.1) zu wirken begonnen hatte, die verkrusteten Strukturen ihrer Regime zu reformieren und sich dem Westen zu öffnen.

16.33 Sowjetischer Einmarsch in Afghanistan

Die Entspannungspolitik hatte in den Jahren 1978 und 1979 deutlich an Gewicht verloren, obwohl noch im Juni 1979 in Wien das zweite Abkommen zur Begrenzung strategischer Waffen (SALT II) vom amerikanischen Präsidenten James E. Carter und dem sowjetischen Staats- und Parteichef Leonid Breschnew unterzeichnet worden war (▷ 16.36). Doch die kontinuierlich fortgesetzte sowjetische Aufrüstung, das aggressive Auftreten der Sowjetunion und insbesondere Kubas in Afrika beunruhigten den Westen und warfen die Frage auf, ob Moskau ernsthaft an der Entspannungspolitik interessiert sei oder ob es die Jahre der relativen Entspannung lediglich

Nach der Invasion sowjetischer Truppen in Afghanistan patrouillieren sowjetische Panzer durch Kabul (Januar 1980)

zur Zementierung der eigenen militärischen Position zu nutzen suche.

Der Einmarsch der sowjetischen Armeen in Afghanistan Ende Dezember 1979 löste in der westlichen Welt größte Besorgnis aus und zwang vornehmlich die USA, die sich seit der Geiselnahme ihrer Diplomaten in Teheran durch islamische Extremisten im November 1979 in einer prekären Situation befanden (▷ 16.30), zu einer Kurskorrektur in ihrer Verteidigungspolitik. Der Gefahr, daß die Sowjetunion versuchen würde, über Afghanistan hinaus an den Persischen Golf vorzustoßen, begegneten sie mit erhöhter Verteidigungsbereitschaft.

Die Sowjetunion begründete ihr Eingreifen in Afghanistan hauptsächlich mit der Verpflichtung zur Hilfeleistung aus dem 1978 mit dem Nachbarland abgeschlossenen, weitgehenden Beistandspakt. Die Sowjettruppen sollten Ruhe und Ordnung in dem vom Bürgerkrieg gezeichneten Land wiederherstellen und die Kämpfe beenden helfen. Sie setzten die wenige Monate zuvor mit sowjetischer Unterstützung etablierte Regierung Amin ab und verhalfen dem aus dem Exil heimgekehrten Babrak Karmal, einem kommunistischen Politiker, zur Macht. Da dieser neue Staatspräsident nur geringen Rückhalt in der afghanischen Bevölkerung besaß, vermochte er es trotz massiver militärischer Unterstützung durch die Besatzungsmacht nicht, sich gegen die muslimischen Rebellen durchzusetzen, die auch von Pakistan aus operierten und von westlicher Seite mit Waffen und Gerät versorgt wurden.

Die sowjetische Intervention wurde weltpolitisch zu einer schwerwiegenden Belastung der Ost-West-Beziehungen. Die Bemühungen um die Fortsetzung und Erweiterung der Entspannung und Abrüstung erlitten einen Rückschlag. Aus der Besetzung entwickelte sich ein langjähriger Bürgerkrieg, in dem die Rebellen spektakuläre Erfolge errangen. Mehrmals kündigte die sowjetische Führung ihren Rückzug aus Afghanistan an, machte ihn aber von der Beendigung der internationalen Einmischung (gemeint war die Unterstützung der Rebellen durch ausländische Mächte) abhängig.

Erst nach der von Michail Gorbatschow in der Sowjetunion eingeleiteten Phase der *Perestroika* (▷ 17.1) wurden die sowjetischen Truppen 1988/89 aus Afghanistan zurückgezogen. Heftige Proteste in der sowjetischen Bevölkerung hatten sich gegen dieses militärische Engagement erhoben, es drohte nun der Supermacht ein ähnliches Trauma, wie es die USA aus dem *Vietnamkrieg* (▷ 16.3) davongetragen hatten. Der Krieg zwischen der kommunistischen Regierung und den muslimischen Rebellen ging jedoch weiter.

16.34 Solidarność Kriegsrecht in Polen

Das harte Durchgreifen gegen streikende Arbeiter im Sommer führte am 23. September 1976 zur Gründung des Komitees zur Verteidigung der Arbeiter (KOR), das neben anderen Gruppierungen immer entschlossener die Beachtung der Menschen- und Bürgerrechte in Polen verlangte. Der monopolistischen Vereinigten Polnischen Arbeiterpartei (PVAP) fiel es schwer, sich auf eine grundlegende Erneuerung der Gesellschaft einzustellen und den Erwartungen, die die *KSZE-Schlußakte* (▷ 16.23) geweckt hatte, entgegenzukommen.

Als im Frühsommer 1980 die Preise für Grundnahrungsmittel kräftig angehoben wurden, breitete sich erneut eine Streikwelle über Polen aus, die von einem von dem KOR unterstützten Gründungskomitee unabhängiger Gewerkschaften koordiniert wurde. Das überbetriebliche Streikkomitee der Danziger Lenin-Werft unter Lech Wałęsa forderte die Gewährung des Streikrechts, Respektierung der Meinungsfreiheit, Aufhebung der Zensur, Zugang zu den Medien, Aufhebung der Privilegien für Partei- und Staatsfunktionäre und vor allem das Recht auf Gründung einer unabhängigen Gewerkschaft.

Die Regierung sah sich zum Einlenken gezwungen und schloß Ende August/Anfang September 1980 in Danzig, Stettin und in Oberschlesien Vereinbarungen mit den Streikkomitees, die neben materiellen Verbesserungen auch die Anerkennung unabhängiger und sich selbst verwaltender Gewerkschaften beinhalteten. Am 24. Oktober 1980 wurde der Dachverband des neuen Gewerkschaftsbundes Solidarność (Solidarität) rechtlich registriert und im Januar 1981 die Bauerngewerkschaft Land-Solidarität zugelassen.

Versorgungsengpässe und Schikanen bedingten häufige Arbeitsniederlegungen, die die wachsende Kritik in den sozialistischen „Bruderländern" auslösten und Gerüchten über eine sowjetische Militärintervention Nahrung boten. Auf dem 1. Kongreß der über 10 Millionen Mitglieder zählenden Solidarność im September/Oktober 1981 wurden angesichts der Wirtschaftskrise und der offenkundigen Unfähigkeit der PVAP, die desolate Lage zu konsolidieren, auch Forderungen nach Übernahme politischer Verantwortung erhoben. Nachdem es dem neuen Partei- und Regierungschef General Jaruzelski nicht gelungen war, Solidarność und die Führung der einflußreichen katholischen Kirche zur Mitarbeit

Die Danziger Lenin-Werft im Streik 1980.
Blumengeschmücktes Tor mit einem Bild
von Papst Johannes Paul II.

*Der Streikführer der Danziger
Lenin-Werft, Lech Wałęsa
– hier auf den Schultern
einiger Arbeiter –, wird
nach Abschluß des Danziger
Abkommens stürmisch
gefeiert (1980)*

in einer „Front der nationalen Verständigung"
zu gewinnen, rief er am 13. Dezember 1981
das Kriegrecht aus und übertrug die staatlichen Machtbefugnisse dem von ihm geleiteten „Militärkomitee der Nationalen Errettung".

Mit der Suspendierung von Solidarność
wurde das Streikrecht aufgehoben, ein Demonstrationsverbot erlassen sowie die Verwaltung und die wichtigsten Kombinate der Oberaufsicht der Militärs unterstellt. Von Festnahmen und langfristiger Internierung waren mehrere tausend Personen betroffen.
Der passive Widerstand der Bevölkerung, die katastrophale Wirtschaftslage und die weltweiten Proteste veranlaßten Jaruzelski jedoch, den Ausnahmezustand zum 31. Dezember 1982 auszusetzen und nach einer Amnestie der Verurteilten am 22. Juli 1983 zu beenden.
Trotz fortgesetzter Kriminalisierung verlangten die Solidarność-Aktivisten weiterhin einen tiefgreifenden Umbau von Staat und Gesellschaft (▷ 17.9).

16.35 Nord-Süd-Konflikt

Nach dem Zweiten Weltkrieg entstand neben dem alles dominierenden *Ost-West-Konflikt* (▷ 15.25) mit der Entkolonisierung in Afrika und Asien seit den fünfziger Jahren und dem immer größer werdenden Armutsgefälle ein weiterer globaler Gegensatz, der Nord-Süd-Konflikt. Zwischen den überwiegend der nördlichen Hemisphäre angehörenden reichen

und hochentwickelten Industrieländern und den im südlichen Teil der Erde liegenden armen Ländern der „Dritten Welt" entstand eine wirtschaftlich-soziale Kluft, die sich durch die Bevölkerungsexplosion in den Entwicklungsländern, durch Wirtschaftskrisen und Klimakatastrophen, aber besonders durch die für die Länder des Südens in der Folge der früheren kolonialen Abhängigkeit ungerechten Welthandelsbeziehungen („Terms of Trade") vertieft hat. Die Ursachen und Folgen der Unterentwicklung sind dabei strittig; selbst der Begriff Entwicklung findet nicht allgemeine Zustimmung, da er ein Modell zum allgemeingültigen Maßstab erhebt, das das Wirtschaftswachstum zum wichtigsten Kriterium erhebt.

In den Entwicklungsländern leben etwa drei Viertel der Menschheit, die jedoch nur etwa ein Fünftel des Bruttosozialproduktes der Welt erwirtschaften, in den Industrieländern dagegen etwa ein Viertel der Menschheit mit über vier Fünfteln des Bruttosozialproduktes. Die Unterstützung der armen Länder sah unterschiedlich aus; die sozialistischen Staaten lehnten eine Verpflichtung zur Entwicklungshilfe weitgehend ab, da sie sich für die kolonialistische Ausbeutung im Zeitalter des Imperialismus nicht verantwortlich sahen; sie unterstützten in den befreundeten Staaten vor allem militärisch den Aufbau eines sozialistischen Systems.

Die von den westlichen Industrieländern im Rahmen ihrer Entwicklungshilfe geleisteten finanziellen und materiellen Hilfen reichten nicht aus, die Armut in der „Dritten Welt" wirksam zu bekämpfen und den Hunger in weiten Regionen zu beseitigen. Gefördert wurden zunächst vorwiegend industrielle Großprojekte, während in neuerer Zeit auch eine Verbesserung der Agrarstrukturen und der Ausbildung der Bevölkerung angestrebt wird.

Eine 1977 einberufene Nord-Süd-Kommission unter dem Vorsitz Willy Brandts, der Politiker und Wirtschaftsexperten aus Ländern der „Dritten Welt" und aus Industrieländern angehörten, untersuchte Möglichkeiten zur Verbesserung des Verhältnisses zwischen Industrie- und Entwicklungsländern. Im Zuge ihres ersten Berichts, „Das Überleben sichern" (1979), kam im Oktober 1981 die erste Nord-Süd-Gipfelkonferenz in Cancún (Mexiko) zustande. Seitdem befaßten sich zahlreiche internationale Konferenzen mit Vorschlägen zur Lösung des Nord-Süd-Konflikts. Ein besonders schwieriges Problem ist die durch die weltweite Rezession verursachte enorme Staatsverschuldung der Entwicklungsländer, die durch Exportleistungen wegen der niedriggehaltenen Rohstoffpreise nicht ausgeglichen werden kann. Die in der „Gruppe der 77" zusammengeschlossenen, inzwischen über 120 Entwicklungsländer fordern deshalb eine neue, gerechtere Weltwirtschaftsordnung, die ihnen günstigere ökonomische Bedingungen bringen soll.

16.36 SALT II und START SDI

Mit dem *SALT-I-Abkommen* vom 26. Mai 1972 (▷ 16.15) und dem am 22. Juni 1973 anläßlich des Besuchs des sowjetischen Parteichefs Leonid I. Breschnew in Washington unterzeichneten „amerikanisch-sowjetischen Abkommen zur Verhinderung eines Atomkrieges" war die Entspannungspolitik zwischen den Supermächten fortgesetzt worden. Trotz der weltpolitischen Rivalität, besonders in Afrika, führten weitere Abrüstungsverhandlungen zum Abschluß des SALT-II-Vertrags, den der amerikanische Präsident Carter und Breschnew am 18. Juni 1979 in Wien unterzeichneten.

Das Abkommen, das eine Verminderung des strategischen Potentials (Trägerwaffen, Raketen, U-Boote und Fernbomber mit Raketenbestückung, Abschußrampen, Atomsprengköpfe) vorsah, stieß in den USA von Anfang an auf Kritik und wurde schließlich unter dem Eindruck des *sowjetischen Einmarsches in Afghanistan* im Dezember 1979 (▷ 16.33) vom Senat nicht ratifiziert. Das amerikanisch-sowjetische Verhältnis in den ersten Jahren der Präsidentschaft Ronald Reagans, der bereits im Wahlkampf 1980 mit harten Angriffen auf die Sowjetunion der bisherigen Entspannungspolitik eine klare Absage erteilt hatte, näherte sich einem Zustand, der dem des *Kalten Krieges* (▷ 15.25) nahe kam. Trotz Reagans Abneigung gegenüber Rüstungskontrollverhandlungen begannen im Juni 1982 in Genf erneut Gespräche zwischen den Supermächten über den Abbau der strategischen Waffen, mit den sogenannten Interkontinentalwaffen, mit denen sich die beiden Mächte unmittelbar bedrohten. Reagan führte für die zunächst weiter als SALT bezeichneten Gespräche den Ausdruck START (Strategic Arms Reduction Talks) ein, um den Unterschied zum umstrittenen SALT-II-Vertrag zu betonen. Wegen der neuen amerikanischen Raketenstationierung in Europa (▷ 16.31) brach die Sowjetunion Ende 1983 die Genfer Verhandlungen ab.

Im März 1983 veränderte Präsident Reagan mit seinem SDI-Projekt (Strategic Defense Initiative) die rüstungskontrollpolitische Situation von Grund auf. Die Vision einer neuen Strategie sah vor, mit Hilfe eines weltraumgestützten Raketenabwehrsystems eine absolut gesicherte Verteidigung gegen anfliegende Interkontinentalraketen aufzubauen. Obwohl das SDI-Projekt vorerst nur als ein Forschungsprogramm bezeichnet wurde, löste bereits seine Ankündigung heftige Diskussion aus.

Die Sowjetunion kehrte nicht zuletzt aus Furcht vor einer Eskalation der Rüstungskosten Ende 1984 an den Verhandlungstisch zurück und versuchte, in den neuen Gesprächen mit allen Mitteln das SDI-Programm und die Militarisierung des Weltraums zu verhindern. Reagan hielt zwar unbeirrt an SDI fest, zeigte sich aber andererseits jetzt bereit, mit den Sowjets über die Abschaffung der Nuklearwaffen zu verhandeln. Mit dem neuen Mann in Moskau, Michail Gorbatschow (▷ 17.1), konnte er nach mehreren Gipfelbegegnungen im Dezember 1987 den *INF-Vertrag* (▷ 17.7) abschließen, in dem zum ersten Mal die Vernichtung einer Atomwaffengattung vereinbart wurde.

16.37 Erster Golfkrieg

Nachdem der Revolutionäre Kommandorat Iraks unter Führung Präsident Saddam Husains am 17. September 1980 beschlossen hatte, das mit Iran 1975 geschlossene Grenzabkommen zu kündigen und die Herrschaft des Irak über die gesamte Breite des Schatt Al Arab wiederherzustellen, löste der Einmarsch irakischer Truppen in die iranische Provinz Khusistan am 23. September den Ersten Golfkrieg aus.

Neben dem weit in die Geschichte beider Staaten zurückreichenden Grenzkonflikt, der bereits im 19. Jahrhundert zu Spannungen zwischen dem Osmanischen Reich und Persien geführt hatte, entlud sich im Ersten Golfkrieg ein ideologischer und machtpolitischer Gegensatz: Beide Staaten sahen sich jeweils vom Gesellschaftsmodell des anderen bedroht, der Irak durch den vom Schiitismus getragenen islamischen Fundamentalismus, der Iran durch die laizistischen Tendenzen der irakischen Politik. Die mehrheitlich sunnitische Führung des Irak fürchtete auch die Wirkung politisch-religiöser Propaganda auf den schiitischen Bevölkerungsteil. Machtpolitisch rivalisierten beide Staaten um die Führung der Region am Persischen Golf. Mit der gewaltsamen Annexion Khusistans (im arabischen Sprachgebrauch: „Arabistan") suchte der Irak ein wirtschaftlich wertvolles Gebiet (Erdölförderung) mit einer mehrheitlich arabisch sprechenden Bevölkerung zu gewinnen.

In der Anfangsphase des Krieges eroberten irakische Truppen Teile Khusistans (u. a. Eroberung von Khorramshar) und errichteten in Kurdistan eine zweite Front. Mit der Sprengung des irakischen Belagerungsrings um Abadan (September 1981) gingen die iranischen Streitkräfte, eng verbunden mit den „Islamischen Revolutionswächtern", in die Gegenoffensive und konnten nach mehreren Schlachten mit der Rückeroberung Khorramshars (Mai 1982) den größten Teil der von irakischen Truppen besetzten Gebiete Irans zurückerobern. In den folgenden Jahren unternahm der Iran zahlreiche Großoffensiven;

es gelangen ihm dabei jedoch keine bedeutsamen Geländegewinne auf irakischem Gebiet (Scheitern der Eroberung von Basra). Die Kämpfe entwickelten sich zu einem „Abnutzungskrieg", in dem sich die mit Hilfe des Auslands (vor allem Frankreichs, Chinas, der USA und der UdSSR) gut ausgerüsteten irakischen Truppen gegenüber den zahlenmäßig überlegenen iranischen Streitkräften behaupten konnten. Irak erhielt dabei von der Bundesrepublik Deutschland und der DDR auch Materialien und Technologien zur Herstellung von chemischen Kampfstoffen. Zum Einsatz kam Giftgas zuerst gegen iranische Truppen, später gegen Kurden.

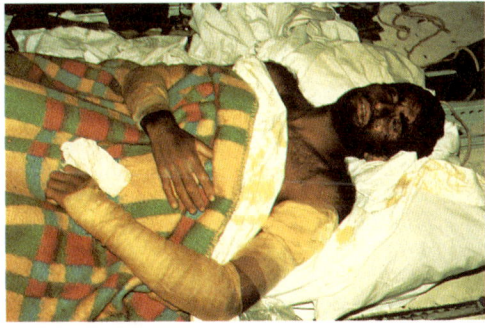

Iranisches Opfer eines irakischen Giftgasangriffs bei der Ankunft auf dem Frankfurter Rhein-Main-Flughafen (1985)

Mit der Blockade der Insel Kharg, die dem Iran als Verladestation für seinen Erdölexport diente, begann Irak einen Wirtschaftskrieg, der sich 1984 zu beiderseitigen Angriffen auf Tanker ausweitete. Gleichzeitig führte die Luftwaffe beider Staaten Angriffe auf Städte des Kriegsgegners („Städtekrieg"). Der Iran drohte immer wieder mit der Blockade der Meerenge von Hormos am Ausgang des Persischen Golfs.

Während Syrien – in alter Gegnerschaft zum Irak – den Iran unterstützte, standen die meisten anderen arabischen Staaten auf Seiten des Irak und unterstützten diesen mit umfassenden Finanzhilfen. Zur Sicherung der Seewege entsandten die USA, Großbritannien und Frankreich Kriegsschiffe in den Persischen Golf; kuwaitische Tanker fuhren unter amerikanischer Flagge und Geleitschutz. Nach langjährigen Friedensbemühungen gelang es

1988 den UN unter Generalsekretär Javier Pérez de Cuéllar, eine Waffenruhe zu vermitteln. Jedoch erst angesichts des heraufziehenden Zweiten Golfkrieges erkannte der irakische Präsident Saddam Husain im August 1990 die iranischen Waffenstillstandsbedingungen an (Räumung iranischer Gebiete, die noch von irakischen Truppen besetzt waren; Anerkennung der 1975 zwischen beiden Staaten vereinbarten Grenze).

16.38 Thatcherismus und Reaganomics

In Großbritannien brachte der Sieg der Konservativen Partei vom Mai 1979 und die Übernahme der Regierungsgewalt durch Premierministerin Margaret Thatcher eine radikale Wende in der Wirtschafts- und Sozialpolitik. Margaret Thatcher, die 1975 den früheren Premierminister Edward Heath als Parteiführerin abgelöst hatte, vollzog eine Abkehr von der bisherigen nachfrageorientierten Wirtschaftspolitik und der bisherigen Praxis staatlicher Interventionen und Subventionen. Die britische Regierung beschränkte rigoros die Staatsausgaben, leitete eine Änderung des Steuersystems, u. a. eine Senkung des Spitzensteuersatzes ein und suchte mit ihrer Angebotspolitik das private Investitionskapital zu aktivieren. Zahlreiche staatliche Unternehmen, darunter British Telecom, wurden privatisiert.

Steigende Arbeitslosigkeit nahm diese als „Thatcherismus" bezeichnete Politik ebenso in Kauf wie die zunehmende Gegnerschaft der Gewerkschaften, deren Aktionsmöglichkeiten durch neue gesetzliche Regelungen eingeschränkt wurden. So wurden die Gewerkschaften verpflichtet, vor Streiks Urabstimmungen abzuhalten; Sympathiestreiks wurden verboten. Die britischen Gewerkschaften, in viele Organisationen unterschiedlicher Größe zersplittert, wurden nachhaltig geschwächt. Unter Margaret Thatchers Führung gewannen die Konservativen 1983 und 1987 die Unterhauswahlen, doch wurde sie im November 1990 von der eigenen Partei zum Rücktritt gedrängt. Ihr Nachfolger John Major, der mit seiner Partei 1992 erneut die Unterhauswahlen gewinnen konnte, strebt nach seinen eigenen Worten eine klassenlose Gesellschaft mit Chancengleichheit für alle an.

Auch in den USA war der Amtsantritt von Präsident Ronald Reagan im Janur 1981 mit der Wende zu einer angebotsorientierten Haushalts- und Wirtschaftspolitik verbunden, die die Wachstumsschwäche und Massenarbeitslosigkeit durch verbesserte Produktionsbedingungen und Anpassungsfähigkeit des wirtschaftlichen Sektors überwinden sollte. Reagan strebte eine Wiederbelebung der amerikanischen Wirtschaft durch Senkung der Inflationsrate, Verringerung des Haushaltsdefizits und massive Steuersenkungen für Einkommensbezieher und Unternehmen an. Die Sozialausgaben der Bundesregierung wurden drastisch gekürzt, was besonders die schwarze Bevölkerung stark betraf. Nutznießer dieser als „Reaganomics" bezeichneten Politik waren die Unternehmen und die weiße Mittelklasse. Doch zeigte sich gegen Ende von Reagans Amtszeit, daß durch die Beschränkung der öffentlichen Ausgaben die Pflege der Infrastruktur stark vernachlässigt worden war. Die gewaltige Steigerung der Rüstungsausgaben hingegen hatte das Haushaltsdefizit nicht – wie versprochen – verringert, sondern in schwindelnde Höhen getrieben, so daß die USA zum größten Schuldnerland der Erde wurden.

16.39 Apartheid

In der *Südafrikanischen Union* (▷ 12.41) gelang der „gereinigten" burischen National Party (NP) mit einem Programm der Apartheid (afrikaans, „Gesondertheit") ein Wahlsieg; unter Premierminister Daniel F. Malan (1874–1957) wurde eine umfassende Apartheidgesetzgebung erlassen. Die schwarze und „farbige" Mehrheitsbevölkerung wurde diskriminiert, die Vorrangstellung der Weißen in allen Lebensbereichen sowie ihr alleiniger politischer Führungsanspruch wurden festgeschrieben. Die calvinische Niederländisch-Reformierte Kirche, der die meisten Buren angehören, rechtfertigte die Apartheid noch bis 1986 als Widerspiegelung „gottgewollter Unterschiede". Die Ideologie der Apartheid weist darüber hinaus Affinitäten zur rassistischen „Herrenmenschenlehre" des nationalsozialistischen Deutschlands auf (▷ 14.11).
Auf der Grundlage des „Population Registration Act" wurden die Einwohner der Union bestimmten „Rassen" zugeordnet: Schwarze

(„Bantus"), Weiße, „Farbige" und Asiaten. Die Weißen galten als eigene Nation, während die Schwarzen nach vorkolonialer Geschichte und Sprache in neun „Bantunationen" unterteilt wurden, denen aus den 1936 abgegrenzten „Reservaten" bestimmte „Homelands" („Heimatländer") zugewiesen wurden. Es kam zu brutalen Umsiedlungsaktionen in die meist kargen „Homelands", und Anfang der siebziger Jahre begann die Regierung Vorster damit, den Schwarzen die Staatsbürgerschaft ihres „Homelands" aufzuzwingen und diese Gebiete in eine „Unabhängigkeit" zu entlassen, die jedoch von keinem anderen Staat anerkannt wurde (Transkei 1976, Bophuthatswana 1977, Venda 1979, Ciskei 1981). Zudem waren die „Homelands" territorial zersplittert und wirtschaftlich nicht lebensfähig; die Schwarzen waren zur Wanderarbeit gezwungen, wurden in den großen Industriezentren bei harter Arbeit schlecht bezahlt und waren nahezu das ganze Jahr von ihren Familien in den „Homelands" getrennt. Die verschärften Paßgesetze stellten sicher, daß die Nichtweißen sich außerhalb der Reservate weder aufhalten noch dort wohnen durften, es sei denn, aus Gründen ihrer Berufsausübung.

Die „große" (räumlich-regionale) Apartheid wurde von der „kleinen" begleitet, die tief in die Alltagsbeziehungen der Menschen eingriff. Der „Group Areas Act" teilte den Nichtweißen bestimmte räumlich voneinander getrennte Wohngebiete zu. Am Rande der großen Städte entstanden slumartige „Townships" für die Schwarzen, etwa die Wohnstadt Soweto (South Western Township) bei Johannesburg. Der „Mixed Marriages Act" verbot „gemischtrassige" Ehen und intime Beziehungen zwischen Weißen und Nichtweißen; der „Bantu Education Act" stellte sicher, daß nur die Weißen höhere Schulbildung erlangten, und eine Unzahl von Gesetzen führte die Rassentrennung in öffentlichen Einrichtungen, von Krankenhäusern bis zu den Stränden, ein. Die innenpolitische Situation wurde durch den „Suppression of Communism Act", der in den sechziger Jahren durch den „Internal Security Act" erweitert wurde, verschärft; unter „Kommunismus-Verdacht" gerieten alle liberalen und emanzipatorischen Bestrebungen. Der Widerstand des African National Congress (ANC) und des 1959 gegründeten Pan African Congress (PAC) verlief zunächst ge-

waltlos. Nach dem Massaker der Polizei bei einer friedlichen Protestdemonstration des PAC in Sharpeville gegen die Paßgesetze (21. März 1960), bei dem 69 Demonstranten erschossen wurden, verhängte die Regierung das Notstandsrecht und verbot ANC und PAC, die von nun an von den schwarzafrikanischen „Frontstaaten" aus Guerillaaktionen zum Sturz der weißen Minderheitsherrschaft in Südafrika unternahmen. Der populäre schwarze Bürgerrechtler Nelson Mandela (geb. 1918) war maßgeblich an der Formulierung der Freedom Charter des ANC von 1956 beteiligt; er wurde 1962 verhaftet und zwei Jahre später zu lebenslanger Haft verurteilt. Auf Druck afrikanischer Staaten, aber auch auf Betreiben der Buren trat Südafrika am 15. März 1961 aus dem *Commonwealth* ($\triangleright$ 13.38) aus und wurde im selben Monat Republik. In der Folgezeit löste sich die NP von einem übersteigerten burischen Nationalismus, was ihr bis zu den *Reformen* ($\triangleright$ 17.14) die weite Unterstützung der weißen Bevölkerung einschließlich der englischsprachigen Bürger garantierte. Nach der blutigen Niederschlagung eines Massenprotestes von Schülern gegen die Einführung von Afrikaans, der „Sprache der Apartheid", am 16. Juni 1976 in Soweto kam es zu Unruhen in weiten Landesteilen. Am 12. September 1977 wurde Steve Biko, Aktivist der „Black Consciousness"-Bewegung, im Polizeigewahrsam ermordet. Im November 1977 erneuerten die UN das internationale Waffenembargo gegen die Republik Südafrika und stellten fest, daß die Politik der Apartheid den Weltfrieden bedrohe, nicht allein wegen der permanenten Intervention regulärer südafrikanischer Streitkräfte gegen Nachbarländer, in denen Stützpunkte des ANC vermutet wurden, sondern auch angesichts der fortwährenden rassistischen Diskriminierung der Bevölkerungsmehrheit. Abbildung S. 540

16.40 Falklandkrieg

Am 2. April 1982 besetzten argentinische Streitkräfte unter Berufung auf historische Rechte die zu Großbritannien gehörenden „Malvinas" (Falklandinseln), was zur gegenseitigen Kriegserklärung und zu militärischen Auseinandersetzungen führte. Die argentinische Invasion, der am 19. März das Hissen

*Apartheid.
Blick auf
die Township
Crossroads
bei Kapstadt*

der argentinischen Flagge auf Südgeorgien vorausgegangen war, stand in Zusammenhang mit den zunehmenden innenpolitischen Schwierigkeiten der argentinischen Militärdiktatur. Der Sicherheitsrat der Vereinten Nationen verabschiedete am folgenden Tag die Resolution 502, die die Forderung nach unverzüglichem Abzug der argentinischen Streitkräfte und die Einstellung der militärischen Handlungen beinhaltete. Nachdem Argentinien der Aufforderung nicht nachgekommen war, ließ Großbritannien am 5. April seine Marine in See stechen, worauf der britische Außenminister Lord Carrington zurücktrat. Amerikanische Vermittlungsversuche und ein EG-Wirtschaftsembargo führten nicht zur Beilegung des Konflikts.

Nach der Erklärung einer 200-Meilen-Kriegszone um die Falklandinseln nahmen britische Einheiten am 25. April Südgeorgien ein. Im Mai 1982 kam es zu massiven militärischen Auseinandersetzungen zu Wasser, Land und Luft, in deren Folge der Hauptort Stanley angegriffen und eine Reihe von Kriegsschiffen zerstört wurden. Den Feindseligkeiten fielen nach offiziellen Angaben beider Seiten 712 Argentinier und 265 Briten zum Opfer. Am 14. Juni kapitulierten die argentinischen Truppen in Stanley, wo britische Streitkräfte am 11. Juli einige hundert argentinische Soldaten gefangennahmen. Die britische Souveränität wurde wiederhergestellt; die Falklandinseln werden seitdem wieder britisch verwaltet.

Von besonderem Interesse ist der Malvinas-Konflikt vor allem mit Blick auf die Möglichkeiten politisch-diplomatischer Konfliktbewältigung bzw. der Einschaltung nichtpolitischer, dritter Organisationen wie z. B. der Kurie, die sowohl im Falle des Falklandkrieges als auch bei der Bewältigung des Beagle-Konflikts zwischen Argentinien und Chile eine friedensstiftende Vermittlerrolle spielte.

Daten

22. Jan. 1963	Deutsch-französischer Freundschaftsvertrag
5. Aug. 1963	Atomteststoppabkommen
22. Nov. 1963	Ermordung Präsident John F. Kennedys
29. Juni 1964	Bürgerrechtsgesetz in den USA gegen die Diskriminierung der Schwarzen
2./4. Aug. 1964	Zwischenfall im Golf von Tonkin, Eskalation des Vietnamkriegs
6.−22. Sept. 1965	Indisch-pakistanischer Krieg um Kaschmir
1. Juli 1966	Frankreich löst sich aus der Militärorganisation der NATO
1966−1969	Kulturrevolution in China
1967−1970	Bürgerkrieg in Nigeria (Biafrakrieg)
5.−10. Juni 1967	Sechstagekrieg im Nahen Osten
1. Juli 1968	Vertrag über die Nichtverbreitung von Kernwaffen (Atomwaffensperrvertrag)
21. Aug. 1968	Einmarsch von Truppen des Warschauer Pakts in die ČSSR
11. Nov. 1968	Breschnew-Doktrin über die „beschränkte Souveränität" aller sozialistischen Staaten
20. Juli 1969	Amerikanische Astronauten landen auf dem Mond
12. Aug. 1970	Unterzeichnung des deutsch-sowjetischen Vertrags
3. Sept. 1971	Viermächteabkommen über Berlin
25. Okt. 1971	Aufnahme der VR China in die UN; Ausschluß Taiwans
21./28. Febr. 1972	US-Präsident Nixon besucht die VR China
ab 17. Mai 1972	Watergate-Affäre in den USA
26. Mai 1972	SALT-I-Abkommen zwischen den Vereinigten Staaten und der Sowjetunion
21. Dez. 1972	Grundlagenvertrag zwischen der Bundesrepublik Deutschland und der Deutschen Demokratischen Republik
1. Jan. 1973	Beitritt Großbritanniens, Dänemarks und Irlands zur EG
26. Febr. 1973	Beginn der Pariser Vietnamkonferenz (bis 2. März 1973)
11. Sept. 1973	Militärputsch in Chile
6.−25. Okt. 1973	Jom-Kippur-Krieg im Nahen Osten
25. April 1974	Offiziersputsch in Portugal und Demokratisierung des Landes
28. Febr. 1975	Lomé-Abkommen zwischen den AKP-Staaten und der EG
1. Aug. 1975	Unterzeichnung der KSZE-Schlußakte in Helsinki
15.−17. Nov. 1975	Erster Weltwirtschaftsgipfel in Rambouillet
24. März 1976	Militärputsch in Argentinien
17. Sept. 1978	Abschluß des Camp-David-Abkommens
26. März 1979	Friedensvertrag zwischen Israel und Ägypten
30. März 1979	Chomaini verkündet die Islamische Republik Iran
7.−10. Juni 1979	Erste Direktwahlen zum Europäischen Parlament
18. Juni 1979	SALT-II-Abkommen zwischen den USA und der UdSSR über die Verringerung des strategischen Potentials an nuklearen Trägerwaffen
19. Juli 1979	Machtübernahme der Sandinisten in Nicaragua
12. Dez. 1979	NATO-Doppelbeschluß über die mögliche Aufstellung von Mittelstreckenraketen in Europa
28. Dez. 1979	Sowjetischer Einmarsch in Afghanistan
23. Sept. 1980	Ausbruch des Ersten Golfkriegs zwischen Iran und Irak
1. Jan. 1981	Beitritt Griechenlands zur EG
April−Juni 1982	Falklandkrieg zwischen Argentinien und Großbritannien
23. März 1983	Präsident Reagan verkündet das SDI-Programm

Kapitel 17
Auf dem Weg zu einer Weltgesellschaft?

Einführung

In der zweiten Hälfte der achtziger Jahre beschleunigte sich eine dramatische Entwicklung, in deren Verlauf der Ost-West-Konflikt zwischen den Siegermächten des Zweiten Weltkriegs beendet wurde. Vierzig Jahre lang hatte der Gegensatz zwischen den Blöcken die Koordinaten der Weltpolitik bestimmt. Das „Ende der Nachkriegszeit" kam überraschend und ist wesentlich mit der Politik des neuen Generalsekretärs des ZK der KPdSU, Michail Gorbatschow, verknüpft.

Unmittelbar nach seiner Berufung an die Spitze der östlichen Supermacht (11. März 1985) wurden in Genf die seit 1983 unterbrochenen Abrüstungsverhandlungen wiederaufgenommen. Um die von ihm für dringend notwendig gehaltene gesellschaftliche und wirtschaftliche Erneuerung der Sowjetunion mit Aussicht auf Erfolg in Angriff nehmen zu können, mußte die Hochrüstung, der Rüstungswettlauf mit den USA, gestoppt werden. Bald schon unterbreitete Gorbatschow bemerkenswerte Abrüstungsvorschläge; die sowjetischen Atomtests wurden sofort und für längere Zeit eingestellt. Bei mehreren Gipfelbegegnungen gelang es dem sowjetischen Parteichef, mit US-Präsident Ronald Reagan, der in seinen ersten Amtsjahren aus seiner feindseligen Einstellung gegenüber dem „Reich des Bösen" keinen Hehl gemacht hatte, einen Konsens zu finden, der beide befähigte, im Dezember 1987 mit der Abschaffung einer ganzen Gattung von Nuklearwaffen im INF-Vertrag einen echten Abrüstungsschritt zu vollziehen. Einer Realisierung weiterer Abrüstungsvereinbarungen standen zunächst noch die amerikanischen Pläne einer Raketenabwehr im Weltraum (SDI) entgegen, an denen Reagan festhielt.

Gorbatschow war rasch zum Hoffnungsträger für diejenigen in den Ostblockstaaten geworden, die den von ihm im eigenen Land begonnenen Reformprozeß der politischen Öffnung („Glasnost") und wirtschaftlichen Umgestaltung („Perestroika") übernehmen wollten. An die Stelle der Breschnew-Doktrin, die den osteuropäischen Staaten nur eine eingeschränkte Souveränität zugestanden hatte, war eine unverhoffte Phase außenpolitischer Toleranz von seiten der UdSSR getreten. Der Prozeß der Emanzipation von der östlichen Führungsmacht setzte zuerst in Polen ein, dann in Ungarn, erfaßte die DDR und die Tschechoslowakei, schließlich auch Bulgarien und Rumänien; sogar das bisher in ganz Europa isolierte Albanien brach mit seiner stalinistischen Vergangenheit. Gorbatschows Politik hatte diese Entwicklung ermöglicht, sie entsprach seinem Konzept eines „gemeinsamen europäischen Hauses", das er im Juli 1989 in einer Rede vor dem Europarat in Straßburg erläuterte.

Fast gleichzeitig, aber noch ohne Vorahnung der bevorstehenden umwälzenden Veränderungen in Osteuropa, beschlossen die Mitgliedstaaten der Europäischen Gemeinschaft, zu der seit 1986 auch Portugal und Spanien gehörten, die Gemeinschaft weiter auszubauen. Der Beschluß, 1993 einen einheitlichen Binnenmarkt und bis zur Jahrtausendwende die Europäische Politische Union und eine gemeinsame europäische Währung zu verwirklichen, veranlaßte die EFTA-Staaten und andere der EG nicht angehörende Länder, sich mit der EG zu einem vergrößerten Europäischen Wirtschaftsraum (EWR) zusammenzuschließen. Bald bekundeten auch die neuen Demokratien im ehemaligen Ostblock ihr

Interesse, möglichst rasch Vollmitglieder der EG zu werden.

Mit dem von Gorbatschow vor den Vereinten Nationen in New York im Dezember 1988 angekündigten sowjetischen Truppenabzug aus Mitteleuropa wurden die jahrzehntelang stagnierenden Gespräche über konventionelle Abrüstung neu belebt. Am Ende dieser Entwicklung stand die „Pariser Charta" auf dem KSZE-Gipfel im November 1990; zugleich verkündeten die Mitglieder der beiden ehemals verfeindeten Militärblöcke NATO und Warschauer Pakt das Ende der Konfrontation. Im Frühjahr 1991 löste sich der Warschauer Pakt auf, im Laufe des gleichen Jahres auch der RGW.

Die Vereinigung der beiden deutschen Staaten nach dem Zusammenbruch des SED-Regimes in der DDR bedurfte der Zustimmung der vier Siegermächte des Zweiten Weltkrieges. Die Bonner Regierung hatte ihre Entschlossenheit bekundet, mit dem vergrößerten Deutschland im NATO-Bündnis zu bleiben, und war überdies bestrebt, den Prozeß der Vereinigung europäisch abzusichern, um den Nachbarn die Befürchtungen vor einem wiedererstarkten Deutschland in der Mitte Europas zu nehmen. Als Gorbatschow im Juli 1990 Bundeskanzler Kohl die sowjetische Zustimmung zur Mitgliedschaft auch des vereinten Deutschland in der NATO erklärte, war der Weg zur deutschen Einheit frei, die am 3. Oktober 1990 staatsrechtlich vollzogen wurde.

Mit dem irakischen Überfall auf Kuwait im August 1990 wurde der Welt erneut drastisch vor Augen geführt, daß es einen gefährlichen Dauerkonflikt gab, der noch immer fern jeder Lösung war: den Nahostkonflikt. Gegenüber den Resolutionen des UN-Sicherheitsrates – zum ersten Mal in der Geschichte der Weltorganisation traten die USA und die Sowjetunion einem Friedensbrecher gemeinsam entgegen –, die die sofortige Räumung des besetzten Emirats verlangten, verwies Iraks Präsident Saddam Husain auf Israel, das seit 1967 die Resolutionen der Vereinten Nationen zur Räumung besetzter arabischer Gebiete ignoriert. Der irakische Diktator rief die islamische Welt zum gemeinsamen Krieg gegen die imperialistischen Mächte des Westens und den Erzfeind Israel auf und wurde insbesondere von den arabischen Palästinensern in den von Israel besetzten Gebieten, die sich in der Intifada, im Aufstand, befanden, und in Jordanien als arabischer Nationalheld gefeiert. Gegenüber der multinationalen Streitmacht unter Führung der USA hatte er keine Chance; nach einem verstrichenen Ultimatum wurde er im Zweiten Golfkrieg zur Räumung Kuwaits gezwungen. Zum ersten Mal hatte es in diesem Krieg, der von den USA zusammen mit europäischen und arabischen Verbündeten aufgrund einer Ermächtigung durch die Vereinten Nationen geführt wurde, eine arabische Allianz gegen einen anderen arabischen Staat gegeben. Der Irak hatte zwar den Krieg um Kuwait verloren, und der Plan, Israel in den Krieg zu verwickeln, war gescheitert, doch Saddam war es gelungen, den größten Teil seiner Militärmacht zu retten und in weiten Teilen der arabischen Welt als panarabische Führerfigur verehrt zu werden. Der Krieg hatte die Aufmerksamkeit auf ein globales Problem der Zukunft gerichtet, nämlich die Verfügungsgewalt von immer mehr Staaten des Südens über atomare, biologische und chemische Waffen sowie die Aufrüstung mit technisch immer fortgeschritteneren konventionellen Waffen.

Am 30. Oktober 1991 begann in Madrid die Nahostkonferenz unter der Schirmherrschaft der Präsidenten der USA, George Bush, und der Sowjetunion, Michail Gorbatschow. Seitdem sitzen erstmals Israel, die PLO, Jordanien, Syrien und der Libanon an einem Tisch. Doch der Anspruch der PLO auf einen eigenen Staat und das Sicherheitsbedürfnis Israels sind bisher noch nicht erfolgreich in Einklang gebracht worden.

Gorbatschow, 1990 mit dem Friedensnobelpreis international geehrt, scheiterte schließlich im eigenen Land mit seinem Versuch, den sowjetischen Staatsverband zu erhalten. Die Reformpolitik setzte in den sowjetischen Teilrepubliken nationale Triebkräfte in Gang, die zur Anerkennung einer ihnen weiterhin übergeordneten Zentrale in Moskau nicht mehr bereit waren. Die baltischen Republiken erlangten volle staatliche Souveränität, die ihnen der deutsch-sowjetische Nichtangriffspakt 1939 geraubt hatte. Weder die Kommunistische Partei noch die Armee noch der Geheimdienst KGB waren in der Lage, die Union zusammenzuhalten. Der nach zwei Tagen gescheiterte Putsch eines selbsternannten

„Notstandskomitees" im August 1991 beschleunigte den Zerfall der UdSSR.

Der Präsident der Russischen Föderation, Boris Jelzin, verbot die Kommunistische Partei. Als die Präsidenten nahezu aller Teilrepubliken im Dezember 1991 ihre Unterschrift unter den von Gorbatschow konzipierten neuen Unionsvertrag verweigerten und die Gemeinschaft Unabhängiger Staaten (GUS) gründeten, der die baltischen Staaten, aber auch Georgien, nicht mehr angehören, hatte die Sowjetunion zu existieren aufgehört. Staatspräsident Gorbatschow trat von einem Amt zurück, das es nicht mehr gab.

Noch im Juli 1991 hatten US-Präsident Bush und Gorbatschow mit der Unterzeichnung des START-Vertrages zum ersten Mal eine Reduzierung strategischer Nuklearwaffensysteme vereinbart. Nach der Auflösung der Sowjetunion trat Rußland schließlich deren Rechtsnachfolge an. Der russische Präsident Jelzin nahm daher im Auftrag der Präsidenten der Ukraine, Kasachstans und Weißrußlands, auf deren Territorium sich ebenfalls erhebliche Mengen sowjetischer Atomwaffen befinden, als alleiniger Gesprächspartner des US-Präsidenten an weiteren Abrüstungsverhandlungen teil. Alle Präsidenten haben sich indes zur Einhaltung internationaler Verpflichtungen aus den Verträgen der Sowjetunion bekannt.

Der Ost-West-Konflikt ist beendet, die Welt steht vor einem neuen Anfang, der durch die Veränderungen im Osten unerwartet große Chancen birgt, aber ebenso eine Fülle von Risiken. Die einzige verbliebene Supermacht, die USA, wird von einer tiefen ökonomischen Krise und von sozialen Spannungen erschüttert. Noch ist nicht abzusehen, ob die Nachfolgestaaten der Sowjetunion, die sich alle die Ausbildung demokratischer Strukturen und die Einführung der Marktwirtschaft nach westlichem Muster zum Ziel gesetzt haben, ihren an Entbehrungen gewöhnten Völkern noch länger den Verzicht auf ein besseres Leben zumuten können. Zudem bedrohen Nationalitätenkonflikte und die damit verbundenen Minderheitenprobleme das friedliche Zusammenleben in den neuen Republiken der GUS. Blutige Bürgerkriege zwischen Armenien und Aserbaidschan, in Georgien und Moldawien deuten eher auf eine weitere Desintegration hin. Rußland und die Ukraine streiten um die Krim und um den Befehl über die Schwarzmeerflotte.

Ebenso sind die noch wenig gefestigten Demokratien in Ost- und Südosteuropa infolge der katastrophalen Wirtschaftslage und der weitgehend fehlenden Tradition einer friedlichen, demokratischen Beilegung von innenpolitischen Konflikten in ihrer Existenz stark gefährdet. Die Tschechoslowakei steht gar vor der Auflösung in zwei souveräne Republiken der Tschechen und Slowaken. Im zerfallenen Vielvölkerstaat Jugoslawien tobt seit 1991 ein grausamer Krieg, dessen Ende nicht abzusehen ist; Slowenien und Kroatien haben mittlerweile internationale diplomatische Anerkennung erfahren; Bosnien und Herzegowina sowie Mazedonien haben ihre Unabhängigkeit erklärt, und die hauptsächlich von Albanern bewohnte Provinz Kosovo hat sich ebenfalls die staatliche Souveränität zum Ziel gesetzt, während Serbien und Montenegro eine neue Bundesrepublik Jugoslawien gegründet haben.

Die Vereinten Nationen sind nach dem Ende des Ost-West-Konflikts und der Aufhebung der Selbstblockierung des Weltsicherheitsrates immer wieder gefordert, etwa mit dem Einsatz von Friedenstruppen überall in der Welt Zerstrittene zur friedlichen Konfliktbeilegung zu bewegen. Einige Erfolge sind zu verzeichnen: In Kambodscha ist nach mehr als dreißig Jahren ein Frieden in Sicht, und der lange Bürgerkrieg in El Salvador ist beendet.

Als vorletzte Kolonie Afrikas erlangte Namibia 1990 die staatliche Souveränität, nachdem die Regierung in Südafrika erkennen mußte, daß die Apartheid langfristig aufgegeben werden muß und die illegale Besetzung Namibias eine gewaltige Bürde für eine demokratische und nichtrassistische Zukunft im eigenen Land gewesen wäre. Die innenpolitische Zerreißprobe in Südafrika in der Phase nach dem offiziellen Ende der Rassentrennung und vor einer Beteiligung der schwarzen Bevölkerungsmehrheit an der Macht ist noch nicht überwunden. Die Umsetzung des UN-Friedensplanes in der Westsahara steht jedoch noch aus; die ehemalige spanische Kolonie, in der seit 1975 ein Krieg zur Erlangung der Unabhängigkeit stattfindet, wird nach wie vor von Marokko besetzt und beansprucht; mindestens 170 000 Sahauris sind auf der Flucht. Die Situation der meisten afrikanischen Staaten verschärft sich. Die Abhängigkeit von den Exporterlösen auf dem Weltmarkt, meist von Primärrohstoffen, nachkoloniale Wirtschaftsstrukturen und das massive Eingreifen von Weltbank und Internationalem Währungsfonds, die ihre Unterstützung von der Befolgung marktwirtschaftlicher „Roßkuren" abhängig machen, begünstigen innenpolitische Entwicklungen nur wenig, die zu einer Ablösung der zumeist diktatorischen Einparteienregime führen können. Langjährige Bürgerkriege, etwa im Tschad, in Liberia, Moçambique, Angola, Somalia, Äthiopien oder im Sudan werden von schlechten Ernten und Hungerkatastrophen begleitet. Anfang der neunziger Jahre sind allein in 14 Staaten Afrikas nahezu 30 Millionen Menschen vom Hungertod bedroht. Extreme Dürreperioden und die Ausdehnung von Steppen und Wüsten sind wohl Auswirkungen der in Afrika längst stattfindenden Klimakatastrophe. Das alte Nomadenvolk der Tuareg, deren Lebensweise so wenig mit der modernen Welt vereinbar scheint, führt in Algerien, Mali und im Niger einen Guerillakrieg, um das eigene Überleben zu sichern, ein Beispiel für viele bedrohte Völker dieser Tage.

Japan, die Volksrepublik China und Indien bleiben die dominierenden Staaten im asiatischen Raum. Die Machtposition der regierenden Kommunisten in China – als volkreichstem Land der Erde nun neben Nord-Korea, Vietnam und Kuba der letzte Staat des real existierenden Sozialismus – hat sich nach der blutigen Niederschlagung der Demokratiebewegung durch die Volksbefreiungsarmee im Juni 1989 wieder konsolidiert. Trotz internationaler Proteste hält die widerrechtliche Besetzung Tibets an; die Übergabe der britischen Kronkolonie Hongkong 1997 an die Volksrepublik könnte eine wirtschaftliche Öffnung bewirken, die eine gesellschaftliche Liberalisierung nach sich zieht.

Japan, nach der Niederlage im Zweiten Weltkrieg zum Wirtschaftsriesen aufgestiegen, wird nach dem Ende der Blockkonfrontation vermutlich auch politisch eine wichtigere Rolle in der Welt spielen. Indien, die größte Demokratie der Welt, wurde in der jüngsten Vergangenheit von schweren innenpolitischen Unruhen erschüttert, die in der Ermordung Rajiv Gandhis gipfelte. Der schwelende Konflikt mit dem muslimischen Pakistan um die

Kaschmir-Region und den Punjab droht erneut zu einem offenen Krieg zu eskalieren. Die Machthaber der Krisenstaaten Sri Lanka, Myanmar (Birma) und Thailand scheuen sich nicht, militärisch gegen die eigene Bevölkerung vorzugehen. Immerhin ist Kambodscha, auch aufgrund des massiven Engagements der UN, einer friedlichen Zukunft näher; in Afghanistan richten sich zaghafte Hoffnungen auf ein Ende des Bürgerkriegs und auf eine Einigung der rivalisierenden Gruppen. Ob Süd-Korea, das ähnlich wie die anderen „kleinen Tiger" Malaysia, Singapur und Taiwan bemerkenswerte wirtschaftliche Erfolge verzeichnen kann, ein Modell für die Entwicklung der asiatischen Staaten sein kann, wird auch von seiner demokratischen Entwicklung abhängen.

Der neue UN-Generalsekretär Boutros Boutros Ghali wird zur Lösung der weltpolitischen Konflikte einen langen Atem benötigen; die Vereinten Nationen drängen nun auch auf ein Ende der indonesischen Zwangsherrschaft über die ehemalige portugiesische Kolonie Osttimor, die eine Verletzung des Völkerrechts darstellt und die nach jahrelangen Menschenrechtsverletzungen angesichts der jüngsten Massaker nun auch international in den Blickpunkt rückt.

In Mittel- und Südamerika ging der Prozeß der Ablösung der Militärregime weiter. Die neoliberale Wirtschaftspolitik der neuen Demokratien, die den Anschluß an den Weltmarkt gewährleisten und die hohe Auslandsverschuldung bekämpfen soll, aber auch Inflation und Massenarbeitslosigkeit hervorbringt, hat jedoch zu großen sozialen und ökonomischen Spannungen geführt, die sich in Haiti und Peru durch Putsche, in Venezuela durch einen Putschversuch entluden. Der Politik der USA, die den Subkontinent traditionellerweise als ihren „Hinterhof" betrachtet und behandelt haben, steht die Forderung der lateinamerikanischen Staaten nach größerem Spielraum für eine eigenständige Entwicklung gegenüber.

Nach dem Ende des Ost-West-Konflikts ist eine Regionalisierung der politischen und zugleich eine Globalisierung der ökologischen Probleme zu registrieren. Die „Neue Weltordnung", die US-Präsident Bush vor und während des Zweiten Golfkrieges ankündigte, droht nun von einer Zuspitzung des Nord-

Süd-Konflikts und der Überlebenskrise der Menschheit geprägt zu werden. Statt Integration auf dem Weg zu einer demokratischen Weltgesellschaft findet eine Eskalation alter Konflikte und das Gewahrwerden neuer, bisher unbekannter Gefährdungen statt.

Die freiheitliche Wirtschaftsordnung des Westens war bisher sehr erfolgreich, doch sie beruht auf unbegrenztem wirtschaftlichem Wachstum durch Raubbau an den natürlichen Lebensgrundlagen, ein Modell, das, käme es zur globalen Entfaltung, das sichere Ende der menschlichen Zivilisation bedeuten würde. Zwanzig Jahre nach dem Bericht des Club of Rome an den US-Präsidenten ist es an der Zeit, die Risiken eines ungebremsten Wachstums zu erkennen. In den weltweit, nicht zuletzt zwischen dem Norden und dem Süden geführten Diskussionen über die Zukunft der Menschheit geht es auch darum, die ressourcenaufwendige Wirtschafts- und Lebensweise durch Selbstbeschränkung der reichen Länder und durch Teilhabe der armen Länder an einem effizienten Entwicklungsmodell, das auch künftigen Generationen ein Überleben ermöglicht, abzulösen. Globalen Umweltgefährdungen wie der drohenden Klimakatastrophe muß durch ein Umdenken in den „entwickelten" Staaten und durch Technologietransfer in den Süden, der Entwicklung und Umweltschutz miteinander verknüpft, entgegengetreten werden. Vielleicht wird es gelingen, nach der UN-Konferenz für Umwelt und Entwicklung (UNCED) in Rio im Juni 1992 einen solchen Prozeß in Gang zu setzen.

Das Bewußtsein von der „einen Welt" wird ohnehin wachsen müssen, sei es durch den raschen Ausbau der modernen Informationstechnologien, durch Chancen und Risiken der Gentechnik, durch eine Weltwirtschaft, die engste Kooperation erfordert, oder aber auch durch neue Krankheiten wie AIDS, die weder vor Staatsgrenzen noch vor Armutsbarrieren haltmachen. Doch noch für geraume Zeit wird der Süden im „Schuldenturm" sitzen; das riesige Wohlstandsgefälle, das auch der Norden durch große Flüchtlingsbewegungen erfährt und dem er bisher zumeist mit Abschottung und Neorassismus begegnet, muß politisch überwunden werden.

In weiten Teilen der Welt werden auch am Ende des 20. Jahrhunderts noch die Menschenrechte mit den Füßen getreten. Nationalitätenkonflikte brechen auf, Anzeichen für die ungleiche Verteilung nationalen Wohlstands und für ungleiche Lebenschancen. Das Bevölkerungswachstum hat besorgniserregende Ausmaße angenommen. Der dringend notwendige demographische Wandel ist nur durch eine Verbesserung der Lebensqualität in den Ländern des Südens zu erreichen.

17.1 Glasnost und Perestroika

Zu Beginn der achtziger Jahre wurde die Erstarrung des Sowjetsystems unübersehbar. Reformversuche waren ebenso steckengeblieben wie die *Entstalinisierung* (▷ 15.34). Das innenpolitische Klima hatte sich durch die Unterdrückung von Kritikern verhärtet, und auch außenpolitisch stemmte sich die UdSSR gegen jegliche Veränderung (▷ 16.9, ▷ 16.34). Trotz mancher Fortschritte blieben die Lebensbedingungen der Menschen unbefriedigend, nach wie vor erwies sich die Planung als unflexibel. Die Qualität der Güter war weiterhin in vielen Bereichen mangelhaft, zudem konnte die Arbeitsproduktivität nicht in erhofftem Maße gesteigert werden. Eine aufgeblähte Bürokratie in Staat und Partei führte zu viel Leerlauf und vermeidbaren Fehlentscheidungen.

Mit der Wahl Michail S. Gorbatschows (geb. 1931) zum Generalsekretär der KPdSU am 11. März 1985 setzten sich schließlich diejenigen Kräfte durch, die in einer entschlossenen Reform von innen den Ausweg suchen wollten. Ein radikaler Umbau der Gesellschaft – die Perestroika – wurde eingeleitet. Er reichte von einer Demokratisierung der Partei über ökonomische Maßnahmen bis hin zu einer Justizreform und einer konsequenten Fortsetzung der Entstalinisierung. Dabei wurden nicht nur die Opfer des Stalinismus rehabilitiert, sondern auch die „weißen Flekken" in der Kenntnis der Vergangenheit kritisch erforscht. Dies gehörte zum Konzept der Glasnost, der Offenheit und Durchsichtigkeit des öffentlichen Lebens.

Die Menschen sollten damit zur bewußten Auseinandersetzung mit ihrer Geschichte und ihrer gegenwärtigen Situation mobilisiert werden, um die Prägungen und Belastungen durch die Vergangenheit zu erkennen und gegen die zu erwartenden Schwierigkeiten in der Umstellungsperiode gewappnet zu sein. Die Führung um Gorbatschow hoffte, daß die Reform von oben durch eine Reformbewegung von unten unterstützt würde, damit die Beharrungskräfte wie etwa im Partei- und Staatsapparat und in der Wirtschaft zurückgedrängt werden könnten.

In der Tat wurde ein Großteil der Schriftsteller, Künstler und Wissenschaftler zu entschiedenen Befürwortern von Glasnost und Perestroika. Die Masse der Arbeiterschaft hielt sich hingegen trotz erweiterter Rechte in den Betrieben und Sympathien für die Reformziele zurück: Nach den Erfahrungen der letzten Jahrzehnte überwog bei den Arbeitern die Skepsis. Statt nun geradlinig den radikalen Reformweg weiterzugehen, um die Zögernden zu überzeugen, suchte Gorbatschow den Kompromiß. All dies erleichterte es denjenigen, die um ihre Position fürchteten und nicht umdenken wollten oder konnten, die konkreten Veränderungsmaßnahmen zu blockieren und das Konzept der Perestroika unglaubwürdig zu machen. Selbst vor nationalistischen und antisemitischen Parolen schreckte man nicht zurück, ebensowenig vor einem Bündnis mit dem organisierten Verbrechen. Abbildung S. 548

17.2 Tschernobyl

Seit Anfang der siebziger Jahre begann sich weltweit die Erkenntnis durchzusetzen, daß der ungebrochene technische Fortschritt verbunden mit einem sich ständig steigernden Energieverbrauch bereits schwere Umweltschäden verursacht hatte und eine bedenkenlose Fortsetzung der auf dauerndes Wirtschaftswachstum setzenden Politik der reichen Industriestaaten zur Zerstörung der Erde und der Lebensgrundlagen der Menschheit führen werde. Bürgerinitiativen und Umweltschutzgruppen wiesen auf die Belastungen der Luft, des Wassers und der Böden hin, amtliche Untersuchungen stellten die bereits eingetretenen Schädigungen fest.

Die Diskussion um den weiteren Ausbau der Kernkraftindustrie zur Gewinnung und friedlichen Nutzung von Kernenergie als relativ kostengünstiger und umweltschonender Alternative zu fossilen Brennstoffen erhielt nach dem Ölboykott der arabischen Staaten 1973/74 eine neue Intensität. Während die Gegner der Kernenergie sowohl auf die bekannten als auch auf die noch unerforschten Risiken und auf die ungelöste Frage der Entsorgung der radioaktiven Abfälle hinwiesen und bis heute vergeblich auf den baldigen Ausstieg aus dieser gefährlichen Technologie drängen, suchten die Befürworter alle Besorgnisse mit Risikostudien zu zerstreuen, die den Nachweis erbringen sollten, daß ein „GAU", der größte

*Michail Gorbatschow im Gespräch
mit Kolchosbauern im
Ramenskoje-Distrikt (1987)*

anzunehmende Unfall, bei dem der Reaktorkern durchschmilzt, der Wahrscheinlichkeit nach einmal in Zehntausenden von Jahren eintrete.

Als am 26. April 1986 im ukrainischen Kernkraftwerk Tschernobyl ein Reaktorkern schmolz, der Reaktor brannte und eine hochradioaktive Wolke freigesetzt wurde, die innerhalb von zehn Tagen durch unterschiedliche Windströmungen verteilt nahezu ganz Europa und die Sowjetunion in Mitleidenschaft zog, war der GAU eingetreten. Die Reaktionen der staatlichen Behörden und der Öffentlichkeit in den betroffenen Ländern waren von Hilf- und Ratlosigkeit geprägt. Die Strahlenschutzkommissionen veröffentlichten Grenzwerte für die tolerierbare Strahlenbelastung der wichtigsten Lebensmittel, die zum Teil eklatante Unterschiede aufwiesen.

Die Folgen der Reaktorkatastrophe wurden zunächst heruntergespielt. Außerdem war die sowjetische Informationspolitik stark restriktiv. Wochen nach der Havarie wurde deutlich, daß weite Teile der Ukraine, Weißrußlands und Rußlands auf unabsehbare Zeit mehr oder weniger stark verseucht sind. Fast zwei Millionen Menschen wohnten in der Region mit der stärksten Belastung, sie wurden meist viel zu spät evakuiert. Die Spätfolgen sind nach sprunghaftem Anstieg bestimmter Krebserkrankungen in der Gegend um Kiew in ihrem Umfang noch nicht absehbar. Der Unglücksblock Vier des Atomkraftwerks wurde mit einem Betonmantel umgeben, der

allerdings nur unzulänglichen Schutz vor dem auf Jahrtausende strahlenden Reaktorkernen bieten kann. Das Problem der strengen Absperrung und Bewachung eines solch gefährlichen Objektes für einen so langen Zeitraum ist völlig ungeklärt.

Sechs Jahre nach dem Reaktorunglück von Tschernobyl wird die Energiegewinnung aus Kernkraft noch so lange für unverzichtbar gehalten, bis sie durch andere Methoden der Energiegewinnung, aber auch durch Energieeinsparung ersetzt werden kann. Man ist bemüht, den Sicherheitsstandard der vorhandenen Kernkraftwerke weiter zu verbessern, veraltete und technisch unzureichende Anlagen stillzulegen. Ein besonderes Problem stellen dabei die auf dem Gebiet der ehemaligen Sowjetunion und der anderen osteuropäischen Staaten errichteten Kernkraftwerke dar. Einige von ihnen können nicht mehr nachgerüstet werden, bei den anderen stehen der technisch möglichen Nachrüstung die ungeheuren Kosten entgegen. Zur Übernahme des Löwenanteils an diesen Kosten haben sich die reichen Industriestaaten bisher nicht bereit erklärt; die direkt betroffenen Staaten sehen sich nicht in der Lage, diese Kosten zu tragen. Aber auch ein Abschalten dieser unsicheren Kernkraftwerke kommt für sie nicht in Frage, da sie die dort gewonnene Energie für den Aufbau ihrer desolaten Wirtschaft für unverzichtbar halten. Somit lebt die Welt weiterhin mit dem Risiko einer tödlichen radioaktiven Verseuchung durch einen neuen atomaren Unfall und mit den ungelösten Problemen bei der Behandlung des atomaren Abfalls.

Der Reaktorunfall von Tschernobyl hat nicht nur die Einsicht in die nicht abschätzbaren Risiken der Kernenergienutzung gefördert, er hat auch die Diskussion über die von Menschen verursachten Belastungen des „Raumschiffs Erde" und seine Belastbarkeit verstärkt (▷ 17.26).

17.3 Wirtschaftsmacht Japan

Die rasche wirtschaftliche Entwicklung Japans und sein tiefgreifender Strukturwandel nach dem Zweiten Weltkrieg wurden insbesondere ermöglicht durch ein enges Zusammenspiel zwischen Regierung und Wirtschaft,

*Territoriale
Entwicklung Japans
seit 230 n. Chr.*

Legende:
- Japan um 230 n. Chr.
- Erwerbungen bis 646 n. Chr.
- Erwerbungen bis 927 n. Chr.
- Erwerbungen bis 1450
- Erwerbungen bis 1945
- Mandschukuo 1934–45
- Japan seit 1945
- 1895 Jahr der Erwerbung
- (1945) Jahr des Verlustes

durch – zwar unverbindliche – Entwicklungspläne, die die Wirtschaft positiv motiviert haben, durch eine hohe Inlandsnachfrage bei gleichzeitig (für Kapitalbildung und Investitionen günstiger) hoher Sparquote sowie einen angesichts des japanisch-amerikanischen Sicherheitsvertrages nur geringen Mitteleinsatz für die Landesverteidigung. Im Unterschied zum Arbeitsmarkt westlicher Industriestaaten gilt in Japan darüber hinaus vielfach das Prinzip der Beschäftigung auf Lebenszeit und – damit zusammenhängend – das Prinzip der Entlohnung nach Lebensalter und Dauer der Betriebszugehörigkeit. Die großen Betriebe stellen überwiegend Schulabgänger ein, die während ihres gesamten Berufslebens nur in einem Unternehmen tätig sind. Bei konjunkturellen Schwankungen wird zunächst die Arbeitszeit angepaßt und die Anzahl der Einstellungen verändert; Entlassungen sind nicht üblich. Auf diese Weise haben sich die Betriebe gut ausgebildete, sich mit dem Betrieb stark identifizierende Belegschaften geschaffen. Da das Lebensarbeitsprinzip jedoch vorwiegend auf Großunternehmen beschränkt ist, wird es häufig als Privileg einer Elite bezeichnet, das die Arbeitsgesellschaft in zwei Blöcke spaltet.

Seit 1952, beginnend mit der Koreakrise (▷ 15.26), hat sich die industrielle Produktion besonders stark entwickelt. Aufgrund des Wirtschaftsgefälles, das zwischen Japan und allen anderen asiatischen Ländern bestand, wurde Japan für viele Waren zum Lieferanten mit dem – im Vergleich zu Amerika und Europa – Vorteil der geringeren Transportkosten. Doch erst mit der Einführung moderner Produktionsmethoden aus den westlichen Industrieländern gelang es der japanischen Industrie, die im Vergleich zu Nordamerika und Europa bestehende technologische Lücke zu schließen. Vor allem Schwerindustrie und chemische Industrie konnten aufgebaut sowie die Vorteile der Massenproduktion in allen Bereichen des verarbeitenden Gewerbes genutzt werden. Dies ermöglichte besonders in der petrochemischen Industrie seit Ende der fünfziger Jahre sowie der Stahl-, Papier-, Zement- und Aluminiumindustrie hohe Wachstumsraten.

Da Japan den größten Teil seines Bedarfs an Rohstoffen importieren muß, wurde es von den beiden Erdölpreiskrisen der siebziger Jahre (▷ 16.20) in seiner Grundstoffindustrie getroffen. Seitdem wird das Wachstum vor allem durch den Bau von elektronischen Teilen, Computern, Erzeugnissen der Unterhaltungselektronik (Hörfunk-, Fernseh-, Videogeräte), Industrierobotern, Werkzeugmaschinen und Automobilen getragen. In der Eisen- und Stahlerzeugung rückte Japan an die zweite Stelle unter den Weltproduzenten, die Werftindustrie steht an erster Stelle. Auch in der Kraftfahrzeugindustrie ist Japan an die Spitze gerückt. Ebenso haben der Maschinenbau, die elektrotechnische und elektronische, die optische und die Uhrenindustrie den Weltmarkt erobert.

Die hohe Rohstoffabhängigkeit der japanischen Wirtschaft und die starke Position der japanischen Exporte haben die führende Stellung Japans im Welthandel als drittgrößter Exporteur nach den USA und der Bundesrepublik Deutschland und lediglich als fünftgrößter Importeur begründet. Eine zögernde Einfuhr- und Kapitalliberalisierung, ein jahrelang unterbewerteter Yen sowie in jüngster Zeit Fertigwarenimporte japanischer Unternehmen, die in den südostasiatischen Billiglohnländern (▷ 17.19) angesiedelt sind, haben diese Entwicklung begünstigt. Eine exponierte Stellung nehmen überdies japanische Banken ein, die inzwischen zum Marktführer auf den internationalen Finanzmärkten geworden sind. Tokio ist neben New York und London der dritte internationale Finanzplatz.

Viele Beobachter rechnen damit, daß in der neuen Phase der Weltpolitik Japan seine bisherige außenpolitische Zurückhaltung und weitgehende Beschränkung auf den ostasiatischen Raum durch eine aktivere und global ausgerichtete Außenpolitik ersetzen wird.

17.4 Krisenherd Mittelamerika Nicaragua El Salvador

Das geostrategisch wichtige mittelamerikanische Land Nicaragua stand in den siebziger und achtziger Jahren oft im Mittelpunkt der politischen Spannungen zwischen den USA und Mittelamerika bzw. ideologischer Auseinandersetzungen zwischen West und Ost. Insbesondere die Frage der Unantastbarkeit der staatlichen Souveränität und die Grenzen völkerrechtlicher Normen lassen sich am Beispiel Nicaraguas und El Salvadors besonders deutlich aufzeigen.

In den siebziger Jahren versuchten die USA, ihren Einfluß in der mittelamerikanischen Region durch Anwendung politischer und militärischer Druckmittel aufrechtzuerhalten. Bereits die Carter-Administration sah in einer erfolgreichen nicaraguanischen Revolution ihre regionalen und kontinentalen Sicherheitsinteressen tangiert und ließ ebensowenig Zweifel an deren Wahrung und gegebenenfalls Verteidigung wie später die Reagan-Administration. Unglückliche amerikanische Operationen sowie der wachsende Widerstand gegen den rücksichtslos diktatorisch herrschenden Präsidenten Anastasio Somoza ließen ein revolutionäres Widerstandspotential entstehen, das der sandinistischen Befreiungsfront

(FSLN) den Einmarsch in Managua am 19. Juli 1979 ermöglichte. Den Sandinisten gelang sogar die Entmachtung der bis dahin stark regimetreuen und USA-hörigen Nationalgarde.

Anfänglich setzte sich die Junta des nationalen Wiederaufbaus aus Vertretern der verschiedensten Oppositionsbewegungen zusammen. 1981 wurde deren Koordinator und Führer der FSLN, Daniel Ortega, faktischer Regierungschef und 1984 zum Präsidenten gewählt. Neben der Ausübung von Druck auf die Anrainerstaaten führten die USA unter Präsident Reagan unter Einschaltung der CIA völkerrechtlich fragwürdige Aktionen gegen Nicaragua durch. Sie unterstützten und rüsteten insbesondere die von Honduras und Costa Rica her operierenden antisandinistischen Contra aus und griffen auch zu illegalen Maßnahmen wie beispielsweise zu Seeblockaden und Hafenverminungen. Diese Aktionen wurden vom Internationalen Gerichtshof in Den Haag, den Nicaragua 1989 angerufen hatte, verurteilt.

Die Entwicklung in den achtziger Jahren zeigte, daß es die „Frente", wie die FSLN im Volksmund genannt wird, nach der Revolution schwer hatte, mit den vom Diktator zerbombten Städten, den zerstörten Industrieanlagen, der leeren Staatskasse bei beträchtlicher Verschuldung sowie dem Handelsboykott der USA und der meisten westlichen Staaten zurechtzukommen.

Aus den allgemeinen und freien Wahlen ging im Februar 1990 überraschend die Kandidatin des oppositionellen Bündnisses Violeta Chamorro hervor, die sich um einen Ausgleich sowohl mit der Contra wie mit den Sandinisten bemüht.

Das Beispiel Nicaragua zeigt wie kaum ein anderes die Schwierigkeit eines kleinen Landes, sich von externen Interessen der Großmächte zu befreien und einen eigenen Weg zu gehen.

Nachdem sich in den vergangenen Jahrzehnten die sozialen und politischen Konflikte in El Salvador durch eine starke Bevölkerungszunahme und mehr oder weniger ausgebliebene Agrarreformen immer mehr verschärft hatten, putschten im Oktober 1979 reformwillige Offiziere, deren militärisch-zivile Koalition jedoch am Widerstand konservativer Militärs scheiterte. Der weiteren Eskalation

von Gewalt, der auch der regimekritische Erzbischof von San Salvador, Oscar Arnulfo Romero, zum Opfer fiel, folgte im Januar 1981 der offene Ausbruch eines Bürgerkriegs. Vor allem durch die Politik der US-Regierung unter Reagan wurde der sozial bedingte Konflikt in den regionalen und globalen Ost-West-Konflikt einbezogen.

Während die Befreiungsfront Frente Farabundo Martí para la Liberación Nacional (FMLN) von Kuba und Nicaragua unterstützt wurde, standen die USA mit bedeutender Wirtschafts- und Militärhilfe hinter dem Vorsitzenden der Junta, José Napoleón Duarte, 1984–89 Staatspräsident. Da es keiner der Bürgerkriegsparteien gelang, den Konflikt, in dem schätzungsweise 75 000 bis 80 000 Menschen starben und etwa 500 000 Menschen vertrieben wurden oder flüchteten, militärisch zu lösen, unterzeichneten nach Vermittlung der UN Vertreter der FMLN und der Regierung von Präsident Alfredo Cristiani am 16. Januar 1992 ein Friedensabkommen, das den Bürgerkrieg zumindest offiziell beendete.

Abbildung S. 552

17.5 Regimewechsel auf den Philippinen Südostasien

Der philippinische Präsident Marcos (▷ 15.24) ließ sich wiederholt durch Volksabstimmungen im Amt bestätigen, gegen die der Vorwurf der Manipulation geltend gemacht wurde. Die Ermordung Benigno Aquinos, des Führers der bürgerlichen Opposition, die eine Untersuchungskommission dem philippinischen Militär anlastete, verschärfte 1983 die innenpolitischen Spannungen. Unter dem erneuten Vorwurf der Manipulation bei den Präsidentschaftswahlen 1986 mußte Marcos, dem nun große Teile des Militärs die Unterstützung verweigerten und dessen Rücktritt jetzt auch die USA forderten, das Präsidentenamt seiner Gegenkandidatin Corazon Aquino, der Witwe des ermordeten Oppositionsführers, überlassen und setzte sich mit seiner Familie in die USA ab. Gegen mehrfache Putschversuche bemühte sich Corazon Aquino um Stabilisierung des Landes, u. a. durch eine gerechtere Bodenverteilung im

Nicaragua. Die Präsidentschaftskandidatin der Opposition, Violeta Chamorro, und ihr Vizepräsidentschaftskandidat, Virgilio Godoy, feiern ihren Wahlsieg (Februar 1990)

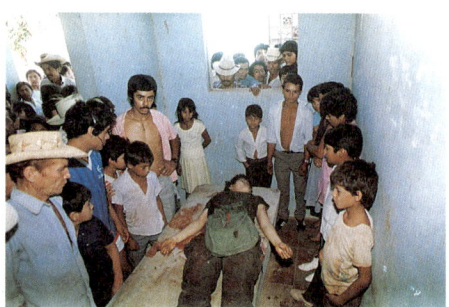

Bürgerkrieg in El Salvador. Dorfbewohner vor dem Leichnam eines getöteten Guerillero (1989)

Landreformgesetz von 1988 und durch eine Beilegung der Konflikte mit den kommunistischen und den muslimischen Aufständischen in Verhandlungen, aber auch mit Einsatz der Armee. Der neue Präsident Ramos (seit Juli 1992) steht nun vor dem noch immer ungelösten Problem des wirtschaftlichen Wiederaufbaus, nachdem die Diktatur Marcos' und Naturkatastrophen die Volkswirtschaft ruiniert haben.

Indonesiens Präsident Suharto, seit 1968 in einem Amt, dessen Machtfülle er mit Hilfe des Militärs auf seine Person zugeschnitten hat, ist um die Entwicklung der indonesischen Wirtschaft bemüht und hat seit den achtziger Jahren mit den Auswirkungen fundamentalistisch-islamischer Ideen zu kämpfen. Diese führten zu Ausschreitungen militanter Gruppen der überwiegend muslimischen Bevölkerung gegenüber der chinesischen Minderheit

sowie – nach Regierungsangaben – zur Aufdeckung einer Verschwörung radikaler Muslime, die 1981 den Sturz der Regierung und die Errichtung einer islamischen Republik planten. Das brutale Vorgehen gegen den Widerstand der Timoresen führte immer wieder zu Protesten der Vereinten Nationen, die fordern, daß Indonesien endlich die widerrechtlich besetzte ehemalige portugiesische Kolonie Osttimor räumt.

In Myanmar (Birma) war Ne Win seit 1962 als Vorsitzender des Revolutionsrates Ministerpräsident und zugleich Staatsoberhaupt, unter der neuen Verfassung 1974 dann Staatspräsident bis zu seinem Rücktritt 1981. Ihm folgte U San Yu, der 1988 durch einen Militärputsch gestürzt wurde. 1990 mußte die Junta angesichts des Widerstands in der Bevölkerung und unter dem Druck der Opposition die ersten Mehrparteienwahlen seit dreißig Jahren zugestehen. Sie erkannte den Wahlsieg der Opposition im Mai 1990 zwar an, war aber weder zur Abgabe der Regierungsgewalt noch zur Durchführung demokratischer Reformen bereit. Das Vorgehen gegen die Opposition, der die Mönche mit religiösem Boykott gegenüber dem Militär beitraten, wurde verschärft. Im Dezember 1990 wurde von der Nationalen Liga für Demokratie eine Gegenregierung gebildet. 1991 erhielt die birmanische Oppositionsführerin Aung San Suu Kyui, die seit Mitte 1989 unter Hausarrest steht, den Friedensnobelpreis.

17.6 Kriege in Afrika Namibias Unabhängigkeit

Im Zuge der *Entkolonialisierung* (▷ 15.43) löste die Weigerung einer Kolonialmacht, einer Kolonie die Unabhängigkeit zu gewähren, Befreiungskriege aus, so im Falle Algeriens (1954–62) (▷ 15.42) und der portugiesischen Kolonien Angola und Moçambique (1961–75). Jahrhundertealte (vorkoloniale) Gegensätze, teils verstärkt, teils verdeckt durch koloniale Strukturen, sowie Eingriffe der europäischen Mächte in den historischen Entwicklungsprozeß (durch Ziehung von willkürlichen Grenzen) trugen nach dem Gewinn der Unabhängigkeit maßgeblich zu *Bürgerkriegen* (▷ 16.5) und Kriegen zwischen unabhängigen Staaten bei.

Mit dem Ziel einer friedlichen Entwicklung des Kontinents hatte die 1963 von allen unabhängigen afrikanischen Staaten (außer der Republik Südafrika) gegründete Organisation für Afrikanische Einheit (OAU) die Grenzziehungen aus der Kolonialzeit festgeschrieben. Die Entstehung weißer Minderheitsherrschaften auf der Grundlage von Siedlungskolonien europäischer Einwanderer führte in Südrhodesien (heute Simbabwe) oder in Südwestafrika (heute Namibia) zu Aufständen, die erst mit der Konstituierung unabhängiger, von der schwarzafrikanischen Mehrheitsbevölkerung getragener Staaten ihr Ende fanden.

Nach der Entlassung der afrikanischen Kolonien Portugals in die Unabhängigkeit (1974/75) entbrannte im südwestlichen Afrika ein Krieg um die Herrschaft in Namibia. 1966 hatten die UN der Republik Südafrika das (seit 1919 ausgeübte) ehemalige Mandat des Völkerbundes über die frühere deutsche Kolonie entzogen und 1973 die South West African People's Organization (SWAPO) als authentische Repräsentation der Bevölkerung in Namibia anerkannt. Von Angola aus führte die SWAPO einen Guerillakrieg gegen die in Namibia stationierten Streitkräfte der Republik Südafrika, die dort ein angeblich auf den „unterschiedlichen Ethnien" aufgebautes, von ihr jedoch kontrolliertes, rassistisches Regierungssystem etablierte.

Im Auftrag des UN-Sicherheitsrates bemühte sich seit 1977/78 eine westliche Staatengruppe (Bundesrepublik Deutschland, Frankreich, Großbritannien, Kanada und die USA) um einen friedlichen Weg zur Unabhängigkeit Namibias. Mit Unterstützung von Truppen aus Kuba, das 1975/76 Streitkräfte zur Unterstützung revolutionärer Regierungssysteme nach Afrika entsandt hatte, u. a. auch nach Angola, verstärkte die SWAPO in den achtziger Jahren ihren Guerillakrieg gegen Südafrika. Die südafrikanischen Streitkräfte unternahmen ihrerseits 1980—83 international verurteilte Vorstöße nach Angola, um dort gelegene Stützpunkte der SWAPO zu zerstören. Mit dem Inkrafttreten eines Waffenstillstandes im August 1988 zwischen Vertretern der Republik Südafrika einerseits und solchen der SWAPO, Angolas und Kubas andererseits begann der politische Prozeß, der in die Unabhängigkeit führte: Abzug der südafrikani-

schen Truppen aus Namibia sowie der kubanischen aus Angola; Wahlen zu einer verfassunggebenden Versammlung in Namibia (1989), Verabschiedung einer Verfassung am 21. März 1990. Die neben der Westsahara letzte Kolonie Afrikas war nun unabhängig. Doch die fortdauernde Zugehörigkeit der Enklave Walfischbai, des einzigen Tiefseehafens Namibias, zur Republik Südafrika stellt eine schwere Bürde dar.

17.7 Der INF-Vertrag

Die Verhandlungen über den Abbau der nuklearen Mittelstreckensysteme (Intermediate-Range Nuclear Forces, INF) zwischen den USA und der Sowjetunion hatten im November 1981 in Genf begonnen, waren jedoch im November 1983 von den Sowjets abgebrochen worden, als die USA mit der Stationierung von Mittelstreckenraketen in Europa gemäß dem *NATO-Doppelbeschluß* (▷ 16.31) begonnen hatten. Das ohnehin seit dem *sowjetischen Einmarsch in Afghanistan* (▷ 16.33) und dem Regierungsantritt Ronald Reagans in Washington gespannte Verhältnis zwischen den Supermächten schien sich zunehmend abzukühlen. Ende 1984 vereinbarten jedoch der amerikanische Außenminister George P. Shultz und sein sowjetischer Kollege Andreij Gromyko eine Wiederaufnahme der Rüstungskontrollgespräche, die dann am 12. März 1985 in Genf stattfanden.

Peking am 4. Juni 1989: Mit einem Blutbad beendet das Militär die wochenlangen Demonstrationen für Menschenrechte und Demokratie

Am 11. März 1985 war in Moskau nach dem Tod des greisen Parteichefs Konstantin Tschernenko der 54jährige Michail Gorbatschow in das Amt des Generalsekretärs der KPdSU berufen worden. Mit dem Generationenwechsel ging die Hoffnung auf grundlegende Verbesserungen des sowjetischen Wirtschafts- und Verwaltungssystems und erhebliche Einsparungen im Rüstungssektor einher (▷ 17.1). Ein erstes Signal des neuen Amtsinhabers war das von Gorbatschow im Sommer 1985 angeordnete einseitige Atomtestmoratorium.

Weil der amerikanische Präsident Reagan weiterhin an seiner Strategischen Verteidigungsinitiative (SDI; ▷ 16.36) festhielt, brachte auch das mit großen Erwartungen befrachtete erste Gipfeltreffen mit Gorbatschow am 21./ 22. November 1985 in Genf außer einem ersten persönlichen Kontakt keine Fortschritte. Nachdem im Laufe des Jahres 1986 Gorbatschow mehrere bemerkenswerte Abrüstungsvorschläge an die USA und die NATO gerichtet hatte, scheiterte auf dem zweiten Gipfeltreffen in Reykjavik am 11. und 12. Oktober 1986 eine fast schon erzielte Übereinkunft über die Reduzierung der strategischen Offensivwaffen und den beiderseitigen Verzicht auf nukleare Mittelstreckenwaffen am amerikanischen SDI-Vorhaben, das aufzugeben Reagan auch jetzt nicht bereit war. Der sowjetische Generalsekretär seinerseits machte jede Übereinkunft von der Aufgabe dieses Programms abhängig.

Im Laufe des Jahres 1987 näherten sich die bisher verhärteten Standpunkte einander an, und am 8. Dezember unterzeichneten Gorbatschow und Reagan bei ihrem dritten Gipfeltreffen in Washington den INF-Vertrag, der die weltweite Abschaffung aller nuklearen Mittelstreckenraketen vorsah (d. h. alle ballistischen Raketen und Marschflugkörper mit einer Reichweite zwischen 500 und 5500 km). Die UdSSR hatten ca. 1500, die USA ca. 500 Systeme zu verschrotten. Der Vertrag enthielt ferner umfangreiche und in die Zukunft weisende Bestimmungen für die Kontrolle der Abrüstung (Verifikation). Amerikanische und sowjetische Kontrollkommissionen wurden beauftragt, die Durchführung der Vernichtung in den Militärbasen der jeweiligen Stationierungsländer zu überwachen. Beide Mächte einigten sich auf die Einhaltung des ABM-Vertrages (▷ 16.15), der den Aufbau von Raketenabwehrsystemen (auch im Weltraum) verbietet, aber Forschungen in vertraglich festgelegten Grenzen erlaubt.

17.8 Niederschlagung der Demokratiebewegung in China

Anfang des Jahres 1989 wurde in China der Ruf nach politischen Reformen zur Ergänzung der wirtschaftlichen Veränderungen immer lauter. Einflußreiche Mitglieder der Führung vertraten zwar die Auffassung, es gebe bei den Reformen kein Zurück, erteilten aber den Forderungen nach einem Mehrparteiensystem und nach Parlamentarismus westlichen Stils eine klare Absage. Dennoch griffen Gedanken an politische Reformen mit „westlichem" Inhalt um sich. Chinesische Künstler und Intellektuelle forderten von der Regierung, die politischen Gefangenen freizulassen und das verfassungsmäßige Recht auf Redefreiheit zu verwirklichen. Die Führung leugnete die Existenz von politischen Gefangenen. Vor diesem Hintergrund kam es zu der Reaktion der chinesischen Studenten auf die Nachricht vom Tode des früheren Generalsekretärs der KPCh, Hu Yao-pang, am 15. April 1989. Hu hatte sich für eine geistige Liberalisierung eingesetzt und daraufhin den Posten des Generalsekretärs der Partei verloren. Als der offizielle Nachruf der Partei keine Notiz von den Umständen seiner Entmachtung nahm, versammelten sich am 17. April rund 4000 Studenten auf dem Platz vor dem „Tor des Himmlischen Friedens" (Tian'anmen), forderten mehr Demokratie und Freiheit und kritisierten die Korruption in der Parteibürokratie. Diese Aktion war der Auftakt zu Demonstrationen, die ungeahnte Ausmaße annahmen.

Die Führung reagierte zunächst flexibel, lehnte aber Gespräche mit einer inzwischen gegründeten nicht-staatlichen Studentenorganisation der Universität Peking ab. Die Studenten blieben hart. Der herannahende 70. Jahrestag des 4. Mai 1919 (▷ 13.41) bot Anlaß zu erneuter Demonstration, nachdem der Dialog mit Regierungsvertretern nicht zustandegekommen war. Ein Hungerstreik der Studenten auf dem Tian'anmen erhöhte die Spannung. Hinzu kam, daß Michail Gorbatschow am 15. Mai erwartet wurde – seit drei Jahrzehnten der erste Besuch eines Generalsekretärs der KPdSU in China. Gerade an diesem historischen Tag versammelte sich eine mehr als 500 000 Personen zählende Menschenmenge aus allen Bevölkerungsschichten vor dem Tian'anmen. Forderungen nach Rücktritt Teng Hsiao-pings wurden laut. Am 19. Mai, einen Tag nach der Abreise Gorbatschows, wurde der Ausnahmezustand über Peking verhängt. Am 4. Juni 1989 beendete die Volksbefreiungsarmee mit Waffengewalt die Demonstrationen, räumte den Platz vor dem Tian'anmen und sperrte ihn ab. Die offiziellen Angaben über die Opfer: 300 Tote, 2000 verletzte „gesetzlose Gewalttäter" und 5000 verletzte Soldaten. Ausländische Quellen sprachen von 2600 bis 5000 Toten und bis zu 30 000 Verletzten. Die Verhängung des Ausnahmezustands und der Einsatz der Armee waren in der politischen wie militärischen Führung nicht unumstritten.

Nach der Niederschlagung der Protestbewegung setzte eine Welle der Unterdrückung mit Verhaftungen und Hinrichtungen der „Provokateure" ein. Die westeuropäischen Regierungen, die USA und Japan verurteilten die Gewaltmaßnahmen, sagten sämtliche hochrangigen Begegnungen mit chinesischen Politikern ab und stoppten, ebenso wie die Weltbank, die Vergabe von Krediten. Auch die Chinesen im Ausland protestierten. Zu keiner Zeit – auch nicht während der radikalsten Phase der Herrschaft Mao Tse-tungs – hatte es eine solche internationale Solidarisierung chinesischer Landsleute gegen die eigene Regierung gegeben. Schon bald jedoch führte der Alltag der Wirtschaftskontakte wieder zu einer Normalisierung der Beziehungen Chinas zum Ausland. Die moralischen Bedenken stellten die Regierungen der anderen Staaten zugunsten des strategischen Gewichts des Riesenreiches zurück. Abbildung S. 553

17.9 Demokratisierung in Ungarn und Polen

Das Ausbleiben verbindlicher Verhaltensvorschriften aus dem Kreml, die wirtschaftliche Notlage, der Verlust an Vertrauen in die Staats- und Parteiführung und wachsende Unzufriedenheit in der Bevölkerung veranlaßten Kádár in Ungarn und General Jaruzelski in Polen, aus nationalem Verantwortungsbewußtsein eigenständige Auswege aus der Krise zu suchen, die aber keinesfalls das gesamte Herrschaftssystem gefährden sollten.

Nach den schweren Erschütterungen im Jahre 1956 durch den *Volksaufstand* (▷ 15.37) hatte Kádár mit seiner pragmatischen Politik das Vertrauen der Ungarn zurückgewonnen, den Lebensstandard erhöht und kleine Freiheiten gewährt. Da er sich aber der Einsicht eines grundlegenden Wandels verschloß, wurde er im Mai 1988 als Erster Sekretär der ungarischen Kommunisten abgelöst. Radikalreformer in den eigenen Reihen trieben gleichgewichtig die Umstrukturierung von Staat, Wirtschaft und Gesellschaft voran, bauten den „Eisernen Vorhang" ab, rehabilitierten die Opfer von 1956, ließen politische Parteien zu, mit denen sie sich am „Runden Tisch" über die Durchführung freier Parlamentswahlen einigten und überführten die kommunistische in eine sozialistische Partei (USP). Durch die Öffnung der Grenze zu Österreich für Ausreisewillige aus der DDR im Spätsommer 1989 trugen sie zur *Wende in der DDR* bei (▷ 17.12). Sie konnten noch am 10. März 1990 den vollständigen Abzug der sowjetischen Truppen bis Juni 1991 vereinbaren, bevor sie nach den Wahlen vom 25. März/8. April 1990 einer bürgerlich-demokratischen Koalition unter Ministerpräsident József Antall weichen mußten.

Die wirtschaftliche Talfahrt und das ungebrochene Prestige, das die verbotene Gewerkschaft *Solidarność* (▷ 16.34) und ihr Vorsitzender Leszek (Lech) Wałęsa weiterhin in Polen genossen, zwangen die Führung der Polnischen Vereinigten Arbeiterpartei (PVAP), seit 1987 bei zum Teil durch die einflußreiche katholische Kirche vermittelten, informellen Kontakten die Bereitschaft der Opposition auszuloten, konstruktiv bei der Lösung der gravierenden Notstände mitzuwirken. Der Forderung von Solidarność nach Wiederzulassung sowie nach einem politischen und gewerkschaftlichen Pluralismus kam die Regierung Rakowski zögernd entgegen; nach schwierigen Verhandlungen am „Runden Tisch" wurde am 5. April 1989 vereinbart, im Juni Wahlen durchzuführen, bei denen aber der PVAP und ihren Blockparteien 65% der Mandate vorbehalten blieben.

17.10 Innersowjetische Autonomieforderungen

Litauen. Kundgebung der Unabhängigkeitsbewegung Sajudis in Wilna. Darüber kreist ein Hubschrauber der Sowjetarmee (April 1990)

Der Abbau der kommunistischen Alleinherrschaft wurde von einem als „unumkehrbar" bezeichneten Erneuerungsprozeß auf allen wichtigen Gebieten begleitet; die PVAP löste sich im Januar 1990 selbst auf. Der erste nichtkommunistische Regierungschef Tadeusz Mazowiecki konnte die Voraussetzungen für die ersten freien Präsidentenwahlen seit dem Zweiten Weltkrieg schaffen, die Lech Wałęsa im Dezember 1990 in das höchste Staatsamt brachten. Die harte Stabilitätspolitik seiner Regierung, die der Durchsetzung marktwirtschaftlicher Prinzipien dienen sollte, verlangte der Bevölkerung hohe materielle Opfer ab und haben den Enthusiasmus über den von einer gefährlichen Parteienzersplitterung begleiteten Demokratisierungsprozeß gedämpft, zumal wenig Hoffnung auf einen raschen Wirtschaftsaufschwung besteht.

Die Politik von *Glasnost und Perestroika* (▷ 17.1) erweiterte auch die Möglichkeiten, nationale Forderungen zu stellen. Bei 101 offiziell gezählten Völkerschaften bildete die Nationalitätenfrage immer schon eines der Hauptprobleme der Sowjetunion, wurde jedoch in ihrer Sprengkraft auch von den Reformkräften um Gorbatschow zunächst unterschätzt. Ausgehend davon, daß die UdSSR den Nationalitäten vielfältige materielle Errungenschaften gebracht und ihnen zugleich ihre kulturelle Autonomie weitgehend belassen habe, dachten diese, durch einen Ausgleich wirtschaftlicher Benachteiligungen und durch mehr politische Rechte im Rahmen der allgemeinen Demokratisierung den Forderungen die Spitze nehmen zu können.

Offenbar ging jedoch die Unzufriedenheit ethnischer Gruppen über die Art der „zivilisatorischen Kolonisierung" von oben und über die jahrzehntelange zentralistische Gängelung tiefer. Die Vielschichtigkeit der Prozesse erschwert eine einheitliche Charakterisierung. Sie entzündeten sich etwa an Traditionen nationaler Unabhängigkeit und an Kämpfen mit dem Zarenreich oder der Sowjetmacht, an Verfolgungen, Unterdrückungen, Umsiedlungen und Diskriminierungen namentlich während der Zeit des *Stalinismus* (▷ 14.5), an einer Vermischung von nationalem und religiösem Aufbruch insbesondere durch den Islam, an einer überheblichen Behandlung herkömmlicher Kulturformen und an der Zerstörung der natürlichen Lebensgrundlagen durch die bisherige Politik.

Nachdrücklich begannen viele Gruppen mit der kritischen Aufarbeitung der Geschichte, verlangten die Wiedergutmachung erlittenen Unrechts oder die Wiedereinführung der Nationalsprache als Unterrichtssprache, die Bewahrung von Kulturdenkmälern und den Schutz der Ökologie vor umweltschädlichen Eingriffen. Kleine, fast „vergessene" Völker machten auf sich und ihre oft erbärmlichen Lebensbedingungen aufmerksam. Daraus erwuchsen Forderungen nicht nur nach kultureller, sondern auch politischer Autonomie selbst kleinster ethnischer Einheiten oder nach Wiederherstellung ehemaliger, durch den Stalinismus aufgelöster autonomer Gebiete wie die der Krimtataren oder der Wolgadeutschen.

An sich waren diese Wünsche mit dem Programm der Perestroika durchaus vereinbar. Wachsende wirtschaftliche Schwierigkeiten, die Verlangsamung der Reformen und Auseinandersetzungen in den jeweiligen Gebieten selbst verschärften jedoch die Situation. Teilweise gelang es konservativen Angehörigen der Partei- und Staatsorgane in Verbindung mit dem organisierten Verbrechen durch nationalistische Parolen die Bevölkerung gegen die Perestroika aufzubringen. Ein drastisches Beispiel dafür ist Usbekistan. Als schwierig gestaltet sich die Verwirklichung der Autonomieforderung, wenn es sich um kleine, verstreut lebende Völkerschaften handelt oder ein Teilgebiet im Territorium einer anderen Nationalität liegt, die darauf nicht verzichten will. Daß daraus ein blutiger Krieg entstehen kann, zeigt der Konflikt um Berg-Karabach zwischen Armeniern und Aserbaidschanern.

Daneben wurde in einigen Fällen bald der Wunsch nach nationaler Unabhängigkeit gegenüber der UdSSR laut, so in den baltischen Republiken, in der Ukraine, später in Weißrußland und in den transkaukasischen Republiken. Ein Teil dieser neu entstandenen Staaten hat sich dann auch nicht der *GUS* (▷ 17.24) angeschlossen.

17.11 Intifada

Mit der gewaltsamen Vertreibung der *PLO* im Jahre 1982 von Beirut nach Tunis (▷ 16.21) änderte sich deren Politik: Arafat begriff, daß Gewalt allein ungeeignet war, das Problem der Palästinenser zu lösen. Die Ablehnung des *Camp-David-Abkommens* (▷ 16.27) durch Jordanien schuf zunächst eine günstige Atmosphäre für eine Versöhnung des Königs mit Arafat, und man vereinbarte, daß die PLO bei einer Friedenskonferenz in Genf gemeinsam mit der jordanischen Delegation vertreten sein sollte. Am 1. Oktober 1985 bombardierte Israel als Antwort auf die Ermordung von drei israelischen Touristen in Larnaca (Zypern) das PLO-Hauptquartier in Tunis; dabei kamen 72 Personen ums Leben. König Husain verlangte daraufhin Gewaltverzicht und Anerkennung Israels, woraufhin die PLO wieder von Jordanien abrückte.

Demonstration von Palästinensern anläßlich des 2. Jahrestages der Intifada

Wegen des Camp-David-Abkommens hatte man in Israel nicht gewagt, die besetzten Gebiete zu annektieren. Begin schlug nach seiner Wahl im Mai 1977 einen Plan für eine palästinensische Autonomie vor, jedoch verzichtete man gleichzeitig nicht auf weitere Siedlungsgenehmigungen. Wie nach dem *ersten israelisch-arabischen Krieg* (▷ 15.15) wurden auch die Grundstücke der Flüchtlinge des Krieges von 1967 beschlagnahmt; es war ihnen verboten zurückzukehren; arabischen Besitzern, die in einem durch den Staat neu zu erwerbenden Gebiet Eigentum besaßen, wurde der Verkauf nahegelegt. Diese neue Entvölkerung wurde jedoch durch einen hohen Geburtenüberschuß bei den Palästinensern ausgeglichen.

Vom 9. Dezember 1987 an erhielt der Widerstand der palästinensischen Bevölkerung eine neue Form, nachdem ein israelischer Lastwagen ein palästinensisches Sammeltaxi im Gasastreifen angefahren hatte, wobei vier Insassen ums Leben kamen. Da man das Gerücht verbreitet hatte, daß es sich dabei um einen Racheakt israelischer Siedler gehandelt habe, verursachte dies eine Revolte nicht nur im Gasastreifen, sondern auch im Westjordanland. Die Intifada (Aufstand, ein Verbalsubstantiv von arab. intifada, sich schütteln; sich erheben gegen) war geboren; sie begann zunächst mit Steinen, die Jugendliche mit der Unterstützung Erwachsener gegen alles Jüdische warfen. Ab Anfang 1988 kamen Streiks und Kundgebungen verschiedener Bevölkerungsteile hinzu, Straßenbarrieren wurden errichtet und israelische Fahrzeuge angegriffen;

die Unruhen dehnten sich auch auf Ost-Jerusalem aus.

Die Intifada-Bewegung nahm immer größere
Ausmaße an, obwohl im Dezember 1987 bereits 26 Tote, 179 Verwundete und 1200 Ver-
haftete zu verzeichnen waren. Ab Januar 1988
bildete sich eine vereinte patriotische Führung, die alle großen Organisationen der PLO
einschloß und zur Verschärfung des Kampfes
bis zum Ende der Besetzung und der Errichtung eines palästinensischen Staates aufrief.
Die Intifada dehnte sich auf alle Volksschich-
ten aus, die mit der einfachsten Form des
Widerstandes, nämlich Steine zu werfen, auf
die wesentlich gewalttätigeren Mittel der Besatzungsmacht vor den Augen der Weltöffentlichkeit aufmerksam machen wollten. Mit
der Fortdauer dieser Bewegung verhärteten
sich die Fronten zunehmend und die sogenannten Grenzlinien zwischen Israelis und
Arabern unterlagen einer ständigen Unsicherheit, was einerseits den Tourismus belastete,
andererseits die besetzten Gebiete wirtschaftlich nicht mehr interessant erscheinen ließ. Israel war hier ständig in der Defensive, während die PLO diplomatische Erfolge verbuchen konnte. Eine erste Reaktion der UN
erfolgte mit der Resolution 605 des Weltsi-
cherheitsrats, die Israel zur Beachtung der
Menschenrechte aufforderte.

Nach der Niederlage Saddam Husains im
Zweiten Golfkrieg (▷ 17.17) Ende Februar
1991 korrigierte die PLO, die offen seine Partei ergriffen hatte, erneut ihren Kurs und paß-
te ihn der US-Politik an. Arafat gelang es auf
dem Nationalkongreß der Palästinenser in
Algier Ende September 1991, eine Mehrheit
zur Teilnahme an den von den USA vorge-
schlagenen Nahostgesprächen zusammenzu-
bringen; seine Bedingungen lauteten: Autonomie für die Palästinenser und Rückgabe
der besetzten Gebiete. Schließlich verständigten sich Jordanien und die PLO über die Bildung einer gemeinsamen Delegation für die
unter der Schirmherrschaft der USA und der
Sowjetunion im Oktober 1991 in Madrid begonnene Friedenskonferenz, die ein Ergebnis
der unermüdlichen Pendeldiplomatie von US-
Außenminister Baker war. Diese Friedenskonferenz wurde am 9. Dezember in Washington fortgesetzt, bis jetzt aber ohne nen-
nenswertes Ergebnis. Inwieweit die seit Juli
1992 im Amt befindliche israelische Regierung

unter Yitzhak Rabin (geb. 1922) neue Elemente in den Verhandlungsprozeß einbringt,
ist noch nicht absehbar.

17.12 Wende in der DDR
Öffnung der Mauer

Die liberalkonservative Bundesregierung
hatte nach 1982 die von der sozialliberalen
Vorgängerin mit den *Ostverträgen* (▷ 16.13)
eingeleitete Politik der guten Nachbarschaft
zum anderen deutschen Staat fortgesetzt. Sie
empfing sogar den Staatsratsvorsitzenden der
DDR, Erich Honecker, im September 1987 zu
einem Staatsbesuch in Bonn. Man war in
Westdeutschland trotz des sich in der Sowjetunion anbahnenden politischen Umbaus, der
Perestroika (▷ 17.1), davon überzeugt, mit
der Teilung Deutschlands noch lange leben zu
müssen.

In der DDR aber machte sich, ermutigt von
der sowjetischen Entwicklung, zunehmend
eine Oppositionsbewegung bemerkbar, die,
teilweise unter dem Schutz der evangelischen Kirche, von der SED-Führung eine
grundlegende Erneuerung des Staates forderte, die das lückenlose Überwachungs-
system der Staatssicherheitsorgane und die
Verfolgung aller, die von der vorgegebenen
Parteilinie abwichen, anprangerte.

Als sich im Zuge der Veränderungen in der
UdSSR auch die kommunistischen Machtstrukturen in Polen und Ungarn (▷ 17.9) aufzulösen begannen, erzwang in Ost-Berlin im
Januar 1989 eine Gruppe vorwiegend jüngerer
zur Ausreise entschlossener Bürger über die
Besetzung der Ständigen Vertretung der Bundesrepublik Straffreiheit und die bevorzugte
Abfertigung ihrer Ausreiseanträge. Im Sommer 1989 erreichten Tausende von DDR-Bür-
gern über Botschaftsbesetzungen in Warschau, Budapest und Prag ihre direkte Ausreise in die Bundesrepublik durch Vermittlung
des Bundesaußenministers Hans-Dietrich
Genscher. Zu einer Massenflucht von DDR-
Bürgern kam es am 11. September 1989, als
Ungarn seine Grenze zu Österreich öffnete.
Die SED-Regierung in Ost-Berlin feierte am
7. Oktober den 40. Jahrestag der Staatsgründung mit den traditionellen Paraden und Ansprachen. Gegen die spontan in Leipzig, Berlin und anderen Städten demonstrierenden
Bürger, die mit dem Ruf „Wir sind das Volk!"

ihr Mitspracherecht bei der überfälligen Erneuerung des Staates einforderte, ließ sie ein Massenaufgebot von Staatssicherheits- und Polizeikräften mit massiver Gewalt vorgehen. Diese von den Medien in die Welt verbreiteten Bilder der Gewalt brachten die DDR-Führung in Mißkredit. Als zwei Tage nach der mißglückten Geburtstagsfeier erneut Hunderttausende in vielen Städten der DDR auf die Straße gingen, griffen die Sicherheitskräfte nicht mehr ein.

Das SED-Politbüro trat am 10. und 18. Oktober zu Krisensitzungen zusammen. Zum ersten Mal wurde offen Kritik an der Führung geäußert, Honecker wurde entmachtet. Sein Nachfolger, Egon Krenz, suchte mit der Ankündigung von Reformen den Zusammenbruch der SED-Herrschaft aufzuhalten. Aber die weiterhin demonstrierenden Volksmassen – wieder waren es Hunderttausende, in Ost-Berlin am 4. November sogar eine Million – lehnten ihn als „Wendehals" ab und forderten Reformen in der DDR.

Überraschend verkündete am 9. November Günter Schabowski, Mitglied des Politbüros, die sofortige Öffnung der Mauer und der innerdeutschen Grenze. In der Nacht zum 10. November und am folgenden Wochenende nutzten Millionen DDR-Bürger ihre neue Reisefreiheit und besuchten West-Berlin und die grenznahen westdeutschen Städte. Später wurden zahlreiche neue Grenzübergänge geschaffen. Die SED-Führung konnte trotz der spektakulären Maueröffnung ihre Glaubwürdigkeit im Volk nicht mehr zurückgewinnen. Am 1. Dezember strich die Volkskammer den Führungsanspruch der SED aus der Verfassung. Am 3. Dezember trat auch Krenz mit der gesamten Führungsspitze der SED zurück.

Abbildung S. 560

17.13 Umbruch in der Tschechoslowakei, in Bulgarien, Rumänien und Albanien

Die von Gorbatschow vorangetriebene Perestroika in der UdSSR, die Perspektivlosigkeit kommunistischer Alleinherrschaft, eine von Umweltzerstörung begleitete Wirtschaftskrise sowie die von immer breiteren Bevölkerungskreisen unterstützte Forderung nach Beachtung der Verfassungsnormen erschütterten zunehmend die verkrustete Staats- und Wirtschaftsordnung in den osteuropäischen „Ländern der Volksdemokratie". Selbst die riesigen Sicherheitsapparate konnten das von oppositionellen Einzelkämpfern, Bürgerrechtsbewegungen und einer vielgelesenen Untergrundpublizistik verbreitete Verlangen nach Veränderungen in Politik und Wirtschaft, Gesellschaft und Kultur unter Übernahme der in westlichen Demokratien praktizierten Formen nicht mehr völlig unterbinden. Die langsame *Demokratisierung in Ungarn und Polen* (▷ 17.9) hatte Einfluß auf die anderen Länder; der durch den Fall der Mauer am 9. November 1989 symbolisierte Zusammenbruch des SED-Regimes in der DDR (▷ 17.12) beschleunigte den Ablauf der Ereignisse.

Massendemonstrationen, die selbst durch Waffeneinsatz nicht unterbunden werden konnten, die furchtlose Solidarität der Bevölkerungsmehrheit mit den Wortführern des Reformbegehrens und die Uneinigkeit in den eigenen Reihen veranlaßten die KP-Führungen in Sofia und Prag, die gescheiterten Ersten Sekretäre Schiwkow bzw. Jakeš abzulösen, die bisherige Opposition an der Regierung zu beteiligen und freie Wahlen zuzulassen. Während die nur äußerlich gewandelte KP Bulgariens wegen der Meinungsverschiedenheiten im antikommunistischen Lager mit diesem Kurs Erfolg bei den ersten freien Wahlen hatte, mußten die tschechoslowakischen Genossen dem überparteilichen Bündnis „Bürgerforum" weichen. Die rasche Aufsplitterung in konkurrierende Parteien, die Abspaltungstendenzen unter den Slowaken sowie die mit der Einführung der Marktwirtschaft verbundenen Opfer haben jedoch hier wie andernorts den anfänglichen Enthusiasmus über die Beendigung der kommunistischen Zwangsherrschaft gedämpft. Nach den Wahlen vom 5./6. Juni 1992 konnte selbst der hochangesehene Václav Havel das für Jahresende 1992 vereinbarte Auseinanderbrechen der ČSFR in zwei souveräne Staaten nicht verhindern. Er trat deshalb im Juli 1992 von seinem Amt als tschechoslowakischer Staatspräsident zurück. In Bulgarien hat nach den Parlamentswahlen vom 13. Oktober 1991 die Union der demo-

*Silvesternacht
1989/90 am
Brandenburger Tor
in Berlin, das
am 22. Dezember
wieder geöffnet
worden war*

kratischen Kräfte die jetzt als „Sozialisten" firmierenden Kommunisten als stärkste Partei abgelöst und stellt mit Schelu Schelew auch den Präsidenten.

In Rumänien, wo Staats- und Parteichef Nicolae Ceauşescu wegen seines neo-stalinistischen Despotismus besonders verhaßt war, konnte erst nach bürgerkriegsähnlichen Auseinandersetzungen mit vielen Toten und nach Hinrichtung des Diktators am 26. Dezember 1989 eine Wende herbeigeführt werden. Der von kommunistischen Altkadern unter Präsident Ion Iliescu kontrollierte Neuanfang hat noch nicht wesentlich dazu beigetragen, daß Versorgungskrisen, Ausbrüche von Gewalt, Verletzung der Menschenrechte und Behinderung der politischen Opposition beendet werden.

Selbst im isolierten Albanien mußte Präsident Ramiz Alia seit Mai 1990 bescheidene politische und wirtschaftliche Zugeständnisse gewähren, ohne dadurch dem ruinierten Land Hungerrevolten und Massenfluchten ersparen zu können. Die ersten freien Wahlen am 22. März 1992 haben der Demokratischen Partei eine klare Mehrheit und S. Berisha in das Amt des Staatspräsidenten gebracht.

Allgemein herrscht die Hoffnung vor, daß eine Annäherung an die EG den mühsamen Weg in die Demokratie beschleunigen und die Wirtschafts- und Versorgungskrisen beenden wird. Im Juni 1991 wurde Albanien als Mitglied der KSZE aufgenommen.

17.14 Reformen in Südafrika

Die Politik der *Apartheid* (▷ 16.39) hatte die Südafrikanische Union, seit 1961 Republik Südafrika, immer stärker in die außenpolitische Isolation getrieben. Die Gremien der UN verurteilten mit wachsender Schärfe das rassistische weiße Minderheitsregime. Auf der Grundlage immer härterer „Sicherheitsgesetze" hielt die Regierung gegen den wachsenden Widerstand der benachteiligten Bevölkerungsgruppen, vor allem der unterdrückten schwarzen Mehrheit, das System der Rassentrennung aufrecht; mit der Organisation von Protestaktionen und Anschlägen auf öffentliche Einrichtungen suchte besonders der „African National Congress" (ANC, „Afrikanischer Nationalkongreß"; 1960–1990 verboten) den Willen der Schwarzen Südafrikas zum Ausdruck zu bringen. 1976 kam es durch schwarze Jugendliche in Soweto (Abkürzung für South Western Township), der den Schwarzen von Johannesburg zugewiesenen Township, zu einem Aufstand, der jedoch blutig niedergeschlagen wurde.

Unter steigendem inneren und äußeren Druck (seit 1986 auch von seiten der EG und der USA) bemühte sich Pieter Willem Botha, zunächst als Ministerpräsident (1978–84), dann als Staatspräsident (1984–89) mit einem verfassungspolitischen Reformprogramm die Politik der Apartheid zu lockern. An die Stelle des Senats trat 1980 ein gemischt-rassischer, von Weißen dominierter Staatsrat mit beratender Funktion. Die Verfassung von 1984 schuf ein Dreikammerparlament, je eine Kammer für die Weißen, die Coloureds (Mischlinge) und Asiaten (v. a. Inder); ein mehrheitlich von Weißen bestimmtes Kollegium wählt den Staatspräsidenten; die Schwarzen bleiben weiterhin von politischer Mitsprache ausgeschlossen. Seit 1985 baute die Regierung die „kleine Apartheid", d. h. die Rassentrennung im Alltagsleben ab, z. B. mit der Aufhebung des Verbots von Eheschließungen zwischen Menschen verschiedener Rassenzugehörigkeit.

Von großer Bedeutung war auch die Außerkraftsetzung der diskriminierenden Paßgesetze (1986). Unter Staatspräsident Frederik Willem de Klerk (seit 1989) hob das Parlament 1990 formal die Rassentrennung auf. Mit der Abschaffung des „Group Areas Act" (Gesetz über getrennte Wohngebiete nach Hautfarbe), des „Natives' Trust and Lands Act" (Reservierung von 87% des Landbesitzes für Weiße) und des „Population Registration Act" (obligatorische Einteilung der Bürger in Rassen) im Juni 1991 wurden weitere „Säulen" der Apartheidgesetzgebung offiziell ungültig. Im selben Jahr trat der „Internal Security Act", der nahezu alle politischen Aktivitäten unterdrückte, außer Kraft. Seit 1990 sind Gespräche zwischen der Regierung de Klerk und den außerparlamentarischen Organisationen (u. a. mit dem ANC unter Nelson Mandela, der nach 28 Jahren 1990 aus der Haft entlassen worden war) über eine Verfassungsrevision im Gang (Conference for a democratic South Africa, CODESA). Ein Ende der Gewalt im Lande, die sich immer wieder an Übergriffen der Polizei und an den Rivalitäten zwischen dem ANC und der früher von der Regierung unterstützten Inkatha-Bewegung der Zulus entzündet, konnte jedoch bisher nicht herbeigeführt werden. Im Juli 1992 beauftragte der UN-Sicherheitsrat den ehemaligen US-Außenminister Cyrus Vance, als Vermittler in dem innenpolitischen Konflikt Südafrikas tätig zu werden.

17.15 Deutsche Einheit

Unter dem Druck der friedlichen, aber machtvollen Demonstrationen der Bürger war das

Südafrikas Präsident Frederik W. de Klerk und Nelson Mandela, Führer des ANC, treffen zu ersten Gesprächen in Kapstadt zusammen (Mai 1990)

kommunistische SED-Regime noch vor Ablauf des Jahres 1989 zusammengebrochen (▷ 17.12). Eine von der Volkskammer gewählte neue Regierung unter dem reformwilligen bisherigen Dresdener SED-Bezirkschef Hans Modrow bildete am 5. Februar 1990 mit acht Vertretern von den am „Runden Tisch" vertretenen oppositionellen Gruppierungen eine „Regierung der Nationalen Verantwortung", die die dringlichsten Maßnahmen in Angriff nahm, eine neue Verfassung vorbereitete und freie Wahlen zur Volkskammer ausschrieb. Bundeskanzler Kohl hatte am 28. November 1989 ein Zehn-Punkte-Programm zur künftigen Deutschlandpolitik vorgeschlagen, an dessen Ende eine „Vertragsgemeinschaft" beider Staaten stehen sollte.

Auf den weiterhin in vielen Städten der DDR stattfindenden Massendemonstrationen wurde mit der Jahreswende immer entschiedener die schnelle Vereinigung beider deutscher Staaten verlangt. Die Parole „Wir sind das Volk", mit der das alte Regime zum Abdanken gezwungen worden war, wandelte sich nun in „Wir sind ein Volk". Die Stimmung in der DDR-Bevölkerung für einen möglichst frühen Zusammenschluß wurde im Volkskammerwahlkampf auch durch westdeutsche Parteipolitiker beträchtlich bestärkt; viele von ihnen sahen in einer schnellen Wiedervereinigung die einzige Möglichkeit, die massenhafte Übersiedlung nach Westdeutschland zu stoppen.

Ohne die Zustimmung der vier Siegermächte des Zweiten Weltkrieges aber war die Vereinigung nicht zu erlangen. Schwierig schien vor allem, die Zustimmung der Sowjetunion zu erhalten, die mit der DDR nicht nur ihren Bündnispartner verlor, sondern auch hinnehmen mußte, daß sich das NATO-Gebiet mit der erweiterten Bundesrepublik nunmehr bis zur Oder-Neiße-Grenze ausdehnte, während sich zugleich noch sowjetische Armeen auf dem Territorium der DDR befanden. In den „Zwei-plus-vier-Gesprächen" sollte zwischen den vier Siegermächten und den beiden deutschen Staaten der Weg zur vollen Souveränität eines vereinten Deutschlands verhandelt werden.

Der überraschend hohe Sieg der von der CDU geführten „Allianz für Deutschland" bei der Volkskammerwahl vom 18. März 1990 bestätigte, daß die überwiegende Mehrheit der DDR-Bevölkerung den raschen Beitritt zur Bundesrepublik wünschte. Mit der ersten demokratisch legitimierten DDR-Regierung unter Lothar de Maizière schloß die Bonner Regierung im Mai 1990 den Staatsvertrag über die Wirtschafts-, Währungs- und Sozialunion, der am 1. Juli in Kraft trat. Am 16. Juli gab der sowjetische Staatspräsident Michail Gorbatschow Bundeskanzler Kohl bei einem Besuch im Kaukasus die endgültige Zustimmung der Sowjetunion zur deutschen Vereinigung und zum Verbleib Gesamtdeutschlands in der NATO. Die Volkskammer beschloß am 23. August den Beitritt der DDR zur Bundesrepublik Deutschland zum 3. Oktober 1990. Brandenburg, Mecklenburg-Vorpommern, Sachsen, Sachsen-Anhalt und Thüringen wurden zu neuen Bundesländern.

Am 12. September unterzeichneten in Moskau die Außenminister der USA, der Sowjetunion, Großbritanniens und Frankreichs sowie der beiden deutschen Staaten den Vertrag über die völkerrechtliche Regelung der deutschen Einigung, den Zwei-plus-vier-Vertrag. Mit der Auflösung des Ost-West-Konfliktes konnte auch die deutsche Teilung überwunden werden.

17.16 Charta von Paris

Die umwälzenden Ereignisse in Mittel- und Osteuropa hatten seit dem Sommer 1989 die Welt in Atem gehalten. Nacheinander hatten alle Staaten des ehemaligen Ostblocks sich ihrer kommunistischen Regime entledigt und sich aus der Abhängigkeit von der Sowjetunion gelöst. Diese befand sich unter Michail

Gorbatschow selbst in einer die Union schließlich sprengenden Phase des Umbaus und der Neuorientierung und stand dem Fortgang der Ereignisse nicht im Weg, sondern trug die Veränderungen entscheidend mit.

Am 19. November 1990 unterzeichneten anläßlich des Sondergipfels der KSZE (Konferenz über Sicherheit und Zusammenarbeit in Europa; ▷ 16.23) die Staats- und Regierungschefs der NATO-Staaten und der Staaten des Warschauer Pakts in Paris einen Vertrag, der den quantitativen Gleichstand bei den wichtigsten konventionellen Waffen herbeiführte und einen bedeutenden Schritt zu einem stabilen Frieden in Europa darstellte. Nachdem die *MBFR-Verhandlungen* (▷ 16.15) in Wien 15 Jahre lang ohne Ergebnisse geblieben waren, gelang jetzt in der neuen Situation den VKSE (Verhandlungen über konventionelle Streitkräfte in Europa) in knapp 20 Monaten eine Vereinbarung, mit der sich große Hoffnungen auf eine Epoche des Friedens in Europa verknüpften.

Zwei Tage später, am 21. November, schufen in Paris die Staats- und Regierungschefs der damals 34 KSZE-Staaten mit der feierlichen Verabschiedung und Unterzeichnung der „Pariser Charta für ein neues Europa" einen verbindlichen Rahmen für die künftige gesamteuropäische Zusammenarbeit, um so „ein neues Zeitalter der Demokratie, des Friedens und der Einheit" einzuleiten. Alle europäischen Staaten, mit Ausnahme Albaniens, das der KSZE noch nicht angehörte, sowie Kanada und die USA verpflichteten sich, „die Demokratie als die einzige Regierungsform" zu erhalten bzw. aufzubauen.

Mit den Unterzeichnungen vom 19. und 21. November war endgültig die Ära des Ost-West-Konflikts und das Bestehen der zwei politischen Blöcke beendet. Beschlossen wurde ferner die Institutionalisierung des KSZE-Prozesses. Die Außenminister werden künftig mindestens einmal im Jahr als „KSZE-Rat" (mit Sekretariat in Prag) zusammenkommen. Alle zwei Jahre werden KSZE-Folgetreffen stattfinden. Als erste gesamteuropäische Institutionen sollen ein Zentrum zur Konfliktverhütung in Wien und ein Büro zur Beobachtung freier Wahlen in Warschau geschaffen werden.

Angesichts dieser Entwicklung wurde die Frage nach der Existenzberechtigung der bis-

herigen Sicherheitsallianzen NATO und Warschauer Pakt laut. Inzwischen hat sich der
Warschauer Pakt selbst aufgelöst. Die NATO
wird sich möglicherweise zum Kern eines
neuen Sicherheitssystems entwickeln, dem
auch die bisherigen Mitglieder des Warschauer Pakts (▷ 17.22) und die aus der Auflösung der Sowjetunion entstandenen neuen
Staaten angehören könnten.

17.17 Irakischer Überfall auf Kuwait Zweiter Golfkrieg

Der irakische Präsident Saddam Husain war
sich bewußt, daß der Irak in der zweiten
Hälfte der achtziger Jahre in einer politisch
sehr günstigen Lage eine Führungsrolle innerhalb der arabischen Welt spielen konnte:
Seine Armee war nach dem Waffenstillstand,
der den *Ersten Golfkrieg* (▷ 16.37) im Herbst
1988 beendet hatte, die stärkste in der Region
geblieben. Die USA waren auf das Hegemo-
nialstreben des irakischen Präsidenten aufmerksam geworden und versuchten, seine Bemühungen, in den Besitz von Atomwaffen zu
gelangen, zu stoppen. Husain sah hierin den
Willen, dem Irak die Führungsrolle streitig zu
machen, und begann, die USA als Gefahr
nicht nur für die arabische Region, sondern
für die ganze Welt anzuprangern. Mit den
USA hätten sich die Golfstaaten wirtschaftlich gegen ihn verbunden: einerseits wegen seiner großen Schulden bei ihnen, die er zurückzahlen müsse, obwohl er auch ihre Interessen
im Krieg gegen den Iran verteidigt habe; andererseits durch ihre Überproduktion an Öl,
die auch die Preise des irakischen Öls drückten
und dadurch den Wiederaufbau seines Landes
nach dem Krieg hemmten.
Zudem hatte sich der Irak mit der staatlichen
Unabhängigkeit (1961) Kuwaits nie abgefunden; Grenzprobleme, vor allem wegen des Zu-
gangs zum Golf, entstanden immer wieder.
Die Verhandlungen hierzu wurden Anfang
1990 wieder aufgenommen: Kuwait war bereit gewesen, Konzessionen zu machen, jedoch weigerte sich der Irak, die geforderte Anerkennung der Unabhängigkeit Kuwaits zu
gewähren; Husain warf Kuwait vor, gegen
den Irak und die Araber zu arbeiten und eine
fremde Intervention in der Region zu provozieren. Ende Juli 1990 wurden 30 000 iraki-

sche Soldaten entlang der Emiratsgrenzen
aufgestellt, was Ägyptens Präsident Mubarak
dazu veranlaßte, zwischen beiden Staaten zu
vermitteln.
Das vereinbarte Treffen zwischen der kuwaitischen und der irakischen Delegation am
31. Juli 1990 in Dschidda scheiterte, und am
1. August 1990 begann der Irak mit der Invasion in Kuwait, das schnell den Irakern unterlag. Der Emir floh nach Saudi-Arabien und
bildete eine provisorische Regierung. Am
4. August befand sich bereits das ganze Land
in irakischer Hand. Es wurde am 8. August
als irakische Provinz annektiert. International
wurde die irakische Invasion verurteilt: Die
UN sahen darin die Verletzung ihrer Prinzipien. Die USA machten sich zum Wortführer
für geeignete Sanktionen und erreichten, daß
Saudi-Arabien amerikanische Soldaten ins
Land ließ.
So begann die Operation „Wüstensturm", an
der auch die Briten und die Franzosen militärisch beteiligt waren. Hinzu kamen einige
arabische Staaten: Ägypten, Syrien und Marokko. Der Verurteilung des Irak in der Arabischen Liga schlossen sich nur der Jemen, der
Sudan und die PLO nicht angeschlossen. Saddam Husain lehnte seinerseits jede Vermittlung ab und begann eine groß angelegte Kampagne gegen die reiche Minderheit am Golf,
die die arabische Mehrheit in Armut ließe,
aber auch gegen die USA, eine Kampagne,
die im Ton immer schärfer wurde und die islamischen Massen zum Heiligen Krieg aufrief.
Er erhob die Forderung, daß Israel die besetzten Gebiete und Syrien den besetzten Libanon freigeben sollten. So hatte sein Isla-
mismus eine politische Orientierung, die sowohl die Volksmassen als auch die Politiker
vor allem der arabischen Welt für eine gerechte Teilung des Ölreichtums und gegen den
ausbeutenden Westen, vor allem die USA,
mobilisieren sollte.
Am 25. August beschlossen die UN durch die
Resolution 665 ein Wirtschaftsembargo gegen
den Irak. Um die fehlende irakische Ölpro-
duktion zu kompensieren, erhöhten die Golfstaaten ihre eigene Ölförderung. Um einen
Angriff der Alliierten zu verhindern, nahm der
Irak Hunderte von westlichen Bürgern, die in
Irak oder in Kuwait besonders als Fachleute
arbeiteten, als Geiseln. In der Zwischenzeit
war der blühenden kuwaitischen Wirtschaft

Zweiter Golfkrieg. Zerstörungen in Bagdad nach den wochenlangen Luftangriffen der alliierten Streitkräfte

Zweiter Golfkrieg. Vor ihrem Abzug aus dem besetzten Kuwait setzten die irakischen Truppen kuwaitische Ölquellen in Brand

durch Konfiszierungen, Verwüstungen und Plünderungen ein Ende gesetzt worden. Um auch über die militärischen Kräfte verfügen zu können, die entlang der iranischen Grenze aufgestellt waren, verhandelte Saddam mit dem Iran und schlug vor, die noch offenen Grenzprobleme gemäß dem Abkommen von Algier aus dem Jahre 1975 zu regeln und die Kriegsgefangenen auszutauschen. Während der Irak immer mehr Soldaten nach Kuwait und an die Grenze zu Saudi-Arabien entsandte, erhöhte sich die Zahl der amerikanischen Soldaten auf 200 000, so daß die USA, die die finanzielle Hilfe zur Durchführung der Wüstensturm-Operation sowohl von den Golfstaaten als auch von einigen westlichen Verbündeten bekommen hatten, zur alleinigen

Supermacht in der Region aufstiegen. Die Sowjetunion hatte alle Beschlüsse der UN voll mitgetragen, was den Alliierten militärisch freie Hand gab.

Nach dem Scheitern des Treffens zwischen dem amerikanischen und dem irakischen Außenminister in Genf wurde dem Irak von den UN ein Ultimatum zum Verlassen Kuwaits gestellt, an dessen Ende Mitte Januar 1991 die alliierten Streitkräfte mit der systematischen Zerstörung der militärischen Infrastruktur des Irak begannen; der Versuch Saddam Husains, durch Raketenangriffe Israel in den Krieg zu verwickeln, scheiterte. Ende Februar kapitulierte der Irak, es gelang ihm jedoch, einen großen Teil seiner Militärmacht zu retten. Kurz danach kehrte die Regierung Kuwaits mit dem Emir in ein total verwüstetes Land zurück, dessen Ölquellen durch die irakischen Soldaten in Flammen gesetzt worden waren.

17.18 Die Kurden

Eine Volksgruppe, die besonders unter den Folgen des *Zweiten Golfkrieges* (▷ 17.17) zu leiden hatte, waren die irakischen Kurden, deren Lage im Auf und Ab der Geschichte mit harten Schicksalsschlägen verbunden gewesen war. Das kurdische Volk insgesamt lebt in einem Gebiet, das im Grenzbereich der Türkei, des Irak, des Iran und Syriens liegt. Durch Auswanderung leben kurdische Minderheiten in anderen Staaten, auch in der Sowjetunion und in Zentralasien. Es ist schwierig, die Zahl der Kurden genau zu bestimmen, da diese selbst Angaben machen, die von denen der jeweiligen Länder abweichen; sie variiert zwischen 12 und 20 (bis zu 26) Millionen, wovon etwa 7 Millionen in der Türkei, 5 Millionen im Iran und 4 Millionen im Irak leben (in Syrien mehr als 500 000 und in der Sowjetunion mehr als 100 000).

Obwohl die Geschichte der Kurden weit in vorchristliche Zeit zurückreicht, kamen sie zu besonderem Ansehen erst unter Saladin, Sieger über die Kreuzfahrer und Begründer der Dynastie der Aijubiden, welche kurdischen Ursprungs war. Nach dem Zusammenbruch dieses Reiches war es ihnen nie mehr gelungen, einen eigenen Staat zu gründen, denn durch die Zentralstaatlichkeit im Osmanischen Reich sollten auch die noch existierenden Emirate durch Gouverneure verwaltet werden. Erst 1920 sprach der Friedensvertrag von Sèvres (▷ 13.19) von einem Recht der Kurden auf einen eigenen Staat. Jedoch trat dieser nicht in Kraft, und der Friedensvertrag von Lausanne (1923; ▷ 13.31), von Atatürk mitunterschrieben, ging nicht auf diese Frage ein. Das Ende des Zweiten Weltkrieges und die Gründung der Vereinten Nationen nutzten die Kurden, um einen eigenen Staat zu fordern; dieser wurde auch verwirklicht, als ihr Führer Ghasi Mohammed mit dem Wohlwollen der Sowjetunion die kurdische Republik Mahabad im Norden ihres iranischen Siedlungsgebietes ausrief; sie hatte jedoch nur ein Jahr (1946) Bestand.

Die nationale Entwicklung der einzelnen Staaten, die am kurdischen Siedlungsgebiet Anteil haben und mit denen sich die Kurden immer wieder verbanden, trug wegen ausbleibender Anerkennung zu einer Radikalisierung ihrer Autonomiebestrebungen bei. Mustafa Barsani gelang es, sie zu kanalisieren und für den Krieg gegen den irakischen Staat von 1961 bis 1970 zu nutzen, letztlich jedoch ohne Erfolg, da ein Abkommen, das 1975 zwischen dem Irak und dem Iran geschlossen wurde, seine Hoffnungen vernichtete. Im *Ersten Golfkrieg* (▷ 16.37) kämpften die zunehmend enttäuschten Kurden, die von Syrien und Iran unterstützt wurden, gegen den Irak, der auch Giftgas gegen sie einsetzte.

Das Ende des Zweiten Golfkriegs ließ die kurdischen Hoffnungen auf einen eigenen Staat wieder aufflammen, besonders, nachdem US-Präsident Bush zum Sturz des irakischen Regimes aufgerufen hatte, was ihnen (und den Schiiten im Süden) Mut zu einem großangelegten Vormarsch gegen die Städte Erbil, Sulaimanijja, Kirkuk und Mosul gab. Gegen die weit schlechter bewaffneten Kurden unternahm die reguläre irakische Armee eine Reihe von Luftangriffen, die zwar durch das Kapitulationsabkommen verboten waren, die Kurden aber bald in die Knie zwangen; Anfang April 1991 begann ein Massenexodus der Kurden, der die Weltöffentlichkeit auf ihre desolate Lage aufmerksam machte. Fast 750 000 überschritten die iranische Grenze, wo sie in Lagern untergebracht wurden. Nahe der türkischen Grenze war ihre Lage weitaus schlimmer, da ihre Lager sehr hoch gelegen und die klimatischen Verhältnisse hart waren

Massenflucht der Kurden aus dem Norden Iraks vor den Verfolgungsmaßnahmen der irakischen Streitkräfte. Flüchtlinge an der irakisch-türkischen Grenze erwarten ein alliiertes Flugzeug mit Hilfsgütern (April 1991)

sowie ihre Versorgung durch alliierte Hilfstruppen Schwierigkeiten bereitete. Wiederholte Begegnungen mit dem irakischen Präsidenten Saddam Husain versprachen eine Autonomie mit angemessener parlamentarischer und ministerieller Vertretung. Die Zeit arbeitet jedoch gegen die Kurden, da niemand in der ganzen Region an einem Kurdenstaat interessiert ist und auch die USA die Lage nicht grundlegend verändern wollen oder können. Daraus versteht sich die freie Hand der türkischen Regierung, die im Oktober 1991 mit Luftstreitkräften auf nordirakischem Gebiet Angriffe auf radikale türkische Kurden unternahm. Eine Lösung der Konflikte in dieser Region muß auch die Interessen der Kurden berücksichtigen.

565

17.19 Korea und die „Vier kleinen Tiger"

Neben Japan (▷ 17.3) haben sich vor allem die „Vier kleinen Tiger" an die Spitze der wirtschaftlichen Entwicklung nicht nur in Asien, sondern überhaupt in der Dritten Welt gesetzt, nämlich Taiwan, Hongkong, Singapur und Süd-Korea. Ihr Bruttosozialprodukt wuchs zwischen 1965 und 1980 um jährlich 9,9% (Taiwan), 8,6% (Hongkong), 10,1% (Singapur) und 9,6% (Süd-Korea) sowie zwischen 1980 und 1988 um nochmals 8% bzw. 7,3% bzw. 5,7% bzw. 9,9%. Die Bundesrepublik Deutschland brachte es im Vergleich dazu auf 3,3% bzw. 1,8%, Japan auf 6,5% bzw. 3,9%.

Ungeachtet dieser wirtschaftlichen „Wunder"-Leistungen blieben diese vier aber lange Zeit Stiefkinder der westlichen Wirtschaftstheorie und wurden von der entwicklungspolitischen Diskussion kaum zur Kenntnis genommen. Das Interesse der meisten Entwicklungstheoretiker galt lange Zeit nur lateinamerikanischen (Argentinien, Mexiko) und südasiatischen Volkswirtschaften, allen voran Indien und Pakistan, die als Vorbilder einer sogenannten „autozentrierten" Entwicklung angesehen wurden. Länder wie Taiwan, Süd-Korea, Singapur oder Hongkong wurden von vielen Theoretikern noch in den sechziger Jahren mit Skepsis betrachtet, da sie sich überstürzt dem „kapitalistischen" Wirtschaftssystem anzuschließen schienen. Erst 1971 erschien eine Darstellung mit dem Titel „Superwachstum in asiatischen Volkswirtschaften: Eine vergleichende Studie von Hongkong, Japan, Korea, Singapur und Taiwan", in dem die fünf führenden Volkswirtschaften Asiens zum ersten Mal als Entwicklungsvorbilder eigenständiger Art gewürdigt wurden. 1981 wurden in einer Studie der ILO (International Labour Organization) Taiwan, Hongkong, Singapur und Süd-Korea erstmals als geschlossene Gruppe zusammengefaßt. Fortan wurden Bezeichnungen wie „Vier kleine Tiger" oder – eine sanfte und von den vier eher geschätzte Bezeichnung – „Vier kleine Drachen" geläufig.

Charakteristisch für die vier waren Vorgehensweisen und Eigenschaften, die sich in einem Doppelschlagwort zusammenfassen lassen, nämlich „arbeitsintensive und exportorientierte Politik" sowie „metakonfuzianisches Wertesystem". Abgesehen von Hongkong, das auf höchst aggressive Weise schon zu Beginn der fünfziger Jahre in die Exportorientierung überging, übten sich die drei anderen Tiger eine Zeitlang in einer Strategie, die später unter dem Stichwort Importsubstitution zu einem der Hauptschlagwörter der Entwicklungsdiskussion wurde, und wagten sich erst dann – Ende der fünfziger oder, wie im Fall Korea, gar erst Ende der sechziger Jahre – in die Exportförderung, wobei sie ihre Ausfuhrpalette schrittweise entwickelten, angefangen von Landwirtschaftsgütern bis hin zur Leichtindustrie und schließlich zur Elektronik. Da Arbeitskräfte bis in die frühen achtziger Jahre hinein in allen vier „Tiger"-Ländern noch bemerkenswert billig waren, wurden arbeitsintensive Produkte bevorzugt.

Die Strategie als solche wäre freilich kaum erfolgreich gewesen, wäre sie nicht durch ein Wertesystem ergänzt worden, das die Menschen zu harter Arbeit, Sparsamkeit, Korporativität, weltweitem Absatzdenken und zur Anerkennung von Leistung in Form materieller und immaterieller Anreize motiviert hätte. Dieses Quintett von Eigenschaften darf als Kernelement der Wirtschaftsethik des Metakonfuzianismus gelten, der allen vier Ländern einschließlich Japans gemeinsam ist und mit dem auch noch weitere wirtschaftsfreundliche Eigenschaften wie Gemeinschaftsbewußtsein, Ordnungsliebe und immerwährende Lernbereitschaft einhergehen. Beim Metakonfuzianismus handelt es sich nicht um den Konfuzianismus des Mandarinats, dessen Blütezeit vor allem in Korea bereits im 19. Jahrhundert zu Ende gegangen ist, sondern um den „Konfuzianismus des kleinen Mannes", d. h. ein Konglomerat von Denkweisen, das sich in den Köpfen des Durchschnittsbürgers herausgebildet hat.

Die Entwicklung in drei von acht metakonfuzianischen Staaten verlief weit weniger günstig als in Japan und bei den Vier Tigern, nämlich in der VR China, in Nord-Korea und Vietnam. Der Grund dafür war, daß sie lange Zeit eine stalinistische Wirtschaftsstrategie verfolgten und ihr metakonfuzianisches Erbe vernachlässigten. In der Zwischenzeit schikken sie sich an, auf dem Weg über „Reformen" möglichst schnell ebenfalls den Erfolgspfad der vier Tiger einzuschlagen.

17.20 Indien
Sri Lanka

Nach der Ermordung Indira Gandhis 1984 durch zwei ihrer Leibwächter, die zur Religionsgemeinschaft der Sikhs gehörten, übernahm ihr Sohn Rajiv das Amt des Premierministers, trat aber nach dem Verlust der absoluten Mehrheit in den Wahlen von 1989 zurück. Die folgenden kurzlebigen, aus der Opposition zur größten indischen Partei, dem Indian National Congress (INC), gebildeten Regierungen waren durch Labilität gekennzeichnet. Während der 1991 durchgeführten Parlamentsneuwahlen wurde Rajiv Gandhi ermordet; seine Partei errang zwar einen klaren Wahlsieg, konnte aber keine absolute Mehrheit erreichen. Die in der politischen Instabilität und der Tendenz zur Gewalt sich nun manifestierende Gefährdung der Demokratie in Indien hat verschiedene Wurzeln.

Zum einen liegen sie in ungelösten sozialen Problemen und in der wirtschaftlichen Unterentwicklung des Landes, zum anderen in Unabhängigkeitsbestrebungen verschiedener Bevölkerungsgruppierungen, wie in Kaschmir, wo der Konflikt durch die Einbeziehung Pakistans auch außenpolitische Bedeutung gewinnt, oder wie bei den Sikhs im Punjab.

Nicht zuletzt spielen Fragen der politischen Machtverhältnisse eine Rolle, so die nur kurz unterbrochene Kontinuität der Regierungsausübung durch die Dynastie Nehru bis 1991, die unter Indira Gandhi zeitweise autokratische Züge annahm, sowie die gleichfalls kaum unterbrochene Herrschaft einer einzigen Partei, des INC.

Nachdem in Sri Lanka bei den Wahlen von 1977 die liberalkonservative United National Party unter Junius Richard Jayawardene die absolute Mehrheit erreicht hatte, die unter Abkehr vom Sozialisierungsprogramm und der Notstandspolitik der Regierung Bandaranaike Demokratisierung und freie Marktwirtschaft zu ihrem Programm erhoben hatte, entluden sich bald die schon seit langer Zeit bestehenden Spannungen zwischen Singhalesen und der Minderheit der Tamilen, die nach Unabhängigkeit streben. Nach vorübergehender Entspannung kam es wiederholt zu blutigen Unruhen zwischen beiden Bevölkerungsgruppen; von der Regierung Indiens vermittelte Friedensgespräche der Regierung Sri Lankas mit den Tamilen scheiterten im Mai 1986.

Die fortdauernden Unruhen führten zu einem Bürgerkrieg, den auch massiver Einsatz von Regierungstruppen nicht beenden konnte, so daß im Juli 1987 auf Bitten Sri Lankas indische Truppen in die Auseinandersetzungen eingriffen. Die Kämpfe, die durch weitere Konflikte mit Muslimen und singhalesischen Gruppierungen überlagert werden, haben das Land an den Rand der Anarchie gebracht. 1989/90 zog Indien seine Truppen wieder zurück, nachdem es zu Spannungen zwischen beiden Staaten gekommen war.

Abbildung S. 568

17.21 Auf dem Weg zur Europäischen Union

Sechs westeuropäische Staaten hatten 1957 die Europäische Wirtschaftsgemeinschaft gegründet ($\triangleright$ 15.39). Die Zollunion war 1968 der Beginn der wirtschaftlichen Integration. Die Europäischen Gemeinschaften (EG), bis 1986 auf zwölf Mitglieder angewachsen (Dänemark, Großbritannien und Irland 1973, Griechenland 1981, Spanien und Portugal 1986), entwickelten sich neben den USA und Japan zur stärksten Wirtschaftsmacht der Welt.

Die angestrebte Verwirklichung des Europäischen Binnenmarktes zum 1. Januar 1993 gab den Plänen, eine Europäische Wirtschafts- und Währungsunion zu errichten, neuen Auftrieb. Sie war für die EG-Staaten, die sich die politische Einigung zum Ziel gesetzt hatten, der folgerichtige zweite Schritt nach der Vollendung des Gemeinsamen Marktes. Am 22. Oktober 1991 vereinbarten die EG und die EFTA-Staaten ($\triangleright$ 15.44) die Bildung eines gemeinsamen Europäischen Wirtschaftsraumes (EWR) ebenfalls zum 1. Januar 1993, der mit 380 Millionen Verbrauchern „der größte integrierte Wirtschaftsraum" der Erde sein wird. Die EFTA-Staaten betrachten diesen Schritt als Vorstufe für ihren Anschluß an die EG.

Während die Gemeinschaft der Zwölf 1988 und 1989 die Weichen für die Errichtung der Europäischen Wirtschafts- und Währungsunion stellte, begann in Mittel- und Osteuropa die Auflösung der sowjetischen Herrschaft, die die politische Struktur in Europa von Grund auf veränderte. Die wiedererstandenen

Rajiv Gandhi bei einer Wahlkampfveranstaltung in Tamil Nadu wenige Minuten vor seiner Ermordung (21. Mai 1991)

demokratischen Staaten Tschechoslowakei, Polen, Ungarn, Bulgarien und Rumänien, zuletzt auch Albanien, suchen bei ihrer „Rückkehr nach Europa" den Anschluß an die Europäische Gemeinschaft. Ebenso streben ehemalige Republiken der Sowjetunion, die zu unabhängigen Staaten (▷ 17.24) geworden sind, sowie die neuen Nationalstaaten auf dem Boden des ehemaligen *Jugoslawien* (▷ 17.25) in die europäischen Institutionen. Die Gestaltung einer neuen „gesamteuropäischen Ordnung" wird für die Europäischen Gemeinschaften zur größten und vordringlichsten Aufgabe in den nächsten Jahren und Jahrzehnten.

Die Staats- und Regierungschefs der zwölf EG-Staaten brachten zunächst auf ihrem Gipfeltreffen in Maastricht am 10./11. Dezember 1991 ihr Vertragswerk über die Europäische Wirtschafts- und Währungsunion sowie über die Politische Union (in Ansätzen) unter Dach und Fach. Der ECU (European Currency Unit) wird noch in diesem Jahrzehnt die nationalen Währungen ablösen: 1997, wenn bis dahin sieben der zwölf Staaten die notwendigen, genau definierten Stabilitätsvoraussetzungen erfüllen, andernfalls erst 1999. Eine unabhängige Europäische Zentralbank soll über die Stabilität der europäischen Währungen wachen.

Während einer gemeinsamen Außenpolitik vorerst noch Großbritanniens Beharren auf dem Prinzip der Einstimmigkeit (Vetorecht) im Wege steht, wurde Übereinstimmung über eine gemeinsame Verteidigungspolitik erzielt, deren Kernstück die wiederbelebte *Westeuro-*

päische Union (▷ 15.31) sein wird. Nicht in Erfüllung ging der Wunsch der Europaparlamentarier, ihnen schon jetzt ein Mitentscheidungsrecht bei der Unionsgesetzgebung zuzubilligen. Das in einer Volksabstimmung am 2. Juni 1992 von den Dänen ausgesprochene Nein zu den Maastrichter Verträgen löste bei den übrigen Regierungen der EG-Staaten vielfältige Überlegungen und Anstrengungen aus, die Verwirklichung der Beschlüsse sicherzustellen.

17.22 Auflösung des Warschauer Pakts Neue Sicherheitspartnerschaft

Am 19. und 21. November 1990 hatten die Staats- und Regierungschefs der NATO-Staaten und der Staaten des Warschauer Pakts umfassende Abrüstungsbeschlüsse verabschiedet und mit der *Charta von Paris* (▷ 17.16) das Ende des Ost-West-Konflikts besiegelt. Am 31. März 1991, fast 26 Jahre nach seiner Gründung, vollzogen die Staatschefs der sechs osteuropäischen Länder des Warschauer Pakts in Moskau die Auflösung der militärischen Struktur des Bündnisses. Am 1. Juli 1991 beendete auch der politische Ausschuß dieses Pakts seine Arbeit.

Der Warschauer Pakt war 1955 als Antwort auf den Beitritt der Bundesrepublik Deutschland in den Nordatlantikpakt (NATO) gegründet worden (▷ 15.20, ▷ 15.32). Seitdem hatten sich beide Militärbündnisse feindlich gegenübergestanden. Mit der durch den sowjetischen Parteichef Michail Gorbatschow eingeleiteten Politik der *Perestroika* (▷ 17.1) setzte der Zerfall des kommunistischen Bündnisses ein, der sich rapide beschleunigte, als in den bisherigen Satellitenstaaten Moskaus die kommunistischen Regime zusammenbrachen, nachdem sie teilweise anfänglich selbst die Liberalisierung eingeleitet hatten (▷ 17.9, ▷ 17.12, ▷ 17.13).

Die als einzige Militärallianz weiterbestehende NATO begann gleichzeitig, nach dem Wegfall der militärischen Konfrontation zwischen Ost und West, über eine neue Strategie der Zusammenarbeit mit den ehemaligen Ostblockstaaten nachzudenken. Die Notwendigkeit, den Verteidigungspakt aufrechtzuerhalten, wurde auf dem Gipfel in Rom am 7./8.

November 1991 aus der Erfahrung des *Zweiten Golfkrieges* (▷ 17.17), den „unwägbaren Risiken", begründet. Den osteuropäischen Staaten wurde die Bildung eines gemeinsamen ständigen Konsultationsgremiums vorgeschlagen. Der am 13. Dezember 1991 in Brüssel von den Außenministern der NATO-Staaten mit ihren östlichen Kollegen vereinbarte „Kooperationsrat" soll die neue Sicherheitspartnerschaft zwischen den ehemaligen Gegnern begründen.

In dem Kooperationsrat geht es zunächst um die „Ausgestaltung der institutionalisierten Beziehung", der jährliche Treffen auf Ministerebene und ab 1992 alle zwei Monate stattfindende Zusammenkünfte der Botschafter dienen sollen. Das Fernziel ist die Errichtung einer euro-atlantischen Gemeinschaft von Vancouver bis Wladiwostok. Vorrangiges Anliegen ist nach Ansicht der NATO-Verteidigungsminister, von den Nachfolgestaaten der Sowjetunion die Gewähr zu erhalten, daß das sowjetische Nukleararsenal verantwortlich verwahrt, vor fremdem Zugriff gesichert ist und schließlich abgebaut wird.

17.23 Ende des Kommunismus in der Sowjetunion

Am 19. August 1991 unternahm eine Gruppe orthodox-kommunistischer Kräfte einen Putsch gegen Präsident Gorbatschow (▷ 17.1), um die für den Folgetag geplante Unterzeichnung eines neuen Unionsvertrages zu verhindern; dieser Vertrag sollte eine auf freiwilligem Beitritt beruhende Union souveräner Staaten begründen. Unter dem Vorsitz von Gennadi Janajew, seit Dezember 1990 Vizepräsident der UdSSR, konstituierte sich ein Notstandskomitee, das Gorbatschow für abgesetzt erklärte und den Ausnahmezustand ausrief. Nachdem der radikalreformerisch orientierte Boris Jelzin (geb. 1931), seit Juni 1991 Präsident Rußlands, zum Widerstand aufgefordert hatte, stellten sich Zehntausende den auf Befehl des Notstandskomitees auffahrenden Panzern in Moskau und Leningrad entgegen und trugen so entscheidend zum Scheitern des Putsches schon am 21. August 1991 bei. Der auf der Krim von den Putschisten festgehaltene Gorbatschow kehrte – politisch stark geschwächt – in sein

EG-Gipfel in Maastricht (Dezember 1991): Die Teilnehmer mit Königin Beatrix der Niederlande

Amt als Staatspräsident zurück. Der Versuch der orthodoxen Kommunisten, die reformerischen Kräfte in der Sowjetunion mit Gewalt aufzuhalten und auf diese Weise den von Gorbatschow eingeleiteten Prozeß zumindest zu verlangsamen, wenn nicht im Sinne der marxistisch-leninistischen Orthodoxie umzukehren, wandte sich in sein Gegenteil und beschleunigte nicht nur das Ende des Kommunismus in der Sowjetunion, sondern zugleich auch das Ende dieser Union.

Das Ende des Kommunismus in der Sowjetunion war in vielen Städten — wie hier in Wilna — mit der Entfernung von Lenin-Denkmälern verbunden

Der Niedergang des Kommunismus in der Sowjetunion ist das Ergebnis verschiedener Entwicklungstendenzen, die – in der Rückschau – erst allmählich hervortreten: die Verwandlung einer gesellschaftlichen Utopie in ein unbewegliches bürokratisch-diktatorisches System im Prozeß ihrer Verwirklichung, die Förderung des militärisch-industriellen Komplexes auf Kosten eines allgemeinen Innovationsschubes in Industrie und Landwirtschaft, die Militarisierung der Gesellschaft, die Einrichtung von Zwangsarbeitslagern und die Unterdrückung der Autonomiebestrebungen (▷ 17.10).

In wachsendem Konflikt mit den beharrenden Kräften, besonders in der Partei- und Staatsbürokratie, und mit den radikalen Reformern (um Boris Jelzin) versuchte Gorbatschow, das politisch-gesellschaftliche System der Sowjetunion zu erneuern, und zwar durch den Verzicht der KPdSU auf ihr Machtmonopol, durch die Schaffung der gesetzlichen Grundlagen für ein Mehrparteiensystem und durch ein wirtschaftliches Reformprogramm zur Einführung marktwirtschaftlicher Strukturen. Politische Verzögerungen in der Realisierung der Reformen, Rückgang der Produktion in Industrie und Landwirtschaft und die Zunahme organisierter Großkriminalität schufen in Verbindung mit den aufbrechenden Nationalitätenkonflikten (▷ 17.10) den Boden für den Putsch vom 19. August 1991, der jedoch seinerseits an seiner mangelnden Resonanz in der insgesamt auf Reform hin orientierten Gesellschaft scheiterte.

Ende August 1991 trat Gorbatschow als Generalsekretär der KPdSU zurück; deren Tätigkeit wurde unter dem Verdacht, in den Putsch verwickelt gewesen zu sein, für das gesamte Gebiet der Sowjetunion verboten. Trotz intensiver Bemühungen gelang es Gorbatschow in den folgenden Monaten nicht, den Zerfall der Sowjetunion aufzuhalten. Mit der Gründung eines Staatenbundes aus Rußland, der Ukraine und Weißrußland (8. Dezember 1991), seiner Erweiterung (21. Dezember 1991) in der Gemeinschaft Unabhängiger Staaten (*GUS*; ▷ 17.24) und dem Rücktritt Gorbatschows als Präsident der UdSSR (25. Dezember 1991) hörte die Sowjetunion auf zu bestehen.

17.24 Rußland und die GUS

Mit dem Abkommen von Minsk setzten am 8. Dezember 1991 die Staatschefs der Russischen Förderation (Boris Jelzin), der Ukraine (Leonid Krawtschuk) und Weißrußlands (Stanislaw Schuschkewitsch) den Vertrag über die Gründung der „Union der Sozialistischen Sowjetrepubliken" (UdSSR) aus dem Jahre 1922

außer Kraft und begründeten an ihrer Stelle die „Gemeinschaft Slawischer Staaten"; auf der Konferenz von Alma Ata am 21. Dezember 1991 erweiterte sich diese mit dem Beitritt von Armenien, Aserbaidschan, Kasachstan, Kirgistan, Moldawien, Tadschikistan, Turkmenistan und Usbekistan zur „Gemeinschaft Unabhängiger Staaten" (GUS). Die baltischen Staaten (Estland, Lettland und Litauen) sowie die Republik Georgien blieben außerhalb der GUS.

Mit 17 075 400 km² und einer Einwohnerzahl von (1989) 147,4 Millionen war Rußland als „Russische Sozialistische Föderative Sowjetrepublik" (RSFSR) der politisch beherrschende und wirtschaftlich stärkste Gliedstaat der früheren Sowjetunion. Es brachte – ungeachtet seiner momentan desolaten wirtschaftlichen Verhältnisse – ein entsprechendes Gewicht in die neue Gemeinschaft ein und erregte das latente Mißtrauen seiner streng auf ihre neugewonnene Souveränität achtenden Partner in der GUS. Im Zeichen der von Gorbatschows Reformpolitik ausgelösten Selbständigkeitsbestrebungen der einzelnen Sowjetrepubliken hatte sich auch Rußland unter Führung von Boris Jelzin, seit Mai 1990 als Vorsitzender des Obersten Sowjets der RSFSR Staatschef, immer stärker aus den engen institutionellen und politischen Bindungen an den sowjetischen Gesamtstaat gelöst: In der Souveränitätserklärung der RSFSR (12. August 1990) wurde festgelegt, daß russische Gesetze Vorrang haben vor den Gesetzen der UdSSR, in dem Gesetz zum „Schutz der ökonomischen Souveränität" (31. Oktober 1990), daß u. a. Grund und Boden, Rohstoffe und Kulturschätze Eigentum der russischen Republik seien. Ihren ersten Höhepunkt erreichte diese Entwicklung mit der Etablierung des Präsidialsystems in Rußland (24. Mai 1991) und der Wahl Jelzins zum russischen Präsidenten (12. Juni 1991). Mit den Worten: „Das große Rußland erhebt sich von seinen Knien" bei seiner Vereidigung gab Jelzin dem Ablösungsprozeß von der UdSSR einen emotional-nationalen Schub.

In ständigem Konflikt mit Gorbatschow förderte Jelzin nicht nur den nationalen Verselbständigungsprozeß der Sowjetrepubliken, sondern er forderte auch eine schnelle und radikale Abkehr von der Planwirtschaft. Im Gegensatz zur bedachtsamen, häufig zögerlich wirkenden, längerfristig angelegten Reformpolitik Gorbatschows setzte er im September 1990 einen Reformentwurf durch, der von einem Übergang zur Marktwirtschaft in 500 Tagen ausging. Im Februar 1991 rief er zum Sturz Gorbatschows auf, hatte aber später als Leitfigur des Widerstandes gegen den Putsch des orthodox-kommunistischen „Notstandskomitees" (19.–21. August 1991) maßgeblichen Anteil an der Wiedereinsetzung des von den Putschisten als Staatspräsident abgesetzten Gorbatschow (▷ 17.23).

In den folgenden Monaten gelang es nicht, die in einer Volksabstimmung im März 1991 gebilligte, vom Putsch im August verhinderte Gründung einer „Union der Souveränen Sowjetrepubliken" zu realisieren; statt dessen wurden die Organe der Sowjetunion von den einzelnen – inzwischen sich gänzlich souverän verstehenden – Republiken, besonders von Rußland, immer stärker in ihr eigenes Regierungssystem einbezogen. Am 19. Dezember 1991 löste der russische Präsident Jelzin das sowjetische Außenministerium auf und übertrug dessen Einrichtungen dem russischen Außenministerium; zugleich unterstellte er den Kreml, den Regierungssitz der UdSSR seit ihrer Gründung, der russischen Regierung. Nach der Konstituierung der Gemeinschaft Unabhängiger Staaten (GUS) nahm Rußland den Sitz der UdSSR bei den Vereinten Nationen (mit Sitz im Sicherheitsrat) ein. Ende Dezember 1991 beschlossen Rußland, die Ukraine, Weißrußland und Kasachstan – mit Zustimmung der übrigen Staaten der GUS – die auf ihrem Territorium stationierten Nuklearstreitkräfte gemeinsam zu kontrollieren; der Streit um die Aufteilung der Schwarzmeerflotte bestimmt stark das Verhältnis von der Ukraine und Rußland.

Mit der Gründung der GUS unternahmen die führenden Staatsmänner der neuen unabhängigen Staaten den Versuch, nach dem Zusammenbruch der UdSSR wieder ein stabilisierendes Element in das internationale Kräftefeld einzubringen. Wirtschaftshilfe der westlichen Industriestaaten soll ein zu starkes sozioökonomisches Gefälle und damit mögliche Quellen neuer West-Ost-Spannungen ausschließen. Die zahlreichen Nationalitätenkonflikte innerhalb und zwischen den GUS-Staaten, besonders zwischen Armenien und Aserbaidschan um Berg-Karabach oder der russisch-

ukrainische Konflikt um die staatliche Zugehörigkeit der Krim, stellen international einen Unsicherheitsfaktor dar, ebenso die Frage, welchen außenpolitischen Optionen sich die islamisch geprägten Staaten der GUS verschreiben; dabei spielen die diplomatischen und politischen Aktivitäten des fundamentalistisch-islamischen Iran und der laizistischen Türkei eine wesentliche Rolle.
Abbildung S. 572

17.25 Jugoslawien in der Auflösung

Im Zuge einer steigenden Wirtschaftskrise, gekennzeichnet von Produktivitätsrückgang und Inflationsschub, sowie des Verfalls der kommunistischen Herrschaftsordnung, beschleunigt durch Spaltung und Auflösung des „Bundes der Kommunisten Jugoslawiens" verschärften sich seit 1990 die Spannungen zwischen den Volksgruppen Jugoslawiens. Der Nationalitätenkonflikt, der diesem Staat bereits mit der Gründung des „Königreichs der Serben, Kroaten und Slowenen" 1918 in die Wiege gelegt und seit der Errichtung der „Föderativen Volksrepublik Jugoslawien" 1946 vor allem durch das Regierungssystem der Kommunisten unter Tito (▷ 15.18) in Schranken gehalten worden war, brach erneut auf und führte zur Auflösung des bisherigen jugoslawischen Staatsgefüges.

Während die Teilrepublik Serbien (Präsident Slobodan Milošević) und die in den anderen jugoslawischen Teilrepubliken (vielfach in geschlossenen Siedlungsgebieten als Minderheit) lebenden Serben an der jugoslawischen Staatsidee festhielten, forderten besonders die Teilrepubliken Slowenien (Präsident Milan Kučan) und Kroatien (Präsident Franjo Tudjman) eine Verfassungsreform im Sinne einer Konföderation. Auch die Teilrepublik Bosnien und Herzegowina (Präsident Alija Izetbegović) schloß sich dieser Forderung an. Mit einem wirtschaftlichen Sanierungsplan und der Umstrukturierung der Wirtschaftsverfassung (Abschaffung der Selbstverwaltung der Betriebe, Einführung marktwirtschaftlicher Zielvorgaben) suchte die Bundesregierung unter Ministerpräsident Ante Marković, 1989 bis 1991 im Amt, von der ökonomischen Seite her den Verfall des jugoslawischen Staates aufzuhalten. Politisch-militärisch stemmten

*Gründung der GUS am 21. Dezember 1991 in
Alma Ata: Die Präsidenten (von links
nach rechts) Leonid Krawtschuk (Ukraine),
Nursultan Nasarbajew (Kasachstan),
Boris Jelzin (Rußland) und
Stanislaw Schuschkjewitsch (Weißrußland)*

*Bürgerkrieg in Jugoslawien. Die kroatische
Stadt Dubrovnik nach schweren Angriffen der
jugoslawischen Bundesarmee (November 1991)*

sich vor allem die immer selbständiger agierende Bundesarmee und das jugoslawische Staatspräsidium, beide von Serbien dominiert, dem Auflösungsprozeß entgegen. Besonders die Armee sah sich als Garant des von Tito geschaffenen Staates. Im Verlauf der in allen Gliedstaaten 1989/90 abgehaltenen freien Wahlen verstärkten sich die nationalen Kräfte, besonders in Slowenien und Kroatien. Nachdem sich die Einwohner Sloweniens (23. Dezember 1990) und Kroatiens (19. Mai 1991) mit großer Mehrheit für die Unabhängigkeit ihrer Länder ausgesprochen hatten, vollzogen die Parlamente beider Teilstaaten am 25. Juni 1991 den Beschluß ihrer Bevölkerung.

Im Juni und Juli 1991 kam es in Slowenien zu Kampfhandlungen zwischen der jugoslawischen Bundesarmee und der slowenischen Bürgerwehr. Während unter Vermittlung der EG ein Kompromiß zwischen der Zentralregierung und Slowenien gefunden wurde (8. Juli 1991), kam es seit Juli 1991 auf dem Gebiet Kroatiens zu einem blutigen Bürgerkrieg zwischen der jugoslawischen Bundesarmee und den von ihr unterstützten serbischen Freischärlern (Četnici) einerseits und der kroatischen Nationalgarde andererseits. Die Kämpfe, die mit großer Grausamkeit – auch gegenüber der Zivilbevölkerung – geführt wurden, konzentrierten sich auf Slawonien (die Städte Vukovar, Osijek), Dalmatien (Zadar, Dubrovnik) und die Banija, südöstlich von Zagreb. Nach vielen gescheiterten Vermittlungsbemühungen der EG unter Federführung des Briten Lord Carrington (geb. 1919) trat am 3. Januar 1992 ein von dem früheren US-Außenminister Cyrus Vance im Auftrag der UN ausgehandelter Waffenstillstand für Kroatien in Kraft. In seinem Rahmen stationierten die UN seit März 1992 in Kroatien eine Friedenstruppe. Seit Dezember 1991/Januar 1992 sind Slowenien und Kroatien als unabhängige Staaten international anerkannt.

Mit Ausnahme Montenegros setzte sich auch in den übrigen Republiken die Unabhängigkeitsbewegung durch: im November 1991 in Mazedonien (Präsident Kiro Gligoriv, geb. 1917), im März 1992 in Bosnien und Herzegowina. In dieser Republik kam es anschließend zu schweren Kämpfen zwischen den Bosniaken (mehrheitlich Muslime) und Kroaten auf der einen Seite und den Serben, die den Anschluß an Serbien anstreben, auf der anderen Seite sowie zu Zerstörungen und belagerungsartigen Zuständen in Sarajevo. Unter dem Eindruck der fortgeschrittenen staatlichen Auflösung proklamierte das jugoslawische Bundesparlament, dem inzwischen nur noch Abgeordnete Montenegros und Serbiens angehörten, am 27. April 1992 (als „drittes Jugoslawien") die neue „Bundesrepublik Jugoslawien".

17.26 Umweltgipfel in Rio de Janeiro

UN-Konferenz für Umwelt und Entwicklung in Rio de Janeiro (Juni 1992)

Im Dezember 1989 beschlossen die Vereinten Nationen, eine Konferenz über Umwelt und Entwicklung (United Nations Conference on Environment and Development/UNCED) auf der Ebene der Staats- und Regierungschefs für Juni 1992 nach Rio de Janeiro einzuberufen, das bisher größte Gipfeltreffen der Geschichte mit Teilnehmern aus über 170 Staaten. In den zwanzig Jahren nach der ersten Umweltkonferenz der UN in Stockholm haben sich die globale ökologische Krise und der *Nord-Süd-Konflikt* (▷ 16.35) weiter zugespitzt. Die Erkenntnis der Notwendigkeit einer engen Verknüpfung von Umweltschutz und Entwicklung soll durch den UNCED-Prozeß in praktische Politik umgesetzt werden. Die bisherige Praxis des unbegrenzten Wachstums der Volkswirtschaften mit der Zerstörung der natürlichen Lebensgrundlagen kann nicht das verbindliche Modell einer nachhaltigen Entwicklung („sustainable development") der Zukunft sein.

Der Zusammenhang zwischen der wirtschaftlichen und der ökologischen Krise liegt auf der Hand. Der Wirtschafts- und Lebensstil des unbegrenzten Konsums, den die Industriestaaten so lange und erfolgreich praktiziert haben, würde bei globaler Anwendung den ökologischen Kollaps des Planeten bedeuten. Der UNCED-Prozeß soll zum einen die Verschwendungswirtschaft des Nordens korrigieren, zum anderen in den Ländern des Südens die Armut als größten Umweltzerstörer beseitigen helfen, die aus Sicht der Entwicklungsländer vor allem durch den ungerechten Welthandel, den Protektionismus des Nordens und die Schuldenkrise verursacht wird. Vom Menschen mitverursachte Naturkatastrophen sowie der Hunger in Afrika und Asien sind Anlaß zum Umdenken. Weltweit findet eine Ausbreitung von Wüsten und Steppen, großflächige Erosion bislang fruchtbarer Böden und eine Zunahme von Stürmen statt; die Gletscher gehen weiter zurück, Brandrodungen zerstören die für das Weltklima so wichtige „grüne Lunge", die tropischen Regenwälder, um 6 m² pro Sekunde. Heiße Sommer in den gemäßigten Breiten gehen einher mit der Zunahme der Hautkrebsrate. Mehr als 50 Tier- und Pflanzenarten sterben täglich unwiederbringlich aus. Die Weltbevölkerung wächst pro Tag um 200 000 Menschen, während sich die Produktion der Weltwirtschaft seit 1950 vervierfacht hat. Die Kluft zwischen armen und reichen Ländern vergrößert sich in dramatischer Weise; 1,2 Milliarden Menschen leben in völliger Armut, fast 40 000 Kinder verhungern täglich.

Das ökologische Desaster ist mit den Stichworten Ozonloch und Klimakatastrophe angesprochen. Das Montrealer Protokoll von 1987 zum Schutz der lebenserhaltenden Ozonschicht der Erde fordert die Beendigung von Produktion und Nutzung der gefährlichen Fluorchlorkohlenwasserstoffe (FCKW) und sollte für den Abschluß einer Weltklimakonvention, die eine Reduzierung der Emissionen von Kohlendioxid (CO_2), Methan und Stickoxiden vorsehen müßte, als Vorbild gelten. Diese Gase sind hauptverantwortlich für den nunmehr erwiesenen, vom Menschen verursachten zusätzlichen Treibhauseffekt, der das Weltklima mit katastrophalen Folgen verändert. 20% der Weltbevölkerung in den Industrieländern verursachen 70% des Ausstoßes

573

der schädlichen Gase. Die USA als Hauptver-
ursacher des gefährlichsten Treibhausgases,
des CO_2, wehren sich weiter gegen jede Vereinbarung von Obergrenzen, so daß die Kli-
makonvention von Rio vage blieb.
Der Abschluß einer Artenschutzkonvention
scheiterte ebenfalls am Widerstand der USA;
Präsident Bush wollte während des Wahlkampfes keine Arbeitsplatzverluste in der
Gen- und Biotechnologie riskieren. Die Erklärung zum Schutz und zur Erhaltung der
Wälder blieb unverbindlich; das Tropenwald-
land Malaysia widersetzte sich lange jeder
Verpflichtung, die das Recht der Länder des
Südens auf Entwicklung gefährden könnte.
Die Intensivierung der finanziellen und technischen Zusammenarbeit durch mehr Finanz-
hilfe und den dringend nötigen Transfer von
umweltverträglichen Technologien in den Sü-

den wurde in der „Agenda 21" vereinbart,
dem Aktionsprogramm zu verstärkter internationaler Kooperation. Die 27 Artikel umfassende Deklaration von Rio, vor der Konferenz als „Erdcharta" angekündigt, legt
Rechte und Pflichten der Staaten in den Bereichen Umwelt und Entwicklung fest. Eine
neue, gerechte Partnerschaft zwischen Nord
und Süd soll auf der Grundlage einer umweltverträglichen und anhaltenden Entwicklung entstehen. Die bereits bei der ersten Umweltkonferenz in Stockholm 1972 aufgestellte
Forderung der UN, die Industrieländer sollten
0,7% ihres Bruttosozialproduktes als Entwicklungshilfe zur Verfügung stellen, wurde
ohne festen Termin erneuert; statt dessen einigte man sich auf den Kompromiß, die
Quote von bisher durchschnittlich 0,35% „so
schnell wie möglich" zu erhöhen.

Daten

11. März 1985	Michail S. Gorbatschow zum Generalsekretär der KPdSU gewählt
1. Jan. 1986	Aufnahme Spaniens und Portugals in die EG
7. Febr. 1986	Corazón Aquino Siegerin der Wahlen in den Philippinen
26. April 1986	GAU im Kernkraftwerk in Tschernobyl (Ukraine)
8. Dez. 1987	Unterzeichnung des INF-Vertrages
9. Dez. 1987	Beginn der Intifada in den von Israel besetzten Gebieten
4. Juni 1989	Niederschlagung der Demokratiebewegung in China
24. Aug. 1989	Wahl von Tadeusz Mazowiecki zum ersten nicht-kommunistischen Ministerpräsidenten seit 1947 in Polen
9. Nov. 1989	Öffnung der Berliner Mauer und der innerdeutschen Grenze
22. Dez. 1989	Blutiger Umsturz in Rumänien. Diktator Nicolae Ceauçescu wird abgesetzt und später hingerichtet
29. Dez. 1989	Václav Havel zum tschechoslowakischen Präsidenten gewählt
21. März 1990	Unabhängigkeit Namibias
25. März/ 8. April 1990	Wahlsieg der bürgerlich-demokratischen Koalition unter Jósef Antall in Ungarn
27. Mai 1990	Wahlen in Birma. Die Militärregierung weigert sich, der siegreichen Opposition die Macht zu übergeben
1. Juli 1990	Wirtschafts- und Währungsunion zwischen der Bundesrepublik Deutschland und der DDR
12. Sept. 1990	Abschluß der „Zwei-plus-vier"-Vertrage durch die beiden deutschen Staaten und die Alliierten
3. Okt. 1990	Die Einheit Deutschlands ist wiederhergestellt
21. Nov. 1990	Unterzeichnung der „Pariser Charta für ein neues Europa" durch die KSZE-Staaten
2. Dez. 1990	Die christlich-liberale Koalition gewinnt die Wahlen in Deutschland
27. Febr. 1991	Befreiung Kuwaits von irakischen Truppen
21. Mai 1991	Rajiv Gandhi, Vorsitzender der indischen Kongreßpartei, wird während des Wahlkampfes ermordet
25. Juni 1991	Slowenien und Kroatien erklären sich für unabhängig
1. Juli 1991	Auflösung des Warschauer Paktes
19. Aug. 1991	Putsch des „Notstandskomitees" aus Regierungsmitgliedern gegen Präsident Gorbatschow
27. Okt. 1991	Wahlen in Polen führen zu Zersplitterung des Parlaments
30. Okt. 1991	Beginn der Nahost-Friedenskonferenz in Madrid
9.–10. Dez. 1991	Unterzeichnung der Maastrichter Verträge über die Wirtschafts- und Währungsunion und die gemeinsame Außen- und Sicherheitspolitik
13. Dez. 1991	Gründung des „Kooperationsrates" zwischen der NATO und den ehemaligen Mitgliedern des Warschauer Paktes
21. Dez. 1991	Gründung der Gemeinschaft Unabhängiger Staaten (GUS)
25. Dez. 1991	Rücktritt von Staatspräsident Gorbatschow, bis Jahresende Auflösung der Sowjetunion
17. März 1992	Durch Referendum bestätigt die weiße Bevölkerung die Reformpolitik von Staatspräsident Frederik W. de Klerk in Südafrika
22. März 1992	Wahlsieg von Sali Berisha, Führer der Demokratischen Partei, in Albanien
2. Juni 1992	Die Mehrheit der Dänen lehnt per Volksabstimmung die Maastrichter Verträge ab
3.–14. Juni 1992	Umweltgipfel der Vereinten Nationen in Rio de Janeiro

Personenregister

Sachregister

Vorbemerkung:

Das Sachregister enthält eine Auswahl historischer Sachbegriffe und geographischer bzw. historisch-geographischer Namen. Die Seitenzahlen sind bei im Text genannten Stichworten in Normalschrift, bei in einem eigenen Schlaglicht behandelten Begriffen in fettgedruckter Schrift und bei in Bildunterschriften vorkommenden oder auf Bildern dargestellten Sachverhalten kursiv gesetzt.

Bettelorden **161**, 169, 188
Biafra 504, 541
Bilderstreit 109, 112, **119**, 138
Bill of Rights 258, 273
Biologische Waffen 543
Birma 427, **471**, 545, 552, 575
Bizone 457
Black Panther Party 504
Black power 541
Black-Consciousness-
  Bewegung 539
Blitzkriege 404, 419, 438, 440
Blockfreie 447, 459, **482**, 484,
  495
Blutsonntag 345, 366
Boat people 523
Bojaren 232
Bolschewismus 403, 411, 424
Bosnien 330, 348, 544, 572
Bosnien und Herzegowina 571
Bosnienkrise **348**, 352
Bosporus 201 f., 289, 302 f.
Boston Tea Party **277 f.**, *277*
Bosworth, Schlacht 203
Boulé 47, 52
Bourbonen 226, 235, 261, 263,
  275, 292, 296, 298, 300, 319
Bourgeoisie 246, 307, 378
Bouvines, Schlacht 152, 156,
  159
Boxeraufstand 250, 314, 338,
  341, *341*, 344, 356
Boxerprotokoll 250, 341
Brandenburg 245, 249, 251, 255,
  259
Brasilien 209, 298, 310
Breschnew-Doktrin 541 f.
Brest-Litowsk, Frieden **371**, 373,
  379, 401
Bretagne 155, 181, 191
Briand-Kellogg-Pakt 375, **392**,
  401
Briganten 86
Britannien 62, 74, 78, 81, **86**,
  102, 114 f.
Britisches Weltreich 263, 278,
  329 f., 350, 354, 359, 392 f., 489
Britisch-russische Konvention 356
Bronzezeit **29**, 38, 42 f.
Brussilow-Offensive 365
Brüssel 275, 300, 306, 486, 569
Brüsseler Pakt 460, 467, 479,
  495
Buchdruck **198**, 211, 217, 232
Buchenwald *426*
Budapest 484, 558
Buddhismus 118, 161
Bukarest, Frieden 353
Bukowina 376
Bulgarien 186, 330, 348, 352 f.,
  361, 376, 399, 422, 456, 466,
  479, 495, 515, 542, **559**, 568
Bulgarisches Reich 126, 129 f.
Bundesexekution 324
Bundesgenossenkrieg 71, 79
Bundesgenossensystem,
  römisches 61, 66, 70
Bundesrat 325

Bundesrepublik Deutschland
  446 f., 467 f., 474–476, 478 f.,
  486 f., 491 f., 495, 497, 500 f.,
  507, 514 f., 517 f., 524, 532 f.,
  537, 541, 550, 553, 558, 562,
  566, 568, 575
Bundesstaatsprinzip 279
Bundestag 514
Bundschuh 219
Buren 349 f., 538 f.
Burenkrieg **338**, *340*, 349, 352,
  354, 356
Burenrepubliken 276, 338 f.,
  350, 354
Burgund 110, 124, 132, 142,
  151, 155, 167, 173, 178, 191,
  198, 202 f., **205**, 212, 222 f.,
  229, 254 f.
Burundi 504
Byzantiner 114, 139, 146–148,
  185, 201 f.
Byzantinische Kirche 110
Byzantinisches Reich 80, 109 f.,
  119 f., 124, 130, 138, 140, 147,
  150, 156–158, 169 f., 175, 190
Byzanz 44, 95, 105, 109, 112,
  122 f., 129–133, 141, 143, 156,
  173, 186
Böhmen 110, 136, 172, 183, 188,
  194 f., 204, 222, 239, 242, 266,
  273, 433
Böhmisch-pfälzischer Krieg 240
Bürgerkönig 275
Bürgerkrieg, Rom 71 f., 75, 77, 81
Bürgerkriege in Afrika 355, **504**,
  552
Bürgerrechtsbewegung 384, 496,
  502, 503 f., 507, 511, 559

C
Calvinismus 219, 231, 236, 239,
  300
Calvinisten 234–236, 242 f.
Camp David **527**, 528
  – Abkommen 455, 498, 521,
  527, 528, 557
  – Gipfeltreffen 491
Campoformio, Frieden **284 f.**,
  287 f., 312
Cancún, Nord-Süd-Konferenz 536
Cannae, Schlacht 58, 68, 79
Canossa 145, 167
Canterbury 115
Carnuntum, Kaiserkonferenz 94
Casablanca 435
  –, Konferenz 431, 440
Cäsarenwahnsinn 85
Ceylon 293
Chaironeia, Schlacht 55, 59
Chalkedon, Konzil 143
Chang-Dynastie 38
Charta 77 498, 511
Chartismus 306 f.
Chelmno 434
Cheops-Pyramide 27
Cherbourg 438
Cherusker 83
Chile 298, 499, 518 f., *519*, 540 f.

China 36–38, 95, 117 f., 135 f.,
  160, 173 f., 190, 195 f., 210, 212,
  214, 246, 250, 273, 276, 302,
  314, 317, 338, 341 f., 344, **351 f.**,
  356, 359, 378, 394–397, 408,
  425, 427, 443, 446, 450, 452,
  459, 469 f., *470*, 474, 477, 480,
  482, 493 f., 495 f., 501, 505–507,
  513 f., 517, 523, 525, 537, 541,
  545, *553*, **554 f.**, 566, 575
Chinesisch-japanischer Krieg
  314, *337*, **337**, 356, *397*
Chinesisch-sowjetischer
  Konflikt **493**
Chin-Dynastie 37
Ching-Dynastie 250, 273, 351
Choresmien 165
Chou-Dynastie 29, 37, **36**, 38
Christentum 58, 81, **83**, 84 f., 93 f.,
  96, 99, 101, 104 f., 109, 114,
  118, 130, 136, 162, 166, 174,
  196, 199, 268, 317, 353, 504
Christenverfolgung **93**, 95,
  108
Christianisierung 122, 124 f.,
  130, 133, 183, 203
CIA 531, 551
Cîteaux 151, 162
Clairvaux 151
Clermont, Synode 148 f.
Club of Rome 497, 546
Cluny, Kloster 138, **142**
Cobden-Vertrag 310
Code civil (Code Napoléon) 287
Codex Hammurapi 30, *30*, 38
Codex Justinianus 103, 108
Codex Theodosianus 98, 108
Commonwealth 248, 330, 350,
  359, **392 f.**, 421, 460, 486,
  489 f., 511, 539
Communauté 477
Compiègne, Waffenstilland **373**,
  401, 420
Confessio Bohemica 239
  – Gallicana 235
Conquista 225
Constitutio Antoniniana **91**, 108
Contra 551
Córdoba 122, **134**, 138, 151
Cordon sanitaire 380
Costa Rica 551
Courtrai, Schlacht 178, 190
Crécy, Schlacht 181 f., 190
Crépy, Frieden 244
Cro-Magnon-Mensch 38
Cruise Missiles 531
Curzon-Linie **382**, 383, 436, 442
Cuzco 223, 225
Cyrenaika 421

D
Daily-Telegraph-Affäre **349**
Dakien 81, 89, 93, 98
Dalmatien 98, 100, 287, 293,
  376, 381, 572
Damaskus 35, 112 f., 116, 122,
  134, 374, 509, 510, 520
Danelagh 127 f., 138

Sachregister

Griechische Kolonisation 39 f.,
45 f., 59, 63, 79
Griechischer Freiheitskampf
275, 294–296, **295**, *296*, 303
Griechisch-türkischer Krieg **380**,
381, 388
Großbritannien/England 127,
137–139, 147, 155 f., 168 f., 177,
180–184, 188, 190 f., 198, 202 f.,
213–215, 222, 226 f., 229,
236–240, 242, 245–247, **248**,
250 f., 254–257, **258**, 259, 261 f.,
262, 266, 270 f., 273–278, 280,
284, 287, 289–296, 298–303,
305–308, 310 f., 313, 315 f., 318,
326, **329**, 330–334, 338–344,
346 f., 349, 352, 354, 356, 358 f.,
360 f., 363, 365 f., 369 f., 372,
375, 377–379, 382, 386, 389,
391–393, 401, 403 f., 409,
411–415, 417–424, 443 f., 450,
452, 460 f., 467 f., 470, 472, 475,
477 f., 485, 488–491, 497, 499,
501, 511 f., 515, 518, 524,
537–541, 553, 562 f., 567 f.
Großdeutschland **411**
Große Felder, Schlacht 68
Großmährisches Reich **124**, 125
Großmoguln 214, 273
Großpolen **203**
Großwesir 227, 257, 264, 348
Grundgesetz 471
Grundherrschaft 110, **120**, 121,
139, 151, 159, 168, 188, 189
Grundlagenvertrag 497, 515,
541
Guadalupe Hidalgo, Vertrag
303, 304
Guelfen 186
Guernica 411
Guinea 197, 207
GUS 544, 557, **570 f.**, *572*, 575

H
Haager Allianz 261
Haager Friedenskonferenzen
315, **342 f.**, 347, 356, 366, 374
Haager Landkriegsordnung 343
Haager Schiedshof 342
Habeas-Corpus-Akte **256 f.**, 273
Habsburg 172 f., 180, 205, 213,
222, 226, 325
Habsburgerreich 259, 275, 331,
353, 365, 372, 397
Hadrianswall *85*, 86, 90
Hagana 462
Hagia Sophia 143, 175, 202
Haithabu 137
Haiti 207, 545
Hallsteindoktrin 491
Hambacher Fest 293, 301, 312
Hamburg 214, 441, 464
Han-Dynastie 37, 118, 135, **36**
Hannover 258 f., 270, 293, 464
Hanse 168, **183**, 184 f., *184*, 190,
193, 214
Harappakultur 19, **28 f.**, *29*, 38
Häresie 162 f., 232

Harzburger Front 399
Hastings, Schlacht 147, *148*, 167
Hausa 166, 504
Hausmeier 115 f., 118 f., 121,
138
Hebräer 84
Hedschas 106
Hedschra 107
Heerschildordnung 121
Heian-Zeit **160**, 161
Heidelberg 259
Heidenmission 161, 209 f.
Heilige Allianz 275, **293**, 294–296,
298 f., 301, 312 f., 316
Heilige Lanze 133 f., *133*, 136
Heilige Liga (1576) 235, 237
– (1684) 257
Heilige Liga von Cognac (1526)
223, 226
Heiliges Römisches Reich 171,
178, 180, 205, 222, 274, 294
– Deutscher Nation 243, 312,
288, 293
Heimatarmee 431, 439 f., 451
Heißer Draht 496
Helgoland-Sansibar-Vertrag 334,
352
Hellas **53**, 54
Hellenismus 40 f., **57**, 58, 61 f.,
74, 89, 104
Heloten 40, 49
Helsinki 418, 516, 523
–, Schlußakte 497 f.
Herzegowina 330, 348, 544, 572
Hessen 119, 124, 229 f.
Hessen-Kassel 259
Hethiter 29, **31**, *32*, 33 f., 35, 38
Hexenverfolgung 163, 215
Hiereia, Synode 119
Hieroglyphische Schrift 29
Hindus 225, 384, 459
Hiroshima 405, **442**, 443–445,
443
Hirsau, Kloster 142
Hispania 73, 79
Historischer Materialismus 322
Hitler-Putsch **389**, *389*, 401
Hochkulturen 18, 29, 42 f., 224
Hochmittelalter 120, **139**
Höchstädt, Schlacht 262
Hohenzollern 326 f.
Höhlenmalereien *21*, 22, 38
Holland 184, 213 f., 234–237,
240, 248, 251, 254 f., 258 f.,
261, 263, 287, 289, 300
Holozän 23
Homelands 539
Homerische Welt **43**, 44
Honduras 551
Hongkong 250, 302, 338, 427,
452, 545, 566
Hopliten 40, 47 f.
Hormizdaghan, Schlacht 91
Hormos, Meerenge 537
House of Commons 177
House of Lords 177
Hsia-Dynastie 36
Hubertusburg, Frieden 270

Hugenotten 213, 235, 237 f.,
242, 252
Hugenottenkriege **235**, 243 f.
Humanismus 192, **199**, 204, 207,
216 f., 222, 267
Hundertjähriger Krieg 169, 180,
181, 190 f., 198, 202, 245
Hungerkatastrophen 545
Hunnen 37, **95**, 96, 98 f., 103,
108, 118, 124
Hussiten 195, 204
Hussitenkriege **194**, 214

I
Iden des März 74
I. G. Farbenindustrie AG 434
Ikonoklasmus 119
Ilias 39, 43 f., *45*, 59
Ilkhanenreich 173
Illyrien 73 f., 98
ILO 566
Impeachment 280, 517
Imperialismus 276, 311, **313**,
314 f., 330, **332**, 333, 338, 340,
342 f., 354, 458, 492, 536,
543
Imperium Romanum 41, 58, 60,
62, 69, 78, 80–83, 87, 89, 91 f.,
94 f., 98 f., 103, 108
Indian National Congress 383,
459, 567
Indianer 219, 270, 277, 322
Indien 38, 56 f., 118, 123, 158,
179, 198, 210, 212, 214, 270,
271, 276, 302, 309 f., 326, 330,
354, 383 f., 393, 447, 452, *459*,
459, 460, 470, 489, 495, 498,
545, 566, **567**
Indischer Freiheitskampf **383**
Indisch-pakistanischer Krieg
459, 541
Indochina-Konferenz 477, 495
Indochinakrieg 502, **477**, *477 f.*,
489
Indogermanen **31**, 42, 59, 63 f.
Indonesien 427, 447, **471**, 482,
495, 521, 545, 552
Induskultur 29
Industrialisierung 246, 304–308,
310, 313, 319, 321, 345, 394,
409, 459, 481
Industriearbeiterschaft 276,
306 f., 322
Industriegesellschaft 304, 314
Industrielle Revolution 247,
275, **300**, **304**, 305–307, 310,
313, 322
INF-Vertrag 532, 537, 542, **553**,
554, 575
Inkakultur **223–225**, 244
Inkatha-Bewegung 561
Inquisition 135, **162**, *163*, 194,
206, 213, 232 f.
Interkontinentalraketen 501,
531, 536
Internationale, Erste **322**, 323,
328, 356
–, Zweite 378

Sachregister